## H. MEURIG EVANS, M.A., M.Ed.

**Ganed H. Meurig Evans yn yr Hendy, gerllaw Pontarddulais, ond magwyd ef yng Nghae'rbryn, Llandybïe. Addysgwyd ef yn Ysgol Sir Dyffryn Aman ac yng Ngholeg Prifysgol Cymru, Aberystwyth. Bu'n aelod o staff y Llyfrgell Genedlaethol ac yna'n athro yng Nghaernarfon cyn dychwelyd i'w fro enedigol yn bennaeth Adran y Gymraeg yn Ysgol Ramadeg Rhydaman. Ym 1988 anrhydeddwyd ef â gradd M.Ed. gan y Brifysgol. Ef yw geiriadurwr cyfoes Cymru. Bu'n aelod ar rai o baneli'r Cyd-bwyllgor Addysg a fu'n trosi termau technegol i'r Gymraeg, a chawsom fwy nag un gymwynas â'r iaith o'i ddwylo. Bu'n rhannol gyfrifol am** *Y Geiriadur Newydd*, *Y Geiriadur Bach* **a'r** *Geiriadur Mawr*, **a chyhoeddodd lu o lyfrau yn ymdrin â theithi'r iaith –** *Llwybrau'r Iaith*, *Cerddi Diweddar Cymru* **(Golygydd),** *Cymraeg Heddiw* **(I, II, III, IV),** *Sgyrsiau Cymraeg Byw*, *Dilyn Cymraeg Byw*, *Rhodio Gyda'r Gymraeg*, *Darllen a Gweddi*, *Y Mabinogi Heddiw*, **a** *Sylfeini'r Gymraeg*. **Eto, dichon mai'r gyfrol bwysig hon,** *Y Geiriadur Cyfoes*, **yw ei gymwynas fwyaf â'n hiaith.**

**H. Meurig Evans was born in Hendy, Dyfed, but he was brought up in Cae'rbryn, Llandybïe. After attending the Amman Valley County School and the University College of Wales, Aberystwyth, he joined the staff of the National Library and then taught in Caernarfon before returning to his native area as head of the Amman Valley Grammar School Welsh Department. In 1988 he was awarded the honorary degree of M.Ed. by the University of Wales for his scholastic work. He is one of the most important dictionary experts of today. Serving on the Welsh Joint Education Committee, he helped translate technical terms into Welsh. He is also partly responsible for** *The New Welsh Dictionary*, *The Pocket Welsh Dictionary* **and** *The Complete Welsh Dictionary*, **and has published many books concerned with the Welsh language, namely,** *Llwybrau'r Iaith*, *Cerddi Diweddar Cymru* **(Editor),** *Cymraeg Heddiw* **(I, II, III, IV),** *Sgyrsiau Cymraeg Byw*, *Dilyn Cymraeg Byw*, *Rhodio Gyda'r Gymraeg*, *Darllen a Gweddi*, *Y Mabinogi Heddiw*, **and** *Sylfeini'r Gymraeg*. **But it may be that this important volume,** *The Dictionary of Modern Welsh*, **is his greatest contribution to date for the Welsh language.**

D1076588

# Y GEIRIADUR CYFOES

# THE MODERN WELSH DICTIONARY

H. Meurig Evans, M.A., M.Ed.

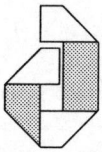

*Gwasg Dinefwr Press*

Hawlfraint © H. Meurig Evans, 1982
Hawlfraint yr Argraffiad Diwygiedig © H. Meurig Evans, 1992
Adargraffiad 2001

Cyhoeddwyd ac argraffwyd yng Nghymru gan
Wasg Dinefwr
Heol Rawlings, Llandybïe
Sir Gaerfyrddin, SA18 3YD

ISBN 0-9538554-4-9

*Cedwir pob hawl. Ni ellir atgynhyrchu unrhyw ran o'r cyhoeddiad hwn na'i gadw mewn cyfundrefn adferadwy na'i drosglwyddo mewn unrhyw ddull na thrwy unrhyw gyfrwng, electronig, mecanyddol, ffoto-gopïo, recordio, nac fel arall, heb ganiatâd ymlaen llaw gan y cyhoeddwyr Gwasg Dinefwr.*

Copyright © H. Meurig Evans, 1982
Revised edition Copyright © H. Meurig Evans, 1992
Reprinted 2001

Published and printed in Wales by
Dinefwr Press
Rawlings Road, Llandybïe
Carmarthenshire, SA18 3YD

ISBN 0-9538554-4-9

*All rights reserved. No part of this publication may be reproduced, stored in a retrieval system, or transmitted, in any form or by any means, electronic, mechanical, photocopying, recording or otherwise, without the prior permission of Dinefwr Press.*

# I

# GOFIO'N DDYLEDUS FY RHIENI ANNWYL, SARAH A HENRY JAMES EVANS

# CYNNWYS — CONTENTS

RHAGAIR FOREWORD ..... 9

INTRODUCTION TO THE WELSH LANGUAGE ..... 11

## CYMRAEG — SAESNEG (WELSH — ENGLISH)

BYRFODDAU ABBREVIATIONS ..... 22

Y GEIRIADUR DICTIONARY ..... 23

RHAGDDODIAD AC ÔL-DDODIAID PREFIXES AND SUFFIXES ..... 267

TERMAU ESTRON FOREIGN TERMS ..... 273

ENWAU PERSONAU PERSONAL NAMES ..... 275

ENWAU LLEOEDD PLACE NAMES ..... 276

ANIFEILIAID ANIMALS ..... 280

ADAR BIRDS ..... 282

PYSGOD FISHES ..... 282

PLANHIGION PLANTS ..... 287

FFRWYTHAU FRUITS ..... 295

DIARHEBION PROVERBS ..... 296

* * *

## ENGLISH — WELSH (SAESNEG — CYMRAEG)

ABBREVIATIONS BYRFODDAU ..... 308

THE DICTIONARY Y GEIRIADUR ..... 309

PERSONAL NAMES ENWAU PERSONAU ..... 591

PLACE NAMES ENWAU LLEOEDD ..... 592

ANIMALS ANIFEILIAID ..... 595

BIRDS ADAR ..... 597

FISHES PYSGOD ..... 601

PLANTS PLANHIGION ..... 602

FRUITS FFRWYTHAU ..... 610

# RHAGLITH/PREFACE

Cyfnewidiol yw nodwedd amlycaf pob bywyd a chymdeithas, ac o ganlyniad gwir yw hynny o safbwynt iaith hithau. Erbyn hyn darfu am laweroedd o eiriau cynhenid a chyfarwydd ein hiaith a chollwyd hen briod-ddulliau lliwgar a thrawiadol, gwir gyfoeth y Gymraeg. Er hynny tyfu a datblygu sy'n hanfodol iddi os yw am fyw, felly mabwysiadwyd a lluniwyd swm enfawr o eiriau newydd gwyddonol, thechnegol a technolegol i gyfarfod â'r gofyn. Cynhwysir amrywiaeth o'r rhain yn y gyfrol hon ynghyd â hanes yr iaith, rheolau ynganu, y treigladau a phwyntiau gramadegol.

Felly mae i'r geiriadur hwn apêl uniongyrchol a chyfoes i bob un sy'n ymwneud â'r Gymraeg ymhob agwedd ar wybodaeth. Dyna brawf o fywiogrwydd y Gymraeg yn yr oes dechnegol a gwyddonol hon.

Rhaid cydnabod fy nyled ddifesur i'm cydweithiwr hynaws gynt, y diweddar W. O. Thomas, Crai, ac i'r Dr. Stephen J. Williams, paneli iaith Prifysgol Cymru a Chyd-bwyllgor Addysg Cymru. Gwerthfawrogaf eu cymorth parod.

Yn bennaf, diolchaf yn gynnes i Wasg Dinefwr am yr argraffu gofalus a manwl, yn enwedig i Mr. Eddie John am ei amynedd a'i gywirdeb.

Myfi sydd i'w feio am bob amryfusedd a bai sydd ynddi.

Change is characteristic of every life and society, and consequently this is also true of language. Today many of the familiar and intrinsic words of our language have ceased to exist and numerous old, colourful and striking idioms, the true riches of Welsh, have disappeared. Yet it is essential that the language grows and develops if it is to live, and so a large number of new scientific, technical and technological terms have been adopted and fashioned to meet the demand. A variety of these is included in this volume together with the history of the language, rules of pronunciation, the mutations, and grammatical points.

Therefore, this dictionary has a direct and contemporary appeal to all who deal with Welsh in every aspect of knowledge. This is proof of the vivacity of Welsh in this scientific and technical age.

I must acknowledge my immeasurable debt to my former genial co-worker, the late W. O. Thomas, Cray, to Dr. Stephen J. Williams, the linguistic panels of the University of Wales and Welsh Education Committee. I appreciate their ready assistance.

Above all I thank sincerely Dinefwr Press for their careful production, especially Mr. Eddie John for his patience and accuracy.

I myself am to blame for any error or discrepancy.

*Mawrth/March 1992* H. MEURIG EVANS

# INTRODUCTION

## The Welsh Language

WELSH is a member of the Italo-Celtic branch of the Indo-European (or Aryan) family of languages. The Italic languages of this branch are represented by modern languages derived from Latin. The Celtic languages from the same branch are divided by philologists into two main groups, the Goidelic and the Brythonic. The Goidelic (or Q) group comprises Irish, Scots Gaelic and Manx, and the Brythonic (or P) group comprises Welsh, Cornish and Breton (together with a continental language long dead and referred to as Gaulish).

The Cornish language ceased to be spoken in the eighteenth century, but in recent years there has been a vigorous movement to revive it. The number of people who speak Manx habitually is very small, and it is said that the number of Gaelic-speakers in Scotland is dwindling.

The decline of Welsh, Irish and Breton as spoken languages has been largely offset by the success of certain nationalistic movements (not necessarily political) aimed at promoting their study, and extending their use in the fields of literature, education, general culture and administration. In Wales and Brittany these movements have been mainly cultural in character, and in Wales the language and culture movement has in recent years found a strong and welcome ally in the Welsh Department of the Ministry of Education, while other education institutions have shown an increasing desire to recognize the cultural value of the Welsh language and to raise its status.

Wales is rightly proud of her fine literary tradition, which, as scholars claim, has remained unbroken from the sixth century to the present day. The language, of course, has changed much during this long period, and for the purposes of study it is usually divided into five periods:

1. Early Welsh, from the time of the development of the language from Brythonic to the end of the eighth century.
2. Old Welsh, from the beginning of the ninth to about the end of the eleventh century.
3. Medieval Welsh, from the beginning of the twelfth to about the end of the fourteenth century.
4. Early Modern Welsh, fron the fourteenth century (with the *cywyddau* of Dafydd ap Gwilym) to the sixteenth.
5. Late Modern Welsh, from the sixteenth century (the translation of the Scriptures in 1588) to the present day.

The impetus given to Welsh scholarship and letters by the linguistic and literary revival of the first decade of the present century has been more than maintained, and there can be no doubt of the quality and variety of books issuing from the Welsh press of today. The circulation, however, of books written in the language of a numerically small nation must of necessity be restricted. The restriction becomes greater with the increases in book prices made necessary by the mounting costs of production, and publishers have tended to become less enterprising than they once were. Various means have been suggested to aid and encourage the publishers, and any method that seems feasible is worthy of trial. But the most satisfactory and most fruitful solution of the problem will be reached by the determination, and even the sacrifice, of the Welsh reading public and would-be readers to buy and read more and more Welsh books. The reading and writing of Welsh, quite as much as the speaking of the language, have their part to play in handing down to posterity what is noblest in Welsh tradition. Such activities can most enjoyably and profitably be indulged in with the use of a reliable Dictionary.

By today the written language has very largely been standardized, mainly by the efforts of scholars and writers directly or indirectly associated with the Welsh Departments of the University of Wales. Ordinary spoken Welsh, however, is usually recognizable as belonging to one of the four main spoken dialects:

(1) Venedotian, spoken in Gwynedd or North West Wales — 'Y Wyndodeg'.

(2) Powysian, spoken in Powys, i.e., North East and Mid Wales — 'Y Bowyseg'.

(3) Demetian, spoken in Dyfed, or South West Wales — 'Y Ddyfedeg'.

(4) Gwentian, spoken in Gwent and Morgannwg, or South East Wales — 'Y Wenhwyseg'.

## Hints on Pronunciation of Welsh

WELSH is written almost phonetically and its pronunciation is therefore a fairly simple matter. There are a few sounds to which the non-Welsh ear and tongue may not be accustomed, but once these are mastered, pronunciation and intonation should not present serious difficulty.

The language is unphonetic only to the extent that, (a) **y** is a symbol which has two distinct sounds, (b) **i** and **w** may be either vocalic or consonantal, (c) **ng** in a very few words stands for a sound different from the normal, (d) the length of vowels (short or long) is not always shown in writing, and (e) the position of the stress is not always marked in irregularly accented words. These points are dealt with more fully below:

1. **The Alphabet** (where no pronunciation is given, the sound is the same as, or near to, that of English):

A (1) long, as in *calf*:TAD 'father';CÂN 'song';
(2) short, as in Fr. *à la*: MAM 'mother'; AR 'on'
(It is not the *æ* sound heard in Eng. *hand, cap*)

B

C always the *k* sound as in *take*: ACW 'yonder'; CATH 'cat'. (It never has the sound of *s*)

CH as in Scottish *loch*: BACH 'small'; CHWECH 'six'. (It has the sound of Eng. *ch* only in some foreign words left unchanged, e.g. *China*)

D

DD like *th* in *this, that* : ADDO 'to promise'; DDOE 'yesterday'

E (1) long, like the pure vowel sound of *made* as heard in Wales and Northern England: PÊL 'ball' BEDD 'grave'
(2) short, as in *yet*: PEN 'head'; MERCH 'girl'

F like *v* in *vine,* or *f* in *of*: FY 'my'; EF 'he'

FF like *f* in *if*: FFON 'stick'; FFA 'beans'

G as in *go* (never as in *George*): DEG 'ten'; GARDD 'garden'

NG as in *singing*: LLONG 'ship'; ANGEN 'need'. In a few words as in *finger*: DANGOS 'to show'; BANGOR

H as in *hand* (never silent as in *hour*): HAF 'summer'; HI 'she'

I (1)vowel, long, like *ee* in *feed*: CI 'dog'; HIR 'long'; short, as in *pig, lip*: GWISGO 'to dress'; DIM 'something, nothing'.
(2) consonant, like *y* in *yet*: IACH 'healthy'; CANIAD 'song'.

J occurs only in borrowed words like JAM, JÎP.

L

LL a voiceless unilateral *l*; the nearest Eng. equivalent is *tl* in *antler.* It is produced with the tongue in the same position as in pronouncing *l,* by emitting the breath sharply without any voice: LLAW 'hand'; CALL 'wise'; LLANELLI.

M

N

O (1) long, as in *nose, tone:* NOS 'night'; BOD 'to be'; TÔN 'tune'.
(2) short, as in *not*: TON 'wave'; FFORDD 'way'.

P

PH as in *phone*: EI PHEN 'her head'; A PHAN 'and when'.

R well trilled as in *horrid* or Scottish *farm*: AR 'on'; GARDD 'garden'.

RH not heard in Eng., but compare *rh* in *perhaps* (especially in Scotland): RHIFO 'to count'; RHAFF 'rope'; UNRHYW 'any'.

S as in *sat* (never as in *lose*): SEDD 'seat'; GWISGO 'to dress'.

T

TH as in *think* (never as in *this*): ATHRO 'teacher'; EI THAD 'her father'.

U no equivalent in English:
(1) long, somewhat as in Fr. *tu,* but not rounded: UN 'one'; CUL 'narrow'.
(2) short, PUMP 'five'; PUNT 'pound, £1'.
N.B. — In South Wales *u* is generally pronounced like *i.*

W (1) vowel, long, like *oo* in *cool*: DRWS 'door'; GŴR 'man, husband'.
short, like *oo* in *took*: TRWM 'heavy'; HWN 'this (masc.)'.
(2) consonant, as in *war*; GWYN 'white'; Y WENNOL 'the swallow'.

Y (1) obscure sound like *o* in *honey*: LLYGAD 'eye'; YN 'in'; TYFU 'to grow'.
(2) clear sound, long = long u; DYN 'man'; HŶN 'older'; GWŶR 'men, husbands'.
short = short u: BRYN 'hill'; PLENTYN 'child'; HYN 'this'.
Note that HYNNY 'that' has the obscure sound in the first syllable, and the clear in the second.

As a general rule the clear sound of Y occurs in the last syllable of a word and in monosyllables, and the obscure sound elsewhere, but there are exceptions (e.g. obscure in FY 'my', DY 'thy', Y, YR 'the', YN 'in', SYR 'sir', and clear in certain diphthongs where Y is the consonantal element, such as LLWYNI 'groves', TEYRNAS, 'kingdom').

## 2. Length of Vowels

All vowels in unaccented syllables are short (or nearly so). Vowels in accented syllables may be either short or long. The following rules with regard to length of vowels in monosyllables will serve as a guide:

(a) The vowel is short if followed by two or more consonants, or by P, T, C, M, NG, e.g. CANT 'hundred', HARDD 'beautiful', MAM 'mother', LLONG 'ship', CIP 'glance', LLAC 'loose', AT 'to'. In South Wales monosyllables ending in *-sb, -st, -llt* conform to this rule, the vowel being short as in COSB 'punishment', TYST 'witness', CWSG 'sleep', GWALLT 'hair', GWELLT 'grass, straw'. In these it is long in North Wales.

(b) The vowel is long when followed by B, D, G, F, FF, TH, CH, S, e.g. TAD 'father', HAF 'summer', RHAFF 'rope', POB 'every', MAB 'son', CIG 'meat', RHODD 'gift', HOFF 'fond', CATH 'cat', COCH 'red', NOS 'night'.

Exceptions: In BYTH 'ever' the vowel may be long or short, and in some borrowings it is short, contrary to the rule, e.g. BAG 'bag', COB 'cob, embankment', BATH 'bath'. AB (from FAB, MAB) 'son (of)' in a personal name has its vowel short, and also a few common words like OS 'if', NES 'until', RHAG 'against, lest'.

(c) Before L, N, R, the vowel in a monosyllable may be either long or short, and when long the circumflex is used thus: TÔN 'tune', FFÔL 'foolish', DŴR 'water', TÂL 'payment', ÔL 'mark, trace, back', GŴR 'man', LLÊN 'literature', MÂN 'small'. There are a few common words of this class where it is not considered necessary to use the circumflex to show that the vowel is long, e.g. HEN 'old', LLUN 'form, shape'. The vowel is short in words such as TON 'wave', CWR 'edge', TAL 'tall'.

(d) Before LL the length of the vowel varies — mostly long in South Wales and short in North Wales — e.g. DALL 'blind', COLL 'lost', PWLL 'pit', DRYLL 'piece', GWELL 'better'. The vowel is always short in TWLL 'hole', HYLL 'ugly', MWLL 'sultry', MALL 'corrupt', Y FALL 'the evil one'.

(e) The grave or heavy accent is used in a few words to denote a short vowel, e.g. CLÒS 'close (adj)', CÙL 'a lanky fellow'.

(f) The acute accent is used to denote stress on a final syllable having a short vowel, e.g. TECÁU 'to make or become fair', CASÁU 'to hate', FFARWÉL 'farewell'.

An H at the beginning of a final syllable is enough to show that the syllable is stressed: PARHAU 'to last', GLANHAU 'to clean', MWYNHAD 'enjoyment', etc.

### 3. Stress or Accent

There is less difference in Welsh than in English between stressed and unstressed syllables. In this respect Welsh accentuation resembles that of French. In words of more than one syllable the stress falls normally on the last but one, the penultimate, If a syllable is added, the stress moves accordingly, e.g.

CÁRTREF, CARTRÉFI, CARTREFLÉOEDD

There are however many words which are stressed on the last syllable, such as:

(a) Verb-nouns ending in -AU, -HAU, -EU, -OI (because these represent contractions). Many of these have the stress indicated by the acute accent: IACHÁU 'to heal', GWACÁU 'to empty', TECÁU 'to make or become fair', CASÁU 'to hate'. But most are written without any accent-mark: DILEU 'to delete', PARHAU 'to last or continue', PARATOI 'to prepare', CYFLEU 'to convey'.

(b) The Emphatic Personal Pronouns: MYFI, TYDI, HYHI, EFE, NYNI, CHWYCHWI, HWYNT-HWY. The third singular masculine is written EFÔ (to distinguish between it and the preposition EFO 'with').

(c) Some words beginning with YS, YM- and YNGH-: YSGRECH 'screech', YSTAD 'estate', YMHELL 'far', YSTRYD 'street', (yr) YSBAEN 'Spain', YSTAEN 'stain', YMHEN 'at the end of', YNGHYD 'together', YNGHYLCH 'about, concerning'. The circumflex marks length and stress in YNGLŶN 'in connection with', YMLÂDD 'to tire oneself', YMDDŴYN 'to bear or conceive' (as distinct from YMLADD 'to fight', YMDDWYN 'to behave' — both regularly accented).

(d) Some words borrowed from English are stressed as in English: POLISI 'policy', PARAGRAFF 'paragraph', FIOLED 'violet', MELODI 'melody', EROPLÊN 'aeroplane'. Many technical terms (originally from Greek or Latin) follow English stress and pronunciation: FFOSFFORWS 'phosphorus', BASŴN 'bassoon', OCSIGEN 'oxygen'. But there is a very strong tendency to stress borrowings regularly, i.e. on the last syllable but one: SOFFYDDIAETH 'sophism', PARADOCSAU 'paradoxes', CEMEGOL 'chemical', PANTHËISTIAETH 'pantheism'.

In the great majority of words the various sounds of *wy* are not indicated in writing. To help the beginner an indication of the sounds is given in brackets after the word in some cases in the Welsh — English portion of this Dictionary, thus:

**(ŵy)** as in **cwyn (ŵy), wyth (ŵy)** (**w** being a vowel).
**(wỳ)** as in **gwyll (wỳ), chwyn (wỳ)** (**w** being consonantal and **y** short).

# The Mutations — Y Treigladau

THE mutation of initial consonants is a feature common to all Celtic languages. Mutations are sound-changes similar in origin to those that have occurred in the development of the forms of words in all modern languages. Although they were originally purely phonological the initial mutations have become an essential feature of Welsh syntax, e.g. the case of a noun may be denoted by mutation or non-mutation: **Clywodd ci** (with radical) means 'A dog heard', **ci** being in the nominative case; but **Clywodd gi** (with mutation) means 'He heard a dog', **gi** being in the accusative case.

In Welsh there are three kinds of initial mutation and nine consonants which are mutable. But, as the following table shows, there are only three consonants (**p, t, c**) that can undergo all three changes; three others (**b, d, g**) undergo two changes; and the remaining three (**ll, m, rh**) can change in only one way.

For the guidance of beginners the chief rules of mutation are given below after the table.

*It is important to notice that (with very few exceptions) words are shown in the Dictionary in their radical form.* It is therefore essential that beginners should make themselves familiar with the table, so that on seeing a mutated word in a written sentence they may know under which initial letters to look for it in the Dictionary.

TABLE

| 1<br>Cytsain<br>(Consonant) | 2<br>Cysefin<br>(Radical) | 3<br>Meddal<br>(Soft) | 4<br>Trwynol<br>(Nasal) | 5<br>Llaes<br>(Spirant) |
|---|---|---|---|---|
| **p** | pen, 'head' | ei **ben**, 'his head' | fy **mhen**, 'my head' | ei **phen**, 'her head' |
| **t** | tad, 'father' | ei **dad** | fy **nhad** | ei **thad** |
| **c** | ceg, 'mouth' | ei **geg** | fy **ngheg** | ei **cheg** |
| **b** | brawd, 'brother' | ei **frawd** | fy **mrawd** | |
| **d** | dant | ei **ddant** | fy **nant** | No change |
| **g** | gardd, 'garden'<br>gwlad, 'country' | ei **ardd**<br>ei **wlad** | fy **ngardd**<br>fy **ngwlad** | |
| **ll** | llaw, 'hand' | ei **law** | | |
| **m** | mam, 'mother' | ei **fam** | No Change | No change |
| **rh** | rhaff, 'rope' | ei **raff** | | |

## The Chief Rules (Y Prif Reolau)

# A. THE SOFT MUTATION (Y TREIGLAD MEDDAL)

### 1. Nouns

(a) Fem. sing. noun after the article: y **b**ont, y **d**on
Exceptions **ll, rh:** y **ll**ong, y **rh**aw.

(b) After the prepositions:

| | | | |
|---|---|---|---|
| am | ar | at | gan |
| tros | trwy | wrth | dan |
| heb | hyd | o | i |

am **dd**im, tros **f**ôr, at **d**ref, gan **f**achgen, dan **b**ont.

(c) After the personal pronouns:

**dy, 'th, ei, 'i, 'w** (his):
dy **b**en, i'th **l**e; ei **g**i, o'i **d**ŷ, i'w **g**i.

(d) After the predicative **yn:**
Y mae hi **yn** **f**erch dda, yn **g**ath, yn **a**rdd.

Exceptions are **ll, rh:** yn **ll**ong, yn **rh**aff.

(e) After the numerals **un** (fem. sing.), **dau, dwy, saith, wyth:**
un **f**am, dau **f**rawd, saith **b**unt.
Exceptions are **ll, rh,** after **un:**
un **ll**ong, un **rh**wyd.

(f) After the ordinals in fem. nouns:
y drydedd **f**erch, y bedwaredd **g**anrif.

(g) After positive adjectives which precede nouns:
hen **b**ont, annwyl **f**am, prif **l**ys, unig **o**baith.

(h) The object of a personal verb:
clywais **g**ân.

(i) Noun used as an adjective after fem. sing. noun:
het **w**ellt, gwal **g**errig, llwy **g**awl.

(j) After the conjunction **neu:**
cath neu **g**i.

(k) After a break in the normal order of words:
Yr oedd dyn yno. Yr oedd yno **dd**yn.
Mae ceiniog gennyf. Mae gennyf **g**einiog.

(l) After **pa, pa ryw, pa fath, rhyw, unrhyw, cyfryw, amryw:**
pa **l**yfr? ('which book?'). rhyw **l**yfr ('some book').

(m) After **dyma, dyna, dacw:**
dyma **ge**ffyl, dacw **lo**ng.

(n) After **ambell, aml, holl, naill, ychydig, y fath:**
yr **ho**ll **bl**ant ('all the children').
aml **dr**o ('many a time').
y fath **le** ('such a place).

## 2. Adjectives

(a) After fem. sing. noun:
gwraig **dd**a, pont **f**awr.

(b) After the predicative **yn:**
Mae hi yn **ga**redig, yn **dd**a.
Exceptions are **ll, rh:**
Mae hi yn *ll*wm, yn *rh*ydd.

(c) In comparison after **cyn, mor:**
cyn **go**ched, mor **go**ch.
Exceptions are **ll, rh:**
cyn *ll*awned; mor **rh**ydd.

(d) Adjectives used as adverbs after **yn:**
Gweithia ef yn **dd**a, yn **ga**led.
Exceptions are **ll, rh:**
Canodd yn *ll*on.
Rhedodd yn *rh*ydd.

(e) After the adverbs **go, rhy:**
go **dd**rwg, rhy **f**awr,

## 3. Verbs

(a) After the relative pronoun **a:**
y **b**achgen a **w**elais.

(b) After the conjunction **pan:**
pan **dd**aeth.

(c) After the particles **fe, mi:**
fe **gl**ywais, mi **w**elais.

(d) After the negative **ni, na,** and interrogative **oni** (except **p, t, c**):
ni **dd**aw, oni **dd**aethant?

*NOTE* – ni bu, ni bydd etc. *are used as well as* ni **f**u, ni **f**ydd etc.

(e) After interrogative **a:**
a **gl**ywsoch chwi?

## B. THE NASAL MUTATION (Y TREIGLAD TRWYNOL)

(a) After **fy:**
fy **m**rawd, fy **nh**ŷ.

(b) After **yn** ('in'):
yn + p = ym mh-
yn + c = yng ngh-
yn + d = yn n-
yn + t = yn nh-
yn + b = ym m-
yn + g = yng ng-
yng **Ngh**aerfyrddin, ym **Mh**enfro, ym **môn** y clawdd.

(c) **Blwydd, blynedd, diwrnod** after **pum, saith, wyth, naw, deng, deuddeng, pymtheng, deunaw, ugain, deugain, trigain, can:**

deng **m**lynedd, pum **n**iwrnod.

## C. THE SPIRANT MUTATION (Y TREIGLAD LLAES)

(a) After **tri, chwe:**
tri **ph**eth. chwe **ch**effyl.

(b) After **ei, 'i, 'w** ('her'):
ei **th**ŷ, o'i **th**ŷ, i'w **ch**i.

(c) After **tra** ('very'):
tra **ch**aredig.

(d) After negative **ni, na,** and interrogative **oni:**
ni **ch**efais, oni **th**alodd?

(e) After **a** ('and'), **â** ('with, as'), **gyda, tua:**
bara a **ch**aws, â **ch**yllell.

(f) After conjunction **oni** (until, unless):
oni **ch**af wybod.

(g) After **na** with a comparative adjective:
yn gochach na **th**ân.

## D. ASPIRATION OF VOWELS

1. Nouns, adjectives and verb-nouns beginning in a vowel are aspirated after the following pronouns: **'m, ei, 'i, 'w,** (fem.); **ein, 'n; eu, 'u, 'w,** e.g.: ei **h**arian, 'her money'; a'm **h**anfon, 'and sending me'; a'i **h**annwyl fam, 'and her dear mother'; o'i **h**achos hi, 'on her account'; i'w **h**ewythr, 'to her uncle'; ein **h**achub, 'saving us'; i'n **h**ochr ni, 'to our side'; eu **h**ewyllys, 'their will'; a'u **h**enwau, 'and their names'; i'w **h**anfon, 'to send them'.

2. Finite verbs beginning in a vowel are aspirated after the pronouns **'m; 'i** (masc. and fem.); **'n; 'u;** e.g.:
Ef a'm **h**arwain, 'he leads me'; Gwen a'i **h**anfonodd ef/hi, 'It was Gwen who sent him/her'; Pwy a'n **h**achub? 'Who will save us?'; Fe'u **h**enwyd, 'They were named'.

3. **Ugain,** 'twenty', is aspirated after the prep. **ar** in compound numerals:
un ar **h**ugain; deg ar **h**ugain.

One may say conversely that:

**b-** is the Soft Mutation of **p-**
**d-** is the Soft Mutation of **t-**
**g-** is the Soft Mutation of **c-**
**f-** is the Soft Mutation of **b-, m-**
**dd-** is the Soft Mutation of **d-**
-- is the Soft Mutation of **g-**
**l-** is the Soft Mutation of **ll-**
**r-** is the Soft Mutation of **rh-**

**mh-** is the Nasal Mutation of **p-**
**nh-** is the Nasal Mutation of **t-**
**ngh-** is the Nasal Mutation of **c-**
**m-** is the Nasal Mutation of **b-**
**n-** is the Nasal Mutation of **d-**
**ng-** is the Nasal Mutation of **g-**

**ph-** is the Spirant Mutation of **p-**
**th-** is the Spirant Mutation of **t-**
**ch-** is the Spirant Mutation of **c-**

## BYRFODDAU — ABBREVIATIONS

| | | |
|---|---|---|
| *a.* | *adjective* | *ansoddair* |
| *ad.* | *adverb* | *adferf* |
| *c.* | *conjunction* | *cysylltair* |
| *c.n.* | *collective noun* | *enw torfol* |
| *coll.* | *colloquial* | *llafar* |
| *contr.* | *contraction* | *cywasgiad* |
| *def. art.* | *definite article* | *y fannod* |
| *dem.* | *demonstrative* | *dangosol* |
| *d.n.* | *dual noun* | *enw deuol* |
| *f.* | *feminine* | *benywaidd* |
| *gram.* | *grammar* | *gramadeg* |
| *ind. art.* | *indefinite article* | *bannod amhenodol* |
| *i.* | *interjection* | *ebychiad* |
| *int. pn.* | *interrogative pronoun* | *rhagenw gofynnol* |
| *maths.* | *mathematics* | *mathemateg* |
| *n.* | *noun* | *enw* |
| *n.pl.* | *noun plural* | *enw lluosog* |
| *part.* | *particle* | *geiryn* |
| *pers.* | *person* | *person* |
| *pl.* | *plural* | *lluosog* |
| *pn.* | *pronoun* | *rhagenw* |
| *prp.* | *preposition* | *arddodiad* |
| *px.* | *prefix* | *rhagddodiad* |
| *rel.* | *relative* | *perthynol* |
| *v.* | *verb* | *berf* |

**A,** *int, part. & rel. pn.* WHO, THAT, WHICH
**a, ac,** *c.* AND
**â, ag,** *c.* AS
**â, ag,** *prp.* WITH, BY MEANS OF
**a,** *i.* AH, OH!
**ab, ap,** *n.m.* SON OF
**âb,** (abau, abiaid), *n.m.f.* APE
**abacws,** *n.m.* ABACUS
**abad,** (-au), *n.m.* ABBOT
**abadaeth,** (-au), *n.f.* ABBACY, ABBOTSHIP
**abades,** (-au), *n.f.* ABBESS
**abaty,** (abatai), *n.m.* ABBEY
**abdomen,** (-au), *n.m.* ABDOMEN
**aber,** (-oedd, ebyr), *n.m.f.* CONFLUENCE, ESTUARY, STREAM, CONDUIT
**aberfa,** (-oedd), *n.f.* HAVEN, ESTUARY
**abergofi,** *v.* FORGET
**abergofiant,** *n.m.* FORGETFULNESS, OBLIVION
**aberth,** (-au, ebyrth), *n.m.f.* SACRIFICE, PREY, VICTIM
**aberthged,** *n.f.* OBLATION, SHEAF OF CORN IN GORSEDD CEREMONY
**aberthol,** *a.* SACRIFICIAL
**aberthu,** *v.* SACRIFICE, OFFER UP
**aberthwr,** (-wyr), *n.m.* SACRIFICER
**aberu,** *v.* FLOW INTO
**abid,** *n.m.f.* APPAREL, (MONK'S) HABIT
**abiéc,** *n.m.f.* ALPHABET
**abl,** *a.* STRONG, ABLE RICH, CAPABLE
**abladol,** *a.* ABLATIVE
**abladu,** *v.* ABLATE
**ablawt,** *n.m.* ABLAUT
**abledd,** *n.m.* ABILITY, ABUNDANCE, OPULENCE
**abl-iach,** *a.* FIT
**ablwch,** *n.m.* PLENTY
**abnormaledd,** (-au), *n.m.* ABNORMALITY
**abo, abwy,** *n.m.* CARCASE, PREY
**abraidd,** *a.* SCARCELY
**abseil,** (-iau), *n.m.* ABSEIL
**abseilu,** *v.* ABSEIL
**absen,** *n.m.* ABSENCE, SLANDER
**absennol,** *a.* ABSENT
**absennu,** *v.* SLANDER, BACKBITE
**absennwr,** (absenwyr), *n.m.* SLANDERER, BACKBITER
**absenoldeb,** (-au), *n.m.* ABSENCE
**absenoli,** *v.* ABSENT
**absenoliaeth,** (-au), *n.m.* ABSENTEEISM
**absenolwr,** (-wyr), *n.m.* ABSENTEE
**absisa,** *n.m.* ABSCISSA
**absolfen(iad),** *n.m.* PARDON
**absol(i)wt,** *a.* ABSOLUTE,
**absol(i)wtaeth,** *n.m.* ABSOLUTISM
**abwth,** *n.m.* FRIGHT, INJURY
**abwydfa,** (-feydd), *n.f.* WORMERY
**abwyd(yn),** (-od), *n.m.* EARTHWORM, BAIT
**ac, a,** *c.* AND
**academaidd,** *a.* ACADEMIC(AL)
**academi,** (-ïau), *n.m.* ACADEMY
**academig,** *a.* SCHOLARLY, ACADEMIC
**acen,** (-nau, -ion), *n.f.* INTONATION, ACCENT
**aceniad,** (-au), *n.m.* ACCENTUATION, STRESS
**acennod,** (acenodau), *n.f.* ACCENT-MARK
**acennol,** *a.* ACCENTUAL
**acennu,** *v.* ACCENTUATE, STRESS, ACCENT
**acenyddiaeth,** *n.f.* ACCENTUATION
**acer,** (-i), *n.f.* ACRE
**acesia,** *n.m.* ACACIA
**acetabwlwm,** (-bwla), *n.m.* ACETABULUM
**acne,** *n.m.* ACNE
**acolâd,** (-au), *n.m.* ACCOLADE
**acolit,** (-iaid), *n.m.* ACOLYTE
**acosmaeth,** *n.m.* ACOSMISM
**acrilan,** *n.m.* ACRILAN
**acrilig,** *a.* ACRYLIC
**acrobat,** (-iaid), *n.m.* ACROBAT
**acromatig,** *a.* ACHROMATIC
**acrostig,** *n.m.* ACROSTIC
**acses,** *n.m.f.* (FIT OF) AGUE
**acsiom,** (-au), *n.m.* AXIOM
**acsiomatig,** *a.* AXIOMATIC
**acsiwn,** (-iynau), *n.f.* AUCTION
**acson,** *n.m.* AXON
**acstri, acstro,** *n.m.* AXLE
**act,** (-au), *n.f.* ACT, STATUTE
**actadwy,** *a.* ACTABLE
**actif,** *a.* ACTIVE
**actifadu,** *v.* ACTIVATE
**actifadur,** (-on), *n.m.* ACTIVATOR
**actifedd,** (-au), *n.m.* ACTIVITY
**actifiant,** (-iannau), *n.m.* ACTIVATION
**actifydd,** *n.m.* ACTIVIST
**actin,** *n.m.* ACTIN
**actiniwm,** *n.m.* ACTINIUM
**actinomorffig,** *a.* ACTINOMORPHIC
**actio,** *v.* ACT

**actiwr,** (-wyr), *n.m.* ACTOR
**actol,** *a.* PERFORMABLE, ACTION
**actor,** (-ion), *n.m.* ACTOR
**actores,** (-au), *n.f.* ACTRESS
**actwr,** (-wyr), *n.m.* ACTOR
**acw,** *ad.* THERE, YONDER
**acwa,** *n.m.* AQUA
**acwariwm,** (acwaria), *n.m.* AQUARIUM
**acwatint,** *n.m.* AQUATINT
**acwitans,** *n.m.* ACQUITTANCE
**acwsteg,** *n.m.f.* ACOUSTICS
**acwstig,** *a.* ACOUSTIC
**ach,** *i,* UGH!
**ach,** (-au, -oedd), *n.f.* LINEAGE, PEDIGREE, GENERATION
**acha,** *prp.* ASTRIDE, ON, BY MEANS OF
**achen,** (-au), *n.f.* LINEAGE, COAT OF ARMS, ACHENE
**acheuwr,** (-wyr), *n.m.* GENEALOGIST
**achlân,** *ad.* ENTIRELY, WHOLLY
**achles,** (-oedd), *n.m.f.* REFUGE, PROTECTION, MANURE
**achlesu,** *v.* SHELTER, PROTECT, MANURE
**achleswr,** (-wyr), *n.m.* SUCCOURER, PROTECTOR
**achlod,** *n.m.* SHAME, DISGRACE
**achlud,** *a.* OCCLUDED
**achludiad,** (-au), *n.m.* OCCLUSION
**achlust,** *n.m.* RUMOUR, WHISPER
*a.* ATTENTIVE
**achlysur,** (-on), *n.m.* OCCASION, CAUSE, ADVANTAGE
**achlysuraeth,** *n.f.* OCCASIONALISM
**achlysurol,** *a.* OCCASIONAL
**achofydd,** (-ion), *n.m.* GENEALOGIST
**achos,** (-ion), *n.m.* REASON, CAUSE, ACTION, CASE, OCCASION, FACTOR
*c.* BECAUSE, FOR
**achoseg,** *n.f.* AETIOLOGY
**achosegol,** *a.* AETIOLOGICAL
**achosi,** *v.* CAUSE, PROCURE
**achosiaeth,** (-au), *n.m.* | CAUSATION,
**achosiant,** (-nnau), *n.m.* | CAUSALITY
**achosionaeth,** *n.f.* CASUISTRY
**achredu,** *v.* ACCREDIT
**achres,** (-au, -i), *n.f.* GENEALOGICAL TABLE
**achromatig,** *a.* ACHROMATIC
**achryn,** *n.m.* SHIVERING
**achrynu,** *v.* SHIVER
**achub,** *v.* SAVE, SNATCH, SEIZE, RESCUE
*achub y blaen,* FORESTALL
*achub y cyfle,* SEIZE THE OPPORTUNITY
**achubiadu,** *v.* SALVAGE
**achubiaeth,** (-au), *n.f.* SALVATION, RESCUE
**achubol,** *a.* SAVING
**achubwr,** (-wyr), *n.m.* | SAVIOUR,
**achubydd,** (-ion), *n.m.* | RESCUER
**achul,** *a.* THIN, EMACIATED
**achwyn,** *v.* COMPLAIN
(-ion), *n.m.* COMPLAINT, PLAINT
**achwyngar,** *a.* QUERULOUS, COMPLAINING
**achwyniad,** (-au), *n.m.* COMPLAINT, ACCUSATION
**achwynwr, -ydd,** (-wyr), *n.m.* COMPLAINER, GRUMBLER, PLAINTIFF
**achydd,** (-ion), *n.m.* GENEALOGIST
**achyddiaeth,** (-au), *n.f.* GENEALOGY
**achyddol,** *a.* GENEALOGICAL
**ad-,** *prx.* VERY, SECOND, BAD, RE-
**adacen,** (-ion), *n.f.* SECONDARY ACCENT
**adagio,** *n.m.* ADAGIO
**adain,** (adanedd), *n.f.* WING, FIN, SPOKE, BOARD
**adain-hwrdd,** (adanedd-hwrdd), *n.f.* RAM-WING
**adalw,** *v.* RECALL
**adamant,** *n.m.* ADAMANT, DIAMOND
**adameg,** *n.f.* SPEECH, RIDDLE, TALE
**adaptor,** (-au), *n.m.* ADAPTOR
**adar,** *n.pl.* BIRDS, FOWLS
**adara,** *v.* CATCH BIRDS, FOWL
**adareg,** *n.f.* ORNITHOLOGY
**adarfogi,** *v.* REARM
**adargi,** (-gwn), *n.m.* SETTER, RETRIEVER, SPANIEL
**adargraffiad,** (-au), *n.m.* REPRINT
**adargraffu,** *v.* REPRINT
**adarwr,** (-wyr), *n.m.* FOWLER
**ad-arwyddo,** *v.* COUNTER-SIGN
**adarydd,** (-ion), *n.m.* ORNITHOLOGIST
**adaryddiaeth,** *n.f.* ORNITHOLOGY
**adbelydru,** *v.* REFLECT
**adborth,** *n.m.* FEED-BACK
**adborthi,** *v.* FEED-BACK
**adbrint,** (-iau), *n.m.* REPRINT
**adbrintio,** *v.* REPRINT
**adbrofi,** *v.* RE-TEST, TRY AGAIN
**adbrynu,** *v.* REDEEM, REPURCHASE
**ad-drefnu,** *v.* REARRANGE, REORGANISE
**ad-ddail,** *n.pl.* SPROUTS, SHOOTS
**ad-ddynodi,** *v.* RE-CODE
**adechelin, -ol,** *a.* ADAXIAL
**adeg,** (-au), *n.f.* TIME, OCCASION, SEASON, OPPORTUNITY

**adegol,** *a.* SPASMODIC
**adeilad,** (-au), *n.m.f.* BUILDING, CONSTRUCTION
**adeiladaeth,** (-au), *n.f.* CONSTRUCTION, STRUCTURE, ARCHITECTURE, EDIFICATION
**adeiladol,** *a.* EDIFYING, CONSTRUCTIVE
**adeiladwaith,** (-weithiau), *n.m.* CONSTRUCTION, STRUCTURE
**adeiladu,** *v.* BUILD, CONSTRUCT
**adeiladwr,** (-wyr), *n.m.* | BUILDER,
**adeiladydd,** (-ion), *n.m.* | CONTRACTOR
**adeiledig,** *a.* BUILT-UP
**adeinig,** *n.f.* AILERON
**adeiniog,** *a.* WINGED
**aden,** (-ydd), *n.f.* WING, BOARD
**adend,** (-au), *n.m.* ADDEND
**adendriad,** (-au), *n.m.* ATTAINDER
**aden-hwrdd,** *n.f.* RAM-WING
**adeni,** *v.* REGENERATE
*n.m.* AFTERBIRTH, REVIVAL
**adennill,** *v.* REGAIN, RECOVER, RECLAIM
**aderyn,** (adar), *n.m.* BIRD
**adethol,** *v.* RE-ELECT
**adfach,** (-au), *n.m.* BARB
**adfachyn,** (-fachau), *n.m.* BARBULE
**adfail,** (-feilion), *n.m.* RUIN, DECAY
**adfeddiannu,** *v.* RECOVER (POSSESSION)
**adfeddiant,** (-nnau), *n.m.* APPROPRIATION
**adfeddu,** *v.* APPROPRIATE, RECOVER
**adfeiliad,** *n.m.* DECAY, RUIN
**adfeiliedig,** *a.* DECAYED, IN RUINS
**adfeilio,** *v.* FALL, BECOME A RUIN
**Adfent,** *n.m.* ADVENT
**adfer(ol),** *a.* REMEDIAL
**adfer, -u, -yd,** *v.* REVIVE, RETURN, RESTORE TO HEALTH
**adferf,** (-au), *n.m.* ADVERB
**adferfol,** *a.* ADVERBIAL
**adferiad,** (-au), *n.m.* RESTORATION, RECOVERY
**adferol,** *a.* RESTORATIVE, REMEDIAL
**adferwr,** (-wyr), *n.m.* RESTORER
**adfewni,** *v.* RE-ENTER
**adfewniad,** (-au) *n.m.* RE-ENTRY
**adfilwr,** (-wyr), *n.m.* RECRUIT
**adflas,** (-au), *n.m.* BAD TASTE
**adflith,** (-ion), *n.m.* SECOND MILK
**adfocad,** *n.m.* ADVOCATE
**adforio,** *v.* RE-EXPORT
**adfowson,** *n.m.* ADVOWSON
**adfraw,** *n.m.* GREAT FRIGHT
**adfresych,** (*-en, n.f.*), *n.pl.* SPROUTS (BRUSSELS)
**adfwl,** (-fyliaid), *n.m.* GELDED BULL
**adfyd,** *n.m.* ADVERSITY, AFFLICTION
**adfydus,** *a.* ADVERSE, MISERABLE
**adfyfyrdod,** (-au), *n.m.* REFLECTION
**adfyfyrio,** *v.* REFLECT
**adfynach,** (-od), *n.m.* RENEGADE MONK
**adfyw,** *a.* HALF DEAD, REVIVED
**adfywhau,** *v.* REVIVE
**adfywiad,** (-au), *n.m.* REVIVAL, REANIMATION
**adfywio,** *v.* REVIVE, RESUSCITATE
**adfywiol,** *a.* REFRESHING, STIMULANT
**adiabatig,** *a.* ADIABATIC
**adiad,** (-au, adiaid), *n.m.* DRAKE, ADDITION
**adio,** *v.* ADD
*n.m.* ADDITION
**adiol,** *a.* ADDITIVE
**adiolyn,** (adiolion), *n.m.* ADDITIVE
**adlach,** (-(i)au), *n.f.* BACKLASH
**adladd, adlodd,** *n.m.* AFTERMATH, AFTERGRASS
**adlais,** (-leisiau), *n.m.* ECHO, REVERBERATION
**adlam,** (-au), *n.m.* REBOUND
*cic adlam,* DROP-KICK
**adlamu,** *v.* REBOUND, RECOIL
**adlef,** (-au), *n.f.* ECHO
**adleisio,** *v.* RESOUND, ECHO
**adlenwi,** *v.* REFILL
**adlewyrch(iad),** (-au), *n.m.* REFLECTION
**adlewyrchu,** *v.* REFLECT
**adlewyrchydd,** (-ion), *n.m.* REFLECTOR
**adlif,** (-oedd), *n.m.* FLOW, EBB
**adlifo,** *v.* FLOW BACK, REFLOW
**adlodd,** see *adladd*
**adlog,** (-au), *n.m.* COMPOUND INTEREST
**adloniadol,** *a.* ENTERTAINING, RECREATIVE
**adloniant,** (-iannau), *n.m.* ENTERTAINMENT, RECREATION
**adlonni,** *v.* ENTERTAIN, REFRESH
**adluniad,** (-au), *n.m.* RECONSTRUCTION
**adlunio,** *v.* REMODEL, RECONSTRUCT
**adlyn,** (-ion), *n.m.* ADHESIVE
**adlyniad,** (-au), *n.m.* ADHESION
**admiraliaeth,** *n.f.* ADMIRALTY
**adnabod,** *v.* KNOW, RECOGNISE, IDENTIFY, DIAGNOSE
**adnabyddiaeth,** *n.f.* KNOWLEDGE, ACQUAINTANCE, IDENTIFICATION

**adnabyddus,** *a.* FAMILIAR, WELL-KNOWN
**adnaid,** (-neidiau), *n.f.* REBOUND
**adnau,** (-euon), *n.m.* DEPOSIT, PLEDGE
**adnawd,** *n.m.* ADNATE
**adneirio,** *v.* REPROACH
**adneuo,** *v.* DEPOSIT
**adneuwr,** (-wyr), *n.m.* DEPOSITOR
**adnewidiadol,** *a.* MODIFIED
**adnewid,** *v.* MODIFY
**adnewyddiad,** (-au), *n.m.* RENEWAL, RENOVATION
**adnewyddu,** *v.* RENEW, RENOVATE
**adnewyddwr,** (-wyr), *n.m.* RENEWER, RENOVATOR
**adnod,** (-au), *n.f.* VERSE
**adnoddau,** *n.pl.* RESOURCES
**adolesens,** *n.m.* ADOLESCENCE
**adolesent,** *a. & n.m.* ADOLESCENT
**adolwg,** (-ygon), *n.f.* RETROSPECT
**adolygiad,** (-au), *n.m.* REVIEW
**adolygu,** *v.* REVIEW, REVISE, EDIT
**adolygwr,** (-wyr), **adolygydd,** (-ion) *n.m.* REVIEWER
**adraddoli,** *v.* REGRADE
**adraddu,** *v.* AGGRADE
**adran,** (-nau), *n.f.* DIVISION, SECTION, DEPARTMENT
**adrannol,** *a.* DEPARTMENTAL
**adref,** *ad.* HOMEWARDS
**adrefu,** *v.* RETURN HOME,
**adrewi,** *v.* REGELATION
**adrodd,** *v.* RELATE, RECITE
**adroddgan,** (-iadau), *n.f.* RECITATIVE
**adroddiad,** (-au), *n.m.* ACCOUNT, REPORT, RECITATION, NARRATION
**adroddiant,** (-nnau), *n.m.* NARRATIVE
**adroddwr,** (-wyr), *n.m.* NARRATOR, RECITER
**adroddyddiaeth,** *n.f.* ELOCUTION
**adsefydliad,** *n.m.* REHABILITATION
**adsefydlu,** *v.* REHABILITATE
**adsugniad,** (-au), *n.m.* ADSORPTION
**adsugno,** *v.* ADSORB
**aduniad,** (-au), *n.m.* REUNION
**aduno,** *v.* REUNITE
**adwaith,** (-weithiau), *n.m.* REACTION
**adwasgaeth,** *n.f.* REPRESSION
**adweinyddiaeth,** (-au), *n.f.* ADMINISTRATION
**adweithio,** *v.* REACT
**adweithiol,** *a.* REACTIVE; REACTIONARY
**adweithydd,** (-ion), *n.m.* REACTOR, REAGENT
**adweled,** *v.* SEE AGAIN
**adwerthu,** *v.* RETAIL
**adwerthwr,** (-wyr), *n.m.* RETAILER
**adwthiad,** (-au), *n.m.* REPRESSION
**adwthio,** *v.* REPRESS
**adwy,** (-au, -on), *n.f.* GAP, BREACH, PASS
**adwybod,** *n.m.* RECOGNITION
**adwyo,** *v.* BREACH
**adŵyr,** *a.* CROOKED
**adwyth,** (-au), *n.m.* EVIL, MISFORTUNE
**adwythig,** *a.* EVIL, BANEFUL, MALIGNANT
**adydd,** (-ion), *n.m.* ADDER (OF FIGURES)
**adyn,** *n.m.* WRETCH, SCOUNDREL
**adyrgop, -yn,** *n.m.* SPIDER
**addail,** *n.pl.* FOLIAGE, GRASS, SALAD
**addas,** *a.* FITTING, PROPER, SUITABLE
**addasadwy,** *a.* ADJUSTABLE, ADAPTABLE
**addasiad,** (-au), *n.m.* ADJUSTMENT, ADAPTATION
**addasrwydd,** *n.m.* FITNESS, SUITABILITY
**addasu,** *v.* FIT, ADAPT, SUIT
**addasydd,** (-ion), *n.m.* ADAPTOR
**addaw, addo,** *v.* PROMISE
**addaweb,** (-au), *n.f.* PROMISSORY NOTE
**addawol,** *a.* PROMISING
**addawŵr,** (-wyr), *n.m.* PROMISSOR
**addef,** *v.* CONFESS, OWN, ADMIT
**addefiad,** (-au), *n.m.* ADMISSION, CONFESSION
**addewid,** (-ion), *n.m.f.* PROMISE
**addfain,** *a.* SLENDER, SHAPELY
**addfed,** *a.* see *aeddfed*
**addfwyn,** *a.* GENTLE, MEEK, MILD
**addfwynder,** *n.m.* MEEKNESS, GENTLENESS
**addo,** *v.* PROMISE
**addod,** *n.m.* DEPOSITORY
*ŵy addod,* NEST-EGG
**addoediad,** *n.m.* PROROGATION
**addoldy,** (-dai), *n.m.* PLACE OF WORSHIP
**addolgar,** *a.* DEVOUT, REVERENT
**addolgarwch,** *n.m.* DEVOUTNESS, REVERENCE
**addoli,** *v.* WORSHIP, ADORE
**addoliad,** (-au), *n.m.* WORSHIP, ADORATION
**addolwr,** (-wyr), *n.m.* WORSHIPPER
**adduned,** (-au), *n.f.* RESOLUTION, VOW
**addunedol,** *a.* VOTIVE
**addunedu,** *v.* VOW
**addurn,** (-au, -iadau), *n.m.* ORNAMENT, ADORNMENT, DÉCOR
**addurnedig,** *a.* DECORATED

**addurniad,** (-au), *n.m.* ORNAMENTATION
**addurno,** *v.* ADORN, DECORATE
**addurnol,** *a.* ORNAMENTAL, DECORATIVE
**addurnwaith,** (-weithiau), *n.m.* ORNAMENT
**addurnwr,** (-wyr), *n.m.* DECORATOR
**addysg,** *n.f.* EDUCATION, INSTRUCTION
*addysg drydyddol,* TERTIARY EDUCATION
*addysg oedolion,* ADULT EDUCATION
**addysgadwy,** *a.* EDUCABLE
**addysgfa,** (-oedd, -feydd), *n.f.* SEMINARY
**addysgiadol,** *a.* INSTRUCTIVE
**addysgiaethwr** (-wyr), *n.m.* EDUCATIONIST
**addysgol,** *a.* EDUCATIONAL, SCHOLASTIC
**addysgu,** *v.* EDUCATE, INSTRUCT, TEACH
**addysgwr,** (-wyr), EDUCATIONALIST,
**addysgydd,** (-ion), *n.m.* INSTRUCTOR, TUTOR
**aeddfed,** *a.* RIPE, MATURE
**aeddfedrwydd,** *n.m.* RIPENESS, MATURITY, PUBERTY
**aeddfedu,** *v.* RIPEN, GATHER
**ael,** (-iau), *n.f.* BROW
**ael,** (-oedd), *n.f.* LITTER
**aele,** *a.* SAD, WRETCHED
**aelgam,** *a.* LEERING
**aelge(r)th,** see *elgeth*
**aelio,** *v.* PROTRUDE
**aelod,** (-au), *n.m.* LIMB, MEMBER
**aelodaeth,** *n.f.* MEMBERSHIP
**aelwyd,** (-ydd), *n.f.* HEARTH, HOME, FIRESIDE
**aeolaidd,** *a.* AEOLIAN
**aer,** (-ion), *n.m.* HEIR, AIR
**aeres,** (-au), *n.f.* HEIRESS
**aerfa,** (-feydd), *n.f.* WAR, BATTLE, SLAUGHTER
**aerglo,** (-eon, -eau), *n.m.* AIR-LOCK
**aerglos,** *a.* AIRTIGHT
**aergorff,** *n.m.* AIR-MASS
**aerobig,** *a.* AEROBIC
**aerodynameg,** *n.m.f.* AERODYNAMICS
**aerofod,** *n.m.* AEROSPACE
**aeroleg,** *n.f.* AEROLOGY
**aeron,** (*-en, n.f.*), *n.pl.* FRUITS, BERRIES
**aeronawteg,** *n.m.f.* AERONAUTICS
**aeronawtig,** *a.* AERONAUTICAL
**aerosol,** *n.m.* AEROSOL
**aerwy,** (-on, -au), *n.m.* COW-COLLAR, COLLAR, CHAIN, TORQUE
**aestifiaeth,** *n.f.* AESTIVATION
**aestheteg,** *n.f.* AESTHETICS
**aesthetig,** *a.* AESTHETIC
**aeth,** *n.m.* AWE, PAIN, GRIEF, SHOCK
**aether,** *n.m.* AETHER
**aethnen,** (-nau), *n.f.* ASPEN
**aethus,** *a.* GRIEVOUS, POIGNANT
**afagddu,** *n.f.* UTTER DARKNESS
**afal,** (-au), *n.m.* APPLE
*afal croen mochyn,* RUSSET APPLE
**afalans,** (-au), *n.m.* AVALANCHE
**afallen,** (-nau), *n.f.* APPLE-TREE
**afan,** (*-en, n.f.*), *n.pl.* RASPBERRIES
**afanc,** (-od), *n.m.* BEAVER
**afiach,** *a.* UNHEALTHY, SICK
**afiachog,** *a.* INVALID
**afiaith,** *n.m.* MIRTH, GLEE, ZEST
**afiechyd,** (-on), *n.m.* DISEASE, ILLNESS
**afieithus,** *a.* MIRTHFUL, GLEEFUL
**aflafar,** *a.* HARSH, UNMELODIOUS
**aflan,** *a.* DIRTY, UNCLEAN, FOUL
**aflawen,** *a.* SAD, DISMAL
**aflednais,** *a.* IMMODEST, INDELICATE
**afledneisrwydd,** *n.m.* IMMODESTY, INDELICACY
**aflem,** *a.* OBTUSE
**aflendid,** *n.m.* UNCLEANNESS, FILTH
**afleoli,** *v.* DISLOCATE
**afleoliad,** (-au), *n.m.* DISLOCATION
**aflêr,** *a.* UNTIDY, SLOVENLY
**aflerdwf,** *n.m.* SPRAWL
**aflerwch,** *n.m.* UNTIDINESS
**afles,** *n.m.* DISADVANTAGE, HURT
**aflesol,** *a.* DISADVANTAGEOUS
**afliwio,** *v.* DISCOLOUR
**aflonydd,** *a.* RESTLESS, ANXIOUS
**aflonyddu,** *v.* DISTURB, MOLEST
**aflonyddwch,** *n.m.* DISTURBANCE, UNREST
**aflonyddwr,** (-wyr), *n.m.* DISTURBER, MOLESTER
**afloyw,** *a.* OPAQUE
**afluniad,** (-au), *n.m.* DISTORTION
**afluniaidd,** *a.* DEFORMED, UNSHAPELY
**aflunio,** *v.* DEFORM, DISFIGURE, DISTORT
**aflwydd,** *n.m.* MISFORTUNE, CALAMITY
**aflwyddiannus,** *a.* UNSUCCESSFUL, ABORTIVE
**aflwyddiant,** (-nnau), *n.m.* FAILURE
**aflwyddo,** *v.* FAIL
**aflym,** *a.* BLUNT, OBTUSE
**aflywodraeth,** (-au), *n.f.* MISRULE, ANARCHY
**aflywodraethus,** *a.* UNGOVERNABLE, UNCONTROLLABLE

**afon,** (-ydd), *n.f.* RIVER
*dalgylch afon,* DRAINAGE BASIN
*afon ladrad,* RIVER CAPTURE
*gwrthwaered afon,* UPSTREAM
*ystum afon,* MEANDER
**afonfarch,** (-feirch), *n.m.* HIPPOPOTAMUS
**afonig,** (-au), *n.f.* BROOK, RIVULET
**afonol,** *a.* FLUVIAL
**afradlon,** *a.* WASTEFUL, PRODIGAL
**afradlonedd,** *n.m.* PRODIGALITY
**afradloni,** *v.* WASTE, SQUANDER
**afradu,** *v.* WASTE, LAVISH
**afraid,** *a.* NEEDLESS, UNNECESSARY
**afrasol,** *a.* UNGRACIOUS
**afreidiol,** *a.* UNNECESSARY
**afreolaeth,** *n.f.* DISORDER, UNRULINESS
**afreolaidd,** *a.* IRREGULAR, DISORDERLY
**afreoleidd-dra,** *n.m.* IRREGULARITY
**afreolus,** *a.* UNRULY, DISORDERLY
**afreswm,** *n.m.* ABSURDITY
**afresymol,** *a.* UNREASONABLE, ABSURD
**afresymoldeb,** *n.m.* UNREASONABLENESS
**afrifed,** *a.* INNUMERABLE
**afrllad, -en,** (-au; -ennau), *n.f.* WAFER
**afrosgo,** *a.* CLUMSY, UNGAINLY
**afrwydd,** *a.* DIFFICULT, STIFF, AWKWARD
**afrwyddineb,** *n.m.* DIFFICULTY
**afrwyddo,** *v.* OBSTRUCT, HINDER
**afryw(iog),** *a.* PERVERSE, HARSH, IMPROPER
**afrywiogrwydd,** *n.m.* CHURLISHNESS, ROUGHNESS
**afu,** (-oedd), *n.m.* LIVER
*afu (g)las,* GIZZARD
**afwyn,** (-au), *n.f.* REIN
**affaith,** (-eithiau), *n.m.* AFFECT, AIDING (A CRIME)
**affeithiad,** (-au), *n.m.* AFFECTION (GRAMMAR)
**affeithiwr,** (-wyr), *n.m.* ACCESSORY, ACCOMPLICE
**affeithrwydd,** *n.m.* AFFECTIVITY
**afferol,** *a.* AFFERENT
**afferu,** *v.* AFFEER
**affin,** *n.m.* AFFINE
**affinedd,** (-au), *n.m.* AFFINITY
**afflau,** *n.m.* BOSOM, HUG, GRIP
**affliw,** *n.m.* SHRED, PARTICLE
**affrae,** (-on), *n.f.* AFFRAY
**affrithiol,** *a.* AFFRICATIVE
**affrwythog,** *a.* HYPOGYNOUS
**affwys,** *n.m.* ABYSS
**affwysedd,** *n.m.* BATHOS
**affwysol,** *a.* ABYSMAL, BATHETIC
**ag,** *c.* AS
*prp.* WITH. } see *â*
**agalen,** (-nau, ni), *n.f.* WHETSTONE
**agen,** (-nau), *n.f.* CLEFT, CHINK, SLOT, RIFT
**agenda,** (-âu), *n.m.* AGENDA
**agendor,** (-au), *n.f.* GAP, GULF, ABYSS
**agennu,** *v.* SPLIT, SLOT
**ager,** *n.m.* VAPOUR, STEAM
**agerlong,** (-au), *n.f.* STEAMSHIP
**ageru,** *v.* STEAM, EVAPORATE
**aget,** (-au), *n.m.* AGATE
**agolch,** *n.m.* SWILL
**agor, -yd,** *v.* OPEN, EXPAND
**agorawd,** (-au), *n.f.* OVERTURE
**agored,** *a.* OPEN, LIABLE
**agorell,** *n.f.* REAMER, OPENER
**agorfa,** (-oedd), *n.f.* OPENING, VENT, APERTURE
**agoriad,** (-au), *n.m.* OPENING, KEY, SLOT
*agoriad cudd,* CONCEALED OPENING
*agoriad undarn,* CONTINUOUS WRAP
**agoriadol,** *a.* INAUGURAL, OPENING
**agorwr,** (-wyr), *n.m.*
**agorydd,** (-ion), *n.m.* } OPENER
**agos,** *a.* NEAR, DEAR, NIGH, APPROXIMATE
*ad.* ALMOST
**agosaol,** *a.* APPROACHING
**agosatrwydd,** *n.m.* INTIMACY
**agosáu,** *v.* DRAW NEAR, APPROACH
**agosrwydd,** *n.m.* PROXIMITY, NEARNESS
**agreg,** (-iadau), *n.m.* AGGREGATE
**agregu,** *v.* AGGREGATE
**agronomeg,** *n.f.m.* AGRONOMY
**agronomegwr,** (-wyr), *n.m.* AGRONOMIST
**agwedd,** (-au), *n.f.m.* FORM, ASPECT, ATTITUDE
**agweddi,** (-ïau), *n.m.* DOWER, MARRIAGE GIFT
**angall,** *a.* UNWISE, FOOLISH
**angau,** (angheuoedd), *n.m.f.* DEATH
**angel,** (angylion, engyl), *n.m.* ANGEL
**angen,** (anghenion), *n.m.* WANT, NEED
**angenoctid,** *n.m.* PRIVATION
**angenrheidiol,** *a.* NECESSARY
**angenrheidrwydd,** *n.m.* NECESSITY
**angerdd,** *n.m.f.* PASSION, VIOLENCE, FORCE, INTENSITY, HEAT
**angerddol,** *a.* INTENSE, VIOLENT, PASSIONATE
**angerddoldeb,** *n.m.* VEHEMENCE, INTENSITY

**anghaffael,** *n.m.* MISHAP, FAILURE, DEFECT
**angharedig,** *a.* UNKIND
**angharedigrwydd,** *n.m.* UNKINDNESS
**anghelfydd,** *a.* CLUMSY, UNSKILFUL
**anghellog,** *a.* ACELLULAR
**anghenfil,** (angenfilod), *n.m.* MONSTER
**anghenraid,** (angenrheidiau), *n.m.* NECESSITY
**anghenus,** *a.* NEEDY, INDIGENT
**angheuol,** *a.* DEADLY, FATAL, MORTAL
**anghlod,** *n.m.* DISHONOUR, DISPRAISE
**anghlydwr,** *n.m.* EXPOSURE
**anghoelio,** *v.* DISBELIEVE
**anghofiedig,** *a.* FORGOTTEN
**anghofio,** *v.* FORGET
**anghofrwydd,** *n.m.* FORGETFULNESS
**anghofus,** *a.* FORGETFUL
**anghred,** *n.f.* UNBELIEF
**anghredadun,** (-iaid), *n.m.* UNBELIEVER
**anghrediniaeth,** *n.f.* UNBELIEF, INFIDELITY
**anghrediniol,** *a.* UNBELIEVING
**anghredu,** *v.* DISBELIEVE
**anghrefyddol,** *a.* IRRELIGIOUS
**anghrisialaidd,** *a.* NON-CRYSTALLINE
**anghrist, (-iau),** *n.m.* ANTICHRIST
**anghrist(io)nogol,** *a.* UNCHRISTIAN
**anghroesawus,** *a.* INHOSPITABLE
**anghronnol,** *a.* NON-CUMULATIVE
**anghryno,** *a.* INCOMPACT
**anghwrtais,** *a.* DISCOURTEOUS
**anghwrteisi,** *n.m.* DISCOURTESY
**anghydbwysedd,** *n.m.* IMBALANCE
**anghydfod,** (-au), *n.m.* DISAGREEMENT
**anghydffurfiaeth,** *n.f.* NONCONFORMITY
**anghydffurfiol,** *a.* NONCONFORMIST
**anghydffurfiwr,** (-wyr), *n.m.* NONCONFORMIST
**anghydlifiad,** *n.m.* DIFFLUENCE
**anghydnaws,** *a.* UNCONGENIAL
**anghydrif,** *a. & n.m.* ODD NUMBER
**anghydryw,** *a.* HETEROGENEOUS
**anghydsynio,** *v.* DISAGREE, DISSENT
**anghydweddol,** *a.* INCOMPATIBLE
**anghyfaddas,** *a.* UNSUITABLE, UNFIT
**anghyfaddasu,** *v.* UNFIT, DISQUALIFY
**anghyfanhedd-dra,** *n.m.* DESOLATION
**anghyfanheddol** *a.* DESOLATING, DESERT
**anghyfannedd,** *a.* UNINHABITED, DESERT
**anghyfansoddiadol,** *a.* UNCONSTITUTIONAL
**anghyfartal,** *a.* UNEVEN, UNEQUAL
**anghyfartaledd,** *n.m.* DISPARITY
**anghyfarwydd,** *a.* UNFAMILIAR, UNSKILLED
**anghyfeb,** *a.* BARREN
**anghyfeillgar,** *a.* UNFRIENDLY, UNSOCIABLE
**anghyfiaith,** *a.* FOREIGN, ALIEN (SPEECH)
**anghyfiawn,** *a.* UNJUST, UNFAIR
**anghyfiawnder,** (-au), *n.m.* INJUSTICE, UNFAIRNESS
**anghyfieithus,** *a.* FOREIGN
**anghyflawn,** *a.* INCOMPLETE, TRANSITIVE
**anghyflawnhad,** *n.m.* NONCONSUMMATION
**anghyfleus,** *a.* INCONVENIENT
**anghyfleustra,** *n.m.* INCONVENIENCE
**anghyflogadwy,** *a.* UNEMPLOYABLE
**anghyflogaeth,** (-au), *n.m.* UNEMPLOYMENT, REDUNDANCY
**anghyfnewidiol,** *a.* CHANGELESS
**anghyfochrog,** *a.* SCALENE
**anghyfraith,** *n.f.* ILLEGALITY, WRONG-DOING, LAWLESSNESS
**anghyfras,** *a.* INCOGNATE
**anghyfreithlon,** *a.* ILLEGAL, ILLEGITIMATE
**anghyfreithus,** *a.* ILLEGITIMATE
**anghyfrifol,** *a.* IRRESPONSIBLE
**anghyffredin,** *a.* RARE, UNCOMMON
**anghyffredinedd,** *n.m.* STRANGENESS, ODDITY
**anghyffwrdd,** *a.* INTANGIBLE
**anghyffyrddus,** *a.* UNCOMFORTABLE
**anghymedrol,** *a.* IMMODERATE
**anghymedroldeb,** *n.m.* IMMODERATION
**anghymen,** *a.* RASH, UNTIDY, IMPROPER
**anghymeradwy,** *a.* UNACCEPTABLE
**anghymeradwyo,** *v.* DISAPPROVE
**anghymesur,** *a.* ASYMMETRIC
**anghymharol,** *a.* INCOMPARABLE
**anghymharus,** *a.* ILL-MATCHED
**anghymhwyso,** *v.* UNFIT, DISQUALIFY
**anghymodlon,** *a.* IMPLACABLE
**anghymwys,** *a.* UNFIT, UNSUITABLE
**anghymwyster,** *n.m.* INCAPACITY, INCOMPETENCE, DISQUALIFICATION
**anghynefin,** *a.* UNFAMILIAR
**anghynefindra,** *n.m.* UNFAMILIARITY
**anghynhyrchiol,** *a.* UNPRODUCTIVE
**anghynnes,** *a.* ODIOUS, SAVAGE, FRIGID
**anghysbell,** *a.* REMOTE, INACCESSIBLE
**anghyson,** *a.* INCONSISTENT
**anghysondeb, -der,** (-au), *n.m.* INCONSISTENCY
**anghysur,** (-on), *n.m.* DISCOMFORT

**anghysuro,** *v.* DISCOMFORT
**anghysurus,** *a.* UNCOMFORTABLE
**anghysylltus,** *a.* INCOHERENT
**anghytbwys,** *a.* UNBALANCED
**anghytgord,** (-iau), *n.m.* DISCORD, DISSENSION
**anghytûn,** *a.* DISUNITED, DISSONANT, INCOMPATIBLE
**anghytundeb,** (-au), *n.m.* DISAGREEMENT
**anghytuno,** *v.* DISAGREE
**anghywair,** *a.* SLOVEN, UNSKILFUL
*n.m.* DISREPAIR
**anghyweithas,** *a.* FROWARD, PERVERSE
**anghywir,** *a.* WRONG, FALSE
**anghywirdeb,** (-au), *n.m.* MISTAKE, INACCURACY
**angladd,** (-au), *n.m.f.* BURIAL, FUNERAL
**angladdol,** *a.* FUNER(E)AL
**angoel,** (-ion), *n.m.f.* DISBELIEF
**angof,** *n.m.* FORGETFULNESS, OBLIVION
**angor,** *n.m.* MISER
**angor,** (-au, -ion), *n.f.* ANCHOR
**angorfa,** (-oedd, -feydd, -fâu), *n.f.* ANCHORAGE
**angori** *v.* ANCHOR
**angorle,** (-oedd), *n.m.* ROADSTEAD
**angwanegu,** *v.* INCREASE
**angylaidd,** *a.* ANGELIC
**angyles,** (-au), *n.f.* FEMALE ANGEL
**ai,** *ad.* IS IT? WHAT?
**ai,** *c.* OR, EITHER, IF
**aidd,** *n.m.* ZEAL, ARDOUR
**aig,** (eigiau), *n.f.* HOST, SHOAL
**aig,** *n.f.* SEA, OCEAN
**ail,** *a.* SECOND, LIKE
**ail-,** *prx.* RE-, AGAIN
**ailadrodd,** *v.* REPEAT, RECAPITULATE
**ailadroddiad,** (-au), *n.m.* REPETITION, RECAPITULATION
**ailbrint,** (-iau), *n.m.* REPRINT
**ailbrisiad,** *n.m.* REVALUATION
**ailenedigaeth,** *n.f.* REBIRTH
**aileni,** *v.* REGENERATE
**ailennill,** *v.* RECLAIM, REGAIN
**Ailfedyddiaeth,** *n.f.* ANABAPTISM
**Ailfedyddiwr,** (-wyr), *n.m.* ANBAPTIST
**ailfoelyd,** *v.* RELAPSE
**ail-law,** *a.* SECOND-HAND
**ailolygiad,** *n.m.* RECENSION
**aillt,** *n.m.* VILLEIN, SUBJECT, CLIENT
**ais,** see *asen, eisen*
**âl,** (alau, aloedd), *n.f.* PARTURITION
**alabastr,** *n.m.* ALABASTER
**alaeth,** *n.m.* WAILING, SORROW, GRIEF
**alaethu,** *v.* LAMENT, GRIEVE, MOURN
**alaethus,** *a.* LAMENTABLE, MOURNFUL
**alar,** *n.m.* SURFEIT
**alarch,** (-od, elyrch), *n.m.* SWAN
**alaredd,** *n.m.* BOREDOM
**alaru,** *v.* SURFEIT, LOATHE
**alaw,** (-on), *n.f.* AIR, MELODY, TUNE, LILY
**alban,** *n.m.* EQUINOX, SOLSTICE
**Alban, Yr** *n.f.* SCOTLAND
**Albanwr,** (-wyr), *n.m.* SCOT
**albinedd,** *n.m.* ALBINISM
**albwmen,** (-au), ALBUMEN
**alcali,** (-ïau), *n.m.* ALKALI
**alcalinaidd,** *a.* ALKALINE
**alcalinedd,** *n.m.* ALKALINITY
**alcam,** *n.m.* TIN
**alcemeg,** *n.f.* | ALCHEMY
**alcemi** *n.m.* | ALCHEMY
**alcohol,** *n.m.* ALCOHOL
**alcoholiaeth,** *n.f.* ALCOHOLISM
**alcoholig,** *a. & n.m.f.* ALCOHOLIC
**alch,** (-au, eilch), *n.f.* GRID-IRON
**ale,** (-au, -on), *n.f.* AISLE, GANGWAY, ALLEY
**alegori,** (-ïau), *n.f.* ALLEGORY
**alfeolus,** *n.m.* ALVEOLUS
**alga,** (-u), *n.m.* ALGA
**algebra,** (-âu), *n.m.f.* ALGEBRA
**algebraidd,** *a.* ALGEBRAIC
**algebreg,** *n.f.* ALGEBRA
**algorithm,** (-au), *n.m.* ALGORITHM
**ali,** (-ïau), *n.f.* ALLEY (MARBLE)
**aliniad,** (-au), *n.m.* ALIGNMENT
**alinio,** *v.* ALIGN
**aliwn,** *n.m.& a.* ALIEN
**aliwneiddiad,** *n.m.* ALIENATION
**Almaen, Yr** *n.f.* GERMANY
**Almaenaidd,** *a.* GERMAN
**Almaeneg,** *n.f.* GERMAN LANGUAGE
*Almaenes,* GERMAN WOMAN
**Almaenig,** *a.* GERMAN
**Almaenwr,** (-wyr), *n.m.* GERMAN
**almanac,** (-iau), *n.m.* ALMANAC
**almanaciwr,** (-wyr), *n.m.* COMPILER OF ALMANACS
**almon,** (-au), *n.f.* ALMOND
**almonwr,** (-wyr), *n.m.* ALMONER
**aloe,** (-s), *n.m.* ALOE
**alói,** (aloeon), *n.m.* ALLOY
**alotio,** *v.* ALLOT
**alotropi(aeth),** *n.m.* ALLOTROPY
**alp,** (-au), *n.m.* ALP
*Yr Alpau,* THE ALPS

**alpafr,** (-eifr), *n.f.* IBEX
**alpaidd,** *a.* ALPINE
**altimedr,** (-au), *n.m.* ALTIMETER
**alto,** *n.f.* ALTO
**alwm,** *n.m.* ALUM
**alwminiwm,** (-iymau), *n.m.* ALUMINIUM
**alwys,** *n.m.* ALOE
**allafon,** (-ydd), *n.f.* DISTRIBUTARY
**allan,** *ad.* OUT, OUTSIDE
**allanedd,** (-au), *n.m.* EXTERIOR
**allanfa,** (-feydd), *n.f.* EXIT
**allanol,** *a.* EXTERNAL, OUTWARD, EXTERIOR
**allanoldeb,** *n.m.* EXTERNALITY
**allanoli,** *v.* PROJECT
**allanus,** *a.* EXTRANEOUS
**allblyg, -ol,** *a.* EXTROVERT
**allblygiad,** *n.m.* EXTROVERSION
**allblygwr,** (-wyr), *n.m.* EXTROVERT
**allborth,** (-byrth), *n.m.* OUTPORT
**allbwn,** (-bynnau), *n.m.* OUTPUT
**alldafliad,** (-au), *n.m.* FALL-OUT
**alldaflu,** *v.* EXCRETE
**alldaith,** (-deithiau), *n.f.* EXPEDITION
**alldarddiad,** *n.m.* EXOGENESIS
**allddod,** *v.* EMERGE
**allddodol,** *a.* EMERGENT
**allddodyn,** (-ddodion), *n.m.* SUBSTITUTE
**alledu,** *v.* EFFUSE
**alleg,** (-au, -ion), *n.f.* ALLEGORY
**allergedd,** *n.m.* ALLERGY
**allergol,** *a.* ALLERGIC
**allfa,** (-feydd), *n.f.* OUTLET
**allfan,** *n.m.* ALIBI
**allforio,** *v.* EXPORT
**allforion,** *n.pl.* EXPORTS
**allforiwr,** (-wyr), *n.m.* EXPORTER
**allfrig,** *a.* OFF-PEAK
**allfro,** *n.m.* FOREIGN LAND, FOREIGNER
**allfudo,** *v.* EMIGRATE
**allfudwr,** (-wyr), *n.m.* EMIGRANT
**allfwriaeth,** *n.m.* EXORCISM
**allfwriol,** *a.* CENTRIFUGAL
**allfwriwr,** (-wyr), *n.m.* EXORCIST
**allfwrw,** *v.* CENTRIFUGE, EXORCISE
**allfwrydd,** (-ion), *n.m.* CENTRIFUGE
**allganol,** *a.* ECENTRE
**allgaredd,** *n.m.* | ALTRUISM
**allgarwch,** *n.m.* |
**allgarwr,** (-wyr), *n.m.* ALTRUIST
**allgasedd,** *n.m.* XENOPHOBIA
**allgau,** *v.* EXCLUDE
**allglofan,** (-nau), *n.m.* EXCLAVE
**allgylch,** (-oedd), *n.m.* ESCRIBED CIRCLE
**allgylchu,** *v.* ESCRIBE
**allog,** *n.m.* ALUM
**allor,** (-au), *n.f.* ALTAR
**allosod,** *v.* EXTRAPOLATE, REPLACE
**allt,** (elltydd), *n.f.* HILL, CLIFF, WOOD
**alltaith,** (-teithiau), *n.f.* EXPEDITION
**alltraeth,** *a.* OFFSHORE
**alltro,** (-eon), *n.m.* EXTROVERSION
**alltröedig,** *a.* EXTROVERT
**alltud,** (-ion), *n.m.* EXILE, ALIEN
**alltudiaeth,** (-au), *n.f.* EXILE, BANISHMENT
**alltudio,** *v.* BANISH, EXILE
**allwedd,** (-au, -i), *n.f.* KEY, CLEFF
**allweddell,** *n.f.* KEYBOARD
**allwyriad,** (-au), *n.m.* DEFLECTION
**allyrredd,** *n.m.* EMISSIVITY
**allyriant,** (-iannau), *n.m.* EMISSION
**am,** *prp.* ROUND, ABOUT, FOR, AT, ON
*c.* BECAUSE, PROVIDED THAT
**amaeth,** *n.m.* AGRICULTURE
**amaethdy,** (-dai), *n.m.* FARM-HOUSE
**amaethu,** *v.* FARM, CULTIVATE
**amaethwr,** (-wyr), *n.m.* FARMER
**amaethyddiaeth,** *n.f.* AGRICULTURE
**amaethyddol,** *a.* AGRICULTURAL
**amalgam,** (-au), *n.m.* AMALGAM
**amarch,** *n.m.* DISHONOUR, DISRESPECT
**amatur,** (-iaid), *n.m.* & *a.* AMATEUR
**amaturaidd,** *a.* AMATEURISH
**amaturiaeth,** *n.m.* AMATEURISM
**amau,** *v.* DOUBT, SUSPECT, DISPUTE
(amheuon), *n.m.* DOUBT
**ambegwn,** *a.* CIRCUMPOLAR
**ambell,** *a.* OCCASIONAL
*ambell waith,* OCCASIONALLY
**ambiwlans,** (-ys), *n.m.* AMBULANCE
**ambr,** *a.* & *n.m.* AMBER
**amcan,** (-ion), *n.m.* PURPOSE, NOTION, GUESS
*ar amcan,* AT RANDOM, APPROXIMATELY
**amcangyfrif,** *v.* ESTIMATE
(-on), *n.m.* ESTIMATE
**amcaniad,** *n.m.* PROJECTION
**amcanol,** *a.* NOTIONAL
**amcanu,** *v.* INTEND, AIM, GUESS
**amcanus,** *a.* PURPOSED, SKILFUL
**amchwaraefa,** (-feydd), *n.f.* AMPHITHEATRE
**amdaith,** (-deithiau), *n.f.* CIRCUIT, DETOUR

**amdo,** (-oeau), *n.m.f.* SHROUD
**amdoi,** *v.* SHROUD, ENSHROUD
**amdorch,** (-dyrch), *n.f.* CHAPLET, WREATH
**amdro,** *a.* ROTARY
**am-droi,** *v.* WIND, ROTATE, CONVERT
**amddeheurwydd,** *n.m.* AMBIDEXTERITY
**amddifad,** *n.m. & a.* ORPHAN, DESTITUTE
**amddifadiad,** *n.m.* DEPRIVATION
**amddifadrwydd,** *n.m.* DESTITUTION, PRIVATION
**amddifadu,** *v.* BEREAVE, DEPRIVE
**amddifadus,** *a.* DEPRIVED
**amddiffyn,** *v.* PROTECT, DEFEND
(-ion), *n.m.* DEFENCE
**amddiffynfa,** (-feydd), *n.f.* FORTRESS
**amddiffyniad,** (-au), *n.m.* PROTECTION, DEFENCE
**amddiffynneb,** (-ynebau), *n.f.* PROTECTION ORDER
**amddiffynnwr,** (-ynwyr), *n.m.* DEFENDER,
**amddiffynnydd,** (-ynyddion), PROTECTOR, DEFENDANT
**amedr,** (-on), *n.m.* AMMETER
**amen,** (-au), *n.m.* AMEN
**amersu,** *v.* AMERCE
**ameu,** see *amau*
**amfeddiad,** (-au), *n.m.* IMPROPRIATION
**amfeddu,** *v.* IMPROPRIATE
**amfesur,** (-au), *n.m.* PERIMETER
**amffibus,** *a.* AMPHIBIOUS
**amffitheatr,** (-au), *n.m.* AMPHITHEATRE
**amgaeëdig,** *a.* ENCLOSED
**amganol,** *a.* CIRCUMCENTRE
**amgant,** (-au), *n.m.* REGION, BOUNDS, PERIPHERY
**amgantol,** *a.* PERIPHERAL
**amgarn,** (-au), *n.m.f.* CIRCLE, FERRULE, RING
**amgáu,** *v.* ENCLOSE, SHUT IN
**amgen,** *a. & ad.* OTHER, ELSE, OTHERWISE, DIFFERENT
*nid amgen,* NAMELY
**amgenach,** *a. & ad.* OTHERWISE, BETTER
**amgenu,** *v.* SUBSTITUTE
**amgrwm,** *a.* CONVEX
**amgueddfa,** (-feydd), *n.f.* MUSEUM
*amgueddfa werin,* FOLK MUSEUM
**amgyffred,** *v.* COMPREHEND, GRASP, COMPRISE
(-ion), *n.m.* COMPREHENSION
**amgyffrediad,** (-au), *n.m.* COMPREHENSION
**amgylch,** (-oedd), *n.m.* CIRCUIT, ENVIRONS
*o amgylch,* ROUND ABOUT, ABOUT
**amgylch,** (-au), *n.m.* CIRCUMSCRIBED CIRCLE
**amgylchedd,** (-au, -ion), *n.m.* ENVIRONMENT
**amgylcheddwr,** (-wyr), *n.m.* ENVIRONMENTALIST
**amgylchen,** (-ni), *n.f.* ARCHITRAVE
**amgylchfyd,** *n.m.* ENVIRONMENT
**amgylchfydol,** *a.* ENVIRONMENTAL
**amgylchiad,** (-au), *n.m.* OCCASION, CIRCUMSTANCE
**amgylchiadol,** *a.* CIRCUMSTANTIAL
**amgylchion,** *n.pl.* ENVIRONS
**amgylchol,** *a.* ENVIRONMENTAL
**amgylchu,** *v.* ENCIRCLE, SURROUND, CIRCUMSCRIBE
**amgylchynol,** *a.* SURROUNDING
**amgylchynu,** *v.* SURROUND
**amharch,** see *amarch*
**amharchu,** *v.* DISHONOUR, DISRESPECT
**amharchus,** *a.* DISRESPECTFUL, DISHONOURABLE
**amhariad,** (-au), *n.m.* IMPAIRMENT, DAMAGE
**amharod,** *a.* UNREADY, UNPREPARED
**amharodrwydd,** *n.m.* UNREADINESS
**amharu,** *v.* HARM, IMPAIR, DAMAGE
**amharus,** *a.* DECAYED, RUINOUS, FEEBLE
**amhendant,** *a.* INDEFINITE, VAGUE
**amhenderfynol,** *a.* IRRESOLUTE
**amhenodol,** *a.* INDEFINITE, VAGUE
**amhenodrwydd,** *n.m.* INDETERMINACY
**amherffaith,** *a.* IMPERFECT
**amherffeithrwydd,** *n.m.* IMPERFECTION
**amhersonol,** *a.* IMPERSONAL
**amherthnasol,** *a.* IRRELEVANT
**amheuaeth,** (-au), *n.f.* DOUBT, SUSPICION
**amheugar,** *a.* SUSPICIOUS, SCEPTICAL
**amheus,** *a.* DOUBTING, DOUBTFUL
**amheuthun,** *a.* DAINTY, SAVOURY, CHOICE
(-ion), *n.m.* DELICACY, TREAT
**amheuwr,** (-wyr), *n.m.* DOUBTER, SCEPTIC
**amhin(i)og,** (-au, -ion), *n.m.* ARCHITRAVE, DOOR-POST, THRESHOLD
**amhlantadwy,** *a.* CHILDLESS, BARREN
**amhleidiaeth,** *n.f.* NEUTRALITY
**amhleidiol,** *a.* IMPARTIAL, NEUTRAL
**amhoblog,** *a.* THINLY POPULATED

**amhoblogaidd,** *a.* UNPOPULAR
**amhoblogrwydd,** *n.m.* UNPOPULARITY
**amhosibl,** *a.* IMPOSSIBLE
**amhosibilrwydd,** *n.m.* IMPOSSIBILITY
**amhositif,** *a.* NON-POSITIVE
**amhriodol,** *a.* IMPROPER
**amhrisiadwy,** *a.* PRICELESS, INVALUABLE
**amhrofiadol,** *a.* INEXPERIENCED
**amhûr,** *a.* IMPURE, FOUL
**amhurdeb,** (-au), *n.m.* | IMPURITY,
**amhuredd,**(-au,-ion),*n.m.* | DROSS
**amhuriad,** (-au), *n.m.* POLLUTION
**amhwyllo,** *v.* GO MAD
**amhwyllog,** *a.* FOOLISH, MAD
**aminedd,** *n.m.* AMINATION
**aml,** *a.* FREQUENT, ABUNDANT
*ad.* OFTEN
*gan amlaf,* MOST OFTEN, MOSTLY
**amlap,** (-au), *n.m.* WRAP
**amlarfod,** (-au, -ion), *n.m.f. & a.* MULTI-RANGE
**amlder, -dra,** (-au), *n.m.* ABUNDANCE
**amldduwiaeth,** *n.f.* POLYTHEISM
**amledd,** (-au), *n.m.* FREQUENCY
**amleiriog,** *a.* WORDY, VERBOSE, PROLIX
**amlen,** (-ni), *n.f.* ENVELOPE
**amlffurf,** *a.* POLYMORPHIC
**amlffurfiaeth,** *n.f.* POLYMORPHISM
**amlgainc,** *a.* SYMPODIAL
**amlgellog,** *a.* MULTICELLULAR
**amlhad,** *n.m.* INCREASE, INCREASING
**amlhau,** *v.* INCREASE, MULTIPLY
**amlinell,** (-au), *n.f.* OUTLINE, CONTOUR
**amlinelliad,** (-au), OUTLINE
**amlinellu,** *v.* OUTLINE
**aml-lawr,** *a.* MULTI-STOREY
**aml-lunio,** *v.* REPLICATE
**amlochrog,** *a.* MULTILATERAL, VERSATILE
**amlosgfa,** (-feydd), *n.f.* CREMATORIUM
**amlosgi,** *v.* CREMATE
**amlwg,** *a.* EVIDENT, CLEAR, PLAIN, FAMOUS, PROMINENT
**amlwreiciaeth,** *n.f.* POLYGAMY
**amlwyth,** (-i), *n.m.* CONTAINER
**amlwythiant,** *n.m.* CONTAINERISATION
**amlygiad,** (-au), *n.m.* MANIFESTATION, EXPOSURE
**amlygrwydd,** *n.m.* PROMINENCE, LIMELIGHT
**amlygu,** *v.* MANIFEST, REVEAL, HIGHLIGHT
**amlyniad,** (-au), *n.m.* ADHERENCE
**amnaid,** (-neidiau), *n.f.* BECK, NOD, SIGN
**amneidio,** *v.* BECKON, NOD
**amnesia,** *n.m.* AMNESIA
**amnest,** (-au), *n.m.* AMNESTY
**amnewid,** *v.* PERMUTE, SUBSTITUTE
**amnewidiad,** (-au), *n.m.* PERMUTATION, SUBSTITUTION
**amnifer,** (-oedd), *n.m.* MULTITUDES, ODD (NUMBER)
*a.* COUNTLESS, UNEQUAL
**amnyth,** *a.* NESTED
**amod,** (-au), *n.m.f.* CONDITION, PROVISO
*amodau,* TERMS
**amodi,** *v.* AGREE, COVENANT, STIPULATE CONDITION
**amodiad,** (-au), *n.m.* STIPULATION
**amoeba,** *n.m.* AMOEBA
**amonia,** (amoniâu), *n.m.* AMMONIA
**amorffus,** *a.* AMORPHOUS
**amper,** (-au), *n.m.* AMPERE
**amrant,** (-au, -rannau), *n.m.* EYELID
**amrantiad,** *n.m.* WINK, INSTANT, TWINKLING
**amred, -iad,** (-au), *n.m.* RANGE
**amrig,** *a.* OFF-PEAK
**amrwd,** *a.* UNCOOKED, RAW, CRUDE
**amrwym,** *n.m.* SWATHE
**amrwymo,** *v.* SWATHE
**amrydedd,** *n.m.* RAWNESS
**amryddawn,** *a.* VERSATILE, ALL-ROUND
**amryfaen,** (-fain, -feini), *n.m.* CONGLOMERATE
**amryfal,** *a.* VARIOUS, SUNDRY, MULTIPLE
**amryfalaeth,** *n.m.* DIVERSIFICATION
**amryfalu,** *v.* DIVERSIFY
**amryfath,** *a.* MULTIFARIOUS
**amryfodd,** *a.* VARIOUS
**amryfus,** *a.* ERRONEOUS, FORGETFUL
**amryfusedd,** (-au), *n.m.* ERROR, OVERSIGHT
**amryfuso,** *v.* ERR
**amrygoll,** *a.* STRANDED
**amryliw,** *a.* VARIEGATED, MULTICOLOURED
**amryw,** *a.* SEVERAL, VARIOUS
**amrywedd,** (-au), *n.m.* VARIABILITY
**amrywiad,** (-au), *n.m.* VARIATION, VARIANT
**amrywiaeth,** (-au), *n.m.* VARIETY, DIVERSITY
**amrywiant,** (-iannau), *n.m.* VARIANCE, DIVERSIFICATION
**amrywio,** *v.* VARY, DIFFER
**amrywiol,** *a.* VARIOUS, SUNDRY, MISCELLANEOUS
**amrywiolion,** *n.pl.* VARIANTS

**amser,** (-au, -oedd), *n.m.* TIME, TEMPO, TENSE
*amser adwaith,* REACTION TIME
*amser rhydd,* TIME OFF
**amseriad,** (-au), *n.m.* TIMING, TEMPO, DATE
**amseriadur,** *n.m.* PACEMAKER (HEART)
**amserlen,** (-ni), *n.f.* TIMETABLE
**amsernod,** (-au), *n.m.* TIME-SIGNAL
**amserol,** *a.* TIMELY, TEMPORAL
**amseru,** *v.* DATE, TIME
**amserwr,** (-wyr), *n.m.* TIME-KEEPER
**amserydd,** (-ion), *n.m.* CHRONOLOGIST, TIMER
**amseryddiaeth,** *n.f.* CHRONOLOGY
**amseryddol,** *a.* CHRONOLOGICAL
**amsugniad,** (-au), *n.m.* ABSORPTION
**amsugno,** *v.* ABSORB
**amsugnol,** *a.* ABSORBENT
**amwisg,** (-oedd), *n.f.* SHROUD, COVERING
**amwisgo,** *v.* SHROUD, ENWRAP
**amwyll,** *a.* MAD, FOOLISH
*n.m.* MADNESS, MADMAN
**amwynder,** (-au), *n.m.* AMENITY
**amwys,** *a.* AMBIGUOUS
**amwysedd,** *n.m.* AMBIGUITY
**amyd,** *n.m.* MIXED CORN, MASHLUM
**amylu,** *v.* OVERSEW
**amyn,** *c. & prp.* UNLESS, EXCEPT, BUT
**amynedd,** *n.m.* PATIENCE
**amyneddgar,** *a.* PATIENT
**an-,** *px.* UN-, IN-, DE-, DIS-
**anabl,** *a.* DISABLED
**anabledd,** *n.m.* DISABILITY
**anabolaeth,** *n.f.* ANABOLISM
**anacroniad,** (-au), *n.m.* ANACHRONISM
**anad,** *a.* BEFORE
*yn anad dim,* ABOVE ALL, MORE THAN
**anadferadwy,** *a.* IRREPARABLE
**anadl,** (-au, -on), *n.m.f.* BREATH
**anadliad,** (-au), *n.m.* BREATH, BREATHING, INHALATION
**anadlu,** *v.* BREATHE, INHALE
**anadnabyddus,** *a.* UNKNOWN, STRANGE
**anaddas,** *a.* UNFIT, UNSUITABLE
**anaddasedd,** *n.m.* UNFITNESS
**anaddasu,** *v.* UNFIT
**ana(e)ddfed,** *a.* UNRIPE
**anaeddfedrwydd,** *n.m.* UNRIPENESS
**anaele,** *a.* AWFUL, DIREFUL
**anaemia,** *n.m.* ANAEMIA
**anaesthetig,** *n.m.* ANAESTHETIC
**anaesthetigo,** *n.m.* ANAESTHETIZE
**anaesthetydd,** *n.m.* ANAESTHETIST
**anaf,** (-au, -iadau), *n.m.* BLEMISH, INJURY, WOUND
**anafu,** *v.* BLEMISH, HURT
**anafus,** *a.* BLEMISHED, MAIMED, INJURED
**anair,** (-eiriau), *n.m.* ILL REPORT, SLANDER
**analog,** (-au), *n.m.* ANALOGUE
**analytig,** *a.* ANALYTICAL
**anallu(edd),** (-oedd), *n.m.* INABILITY, IMPOTENCE
**analluog,** *a.* UNABLE, INCAPABLE
**analluogi,** *v.* INCAPACITATE, DISABLE
**anaml,** *a.* RARE, INFREQUENT
*ad.* RARELY, SELDOM
**anamlwg,** *a.* OBSCURE
**anamserol,** *a.* UNTIMELY, MISTIMED
**anap,** (anhapon), *n.m.f.* MISHAP, MISCHANCE
**anaraul,** *a.* SUNLESS, CHEERLESS
**anarchaidd,** *a.* ANARCHIC
**anarchiaeth,** *n.f.* ANARCHY
**anarchydd,** (-ion), *n.m.* ANARCHIST
**anarchyddol,** *a.* ANARCHISTIC
**anarferol,** *a.* UNUSUAL
**anataliad,** (-au), *n.m.* INCONTINENCE
**anatomaidd,** *a.* ANATOMICAL
**anatomeg,** *n.f.m.* | ANATOMY
**anatomi,** *n.f.m.* | ANATOMY
**anathraidd,** *a.* IMPERMEABLE
**anawd,** (anodau), *n.m.* ANNATE
**anawyrfyw,** *a.* ANAEROBIC
**ancr,** *n.m.* ANCHORITE
**ancwyn,** (-ion), *n.m.* DINNER, SUPPER, DESSERT, DELICACY
**anchwiliadwy,** *a.* UNSEARCHABLE
**andras,** *n.m.* CURSE, EVIL, DEVIL, DEUCE
**andwyo,** *v.* HARM, SPOIL, RUIN
**andwyol,** *a.* HARMFUL, RUINOUS
**aneddfa,** see *anheddfa*
**aneffeithiol,** *a.* INEFFECTUAL
**aneglur,** *a.* OBSCURE, INDISTINCT
**anegni,** *n.m.* INERTIA
**aneirif,** *a.* INNUMERABLE
**aneliad,** (-au), *n.m.* AIM; ANNEALING
**anelio,** *v.* ANNEAL
**anelog,** *a.* GUIDED, AIMING
**anelu,** *v.* AIM, ATTEMPT
**anelwigrwydd,** *n.m.* INDISTINCTNESS
**anemia,** *n.m.* ANAEMIA
**anemomedr,** (-au), *n.m.* ANEMOMETER

**anenwog,** *a.* UNRENOWNED
**anerchiad,** (-au), *n.m.* ADDRESS, SALUTATION
**anesboniadwy,** *a.* INEXPLICABLE
**anesgor(ol),** *a.* INEVITABLE, INESCAPABLE
**anesmwyth,** *a.* RESTLESS, UNEASY
**anesmwythder, -dra,** *n.m.* UNREST, UNEASINESS
**anesmwytho,** *v.* BE OR MAKE UNEASY
**anesmwythyd,** *n.m.* UNEASINESS, DISQUIET
**aneurin,** *n.m.* ANEURIN
**anewyllysgar,** *a.* UNWILLING
**anfad,** *a.* WICKED, VILLAINOUS, MONSTROUS, CRIMINAL
**anfadrwydd,** *n.m.* WICKEDNESS, VILLAINY
**anfadwaith,** *n.m.* VILLAINY, CRIME
**anfaddeugar,** *a.* UNFORGIVING
**anfaddeuol,** *a.* UNPARDONABLE
**anfantais,** (-teision), *n.f.* DISADVANTAGE
**anfanteisiol,** *a.* DISADVANTAGEOUS
**anfarwol,** *a.* IMMORTAL, UNDYING
**anfarwoldeb,** *n.m.* IMMORTALITY
**anfarwoli,** *v.* IMMORTALISE
**anfedrus,** *a.* UNSKILFUL, CLUMSY
**anfedrusrwydd,** *n.m.* UNSKILFULNESS
**anfeidraidd,** *a.* INFINITE
**anfeidredd,** *n.m.* INFINITY
**anfeidrol,** *a.* INFINITE
**anfeidroldeb,** *n.m.* INFINITY
**anferth,** *a.* HUGE, MONSTROUS, GIGANTIC, PRODIGIOUS
**anferthedd,** *n.m.* HUGENESS, MONSTROSITY
**anferthol,** *a.* HUGE
**anferthwch,** *n.m.* ABNORMALITY
**anfetelau,** *n.pl.* NON-METALS
**anfodlon,** *a.* DISCONTENTED, UNWILLING
**anfodloni,** *v.* DISCONTENT, DISSATISFY
**anfodlonrwydd,** *n.m.* DISCONTENT
**anfodd,** *n.m.* UNWILLINGNESS, GRIEVANCE
**anfoddlon,** *a.* see *anfodlon*
**anfoddog,** *a.* UNWILLING, DISSATISFIED
**anfoddogrwydd,** *n.m.* DISSATISFACTION, DISCONTENT
**anfoes,** *n.f.* UNSEEMLINESS, IMMORALITY
**anfoesgar,** *a.* UNMANNERLY, RUDE
**anfoesgarwch,** *n.m.* INCIVILITY, BAD MANNERS
**anfoesol,** *a.* IMMORAL
**anfoesoldeb,** *n.m.* IMMORALITY
**anfon,** *v.* TRANSMIT, SEND
**anfoneb,** (-au), *n.f.* INVOICE
**anfonedig,** *a.* SENT
**anfoneddigaidd,** *a.* UNGENTLEMANLY
**anfonheddig,** *a.* IGNOBLE, DISCOURTEOUS
**anfonog,** (-ion), *n.m.* DELEGATE
**anfri,** *n.m.* DISRESPECT, DISHONOUR, DISGRACE
**anfucheddol,** *a.* IMMORAL
**anfuddiol,** *a.* UNPROFITABLE
**anfwriadol,** *a.* UNINTENTIONAL
**anfwyn,** *a.* UNKIND, UNGENTLE
**anfynych,** *a.* SELDOM, RARE
**anfytynaidd,** *a.* CLUMSY
**anfyw,** *a.* INANIMATE
**anffaeledig,** *a.* INFALLIBLE
**anffaeledigrwydd,** *n.m.* INFALLIBILITY
**anffafriol,** *a.* UNFAVOURABLE
**anffawd,** (-ffodion), *n.f.* MISFORTUNE
**anffit,** *a.* UNFIT
**anffitrwydd,** *n.m.* UNFITNESS
**anfflamadwy,** *a.* NON-FLAMMABLE
**anffodus,** / **anffortunus,** *a.* UNFORTUNATE
**anffrwythlon,** *a.* STERILE
**anffrwythlonedd,** *n.m.* STERILITY
**anffurf, -iad,** (-(i)au), *n.m.* DISFIGUREMENT, DEFORMATION
**anffurfiant,** (-iannau), *n.m.* DEFORMITY
**anffurfio,** *v.* DISFIGURE, DEFORM, DISTORT
**anffurfiol,** *a.* INFORMAL
**anffyddiaeth,** *n.f.* ATHEISM, INFIDELITY
**anffyddiwr,** (-wyr), *n.m.* ATHEIST, INFIDEL
**anffyddlon,** *a.* UNFAITHFUL
**anffyddlondeb,** *n.m.* UNFAITHFULNESS
**anffynadwy,** *a.* UNSUCCESSFUL
**anhaeddiannol,** *a.* UNDESERVED
**anhaeddiant,** *n.m.* UNWORTHINESS
**anhael,** *a.* MISERLY
*n.m.* MISER
**anhafal,** *a.* UNEQUAL
**anhafaledd,** *n.m.* INEQUALITY
**anhapus,** *a.* UNHAPPY, UNLUCKY
**anhardd,** *a.* UGLY
**anharddwch,** *n.m.* UGLINESS
**anhawdd,** *a.* HARD, DIFFICULT
**anhawddgar,** *a.* UNAMIABLE
**anhawster,** (anawsterau), *n.m.* DIFFICULTY
**anheddau,** *n.pl.* PREMISES, DWELLINGS
**anheddeg,** *n.f.* EKISTICS
**anheddfa,** (-feydd), *n.f.* DWELLING-PLACE, SETTLEMENT

**anheddiad,** (-au), *n.m.* SETTLEMENT
**anheddol,** *a.* HABITABLE
**anheddu,** *v.* SETTLE, HOUSE
**anheddwr,** (-wyr), *n.m.* SETTLER
**anheintedd,** *n.m.* IMMUNITY
**anheintiol,** *a.* STERILE
**anheintus,** *a.* IMMUNE
**anhepgor,** (-ion), *n.m.* ESSENTIAL, REQUISITE
**anhepgorol,** *a.* INDISPENSABLE
**anhraethadwy,** *a.* UNUTTERABLE
**anhraethol,** *a.* UNSPEAKABLE, INDESCRIBABLE
**anhrefn,** *n.m.* DISORDER, CHAOS
**anhrefnu,** *v.* DISORGANISE
**anhrefnus,** *a.* DISORDERLY, UNTIDY
**anhreiddiadwy,** *a.* IMPENETRABLE
**anhreiddiol,** *a.* IMPERVIOUS, IMPENETRABLE
**anhreisgyrch,** *n.m.* NON-AGGRESSION
**anhreuliedig,** *a.* UNDIGESTED, UNSPENT
**anhrigiwr,** (-wyr), *n.m.* NON-RESIDENT
**anhringar,** *a.* UNMANAGEABLE
**anhrugarog,** *a.* MERCILESS
**anhudded,** *n.m.* COVERING, SHROUD
**anhuddo,** *v.* COVER
**anhun,** *n.m.* SLEEPLESSNESS
**anhunanol,** *a.* UNSELFISH
**anhunedd,** *n.m.* WAKEFULNESS, DISQUIET
**anhunol,** *a.* SLEEPLESS
**anhwyldeb, -der,** (-au), *n.m.* DISORDER, SICKNESS, MALAISE
**anhwylus,** *a.* UNWELL, INCONVENIENT
**anhwylustod,** *n.m.* ILLNESS, INCONVENIENCE
**anhyblyg,** *a.* INFLEXIBLE, STUBBORN, RIGID
**anhyboen,** *a.* IMPASSIBLE
**anhydawdd,** *a.* INSOLUBLE
**anhydraidd,** *a.* IMPERMEABLE, IMPERVIOUS
**anhydrid,** *n.m.* ANHYDRIDE
**anhydrin,** *a.* UNMANAGEABLE
**anhydwyth,** *a.* STIFF, RIGID, INELASTIC
**anhydyn,** *a.* INTRACTABLE, OBSTINATE
**anhydynrwydd,** *n.m.* OBSTINACY
**anhyddysg,** *a.* IGNORANT, UNLEARNED
**anhyfedr,** *a.* CLUMSY, UNSKILFUL
**anhyfryd,** *a.* UNPLEASANT
**anhyfrydwch,** *n.m.* DISAGREEABLENESS, GRIEF
**anhygar,** *a.* UNAMIABLE, UNPLEASANT
**anhyglyw,** *a.* INAUDIBLE
**anhygoel,** *a.* INCREDIBLE
**anhygyrch,** *a.* INACCESSIBLE
**anhygyrchedd,** *n.m.* INACCESSIBILITY
**anhylaw,** *a.* UNSKILFUL.
**anhynod,** *a.* INDISTINCT, NOT FAMOUS
**anhysbys,** *a.* UNKNOWN, UNVERSED
**anhywaith,** *a.* INTRACTABLE, WILD
**anhywasg,** *a.* INCOMPRESSIBLE
**anial,** *a.* DESOLATE, GRIEVOUS, DESERT
*n.m.* WILDERNESS, DESERT
**anialdir,** (-oedd), *n.m.* WILDERNESS, DESERT
**anialwch,**
**anian,** (-au, -oedd), *n.f.m.* NATURE, INSTINCT, GENIUS, DISPOSITION
**anianawd,** *n.m.* TEMPERAMENT, DISPOSITION
**anianeg,** *n.f.* PHYSICS, PHYSIOLOGY
**anianol,** *a.* NATURAL
**aniawn,** *a.* CROOKED, WRONG
**anifail,** (-ifeiliaid), *n.m.* ANIMAL, BEAST
**anifeilaidd,** *a.* ANIMAL, BEASTLY
**animistiad,** (-iaid), *n.m.* ANIMIST
**animistiaeth,** *n.f.* ANIMISM
**anïon,** (-au), *n.m.* ANION
**anlwc,** *n.m.* MISFORTUNE, BAD LUCK
**anlwcus,** *a.* UNLUCKY
**anllad,** *a.* WANTON, LEWD, OBSCENE
**anlladrwydd,** *n.m.* WANTONNESS, LEWDNESS, OBSCENITY
**anlladu,** *v.* WANTON
**anllosgadwy,** *a.* INCOMBUSTIBLE, FIREPROOF, ASBESTINE
**anllygredig,** *a.* INCORRUPT, PURE
**anllygredigaeth,** *n.f.* PURITY, INCORRUPTION
**anllythrennedd,** *n.m.* ILLITERACY
**anllythrennog,** *a.* ILLITERATE
**anllywodraeth,** *n.f.* ANARCHY, MISRULE
**annaearol,** *a.* UNEARTHLY, WEIRD
**annarbodaeth,** *n.m.f.* IMPROVIDENCE
**annarbodrwydd,** *n.m.* DISECONOMY
**annarogan,** *a.* UNPREDICTABLE
**annaturiol,** *a.* UNNATURAL
**anneallus,** *a.* UNINTELLIGENT
**annedwydd,** *a.* MISERABLE, UNHAPPY
**annedwyddwch,** *n.m.* UNHAPPINESS
**annedd,** (anheddau), *n.m.f.* DWELLING, SETTLEMENT, HABITATION, QUARTERS
*anheddau teuluol,* MARRIED QUARTERS
*annedd ar wasgar,* DISPERSED SETTLEMENT
**anneddfol,** *a.* ILLEGITIMATE, LAWLESS
**annel,** (anelau), *n.m.f.* TRAP, PURPOSE, PROP, AIM

**annelwig,** *a.* SHAPELESS, VAGUE, INDISTINCT
**anner,** (aneirod, -i, -au), *n.f.* HEIFER
*anner flith,* IN MILK HEIFER
**annerbyniadwy,** *a.* INADMISSIBLE
**annerbyniol,** *a.* UNACCEPTABLE
**annerch,** (anerchion), *n.m.* GREETING, ADDRESS, SALUTATION
*v.* GREET, ADDRESS
**annethau,** *a.* CLUMSY
**annethol,** *a.* NON-SELECTIVE
**annhaclus,** *a.* UNTIDY
**annhebyg,** *a.* UNLIKE(LY)
**annhebygol,** *a.* UNLIKELY, IMPROBABLE
**annhebygolrwydd,** *n.m.* IMPROBABILITY
**annhebygrwydd,** *n.m.* UNLIKENESS
**annheg,** *a.* UNFAIR, UNJUST
**annhegwch,** *n.m.* UNFAIRNESS, INJUSTICE
**annheilwng,** *a.* UNWORTHY
**annheilyngdod,** *n.m.* UNWORTHINESS
**annheimladrwydd,** *n.m.* INSENSIBILITY
**annherfynol,** *a.* INFINITE, ENDLESS
**annhirion,** *a.* CRUEL, UNGENTLE
**annhoddadwy,** *a.* INSOLUBLE
**annhueddol,** *a.* DISINCLINED
**annhyngwr,** (-wyr), *n.m.* NONJUROR
**annhymig,** *a.* UNTIMELY, ABORTIVE
**annïau,** *a.* UNCERTAIN
**anniben,** *a.* UNTIDY, SLOW
**annibendod,** *n.m.* UNTIDINESS, SLOWNESS
**annibyniaeth,** (-au), *n.f.* INDEPENDENCE
**annibynnol,** *a.* INDEPENDENT
**Annibynnwr,** (-ynwyr), *n.m.* INDEPENDENT, CONGREGATIONALIST
**annichon, -adwy,** *a.* IMPOSSIBLE
**annidor,** *a.* DISCONTINUOUS
**anniddig,** *a.* PEEVISH, IRRITABLE, FRETFUL
**anniddigrwydd,** *n.m.* RESTLESSNESS
**anniddos,** *a.* LEAKY
**annieithr,** *a.* INALIENABLE
**anniflanedig,** *a.* IMPERISHABLE, UNFADING
**annifyr,** *a.* MISERABLE, UNPLEASANT
**annifyrrwch,** *n.m.* MISERY, UNPLEASANTNESS
**annigonedd,** *n.m.* INSUFFICIENCY
**annigonfwyd,** *a.* UNDERFED
**annigonol,** *a.* INSUFFICIENT, INADEQUATE
**annigonolrwydd,** *n.m.* INADEQUACY
**annigwyddiad,** (-au), *n.m.* NON-EVENT
**annileadwy,** *a.* INDELIBLE
**annilys,** *a.* SPURIOUS, INVALID
**annillyn,** *a.* UNSEEMLY, CLUMSY
**annioddefol,** *a.* UNBEARABLE
**anniogel,** *a.* UNSAFE, INSECURE
**anniolchgar,** *a.* UNGRATEFUL
**anniolchgarwch,** *n.m.* INGRATITUDE
**annirfodol,** *a.* NON-EXISTENTIAL
**annirnadwy,** *a.* INCOMPREHENSIBLE
**annisgrifiadwy,** *a.* INDESCRIBABLE
**annisgwyliadwy,** *a.* UNEXPECTED
**anniwair,** *a.* UNCHASTE, LEWD
**anniwall,** *a.* INSATIABLE
**annodi,** *v.* ANNOTATE
**annoeth,** *a.* UNWISE
**annoethineb,** *n.m.* FOLLY, INDISCRETION
**annog,** *v.* URGE, ABET, INCITE
**annormal,** *a.* ABNORMAL, INVERTED (GRAMMAR)
**annormalaeth,** (-au), *n.m.* ABNORMALITY
**annos,** *v.* INCITE, URGE, SET (A DOG) ON
**annosbarth,** *n.m.* DISORDER
**annosbarthedig,** *a.* UNCLASSIFIED
**annosbarthus,** *a.* DISORDERLY, UNRULY
**annuw, -iad,** (-iaid), *n.m.* ATHEIST
**annuwiaeth,** *n.f.* ATHEISM
**annuwiol,** *a.* UNGODLY, GODLESS
**annuwioldeb,** *n.m.* UNGODLINESS
**annwn,** *n.m.* THE UNDERWORLD, HELL, ABYSS
**annwyd,** (anwydau, -on), *n.m.* COLD, NATURE, PASSION
**annwyl,** *a.* DEAR, BELOVED
**annyledus,** *a.* UNDUE
**annymunol,** *a.* UNDESIRABLE, UNPLEASANT
**annynol,** *a.* INHUMAN, CRUEL
**annysgedig,** *a.* UNLEARNED
**anobaith,** *n.m.* DESPAIR
**anobeithio,** *v.* DESPAIR
**anobeithiol,** *a.* HOPELESS
**anochel, -adwy,** *a.* UNAVOIDABLE
**anod,** (-au), *n.m.* ANODE
**anodîn,** (-au), *n.m.* ANODYNE
**anodd,** *a.* DIFFICULT, HARD
**anoddi,** *v.* ISSUE
**anoddefgar,** *a.* INTOLERANT, IMPATIENT
**anogaeth,** (-au), *n.f.* EXHORTATION, INDUCEMENT
**anolygus,** *a.* UNSIGHTLY, UGLY
**anomaledd,** (-au), *n.m.* ANOMALY
**anomalus,** *a.* ANOMALOUS
**anonest,** *a.* DISHONEST
**anonestrwydd,** *n.m.* DISHONESTY
**anorchfygol,** *a.* INVINCIBLE

**anomi,** *n.m.* ANOMY
**anorecsia,** *n.m.* ANOREXIA
**anorfod,** *a.* INEVITABLE, INSUPERABLE
**anorffen,** *a.* ENDLESS, UNENDING
**anorffenedig,** *a.* INCOMPLETE, UNFINISHED
**anorthrech,** *a.* INVINCIBLE, IRREPRESSIBLE
**anostwng,** *a.* IRREDUCIBLE
**anraddedig,** *a.* UNGRADED, NON-GRADUATE
**anrasol,** *a.* GRACELESS
**anrhaith,** (-rheithiau), *n.f.* SPOIL, PREY, DESTRUCTION
**anrheg,** (-ion), *n.f.* GIFT, PRESENT
**anrhegu,** *v.* PRESENT, GIVE
**anrheithio,** *v.* PLUNDER, PREY, SPOIL
**anrheithiwr,** (-wyr), *n.m.* SPOILER, PLUNDERER
**anrheolaidd,** *a.* ANOMALOUS
**anrhesymol,** *a.* IRRATIONAL
**anrhydedd,** (-au), *n.m.* HONOUR
**anrhydeddu,** *v.* HONOUR
**anrhydeddus,** *a.* HONOURABLE, HONORARY
**anrhywiol,** *a.* ASEXUAL
**ansad,** *a.* UNSTEADY, FICKLE, UNSTABLE
**ansadrwydd,** *n.m.* INSTABILITY, FICKLENESS
**ansathredig,** *a.* UNFREQUENTED, UNCOMMON, OBSOLETE
**ansawdd,** (-soddau, -soddion), *n.m.f.* QUALITY, CONDITION, TEXTURE, NATURE
**ansefydlog,** *a.* UNSETTLED, UNSTABLE, FICKLE
**ansefydlogi,** *v.* UNSETTLE
**ansicr,** *a.* UNCERTAIN, DOUBTFUL
**ansicredig,** *a.* UNSECURED
**ansicrwydd,** *n.m.* DOUBT, UNCERTAINTY
**ansiofi,** *n.m.* ANCHOVY
**ansoddair,** (-eiriau), *n.m.* ADJECTIVE
**ansoddeiriol,** *a.* ADJECTIVAL
**ansoddol,** *a.* QUALITATIVE
**ansoddyn,** (ansoddau), *n.m.* CONSTITUENT
**ansyber(w),** *a.* UNTIDY, DISCOURTEOUS
**ansymudoledd,** *n.m.* IMMOBILITY
**antarctig,** *a. & n.m.* ANTARCTIC
**anterliwd,** (-iau), *n.f.* INTERLUDE
**anterth,** *n.m.* MERIDIAN, PRIME, ZENITH, CULMINATION
**antibiotig,** (-ion), *a. & n.m.* ANTIBIOTIC
**antibodi,** (-ïau), *n.m.* ANTIBODY
**antiffon,** (-au), *n.f.* ANTIPHON
**antiseiclon,** (-au), *n.m.* ANTICYCLONE
**antur,** (-iau), *n.m.* ATTEMPT, VENTURE
*ar antur,* AT RANDOM
**anturiaeth,** (-au), *n.f.* ADVENTURE, ENTERPRISE
**anturiaethus,** *a.* ADVENTUROUS, ENTERPRISING
**anturiaethwr,** (-wyr), *n.m.* ADVENTURER
**anturio,** *v.* VENTURE, ADVENTURE
**anturus,** *a.* ADVENTUROUS
**anthem,** (-au), *n.f.* ANTHEM
**anther,** (-i), *n.m.* ANTHER
**anthropoid,** (-au), *n.m.* ANTHROPOID
**anthropoleg,** *n.m.f.* ANTHROPOLOGY
**anthropolegol,** *a.* ANTHROPOLOGICAL
**anthropolegwr,** (-wyr), *n.m.* ANTHROPOLOGIST
**anudon, -edd,** (-au), *n.m.* | PERJURY
**anudoniaeth,** *n.f.* |
**anudonwr,** (-wyr), *n.m.* PERJURER
**anufudd,** *a.* DISOBEDIENT
**anufudd-dod,** *n.m.* DISOBEDIENCE
**anufuddhau,** *v.* DISOBEY
**anunfaint,** *a.* UNEQUAL
**anunion,** *a.* CROOKED, UNJUST, INDIRECT
**anuniondeb,** *n.m.* INJUSTICE, INIQUITY
**anunion(gyrchol),** *a.* INDIRECT
**anurddo,** *v.* SPOIL, MAR
**anwadal,** *a.* FICKLE, UNSTABLE, CHANGEABLE
**anwadaliad,** (-au), *n.m.* FLUCTUATION
**anwadalu,** *v.* WAVER, VACILLATE, FLUCTUATE
**anwadalwch,** *n.m.* FICKLENESS
**anwahanadwy,** *a.* INSEPARABLE
**anwar,** *a.* UNCIVILISED, WILD, SAVAGE
(-iaid), *n.m.* SAVAGE
**anwaraidd,** *a.* SAVAGE, UNCOUTH, CRUEL
**anwastad,** *a.* UNEVEN, UNSTABLE, FICKLE
**anwe,** (-oedd), *n.f.* WOOF, WEFT
**anwedd,** (-au), *n.m.* STEAM, VAPOUR
**anweddaidd,** *a.* UNSEEMLY, INDECENT
**anweddeidd-dra,** *n.m.* INDECENCY
**anweddiad,** *n.m.* VAPORIZATION, EVAPORATION
**anweddu,** *v.* EVAPORATE, VAPORISE
**anweddus,** *a.* INDECENT, UNSEEMLY
**anwedduster,** (-au), *n.m.* INDECENCY
**anweddwr, -ydd,** *n.m.* EVAPORATOR
**anweledig,** *a.* INVISIBLE, UNSEEN
**anwelladwy,** *a.* INCURABLE
**anwes,** (-au), *n.m.* FONDNESS, FONDLING, CARESS, INDULGENCE
*capel anwes,* CHAPEL OF EASE
**anwesog,** *a.* PAMPERED, AFFECTIONATE
**anwesu,** *v.* FONDLE, CARESS, PAMPER

**anwir,** *a.* FALSE, UNTRUE, LYING
**anwiredd,** (-au), *n.m.* UNTRUTH, INIQUITY
**anwireddu,** *v.* FALSIFY
**anwireddus,** *a.* UNTRUTHFUL, LYING
**anwirfodd,** *a.* NON-VOLUNTARY
**anwirio,** *v.* FALSIFY
**anwiw,** *a.* UNWORTHY
**anwlws,** (anwli), *n.m.* ANNULUS
**anwr,** (-wyr), *n.m.* WRETCH, COWARD
**anŵraidd,** *a.* COWARDLY
**anŵryd,** *n.m.* UNMANLINESS
**anwybod,** (-au), *n.m.* IGNORANCE, DISCOURTESY
**anwybodadwy,** *a.* UNKNOWABLE
**anwybodaeth,** *n.f.* IGNORANCE
**anwybodus,** *a.* IGNORANT
**anwybyddu,** *v.* IGNORE
**anwydog,** *a.* CHILLY, COLD, HAVING A COLD
**anwyldeb,** *n.m.* BELOVEDNESS, DEARNESS
**anwyliaid,** *n.pl.* BELOVED ONES
**anwylo,** *v.* CHERISH, CARESS
**anwylyd,** *n.m.f.* BELOVED
**anwylyn,** *n.m.* PET, FAVOURITE
**anwythiad,** (-au), *n.m.* INDUCTION
**anwytho,** *v.* INDUCE, INDUCT
**anwythol,** *a.* INDUCTING, INDUCED, INDUCTED
**anwyw,** *a.* EVERGREEN
**anymadweithiol,** *a.* UNREACTIVE
**anymarferol,** *a.* IMPRACTICABLE UNPRACTICAL
**anymatal,** *n.m.* INCONTINENCE
**anymddiried,** *v.* & *n.m.* MISTRUST, DISTRUST
**anymochredd,** *n.m.* NONALIGNMENT
**anymwybod,** *n.m.* UNAWARENESS, UNCONSCIOUSNESS
**anymwybodol,** *a.* UNCONSCIOUS
**anymwybyddiaeth,** *n.f.* UNCONSCIOUSNESS
**anymyrraeth,** *n.f.* NON-INTERVENTION
**anynad,** *a.* PEEVISH, BRAWLING
**anysgrythurol,** *a.* UNSCRIPTURAL
**anystwyth,** *a.* INFLEXIBLE, STIFF, RIGID
**anystwytho,** *v.* STIFFEN
**anystyriaeth,** *n.f.* HEEDLESSNESS, RASHNESS
**anystyriol,** *a.* HEEDLESS, RECKLESS
**anystywallt,** *a.* UNMANAGEABLE, WILD
**aorta,** (aortae), *n.m.* AORTA
**ap,** see *ab*
**apanaeth,** *n.m.* APPANAGE
**apartment,** (-au), *n.m.* APARTMENT
**apartheid,** (-au), *n.m.* APARTHEID
**apêl,** (apel(i)au), *n.m.f.* } APPEAL
**apeliad,** (-au), *n.m.* }
**apelio,** *v.* APPEAL
**apeliwr, apelydd,** (-wyr), *n.m.* APPELLANT
**apendics,** *n.m.* APPENDIX
**apig,** (-au), *n.m.* APEX
**apoleg,** *n.m.* APOLOGY
**apostol,** (-ion), *n.m.* APOSTLE
**apostolaidd,** *a.* APOSTOLIC
**aprofi,** *v.* APPROVE
**aps,** (-iau), *n.f.* APSE
**apwyntiad,** (-au), *n.m.* APPOINTMENT
**apwyntio,** *v.* APPOINT
**âr,** *n.m.* PLOUGHED LAND, TILTH
*a.* ARABLE
**ar,** *prp.* ON, UPON, OVER, AT, IN
*ar dramp,* ON TOUR
*ar siawns,* AT RANDOM
*ar y pryd,* IMPROMPTU
**arab,** *a.* PLEASANT, WITTY, FACETIOUS
**arabedd,** *n.m.* WIT, FACETIOUSNESS
**arabésg,** *a.* & *n.m.* ARABESQUE
**arabus,** *a.* WITTY
**aradegedd,** *n.m.* GRADUALISM
**aradr,** (erydr), *n.m.* PLOUGH
**aradrwr,** (-wyr), *n.m.* PLOUGHMAN
**arae,** (-au), *n.m.* ARRAY
**araen,** (-au), *n.m.* COATING
**araf(aidd),** *a.* SLOW, GENTLE, SOFT
**arafiad,** *n.m.* DECELERATION, RETARDATION
**arafu,** *v.* SLOW, MODERATE, QUIET, DECELERATE, RETARD
**arafwch,** *n.m.* SLOWNESS, BACKWARDNESS, MODERATION
**arail,** *v.* GUARD, FOSTER, CARE
**araith,** (areithiau), *n.f.* SPEECH, ADDRESS
**arall,** (eraill), *a.* & *pn.* ANOTHER, OTHER, ELSE
*n.m.* ALTERNATIVE
**aralleg,** (-au), *n.f.m.* ALLEGORY
**aralleiriad,** (-au), *n.m.* PARAPHRASE
**aralleirio,** *v.* PARAPHRASE
**arallenw,** *n.m.* ALIAS
**arallenwad,** (-au), *n.m.* PERIPHRASIS
**arallgymheiriad,** *n.m.* ALLOSYNDESIS
**aralliad,** (-au), *n.m.* ALIENATION
**arallrwydd,** *n.m.* OTHERNESS
**arallu,** *v.* ALIENATE

**aranadliad,** (-au), *n.m.* INSUFFLATION
**araul,** *a.* SUNNY, SUNLIT, SERENE
**arawd,** (arodion), *n.f.* SPEECH, ORATION, PRAYER
**arbed,** *v.* SPARE, SAVE
**arbediad,** (-au), *n.m.* SAVE, SALVAGE
**arbedu,** *v.* SALVAGE
**arbedwr,** (-wyr), *n.m.* SAVIOUR, MISER
**arbelydriad,** (-au), *n.m.* IRRADIATION
**arbelydru,** *v.* IRRADIATE
**arbenigaeth,** (-au), *n.f.* EXPERTISE, SPECIALISATION
**arbenigedd,** (-au), *n.m.* SPECIALITY
**arbenigo,** *v.* SPECIALISE
**arbenigol,** *a.* SPECIALISED
**arbenigrwydd,** *n.m.* SPECIALITY, DISTINCTION
**arbenigwr,** (-wyr), *n.m.* SPECIALIST
**arbennig,** *a.* SPECIAL, DISTINCT
**arbetelaidd,** *a.* EPIPETALOUS
**arbor,** (-au), *n.m.* ARBOR
**arbost,** (arbyst), *n.m.* IMPOST
**arbrawf,** (arbrofion), *n.m.* EXPERIMENT
**arbrisiad,** *n.m.* APPRECIATION
**arbrofi,** *v.* EXPERIMENT
**arbrofol,** *a.* EXPERIMENTAL
**arbrofwr,** (-wyr), *n.m.* EXPERIMENTER
**arbymthegyn,** (-egion), *n.m.* TEENAGER
**arc,** (-au), *n.f.* ARC
**arcêd,** (arcedau), *n.f.* ARCADE
**arch,** (eirchion), *n.f.* REQUEST, PETITION
(eirch), *n.f.* COFFIN, ARK
**arch-** *px.* CHIEF, ARCH-, WORST
**archadeiladydd,** (-wyr), *n.m.* ARCHITECT
**archaeoleg,** *n.f.* ARCHAEOLOGY
**archaeolegwr,** (-wyr), *n.m.* ARCHAEOLOGIST
**archangel,** (-ylion), *n.m.* ARCHANGEL
**archddiacon,** (-iaid), *n.m.* ARCHDEACON
**archddyfarniad,** *n.m.* DECREE
**archeb,** (-ion), *n.f.* ORDER
*archeb bost,* POSTAL ORDER
**archebu,** *v.* ORDER, PRECEPT
**archen, -ad,** *n.f.* SHOE, CLOTHING
**archesgob,** (-ion), *n.m.* ARCHBISHOP
**archesgobaeth,** (-au), *n.f.* ARCHBISHOPRIC
**archfarchnad,** (-oedd), *n.f.* HYPERMARKET
**archgyhuddiad,** (-au), *n.m.* IMPEACHMENT
**archgyhuddo,** *v.* IMPEACH
**archiad** (-au), *n.m.* BIDDING, MANDATE
**archif,** (-au), *n.m.* ARCHIVE
**archifdy,** (-dai), *n.m.* RECORD OFFICE
**archifol,** *a.* ARCHIVAL
**archifydd,** (-ion), *n.m.* ARCHIVIST
**architraf,** *n.m.* ARCHITRAVE
**archoffeiriad,** (-iaid), *n.m.* HIGH PRIEST
**archoll,** (-ion), *n.m.f.* WOUND
**archolli,** *v.* WOUND
**archwaeth,** *n.m.* TASTE, APPETITE
**archwaethu,** *v.* SAVOUR, RELISH, TASTE
**archweinyddu,** *v.* PONTIFICATE
**archwiliad,** (-au), *n.m.* EXAMINATION, AUDIT, SCRUTINY
**archwilio,** *v.* EXAMINE, AUDIT, SCAN, EXPLORE
**archwiliwr,** (-wyr), *n.m.* AUDITOR, EXAMINER, SCRUTINEER, EXPLORER
**archwys,** *n.m.* EXUDATION
**ardal,** (-oedd), *n.f.* REGION, DISTRICT, AREA
*ardal adeiledig,* BUILT UP AREA
**ardalydd,** (-ion), *n.m.* MARQUIS
**ardalyddes,** (-au), *n.f.* MARCHIONESS
**ardaro,** *v.* IMPINGE
**ardeleriad,** (-au), *n.m.* CAPITULATION
**ardeleru,** *v.* CAPITULATE
**ardoll,** (-au), *n.f.* LEVY
**ardonydd,** *n.m.* SUPERTONIC
**ardrawiad,** (-au), *n.m.* IMPACT
**ardraws,** *a.* TRANSVERSE
**ardrawslin,** (-iau), *n.m.* TRANSVERSAL
**ardrem,** (-iau), *n.f.* FACE, VIEW, LOOK
**ardreth,** (-i), *n.f.* RATE
**ardrethol,** *a.* RATEABLE
**ardrethu,** *v.* RATE
**ardro,** (-eon), *n.m.* CURVE
**ardyfiant,** (-iannau), *n.m.* EPIPHYTE
**ardyst,** *a.* ATTESTED
**ardystiad,** (-au), *n.m.* ATTESTATION, PLEDGE, ENDORSEMENT
**ardystiedig,** *a.* ATTESTED, ENDORSED, CERTIFIED
**ardystio,** *v.* ATTEST, ENDORSE
**arddaearol,** *a.* EPIGEAL
**arddangos,** *v.* SHOW, EXHIBIT, DISPLAY, DEMONSTRATE
**arddangosfa,** (-feydd), *n.f.* SHOW, EXHIBITION
**arddangosiaeth,** *n.f.* EXHIBITIONISM
**arddegol,** *a.* TEENAGE
**arddegyn,** (-egion), *n.m.* TEENAGER
**arddel,** *v.* OWN, CLAIM, AVOW

**arddeliad,** (-au), *n.m.* APPROVAL, UNCTION, CONVICTION
**arddelw,** (-au), *n.f.* EFFIGY, PLEA
**ardderchog,** *a.* EXCELLENT, SPLENDID
**ardderchowgrwydd,** *n.m.* EXCELLENCY, SPLENDOUR
**arddodi,** *v.* IMPOSE
**arddodiad,** (-au), *n.m.* IMPOSITION
**arddodiad,** (-iaid), *n.m.* PREPOSITION
**arddu,** *v.* PLOUGH
**arddull,** (-iau), *n.m.f.* STYLE
**arddulleg,** *n.f.* STYLISTICS
**arddulliaeth,** *n.f.* STYLIZATION
**arddulliwr** (-wyr), *n.m.* STYLIST
**arddun,** *a.* SUBLIME, BEAUTIFUL
**arddunedd,** *n.m.* | SUBLIMITY
**ardduniant,** *n.m.* |
**arddunol,** *a.* SUBLIME, BEAUTIFUL
**arddunoli,** *v.* SUBLIMATE
**arddwr,** (-wyr), *n.m.* PLOUGHMAN
**arddwrn,** (-yrnau), *n.m.* WRIST
**arddwys,** *a.* INTENSIVE
**arddwysedd,** (-au), *n.m.* INTENSITY
**arddywediad,** (-au), *n.m.* DICTATION
**arddywedyd,** *v.* DICTATE
**aredig,** *v.* PLOUGH
**areinio,** *v.* ARRAIGN
**areitheg,** *n.f.* RHETORIC
**areithio,** *v.* SPEAK, MAKE A SPEECH
**areithiwr,** (-wyr), *n.m.* SPEAKER, ORATOR
**areithydd,** (-ion), *n.m.* ELOCUTIONIST
**areithyddiaeth,** *n.f.* ORATORY, RHETORIC, ELOCUTION
**arel,** *n.m.* LAUREL
**aren,** (-nau), *n.f.* KIDNEY
**arena,** (arenâu), *n.f.* ARENA
**aresgid,** (-iau), *n.f.* GOLOSH
**arestiad,** (-au), *n.m.* ARREST
**arestio,** *v.* ARREST
**areulder,** *n.m.* SERENITY,
**areuledd,** *n.m.* PLEASANTNESS
**arf,** (-au), *n.m.f.* WEAPON, TOOL *pl.* ARMS
**arfaeth,** (-au), *n.f.* PURPOSE, DECREE, DESIGN
**arfaethu,** *v.* PLAN, INTEND
**arfbais,** (-beisiau), *n.f.* COAT OF ARMS
**arfdy,** (-dai), *n.m.* ARMOURY
**arfeddyd,** *n.m.* PURPOSE, INTENTION
**arfer,** *v.* USE, ACCUSTOM, PRACTISE
(-ion), *n.m.f.* USE, CUSTOM, HABIT, USAGE
**arferiad,** (-au), *n.m.f.* USE, CUSTOM, HABIT
**arferol,** *a.* USUAL, CUSTOMARY
**arfin,** *a.* KNIFE-EDGE
**arfod,** (-au, -on), *n.f.* STROKE OF A WEAPON, RANGE
**arfog,** *a.* ARMED
**arfogaeth,** *n.f.* ARMOUR, ARMAMENTS
**arfogi,** *v.* ARM
**arfoll,** (-au), *n.m.* PLEDGE, OATH
**arfor,** *a.* MARITIME
**arfordir,** (-oedd), *n.m.* COAST, LITTORAL
**arfordirol,** *a.* COASTAL, LITTORAL
**arforol,** *a.* MARITIME
**arfwisg,** (-oedd), *n.f.* ARMOUR
**arffed,** (-au), *n.f.* LAP
**arffedog,** (-au), *n.f.* APRON
**arffin,** (-iau), *n.f.* BOUND
**arg,** (-iau), *n.m.* ARGUMENT (MATHS)
**argadw,** *n.m.* RETENTION
**argae,** (-au), *n.m.* DAM, EMBANKMENT, ENCLOSED PLACE
**argaen, -iad,** (-au), *n.m.* VENEER
**argaenwaith,** *n.m.* MARQUETRY
**argáu,** *v.* DAM
**argeg,** (-au), *n.m.* PHARYNX
**argeisio,** *v.* SEEK
**argel,** (-ion), *n.m.f.* SECRET PLACE, OCCULT, REFUGE
*a.* HIDDEN, SECRET
**arglwydd,** (-i), *n.m.* LORD
*Arglwyddi'r Gororau,* LORDS MARCHER
*Arglwydd Raglaw,* LORD LIEUTENANT
**arglwyddaidd,** *a.* LORDLY
**arglwyddes,** (-au), *n.f.* LADY
**arglwyddiaeth,** (-au), *n.f.* LORDSHIP, DOMINION, SEIGNORY
**arglwyddiaethu,** *v.* HAVE DOMINION
**argoed,** (-ydd), *n.m.* ENCLOSURE OF TREES
**argoel,** (-ion), *n.f.* SIGN, OMEN, TOKEN
**argoeli,** *v.* PORTENT, AUGUR
**argoeliad,** (-au), *n.m.* SIGN, PORTENT, OPINION
**argoelus,** *a.* OMINOUS, PORTENTOUS
**argofio,** *v.* RECALL
**argolyn,** *a.* PIVOTED
**argraff,** (-ion, -au), *n.f.* PRINT, IMPRESSION
**argraffdy,** (-dai), *n.m.* PRINTING-HOUSE
**argraffedig,** *a.* PRINTED
**argraffiad,** (-au), *n.m.* EDITION
**argraffiadaeth,** (-au), *n.f.* IMPRESSIONISM
**argraffiadus,** *a.* IMPRESSIONISTIC

**argrafflen,** (-ni), *n.f.* BROADSHEET
**argraffu,** *v.* PRINT, IMPRESS
**argraffwaith,** *n.m.* IMPRESSIONISM
**argraffwasg,** (-weisg), *n.f.* PRINTING-PRESS
**argraffwr,** (-wyr), *n.m.* | PRINTER
**argraffydd,** (-ion), *n.m.* |
**argrwm, -wn,** *a.* CONVEX
**arguddiad,** (-au), *n.m.* OCCULATION, OCCLUSION
**argychwyn,** *v.* INAUGURATE
**argyfwng,** (-yngau, -yngoedd), *n.m.* CRISIS, EMERGENCY
**argyfyngol,** *a.* CRITICAL
**argyhoeddi,** *v.* CONVINCE, REPROVE
**argyhoeddiad,** (-au), *n.m.* CONVICTION
**argyhoeddiadol,** *a.* CONVINCING
**argyhuddo,** *v.* INCRIMINATE
**argymell,** *v.* RECOMMEND, URGE, SUBMIT
**argymhelliad,** *n.m.* INDUCEMENT, SUBMISSION
**argyweirio,** *v.* OVERHAUL
**arholi,** *v.* EXAMINE
**arholiad,** (-au), *n.m.* EXAMINATION
**arholwr,** (-wyr), *n.m.* EXAMINER
**arhosfa,** (arosfeydd), *n.f.* ABODE, STOPPING-PLACE, STOP
**arhosiad,** *n.m.* STAY, STAYING
**arhosol,** *a.* LASTING, PERMANENT
**aria,** (-u), *n.f.* ARIA
**arial,** *n.m.f.* VIGOUR, LIVELINESS
**arian,** (-nau, -noedd), *n.m.* SILVER
**arian,** (-nnoedd), *n.m.* MONEY
*arian breiniol,* CURRENCY
*arian byw,* MERCURY
*arian gleision/gwynion,* SILVER
*arian llwgr,* COUNTERFEIT MONEY
*arian parod,* CASH
*arian pen,* EXACT MONEY
*arian pitw,* PETTY CASH
*arian tocyn,* TOKEN MONEY
**ariandwyll,** *n.m.* EMBEZZLEMENT
**ariandy,** (-dai), *n.m.* BANK
**ariangar,** *a.* FOND OF MONEY
**ariangarwch,** *n.m.* LOVE OF MONEY, AVARICE
**ariannaid,** *a.* SILVERY, SILVER PLATED
**ariannaidd,** *a.* SILVERY
**arianneg,** *n.f.m.* FINANCE
**ariannog,** *a.* WEALTHY, RICH
**ariannwr,** (arianwyr), *n.m.* CASHIER, FINANCIER
**ariannol,** *a.* FINANCIAL, MONETARY
**ariannu,** *v.* SILVER
**Arieg,** *n.f.* ARYAN (LANGUAGE)
**arien,** *n.m.* HOAR-FROST, RIME
**aristocrat,** (-iaid), *n.m.* ARISTOCRAT
**arlais,** (-leisiau), *n.f.* TEMPLE
**arle,** (-oedd), *n.m.* ACCOMMODATION
**arloesi,** *v.* PIONEER, CLEAR
**arloeswr,** (-wyr), *n.m.* | PIONEER
**arloesydd,** (-wyr), *n.m.* |
**arlog,** (-au), *n.m.* COMPOUND INTEREST
**arluniaeth,** *n.f.* PORTRAITURE, PAINTING
**arlunio,** *v.* DRAW, PAINT, PORTRAY
**arlunydd,** (-wyr), *n.m.* ARTIST
**arlwy,** (-au, -on), *n.m.f.* FEAST, PREPARATION
**arlwyaeth,** *n.m.* CATERING
**arlwyngig,** *n.m.* SIRLOIN
**arlwyo,** *v.* PREPARE, PROVIDE
**arlywydd,** (-ion), *n.m.* PRESIDENT (OF COUNTRY)
**arlywyddiaeth,** *n.f.* PRESIDENCY
**arlywyddol,** *a.* PRESIDENTIAL
**arlliw,** (-iau), *n.m.* HUE, TINT, SHADE, TRACE
**arlliwio,** *v.* SHADE, TINT
**arllwys,** *v.* POUR, EMPTY
**arllwysfa,** (-feydd), *n.f.* OUTFALL, VENT
**arllwysiad,** (-au), *n.m.* DISCHARGE
**armatur,** (-au), *n.m.* ARMATURE
**armel,** *n.m.* SECOND MILK
**arnawdd, -odd,** (-au), *n.m.f.* PLOUGH-BEAM
**arnawf,** *a.* FLOATING
**arnodi,** *v.* ENDORSE
**arobryn,** *a.* WORTHY, PRIZE-WINNING
**arofal,** (-on), *n.m.* MAINTENANCE
**arofun,** *v.* INTEND, PURPOSE
**arofun, -ed,** *n.m.* INTENTION
**arogl,** (-au), *n.m.* SCENT, PERFUME,
**aroglau,** (-euon), *n.m.* SMELL
**arogldarth,** *n.m.* INCENSE
**arogldarthu,** *v.* BURN INCENSE
**arogleuo,** *v.* SCENT, SMELL
**arogleuog, -ol,** *a.* FRAGRANT, ODOROUS, OLFACTORY
**arogli,** *v.* SCENT, SMELL
**arogliad,** *n.m.* SENSE OF SMELL
**aroglus,** *a.* ODOROUS
**aroledd.** *n.m.* INCLINATION
**aroleddu,** *v.* INCLINE
**arolwg,** (-ygon), *n.m.* SURVEY
**arolygiad,** (-au), *n.m.* INSPECTION
**arolygiaeth,** *n.f.* SUPERINTENDENCY, SURVEILLANCE

**arolygu,** *v.* SURVEY, SUPERINTEND
**arolygwr,** (-wyr), *n.m.* SURVEYOR, SUPERINTENDENT, CONTROLLER, INSPECTOR
**aromatig,** *a.* AROMATIC
**arorwt,** *n.m.* ARROWROOT
**aros,** *v.* WAIT, STAY, AWAIT, STOP, ABIDE, REMAIN
**arosfa,** (-feydd), *n.f.* HALT
**arosgo,** *a.* OBLIQUE
**arosod,** *v.* SUPERPOSE, SUPERIMPOSE
**arosodiad,** (-au), *n.m.* SUPERPOSITION
**arpar,** (-ion), *n.m.* OUTFIT
**arrae,** *n.m.* ARRAY
**arseddog,** *a.* SEDENTARY
**arsenig,** *n.m.* ARSENIC
**arsugno,** *v.* ADSORB
**arswn,** *n.m.* ARSON
**arswyd,** *n.m.* DREAD, HORROR, TERROR
**arswydaidd,** *a.* NUMINOUS
**arswydo,** *v.* DREAD, DEAR, SHUDDER
**arswydus,** *a.* FEARFUL, TERRIBLE
**arsylwad,** (-au), *n.m.* OBSERVATION
**arsylwi,** *v.* OBSERVE
**arsyllfa,** (-feydd), *n.f.* OBSERVATORY
**arsyllu,** *v.* OBSERVE
**artaith,** (-teithiau), *n.f.* TORTURE, AGONY, PANG
**arteffact,** (-au), *n.m.* ARTEFACT
**arteithglwyd,** (-i), *n.f.* RACK
**arteithio,** *v.* TORTURE, RACK
**arteithiol,** *a.* EXCRUCIATING, RACKING
**artesaidd,** *a.* ARTESIAN
**artiffisial,** *a.* ARTIFICIAL
**artileri,** *n.m.* ARTILLERY
**artisiog,** *n.m.* ARTICHOKE
**artist,** (-iaid), *n.m.* ARTIST
**artistig,** *a.* ARTISTIC
**arth,** (eirth), *n.m.* BEAR
**arthes,** (-au), *n.f.* SHE-BEAR
**arthio, -u,** *v.* BARK, GROWL
**arthog,** *a.* SURLY
**arthritis,** *n.m.* ARTHRITIS
**aruchel,** *a.* LOFTY, SUBLIME, MAJESTIC
**arucheledd,** *n.m.* LOFTINESS, SUBLIMITY
**aruniad,** (-au), *n.m.* AMALGAMATION
**arunig,** *a.* ISOLATED
**arunigedd,** *n.m.* ISOLATION(ISM)
**arunigwr,** (-wyr), *n.m.* ISOLATIONIST
**aruno,** *v.* AMALGAMATE
**aruthr,** *a.* MARVELLOUS, TERRIBLE, STRANGE
**aruthredd,** *n.m.* WONDER, HORROR
**aruthrol,** *a.* HUGE, PRODIGIOUS
**arwahanol,** *a.* DISCRETE
**arwahanrwydd,** *n.m.* OTHERNESS, INDIVIDUALITY, SEPARATISM, APARTHEID
**arwain,** *v.* LEAD, CONDUCT, GUIDE
**arwaith,** (-weithiau), *n.m.* ACTION, PROJECT
**arwead,** (-au), *n.m.* TEXTURE
**arwedd,** (-au, -ion), *n.f.* CONDUCT, BEARING, ASPECT, FEATURE
**arweddu,** *v.* BEAR
**arweddwr,** (-wyr), *n.m.* BEARER
**arweingwn,** *n.pl.* GUIDE-DOGS
**arweiniad,** (-au), *n.m.* GUIDANCE, LEADERSHIP, INTRODUCTION
**arweiniol,** *a.* LEADING, INTRODUCTORY
**arweinydd,** (-ion), *n.m.* LEADER, GUIDE, CONDUCTOR
**arweinyddiaeth,** *n.f.* LEADERSHIP
**arwerthiant,** (-iannau), *n.m.* AUCTION, SALE
**arwerthu,** *v.* SELL BY AUCTION
**arwerthwr,** (-wyr), *n.m.* AUCTIONEER
**arwest,** *n.f.* STRING, MINSTRELSY
**arwisg,** (-oedd), *n.f.* OUTER GARMENT, CLOAK
**arwisgiad,** *n.m.* INVESTITURE
**arwisgo,** *v.* ENROBE, INVEST
**arwr,** (-wyr), *n.m.* HERO
**arwres,** (-au), *n.f.* HEROINE
**arwrgerdd,** (-i), *n.f.* EPIC POEM
**arwriaeth,** *n.f.* HEROISM
**arwrol,** *a.* HEROIC, EPIC, GALLANT
**arwybod,** (-au), *n.m.* AWARENESS
**arwydryn,** (-nau), *n.m.* COVERSLIP
**arwydd,** (-ion), *n.m.f.* SIGN, SIGNAL, ENSIGN
**arwyddair,** (-eiriau), *n.m.* MOTTO
**arwyddiant,** (-iannau), *n.m.* SIGNATURE
**arwyddlun,** (-iau), *n.m.* EMBLEM, SYMBOL
**arwyddluniol,** *a.* EMBLEMATIC, SYMBOLIC
**arwyddnod,** (-au), *n.m.* MARK, TOKEN, SIGNAL
**arwyddo,** *v.* SIGN, SIGNIFY, ISSUE
**arwyddocâd,** *n.m.* SIGNIFICANCE
**arwyddocaol,** *a.* SIGNIFICANT
**arwyddocáu,** *v.* SIGNIFY, INDICATE, DENOTE
**arwyddwr,** (-wyr), *n.m.* SIGNATORY
**arwyl,** (-ion), *n.f.* FUNERAL RITES, FUNERAL

**arwylaidd,** *a.* FUNEREAL
**arwyneb,** (-au), *n.m.* PLANE, SURFACE
**arwynebedd,** *n.m.* AREA
**arwynebol,** *a.* SUPERFICIAL
**arwynebolrwydd,** *n.m.* SUPERFICIALITY
**arwystl,** (-on), *n.m.* LEGAL CHARGE
**aryneilio,** *v.* ALTERNATE
**arysgrif,** (-au), *n.f.* | INSCRIPTION
**arysgrifen,** (-nau), *n.f.* |
**arysgrifennu,** *v.* INSCRIBE
**as,** *n.f.* ACE, PARTICLE, DONKEY
**asb,** (-iaid), *n.f.* ASP
**asbaragws,** *n.m.* ASPARAGUS
**asbestos,** (-au), *n.m.* ASBESTOS
**asbig,** *n.m.* ASPIC
**asbri,** *n.m.* ANIMATION, VIVACITY, SPIRITS
**ased,** (-ion, -i, -au), *n.m.* ASSET
**asedod,** *n.m.* ASEITY
**aseiniad,** (-au), *n.m.* ASSIGNMENT
**asen,** (-nau, ais), *n.f.* RIB
(-nod), *n.f.* SHE-ASS
**asennol,** *a.* COSTAL
**aseptig,** *a.* ASEPTIC
**asesiad,** (-au), ASSESSMENT
**asesu,** *v.* ASSESS
**aseswr,** (-wyr), *n.m.* ASSESSOR
**asetylin,** *n.m.* ACETYLENE
**asetyn,** (-ion), *n.m.* ACETATE
**aseth,** (esyth), *n.f.* STAKE, SPAR, LATH
**asffalt,** *n.m.* ASPHALT
**asgell,** (esgyll), *n.f.* WING, FIN, AISLE
**asgell-gomander,** (-iaid), *n.m.* WING-COMMANDER
**asgellog,** *a.* WINGED
**asgellwr,** (-wyr), *n.m.* WING, OUTSIDE-FORWARD
**asgellwynt,** (-oedd), *n.m.* SIDE-WIND
**asgen,** (-nau), *n.f.* TENDENCY, HARM
**asgennu,** *v.* ASCEND
**asgetiaeth,** *n.f.* ASCETICISM
**asgetig,** *a.* ASCETIC
**asgetigiaeth,** *n.f.* ASCETICISM
**asglodyn,** (asglod(ion)), *n.m.* CHIP (OF WOOD)
**asgorbig,** *a.* ASCORBIC
**asgre,** *n.f.* BOSOM, HEART
**asgwrn,** (esgyrn), *n.m.* BONE
*asgwrn y gynnen,* BONE OF CONTENTION
**asgwrneiddiad,** (-au), *n.m.* OSSIFICATION
**asgwrneiddio,** *v.* OSSIFY
**asgyrnog,** *a.* BONY
**asiad,** (-au), *n.m.* JOINT, SUTURE, WELD
**asiant,** (-au), *n.m.* AGENT
**asiantaeth,** (-au), *n.f.* AGENCY
**asid,** (-au), *n.m.* ACID
**asidaidd,** *a.* ACIDULATED
**asideiddio,** *v.* ACIDIFY
**asidig,** *a.* ACIDIC
**asidrwydd,** *n.m.* ACIDITY
**asiedydd,** (-ion), *n.m.* JOINER
**asimwth,** (-mythau), *n.m.* AZIMUTH
**asio,** *v.* JOIN, WELD, SOLDER, BLEND
**asma,** *n.m.* ASTHMA
**astalch,** (estylch), *n.f.* SHIELD
**astell,** (astyll(od), *n.f.* PLANK, SHELF, LEDGE, BOARD, BATTEN
*astell feiston,* SURF-BOARD
*astell lafnog,* LAMINBOARD
**asteroid,** (-au), *n.m.* ASTEROID
**astroffiseg,** *n.m.f.* ASTROPHYSICS
**astroleg,** *n.f.* ASTROLOGY
**astrolegwr, -ydd,** (-wyr), *n.m.* ASTROLOGIST
**astrus,** *a.* DIFFICULT, ABSTRUSE
**astrusi,** *n.m.* CONFUSION, AMBIGUITY
**astud,** *a.* ATTENTIVE, DILIGENT
**astudiaeth,** (-au), *n.f.* STUDY
**astudio,** *v.* STUDY
**astudrwydd,** *n.m.* ATTENTIVENESS
**asur,** *a.* AZURE
**aswiriant,** (-iannau), *n.m.* ASSURANCE
**aswy,** *a.* LEFT
**asymtot,** (-au), *n.m.* ASYMPTOTE
**asyn,** (-nod), *n.m.* ASS, DONKEY
**asynnaidd,** *a.* ASININE
**at,** *prp.* TO, TOWARDS, FOR, AT, BY
**atafael,** *v.* CONFISCATE, DISTRAIN
**atafael(iad),** *n.m.* CONFISCATION, ATTACHMENT, DISTRAINT, DISTRESS
**atafaelu,** *v.* DISTRAIN
**atafiaeth,** *n.m.* ATAVISM
**atal,** *v.* STOP, PREVENT, WITHOLD
(-ion), *n.m.* HINDRANCE, IMPEDIMENT
*atal dweud,* STAMMER
**ataleb,** (-au), *n.f.* INJUNCTION
**atalfa,** (-feydd), *n.f.* STOPPAGE, CHECK
*atalfa wynt,* WIND-BREAK
**ataliad,** (-au), *n.m.* STOPPAGE, PREVENTION, INHIBITION, DETERRENT, SANCTION
**ataliol,** *a.* PREVENTIVE, DETERRENT
**atalnod,** (-au), *n.f.* STOP, POINT, PUNCTUATION MARK
**atalnodi,** *v.* PUNCTUATE

**atalnwyd,** (-au), *n.f.* COMPLEX, INHIBITION
**atblyg,** (-ion), *n.m.* REFLEX
**atblygol,** *a.* REFLEXIVE, REFLECTED
**atbor,** (-ion), *n.m.* REMNANTS, SCRAPS
**atborth,** *n.m.* FEEDBACK
**atbreis,** (-iau), *n.m.* REPRISE
**atchwel,** (-au), *n.m.* RE-ENTRANCE
**atchweliad,** (-au), *n.m.* REGRESSION
**ateb,** (-ion), *n.m.* ANSWER, REPLY
*v.* ANSWER, REPLY
**atebiadol,** *a.* RESPONSORY
**atebol,** *a.* LIABLE, ANSWERABLE, RESPONSIBLE
**ateboliaeth,** *n.f.* / **atebolrwydd,** *n.m.* LIABILITY
**ateg,** (-ion), *n.f.* PROP, STAY, SUPPORT, BUTTRESS
**ategiad,** (-au), *n.m.* AFFIRMATION
**ategol,** *a.* SUPPORTING, AUXILIARY, ACCESSORY, ANCILLARY, CORROBORATIVE
*golwg ategol,* AUXILIARY VIEW
**ategolion,** *n.pl.* ACCESSORIES
**ategu,** *v.* SUPPORT, PROP
**ategwaith,** (-weithiau), *n.m.* ABUTMENT
**atfor,** *a.* SEAWARD
**atgas,** *a.* HATEFUL, ODIOUS, PERVERSE
**atgasedd,** *n.m.* / **atgasrwydd,** *n.m.* HATRED, ODIUM
**atgenhedliad,** *n.m.* REGENERATION, REPRODUCTION
**atgenhedlu,** *v.* REGENERATE, REPRODUCE
**atgno,** (-eau), *n.m.* REMORSE, SECOND CHEWING
**atgof,** (-ion), *n.m.* REMEMBRANCE, RECOLLECTION, REMINISCENCE
**atgofiannol,** *a.* REMINISCENT
**atgofio,** *v.* RECOLLECT, REMIND
**atgofus,** *a.* REMINISCENT
**atgoffa,-áu,** *v.* RECALL, REMIND
**atgraffiad,** (-au), *n.m.* OFFSET PRINTING
**atgwymp,** *n.m.* RELAPSE
**atgwympo,** *v.* RELAPSE
**atgyd,** (-au), *n.m.* ADJOINT
**atgydiol,** *a.* ADJOINT
**atgyfannu,** *v.* RE-INTEGRATE
**atgyflyru,** *v.* RECONDITION, RECYCLE
**atgyfnerthiad,** (-au), *n.m.* BOOST, BOOSTER
**atgyfnerthion,** *n.pl.* REINFORCEMENTS
**atgyfnerthol,** *a.* REINFORCING
**atgyfnerthu,** *v.* REINFORCE
**atgyfodi,** *v.* RISE, RESURRECT, REVIVE
**atgyfodiad,** *n.m.* RESURRECTION
**atgynhyrchiad,** (-au), *n.m.* REPRODUCTION
**atgynhyrchydd,** *n.m.* REPRODUCER
**atgynnull,** *v.* REASSEMBLE
**atgyrch,** (-ion), *n.m.* REFLEX
**atgyweiriad,** (-au), *n.m.* REPAIR, RESTORATION
**atgyweirio,** *v.* REPAIR, REFIT, RESTORE
**atgyweiriwr,** (-wyr), *n.m.* REPAIRER, RESTORER
**atig,** (-au), *n.m.f.* ATTIC
**atir,** *a.* LANDWARD
**atlas,** (-au), *n.m.* ATLAS
**atmosffer,** (-au), *n.m.* ATMOSPHERE
**atmosfferig,** *a.* ATMOSPHERIC
**atodeg,** *n.f.* RIDER
**atodi,** *v.* APPEND, ADD, AFFIX
**atodiad,** (-au), *n.m.* APPENDIX
**atodion,** *n.pl.* ATTACHMENTS
**atodlen,** (-ni), *n.f.* SCHEDULE
**atodol,** *a.* ADDITIONAL, SUPPLEMENTARY
**atodyn,** (atodion), *n.m.* ATTACHMENT
**atol,** (-au), *n.m.* ATOLL
**atolwg,** *i,* PRAY! PLEASE!
**atolygu,** *v.* BEG
**atom,** (-au), *n.m.* ATOM
**atomadur,** (-on), *n.m.* ATOMISER
**atomeg,** *n.f.* ATOMICS
**atomegwr,** (-wyr), *n.m.* ATOMICIAN
**atomeiddio,** *v.* ATOMISE
**atomfa,** (-feydd), *n.f.* NUCLEAR POWER STATION
**atomiaeth,** *n.f.* ATOMISM
**atomig,** *a.* ATOMIC
**atomigedd,** *n.m.* ATOMICITY
**atonedd,** *n.m.* ATONY
**atosodiad,** *n.m.* SUPPOSITION
**atred,** (-au), *n.m.* OFF-SET
**atroffi,** *n.m.* ATROPHY
**atroi,** *v.* TURN BACK
**atsain,** (atseiniau), *n.f.* ECHO
**atseinio,** *v.* RESOUND, ECHO
**atseiniol,** *a.* RESOUNDING, RESONANT
**atsugno,** *v.* ABSORB
**atwf,** *n.m.* SECOND GROWTH
**atwynt,** *a.* WINDWARD
**atyfiant,** *n.m.* GERMINATION
**atygol,** *a.* AFFERENT
**atynfa,** (-feydd), *n.f.* ATTRACTION,
**atyniad,** (-au), *n.m.* CAPILLARITY ATTRACTION
**atyniadaeth,** (-au), *n.f.* POLARITY

**atyniadol,** *a.* ATTRACTIVE, ENTICING
**athletau,** *n.pl.* ATHLETICS
**athletaidd,** *a.* | ATHLETIC
**athletig,** *a.* |
**athletwr,** (-wyr), *n.m.* ATHLETE
**athraidd,** *a.* PERMEABLE
**athraw,** *n.m.* see *athro*
**athrawes,** (-au), *n.f.* FEMALE TEACHER, GOVERNESS, SCHOOLMISTRESS
**athrawiaeth,** (-au), *n.f.* DOCTRINE
**athrawiaethol,** *a.* DOCTRINAL
**athrawiaethu,** *v.* INSTRUCT, INDOCTRINATE
**athreiddedd,** (-au), *n.m.* PERMEABILITY
**athreuliad,** *n.m.* ATTRITION
**athrist,** *a.* SORROWFUL, PENSIVE
**athro,** (athrawon), *n.m.* TEACHER, PROFESSOR
**athrod,** (-ion, -au), *n.m.* SLANDER
**athrodgar,** *a.* SLANDEROUS
**athrodi,** *v.* SLANDER
**athrodus,** *a.* SLANDEROUS
**athrodwr,** (-wyr), *n.m.* SLANDERER
**athrofa,** (-feydd), *n.f.* COLLEGE, ACADEMY, INSTITUTE
**athrofaol,** *a.* COLLEGIATE, ACADEMICAL
**athroniaeth,** (-au), *n.f.* PHILOSOPHY
**athronydd,** (-wyr), *n.m.* PHILOSOPHER
**athronyddol,** *a.* PHILOSOPHICAL
**athronyddu,** *v.* PHILOSOPHISE
**athrylith,** (-oedd), *n.f.* TALENT, GENIUS, INTUITION, INGENUITY
**athrylithgar,** *a.* TALENTED, INTUITIVE, HAVING GENIUS
**athrywynwr,** (-wyr), *n.m.* INTERMEDIARY
**athyriad,** (-au), *n.m.* AGGLOMERATE
**athyrru,** *v.* AGGLOMERATE
**au,** (euon), *n.m.* LIVER
**aur,** *n.m.* GOLD
*aur coeth : aur mâl,* PURE OR REFINED GOLD
**awch,** *n.m.* EDGE, ARDOUR, RELISH, ZEST, APPETITE
**awchlym,** *a.* SHARP-EDGED, KEEN, ACUTE
**awchlymu,** *v.* SHARPEN, WHET
**awchus,** *a.* SHARP, ARDENT, EAGER, KEEN
**awdiogram,** (-au), *n.m.* AUDIOGRAM
**awditoriwm,** *n.m.* AUDITORIUM
**awdl,** (-au), *n.f.* ODE (in strict metres)
**awdlaidd,** *a.* PERTAINING TO AN ODE
**awdlwr,** (-wyr), *n.m.* COMPOSER OF ODES
**awdur,** (-on), *n.m.* AUTHOR
**awdurdod,** (-au), *n.m.f.* AUTHORITY
**awdurdodaeth,** *n.f.* JURISDICTION
**awdurdodedig,** *a.* AUTHORISED
**awdurdodi,** *v.* AUTHORISE
**awdurdodiad,** (-au), *n.m.* AUTHORISATION
**awdurdodol,** *a.* AUTHORITATIVE
**awdurdodus,** *a.* AUTHORITARIAN
**awdurdodusrwydd,** *n.m.* AUTHORITARIANISM
**awdures,** (-au), *n.f.* AUTHORESS
**awel,** (-on), *n.f.* BREEZE
**awelog,** *a.* BREEZY
**awen,** (-au), *n.f.* REIN, POETIC GIFT, THE MUSE
**awenus,** *a.* GIFTED
**awenydd,** (-ion), *n.m.* POET
**awenyddiaeth,** *n.f.* POETRY, POESY
**awenyddol,** *a.* POETICAL
**awff,** *n.m.* LOUT, OAF, RASCAL
**awgrym,** *n.m.* SUGGESTION, HINT
**awgrymadwy,** *a.* SUGGESTIBLE
**awgrymebu,** *v.* PROMPT
**awgrymiad,** (-au), *n.m.* SUGGESTION
**awgrymiadol,** | *a.* SUGGESTIVE
**awgrymog,** |
**awgrymus,** |
**awgrymu,** *v.* SUGGEST
**awgrymusrwydd,** *n.m.* SUGGESTIVENESS
**awr,** (oriau), *n.f.* HOUR, TIME
*awr frys,* RUSH HOUR
**awrdal,** (-oedd), *n.m.* HOURLY RATE
**awrlais,** (-leisiau), *n.m.* CLOCK
**awrora,** (-âu), *n.m.* AURORA
**awrwydr,** (-au), *n.m.* HOUR-GLASS
**Awst,** *n.m.* AUGUST
**awstenit,** (-iau), *n.m.* AUSTENITE
**awtarchiaeth,** *n.m.* AUTARCHY
**awtistig,** *a.* AUTISTIC
**awtobahn,** (-au), *n.m.* AUTOBAHN
**awtocrat,** (-iaid), *n.m.* AUTOCRAT
**awtocratiaeth,** *n.f.* AUTOCRACY
**awtocratig,** *a.* AUTOCRATIC
**awtomasiwn,** *n.m.* AUTOMATION
**awtomatiaeth,** *n.f.* AUTOMATION
**awtomatig,** *a.* AUTOMATIC
**awtomeiddio,** *v.* AUTOMATE
**awtomorffig,** *a.* AUTOMORPHIC
**awtonomaidd,** *a.* AUTONOMOUS
**awtonomi(aeth),** *n.m.* AUTONOMY
**awtopsi,** *n.m.* AUTOPSY
**awydd,** (-au), *n.m.* DESIRE, EAGERNESS
**awyddfryd,** *n.m.* ZEAL, EARNEST DESIRE

**awyddfrydig,** *a.* EAGER
**awyddu,** *v.* DESIRE
**awyddus,** *a.* DESIROUS, EAGER, ZEALOUS
**awyr,** *n.f.* AIR, SKY
*awyr goprog,* OVERCAST SKY
*awyr traeth,* CIRRO-CUMULUS
**awyrblan,** (-au), *n.f.* AEROPLANE
**awyrbwysedd,** *n.m.* AIR-PRESSURE
**awyrell,** (-au), *n.f.* VENT
**awyren,** (-nau), *n.f.* AEROPLANE
**awyrendy,** (-dai), *n.m.* HANGAR
**awyrenfa,** (-feydd), *n.f.* AIRFIELD
**awyrennaeth,** *n.m.f.* AERONAUTICS
**awyrennwr,** (-enwyr), *n.m.* AIRMAN, AVIATOR
**awyrfaen,** *n.m.* METEORITE
**awyrfeidr,** *n.m.* AEROMETER
**awyrgorff,** (-gyrff), *n.m.* AIR MASS
**awyrgylch,** (-au, -oedd), *n.m.f.* ATMOSPHERE, AIR
**awyrgylchol,** *a.* ATMOSPHERIC
**awyriad,** *n.m.* VENTILATION
**awyriadur,** (-on), *n.m.* VENTILATOR
**awyrladrad,** (-au), *n.m.* AIR PIRACY
**awyrlong,** (-au), *n.f.* AIRSHIP
**awyrlun,** (-iau), *n.m.* AERIAL PHOTOGRAPH
**awyro,** *v.* AIR, VENTILATE
**awyrofod,** (-au), *n.m.* AEROSPACE
**awyrog,** *a.* AERATED
**awyrol,** *a.* AERIAL, AIRY
**awyru,** *v.* AIR, VENTILATE, AERATE
**awyrydd,** (-ion), *n.m.* VENTILATOR

**baban,** (-od), *n.m.* BABY
**babanaidd,** *a.* CHILDLIKE, CHILDISH, BABYISH
**babandod,** *n.m.* INFANCY, BEGINNING, BABYHOOD
**babanladdiad,** (-au), *n.m.* INFANTICIDE
**babanu,** *v.* PET, GROW CHILDISH
**babi,** *n.m.f.* BABY
**babŵn,** *n.m.* BABOON
**bacas,** (-au, bacsau), *n.f.* FOOTLESS STOCKING, FETLOCK HAIR
**bacilws,** *n.m.* BACILLUS
**bacio,** *v.* BACK
**baciwr,** (-wyr), *n.m.* BACKER
**baco,** *n.m.* TOBACCO
**bacteria,** *n.pl.* BACTERIA
**bacterioleg,** *n.f.m.* BACTERIOLOGY
**bacteriolegwr, -ydd,** (-wyr), *n.m.* BACTERIOLOGIST
**bacteriwm,** (bacteria), *n.m.* BACTERIUM
**bacwn,** (-cynau), *n.m.* BACON
*bacwn brith,* STREAKY BACON
*bacwn mwg,* SMOKED BACON
**bach,** (-au), *n.m.* HOOK, HINGE, NOOK, CORNER, BEND
*bachau petryal,* SQUARE BRACKETS
*bach a dolen,* HOOK AND EYE
*a.* SMALL, DEAR
**bachell,** (-au), *n.f.* CORNER, SNARE, CLUTCH
**bachgen,** (bechgyn), *n.m.* BOY
**bachgendod,** *n.m.* BOYHOOD
**bachgennaidd,** *a.* BOYISH, CHILDISH
**bachgennes,** *n.f.* GIRL
**bachgennyn,** *n.m.* LAD, LITTLE BOY
**bachiad,** (-au), *n.m.* HITCH, FLAW, HOLD, SLIT, HOOK
**bachigol,** *a.* DIMINUTIVE
**bachigyn,** (bachigion), *n.m.* DIMINUTIVE, LITTLE BIT
**bachog,** *a.* HOOKED, INCISIVE, WINDING
**bachu,** *v.* HOOK, GRAPPLE, BEND, SKULK
**bachwr,** (-wyr), *n.m.* HOOKER, GRAPPLE
**bachyn,** (bachau), *n.m.* HOOK
**bad,** (-au), *n.m.* BOAT, CRAFT
*bad clwm,* STAKEBOAT
**badwr,** (-wyr), *n.m.* BOATMAN
**baddo,** *v.* BATH
**baddon,** (-au), *n.m.* BATH
*baddon cawod,* SHOWER BATH
**bae,** (-au), *n.m.* BAY, BIGHT
(bae(a)s), *n.f.* LAUREL
**baeas,** *n.m.* BAIZE
**baedd,** (-od), *n.m.* BOAR
*baedd coed/gwyllt,* WILD BOAR
**baeddu,** *v.* BEAT, THUMP, SOIL
**baetio,** *v.* BAIT
**bag,** (-(i)au), *n.m.* BAG
**bagad,** (-au), *n.m.* HOST, CLUSTER, BUNCH, TROOP, FLOCK
**bagatél,** *n.m.* BAGATELLE
**bagio,** *v.* BAG, BACK, STAMP
**bagl,** (-au), *n.f.* CRUTCH, LEG, CROZIER
**baglan,** *n.f.* CRUTCH, CROOK
*v.* STUMBLE, TRIP, RUN AWAY
**baglor,** (-ion), *n.m.* BACHELOR (UNIVERSITY)
**bagloriaeth,** (-au), *n.f.* BACHELORSHIP
**baglu,** *v.* TRIP, ENTANGLE
**bai,** (beiau), *n.m.* FAULT, BLAME, DEFECT
**baich,** (beichiau), *n.m.* LOAD, BURDEN, MAIN POINT
**bais,** *n.m.* BOTTOM, FORD
**bal,** *a.* HAVING A WHITE SPOT
**balans,** (-au), *n.m.* BALANCE
**balast,** *n.m.* BALLAST
**balc,** (-iau), *n.m.* MISTAKE, FAULT, BALK
**balcio,** *v.* BALK
**balcon(i),** (-au, -ïau), *n.m.* BALCONY
**balch,** *a.* PROUD, FINE, STATELY
**balchder,** *n.m.* PRIDE, GLORY,
**balchedd,** *n.m.* DIGNITY, VANITY
**baldordd,** *n.m.* BABBLE, CLAMOUR, CHATTER
**baldorddi,** *v.* BABBLE, CLAMOUR, CHATTER
**baldorddus,** *a.* BABBLING, CHATTERING
**baldorddwr,** (-wyr), *n.m.* BABBLER
**bale,** *n.m.* BALLET
**baled,** (-i), *n.f.* BALLAD
**baledol,** *a.* BALLADIC
**baledwr,** (-wyr), *n.m.* COMPOSER OF BALLADS, BALLAD-MONGER
**balisteg,** *n.m.f.* BALLISTICS
**balistig,** *a.* BALLISTIC
**balm,** *n.m.* BALM
**balmaidd,** *a.* BALMY
**balog,** (-au, -ion), *n.f.* TONGUE, COD-PIECE, FLAP
**balot,** (-au), *n.m.* BALLOT
**balsa,** *n.m.* BALSA
**balsam,** (-au), *n.m.* BALSAM
**balustr,** *n.m.* BALUSTER
**balŵn,** (balwnau), *n.f.* BALLOON
**balwstrad,** *n.m.* BALUSTRADE
**bambŵ,** (-au), *n.m.* BAMBOO
**ban,** (-nau), *n.m.f.* PEAK, CORNER, TOP, CREST, QUARTER, ARM, BRANCH, VERSE, PART OF LINE
*a.* LOFTY, LOUD

**banadl,** (banhadlen *n.f.*), *n.pl.* BROOM
**banana,** (-âu), *n.m.* BANANA
**banc,** (-iau, bencydd), *n.m.* MOUND, BANK, HILLOCK
*banc cynilo,* SAVINGS BANK
*cyfrifen banc,* BANK STATEMENT
**bancio,** *v.* BANK
**bancradd,** (-au), *n.f.* BANK RATE
**bancrafft,** *a.* BANKRUPT
**bancwr,-er,** (-wyr), *n.m.* BANKER
**band,** (-iau), *n.m.* BAND, BINDING, BOND
**bandin,** (-au), *n.m.* BANDING
**bando,** *n.m.* BANDY
**bandor,** (-au), *n.m.* BANJO
**baner,** (-i, -au), *n.f.* BANNER, FLAG
**banerog,** *a.* BANNERED
**banerwr,** (-wyr), *n.m.* STANDARD-BEARER
**bangor,** (-au, bengyr), *n.f.m.* WATTLED FENCE, MONASTERY, COLLEGE
**bangoren,** *n.f.* WATTLE
**bangori,** *v.* WATTLE
**bangorwaith,** *n.m.* WATTLE
**banhadlog,** *a.* FULL OF BROOM
**banjo,** (-au), *n.m.* BANJO
**banllef,** (-au), *n.f.* LOUD SHOUT
**bannig,** (banigion), *n.m.* SEMIBREVE
**bannod,** (banodau), *n.f.* LINE, CLAUSE, PART, INDEFINITE ARTICLE
**bannog,** *a.* HORNED, HIGH, FAMOUS, TURRETED
**banon,** *n.f.* QUEEN
**banwes,** (-au), *n.f.* YOUNG SOW, GILT
**bar,** (-rau), *n.m.* BAR, MEASURE
*bar tamaid a llwnc,* SNACK BAR
**bâr,** *n.m.* ANGER, ADVERSITY, FURY, GREED
**bara,** *n.m.* BREAD
*bara brith,* CURRANT BREAD
*bara byr,* SHORTBREAD
*bara ceirch,* OATCAKE
*bara croyw,* UNLEAVENED BREAD
*bara henbob,* STALE BREAD
*bara lawr/lafwr,* LAVER BREAD
**baratri,** *n.m.* BARRATRY
**barbaraidd,** *a.* BARBAROUS, SAVAGE, FIERCE
**barbareiddiwch,** *n.m.* BARBARITY
**barbariad,** (-iaid), *n.m.* BARBARIAN
**barbitwrad,** *n.m.* BARBITURATE
**barbwr,** (-wyr), *n.m.* BARBER
**barc,** *n.m.* BARQUE
**barcer,** (-iaid), *n.m.* TANNER
**barcio,** *v.* TAN
**barclod,** (-au), *n.m.* APRON
**barcty,** (-tai), *n.m.* TANNERY
**barcut,** *n.m.* HANGLIDER, KITE
**barcut,** *n.m.* HANG-GLIDER, KITE
**barcut(an),** (-iaid, -od), *n.m.* KITE
**barcutwr,** (-wyr), *n.m.* HANGLIDER
**bardas,** (*-en, n.f.*), *n.pl.* SHRIMPS
**bardd,** (beirdd), *n.m.* BARD, POET
**barddas,** *n.m.f.* POETRY, POETICS
**barddol,** *a.* POETIC, BARDIC
**barddoni,** *v.* COMPOSE POETRY
**barddoniaeth,** *n.f.* POETRY
**barddonllyd,** *a.* AFFECTEDLY POETIC
**barddonol,** *a.* POETIC
**bared,** (-au), *n.m.* BARRAGE
**barf,** (-au), *n.f.* BEARD
**barfog,** *a.* BEARDED
**bargeinio,** *v.* BARGAIN, DEAL
**bargen,** (-iau, barge(i)nion), *n.f.* BARGAIN, DEAL, CONTRACT
**bargenna,** *v.* BARGAIN
**bargod,** (-ion), *n.m.* EAVES, EDGE
**bargodfaen,** (-feini), *n.m.* DRIPSTONE
**bargodi,** *v.* PROJECT, OVERHANG
**bargyfreithiwr,** (-wyr), *n.m.* BARRISTER
**bariaeth,** *n.f.m.* EVIL, GRIEF, WRATH
**baric,** (-s), *n.m.* BARRACK
**barier,** (-i), *n.m.* BARRIER
**baril,** (-au), *n.f.* BARREL
**bario,** *v.* BAR
**bariton,** (-au), *n.m.&a.* BARITONE
**bariwm,** *n.m.* BARIUM
**bariwns,** *n.m.* MOVABLE BARRIER
**barlad,** *n.m.* / **barlat,** *n.m.* DRAKE, MALLARD
**barlys,** (*-yn, m. -en, f.*), *c.n.* BARLEY
**barn,** (-au, -ion), *n.f.* OPINION, JUDGEMENT, SENTENCE
**barnais,** (-eisiau), *n.f.* VARNISH
**barnedigaeth,** (-au), *n.f.* JUDGEMENT, PUNISHMENT
**barneisio,** *v.* BURNISH, VARNISH
**barnllyd,** *a.* CRITICAL
**barnol,** *a.* CRITICAL, JUDGING, TERRIBLE
**barnu,** *v.* JUDGE, ADJUDICATE, ASSESS, CONSIDER
**barnwr,** (-wyr), *n.m.* JUDGE, ADJUDICATOR, CRITIC
**barnwrol,** *a.* JUDICIAL
**barograff,** (-au), *n.m.* BAROGRAPH
**baromedr,** (-au), *n.m.* BAROMETER
**baromedrig,** *a.* BAROMETRIC

**barriff,** *n.m.* BARRIER REEF
**barrug,** *n.m.* HOAR-FROST, RIME
**barter,** (-au), *n.m.* BARTER
**barugo,** *v.* RIME
**barugog,** *a.* COVERED WITH HOAR-FROST
**barus,** *a.* GREEDY, ANGRY
**barwn,** (-iaid), *n.m.* BARON
**barwnes,** (-au), *n.f.* BARONESS
**barwniaeth,** (-au), *n.f.* BARONAGE, BARONY
**barwnig,** *n.m.* BARONET
**barwnol,** *a.* BARONIAL
**barysffer,** *n.m.* BARYSPHERE
**bas,** (bais, beis), *a.* SHALLOW
(beisiau), *n.m.f.* BASS, BASE
**basaidd,** *a.* SHALLOW, BASS
**basalt,** *n.m.* BASALT
**basâr,** (-s, -au), *n.m.* BAZAAR
**basg,** (-au), *n.f.* MESH OF NET
**basged,** (-au, -i), *n.f.* BASKET
**basgedwaith,** *n.m.* BASKET-WORK
**basgedwr,** (-wyr), *n.m.* BASKET-MAKER
**basgerfiad,** (-au), *n.m.* BAS-RELIEF
**basgerflun,** (-iau), *n.m.* BAS-RELIEF
**basgrwth,** (-grythau), *n.m.* DOUBLE-BASS
**basgwch,** (-gychod), *n.m.* PUNT
**basig,** *a.* BASE, BASIC
**basigrwydd,** *n.m.* BASICITY
**basil,** *n.m.* BASIL
**basle,** (-oedd), *n.m.* SHOAL, SHALLOWS
**baslun,** (-iau), *n.m.* BAS-RELIEF
**baslyn,** (-noedd), *n.m.* LAGOON
**basn,** (-au, -ys), *n.m.* BASIN
**bastard(d),** (-iaid), *n.m.* BASTARD
**bastardiaeth,** *n.f.* BASTARDY
**baster,** *n.m.* SHALLOWNESS
**baswn,** (baswnau), *n.m.* BASSOON
**baswr,** (-wyr), *n.m.* BASS, BASEMAN
**bat,** (-iau), *n.m.* BAT
**bataliwn,** (-iynau), *n.m.* BATTALION
**batiad,** (-au), *n.m.* INNINGS
**bating(en),** (-au, -od), *n.m.f.* TURF PARED FOR BURNING
**batingo,** *v.* PARE TURF, HOE
**batio,** *v.* BAT
**batiwr,** (-wyr), *n.m.* BATSMAN
**batog,** (-au), *n.f.* MATTOCK, HOE
**batri,** (-ïau, -s), *n.m.* BATTERY
**bats,** (-ys), *n.f.* BATCH
**batwn,** (batynau), *n.m.* BATON
**bath,** (-iau), *n.m.* KIND, BATH, COIN, STAMP
**bath,** *a.* MINTED, SUCH
*arian bath,* MONEY
**bàth,** (-s), *n.m.* BATH
**bathdy,** (-dai), *n.m.* MINT
**bathiad,** *n.m.* COINAGE, MINTAGE
**bathodi,** *v.* COIN, FORM
**bathodyn,** (-nau), *n.m.* BADGE, MEDAL
**bathol,** *a.* COINED
**bathos,** (-au), *n.m.* BATHOS
**bathrwm,** (-s), *n.m.* BATHROOM
**bathu,** *v.* COIN, SHAPE
**bathygraff,** *n.m.* BATHYGRAPH
**baw,** *n.m.* DIRT, DUNG, FILTH, MUCK
**bawaidd,** *a.* DIRTY, ILL, NIGGARDLY
**bawd,** (bodiau), *n.m.* THUMB, BIG TOE
**bawdy,** (-dai), *n.m.* CLOSET, TOILET
**bawddyn,** (-ion), *n.m.* VILE WRETCH, DASTARD
**baweidd-dra,** *n.m.* MEANNESS
**baw(i)ach,** *n.pl.* RASCALS, TRASH
**bawlyd,** *a.* DIRTY, FILTHY, NASTY
**becsio,** *v.* WORRY, VEX
**becwêdd,** (becweddau), *n.m.* BEQUEST
**becwedda,** *v.* BEQUEATH
**becwn,** (-au), *n.m.f.* WELSH DRESS, NIGHTDRESS
**bechan,** *a.f.* SMALL, LITTLE
**bechyn,** *n.m.* SMALL HOOK
**bedel,** (-au), *n.m.* BEADLE
**bedlam,** (-od, -iaid), *n.m.f.* MADMAN, VAGRANT, CONFUSION
**bedwen,** (bedw), *n.f.* BIRCH
*bedwen Fai,* MAYPOLE
**bedydd,** *n.m.* BAPTISM, CHRISTENING
**bedyddfa,** (-fâu, -feydd), *n.f.* BAPTISTERY, FONT
**bedyddfaen,** (-feini), *n.m.* FONT
**bedyddfan,** (-nau), *n.f.* BAPTISTERY
**bedyddiad,** (-au), *n.m.* BAPTISM, BAPTIZING
**bedyddiedig,** *a.* BAPTIZED, BAPTIST
**bedyddio,** *v.* BAPTIZE, CHRISTEN
**bedyddiol,** *a.* BAPTIZED, BAPTISMAL, BELIEVING
**Bedyddiwr,** (-wyr), *n.m.* BAPTIST
**bedd,** (-au), *n.m.* GRAVE, TOMB, SEPULCHRE
**beddargraff,** (-iadau), *n.m.* EPITAPH
**beddfaen,** (-feini), *n.m.* TOMBSTONE
**beddgell,** (-oedd), *n.f.* VAULT, CATACOMB
**beddrod,** (-au), *n.m.* GRAVE, TOMB
**befel,** (-au), *n.m.* BEVEL
**befer,** (-od), *n.m.* BEAVER
*het befer,* BEAVER HAT

**begegyr,** (-on), *n.m.* HORNET
**beger,** (-iaid), *n.m.* BEGGAR
**begera,** *v.* BEG
**begerllyd,** *a.* BEGGING, BEGGARLY
**begian,** / **begio,** *v.* BEG
**bei,** (-au), *n.m.* BYE
**beias,** *n.m.* BAIZE
**Beibl,** (-au), *n.m.* BIBLE
**Beiblaidd,** *a.* BIBLICAL
**Beiblydd,** *n.m.* BIBLICIST
**beic,** (-iau), *n.m.* BICYCLE
**beicio,** *v.* CYCLE
**beichiad,** (-au), *n.m.* LOWING, BELLOWING
**beichio,** *v.* BURDEN, LOW, BELLOW, SOB
**beichiog,** *a.* PREGNANT, BURDENED
**beichiogaeth,** (-au), *n.f.* PREGNANCY
**beichiogi,** *v.* CONCEIVE, IMPREGNATE
*n.m.* FOETUS
**beichiogiad,** (-au), *n.m.* / **beichiogrwydd,** *n.m.* PREGNANCY
**beichus,** *a.* BURDENSOME
**beidr,** *n.f.* LANE
**beiddgar,** *a.* DARING, BOLD, PRESUMPTUOUS
**beiddgarwch,** *n.m.* BOLDNESS, PRESUMPTUOUSNESS
**beiddio,** *v.* DARE, VENTURE
**beilî,** (-ïon), *n.m.* BAILEE
**beili,** (-ïaid, -ïau), *n.m.* BAILIFF
(-ïau), *n.m.* BAILEY, YARD
**beilïaeth,** *n.f.* BAILIWICK
**beilïo,** *v.* ENCLOSE
**beindell,** (-au), *n.f.* BINDER, BINDING ATTACHMENT
**beindin,** (-nau), *n.m.* BINDING
**beindio,** *v.* BIND
**beio,** *v.* BLAME, ACCUSE, CENSURE
**beirniad,** (beirniaid), *n.m.* ADJUDICATOR, CRITIC
**beirniadaeth,** (-au), *n.f.* ADJUDICATION, CRITICISM
**beirniadol,** *a.* CRITICAL
**beirniadu,** *v.* ADJUDICATE, CRITICIZE
**beisfa,** (-feydd), *n.f.* SHALLOW PLACE
**beisgawn,** (-au), *n.f.* STACK, RICK
**beisgawnu,** *v.* STACK
**beisicl,** (-au), *n.m.* BICYCLE
**beisio,** *v.* WALK, FORD, SOUND
**beiston,** (-nau), *n.f.* BEACH, SHALLOWS, SURF, STRAND
**beius,** *a.* FAULTY, CULPABLE, GUILTY, AMISS
**beiusrwydd,** *n.m.* GUILT, CULPABILITY
**bel,** (-au), *n.m.* BEL
**bela, bele,** (balaon), *n.m.* MARTEN (PINE)
**belái,** *n.m.* BELAY
**Belg,** *n.f.* BELGIUM
**bellach,** *ad.* AT LENGTH, NOW, FURTHER
**belt,** (-iau), *n.m.* BELT
**bêm,** (-au, -ydd), *n.m.* BEAM
**ben,** (-ni), *n.f.* WAGGON, CART, VAN
**bendigaid,** *a.* BLESSED, ADORABLE, HOLY
**bendigedig,** *a.* BLESSED, GLORIOUS, ADORABLE
**bendigo,** *v.* PRAISE, BLESS
**bendith,** (-ion), *n.f.* BLESSING, GRACE
*gofyn bendith,* TO SAY GRACE
**bendithio,** *v.* BLESS, PRAISE
**bendithiol,** *a.* CONFERRING BLESSINGS, BENEFICENT
**bendithiwr,** (-wyr), *n.m.* BLESSER
**bensen,** *n.m.* BENZENE
**benthyca,** *v.* BORROW, LEND
**benthyciad,** (-au), *n.m.* LOAN, ADVANCE PAYMENT
**benthycio,** *v.* LEND
**benthyciwr,** (-wyr), *n.m.* BORROWER, LENDER
**benthyg,** (benthycion), *n.m.* LOAN
*a.* LOANED, BORROWED
**benyw,** (-od), *n.f.* WOMAN, FEMALE
*a.* FEMALE
**benywaeth,** *n.f.* FEMININITY
**benywaidd,** *a.* FEMALE, FEMININE
**benyweta,** *v.* WENCH, WHORE
**ber,** (-rau), *n.m.f.* LEG
*a.f.* SHORT
**bera,** (-on, -âu), *n.f.m.* RICK, STACK, PYRAMID
**berdasen,** (berdas), *n.f.* SHRIMP
**berdysyn,** (berdys), *n.m.* SHRIMP
**bere,** *n.m.* BERET
**berem,** (-au), *n.m.* YEAST
**beret,** (-au), *n.m.* BERET
**berf,** (-au), *v.* VERB
**berfa,** (-âu), *n.f.* WHEELBARROW
**berfenw,** (-au), *n.m.* VERB-NOUN
**berfol,** *a.* VERBAL
**beri,** (-ïon), *n.m.* KITE
**beril,** *n.m.* BERYL
**berllysg,** (-au), *n.f.* MACE, ROD, SCEPTRE
**berman,** *n.m.* YEAST
**berth,** *a.* BEAUTIFUL, VALUABLE

**berw,** *a.* BOILING, SEETHING
*n.m.* A BOILING, TURMOIL, TUMULT, CRESS
*berw'r dŵr,* WATER CRESS
**berwad,** *n.m.* A BOILING
**berwedig,** *a.* BOILED, SEETHING, BOILING
**berwedydd,** (-ion), *n.m.* BOILER
**berwi,** *v.* BOIL
**berwig,** (-au), *n.f.* PERIWIG
**berwr,** *n.m.* CRESS
**beryliwm,** *n.m.* BERYLLIUM
**beryn,** (-nau), *n.m.* BEARING
**berywen,** (beryw), *n.f.* JUNIPER
**bet,** *n.m.f.* HATRED
(-iau), *n.f.* BET, WAGER
**betgwn,** *n.m.f.* WELSH DRESS, BEDGOWN
**betin(g),** (-au), *n.m.* PARED TURF, BEATING
**betio,** *v.* BET, GAMBLE
**betiwr,** (-wyr), *n.m.* GAMBLER
**betws,** (-ysau), *n.m.* HOUSE OF PRAYER, ORATORY
**betysen,** (betys), *n.f.* BEET
*betys coch,* BEETROOT
**beth,** *px.* WHAT
**bethma,** *a. & n.m.* WHAT-D'YOU-CALL-IT
**beudy,** (-dái, -au), *n.m.* COWSHED, BYRE
**beunos,** *ad.* NIGHTLY, CONSTANTLY
**beunydd, -iol,** *ad.* DAILY, CONSTANTLY
**bias,** (-au), *n.m.* BIAS
**biasu,** *v.* BIAS
**bib,** (-iau), *n.m.* BIB
**bicer** (-i, -au), *n.m.* BEAKER, VICAR
**bicini,** (-ïau), *n.m.* BIKINI
**bid,** *v.* BE IT
(-iau), *n.f.* LOPPED HEDGE
(-iau), *n.m.* BID
**bidio,** *v.* SET A HEDGE, BID
**bidog,** (-au), *n.m.f.* BAYONET
**biff,** (-iau), *n.m.* BEEF
**bigitian,** *v.* TEASE, PROVOKE
**bigotri,** *n.m.* BIGOTRY
**bing,** (-oedd), *n.m.* ALLEY, BIN
**bingo,** *n.m.* BINGO
**bihafio,** *v.* BEHAVE
**bil,** (-iau), *n.m.* BILL, BILLHOOK
**bilain,** (-einiaid), *n.m.* VILLEIN
**bildio,** *v.* BUILD
**biliard(s),** *n.m.* BILLIARDS
**bilidowcar,** *n.m.* CORMORANT
**biled,** (-au), *n.m.* BILLET
**biledu,** *v.* BILLET
**biliwn,** (biliynau), *n.m.* BILLION
**bilwg,** (-ygau), *n.m.* BILLHOOK
**bin,** (-iau), *n.m.* BIN
**bindodwr,** (-wyr), *n.m.* BINITARIAN
**binomaidd,** *a.* BINOMIAL
**binomial,** (-au), *n.m.* BINOMIAL
**biocemeg,** *n.f.m.* BIOCHEMISTRY
**biocemegwr,** (-wyr), *n.m.* BIOCHEMIST
**bioffiseg,** *n.m.f.* BIOPHYSICS
**biohinsoddeg,** *n.f.* BIOCLIMATOLOGY
**bioleg,** *n.m.f.* BIOLOGY.
**biolegwr,** / **biolegydd,** (biolegwyr), *n.m.* BIOLOGIST
**biomecaneg,** *n.m.f.* BIOMECHANICS
**bioteg,** *n.f.m.* BIOTICS
**biotig,** *a.* BIOTIC
**bioymoleuedd,** *n.f.* BIOLUMINESCENCE
**bir,** (-oedd), *n.m.* BEER
**biro,** (-au), *n.m.* BIRO
**bisâr,** *a.* BIZARRE
**bisged, -en,** (-au, -i), *n.f.* BISCUIT
*bisgedi Berffro,* SHORTBREAD
**bisgïen,** (bisgis), *n.f.* BISCUIT
**bisi,** *a.* BUSY, MEDDLESOME
**biswail,** *n.m.* DUNG, SLURRY
**bitelwr,** (-wyr), *n.m.* VICTUALLER
**bitw,** *a.* TINY
**biwbo, -a,** *n.m.* JEW'S HARP
**biwgl,** (-au), *n.m.* BUGLE
**biwréd,** (-au), *n.m.* BURETTE
**biwrô,** (biwroau), *n.m.* BUREAU
**biwrocrat,** (-iaid), *n.m.* BUREAUCRAT
**biwrocratiaeth,** *n.f.* BUREAUCRACY
**blacin,** *n.m.* BLACKING
**blacmêl,** *n.m.* BLACKMAIL
**blaen,** *a.* FOREMOST, FIRST, FRONT
(-au, -ion), *n.m.* POINT, END, SOURCE, LIMIT, LEAD
*a.* ANTERIOR, FRONT, FORE
**blaenasgell, -wr,** (-wyr, -esgyll), *n.f.m.* WING-FORWARD
*blaenasgell olau,* OPEN-SIDE WING-FORWARD
*blaenasgell dywyll,* BLIND-SIDE WING-FORWARD
**blaenberfformiad,** (-au), *n.m.* PREMIÈRE
**blaenbori,** *v.* BROWSE, CROP
**blaenbwl,** *a.* BLUNT
**blaendâl,** *v.* PREPAYMENT, DEPOSIT
**blaendarddu,** *v.* SPROUT
**blaendir,** (-oedd), *n.m.* MARCHES, PROMONTORY, FOREGROUND
**blaendorri,** *v.* TRUNCATE, LOP
**blaenddalen,** (-nau), *n.f.* TITLE PAGE

**blaenddant,** (-ddannedd), *n.m.* INCISOR
**blaenddodiad,** (-iaid), *n.m.* PREFIX
**blaened,** *n.f.* BLACKQUARTER
**blaeneudir,** (-oedd), *n.m.* UPLAND
**blaenffrwyth,** (-au), *n.m.* FIRST FRUITS
**blaen-gantores,** (-au), *n.f.* PRIMADONNA
**blaengar,** *a.* PROMINENT. SHARP. PROGRESSIVE
**blaengaredd,** *n.m.* PROGRESSIVENESS. INITIATIVE
**blaengrwm,** *a.* BOW FRONTED
**blaengynllun,** (-iau), *n.m.* BLUE-PRINT
**blaenhwyl,** (-iau), *n.f.* FORESAIL
**blaeniant,** (-iannau), *n.m.* PRIORITY
**blaenlanc,** (-iau), *n.m.* JUVENILE
**blaenllaw,** *a.* PROMINENT. PREVIOUS. FOREHAND. READY. PROGRESSIVE
**blaenllym,** *a.* POINTED. ACUTE. SHARP
**blaenllymu,** *v.* SHARPEN. WHET
**blaenor,** (-iaid), *n.m.* LEADER. DEACON. ELDER, PREDECESSOR
**blaenores,** (-au), *n.f.* LEADING LADY. DEACONESS
**blaenori,** *v.* PRECEDE. LEAD. SURPASS
**blaenoriaeth,** (-au), *n.m.f.* PRIORITY. PREFERENCE. PRECEDENCE. SUPREMACY. DEACONSHIP
**blaenorol,** *a.* PRECEDING. PREVIOUS. FORMER. CHIEF
**blaenswm,** (-symiau), *n.m.* ADVANCE
**blaenu,** *v.* LEAD. ADVANCE. PRECEDE. SURPASS
**blaenweddu,** *v.* POINT. PRECEDE
**blaenweled,** *v.* PREVIEW
**blaenwr,** (-wyr), *n.m.* FORWARD, LEADER (OF ORCHESTRA)
**blaguro,** *v.* SPROUT. BUD. SHOOT
**blaguryn,** (blagur), *n.m.* BUD. SHOOT
**blaidd,** (bleiddiaid, bleiddiau), *n.m.* WOLF
**blanc,** (-au), *a.& n.m.* BLANK
*n.m.* COLT. FOAL
**blanced,** (-i), *n.f.* BLANKET
*blanced drydan,* ELECTRIC BLANKET
**blansio,** *v.* BLANCH
**blas,** (-au), *n.m.* TASTE. FERVOUR. ZEST
**blasenw,** (-au), *n.m.* NICKNAME
**blaslyn,** (-nau, -noedd), *n.m.* SAUCE
**blast,** (-au), *n.m.* BLAST
**blasu,** *v.* TASTE. RELISH. FLAVOUR
**blasus,** *a.* TASTY. SAVOURY. DELICIOUS
**blasusau,** *n.pl.* SAVOURIES
**blasusfwyd,** (-ydd), *n.m.* SAVOURY DISH
**blasyn,** *n.m.* APPETIZER
**blawd,** (blodiau, blodion), *n.m.* FLOUR. MEAL. POLLEN
*blawd codi,* SELF-RAISING FLOUR
*blawd gwenith cyfan,* WHOLEMEAL FLOUR
*blawd pysgod,* FISH MEAL
**ble,** *ad.* WHERE
**bleidd(i)ast,** (-(i)eist), *n.f.* WOLF-BITCH
**bleiddgi,** (-gwn), *n.m.* WOLF-HOUND
**bleind,** (-iau), *n.m.* BLIND
**blend,** (-iau), *n.m.* BLEND
**blendio,** *v.* BLEND
**blêr,** *a.* UNTIDY. NEGLIGENT
**blerdwf,** *n.m.* SPRAWL
**blerwch,** *n.m.* UNTIDINESS. NEGLECT
**blesawnt,** *n.m.* BLAZON
**blesyn,** *n.m.* LITTLE TASTE
**blew,** (-*yn, n.m.*), *n.pl.* HAIR. FUR. SMALL BONES OF FISH
**blewog,** *a.* HAIRY. SHAGGY
**blewyn,** (blew), *n.m.* HAIR. FUR. BLADE OF GRASS. SMALL FISH BONE
**blingo,** *v.* SKIN. FLAY
**blingwr,** (-wyr), *n.m.* FLAYER. SKINNER
**blin,** *a.* TIRED. TIRESOME. GRIEVOUS. CROSS. TROUBLOUS
**blinder,** (-au), *n.m.* WEARINESS. TROUBLE. ADVERSITY. AFFLICTION
**blinderog,** *a.* WEARY. TIRESOME
**blinderus,** *a.* DISTURBED. GRIEVOUS
**blinedig,** *a.* WEARISOME. TIRED. GRIEVOUS
**blinfyd,** *n.m.* ADVERSITY. AFFLICTION
**blino,** *v.* TIRE. VEX. SUFFER FROM
**blisg,** *n.pl.* SHELLS. HUSKS
**blith,** *a.* MILCH. FULL OF MILK
*n.m.* MILK
**blith draphlith,** *ad.* IN CONFUSION. HELTER-SKELTER
**bliw,** (-iau), *n.m.* BLUE
**bloc(yn),** (blociau), *n.m.* BLOCK
**blocâd,** *n.m.* BLOCKADE
**blocio,** *v.* BLOCK
**blodamlen,** (-ni), *n.f.* CALYX
**blodau,** (*blodeuyn, n.m.*), *n.pl.* FLOWERS
**blodeugerdd,** (-i), *n.f.* ANTHOLOGY
**blodeuglwm,** *n.m.* BUNCH. BOUQUET
**blodeuo,** *v.* FLOWER. FLOURISH
**blodeuog,** *a.* FLOWERY. BLOSSOMING
**blodfresych,** (-*en, n.f.*), *n.pl.* CAULIFLOWERS
*blodfresych caled/gaeaf,* BROCCOLI
**blodiadur,** (-on), *n.m.* ANTHOLOGY

**blodigyn,** *n.m.* FLORET
**blodiog,** *a.* FLOURY, FLOWERY
**blodyn,** (blodau), *n.m.* FLOWER
**bloedd,** (-iau, -iadau), *n.m.f.* SHOUT
**bloeddian,** / **bloeddio,** *v.* SHOUT
**bloeddiwr,** (-wyr), *n.m.* SHOUTER
**bloesg,** *a.* INDISTINCT, HUSKY, INARTICULATE
**bloesgedd,** *n.m.* / **bloesgni,** *n.m.* LISPING, INDISTINCT SPEECH
**blong,** (*blwng, m.*), *a.f.* SURLY, ANGRY, FROWNING, SAD
**bloneg,** (-au), *n.m.* LARD, FAT, GREASE, BELLY, SAP
**blonegen,** *n.f.* LAYER OF FAT, GREASE, LARD
**blonegog,** *a.* FAT, GREASY
**blors,** (-iaid), *n.m.* PLOVER
**blot,** (-iau), *n.m.* BLOT
**blotio,** *v.* BLOT, BLACKEN
**blotiog,** *a.* BLOTTED
**blows,** (-ys), *n.m.f.* BLOUSE
**blwch,** (blychau), *n.m.* BOX, CHEST
**blwff,** (blyffiau), *n.m.* BLUFF
**blwng,** *a.* SURLY, ANGRY, FROWNING, SAD
**blŵm,** *n.m.* BLOOM (INDUSTRIAL)
**blwydd,** (-i), *n.f.* & *a.* YEAR OLD, YEARLING
**blwydd-dâl,** (-daliadau), *n.m.* ANNUITY
**blwyddiadur,** (-on), *n.m.* YEAR-BOOK, CALENDAR
**blwyddlyfr,** (-au), *n.m.* YEAR-BOOK, CALENDAR
**blwyddnod,** (-au), *n.m.* ANNAL
**blwyddol,** *a.* ANNUAL
**blwyddyn,** (blynyddoedd), *n.f.* YEAR
**blyngder,** *n.m.* ANGER, SULLENNESS
**blynedd,** *n.f.pl.* YEARS (TIME)
**blynyddol,** *a.* ANNUAL, YEARLY
**blys,** (-iau), *n.m.* LUST, CRAVING, LONGING
**blysig,** *a.* LUSTFUL, GREEDY
**blysigrwydd,** *n.m.* LUSTFULNESS, GREEDINESS
**blysio,** *v.* LUST, CRAVE
**bo,** *n.m.* BUGBEAR
**bo,** *n.m.* BO, WORD
**boba,** *n.f.* AUNT
**bobin,** (-iau), *n.m.* BOBBIN
**bocs,** *n.m.* BOX-TREE
(-ys), *n.m.* BOX
**bocsach,** *n.m.* BOAST, JEALOUSY
**bocsachu,** *v.* BOAST, BE JEALOUS
**bocsachus,** *a.* BOASTFUL
**bocseit, bocsid,** *n.m.* BAUXITE
**bocsio,** *v.* BOX
**bocsiwr,** (-wyr), *n.m.* BOXER
**bocys,** *n.m.* BOX-TREE
**boch,** (-au), *n.f.* CHEEK
**bochdwll,** (-dyllau), *n.m.* DIMPLE
**bochgern,** (-au), *n.f.* CHEEK
**bochgoch,** *a.* ROSY-CHEEKED
**bochian,** / **bochio,** *v.* GOBBLE, BULGE
**bochog,** *a.* FULL-CHEEKED
**bod,** *v.* BE, EXIST
(-au), *n.m.* EXISTENCE, BEING
*Y Bod Mawr,* GOD
**boda,** (-od), *n.m.* BUZZARD
**bodan,** *n.f.* SWEETHEART, GIRL
**bodegaeth,** *n.f.* ONTOLOGY
**bodiad,** (-au), *n.m.* HANDLING, FINGERING
**bodiaid,** *n.f.* A PINCH
**bodio,** *v.* THUMB, FINGER
**bodis,** (-iau), *n.m.* BODICE
**bodiwr,** (-wyr), *n.m.* FEELER, HITCH-HIKER
**bodlon,** *a.* WILLING, PLEASED, CONTENT
**bodlondeb,** *n.m.* SATISFACTION, WILLINGNESS
**bodlongar,** *a.* PLEASING, PLEASED
**bodloni,** *v.* PLEASE, SATISFY, BE CONTENTED
**bodlonrwydd,** *n.m.* SATISFACTION, WILLINGNESS
**bodlonus,** *a.* COMPLACENT
**bodo, -a, -y,** *ad.* EVERYONE, ONE AND ALL
**bodo,** *n.f.* AUNT
**bodolaeth,** *n.f.* EXISTENCE, BEING
**bodoli,** *v.* BE, EXIST
**bodd,** *n.m.* WILL, PLEASURE, CONSENT
*wrth ei fodd,* HAPPY, CONTENTED
*rhyngu bodd,* TO PLEASE
**boddar,** / **bodder,** *n.m.* BOTHER, NUISANCE
**boddfa,** (-feydd), *n.f.* WETTING, FLOOD
**boddhad,** *n.m.* SATISFACTION, PLEASURE
**boddhaol,** *a.* SATISFACTORY, PLEASING
**boddhau,** *v.* PLEASE, SATISFY
**boddhaus,** *a.* PLEASED
**boddi,** *v.* DROWN, BE DROWNED, FLOOD
**boddiant,** *n.m.* SATISFACTION
**boddio,** *v.* SATISFY, PLEASE, BE SATISFIED
**boddlon,** *a.* WILLING, PLEASED, CONTENT
**boddlonrwydd,** *n.m.* SATISFACTION, WILLINGNESS

**boddro, -ran,** *v.* BOTHER
**boed,** *v.* BE IT
**boeler,** (-i), *n.m.* BOILER
**bogail,** (bogeiliau), *n.m.f.* NAVEL, NAVE (OF WHEEL)
**bogeilin,** *n.m.* UMBILICAL CORD
**bogel,** (-au), *n.m.f.* NAVE (OF WHEEL), BOSS (OF SHIELD)
**bogi,** (-au), *n.m.* BOGEY
**boglwm,** (-lymau), *n.m.* } BUCKLE, CLUSTER,
**boglyn,** (-nau), *n.m.* } BOSS, BUBBLE
**boglynnog,** *a.* EMBOSSED
**boglynnu,** *v.* EMBOSS, BUBBLE, CLASP
**boglynwaith,** (-weithiau), *n.m.* EMBOSSING
**bohemiad,** (-iaid), *n.m.* BOHEMIAN
**bol,** (-iau), *n.m.* } BELLY, STOMACH,
**bola,** (bolâu), *n.m.* } ABDOMEN
**bolard,** (-au), *n.m.* BOLLARD
**bolchwydd(i),** *n.m.* TYMPANITES, POMP
**bolchwyddo,** *v.* SWELL, BOAST
**boldyn,** *a.* FULL-BELLIED, FAT
**bolera,** *v.* GORGE
**bolero,** (-au), *n.m.* BOLERO
**bolerwr,** (-wyr), *n.m.* GLUTTON, SPONGER, CAROUSER
**bolgi,** (-gwn), *n.m.* GOURMAND, GLUTTON
**bolgno,** *n.m.* } GRIPES, COLIC
**bolgnofa,** *n.f.* }
**bolgodog,** *a.* MARSUPIAL
**bolheulo,** *v.* SUNBATHE
**bolio,** *v.* BELLY, GORGE, BULGE
**boliog,** *a.* CORPULENT, FAT
**bolrwth,** *a.* GREEDY, GLUTTONOUS
**bolrwym,** *a.* CONSTIPATED
**bolrwymedd,** } *n.m.* CONSTIPATION
**bolrwymiad,** }
**bolrwymyn,** (-nau), *n.m.* BELLY-BAND
**bolrythu,** *v.* GORGE
**bolsbryd,** *n.m.* BOWSPRIT
**bolsiefig,** (-ion), *a.* & *n.m.* BOLSHEVIK
**bolwst,** *n.m.f.* COLIC, GRIPES
**bollt,** (-au, byllt), *n.m.f.* BOLT, DART, THUNDERBOLT
**bom,** (-iau), *n.m.f.* BOMB
*bom atomig,* ATOMIC BOMB
*bom hidrogen,* HYDROGEN BOMB
*bom newtron,* NEUTRON BOMB
**bôm,** *n.m.* BALM
**bomio,** *v.* BOMB
**bôn,** (bonau, bonion), *n.m.* BASE, TRUNK, STUMP, STEM, COUNTERFOIL
**bon-asiad,** *n.m.* BUTT-WELD
**bonblu,** *n.pl.* DOWN
**bonc, -yn,** *n.m.f.* BANK
**boncath,** (-od), *n.m.* BUZZARD
**bonclust,** (-iau), *n.m.* BOX ON THE EARS
**bonclustio,** *v.* BOX THE EAR
**boncyff,** (-ion), *n.m.* STUMP, LOG, TRUNK
**bond,** (-iau, -ion), *n.m.* AGREEMENT, BOND, COLLAR, BAND
**bondid,** (-au), *n.f.* MAIN PLOUGH-CHAIN
**bondigrybwyll,** *a.* HARDLY MENTIONABLE
**bondio,** *v.* BOND
**bondo,** (-eau, -eon), *n.m.* EAVES
**bondrwm,** *a.* PROPER (FRACTION)
**bondsmon,** (-myn), *n.m.* BONDSMAN
**boned, -t,** (-i, -au), *n.f.* BONNET
**bonedd,** *n.m.* NOBILITY, DESCENT
*n.pl.* GENTRY, *a.* PUBLIC
**boneddigaidd,** *a.* NOBLE, GENTLE, MANNERLY
**boneddigeiddrwydd,** *n.m.* NOBILITY, GENTLENESS
**boneddiges,** (-au), *n.f.* LADY
**boneddigion,** *n.pl.* GENTLEMEN, GENTRY
**bonesig,** *n.f.* LADY, MISS
**bongam,** *a.* BANDY-LEGGED
**bongamu,** *v.* WADDLE, STRADDLE
**bon-golfach,** *n.f.* BUTT HINGE
**bongorff,** (-gyrff), *n.m.* TRUNK
**bonheddig,** *a.* NOBLE, GENTLE
**bonheddwr,** (-wyr), *n.m.* NOBLEMAN, GENTLEMAN
**bonion,** *n.pl.* TRUNKS
**bonllef,** (-au), *n.f.* LOUD SHOUT
**bonllwm,** *a.* BARE-BOTTOMED, BREECHLESS
**bontin,** *n.f.* STUMP, BUTTOCK
**bonws,** (bonysau), *n.m.* BONUS
**bonyn,** (bonion), *n.m.* STUMP, STOCK, STUB, STAKE, COUNTERFOIL
**bopa,** *n.f.* AUNT
**bôr,** (borau), *n.m.* BORE
**boracs,** *n.m.* BORAX
**bord,** (-ydd, -au), *n.f.* TABLE, BOARD
**bordar,** (-iaid), *n.m.* BORDERER
**borden,** (-ni), *n.f.* MOULD-BOARD
**border, -or,** *n.m.f.* BORDER, BOUNDARY
**bore,** (-au), *n.m.* MORNING
*a.* EARLY, MORNING
*yn fore,* EARLY
**borebryd,** (-au), *n.m.* BREAKFAST
**boreddydd,** (-iau), *n.m.* BREAK OF DAY, MORNING
**borefwyd,** (-ydd), *n.m.* BREAKFAST

**boregwaith,** *n.f.* ONE MORNING
**boreol,** *a.* MORNING, EARLY
**borio,** *v.* BORE
**bors,** *n.f.* HERNIA
**bost,** *n.m.* BOAST
**bostfawr,** *a.* BOASTFUL
**bostio,** *v.* BOAST, BURST
**bostiwr,** (-wyr), *n.m.* BOASTER
**bostus,** *a.* BOASTFUL
**boswn,** *n.m.* BO'SUN
**botaneg,** *n.f.m.* BOTANY
**botanegol,** *a.* BOTANICAL
**botanegwr,** (-wyr), *n.m.* BOTANIST
**botasen,** (botias), *n.f.* BUSKIN, BOOT, LEG-HARNESS
**botgin,** (-iau), *n.m.* BODKIN
**botwlaeth,** *n.m.* BOTULISM
**botwm,** (botymau), *n.m.* BUTTON, BOSS
**botymu,** *v.* BUTTON
**both,** (-au), *n.f.* HUB, BOSS (OF SHIELD), NAVE (OF WHEEL)
**bothell,** (-i, -au), *n.f.* BLISTER
**bothog,** *a.* CHUBBY
**bowlen,** (-ni), *n.f.* BOWL
**bowliad,** (-au), *n.m.* BOWL, BALL
**bowlin,** *n.f.* BOWLINE
**bowlio,** *v.* BOWL
**bowliwr,** (-wyr), *n.m.* BOWLER
**bowls,** *n.f.* BOWLS (GAME)
**bownd,** (-iadau), *n.m.* BOUND
*a.* CERTAIN, BOUND
**bowt,** (-iau), *n.m.* BOUT
**brac,** *a.* READY, GENEROUS, FREE, LIGHT (OF SOIL)
**braced,** (-i), *n.f.* BRACKET
**bracsan, -o,** *v.* WADE, PADDLE
**bracty,** (-tai), *n.m.* BREWERY
**brad,** (-au), *n.m.* TREACHERY, BETRAYAL, TREASON
**bradog,** *a.* TREACHEROUS, TRAITOROUS
**bradu,** *v.* BETRAY, COMMIT TREASON, PLOT, WASTE
**bradwr,** (-wyr), *n.m.* TRAITOR, BETRAYER, BLACKLEG
**bradwriaeth,** (-au), *n.f.* TREACHERY, TREASON
**bradwriaethus,** *a.* TREACHEROUS
**bradychu,** *v.* BETRAY
**bradychwr,** (-wyr), *n.m.* TRAITOR, BETRAYER
**braddug,** *n.m.* RASCAL
**braen,** *a.* ROTTEN, CORRUPT, WITHERED, BRITTLE
**braenar,** (-au), *n.m.* FALLOW LAND
**braenaru,** *v.* FALLOW
**braenedd,** *n.m.* FASCIOLASIS
**braenllyd,** *a.* PUTRID, ROTTEN
**braenu,** *v.* ROT, PUTREFY
**braf,** *a.* FINE, NICE, PLEASANT
**brag,** (-au), *n.m.* MALT
**bragaldian,** *v.* JABBER, PRATE.
**bragaldio,** *v.* RANT
**bragdy,** (-dai), *n.m.* BREWERY
**bragio,** *v.* BOAST, BRAG
**bragiwr,** (-wyr), *n.m.* BOASTER
**bragod,** (-au, -ydd), *n.m.* BRAGGET
**bragu,** *v.* BREW, MALT
**bragwair,** *n.m.* MOORLAND HAY
**bragwr,** (-wyr), *n.m.* MALTSTER, BREWER
**braich,** (breichiau), *n.m.f.* ARM, LIMB
*braich olwyn,* SPOKE OF A WHEEL
*braich-gerdded,* ARM WALKING.
*breichiau'n blyg,* ARMS BEND
**braidd,** *ad.* NEAR, ALMOST, RATHER, JUST, SCARCELY
*o'r braidd,* HARDLY
**braint,** (breintiau, breiniau), *n.f.* PRIVILEGE, RIGHT, STATUS, HONOUR
**braisg,** *a.* FAT, STRONG, PREGNANT, THICK
**braith,** *a.f.* SPECKLED, MOTLEY
**bral,** (-au), *n.m.* RAG
**bram,** *n.f.* FART
**bramio, -u,** *v.* FART
**bran,** *n.m.* BRAN
**brân,** (brain), *n.f.* CROW, ROOK, RAVEN, CROWBAR
*brân dyddyn / syddyn,* CARRION CROW
**brand,** (-iau), *n.m.* BRAND
**brandi,** *n.m.* BRANDY
**bras,** *a.* THICK, FAT, LARGE, RICH, GREASY, WEALTHY, COARSE, GENERAL, ROUGH, APPROXIMATE
**bras-actio,** *n.m.* BLOCKING
**brasamcan,** (-ion), *n.m.* APPROXIMATION
**brasamcanu,** *v.* APPROXIMATE
**brasáu,** *v.* FATTEN
**brasbwytho,** *v.* BASTE
**brasgamu,** *v.* STRIDE
**brasgywir,** *a.* APPROXIMATE
**brasliain,** (-lieiniau), *n.m.* CANVAS
**braslun,** (-iau), *n.m.* OUTLINE, SKETCH
**braslunio,** *v.* OUTLINE, SKETCH
**brasnaddu,** *v.* ROUGH-HEW
**bras-osod,** *v.* ROUGH-OUT

**braster,** (-au), *n.m.* GROSSNESS, FAT
**brasteru,** *v.* BASTING, BASTE
**brat,** (-(i)au), *n.m.* RAG, PINAFORE, APRON
**bratiog,** *a.* RAGGED, IMPERFECT
**brath(iad),** (-au), *n.m.* BITE, STING, STAB, WOUND
**brathu,** *v.* BITE, STING, STAB
**brau,** *a.* BRITTLE, FRAGILE, FRAIL
**braw,** (-iau), *n.m.* TERROR, FRIGHT, AMAZEMENT, ANXIETY
**brawd,** (brodyr), *n.m.* BROTHER, FRIEND, FRIAR
(brodiau), *n.f.* JUDGEMENT
**brawdgarwch,** *n.m.* BROTHERLY LOVE
**brawdladdiad** *n.m.* FRATRICIDE
**brawdle,** (-oedd), *n.m.* COURT OF LAW
**brawdlys,** (-oedd), *n.m.* COURT OF LAW, ASSIZES
**brawdol,** *a.* BROTHERLY, FRATERNAL
**brawdoliaeth,** (-au), *n.f.* BROTHERHOOD, FRATERNITY, FELLOWSHIP, ORDER
**brawddeg,** (-au), *n.f.* SENTENCE
**brawddegol,** *a.* PERTAINING TO SENTENCE(S)
**brawddegu,** *v.* CONSTRUCT SENTENCES
**brawedig,** *a.* ALARMED
**brawychiaeth,** *n.f.* TERRORISM
**brawychu,** *v.* TERRIFY, FRIGHTEN
**brawychus,** *a.* TERRIBLE, FRIGHTFUL, ALARMING
**brawychwr,** (-wyr), *n.m.* TERRORIST, TERRIFIER
**bre,** (-on, -oedd), *n.f.* HILL, HIGHLAND
**brebwl,** (-byliaid), *n.m.* BLOCKHEAD, BABBLER
**brêc,** (-iau), *n.m.* BREAK (CRICKET), BRAKE
**breci,** (-au), *n.m.* WORT, DRUNKENNESS
*te breci,* STRONG TEA
**brecwast,** (-au), *n.m.* BREAKFAST
**brecwasta,** *v.* BREAKFAST
**brech,** (-au), *n.f.* ERUPTION, VACCINATION, POX
*brech goch,* MEASLES
*brech wen,* SMALLPOX
*y frech,* VACCINATION
**brech,** (*brych, m.*), *a.f.* BRINDLED, FRECKLED
**brechdan,** (-au), *n.f.* SLICE OF BUTTERED BREAD
*brechdan gig,* MEAT SANDWICH
**brechedig,** *a.* VACCINATED
**brechiad,** (-au), *n.m.* INOCULATION, VACCINATION
**brechlyn,** *n.m.* VACCINE
**brechu,** *v.* VACCINATE, INOCULATE
**brêd,** (-iau), *n.m.* BRAID
**bredych,** (-au, -ion), *n.m.* RASCAL
**bref,** (-iadau), *n.f.* BLEATING, LOWING, BRAY
**breferad,** *n.m.* BELLOWING
*v.* BELLOW, ROAR
**brefiad,** (-au), *n.m.* LOWING, BLEATING
**brefiari,** (-ïau), *n.m.* BREVIARY
**brefu,** *v.* BLEAT, LOW, BRAY, ROAR
**breg,** (-iau), *n.m.* JOINT (GEOLOGY)
**bregiant,** (-iannau), *n.m.* JOINING
**bregliach,** *v.* JABBER
*n.m.* PRATTLE
**bregog,** *a.* JOINTED
**bregus,** *a.* FRAIL, FRAGILE, RICKETY
**bregysu,** *v.* FERMENT
**breib,** (-iau), *n.m.* BRIBE
**breibio,** *v.* BRIBE
**breichled,** (-au), *n.f.* BRACELET, ARMLET
**breichydd,** (-ion), *n.m.* BRACER
**breil,** *n.m.* BRAILLE
**breindal,** (-iadau), *n.m.* ROYALTY
**breinig,** *a.* ROTTEN
**breinio,** *v.* PRIVILEGE, HONOUR, VEST IN, MAKE FREE
**breiniol,** *a.* PRIVILEGED, DIGNIFIED
**breinlen,** (-ni), *n.f.* CHARTER
**breintal,** *n.m.* BONUS, ROYALTY
**breintiedig,** *a.* PATENTED, PATENT, PRIVILEGED
**breintio,** *v.* PRIVILEGE, HONOUR, MAKE FREE
**breintlythyr,** (-on, -au), *n.m.* PATENT
**breithin,** *n.f.* UNSETTLED WEATHER
**brelyn,** *n.m.* RAG
**brêm,** *n.m.* BREAM
**bremain,** *v.* FART
**brenhines,** (breninesau), *n.f.* QUEEN, QUEEN-BEE
**brenhingyff,** *n.m.* DYNASTY
**brenhiniaeth,** (-au), *n.f.* KINGDOM, REIGN, SOVEREIGNTY
**brenhinllin, (-oedd),** *n.f.* DYNASTY
**brenhinol,** *a.* ROYAL, KINGLY, NOBLE
**brenhinwr,** (-wyr), *n.m.* ROYALIST
**brenin,** (brenhinoedd), *n.m.* KING
**brennig,** (*brenigen, n.f.*), *n.pl.* LIMPETS
**bres,** (-i, -ys), *n.m.* BRACE
**brest,** (-iau), *n.f.* BREAST, CHEST
**bresu,** *v.* BRACE

**bresych,** (*-en, n.f.*), *n.pl.* CABBAGES
**brethyn,** (-nau), *n.m.* CLOTH
*brethyn cartref,* HOMESPUN CLOTH
**brethynnwr,** (-ynwyr), *n.m.* DRAPER
**breuan,** (-au), *n.m.* MORTAR, QUERN
**breuder,** *n.m.* BRITTLENESS, FRIABILITY
**breuddwyd,** (-ion), *n.m.f.* DREAM
*breuddwyd gwrach,* WISHFUL THINKING
**breuddwydio,** *v.* DREAM
**breuddwydiol,** *a.* DREAMY
**breuddwydiwr,** (-wyr), *n.m.* DREAMER
**breuo,** *v.* BECOME BRITTLE
**brewlan,** *v.* DRIZZLE, BRAWL, PRATE
**bri,** *n.m.* FAME, HONOUR, DISTINCTION
**briallu,** (*briallen, n.f.*), *n.pl.* PRIMROSES
*briallu Mair,* COWSLIPS
**bribis, bribys,** *(bripsyn, n.m.), n.pl.* FRAGMENTS, BITS
**bric,** (-iau, -s), *n.f.* BRICK
**briciwr,** (-wyr), *n.m.* BRICK-LAYER
**brics,** (*-en, n.f.*), *n.pl.* BRICKS
**bricwaith,** (-weithiau), *n.m.* BRICKWORK
**brid,** (bridiau), *n.m.* BREED
**bridio,** *v.* BREED
**bridiwr,** (-wyr), *n.m.* BREEDER
**brif,** (-iau), *n.m.* BREVE
**brifo,** *v.* HURT, WOUND, CRUMBLE
**briff,** (-iau), *n.m.* BRIEF
**briffio,** *v.* BRIEF
**brig,** (-au), *n.m.* TOP, SUMMIT, OUTCROP, TWIG(S)
*brig y nos,* DUSK
**brigâd,** (-au), *n.f.* BRIGADE
**brigadydd,** (-ion), *n.m.* BRIGADIER
**brigantin,** *n.f.* BRIGANTINE
**brigbori,** *v.* BROWSE
**brigdonni,** *v.* SURF-BATHE
**brigdonnwr,** (-wyr), *n.m.* SURFER
**brigdorri,** *v.* PRUNE, LOP
**brigdrawst,** (-iau), *n.m.* CATWALK
**briger,** (-au), *n.m.f.* HAIR, HEAD, ANTHER
**brigeryn,** *n.m.* STAMEN
**briglo,** *n.m.* OPEN-CAST COAL
**briglwyd,** *a.* HOARY-HEADED
**brigo,** *v.* BRANCH, SPROUT, OUTCROP, TOP
**brigog,** *a.* BRANCHY, HAIRY
**brigwr tonnau,** *n.m.* SURF-RIDER
**brigwth,** *n.m.* UPTHRUST
**brigyn,** (brigau), *n.m.* TWIG
**bril(yn),** (-iau), *n.m.* RAG, FOOL, RAGAMUFFIN
**brîs,** *n.m.* BREEZE
**bris, -yn,** (-iau), *n.m.* BREEZE
**brisg,** *a.* QUICK, BRISK
**brisged,** *n.f.* BRISKET
**brith,** (*braith, f.*), *a.m.* SPECKLED, MOTLEY, VAGUE, INDISTINCT, PARTLY GREY, SHADY
*brith gof,* FAINT RECOLLECTION
**brithedd,** *n.m.* VARIEGATION
**brithfyd,** *n.m.* TROUBLE, ADVERSITY
**brithgi,** (-gwn), *n.m.* MONGREL
**brithlen,** (-ni), *n.m.* TAPESTRY
**brithlwyd,** *a.* DAPPLE-GREY, MOULDY
**brithlys,** *n.m.* PIMPERNEL
**britho,** *v.* DAPPLE, TURN GREY
**brithwaith,** *n.m.* MISCELLANY, MOSAIC, POOR WORK
**Brithwr,** (-wyr), *n.m.* PICT
**brithyll,** (-od, -iaid), *n.m.* TROUT
**briw,** *a.* BROKEN, SORE, BRUISED
(-iau), *n.m.* WOUND, CUT, SORE
**briwdda,** *n.m.* MINCEMEAT
**briwedig,** *a.* BROKEN, BRUISED, WOUNDED
**briwell,** (-au), *n.f.* MINCER
**briwfwyd,** *n.m.* CRUMBS, MINCE
**briwgig,** (-au, -oedd), *n.m.* MINCE
**briwio,** *v.* MINCE
**briwlan,** *v.* DRIZZLE
**briwlio,** *v.* BROIL
**briwo,** *v.* WOUND, DAMAGE, TEAR
**briws,** *n.m.* BREW-HOUSE, DAIRY, BACK-KITCHEN
**briwsion,** (*-yn, n.m.*), *n.pl.* CRUMBS, FRAGMENTS
**briwsiongrwst,** *n.pl.* CRUMBLE
**briwsioni,** *v.* CRUMB, CRUMBLE
**briwsionllyd,** *a.* CRUMBY, CRUMBLY
**bro,** (bröydd), *n.f.* REGION, COUNTRY, VALE, LOWLAND
*bro a bryn,* HILL AND DALE
**broc,** *a.* ROAN, GRIZZLED, ROUGH, QUEER, MIXED COLOUR
*n.m.* DRIFTWOOD, WRECKAGE
**brocâd,** (brocadau), *n.m.* BROCADE
**brocer,** (-iaid), *n.m.* BROKER
**broceriaeth,** *n.f.* BROKERAGE
**brocoli,** *n.f.* BROCCOLI
**broch,** (-od), *n.m.* BADGER, FOAM, TUMULT, ANGER
*a.* ANGRY
**brochi,** *v.* FOAM, CHAFE, ROAR, BE ANGRY
**brochlyd,** / **brochus,** *a.* FUMING, BLUSTERING

**brodiad,** (-au), *n.m.* EMBROIDERY
**brodio,** *v.* EMBROIDER, DARN
**brodir,** (-oedd), *n.m.f.* REGION, COUNTRY
**brodor,** (-ion), *n.m.* NATIVE
**brodordy,** (-dai), *n.m.* FRIARY
**brodoredig,** *a.* NATURALIZED
**brodori,** *v.* NATURALIZE
**brodorol,** *a.* NATIVE
**brodwaith,** (-weithiau), *n.m.* EMBROIDERY
**broes,** (-iau), *n.m.* BROACH
**broe(t)sio,** *v.* TAP (CASK)
**broga,** (-od, -ed), *n.m.* FROG
**brogarwch,** *n.m.* AFFECTION FOR LOCALITY
**brogle,** *a.* ROAN, GRIZZLED
**brol,** (-iau), *n.m.* BOAST
**brolgi,** (-gwn), *n.m.* BOASTER, BABBLER
**brolian, brolio,** *v.* BOAST
**broliant,** (-iannau), *n.m.* BLURB
**broliwr,** (-wyr), *n.m.* BOASTER
**bromid,** *n.m.* BROMIDE
**bromin,** *n.m.* BROMINE
**bron,** *ad.* ALMOST
(-nau), *n.f.* BREAST, HEART
(-nydd), *n.f.* BREAST OF HILL
**brôn,** (bronau), *n.m.* BRAWN
**broncitis,** *n.m.* BRONCHITIS
**bronfraith,** (-freithod), *n.f.* SONG THRUSH
**bronglymau,** *n.m.* BRASSIERE
**brongoch,** (-iaid), *n.f.* ROBIN
**bronhau,** *v.* SUCKLE
**bronneg,** (bronegau), *n.f.* BREASTPLATE, BRASSIERE
**bronnog,** *a.* FULL-BREASTED, ROUNDED
**bront,** *a.f.* DIRTY, CRUEL, SURLY
**bronten,** *n.f.* SLUT, SLATTERN
**bronwen,** *a.* WHITE-BREASTED
*n.f.* WEASEL
**brown,** *a.* BROWN
**brownin,** *n.m.* GRAVY BROWNING
**bru,** (-oedd), *n.m.* WOMB, BELLY
**brud,** (-iau), *n.m.* CHRONICLE, STORY, HISTORY, DIVINATION
**brudiwr,** (-wyr), *n.m.* WIZARD, SOOTHSAYER
**brwchan,** *n.m.* THIN FLUMMERY
**brwd,** *a.* HOT, FERVENT, WARM
**brwdaniaeth,** *n.f.* HEAT, FERVOUR
**brwdfrydedd,** *n.m.* ENTHUSIASM, ARDOUR
**brwdfrydig,** *a.* ENTHUSIASTIC
**brwmstan,** *n.m.* BRIMSTONE
**brwnt,** (bryntion), *a.* DIRTY, FOUL, OBSCENE, CRUEL, SURLY
**brws,** (-ys), *n.m.* BRUSH, BROOM
**brwsio,** *v.* BRUSH
**brwyden,** *n.m.* EMBROIDERY, EMBROIDERING FRAME
**brwydlen,** (-ni), *n.m.* BROCADE
**brwydo,** *v.* EMBROIDER
**brwydr,** (-au), *n.f.* BATTLE, CONFLICT
**brwydrwr,** (-wyr), *n.m.* FIGHTER
**brwydwaith,** (-weithiau), *n.m.* EMBROIDERY
**brwyliad,** (-iaid), *n.m.* BROILER
**brwylio,** *v.* BROIL
**brwynen,** (brwyn), *n.f.* RUSH
**brwyniad,** (-iaid), *n.m.* SMELT, ANCHOVY
**brwynog,** *a.* RUSHY
**brwysg,** *a.* DRUNK, LIVELY, FIERCE
**brwysged,** *n.f.* BRISKET
**brwysgedd,** *n.m.* DRUNKENNESS, VIGOUR
**brwysio,** *v.* BRAISING, BRAISE
**brych,** (*brech, f.*), *a.m.* SPOTTED, MOTTLED, FRECKLED
*n.m.* AFTER-BIRTH (OF COW)
**brychan,** (-au), *n.m.* PLAID
**brycheuyn,** (brychau), *n.m.* SPOT, MOTE, SPECK
**brychni,** *n.m.* SPOTS, FRECKLES
**brychu,** *v.* SPOT, FRECKLE, FLECK
**bryd,** (-iau), *n.m.* MIND, THOUGHT, INTENT
**brydaniaeth,** *n.f.* WARMTH, ENTHUSIASM, PASSION
**brydio,** *v.* BURN, BOIL, INFLAME, THROB
**brygawthan,** *v.* JABBER, PRATE
**bryn,** (-iau), *n.m.* HILL, BRAE
**bryncyn,** (-nau), *n.m.* HILLOCK
**bryndir,** (-oedd), *n.m.* HILL-COUNTRY, UPLAND, BRAE
**bryngaer,** (-au), *n.f.* HILL FORT
**bryniog,** *a.* HILLY
**brynt(n)i,** *n.m.* FILTH, DIRTINESS, OBSCENITY
**brys,** *n.m.* HASTE
**brysged,** *n.f.* BRISKET
**brysgyll,** *n.m.* MACE
**brysio,** *v.* HURRY, SPEED
**brysiog,** *a.* HURRIED, HASTY
**brysneges,** (-au), *n.f.* TELEGRAM
**Brython,** (-iaid), *n.m.* BRITON, WELSHMAN
**Brythoneg,** *n.f.* BRITISH LANGUAGE, WELSH

**brywes,** (-au), *n.m.* BREWIS
**bual,** (buail), *n.m.* BUFFALO, BISON
**buan,** *a.* SWIFT, QUICK, FAST, SOON
**buander, -dra,** *n.m.* SPEED, VELOCITY
**buarth,** (-au), *n.m.* FARMYARD
**buchedd,** (-au), *n.f.* LIFE, CONDUCT, MORALITY
**bucheddol,** *a.* RIGHT-LIVING, MORAL
**bucheddu,** *v.* LIVE, FLOURISH
**buches,** (-au), *n.f.* HERD (OF COWS)
**buchfrechu,** *v.* VACCINATE
**budr,** (-on), *a.* DIRTY, NASTY, VILE, FOUL
**budredd(i),** *n.m.* FILTH, DIRT
**budr-elw,** *n.m.* FILTHY LUCRE
**budro,** *v.* DEFILE, SOIL
**budd,** (-ion), *n.m.* BENEFIT, PROFIT, BOTE
**buddai,** (-eiau), *n.f.* CHURN
**buddel(w),** (-ydd), *n.m.* COW-HOUSE POST
**buddged,** (-au), *n.f.* TROPHY, AWARD
**buddiant,** (-iannau), *n.m.* GAIN, WELFARE, INTEREST(S)
**buddiol,** *a.* BENEFICIAL PROFITABLE, EXPEDIENT
**buddioldeb,** *n.m.* PROFITABLENESS, EXPEDIENCY
**buddiolwr,** (-wyr), *n.m.* BENEFICIARY
**buddran,** (-nau), *n.f.* DIVIDEND
**buddsoddi,** *v.* INVEST
**buddsoddiad,** (-au), *n.m.* INVESTMENT
**buddsoddwr,** (-wyr), *n.m.* INVESTOR
**buddugol,** *a.* VICTORIOUS, WINNING
**buddugoliaeth,** (-au), *n.f.* VICTORY
**buddugoliaethus,** *a.* VICTORIOUS, TRIUMPHANT
**buddugwr,** (-wyr), *n.m.* WINNER, VICTOR
**buelydd,** *n.m.* HERDSMAN
**bufedd,** (-i), *n.m.* BOVATE
**bugail,** (-eiliaid), *n.m.* SHEPHERD, PASTOR
**bugeileg,** (-ion), *n.f.* PASTORAL POEM
**bugeiles,** (-au), *n.f.* SHEPHERDESS
**bugeiliaeth,** (-au), *n.f.* PASTORATE
**bugeilio,** *v.* SHEPHERD, WATCH
**bugeiliol,** *a.* PASTORAL
**bugeilyddiaeth,** *n.f.* PASTORIALISM
**bugunad,** *v. & n.m.* BELLOW, ROAR
**bùl,** (-au), *n.m.* PAPAL BULL
(-ion), *n.m.* BOLL
**bulwg,** *n.m.* CORN-COCKLE
**bun,** *n.f.* MAID, MAIDEN
**burgyn,** (-nod), *n.m.* CARCASE, CARRION
**buria,** (-âu), *n.m.* CARCASE, WRETCH
**burman,** *n.m.* BARM, YEAST,
**burum,** *n.m.* FOAM, YEAST
**busnes,** (-ion, -au), *n.m.f.* BUSINESS, AFFAIRS
**busnesa, -u,** *v.* MEDDLE, INTERFERE
**busnesgar,** *a.* / **busneslyd,** *a.* MEDDLESOME
**bustach,** (bustych), *n.m.* BULLOCK, STEER
**bustachu,** *v.* BUNGLE, EXERT IN VAIN, FLOUNDER
**bustl,** (-au), *n.m.* BILE, CHOLER, GALL
**bustlaidd,** *a.* LIKE GALL, BITTER
**butan,** *n.m.* BUTANE
**buwch,** (buchod), *n.f.* COW
**bwa,** (bwâu), *n.m.* BOW, ARCH
*bwa'r drindod / arch,* RAINBOW
*bwa gwaddod,* ALLUVIAL FAN
**bwaog,** *a.* ARCHED, ARCUATE
**bwbach,** (-od), *n.m.* BOGEY, BUGBEAR, SCARECROW
**bwbwl,** (bybylau), *n.m.* BUBBLE
**bwced,** (-i), *n.m.f.* BUCKET
**bwci,** (-ïod), *n.m.* BOGEY, GHOST
**bwcio,** *v.* BOOK
**bwcl,** (byclau), *n.m.* BUCKLE
**bwcled,** (-i), *n.f.m.* BUCKLER
**bwclo,** *v.* BUCKLE
**bwch,** (bychod), *n.m.* BUCK, STOOK
**bwdram, -n,** *n.m.* FLUMMERY, GRUEL
**bwff,** *n.m.* BUFF
**bwgan,** (-od), *n.m.* BOGEY, GHOST, SCARECROW
**bŵgi-ŵgi,** *n.m.* BOOGIE-WOOGIE
**bwgwl,** (bygylau), *n.m.* THREAT
**bwgwth,** see *bygwth*
**bwng,** (byngau), *n.m.* BUNG
**bwhwman,** *v.* GO TO AND FRO, WAVER
**bwi,** (-ïau), *n.m.* BUOY
**bŵl,** (bylau), *n.m.* KNOB, BALL, GLOBE
**bwlas,** *n.m.* BULLACE
**bwlch,** (bylchau), *n.m.* GAP, PASS, NOTCH, HIATUS
**bwldagu,** *v.* HALF-CHOKE
**bwled,** (-i), *n.f.* BULLET
**bwlefard,** *n.m.* BOULEVARD
**bwli,** (-ïod), *n.m.* BULLY
**bwlio,** *v.* BULLY OFF
**bwliwn,** / **bwlion,** *n.m.* BULLION
**bwlyn,** (bwliau), *n.m.* KNOB
**bwmbeili,** *n.m.* BUM-BAILIFF
**bwn,** (byniaid), *n.m.* BITTERN
**bwnc,** *n.m.* BUNK

**bwncath,** (-od), *n.m.* BUZZARD
**bwncer,** (-i), *n.m.* BUNKER
**bwnd,** (byndiau), *n.m.* BUND
**bwngler,** (-iaid), *n.m.* BUNGLER
**bwnglera,** *v.* BUNGLE, FLUFF
**bwnglerach,** *n.m.* AWKWARDNESS
**bwr,** *n.m.* BURR
**bwrdais,** (-deisiaid), *n.m.* BURGESS, FREEMAN, BOURGEOIS
**bwrdeisiol,** *a.* MUNICIPAL, BOROUGH
**bwrdeistref,** (-i, -ydd), *n.f.* BOROUGH
**bwrdeistrefol,** *a.* MUNICIPAL
**bwrdd,** (byrddau), *n.m.* TABLE, BOARD, PLANK, DECK
*bwrdd ffibr,* FIBRE BOARD
*bwrdd llawes,* SLEEVE BOARD
*bwrdd sbring,* TRAMPOLINE
*bwrdd sglefrio,* SKATE-BOARD
*tasfyrddau,* NEST OF TABLES
**bwred,** (-i), *n.f.* BURETTE
**bwrgler,** (-iaid), *n.m.* BURGLAR
**bwrgleraeth,** *n.f.* BURGLARY
**bwriad,** (-au), *n.m.* PURPOSE, INTENTION, RESOLUTION
**bwriadol,** *a.* INTENTIONAL, INTENDED
**bwriadu,** *v.* INTEND
**bwriadus,** *a.* INTENTIONAL
**bwriadwaith,** (-weithiau), *n.m.* PROJECT
**bwriant,** (-nnau), *n.m.* INTENTION, ASSUMPTION
**bwrlésg,** *n.m.f.* BURLESQUE
**bwrlwm,** (byrlymau), *n.m.* BUBBLE, GURGLING
**bwrn,** (byrnau), *n.m.* BALE, BURDEN
**bwrnais,** *n.m.* BURNISH
**bwrneisio,** *v.* BURNISH
**bwrneisydd,** (-ion), *n.m.* BURNISHER
**bwrw,** *v.* CAST, SHED, STRIKE, COUNT, IMAGINE
*n.m.* THROW, BLOW
*bwriwr cythreuliaid,* EXORCIST
**bws,** (bysiau, bysys), *n.m.* BUS
**bwsh,** (-ys), *n.m.* BUSH
**bwst,** (bystiau), *n.m.* BUST
**bwster,** (-i), *n.m.* BOOSTER
**bwtler,** (-iaid), *n.m.* BUTLER
**bwtres,** (-i), *n.m.f.* BUTTRESS
**bwtri,** *n.m.* BUTTERY, DAIRY, PANTRY
**bwth,** (bythod), *n.m.* HUT, BOOTH, CABIN, COTTAGE
**bwthyn,** (bythynnod), *n.m.* COTTAGE, CABIN,
**bwyall, -ell,** (bwyeill), *n.f.* AXE, HATCHET
**bwyd,** (-ydd), *n.m.* FOOD
*bwyd ar glud,* MEALS ON WHEELS
*bwyd bwrlwm,* BUBBLE AND SQUEAK
**bwyda, -o,** *v.* FEED
**bwydlen,** (-ni), *n.f.* MENU
**bwydlys,** (-iau), *n.m.* VEGETABLE
**bwydwaith,** *n.m.* CATERING
**bwydwr,** (-wyr), *n.m.* FEEDER
**bwygilydd,** *ad.* TO THE OTHER
**bwylltid,** (-au), *n.m.* SWIVEL
**bwysel,** (-i, -au), *n.m.* BUSHEL
**bwysgyn,** (-s), *n.m.* BUSKIN
**bwystfil,** (-od), *n.m.* WILD BEAST, BRUTE
**bwystfilaidd,** *a.* BEASTLY, BRUTISH
**bwystfileiddiwch,** *n.m.* BEASTLINESS, BESTIALITY
**bwyta,** *v.* EAT, CORRODE
**bwytadwy,** *a.* EDIBLE
**bwytäwr,** (-wyr), *n.m.* EATER
**bwyteig,** *a.* GREEDY, DELICIOUS
**bwytiad,** *n.m.* CONSUMPTION
**bwyty,** (-tai), *n.m.* CAFÉ, RESTAURANT
**bychan,** (*bechan, f.*), *a.m.* LITTLE, SMALL, PETTY
**bychander, -dra,** *n.m.* SMALLNESS
**bychanigion,** (*-igyn, n.m.*), *n.pl.* DIMINUTIVES
**bychanu,** *v.* BELITTLE, DISPARAGE
**bychanus,** *a.* BELITTLING, DISPARAGING
**bychanwr,** (-wyr), *n.m.* DETRACTOR
**byd,** (-oedd), *n.m.* WORLD, LIFE, STATE
**bydaf,** (-au), *n.m.f.* BEEHIVE, SWARM
**bydio,** *v.* LIVE, FLOURISH
**bydol,** *a.* WORLDLY, SECULAR
**bydolddyn,** (-ion), *n.m.* WORLDLY MAN, MISER
**bydolrwydd,** *n.m.* WORLDLINESS
**bydwr,** (-wyr), *n.m.* OBSTETRICIAN
**bydwraig,** (-wragedd), *n.f.* MIDWIFE
**bydwreigiaeth,** *n.f.* MIDWIFERY
**bydysawd,** *n.m.* UNIVERSE, MACROCOSM
**byddar,** *a.* DEAF
(-iaid), *n.m.* DEAF PERSON
**byddardod,** *n.m.* DEAFNESS
**byddarol,** *a.* DEAFENING
**byddaru,** *v.* DEAFEN, STUN
**byddin,** (-oedd), *n.f.* ARMY, HOST
**byddino,** *v.* MOBILISE, MARSHAL
**byffer,** *n.m.* BUFFER
**bygwth,** *v.* THREATEN
(bygythion, -iau), *n.m.* THREAT, MENACE

**bygylu,** *v.* THREATEN, TERRORISE
**bygylydd,** *n.m.* TERRORIST
**bygythiad,** (-au), *n.m.* THREAT
**bygythio,** *v.* THREATEN
**bygythiol,** *a.* THREATENING, MENACING
**byng,** (-au), *n.m.* BUNG
**byl,** (-au), *n.m.f.* EDGE, BRIM
**bylb,** (-au), *n.m.* BULB
**bylchfur,** (-iau), *n.m.* BATTLEMENT
**bylchog,** *a.* GAPPED, INDENTED, BREACHED, NOTCHED
**bylchu,** *v.* BREACH, NOTCH, BREAK THROUGH, MAKE A GAP
**bylchus,** *a.* LACUNARY
**byngalo,** (-s, -au), *n.m.* BUNGALOW
**bynnag,** *pn.* -SOEVER, -EVER
**bynnen,** / **bynsen,** (byns), *n.f.* BUN
**byr,** (-ion), *a.* SHORT, BRIEF, STINGY
**byrbryd,** (-au), *n.m.* SNACK, LUNCH
**byrbwyll,** *a.* RASH, IMPULSIVE, HASTY
**byrbwylltra,** *n.m.* RASHNESS, IMPULSIVENESS
**byrder, -dra,** *n.m.* SHORTNESS, CONCISENESS
**byrdwn,** (-ynnau), *n.m.* BURDEN, REFRAIN
**byrddio,** *v.* BOARD
**byrddwr,** (-wyr), *n.m.* BOARDER
**byrfodd,** (-au), *n.m.* ABBREVIATION
**byrfyfyr,** *a.* IMPROMPTU
**byrgorn,** *a.* SHORTHORN
**byrgrwn,** *a.* OBLATE
**byrhau,** *v.* SHORTEN, ABBREVIATE
**byrhoedledd,** *n.m.* SHORTNESS OF LIFE
**byrion,** *n.pl.* BRIEFS, SHORTS
**byrlymu,** *v.* BUBBLE, GURGLE, FLOW FREELY
**byrllysg,** (-au), *n.m.f.* MACE, SCEPTRE
**byrner,** (-i), *n.m.* BURNER
**byrnio, -u,** *v.* BALE, BUNDLE
**byrnwr,** (-wyr), *n.m.* BALER
**bys,** (-edd), *n.m.* FINGER, TOE
**byseddu,** *v.* FINGER, HANDLE
**bysell,** (-au), *n.f.* KEY (OF PIANO, ETC.)
**bysu,** *v.* FINGER
**bytio,** *v.* BUTT
**byth,** *ad.* EVER, STILL, ALWAYS, NEVER
(-oedd), *n.m.* ETERNITY
**bytheiad,** (-aid), *n.m.* HOUND
**bytheirio,** *v.* BELCH, THREATEN
**bythgofiadwy,** *a.* MEMORABLE
**bythol,** *a.* EVERLASTING, ETERNAL
**bytholi,** *v.* PERPETUATE
**byth(ol)wyrdd,** *a. & n.m.* EVERGREEN, PERPETUITY
**bythynnwr,** (-ynwyr), *n.m.* COTTAGER
**byw,** *v.* LIVE, DWELL
*a.* LIVING, ALIVE
*n.m.* LIFE, QUICK
**bywadwy,** *a.* VIABLE
**bywgraffiad,** (-au), *n.m.* BIOGRAPHY
**bywgraffiadol,** *a.* BIOGRAPHICAL
**bywgraffiadur,** (-on), *n.m.* BIOGRAPHICAL DICTIONARY
**bywgraffydd,** (-ion), *n.m.* BIOGRAPHER
**bywgraffyddol,** *a.* BIOGRAPHICAL
**bywgysgell,** (-oedd), *n.f.* BEDSITTER
**bywhau,** *v.* ANIMATE
**bywiocáu,** *v.* ENLIVEN
**bywiog,** *a.* LIVELY, VIVACIOUS
**bywiogi,** *v.* ENLIVEN
**bywiogrwydd,** *n.m.* LIVELINESS, VIVACITY
**bywiogus,** *a.* INVIGORATING
**bywiogydd,** *n.m.* ACTIVATOR
**bywiol,** *a.* LIVING, ANIMATE
**bywoliaeth,** (-au), *n.f.* LIVELIHOOD
**bywyd,** (-au), *n.m.* LIFE, EXISTENCE
**bywydaeth,** *n.f.* VITALISM
**bywydeg,** *n.m.f.* BIOLOGY
**bywydegwr,** (-wyr), *n.m.* BIOLOGIST
**bywydfad,** (-au), *n.m.* LIFEBOAT
**bywydol,** *a.* VITAL, ANIMATE
**bywyn,** (-nau), *n.m.* PITH, CORE, CRUMB, QUICK

**cabal,** (-iau), *n.m.* CABAL
**caban,** (-au), *n.m.* CABIN, SMALL COTTAGE
**cabarlatsio,** *v.* TALK NONSENSE
**cabetsen,** (cabets), *n.f.* CABBAGE
**cabi,** *n.m.* BICARBONATE OF SODA
**cabidwl,** (-dylau), *n.m.* CHAPTER (IN CATHEDRAL), LESSON (IN CHURCH)
**cabidyldy,** (-dai), *n.m.* CHAPTER HOUSE
**cabin,** (-au), *n.m.* CABIN
**cabinet,** (-au), *n.m.* CABINET
**cabl,** (-au), *n.m.* BLASPHEMY, SLANDER
**cabledd,** (-au), *n.m.* BLASPHEMY
**cableddu,** *v.* BLASPHEME, SLANDER
**cableddus,** *a.* BLASPHEMOUS
**cablen,** (-ni), *n.f.* CABLE
**cablu,** *v.* BLASPHEME
**cablwr, -ydd,** (-wyr), *n.m.* BLASPHEMER, REVILER
**cabol, -edig,** *a.* POLISHED, REFINED
**caboli,** *v.* POLISH, REFINE
**cacamwci,** *n.m.* BURDOCK
**cacen,** (-nau, -ni), *n.f.* CAKE
*cacen garwe,* SEED CAKE
**cacoffoni,** *n.m.* CACOPHONY
**cacynen,** (cacwn), *n.f.* WASP, BUMBLE-BEE
*yn gacwn gwyllt,* FURIOUS
**cachadur,** (*-es, f.*), *n.m.* COWARD, KNAVE
**cachgi,** (-gwn), *n.m.* COWARD, SNEAK
**cachu,** *v.* DEFECATE
*n.m.* EXCREMENT
**cad,** (-au), *n.f.* BATTLE, ARMY, HOST, STRIFE
**cadach,** (-au), *n.m.* CLOTH, KERCHIEF, CLOUT
**cadair,** (-eiriau), *n.f.* CHAIR, SEAT, UDDER
*cadair godi,* CHAIR LIFT
**cadarn,** *a.* STRONG, FIRM, MIGHTY
**cadarnhad,** *n.m.* AFFIRMATION, CONFIRMATION
**cadarnhaol,** *a.* AFFIRMATIVE, EMPHATIC, POSITIVE
**cadarnhau,** *v.* STRENGTHEN, CONFIRM
**cad-drefniad,** (-au), *n.m.* MANOEUVRE
**cadeiren,** (-nau), *n.f.* TILLER (BOTANY)
**cadeirfardd,** (-feirdd), *n.m.* CHAIRED BARD
**cadeirio,** *v.* CHAIR
**cadeiriog,** *a.* CHAIRED, BRANCHING
**cadeiriol,** *a.* CHAIR, CATHEDRAL
**cadeirlan,** (-nau), *n.f.* CATHEDRAL
**cadeirydd,** (-ion), *n.m.* CHAIRMAN
**cadernid,** *n.m.* STRENGTH, MIGHT
**cadfarch,** (-feirch), *n.m.* WAR-HORSE
**cadfridog,** (-ion), *n.m.* GENERAL
**cadgamlan,** *n.f.* RABBLE, CONFUSION
**cadi,** (-ïaid), *n.m.* EFFEMINATE MALE, CADDIE
**cadis,** *n.m.* CADDICE, BRAID, GIRDLE
**cadlanc,** (-iau), *n.m.* CADET
**cadlas,** (-esydd), *n.f.* ENCLOSURE, RICK-YARD
**cadlong,** (-au), *n.f.* WARSHIP
**cadlys,** (-oedd), *n.f.* CAMP, HEADQUARTERS
**cadno,** (cadnoid, cadnawon), *n.m.* FOX
**cadnöes, cadnawes,** (-au), *n.f.* VIXEN
**cadoediad,** *n.m.* ARMISTICE, TRUCE
**cadofydd,** (-ion), *n.m.* STRATEGIST
**cadoffer,** *n.pl.* ARMAMENTS
**cadw,** *v.* KEEP, SAVE, PRESERVE, DETAIN, GUARD, MAINTAIN
**cadwedig,** *a.* SAVED, PRESERVED
**cadwedigaeth,** *n.f.* SALVATION, PRESERVATION, SAFETY
**cadw-mi-gei,** *n.m.* MONEY-BOX
**cadwolyn,** (-olion), *n.m.* PRESERVATIVE
**cadwraeth,** *n.f.* KEEPING, PRESERVATION, CONSERVATION, MAINTENANCE
**cadwrol,** *a.* CONSERVATIVE
**cadwrus,** *a.* IN GOOD CONDITION
**cadwrydd,** *n.m.* OBSERVANT
**cadwyn,** (-au, -i), *n.f.* CHAIN, SERIES, RANGE
**cadwyno,** *v.* CHAIN, ENSLAVE, LINK
**cadwynog,** *a.* CHAINED, CONNECTED
**caddug,** (-au), *n.m.* MIST, FOG, DARKNESS
*caddug ffrynt,* FRONTAL FOG
*caddug rheiddiad,* RADIATION FOG
**caddugo,** *v.* DARKEN, CLOUD, FOG
**caddugol,** *a.* MISTY, DARK, FOGGY
**cae,** (-au), *n.m.* FIELD, ENCLOSURE, FENCE, BROOCH
**caead,** (-au), *n.m.* COVER, LID, CLASP
*a.* CLOSED, FENCED
**caeadle,** (-oedd), *n.m.* ENCLOSURE
**caeadu,** *v.* SHUTTER
**caeëdig,** *a.* CLOSED, FENCED
**cael,** *v.* HAVE, GET, FIND
**caen,** (-au), *n.f.* LAYER, PEEL, COATING
**caenen,** (-nau), *n.f.* COVERING, LAYER, FILM
**caenu,** *v.* COAT, FINISH
**caer,** (-au, ceyrydd), *n.f.* WALL, CASTLE, CITADEL

**caeriwrch,** (-iyrchod), *n.m.* ROEBUCK
**caerog,** *a.* FORTIFIED, BROCADED
**caets,** (-ys), *n.m.* CAGE
**caeth,** *a.* BOUND, CAPTIVE, CONFINED (-ion), *n.m.* BONDMAN, SLAVE
**caethder,** *n.m.* STRICTNESS, DYSPNOEA, RESTRICTION, ASTHMA
**caethfab,** (-feibion), *n.m.* SLAVE
**caethfasnach,** *n.f.* SLAVE-TRADE
**caethferch,** (-ed), *n.f.* SLAVE
**caethglud,** *n.f.* CAPTIVITY
**caethgludiad,** (-au), *n.m.* CAPTIVITY
**caethgludo,** *v.* LEAD CAPTIVE
**caethiwed,** *n.m.* SLAVERY, CAPTIVITY
**caethiwo,** *v.* ENSLAVE, CONFINE
**caethiwus,** *a.* CONFINED, TIED
**caethlong,** (-au), *n.f.* SLAVE-SHIP
**caethwas,** (-weision), *n.m.* SLAVE
**caethwasanaeth,** *n.m.* SLAVERY
**cafalîr,** *n.m.* CAVALIER
**cafeat,** *n.m.* CAVEAT
**cafell,** (-au), *n.f.* CHOIR STALL
**cafiâr,** *n.m.* CAVIARE
**cafn,** (-au), *n.m.* TROUGH, FLUME
**cafnedd,** *n.m.* CONCAVITY
**cafnio, -u,** *v.* SCOOP, HOLLOW, GOUGE
**cafod,** (-au, -ydd), *n.f.* SHOWER
**caff,** (-iau), *n.m.* GRASP, GRIP
**caffael,** *v.* OBTAIN, GET, ACQUIRE
**caffaeledd,** *n.m.* AVAILABILITY
**caffaeliad,** (-au), *n.m.* ACQUISITION, PREY, SPOIL
**caffe, -i,** (-s), *n.m.* CAFÉ, RESTAURANT
**caffeteria,** *n.m.* CAFETERIA
**caffio,** *v.* SNATCH, GRAPPLE
**cafflo,** *v.* CHEAT, ENTANGLE, SNARL
**cagl,** (-au), *n.m.* SHEEP-DUNG, CLOTTED DIRT
**caglu,** *v.* BEFOUL
**cangell,** (-hellau), *n.f.* CHANCEL, SANCTUARY
**cangelloriaeth,** *n.f.* CHANCELLORSHIP
**cangen,** (-hennau), *n.f.* BRANCH, KNOT (IN TIMBER)
**canghellor,** (cangellorion), *n.m.* CHANCELLOR
**canghennog,** *a.* BRANCHY, KNOTTY, DENDRITIC
**canghennu,** *v.* BRANCH
**caián,** *n.m.* CAYENNE
**caib,** (ceibiau), *n.f.* PICKAXE, MATTOCK, HOE
**cail,** (ceiliau), *n.f.* FOLD, FLOCK
**caill,** (ceilliau), *n.f.* TESTICLE, POD
**cain,** *a.* FAIR, ELEGANT, FINE
**cainc,** (ceinciau, cangau), *n.f.* BRANCH, STRAND, KNOT, TUNE
**cais,** (ceisiau, ceisiadau), *n.m.* APPLICATION, ATTEMPT, TRY
**cal(a),** (-iau), *n.f.* PENIS
**calamin,** *n.m.* CALAMINE
**calan,** (-nau, -ni), *n.m.* FIRST DAY OF MONTH
**calc(yn),** *n.m.* CALKIN, CALK
**calcio,** *v.* CAULK
**calcwlws,** (calcwli), *n.m.* CALCULUS
**calch,** (-oedd), *n.m.* LIME
**calchaidd,** *a.* CALCAREOUS
**calchbibonwy,** *n.m.* STALACTITE
**calchbost,** (-byst), *n.m.* STALAGMITE
**calchen,** *n.f.* LIMESTONE
**calchfaen,** *n.m.* LIMESTONE
**calchgar,** *a.* CALCICOLE
**calchgas,** *a.* CALCIFUGE
**calcho, -u,** *v.* LIME
**caled,** *a.* HARD, SEVERE, HARDY, DIFFICULT
**calededd,** *n.m.* CALLOSITY, CALLUS
**caleden,** (-nau), *n.f.* CALLUS
**caledfwrdd,** *n.m.* HARDBOARD
**caledi,** *n.m.* HARDSHIP, SEVERITY
**calediant,** *n.m.* INDURATION
**caledu,** *v.* HARDEN, SOLIDIFY, AIR (CLOTHES)
**caledwch,** *n.m.* HARDNESS, DIFFICULTY
**calen,** (-nau, -ni), *n.m.* WHETSTONE
**calendr,** (-au), *n.m.* CALENDAR
**calennig,** *n.m.f.* NEW-YEAR'S GIFT
**calibr,** (-au), *n.m.* CALIBRE
**calibro,** *v.* CALIBRATE
**calico,** (-au), *n.m.* CALICO
**caliprau,** *n.pl.* CALIPERS
**calon,** (-nau), *n.f.* HEART, PLUCK, CORE
**calondid,** *n.m.* ENCOURAGEMENT
**calongaledwch,** *n.m.* HARD-HEARTEDNESS
**calonnog,** *a.* HEARTY, HIGH-SPIRITED
**calonogi,** *v.* ENCOURAGE, HEARTEN
**calori,** (-ïau), *n.m.* CALORIE
**calorimedr,** *n.m.* CALORIMETER
**calsiwm,** *n.m.* CALCIUM
**call,** *a.* WISE, SENSIBLE, RATIONAL
**callestr,** (cellystr), *n.f.* FLINT
**callineb,** *n.m.* WISDOM, SENSE
**callor,** (-au), *n.m.* CAULDRON, CALDERA

**cam,** (-au), *n.m.f.* STEP, STRIDE
*a.* CROOKED, BENT, FALSE, BANDY
(-au), *n.m.* WRONG, INJURY, TORT
**cam-,** *px.* WRONG, MIS-
**camaddasiad,** (-au), *n.m.* MALADJUSTMENT
**camarfer,** *v.* ABUSE, MISUSE
(-ion), *n.m.f.* MISUSE
**camarwain,** *v.* MISLEAD
**camarweiniad,** (-au), *n.m.* MISREPRESENTATION
**camarweiniol,** *a.* MISLEADING
**camber,** (-i), *n.m.* CAMBER
**cambren,** (-ni), *n.m.* GAMBREL
**cambrig,** *n.m.* CAMBRIC
**camdafliad,** (-au), *n.m.* FOUL THROW
**camdaflu,** *v.* FOUL THROW
**camder, -dra,** *n.m.* CROOKEDNESS
**camdreuliad,** *n.m.* INDIGESTION
**cam-drin,** *v.* ABUSE, ILL-TREAT
**camdriniaeth,** (-au), *n.f.* ILL-TREATMENT, INJUSTICE
**camdro,** (-eau, -eon), *n.m.* CRANK
**camdroad,** (-au), *n.m.* WARP
**cam-droi,** *v.* PERVERT, WARP
**cam-dyb,** (-iau), *n.f.* ERROR, MISCONJECTURE
**camdystiolaeth,** (-au), *n.f.* FALSE WITNESS
**camdystiolaethu,** *v.* BEAR FALSE WITNESS
**camddeall,** *v.* MISUNDERSTAND
**camddealltwriaeth,** (-au), *n.f.* MISUNDERSTANDING
**camddefnydd,** *n.m.* MISUSE
**camddefnyddio,** *v.* MISUSE
**camedd,** *n.m.* BEND, CURVATURE
*camedd y droed,* INSTEP
*camedd y gar,* KNEE-JOINT
**cameg,** (-au, cemyg), *n.f.* FELLOE, ARCH, ARC
**camel,** (-od), *n.m.* CAMEL
**cameo,** (-s), *n.m.* CAMEO
**camenw,** (-au), *n.m.* MISNOMER
**camera,** (-âu), *n.m.* CAMERA
**camfa,** (-feydd), *n.f.* STILE, HURDLE
**camfarnu,** *v.* MISJUDGE
**camgastio,** *v.* MISCAST
**camgred,** (-oau), *n.f.* MISBELIEF, HERESY
**camgredwr,** (-wyr), *n.m.* HERETIC
**camgyfrif,** *v.* MISCALCULATE
**camgyhuddo,** *v.* ACCUSE FALSELY
**camgymeriad,** (-au), *n.m.* MISTAKE
**camgymryd,** *v.* ERR, MISTAKE
**camlas,** (-esi, -esydd), *n.f.* CANAL, DITCH
**camliwiad,** (-au), *n.m.* MISREPRESENTATION
**camliwio,** *v.* MISREPRESENT
**camochri,** *v.* BE OFFSIDE
**camog,** (-au), *n.f.* FELLOE
**camosod,** *v.* MISPLACE
**camp,** (-au), *n.f.* FEAT, GAME, EXPLOIT, EXCELLENCE
**campfa,** (-feydd), *n.f.* GYMNASIUM
**campio,** *v.* PRANCE, GAMBOL, CAMP
**campus,** *a.* EXCELLENT, GRAND, SPLENDID
**campwaith,** (-weithiau), *n.m.* MASTERPIECE
**campwr,** (-wyr), *n.m.* CHAMPION, EXPERT
**camre,** *n.m.* WALK, FOOTSTEPS
**camsiafft,** *n.m.* CAMSHAFT
**camsyniad,** (-au), *n.m.* MISTAKE, ERROR
**camsynied,** *v.* MISTAKE
**camsyniol,** *a.* MISTAKEN
**camu,** *v.* STEP, STRIDE, BEND, STOOP
**camwedd,** (-au), *n.m.* TRANSGRESSION, SIN, TORT
**camweddu,** *v.* TRANSGRESS
**camweddwr,** (-wyr), *n.m.* TRANSGRESSOR
**camwerthyd,** (-oedd), *n.f.* CRANKSHAFT
**camwri,** *n.m.* INJURY, WRONG, VIOLENCE
**camymddwyn.** *v.* MISBEHAVE
**camymddygiad,** *n.m.* MISBEHAVIOUR
**cân,** (caneuon, caniadau), *n.f.* SONG, POEM
**can,** (-iau), *n.m.* FLOUR, TIN, CAN
*a.* WHITE, BLEACHED, HUNDRED
**cancr,** *n.m.* CANCER, CANKER
**cancro,** *v.* CANKER, FESTER
**candryll,** *a.* SHATTERED
**candi,** *n.m.* CANDY
**canerdy,** (-dai), *n.m.* CANNERY
**canfasio,** *v.* CANVASS
**canfod,** *v.* SEE, PERCEIVE
**canfodiad,** (-au), *n.m.* PERCEPT
**canfyddadwy,** *a.* PERCEPTIBLE, APPARENT
**canfyddiad,** (-au), *n.m.* PERCEPTION
**canhwyllbren,** (-ni, -nau), *n.m.* CANDLESTICK
**canhwyllnerth,** *n.m.* CANDLE POWER
**canhwyllwr,** (-wyr), *n.m.* CHANDLER
**canhwyllyr,** (canwyllyriau), *n.m.* CHANDELIER
**caniad,** (-au), *n.m.* SONG, RINGING, SOUNDING

**caniadaeth,** *n.f.* MUSIC, SINGING
**caniatâd,** *n.m.* PERMISSION, CONSENT, PERMIT
**caniataol,** *a.* PERMITTED, GRANTED
**caniatáu,** *v.* PERMIT, ALLOW
**caniedydd,** (-ion), *n.m.* SONG-BOOK
**canio,** *v.* CAN
**canion,** (-au), *n.m.* CANYON
**canlyn,** *v.* FOLLOW, ENSUE, COURT
**canlyneb,** (-au), *n.f.* COROLLARY
**canlyniad,** (-au), *n.m.* CONSEQUENCE, RESULT
**canlyniadol,** *a.* RESULTANT
**canlynol,** *a.* FOLLOWING, ENSUING
**canlynwr,** (-wyr), *n.m.* FOLLOWER, SUCCESSOR
**canllaw,** (-iau), *n.f.m.* HANDRAIL
**canllawio,** *v.* HANDRAIL
**canmlwyddiant,** *n.m.* CENTENARY
**canmol,** *v.* PRAISE, COMMEND
**canmoladwy,** *a.* PRAISEWORTHY
**canmoliaeth,** *n.f.* PRAISE, COMPLIMENT
**canmoliaethus,** *a.* COMMENDATORY, COMPLIMENTARY
**cannaid,** *a.* WHITE, LUMINOUS, BRIGHT
**cannu,** *v.* BLEACH, WHITEN
**cannwyll,** (canhwyllau), *n.f.* CANDLE
**cannydd,** (canyddion), *n.m.* BLEACH
**canol,** (-au), *n.m.* MIDDLE, CENTRE
**canolbarth,** (-au), *n.m.* MIDLAND, MIDDLE PART
**canolbris,** (-iau), *n.m.* AVERAGE PRICE
**canolbwynt,** (-iau), *n.m.* CENTRE POINT, ESSENCE, FOCUS
**canolbwyntio,** *v.* CENTRE, CONCENTRATE, FOCUS
**canoldir,** (-oedd), *n.m.* INLAND REGION
**canolddydd,** *n.m.* NOON, MERIDIAN
**canolfan,** (-nau), *n.m.f.* CENTRE, BASE
**canolffo,** *a.* CENTRIFUGAL
**canoli,** *v.* CENTRE, ARBITRATE, CENTRALIZE
**canoliad,** *n.m.* CENTRALISATION, AVERAGE
**canoliaeth,** *n.f.* CENTRALISM
**canolig,** *a.* MIDDLING, ORDINARY
**canoloesol,** *a.* MEDIAEVAL
**canolog,** *a.* CENTRAL, ESSENTIAL
**canolradd(ol),** *a.* INTERMEDIATE
**canolrif,** (-au), *n.m.* MEDIAN
**canolrwydd,** *n.m.* CENTRALITY
**canolwr,** (-wyr), *n.m.* MEDIATOR, REFEREE, CENTRE, ARBITRATOR, CENTRE-HALF
**canon,** (-au), *n.f.m.* CANON (LAW) (-iaid), *n.m.* CANON
**canonaidd,** *a.* CANONICAL
**canoneidd-dra,** *n.m.* CANONICITY
**canoneiddio,** *v.* CANONISE
**canoniaeth,** *n.f.* CANONRY
**canonwr,** (-wyr), *n.m.* CANONIST
**canopi,** (-ïau), *n.m.* CANOPY
**canradd,** (-au), *a.* & *n.f.* CENTIGRADE, PERCENTILE
**canran,** (-nau), *n.m.* PERCENTAGE
**canrannol,** *a.* PERCENTAGE
**canrif,** (-oedd), *n.f.* CENTURY
**cansen,** (-ni, -nau), *n.f.* CANE
**canser,** *n.m.* CANCER
**canslad,** (-au), *n.m.* CANCELLATION
**canslo,** *v.* CANCEL
**cant,** (-au), *n.m.* CIRCLE, RIM, TYRE
**cant,** (cannoedd), *n.m.* HUNDRED, HUNDREDWEIGHT
**cantawd,** (-au), *n.f.* CANTATA
**cantel,** (-au), *n.m.* RIM, BRIM
**cantigl,** (-au), *n.f.* CANTICLE
**cantîn,** (cantinoedd), *n.f.* CANTEEN
**cantilifer,** (-au), *n.m.* CANTILEVER
**cantor,** (-ion), *n.m.* SINGER
**cantores,** (-au), *n.f.* SONGSTRESS
**cantref,** (-i, -ydd), *n.m.* HUNDRED
**cantwr,** (-wyr), *n.m.* SINGER
**canu,** *v.* SING, PLAY, RING, CROW
*canu gwlad,* COUNTRY MUSIC
**canŵ,** (-od), *n.m.* CANOE
**canŵo,** *v.* CANOE
**canwr,** (-wyr), *n.m.* SINGER
**canwriad,** (-iaid), *n.m.* CENTURION
**canŵyr,** (-au, -ion), *n.m.* PLANE (CARPENTER)
**canys,** *c.* BECAUSE, FOR
**caolin,** (-au), *n.m.* KAOLIN
**cap,** (-iau), *n.m.* CAP, HOOD
**capan,** (-au), *n.m.* CAP, LINTEL
**capel,** (-i, -au), *n.m.* CHAPEL
**capelwr,** (-wyr), *n.m.* CHAPEL-GOER
**caper,** *n.m.* CAPER
**capilaredd,** *n.m.* CAPILLARITY
**capio,** *v.* CAP, BOW
**caplan,** (-iaid), *n.m.* CHAPLAIN
**caplaniaeth,** *n.f.* CHAPLAINCY
**capoc,** *n.m.* KAPOK
**caprwn,** (-yniaid), *n.m.* CAPON
**capswl,** (-au), *n.m.* CAPSULE
**capten,** (-iaid), *n.m.* CAPTAIN
**capte(i)niaeth,** *n.f.* CAPTAINCY

**capwt,** *n.m.* KAPUT
**car,** (ceir), *n.m.* CAR, VEHICLE
*car llusg,* SLEDGE
**câr,** (ceraint), *n.m.* FRIEND, KINSMAN
**carafán** (-nnau), *n.f.* CARAVAN
**carafanna,** *n.n.* CARAVANNING
**carat,** (-au), *n.m.* CARAT
**carbohydrad,** (-au), *n.m.* CARBOHYDRATE
**carbon,** (-au), *a. & n.m.* CARBON
**carbonad,** (-au), *n.m.* CARBONATE
**carbonadu,** *v.* CARBONATE
**carbonaidd,** *a.* CARBONACEOUS
**carboneiddiad,** *n.m.* CARBONISATION
**carboneiddio,** *v.* CARBONISE
**carbwl,** *a.* AWKWARD, CLUMSY
**carbwradur,** *n.m.* CARBURETTOR
**carc,** *n.m.* CARE, RESPONSIBILITY
**carco,** *v.* MIND, TAKE CARE
**carcus,** *a.* ANXIOUS, CAREFUL, THRIFTY
**carchar,** (-au), *n.m.* PRISON
**carchardy,** (-dai), *n.m.* PRISON-HOUSE
**carchariad,** *n.m.* IMPRISONMENT
**carcharor,** (-ion), *n.m.* PRISONER
**carcharu,** *v.* IMPRISON
**cardbord,** (-au, -ydd), *n.m.* CARDBOARD
**carden,** (cardiau), *n.f.* CARD
**cardigan,** (-au), *n.f.* CARDIGAN
**cardinal,** (-iaid), *n.m. & a.* CARDINAL
**cardod,** (-au), *n.f.* ALMS, CHARITY
**cardota,** *v.* BEG
**cardotyn,** (-wyr), *n.m.* BEGGAR
**cardydwyn,** *n.m.* WEAKEST OF LITTER
**caredig,** *a.* KIND
**caredigrwydd,** *n.m.* KINDNESS
**caregl,** (-au), *n.m.* CHALICE
**caregog,** *a.* STONY
**caregu,** *v.* PETRIFY
**caregwaith,** (-weithiau), *n.m.* STONEWORK
**carennydd,** *n.m.* KINSHIP
**caretsen,** (carets), *n.f.* CARROT
**carfaglog,** *a.* CLUMSY, AWKWARD
**carfan,** (-au), *n.f.m.* SWATH, GROUP, WEAVER'S BEAM, FACTION, SQUAD
*carfan fach,* CLOTH BEAM
*carfan fawr,* WARP BEAM
**carfer,** *n.m.* CARVER
**carfio,** *v.* CARVE
**cargo,** (-au), *n.m.* CARGO
**cariad,** (-au), *n.m.* LOVE, CHARITY
(-on, -au), *n.m.f.* LOVER,
**cariadfab,** (-feibion), *n.m.* LOVER, SWEETHEART
**cariadferch,** (-ed), *n.f.* LADY-LOVE, MISTRESS
**cariadlawn,** *a.* FULL OF LOVE
**cariadus,** *a.* DEAR, BELOVED
**caridým,** (-s), *n.m.* RAGAMUFFIN
**cario,** *v.* CARRY, BEAR
**carisma,** *n.m.* CHARISMA
**carismatig,** *a.* CHARISMATIC
**cariwr,** (-wyr), *n.m.* CARRIER
**carlam,** (-au), *n.m.* GALLOP, PRANCE
**carlamu,** *v.* GALLOP, PRANCE
**carlwm,** (-lymod), *n.m.* STOAT, ERMINE
**carn,** (-au), *n.m.* HOOF, HILT, HANDLE, CROWD
**carn,** (-au), **carnedd,** (-au, -i), *n.f.* CAIRN
**cárnifal,** *n.m.* CARNIVAL
**carniforus,** *a.* CARNIVOROUS
**carnog, -ol,** (-ion), *a.* HOOFED
**carn-tro,** *n.m.* BRACE
**carob,** *n.m.* CAROB
**carol,** (-au), *n.m.f.* CAROL
**carotid,** *a.* CAROTID
**carotin,** *n.m.* CAROTENE
**carp,** (-iau), *n.m.* RAG, CLOUT
**carped,** (-au, -i), *n.m.* CARPET
**carpio,** *v.* SHRED
**carpiog,** *a.* RAGGED, TORN
**carrai,** (careiau), *n.f.* LACE, THONG
**carreg,** (cerrig), *n.f.* STONE, ROCK, PIP, TESTICLE
*carreg galch,* LIMESTONE
*carreg hogi,* WHETSTONE
*carreg nadd,* DRESSED STONE
**carrog,** *n.f.* STREAM
**carst,** (-au), *n.m.* KARST
**cart,** (ceirt, certi), *n.m.f.* CART, WAIN
**cartél,** (-au), *n.m.* CARTEL
**cartiant,** (-nnau), *n.m.* CARTAGE
**cartilag,** (-au), *n.m.* CARTILAGE
**cartograffeg,** *n.f.* CARTOGRAPHY
**carton,** (-au), *n.m.* CARTON
**cartref,** (-i, -ydd), *n.m.* HOME
*cartref cadw,* REMAND HOME
**cartrefle,** (-oedd), *n.m.* ABODE
**cartrefol,** *a.* HOMELY, INTIMATE, CIVIL
**cartrefolrwydd,** *n.m.* HOMELINESS
**cartrefu,** *v.* DWELL, SETTLE
**cartŵn,** (cartwnau), *n.m.* CARTOON
**cartwnydd,** (-ion), *n.m.* CARTOONIST
**carth,** (-ion), *n.m.* TOW, OFFSCOURING
**carthbair,** *n.m.* LAXATIVE
**carthbwll,** (-byllau), *n.m.* CESSPOOL

**carthen,** (-ni), *n.f.* WELSH BLANKET, COVERLET
**carthffos,** (-ydd), *n.f.* SEWER, DRAIN
**carthffosaeth,** *n.f.* SEWAGE
**carthiad,** *n.m.* PURGE, CLEANSING
**carthlyn,** *n.m.* CATHARTIC
**carthu,** *v.* CLEANSE, SCOUR, PURGE, DREDGE, CLEAR (THROAT)
**carthwr,** (-wyr), *n.m.* CLEANSER, SCAVENGER
**carthysu,** *v.* SCAVENGE
**caru,** *v.* LOVE, LIKE, COURT
**caruaidd,** *a.* LOVING, AFFECTIONATE
**carw,** (ceirw), *n.m.* STAG, DEER
**carwden,** (-ni), *n.f.* BACK-CHAIN, TALL CLUMSY FELLOW
**carwr,** (-wyr), *n.m.* LOVER, WOOER
**carwriaeth,** (-au), *n.f.* COURTSHIP
**carwsél,** (-au), *n.m.* CAROUSEL
**cas,** *a.* HATEFUL, HATED, NASTY, DISAGREEABLE
*n.m.* HATRED, ENMITY
**cas,** (caseion), *n.m.* HATER, ENEMY
(-ys, -iau), *n.m.* CASE, CASING
**casafa,** *n.m.* CASSAVA
**casáu,** *v.* DETEST, HATE
**casáwr,** (-wyr), *n.m.* HATER
**casbeth,** (-au), *n.m.* AVERSION
**caseg,** (cesig), *n.f.* MARE
**casein,** *n.m.* CASEIN
**caserol,** (-au), *n.m.* CASSEROLE
**casét,** (-iau), *n.m.* CASSETTE
**casgen,** (-ni, casgiau), *n.f.* CASK
**casgl,** (-ion), *n.f.m.* COLLECTION, ABSCESS
**casgliad,** (-au), *n.m.* COLLECTION, CONCLUSION, GATHERING, SET, INFERENCE
**casglifiad,** *n.m.* COLLUVIUM
**casglu,** *v.* COLLECT, GATHER, INFER, FESTER, DEDUCE
**casglwr,** (-wyr), **casglydd,** (-ion), *n.m.* COLLECTOR
**casin,** *n.m.* CASEIN, CASING
**casineb,** (-au), *n.m.* HATRED, ENMITY
**casment,** (-au), *n.m.* CASEMENT
**casmir,** *n.m.* CASHMERE
**cast,** (-iau), *n.m.* TRICK, CAST, PRANK, CASTE, KNACK
**castan,** (-au), *n.f.* CHESTNUT
**castanedau,** *n.pl.* CASTANETS
**castanwydd,** (*-en, n.f.*), *n.pl.* CHESTNUT-TREES
**castell,** (cestyll), *n.m.* CASTLE
**castellog,** *a.* CASTLED
**castellu,** *v.* BESIEGE, ENCAMP
**castin,** (-iau), *n.m.* CASTING
**castio,** *v.* CHEAT, TRICK, CAST
**castiog,** *a.* WILY, FULL OF TRICKERY
**castor,** *n.m.* CASTOR
**casul,** (-iau), *n.m.f.* CHASUBLE, CASSOCK
**caswir,** *n.m.* UNPALATABLE TRUTH
**caswist,** *n.m.* CASUIST
**casyn,** (casiau), *n.m.* CASE, CASING
**cat,** (-iau), *n.m.* BIT, PIECE, PIPE
**catabolaeth,** *n.m.* CATABOLISM
**catacwm,** (-au, -s), *n.m.* CATACOMB
**cataledd,** *n.m.* CATALYSIS
**catalog,** (-au), *n.m.* CATALOGUE
**catalogio,** *v.* CATALOGUE
**catalogwr, -ydd,** (-wyr, -ion), *n.m.* CATALOGUER
**catalydd,** (-ion), *n.m.* CATALYST
**catár,** (-au), *n.m.* CATARRH
**cataract,** (-au), *n.m.* CATARACT
**cateceisio,** *v.* CATECHIZE
**catecism,** (-au), *n.m.f.* CATECHISM
**categori,** (-ïau), *n.m.* CATEGORY
**catel,** *c.n.* CHATTELS, CATTLE
**caten,** (catiau), *n.f.* BAIL (CRICKET)
**catffwl,** (-ffyliaid), *n.m.* NUMSKULL, NINCOMPOOP
**catgor,** (-iau), *n.m.* FAST, EMBER
**catgwt,** *n.m.* CATGUT
**catod,** (-au), *n.m.* CATHODE
**catrawd,** (-rodau), *n.f.* REGIMENT
**catwad,** (-au), *n.m.* CHUTNEY
**cath,** (-od), *n.f.* CAT
**catharsis,** *n.m.* CATHARSIS
**cathl,** (-au), *n.f.* MELODY, SONG
**cathlu,** *v.* SING, CHIRP
**cathôd,** (-au), *n.m.* CATHODE
**catholig,** *a.* CATHOLIC
**Catholigiaeth,** *n.f.* CATHOLICISM
**catholigrwydd,** *n.m.* CATHOLICITY
**cau,** *a.* HOLLOW, CONCAVE, SHUT
*v.* SHUT, CLOSE, ENCLOSE, BLOCK
**caul,** (ceuliau), *n.m.* CURD, RENNET, MEW, CHYLE
**caw,** (-iau), *n.m.* BAND, SWADDLING-CLOTHES
**cawc,** (-iau), *n.m.* CALKIN
**cawcws,** *n.m.* CAUCUS
**cawdel,** *n.m.* MESS, HOTCHPOTCH
**cawell,** (cewyll), *n.m.* BASKET, CREEL, CRADLE, QUIVER
**cawellwr,** (-wyr), *n.m.* BASKET-MAKER

**cawg,** (-iau), *n.m.* BOWL, BASIN, PITCHER
**cawl,** (-iau), *n.m.* BROTH, SOUP, MESS
**cawlach,** *n.m.* HOTCH-POTCH
**cawn,** (*-en, n.f.*), *n.pl.* REEDS
**cawod,** (-ydd), *n.f.* SHOWER, SWARM
**cawoden,** (-nau), *n.f.* SHOWER BATH
**cawodog,** *a.* SHOWERY
**cawr,** (cewri), *n.m.* GIANT
**cawraidd,** *a.* GIGANTIC
**cawres,** (-au), *n.f.* GIANTESS
**cawrfil,** (-od), *n.m.* ELEPHANT
**caws,** (-iau), *n.m. & n.c.* CHEESE, CURD
**cawsai,** *n.m.f.* CAUSEWAY
**cawsaidd,** *a.* CHEESY
**cawsellt,** (-au, -i, -ydd), *n.m.* CHEESE-VAT
**cawsio,** *v.* CURD, CURDLE
**cayac,** *n.m.* KAYAK
**cebl,** (-au), *n.m.* CABLE
**cebystr,** (-au), *n.m.* HALTER, TETHER (CATTLE)
**cêc,** *n.m.* CAKE
**cecian,** *v.* STAMMER
**cecren,** *n.f.* SHREW, SCOLD
**cecru,** *v.* QUARREL, BICKER
**cecrus,** *a.* QUARRELSOME, CONTENTIOUS
**cecryn,** (-nod), *n.m.* WRANGLER, BRAWLER
**ced,** (-ion, -au, -oedd), *n.m.f.* GIFT, BOUNTY
**ceden,** (-od, -au), *n.f.* COARSE HAIR, SHAG
**cedor,** (-au), *n.f.m.* PUBIC HAIR
**cedrwydd,** (*-en, n.f.*), *n.pl.* CEDAR TREES
**cefn,** (-au), *n.m.* BACK, RIDGE, SUPPORT
**cefndedyn** *n.m.* MESENTERY, SWEETBREAD
**cefnder,** (cefndyr), *n.m.* FIRST COUSIN (MALE)
**cefndeuddwr,** (-ddyrau), *n.m.* WATERSHED
**cefndir,** (-oedd), *n.m.* BACKGROUND
**cefndraeth,** (-au), *n.m.* BACKSHORE
**cefndres,** (-i), *n.f.* BACKCHAIN
**cefnell,** (-au), *n.f.* BACKREST
**cefnen,** (-nau), *n.f.* RIDGE
**cefnfor,** (-oedd), *n.m.* OCEAN
*a.* OCEANIC
**cefnforeg,** *n.f.* OCEANOGRAPHY
**cefnfur,** (-iau), *n.m.* BACKWALL
**cefnffordd,** (-ffyrdd), *n.m.* TRUNK ROAD
**cefngrwm,** *a.* HUMP-BACKED
**cefnlais,** (-leisiau), *n.m.* DUBBING
**cefnlen,** (-ni), *n.m.* BACKCLOTH
**cefnlu,** *n.m.* RESERVES
**cefnodi,** *v.* ENDORSE
**cefnodiad,** (-au), *n.m.* ENDORSEMENT
**cefnog,** *a.* RICH, STRONG, AFFLUENT
**cefnogaeth,** *n.f.* SUPPORT, ENCOURAGEMENT
**cefnogi,** *v.* SUPPORT, ENCOURAGE, BACK, SECOND, ABET
**cefnogydd,** (-wyr), *n.m.* ACCESSARY, ABETTOR, SUPPORTER
**cefnu,** *v.* BACK, FORSAKE, DESERT
**cefnwlad,** (-wledydd), *n.f.* HINTERLAND
**cefnwr,** (-wyr), *n.m.* BACK, FULL-BACK
**ceffyl,** (-au), *n.m.* HORSE
**ceg,** (-au), *n.f.* MOUTH, ORIFICE, ENTRANCE
**cega,** *v.* MOUTH, PRATE
**cegan,** (-au), *n.f.* SNACK
**cegddu,** *n.m.* HAKE
**cegen,** (-nau), *n.f.* GORGE, WINDPIPE
**cegid,** (*-en, n.f.*), *n.pl.* HEMLOCK
**cegiden,** *n.f.* GREEN WOODPECKER
**cegin,** (-au), *n.f.* KITCHEN
**ceginlofft,** *n.f.* BEDSITTER
**cegrwth,** *a.* GAPING
**cengl,** (-au), *n.f.* GIRTH, BAND, HANK
**cenglu,** *v.* HANK, GIRTH, WIND
**cei,** (-au), *n.m.* QUAY, WHARF
**ceibio,** *v.* PICK, DIG
**ceibr,** (-au), *n.m.* RAFTER, CHEVRON
**ceidwad,** (ceidwaid), *n.m.* KEEPER, GUARDIAN, SAVIOUR
**ceidwadaeth,** *n.f.* CONSERVATISM, CUSTODY
**ceidwadol,** *a.* CONSERVATIVE
**Ceidwadwr,** (-wyr), *n.m.* CONSERVATIVE
**ceidwadwy,** *a.* PRESERVABLE
**ceiliagwydd,** *n.m.* GANDER
**ceiliog,** (-od), *n.m.* COCK(EREL)
**ceilysyn,** (ceilys), *n.m.* SKITTLE
**ceinach,** (-od), *n.f.* HARE
**ceincio,** *v.* BRANCH, SING, STRAND
**ceinciog,** *a.* BRANCHING
**ceinder,** *n.m.* BEAUTY, ELEGANCE
**ceiniog,** (-au), *n.f.* PENNY
**ceiniogwerth,** (-au, -i), *n.f.* PENNYWORTH
**ceinion,** *n.pl.* BEAUTIES, GEMS
**ceinlinoledd,** *n.m.* CALLIGRAPHY
**ceinmygu,** *v.* HONOUR, PRAISE
**ceintach,** *v.* GRUMBLE
**ceintachlyd,** *a.* QUERULOUS, PLAINTIVE
**ceintachwr,** (-wyr), *n.m.* GRUMBLER
**ceirch,** (*-en, n.f.*), *c.n.* OATS

**ceirios,** (*-en, n.f.*), *n.pl.* CHERRIES
**ceisbwl,** (-byliaid), *n.m.* CATCHPOLE, BAILIFF
**ceiseb,** (-ion), *n.f.* APPLICATION
**ceisfa,** *n.f.* IN-GOAL
**ceisio,** *v.* SEEK, ASK, TRY, APPLY, FETCH
**ceislen,** (-ni), *n.f.* APPLICATION FORM
**ceisyriau,** *n.pl.* ANTENNAE
**cêl,** *a.* HIDDEN, SECRET
*n.pl.* KALE
*n.m.* CONCEALMENT, SHELTER
**celain,** (celanedd), *n.f.* CARCASS, DEAD BODY
**celanedd,** *c.n.f.* SLAUGHTER
**celanedd-dy,** (-dai), *n.m.* KNACKERY
**celc,** *n.m.f.* HOARD, CONCEALMENT
**celcio,** *v.* HIDE, STEAL
**celf,** (-au), *n.f.* ART, CRAFT
**celfi,** (*-cyn, n.m.*), *n.pl.* TOOLS, GEAR, FURNITURE
**celfydd, -gar,** *a.* SKILFUL, INGENIOUS
**celfyddyd,** (-au), *n.f.* ART, CRAFT, SKILL
*celfyddyd ddiriaethol,* CONCRETE ART
*celfyddyd ddyneiddiol,* HUMANISTIC ART
*celfyddyd gynrychiadus,* REPRESENTATIONAL ART
*celfyddydau graffig,* GRAPHIC ARTS
**celfyddydol,** *a.* ARTIFICIAL
**celffaint,** *n.m.* WITHERED STUMP
**Celi,** *n.m.* GOD
**celrym,** *n.m.* HORSE-POWER
**celsach,** (-au), *n.f.* HOLDALL
**Celt,** (-iaid), *n.m.* CELT
**Celtaidd, -ig,** *a.* CELTIC
**Celteg,** *n.f.* CELTIC LANGUAGE
**celu,** *v.* HIDE, SECRETE
**celwrn,** (-yrnau), *n.m.* TUB, PAIL, BARREL
**celwydd,** (-au), *n.m.* LIE, UNTRUTH
**celwyddgi,** (-gwn), *n.m.* LIAR
**celwyddog,** *a.* LYING, FALSE
**celwyddwr,** (-wyr), *n.m.* LIAR
**celyn,** (*-nen, n.f.*), *n.pl.* HOLLY
**cell,** (-oedd, -au), *n.f.* CELL, CHAMBER
*celloedd cenhedlu,* GERM CELLS
*enyniad y celloedd,* CELLULITIS
**celleg,** *n.f.m.* CYTOLOGY
**cellen,** (-nau), *n.f.* MANHOLE
**celli,** (-ïau, -ïoedd), *n.f.* GROVE, COPSE
**cellog,** *a.* CELLULAR
**cellwair,** (-weiriau), *n.m.* JOKE, FUN
**cellwair,** *v.* JOKE, JEST
**cellweiriwr,** (-wyr), *n.m.* TRIFLER, JESTER
**cellweirus,** *a.* JOCULAR
**cemaes,** (-iau), *n.m.* ARENA, STADIUM
**cemeg,** *n.m.f.* CHEMISTRY
**cemegol,** *a.* CHEMICAL
**cemegolyn,** (-ion), *n.m.* CHEMICAL
**cemegwr, -ydd,** (-wyr), *n.m.* CHEMIST
**cemegyn,** (cemegau), *n.m.* CHEMICAL
**cemist,** *n.m.* CHEMIST
**cemotherapeg,** *n.m.f.* CHEMOTHERAPY
**cen,** (-nau), *n.f.* SKIN, SCALES, FILM, LAYER, LICHEN
**cenadwri,** (-ïau), *n.f.* MESSAGE, DISPATCH
**cenau,** (cenawon), *n.m.* CUB, RASCAL
**cenedl,** (cenhedloedd), *n.f.* NATION, RACE, GENDER
**cenedlaethol,** *a.* NATIONAL
**cenedlaetholdeb,** *n.m.* NATIONALISM
**cenedlaetholi,** *v.* NATIONALISE
**cenedlaetholwr,** (-wyr), NATIONALIST
**cenedl-ddyn,** (-ion), *n.m.* GENTILE
**cenedligrwydd,** *n.m.* NATIONALITY, NATIONAL IDENTITY
**cenfaint,** (-feiniau), *n.f.* HERD
**cenfetreg,** *n.f.* LICHENOMETRY
**cenfigen,** (-nau), *n.f.* JEALOUSY, ENVY
**cenfigennu,** *v.* ENVY
**cenfigennus,** *a.* ENVIOUS, JEALOUS
**cenhadaeth,** (cenadaethau), *n.f.* MISSION, COMMISSION
**cenhadol,** *a.* MISSIONARY
**cenhadu,** *v.* ALLOW, CONDUCT A MISSION
**cenhadwr,** (-wyr), *n.m.* MISSIONARY
**cenhedlaeth,** (cenedlaethau), *n.f.* GENERATION
**cenhedlig,** *a.* GENTILE, PAGAN, NATIONAL
**cenhedlu,** *v.* BEGET, PROCREATE
**cenhinen,** (cennin), *n.f.* LEEK
**cenllif,** (-oedd), *n.m.* TORRENT, DELUGE, FLOOD
**cenllysg,** *n.pl.* HAILSTONES
**cennad,** (-hadau, -hadon), *n.f.* PERMISSION, MESSENGER
**cennin,** (*-hinen, n.f.*), *n.pl.* LEEKS
**cennog,** *a.* SCURFY, SCALY
**cennu,** *v.* SCURF, SCALE
**censer,** (-i), *n.m.* CENSER
**centimetr,** (-au), *n.m.* CENTIMETRE
**cêr,** *n.f.* GEAR, TOOLS, TRAPPINGS
**cerameg,** *n.m.f.* CERAMICS

**ceramig,** *a.* CERAMIC
**cerbyd,** (-au), *n.m.* CARRIAGE, CHARIOT, VEHICLE, CAR
**cerbydol,** *a.* VEHICULAR
**cerbydwr,** (-wyr), *n.m.* COACHMAN
**cerdyn,** (cardiau), *n.m.* CARD
**cerdd,** (-i), *n.f.* SONG, POEM, MUSIC, POETRY
**cerddbrenni,** *n.pl.* WOOD-WINDS
**cerddbresi,** *n.pl.* BRASS SECTION (ORCHESTRA)
**cerdded,** *v.* WALK, GO, TRAVEL, PROGRESS
**cerddediad,** *n.m.* WALKING, GAIT, PACE
**cerddgar,** *a.* MUSICAL, MELODIOUS
**cerd(d)in,** (*-en, n.f.*), *n.pl.* ROWAN, MOUNTAIN ASH
**cerddor,** (-ion), *n.m.* SINGER, MUSICIAN
**cerddoreg,** *n.f.* MUSICOLOGY
**cerddorfa,** (-feydd), *n.f.* ORCHESTRA
**cerddorfaol,** *a.* ORCHESTRAL
**cerddoriaeth,** *n.f.* MUSIC
**cerddorol,** *a.* MUSICAL, MELODIOUS
**cerddwr,** (-wyr), *n.m.* WALKER
**cerebral,** *a.* CEREBRAL
**cerebrum,** *n.m.* CEREBRUM
**cerfddelw,** (-au), *n.f.* STATUE, GRAVEN IMAGE
**cerfio,** *v.* CARVE
**cerflun,** (-iau), *n.m.* STATUE,
**cerfluniaeth,** *n.f.* SCULPTURE
**cerflunydd,** (-lunwyr), *n.m.* SCULPTOR
**cerfwaith,** *n.m.* CARVING, SCULPTURE
**cerfwedd,** (-au), *n.f.* RELIEF
**ceriach,** *n.pl.* ODDS AND ENDS, RIFF-RAFF
**cerigyn,** (cerigos), *n.m.* PEBBLE
**ceriwb,** (-iaid), *n.m.* CHERUB
**cerlan,** *n.f.* (RIVER) TERRACE
**cerlyn,** *n.m.* CHURL
**cern,** (-au), *n.f.* CHEEK, JAW
**cernlun,** (-iau), *n.m.* PROFILE
**cernod,** (-iau), *n.f.* BUFFET, BLOW ON THE CHEEK
**cernodio,** *v.* BUFFET
**cerpyn,** (carpiau), *n.m.* RAG, CLOUT
**cerrynt,** (cerhyntau), *n.m.* CURRENT, COURSE
**cert,** (-i, ceirt), *n.m.* CART
**certiwr,** (-wyr), *n.m.* CARTER
**certwain,** (-weiniau), *n.f.* CART, WAIN
**certh,** *a.* CERTAIN, TERRIBLE
**cerub,** see *ceriwb*
**cerwyn,** (-i), *n.f.* TUB, VAT
**cerydd,** (-on), *n.m.* REBUKE, CHASTISEMENT, CENSURE
**ceryddu,** *v.* REBUKE, REPROVE, CORRECT
**ceryddwr,** (-wyr), *n.m.* CHASTISER, REBUKER
**cesail,** (-eiliau), *n.f.* ARMPIT, RECESS
*cesail y fawd,* FINGER-JOINT
**cesair,** *n.pl.* HAILSTONES, HAIL
**cest,** (-au), *n.f.* BELLY, RECEPTACLE
**cestog,** *a.* CORPULENT, ROUND
**cetsyp,** *n.m.* KETCHUP
**cetyn,** (catiau), *n.m.* BIT, PIECE, PIPE
**cethern,** *c.n.f.* FIENDS, MOB
**cethin,** *a.* DUSKY, FIERCE, UGLY
**cethren,** (-nau), *n.f.* NAIL, SPEAR, SPIKE
**cethru,** *v.* GOAD, PIERCE
**ceubont,** *n.f.* TUBULAR BRIDGE
**ceubren,** (-nau), *n.m.* HOLLOW TREE
**ceubwll,** (-byllau), *n.m.* CESSPIT, POT-HOLE
**ceudod,** (-au), *n.m.* CAVITY, ABDOMEN, HEART, MIND
**ceuffordd,** (-ffyrdd), *n.f.* TUNNEL, SUBWAY, ADIT
**ceuffos,** (-ydd), *n.f.* DRAIN
**ceugrwm,** *a.* CONCAVE
**ceugrymedd,** (-au), *n.* CONCAVITY
**ceulan,** (-nau, -lennydd), *n.f.* BANK, BRINK
**ceuled,** *n.m.* RENNET, CURD
**ceuliad,** (-au), *n.m.* COAGULATION
**ceulo,** *v.* CURDLE, CLOT
**ceunant,** (-nentydd), *n.f.* RAVINE, GORGE
**ceunwyddau,** *n.pl.* HOLLOW WARE
**cewyn,** (-nau), *n.m.* NAPKIN
**ci,** (cŵn), *n.m.* DOG
**cïaidd,** *a.* DOG-LIKE, BRUTAL, INHUMAN
**cib,** (-au), *n.m.* POD, HUSK
**cibddall,** *a.* PURBLIND, RASH
**ciblys,** *n.pl.* LEGUMES
**cibo,** *v.* FROWN, SCOWL
**cibog,** *a.* FROWNING, SCOWLING
**cibron,** *n.m.* SEPAL
**cibwst,** *n.f.* CHILBLAINS
**cibwts,** (-au), *n.m.* KIBBUTZ
**cibyn,** (-nau, cibau), *n.m.* HUSK, SHELL, HALF A BUSHEL
**cic,** (-iau), *n.f.* KICK
*cic a chwrs,* UP AND UNDER
*cic bwt,* GRUBBER KICK
*cic letraws,* DIAGONAL KICK
*cic wib,* FLY KICK
**cicaion,** *n.m.* GOURD
**cicio,** *v.* KICK

**ciciwr,** (-wyr), *n.m.* KICKER
**cid,** *a.* KID
**cidwm,** (-ymod), *n.m.* WOLF, KNAVE
**cieidd-dra,** *n.m.* BRUTALITY
**cig,** (-oedd), *n.m.* MEAT, FLESH
*cig marw,* GANGRENE
**cigfran,** (-frain), *n.f.* RAVEN
**cignoeth,** *a.* RAW, PAINFUL, CRUEL
**cigwain,** (-weiniau), *n.f.* FLESH-HOOK, SPEAR
**cigydd,** (-ion), *n.m.* BUTCHER
**cigyddiaeth,** *n.f.* BUTCHER'S TRADE, CARNAGE
**cigyddio,** *v.* SLAUGHTER
**cigysol,** *a.* CARNIVOROUS
**cigysydd,** (-ion), *n.m.* CARNIVORE
**cil,** (-iau), *n.m.* BACK, RETREAT, CORNER, BYE, CUD
*a.* REVERSE
**cilagor,** *v.* OPEN PARTLY
**cilagored,** *a.* PARTLY OPEN
**cilan,** (-nau), *n.f.* RETREAT, COVE, RECESS
**cilbost,** (-byst), *n.m.* GATE-POST
**cilbren,** (-nau), *n.m.* KEEL
**cilcyn,** *n.m.* FRAGMENT, SCRAP, CURB
**cilchwyrn,** (*-en, n.f.*), *n.pl.* GLANDS
**cildorri,** *v.* CHOP
**cildrem,** (-iau), *n.f.* LEER
**cildroad,** (-au), *n.m.* REVERSAL, REVERSION
**cildroi,** *v.* REVERSE
**cildwrn,** *n.m.* TIP, GRATUITY
**cildyn,** *a.* STUBBORN, OBSTINATE
**cildynrwydd,** *n.m.* OBSTINACY
**cilddant,** (-ddannedd), *n.m.* MOLAR
**cilddwr,** (-ddyfroedd), *n.m.* BACKWATER
**cilfach,** (-au), *n.f.* NOOK, RECESS, COVE, INLET, CREEK
**cilfae,** (-au), *n.m.* CUT OFF BAY
**cilfantais,** (-eision), *n.f.* PERK, FRINGE BENEFIT
**cilfilyn,** (-filod), *n.m.* RUMINANT
**cilffordd,** (-ffyrdd), *n.f.* BY-ROAD, BYWAY
**cilgant,** (-nnau), *n.m.* CRESCENT
**cilgantaidd,** *a.* CRESCENTIC
**cilgnoi,** *v.* CHEW THE CUD
**cilgynnyrch,** (-gynhyrchion), *n.m.* BY-PRODUCT
**ciliad,** (-au), *n.m.* RECESSION, WITHDRAWAL
**cilio,** *v.* RETREAT, RECEDE, FLEE
**cilocalori,** (-ïau), *n.m.* KILOCALORIE
**cilogram,** (-au), *n.m.* KILOGRAMME
**cilometr,** (-au), *n.m.* KILOMETRE
**ciloseicl,** *n.m.* KILOCYCLE
**cilowat,** (-au), *n.m.* KILOWATT
**cilwenu,** *v.* LEER, SIMPER, OGLE
**cilwg,** (-ygon), *n.m.* FROWN, SCOWL
**cilydd,** (-ion), *n.m.* COMPANION, FELLOW
**cilyddol,** *a.* RECIPROCAL, MUTUAL
**cimwch,** (-ychiaid), *n.m.* LOBSTER
**cinc,** (-iau), *n.m.* KINK
**cinemateg,** *n.m.f.* KINEMATICS
**cineteg,** *n.f.* KINETICS
**cinetig,** *a.* KINETIC
**cingroen,** *n.f.* STINK-HORN
**ciniawa,** *v.* DINE
**cinio,** (ciniawau), *n.m.f.* DINNER
*cinio bach,* LUNCHEON
**cinnyn,** *n.m.* SHRED, SNIP, RAG
**cïog,** *a.* CANINE
**ciosg,** (-au), *n.m.* KIOSK
**cip,** (-iau, -ion), *n.m.* SNATCH, PLUCK, GLIMPSE
**cipair,** (-eiriau), *n.m.* CATCHWORD
**cipar, -er,** (-eriaid), *n.m.* GAMEKEEPER
**cipdrem,** (-iau), *n.m.* GLIMPSE, GLANCE
**cipedrych,** *v.* GLANCE, GLIMPSE
**ciper,** (-au), *n.m.* KIPPER
**cipial,** *v.* GRUMBLE, YELP
**cipio,** *v.* SNATCH
**cipiwr,** (-wyr), *n.m.* SNATCHER
**cipolwg,** (-ygon), *n.m.* GLANCE, GLIMPSE
**ciprys,** (-au), *n.m.* & *v.* TUSSLE, SCRAMBLE
**cipyn,** (-nau), *n.m.* PICKUP
**cirosis,** *n.m.* CIRRHOSIS
**cirws,** (ciri), *n.m.* CIRRUS
**cis,** (-ion, -iau), *n.m.f.* BLOW, SLAP, TAP
*chwarae cis,* TO PLAY TOUCH
**cist,** (-iau), *n.f.* CHEST, COFFER, COFFIN
**citrus,** *a.* CITRUS
**ciw,** (-iau), *n.m.* CUE, QUEUE
**ciwb,** (-iau), *n.m.* CUBE
**ciwbaeth,** *n.m.* CUBISM
**ciwbig,** *a.* CUBIC(AL)
**ciwbio,** *v.* CUBE
**ciwboid,** *a.* CUBOID
**ciwbydd,** (-ion), *n.m.* CUBIST
**ciwdod,** (-au), *n.f.* TRIBE, NATION, COMMONALTY
**ciwed,** *n.f.* RABBLE, MOB
**ciwrad,** (-iaid), *n.m.* CURATE
**ciwt,** *a.* CUTE, CLEVER
**cladd,** (-au), *n.m.* CLAMP
**claddedigaeth,** (-au), *n.f.* BURIAL, FUNERAL

**claddfa,** (-feydd), *n.f.* BURIAL-PLACE, CEMETERY
**claddgell,** (-oedd), *n.f.* CRYPT, BURIAL CHAMBER
**claddu,** *v.* BURY, DIG
**claddwr,** (-wyr), *n.m.* UNDERTAKER
**claear,** *a.* LUKEWARM, MILD, COOL
**claearineb,** *n.m.* LUKEWARMNESS
**claearu,** *v.* BECOME MILD, SOOTHE, COOL
**claer,** *a.* BRIGHT, CLEAR
**claerder,** *n.m.* BRIGHTNESS, CLEARNESS
**claerwelediad,** *n.m.* CLAIRVOYANCE
**claf,** (cleifion), *a.* ILL, SICK, *n.m.* SICK PERSON, PATIENT
**clafdy,** (-dai), *n.m.* INFIRMARY
**clafr,** *n.m.* MANGE, SCURF, ITCH, SCAB
**clafrllyd,** *a.* MANGY
**clafychu,** *v.* SICKEN, BECOME OVERCAST
**clai,** (cleiau), *n.m.* CLAY
*cletir clai,* CLAY PAN
**clais,** (cleisiau), *n.m.* BRUISE, STRIPE, LODE, STREAM, DITCH
**clamp,** (-iau), *n.m.* LUMP, MASS, MONSTER, CLAMP
**clampio,** *v.* CLAMP
**clan,** (-iau), *n.m.* CLAN
**clandro,** *v.* CALCULATE
**clap,** (-iau), *n.m.* LUMP, GOSSIP, CLACK
**clapgi,** (-gwn), *n.m.* TALEBEARER
**clapio,** *v.* LUMP, STRIKE, GOSSIP, CLAP
**clapiog,** *a.* LUMPY, ROUGH
**clarc,** (-od), *n.m.* CLERK
**clared,** *n.m.* CLARET
**clarinét,** (-au), *n.m.* CLARINET
**clas,** *n.m.* CLOISTER, MONASTIC COMMUNITY
**clasb,** (-iau), *n.m.* CLASP
**clastir,** (-oedd), *n.m.* GLEBE-LAND
**clasur,** (-on), *n.m.* CLASSIC
**clasurol,** *a.* CLASSICAL
**clasuroldeb,** *n.m.* CLASSICALNESS
**clasurwr,** (-wyr), *n.m.* CLASSICAL SCHOLAR OR AUTHOR
**clau,** *a.* QUICK, SWIFT, SOON, LOUD, TRUE
**clawdd,** (cloddiau), *n.m.* HEDGE, DYKE, EMBANKMENT
**clawr,** (cloriau), *n.m.* COVER, LID, SURFACE, BOARD
**clawstr,** (-au), *n.m.* CLOISTER, MONASTERY
**clawstroffobia,** *n.m.* CLAUSTROPHOBIA
**clebar, -er,** *n.m.* GOSSIP, TATTLE
**clebran,** *v.* CHATTER, GOSSIP, PATTER
**clebryn,** (clebren, *n.f.*), *n.m.* TATTLER
**clec,** (-iau, -s), *n.f.* CLICK, CRACK, GOSSIP
**clecian,** *v.* CLICK, SMACK, SNAP
**clecyn,** (*clecen, n.f.*), *n.m.* GOSSIP, TELLTALE
**cledfwrdd,** *n.m.* HARDBOARD
**cledr,** (-au), *n.f.* POLE, RAIL, STAVE, PALM (OF HAND), RAFTER
**cledro, -u,** *v.* PALE, RAIL, CUFF
**cledd,** (-au), *n.m.* DOOR-BRACE, CLEAT, SWORD
**cleddyf, cleddau,** (cleddyfau), *n.m.* SWORD
**cleddyfwr,** (-wyr), *n.m.* SWORDSMAN, FENCER
**clefis,** (-iau), *n.m.* CLEVIS
**clefyd,** (-au, -on), *n.m.* DISEASE, FEVER
*clefyd adwythig,* MALIGNANT DISEASE
*clefyd coch,* SCARLET FEVER
*clefyd melys,* DIABETES
*clefyd melyn,* JAUNDICE
**cleff,** (-iau), *n.m.* CLEF
**clegar,** *n.m.* & *v.* CACKLE, CLUCK
**clegyr,** (-au), *n.m.* ROCK, CLIFF, CRAG
**clegyrog,** *a.* CRAGGY
**cleient,** (-ydd), *n.m.* CLIENT
**cleilenwi,** *v.* PUG
**cleinsio,** *v.* CLINCH
**cleiog,** *a.* CLAYEY
**cleiriach,** *n.m.* DECREPIT PERSON
**cleisio,** *v.* BRUISE
**clem,** (-iau), *n.f.* SLICE, NOTION, LOOK, GAZE
**clemiau,** *n.pl.* GRIMACES
**clên,** *a.* AFFABLE, AGREEABLE
**clensio,** *v.* CLENCH
**clep,** (-iau), *n.f.* CLAP, CLACK, GOSSIP
**clepgi,** (-gwn), *n.m.* CHATTER, GOSSIP
**clepian,** *v.* CLAP, SLAM, GOSSIP
**clêr,** *c.n.f.* WANDERING MINSTRELS, BARDS
**clêr,** (*cleren, n.f.*), *n.pl.* FLIES
**clera,** *v.* WANDER OR BEG AS MINSTRELS
**clerc,** (-od), *n.m.* CLERK
**clercyddol,** *a.* CLERICAL
**clerigol,** *a.* CLERICAL
**clerigwr,** (-wyr), *n.m.* CLERGYMAN, CLERIC
**clerwr,** (-wyr), *n.m.* WANDERING MINSTREL
**clerwriaeth,** *n.f.* MINSTRELSY
**clesbyn,** (clasbiau), *n.m.* CLASP
**cletir,** *n.m.* HARDPAN

**clewt, -en,** (-iau), *n.m.* CLOUT
**clewtan,** *v.* CLOUT
**clewyn,** (-nau), *n.m.* BOIL
**clîc,** (cliciau), *n.m.* CLIQUE
**clicied,** (-au), *n.f.* LATCH, TRIGGER, BOLT, CATCH
**climach,** (-od), *n.m.* TALL SLIM FELLOW
**clincer,** *n.m.* CLINKER
**clindarddach,** *v.* CRACKLE
*n.m.* CRACKLING
**clinic, -g,** (-au), *n.m.* CLINIC
**clinigol,** *a.* CLINICAL
**clinomedr,** (-au), *n.m.* CLINOMETER
**clip,** (-iau), *n.m.* CLIP
**clipio,** *v.* CLIP
**clir,** *a.* CLEAR
**clirffordd,** (-ffyrdd), *n.f.* CLEARWAY
**cliriad,** (-au), *n.m.* CLEARANCE
**clirio,** *v.* CLEAR
**clitoris,** *n.m.* CLITORIS
**clo,** (cloeau, cloeon), *n.m.* LOCK, CONCLUSION
**cload,** (-au), *n.m.* CLOSURE
**clobyn,** (*cloben, n.f.*), *n.m.* MONSTER
**cloc,** (-iau), *n.m.* CLOCK
**clocian,** *v.* CLUCK
**clocsen,** (clocsiau), *n.f.* CLOG
**clocsiwr,** (-wyr), *n.m.* CLOG-MAKER
**clocwedd,** *a.* CLOCKWISE
**cloch,** (clych, clychau), *n.f.* BELL
*o'r/ar gloch,* O'CLOCK
**clochaidd,** *a.* RESONANT, NOISY
**clochdar,** *v.* CLUCK, CACKLE
**clochdy,** (-dai), *n.m.* BELFRY, STEEPLE
**clochen,** (-nau), *n.f.* BELL-JAR
**clochydd,** (-ion), *n.m.* SEXTON, BELL-MAN
**clod,** (-ydd), *n.m.f.* PRAISE, FAME, CREDIT
**clodfori,** *v.* PRAISE
**clodwiw,** *a.* PRAISEWORTHY
**cloddfa,** (-feydd), *n.f.* QUARRY, MINE
**cloddilion,** *n.pl.* FOSSILS
**cloddio,** *v.* DIG, QUARRY, MINE, EXCAVATE
**cloddiwr,** (-wyr), *n.m.* DIGGER, EXCAVATOR
**cloddwaith,** *n.m.* OPENCAST
**cloëdig,** *a.* LOCKED, CLOSED
**cloer,** (-iau), *n.m.* LOCKER, NICHE, PIGEON-HOLE
**clofan,** (-nau), *n.m.* ENCLAVE
**clofen,** (-ennau, clofs), *n.f.* CLOVE
**cloff,** *a.* LAME
**cloffi,** *v.* LAME
*n.m.* LAMENESS
**cloffni,** *n.m.* LAMENESS
**cloffrwym,** (-au), *n.m.* FETTER
**clog,** (-au), *n.m.* CLOAK, MANTLE
*n.f.* CRAG, CLIFF
**clogfaen,** (-feini), *n.m.* BOULDER
**cloglai,** *n.m.* BOULDER CLAY
**clogwyn,** (-i, -au), *n.m.* CLIFF, CRAG, PRECIPICE
**clogyn,** (-nau), *n.m.* CLOAK, CAPE
**clogyrnaidd,** *a.* CLUMSY, ROUGH, RUGGED
**cloi,** *v.* LOCK, CLOSE
**cloig,** (-au), *n.f.* HASP, HITCH, CLEVIS
**cloistr,** (-i), *n.m.* CLOISTER
**clonc,** (-iau), *n.f.* CLANG, GOSSIP
*a.* ADDLED
**clonciog,** *a.* UNEVEN, LUMPY
**clopa,** (-âu), *n.m.* KNOB, CLUB, HEAD
**clopáu,** *v.* JUMP UP
**cloren,** (-nau), *n.f.* RUMP, TAIL
**cloresgyll,** *n.pl.* WING CASES
**clorian,** (-nau), *n.m.f.* BALANCE, SCALES
**cloriannu,** *v.* WEIGH, BALANCE
**clorid,** (-iau), *n.m.* CHLORIDE
**clorin,** *n.m.* CHLORINE
**clorino, -adu,** *v.* CHLORINATE
**cloroffyl,** *n.m.* CHLOROPHYLL
**clorofform,** *n.m.* CHLOROFORM
**cloron,** (*-en, n.f.*), *n.pl.* POTATOES, TUBERS, GROUND-NUTS
**clòs,** *a.* CLOSE
**clos,** (-ydd), *n.m.* YARD, CLOSE
(-au), *n.m.* TROUSERS, BREECHES
**closet,** *n.m.* CLOSET
**closio,** *v.* DRAW NEAR, CLOSE
**clostroffobia,** *n.m.* CLAUSTROPHOBIA
**clots,** (*-en, n.f.*), *n.pl.* CLODS, SODS
**clown,** (-iaid), *n.m.* CLOWN
**clöyn,** *n.m.* BOSS, KNOB, BOIL
**cludadwy,** *a.* PORTABLE
**cludair,** (-eiriau), *n.f.* HEAP, WOOD-PILE
**clud-bêl,** *n.f.* BALL-BEARING
**cludfelt,** (-iau), *n.m.* CONVEYOR BELT
**cludiad,** (-au), *n.m.* CONVEYANCE, CARRIAGE
**cludiant,** (-nnau), *n.m.* TRANSPORT, HAULAGE
**cludo,** *v.* CARRY, TRANSPORT, HAUL
**cludwr,** (-wyr), *n.m.* CARRIER, PORTER, CONVEYOR
**cludydd,** (-ion), *n.m.* CONVEYOR, BEARER
**clul,** (-iau), *n.m.* KNELL
**clun,** (-iau), *n.f.* HIP, THIGH, LEG
*n.m.* MEADOW, MOOR
**clunhercian,** *v.* LIMP

**clunhercyn,** *n.m.* LAME PERSON
**cluro,** *v.* RUB, SMEAR
**clust,** (-iau), *n.f.m.* EAR, HANDLE, LUG
**clusten,** (-nau, -ni), *n.f.* AURICLE, LOBE
**clustfeinio,** *v.* LISTEN INTENTLY
**clustffôn,** (-ffonau), *n.m.* EARPHONE
**clustgell,** (-oedd), *n.f.* AURICLE
**clustnod,** (-au), *n.m.* EARMARK
**clustnodi,** *v.* EARMARK
**clustog,** (-au), *n.f.m.* CUSHION, PILLOW
**clustogwaith,** *n.m.* UPHOLSTERY
**clustogwlad,** *n.f.* BUFFER-STATE
**clwb,** (clybiau), *n.m.* CLUB
**clwc,** *a.* ADDLED, BROODY
**clwcian,** *v.* CLUCK
**clwm,** (clymau), *n.m.* TIE, KNOT, BUNCH
**clwpa,** (-od), *n.m.* KNOB, BOSS, DOLT, CLUB, BLUDGEON
**clws,** (*clos, f.*), *a.* PRETTY
**clwstwr,** (clystyrau), *n.m.* CLUSTER, MASS, BUNCH
**clwt,** (clytiau), *n.m.* PATCH, RAG, CLOUT
**clwyd,** (-au, -i, -ydd), *n.f.* GATE, HURDLE, RACK, ROOST
**clwyden,** (-ni), *n.f.* HURDLE, WATTLE
**clwydo,** *v.* ROOST, WATTLE
**clwyf,** (-au), *n.m.* WOUND, SORE, ULCER, DISEASE
*clwyf pennau,* MUMPS
*clwy'r croen,* DERMATITIS
*clwyf gwenerol,* VENEREAL DISEASE
*clwyf byr/du,* BLACKLEG
*clwyf coch,* BRAXY
*clwy'r traed,* FOOT ROT
*clwy'r traed a'r genau,* FOOT AND MOUTH DISEASE
**clwyfo,** *v.* WOUND
**clwyfus,** *a.* WOUNDED, SICK, SORE
**clwysty,** (-tai), *n.m.* CLOISTER
**clybodeg,** *n.f.* ACOUSTICS
**clybodig,** *a.* ACOUSTIC
**clyd,** *a.* COSY, SNUG, SHELTERED, WARM
**clydwch,** *n.m.* SHELTER, WARMTH
**clydwr,** *n.m.* SHELTER
**clyfar,** *a.* CLEVER, AGREEABLE, PLEASANT
**clymblaid,** (-bleidiau), *n.f.* CLIQUE, COALITION
**clymdref,** (-i), *n.f.* CONURBATION
**clymlin,** (-iau), *n.m.* TIE-LINE
**clymog,** *a.* KNOTTY, ENTANGLED
**clymu,** *v.* TIE, KNOT, HITCH, BIND
**clymwellt,** *n.pl.* LYME GRASS
**clytio,** *v.* PATCH, REPAIR
**clytiog,** *a.* PATCHED, RAGGED
**clyts,** *n.m.* CLUTCH (OF CAR)
**clytwaith,** (-weithiau), *n.m.* PATCHWORK
**clyw,** *n.m.* HEARING, EARSHOT
**clywadwy,** *a.* AUDIBLE
**clywed,** *v.* HEAR, FEEL, TASTE, SMELL
**clywededd,** *n.m.* AUDIBILITY
**clywedigaeth,** *n.f.* HEARING
**clywedol,** *a.* AURAL
**clyweled,** *a.* AUDIO-VISUAL
**clyweliad,** (-au), *n.m.* AUDITION
**cnac,** (-iau), *n.m.* TRICK, KNACK, QUARREL
**cnaciog,** *a.* FULL OF TRICKS
**cnaf,** (-on), *n.m.* RASCAL, KNAVE
**cnafaidd,** *a.* KNAVISH
**cnaif,** (cneifiau), *n.m.* SHEARING, FLEECE
**cnap,** (-iau), *n.m.* KNOB, BOSS, PROCESS, BOOZE
**cnapan,** (-au), *n.m.* BALL, KIND OF GAME
**cnapo,** *v.* BOOZE
**cnau,** (*cneuen, n.f.*), *n.pl.* NUTS
**cnawd,** *n.m.* FLESH
**cnawdol,** *a.* CARNAL, FLESHY
**cnawdolrwydd,** *n.m.* SENSUALITY, WORLDLINESS
**cneifio,** *v.* SHEAR, FLEECE
**cneifiwr,** (-wyr), *n.m.* SHEARER
**cnepyn,** (-nau), *n.m.* NODULE, LUMP
**cneua,** *v.* GO NUTTING
**cneuen,** (cnau), *n.f.* NUT
**cnewian,** *v.* GNAW
**cnewyllyn,** (cnewyll), *n.m.* KERNEL, NUCLEUS
**cnicht,** *n.m.* PEAK, LUMP
**cnith,** (-iau, -ion), *n.m.* TAP, BLOW, PLUCK
**cnithio,** *v.* TAP, PLUCK, SCRAPE
**cno,** (cnoeon), *n.m.* BITE, CHEW, GNAWING
**cnoc,** (-iau), *n.m.f.* KNOCK, RAP
**cnocio,** *v.* KNOCK, STRIKE, BEAT
**cnodwe,** (-oedd), *n.f.* TISSUE
**cnofa,** (-feydd), *n.f.* GNAWING, ACHE
**cnoi,** *v.* BITE, CHEW, ACHE, GNAW
**cnofil,** (-od), *n.m.* RODENT
**cnot,** (-iau), *n.m.* KNOT, BERRY
**cnotyn,** *n.m.* BED (GARDEN)
**cnu,** (-oedd), *n.m.* FLEECE
**cnuch,** (-iau), *n.m.* COPULATION
**cnuchio,** *v.* COPULATE

**cnuchiwr,** (-wyr), *n.m.* FORNICATOR
**cnud,** (-oedd), *n.m.* PACK OF WOLVES
**cnuf,** (-iau), *n.m.* FLEECE
**cnul,** (-iau), *n.m.* KNELL, PEAL
**cnwc,** (cnycau), *n.m.* HILLOCK, LUMP, BUTTE
**cnwd,** (cnydau), *n.m.* CROP, COVERING
*cnwd gwerthu,* CASH CROP
*cnwd gwraidd,* ROOT CROP
*cnwd saib,* BREAK CROP
*byrgnwd,* CATCH CROP
*cnwd cynnal,* SUBSISTENCE CROP
**cnydfawr,** *a.* PRODUCTIVE, FRUITFUL
**cnydio,** *v.* CROP, YIELD
**cnydiog,** *a.* PRODUCTIVE, FRUITFUL
**cob,** (-au), *n.f.* COAT, CLOAK
**còb,** (-iau), *n.m.* EMBANKMENT, COB
**cobalt,** (-au), *n.m.* COBALT
**coban,** (-au), *n.f.* NIGHT-SHIRT
**cobl,** (-au), *n.m.* COBBLE
**cobler,** (-iaid), *n.m.* COBBLER
**cobl(i)o,** *v.* COBBLE
**coblyn,** (-nod), *n.m.* SPRITE, GOBLIN
**cobyn,** (-nau), *n.m.* TUFT, TOP
**côc,** *n.m.* COKE
**coco,** *n.m.* COCOA
**coconyt,** (-au), *n.m.* COCONUT
**cocos, cocs,** (*cocsen, n.f.*), *n.pl.* COCKLES
**cocpit,** (-iau), *n.m.* COCKPIT
**cocs,** (-iaid), *n.m.* COX
**cocsen,** (-ni), *n.f.* COG
**coctel,** (-i), *n.m.* COCKTAIL
**cocwyllt,** *a.* RANDY, LUSTFUL
**coch,** (-ion), *a. & n.m.* RED
**coch-gam,** *n.f.* ROBIN
**cochder,** / **cochni,** *n.m.* REDNESS
**cochi,** *v.* REDDEN, BLUSH, CURE
**cochl,** (-au), *n.m.f.* CLOAK, MANTLE
**côd,** (codau), *n.m.* CODE
**cod,** (-au), *n.f.* BAG, POUCH, POD
**codecs,** *n.m.* CODEX
**codeiddiad,** *n.m.* CODIFICATION
**codeiddio,** *v.* CODIFY
**codell,** *n.f.* TAKE-UP LEVER
**coden,** (-nau), *n.f.* BAG, POUCH, POD, CAPSULE, CYST
**codi,** *v.* RISE, RAISE, ERECT, LIFT, PRODUCE, LEVY, CHARGE
**codiad,** (-au), *n.m.* RISING, RISE, SOURCE, ADVANCE, ELEVATION, ERECTION
**codiant,** (-nnau), *n.m.* LIFT, RISE
**codisil,** (-iau), *n.m.* CODICIL
**codlo,** *v.* CODDLE, PAMPER
**codlysiau,** *n.pl.* PULSES
**codog,** *a.* BAGGY, RICH
*n.m.* MISER, SAINFOIN
**codwm,** (codymau), *n.m.* FALL, TUMBLE, DROP
**codwr,** (-wyr), *n.m.* RISER, RAISER, ELEVATOR
*codwr byrnau,* BALE LOADER
**codydd,** (-ion), *n.m.* RAISING AGENT
**codymu,** *v.* WRESTLE
**codded,** *n.m.* ANGER, VEXATION
**coddi,** *v.* ANGER, OFFEND
**coed,** (-ydd), *c.n.m.* TREES, TIMBER, WOOD
*coed bach,* BRUSHWOOD
**coeden,** (coed, coedydd), *n.f.* TREE, WOOD, TIMBER
*coeden goch,* REDWOOD
**coedio,** *v.* TIMBER, CUDGEL
**coediog,** *a.* WOODED
**coedlan,** (-nau), *n.f.* COPSE
**coedlo,** *n.m.* LIGNITE
**coedol,** *a.* ARBOREAL
**coedwal,** (-au), *n.f.* THICKET, COVERT
**coedwig,** (-oedd), *n.f.* FOREST, WOODLAND
**coedwigaeth,** *n.f.* AFFORESTATION, FORESTRY
**coedwigo,** *v.* AFFORESTATE
**coedwigwr,** (-wyr), *n.m.* FORESTER
**coedyddiaeth,** *n.f.* ARBORICULTURE
**coedd,** *a.* PUBLIC
*ar goedd,* IN PUBLIC
**coeg,** *a.* EMPTY, VAIN, SILLY, BLIND
**coegddyn,** (-ion), *n.m.* FOP, FOOL
**coegddysgedig,** *a.* PEDANTIC
**coegedd,** *n.m.* VANITY, FRIVOLITY
**coegen,** (-nod), *n.f.* COQUETTE, WENCH
**coegfalch,** *a.* VAIN, AFFECTED
**coegi,** *v.* MOCK, DERIDE
**coeglyd,** *a.* VAIN, SATIRICAL
**coegni,** *n.m.* VANITY, SARCASM, EVIL
**coegwr,** (-wyr), *n.m.* KNAVE, FOOL
**coegwych,** *a.* GARISH, GAUDY
**coegyn,** (-nod), *n.m.* COXCOMB, FOP
**coel,** (-ion, -iau), *n.f.* BELIEF, TRUST, CREDIT
**coelbren,** (-ni, -nau), *n.f.* LOT, BALLOT, FATE
**coelcerth,** (-i), *n.f.* BONFIRE, BLAZE
**coelgrefydd,** (-au), *n.f.* SUPERSTITION
**coelio,** *v.* BELIEVE, TRUST, CREDIT

**coes,** (-au), *n.f.* LEG, SHANK
*n.f.m.* HANDLE, STALK, STEM
**coesarn,** (-au), *n.m.* LEG-HARNESS, BUSKIN, GAITER
**coesgam,** *a.* BANDY-LEGGED
**coesgrwm,** *a.* BOW-LEGGED
**coeten, -an,** (-au), *n.f.* DISK, QUOIT
**coetgae,** *n.m.* HEDGE, FIELD
**coetio,** *v.* PLAY QUOITS
**coetir,** *n.m.* WOODLAND
**coetmon,** (-myn), *n.m.* LUMBERJACK
**coetmona,** *v.* LUMBERING
**coetref,** (-i, -ydd), *n.f.* WOODLAND HOMESTEAD
**coets,** (-ys), *n.f.* COACH
**coeth,** *a.* REFINED, PURE, ELEGANT
**coethder,** (-au), *n.m.* REFINEMENT, ELEGANCE
**coethi,** *v.* REFINE, PUNISH, PRATE
**coethwr,** (-wyr), *n.m.* REFINER, INSTIGATOR
**cof,** (-ion), *n.m.* MEMORY, REMEMBRANCE
**cofadail,** (-adeiladau), *n.f.* MONUMENT
**cofalent,** *a.* COVALENT
**cofeb,** (-ion), *n.f.* MEMORIAL, MEMORANDUM
**cofgolofn,** (-au), *n.f.* MONUMENT
**cofiadur,** (-on), *n.m.* RECORDER
**cofiadwy,** *a.* MEMORABLE
**cofiannydd,** (-ianyddion), *n.m.* BIOGRAPHER
**cofiant,** (-nnau), *n.m.* BIOGRAPHY
**cofio,** *v.* REMEMBER, RECOLLECT
**cofl,** (-au), *n.f.* BOSOM, LAP, BURDEN
**coflaid,** (-eidiau), *n.f.* ARMFUL, BURDEN, LAP, EMBRACE, DARLING
**coflech,** (-au), *n.f.* MEMORIAL TABLET
**cofleidio,** *v.* EMBRACE, HUG
**coflyfr,** (-au), *n.m.* RECORD, REGISTER
**cofnod,** (-ion), *n.m.* MEMORANDUM, MINUTE, RECORD
**cofnodedig,** *a.* RECORDED
**cofnodi,** *v.* RECORD, REGISTER
**cofrestr,** (-au, -i), *n.f.* REGISTER, RECORD
**cofrestrad,** (-au), *n.m.* ENROLMENT
**cofrestrfa,** (-feydd), *n.f.* REGISTRY
**cofrestru,** *v.* REGISTER, ENROL
**cofrestrydd,** (-ion), *n.m.* REGISTRAR
**cofrodd,** (-ion), *n.f.* KEEPSAKE, SOUVENIR
**cofus,** *a.* MEMORABLE, THOUGHTFUL
**cofweini,** *v.* PROMPT
**cofweinydd,** (-ion), *n.m.* PROMPTER
**coffa,** *n.m.* REMEMBRANCE, MEMORIAL
**coffâd,** *n.m.* REMEMBRANCE
**coffadwriaeth,** (-au), *n.f.* REMEMBRANCE, MEMORY
**coffadwriaethol,** *a.* COMMEMORATIVE, MEMORIAL
**coffaoliaeth,** *n.m.* MEMORIALISM
**coffáu,** *v.* RECOLLECT, REMIND, RECORD, COMMEMORATE
**coffi,** *n.m.* COFFEE
**coffr,** (-au), *n.m.* COFFER, CHEST
**còg,** (cogiau), *n.f.* COG, COG-WHEEL
**cog,** (-au), *n.f.* CUCKOO
*n.m.* COOK
**cogfran,** (-frain), *n.f.* JACKDAW
**coginiaeth,** *n.f.m.* COOKERY
**coginio,** *v.* COOK
**coginiol,** *a.* CULINARY
**cogio,** *v.* PRETEND, SHAM, COG
**cogiwr,** (-wyr), *n.m.* PRETENDER, SWINDLER
**cogor,** *v.* CHATTER, CROAK
*n.m.* CHATTERING
**cogwrn,** (-yrnau), *n.m.* STACK OF CORN, CONE, KNOB, SHELL
**cogydd,** (-ion), *n.m.* COOK
**cogyddes,** (-au), *n.f.* COOK
**cogyddiaeth,** *n.f.* COOKERY
**congl,** (-au), *n.f.* CORNER
**conglen,** *n.f.* TWIN-NUT, LITTLE NOOK
**conglfaen,** (-feini), *n.m.* CORNER-STONE
**coil,** (-iau), *n.m.* COIL
**col,** (-au), *n.m.* COL
(-ion), *n.m.* SPIKE, STING, BEARD, AWN
**côl,** *n.f.* LAP, BOSOM
**coladiad,** (-au), *n.m.* COLLATION
**coladol,** *a.* COLLATED
**coladu,** *v.* COLLATE
**colâg,** *n.m.* COLLAGE
**colander,** (-i, -au), *n.m.* COLANDER
**còlect,** (-au), *n.m.* COLLECT
**coledd, -u,** *v.* CHERISH, FOSTER, NURTURE
**coleddwr,** (-wyr), *n.m.* CHERISHER, FOSTERER
**coleg,** (-au), *n.m.* COLLEGE
**colegol,** *a.* COLLEGIATE
**colegwr,** (-wyr), *n.m.* COLLEGIAN
**coler,** (-i, -au), *n.f.m.* COLLAR, HALTER
**colera,** *n.m.* CHOLERA
**colesterol,** *n.m.* CHOLESTEROL
**colet,** (-au), *n.m.* COLLET
**colfach,** (-au), *n.m.* HINGE
**colfachu,** *v.* PIVOT, HINGE

**colfen,** (-ni, -nau), *n.f.* BRANCH, TREE
**colig,** (-au), *n.m.* COLIC
**colio,** *v.* STING
**coliog,** *a.* AWNED
**colma,** *v.* JAUNT
**colofn,** (-au), *n.f.* COLUMN, PILLAR
**colofnfa,** (-feydd), *n.f.* COLONNADE
**colofnog,** *a.* COLUMNAR
**colofnres,** (-i), *n.f.* COLONNADE
**colofnydd,** (-ion), *n.m.* COLUMNIST
**coloidaidd,** *a.* COLLOIDAL
**colomen,** (-nod), *n.f.* PIGEON, DOVE
**colomendy,** (-dai), *n.m.* DOVE-COTE
**colon,** (-au), *n.m.* COLON
*n.f.* GREAT GUT, COLON
**colonâd,** *n.m.* COLONNADE
**colsyn,** (cols), *n.m.* EMBER
**coltar,** *n.m.* COAL TAR
**coluddion,** *n.pl.* BOWELS, INTESTINES
**colur,** (-au), MAKE-UP, COLOUR
**coluro,** *v.* MAKE-UP, CONCEAL
**colwyn,** (-od), *n.m.* PUPPY
**colyn,** (-nau), *n.m.* STING, PIVOT, HINGE
**colynnog,** *a.* STINGING, HINGED
**colynnol,** *a.* PIVOTAL
**colynnu,** *v.* STING
**coll,** (-iadau), *n.m.* LOSS, DEFECT, PERDITION
**colladwy,** *a.* PERISHABLE
**collddail,** *a.* DECIDUOUS
**colled,** (-ion), *n.m.f.* LOSS, INJURY, DEPRIVATION
**colledig,** *a.* LOST, DAMNED
**colledigaeth,** *n.f.* PERDITION, LOSS
**colledu,** *v.* CAUSE LOSS, DAMAGE
**colledus,** *a.* FRAUGHT WITH LOSS
**colledwr,** (-wyr), *n.m.* LOSER
**collen,** (cyll), *n.f.* HAZEL
**coll-ennill,** (coll-enillion), *n.m.* LOSS OF EARNINGS
**collfarn,** (-au), *n.f.* DOOM, CONDEMNATION, CONVICTION
**collfarnu,** *v.* CONDEMN
**collgof,** (-ion), *n.m.* AMNESIA
**colli,** *v.* LOSE, SPILL, FAIL, SHED, BE LOST
**collnod,** (-au), *n.m.* APOSTROPHE
**collwr,** (-wyr), *n.m.* LOSER
**côma,** (comâu), *n.m.* COMA
**coma,** (-s), *n.m.* COMMA
**comander,** (-iaid), *n.m.* COMMANDER
**combác,** (-s), *n.m.* GUINEA-FOWL
**combein,** (-au), *n.m.* COMBINE-HARVESTER
**comed,** (-au), *n.f.* COMET
**comedi,** (-ïau), *n.f.* COMEDY
**comedïwr,** *n.m.* COMEDIAN, COMEDIST
**comig, -c,** *a.* & *n.m.* COMICAL, COMIC PAPER
**comin,** (-s), *n.m.* COMMON LAND
**cominadwy,** *a.* COMMONABLE
**cominwr,** (-wyr), *n.m.* COMMONER
**comisiwn,** (-iynau), *n.m.* COMMISSION
**comisiynu,** *v.* COMMISSION
**comisiynwr,** (-wyr), *n.m.* COMMISSIONER
**comiwnydd,** (-ion), *n.m.* COMMUNIST
**comiwnyddiaeth,** *n.f.* COMMUNISM
**comiwnyddol,** *a.* COMMUNIST
**comodôr,** (comodoriaid), *n.m.* COMMODORE
**compendiwm,** *n.m.* COMPENDIUM
**compost,** *n.m.* COMPOST
**comtism,** *n.m.* COMTISM
**comun,** (-au), *n.m.* COMMUNE
**comunol,** *a.* COMMUNAL
**côn,** (conau), *n.m.* CONE
**conaidd,** *a.* CONOID
**conach, conan,** *v.* GRUMBLE, MUTTER
**conclaf,** *n.m.* CONCLAVE
**concordans,** *n.m.* CONCORDANCE
**concordat,** (-au), *n.m.* CONCORDAT
**concrit,** (-iau), *n.m.* CONCRETE
**concro,** *v.* CONQUER
**concwerwr,** (-wyr), *n.m.* CONQUEROR
**concwest,** (-au), *n.f.* VICTORY, CONQUEST
**condemniad,** (-au), *n.m.* CONDEMNATION
**condemnio,** *v.* CONDEMN
**condom,** (-au), *n.m.* CONDOM, CALGWD
**confennau,** *n.pl.* CONDIMENTS
**confensiwn,** (-iynau), *n.m.* CONVENTION
**confentigl,** (-au), *n.m.* CONVENTICLE
**conffederasiwn,** (-asiynau), *n.m.* CONFEDERATION
**conffirmasiwn,** *n.m.* CONFIRMATION
**conffirmio,** *v.* CONFIRM
**congau,** *n.pl.* CONGAS
**conifferaidd,** *a.* CONIFEROUS
**conig(ol),** *a.* CONIC(AL)
**cono,** *n.m.* FOGEY, KNAVE, WAG
**consentrig,** *a.* CONCENTRIC
**consérn, -árn,** *n.m.* CONCERN
**consesiwn,** (-iynau), *n.m.* CONCESSION
**consistor,** *n.m.* CONSISTOR
**consol,** (-au), *n.m.* CONSOLE
**consul,** (-iaid), *n.m.* CONSUL
**consuriaeth,** *n.m.* CONJURING
**consurio,** *v.* CONJURE
**consuriwr,** (-wyr), *n.m.* CONJURER

**conswl,** *n.m.* CONSUL
**conswlad,** *n.m.* CONSULATE
**consýrn,** *n.m.* CONCERN
**cont,** (-au), *n.f.* FEMALE GENITALS
**contact,** *n.m.* CONTACT
**continuwm,** *n.m.* CONTINUUM
**contract(or),** *n.m.* CONTRACT(OR)
**conwydd,** (*-en, n.f.*), *n.pl.* CONIFEROUS TREES
**conyn,** (-nod), *n.m.* STALK, STING, STUMP, GRUMBLER
**cop, -yn,** (-nod, -nau), *n.m.* SPIDER
**copa,** (-âu, -on), *n.m.* TOP, SUMMIT, HEAD
**copi,** (-ïau), *n.m.* COPY, COPY-BOOK
**copiddaliad,** *n.m.* COPYHOLD
**copin,** (-au), *n.m.* COPING
**copïo,** *v.* COPY
**copïwr,** (-wyr), *n.m.* COPYIST, IMITATOR
**copr,** (-au), *n.m.* COPPER
**copraidd,** *a.* COPPERY
**copri, copro,** *v.* COPPER, BECOME DULL
**coprig,** *a.* CUPRIC
**côr,** (corau), *n.m.* CHOIR, CHANCEL, PEW, STALL
**cor,** (-rod), *n.m.* DWARF, SPIDER
**corâl,** (-au), *n.f.* CHORALE
**corawd,** (-au), *n.f.m.* CHORUS
**corawl,** *a.* CHORAL
**corbenfras,** *n.m.* HADDOCK
**corblanhigyn,** (-higion), *n.m.* DWARF PLANT
**corbwll,** (-byllau), *n.m.* WHIRLPOOL, PUDDLE
**corbysen,** (-bys), *n.f.* LENTIL
**corbysog,** *a.* LENTICULAR
**corcyn,** (cyrc), *n.m.* CORK
**cord,** (-iau), *n.m.* CHORD, CORD
**cordeddiad,** (-au), *n.m.* INTERMINGLING, TWIST
**cordeddu,** *v.* TWIST, TWINE, INTERMINGLE
**corden,** (-ni), *n.f.* CORD
**cordiog,** *a.* AGREEING, HARMONIOUS
**cordiol,** *a.* CHORDAL
**cordwal,** *n.m.* CORDOVAN LEATHER
**corddi,** *v.* CHURN, FOAM, AGITATE
**corddiad,** (-au), *n.m.* CHURNING
**corddwr,** (-wyr), *n.m.* CHURN, CHURNER
**cored,** (-au), *n.f.* WEIR, DAM, FISHGARTH
**corelwr,** (-wyr), *n.m.* MORRIS DANCER
**coreograffiaeth,** *n.f.* CHOREOGRAPHY
**coreograffydd,** (-wyr), *n.m.* CHOREOGRAPHER
**corfan,** (-nau), *n.m.* METRICAL FOOT
**corfannu,** *v.* SCAN
**côr-feistr,** (-i, -iaid), *n.m.* CHOIR-MASTER
**côrferch,** (-ed), *n.f.* CHORUS GIRL
**corff,** (cyrff), *n.m.* BODY, CAPITAL
**corffilaidd,** *a.* CORPUSCULAR
**corffilyn,** (-ilod), *n.m.* CORPUSCLE
**corfflu,** (-oedd), *n.m.* CORPS
**corffol,** *a.* CORPULENT
**corffolaeth,** *n.f.* STATURE, SIZE
**corffoledd,** *n.m.* PHYSIQUE
**corfforaeth,** (-au), CORPORATION
**corfforaethol,** *a.* CORPORATE
**corfforedig,** *a.* INCORPORATED
**corffori,** *v.* INCORPORATE
**corfforol,** *a.* BODILY, CORPORAL
**corffrwd,** *n.f.* RUNNEL
**corffyn,** *n.m.* LITTLE BODY, BODICE
**corgan,** (-au), *n.f.* CHANT
**corganu,** *v.* CHANT
**corgi,** (-gwn), *n.m.* CUR, CORGI
**corgimwch,** (-gimychiaid), *n.m.* PRAWN
**córidor,** (coridorau), *n.m.* CORRIDOR
**corlan,** (-nau), *n.f.* FOLD, CORRAL
**corlannu,** *v.* FOLD, PEN
**corm,** (-au), *n.m.* CORM
**corn,** (cyrn), *n.m.* HORN, TUBE, ROLL, CORN, CHIMNEY, MAIZE
*corn pori/gwynt,* WINDPIPE
**cornant,** (-nentydd), *n.f.* BROOK, RILL
**cornbiff,** *n.m.* CORNBEEF
**cornchwiglen,** (-chwiglod), *n.f.* LAPWING, PLOVER
**cornea,** (-u), *n.m.* CORNEA
**corned,** (-au), *n.m.* CORNET
**cornel,** (-i, -au), *n.m.f.* CORNER
**cornelu,** *v.* CORNER
**cornicyll,** (-od), *n.m.* LAPWING, PLOVER
**cornio,** *v.* GORE, BUTT
**corniog,** *a.* HORNED
**cornis,** (-au), *n.m.* CORNICE
**cornor,** (-iaid), *n.m.* HORN PLAYER
**cornwyd,** (-ydd), *n.m.* BOIL, SORE, ABSCESS, ULCER
**corola,** (-âu), *n.m.* COROLLA
**coron,** (-au), *n.f.* CROWN
**coronaidd,** *a.* CORONARY
**corongylch,** *n.m.* CORONA
**coroni,** *v.* CROWN
*n.m.* CORONATION
**coroniad,** (-au), *n.m.* CORONATION
**coronig,** *n.f.* COROLLA

**coronog,** *a.* CROWNED
**coronol,** *a.* CORONARY
**corporal,** (-iaid), *n.m.* CORPORAL
**corpws,** *n.m.* BODY
**corrach,** (corachod), *n.m.* DWARF, PYGMY
**corryn,** (corynnod), *n.m.* SPIDER
**cors,** (-ydd), *n.f.* BOG, FEN, SWAMP
**corsen,** (-nau, cyrs), *n.f.* REED, STALK, STEM
**corstir,** (-oedd), *n.m.* SWAMP, FEN
**cortisôn,** *n.m.* CORTISONE
**cortyn,** (-nau), *n.m.* CORD, TWINE, STRING
**corun,** (-au), *n.m.* CROWN (OF HEAD), TOP, TONSURE
**corwg(l),** (-yg(l)au), *n.m.* CORACLE
**corws,** *n.m.* CHORUS
**corwynt,** (-oedd), *n.m.* WHIRLWIND, HURRICANE
**corydd,** (-ion), *n.m.* CHORISTER
**cos,** (-feydd), *n.f.* ITCH
**cosb,** (-au), *n.f.* PUNISHMENT
*cosb ddihenydd,* CAPITAL PUNISHMENT
**cosbadwy,** *a.* PUNISHABLE
**cosbedigaeth,** (-au), *n.f.* PUNISHMENT
**cosbi,** *v.* PUNISH, CHASTISE
**cosbol,** *a.* PUNITIVE, PENAL
**cosec,** *n.m.* COSECH
**cosecant,** (-nnau), *n.m.* COSECANT
**cosfa,** (-feydd), *n.f.* ITCH, IRRITATION, THRASHING
**cosh,** (-ys), *n.m.* COSH
**cosi,** *v.* TICKLE, ITCH, SCRATCH
*n.m.* ITCHING
**cosin,** (-au), *n.m.* COSINE
**cosmaeth,** *n.m.* COSMISM
**cosmetigau,** *n.pl.* COSMETICS
**cosmig,** *a.* COSMIC
**cosmogeneg,** *n.m.* COSMOGONY
**cosmoleg,** *n.f.m.* COSMOLOGY
**cosmopolitaidd,** *a.* COSMOPOLITAN
**cosmopolitan,** *a.* COSMOPOLITAN
**cosmos,** *n.m.* COSMOS
**cost,** (-au), *n.f.* COST, EXPENSE
**costiad,** (-au), *n.m.* COSTING
**costio,** *v.* COST
**costiwm,** (-tiymau), *n.m.f.* COSTUME
**costog,** *a.* SNARLING, SURLY
(-ion), *n.m.* MASTIFF, CUR
**costrel,** (-au, -i), *n.f.* BOTTLE
**costrelu,** *v.* BOTTLE
**costus,** *a.* COSTLY, EXPENSIVE
**cosyn,** (-nau), *n.m.* A CHEESE
**cot,** (cotiau), *n.f.* COAT, THRASHING
**côt,** (cotiau), *n.f.* COAT
**cotangiad,** (-au), *n.m.* COTANGENT
**coter,** *n.m.* COTTER
**cotwm,** *n.m.* COTTON
*cotwm trwch,* CANDLEWICK
*cotwm sglein,* GLAZED COTTON
*cotwm ceinciog,* STRANDED COTTON
**cotÿwr,** (-wyr), *n.m.* COTTAR
**coth,** *n.m.* COTH
**cowlas,** (-au), *n.m.f.* BAY (OF BUILDING), HAY-MOW
**cowmon, -an,** (-myn), *n.m.* COW-MAN
**cownt,** (-iau), *n.m.* COUNT, ACCOUNT, ESTEEM
**cownter, -ar,** (-au, -i), *n.m.* COUNTER
**cowntio,** *v.* COUNT, CALCULATE
**cowper,** (-iaid), *n.m.* COOPER
**cowpog,** *n.m.* COWPOX, VACCINATION
**crablyd,** *a.* CRABBED, STUNTED
**crabys, -as,** (-yn, *n.m.*), *n.pl.* CRAB-APPLES
**crac,** (-iau), *n.m.* CRACK, FRACTURE
**cracellu,** *v.* CRACKLE
**cracio,** *v.* CRACK, FRACTURE
**crachach,** *n.pl.* SNOBS
**crachboer,** *n.m.* PHLEGM
**crachen,** (crach), *n.f.* SCAB
**crachfardd,** (-feirdd), *n.m.* POETASTER
**crachfeddyg,** (-on), *n.m.* QUACK-DOCTOR
**crachfonheddwr,** (-wyr), *n.m.* SNOB, UPSTART
**crachlyd,** *a.* SCABBY, MANGY
**craen,** (-iau), *n.m.* CRANE
**craets,** *n.m.* CRATCH
**craf,** *c.n.* GARLIC
**crafanc,** (-angau), *n.f.* CLAW, TALON, CLUTCH
**crafangio,** *v.* CLAW, CLUTCH
**crafat,** *n.m.f.* SCARF, TIE
**crafell, -ydd,** *n.f.* SCRAPER, SLICE
**crafellu,** *v.* GRATE
**crafiad,** (-au), *n.m.* SCRATCH
**crafion,** *n.pl.* SCRAPINGS, SHAVINGS
**crafog,** *a.* SHARP, SARCASTIC
**crafu,** *v.* SCRAPE, SCRATCH
*n.m.* ITCH
**crafwr,** (-wyr), *n.m.* SCRATCHER, SCRAPER
**crafwyd,** (-ydd), *n.m.* ROUGHAGE

**craff,** *a.* KEEN, CLOSE, OBSERVANT, SAGACIOUS
*n.m.* HOLD, CLASP
**craffter,** *n.m.* KEENNESS, SAGACITY
**craffu,** *v.* LOOK INTENTLY, GRASP, NOTE
**craffus,** *a.* KEEN, OBSERVANT, CUTTING
**cragen,** (cregyn), *n.f.* SHELL, GILL
**crai,** *a.* NEW, FRESH, RAW, CLEAR
**craidd,** (creiddiau), *n.m.* MIDDLE, CENTRE, EPICENTRE, CENTROID
**craig,** (creigiau), *n.f.* ROCK, CRAG
**crair,** (creiriau), *n.m.* RELIC
**craith,** (creithiau), *n.f.* SCAR, DARN
**crâl,** (cralau), *n.m.* KRAAL
**cramen,** (-nau), *n.f.* SCAB, CRUST
**cramennol,** *a.* CRUSTAL
**cramenogion,** *n.pl.* CRUSTACEA
**crameniad,** (-au), *n.m.* INCRUSTATION
**cramp,** (-iau), *n.m.* CRAMP
**cramwythen,** (cramwyth), *n.f.* PANCAKE
**cranc,** (-od, -iau), *n.m.* CRAB, CRANK
**crand,** *a.* GRAND
**crandrwydd,** *n.m.* GRANDEUR, FINERY
**crap,** (-iau), *n.m.* GRIP, SMATTERING
**crapio,** *v.* GRAPPLE, SNATCH
**cras,** (creision), *a.* BAKED, ARID, HARSH, RUDE
**crasboeth,** *a.* TORRID
**crasen,** (-ni, -nau), *n.f.* SLAP, CLOUT
**crasfa,** (-feydd), *n.f.* THRASHING
**craslyd,** *a.* HARSH, SCORCHED
**craster,** *n.m.* ARIDITY, HARSHNESS
**crasu,** *v.* BAKE, SCORCH, AIR, DRY
**crater,** (-au, -i), *n.m.* CRATER
**crats,** (-ys), *n.m.* CRATCH, MANGER, RACK
**crau,** (creuau), *n.m.* HOLE, SOCKET, EYE, STY, BLOOD, GORE
**crawc,** (-iau), *n.f.* CROAK
**crawcian, -io,** *v.* CROAK, CAW
**crawen,** (-nau), *n.f.* CRUST
**crawn,** *n.m.* PUS, MATTER
**crawni,** *v.* FESTER
**crawniad,** (-au), *n.m.* ABSCESS
**crawnllyd,** *a.* PURULENT
**cread,** *n.m.* CREATION
**creadigaeth,** (-au), *n.f.* CREATION, CONSTRUCTION
**creadigedd,** *n.m.* CREATIVITY
**creadigol,** *a.* CREATIVE
**creadur,** (-iaid), *n.m.* CREATURE, ANIMAL
**creadures,** (-au), *n.f.* FEMALE CREATURE
**creawdwr,** (-wyr), *n.m.* CREATOR
**crebach,** *a.* WITHERED, SHRUNK
**crebachlyd,** *a.* WRINKLED, CRABBED
**crebachol,** *a.* CONTRACTILE
**crebachu,** *v.* SHRINK, SHRIVEL, WITHER
**crebwyll,** (-ion), *n.m.* INVENTION, FANTASY, COMPREHENSION
**crecian,** *v.* CLACK, CHIRP
**crechwen,** *n.f.* LOUD LAUGHTER
**crechwenu,** *v.* LAUGH LOUDLY, MOCK
**cred,** (-au), *n.f.* BELIEF, FAITH, TRUST, OATH, CHRISTENDOM
**credadun,** (credinwyr), *n.m.* BELIEVER
**credadwy,** *a.* CREDIBLE
**credadwyaeth,** *n.f.* CREDIBILITY
**crediniaeth,** *n.f.* BELIEF, FAITH
**crediniol,** *a.* BELIEVING
**credlythyrau,** *n.pl.* CREDENTIALS
**credo,** (-au), *n.m.f.* CREED, BELIEF
**credorfodaeth,** *n.f.* INDOCTRINATION
**credorfodi,** *v.* INDOCTRINATE
**credu,** *v.* BELIEVE
**credwr,** (-wyr), *n.m.* BELIEVER
**credyd,** (-on), *n.m.* CREDIT
**credydu,** *v.* CREDIT
**credydwr,** (-wyr), *n.m.* CREDITOR
**cref,** *a. f.* of *cryf*
**crefás,** (-au), *n.m.* CREVASSE
**crefu,** *v.* BEG, IMPLORE
**crefydd,** (-au), *n.f.* RELIGION
**crefydda,** *v.* BE RELIGIOUS
**crefyddgan,** (-ganeuon), *n.f.* SPIRITUAL
**crefyddlyd,** *a.* OUTWARDLY RELIGIOUS
**crefyddol,** *a.* RELIGIOUS, DEVOUT
**crefyddolder,** *n.m.* RELIGIOUSNESS, PIETY
**crefyddwr,** (-wyr), *n.m.* RELIGIOUS PERSON
**crefft,** (-au), *n.f.* CRAFT, TRADE
**crefftus,** *a.* SKILLED, WORKMANLIKE
**crefftwaith,** *n.m.* CRAFTWORK
**crefftwr,** (-wyr), *n.m.* CRAFTSMAN
**creffyn,** (-nau), *n.m.* CLAMP, BRACE
**cregyn,** (*cragen, n.f.*), *n.pl.* SHELLS
**creider,** *n.m.* FRESHNESS
**creifion,** *n.pl.* SCRAPINGS, PARINGS
**creigardd,** (-erddi), *n.f.* ROCK-GARDEN
**creigfa,** (-feydd), *n.f.* ROCKERY, ROCKY PLACE
**creigiog,** *a.* ROCKY
**creigiwr,** (-wyr), *n.m.* QUARRYMAN (ROCK FACE)
**creigle,** (-oedd), *n.m.* ROCKY PLACE

**creinio,** *v.* WALLOW, GROVEL
**creirfa,** (-feydd), *n.f.* RELIQUARY, MUSEUM, SHRINE
**creision,** *n.pl.* FLAKES, CRISPS
**creithio,** *v.* SCAR, BECOME SCARRED, DARN
**crematoriwm,** (crematoria), *n.m.* CREMATORIUM
**crempog,** (-au), *n.f.* PANCAKE
**crenellu,** *v.* CRENELLATE
**crensio,** *v.* CRUNCH
**creol,** (-iaid), *n.m.* CREOLE
**creon,** *n.m.* CRAYON
**crepach,** *n.m.* NUMBNESS
*a.* NUMB, WITHERED
**crest,** (-au), *n.m.* SCURF, SCAB, CRESTING
**cretasig,** *a.* CRETACEOUS
**creu,** *v.* CREATE
**creugarwch,** *n.m.* CREATIVITY
**creulon,** *a.* CRUEL, SAVAGE
**creulondeb, -er,** (-au), *n.m.* CRUELTY
**crëwr,** (crewyr), *n.m.* CREATOR
**crëyr,** (crehyrod), *n.m.* HERON
**cri,** (-au), *n.m.f.* CRY, LAMENT
*a.* RAW, FRESH, UNLEAVENED
**criafol(en),** *n.f.* MOUNTAIN ASH
**crib,** (-au), *n.f.* CREST, SUMMIT, RIDGE, ARÊTE, COMB
**cribddail,** *n.m.* EXTORTION, EXACTION
**cribddeilio,** *v.* EXTORT
**cribddeiliwr,** (-wyr), *n.m.* EXTORTIONER
**cribin,** (-iau), *n.f.m.* RAKE, SKINFLINT
**cribinio,** *v.* RAKE
**cribo,** *v.* COMB, CARD
**cribwr,** (-wyr), *n.m.* CARDER, HEDDLE
**cric,** (-iau), *n.m.* CRACK, CRICK
**criced,** *n.m.* CRICKET
**cricedwr,** (-wyr), *n.m.* CRICKETER
**crimog,** (-au), *n.f.* SHIN, GREAVE
**crimp,** (-iau), *n.m.* SHIN, RIDGE
*a.* CRISP, SHRUNK
**crimpyn,** *n.m.* MISER, ANYTHING SHRUNK
**crin,** *a.* WITHERED, DRY
**crinelliad,** *n.m.* DECREPITATION
**crino,** *v.* WITHER, DRY UP
**crintach, -lyd,** *a.* MEAN, MISERLY
**crintachrwydd,** *n.m.* NIGGARDLINESS
**crintachu,** *v.* SCRIMP, STINT
**crio,** *v.* SHOUT, WEEP
**cripell,** *n.m.* OUTCROP
**cripian, -io,** *v.* SCRATCH, CREEP
**cris,** *n.m.* CREASE
**crisbin,** *a* CRISP, WITHERED
**crisial,** (-au), *a. & n.m.* CRYSTAL
**crisialeg,** *n.f.m.* CRYSTALLOGRAPHY
**crisialu,** *v.* CRYSTALLISE
**crism,** *n.m.* CHRISM
**Cristion,** (-(io)nogion), *n.m.* CHRISTIAN
**Crist(io)nogaeth** *n.f.* CHRISTIANITY
**Crist(io)nogol** *a.* CHRISTIAN
**Cristoleg,** *n.f.* CHRISTOLOGY
**critig,** (-iaid), *n.m.* CRITIC
**criw,** (-iau), *n.m.* CREW
**criwr,** (-wyr), *n.m.* CRIER
**crocbren,** (-ni), *n.m.* GALLOWS, CROSS
**crocbris,** (-iau), *n.m.* EXORBITANT PRICE
**crocus, -ws,** (-au), *n.m.* CROCUS
**croch,** *a.* LOUD, VOCIFEROUS
**crochan,** (-au), *n.m.* POT, CAULDRON
**crochenwaith,** (-weithiau), *n.m.* POTTERY, WARE
**crochenydd,** (-ion), *n.m.* POTTER
**crochlefain,** *v.* CLAMOUR
**croen,** (crwyn), *n.m.* SKIN, PEEL, RIND
**croendenau,** *a.* THIN-SKINNED
**croeni(o),** *v.* FORM A SKIN
**croenol,** *a.* CUTANEOUS
**croenyn,** (-nau), *n.m.* MEMBRANE
**croes,** (-au), *n.f.* CROSS
*a.* CROSS, CONTRARY, TRANSVERSE
**croesad,** *n.m.* CROSSBREED
**croesair,** (-eiriau), *n.m.* CROSSWORD
**croesan,** (-iaid), *n.m.* BUFFOON, JESTER
**croesaw,** see *croeso*
**croesawgar,** *a.* HOSPITABLE
**croesawiad,** *n.m.* WELCOME
**croesawu,** *v.* WELCOME
**croesawus,** *a.* HOSPITABLE
**croesbren,** (-nau), *n.m.* CROSS
**croes-doriad,** (-au), *n.m.* CROSS SECTION
**croesddweud,** *v.* CONTRADICT
**croesfan,** (-nau), *n.f.* CROSSING
**croesffordd,** (-ffyrdd), *n.f.* CROSS-ROAD
**croesffurf,** *a.* CRUCIFORM
**croesgad,** (-au), *n.f.* CRUSADE
**croesgadwr,** (-wyr), *n.m.* CRUSADER
**croeshoeliad,** *n.m.* CRUCIFIXION
**croeshoelio,** *v.* CRUCIFY
**croesholi,** *v.* CROSS-EXAMINE
**croesholiad,** (-au), *n.m.* CROSS-EXAMINATION
**croesi,** *v.* CROSS, OPPOSE
**croesiad,** (-au), *n.m.* HYBRID, TRANSIT
**croeslath,** (-au), *n.f.* PURLIN
**croeslin,** (-iau), *a. & n.m.* DIAGONAL
**croeso, -aw,** *n.m.* WELCOME
**croesrym,** (-oedd), *n.m.* SHEAR

**croesryw,** *a. & n.m.* HYBRID
**croestoriad,** (-au), *n.m.* INTERSECTION
**croestorri,** *v.* INTERSECT
**croesymgroes,** *a.* CRISS-CROSS
**croew,** see *croyw*
**crofen,** (-nau, -ni), *n.f.* RIND, CRUST
**crofft,** (-ydd, -au), *n.f.* CROFT
**crofftio,** *v.* CROFT
**crofftwr,** (-wyr), *n.m.* CROFTER
**crog,** *n.f.* CROSS, ROOD
*a.* HANGING, SUSPENSION
**crogi,** *v.* HANG, CRUCIFY, SUSPEND
**croglen,** (-ni), *n.f.* ROOD SCREEN
**croglofft,** (-ydd), *n.f.* GARRET
**crogrent,** (-i), *n.m.* RACK-RENT
**crogwr,** (-wyr), *n.m.* HANGMAN
**cronglwyd,** (-i, ydd), *n.f.* ROOF, ROOF-HURDLE
**cromatig,** *a.* CHROMATIC
**cromatograffi,** *n.m.* CHROMATOGRAPHY
**crombil,** (-iau), *n.f.m.* CROP, BOWELS, BELLY, DEPTH
**cromen,** (-ni, -nau), *n.f.* DOME, VAULT
**cromfach,** (-au), *n.f.* BRACKET, PARENTHESIS
**cromgell,** (-oedd, -au), *n.f.* VAULT
**cromiwm,** *n.m.* CHROMIUM
**cromlech,** (-au, -i), *n.f.* CROMLECH
**cromlin,** (-iau), *n.f.* CURVE, CHORD, SECTION
**cromosom,** (-au), *n.m.* CHROMOSOME
**cron,** *a. f.* of *crwn*
**cronadur,** (-on), *n.m.* ACCUMULATOR
**cronedig,** *a.* ACCUMULATED
**cronfa,** (-feydd), *n.f.* RESERVOIR, FUND
**croniant,** (-nnau), *n.m.* ACCUMULATION, ACCRETION
**cronicl,** (-au), *n.m.* CHRONICLE
**croniclo,** *v.* CHRONICLE, RECORD
**croniclydd,** (-wyr), *n.m.* CHRONICLER
**cronig,** *a.* CHRONIC
**cronlyn,** (-noedd), *n.m.* DAMMED LAKE
**cronnedd,** (croneddau), *n.m.* ACCUMULATION
**cronni,** *v.* COLLECT, DAM
**cronnus,** *a.* CUMULATIVE
**cronolegol,** *a.* CHRONOLOGICAL
**cropa,** (-od), *n.f.* CROP, GIZZARD
**cropian,** *v.* CRAWL, GROPE
**crosiet,** (-au, -i), *n.m.* CROTCHET
**crosio,** *v.* CROCHET
**crotalau,** *n.pl.* CROTALES
**croten,** (-nod), *n.f.* } LASS
**crotes,** (-i), *n.f.* }
**croth,** (-au), *n.f.* WOMB, CALF (OF LEG)
**crothateg,** (-ion), *n.f.* PESSARY
**croyw,** *a.* CLEAR, PLAIN, NEW, UNLEAVENED
**croywder,** *n.m.* CLARITY, FRESHNESS
**croywi,** *v.* PURIFY, FRESHEN
**crud,** (-iau), *n.m.* CRADLE
**crudio,** *v.* CRADLE
**crug,** (-iau), *n.m.* HILLOCK, CAIRN, HOST, BARROW, BOIL, SWELLING
**cruglwyth,** (-i), *n.m.* PILE, HEAP
**crugo,** *v.* PILE, FRET, VEX, SWELL
**crupl,** (-iaid), *a. & n.m.* CRIPPLE
**crwb,** (-iau), *n.m.* HUMP
**crwban,** (-od), *n.m.* TORTOISE, TURTLE
**crwbi,** *n.m.* HUMP
*a.* HUNCH-BACKED
**crwc,** (cryciau), *n.m.* PAIL, TUB
**crwca,** *a.* CROOKED, BENT, BOWED
**crwm,** (*crom, f.*), *a. m.* CONVEX, BENT, CURVED
**crwman,** (-au), *n.m.* RUMP
**crwn,** *a.* ROUND, COMPLETE
**crwndwll,** (-dyllau), *n.m.* PORT
**crwner,** (-iaid), *n.m.* CORONER
**crwper,** (-au), *n.m.* CRUPPER, RUMP
**crwsâd,** (-adau), *n.m.f.* CRUSADE
**crwsadwr,** (-wyr), *n.m.* CRUSADER
**crwsibl,** (-au), *n.m.* CRUCIBLE
**crwst,** (crystiau), *n.m.* CRUST, PASTRY
**crwt,** (cryts), *n.m.* BOY, LAD
**crwth,** (crythau), *n.m.* CROWD, FIDDLE, PURRING
**crwybr,** (-au), *n.m.* GROUNDFROST, MIST, HONEYCOMB
**crwybro,** *n.m.* HONEYCOMBING
**crwydr, -ad,** (-au), *n.m.* WANDERING
**crwydro,** *v.* WANDER, STRAY, ERR
**crwydrol, -us,** *a.* WANDERING, NOMADIC
**crwydrwr,** (-wyr), *n.m.* WANDERER
**crwydryn,** (crwydraid), *n.m.* VAGRANT, TRAMP
**crwynfa,** (-feydd), *n.f.* TANNERY
**crwynwr,** (-wyr), *n.m.* SKINNER
**crwys,** (-au), *n.f.* CROSS
**crybwyll,** *v.* MENTION
(-ion), *n.m.* MENTION
**crybwylliad,** (-au), *n.m.* MENTION, REFERENCE
**crych,** *a.* CURLY, RIPPLING, QUAVERING
*n.m.* (-au), CREASE, RIPPLE, WRINKLE
**crychell,** *n.f.* GATHERER
**crychlais,** *n.m.* TREMOLO

**crychlyd,** *a.* WRINKLED, SHRIVELLED
**crychnaid,** (-neidiau), *n.f.* BOUND, CAPER
**crychneidio,** *v.* SKIP, CAPER
**crychni,** *n.m.* CURLINESS, WRINKLE
**crychu,** *v.* WRINKLE, CURL, RIPPLE
**crychwaith,** *n.m.* CROCHET
**crychyn,** (-au), *n.m.* RUCHING
**cryd,** (-iau), *n.m.* SHIVERING, AGUE, FEVER
**crydd,** (-ion), *n.m.* SHOEMAKER, COBBLER
**crydda,** *v.* COBBLE
**cryddiaeth,** *n.f.* SHOEMAKING
**cryf,** (*cref, f.*), *a.* STRONG, POWERFUL
**cryfder, -dwr,** (-au), *n.m.* STRENGTH
**cryfhaol,** *a.* STRENGTHENING
**cryfhau,** *v.* STRENGTHEN, BECOME STRONG
**cryffa,** *v.* CONVALESCE, BECOME STRONG
**cryg,** (*creg, f.* ), *a. m.* HOARSE
**cryglyd,** *a.* HOARSE, HARSH
**crygni,** *n.m.* HOARSENESS
**crygu,** *v.* BECOME HOARSE
**cryman,** (-au), *n.m.* SICKLE
**crymder,** (-au), *n.m.* CAMBER
**crymderu,** *v.* CAMBER
**crymedd** (-au), *n.m.* CURVE, CURVATURE
**crymu,** *v.* BEND, CURVE, STOOP, BOW
**cryn,** *a.* MUCH, CONSIDERABLE
**crŷn,** *a. & n.m.* SHIVERING
**cryndafodi,** *n.m.* FLUTTERTONGUING
**crynder,** *n.m.* ROUNDNESS
**cryndo,** (-oeon, -oeau), *n.m.* DOME
**cryndod,** (-au), *n.m.* TREMBLING, SHIVERING
**cryndoi,** *v.* CONCENTRATE
**crynedig,** *a.* TREMBLING, FEARFUL
**crynhoad,** *n.m.* COLLECTION, DIGEST, COMPENDIUM
**crynhoi,** *v.* GATHER, COLLECT, SUMMARISE, FESTER
**cryno,** *a.* COMPACT, TIDY, NEAT
**crynodeb,** (-au), *n.m.* SUMMARY, COMPACTNESS, ABSTRACT
**crynodedig,** *a.* CONCENTRATED
**crynodiad,** (-au), *n.m.* CONCENTRATION, CONTENT
**crynofa,** (-feydd), *n.f.* GATHERING, FESTERING
**crynswth,** *n.m.* MASS, WHOLE, ENTIRETY
**Crynwr,** (-wyr), *n.m.* QUAKER
**crynwreiddyn,** (-wreiddiau), *n.m.* CORM
**cryogeneg,** *n.f.m.* CRYOGENICS
**crypt,** (-iau), *n.m.* CRYPT
**crys,** (-au), *n.m.* SHIRT
**crysalis,** (-au), *n.m.* CHRYSALIS
**crysbais,** (-beisiau), *n.f.* JERKIN, JACKET
**crystyn,** (crystiau), *n.m.* CRUST
**crythor,** (-ion), *n.m.* VIOLINIST, FIDDLER
**cryw,** (-iau), *n.m.* CREEL, WEIR
**cu,** *a.* DEAR, FOND, BELOVED
**cucumer,** (-au), *n.m.* CUCUMBER
**cuchio,** *v.* FROWN, SCOWL
**cuchiog,** *a.* FROWNING, SCOWLING
**cudyll,** (-od), *n.m.* HAWK, KESTREL
**cudyn,** (-nau), *n.m.* LOCK (OF HAIR), TUFT
**cudynnog,** *a.* TUFTED
**cudd,** *a.* HIDDEN, CONCEALED
**cuddfa, -n,** (-feydd), *n.f.* HIDING PLACE, HOARD
**cudd-gomiwnydd,** *n.m.* CRYPTO-COMMUNIST
**cuddgynhyrfwr,** (-wyr), *n.m.* AGENT PROVOCATEUR
**cuddiad,** (-au), *n.m.* CONCEALMENT
**cuddiedig,** *a.* HIDDEN, CONCEALED
**cuddio,** *v.* HIDE
**cuddwedd,** (-au), *n.f.* CAMOUFLAGE
**cuert,** (-au), *n.m.* COVERT
**cufydd,** (-au), *n.m.* CUBIT
**cul,** (-ion), *a.* NARROW, LEAN
**culfa,** (-feydd), *n.f.* NARROWS
**culfor,** (-oedd), *n.m.* STRAIT, CHANNEL
**culffordd,** (-ffyrdd), *n.f.* DEFILE
**culhau,** *v.* NARROW, SHRINK, GROW LEAN
**culni,** *n.m.* NARROWNESS
**cun,** *a.* DEAR, FINE, LOVELY
**cunffurf,** (-iau), *n.m.* CUNEIFORM
**cunnog,** (cunogau), *n.f.* PAIL
**cur,** (-iau), *n.m.* PAIN, THROB, ACHE
**curad,** (-iaid), *n.m.* CURATE
**curadiaeth,** (-au), *n.f.* CURACY
**curadwy,** *a.* MALLEABLE
**curfa,** (-feydd), *n.f.* BEATING, DEFEAT, BATTERY
**curiad,** (-au), *n.m.* BEAT, PULSE, THROB
**curiadedd,** (-au), *n.m.* PULSATION
**curiedd,** *n.m.* EMACIATION
**curio,** *v.* PINE, LANGUISH
**curlaw,** (-ogydd), *n.m.* PELTING RAIN
**curn,** (-au), *n.f.* MOUND,
**curnen,** (-nau), *n.f.* RICK
**curo,** *v.* STRIKE, BEAT, THROB, KNOCK, CLAP
**curydd,** (-ion), *n.m.* BEATER

**curyll,** (-od), *n.m.* HAWK. KESTREL
**cusan,** (-au), *n.m.f.* KISS
*cusan adfer,* KISS OF LIFE
**cusanu,** *v.* KISS
**cusb,** (-iau), *n.m.* CUSB
**cut,** (-iau), *n.m.* HOVEL. STY. SHED
**cuwch,** (cuchiau), *n.m.* FROWN. SCOWL
**cwac,** (-iaid), *n.m.* QUACK
**cwadrant,** (-au), *n.m.* QUADRANT
**cwafar, -er,** (-au,-s), *n.m.* QUAVER, FLOURISH
**cwafrio,** *v.* QUAVER. TRILL
**cwanteiddiad,** (-au), *n.m.* QUANTISATION
**cwantwm,** (cwanta), *n.m.* QUANTUM
**cwar,** (-rau), *n.m.* QUARRY
**cwarantin,** *n.m.* QUARANTINE
**cwarel,** (-i, -au), *n.m.* PANE
**cwart,** (-au), *n.m.* QUART
**cwarter,** (-i), *n.m.* QUARTER
**cwarto,** (-au), *n.m.* QUARTO
**cwb,** (cybiau), *n.m.* KENNEL. COOP. STY
**cwbl,** *a. & n.m.* ALL. TOTAL. WHOLE
**cwblhad,** *n.m.* FULFILMENT
**cwblhau,** *v.* COMPLETE. FINISH. FULFIL
**cwcer,** (-au), *n.m.* COOKER
**cwcsog,** *a.* MOODY
**cwcw,** (-od), *n.f.* CUCKOO
**cwcwll,** (cycyllau), *n.m.* COWL. HOOD
**cwch,** (cychod), *n.m.* BOAT. HIVE
**cwd(yn),** (cydau), *n.m.* BAG, SACK, POUCH POUCH
**cweir,** (-iau), *n.m.* THRASHING. HIDING
**cweryl,** (-on), *n.m.* QUARREL
**cweryla,** *v.* QUARREL
**cwerylgar,** *a.* QUARRELSOME
**cwest,** (-au), *n.m.* INQUEST
**cwestiwn,** (-iynau), *n.m.* QUESTION. SUBJECT
**cwestiyna,** *v.* QUESTION
**cwfaint,** (-feintiau),*n.m.* CONVENT. MONASTERY
**cwfl,** (cyflau), *n.m.* COWL. HOOD
**cwff,** (cyffiau), *n.m.* CUFF. BLOW
**cwffio,** *v.* FIGHT. BOX
**cwffiwr,** (-wyr), *n.m.* FIGHTER
**cwgen,** (cwgod), *n.f.* BREAD ROLL
**cwgn,** (cygnau), *n.m.* JOINT. KNUCKLE. KNOT
**cwhwfan,** *v.* WAVE. FLUTTER
**cwîl,** (-iau), *n.m.* BOBBIN. PIN
**cwilsyn, -en,** (-nau), *n.m.f.* QUILL
**cwilt,** (-iau), *n.m.* QUILT
**cwins,** (-ys), *n.m.* QUINCE. QUINZY
**cwir,** (-oedd), *n.m.* QUIRE
**cwirc,** (-iau), *n.m.* QUIRK
**cwit,** *ad.* COMPLETE. QUICK
**cwla,** *a.* AILING. FEEBLE
**cwlbren,** (-ni), *n.m.* CUDGEL. STAFF
**cwlff, -yn,** (cylffiau), *n.m.* HUNK. CHUNK
**cwlt,** (cyltiau), *n.m.* CULT
**cwltws,** *n.m.* CULTUS
**cwlwm,** (cylymau), *n.m.* KNOT. BUNCH. NUMBER. BOW
*cwlwm rhedeg,* SLIP-KNOT
*dolen a chwlwm,* LOOP AND TIE
**cwlltwr,** (cylltyrau), *n.m.* COULTER
**cwm,** (cymoedd), *n.m.* VALLEY. GLEN. COOMBE
**cwman,** *n.m.* STOOP. RUMP
**cwmanog,** *a.* CROOKED. HUNCHBACKED. BENT
**cwmanu,** *v.* STOOP
**cwmni,** (-ïau, -ïoedd), *n.m.* COMPANY
*cwmni cyfyngedig,* LIMITED COMPANY
*cwmni siartr,* CHARTERED COMPANY
**cwmnïaeth,** *n.f.* COMPANIONSHIP
**cwmpas,** (-oedd, -au), *n.m.* SURROUNDINGS. REGISTER. COMPASS
**cwmpasog,** *a.* SURROUNDING. VERBOSE. PERIPHRASTIC
**cwmpasu,** *v.* SURROUND. WIND
**cwmpawd,** (-odau), *n.m.* COMPASS
**cwmpeini,** *n.m.* } COMPANY
**cwmpni,** *n.m.* }
**cwmwd,** (cymydau), *n.m.* COMMOTE
**cwmwl,** (cymylau), *n.m.* CLOUD
**cwmwlws,** *n.m.* CUMULUS
**cwndid,** (-au), *n.m.* SONG. CAROL
**cwndit,** (-au), *n.m.* CONDUIT. CHANNEL
**cwningar,** (-oedd), *n.m.* WARREN
**cwningen,** (-ingod), *n.f.* RABBIT
**cwnnu,** *v.* RISE. RAISE. SPRING
**cwnsel,** (-au, -i, -oedd), *n.m.* COUNCIL. ADVICE
**cwnsela,** *v.* COUNSEL
**cwnsler,** (-iaid), *n.m.* COUNSELLOR. COUNSEL
**cwnstabl,** (-iaid), *n.m.* CONSTABLE
**cworwm,** *n.m.* QUORUM
**cwota,** (-âu), *n.m.* QUOTA
**cwpan,** (-au), *n.m.f.* CUP. CHALICE
**cwpeliad,** (-au), *n.m.* CUPELLATION
**cwpelu,** *v.* CUPELLATE

**cwpenyn,** (-nau), *n.m.* CUPULE
**cwpl,** (cyplau), *n.m.* COUPLE, COUPLING, TRUSS
**cwpla,** *v.* / **cwpláu,** *v.* FINISH, COMPLETE
**cwpled,** (-i, -au), *n.m.* COUPLET
**cwplws,** (cyplysau), *n.m.* COUPLING, CHEVRON (ARCHIT.)
**cwpon,** (-au), *n.m.* COUPON
**cwpwrdd,** (cypyrddau), *n.m.* CUPBOARD
**cwr,** (cyrrau, cyrion), *n.m.* EDGE, CORNER, BORDER, FRINGE
**cwrbyn,** *n.m.* KERB
**cwrcwd,** (cyrcydau), *n.m.* STOOPING, SQUATTING
**cwrdd,** (cyrddau), *n.m.* MEETING
**cwrdd(yd),** *v.* MEET, TOUCH
**cwrel,** (-au), *n.m.* CORAL
**cwrelaidd,** *a.* CORALLIAN
**cwricwlwm,** (cwricwla), *n.m.* CURRICULUM
**cwrier,** *n.m.* COURIER
**cwrio,** *v.* CURE
**cwrlid,** (-au), *n.m.* COVERLET, COVERING, CLOAK
**cwrpan,** (-au), *n.m.* BEDSPREAD
**cwrsio,** *v.* COURSE, DRIVE OFF
**cwrs,** (cyrsiau), *n.m.* COURSE
*cwrs carlam,* CRASH COURSE
*a.* COARSE
**cwrt,** (cyrtiau), *n.m.* COURT
*cwrt lît,* COURT LEET
*cwrt pledion cyffredin,* COURT OF COMMON PLEAS
**cwrtais,** *a.* COURTEOUS, POLITE
**cwrteisi,** *n.m.* COURTESY
**cwrw,** (cyrfau), *n.m.* BEER, ALE
**cwrwg(l),** see *corwg(l)*
**cwsb,** *n.m.* CUSB
**cwsbaidd,** *a.* CUSPATE
**cwsg,** *n.m.* SLEEP, NUMBNESS
*a.* ASLEEP, NUMB
**cwsmer,** (-iaid), *n.m.* CUSTOMER, CONSUMER
**cwsmeriaeth,** *n.f.* CUSTOM
**cwstard,** (-iau), *n.m.* CUSTARD
**cwstwm,** (cystymau), *n.m.* CUSTOM, PATRONAGE
**cwt,** (cytiau), *n.m.f.* HUT, STY, WOUND, QUEUE, TAIL
**cwta,** *a.* SHORT, ABRUPT
**cwter,** (-i, -ydd), *n.f.* GUTTER, CHANNEL
**cwticl,** (-au), *n.m.* CUTICLE
**cwtleri,** *n.pl.* CUTLERY
**cwtogi,** *v.* SHORTEN, SHRINK
**cwtws,** (cytysau), *n.m.* LOT, SHARE
*n.f.* TAIL
**cwthr,** (cythrau), *n.m.* ANUS, RECTUM
**cwthwm,** (cythymau), *n.m.* GUST
**cwymp, -iad,** (-au), *n.m.* FALL, COLLAPSE
**cwympo,** *v.* FALL, FELL, COLLAPSE
**cwympol,** *a.* CADUCOUS
**cwyn,** (-ion), *n.m.f.* COMPLAINT, LAMENT, SUIT
**cwynfan,** (-au, -on), *v. & n.m.* COMPLAIN, LAMENT
**cwynfanllyd,** *a.* MOANFUL
**cwynfanus,** *a.* LAMENTING, MOANING
**cwyno,** *v.* COMPLAIN, LAMENT
**cwynwr,** (-wyr), *n.m.* SUITOR, COMPLAINANT, PLAINTIFF
**cŵyr,** (-au), *n.m.* WAX
**cwyrdeb,** (-au), *n.m.* RENNET
**cwys,** (-i, -au), *n.f.* FURROW, GRAVE
**cwysed,** (-i), *n.f.* GUSSET
**cybôl,** (-olion), *n.m.* NONSENSE, BALLYHOO
**cybolfa,** (-feydd), *n.f.* MESS, HOTCHPOTCH
**cyboli,** *v.* TALK NONSENSE, MUDDLE, MESS
**cybydd,** (-ion), *n.m.* MISER
**cybydda,** *v.* STINT, HOARD
**cybydd-dod,** / **cybydd-dra,** *n.m.* MISERLINESS
**cybyddlyd,** *a.* MISERLY, MEAN
**cychwr,** (-wyr), *n.m.* BOATMAN, BOATMAKER
**cychwyn,** *v.* RISE, START, SET OUT, STIR
*n.m.* BEGINNING, START
**cychwynfa,** *n.f.* START, STARTING-POINT
**cychwyniad,** (-au), *n.m.* START, BEGINNING
**cyd,** *a.* JOINT, UNITED, COMMON
**cyd-,** *px.* TOGETHER, INTER-, MUTUAL
**cydaddysg,** (-au), *n.m.* CO-EDUCATION
**cydaid,** (-eidiau), *n.m.* BAGFUL
**cydamrywiant,** (-nnau), *n.m.* COVARIANCE
**cydamseriad,** (-au), *n.m.* SYNCHRONIZATION
**cydberchnogaeth,** *n.f.* COLLECTIVISM, JOINT OWNERSHIP
**cydberthynas,** (-au), *n.f.* CORRELATION
**cydbriodi,** *v.* INTERMARRY
**cydbwysedd,** *n.m.* BALANCE, EQUILIBRIUM
**cyd-destun,** (-au), *n.m.* CONTEXT

**cyd-ddant,** *n.m.* SYNCHROMESH
**cydfod,** *n.m.* AGREEMENT. HARMONY
**cydfodolaeth,** *n.f.* COEXISTENCE
**cydfyn(e)d,** *v.* GO WITH. AGREE
**cydfyw,** *v.* COHABIT
**cydfywyd,** *n.m.* SYMBIOSIS
**cydffederasiwn,** *n.m.* CONFEDERATION
**cydffurfio,** *v.* CONFORM
**cydglosiad,** *n.m.* DÉTENTE
**cydgordio,** *v.* HARMONISE. AGREE
**cydgordiol,** *a.* CONCORDANT
**cydgwmni,** (-ïau), *n.m.* CONSORTIUM
**cyd-gymeriad,** (-au), *n.m.* SYNECDOCHE
**cyd-hanfodol,** *a.* CO-ESSENTIAL
**cydiad,** (-au), *n.m.* JOINT. COUPLING. JUNCTION
**cydiedig,** *a.* ADJOINED
**cydio,** *v.* JOIN. GRASP. BITE
**cydiwr,** (-wyr), *n.m.* CLUTCH
**cydlifiad,** (-au), *n.m.* CONFLUENCE
**cydlyniad,** *n.m.* COHESION
**cydlynol,** *a.* COHERENT
**cydlywodraeth,** *n.f.* CONDOMINIUM
**cydnabod,** *v.* ACKNOWLEDGE. HONOUR. REMUNERATE
*n.m.* ACQUAINTANCE
**cydnabyddeb,** (-au), *n.f.* ACCEPTANCE
**cydnabyddiaeth,** *n.f.* ACKNOWLEDGEMENT. RECOGNITION
**cydnabyddus,** *a.* ACQUIRED. FAMILIAR
**cydnaws,** *a.* CONGENIAL. COMPATIBLE
**cydnerth,** *a.* STRONGLY BIULT, THICKSET
**cydoesi,** *v.* BE CONTEMPORARY
**cydoesol,** *a.* COEVAL
**cydoeswr,** (-wyr), *n.m.* CONTEMPORARY
**cydol,** *a. & n.m.f.* WHOLE
**cydradd,** *a.* EQUAL
(-au), *n.m.* CO-ORDINATE
**cydraddoldeb,** (-au), *n.m.* EQUALITY
**cydraddolwr,** (-wyr), *n.m.* EGALITARIAN
**cydran,** (-nau), *n.f.* EQUAL SHARE. COMPONENT
**cydrannol,** *a.* COMPONENT
**cydredol,** *a.* PARALLEL. CONCURRENT
**cydrennydd,** (-enyddion), *n.m.* RESOLVENT
**cydrymedd,** *n.m.* BALANCE OF POWER
**cydryw(iol),** *a.* HOMOGENEOUS
**cydrywiaeth,** *n.f.* HOMOGENEITY
**cyd-rhwng,** *prp.* BETWEEN
**cydsylweddiad,** *n.m.* CONSUBSTANTIATION
**cydsylweddu,** *v.* CONSUBSTANTIATE
**cydsyniad,** (-au), *n.m.* CONSENT. AGREEMENT
**cydsyniaeth,** (-au), *n.f.* ASSENT
**cydsynied, -io,** *v.* AGREE. ALLOW
**cydwaddodi,** *v.* CO-PRECIPITATE
**cydwastad,** *a.* LEVEL (with)
**cydwedd,** (-au), *n.m.* ANALOGUE
*a.* ANALOGOUS
**cydweddog,** *a.* CONJUGAL. YOKED TOGETHER
(-ion), *n.m.* CONSORT. PARTNER
**cydweddu,** *v.* AGREE. CONFORM. MATCH. ASSIMILATE
**cydweithfa,** (-feydd), *n.f.* CO-OPERATIVE
**cydweithrediad,** (-au), *n.m.* CO-OPERATION
**cydweithredol,** *a.* CO-OPERATIVE
**cydweithredu,** *v.* CO-OPERATE
**cydwel(e)d,** *v.* AGREE
**cydweleriad,** (-au), *n.m.* AGREEMENT
**cydwladol,** *a.* INTERNATIONAL
**cydwladwr,** (-wyr), *n.m.* COMPATRIOT
**cydwybod,** (-au), *n.f.* CONSCIENCE
**cydwybodol,** *a.* CONSCIENTIOUS
**cydwybodolrwydd,** *n.m.* CONSCIENTIOUSNESS
**cydymaith,** (cymdeithion), *n.m.* COMPANION
**cydymdeimlad,** (-au), *n.m.* SYMPATHY
**cydymdeimlo,** *v.* SYMPATHISE
**cydymdrafod,** *v.* NEGOTIATE
**cydymffurfiad,** *n.m.* CONFORMITY
**cydymffurfio,** *v.* CONFORM
**cydymgeisydd,** (-wyr), *n.m.* RIVAL. COMPETITOR
**cyddwysiad,** (-au), *n.m.* CONDENSATION
**cyddwysydd,** (-ion), *n.m.* CONDENSER
**cyfadfer,** *v.* COMPENSATE
**cyfadran,** (-nau), *n.f.* FACULTY (COLLEGE). PERIOD (MUSIC)
**cyfaddas,** *a.* FITTING. SUITABLE. CONVENIENT
**cyfaddasiad,** (-au), *n.m.* ADAPTAION
**cyfaddasrwydd,** *n.m.* APPROPRIATENESS. SUITABILITY
**cyfaddasu,** *v.* FIT. ADAPT
**cyfaddawd,** (-au), *n.m.* COMPROMISE
**cyfaddawdu,** *v.* COMPROMISE
**cyfaddef,** *v.* CONFESS. ADMIT
**cyfaddefiad,** (-au), *n.m.* CONFESSION. ADMISSION
**cyfagos,** *a.* NEAR. CLOSE. ADJACENT
**cyfagosrwydd,** *n.m.* CONTIGUITY

**cyfangiad,** (-au), *n.m.* CONTRACTION
**cyfangu,** *v.* CONTRACT
**cyfaill,** (-eillion), *n.m.* COMPANION, FRIEND
**cyfaint,** (-eintiau), *n.m.* VOLUME
**cyfair,** (-eiriau), ACRE
**cyfalaf,** (-au, -oedd), *n.m.* CAPITAL
**cyfalafiaeth,** *n.f.* CAPITALISM
**cyfalafol,** *a.* CAPITALISTIC
**cyfalafwr,** (-wyr), *n.m.* CAPITALIST
**cyfalaw,** (-on), *n.f.* COUNTER-MELODY, DESCANT
**cyfamod,** (-au), *n.m.* COVENANT, CONTRACT
**cyfamodai,** (-eion), *n.m.* COVENANTEE
**cyfamodi,** *v.* COVENANT
**cyfamodol,** *a.* COVENANTED, FEDERAL
**cyfamodwr,** (-wyr), *n.m.* COVENANTER
**cyfamser,** *n.m.* MEANTIME, INTERVAL
**cyfamserol,** *a.* TIMELY, SYNCHRONOUS
**cyfamseru,** *v.* SYNCHRONISE
**cyfan,** *a. & n.m.* WHOLE
**cyfandir,** (-oedd), *n.m.* CONTINENT
**cyfandirol,** *a.* CONTINENTAL
**cyfandiroledd,** *n.m.* CONTINENTALITY
**cyfanfyd,** *n.m.* UNIVERSE, COSMOGONY
**cyfanfydedd,** *n.m.* UNIVERSALISM
**cyfangorff,** (-gyrff), *n.m.* MASS, WHOLE
**cyfangu,** *v.* CONTRACT
**cyfan gwbl,** *a.* ALTOGETHER, COMPLETE
**cyfanheddol,** *a.* HABITABLE
**cyfanheddu,** *v.* INHABIT, DWELL
**cyfanheddwr,** (-wyr), *n.m.* INHABITANT
**cyfaniad,** *n.m.* INTEGRATION
**cyfannedd,** (-anheddau), *n.m.* HABITATION, INHABITED PLACE
*a.* INHABITED
**cyfannol,** *a.* INTEGRATED, INTEGRAL
**cyfannu,** *v.* INTEGRATE, UNITE
**cyfanrif,** (-au), *n.m.* TOTAL, INTEGER
**cyfanrwydd,** *n.m.* WHOLENESS, ENTIRETY, INTEGRITY
**cyfansawdd,** (-soddau), *a. & n.m.* COMPOUND, COMPOSITE
**cyfansoddi,** *v.* COMPOSE, CONSTITUTE
**cyfansoddiad,** (-au), *n.m.* COMPOSITION, CONSTITUTION
**cyfansoddiadol,** *a.* CONSTITUTIONAL, COMPOSITIONAL
**cyfansoddol,** *a.* COMPONENT, CONSTITUTIONAL
**cyfansoddwr,** (-wyr), *n.m.* COMPOSER
**cyfansoddyn,** (-ion), *n.m.* CONSTITUENT, COMPOUND
**cyfanswm,** (-symiau), *n.m.* TOTAL, AMOUNT
**cyfantoledd,** (-au), *n.m.* EQUILIBRIUM
**cyfanwaith,** (-weithiau), *n.m.* COMPLETE COMPOSITION, WHOLE
**cyfanwerth,** *n.m.* WHOLESALE
**cyfanwerthol,** *a.* WHOLESALE
**cyfanwerthu,** *v.* WHOLESALE
**cyfanwerthwr,** (-wyr), *n.m.* WHOLESALER
**cyfar,** *n.m.* COVER-POINT
**cyfarch,** *v.* GREET, ADDRESS
**cyfarchiad,** (-au), *n.m.* GREETING, SALUTATION
**cyfarchol,** *a.* GREETING, VOCATIVE
**cyfaredd,** (-au, -ion), *n.f.* CHARM, ENCHANTMENT
**cyfareddol,** *a.* ENCHANTING, FASCINATING
**cyfareddu,** *v.* CHARM, BEWITCH
**cyfarfod,** (-ydd), *n.m.* MEETING, ASSEMBLY
*v.* MEET, ENCOUNTER
**cyfarfyddiad,**(-au), *n.m.* MEETING ENCOUNTER
**cyfarganfod,** *n.m.* APPERCEPTION
**cyfarpar,** *n.m.* EQUIPMENT, APPARATUS, DIET
**cyfarparu,** *v.* EQUIP
**cyfartal,** *a.* EQUAL, EQUATIVE
**cyfartaledd,** (-au), *n.m.* EQUALITY, AVERAGE, MEAN
**cyfartalion,** *n.pl.* ISOTOPES
**cyfartalog,** *a.* AVERAGE
**cyfartalrif,** (-au), *n.m.* AVERAGE NUMBER
**cyfartalu,** *v.* EQUALISE, PROPORTION, AVERAGE
**cyfarth,** *v. & n.m.* BARK
**cyfarthiad,** (-au), *n.m.* BARKING
**cyfarwydd,** *a.* SKILLED, FAMILIAR
**cyfarwydd-deb,** *n.m.* FAMILIARITY
**cyfarwyddeb,** (-au), *n.f.* DIRECTIVE
**cyfarwyddiad,** (-au), *n.m.* GUIDANCE, ADVICE
**cyfarwyddiadur,** (-on), *n.m.* DIRECTORY, REFERENCE BOOK, GUIDE-BOOK
**cyfarwyddo,** *v.* DIRECT, GUIDE, FAMILIARIZE
**cyfarwyddwr,** (-wyr), *n.m.* DIRECTOR, GUIDE, COACH, SUPERVISOR
**cyfarwyddyd,** (-au), *n.m.* GUIDANCE, INSTRUCTION
**cyfatal,** *a.* UNSETTLED, HINDERING

**cyfateb,** *v.* CORRESPOND, AGREE, TALLY
**cyfatebiaeth,** (-au), *n.f.* CORRESPONDENCE, ANALOGY
**cyfatebol,** *a.* CORRESPONDING, PROPORTIONATE
**cyfatebolrwydd,** *n.m.* COMPLEMENTARITY
**cyfath,** *a.* CONGRUENT
**cyfathiant,** (-nnau), *n.m.* CONGRUENCE
**cyfathrach,** (-au, -on), *n.f.* INTERCOURSE, LIAISON, AFFINITY
**cyfathrachu,** *v.* HAVE INTERCOURSE
**cyfathrachwr,** (-wyr), *n.m.* KINSMAN, ALLY
**cyfathreb,** (-au), *n.m.* COMMUNICATION
**cyfathrebu,** *v.* COMMUNICATE
**cyfdrefydd,** *n.pl.* CONURBATION
**cyfddydd,** (-iau), *n.m.* DAY-BREAK, DAWN
**cyfeb(r),** (-ion), *a.* PREGNANT (OF MARE)
**cyfeb(r)u,** *v.* CONCEIVE, IMPREGNATE (OF MARE, ETC.)
**cyfechelin,** *a.* COAXIAL
**cyfeddach,** (-au), *n.f.* CAROUSAL
*v.* CAROUSE
**cyfeddiannaeth,** *n.m.f.* ANNEXATION, APPROPRIATION
**cyfeddiannu,** *v.* ANNEXE, APPROPRIATE
**cyfeiliant,** (-nnau), *n.m.* ACCOMPANIMENT (MUSIC)
**cyfeilio,** *v.* ACCOMPANY
**cyfeiliorn,** *n.m.* ERROR
*ar gyfeiliorn,* ASTRAY
**cyfeiliornad,** (-au), *n.m.* ERROR, HERESY
**cyfeiliorni,** *v.* ERR, STRAY
**cyfeiliornus,** *a.* MISTAKEN, FALSE
**cyfeilydd,** (-ion), *n.m.* ACCOMPANIST
**cyfeillach,** (-au), *n.f.* FELLOWSHIP, FELLOWSHIP-MEETING
**cyfeillachu,** *v.* ASSOCIATE
**cyfeilles,** (-au), *n.f.* FEMALE FRIEND
**cyfeillgar,** *a.* FRIENDLY, SOCIABLE
**cyfeillgarwch,** *n.m.* FRIENDSHIP
**cyfeireb,** (-au), *n.f.* RUBRIC, REFERENCE
**cyfeiriad,** (-au), *n.m.* DIRECTION, REFERENCE
**cyfeiriadaeth,** (-au), *n.f.* ORIENTATION
**cyfeiriadu,** *v.* ORIENTATE
**cyfeiriadur,** (-on), *n.m.* DIRECTORY
**cyfeiriannu,** *n.m.* ORIENTEERING
**cyfeiriant,** (-nnau), *n.m.* BEARING
**cyfeirio,** *v.* DIRECT, REFER
**cyfeirlin,** *n.m.* BEARING LINE
**cyfeirnod,** (-au), *n.m.* DIRECT, REFERENCE (on letter etc.)
**cyfeirydd,** (-ion), *n.m.* INDICATOR, GUIDE
**cyfenw,** (-au), *n.m.* SURNAME
**cyfenwi,** *v.* SURNAME
**cyfer,** *n.m.* DIRECTION
*ar gyfer,* OPPOSITE, FOR
**cyferbwynt,** (-iau), *n.m.* ANTIPODES, COVER (CRICKET)
**cyferbyn,** *a.* OPPOSITE, CONTRARY
**cyferbyniad,** (-au), *n.m.* CONTRAST
**cyferbyniol,** *a.* OPPOSING, CONTRASTING
**cyferbynnu,** *v.* CONTRAST, COMPARE
**cyfergyd,** *n.f.* CONCUSSION
**cyfernod,** (-au), *n.m.* COEFFICIENT
**cyfersin,** (-au), *n.m.* COVERSINE
**cyfesur,** *a.* COMMENSURABLE
*v.* COORDINATE
**cyfethol,** *v.* CO-OPT
**cyfewin,** *a.* EXACT, PRECISE
**cyfiaith,** *a.* OF THE SAME LANGUAGE
**cyfiau,** *n.m.* CONJUGATE
**cyfiawn,** *a.* RIGHTEOUS, JUST
**cyfiawnder,** (-au), *n.m.* RIGHTEOUSNESS, JUSTICE
**cyfiawnhad,** (-au), *n.m.* JUSTIFICATION
**cyfiawnhau,** *v.* JUSTIFY
**cyfieithiad,** (-au), *n.m.* TRANSLATION, VERSION
**cyfieithu,** *v.* TRANSLATE, INTERPRET
**cyfieithydd,** (-wyr), *n.m.* TRANSLATOR, INTERPRETER
**cyflafan,** (-au), *n.f.* MASSACRE, WRONG-DOING
**cyflafareddu,** *v.* ARBITRATE
**cyflafareddwr,** (-wyr), *n.m.* ARBITRATOR
**cyflaith,** (cyfleithiau), *n.m.* TOFFEE, CONFECTION
*cyflaith menyn,* BUTTERSCOTCH
**cyflas,** (-au), *n.m.* FLAVOUR
**cyflawn,** *a.* COMPLETE, FULL, INTRANSITIVE
**cyflawnder,** (-au), *n.m.* FULNESS, ABUNDANCE
**cyflawnhad,** *n.m.* CONSUMMATION
**cyflawni,** *v.* FULFIL, ACCOMPLISH
**cyflawniad,** *n.m.* FULFILMENT, COMPLETION
**cyflawnrwydd,** *n.m.* COMPLETENESS
**cyfle,** (-oedd), *n.m.* CHANCE, OPPORTUNITY
**cyflead,** *n.m.* IMPLICATION, ARRANGEMENT
**cyfled,** *a.* HOW WIDE
**cyflegr,** (-au), *n.m.* GUN, CANNON
**cyflegru,** *v.* BOMBARD

**cyflehau,** *v.* COLLATE
**cyflenwad,** (-au), *n.m.* SUPPLY, CONSIGNMENT
**cyflenwi,** *v.* SUPPLY
**cyflenwol,** *a.* COMPLIMENTARY
**cyflenwoldeb,** (-au), *n.m.* COMPLEMENTARITY
**cyflenwydd,** (-ion), *n.m.* FEEDER
**cyfleu,** *v.* IMPLY, CONVEY, PLACE
**cyfleus,** *a.* CONVENIENT, EXPEDIENT
**cyfleustra, -ter,** (-terau), *n.m.* CONVENIENCE, OPPORTUNITY
**cyflifiad,** (-au), *n.m.* CONFLUENCE
**cyflin,** (-iau), *a. & n.m.* PARALLEL
**cyflinydd,** (-ion), *n.m.* COLLIMATOR
**cyfliw,** *a.* OF THE SAME COLOUR
**cyflo,** *a.* IN CALF
**cyflog,** (-au), *n.m.f.* HIRE, WAGES, SALARY
**cyflogadwy,** *a.* EMPLOYABLE
**cyflogaeth,** *n.f.* EMPLOYMENT
**cyflogedig,** (-ion), *n.m.* EMPLOYEE
**cyflogi,** *v.* HIRE, EMPLOY
**cyflogwr,** (-wyr), *n.m.* EMPLOYER
**cyflun,** *a.* SIMILAR
(-iau), *n.m.* REPLICA, IMAGE
**cyfluniad,** (-au), *n.m.* CONFIGURATION, CONSTRUCTION
**cyflusg,** (-oedd), *n.f.* SLUR (MUSIC)
**cyflwr,** (-lyrau), *n.m.* CONDITION, CASE, STATE
**cyflwyniad,** (-au), *n.m.* PRESENTATION, CONSECRATION
**cyflwyniant,** (-nnau), *n.m.* COMMENDATION
**cyflwyno,** *v.* PRESENT, DEDICATE, PRODUCE
**cyflwynydd,** (-ion), *n.m.* COMPÈRE
**cyflychw(y)r,** *n.m.* DUSK, TWILIGHT
**cyflym,** *a.* SWIFT, SPEEDY, QUICK, KEEN
**cyflymder, -dra,** (-au), *n.m.* SWIFTNESS, SPEED, VELOCITY
**cyflymedig,** *a.* ACCELERATED
**cyflymiad,** (-au), *n.m.* ACCELERATION, VELOCITY
**cyflymiadur,** (-on), *n.m.* ACCELERATOR
**cyflymu,** *v.* HASTEN, ACCELERATE
**cyflymydd,** (-ion), *n.m.* ACCELERATOR
**cyflyniad,** (-au), *n.m.* ADHESION
**cyflyru,** *v.* CONDITION
**cyflyrydd,** (-ion), *n.m.* CONDITIONER
**cyflythreniad,** (-au), *n.m.* ALLITERATION
**cyfnerthu,** *v.* ASSIST, CONFIRM, STRENGTHEN, CORROBORATE
**cyfnerthydd,** (-ion, -wyr), *n.m.* STRENGTHENER, BOOSTER
**cyfnesaf,** (-iaid, -eifiaid), *n.m.f.* KINSMAN
*a.* NEXT, NEAREST
**cyfnesafiaeth,** *n.f.* KINSHIP
**cyfnewid,** *v.* EXCHANGE, CHANGE
**cyfnewidfa,** (-feydd), *n.f.* EXCHANGE, CLEARING HOUSE
**cyfnewidiad,** (-au), *n.m.* CHANGE, ALTERATION
**cyfnewidiol,** *a.* CHANGEABLE, RECIPROCAL
**cyfnewidiwr,** (-wyr), *n.m.* EXCHANGER, MERCHANT
**cyfnewidydd,** (-ion), *n.m.* CONVERTER
**cyfnifer,** (-oedd), *n.m.* EVEN NUMBER
**cyfnither,** (-oedd), *n.f.* FEMALE COUSIN
**cyfnod,** (-au), *n.m.* PERIOD, AGE, EPOCH, PHASE
**cyfnodedd,** (-au), *n.m.* PERIODICITY
**cyfnodol,** *a.* PERIODIC(AL)
**cyfnodolyn,** (-olion), *n.m.* PERIODICAL PUBLICATION
**cyfnos,** (-au), *n.m.* DUSK, TWILIGHT (EVENING)
**cyfochredd,** *n.m.* PARALLELISM
**cyfochrog,** *a.* PARALLEL, COLLATERAL
**cyfodi,** *v.* RISE, RAISE, ARISE, ERECT
**cyfodiad,** (-au), *n.m.* RISE, RISING, ERECTION
**cyfodol,** *a.* EMERGED
**cyfoed,** *a.* CONTEMPORARY, OF SAME AGE
(-ion), *n.m.* CONTEMPORARY
**cyfoen,** *a.* IN-LAMB
**cyfoes,** *a.* CONTEMPORARY
**cyfoesedd,** *n.m.* CONTEMPORANEITY
**cyfoesi,** *v.* BE CONTEMPORARY
**cyfoeswr,** (-wyr), *n.m.* CONTEMPORARY
**cyfoeth,** *n.m.* WEALTH, RICHES
**cyfoethog,** *a.* RICH, WEALTHY, POWERFUL
**cyfoethogi,** *v.* ENRICH, GROW RICH
**cyfog,** *n.m.* VOMITING, EMETIC
**cyfogi,** *v.* VOMIT, EMESIS
**cyfoglyn,** (-nau, -oedd), *n.m.* EMETIC
**cyforiog,** *a.* OVERFLOWING, ABOUNDING
**cyfosodiad,** (-au), *n.m.* SYNTHESIS, APPOSITION, DISPOSITION
**cyfradael,** *v.* ABANDON
**cyfradd,** (-au), *n.f.* RATE
*a.* OF EQUAL RANK

**cyfraddiad,** (-au), *n.m.* RATING
**cyfraid,** (-reidiau), *n.m.* NECESSITY
**cyfraith,** (-reithiau), *n.f.* LAW
*Cyfraith Cwmnïau,* COMPANY LAW
*Cyfraith Sifil,* CIVIL LAW
*Cyfraith Trosedd,* CRIMINAL LAW
**cyfran,** (-nau), *n.f.* PORTION, SHARE, QUOTA
*blaen-gyfrannau,* PREFERENCE SHARES
*cyfrannau llawndal,* PAID UP SHARES
**cyfranc,** (-rangau), *n.f.m.* MEETING, BATTLE, STORY, ADVENTURE
**cyfranddaliad,** (-au), *n.m.* SHARE
**cyfranddaliwr,** (-wyr), *n.m.* SHAREHOLDER
**cyfraniad,** (-au), *n.m.* CONTRIBUTION
**cyfrannedd,** (cyfraneddau), *n.m.* PROPORTION (MATHS)
**cyfrannog,** *a.* PARTAKING
(-anogion), *n.m.* PARTAKER
**cyfrannol,** *a.* CONTRIBUTING, SHARING, PROPORTIONAL
**cyfrannu,** *v.* CONTRIBUTE, IMPART
**cyfrannwr,** (-anwyr), *n.m.* CONTRIBUTOR
**cyfranogi,** *v.* PARTAKE, PARTICIPATE
**cyfranogiad,** (-au), *n.m.* PARTICIPATION
**cyfranogwr,** (-wyr), *n.m.* PARTAKER
**cyfranoli,** *v.* INTERPOLATE
**cyfrdroad,** (-au), *n.m.* PERMUTATION
**cyfrdroi,** *v.* PERMUTE
**cyfredol,** *a.* CURRENT, CONCURRENT
**cyfreidiol,** *a.* NECESSARY
**cyfreitha,** *v.* GO TO LAW
**cyfreitheg,** *n.f.* JURISPRUDENCE
**cyfreithiad,** *n.m.* LITIGATION
**cyfreithio,** *v.* GO TO LAW
**cyfreithiol,** *a.* LEGAL, CORRECT
**cyfreithiwr,** (-wyr), *n.m.* LAWYER, SOLICITOR
**cyfreithlon,** *a.* LAWFUL
**cyfreithlonedd,** *n.m.* LEGITIMACY
**cyfreithloni,** *v.* LEGALISE, JUSTIFY
**cyfreithus,** *a.* LEGITIMATE
**cyfreolus,** *a.* REGULAR
**cyfres,** (-i, -au), *n.f.* SERIES, SUITE (MUSIC), SERIAL, ORDRE
**cyfresol,** *a.* SERIAL
**cyfresu,** *v.* SERIALISE
**cyfreswm,** (-resymau), *n.m.* SYLLOGISM
**cyfresymu,** *v.* SYLLOGISE
**cyfrgoll, -edig,** *a.* UTTERLY LOST, DAMNED
**cyfrgolli,** *v.* LOSE UTTERLY, DAMN
**cyfrgrwn,** *a.* ROTUND
**cyfrif,** *v.* COUNT, RECKON, DEEM
(-on, -au), *n.m.* ACCOUNT, RECKONING, OPINION
**cyfrifdy,** (-dai), *n.m.* COUNTING HOUSE
**cyfrifeg,** *n.m.f.* ACCOUNTANCY
**cyfrifiad,** (-au), *n.m.* CENSUS, COMPUTATION
**cyfrifiadur,** (-on), *n.m.* COMPUTER
**cyfrifiadureg,** *n.f.* COMPUTER SCIENCE
**cyfrifiannu,** *v.* COMPUTE
**cyfrifiant,** (-iannau), *n.m.* COMPUTATION
**cyfriflyfr,** (-au), *n.m.* LEDGER
**cyfrifol,** *a.* RESPONSIBLE, OF REPUTE, CALCULABLE
**cyfrifoldeb,** (-au), *n.m.* RESPONSIBILITY, ESTEEM
**cyfrifydd,** (-ion), *n.m.* ACCOUNTANT, RECKONER
**cyfrifyddiaeth,** *n.f.* ACCOUNTANCY
**cyfrin,** *a.* SECRET, MYSTIC, PRIVY
**cyfrinach,** (-au), *n.f.* SECRET, MYSTERY
**cyfrinachol,** *a.* SECRET, PRIVATE, CONFIDENTIAL
**cyfrinachu,** *v.* TELL A SECRET, KEEP A SECRET
**cyfrinachwr,** (-wyr), *n.m.* CONFIDANT
**cyfrinfa,** (-feydd), *n.f.* LODGE (OF SOCIETY)
**cyfrin-gyngor,** *n.m.* PRIVY COUNCIL
**cyfriniaeth,** *n.f.* MYSTICISM
**cyfriniol,** *a.* MYSTIC, MYSTERIOUS
**cyfriniwr, -ydd** (-wyr), *n.m.* MYSTIC
**cyfro,** *v.* COVER
**cyfrodedd,** *a.* TWISTED, TWINED
**cyfrodeddu,** *v.* TWIST, TWINE
**cyfrol,** (-au), *n.f.* VOLUME
**cyfrwng,** (-yngau), *n.m.* AGENT, AGENCY, MEDIUM, MEANS
**cyfrwy,** (-au), *n.m.* SADDLE
**cyfrwyo,** *v.* SADDLE
**cyfrwys,** *a.* CUNNING, CRAFTY
**cyfrwyster, -tra,** *n.m.* CUNNING, CRAFTINESS
**cyfrwywr,** (-wyr), *n.m.* SADDLER
**cyfryngdod,** (-au), *n.m.f.* MEDIATION, INTERCESSION
**cyfryngiad,** *n.m.* MEDIATION, INTERVENTION
**cyfryngu,** *v.* MEDIATE, INTERVENE
**cyfryngwr,** (-wyr), *n.m.* MEDIATOR, INTERCESSOR

**cyfryw,** *a.* SUCH, LIKE
**cyfuchlinedd,** (-au), *n.m.* CONTOUR
**cyfuchliniau,** *n.pl.* CONTOURS
**cyfun,** *a.* AGREEING, COMPREHENSIVE, UNITED
**cyfundeb,** (-au), *n.m.* UNION, CONNEXION
**cyfundebol,** *a.* CONNEXIONAL
**cyfundoddi,** *v.* MERGE
**cyfundrefn,** (-au), *n.m.* SYSTEM, ORDER, REGIME
**cyfundrefniant** (-nnau), *n.f.* SYSTEMATIZATION
**cyfundrefnu,** *v.* SYSTEMATIZE
**cyfuniad,** (-au), *n.m.* COMBINATION, INTEGRATION
**cyfuniadol,** *a.* COMBINATIONAL
**cyfunion,** *a.* ALIGNED
**cyfunioni,** *v.* ALIGN
**cyfuno,** *v.* COMBINE, UNITE
**cyfunoliad,** *n.m.* COLLECTIVISATION
**cyfunrywiol,** *a.* HOMOSEXUAL
**cyfurdd,** *a.* OF EQUAL RANK
**cyfuwch,** *a.* AS HIGH, ACCORDANT
**cyfweled,** *v.* INTERVIEW
**cyfweliad,** (-au), *n.m.* INTERVIEW
**cyfwella,** *v.* CONVALESCE
**cyfwellhad,** *n.m.* CONVALESCENCE
**cyfwerth,** *a.* OF EQUAL VALUE, EQUAL
**cyfwng,** (-yngau), *n.m.* SPACE, INTERVAL, CRISIS, CONTINGENCY
**cyfwisgoedd,** *n.pl.* ACCESSORIES
**cyfwrdd,** *v.* MEET
**cyfwydydd,** *n.pl.* ACCOMPANIMENTS
**cyfwyneb,** *a.* FLUSH
**cyfydod,** (-au), *n.m.* COUNTY (COMITATUS)
**cyfyng,** *a.* NARROW, CONFINED (-oedd), *n.m.* DEFILE
**cyfyngder,** (-au), *n.m.* TROUBLE, DISTRESS
**cyfyngdra,** *n.m.* NARROWNESS, DISTRESS
**cyfyngedig,** *a.* CONFINED, RESTRICTED, LIMITED
**cyfyng-gyngor,** *n.m.* PERPLEXITY, QUANDARY
**cyfyngiad,** (-au), *n.m.* NARROWING, LIMITATION, CONSTRICTION
**cyfyngu,** *v.* NARROW, CONFINE, RESTRICT
**cyfyngydd,** (-ion), *n.m.* CONSTRAINT
**cyfyl,** (-ion), *n.m.* VICINITY, BORDER, LOCALITY
**cyfyrder,** (cyfyrdyr), *n.m.* SECOND COUSIN
**cyfyrddwr,** (-wyr), *n.m.* COMMONER
**cyfystlys,** *a.* PARALLEL
**cyfystyr,** *a.* SYNONYMOUS (-on), *n.m.* SYNONYM
**cyfystyredd,** *n.m.* TAUTOLOGY
**cyff,** (-ion), *n.m.* STOCK, LINEAGE
**cŷff,** (-s), *n.m.* CUFF
**cyffaith,** (-ffeithiau), *n.m.* CONFECTION, PRESERVE
**cyffelyb,** *a.* LIKE, SIMILAR
**cyffelybiaeth,** (-au), *n.f.* LIKENESS, SIMILE
**cyffelybrwydd,** *n.m.* SIMILARITY, COMPARISON
**cyffelybu,** *v.* LIKEN, COMPARE
**cyffen,** (cyffs), *n.f.* CUFF
**cyffes,** (-ion), *n.f.* CONFESSION
**cyffesgell,** (-oedd), *n.f.* CONFESSIONARY
**cyffesiad,** (-au), *n.m.* CONFESSION
**cyffesu,** *v.* CONFESS, ADMIT
**cyffeswr,** (-wyr), *n.m.* CONFESSOR
**cyffesydd,** (-ion, -wyr), *n.m.* CONFESSANT
**cyffiad,** (-au), *n.m.* STIFFENING
**cyffin,** (-iau), *n.m.* BORDER, VICINITY, PRECINCT
**cyffindir,** (-oedd), *n.m.* FRONTIER, MARCH
**cyffindwyllo,** *v.* GERRYMANDER
**cyffiniwr,** (-wyr), *n.m.* BORDERER, MARCHER
**cyffinwlad,** (-wledydd), *n.f.* FRONTIER STATE
**cyffio,** *v.* STIFFEN, FETTER
**cyffion,** *n.pl.* STOCKS
**cyffocal,** *a.* CONFOCAL
**cyffordd,** (-ffyrdd), *n.f.* JUNCTION (RAILWAY, ROAD)
**cyfforddus,** *a.* COMFORTABLE
**cyffredin,** *a.* COMMON, ORDINARY, VULGAR
**cyffredinedd,** (-au), *n.m.* COMMONNESS, PLATITUDE
**cyffredinol,** *a.* ORDINARY, GENERAL, UNIVERSAL
**cyffredinolaeth,** *n.m.* UNIVERSALISM
**cyffredinoli,** *v.* GENERALIZE
**cyffredinoliad,** (-au), *n.m.* GENERALISATION
**cyffredinrwydd,** *n.m.* COMMONNESS
**cyffro, -ad,** (-adau), *n.m.* EXCITEMENT, COMMOTION, INCITEMENT, RAGE
**cyffroi,** *v.* EXCITE, MOVE, PROVOKE

**cyffrous,** *a.* EXCITING, MOVING
**cyffröwr,** (-wyr), *n.m.* AGITATOR
**cyffsen,** *n.f.* CUFF
**cyffug,** (-iau), *n.m.* FUDGE
**cyffur,** (-iau), *n.m.* DRUG, MEDICINE
*cyffur caled,* HARD DRUG
*cyffur rhyddhau,* LAXATIVE
*cyffuriau lledrithiol,* HALUCOGENICS
**cyffurf(iol),** *a.* CONFORMAL
**cyffuriaeth,** *n.f.* PHARMACY
**cyffurieg,** *n.m.f.* PHARMACOLOGY
**cyffuriwr,** (-wyr), *n.m.* PHARMACIST, DRUGGIST
**cyffwrdd,** *v.* CONTACT, MEET, TOUCH
**cyffylog,** (-od), *n.m.* WOODCOCK
**cyffyn,** (-nau), *n.m.* SHOOT
**cyffyrddiad,** (-au), *n.m.* TOUCH, CONTACT
**cyffyrddol,** *a.* TACTILE
**cyffyrddus,** *a.* COMFORTABLE
**cygnog,** *a.* KNOTTY, GNARLED
**cygrychu,** *v.* SHIRRING
**cyngan** *a.* SUITABLE, HARMONIOUS
**cynganeddol,** *a.* RELATING TO *CYNGHANEDD,* CONCORDANT
**cynganeddu,** *v.* FORM *CYNGHANEDD*
**cynganeddwr,** (-wyr), *n.m.* WRITER OF *CYNGHANEDD*
**cyngaws,** (cynghawsau), *n.m.* LAW-SUIT
**cyngerdd,** (-herddau), *n.m.f.* CONCERT
**cynghanedd,** (cynganeddion), *n.f.* METRICAL CONSONANCE, HARMONY
**cynghori,** *v.* ADVISE, COUNSEL, EXHORT
**cynghorwr,** (-wyr), *n.m.* ADVISER,
**cynghorydd,** (-ion), *n.m.* COUNCILLOR, EXHORTER
**cynghrair,** (-eiriau), *n.m.f.* ALLIANCE, LEAGUE
**cynghreiddig,** *a.* CONCENTRIC
**cynghreiriad,** (-iaid), *n.m.* ALLY,
**cynghreiriwr,** (-wyr), *n.m.* CONFEDERATE
**cyngor,** (-nghorau), *n.m.* COUNCIL
(-nghorion), *n.m.* COUNSEL, ADVICE
**cyngres,** (-au, -i), *n.f.* CONGRESS
**cyngresol,** *a.* CONGRESSIONAL
**cyngresydd,** (-wyr), *n.m.* SENATOR
**cyngwystl,** (-on), *n.m.f.* WAGER, PLEDGE
**cyngwystlo,** *v.* BET, PLEDGE
**cyhoedd,** *a. & n.m.* PUBLIC
**cyhoeddeb,** (-au), *n.f.* EDICT
**cyhoeddi,** *v.* PUBLISH, PROCLAIM, ISSUE
**cyhoeddiad,** (-au), *n.m.* PUBLICATION, ISSUE, ANNOUNCEMENT, ENGAGEMENT
**cyhoeddus,** *a.* PUBLIC
**cyhoeddusrwydd,** *n.m.* PUBLICITY
**cyhoeddwr,** (-wyr), *n.m.* PUBLISHER, ANNOUNCER
**cyhuddiad,** (-au), *n.m.* ACCUSATION, CHARGE
**cyhuddo,** *v.* ACCUSE, CHARGE
**cyhŵ,** *n.m.* COOING
**cyhwfan,** *v.* WAVE
**cyhyd,** *a.* AS/SO LONG
**cyhydedd,** (-au, -ion), *n.m.* EQUATOR
**cyhydeddol,** *a.* EQUATORIAL, EQUINOCTIAL
**cyhydnos,** (-au), *n.f.* EQUINOX
**cyhyr(yn),** (-au), *n.m.* MUSCLE, FLESH
**cyhyrog,** *a.* MUSCULAR, STRONG
**cylch,** (-oedd, -au), *n.m.* CIRCLE, HOOP, CLASS, GIRDLE, REGION, COIL, CIRCUIT
**cylchbais,** *n.f.* FARTHINGALE
**cylchdaith,** (-deithiau), *n.f.* CIRCUIT, PROGRESS
**cylchdro,** (-eon, -adau), *n.m.* ORBIT, REVOLUTION
*a.* ROTATION(AL)
**cylchdroi,** *v.* REVOLVE, ROTATE
**cylched,** (-au), *n.m.* CIRCUIT, COVERLET
**cylchedd,** (-au), *n.m.* CIRCUMFERENCE, COMPASS, CIRCLE
**cylchfa,** (-oedd, -fâu), *n.f.* ZONE
**cylchfäedd,** *n.m.* ZONATION
**cylchffordd,** (-ffyrdd), *n.f.* RING ROAD
**cylchgan,** (-euon), *n.f.* ROUNDELAY
**cylchgrawn,** (-gronau), *n.m.* MAGAZINE, PERIODICAL
**cylchglip,** *n.m.* CIRCLIP
**cylchlif,** (-iau), *n.f.* BANDSAW
**cylchlythyr,** (-au), *n.m.* CIRCULAR
**cylcho,** *v.* HOOP, CIRCLE
**cylchol,** *a.* RECURRING, ANNULAR, CYCLIC
**cylchred,** (-au), *n.f.* CYCLE
**cylchredeg,** *v.* CIRCULATE
**cylchrediad,** (-au), *n.m.* CIRCULATION
**cylchres,** (-i), *n.f.* ROUND, ROTA
**cylchu,** *v.* CIRCLE, HOOP
**cylchwr,** (-wyr), *n.m.* COOPER, HOOPER
**cylchwyl,** (-iau), *n.f.* ANNIVERSARY
**cylchyn,** (-nau), *n.m.* CIRCLE (LINE), HOOP
**cylchynol,** *a.* CIRCULATING
**cylchynu,** *v.* SURROUND
**cylfat,** (-iau), *n.m.* CULVERT
**cylionen,** (cylion), *n.f.* FLY, GNAT

**cyltig,** *a.* CULTIC
**cylymu,** *v.* TIE, KNOT
**cyll,** (*collen, n.f.*), *n.pl.* HAZEL-TREE
**cylla,** (-on), *n.m.* STOMACH
**cyllell,** (cyllyll), *n.f.* KNIFE
**cyllid,** (-au), *n.m.* REVENUE, FINANCE
**cyllideb,** (-au), *n.f.* BUDGET
**cyllidol,** *a.* FINANCIAL, FISCAL
**cyllidwr,** (-wyr), *n.m.* FINANCIER
**cym,** *n.m.* CYME
**cymaidd,** *a.* CYMOSE
**cymaint,** *a.* AS LARGE, AS MUCH, AS MANY
**cymal,** (-au), *n.m.* JOINT, CLAUSE, PHRASE
**cymalog,** *a.* JOINTED, WITH MANY CLAUSES
**cymalwst,** *n.f.* RHEUMATISM, ARTHRITIS
**cymanfa,** (-oedd), *n.f.* ASSEMBLY, FESTIVAL
**cymantoledd,** (-au), *n.m.* EQUILIBRIUM
**cymanwlad,** (-wledydd), *n.f.* COMMONWEALTH
**cymar,** (-heiriaid), *n.m.* FELLOW, PARTNER
**cymarebol,** *a.* RATIONAL
**cymaroldeb,** *n.m.* RELATIVITY
**cymathiad,** (-au), *n.m.* ASSIMILATION
**cymathu,** *v.* ASSIMILATE
**cymdeithas,** (-au), *n.f.* SOCIETY, ASSOCIATION
**cymdeithaseg,** *n.f.m.* SOCIOLOGY
**cymdeithasegol,** *a.* SOCIOLOGICAL
**cymdeithasegwr,** (-wyr), *n.m.* SOCIOLOGIST
**cymdeithasfa,** (-oedd), *n.f.* CHURCH ASSOCIATION
**cymdeithasgar,** *a.* SOCIABLE, FRIENDLY
**cymdeithasgarwch,** *n.m.* SOCIABILITY
**cymdeithasol,** *a.* SOCIAL
**cymdeithasu,** *v.* ASSOCIATE, SOCIALIZATION
**cymdeithion,** (*cydymaith, n.m.*), *n.pl.* COMPANIONS
**cymdogaeth,** (-au), *n.f.* NEIGHBOURHOOD
**cymdogol,** *a.* NEIGHBOURLY
**cymdogrwydd,** *n.m.* NEIGHBOURLINESS
**cymedr,** (-au), *n.m.* MEAN (MATHS), AVERAGE
**cymedrig,** *a.* MEAN
**cymedrol,** *a.* MODERATE, TEMPERATE
**cymedroldeb,** *n.m.* MODERATION, TEMPERANCE
**cymedroli,** *v.* MODERATE
**cymedrolwr,** (-wyr), *n.m.* MODERATOR, MODERATE PERSON
**cymell,** *v.* INDUCE, PRESS, URGE
**cymelliadaeth,** (-au), *n.f.* MOTIVATION
**cymen,** *a.* TIDY, WISE, NEAT, PROPER (FRACTION)
**cymer,** (-au), *n.m.* CONFLUENCE, JUNCTION
**cymeradwy,** *a.* ACCEPTABLE, APPROVED
**cymeradwyaeth,** *n.f.* APPROVAL, APPLAUSE
**cymeradwyo,** *v.* APPROVE, RECOMMEND
**cymeriad,** (-au), *n.m.* CHARACTER, REPUTE
**cymeriadaeth,** (-au), *n.f.* CHARACTERISATION
**cymeriadu,** *v.* CHARACTERISE
**cymeryd,** *v.* see *cymryd*
**cymesur,** *a.* PROPORTIONATE, SYMMETRICAL
**cymesuredd,** (-au), *n.f.* PROPORTION, SYMMETRY
**cymhareb,** (cymarebau), *n.f.* RATIO
**cymhariaeth,** (cymariaethau), *n.f.* COMPARISON, SIMILE
**cymharol,** *a.* COMPARATIVE
**cymharu,** *v.* COMPARE, PAIR
**cymharus,** *a.* WELL-MATCHED
**cymharydd,** *n.m.* COMPARATOR
**cymhathu,** *v.* CORRELATE
**cymheiriad,** (-heiriaid), *n.m.* PEER
**cymhelliad,** (-hellion), *n.m.* MOTIVE, DRIVE, INDUCEMENT
**cymhelliant,** (-nnau), *n.m.* MOTIVATION
**cymhendod,** *n.m.* WISDOM, TIDINESS, AFFECTATION
**cymhennu,** *v.* TIDY, SCOLD
**cymhercyn,** *a.* & *n.m.* HOBBLING, FEEBLE, CLUMSY
**cymhlan,** *a.* COPLANAR
**cymhleth,** (-au), *a.* COMPLEX, COMPLICATED
**cymhlethdod,** (-au), *n.m.* COMPLEXITY
**cymhlethu,** *v.* COMPLICATE
**cymhlyg,** (-au), *n.m.* COMPLEX
**cymhorthdal,** (cymorthdaloedd), *n.m.* SUBSIDY, SUBVENTION
**cymhwysedd,** *n.m.* ADAPTABILITY
**cymhwysiad,** (-au), *n.m.* ADJUSTMENT, APPLICATION, ACCOMMODATION
**cymhwyso,** *v.* ADAPT, QUALIFY, ADJUST
**cymhwyster,** (cymwysterau), *n.m.* SUITABILITY, QUALIFICATION

**cymhwysydd,** (-ion), *n.m.* ADAPTOR
**cymod,** *n.m.* RECONCILIATION
**cymodi,** *v.* CONCILIATE, RECONCILE, BE RECONCILED
**cymodiad,** (-au), *n.m.* CONCILIATION
**cymon,** *a.* ORDERLY, SEEMLY
**cymorth,** (cymhorthion), *n.m.* AID, ASSISTANCE
**cympowndio,** *v.* AID, HELP, COMPOUND
**Cymraeg,** *a. & n.f.m.* WELSH (IN LANGUAGE)
**Cymraes,** (-au), *n.f.* WELSHWOMAN
**cymrawd,** (-odyr), *n.m.* FELLOW, COMRADE
**Cymreictod,** *n.m.* WELSHNESS
**Cymreig,** *a.* PERTAINING TO WALES
**Cymreigaidd,** *a.* WELSHY (ACCENT, etc.)
**Cymreiges,** (-au), *n.f.* WELSHWOMAN
**Cymreigio,** *v.* TRANSLATE INTO WELSH
**cymriwio,** *v.* LACERATE
**Cymro,** (Cymry), *n.m.* WELSHMAN
**cymrodedd,** *n.m.* COMPROMISE, ARBITRATION
**cymrodeddu,** *v.* COMPROMISE, RECONCILE
**cymrodor,** (-ion), *n.m.* FELLOW
**cymrodoriaeth,** *n.f.* FELLOWSHIP, COMRADESHIP
**Cymru,** *n.f.* WALES
**cymrwd,** *n.m.* MORTAR
**Cymry,** see *Cymro*
**cymryd,** *v.* ACCEPT, TAKE
*cymryd ar,* PRETEND
**cymudadur,** (-on), *n.m.* COMMUTATOR
**cymudiad,** (-au), *n.m.* COMMUTATION
**cymudo,** *v.* COMMUTE
**cymudol,** *a.* COMMUTATIVE
**cymudwr,** (-wyr), *n.m.* COMMUTER
**cymun, -deb,** *n.m.* COMMUNION, FELLOWSHIP
**cymuned,** (-au), *n.f.* COMMUNITY
**cymunedol,** *a.* COMMUNITY
**cymuno,** *v.* COMMUNICATE, TAKE COMMUNION
**cymunwr,** (-wyr), *n.m.* COMMUNICANT,
**cymwy,** *n.m.* AFFLICTION
**cymwynas,** (-au), *n.f.* FAVOUR, KINDNESS
**cymwynasgar,** *a.* KIND, OBLIGING
**cymwynasgarwch,** *n.m.* KINDNESS
**cymwynaswr,** (-wyr), *n.m.* BENEFACTOR
**cymwys,** *a.* FIT, SUITABLE, STRAIGHT, EXACT
**cymwysedig,** *a.* APPLIED
**cymydog,** (cymdogion), *n.m.* NEIGHBOUR
**cymyledd,** *n.m.* CLOUDINESS
**cymylog,** *a.* CLOUDY
**cymylogrwydd,** *n.m.* CLOUDINESS
**cymylu,** *v.* CLOUD, OBSCURE
**cymyndod,** *n.m.* BURIAL, COMMITTAL
**cymynnu,** *v.* BEQUEATH
**cymynnwr,** (-wyr), *n.m.* TESTATOR
**cymynrodd,** (-ion), LEGACY
**cymynroddi,** *v.* BEQUEATH
**cymynu,** *v.* HEW, FELL
**cymynwr,** (-wyr), *n.m.* HEWER, FELLER
**cymysg,** *a.* MIXED
**cymysgedd,** (-au), *n.m.* MIXTURE, MISCELLANY
**cymysgfa,** *n.f.* JUMBLE, MEDLEY
**cymysgiad,** (-au), *n.m.* ADMIXTURE
**cymysglyd,** *a.* CONFUSED, MUDDLED
**cymysgryw,** *a.* MONGREL, HYBRID, HETEROGENEOUS
(-iau), *n.m.* INTERSEX
**cymysgu,** *v.* MIX, CONFUSE
**cymysgwch,** *n.m.* JUMBLE, MEDLEY
**cymysgwr,** (-wyr), *n.m.* MIXER, BLENDER
**cymysgwy,** (-au), *n.m.* SCRAMBLED EGG
**cymysgydd,** (-ion), *n.m.* MIXER
**cyn,** *c.* AS
*prp.* BEFORE, PREVIOUS
*px.* FIRST, FORMER, EX-
**cŷn,** (cynion), *n.m.* CHISEL, WEDGE, CUTTER
*cŷn crwn,* GOUGE
**cynadledda,** *v.* CONFER
**cynaeafu,** *v.* HARVEST
**cynaeafydd,** *n.m.* COMBINE HARVESTER
**cynamserol,** *a.* PREMATURE, UNTIMELY
**cynaniad,** (-au), *n.m.* ENUNCIATION, PRONUNCIATION
**cynanu,** *v.* PRONOUNCE, UTTER
**cyndad,** (-au), *n.m.* FOREFATHER
**cynderfynol,** *a.* SEMI-FINAL
**cyndyn,** *a.* OBSTINATE, STUBBORN
**cyndynrwydd,** *n.m.* OBSTINACY
**cynddaredd,** (-au), *n.m.f.* MADNESS, RAGE, RABIES, FURY
**cynddeiriog,** *a.* MAD, RABID, FURIOUS
**cynddeiriogi,** *v.* ENRAGE, MADDEN
**cynddelw,** (-au), *n.f.* ARCHETYPE, MODEL, EXEMPLAR
**cynddrwg,** *a.* AS BAD
**cynddydd,** (-iau), *n.m.* DAWN
**cynefin,** *a.* ACQUAINTED, FAMILIAR
(-oedd), *n.m.* HABITAT, HAUNT
**cynefindra,** *n.m.* FAMILIARITY
**cynefino,** *v.* ACCUSTOM, NATURALISE

**cynefinol,** *a.* USUAL, ACCUSTOMED
**cyneginyn,** *n.m.* PLUMULE
**cynelwad,** (-au), *n.m.* EMBRYO
**cynfas,** (-au), *n.m.* SHEET, CANVAS
**cynfilyn,** *n.m.* PROTOZOA
**cynfod,** *n.m.* PRE-EXISTENCE
**cynfrodor,** (-ion), *n.m.* ABORIGINE
**cynfrodorol,** *a.* ABORIGINAL
**cynfyd,** *n.m.* ANCIENT WORLD, ANTIQUITY
**cynfydol,** *a.* PREMUNDANE
**cynffon,** (-nau), *n.f.* TAIL
**cynffonna,** *v.* FAWN, FLATTER
**cynffonnwr,** (-onwyr), *n.m.* SYCOPHANT, TOADY
**cynffrwyth,** (-au), *n.m.* PISTIL, GYNAECIUM
**cyn-geni,** *a.* ANTE-NATAL
**cyngyflwr,** (-gyflyrau), *n.m.* PROPHASE
**cynhadledd,** (cynadleddau), *n.f.* CONFERENCE
**cynhaeaf,** (cynaeafau), *n.m.* HARVEST
**cynhaliaeth,** (cynaliaethau), *n.f.* MAINTENANCE, SUPPORT, LIVELIHOOD
**cynhaliol,** *a.* SUSTAINING, SUPPORTING
**cynhaliwr,** (-wyr), *n.m.* SUSTAINER, SUPPORTER
**cynhalydd,** (cynalyddion), *n.m.* REST, HOLDER
**cynhanesiol,** *a.* PREHISTORIC
**cynhaniad,** (cynaniadau), *n.m.* ENUNCIATION
**cynhemlad,** *n.m.* CONTEMPLATION
**cynhenid,** *a.* INNATE, NATIVE, INDIGENOUS, CONGENITAL, ABSOLUTE
**cynhennu,** *v.* QUARREL
**cynhennus,** *a.* QUARRELSOME
**cynhennwr,** (-henwyr), *n.m.* WRANGLER
**cynhesol,** *a.* WARMING, AMIABLE
**cynhesrwydd,** *n.m.* WARMTH
**cynhesu,** *v.* WARM, GET WARM
**cynhinio,** *v.* SHRED
**cynhinyn,** (-hinion), *n.m.* SHRED
**cynhoriad,** (-au), *n.m.* INITIATION
**cynhorio,** *v.* INITIATE
**cynhorthwy,** (cynorthwyon), *n.m.* HELP, AID
**cynhwynol,** *a.* INNATE, NATURAL
**cynhwysiaeth,** *n.f.* COMPREHENSION
**cynhwysedd,** (cynwyseddau), *n.m.* CAPACITY, CAPACITANCE
**cynhwysfawr,** *a.* CAPACIOUS, COMPREHENSIVE
**cynhwysiad,** *n.m.* INCLUSION, CONTENTS, PRODUCTION
**cynhwysion,** (*cynhwysyn, n.m.*), *n.pl.* INGREDIENTS
**cynhwysol,** *a.* INCLUSIVE
**cynhwysor,** *n.m.* CONDENSER (ELECTRIC)
**cynhyrchedd,** *n.m.* PRODUCTIVITY
**cynhyrchiad,** (-au), PRODUCTION
**cynhyrchiol,** *a.* PRODUCTIVE
**cynhyrchu,** *v.* PRODUCE, GENERATE
**cynhyrchydd,** (-ion, cynhyrchwyr), *n.m.* PRODUCER, GENERATOR
**cynhyrfawr,** *a.* EXCITABLE
**cynhyrfiad,** (cynyrfiadau), *n.m.* STIR, IMPULSE, AGITATION
**cynhyrfu,** *v.* EXCITE, AGITATE
**cynhyrfus,** *a.* EXCITING, AGITATED
**cynhyrfwr,** (-wyr), AGITATOR
**cynhysgaeth,** (cynysgaethau), *n.f.* DOWRY, INHERITANCE, ENDOWMENT
**cyni,** *n.m.* DISTRESS, ADVERSITY
**cynifer,** *a. & n.m.* SO MANY, AS MANY
**cyniferydd,** (-ion), *n.m.* QUOTIENT
**cynigiad,** (-au), *n.m.* PROPOSAL, MOTION
**cynigiwr,** (-wyr), *n.m.* PROPOSER,
**cynigydd,** (-ion), *n.m.* MOVER, BIDDER
**cynildeb,** (-au), *n.m.* ECONOMY, FRUGALITY
**cynilion,** *n.pl.* SAVINGS
**cynilo,** *v.* SAVE, ECONOMISE
**cynio,** *v.* CHISEL, GOUGE
**cyniwair,** *v.* HAUNT, GO TO AND FRO
**cyniweirfa,** (-feydd), *n.f.* HAUNT, RESORT
**cynllun,** (-iau), *n.m.* PLAN, DESIGN, SCHEME, PROJECT
**cynlluniad,** (-au), *n.m.* PLANNING, DESIGN
**cynllunio,** *v.* PLAN, DESIGN
**cynlluniwr,** (-wyr), *n.m.* DRAUGHTSMAN
**cynllunydd,** (-ion, -wyr), *n.m.* DESIGNER, STYLIST
**cynllwyn,** (-ion), *n.m.* PLOT, CONSPIRACY, INTRIGUE
**cynllwynio,** *v.* CONSPIRE, PLOT
**cynllwynwr,** (-wyr), *n.m.* CONSPIRATOR
**cynllyfan,** (-au), *n.m.* LEASH
**cynnal,** *v.* SUPPORT, HOLD, MAINTAIN
**cynnar,** *a.* EARLY, SOON
**cynnau,** *v.* LIGHT, KINDLE
**cynneddf,** (cynheddfau), *n.f.* QUALITY, FACULTY, NATURE
**cynnen,** (cynhennau), *n.f.* CONTENTION, STRIFE
*asgwrn y gynnen,* BONE OF CONTENTION

**cynnes,** *a.* WARM
**cynnig,** *v.* ATTEMPT, TRY, OFFER, PROPOSE, APPLY, BID
(cynigion), *n.m.* ATTEMPT, OFFER, MOTION, PROPOSAL, BID
**cynnil,** *a.* THRIFTY, DELICATE, ECONOMICAL, SUBTLE
**cynnin,** (-hinion), *n.m.* SHRED, PIECE, CLOUT
**cynnor,** (cynhorau), *n.f.* DOOR-POST
**cynnud,** (cynudau), *n.m.* FIREWOOD, FUEL
**cynnull,** *v.* GATHER, ASSEMBLE, MUSTER
**cynnwrf,** (cynhyrfau, cynyrfiadau), *n.m.* AGITATION, STIR, COMMOTION
**cynnwys,** *v.* CONTAIN, INCLUDE, COMPRISE,
(cynhwysion), *n.m.* CONTENT(S)
**cynnydd,** (cynyddion), *n.m.* PROGRESS, GROWTH, INCREASE
**cynnyrch,** (cynhyrchion), *n.m.* PRODUCE, PRODUCT
**cynodiad,** (-au), *n.m.* CONNOTATION
**cynoesol,** *a.* PRIMEVAL
**cynorthwyo,** *v.* ASSIST, HELP
**cynorthwyol,** *a.* AUXILIARY, ASSISTANT, ACCESSARY
**cynorthwywr, -ydd,** (-wyr), *n.m.* HELPER, ASSISTANT
**cynosod,** *v.* POSTULATE
**cynosodiad,** (-au), *n.m.* POSTULATE
**cynradd,** *a.* PRIMARY
**cynrhon,** (-*yn, n.m.*), *n.pl.* MAGGOTS
**cynrychioladol,** *a.* REPRESENTATIVE
**cynrychiolaeth,** (-au), *n.f.* REPRESENTATION, DELEGATION
**cynrychioli,** *v.* REPRESENT
**cynrychioliad,** (-au), *n.m.* REPRESENTATION
**cynrychiolwr,** (-wyr), *n.m.* REPRESENTATIVE,
**cynrychiolydd,** (-ion), *n.m.* DELEGATE
**cynrhonyn,** (cynrhon), *n.m.* MAGGOT
**cynsail,** (-seiliau), *n.m.* RUDIMENT, PREMISE, PRECEDENT
**cynt,** *a.* EARLIER, QUICKER, SOONER
**cyntaf,** *a. & ad.* FIRST, EARLIEST
**cyntedd,** (-au, -oedd), *n.m.* PORCH, COURT, LOBBY
**cyntedda,** *v.* LOBBY
**cynteddwr,** (-wyr), *n.m.* LOBBYIST
**cyntefig,** (-ion), *a. & n.m.* PRIMITIVE, PRIMAL
**cyntefigedd,** *n.m.* | PRIMITIVISM
**cyntefigiaeth,** *n.f.* |
**cyntun,** *n.m.* NAP
**cynudydd,** (-ion), *n.m.* FUEL CELL
**cynulleidfa,** (-oedd), *n.f.* CONGREGATION
**cynulleidfaol,** *a.* CONGREGATIONAL
**cynulliad,** (-au), *n.m.* ASSEMBLY, GATHERING, CONGREGATION
**cynullydd,** (-wyr), *n.m.* CONVENER
**cynuta,** *v.* GATHER FUEL
**cynydydd,** (-ion), *n.m.* FUEL CELL
**cynydd,** (-ion), *n.m.* MASTER OF HOUNDS, HUNTSMAN
**cynyddol,** *a.* INCREASING, PROGRESSIVE
**cynyddu,** *v.* INCREASE, GROW
**cynysgaeddu,** *v.* ENDOW, SUPPLY
**cyplad,** (-au), *n.m.* COPULA (GRAMMAR)
**cypladu,** *v.* COPULATE
**cyplu,** *v.* COUPLE, MATE
**cyplydd,** (-ion), *n.m.* COUPLER
**cyplysnod,** (-au), *n.m.* BRACE (MUSIC), HYPHEN
**cyplysu,** *v.* PAIR, COUPLE
**cyraeddadwy,** *a.* ATTAINABLE
**cyraeddiadau,** *n.pl.* ATTAINMENTS
**cyrbibion,** *n.pl.* ATOMS, SMITHEREENS
**cyrcydu,** *v.* SQUAT, COWER, CROUCH
**cyrch,** (-au, -oedd), *n.m.* ATTACK, RAID,
**cyrchfa,** (-feydd), *n.f.* RESORT,
**cyrchfan,** (-nau), *n.f.* HAUNT
**cyrch-filwr,** (-wyr), *n.m.* GUERILLA
**cyrchnod,** (-au), *n.m.* DESTINATION
**cyrchu,** *v.* GO, MAKE FOR, FETCH
**cyrhaeddgar,** *a.* TELLING, INCISIVE
**cyrhaeddiad,** (cyraeddiadau), *n.m.* ARRIVAL, ATTAINMENT
**cyrhaeddyd,** see *cyrraedd*
**cyrl,** (-iau, -s), *n.m.* CURL
**cyrliog,** *a.* CURLY
**cyrnol,** (-iaid), *n.m.* COLONEL
**cyrraedd,** *v.* REACH, ARRIVE, ATTAIN
**cyrren,** (*cyrensen, n.f.*), *n.pl.* CURRANTS
**cyrri,** (cyrïau), *n.m.* CURRY
**cyrten,** (-ni), *n.m.* CURTAIN
**cyrtsi,** *n.m.* CURTSY
**cyrydiad,** *n.m.* CORROSION
**cyrydol,** *a.* CORROSIVE
**cyrydu,** *v.* CORRODE
**cysàct,** *a.* PRECISE, PUNCTILIOUS
**cysactrwydd,** *n.m.* PRECISION
**cysain,** *a.* HARMONIOUS, RESONANT
*n.m.* HARMONIC
**cysawd,** (-sodau), *n.m.* CONSTELLATION

**cysefin,** *a.* ORIGINAL, PRIME, RADICAL (GRAM.)
**cysegr,** (-au, -oedd), *n.m.* SANCTUARY
**cysegredig,** *a.* SACRED
**cysegredigrwydd,** *n.m.* SACREDNESS
**cysegriad,** (-au), *n.m.* CONSECRATION
**cysegru,** *v.* CONSECRATE, DEDICATE
**cysein,** (-i), *n.m.* COSINE
**cyseinedd,** *n.m.* HARMONY, ALLITERATION
**cyseiniant,** (-nnau), *n.m.* RESONANCE
**cyseinydd,** (-ion), *n.m.* RESONATOR
**cysêt,** *n.m.* PRIGGISHNESS
**cysetlyd,** *a.* FASTIDIOUS
**cysgadrwydd,** *n.m.* SLEEPINESS, DROWSINESS
**cysgadur,** (-iaid), *n.m.* SLEEPER
**cysgiad,** (-au), *n.m.* DORMANCE
**cysglyd,** *a.* SLEEPY
**cysgod,** (-ion, -au), *n.m.* SHADE, SHADOW, SHELTER
**cysgodfa,** (-nnau), *n.f.* SHELTER
**cysgodi,** *v.* SHADE, SHELTER, SCREEN
**cysgodlen,** (-ni), *n.f.* SHADE
**cysgodlun,** (-iau), *n.m.* SILHOUETTE
**cysgodol,** *a.* SHADY, SHELTERED
**cysgu,** *v.* SLEEP, BE BENUMBED
**cysidro,** *v.* CONSIDER
**cysodi,** *v.* SET TYPE
**cysodydd,** (-wyr), *n.m.* COMPOSITOR
**cyson,** *a.* CONSISTENT, REGULAR, STEADY
**cysondeb,** (-au), *n.m.* CONSISTENCY, REGULARITY, RELIABILITY
**cysoni,** *v.* RECONCILE
**cysonydd,** *n.m.* COMPENSATOR
**cysonyn,** (cysonion), *n.m.* CONSTANT
**cystadleuaeth,** (-au, cystadlaethau), *n.f.* COMPETITION
**cystadleuol,** *a.* COMPETITIVE
**cystadleuwr, -ydd,** (-wyr), *n.m.* COMPETITOR
**cystadlu,** *v.* COMPETE, COMPARE
**cystal,** *a.* AS/SO GOOD, EQUAL
*ad.* AS/SO WELL
**cystradau,** *n.pl.* MEASURES, SERIES (OF STRATA)
*cystradau glo,* COAL MEASURES
**cystrawen,** (-nau), *n.f.* SYNTAX, CONSTRUCTION
**cystrawennaeth,** *n.f.* CONSTRUCTION
**cystudd,** (-iau), *n.m.* AFFLICTION, ILLNESS
**cystuddiedig,** *a.* AFFLICTED, CONTRITE
**cystuddio,** *v.* AFFLICT, TROUBLE
**cystuddiol,** *a.* AFFLICTED
**cystwyad,** *n.m.* CASTIGATION
**cystwyo,** *v.* CHASTISE, BEAT
**cysur,** (-on), *n.m.* COMFORT, CONSOLATION
**cysuro,** *v.* COMFORT, CONSOLE
**cysurus,** *a.* COMFORTABLE
**cysurwr,** (-wyr), *n.m.* COMFORTER
**cyswllt,** (-ylltiadau, -ylltau), *n.m.* CONNECTION, UNION, JOINT, LIAISON
**cysylltair,** (-eiriau), *n.m.* CONJUNCTION
**cysylltedd,** *n.m.* LINKAGE, CONNECTIVITY
**cysylltiad,** (-au), *n.m.* CONNECTION, JOINING
**cysylltiadol,** *a.* ASSOCIATIVE
**cysylltiol,** *a.* CONNECTING, ASSOCIATED, CONNECTED
**cysylltiolyn,** (-olion), *n.m.* CONTACT
**cysylltnod,** (-au), *n.m.* LIGATURE, HYPHEN
**cysylltu,** *v.* JOIN, CONNECT
**cysylltydd,** (-ion), *n.m.* CONNECTOR
**cysyniad,** (-au), *n.m.* CONCEPT
**cytal,** *v.* LIVE TOGETHER
**cytbell,** *a.* EQUIDISTANT
**cytbwys,** *a.* WELL BALANCED, OF EQUAL WEIGHT/STRESS
**cytbwysedd,** *n.m.* BALANCE
**cytew,** *n.m.* BATTER
**cytgan,** (-au), *n.f.m.* CHORUS
**cytgnawd,** *n.m.* COPULATION
**cytgord,** (-iau), *n.m.* CONCORD, CO-ORDINATION
**cytgroes,** *a.* CONCURRENT, CONVERGENT
**cytio,** *v.* PEN, CUT
**cytir,** (-oedd), *n.m.* COMMON LAND
**cytled,** (-i), *n.f.* CUTLET
**cytoleg,** *n.f.* CYTOLOGY
**cytras,** *a.* ALLIED, COGNATE
**cytref,** *n.f.* COLONY (OF ORGANISMS, etc.)
**cytrefiad,** (-au), *n.m.* CONURBATION
**cytsain,** (-seiniaid), *n.f.* CONSONANT
**cytsain,** *n.f.* HARMONY
**cytser,** (-au), *n.m.* CONSTELLATION
**cytûn,** *a.* AGREED, UNANIMOUS, COMPATIBLE
**cytundeb,** (-au), *n.m.* AGREEMENT, PACT, CONTRACT
**cytundebwr,** (-wyr), *n.m.* CONTRACTOR
**cytunedd,** (-au), *n.m.* COMPATIBILITY
**cytuniad,** (-au), *n.m.* AGREEMENT, TREATY
**cytuniaeth,** (-au), *n.f.* ACCORDANCE
**cytuno,** *v.* AGREE, CONSENT, BLEND
**cytunwr,** (-wyr), *n.m.* ACCEPTOR

**cythlwng,** *n.m.* FASTING, HUNGER
**cythraul,** (-euliaid), *n.m.* DEVIL
**cythreuldeb,** *n.m.* DEVILMENT
**cythreulig,** *a.* DEVILISH, FIENDISH
**cythru,** *v.* SNATCH, RUSH
**cythrudd,** *n.m.* ANNOYANCE, PROVOCATION
**cythruddo,** *v.* ANNOY, IRRITATE
**cythrwfl,** *n.m.* UPROAR
**cythryblu,** *v.* TROUBLE, AGITATE
**cythryblus,** *a.* TROUBLED, AGITATED
**cyw,** (-ion), *n.m.* CHICK, YOUNG (ANIMAL)
**cywain,** *v.* CARRY, GARNER
**cywair,** (-eiriau), *n.m.* PITCH, KEY, TUNE, CONDITION, REPAIR
**cywaith,** (-weithiau), *n.m.* COLLECTIVE WORK, PROJECT
**cywarch,** (-au), *n.m.* HEMP
**cywasg, -edig,** *a.* COMPRESSED, DIMINISHED
**cywasgedd,** (-au), *n.m.* COMPRESSION
**cywasgfwrdd,** *n.m.* COMPOBOARD
**cywasgiad,** (-au), *n.m.* CONTRACTION, COMPRESSION
**cywasgu,** *v.* CONTRACT, COMPRESS
**cywasgydd,** (-ion), *n.m.* COMPRESSOR
**cyweiraidd,** *a.* TONAL
**cyweiredd,** *n.m.* TONALITY
**cyweirgorn,** (-gyrn), *n.m.* KEY (TUNING)
**cyweiriad,** (-au), *n.m.* REPAIR
**cyweiriadur,** (-on), *n.m.* MODULATOR
**cyweirio,** *v.* REPAIR, DRESS, EQUIP, SET IN ORDER, TUNE, CASTRATE
**cyweirnod,** (-au), *n.m.* TONIC, PITCH, KEY-NOTE
**cyweithas,** *n.m.* COMPANY, SOCIETY, COMITY
*a.* GENIAL, SOCIABLE
**cyweithfa,** (-feydd), *n.f.* COLLECTIVE
**cyweithgarwch,** *n.m.* CO-OPERATIVE ACTIVITY, COLLECTIVISM
**cywely,** *n.m.f.* BEDFELLOW
**cywen,** (-nod), *n.f.* PULLET
**cywerth,** *a.* EQUIVALENT
**cywilydd,** *n.m.* SHAME
**cywilydd-dra,** *n.m.* SHAMEFULNESS
**cywilyddgar,** *a.* BASHFUL, SHY
**cywilyddio,** *v.* SHAME, BE ASHAMED
**cywilyddus,** *a.* SHAMEFUL, DISGRACEFUL
**cywir,** *a.* CORRECT, SINCERE, EXACT, HONEST, LOYAL, TRUE
**cywirdeb,** (-au), *n.m.* CORRECTNESS, EXACTNESS, LOYALTY, INTEGRITY
**cywiriad,** (-au), *n.m.* CORRECTION
**cywiriadur,** (-on), *n.m.* CORRECTIVE BOOK
**cywiro,** *v.* CORRECT, AMEND, REPROVE
**cywirwr,** (-wyr), *n.m.* CORRECTOR
**cywirydd,** (-ion), *n.m.* CORRECTIVE
**cywladu,** *v.* NATURALIZE
**cywrain,** *a.* SKILFUL, CURIOUS
**cywreinbeth,** (-au), *n.m.* CURIO
**cywreindeb,** *n.m.* SKILL, INGENUITY
**cywreinion,** *n.pl.* CURIOSITIES, BRIC-A-BRAC
**cywreinrwydd,** *n.m.* SKILL, CURIOSITY
**cywydd,** (-au), *n.m.* WELSH ALLITERATIVE POEM
**cywyddwr,** (-wyr), *n.m.* COMPOSER OF *CYWYDDAU*

**chwa,** (-on), *n.f.* BREEZE, GUST, PUFF
**chwaer,** (chwiorydd), *n.f.* SISTER
**chwaeroliaeth,** *n.f.* SISTERHOOD
**chwaeth,** (-au, -oedd), *n.f.* TASTE
**chwaethach,** *ad.* MUCH LESS, NOT TO MENTION, RATHER
**chwaethu,** *v.* TASTE, SAVOUR
**chwaethus,** *a.* IN GOOD TASTE, PALATABLE
**chwaith,** *ad.* (N)EITHER
**chwâl,** *a.* SCATTERED, LOOSE
**chwalfa,** (-feydd), *n.f.* DISPERSAL, UPHEAVAL
**chwalu,** *v.* SCATTER, SPREAD, DEMOLISH
**chwalwr,** (-wyr), *n.m.* SCATTERER, SPREADER, DEMOLISHER
**chwaneg,** *a. & n.m.* MORE
**chwanegiad,** (-au), *n.m.* ADDITION
**chwanegol,** *a.* ADDITIONAL
**chwanegu,** *v.* ADD, INCREASE
**chwannen,** (chwain), *n.f.* FLEA
**chwannog,** *a.* EAGER, GREEDY, INCLINED, PRONE
**chwant,** *n.m.* DESIRE, APPETITE, LUST
**chwanta, -u,** *v.* DESIRE, LUST
**chwantach,** *n.m.* SEXUAL DESIRE
**chwantus,** *a.* DESIROUS, LUSTFUL, SENSUAL
**chwap,** (-iau), *n.m.* SUDDEN BLOW, MOMENT
*ad.* INSTANTLY
**chwarae, chware,** *v.* PLAY, PERFORM
**chwarae,** (-on), *n.m.* PLAY, GAME
**chwaraedy,** (-dai), *n.m.* PLAYHOUSE, THEATRE
**chwaraefa,** (-feydd), *n.f.* PITCH, PLAYGROUND
**chwaraegar,** *a.* PLAYFUL
**chwaraele,** (-oedd), *n.m.* PLAYGROUND
**chwaraewr,** (-wyr), *n.m.* PLAYER, ACTOR, PERFORMER
**chwaraeyddol,** *a.* HISTRIONIC
**chwarddiad,** (-au), *n.m.* LAUGH
**chwarel,** (-au, -i, -ydd), *n.f.* QUARRY
**chwarennol,** *a.* GLANDULAR
**chwarren,** (-arennau), *n.f.* GLAND
*chwarren brostad,* PROSTATE GLAND
*chwarren thyroid,* THYROID GLAND
**chwareus,** *a.* PLAYFUL
**chwart,** (-au), *n.m.* QUART
**chwartel,** (-au, -i), *n.m.* QUARTILE
**chwarter,** (-i, -au), *n.m.* QUARTER
**chwarterol,** *a.* QUARTERLY
**chwarterolyn,** (-olion), *n.m.* QUARTERLY (MAGAZINE)
**chwarteru,** *v.* QUARTER
**chwe,** *a.* SIX (WITH SINGULAR NOUN)
**chweban,** (-nau), *n.m.* SESTET, SEXTAIN
**chwech,** *a.* SIX
**chwechawd,** (-au), *n.m.* SEXTET
**chwedl,** (-au), *n.f.* TALE, FABLE, SAYING
**chwedleua,** *v.* TALK, GOSSIP
**chwedleugar,** *a.* TALKATIVE, GOSSIPY
**chwedleuwr,** (-wyr), *n.m.* STORY-TELLER
**chwedloniaeth,** *n.f.* MYTHOLOGY
**chwedlonol,** *a.* MYTHICAL, MYTHOLOGICAL
**chwedlonydd,** (-wyr), *n.m.* MYTHOLOGIST
**chwedyn,** *ad.* AFTER
*na chynt na chwedyn,* NEITHER BEFORE NOR AFTER
**Chwefror, Chwefrol,** *n.m.* FEBRUARY
**chwegr,** (-au), *n.f.* MOTHER-IN-LAW
**chwegrwn,** (-ynau), *n.m.* FATHER-IN-LAW
**chwennych, chwenychu,** *v.* DESIRE, COVET
**chwenychiad,** (-au), *n.m.* DESIRE
**chweongl,** (-au), *n.m.* HEXAGON
**chwerfan,** (chwerfain) *n.f.* PULLEY, WHORL
**chwerthin,** *n.m. & v.* LAUGH
**chwerthiniad,** (-au), *n.m.* LAUGHTER
**chwerthinllyd,** *a.* LAUGHABLE, RIDICULOUS
**chwerthinog,** *a.* LAUGHING, MERRY
**chwerw,** *a.* BITTER, SEVERE, SHARP, CRUEL
**chwerwder, -dod,** *n.m.* } BITTERNESS
**chwerwedd,** *n.m.* }
**chwerwi,** *v.* EMBITTER, GROW BITTER
**chweugain,** (chweugeiniau) *a. & n.m.f.* FIFTY (NEW) PENCE
**chwi, chi,** *pn.* YOU
**chwib,** (-iau), *n.m.* WHISTLE
**chwiban,** *v. & n.m.* WHISTLE
**chwibaniad,** (-au), *n.m.* WHISTLING, WHISTLE
**chwibanogl,** (-au), *n.f.* WHISTLE, FLUTE, CURLEW
**chwibanu,** *v.* WHISTLE, HISS
**chwibon,** (-iaid), *n.m.* CURLEW, STORK
**chwidr,** *a.* WILD, RASH, TRIFLING
**chwifio,** *v.* WAVE, BRANDISH
**chwiff,** (-iau), *n.f.* WHIFF, PUFF
**chwiffiad,** *n.m.* WHIFF, JIFFY
**chwig,** (-iaid), *n.m.* WHIG
**chwil,** (-od), *n.m.f.* BEETLE
*a.* REELING, WHIRLING, INTENSE, DRUNK
**chwilbawa(n),** *v.* DAWDLE, TRIFLE

**chwilboeth,** *a.* SCORCHING HOT
**chwildroi,** *v.* WHIRL, SPIN
**chwilen,** (chwilod), *n.f.* BEETLE, WHIM, FAD
**chwilenna,** *v.* PRY, PILFER
**chwiler,** (-od), *n.m.* CHRYSALIS, PUPA
**chwilfriw,** *a.* SHATTERED, SMASHED TO ATOMS
**chwilfriwio,** *v.* SHATTER, SMASH
**chwilfrydedd,** *n.m.* CURIOSITY
**chwilfrydig,** *a.* INQUISITIVE, CURIOUS
**chwilgar,** *a.* INQUISITIVE
**chwilgarwch,** *n.m.* INQUISITIVENESS, CURIOSITY
**chwilgorn,** *a.* REELING
**chwilibawa(n),** *v.* DAWDLE, TRIFLE
**chwiliad,** (-au), *n.m.* SEARCH, SCRUTINY
**chwilio,** *v.* SEARCH, EXAMINE
**chwiliwr,** (-wyr), *n.m.* SEARCHER, EXAMINER
**chwilolau,** (-oleuadau), *n.m.* SEARCHLIGHT
**chwilmantan,** *v.* PRY, RUMMAGE
**chwilota,** *v.* SEARCH
**chwilotwr,** (-wyr), n.m. SEARCHER, RUMMAGER
**chwilys,** (-oedd), *n.m.* INQUISITION
**chwim,** *a.* NIMBLE, SWIFT, ACTIVE
**chwimder, -dra,** *n.m.* NIMBLENESS, SWIFTNESS
**chwimiad,** *n.m.* ACCELERATION
**chwimio,** *v.* MOVE, STIR, ACCELERATE
**chwimwth,** *a.* NIMBLE, QUICK
**chwinc,** *n.m.* WINK
**chwinciad,** *n.m.* TWINKLING
**chwiorydd,** see *chwaer*
**chwip,** (-iau), *n.f.* WHIP
**chwipiad,** (-au), *n.m.* WHIPPING, CAST (ON WALL)
**chwipio,** *v.* WHIP, CAST
**chwipyn,** *ad.* IMMEDIATELY
*a.* QUICK, SWIFT
**chwirligwgan,** *n.m.* WHIRLIGIG, WATER-BEETLE
**chwisg,** (-iau) *n.m.* WHISK
**chwisgi,** (-ïau), *n.m.* WHISKY
**chwisgo,** *v.* WHISK
**chwisl,** (-au), *n.m.* WHISTLE
**chwistrell,** (-au, -i), *n.m.* SYRINGE, SPRAY, JET (LIQUID)
**chwistrelliad,** (-au), *n.m.* INJECTION
**chwistrellu,** *v.* INJECT, SQUIRT, SPRAY
**chwit,** (-iau), *n.m.* WHISTLE
**chwit-chwat,** *a.* FICKLE, CHANGEABLE
*n.m.f.* FICKLE PERSON
**chwith,** *a.* LEFT, STRANGE, SAD
**chwithau,** *pn.* YOU TOO
**chwithdod, -dra,** *n.m.* STRANGENESS, SENSE OF LOSS
**chwithedd** *n.m.* EMBARRASSMENT
**chwithig,** *a.* STRANGE, AWKWARD
**chwithigrwydd,** *n.m.* AWKWARDNESS, CLUMSINESS
**chwiw,** (-iau), *n.f.* FIT, WHIM
**chwiwgar,** *a.* FICKLE
**chwiwgi,** (-gwn), *n.m.* SNEAK, THIEF, PILFERER, SLASHER
**chwiwladrata,** *v.* PILFER
**chwiwleidr,** (-ladron), *n.m.* PILFERER
**chwychwi,** *pn.* YOU YOURSELVES
**chwŷd,** *n.m.* } VOMIT
**chwydiad,** *n.m.* }
**chwydbair,** *n.m.* EMETIC
**chwydu,** *v.* VOMIT
*n.m.* EMESIS
**chwydd, -i,** (-au), *n.m.* SWELLING, BULGE
**chwyddhad,** *n.m.* MAGNIFICATION
**chwyddiant,** (-nnau), *n.m.* INFLATION, INFLAMMATION
**chwyddo,** *v.* SWELL INCREASE, AMPLIFY
**chwyddwydr,** (-au). *n.m.* MICROSCOPE, MAGNIFYING GLASS
**chwŷl,** (chwylion), *n.m.f.* TURN, COURSE, CHANGE
**chwyldro,** (-adau), *n.m.* ROTATION, REVOLUTION
**chwyldroad,** (-au), *n.m.* REVOLUTION
**chwyldroadol,** *a.* REVOLUTIONARY
**chwyldroadwr,** (-wyr), *n.m.* REVOLUTIONARY
**chwyldroi,** *v.* ROTATE, REVOLVE, REVOLUTIONISE
**chwylolwyn,** (-ion), *n.f.* FLYWHEEL
**chwyn,** (*chwynnyn, n.m.*), *c.n.* & *n.pl.* WEEDS
**chwynladdwr,** *n.m.* WEED-KILLER
**chwynleiddiad,** (-au), *n.m.* WEEDICIDE
**chwynnogl,** (chwynoglau), *n.m.* HOE
**chwynnu,** *v.* WEED
**chwyrligwgan,** (-od), *n.m.* SPINNING TOP, WHIRLIGIG
**chwyrlïo,** *v.* SPIN, WHIZ, WHIRL, WHISK
**chwyrlwynt,** (-oedd), *n.m.* WHIRLWIND
**chwyrlydd,** (-ion), *n.m.* WHISK
**chwyrn,** *a.* RAPID, SWIFT, VIOLENT, ASPIRATE

**chwyrnell,** (-au), *n.m.* WHIRLIGIG
**chwyrnellu,** *v.* SPIN, WHIZ, WHIRL
**chwyrnu,** *v.* SNORE, SNARL
**chwyrnwr,** (-wyr), *n.m.* SNORER, SNARLER
**chwys,** *n.m.* SWEAT, PERSPIRATION
**chwysen,** (-ni), *n.f.* SWEATER
**chwysfa,** (-feydd), *n.f.* SWEATING
**chwysiant,** *n.m.* EXUDATION
**chwysigen,** (chwysigod), *n.f.* BLISTER, BLADDER, VESICLE
**chwysigennu,** *v.* BLISTER
**chwyslyd,** *a.* SWEATING, SWEATY
**chwysu,** *v.* SWEAT, PERSPIRE
**chwyth, -ad,** *n.m.* BREATH, BLAST
**chwythbib,** (-au), *n.f.* BLOWPIPE
**chwythbrenni,** *n.pl.* WOODWINDS
**chwythell,** (-i), *n.f.* JET
**chwythiad,** (-au), *n.m.* BLOW, BLAST
**chwythlamp,** (-au), *n.f.* BLOWLAMP
**chwythu,** *v.* BLOW, BLAST, HISS, BREATHE
**chwythwm,** (-ymau), *n.m.* GUST
**chwythwr,** (-wyr), *n.m.* BLOWER (PERSON)
**chwythydd,** (-ion), *n.m.* BLOWER

**da,** *a.* GOOD, WELL
(-oedd), *n.m.* GOOD, GOODS, STOCK, CATTLE
**dab,** *n.m.* DAB
**dacron,** *n.m.* DACRON
**da-da,** *n.m.* SWEETS
**dacw,** *ad.* THERE IS/ARE, BEHOLD YONDER
**dad-, dat-,** *px.* DIS-, UN-, RE-,
**dadafael,** *v.* CEDE
**dadafaeliad,** (-au), *n.m.* CESSION
**dadaiaeth,** *n.m.* DADAISM
**dadannudd,** *n.m.* DISCLOSURE, UNCOVERING
**dadansoddi,** *v.* ANALYSE
**dadansoddiad,** (-au), *n.m.* ANALYSIS
**dadansoddol,** *a.* ANALYTIC (AL)
**dadansoddwr,** (-wyr), *n.m.* ANALYST
**dadansoddydd,** (-wyr) *n.m.* ANALYSER
**dadchwyddiant,** (-nnau), *n.m.* DEFLATION
**dad-doi,** *v.* UNROOF
**dad-ddyfrïo,** *v.* DEHYDRATE
**dadebriad,** *n.m.* RESUSCITATION
**dadebru,** *v.* REVIVE
**dadelfeniad,** (-au), *n.m.* DECOMPOSITION
**dadelfennu,** *v.* DECOMPOSE, REFINE
**dadeni,** *n.m.* RENAISSANCE, REBIRTH
*v.* REGENERATE
**dadentaelio,** *v.* DISENTAIL
**dadfachu,** *v.* UNHITCH, UNFASTEN
**dadfathiad,** (-au), *n.m.* DISSIMILATION
**dadfeiliad,** *n.m.* DECAY
**dadfeilio,** *v.* FALL TO RUIN, DECAY
**dadflino,** *v.* REST, REFRESH
**dadfodylu,** *v.* DEMODULATE
**dadfreinio,** *v.* DISFRANCHISE
**dadgyplu,** *v.* DECOUPLE
**dadi,** *n.m.* DADDY
**dadl,** (-euon), *n.f.* DEBATE, ARGUMENT, PLEA, DOUBT, DISPUTE
**dadlaith,** *n.m.* THAW, MELTING
*v.* THAW, MELT
**dadlau,** *n.m.* & *v.* DEBATE, ARGUE, PLEAD
**dadleniad,** (-au), *n.m.* DISCLOSURE, EXPOSURE, DENOUEMENT
**dadlennol,** *a.* DISCLOSING, EXPOSING
**dadlennu,** *v.* DISCLOSE, EXPOSE, REVEAL
**dadleoli,** *v.* DISLOCATE
**dadleoliad,** (-au), *n.m.* DISLOCATION
**dadleuaeth,** *n.f.* POLEMICS, CONTROVERSY
**dadleugar,** *a.* ARGUMENTATIVE
**dadleuol,** *a.* POLEMICAL, CONTROVERSIAL, DISPUTABLE
**dadleuwr,** (-wyr), *n.m.* DEBATER, ADVOCATE, ARGUER
**dadlherwa,** *n.m.* FILIBUSTERING
**dadlherwr,** (-wyr), *n.m.* FILIBUSTERER
**dadluddedu,** *v.* REST, REFRESH
**dadlwytho,** *v.* UNLOAD, DISCHARGE
**dadlygru,** *v.* DECONTAMINATE
**dadmer,** *v.* THAW, DISSOLVE
**dadnitreiddiad,** *n.m.* DENITRIFICATION
**dado,** (-au), *n.m.* DADO
**dadorchuddio,** *v.* UNVEIL, UNCOVER
**dadreolaeth,** *n.f.* DECONTROL
**dadrewlifiant,** *n.m.* DEGLACIATION
**dadrithiad,** (-au), *n.m.* DISILLUSIONMENT
**dadrithio,** *v.* DISILLUSION
**dadsefydlu,** *v.* DISESTABLISH
**daduniad,** (-au), *n.m.* DISSOCIATION
**daduno,** *v.* DISSOCIATE, DISUNITE
**dadwaddoli,** *v.* DISENDOW
**dadwefru,** *v.* DISCHARGE
**dadwenwyniad,** *n.m.* DETOXICATION
**dadwneud,** / **dadwneuthur,** *v.* UNDO, UNMAKE
**dadwrdd,** *n.m.* NOISE, UPROAR, BUSTLE, STIR
**dadymafael,** *n.f.* DISENGAGEMENT
**dadymchwel, -yd,** *v.* UPSET, OVERTHROW, OVERTURN
**daear,** (-oedd), *n.f.* EARTH, SOIL, GROUND, LAIR
**daeardy,** (-dai), *n.m.* DUNGEON
**daeareg,** *n.f.m.* GEOLOGY
**daearegol,** *a.* GEOLOGICAL
**daearegwr,** (-wyr), *n.m.* GEOLOGIST
**daearen,** *n.f.* THE EARTH, LAND, COUNTRY
**daearfochyn,** (-foch), *n.m.* BADGER
**daeargell,** (-oedd), *n.f.* DUNGEON, VAULT
**daeargi,** (-gwn), *n.m.* TERRIER
**daeargryd,** (-iau), *n.m.* EARTH TREMOR
**daeargryn,** (-fâu, -feydd), *n.m.f.* EARTHQUAKE
**daearol,** *a.* EARTHLY, EARTHY
**daearu,** *v.* EARTH, INTER
**daearyddiaeth,** *n.f.m.* GEOGRAPHY
**daearyddol,** *a.* GEOGRAPHICAL
**daearyddwr,** (-wyr), *n.m.* GEOGRAPHER
**däed,** *a.* AS GOOD AS
**daer,** *n.f.* EARTH
**dafad,** (defaid), *n.f.* SHEEP, WART
**dafaden,** (-nau), *n.f.* WART
*dafaden wyllt,* CANCER

**dafn,** (-au), *n.m.* DROP, SIP
**dafnu,** *v.* TRICKLE
**dagr,** (-au) *n.m.* DAGGER, BAYONET, DIRK
**dagreuol,** *a.* TEARFUL, SAD, LACHRYMAL
**dail,** *(dalen, deilen, n.f.), n.pl.* LEAVES, FOLIAGE
**daint,** (dannedd), *n.m.* TOOTH
**daioni,** *n.m.* GOODNESS, GOOD
**daionus,** *a.* GOOD, BENEFICIAL, BENEFICENT
**dal(a),** *v.* HOLD, BEAR, CATCH, ARREST, CONTINUE
**dalbren,** *n.m.* BENCH HOLDFAST
**dalen,** (-nau), *n.f.* LEAF, SHEET, LEAFLET
**dalfa,** (-feydd), *n.f.* CATCH, HOLD, CUSTODY, ARREST
**dalfod,** *n.m.* ENDURANCE
**dalgylch,** (-oedd), *n.m.* CATCHMENT AREA
**daliad,** (-au), *n.m.* HOLDING, TENURE, BELIEF, CATCH, SUSPENDED NOTE
**daliadaeth,** (-au), *n.m.* TENURE
**daliant,** (-nnau), *n.m.* SUSPENSION
**daliwr,** (-wyr), *n.m.* JIG, CATCHER
**dalyn,** (-nau), *n.m.* SUPPORTER, BRACE
**dall,** (deillion), *a.* BLIND
**dallbleidiaeth,** *n.f.* BIGOTRY
**dallbleidiwr,** (-wyr), *n.m.* BIGOT
**dallgeibio,** *v.* BLUNDER
**dallineb,** *n.m.* BLINDNESS
**dallu,** *v.* BLIND, DAZZLE
**dallydd,** *n.m.* BLINDER
**damcaniaeth,** (-au), *n.f.* THEORY, SUPPOSITION, HYPOTHESIS
**damcaniaethol,** *a.* THEORETICAL, HYPOTHETICAL
**damcaniaethwr,** (-wyr), *n.m.* THEORIST
**damcanu,** *v.* THEORISE
**dameg,** (damhegion), *n.f.* PARABLE
**damhegol,** *a.* ALLEGORICAL, PARABOLICAL
**damhegwr,** (-wyr), *n.m.* ALLEGORIST
**damnedig,** *a.* DAMNED, DAMNABLE
**damnedigaeth,** *n.f.* DAMNATION
**damnio,** *v.* DAMN
**damniol,** *a.* DAMNING, DAMNABLE
**dampar,** (-s), *n.m.* DAMPER
**damsang,** *v.* TREAD, TRAMPLE
**damwain,** (-weiniau), *n.f.* ACCIDENT, CHANCE
**damweinio,** *v.* OCCUR, CHANCE
**damweiniol,** *a.* ACCIDENTAL, CASUAL
**dan,** *prp.* UNDER
**danad(l),** *(danhadlen, n.f.), n.pl.* NETTLES
**danas,** *c.n.* DEER
**dandi,** *n.m.* DANDY
**dandïaidd,** *a.* DANDY
**dandwn,** *v.* PAMPER, PET
**danfon,** *v.* SEND, TRANSMIT, ESCORT
**dangos,** *v.* SHOW, REVEAL
**dangosbeth,** (-au), *n.m.* EXHIBIT
**dangoseg,** (-ion), *n.f.* INDEX
**dangosol,** *a.* INDICATIVE, DEMONSTRATIVE
**dangosydd,** *n.m.* INDICATOR
**danheddog,** *a.* JAGGED, SERRATED, TOOTHED
**dannod,** *v.* TAUNT, REPROACH
**dannoedd,** *n.f.* TOOTHACHE
**danodiad,** (-au), *n.m.* REPROACH
**dansoddol,** *a.* ABSTRACT
**dant,** (dannedd), *n.m.* TOOTH, COG, TINE
**danteithfwyd,** (-ydd), *n.m.* DAINTY, AMBROSIA
**danteithiol,** *a.* DELICIOUS, DAINTY
**danteithion,** *n.pl.* DELICACIES
**danys,** *n.m.* FALLOW-DEER
**darbod,** *v.* PREPARE, PROVIDE
**darbodaeth,** *n.f.* PROVISION, THRIFT
**darbodus,** *a.* PROVIDENT, THRIFTY
**darbwyllo,** *v.* CONVINCE, PERSUADE
**darddull,** (-iau), *n.m.* MANNER
**darfath,** (-au), *n.m.* SWAGE
**darfelydd,** (-ion), *n.m.* IMAGINATION, FANCY
**darfod,** *v.* END, FINISH, WASTE AWAY, HAPPEN, DIE
**darfodadwy,** *a.* TRANSISTORY, PERISHABLE
**darfodedig,** *a.* TRANSIENT, DECAYED
**darfodedigaeth,** *n.m.* TUBERCULOSIS, PHTHISIS, CONSUMPTION
**darfodiant,** (-iannau), *n.m.* DOWNWASH
**darfudiad,** (-au), *n.m.* CONVECTION
**darfudo,** *v.* CONVECTION
**darfudol,** *a.* CONVECTIONAL
**darfyddiad,** *n.m.* FINISHING, ENDING
**dargadw,** *v.* RETAIN
**darganfod,** *v.* DISCOVER
**darganfyddiad,** (-au), *n.m.* DISCOVERY
**darganfyddwr,** (-wyr), *n.m.* DISCOVERER
**dargludedd,** *n.m.* CONDUCTIVITY
**dargludiant,** *n.m.* CONDUCTANCE
**dargludo,** *v.* CONDUCT
**dargludydd,** (-ion), *n.m.* CONDUCTOR

**dargopïo.** *v.* TRACE
**dargyfeiredd,** *n.m.* DIVERGENCE
**dargyfeirio,** *v.* DIVERGE
**darheuliad,** *n.m.* INSOLATION
**darlifo,** *v.* PERFUSE
**darlith,** (-iau, -oedd), *n.f.* LECTURE
**darlithfa,** (-feydd), LECTURE ROOM
**darlithio,** *v.* LECTURE
**darlithiwr,** (-wyr), *n.m.* | LECTURER
**darlithydd,** (-ion), *n.m.* |
**darlosgi,** *v.* CREMATE
**darlun,** (-iau), *n.m.* PICTURE
**darluniad,** (-au), *n.m.* DESCRIPTION, PORTRAYAL
**darluniadol,** *a.* PICTORIAL
**darluniaeth,** *n.f.* IMAGERY
**darlunio,** *v.* DESCRIBE, PORTRAY, DRAW, ILLUSTRATE
**darluniol,** *a.* PICTORIAL
**darllaw,** *v.* BREW
**darllawdy,** (-dai), *n.m.* BREWERY
**darllawydd,** *n.m.* BREWER
**darllediad,** (-au), *n.m.* BROADCAST
**darlledu,** *v.* BROADCAST
**darlledwr,** (-wyr), *n.m.* BROADCASTER
**darllen,** *v.* READ
**darllenadwy,** *a.* READABLE, LEGIBLE
**darllenawd,** (-au), *n.m.* DICTATION
**darllenfa,** (-feydd), *n.f.* READING-ROOM, STUDY, LECTERN
**darlleniad,** (-au), *n.m.* READING, LECTION
**darlleniadur,** (-on), *n.m.* LECTERN
**darllenwr,** (-wyr), *n.m.* | READER
**darllenydd,** (-ion), *n.m.* |
**darmerth,** *n.m.* CATERING, PROVISION
**darmerthu,** *v.* CATER
**darn,** (-au), *n.m.* PIECE, FRAGMENT, PART
**darnguddio,** *v.* CONCEAL A PART
**darniad,** (-au), *n.m.* FRAGMENTATION
**darnio,** *v.* CUT UP, TEAR
**darnlun,** (-iau), *n.m.* COLLAGE
**darnodi,** *v.* DISTINGUISH, PRESCRIBE, DENOTE, DEFINE
**darnodiad,** (-au), *n.m.* DEFINITION, PRESCRIPTION
**darofun,** *v.* WISH, INTEND
**darogan,** (-au), *n.f.* PREDICTION, PROPHECY, FORECAST
*v.* PREDICT, FORETELL
**daroganu,** *v.* PREDICT, FORETELL
**daroganwr,** (-wyr), *n.m.* PREDICTOR, PROPHET, SOOTHSAYER, FORECASTER
**darostwng,** *v.* SUBDUE, LOWER, SUBJECT
**darostyngiad,** (-au), *n.m.* SUBJECTION, SUBJUGATION
**darpar,** (-iadau), *n.m.* PREPARATION, PROVISION
*v.* PREPARE
*a.* INTENDED, ELECT
**darpariaeth,** (-au), *n.f.* PREPARATION, PROVISION
**darparu,** *v.* PREPARE, PROVIDE
**darparwr,** (-wyr), *n.m.* PREPARER, PROVIDER
**darseinydd,** (-ion), *n.m.* LOUDSPEAKER
**dart,** (-iau), *n.m.* DART
**darwden,** (-nau), *n.f.* RINGWORM
**das,** (-au, deisi), *n.f.* RICK, STACK, HEAP
**dasu,** *v.* STACK, HEAP UP
**dât,** (datau, datys), *n.m.* DATE
**data,** *n.m.* DATA
**datblygiad,** (-au), *n.m.* DEVELOPMENT, EVOLUTION
**datblygol,** *a.* NASCENT, DEVELOPING
**datblygu,** *v.* DEVELOP, EVOLVE, EXPAND
**datblygus,** *a.* DEVELOPMENTAL
**datblygydd,** (-ion), *n.m.* DEVELOPER
**datbroffesu,** *v.* RECANT
**datchwyddiant,** *n.m.* DEFLATION
**datgan,** *v.* DECLARE, RECITE, RENDER
**datganiad,** (-au), *n.m.* DECLARATION, RENDERING, RECITAL
**datganoli,** *v.* DEVOLVE, DECENTRALIZE
**datganoli(ad),** *n.m.* DEVOLUTION
**datgeiniad,** (-iaid), *n.m.* SINGER, NARRATOR
**datgeliad,** (-au), *n.m.* DETECTION
**datgelu,** *v.* DETECT
**datgloi,** *v.* UNLOCK
**datglymu,** *v.* UNHITCH, UNDO
**datgorffori,** *v.* DISSOLVE, DISPERSE
**datgorfforiad,** *n.m.* DISSOLUTION
**datguddiad,** (-au), *n.m.* REVELATION, DISCLOSURE
**datguddio,** *v.* REVEAL, DISCLOSE
**datgyflymu,** *v.* DECELERATE
**datgyffesu,** *v.* RECANT
**datgymaliad,** (-au), *n.m.* LUXATION, DISLOCATION
**datgymalu,** *v.* DISLOCATE, DISMEMBER
**datgysylltiad,** (-au), *n.m.* DISCONNEXION, DISASSOCIATION, DISESTABLISHMENT
**datgysylltu,** *v.* DISCONNECT, DISESTABLISH
**datgyweddu,** *v.* DISENGAGE

**datnwyo,** *v.* EVACUATE (CEMEG)
**datod,** *v.* UNDO, SOLVE, LOOSE
**datrannu,** *v.* DISSECT
**datru,** *v.* DE-CODE
**datrys,** *v.* SOLVE, UNRAVEL, RESOLVE
**datrysiad,** (-au), *n.m.* SOLUTION, RESOLUTION
**datsain,** *n.f.* REVERBERATION, RING, PEAL
**datseinio,** *v.* REVERBERATE
**datsgwar,** (-au), *n.m.* SQUARE ROOT
**datysen,** (datys), *n.f.* DATE
**dathliad,** (-au), *n.m.* CELEBRATION
**dathlu,** *v.* CELEBRATE
**dau,** (*dwy, f.*), *a. & n.m.* TWO
**dau-, deu-,** *px.* TWO, BI-
**dauddyblyg,** *a.* TWOFOLD, DOUBLE, FALSE
**daufiniog,** *a.* DOUBLE-EDGED
**dauwynebog,** *a.* TWO-FACED
**daw,** (dofion), *n.m.* SON-IN-LAW
**dawn,** (doniau) *n.m.f.* GIFT, TALENT, APTITUDE, BOON
**dawns,** (-iau), *n.f.* DANCE
*dawnsiau gwledig,* COUNTRY DANCES
*dawnsiau gwerin,* FOLK DANCES
*twmpath dawns,* PUBLIC DANCE (FOLK)
**dawnsfa,** (-eydd), *n.f.* BALLROOM
**dawnsio,** *v.* DANCE
**dawnsiwr,** (-wyr), *n.m.* DANCER
**dawnus,** *a.* GIFTED, TALENTED
**de,** *a.* SOUTHERN, RIGHT
*n.m.* SOUTH
*n.f.* RIGHT SIDE
**deall,** *v.* UNDERSTAND
*n.m.* UNDERSTANDING, INTELLIGENCE, INTELLECT
**dealladwy,** *a.* INTELLIGIBLE
**deallaeth,** *n.f.* INTELLECTUALISM
**deallgar,** *a.* INTELLIGENT, WISE
**deallol,** *a.* INTELLECTUAL
**dealltwriaeth,** (-au), *n.f.* UNDERSTANDING, INTELLIGENCE
**deallus,** *a.* INTELLIGENT
**deallusion,** *n.pl.* INTELLIGENTSIA
**deallusrwydd,** *n.m.* INTELLIGENCE
**dealluswr,** *n.m.* INTELLECTUAL
**deallusyn,** *n.m.* EGGHEAD
**deau,** *a. & n.m.* RIGHT, SOUTH
**debentur,** (-on), *n.m.* DEBENTURE
**debyd,** (-au), *n.m.* DEBIT
**debydu,** *v.* DEBIT
**dec,** (-iau, -s), *n.m.* DECK
**decibel,** (-au), *n.m.* DECIBEL
**decilitr,** (-au), *n.m.* DECILITRE
**decimetr,** (-au), *n.m.* DECIMETRE
**decstros,** *n.m.* DEXTROSE
**dectant,** *n.m.* TEN-STRINGED (INSTRUMENT), PSALTERY
**dechrau,** *v.* BEGIN, ORIGINATE
*n.m.* BEGINNING, ORIGIN
**dechreuad,** (-au), *n.m.* BEGINNING
**dechreuadol,** *a.* INITIAL, ORIGINAL
**dechreunos,** *n.f.* DUSK
**dechreuol,** *a.* INITIAL, ORIGINAL
**dechreuwr,** (-wyr), *n.m.* BEGINNER, STARTER, NOVICE
**dedfryd,** (-au), *n.f.* VERDICT, SENTENCE
**dedfrydu,** *v.* SENTENCE
**dedwydd,** *a.* HAPPY, BLESSED
**dedwyddwch, -yd,** *n.m.* HAPPINESS, BLISS
**deddf,** (-au), *n.f.* LAW, ACT, STATUTE
*deddf galanas,* HOMICIDE ACT
*deddf leol,* BY-LAW
*trosedd yn erbyn y ddeddf,* STATUTORY OFFENCE
**deddfeg,** *n.f.* JURISPRUDENCE
**deddfegwr,** (-wyr), *n.m.* JURIST
**deddflyfr,** (-au), *n.m.* STATUTE BOOK
**deddfol,** *a.* LEGAL, LEGITIMATE, LEGALISTIC
**deddfoliaeth,** *n.f.* LEGALISM
**deddfu,** *v.* LEGISLATE
**deddfwr,** (-wyr), *n.m.* LEGISLATOR
**deddfwriaeth,** (-au), *n.f.* LEGISLATION
**deddfwriaethol,** *a.* LEGISLATIVE
**defeidiog,** (-au), *n.f.* SHEEP-WALK
**defni,** *v.* DRIP, TRICKLE
**defnydd,** (-iau), *n.m.* MATERIAL, USE, PURPOSE, CLOTH-FABRIC
*defnyddiau anllosg,* FIRE-PROOF MATERIALS
*defnydd swmp,* BULK MATERIAL
**defnyddiad,** (-au), *n.m.* USE
**defnyddio,** *v.* USE, UTILIZE
**defnyddiol,** *a.* USEFUL
**defnyddioldeb,** *n.m.* USEFULNESS, UTILITY
**defnyddioliaeth,** *n.f.* UTILITARIANISM
**defnyddiwr,** (-wyr), *n.m.* USER, CONSUMER
**defnyn,** (-nau), *n.m.* DROP
**defnynnu,** *v.* DRIP, DISTIL
**defod,** (-au), *n.f.* CUSTOM, CEREMONY, RITUAL, ORDINANCE
**defodaeth,** *n.f.* RITUALISM
**defodi,** *v.* ORDAIN, DECREE, PRACTISE (AS CUSTOM)
**defodol,** *a.* CUSTOMARY, RITUALISTIC
**defosiwn,** (-iynau), *n.m.* DEVOTION

**defosiynol,** *a.* DEVOTIONAL, DEVOUT
**deffro(i),** *v.* AWAKE, ROUSE, AWAKEN
**deffroad,** (-au), *n.m.* AWAKENING
**deg,** (-au), *a.* TEN
*n.m.* TEN
**degad,** degawd, (-au), *n.m.f.* DECADE
**degaidd,** *a.* DENARY
**degiad,** (-au), *n.m.* DECIMAL
**degol,** (-ion), *n.m.* & *a.* DECIMAL
*pwynt degol,* DECIMAL POINT
*system ddegol,* DECIMAL SYSTEM
**degoli,** *v.* DECIMALISE
**degoliad,** *n.m.* DECIMALISATION
**degolyn,** (degolion), *n.m.* DECIMAL
**degradd,** (-au), *n.m.* DECILE
**degwm,** (-ymau), *n.m.* TENTH, TITHE
*degwm cil-dwrn,* TIP
**degymiad,** (-au), *n.m.* TITHING
**degymol,** *a.* DECILE
**degymu,** *v.* TITHE, DECIMATE
**deng,** *a.* TEN
**dengair,** *n.m.* THE TEN COMMANDMENTS
**dengyn,** *a.* OBSTINATE, ROUGH, BRAVE
**dehau, deheu,** see *deau*
**deheubarth, -dir,** *n.m.* SOUTH
**deheuig,** *a.* SKILFUL, DEXTEROUS
**deheulaw,** *n.f.* RIGHT HAND
*a.* SKILFUL
**deheuol,** *a.* SOUTHERN, AUSTRAL
**deheurwydd,** *n.m.* SKILL, DEXTERITY
**deheuwr,** (-wyr), *n.m.* SOUTHERNER
**deheuwynt,** (-oedd), *n.m.* SOUTH WIND
**dehongli,** *v.* INTERPRET
**dehongliad,** (-au), *n.m.* INTERPRETATION
**dehonglwr, -ydd,** (-wyr, -ion), *n.m.* INTERPRETER, EXPONENT
**deholiad,** (-au), *n.m.* EXILE
**dehydrad,** (-au), *n.m.* DEHYDRATION
**dehydru,** *v.* DEHYDRATE
**dei,** *n.m.* DIE
**deial,** (-au), *n.m.* DIAL
**deialog,** (-au), *n.m.f.* DIALOGUE
**deialu,** *v.* DIAL
**deic,** (-iau), *n.m.* DYKE
**deiet,** *n.m.f.* DIET
**deieteg,** *n.m.f.* DIETETICS
**deif,** (-iau), *n.m.* DIVE
**deifio,** *v.* DIVE, SINGE, SCORCH, BLAST
**deifiol,** *a.* SCORCHING, SCATHING
**deifiwr,** (-wyr), *n.m.* DIVER
**deigryn,** (dagrau), *n.m.* TEAR
**deilbridd,** *n.m.* HUMUS
**deildy,** (-dai), *n.m.* BOWER, ARBOUR
**deilen,** (dail), *n.f.* LEAF
**deilgoll,** *a.* DECIDUOUS
**deiliad,** (deiliaid), *n.m.* TENANT, SUBJECT
**deiliadaeth,** (-au), *n.f.* TENANCY, TENURE
**deiliant,** (-nnau), *n.m.* FOLIAGE
**deilio,** *v.* LEAF
**deiliog,** *a.* LEAFY
**deiliosen,** (deilios), *n.f.* LEAFLET
**deilliad,** (-au), *n.m.* DERIVATION, DERIVATIVE
**deilliant,** (-nnau), *n.m.* DERIVATION
**deillio,** *v.* EMANATE, ISSUE, DERIVE
**dein,** (-iau), *n.m.* DYNE
**deinameg,** *n.f.m.* DYNAMICS
**deinamig,** *a.* DYNAMIC
**deinamo,** (-s, -au), *n.m.* DYNAMO
**deincod,** *n.m.* TEETH ON EDGE
**deincryd,** *n.m.* GNASHING OF TEETH
**deintio,** *v.* NIBBLE
**deintrod,** (-au), *n.f.* COG
**deintur,** (-iau), *n.m.* INDENTURE, TENTER
**deintydd,** (-ion), *n.m.* DENTIST
**deintyddiaeth,** *n.f.* DENTISTRY
**deintyddol,** *a.* DENTAL
**deir,** *a.* SLOW, TEDIOUS
**deiseb,** (-au), *n.f.* PETITION
**deisebu,** *v.* PETITION
**deisebwr,** (-wyr), *n.m.* PETITIONER
**dëist(i)aeth,** *n.f.* DEISM
**deisyf(u),** *v.* DESIRE, BESEECH
**deisyfiad,** (-au), *n.m.* REQUEST, PETITION
**del,** *a.* PRETTY, NEAT
**dêl,** (*delen, n.f.*), *c.n.* DEAL, PINE
**delfryd,** (-au, -ion), *n.m.* IDEAL
**delfrydiaeth,** *n.f.* IDEALISM
**delfrydol,** *a.* IDEAL, IDEALISTIC
**delfrydwr,** (-wyr), *n.m.* IDEALIST
**delff,** *n.m.* CHURL, OAF, IDIOT
**delio,** *v.* DEAL
**delincwensi,** *n.m.* DELINQUENCY
**delincwent,** *n.m.* DELINQUENT
**deliwr,** (-wyr), *n.m.* DEALER
**delta,** (-âu), *n.f.* DELTA
**delw,** (-au), *n.f.* IMAGE, IDOL, FORM, MANNER
**delwedd,** (-au), *n.f.* IMAGE
**delweddaeth,** *n.f.* IMAGERY
**delweddu,** *v.* VISUALISE, IMAGE
**delwi,** *v.* BE WOOL-GATHERING, PALE, BE PARALYSED WITH FRIGHT
**delysg,** *c.n.* DULSE
**dellni,** *n.m.* BLINDNESS

**dellt,** (*-en, n.f.*), *n.pl.* LATHS, LATTICE, SPLINTERS
**demên,** (demenau), *n.f.* DEMESNE
**democrat,** (-iaid), *n.m.* DEMOCRAT
**democratiaeth,** (-au), *n.f.* DEMOCRACY
**democratig,** *a.* DEMOCRATIC
**demograffeg,** *n.f.* DEMOGRAPHY
**demograffig,** *a.* DEMOGRAPHIC
**demonaeth,** *n.f.* DEMONISM
**demyrru,** *v.* DEMUR
**dengar,** *a.* ATTRACTIVE, ALLURING
**dengarwch,** *n.m.* ATTRACTIVENESS
**deniadau,** *n.pl.* ATTRACTIONS
**deniadol,** *a.* ATTRACTIVE, ENTICING
**denu,** *v.* ATTRACT, ENTICE
**deon,** (-iaid), DEAN
**deondy,** (-dai), *n.m.* DEANERY (HOUSE)
**deoniaeth,** (-au), *n.f.* DEANERY
**deor(i),** *v.* BROOD, HATCH, PREVENT
**deorfa,** (-fâu, -feydd), *n.f.* HATCHERY
**deorydd,** (-ion), *n.f.* INCUBATOR
**depot,** (-au), *n.m.* DEPOT
**dera,** *n.f.* STAGGERS
**derbyn,** *v.* RECEIVE, ACCEPT, ADMIT
**derbynadwy,** *a.* ADMISSIBLE
**derbyniad,** *n.m.* RECEPTION
**derbyniol,** *a.* ACCEPTABLE, RECEPTIVE, ACCUSATIVE
**derbyniwr,** (-wyr), *n.m.* ACCEPTOR
**derbynneb,** (-ynebau, -ynebion), *n.f.* RECEIPT, VOUCHER
**derbynnedd,** *n.m.* INTAKE
**derbynnydd,** (-ynyddion), *n.m.* RECEIVER
**derbynwest,** (-i), *n.f.* RECEPTION (MEAL)
**deri,** (*dâr, n.f.*) *n.pl.* OAK-TREES, OAK
**deric,** (-iau), *n.m.* DERRICK
**dermatitis,** *n.m.* DERMATITIS
**dernyn,** (-nau), *n.m.* PIECE, FRAGMENT
**derwen,** (derw), *n.f.* OAK-TREE
**derwydd,** (-on), *n.m.* DRUID
**derwyddiaeth,** *n.f.* DRUIDISM
**derwyddol,** *a.* DRUIDIC
**desg,** (-iau), *n.f.* DESK, BUREAU, LECTERN
**desgant,** (-au), *n.m.* DESCANT
**desibel,** (-au), *n.m.* DECIBEL
**despot,** *n.m.* DESPOT
**despotiaeth,** *n.f.* DESPOTISM
**destlus,** *a.* NEAT, TRIM, TIDY
**destlusrwydd,** *n.m.* NEATNESS, TIDINESS
**detector,** (-au), *n.m.* DETECTOR
**determinant,** (-au), *n.m.* DETERMINANT
**detritws,** *n.m.* DETRITUS
**dethau,** *a.* SKILFUL, TIDY
**dethol,** *a.* CHOICE, SELECT
*v.* CHOOSE, SELECT
**detholedd,** *n.m.* SELECTIVITY
**detholiad,** (-au), *n.m.* SELECTION, ANTHOLOGY
**detholus,** *a.* SELECTIVE
**deu-,** see *dau-*
**deuad,** (-au), *n.m.* DYAD
**deuaidd,** *a.* BINARY
**deuamgrwm,** *a.* BICONVEX
**deuatyniadaeth,** *n.f.* BIPOLARITY
**deuawd,** (-au), *n.m.f.* DUET
**deubarthiad,** *n.m.* DICHOTOMY
**deubarthol,** *a.* DICHOTOMOUS
**deublyg,** *a.* DOUBLE, TWOFOLD
**deuddecsygn,** *n.m.* SIGNS OF ZODIAC
**deuddeg,** *a. & n.m.* TWELVE
**deuddegol,** *a. & n.m.* DUODECIMAL
**deuddegsygn,** *n.m.* SIGNS OF ZODIAC
**deuelectryn,** (-nau), *n.m.* DIELECTRIC
**deufin,** *a.* TWO-EDGED
**deuffocal,** *a.* BIFOCAL
**deugain,** *a. & n.m.* FORTY
**deuglust,** *a.* BINAURAL
**deugraff,** *n.m.* DIGRAPH
**deugroesryw,** / **deuhybrid,** *a.* DIHYBRID
**deulygadur,** *n.pl.* BINOCULARS
**deunaw,** *a. & n.m.* EIGHTEEN
**deunydd,** (-iau), *n.m.* MATERIAL, STUFF
**deuocsid,** *n.m.* DIOXIDE
**deuod,** (-au), *n.m.* DIODE
**deuol,** *a.* DUAL, BINARY
**deuoliaeth,** *n.f.* DUALISM, DUALITY
**deuparth,** *d.n.* TWO THIRDS, DOUBLE PORTION
**deupol,** (-au), *n.m.* DIPOLE
**deurannol,** *a.* BIPARTITE
**deuris,** *a.* TWO-TIER
**deurodur,** *n.m.* BICYCLE
**deurudd,** *d.n.* THE CHEEKS
**deuryw,** *a.* BISEXUAL
**deurywyn,** *n.m.* HERMAPHRODITE
**deusain,** *d.n.* DIPHTHONG
**deuswllt,** (-sylltau), *n.m.* FLORIN
**deuteron,** *n.m.* DEUTERON
**deutu,** *d.n.* ABOUT, AROUND, ON BOTH SIDES
**dewin,** (-iaid), *n.m.* MAGICIAN, WIZARD, DIVINER
**dewina,** *v.* DIVINE

**dewindabaeth,** *n.f.* DIVINATION, MAGIC, PROPHECY
**dewines,** (-au), *n.f.* WITCH, SORCERESS
**dewiniaeth,** *n.f.* DIVINATION, WITCHCRAFT
**dewino,** *v.* DIVINE
**dewin(i)ol,** *a.* PROPHETIC, DIVINATORY
**dewis,** *v.* CHOOSE, SELECT
*n.m.* CHOICE, DESIRE
**dewisiad,** (-au), *n.m.* SELECTION, CHOICE, OPTION
**dewisol,** *a.* CHOICE, DESIRABLE
**dewr,** (-ion), *a.* BRAVE, BOLD
*n.m.* BRAVE MAN, HERO
**dewrder,** *n.m.* BRAVERY, COURAGE
**dewteron,** (-au), *n.m.* DEUTERON
**di-,** *px.* WITHOUT, NOT, UN-, NON-
**diabetig,** *a. & n.m.f.* DIABETIC
**diacon,** (-iaid), *n.m.* DEACON
**diaconaidd,** *a.* DIACONAL
**diacones,** (-au), *n.f.* DEACONESS
**diaconiaeth,** *n.f.* DIACONATE
**diadelffus,** *a.* DIADELPHOUS
**diadell,** (-oedd, -au), *n.f.* FLOCK
**diadlam,** *a.* NOT TO BE RECROSSED
**diaddurn,** *a.* UNADORNED, PLAIN
**diaelodi,** *v.* DISMEMBER, EXPEL A MEMBER
**diafael,** *a.* SLIPPERY, CARELESS
**diafol,** (dieifl), *n.m.* DEVIL
**diaffram,** (-au), *n.m.* DIAPHRAGM
**diagnosis,** *n.m.* DIAGNOSIS
**diagram,** (-au), *n.m.* DIAGRAM
**diangen,** *a.* UNNECESSARY, FREE FROM WANT
**dianghendod,** *n.m.* REDUNDANCY
**dianghenraid,** *a.* UNNECESSARY
**di-ail,** *a.* UNRIVALLED, PEERLESS
**dial,** *v.* AVENGE, REVENGE
(-on), *n.m.* VENGEANCE, REVENGE
**dialedd,** (-au), *n.m.* VENGEANCE, NEMESIS
**dialgar,** *a.* VINDICTIVE
**di-alw-amdano,** *a.* REDUNDANT, UNCALLED FOR
**dialwr,** (-wyr), *n.m.* | AVENGER
**dialydd,** (-ion), *n.m.* |
**diamau,** *a.* DOUBTLESS
**diamcan,** *n.* AIMLESS, PURPOSELESS
**diamedr,** (-au), *n.m.* DIAMETER
**diamedral,** *a.* DIAMETRAL
**diamheuol,** *a.* UNDOUBTED
**diamod,** *a.* UNCONDITIONAL, ABSOLUTE
**diamodaeth,** *n.f.* ABSOLUTISM
**diamodol,** *a.* UNCONDITIONAL, ABSOLUTE
**diamwys,** *a.* UNAMBIGUOUS
**diamynedd,** *a.* IMPATIENT
**dianc,** *v.* ESCAPE
**diannod,** *a.* WITHOUT DELAY, SWIFT, SUMMARY
**diapason** *n.m.* DIAPASON
**diarchenu,** *v.* TAKE OFF ONE'S SHOES, UNDRESS
**diarddel,** *v.* DISOWN, EXPEL, DISQUALIFY, EXCOMMUNICATE
**diarddeliad,** (-au), *n.m.* EXPULSION, DISQUALIFICATION, EXCOMMUNICATION
**diarfogi,** *v.* DISARM
**diarfogiad,** *n.m.* DISARMAMENT
**diarffordd,** *a.* OUT OF THE WAY, INACCESSIBLE
**diargyhoedd,** *a.* BLAMELESS
**diarhebol,** *a.* PROVERBIAL
**diaroglydd,** (-ion), *n.m.* DEODORANT
**diarwybod,** *a.* UNAWARES
**diasbad,** (-au), *n.f.* SHOUT, CRY, SCREAM
**diasbedain,** *v.* RESOUND, RING, SCREAM
**diatom,** (-au), *n.m.* DIATOM
**diatreg,** *a.* IMMEDIATE
**diau,** *a.* CERTAIN, DOUBTLESS
**diawl,** (-iaid), *n.m.* DEVIL
**diawledig,** *a.* DEVILISH
**di-baid,** *a.* UNCEASING, CONSTANT
**di-ball,** *a.* UNFAILING, SURE
**diben,** (-ion), *n.m.* END, OBJECT, AIM
**di-ben-draw,** *a.* ENDLESS
**dibendrawdod,** *n.m.* ENDLESSNESS
**dibeniad,** (-au), *n.m.* ENDING, CONCLUSION, PREDICATE
**di-benllanw,** *a.* OFF PEAK
**dibennu,** *v.* END, FINISH
**dibenyddiaeth,** *n.f.* TELEOLOGY
**dibenyddiol,** *a.* TELEOLOGICAL
**di-berfeddu,** *v.* GUT, DISEMBOWEL
**dibetrus,** *a.* UNHESITATING
**diboblogaeth,** *n.f.* DEPOPULATION
**diboblogi,** *v.* DEPOPULATE
**dibrin,** *a.* ABUNDANT, LAVISH
**dibriod,** *a.* UNMARRIED, SINGLE
**dibris,** *a.* RECKLESS, NEGLIGENT, CONTEMPTUOUS
**dibrisio,** *v.* DEPRECIATE, DESPISE
**dibristod,** *n.m.* NEGLIGENCE, CONTEMPT
**dibwys,** *a.* UNIMPORTANT, TRIVIAL
**dibwysiant,** (-nnau), *n.m.* DEPRESSION
**dibyn,** (-nau), *n.m.* PRECIPICE, STEEP, BRINK
**dibynadwy,** *a.* RELIABLE

**dibynadwyedd,** *n.m.* RELIABILITY
**dibynfentro,** *n.m.* BRINKMANSHIP
**dibyniad,** (-au), *n.m.* DEPENDENCY
**dibyniant,** *n.m.* DEPENDENCE
**dibynnedd,** *n.m.* RELIABILITY
**dibynnol,** *a.* DEPENDING, DEPENDENT, SUBJUNCTIVE
**dibynnu,** *v.* DEPEND, RELY
**dibynnydd,** (-ynyddion), *n.m.* DEPENDANT
**dibynwlad,** (-wledydd), *n.f.* DEPENDENCY
**dicáu,** *n.m.* / **dicléin,** *n.m.* TUBERCULOSIS, CONSUMPTION
**dicllon,** *a.* ANGRY, WRATHFUL
**dicllonrwydd,** *n.m.* INDIGNATION, WRATH
**dicotomi,** (-ïau), *n.m.* DICHOTOMY
**dicotomus,** *a.* DICHOTOMOUS
**dicra,** *a.* SQUEAMISH, SLOW
**dictadur,** (-iaid), *n.m.* DICTATOR
**dictadurol,** *a.* DICTATORIAL
**dictaffon,** *n.m.* DICTAPHONE
**dicter,** (-au), *n.m.* ANGER
**dichell,** (-ion), *n.f.* WILE, TRICK, DECEIT
**dichelledd,** *n.f.* DECEPTION
**dichellgar,** *a.* CUNNING, WILY
**dichlyn,** *a.* CAREFUL, EXACT
**dichlynaidd,** *a.* WELL-BEHAVED
**dichon,** *v.* BE ABLE, MAY BE
**dichonadwy,** *a.* POSSIBLE, CONCEIVABLE
**dichonol,** *a.* POTENTIAL
**didaro,** *a.* UNAFFECTED, UNCONCERNED
**di-dact,** *a.* TACTLESS
**didactig,** *a.* DIDACTIC
**di-daw,** *a,* CEASELESS, CLAMANT
**diden,** (-nau), *n.f.* NIPPLE, TEAT, DUMMY
**diderfyn,** *a.* UNLIMITED
**didoli,** *v.* SEPARATE, SEGREGATE, SCREEN
**didoliad,** (-au), *n.m.* SEPARATION, SEGREGATION
**didolnod,** (-au), *n.m.f.* DIAERESIS, COLON
**di-dor,** *a.* UNBROKEN, UNINTERRUPTED
**didoreth,** *a.* SHIFTLESS, FICKLE
**didoriad,** *a,* INTACT, UNBROKEN, UNTAMED
**didorredd,** *n.m.* CONTINUITY
**di-drais,** *a.* NON-VIOLENT, MEEK
**di-drech,** *a.* DRAWN
**didreisedd,** *n.m.* NON-VIOLENCE
**diduedd,** *a.* IMPARTIAL
**didwyll,** *a.* GUILELESS, SINCERE
**didwylledd,** *n.m.* GUILELESSNESS, SINCERITY
**didynnu,** *v.* SUBTRACT, DEDUCT
**di-ddadl,** *a.* UNQUESTIONABLE, SURE
**diddan,** *a.* AMUSING, INTERESTING
**diddanion,** *n.pl.* JOKES
**diddanu,** *v.* AMUSE, DIVERT, COMFORT
**diddanwch,** *n.m.* COMFORT, CONSOLATION, ENTERTAINMENT
**diddanwr,** (-wyr), *n.m.* / **diddanydd,** (-ion), *n.m.* ENTERTAINER, COMFORTER
**diddarbod,** *a.* SHIFTLESS
**didderbyn wyneb,** *a.* OUTSPOKEN
**diddig,** *a.* CONTENTED, PLEASED
**diddim,** *a.* & *n.m.* VOID
**diddordeb,** (-au), *n.m.* INTEREST, HOBBY
**diddori,** *v.* INTEREST
**diddorol,** *a.* INTERESTING
**diddos,** *a.* WATERTIGHT, SNUG, SHELTERED
**diddosi,** *v.* MAKE WEATHER-PROOF, SHELTER
**diddosrwydd,** *n.m.* SHELTER, SAFETY
**di-dduw,** *a.* UNGODLY *n.m.* ATHEIST
**di-ddweud,** *a.* TACITURN, STUBBORN
**diddwythiad,** (-au), *n.m.* DEDUCTION
**diddwytho,** *v.* DEDUCE
**dieithr,** *a.* STRANGE, UNFAMILIAR
**difater,** *a.* UNCONCERNED, INDIFFERENT
**difaterwch,** *n.m.* INDIFFERENCE, APATHY
**difeddiannu,** *v.* DISPOSSESS, DEPRIVE
**di-fefl,** *a.* BLAMELESS, FLAWLESS
**di-feind,** *a.* HEEDLESS
**difeio,** *v.* EXCULPATE
**difeius,** *a.* BLAMELESS, FAULTLESS
**difenwad,** (-au), *n.m.* DEFAMATION
**difenwi,** *v.* REVILE, ABUSE
**diferiog,** *a.* CUNNING, FURIOUS
**diferlif,** *n.m.* STREAM, ISSUE
**diferol,** *a.* DRIPPING
**diferu,** *v.* DRIP, DROP, TRICKLE
**diferyn,** (-nau, diferion), *n.m.* DROP
**difesur,** *a.* HUGE, IMMEASURABLE, UNSTINTED
**di-feth,** *a.* UNFAILING, INFALLIBLE
**difetha,** *v.* DESTROY, SPOIL
**difethwr,** (-wyr), *n.m.* DESTROYER
**Difiau,** *n.m.* THURSDAY
**difidend,** (-au), *n.m.* DIVIDEND
**difinio,** *v.* DIVINE
**difinydd,** (-ion), *n.m.* THEOLOGIAN, DIVINE
**difinyddiaeth,** *n.f.* DIVINITY
**diflanbwynt,** *n.m.* VANISHING POINT
**diflan(edig),** *a.* LOST, FLEETING, TRANSIENT, VANISHING
**diflannu,** *v.* VANISH, DISAPPEAR
**di-flas,** *a.* TASTELESS

**diflas,** *a.* DISTASTEFUL, DULL, WEARISOME
**diflastod,** *n.m.* DISGUST
**diflasu,** *v.* DISGUST, SURFEIT
**diflin(o),** *a.* UNTIRING, INDEFATIGABLE
**difod,** (-ion), *n.m.* DIVOT
**difodi,** *v.* EXTERMINATE
**difodiad, -iant,** *n.m.* EXTINCTION
**di-foes,** *a.* RUDE, UNMANNERLY
**difraw,** *a.* INDIFFERENT, APATHETIC
**difrawder,** *n.m.* INDIFFERENCE, APATHY
**difreinio,** *v.* DEPRIVE, DISFRANCHISE
**difrïaeth,** (-au), *n.f.* ABUSE, CALUMNY
**difrif,** *a.* SERIOUS, EARNEST
**difrifol,** *a.* SERIOUS, EARNEST, SOLEMN
**difrifoldeb,** *n.m.* SERIOUSNESS, EARNESTNESS, SOLEMNITY
**difrifoli,** *v.* SOBER, SOLEMNIFY
**difrifwch,** see *difrifoldeb*
**difrïo,** *v.* ABUSE, SCOLD, MALIGN
**difrod,** (-au), *n.m.* DAMAGE, WASTE, DEVASTATION
**difrodi,** *v.* DESTROY, SPOIL, DAMAGE, DEVASTATE
**difrodol,** *a.* DESTRUCTIVE
**difrodwr,** (-wyr), *n.m.* DEVASTATOR, DESTROYER
**difrycheulyd,** *a.* SPOTLESS, IMMACULATE
**di-fudd,** *a.* UNPROFITABLE, USELESS, FUTILE
**difuddio,** *v.* DEPRIVE
**di-fwlch,** *a.* CONTINUOUS, WITHOUT A BREAK
**difwyniad,** (-au), *n.m.* ADULTERATION, POLLUTION
**difwyniant,** *n.m.* DEFILEMENT
**difwyno,** *v.* CONTAMINATE, ADULTERATE, MAR, SPOIL, RUIN, SOIL
**difyfyr,** *a.* IMPROMPTU
**difynio,** *v.* DISSECT, VIVISECT
**difyr,** *a.* PLEASANT, AMUSING, ENTERTAINING
**difyrion,** *n.pl.* AMUSEMENTS
**difyrru,** *v.* DIVERT, AMUSE, ENTERTAIN
**difyrrus,** *a.* ENTERTAINING, AMUSING,
**difyrrwr,** (-yrwyr), *n.m.* ENTERTAINER
**difyrwaith,** (-weithiau), *n.m.* HOBBY
**difywyd,** *a.* INERT
**diffaith,** *a.* WASTE, DESERT, VILE, MEAN, BAD
(-ffeithydd), *n.m.* WILDERNESS, DESERT
**diffeithdra,** *n.m.* DERELICTION
**diffeithio,** *v.* LAY WASTE
**diffeithwch,** (-ychau), *n.m.* WILDERNESS, DESERT
**differadwy,** *a.* DIFFERENTIABLE
**differiad,** (-au), *n.m.* DIFFERENTIATION
**differol,** *a.* DIFFERENTIAL
**differu,** *v.* DIFFERENTIATE
**differyn,** (-nau), *n.m.* DIFFERENTIAL
**diffinedig,** *a.* DEFINED
**diffiniad,** (-au), *n.m.* DEFINITION
**diffinio,** *v.* DEFINE
**diffodd(i),** *v.* EXTINGUISH, QUENCH
**diffoddiad,** *n.m.* EXTINCTION
**diffoddiadur,** (-on), *n.m.* EXTINGUISHER
**diffoddwr,** (-wyr), FIREMAN
**diffreithiant,** (-nnau), *n.m.* DIFFRACTION
**diffrwyth,** *a.* UNPROFITABLE, BARREN, NUMB, PARALYSED
**diffrwythder, -dra,** *n.m.* BARRENNESS, NUMBNESS
**diffrwytho,** *v.* MAKE BARREN, PARALYSE, DESTROY
**difftheria,** *n.m.* DIPHTHERIA
**diffuant,** *a.* GENUINE, SINCERE
**diffuantrwydd,** *n.m.* GENUINENESS, SINCERITY
**di-ffurf,** *a.* AMORPHOUS
**diffwys,** *a.* WILD, STEEP, WONDERFUL
(-au, -ydd, -oedd), *n.m.* PRECIPICE, DESERT
**diffyg,** (-ion), *n.m.* DEFECT, WANT, LACK, FAILURE, ECLIPSE, FLAW
**diffygdalu,** *v.* DEFAULT
**diffygdalwr,** (-wyr), *n.m.* DEFAULTER
**diffygiant,** *n.m.* DEFICIENCY
**diffygio,** *v.* FAIL, WEARY
**diffygiol,** *a.* DEFECTIVE, WEARY, TIRED
**diffyndoll,** (-au), *n.f.* TARIFF
**diffyndollaeth,** *n.f.* PROTECTIONISM
**diffyniad,** (-au), *n.m.* DEFENCE, PROTECTION
**diffyniaeth,** *n.m.* APOLOGETICS
**diffynnydd,** (-ynyddion), *n.m.* DEFENDANT, ACCUSED
**dig,** *a.* ANGRY, WRATHFUL
*n.m.* ANGER, WRATH, IRE
**digalon,** *a.* DISHEARTENED, SAD, DEPRESSED, DISMAL
**digalondid,** *n.m.* DEPRESSION, OBJECTION
**digalonni,** *v.* DISCOURAGE, LOSE HEART
**digamsyniol,** *a.* UNMISTAKEABLE
**digasedd,** *n.m.* HATRED
**digeniad,** (-au), *n.m.* DESQUAMATION

**digennu,** *v.* DESQUAMATE, SCALE, PEEL
**digid,** (-au), *n.m.* DIGIT
**digidiad,** (-au), *n.m.* DIGITATION
**digidol,** *a.* DIGITAL
**digio,** *v.* ANGER, OFFEND, TAKE OFFENCE
**di-glem,** *a.* INEPT, AWKWARD
**digllon,** *a.* ANGRY, WRATHFUL
**digofaint,** *n.m.* ANGER, WRATH, INDIGNATION
**digofus,** *a.* ANGRY, INDIGNANT
**digolledu,** *v.* INDEMNIFY, COMPENSATE
**digon,** *n.m.* ENOUGH, PLENTY, ABUNDANCE
*a. & ad.* SUFFICIENT(LY)
**digonedd,** *n.m.* ABUNDANCE, PLENTY
**digoni,** *v.* SATISFY, SUFFICE, COOK
**digonol,** *a.* SUFFICIENT, SATISFIED, COMPETENT, ADEQUATE
**digonolrwydd,** *n.m.* SUFFICIENCY, ABUNDANCE
**digornio,** *v.* DEHORN
**di-gred,** *a.* INFIDEL
**di-grefft,** *a.* UNSKILLED
**digrif, -ol,** *a.* MERRY, AMUSING
**digriflun,** (-iau), *n.m.* CARICATURE, CARTOON
**digrifwas,** (-weision), *n.m.* CLOWN, BUFFOON
**digrifwch,** *n.m.* MIRTH, FUN, AMUSEMENT
**di-griw,** *a.* UNMANNED
**digroeso,** *a.* INHOSPITABLE
**digroniad,** *n.m.* FIXATION
**digwydd,** *v.* HAPPEN, OCCUR
**digwyddiad,** (-au), *n.m.* HAPPENING, INCIDENT, EVENT
**digwyddol,** *a.* FORTUITOUS
**digyfnewid,** *a.* UNCHANGEABLE
**digyfnod,** *a.* APERIODIC
**digyfryngedd,** *n.m.* IMMEDIACY
**digyffelyb,** *a.* INCOMPARABLE
**digymhellrwydd,** *n.m.* SPONTANEITY
**digymysg,** *a.* UNMIXED
**digyrrith,** *a.* LIBERAL, UNSPARING
**digyswllt,** *a.* INCOHERENT
**digywair,** *a.* ATONAL
**digywilydd,** *a.* SHAMELESS, IMPUDENT, BARE-FACED
**digywilydd-dra,** *n.m.* IMPUDENCE
**dihafal,** *a.* UNEQUALLED, PEERLESS
**dihafarch,** *a.* BRAVE, STRONG
**dihangfa,** (diangfâu, -feydd), *n.f.* ESCAPE
**dihangol,** *a.* SAFE, ESCAPED
**dihangyn,** (-ion), *n.m.* ESCAPER
**dihalog,** *a.* UNDEFILED, PURE
**dihalogadwy,** *a.* SACROSANCT
**dihareb,** (diarhebion), *n.f.* PROVERB, BYWORD
**dihatru,** *v.* STRIP, UNDRESS
**dihefelydd,** *a.* UNEQUALLED
**dihedrol,** *a.* DIHEDROL
**diheintiad,** (-au), *n.m.* DISINFECTION
**diheintio,** *v.* DISINFECT
**diheintydd,** (-ion), *n.m.* DISINFECTANT, STERILIZER
**dihenydd,** *n.m.* END, DOOM, DEATH, EXECUTION
*yr hen Ddihenydd,* ANCIENT OF DAYS
*a.* OBSOLETE
**diheurbrawf,** (-brofion), *n.m.* ORDEAL
**diheuriad,** *n.m.* ACQUITTAL
**diheurio,** *v.* ACQUIT
**diheuro,** *v.* EXCUSE, APOLOGISE, ACQUIT
**dihewyd,** *n.m.* DESIRE, DEVOTION
**di-hid(io),** *a.* HEEDLESS, INDIFFERENT, RECKLESS
**dihidlo,** *v.* DROP, DISTIL
**dihidrwydd,** *n.m.* INDIFFERENCE, RECKLESSNESS
**dihirwch,** *n.m.* WICKEDNESS, TEDIUM
**dihiryn,** (dihirod), *n.m.* RASCAL, SCOUNDREL
**dihoeni,** *v.* LANGUISH, PINE, WASTE AWAY
**dihuno,** *v.* WAKEN, AWAKEN
**di-hwb,** *a.* LIFELESS
**di-hwyl,** *a.* OUT OF SORTS
**dihwylio,** *v.* BECALM
**dihydradu,** *v.* DEHYDRATE
**dihysbydd,** *a.* INEXHAUSTIBLE, EMPTY
**dihysbyddu,** *v.* EMPTY, EXHAUST
**dil,** (-iau), *n.m.*
*dil mêl,* HONEYCOMB
*diliau rhos,* ROSE PETALS
**di-lai,** *a.* CERTAIN
**dilead,** (-au), *n.m.* ABOLITION, DELETION, REMISSION
**dilechdid,** *n.m.* DIALECTIC
**diledryw,** *a.* PURE, GENUINE, THOROUGH
**diletant,** (-iaid), *n.m.* DILETTANTE
**dileu,** *v.* DELETE, ABOLISH, EXTERMINATE, ERASE
**dilëwr,** (-ëwyr), *n.m.* ERASER
**dilewyrch,** *a.* GLOOMY, UNPROSPEROUS
**dilëydd,** (-ion), *n.m.* ELIMINANT, ERASER
**dilin,** *a.* REFINED
**diliwio,** *v.* BLEACH
**dilorni,** *v.* ABUSE, REVILE

**di-lun,** *a.* SHAPELESS, SLOVENLY
**dilychwin,** *a.* SPOTLESS
**dilyffethair,** *a.* UNINCUMBERED, UNFETTERED
**dilyn,** *v.* FOLLOW, PURSUE
**dilyniad,** (-au), *n.m.* FOLLOWING
**dilyniaeth,** (-au), *n.f.* SUCCESSION
**dilyniant,** (-nnau), *n.m.* SEQUENCE, PROGRESSION
*dilyniant rhifyddol,* ARITHMETICAL PROGRESSION
**dilynol,** *a.* FOLLOWING, CONSEQUENT
**dilynwr,** (-wyr), *n.m.* FOLLOWER, ADHERENT
**dilys,** *a.* PURE, AUTHENTIC, VALID
**dilysiant,** (-nnau), *n.m.* VALIDATION
**dilysnod,** (-au), *n.m.* HALLMARK
**dilysrwydd,** *n.m.* GENUINESS, CERTAINTY, VALIDITY
**dilysu,** *v.* CERTIFY, GUARANTEE
**di-lyth,** *a.* UNFAILING, UNFLAGGING
**dilyw,** *n.m.* FLOOD
**dillad,** (*dilledyn, n.m.*), *n.pl.* CLOTHES, CLOTHING
*dillad segura,* CASUALS
*hors dillad,* CLOTHES HORSE
**dilladaeth,** *n.f.* DRAPERY
**dilladu,** *v.* CLOTHE
**dilledydd,** *n.m.* DRAPER, TAILOR
**dilledyn,** (dillad, dilladau), *n.m.* GARMENT
**dillyn,** *a.* REFINED, NEAT, ELEGANT, BEAUTIFUL
**dillynder,** *n.m.* REFINEMENT, ELEGANCE, DAINTINESS
**dim,** *n.m.* ANYTHING, ANY, NOTHING, NIL, LOVE, SILVER FISH
*a.* ANY, NO
**dimai,** (-eiau), *n.f.* HALFPENNY
**dimensiwn,** (-iynau), *n.m.* DIMENSION
**dimensiynol,** *a.* DIMENSIONAL
**din,** (-au), *n.m.* CITY, FORTRESS
**dinab-man,** *a.* REMOTE
**di-nam,** *a.* FAULTLESS, PERFECT
**dinas,** (-oedd), *n.f.* CITY
**dinasol,** *a.* MUNICIPAL
**dinaswr,** (-wyr), *n.m.* CITIZEN
**dinasyddiaeth,** *n.f.* CITIZENSHIP
**dincod,** see *deincod*
**dinesig,** *a.* CIVIC, URBAN
**dinesydd,** (dinasyddion), *n.m.* CITIZEN
**dingi,** *n.m.* DINGHY
**dinistr(iad),** *n.m.* DESTRUCTION
**dinistrio,** *v.* DESTROY
**dinistriol,** *a.* DESTRUCTIVE
**dinistriwr,** (-wyr), *n.m.* DESTROYER
**diniwed,** *a.* INNOCENT, HARMLESS, SIMPLE
**diniweidrwydd,** *n.m.* INNOCENCE
**di-nod,** *a.* INSIGNIFICANT, OBSCURE
**dinodedd,** *n.m.* INSIGNIFICANCE, OBSCURITY
**dinoethi,** *v.* BARE, EXPOSE, DENUDE
**dinoethiad,** (-au), *n.m.* EXPOSURE
**dinoethiant,** (-nnau), *n.m.* DENUDATION
**diod,** (-ydd), *n.f.* DRINK
**diodi,** *v.* GIVE DRINK
**diodlyn,** (-nau), *n.m.* BEVERAGE
**diodoffrwm,** (-ymau), *n.m.* LIBATION
**dioddefaint,** *n.m.* SUFFERING, PASSION
**dioddefgar,** *a.* PATIENT, FORBEARING
**dioddefgarwch,** *n.m.* PATIENCE
**dioddefwr, -ydd,** (-wyr), *n.m.* SUFFERER, PATIENT
**di-oed,** *a.* WITHOUT DELAY
**diofal,** *a.* CARELESS
**diofalwch,** *n.m.* CARELESSNESS, INDIFFERENCE
**diofryd,** *n.m.* VOW, TABOO
**diofrydu,** *v.* VOW, BAN, RENOUNCE
**diog,** *a.* SLUGGISH, LAZY, SLOW
**diogel,** *a.* SAFE, SECURE, CERTAIN
**diogelu,** *v.* SAFEGUARD, SECURE
**diogelwch,** *n.m.* SAFETY
**diogell,** (-ion), *n.m.* SAFE
**diogi,** *n.m.* LAZINESS
*v.* IDLE, BE LAZY
**dioglyd,** *a.* LAZY, SLUGGISH, INDOLENT
**diogyn,** *n.m.* IDLER, SLUGGARD
**diolch,** *v.* THANK, GIVE THANKS
(-iadau), *n.m.* THANKS
**diolchgar,** *a.* THANKFUL, GRATEFUL
**diolchgarwch,** *n.m.* THANKFULNESS, THANKSGIVING
**diolwg,** *a.* UGLY
**diorseddiad,** (-au), *n.m.* DEPOSITION
**diorseddu,** *v.* DETHRONE, DEPOSE
**di-os,** *a.* WITHOUT DOUBT
**diosg,** *v.* DIVEST, UNDRESS, STRIP
**diosgwr,** (-wyr), *n.m.* MALE STRIPPER
**diosgwraig,** (-wragedd), *n.f.* STRIPPER
**diota,** *v.* TIPPLE
**diotwr,** (-wyr), *n.m.* BOOZER, DRUNKARD
**dioty,** (-tai), *n.m.* PUBLIC HOUSE
**dip,** (-iau), *n.m.* DIP
**dipell,** *n.m.* DIPPER
**diploma,** (-âu), *n.m.f.* DIPLOMA
**diplomateg,** *n.f.* DIPLOMACY
**diplomydd,** (-ion), *n.m.* DIPLOMAT

**diplomyddol,** *a.* DIPLOMATIC
**dipswits,** *n.f.* DIPSWITCH
**dipton,** (-au), *n.f.* DIPHTHONG
**diptych,** *n.m.* DIPTYCH
**dir,** *a.* SURE, CERTAIN, NECESSARY
**diraddiad,** (-au), *n.m.* DEGRADATION
**diraddio,** *v.* DEGRADE
**diraddiol,** *a.* DEGRADING
**diraen,** *a.* SHABBY, DULL
**dirbechod,** (-au), *n.m.* VICE
**dirboen,** (-au), *n.m.* EXTREME PAIN, TORTURE
**dirboeni,** *v.* TORTURE, EXCRUCIATE
**dirdra,** *n.m.f.* EVIL, VIOLENCE
**dirdro,** *n.m.* TORSION
**dirdyniad,** (-au), *n.m.* CONVULSION
**dirdynnol,** *a.* EXCRUCIATING
**dirdynnu,** *v.* TORTURE
**direidi,** *n.m.* MISCHIEF, NAUGHTINESS
**direidus,** *a.* MISCHIEVOUS, NAUGHTY
**direol,** *a.* UNRULY, DISORDERLY
**direwydd,** *n.m.* DEFROSTER
**dirfawr,** *a.* ENORMOUS, VAST, HUGE
**dirfod,** *n.m.* EXISTENCE, REALITY
**dirfodaeth,** *n.f.* EXISTENTIALISM
**dirfodol,** *a.* EXISTENTIAL
**dirfodolwr,** (-wyr), *n.m.* EXISTENTIALIST
**dirgel,** *a.* SECRET
(-ion), *n.m.* SECRET
**dirgeledigaeth,** (-au), *n.m.f.* MYSTERY
**dirgelwch,** *n.m.* SECRECY, MYSTERY, SECRET, PRIVATE PARTS
**dirgroes,** *a.* OPPOSITE
**dirgryn,** *a.* VIBRATORY
**dirgryniad,** (-au), *n.m.* TREMOR, VIBRATION
**dirgrynol,** *a.* VIBRATING
**dirgrynu,** *v.* VIBRATE
**diriaeth,** (-au), *n.m.* CONCRETENESS
**diriaethol,** *a.* CONCRETE
**diriant,** (-nnau), *n.m.* STRESS
**dirlawn,** *a.* SATURATED
**dirlawnder,** (-au), *n.m.* SATURATION
**dirmyg,** (-au, -on), *n.m.* CONTEMPT, SCORN
**dirmygu,** *v.* DESPISE, SCORN
**dirmygus,** *a.* CONTEMPTUOUS, DESPICABLE
**dirnad,** *v.* APPREHEND, DISCERN
**dirnadaeth,** *n.f.* APPREHENSION, DISCERNMENT
**dirnadwy,** *a.* DISCERNIBLE
**dirprwy,** (-on), *n.m.* DEPUTY, DELEGATE, PROXY
**dirprwyaeth,** (-au), *n.f.* DEPUTATION, DELEGATION
**dirprwyad,** (-au), *n.m.* SUBSTITUTION
**dirprwyo,** *v.* DEPUTISE, DELEGATE
**dirwasgiad,** (-au), *n.m.* DEPRESSION, RECESSION
**dirwedd,** (-au), *n.m.* REALITY
**dirweddol,** *a.* REAL
**dirweddwr,** (-wyr), *n.m.* REALIST
**dirwest,** (-au), *n.m.f.* ABSTINENCE, TEMPERANCE
**dirwestol,** *a.* TEMPERATE, ABSTEMIOUS
**dirwestwr,** (-wyr), *n.m.* ABSTAINER
**dirwy,** (-on), *n.f.* FINE, AMERCEMENT, FORFEIT
**dirwyn,** *v.* WIND, TWIST
**dirwyo,** *v.* FINE, FORFEIT
**di-rym,** / **dirym,** *a.* POWERLESS, FEEBLE, VOID
**dirymdra,** *n.f.* NULLITY
**dirymiad,** (-au), *n.m.* REVOCATION, ANNULMENT
**dirymu,** *v.* NULLIFY, CANCEL, ANNUL
**diryw,** *a.* NEUTER
**dirywiad,** (-au), *n.m.* DETERIORATION, DEGENERATION, MORAL DECAY
**dirywiaeth,** *n.f.* DEGENERACY
**dirywiedig,** *a.* DEGENERATE
**dirywio,** *v.* DETERIORATE, DEGENERATE
**dirywiol,** *a.* DECADENT, RETROGRADE
**dîs,** (-iau), *n.m.f.* DICE, CUBE
**di-sad,** *a.* FICKLE
**di-sail,** *a.* GROUNDLESS, UNFOUNDED
**disbaddu,** *v.* CASTRATE, GELD, SPAY
**disbaddwr,** (-wyr), *n.m.* CASTRATOR, GELDER
**disbaidd,** *n.m.* EUNUCH, CASTRATION
*a.* CASTRATED
**disbeinio,** *v.* PILLAGE, DENUDE, HUSK
**disberod,** *a.* WANDERING
**disbrofi,** *v.* DISPROVE
**disbydd,** *a.* DRAINED, DRIED UP
**disbyddedig,** *a.* EXHAUSTED
**disbyddu,** *v.* EMPTY, EXHAUST
**disbyddwr,** *n.m.* EXHAUST
**disco,** (-au), *n.m.* DISCO
**disel,** *n.m.* DIESEL
**disenter,** (-s), *n.m.* NONCONFORMIST, INDEPENDENT, DISSENTER
**diserch,** *a.* SULLEN, SULKY, LOVELESS
**disg,** (-iau), *n.m.* DISK, RECORD
**disgen,** (disgiau), *n.f.* DISCUS
**di-sgil,** *a.* UNSKILLED
**disglair,** *a.* BRIGHT, BRILLIANT
**disgleirdeb, -der,** *n.m.* BRIGHTNESS, BRILLIANCE
**disgleirio,** *v.* SHINE, GLITTER
**disgloff,** *a.* NIMBLE

**disgownt,** (-iau, -s), *n.m.* DISCOUNT
**disgrifiad,** (-au), *n.m.* DESCRIPTION
**disgrifiadaeth,** *n.f.* DESCRIPTIVE POWER
**disgrifiadol,** *a.* DESCRIPTIVE
**disgrifio,** *v.* DESCRIBE
**disgwyl,** *v.* LOOK, EXPECT, WAIT (for)
**disgwylfa,** (-feydd), *n.f.* WATCH-TOWER, LOOK-OUT
**disgwylgar,** *a.* WATCHFUL, EXPECTANT
**disgwyliad,** (-au), *n.m.* EXPECTATION, HOPE
**disgybl,** (-ion), *n.m.* DISCIPLE, PUPIL, NOVICE, ADHERENT
**disgyblaeth,** (-au), *n.f.* DISCIPLINE
**disgyblu,** *v.* DISCIPLINE, INSTRUCT
**disgyblwr,** (-wyr), *n.m.* DISCIPLINARIAN
**disgyn,** *v.* DESCEND, FALL, ALIGHT, POUNCE
**disgynfa,** (-feydd), *n.f.* DESCENT, LANDING-PLACE
**disgyniad,** (-au), *n.m.* DESCENT, FALL
**disgynneb,** (-ynebau), *n.f.* ANTICLIMAX, BATHOS
**disgynnol,** *a.* DESCENDING
**disgynnydd,** (-ynyddion), *n.m.* DESCENDANT
**disgyrchedd,** *n.m.* GRAVITATION
**disgyrchiad, -iant,** *n.m.* GRAVITY
*craidd disgyrchiad,* CENTRE OF GRAVITY
**disgyrchu,** *v.* GRAVITATE
**disgyrnu,** *v.* GNASH, SNARL
**di-sigl,** *a.* STEADFAST, FIRM
**disio,** *v.* DICE
**disiog,** *a.* DICED
**disodli,** *v.* DISPLACE, TRIP UP, REPLACE
**di-sôn,** *a.* / **dison,** *a.* WITHOUT MENTION, NOISELESS
**dist,** (-iau), *n.m.* JOIST, BEAM
**distadl,** *a.* INSIGNIFICANT, BASE, MEAN
**distadledd,** *n.m.* INSIGNIFICANCE, OBSCURITY
**di-staen,** *a.* STAINLESS
**distain,** (-einiaid), *n.m.* CONTROLLER, STEWARD, SENESCHAL
**distaw,** *a.* SILENT, CALM, QUIET
**distawrwydd,** *n.m.* SILENCE, QUIET
**distemper,** (-au), *n.m.* DISTEMPER
**distewi,** *v.* SILENCE, BE SILENT
**distryw,** *n.m.* DESTRUCTION, DESOLATION
**distrywgar,** *a.* DESTRUCTIVE
**distrywio,** *v.* DESTROY
**distrywiwr,** (-wyr), *n.m.* DESTROYER
**distyll,** (-ion, -iau), *n.m.* LOW TIDE, EBB, ABATEMENT
**distylliad,** (-au), *n.m.* DISTILLATION, EBBING
**distyllu,** *v.* DISTIL
**di-sut,** *a.* / **disut,** *a.* SLIGHT, WEAKLY, PUNY, INEPT
**diswta,** *a.* SUDDEN, ABRUPT
**diswyddiad,** (-au), *n.m.* DISMISSAL, DEPOSITION
**diswyddo,** *v.* DISMISS, DEPOSE
**disychedu,** *v.* QUENCH THIRST
**disychiadur,** (-on), *n.m.* DESSICATOR
**di-syfl,** *a.* STEADFAST, IMMOVABLE
**disyfyd,** *a.* SUDDEN, INSTANTANEOUS
**disyml,** *a.* GENTLE, FREE
**disymudedd,** *n.m.* REST
**disymwth,** *a.* SUDDEN, ABRUPT
**disynnwyr,** *a.* SENSELESS
**ditectif,** (-s), *n.m.* DETECTIVE
**ditiadwy,** *a.* INDICTABLE
**ditio,** *v.* INDICT
**ditiol,** *a.* INDICTABLE
**ditment,** (-au), *n.m.* INDICTMENT
**diwahân,** *a.* INSEPARABLE, INDISCRIMINATE
**diwahanu,** *v.* DESEGREGATION
**diwair,** *a.* CHASTE, PURE
**di-waith,** *a.* UNEMPLOYED, IDLE
**diwala,** *a.* INSATIABLE, VORACIOUS
**diwall,** *a.* SATISFIED, PERFECT, ABUNDANT
**diwallu,** *v.* SATISFY, SUPPLY
**diwarafun,** *a.* UNFORBIDDEN, UNGRUDGING
**diwasgedd,** (-au), *n.m.* DEPRESSION (WEATHER)
**diwedydd,** (-iau), *n.m.* EVENING, EVENTIDE
**diwedd,** *n.m.* END, CONCLUSION, DEATH, DESTRUCTION
**diweddar,** *a.* LATE, MODERN
**diweddaru,** *v.* MODERNISE
**diweddarwch,** *n.m.* LATENESS, MODERNITY, SLOWNESS
**diweddeb,** (-au), *n.f.* CADENCE
**diweddglo,** (-eon), *n.m.* CONCLUSION, FINALE, EPILOGUE
**diweddu,** *v.* END, FINISH, CONCLUDE
**diweirdeb,** *n.m.* CHASTITY, PURITY
**diweithdra,** *n.m.* UNEMPLOYMENT
**diwel,** *v.* POUR, EMPTY
**diwelfa,** (-feydd), *n.f.* WATERSHED
**diwethaf,** *a.* LAST, LATEST

**diwethafwr,** (-wyr), *n.m.* ESCHATOLOGIST
**diwinydd,** (-ion), *n.m.* THEOLOGIAN
**diwinyddiaeth,** *n.f.* THEOLOGY, DIVINITY
**diwinyddol,** *a.* THEOLOGICAL
**diwlychiad,** (-au), *n.m.* DELIQUESCENCE
**diwreiddio,** *v.* UPROOT, ERADICATE
**diwrnod,** (-au), *n.m.* DAY
**diwrthdro,** *a.* INEXORABLE
**diws,** (-iau), *n.m.* DEUCE
**diwyd,** *a.* DILIGENT, PERSEVERING
**diwydianfa,** *n.f.* INDUSTRIAL ESTATE
**diwydiannaeth,** *n.f.* INDUSTRIALISATION, INDUSTRIALISM
**diwydiannol,** *a.* INDUSTRIAL
*cymhlyg diwydiannol,* INDUSTRIAL COMPLEX
*offeriant diwydiannol,* INDUSTRIAL PLANT
**diwydiannwr,** (-ianwyr), *n.m.* INDUSTRIALIST
**diwydiant,** (-nnau), *n.m.* INDUSTRY
*diwydiant ategol,* ANCILLARY INDUSTRY
*diwydiant echdyn(nol),* EXTRACTIVE INDUSTRY
*diwydiant deilliedig,* SPIN-OFF INDUSTRY
**diwydrwydd,** *n.m.* DILIGENCE
**diwyg,** *n.m.* FORM, DRESS, CONDITION, FORMAT, AMENDMENT
**diwygiad,** (-au), *n.m.* REFORM, REFORMATION, REVIVAL
**diwygiadol,** *a.* REFORMATORY, REVIVALISTIC
**diwygiedig,** *a.* REFORMED, REVISED
**diwygio,** *v.* AMEND, REFORM, REVISE
**diwygiol,** *a.* REFORMATORY
**diwygiwr,** (-wyr), *n.m.* REFORMER, REVIVALIST
**diwylliadol,** *a.* CULTURAL
**diwylliannol,** *a.* CULTURAL
**diwylliant,** (-nnau), *n.m.* CULTURE
**diwylliedig,** *a.* CULTURED
**diwyllio,** *v.* CULTIVATE
**diwyllydd,** (-ion), *n.m.* CULTIVATOR
**diwyno,** *v.* MAR, SPOIL, SULLY
**diymadferth,** *a.* HELPLESS, INERT
**diymadferthedd,** *n.m.* HELPLESSNESS
**diymarbed,** *a.* UNSPARING, CEASELESS
**diymdroi,** *a.* WITHOUT DELAY
**diymhongar,** *a.* UNASSUMING
**diymod,** *a.* STEADFAST, IMMOVABLE
**diymwad,** *a.* UNDENIABLE
**diysgog,** *a.* STEADFAST, STABLE, RESOLUTE
**diysgogrwydd,** *n.m.* STEADFASTNESS, STABILITY
**diystyr,** *a.* INCONSIDERATE, CONTEMPTUOUS, MEANINGLESS
**diystyrllyd,** *a.* CONTEMPTUOUS, SCORNFUL
**diystyru,** *v.* DESPISE, DISREGARD
**diystyrwch,** *n.m.* DISREGARD, CONTEMPT, SCORN
**do,** *ad.* YES
**doc,** (-iau), *n.m.* DOCK
**docfa,** (-feydd), *n.f.* BERTH
**docio,** *v.* SHORTEN, DOCK, BERTH
**doctor,** (-iaid), *n.m.* DOCTOR
**doctora,** *v.* DOCTOR
**dod,** *v.* see *dyfod*
**dodi,** *v.* PUT, PLACE, GIVE
**dodrefn,** (*-yn, n.m.*) *n.pl.,* FURNITURE
**dodrefnau,** *n.pl.* FURNISHINGS
**dodrefnu,** *v.* FURNISH
**dodrefnwr,** (-wyr), *n.m.* FURNISHER
**dodwy,** *v.* LAY (EGGS)
**dodyn,** (dodion), *n.m.* DATUM
**doe,** (-au), *ad.* YESTERDAY
**doeth,** *a.* WISE
**doethair,** (-eiriau), *n.m.* APOPHTHEGM
**doethineb,** (-au), *n.f.* WISDOM, DISCRETION
**doethinebu,** *v.* DISCOURSE WISELY, PONTIFICATE
**doethor,** (-iaid), *n.m.* | DOCTOR
**doethur,** (-iaid), *n.m.* | (OF UNIVERSITY)
**doethoriaeth,** (-au), *n.f.* | DOCTORATE
**doethuriaeth,** (-au), *n.f.* |
**doethyn,** *n.m.* WISEACRE
**dof,** (-ion), *a.* TAME, DOMESTICATED
**dofednod,** *n.pl.* POULTRY, FOWLS
**dofi,** *v.* TAME, APPEASE, DOMESTICATE
**dofn,** *a.* f. of *dwfn*
**Dofydd,** *n.m.* GOD, LORD
**dogfen,** (-ni, -nau), *n.f.* DOCUMENT
**dogfeniad,** *n.m.* DOCUMENTATION
**dogfennaeth,** *n.f.* DOCUMENTATION
**dogfennen,** (-ennau), *n.f.* DOCUMENTARY
**dogfennol,** *a.* DOCUMENTARY
**dogma,** (dogmâu), *n.m.* DOGMA
**dogmatig,** *a.* DOGMATIC
**dogn,** (-au), *n.m.* RATION, SHARE, DOSE, ALLOWANCE
**dogni,** *v.* RATION, MEASURE
**doili,** *n.m.* D'OYLEY
**dol,** (-iau), *n.f.* DOLL
**dôl,** (dolydd, dolau), *n.f.* MEADOW, DALE

**dôl,** *n.m.* DOLE
**dolbren,** BLOCKHEAD. PUPPET
**dolbridd,** (-oedd), *n.m.* ALLUVIUM. MEADOW SOIL
**doldir,** (-oedd), *n.m.* MEADOW-LAND
**doldrymau,** *n.pl.* DOLDRUMS
**dolef,** (-au), *n.f.* CRY. SHOUT
**dolefain,** *v.* CRY OUT
**dolefus,** *a.* PLAINTIVE. WAILING
**dolen,** (-nau, -ni), *n.f.* LOOP. LINK. RING. BOW, HANDLE (OF CUP)
**dolennen,** (dolennau), *n.f.* LOOP
**dolennog,** *a.* SERPENTINE
**dolennu,** *v.* LOOP. MEANDER. WIND
**doler,** (-i), *n.f.* DOLLAR
**dolffin,** *n.m.* DOLPHIN.
**doli,** (dolïau, -s), *n.f.* DOLLY. DOLL
**dolur,** (-iau), *n.m.* HURT, SORE, AILMENT
**dolurio,** *v.* HURT. ACHE. WOUND. GRIEVE
**dolurus,** *a.* SORE. GRIEVOUS. PAINFUL
**dominiwn,** (dominiynau), *n.m.* DOMINION
**dominyddiaeth,** *n.f.* DOMINATION
**dominyddu,** *v.* DOMINATE
**domisil,** (-iau), *n.m.* DOMICIL(E)
**donio,** *v.* ENDOW, ENDUE
**doniog,** *a.* TALENTED. GIFTED
**doniol,** *a.* WITTY. HUMOROUS
**donioldeb, -wch,** *n.m.* WIT. HUMOUR
**dôr,** (dorau), *n.f.* DOOR
**dorglwyd,** (-i), *n.f.* WATTLE-GATE
**dormach,** *n.m.* OPPRESSION
**dormer,** (-au), *n.m.* DORMER
**dormitori,** *a.* DORMITORY
**dos,** (-ys, -au), *n.f.* DOSE
**dosbarth,** (-au, -iadau), *n.m.* CLASS. STANDARD. DISTRICT
**dosbarthiad,** (-au), *n.m.* CLASSIFICATION. DISTRIBUTION
**dosbarthol,** *a.* DISTRIBUTIVE
**dosbarthu,** *v.* CLASSIFY. DIVIDE. DISTRIBUTE
**dosbarthus,** *a.* ORDERLY. DISCERNING
**dosbarthwr,** / **dosbarthydd,** (-wyr), *n.m.* DISTRIBUTOR
**dosio,** *v.* DOSE
**dosraniad,** (-au), *n.m.* ANALYSIS. DISTRIBUTION
**dosrannu,** *v.* DIVIDE. ANALYSE. DISTRIBUTE. APPORTION
**dostaliad,** (-au), *n.m.* DISBURSEMENT
**dot,** *n.f.* GIDDINESS
(-iau), *n.m.f.* DOT
**dotio,** *v.* DOTE. DOT
**dotwaith,** (-weithiau), *n.m.* STIPPLE
**dowcio,** *v.* PLUNGE. DUCK
**dowciwr,** (-wyr), *n.m.* DIVER
**dow-dow,** *ad.* LEISURELY
**dowel,** (-i), *n.m.* DOWEL
**downdir,** (-oedd), *n.m.* DOWNLAND
**drachefn,** *ad.* AGAIN
**dracht,** (-iau), *n.m.* DRAUGHT (OF LIQUOR, etc.)
**drachtio,** *v.* DRINK DEEP
**draen,** (-iau), *n.f.* DRAIN
**draen, -en,** (drain), *n.f.* THORN
**draeniad,** (-au), *n.m.* DRAINAGE
**draenio,** *v.* DRAIN
**draenog,** (-od, -iaid), *n.m.* HEDGEHOG
**draenogyn,** (-ogiaid), *n.m.* PERCH
**drafft,** (-iau), *n.m.* DRAFT. DRAUGHT
**draffts,** *n.pl.* DRAUGHTS
**drag,** (-iau), *n.m.* FRAGMENT
**dragio,** *v.* TEAR. MANGLE
**draig,** (dreigiau), *n.f.* DRAGON
**drain,** see *draen(en)*
**drama,** (dramâu), *n.f.* DRAMA
*drama ddihangol,* ESCAPIST PLAY
*drama gyffro,* THRILLER
*drama'r Geni,* NATIVITY PLAY
**dramateiddio,** *v.* DRAMATISE
**dramatig,** *a.* DRAMATIC
**dramodiad,** (-au), *n.m.* DRAMATISATION
**dramodwr,** (-wyr), *n.m.* DRAMATIST
**draw,** *ad.* YONDER. AWAY
**drefa,** (drefâu), *n.f.* THRAVE
**dreflan,** *v.* DRIBBLE
**dreng,** *a.* PERVERSE. BITTER. SULLEN. MOROSE
**dreif,** (-iau), *n.m.* DRIVE
**dreifio,** *v.* DRIVE
**dreifiwr,** (-wyr), *n.m.* DRIVER
**drensiwr,** (-wyr), *n.m.* DRENCHER
**dres,** (-ys), *n.f.* DRESS
**dresel, -er,** (-i, -ydd), *n.m.* DRESSER
**dresin,** (-iau), *n.m.* DRESSING
**dresio,** *v.* DRESS
**drewdod,** *n.m.* STINK. STENCH
**drewi,** *v.* & *n.m.* STINK
**drewllyd,** *a.* STINKING
**dribl,** (-au), *n.m.* DRIBBLE
**driblo,** *v.* DRIBBLE
**drifft,** (-iau), *n.m.* DRIFT
**dringfa,** (-feydd), *n.f.* CLIMB. ASCENT
**dringiedydd,** *n.m.* CREEPER
**dringo,** *v.* CLIMB
**dringwr,** (-wyr), *n.m.* CLIMBER

**dril,** (-iau), *n.m.* DRILL
**drilio,** *v.* DRILL
**dripsych,** *a.* DRIP DRY
**dropsi,** *n.m.* DROPSY
**drôr,** (drors), *n.m.* DRAWER
**dros,** see *tros*
**drud,** *a.* DEAR, PRECIOUS, VALUABLE
**drudaniaeth,** *n.m.f.* SCARCITY, DEARNESS
**drudfawr,** *a.* COSTLY, EXPENSIVE
**drudwen,** *n.f.* | STARLING
**drudwy,** *n.m.* |
**drwg,** *a.* EVIL, BAD, WICKED
**drwgdybiaeth,** (-au), *n.f.* SUSPICION
**drwgdybio,** *v.* SUSPECT
**drwgdybus,** *a.* SUSPICIOUS
**drwglosgiad,** *n.m.* ARSON
**drwgweithredwr,** (-wyr), *n.m.* OFFENDER, EVIL-DOER, CRIMINAL
**drwm,** (drymiau), *n.m.* DRUM
**drŵp,** *n.m.* DROUPE
**drws,** (drysau), *n.m.* DOOR, ENTRANCE, GAP, PASS
**drwy,** see *trwy*
**drycin,** (-oedd), *n.f.* STORM
**drycinog,** *a.* STORMY
**drych,** (-au), *n.m.* SPECTACLE, MIRROR, PATTERN, IMAGE, STATE
**drychfeddwl,** (-feddyliau), *n.m.* IDEA
**drychiad,** (-au), *n.m.* ELEVATION, MANIFESTATION
**drychiolaeth,** (-au), *n.f.* APPARITION, ILLUSION
**dryg,** (-iau), *n.m.* DRUG
**drygair,** (-eiriau), *n.m.* SCANDAL, ILL REPORT
**dryganadl,** *n.m.* HALITOSIS
**drygfyd,** *n.m.* ADVERSITY
**drygioni,** *n.m.* WICKEDNESS, EVIL
**drygionus,** *a.* WICKED, BAD
**drygnaws,** *a.* MALEVOLENT
**drygu,** *v.* HURT, DAMAGE, BECOME BAD
**dryll,** (-iau), *n.m.* PIECE, PORTION *n.m.f.* RIFLE, GUN
**dryllfetel,** (-au, -oedd), *n.m.* GUN METAL
**drylliad,** (-au), *n.m.* BREAKING, WRECK
**drylliedig,** *a.* BROKEN
**dryllio,** *v.* CUT UP, TEAR, CRUSH
**drymlin,** (-au), *n.f.* DRUMLIN
**drysfa,** (-feydd), *n.f.* LABYRINTH, MAZE
**drysi,** (-*ïen, n.f.*), *n.pl.* THORNS, BRIERS
**dryslwyn,** (-i), *n.m.* THICKET
**dryslyd,** *a.* CONFUSED, PUZZLING
**drysor,** (-ion), *n.m.* PORTER, DOOR-KEEPER
**drysu,** *v.* CONFUSE, TANGLE
**dryswch,** *n.m.* CONFUSION, TANGLE, PERPLEXITY
**drythyll,** *a.* WELL-FED, LIVELY, WANTON
**dryw,** (-od), *n.m.f.* WREN
**du,** (-on), *a.* & *n.m.* BLACK, BITTER
**duc, dug,** (-iaid), *n.m.* DUKE
**dueg,** *n.f.* SPLEEN, BILE, MELANCHOLY
**dugiaeth,** *n.f.* DUCHY
**dulio,** *v.* BEAT, KNOCK, STAMP
**dull,** (-iau), *n.m.* FORM, MODE, MANNER
**dullwedd,** (-au), *n.m.* MANNERISM
**duo,** *v.* BLACKEN, DARKEN
**duodenwm,** (-dena), *n.m.* DUODENUM
**dur,** (-oedd), *n.m.* & *a.* STEEL
**duraidd,** *a.* STEELY
**duralwmin,** *n.m.* DURALUMIN
**durio,** *v.* HARDEN, STEEL
**duryn,** (-nau), *n.m.* STEM
**duw,** (-au), *n.m.* GOD, *Duw,* GOD
**düwch,** *n.m.* BLACKNESS
**duwdod,** *n.m.* GODHEAD, DEITY
**duwies,** (-au), *n.f.* GODDESS
**duwiol,** (-ion), *a.* GODLY, PIOUS
**duwioldeb,** *n.m.* GODLINESS, DEVOUTNESS
**duwiolfrydig,** *a.* PIOUS, GODLY
**dŵb,** *n.m.* DAUB
**dwbio,** *v.* DAUB, PLASTER
**dwbl,** (dyblau), *a.* DOUBLE, BINARY *n.m.* DOUBLE
**dwbled,** (-au), *n.f.* DOUBLET
**dwbler,** *n.m.* DOUBLER
**dwblo,** *v.* DOUBLE
**dweud,** *v.* SAY, SPEAK, TELL
**dwfn,** *a.* DEEP, PROFOUND
**dwfr, dŵr,** (dyfroedd), *n.m.* WATER, PUS, ACIDITY
**dwl,** *a.* DULL, FOOLISH
**dwli,** *n.m.* NONSENSE
**dwlu,** *v.* DOTE
**dwmbwr-dambar,** *ad.* HELTER-SKELTER
**dwndwr,** *n.m.* NOISE, BABBLE, HUBBUB
**dwned,** (-au), *n.m.* GRAMMAR, POETIC PRINCIPLES
**dwnsiwn,** (-iynau), *n.m.* DUNGEON
**dŵr,** see *dwfr*
*dŵr achlysurol,* CASUAL WATER
*traphont dŵr,* AQUEDUCT
**dwralwmin,** *n.m.* DURALUMIN
**dwrdio,** *v.* SCOLD, THREATEN
**dwrglos,** *a.* WATERTIGHT, WATERPROOF

**dwrlawn,** *a.* WATERLOGGED
**dwrn,** (dyrnau), *n.m.* FIST, KNOB, HANDLE, HILT
**dwsel,** (-au, -i), *n.m.* TAP, FAUCET, SPOUT
**dwsin,** (-au), *n.m.* DOZEN
**dwsmel,** (-au), *n.m.* DULCIMER
**dwst,** *n.m.* DUST, POWDER
**dwster,** (-i), *n.m.* DUSTER
**dwthwn,** *n.m.* DAY
**dwy,** see *dau*
**dwybleidiol,** *a.* BIPARTISAN
**dwyfol,** *a.* DIVINE, HOLY, DEVOUT
**dwyfoldeb,** *n.m.* DIVINITY, DEITY, GODLINESS
**dwyfoli,** *v.* DEIFY
**dwyfoliad,** *n.m.* **DIVINIZATION, DEIFICATION**
**dwyfron,** (-nau), *n.f.* BREAST, CHEST, BOSOM, HEART
**dwyfronneg,** *n.f.* BREASTPLATE, CORSELET
**dwyieitheg,** *n.f.* STUDY OF BILINGUALISM
**dwyieithog,** *a.* BILINGUAL
**dwyieithedd,** / **dwyieithrwydd,** *n.m.* BILINGUALISM
**dwylo,** *d.n. & pl.* TWO HANDS, STAFF, CREW
**dwyn,** *v.* BEAR, BRING, STEAL, TAKE
**dwyochredd,** *n.m.* BILATERALISM
**dwyochrol,** *a.* BILATERAL
**dwyradd,** *a.* QUADRATIC, TWO-TIER
**dwyrain,** *a. & n.m.* EAST
**dwyraniad,** *n.m.* DICHOTOMY
**dwyrannu,** *v.* BISECT
**dwyrannydd,** (-anyddion), *n.m.* BISECTOR
**dwyreiniad,** (-iaid), *n.m.* EASTING
**dwyreiniol,** *a.* EASTERLY, ORIENTAL
**dwyreiniwr,** (-wyr), *n.m.* ORIENTAL
**dwys,** *a.* GRAVE, INTENSE, PROFOUND, **THICK, DENSE, CONCENTRATED**
*dwys-ddysgu,* CRASH COURSE
**dwysáu,** *v.* DEEPEN, INTENSIFY
**dwysbigo,** *v.* PRICK, STING
**dwysedd,** (-au), *n.m.* DENSITY
**dwysfwyd,** *n.m.* **CONCENTRATE**
**dwyster,** *n.m.* EARNESTNESS, GRAVITY
**dwythell,** (-au), *n.f.* DUCT
**dy,** *pn.* THY, THINE, YOUR
**dyall,** see *deall*
**dyblu,** *v.* DOUBLE, REPEAT
**dyblyg,** *a.* TWOFOLD, DOUBLE, DUPLICATE
**dyblygiad,** (-au), *n.m.* DUPLICATION
**dyblygu,** *v.* DOUBLE, FOLD, DUPLICATE
**dyblygydd,** (-ion), *n.m.* DUPLICATOR
**dybryd,** *a.* DIRE, MONSTROUS, FLAGRANT, **SHAMEFUL, GROSS**
**dychan,** (-au), *n.f.* SATIRE, ABUSE, LAMPOON
**dychangerdd,** (-i), *n.f.* SATIRICAL POEM
**dychanol,** *a.* SATIRICAL
**dychanu,** *v.* SATIRIZE, LAMPOON
**dychanwr,** (-wyr), *n.m.* SATIRIST
**dychlamu,** *v.* THROB, LEAP, PALPITATE
**dychmygadwy,** *a.* IMAGINABLE
**dychmygol,** *a.* IMAGINARY
**dychmygu,** *v.* IMAGINE, INVENT
**dychmygus,** *a.* IMAGINATIVE, INVENTIVE
**dychryn,** (-iadau), ***n.m.*** **FRIGHT, DREAD, TREMBLING**
***v.*** **FRIGHTEN, BE HORRIFIED**
**dychrynllyd,** *a.* FRIGHTFUL, DREADFUL, HORRENDOUS
**dychrynu,** *v.* FRIGHTEN, BE FRIGHTENED
**dychweledig,** *a.* RETURNED
**dychweledigion,** *n.pl.* CONVERTS
**dychweliad,** (-au), *n.m.* RETURN, CONVERSION
**dychwelyd,** *v.* RETURN, CONVERT, RESTORE
**dychymyg,** (dychmygion), *n.m.* IMAGINATION, FANCY, IDEA, RIDDLE
**dydd,** (-iau), *n.m.* DAY
**dyddfu,** *v.* FLAG, FAINT, PINE
**dyddgwaith,** *n.m.* A (CERTAIN) DAY, TIME
**dyddhau,** *v.* DAWN
**dyddiad,** (-au), *n.m.* DATE, DATING
**dyddiadur,** (-on), *n.m.* DIARY
**dyddiedig,** *a.* DATED
**dyddio,** *v.* DAWN, DATE, ARBITRATE
**dyddiol,** *a.* DAILY, DIURNAL
**dyddiwr,** (-wyr), *n.m.* MEDIATOR, ARBITRATOR
**dyddlyfr,** (-au), *n.m.* DIARY, DAY-BOOK
**dyddodyn,** (-odion), *n.m.* DEPOSIT
**dyfais,** (-feisiau), *n.f.* DEVICE, INVENTION
**dyfal,** *a.* DILIGENT, CAREFUL, INTENSIVE, PERSISTENT, SLOW
**dyfalbarhad,** *n.m.* PERSEVERANCE
**dyfalbarhau,** *v.* PERSEVERE
**dyfaliad,** (-au), *n.m.* GUESS, CONJECTURE
**dyfalu,** *v.* GUESS, COMPARE, IMAGINE
**dyfarniad,** (-au), *n.m.* VERDICT, **DECISION, ADJUDICATION, JUDGEMENT**
**dyfarnu,** *v.* ADJUDGE, SENTENCE, UMPIRE
**dyfarnwr,** (-wyr), *n.m.* JUDGE, UMPIRE
**dyfeisio,** *v.* DEVISE, INVENT, IMAGINE
**dyfeisiwr,** (-wyr), *n.m.* INVENTOR
**dyfn,** *a.* DEEP
**dyfnant,** (-nentydd), *n.f.* RAVINE
**dyfnder,** (-au, -oedd), *n.m.* DEEP, DEPTH

**dyfnhau,** *v.* DEEPEN
**dyfod, dod,** *v.* BECOME, COME
**dyfodfa,** (-feydd), *n.f.* ACCESS, ENTRY
**dyfodiad,** (-au), *n.m.* COMING, ARRIVAL, ADVENT
(-iaid), *n.m.* INCOMER, STRANGER
**dyfodol,** *a.* FUTURE, COMING
*n.m.* FUTURE
**dyfodoliaeth,** *n.f.* FUTURISM
**dyfradwy,** *a.* WATERED
**dyfredig,** *a.* IRRIGATED
**dyfrffos,** (-ydd), *n.f.* CANAL, WATERCOURSE, ACQUEDUCT
**dyfrgi,** (-gwn), *n.m.* OTTER
**dyfrhad,** *n.m.* IRRIGATION
**dyfrhau,** *v.* WATER, IRRIGATE
**dyfrllyd,** *a.* WATERY, DAMP
**dyfrol,** *a.* AQUATIC
**dyfyniad,** (-au), *n.m.* QUOTATION
**dyfynnod,** (-ynodau), *n.m.* QUOTATION MARK
**dyfynnol,** *a.* CITATORY, SUMMONED
**dyfynnu,** *v.* CITE, QUOTE, SUMMON
**dyffl,** *n.m.* DUFFEL
**dyffryn,** (-noedd), *n.m.* VALLEY, DALE
**dyffryndir,** (-oedd), *n.m.* LOW COUNTRY, VALE
**dygiedydd,** (-ion), *n.m.* BEARER
**dygn,** *a.* HARD, SEVERE, GRIEVOUS, DIRE
**dygnedd,** *n.m.* ENDURANCE
**dygnu,** *v.* STRIVE, PERSEVERE
**dygnwch,** *n.m.* PERSEVERANCE, ASSIDUITY
**dygwr,** (-wyr), *n.m.* TAKER, THIEF
**dygwydd,** *n.m.* INCIDENCE
**dygwyl,** *n.m.* FESTIVAL, FEAST DAY
**dygwympo,** *v.* COLLAPSE
**dygyfor,** *v. & n.m.* SURGE, MUSTER
**dygymod,** *v.* PUT UP (with), SETTLE (with)
**dyhead,** (-au), *n.m.* ASPIRATION, YEARNING, PANTING
**dyheu,** *v.* LONG, YEARN, ASPIRE, PANT
**dyhiryn,** see *dihiryn*
**dyhuddiant,** *n.m.* PROPITIATION, RECONCILIATION
**dyhuddo,** *v.* PROPITIATE, CONSOLE
**dyladwy,** *a.* DUE, SUITABLE
**dylanwad,** (-au), *n.m.* INFLUENCE
**dylanwadol,** *a.* INFLUENTIAL
**dylanwadu,** *v.* INFLUENCE
**dyled,** (-ion), *n.f.* DEBT, DUE, OBLIGATION
**dyledeb,** (-au), *n.f.* DEBENTURE
**dylednod,** (-au), *n.m.* DEBIT NOTE
**dyledog,** (-ion), *a. & n.m.* OBLIGATORY, DUE, LIEGE-LORD
**dyledogaeth,** *n.f.* ALLEGIANCE
**dyledus,** *a.* DUE, OWING
**dyledwr,** (-wyr), *n.m.* DEBTOR
**dyletswydd,** (-au), *n.f.* DUTY
**dylif,** (-on), *n.m.* FLOOD, FLUX
*n.f.* WARP
**dylifo,** *v.* FLOW, STREAM, WARP, POUR
**dylni,** *n.m.* STUPIDITY, DULLNESS
**dyluniad,** (-au), *n.m.* DESIGN, DRAWING
**dylunio,** *v.* DESIGN
**dylunydd,** (-ion), *n.m.* DESIGNER
**dylyfu gên,** *v.* YAWN
**dylluan,** see *tylluan*
**dyma,** *ad.* HERE IS, HERE ARE
**dymbel,** *n.m.* DUMB-BELL
**dymchweliad,** (-au), *n.m.* OVERTHROW, DEMOLITION
**dymchwel(yd),** *v.* OVERTHROW, UPSET, CAPSIZE, COLLAPSE
**dymuniad,** (-au), *n.m.* WISH, DESIRE
**dymuno,** *v.* WISH, DESIRE
**dymunol,** *a.* DESIRABLE, PLEASANT
**dyn,** (-ion), *n.m.* MAN, PERSON
**dyna,** *ad.* THERE IS, THERE ARE
**dynad,** *n.pl.* NETTLES
**dynameg,** *n.f.m.* DYNAMICS
**dynamegol,** *a.* DYNAMICAL
**dynameit,** *n.m.* DYNAMITE
**dynamo,** (-s, -au), *n.m.* DYNAMO
**dynamomedr,** (-au), *n.m.* DYNAMOMETER
**dynatron,** (-au), *n.m.* DYNATRON
**dyndod,** *n.m.* MANHOOD, HUMANITY
**dyndwll,** (-dyllau), *n.m.* MANHOLE
**dyneddon,** *n.pl.* DWARFS, PYGMIES
**dyneiddiaeth,** *n.f.* HUMANISM
**dyneiddiol,** *a.* HUMANISTIC
**dyneiddiwr,** (-wyr), *n.m.* HUMANIST
**dynes,** *n.f.* WOMAN
**dynesfa,** (-feydd), *n.f.* APPROACH
**dynesiad,** *n.m.* APPROACH
**dynesu,** *v.* APPROACH, DRAW NEAR
**dynfarch,** (-feirch), *n.m.* CENTAUR
**dyngar,** *a.* HUMANE
**dyngarîs,** *n.pl.* DUNGAREES
**dyngarol,** *a.* PHILANTHROPIC, HUMANITARIAN
**dyngarwch,** *n.m.* PHILANTHROPY
**dyngarwr,** (-wyr), *n.m.* PHILANTHROPIST
**dyngasedd,** *n.m.* MISANTHROPY
**dyniaethau,** *n.pl.* HUMANITIES
**dyniawed,** (dyniewaid), *n.m.* YEARLING, STEER

**dyn-laddiad,** *n.m.* MANSLAUGHTER
**dynodi,** *v.* DENOTE, CODE
**dynodiad,** (-au), *n.m.* DENOTATION
**dynol,** *a.* HUMAN
**dynoliaeth,** *n.f.* HUMANITY
**dynolryw,** *n.f.* MANKIND
**dynwared,** *v.* IMITATE, MOCK, MIMIC
**dynwarededd,** *n.m.* MIMICRY
**dynwarediad,** (-au), *n.m.* IMITATION, MIMICRY
**dynwaredol,** *a.* IMITATIVE
**dynwaredwr,** (-wyr), IMITATOR, MIMIC
**dyraddiant,** *n.m.* DEGRADATION
**dyraniad,** (-au), *n.m.* ALLOCATION
**dyrchafael,** *n.m.* ASCENSION
*v.* RISE, ASCEND, EXALT
**dyrchafedig,** *a.* EXALTED
**dyrchafiad,** (-au), *n.m.* PROMOTION, ELEVATION
**dyrchafol,** *a.* ELEVATING
**dyrchafu,** *v.* RAISE, EXALT, ASCEND, RISE
**dyri,** (-ïau), *n.f.* BALLAD, POEM, LAY
**dyrnaid,** (-eidiau), *n.m.* HANDFUL
**dyrnfedd,** (-i), *n.f.* HILT, GAUNTLET, HAND (MEASURE)
**dyrnio,** *v.* PUNCH
**dyrnod,** (-iau), *n.f.m.* BLOW, CUFF, STROKE, PUNCH
**dyrnu,** *v.* THRESH, THUMP
**dyrnwr,** (-wyr), *n.m.* THRESHER
*dyrnwr medi,* COMBINE HARVESTER
**dyrys,** *a.* INTRICATE, CONFUSED, DIFFICULT
**dyrysbwnc,** (-bynciau), *n.m.* PROBLEM
**dysentri,** *n.m.* DYSENTERY
**dysg,** *n.m.f.* LEARNING
**dysgawdwr,** (-wyr), TEACHER
**dysgedig,** *a.* LEARNED
**dysgeidiaeth,** *n.f.* TEACHING, DOCTRINE
**dysgl,** (-au), *n.f.* DISH, PLATTER, DISK
**dysglöen,** *n.f.* SPLINTER
**dysgu,** *v.* TEACH, LEARN
**dysgwr,** (-wyr), TEACHER, LEARNER
**dyspepsia,** *n.m.* DYSPEPSIA
**dysych,** *a.* DESSICATED
**dywal,** *a.* SAVAGE, BRAVE, FIERCE
**dywalgi,** (-gwn), *n.m.* TIGER
**dywediad,** (-au), *n.m.* SAYING
**dywedwst,** *a.* TACITURN
**dywedyd,** *v.* SAY, TELL, SPEAK
**dyweddi,** (-ïau), *n.f.* BETROTHAL, FIANCÉ(E)
**dyweddïad,** *n.m.* BETROTHAL, ENGAGEMENT
**dyweddïedig,** *a.* ENGAGED
**dyweddïo,** *v.* BECOME ENGAGED
**dyweddïwr,** (-wyr), *n.m.* FIANCÉ, BRIDEGROOM
**dywenydd,** *n.m.* HAPPINESS, JOY

**eang,** *a.* WIDE, AMPLE, LARGE, BROAD, IMMENSE
**eangder,** see *ehangder*
**eangfrydedd,** *n.m.* MAGNANIMITY
**eangfrydig,** *a.* BROAD-MINDED, MAGNANIMOUS
**eb, ebe, ebr** *v.* SAID, QUOTH, SAYS
**ebargofi,** *v.* FORGET
**ebargofiant,** *n.m.* OBLIVION
**ebargofus,** *a.* OBLIVIOUS, FORGETFUL
**ebill,** (-ion), *n.m.* BIT, AUGER, GIMLET, PEG, PIN
**ebillio,** *v.* BORE, PEG, TAP
**ebol,** (-ion), *n.m.* COLT, FOAL, BUCK (GYM.)
**eboles,** (-au), *n.f.* FOAL, FILLY
**ebolfarch,** (-feirch), *n.m.* YOUNG STALLION, COLT
**eboni,** *n.m.* EBONY
**ebran,** (-nau), *n.m.* FODDER, BAIT, PROVENDER
**ebrannu,** *v.* FODDER, BAIT
**Ebrill,** *n.m.* APRIL
**ebrwydd,** *a.* QUICK, SWIFT, SOON, READY
*yn ebrwydd,* IMMEDIATELY
**ebwch,** (-ychau), *n.m.* GASP, SIGH, EJACULATION, BLAST, SPASM
**ebychiad,** (-au), *n.m.* SIGHING, GASPING, EJACULATION, INTERJECTION
**ebychu,** *v.* GASP, SIGH, EJACULATE
**eciwmenaidd,** *a.* ECUMENICAL
**eclectiaeth,** *n.f.* ECLECTICISM
**eclectig,** *a.* ECLECTIC
**eclip(s),** (-au), *n.m.* ECLIPSE
**ecliptig,** *a. & n.m.* ECLIPTIC
**eclog,** (-au), *n.f.m.* ECLOGUE
**eco,** *n.m.* ECHO
**ecoleg,** *n.f.m.* ECOLOGY
**ecolegol,** *a.* ECOLOGICAL
**ecolegwr,** (-wyr), *n.m.* ECOLOGIST
**economaidd,** *a.* ECONOMIC
**economeg,** *n.f.m.* ECONOMICS
**economegol,** *a.* ECONOMIC
**economegwr,** (-wyr), **economegydd,** (-ion), *n.m.* ECONOMIST
**econometreg,** *n.m.f.* ECONOMETRICS
**econometrydd,** *n.m.* ECONOMETRICIAN
**economi,** (-ïau), *n.m.* ECONOMY
**economydd,** *n.m.* ECONOMIST
**ecotôn,** *n.m.* ECOTONE
**ecsbloetio,** *v.* EXPLOIT
**ecsbloetiwr,** (-wyr), *n.m.* EXPLOITER
**ecseis,** *n.m.* EXCISE
**ecseismon,** (-myn), *n.m.* EXCISEMAN
**ecsema,** *n.m.* ECZEMA
**ecsentredd,** (-au), *n.m.* ECCENTRICITY
**ecsentrig,** *a.* ECCENTRIC (MATHS.)
**ecstasi,** *n.m.* ECSTASY
**ecstatig,** *a.* ECSTATIC
**ecstri,** (-s), *n.m.* AXLE, AXLE-TREE
**ecstro,** *n.m.* BRACE AND BIT, AXLE, PIVOT, BAR
**ecwiti,** (-ïau), *n.m.* EQUITY
**echblyg,** *a.* EXPLICIT, OUTWARD
**echblygol,** *a.* EXTROVERT
**echdoe,** (-au), *ad.* DAY BEFORE YESTERDAY
**echdoriad,** (-au), *n.m.* ERUPTION
*echdoriad folcanig,* VOLCANIC ERUPTION
**echdorri,** *v.* ERUPT
**echdygol,** *a.* EFFERENT
**echdyniad,** (-au), *n.m.* EXTRACT
**echdynnu,** *v.* EXTRACT
**echdynnydd,** *n.m.* EXTRACTOR
**echel,** (-au), *n.f.* AXLE, AXIS
*echel plyg,* AXIS OF FOLD
**echelin,** (-au), *n.m.* AXIS
**echelinol,** *a.* AXIAL
**echelog,** *a.* AXIAL
**echelu,** *v.* PUT ON AN AXLE, TURN
**echlifol,** *a.* ELUVIAL
**echludo,** *v.* ELUTE
**echlysiant,** *n.m.* ELISION
**echnos,** *n.f.* NIGHT BEFORE LAST
**echreiddiad,** (-au), *n.m.* ECCENTRICITY
**echreiddig,** *a.* ECCENTRIC, ODD
**echryd,** *n.m.* TREMBLING, HORROR, DREAD
**echrydu,** *v.* QUAKE, SHUDDER, FEAR
**echrydus,** *a.* HORRIBLE, SHOCKING
**echrys(lon),** *a.* HORRIBLE, MONSTROUS, DIRE
**echryslondeb, -der,** (-au), *n.m.* HORROR, ATROCIOUSNESS
**echwthiol,** *a.* EXTRUSIVE
**echwyn,** (-ion), *n.m.* LOAN, ADVANCE (BANK)
**echwynna,** *v.* BORROW, LEND
**echwynnwr,** (-wynwyr), *n.m.* MONEYLENDER, CREDITOR
**echwyno,** *v.* COMPLAIN, LAMENT
**edafedd,** *n.pl.* YARN
**edafeddog,** *n.f.* CUDWEED
**edafog,** *a.* FIBROUS, FILAMENTOUS
**edaffig,** *a.* EDAPHIC
**edau,** (edafedd), *n.f.* THREAD, YARN,

*edau dacio,* TACKING COTTON
*edau sglein,* SYLKO
**edefyn,** (-ion), *n.m.* SHRED, FILAMENT
*edefyn nerfol,* NERVE FIBRE
**edfryd,** *v.* RESTORE, REPAY
**edict,** *n.m.* EDICT
**edifar,** *a.* SORRY, PENITENT
**edifaredd,** (-au), *n.m.* REGRET
**edifarhau,** *v.* REPENT
**edifaru,** *v.* REGRET
**edifarus,** *a.* PENITENT, REPENTANT
**edifeir(i)og,** *a.* | REPENTANT, PENITENT
**edifeiriol,** *a.* |
**edifeirwch,** *n.m.* REPENTANCE, PENITENCE
**edliw,** *v.* REPROACH, TAUNT
**edliwgar,** *a.* REPROACHFUL, TAUNTING
**edliwiad,** (-au), *n.m.* REPROACH, TAUNT
**edliwio,** *v.* REPROACH, TAUNT
**edlych,** (-od), *n.m.* WEAKLING, FEEBLE PERSON
**edmygedd,** *n.m.* ADMIRATION
**edmygol,** *a.* ADMIRING
**edmygu,** *v.* ADMIRE, REVERE
**edmygwr,** (-wyr), *n.m.* | ADMIRER,
**edmygydd,** (-ion), *n.m.* | RESPECTER
**edn,** (-od), *n.m.* BIRD, FOWL
**ednog,** *a.* WINGED
**ednogaeth,** *n.f.* ORNITHOLOGY
**edrych, -yd,** *v.* LOOK, EXAMINE, SEEM, SEE, EXPECT
**edrychiad,** (-au), *n.m.* LOOK, APPEARANCE
**edrychwr,** (-wyr), *n.m.* SPECTATOR, OBSERVER
**edwi,** *v.* | DECAY, WITHER,
**edwino,** *v.* | FADE, SHRINK
**edwythiad,** (-au), *n.m.* EDUCTION
**edwytho,** *v.* EDUCE
**eddi,** (-ïau), *n.m.* THRUMS, FRINGE
**ef, efe,** *pn.* HE, HIM, IT
**efallai,** *ad.* PERHAPS, POSSIBLY, MAYBE
**efengyl,** (-au), *n.f.* GOSPEL
**efengylaidd,** *a.* EVANGELICAL
**efengyleiddiad,** *n.m.* EVANGELIZATION
**efengyleiddio,** *v.* EVANGELIZE
**efengylu,** *v.* EVANGELIZE
**efengylwr,** (-wyr), *n.m.* EVANGELIST.
**efelychiad,** (-au), *n.m.* IMITATION
**efelychiadol,** *a.* IMITATIVE
**efelychiant,** (-nnau), *n.m.* IMITATION (MUSIC)
**efelychu,** *v.* IMITATE
**efelychwr,** (-wyr), *n.m.* IMITATOR
**efelychydd,** (-ion), *n.m.* SIMULATOR
**eferw,** *a.* EFFERVESCENT
**eferwad,** (-au), *n.m.* EFFERVESCENCE
**eferwi,** *v.* EFFERVESCE
**eflyn,** *n.m.* SLIGHT BREEZE
**efo,** *prp.* WITH, BY MEANS OF
**efô,** *pn.* HE, HIM, IT
**efol(i)wt,** (-iau), *n.m.* EVOLUTE
**efr(au),** *n.pl.* TARES, DARNEL, VETCH
**efryd,** (-iau), *n.m.* STUDY, MEDITATION
**efrydfa,** (-feydd), *n.f.* STUDY
**efrydiaeth,** *n.f.* STUDY, MEDITATION
**efrydu,** *v.* STUDY
**efrydydd,** (-iaid, -ion), *n.m.* STUDENT
**efrydd,** (-ion, -iaid), *a.* DISABLED, MAIMED, CRIPPLED
*n.m.* CRIPPLE
**efryddu,** *v.* DISABLE, CRIPPLE
**efwr,** *n.m.* COW PARSNIP, HOG-WEED
**efydd,** (-au), *n.m.* BRONZE, BRASS, COPPER
*a.* OF BRONZE, BRASS
**efydden,** (-nau), *n.f.* CAULDRON, BRASS
**efyddyn,** (-nau), *n.m.* BRASS POT OR PAN
**efyddu,** *v.* BRAZING
**effa,** *n.f.m.* EPHAH
**effaith,** (-eithiau), *n.f.* EFFECT
**effeithio,** *v.* EFFECT, AFFECT
**effeithiol,** *a.* EFFECTIVE, OPERATIVE, EFFECTUAL
**effeithioli,** *v.* INFLUENCE, IMPEL, RENDER EFFECTUAL
**effeithiolrwydd,** *n.m.* EFFICACY, EFFECTIVENESS
**effeithlon,** *a.* EFFICIENT
**effeithlonedd,** *n.m.* EFFICIENCY (OF MACHINE, etc.)
**effeithlonrwydd,** *n.m.* EFFICIENCY
**effemeris,** *a.* EPHEMERIS
**effro,** *a.* AWAKE, VIGILANT, ALERT
**effros,** *c.n.* EYEBRIGHT
**eger,** (-au), *n.m.* BORE, EAGRE
**egin,** (-yn), *n.pl.* SHOOTS, SPROUTS, OFFSPRING
**eginhad, eginiad,** (-au), *n.m.* GERMINATION, SPROUTING
**egino,** *v.* SPROUT, GERMINATE, SHOOT
**eginol,** *a.* GERMINAL, SHOOTING
**eginyn,** (egin), *n.m.* SPROUT
**eglos,** *a.* PRETTY, NEAT
**eglur,** *a.* CLEAR, PLAIN, EVIDENT
**eglurdeb, -der,** *n.m.* CLEARNESS, BRIGHTNESS

**eglureb,** (-au, -ion), *n.f.* ILLUSTRATION
**eglurhad,** (-au), *n.m.* EXPLANATION, DEMONSTRATION, EXAMPLE
**eglurhaol,** *a.* EXPLANATORY
**egluro,** *v.* EXPLAIN, ILLUSTRATE
**eglwys,** (-i, -ydd), *n.f.* CHURCH, THE CHURCH
**eglwysig,** *a.* ECCLESIASTICAL
**eglwysigiaeth,** *n.f.* ECCLESIASTICISM
**eglwysoleg,** *n.f.* ECCLESIOLOGY
**eglwyswr,** (-wyr), *n.m.* ANGLICAN
**eglwyswraig,** (-wragedd), *n.f.* CHURCHWOMAN
**egni,** (-ïon), *n.m.* ENERGY, MIGHT, EFFORT
*egni cinetig,* KINETIC ENERGY
**egnïaeth,** *n.m.* ENERGISM
**egnïo,** *v.* ENDEAVOUR, MAKE AN EFFORT
**egnïol,** *a.* VIGOROUS, ENERGETIC
**egnioli,** *v.* ENERGISE
**ego,** *n.m.* EGO
**egoistiaeth,** *n.m.* EGOISM
**egosentrig,** *a.* EGOCENTRIC
**egöydd,** *n.m.* EGOIST
**egr,** *a.* SHARP, SOUR, SEVERE, TART, CHEEKY, ROUGH
**egrmwnt,** *n.m.* AGRIMONY
**egroes,** (*-en, n.f.*), *n.pl.* HIPS
**egru,** *v.* GROW STALE, PROVOKE, SHARPEN
**egwan,** *a.* FEEBLE, WEAK, FAINT
**egwyd,** (-ydd), *n.f.* FETLOCK, SHACKLE, FETTER
**egwyddor,** (-ion, -au), *n.f.* RUDIMENT, PRINCIPLE, ALPHABET
**egwyddorol,** *a.* HIGH-PRINCIPLED, ELEMENTARY
**egwyl,** (-iau, -ion), *n.f.* LULL, INTERVAL, RESPITE
**egwyriant,** (-nnau), *n.m.* ABERRATION
**enghraifft,** (-eifftiau), *n.f.* EXAMPLE, INSTANCE
**enghreiffiol,** *a.* EXEMPLARY, ILLUSTRATIVE
**englyn,** (-ion), *n.m.* WELSH ALLITERATIVE STANZA
**englyna, -u,** *v.* COMPOSE *ENGLYNION*
**englynwr,** (-wyr), *n.m.* COMPOSER OF *ENGLYNION*
**engyl,** see *angel*
**ehangder,** (eangderau), *n.m.* BREADTH, EXPANSE, IMMENSITY
**ehangfryd,** *a.* MAGNANIMOUS
**ehangiad,** (-au), *n.m.* EXTENSION, EXPANSION
**ehangu,** *v.* EXTEND, ENLARGE
**ehedbridd,** *n.m.* BLOWN SOIL
**ehedbysg,** *n.pl.* FLYING FISH
**ehedeg,** *v.* FLY, RUN TO SEED
**ehedfa,** (-feydd), *n.f.* FLIGHT
**ehedfan,** *v.* FLY, HOVER
**ehediad,** (-iaid), *n.m.* BIRD, FOWL
(-au), *n.m.* FLIGHT (OF FANCY)
**ehedog,** *a.* FLYING
**ehedol,** *a.* VOLANT
**ehedwr,** (-wyr), *n.m.* FLIER
**ehedydd,** (-ion), *n.m.* LARK, FLIER
**ehofnder, -dra,** *n.m.* AUDACITY, DARING, BOLDNESS
**ehud,** *a.* RASH, ARDENT, SWIFT, FOOLISH, CREDULOUS
**ehudrwydd,** *n.m.* RASHNESS, FOLLY, DECEIT
**ei,** *pn.* HIS, HER, ITS
**eicon,** (-au), *n.m.* ICON
**eich,** *pn.* YOUR
**eidion,** (-nau), *n.m.* STEER, BULLOCK
**eidionyn,** *n.m.* BEEFBURGER
**eiddew,** *n.m.* IVY
**eiddgar,** *a.* ZEALOUS, ARDENT, KEEN
**eiddgarwch,** *n.m.* ZEAL, ARDOUR, FERVOUR
**eiddigedd,** *n.m.* JEALOUSY
**eiddigeddu,** *v.* ENVY, BE JEALOUS
**eiddigeddus, eiddigus,** *a.* JEALOUS, ENVIOUS
**eiddil,** *a.* FEEBLE, FRAIL, SLENDER
**eiddilwch,** *n.m.* FEEBLENESS, FRAILTY, SLENDERNESS
**eiddiorwg,** *c.n.* IVY
**eiddo,** *n.m.* PROPERTY,
*pn.* HIS, etc.
*rhestr eiddo,* INVENTORY
*trosglwyddo eiddo,* PROPERTY CONVEYANCE
**eidduno,** *v.* DESIRE, VOW, PRAY
**eiddunol,** *a.* OPTATIVE, DESIRABLE
**Eifftaidd,** *a.* EGYPTIAN
**Eifftiad,** (-iaid), *n.m.* | EGYPTIAN
**Eifftiwr,** (-wyr), *n.m.* |
**eigian,** *v.* see *igian*
**eigion,** (-au), *n.m.* OCEAN, DEPTH, BOTTOM
**eigioneg,** *n.f.m.* OCEANOGRAPHY
**eigionol,** *a.* PELAGIC
**eingion,** (-au), *n.f.* ANVIL
**Eingl,** *n.pl.* ANGLES, ENGLISHMEN
**Eingl-Gymro,** (**-Gymry**), *n.m.* ANGLO-WELSHMAN

**Eingl-Sais,** (-Saeson), *n.m.* ANGLO-SAXON
**Eingl-Seisnig,** *a.* ANGLO-SAXON
**eil-,** *px.* SECOND
**eil,** (-iau, -ion), *n.f.* SHELTER, SHED, AISLE
**eiladur,** (-on), *n.m.* ALTERNATOR
**eilaidd,** *a.* REPEATING, SECONDARY
**eilchwyl,** *ad.* AGAIN
**eileb,** (-au), *n.f.* COPY, MOMENT
**eilededdd,** *n.m.* ALTERNATION
**eiledol,** *ad.* ALTERNATELY
**eiledu,** *v.* ALTERNATE
**eilflwydd,** *a. & n.f.* BIENNIAL
**eilfydd,** *a.* LIKE, SIMILAR
**eilfyw,** *a.* REVIVED
**eiliad,** (-au), *n.m.f.* SECOND, MOMENT, PEN
**eiliadur,** (-on), *n.m.* ALTERNATOR
**eilio,** *v.* SECOND, PLAIT, COMPOSE, SING
**eiliw,** *n.m.* HUE, FORM, COLOUR, APPEARANCE
*a.* LIKE, SIMILAR
**eiliwr,** (-wyr), *n.m.* SECONDER
**eilradd(ol),** *a.* SECONDARY, INFERIOR
**eilrif,** (-au), *n.m.* EVEN NUMBER
**eilun,** (-od), *n.m.* IDOL, IMAGE
**eilunaddolgar,** *a.* IDOLATROUS
**eilunaddoli,** *v.* WORSHIP IDOLS
**eilunaddoliad,** *n.m.* / **eilunaddoliaeth,** *n.f.* IDOLATRY
**eilunaddolwr,** (-wyr), *n.m.* IDOLATOR
**eilwaith,** *ad.* AGAIN, A SECOND TIME
**eilwers,** *ad.* AGAIN, ANEW
*bob eilwers,* ALTERNATELY
**eilydd,** (-ion), *n.m.* SECONDER, RESERVE
**eillio,** *v.* SHAVE, TRIM
**eilliwr,** (-wyr), *n.m.* SHAVER, BARBER
**ein,** *pn.* OUR
**einioes,** *n.f.* LIFE, LIFETIME
**einion,** (-au), *n.f.* ANVIL
**eira, -y,** (-oedd), *n.m.* SNOW
**eiraog, -ol,** *a.* SNOWY
**eirchiad,** (-iaid), *n.m.* SUITOR, SUPPLIANT
**eirchion,** see *arch*
**eiriach,** *v.* SPARE, AVOID, LACK
**eirias,** *a.* RED HOT, GLOWING, FIERY
**eiriasedd,** *n.m.* INCANDESCENCE
**eirin,** (-en), *n.pl.* PLUMS, TESTICLES, BULLACE
*eirin duon,* DAMSONS
*eirin duon bach,* SLOES
*eirin Mair,* GOOSEBERRIES
**eiriog,** *a.* SNOWY
**eiriol,** *v.* BESEECH, PRAY, INTERCEDE
**eiriolaeth,** *n.f.* ENTREATY, INTERCESSION
**eiriolwr,** (-wyr), *n.m.* INTERCESSOR, MEDIATOR
**eirlaw,** (-ogydd), *n.m.* SLEET
**eirlin,** (-iau), *n.m.* SNOWLINE
**eirlithrad,** (-au), *n.m.* AVALANCHE
**eirlys,** (-iau), *n.m.* SNOWDROP
**eirllyd,** *a.* SNOWY
**eironi,** *n.m.* IRONY
**eironig,** *a.* IRONIC
**eisen,** (ais, -nau), *n.f.* RIB, LATH
**eisglwyf,** *n.m.* PLEURISY
**eisiau,** *n.m.* NEED, WANT, LACK, POVERTY
**eisin,** *c.n.* HUSK, BRAN
**eising,** *n.m.* ICING
**eisio,** *v.* ICE
**eisoes,** *ad.* ALREADY
**eistedd,** *v.* SIT, SEAT
**eisteddfa,** (-oedd, -fâu), *n.f.* SEAT, THRONE, ABODE, STAND
**eisteddfainc,** (-feinciau), *n.f.* THRONE
**eisteddfod,** (-au), *n.f.* MEETING, CONGRESS, SEAT, EISTEDDFOD
**eisteddfodol,** *a.* EISTEDDFODIC
**eisteddfodwr,** (-wyr), *n.m.* FREQUENTER OF *EISTEDDFODAU*
**eisteddfota,** *v.* FREQUENT *EISTEDDFODAU*
**eisteddiad,** (-au), *n.m.* SITTING, SESSION, SEAT
**eisteddle,** (-oedd), *n.m.* SEAT, PEW, STAND
**eisteddol** *a.* SEATED, SEDENTARY
**eitem,** (-au), *n.f.* ITEM
**eithaf,** (-ion, -oedd), *n.m. & a.* EXTREMITY, END, TERMINAL, EXTREME, SUPERLATIVE
*i'r eithaf,* TO THE UTMOST
**eithaf,** *ad.* VERY, QUITE
**eithafbwynt,** (-iau), *n.m.* EXTREMITY, APOGEE
**eithafiaeth,** *n.f.* EXTREMISM
**eithafol,** *a.* EXTREME
**eithafu,** *v.* EXTREMISE
**eithafwr,** (-wyr), *n.m.* / **eithafydd, (-ion),** *n.m.* EXTREMIST
**eithin,** (*-en, n.f.*), *n.pl.* GORSE, FURZE
**eithinog,** *a.* FURZY, PRICKLY
**eithr,** *pr.* EXCEPT, BESIDES
*c.* BUT
**eithriad,** (-au), *n.m.* EXCEPTION, PROVISO
**eithriadol,** *a.* EXCEPTIONAL
**eithrio,** *v.* EXCEPT, EXCLUDE, OPT

**elain,** (elanedd), *n.f.* FAWN, HIND
**elastig,** *a. & n.m.* ELASTIC
**elastigedd,** *n.m.* ELASTICITY
**electrig,** *a.* ELECTRIC
**electrod,** (-au), *n.m.* ELECTRODE
**electrofforesis,** *n.m.* ELECTROPHORESIS
**electrolysis,** *n.m.* ELECTROLYSIS
**electromagneteg,** *n.f.m.* ELECTROMAGNETISM
**electromedr,** (-au), *n.m.* ELECTROMETER
**electron,** (-au), *n.m.* ELECTRON
**electroneg,** *n.f.m.* ELECTRONICS
**electronig,** *a.* ELECTRONIC
**electroplatio,** *v.* ELECTROPLATE
**electrosgop,** (-au), *n.m.* ELECTROSCOPE
**electrostateg,** *n.f.m.* ELECTROSTATICS
**electrwm,** *n.m.* ELECTRUM
**elegeiog,** *a.* ELEGIAC, MOURNFUL
**eleni,** *ad.* THIS YEAR
**elfen,** (-nau), *n.f.* ELEMENT, PARTICLE, FACTOR, TENDENCY
**elfennig,** *a.* ELEMENTAL
**elfennol,** *a.* ELEMENTARY, CONSTITUENT, SIMPLE
**elfennu,** *v.* ANALYSE
**eli,** (elïau), *n.m.* OINTMENT, SALVE, REMEDY
**elifiant,** (-nnau), *n.m.* EFFLUENCE
**elifyn,** (elifion), *n.m.* EFFLUENT
**eliffant,** (-od, -iaid), *n.m.* ELEPHANT
**eliffantaidd,** *a.* ELEPHANTINE
**elin,** (-au, -oedd), *n.f.* ELBOW, BEND, FOREARM
**elino,** *v.* ELBOW
**elinog,** *a.* ANGULAR
**elïo,** *v.* ANOINT, SMEAR
**elips,** (-au), *n.m.* ELLIPSE
**elipsoid,** (-au), *n.m.* ELLIPSOID
**eliptig,** *a.* ELLIPTIC
**elît,** *n.m.* ELITE
**elitydd,** *n.m.* ELITIST
**elor,** (-au), *n.f.* BIER, STRETCHER
**elorgerbyd,** (-au), *n.m.* HEARSE
**elorlen,** (-ni), *n.f.* PALL
**elusen,** (-nau), *n.f.* ALMS, BOUNTY, CHARITY
**elusendy,** (-dai), *n.m.* ALMSHOUSE, ALMONRY
**elusengar,** *a.* BENEVOLENT, CHARITABLE
**elusengarwch,** *n.m.* BENEVOLENCE, CHARITY
**elusennwr,** (-enwyr), *n.m.* ALMONER
**elw,** (-on), *n.m.* PROFIT, GAIN
*elw annisgwyl,* WINDFALL
*elw gros,* GROSS PROFIT
*elw net,* NET PROFIT
**elwa,** *v.* PROFIT, GAIN
**elwlen,** (elwlod), *n.f.* KIDNEY
**ellyll,** (-on), *n.m.* FIEND, GOBLIN, GHOST
**ellyllaidd,** *a.* FIENDISH, GHOSTLY
**ellylles,** (-au), *n.f.* SHE-DEMON, FURY
**ellyn,** (-au, od), *n.m.* RAZOR
**embargo,** (-au), *n.m.* EMBARGO
**embeslad,** (-au), *n.m.* EMBEZZLEMENT
**embeslo,** *v.* EMBEZZLE
**emboliaeth,** (-au), *n.f.* EMBOLISM
**embryo,** *n.m.* EMBRYO
**embryoleg,** *n.f.* EMBRYOLOGY
**emeri,** *n.m.* EMERY
**emosiwn,** (-iynau), *n.m.* EMOTION
**emosiynol,** *a.* EMOTIONAL
**emosiynus,** *a.* EMOTIVE
**empeiraeth,** *n.f.* EMPIRICISM
**empeiraidd,** *a.* / **empirig,** *a.* — EMPIRICAL
**emrallt,** *n.m.* EMERALD
**emwïladur,** (-on), *n.m.* EMULATOR
**emwlsio,** *v.* EMULSIFY
**emwlsiwn,** *n.m.* EMULSION
**emylsydd,** *n.m.* EMULSIFIER
**emyn,** (-au), *n.m.* HYMN
**emyn-dôn,** (-au), *n.f.* HYMN-TUNE
**emyniadur,** (-on), *n.m.* HYMNAL
**emynol,** *a.* HYMNIC
**emynwr,** (-wyr), / **emynydd,** (-ion), — *n.m.* HYMNIST
**emynyddiaeth,** *n.f.* HYMNOLOGY
**enaid,** (eneidiau), *n.m.* SOUL, LIFE
**enamel,** (-au), *n.m.* ENAMEL
**enamlo,** *v.* ENAMELLING
**enbyd, -us,** *a.* DANGEROUS, AWFUL
**enbydrwydd,** *n.m.* PERIL, RISK, DISTRESS
**enbydu,** *v.* IMPERIL, ENDANGER
**encil,** (-ion), *n.m.* RETREAT, FLIGHT, RECESSION
*a.* RECESSIVE
**encilfa,** (-feydd), *n.f.* RETREAT
**enciliad,** (-au), *n.m.* RETREAT, DESERTION
**encilio,** *v.* RETREAT, DESERT, WITHDRAW
**enciliwr,** (-wyr), *n.m.* RETREATER, DESERTER
**enclitig,** *a.* ENCLITIC
**encôr,** *n.m.* ENCORE
**encuddio,** *v.* CONCEAL
**encyd,** *n.m.* SPACE, MOMENT, WHILE

**enchwythu,** *v.* INFLATE
**endemig,** *a.* ENDEMIC
**endid,** *n.m.* ENTITY, EXISTENCE
**endif,** *n.m.* ENDIVE
**endorri,** *v.* INCISE
**endothermig,** *a.* ENDOTHERMIC
**eneideg,** *n.m.* PSYCHOLOGY
**eneidiog,** *a.* ANIMATE
**eneidiol,** *a.* ANIMATIC, LIVING
**eneidydd,** (-ion), *n.m.* ANIMIST
**eneiniad,** (-au), *n.m.* ANOINTING, UNCTION, INSPIRATION
**eneinio,** *v.* ANOINT, CONSECRATE
**eneiniog,** *a.* ANOINTED
*Yr Eneiniog,* THE MESSIAH, CHRIST
**eneinlyn,** *n.m.* LINIMENT, LOTION
**enfawr,** *a.* ENORMOUS, VAST, IMMENSE
**enfys,** (-au), *n.f.* RAINBOW
**enffeodaeth,** (-au), *n.f.* ENFEOFFMENT
**engrafiad,** (-au), *n.m.* ENGRAVING
**engrafu,** *v.* ENGRAVE
**enhuddo,** see *anhuddo*
**enigma,** *n.m.* ENIGMA
**enigmatig,** *a.* ENIGMATIC
**enillfawr,** *a.* LUCRATIVE, REMUNERATIVE
**enillgar,** *a.* LUCRATIVE, ATTRACTIVE
**enillion,** *n.pl.* PROFITS, EARNINGS
**enillwr,** (-wyr), *n.m.* | EARNER,
**enillydd,** (-wyr), *n.m.* | VICTOR, WINNER
**enllib,** (-ion, -iau), *n.m.* LIBEL, SCANDAL
**enllibaidd,** *a.* LIBELLOUS
**enllibio,** *v.* LIBEL
**enllibiwr,** (-wyr), *n.m.* LIBELLER
**enllibus,** *a.* LIBELLOUS
**enllyn,** *n.m.* RELISH (EATEN WITH BREAD)
*enllyn caws,* WELSH RAREBIT
**ennaint,** (eneiniau), *n.m.* OINTMENT, UNCTION, BATH
**ennill,** *v.* PROFIT, GAIN, GET, WIN, EARN
**ennill,** (enillion), *n.m.* GAIN, PROFIT, ADVANTAGE
**ennyd,** *n.m.f.* WHILE, MOMENT, INSTANT
**ennyn,** *v.* KINDLE, BURN, INFLAME, EXCITE
**enrhif,** (-au), *n.m.* VALUE
**enrhifo,** *v.* EVALUATE
**enseilio,** *v.* ENSEAL
**ensym,** (-au), *n.m.* ENZYME
**ensymaidd,** *a.* ENZYME
**ensyniad,** (-au), *n.m.* INSINUATION, INNUENDO
**ensynio,** *v.* INSINUATE
**entael,** *n.m.* ENTAIL
**enterig,** *a.* ENTERIC
**enteritis,** *n.m.* ENTERITIS
**entomoleg,** *n.f.m.* ENTOMOLOGY
**entomolegwr,** (-wyr), *n.m.* ENTOMOLOGIST
**entro,** *v.* ENTER, BEGIN
**entropi,** *n.m.* ENTROPY
**entrych,** (-ion, -oedd), *n.m.* FIRMAMENT, ZENITH, HEIGHT
**enw,** (-au), *n.m.* NAME, NOUN, FAME
**enwad,** (-au), *n.m.* DENOMINATION, SECT
**enwadaeth,** *n.f.* SECTARIANISM
**enwadol,** *a.* SECTARIAN, DENOMINATIONAL
**enwadur,** (-on), *n.m.* GLOSSARY, DENOMINATOR
**enwaededig,** *a.* CIRCUMCISED
**enwaediad,** (-au), *n.m.* CIRCUMCISION
**enwaedu,** *v.* CIRCUMCISE
**enwebai,** (-eion), *n.m.* NOMINEE
**enwebiad,** (-au), *n.m.* NOMINATION
**enwebu,** *v.* NOMINATE
**enwedig,** *a.* SPECIAL
*yn enwedig,* ESPECIALLY
**enwi,** *v.* NAME, NOMINATE
**enwog,** *a.* FAMOUS, NOTED, RENOWNED
**enwogi,** *v.* MAKE OR BECOME FAMOUS
**enwogrwydd,** *n.m.* RENOWN, FAME
**enwol,** *a.* NOMINAL, NOMINATIVE
**enwyn,** *n.m.* BUTTERMILK
**enydus, -aidd,** *a.* INSTANTANEOUS
**enynfa,** (-oedd), *n.f.* INFLAMMATION,
**enyniad,** (-au), *n.m.* ITCHING, IRRITATION
**enynnol,** *a.* INFLAMED, INFLAMMATORY
**eofn,** *a.* BOLD, DARING, FORWARD
**eog,** (-iaid), *n.m.* SALMON
*eog mwg,* SMOKED SALMON
**eog-frithyll,** (-od, -iaid), *n.m.* SEWIN, SEA-TROUT
**eolithig,** *a.* EOLITHIC
**eos,** (-iaid, -au), *n.f.* NIGHTINGALE
**epa,** (-od), *n.m.* APE
**epeirogenetig,** *a.* EPEIROGENETIC
**epidemig,** *a.* & *n.m.* EPIDEMIC
**episeicloid,** (-au), *n.m.* EPICYCLOID
**epiffyt,** (-au), *n.m.* EPIPHYTE
**epig,** *n.f.* EPIC
**epiglotis,** (-au), *n.m.* EPIGLOTTIS
**epigram,** (-au), *n.m.* EPIGRAM
**epigynaidd, -us,** *a.* EPIGYNOUS
**epil,** (-iaid), *n.m.* OFFSPRING, PROGENY, BROOD
**epilepsi,** *n.m.* EPILEPSY
**epilgar,** *a.* PROLIFIC, TEEMING

**epiliad,** (-au), *n.m.* REPRODUCTION
**epilio,** *v.* REPRODUCE, BREED, TEEM
**epiliog,** *a.* PROLIFIC, TEEMING
**epilog,** *n.m.* EPILOGUE
**episod,** (-au), *n.m.* EPISODE
**epistemeg,** *n.f.* EPISTEMOLOGY
**epistol,** (-au), *n.m.* EPISTLE
**epistolaidd,** *a.* EPISTOLARY
**eples,** (-au), *n.m.* LEAVEN, FERMENT
**eplesiad,** (-au), *n.m.* FERMENTATION
**eplesu,** *v.* LEAVEN, FERMENT
**epoc,** (-au), *n.m.* EPOCH
**epoled,** (-au), *n.m.* EPAULETTE
**er,** *prp.* FOR, SINCE, IN ORDER TO
*c.* THOUGH
*er mwyn,* FOR THE SAKE OF, IN ORDER TO
**era,** (erâu), *n.m.* ERA
**eraill,** see *arall*
**erbyn,** *prp.* BY, AGAINST, OPPOSITE, IN PREPARATION FOR
**erchi,** *v.* ASK, COMMAND, DEMAND, PRAY
**erchwyn,** (-ion), *n.m.* SIDE, BEDSIDE, EDGE
**erchyll,** *a.* HORRIBLE, HIDEOUS, AWFUL
**erchyllter,** (-au), *n.m.* | HORROR, ATROCITY
**erchylltod, -tra,** *n.m.* |
**erddigan,** (-au), *n.f.* HARMONY, MADRIGAL, TUNE
**erfin,** (*-en, n.f.*), *n.pl.* TURNIPS
**erfyn,** *v.* BEG, PRAY, EXPECT, IMPLORE
(arfau), *n.m.* WEAPON, TOOL
**erfyniad,** (-au), *n.m.* REQUEST, ENTREATY, PETITION
**erg,** (-iau), *n.m.* ERG
**ergonomeg,** *n.m.* ERGONOMICS
**ergyd,** (-ion), *n.m.f.* BLOW, SHOT, STROKE, HIT, IMPULSE
**ergydiant,** (-nnau), *n.m.* IMPULSE
**ergydio,** *v.* STRIKE, SHOOT, AIM
**ergydiwr,** (-wyr), *n.m.* STRIKER, THROWER
**erial,** (-au), *n.m.* AERIAL
**erioed,** *ad.* EVER
**erledigaeth,** (-au), *n.f.* PERSECUTION
**erlid,** *v.* PURSUE, PERSECUTE
(-iau), *n.m.* PURSUIT, PERSECUTION
**erlidiwr,** (-wyr), *n.m.* PURSUER, PERSECUTOR
**erlyn,** *v.* PROSECUTE
**erlyniad,** (-au), *n.m.* PROSECUTION
**erlynydd,** (-ion), *n.m.* PROSECUTOR
**ern, -es,** (-au), *n.f.* SECURITY, EARNEST, PLEDGE, DEPOSIT
**erno,** *v.* PLEDGE
**erodrom,** (-au), *n.m.f.* AERODROME
**eroplen,** (-au), *n.f.* AEROPLANE
**erotig,** *a.* EROTIC
**ers,** *prp.* SINCE (*ER YS*) . . . AGO
**ertrai,** (-treiau), *n.m.* NEAP TIDE
**erthygl,** (-au), *n.m.f.* ARTICLE, CLAUSE
**erthyl,** (-od), *n.m.* ABORTION
*a.* STILL-BORN
**erthylaidd,** *a.* ABORTIVE
**erthyliad,** (-au), *n.m.* ABORTION, MISCARRIAGE
**erthylu,** *v.* ABORT, MISCARRY
*cyffur erthylu,* ABORTIFACIENT
**erthylydd,** (-ion), *n.m.* ABORTIONIST
**erw,** (-au, -i), *n.f.* ACRE
**erwain,** *n.pl.* MEADOW-SWEET
**erwydd,** *n.m.* STAVE
*n.pl.* LATHS, STAVES, RODS
**erydiad,** (-au), *n.m.* EROSION
**erydol,** *a.* EROSIVE
**erydu,** *v.* ERODE
**erydydd,** (-ion), *n.m.* EROSIVE AGENT
**eryr,** (-od), *n.m.* EAGLE
**eryri, -od,** *n.pl.* SHINGLES
**esblygiad,** (-au), *n.m.* EVOLUTION
**esblygiadaeth,** *n.f.* EVOLUTIONISM
**esboniad,** (-au), *n.m.* EXPLANATION, COMMENTARY, EXPOSITION
**esboniadaeth,** *n.f.* EXPOSITION, EXEGESIS
**esboniadol,** *a.* EXPOSITORY, EXPLANATORY
**esbonio,** *v.* EXPLAIN, INTERPRET
**esboniwr,** (-wyr), *n.m.* EXPOSITOR, ANNOTATOR
**esbonydd,** (-ion), *n.m.* EXPONENT
**esbonyddol,** *a.* EXPONENTIAL
**esburdalu,** *v.* EXPIATE
**escaladur,** (-on), *n.m.* ESCALATOR
**escatoleg,** *n.f.* ESCHATOLOGY
**escatolegol,** *a.* ESCHATOLOGICAL
**esgair,** (-eiriau), *n.f.* LEG, RIDGE, ESKER
**esgeirlwm,** *a.* EXPOSED, WIND-SWEPT
**esgeulus,** *a.* NEGLIGENT, CARELESS
**esgeulusedig,** *a.* NEGLECTED
**esgeuluso,** *v.* NEGLECT
**esgeulustod, -tra,** (-ion), *n.m.* NEGLIGENCE
**esgid,** (-iau), *n.f.* BOOT, SHOE
**esgob,** (-ion), *n.m.* BISHOP
**esgobaeth,** (-au), *n.f.* BISHOPRIC, SEE, DIOCESE
**esgobol,** *a.* EPISCOPAL
**esgobwr,** (-wyr), *n.m.* EPISCOPALIAN
**esgoli,** *v.* ESCALATE

**esgoliad,** *n.m.* ESCALATION
**esgor,** *v.* GIVE BIRTH, BEAR
*n.m.* DELIVERY, BIRTH
**esgoriad,** (-au), *n.m.* PARTURITION
**esgud,** *a.* QUICK, ACTIVE, NIMBLE
**esgudogyll,** *n.m.* WOODLARK
**esgus,** (-ion), *n.m.* EXCUSE, PRETENCE
**esgusawd,** (-odion), *n.m.* EXCUSE, APOLOGY
**esgusodi,** *v.* EXCUSE
**esgusodol,** *a.* EXCUSABLE, EXEMPT
**esgymun,** *a.* EXECRABLE, EXCOMMUNICATE
**esgymuno,** *v.* EXCOMMUNICATE
**esgyn,** *v.* ASCEND, RISE, MOUNT
**esgynbren,** (-nau), *n.m.* PERCH, ROOST
**esgynfa,** (-feydd), *n.f.* ASCENT, RISE, TAKE OFF
**esgynfaen,** (-feini), *n.m.* HORSE-BLOCK
**esgyniad,** (-au), *n.m.* ASCENT, ASCENSION
**esgynneb,** (esgynebau), *n.f.* CLIMAX
**esgynnol,** *a.* ASCENDING, PROGRESSIVE
**esgyrn,** see *asgwrn*
**esgyrnog,** *a.* BONY
**esgytsiwn,** *n.m.* ESCUTCHEON
**esiampl,** (-au), *n.f.* EXAMPLE
**esmwyth,** *a.* SOFT, EASY, COMFORTABLE
**esmwythâd,** *n.m.* RELIEF, EASE
**esmwytháu,** *v.* SOOTHE, EASE
**esmwythder, -dra,** *n.m.* EASE, RELIEF
**esmwytho,** *v.* SOOTHE, EASE
**esmwythyd,** *n.m.* EASE, LUXURY
**estron,** (-iaid), *n.m.* FOREIGNER, STRANGER, ALIEN
**estron,** *a.* FOREIGN, STRANGE, ALIEN
**estronol,** *a.* FOREIGN, ALIEN, STRANGE
**estronwr,** (-wyr), *n.m.* ALIEN
**estrys,** (-iaid, -od), *n.m.f.* OSTRICH
**estyll,** (-en, *n.f.*), *n.pl.* PLANKS, BOARDS
**estyn,** *v.* REACH, STRETCH, SPREAD, PROLONG
**estynadwy,** *a.* EXTENSIBLE
**estyniad,** (-au), *n.m.* EXTENSION, PROJECTION, REACH
**estynion,** *n.pl.* EXTENSION PIECES
**estynnell,** *n.f.* STRETCHER
**estheteg,** *n.m.f.* AESTHETICS
**esthetig,** *a.* AESTHETIC
**etesaidd,** *a.* ETESIAN
**etewyn,** (-ion), *n.m.* FIREBRAND, TORCH
**etifedd,** (-ion), *n.m.* HEIR, CHILD, INHERITOR
**etifeddeg,** *n.f.* HEREDITY
**etifeddiaeth,** (-au), *n.f.* INHERITANCE
**etifeddol,** *a.* HEREDITARY, INHERITABLE
**etifeddu,** *v.* INHERIT
**eto,** *ad.* AGAIN, YET, STILL
*c.* YET, STILL
**ether,** *n.m.* ETHER
**ethnig,** (-iaid), *n.m.* HEATHEN
*a.* ETHNIC
**ethnoleg,** *n.f.* ETHNOLOGY
**ethnolegwr,** (-wyr), *n.m.f.* ETHNOLOGIST
**ethol,** *v.* ELECT, SELECT, CHOOSE
**etholadwy,** *a.* ELIGIBLE
**etholaeth,** (-au), *n.f.* CONSTITUENCY, ELECTORATE
**etholedig,** (-ion), *a.* ELECT, CHOSEN
*yr etholedigion,* THE ELECT
**etholedigaeth,** *n.f.* ELECTION (THEOL.)
**etholeg,** *n.f.* ETHOLOGY
**etholfraint,** (-freintiau), *n.f.* FRANCHISE
**etholfreinio,** *v.* ENFRANCHISE
**etholiad,** (-au), *n.m.* ELECTION
**etholiadol,** *a.* ELECTORAL
**etholwr,** (-wyr), *n.m.* ELECTOR, VOTER
**ethos,** *n.m.* ETHOS
**eu,** *pn.* THEIR
**euad,** (-aid), *n.m.* LIVER-ROT, SPEEDWELL
**euclidaidd,** *a.* EUCLIDEAN
**eudden,** (euddod), *n.m.* MITE
**eunuch,** (-iaid), *n.m.* EUNUCH
**euod,** *c.n.* LIVER-FLUKE
**euog,** *a.* GUILTY
**euogfarn,** (-au), *n.f.* CONDEMNATION, CONVICTION
**euogfarnu,** *v.* CONVICT
**euogrwydd,** *n.m.* GUILT
**euraid, -aidd,** *a.* GOLD, GOLDEN
**eurbinc,** (-od), *n.m.* GOLDFINCH
**eurem,** (-au), *n.m.* GOLD JEWEL
**eurgrawn,** *n.m.* TREASURY, MAGAZINE
**euro,** *v.* GILD
**eurof,** (-aint), *n.m.* GOLDSMITH
**euron,** *n.f.* LABURNUM
**eurych,** (-iaid, -od), *n.m.* GOLDSMITH
**eurych(i)aeth,** *n.f.* GOLDSMITH'S ART
**euryn,** *n.m.* PIECE OF GOLD
**ewa,** *n.m.* UNCLE (dial.)
**ewach,** (-od), *n.m.* WEAKLING, SCRAG
**ewffoniwm,** (-onia), *n.m.* EUPHONIUM
**ewgeneg,** *n.m.f.* EUGENICS
**ewig,** (-od), *n.f.* HIND, DOE
**ewin,** (-edd), *n.m.f.* NAIL, CLAW, TALON, HOOF
**ewino,** *v.* SCRATCH, CLAW
**ewinor,** *n.m.* WHITLOW

**ewinrhew,** *n.m.* FROSTBITE
**ewlychiad,** (-au), *n.m.* EFFLORESCENCE
**ewlychol,** *a.* EFFLORESCENT
**ewn,** *a.* see *eofn*
**Ewrop,** *n.f.* EUROPE
**Ewropead,** (-aid), *n.m.* EUROPEAN
**Ewropeaidd,** *a.* EUROPEAN
**ewstatig,** *a.* EUSTATIC
**ewyllys,** (-iau, -ion), *n.f.* WILL, DESIRE, TESTAMENT
**ewyllysgar,** *a.* WILLING
**ewyllysgarwch,** *n.m.* WILLINGNESS, GOOD WILL
**ewyllysio,** *v.* WISH, WILL
**ewyllysiwr,** (-wyr), *n.m.* TESTATOR
**ewyn,** *n.m.* FROTH, FOAM, SURF
**ewynnog,** *a.* FROTHING, FOAMING
**ewynnu,** *v.* FROTH, FOAM
**ewythr,** (-edd, -od), *n.m.* UNCLE

**fagddu, y** *n.f.* UTTER DARKNESS, BLACKOUT, HELL
**fagina,** (-u), *n.m.* VAGINA
**falans,** (-ys), *n.m.* VALANCE
**falant,** *n.f.* VALENTINE
**falf,** (-iau), *n.f.* VALVE
**falid,** *a.* VALID
**falidedd,** *n.m.* VALIDITY
**famwst, y** *n.f.* HYSTERIA
**fan,** (-iau), *n.f.* VAN
**fandal,** (-iaid), *n.m.* VANDAL
**fandaleiddio,** *v.* VANDALISE
**fandaliaeth,** *n.f.* VANDALISM
**fanila,** *n.m.* VANILLA
**fario,** *v.* VARY
**farnais,** (-eisiau), *n.m.* VARNISH
**farneisio,** *v.* VARNISH
**fasal,** (-au), *n.m.* VASSAL
**fe,** *pn.* HE, HIM, IT, PARTICLE BEFORE VERBS
**feallai,** *ad.* PERHAPS
**fector,** (-au), *n.m.* VECTOR
**fectoraidd,** *a.* VECTORIAL
**fei,** *n.m.* VIEW
**feiol,** (-au), *n.f.* VIOL, FIDDLE
**feis,** (-ys, -iau), *n.f.* VICE, WASH-UP, TAP
**fel,** *c.* AS, SO, LIKE
**felly,** *ad.* SO, THUS
**fent,** (-iau), *n.f.* VENT
**fentrigl,** (-au), *n.m.* VENTRICLE
**feranda,** (-s, -âu), *n.f.* VERANDA
**ferdigris,** *n.m.* VERDIGRIS
**fermiliwn, -ion,** *n.m.* VERMILION
**fersin,** (-au), *n.m.* VERSINE
**fersiwn,** (-siynau), *n.m.* VERSION
**fertig,** (-au,), *n.m.* VERTEX
**fertigol,** *a.* VERTICAL, PLUMB
**fesigl,** (-au), *n.m.* VESICLE
**fest,** (-ys), *n.f.* VEST
**festri,** (-ïoedd, -ïau), *n.f.* VESTRY
**feto,** (-au), *n.m.* VETO
**ficer,** (-iaid), *n.m.* VICAR
**ficerdy,** (-dai), *n.m.* VICARAGE
**ficeriaeth,** (-au), *n.f.* VICARIATE
**fifariwm,** (-aria), *n.m.* VIVARIUM
**fila,** (-âu), *n.m.* VILLA
**finegr,** (-au), *n.m.* VINEGAR
**fiola,** (-s), *n.f.* VIOLA
**firgat,** (-au), *n.m.* VIRGATE
**firws,** (-au, fira), *n.m.* VIRUS
**fitamin,** (-au), *n.m.* VITAMIN
**fo,** *pn.* HE, HIM, IT
**folant,** (-au), *n.m.* VALENTINE
**folcanig,** *a.* VOLCANIC
**folcano,** (-au), *n.f.* VOLCANO
**foli,** (-ïau), *n.m.* VOLLEY
**folian,** *v.* VOLLEY
**foliwm,** (-au), *n.m.* VOLUME
**folt,** (-iau), *n.f.* VOLT
**foltamedr,** (-au), *n.m.* VOLTAMETER
**foltedd,** (-au), *n.m.* VOLTAGE
**foltmedr,** (-au), *n.m.* VOLTMETER
**fortais,** (-eisiau), *n.m.* VORTEX
**forteisedd,** *n.m.* VORTICITY
**fôt,** (fotiau), *n.f.* VOTE
**fotiwr,** (-wyr), *n.m.* VOTER
**fowart,** *n.f.* VANGUARD
**fowt,** (-iau), *n.f.* VAULT
**fowtio,** *v.* VAULT
**fry,** *ad.* ABOVE, ALOFT
**fwlgar,** *a.* VULGAR
**fwlgariaeth,** *n.f.* VULGARITY, VULGARISM
**Fwlgat, Y,** *n.m.* THE VULGATE
**fwltur,** (-iaid), *n.m.* VULTURE
**fy,** *pn.* MY
**fylcanigrwydd,** *n.m.* VULCANICITY
**fyny, i** *ad.* UP, UPWARDS

**ffa,** (*ffäen, ffeuen, n.f.*), *n.pl.* BEANS, BROAD BEANS
*ffa'r gors,* BUCKBEANS
*ffa pob,* BAKED BEANS
**ffabrig,** (-au), *n.m.* FABRIC
*ffabrig dodrefnu,* FURNISHING FABRIC
*ffabrig lwrecs,* LUREX FABRIC
**ffabrigedig,** *a,* FABRICATED
**ffabrigo,** *v,* FABRICATE
**ffacbys,** *n.pl.* VETCHES, LENTILS
**ffacsimile,** *n.m.* FACSIMILE
**ffactor,** (-au), *n.m.f.* FACTOR
*ffactor cyffredin mwyaf,* HIGHEST COMMON FACTOR
*ffactorau amgylchedd,* ENVIRONMENTAL FACTORS
*ffactor cysefin,* PRIME FACTOR
**ffactori, -o,** *v.* FACTORIZE
**ffactoriad,** (-au), *v.* FACTORIZATION
**ffael,** (-ion), *n.m.* FAULT
**ffaeledig,** *a.* FALLIBLE, AILING
**ffaeledigrwydd,** *n.m.* FALLIBILITY
**ffaeledd,** (-au), *n.m.* FAULT, DEFECT, FAILING
**ffaelu,** *v.* FAIL, MISS
**ffafr,** (-au), *n.f.* FAVOUR, RESPECT, PRIVILEGE
**ffafr(i)aeth,** (-au), *n.f.* FAVOURITISM, FAVOUR
**ffafr(i)o,** *v.* FAVOUR
**ffafriol,** *a.* FAVOURABLE
**ffagl,** (-au), *n.f.* BLAZE, TORCH, FLAME
**ffaglog,** *a.* BLAZING, FLAMING
**ffaglu,** *v.* BLAZE, FLAME
**ffagod, -en,** (ffagodau), *n.f.* FAGGOT, BUNDLE
**ffagodi,** *v.* FAGGOT
**ffagodwaith,** *n.m.* FAGGOTTING
**ffagotsen,** (ffagots), *n.f.* FAGGOT
**ffair,** (ffeiriau), *n.f.* FAIR, BUSTLE, FIGHT
*ffair sborion,* JUMBLE-SALE
**ffaith,** (ffeithiau), *n.f.* FACT
**ffald,** (-au), *n.f.* FOLD, POUND, FARMYARD
**ffals,** (ffeilsion), *a.* FALSE, CUNNING, SLY
**ffalsedd,** *n.m.* FALSENESS, DECEIT
**ffalseto,** *n.m.* FALSETTO
**ffalsiwr,** (-wyr), *n.m.* FLATTERER
**ffalst,** *a.* CUNNING, FALSE
**ffalster,** *n.m.* DECEIT, FALSEHOOD, CUNNING
**ffaltwng,** *n.m.* FALTUNG
**ffalwm,** *n.m.* WHITLOW
**ffan,** (-nau), *n.f.* FAN
**ffanatig,** *n.m.* FANATIC
**ffanatigiaeth,** *n.f.* FANATICISM
**ffanfowt,** *n.m.* FAN VAULTING
**ffanffer,** (-au), *n.m.* FANFARE
**ffanleu,** *n.m.* FANLIGHT
**ffansi,** (-ïau), *n.f.* FANCY
**ffansïo,** *v.* FANCY
**ffansïol,** *a.* FANCIFUL
**ffansïwr,** (-wyr), *n.m.* FANCIER
**ffantasi(a),** (-ïau), *n.f.m.* FANTASY
**ffâr,** *n.m.* FARE
**ffarad,** (-au), *n.m.* FARAD
**ffarier,** *n.m.* VETERINARY SURGEON, FARRIER
**ffarm,** (ffermydd), *n.f.* FARM
*ffarm âr,* ARABLE FARM
*ffarm laeth,* DAIRY FARM
**ffarmio,** *v.* FARM
*ffarmio arddwys,* INTENSIVE FARMING
*ffarmio ymgynnal,* SUBSISTENCE FARMING
**ffarmwr,** (-wyr), *n.m.* FARMER
**ffars,** (-iau), *n.f.* FARCE
**ffarsi,** *n.m.* FARCY
**ffarwél,** *n.f.* FAREWELL
**ffarwelio,** *v.* BID FAREWELL
**ffaryncs,** (-au), *n.m.* PHARYNX
**ffas,** (-ys, -au), *n.f.* FACE, COAL-FACE
**ffasâd,** (ffasadau), *n.m.* FACADE
**ffased,** *n.m.* FACET
**ffasg,** (-au), *n.f.* BUNDLE
**ffasgu,** *v.* TIE, BIND
**ffasgydd,** *n.m.* } FASCIST
**ffasist,** (-iaid), *n.m.* } FASCIST
**ffasistiaeth,** *n.f.* FASCISM
**ffasiwn,** (-iynau), *n.m.f.* FASHION
**ffasiynol,** *a.* FASHIONABLE
**ffasner,** (-i), *n.m.* FASTENER
**ffasnin,** (-au), *n.m.* FASTENING
**ffasno,** *v.* FASTEN
**ffasnydd,** (-ion), *n.m.* FASTENER
**ffast,** *a.* FAST, SOUND
**ffat,** (-iau), *n.f.* SLAP, PAT, BLOW
**ffatio,** *v.* SLAP, PAT
**ffatri,** (-ïoedd), *n.f.* FACTORY
**ffatrïaeth,** *n.f.* MANUFACTURING
**ffau,** (ffeuau), *n.f.* DEN, LAIR
**ffawd,** (ffodion), *n.f.* FATE, FORTUNE, JOY, BLESSING
**ffawdelw,** *n.m.* WINDFALL
**ffawdheglu,** *v.* HITCH-HIKE

**ffawdheglwr,** (-wyr), *n.m.* HITCH-HIKER
**ffawna,** *n.f.* FAUNA
**ffawt,** (-iau), *n.m.* FAULT
*ffawt arosgo,* OBLIQUE FAULT
*ffawt dwbl,* DOUBLE FAULT
*ffawt cilwthiol,* REVERSE FAULT
**ffawtiad,** (-au), *n.m.* FAULTING
**ffawtlin,** *n.m.* FAULT LINE
**ffawtus,** *a.* FAULTY
**ffawydd,** (-*en, n.f.*), *n.pl.* BEECH TREES
**ffederal,** *a.* FEDERAL
**ffederaliaeth,** *n.f.* FEDERALISM
**ffederasiwn,** (-iynau), *n.m.* FEDERATION
**ffed(e)reiddio,** *v.* FEDERATE
**ffedog,** (-au), *n.f.* APRON
**ffedral,** *a.* FEDERAL
**ffedraliaeth,** *n.f.* FEDERALISM
**ffefar,** (-au, -s), *n.f.* FEVER
**ffefryn,** (-nau), *n.m.* FAVOURITE
**ffei,** *i.* FIE, BEGONE!
**ffeil,** (-iau), *n.f.* FILE
**ffeilio,** *v.* FILE, HEM
**ffein(d),** *a.* FINE, KIND, AGREEABLE
**ffeindio,** *v.* FIND
**ffeindrwydd,** *n.m.* KINDNESS, AMIABILITY
**ffeinio,** *v.* FINE
**ffeintio,** *v.* FAINT, SWOON
**ffeirio,** *v.* BARTER, EXCHANGE
**ffel,** *a.* DEAR, CUNNING, KNOWING, SHARP
**ffelder,** *n.m.* SHYNESS, SAGACITY
**ffelon,** (-iaid), *n.m.* FELON
**ffelonaidd,** *a.* FELONIOUS
**ffeloni(aeth),** (-au), *n.f.* FELONY
**ffelt,** *n.m.* FELT
**ffeltin,** *n.m.* FELTING
**ffelwm,** *n.m.* WHITLOW
**ffelwn,** (-au), *n.m.* FELON
**ffemwr,** (ffemora), *n.m.* FEMUR
**ffen,** (-iau), *n.m.* FEN
**ffendir,** *n.m.* FENLAND
**ffenestr,** (-i), *n.f.* WINDOW
*ffenestr do,* SKYLIGHT WINDOW
*ffenestr fwa,* BOW WINDOW
**ffenigl,** *n.m.* FENNEL
**ffenomen,** (-au), *n.f.* PHENOMENON
**ffens,** (-ys), *n.f.* FENCE
**ffensio,** *v.* FENCE
**ffeodaeth,** *n.f.* FEOFFMENT
**ffeodaethwr,** (-wyr), *n.m.* FEOFFER
**ffeoffment,** *n.m.* FEOFFMENT
**ffêr,** (fferau), *n.f.* ANKLE
**ffer,** (-*en, n.f.*), *n.pl.* FIR-TREES
**fferdod,** *n.m.* NUMBNESS
**fferf,** *a.f.* THICK, SOLID, FIRM
**fferi,** (-ïau), *n.f.* FERRY
**fferinau,** / **fferins,** *n.pl.* SWEETS, DAINTIES
**fferllyd,** *a.* CHILLY, BENUMBED
**fferm,** (-ydd), *n.f.* FARM
**ffermdy,** (-dai), *n.m.* FARM-HOUSE
**ffermio,** *v.* FARM
**ffermwr,** (-wyr), *n.m.* FARMER
**fferru,** *v.* FREEZE, CONGEAL, PERISH WITH COLD
**fferrus,** *a.* FERROUS
**fferwl,** (-au), *n.m.f.* FERRULE
**fferyllfa,** (-feydd), *n.f.* DISPENSARY, PHARMACY
**fferylliaeth,** *n.f.* PHARMACY
**fferyllol,** *a.* CHEMICAL, PHARMACEUTICAL
**fferyllydd,** (-ion, -wyr), *n.m.* PHARMACIST
**ffesant,** (-s, -au), *n.m.f.* PHEASANT
**ffesin,** (-iau), *n.m.* FACING
*ffesin cudd,* INTERFACING
*ffesin twll llawes,* ARMHOLE FACING
**ffest,** *a.* FAST, DILIGENT
(-au), *n.f.* FEAST, FETE
**ffestu,** *v.* HURRY
**ffetis,** *n.m.* FETISH
**ffetisaeth,** *n.m.* FETISHISM
**ffetus,** *a.* CLEVER, CRAFTY
**ffi,** *i.* FIE!
**ffi,** (-oedd), *n.f.* FEE
*ffi entael,* FEE TAIL
*ffi batent,* FEE PATENT
*ffi rydd,* FEE SIMPLE
**ffiaidd,** *a.* FOUL, LOATHSOME
**ffibr,** (-au), *n.m.* FIBRE
**ffibrog, -us,** *a.* FIBROUS
**ffibwla,** (-ae), *n.m.* FIBULA
**Ffichtiad,** (-iaid), *n.m.* PICT
**ffid(i)l,** (-au), *n.f.* FIDDLE
**ffidiwr,** *n.m.* FEED DOG
**ffidlan,** *v.* FIDDLE, DAWDLE
**ffidler,** (-iaid), *n.m.* FIDDLER
**ffidl(i)o,** *v.* FIDDLE
**ffieiddbeth,** (-au), *n.m.* ABOMINATION
**ffieidd-dod, ffieidd-dra,** *n.m.* ABHORRENCE, DISGUST, ABOMINATION
**ffieiddio,** *v.* LOATHE, DETEST
**ffigur,** (-au), *n.m.* FIGURE, TYPE
**ffigurol,** *a.* FIGURATIVE, METAPHORICAL
**ffiguryn,** (-nau), *n.m.* FIGURINE
**ffigys,** (-*en, n.f.*), *n.pl.* FIGS
**ffigysbren,** (-nau), *n.m.* FIG-TREE
**ffilament,** (-au), *n.m.* FILAMENT

**ffildio,** *v.* FIELD
**ffildiwr,** (-wyr), *n.m.* FIELDER, OUTFIELDER
**ffiled,** (-au, -i), *n.f.* FILLET
**ffilharmonig,** *a.* PHILHARMONIC
**ffilm,** (-iau), *n.f.* FILM
**ffilmio,** *v.* FILM
**ffilmstribed,** (-i), *n.f.* FILMSTRIP
**ffiloreg,** *n.f.* NONSENSE, RIGMAROLE
**ffilter,** (-au, -i), *n.m.* FILTER
**ffiltro,** *v.* FILTER
**ffin,** (-iau), *n.f.* BOUNDARY, LIMIT, MARGIN
**ffindir,** (-oedd), *n.m.* BORDERLAND
**ffinedig,** *a.* BOUNDED
**ffinio,** *v.* BORDER, ABUT
**ffiniol,** *a.* BORDERING
**ffiol,** (-au), *n.f.* PHIAL, BOWL, CUP
**ffiord,** (-au), *n.f.* FJORD
**ffircyn,** *n.m.* FIRKIN
**ffiseg,** *n.f.* PHYSICS
**ffisegol,** *a.* PHYSICAL
**ffisegwr,** (-wyr), *n.m.* PHYSICIST
**ffisig,** *n.m.* MEDICINE
**ffisigwr,** (-wyr), *n.m.* PHYSICIAN
**ffisigwriaeth,** *n.f.* MEDICINE, PHYSIC
**ffisioleg,** *n.f.m.* PHYSIOLOGY
**ffit,** *a.* FIT
(-iau), *n.f.* FIT, PAROXYSM
**ffit-ffatio,** *v.* FLIP-FLAP
**ffitiad,** (-au), *n.m.* FITTING
**ffitio,** *v.* FIT
**ffitiwr,** (-wyr), *n.m.* FITTER
**ffitrwydd,** *n.m.* FITNESS
**ffiwdal,** *a.* FEUDAL
**ffiwdalhad,** *n.m.* FEUDALISATION
**ffiwdalhau,** *v.* FEUDALISE
**ffiwdaliaeth,** *n.f.* FEUDALISM
**ffiwg,** (-iau), *n.f.* FUGUE
**ffiws,** (-iau), *n.m.* FUSE
**ffiwsiliwr,** (-wyr), *n.m.* FUSILIER
**ffiwsio,** *v.* FUSE
**fflacsid,** *a.* FLACCID
**fflach,** (-iau), *n.f.* | FLASH, GLEAM
**fflachiad,** (-au), *n.m.* |
**fflachennu,** *v.* SCINTILLATE
**fflachio,** *v.* FLASH
**fflachiog,** *a.* FLASHING
**fflag,** (-iau), *n.f.* FLAG
**fflagen,** (-ni), *n.f.* FLAGON, FLAG-STONE
**fflangell,** (-au), *n.f.* SCOURGE, WHIP
**fflangelliad,** (-au), *n.m.* FLAGELLATION
**fflangellu,** *v.* SCOURGE, FLOG, WHIP
**fflaim,** (-eimiau), *n.f.* LANCET
**fflam,** (-au), *n.f.* FLAME
**fflamadwy,** *a.* INFLAMMABLE
**fflamgoed,** *n.f.* THE SPURGE
**fflamio,** *v.* BLAZE, FLAME
**fflamllyd,** *a.* FLAMING
**fflamwydden,** *n.f.* ERYSIPELAS
**fflan,** (-iau), *n.m.* FLAN
**fflans,** (-ys), *n.m.f.* FLANGE
**fflap,** (-iau), *n.m.* FLAP
**fflasg,** (-iau), *n.f.* FLASK, BASKET
**fflat,** *a.* FLAT
(-iau), *n.f.* FLAT *n.m.* FLAT-IRON
**fflatio,** *v.* FLAT, FLATTEN
**fflatwadn,** *a.* FLATFOOTED
**fflaw,** (-iau), *n.m.* SPLINTER, FAULT, FLAKE, MOTE
**fflawen,** (-nau), *n.f.* SPLINTER, FLAW
**fflawiog,** *a.* FLAKED
**fflebitis,** *n.m.* PHLEBITIS
**fflecnod,** *n.m.* FLECNODE
**fflecs,** (-ys), *n.m.* FLEX
**ffleimio,** *v.* LANCE
**fflêm, fflem,** *n.f.* PHLEGM
**fflêr,** *n.m.* FLARE
**fflic-fflac,** *n.m.* FLICK-FLACK, FLIP-FLOP
**fflicio,** *v.* FLICK
**fflint,** *n.m.* FLINT
**ffliworoleuedd,** *n.m.* FLUORESCENCE
**ffliwt,** (-iau), *n.f.* FLUTE
**ffloc,** *n.m.* FLOCK
**ffloch,** (-au), *n.m.* FLOE
*ffloch iâ,* ICE FLOE
**fflodiad,** (-au), *n.f.* | FLOODGATE
**fflodiart,** (-au), *n.f.* |
**fflons,** *a.* LIVELY, CHEERFUL, AMIABLE
**fflora,** (fflorae), *n.m.* FLORA
**ffloring,** (-od), *n.m.* FLORIN
**fflowns,** (-ys), *n.f.* FLOUNCE
**ffluorin,** *n.m.* FLUORINE
**fflurben,** *n.m.* INFLORESCENCE
**fflurddail,** *n.pl.* PERIANTH
**fflurol,** *a.* FLORAL
**fflurolau,** *a.* FLUORESCENT
**ffluroleuedd,** *n.m.* FLUORESCENCE
**fflwcs,** *n.pl.* FLUFF, RUBBISH
**fflwch,** *a.* VAST, FULL, BOUNTIFUL
**fflwff,** *n.m.* FLUFF
**fflworideiddiad,** *n.m.* FLUORIDATION
**fflworideiddio,** *v.* FLUORIDATE
**fflworin,** *n.m.* FLUORINE
**fflŵr,** *n.m.* MEAL, FLOUR, FLOWER
**fflŵr-de-lis,** *n.m.* FLEUR-DE-LIS
**fflwroleuedd,** *n.m.* FLUORESCENCE

**fflycs,** (-ys), *n.m.* FLUX
**fflyd,** (-oedd), *n.f.* FLEET, LARGE NUMBER
**fflyrtan,** *v.* FLIRT
**fflyrten,** *n.f.* A FLIRT
**ffo,** *n.m.* FLIGHT, RETREAT
*ar ffo,* FLEEING
**ffoadur,** (-iaid), *n.m.* FUGITIVE, REFUGEE
**ffobia,** (-u), *n.m.* PHOBIA
**ffocal,** *a.* FOCAL
**ffocus,** (-au), *n.m.* FOCUS
**ffocws,** (ffocysau), *n.m.* FOCUS
**ffocysu,** *v.* FOCUS
**ffodus,** *a.* LUCKY, FORTUNATE
**ffoëdigaeth,** *n.f.* FLIGHT
**ffoëdigion,** *n.pl.* FUGITIVES
**ffoi,** *v.* FLEE, RETREAT
**ffoil,** (-iau), *n.m.* FOIL
**ffôl,** *a.* FOOLISH, SILLY
**ffolant,** *n.m.* VALENTINE
**ffoledd,** *n.m.* FOLLY, FOOLISHNESS
**ffolen,** (-nau, -ni), *n.f.* BUTTOCK, HAUNCH
**ffoli,** *v.* DOTE, INFATUATE, FOOL
**ffolineb,** (-au), *n.m.* FOOLISHNESS, FOLLY
**ffolio,** (-s), *n.m.* FOLIO
**ffolog,** (-od), *n.f.* SILLY WOMAN
**ffollach,** (-au, -od), *n.f.* BUSKIN, CLOG
**ffôn,** (ffonau), *n.m.* PHONE
**ffon,** (ffyn), *n.f.* STICK, STAFF, CUDGEL, BAR, SPOKE, RUNG
*ffon dafl,* SLING
*ffon fagl,* CRUTCH
**ffondorio,** *v.* CUDGEL
**ffoneg,** *n.m.f.* PHONICS
**ffonetig,** *a.* PHONETIC
**ffoniad,** (-au), *n.f.* | STROKE, BLOW
**ffonnod,** (ffonodiau), *n.f.* | STROKE, BLOW
**ffonio,** *v.* PHONE
**ffonodio,** *v.* CUDGEL, BEAT
**ffont,** (-ydd), *n.m.* FONT
**fforc,** (ffyrc), *n.f.* TABLE-FORK
**fforch,** (ffyrch), *n.f.* FORK
**fforchi,** *v.* FORK
**fforchog,** *a.* FORKED, CLEFT, CLOVEN
**ffordd,** (ffyrdd), *n.f.* WAY, MANNER, DISTANCE, ROAD
*ffordd gysylltu,* TRUNK ROAD
*Ffordd y Blaenau,* HEADS OF THE VALLEYS ROAD
**fforddio,** *v.* AFFORD
**fforddol, -yn,** (-ion), *n.m.* WAYFARER, TRAVELLER
**fforest,** (-ydd), *n.f.* FOREST
**fforestiad,** (-au), *n.m.* AFFORESTATION
**fforestu,** *v.* AFFORESTATE
**fforestwr,** (-wyr), *n.m.* FORESTER
**fforffed,** (-ion), *n.m.* FORFEIT
**fforffedu,** *v.* FORFEIT
**fforiad,** (-au), *n.m.* EXPLORATION
**fforio,** *v.* EXPLORE, SCOUT
**fforiwr,** (-wyr), *n.m.* EXPLORER
**fform,** (-au, -ydd), *n.f.* FORM, BENCH
**fforman,** (-iaid), *n.m.* FOREMAN
**fformat,** *n.m.* FORMAT
**fformica,** *n.m.* FORMICA
**fform(i)wla,** (-âu), *n.f.* FORMULA
**ffortiwn,** (-iynau), *n.f.* | FORTUNE
**ffortun,** (-au), *n.f.* | FORTUNE
**ffortunus,** *a.* FORTUNATE
**fforwm,** (-ymau), *n.m.* FORUM
**ffos,** (-ydd), *n.f.* DITCH, TRENCH, MOAT
**ffosffad,** (-au), *n.m.* PHOSPHATE
**ffosffor,** *n.m.* PHOSPHOR
**ffosfforws,** *n.m.* PHOSPHORUS
**ffosil,** (-au), *n.m.* FOSSIL
**ffosilaidd,** *a.* FOSSIL
**ffotomedreg,** *n.m.f.* PHOTOMETRY
**ffothell,** (-au, -i), *n.f.* BLISTER
**ffowl,** (-iau), *n.m.* FOUL
**ffowlyn,** (ffowls), *n.m.* FOWL
**ffowndri,** (-ïau), *n.f.* FOUNDRY
**ffracsiwn,** (-iynau), *n.m.* FRACTION
*ffracsiwn bondrwm/cymen,* PROPER FRACTION
*ffracsiwn cyffredin,* VULGAR FRACTION
*ffracsiwn pendrwm/anghymen,* IMPROPER FRACTION
**ffracsiynol,** *a.* FRACTIONAL
**ffradach,** *n.m.* SQUASH, MESS
**ffrae,** (-au, -on), *n.f.* QUARREL, FRAY
**ffraegar,** *a.* QUARRELSOME
**ffraeo,** *v.* QUARREL, BICKER
**ffraeth,** *a.* WITTY, GENEROUS, READY
**ffraetheb,** (-ion), *n.f.* WITTICISM, JOKE
**ffraethineb,** *n.m.* WIT, ELOQUENCE
**Ffrainc,** *n.f.* FRANCE
**ffrâm,** (-iau), *n.f.* FRAME, CHASSIS
**fframio,** *v.* FRAME
**fframwaith,** (-weithiau), *n.m.* FRAMEWORK
**ffranc,** (-od), *n.m.* FRANC
**Ffrancwr,** (-wyr), *n.m.* FRENCHMAN
**Ffrangeg,** *n.f.* FRENCH (LANGUAGE)
**ffransies,** *n.m.* FRANCHISE
**ffras,** (-au, -ys), *n.f.* PHRASE

**ffrasil,** (-au), *n.m.* FRAZIL
**ffregod,** (-au), *n.f.* CHATTER, FOOLISH TALK
**Ffrengig,** *a.* FRENCH
**ffrenoleg,** *n.m.f.* PHRENOLOGY
**ffres,** *a.* FRESH, PURE
**ffresgo,** (-au), *n.m.* FRESCO
**ffresni,** *n.m.* FRESHNESS
**ffretwaith,** *n.m.* FRETWORK
**ffreutur,** (-au), *n.f.* REFECTORY
**ffrewyll,** (-au), *n.f.* SCOURGE, WHIP
**ffrewyllio, -u,** *v.* SCOURGE, WHIP
**ffri,** *a.* FREE, LIBERAL
**ffridd,** (-oedd), *n.f.* MOUNTAIN PASTURE, SHEEP-WALK
**ffrigad,** (-au), *n.f.* FRIGATE
**ffril,** (-iau), *n.m.* FRILL
**ffrimpan,** (-au), *n.f.* FRYING PAN
**ffrind,** (-iau), *n.m.* FRIEND
**ffrio,** *v.* FRY, HISS
**ffrîs,** (-iau), *n.f.* FRIEZE
**ffriswr,** (-wyr), *n.m.* FRIEZEMAN
**ffrit,** (-iau), *n.m.* FRIT, FLOP
*a.* WORTHLESS, UNSUBSTANTIAL
**ffriter,** (-au), *n.m.* FRITTER
**ffrith,** (-oedd), *n.f.* MOUNTAIN PASTURE, SHEEP-WALK
**ffrithiant,** (-nnau), *n.m.* FRICTION
**ffroch, -wyllt,** *a.* FURIOUS
**ffroen,** (-au), *n.f.* NOSTRIL, MUZZLE
**ffroenell,** (-au), *n.f.* NOZZLE
**ffroenffrydiad,** *n.m.* CORYZA
**ffroeni,** *v.* SNORT, SNIFF
**ffroenuchel,** *a.* HAUGHTY, DISDAINFUL
**ffroenucheledd,** *n.m.* HAUGHTINESS
**ffroenwst,** *n.m.* RHINITIS
**ffroes,** (*-en, n.f.*), *n.pl.* PANCAKES
**ffrog,** (-iau), *n.f.* FROCK
**ffroga,** (-ed, -od), *n.m.* FROG, FROG (HORSE'S HOOF)
**ffrom,** *a.f.* ANGRY, TOUCHY
**ffromder,** *n.m.* ANGER
**ffromi,** *v.* FUME, RAGE
**ffromllyd,** *a.* ANGRY, IRATE
**ffrond,** *n.m.* FROND
**ffrost,** *n.m.* BOAST, POMP
**ffrostgar,** *a.* BOASTFUL
**ffrostio,** *v.* BOAST, VAUNT
**ffrostiwr,** (-wyr), *n.m.* BOASTER
**ffrwcsio,** *v.* HASTEN
**ffrwctos,** (-au), *n.m.* FRUCTOSE
**ffrwd,** (ffrydiau), *n.f.* STREAM, FLOW, TORRENT
**ffrwgwd,** (ffrygydau), *n.m.* SQUABBLE, FRAY, BRAWL
**ffrwmpo,** *v.* TAKE OFFENCE, FEEL GRIEVED
**ffrwmpyn,** (*-en, n.f.*), *n.m.* PRIG
**ffrwst,** *n.m.* HASTE, HURRY, BUSTLE
**ffrwstwm,** (ffrwstymau), *n.m.* FRUSTUM
**ffrwtian,** *v.* SPLUTTER
**ffrwydrad,** (-au), *n.m.* EXPLOSION
**ffrwydro,** *v.* EXPLODE
**ffrwydrol,** *a.* EXPLOSIVE
**ffrwydrydd,** (-ion), *n.m.* EXPLOSIVE
**ffrwydryn,** (-nau, ffrwydron), *n.m.* MINE, EXPLOSIVE
**ffrwyn,** (-au), *n.f.* BRIDLE, RESTRAINT
*ffrwyn ddall,* BRIDLE WITH BLINKERS
**ffrwynglymu,** *v.* TETHER
**ffrwyno,** *v.* BRIDLE, RESTRAIN
**ffrwyth, -yn,** (-au), *n.m.* FRUIT, RESULT, STRENGTH
**ffrwythlon,** *a.* FRUITFUL, FERTILE
**ffrwythlondeb, -der,** *n.m.* FRUITFULNESS, FERTILITY
**ffrwythlonedd,** *n.m.* FECUNDITY
**ffrwythloni,** *v.* FERTILISE, BE FRUITFUL
**ffrwythloniad,** (-au), *n.m.* IMPREGNATION, FERTILISATION
**ffrwytho,** *v.* BEAR FRUIT
**ffrwythus,** *a.* FRUITY
**ffrwythyn,** *n.m.* SINGLE FRUIT
**ffrydio,** *v.* STREAM, GUSH
**ffrydlif,** (-oedd), *n.m.f.* STREAM, FLOOD, TORRENT
**ffrynt,** (-iau), *n.m.* FRONT
*ffrynt achludol,* OCCLUDED FRONT
*ffrynt pegynol,* POLAR FRONT
**ffryntiad,** (-au), *n.m.* FRONTAGE
**ffrystio,** *v.* HASTEN
**ffuant,** *n.m.* DECEIT, SHAM, PRETENCE
**ffuantu,** *v.* PRETEND, SHAM
**ffuantus,** *a.* FALSE, INSINCERE
**ffuantwr,** (-wyr), *n.m.* DISSEMBLER
**ffug,** *a.* FICTITIOUS, FALSE, PSEUDO-
(-ion), *n.m.* DELUSION, SHAM, FORGERY, DECEPTION, FAKE
**ffug-bas,** (-ys), *n.f.* DUMMY
**ffugbasio,** *v.* DUMMY
**ffugchwedl,** (-au), *n.f.* NOVEL
**ffugenw,** (-au), *n.m.* NOM-DE-PLUME, PSEUDONYM
**ffugiad,** (-au), *n.m.* FORGERY
**ffugio,** *v.* PRETEND, DISGUISE, FORGE, FEINT
**ffugiwr,** (-wyr), *n.m.* IMPOSTER, FORGER

**ffuglen,** *n.f.* FICTION
**ffugliw,** (-iau), *n.m.* CAMOUFLAGE
**ffugliwio,** *v.* CAMOUFLAGE
**ffugrew,** *n.m.* ICING
**ffull,** (-ion), *n.m.* HASTE, SPEED, BUD
**ffullio,** *v.* HASTEN, BUD
**ffumer,** (-au), *n.m.* CHIMNEY, FUNNEL
**ffunen,** (-nau, -ni), *n.f.* BAND, KERCHIEF
**ffunud,** (-au), *n.m.* FORM, MANNER
*yr un ffunud â,* EXACTLY LIKE
**ffured,** (-au), *n.f.* FERRET
**ffureta,** *v.* FERRET
**ffurf,** (-iau), *n.f.* FORM, SHAPE, FORMATION
**ffurfafen,** (-nau), *n.f.* FIRMAMENT, SKY
**ffurfdro,** (-eon), *n.m.* INFLECTION
**ffurfeb,** (-au), *n.f.* FORMULA
**ffurfiad,** (-au), *n.m.* FORMATION, STRUCTURE
**ffurfiant,** (-nnau), *n.m.* ACCIDENCE, FORMATION
**ffurfio,** *v.* FORM, SHAPE
**ffurfiol,** *a.* FORMAL
**ffurfiolaeth,** *n.f.* FORMALISM
**ffurfioldeb,** (-au), *n.m.* FORMALITY
**ffurflen,** (-ni), *n.f.* FORM (PRINTED, etc.)
*ffurflen cais,* APPLICATION FORM
*ffurflen gais,* CLAIM FORM
**ffurflin,** (-iau), *n.m.* FORMLINE
**ffurflunio,** *v.* CAST
**ffurfwasanaeth,** *n.f.* LITURGY
**ffurfwedd,** (-au), *n.f.* CONFIGURATION
**ffurfwisg,** (-oedd), *n.f.* UNIFORM
**ffurfyn,** (-nau), *n.m.* FORMANT
**ffust,** (-iau), *n.f.* FLAIL
**ffust(i)o,** *v.* BEAT, THRESH
**ffwdan,** (-au), *n.f.* FUSS, BUSTLE, TROUBLE
**ffwdanllyd,** *a.* FUSSY, BUSTLING
**ffwdanu,** *v.* FUSS, BUSTLE
**ffwdanus,** *a.* FUSSY, FIDGETY
**ffŵete,** *n.f.* FOUETTÉ
**ffwng,** (ffyngoedd, ffyngau), *n.m.* FUNGUS
**ffwngleiddiad,** (-au), *n.m.* FUNGICIDE
**ffŵl,** (ffyliaid), *n.m.* FOOL
**ffwlbart,** (-iaid, -od), *n.m.* POLECAT
**ffwlbri,** *n.m.* NONSENSE, TRASH, TOMFOOLERY
**ffwlcrwm,** (-crymau), *n.m.* FULCRUM
**ffwlcyn,** (*ffolcen, n.f.*), *n.m.* FOOL, NINCOMPOOP
**ffwlsgap,** (-au), *n.m.* FOOLSCAP
**ffwndamentaliaeth,** *n.f.* FUNDAMENTALISM
**ffwndamentalydd,** (-wyr), *n.m.* FUNDAMENTALIST
**ffwndro,** *v.* FOUNDER, BECOME CONFUSED
**ffwndrus,** *a.* CONFUSED, BEWILDERED
**ffwndwr,** *n.m.* CONFUSION, BUSTLE
**ffwr,** (ffyrrau), *n.m.* FUR
**ffwr-bwt,** *a. & ad.* ABRUPT, HASTY
**ffwrch,** (ffyrch), *n.f.* FORK, HAUNCH
**ffwrdd,** *n.m.* WAY
*i ffwrdd,* AWAY
**ffwrdd-â-hi,** *a.* SLAPDASH
**ffwrn,** (ffyrnau), *n.f.* OVEN, FURNACE
**ffwrnais,** (-eisi, -eisiau), *n.f.* FURNACE
**ffwrwm,** (ffyrymau), *n.f.* FORM, BENCH
**ffws,** *n.m.* FUSS
**ffwyl,** (-au), *n.m.* FOIL, STOKE
**ffwylio,** *v.* FOIL
**ffwyliwr,** (-wyr), *n.m.* FOILIST
**ffwythiannaeth,** *n.f.* FUNCTIONALITY
**ffwythiannedd,** *n.m.* FUNCTIONAL
**ffwythiannol,** *a.* FUNCTIONAL
**ffwythiant,** (-nnau), *n.m.* FUNCTION
*ffwythiant echblyg,* EXPLICIT FUNCTION
*ffwythiant ymhlyg,* IMPLICIT FUNCTION
*ffwythiant nod,* OBJECTIVE FUNCTION
*ffwythiant elw,* RETURN FUNCTION
**ffydd,** *n.f.* FAITH
**ffyddiog,** *a.* STRONG IN FAITH, TRUSTFUL
**ffyddlon,** *a.* FAITHFUL, LOYAL
**ffyddlondeb, -der,** *n.m.* FAITHFULNESS
**ffyn,** *n.pl.* STICKS (HOCKEY), RUNGS
**ffynadwy,** *a.* PROSPEROUS
**ffynhonnell,** (ffynonellau), *n.f.* SOURCE, FOUNT
**ffyniannus,** *a.* PROSPEROUS, SUCCESSFUL
**ffyniant,** (-nnau), *n.m.* PROSPERITY, SUCCESS
**ffynidwydd,** (*-ęn, n.f.*), *n.pl.* FIR-TREES, PINE-TREES
**ffynnel,** *n.f.* FUNNEL
**ffynnon,** (ffynhonnau), *n.f.* WELL, SPRING, ORIGIN
**ffynnu,** *v.* THRIVE, PROSPER, PREVAIL
**ffyrf,** (*fferf, a.f.*), *a.m.* THICK, STOUT, LARGE, FIRM
**ffyrfder,** *n.m.* THICKNESS, STRENGTH
**ffyrfhau,** *v.* BECOME THICK
**ffyrl(l)ing,** (-au, -od), *n.f.* FARTHING
**ffyrm,** (-iau), *n.f.* FIRM
**ffyrnaid,** *n.f.* OVENFUL
**ffyrnig,** *a.* VIRULENT, FIERCE, SAVAGE, CRUEL
**ffyrnigo,** *v.* ENRAGE, GROW FIERCE
**ffyrnigrwydd,** *n.m.* FEROCITY
**ffyrrwr,** (ffyrwyr), *n.m.* FURRIER

**gadael, gadu,** *v.* LEAVE, LET, DESERT, ALLOW
**gadawaeth,** *n.f.* ABANDONMENT
**gadawiad,** (-au), *n.m.* DEPARTURE
**gaeaf,** (-au), *n.m.* WINTER
**gaeafaidd, -ol,** *a.* WINTRY
**gaeafgwsg,** (-gysgau), *n.m.* HIBERNATION
**gaeafgysgu,** *v.* HIBERNATE
**gaeafu,** *v.* WINTER
**gafael, -yd,** *v.* GRASP, HOLD, GRIP
**gafael,** (-ion), *n.f.* HOLD, GRASP, TENURE
**gafaelai,** *n.f.* VICE
**gafaelfach,** (-au), *n.m.* GRAPNEL, BARB
**gafaelgar,** *a.* GRIPPING, TENACIOUS, IMPRESSIVE
**gafaeliad,** (-au), *n.m.* GRIP
**gafaeliau,** *n.pl.* HOLDS
**gafaelydd,** *n.m.* HOLDER
**gafl,** (-au), *n.f.* FORK, WOMB
**gafr,** (geifr), *n.f.* GOAT
**gafrewig,** (-od), *n.f.* ANTELOPE, GAZELLE
**gaffer,** *n.m.* GAFFER, FOREMAN
**gagendor,** see *agendor*
**gang,** (-iau), *n.m.* GANG
**gaing,** (geingiau), *n.f.* CHISEL
*gaing galed,* COLD CHISEL
*gaing gau,* GOUGE
**gair,** (geiriau), *n.m.* WORD
**gala,** (galâu), *n.m.* GALA
**galaeth,** (-au), *n.m.f.* GALAXY
**galanas,** (-au), *n.f.* BLOOD-FEUD, HOMICIDE, CARNAGE, MASSACRE
**galanastra,** *n.m.* SLAUGHTER
**galar,** *n.m.* MOURNING, GRIEF
**galargan,** (-euon), *n.f.* DIRGE
**galarnad,** (-au), *n.f.* LAMENTATION
**galarnadu,** *v.* LAMENT
**galaru,** *v.* MOURN, LAMENT, GRIEVE
**galarus,** *a.* MOURNFUL, SAD
**galarwr,** (-wyr), *n.m.* MOURNER
**galeri,** (-ïau), *n.m.* GALLERY
**galfanomedr,** (-au), *n.m.* GALVANOMETER
**gali,** (-ïau), *n.m.* GALLEY
**galiard,** *n.m.* GALLIARD
**galiwn,** (-iynau), *n.m.* GALLEON
**galw,** *v.* CALL, SUMMON
**galwad,** (-au), *n.f.* CALL, CALLING, DEMAND
*galw(ad) brig,* PEAK DEMAND
**galwedigaeth,** (-au), *n.f.* VOCATION, OCCUPATION, PROFESSION, CALLING
**galwedigaethol,** *a.* PROFESSIONAL, OCCUPATIONAL
*prawf galwedigaethol,* VOCATIONAL TEST
*therapi galwedigaethol,* OCCUPATIONAL THERAPY
**galwyn,** (-i), *n.m.* GALLON
**gallt,** (gelltydd), *n.f.* HILL, CLIFF, WOOD
**gallu,** (-oedd), *n.m.* ABILITY, POWER
*v.* BE ABLE
**galluedd,** (-au), *n.m.* FACULTY
**galluog,** *a.* ABLE, MIGHTY, POWERFUL
**galluogi,** *v.* ENABLE
**gamblo,** *v.* GAMBLE
**gamblwr,** (-wyr), *n.m.* GAMBLER
**gamet,** (-au), *n.m.* GAMETE
**gamopetalus,** *a.* GAMOPETALOUS
**gamwn,** (-au), *n.m.* GAMMON
**gan,** *prp.* WITH, BY, FROM, SINCE
**gar,** (-rau), *n.f.m.* THIGH, SHANK, HOCK
**garan,** (-od), *n.f.* HERON, CRANE
**Garawys,** *n.m.* LENT
**gard,** (-iau), *n.m.* GUARD
**gardas, -ys,** (-ysau), *n.m.f.* GARTER
**gardd,** (gerddi), *n.f.* GARDEN, YARD, GARTH
**gardd-ddinas,** (-oedd), *n.f.* GARDEN CITY
**garddio, -u,** *v.* GARDEN
*n.m.* GARDENING
**garddwr,** (-wyr), *n.m.* GARDENER
**garddwriaeth,** *n.f.* HORTICULTURE
**garet,** *n.f.* GARRET
**garej,** (-ys), *n.m.* GARAGE
**gargam,** *a.* KNOCK-KNEED
**garged,** *n.f.* GARGET, MASTITIS
**gargoil,** (-iau), *n.m.* GARGOYLE
**garlant,** (-au), *n.m.* GARLAND
**garllegen,** (garlleg), *n.f.* GARLIC
**garnais,** *n.m.* GARNISH
**garneisio,** *v.* GARNISH
**garsiwn,** (-iynau), *n.m.* GARRISON, RABBLE
**gartref,** *ad.* AT HOME
**garth,** *n.m.* ENCLOSURE, HILL, GARDEN, PROMONTORY
**garw,** (geirwon), *a.* COARSE, ROUGH, HARSH, GRIEVOUS, GREAT
**garwder, -edd,** *n.m.* ROUGHNESS, CRUELTY
**garwdiroedd,** *n.pl.* BADLANDS
**garwfwyd,** (-ydd), *n.m.* ROUGHAGE
**garwhau,** *v.* ROUGHEN, RUFFLE

**gast,** (geist), *n.f.* BITCH
**gastrig,** *a.* GASTRIC
**gât,** (gatiau), *n.f.* GATE
**gau,** *a.* FALSE
**gawr,** (gewri), *n.f.* SHOUT
**gaws,** *n.m.* GAUSS
**gefail,** (gefeiliau), *n.f.* SMITHY, FORGE
**gefel,** (gefeiliau), *n.f.* TONGS, PINCERS, TWEEZERS
*gefel gnau,* NUTCRACKER
**gefelen,** (gefeiliau), *n.f.* PLIERS
*gefelen lygaden,* EYELET PLIERS
**gefell,** (gefeilliaid), *c.n.* TWIN
**gefelldref,** (-i), *n.f.* TWIN-TOWN
**gefyn,** (-nau), *n.m.* FETTER, SHACKLE
**gefynnu,** *v.* FETTER, SHACKLE
**geingio,** *v.* GOUGE, CHISEL
**geilwad,** (-aid), *n.m.* CALLER (FOLK DANCE) DRIVER (OF PLOUGH-TEAM)
**geirda,** *n.m.* GOOD REPORT, TESTIMONIAL
**geirdarddiad,** (-au), *n.m.* ETYMOLOGY
**geirdarddiadol,** *a.* ETYMOLOGICAL
**geirddall,** *a.* WORD BLIND
**geirddallineb,** *n.m.* WORD BLINDNESS
**geirfa,** (-oedd), *n.f.* VOCABULARY
**geiriad,** *n.m.* WORDING, PHRASEOLOGY
**geiriadur,** (-on), *n.m.* DICTIONARY
**geiriadurol,** *a.* LEXICOGRAPHICAL
**geiriadurwr,** (-wyr), *n.m.* LEXICOGRAPHER
**geirio,** *v.* WORD, PHRASE, ENUNCIATE
**geiriol,** *a.* VERBAL
**geirioledd,** *n.m.* VERBALISM
**geirwir,** *a.* TRUTHFUL
**geiryn,** (-nau), *n.m.* PARTICLE
**geiser,** (-au), *n.m.* GEYSER
**gel,** *n.m.* GEL
**gelatin,** (-au), *n.m.* GELATINE
**gele(n),** (gelod), *n.f.* LEECH
**gelyn,** (-ion), *n.m.* ENEMY, FOE
**gelyniaeth,** *n.f.* ENMITY, HOSTILITY
**gelyniaethus,** *a.* HOSTILE
**gellyg,** (*-en, n.f.*), *n.pl.* PEARS
**gem,** (-au), *n.f.* GEM, JEWEL
**gêm,** (gêmau), *n.f.* GAME
**gemog,** *a.* JEWELLED, GEMMED
**gemwaith,** (-weithiau), *n.m.* JEWELLERY
**gemydd,** (-ion), *n.m.* JEWELLER
**gên,** (genau), *n.f.* JAW, CHIN
**genau,** (geneuau), *n.m.* MOUTH, OPENING
**genau-goeg,** (-ion), *n.f.* LIZARD, NEWT
**genedigaeth,** (-au), *n.f.* BIRTH
**genedigol,** *a.* BORN, NATIVE, NATAL
**generadu,** *v.* GENERATE
**generadur,** (-on), *n.m.* GENERATOR
**generig,** *a.* GENERIC
**geneteg,** *n.f.m.* GENETICS
**genetegwr,** (-wyr), *n.m.* GENETICIST
**genetig,** *a.* GENETIC
**geneth,** (-od), *n.f.* GIRL
**genethig,** *n.f.* LITTLE GIRL
**geneufor,** (-oedd), *n.m.* GULF, BIGHT
**geneuol,** *a.* ORAL
**genfa,** (-fâu), *n.f.* BIT
**gen-glo(ad),** *n.m.* LOCK-JAW, TRISMUS
**geni,** *v.* GIVE BIRTH, BEAR
**genni,** *v.* BE CONTAINED
**genwair,** (-eiriau), *n.f.* FISHING-ROD
**genweirio,** *v.* ANGLE, FISH
**genweiriwr,** (-wyr), *n.m.* ANGLER
**genws,** (genysau), *n.m.* GENUS
**genychol,** *a.* NASCENT
**genyn,** (-nau), *n.m.* GENE
**geocemeg,** *n.f.m.* GEOCHEMISTRY
**geodedd,** *n.m.* GEODESY
**geoffiseg,** *n.m.f.* GEOPHYSICS
**geometreg,** *n.f.m.* GEOMETRY
**geometrig,** *a.* GEOMETRIC
**geomorffoleg,** *n.m.* GEOMORPHOLOGY
**geotropedd,** *n.m.* GEOTROPISM
**ger,** *prp.* AT, BY, NEAR
**gêr,** (gerau), *n.m.f.* GEAR, TACKLE, RUBBISH
**gerbron,** *prp.* IN THE PRESENCE OF
**gercin,** (-au), *n.m.* GHERKIN
**gerfydd,** *prp.* BY
**gergist,** (-iau), *n.m.* GEARBOX
**geri,** *n.m.* BILE, GALL, CHOLERA
**geriach,** *c.n.* TRIFLES, TRASH
**geriatreg,** *n.pl.* GERIATRICS
**gerllaw,** *prp.* NEAR, BY
*ad,* AT HAND
**germ,** (-au), *n.m.f.* GERM
**germleiddiad,** (-au), *n.m.* GERMICIDE
**gerwin,** *a.* ROUGH, SEVERE, HARSH
**gerwindeb, -der,** *n.m.* SEVERITY, ROUGHNESS
**gerwino,** *v.* BECOME ROUGH
**geto,** (-au, -s), *n.m.* GHETTO
**geudeb, -edd,** *n.m.* DECEIT, FALSITY, SPURIOUSNESS
**geudy,** (-dai), *n.m.* CLOSET, TOILET
**geuedd,** *n.m.* SPURIOUSNESS
**gewyn,** (-nau), *n.m.* SINEW, TENDON
**gewynnog,** *a.* SINEWY

**geyser,** (-au), *n.m.* GEYSER
**gïach,** (-od), *n.m.* SNIPE
**gïau,** *n.pl.* GRISTLE, NERVES, SINEWS
**gïeuwst,** *n.m.* NEURALGIA
**gil,** (-iau), *n.m.* GILL
**gild,** (-iau), *n.m.* GUILD
**gildio,** *v.* YIELD, PRODUCE, GILD
**gilotîn,** (-au), *n.m.* GUILLOTINE
**gilt,** *a.* GILT-EDGED
**gilydd,** *n.m.*
*ei gilydd,* EACH OTHER
*gyda'i gilydd,* TOGETHER
**gimbill,** (-ion), *n.f.* GIMLET
**gimig,** (-au), *n.m.* GIMMICK
**gini,** *n.f.* GUINEA
**giro,** *n.m.* GIRO
**gitâr,** (gitarau), *n.f.* GUITAR
**gladiator,** (-iaid), *n.m.* GLADIATOR
**glafoerio,** *v.* DRIVEL
**glafoerion,** *n.pl.* DRIVEL
**glaif,** (gleifiau), *n.m.* LANCE, SWORD
**glain,** (gleiniau), *n.m.* JEWEL, GEM, BEAD
*glain baderau,* ROSARY
**glân,** *a.* CLEAN, PURE, HOLY, BEAUTIFUL
**glan,** (-nau, glennydd), *n.f.* BANK, SHORE, LAND
**glandeg,** *a.* HANDSOME, COMELY
**glandir,** (-oedd), *n.m.* MARGIN
**glanedol,** *a.* DETERGENT
**glanedydd,** (-ion), *n.m.* DETERGENT
**glanfa,** (-feydd), *n.f.* LANDING-PLACE, WHARF
**glanhad,** *n.m.* CLEANSING, PURIFICATION
**glanhaol,** *a.* CLEANSING, PURIFYING
**glanhäwr,** (-wyr), *n.m.* CLEANER
**glanhau,** *v.* CLEAN, CLEANSE
**glaniad,** (-au), *n.m.* LANDING
**glanio,** *v.* LAND, DISEMBARK
**glanwaith,** *a.* CLEAN, TIDY
**glanweithdra,** *n.m.* CLEANLINESS
**glas,** *a.* GREEN, BLUE, GREY, PALE, YOUNG, RAW
*gorau glas,* LEVEL BEST
*n.m.* BLUE
**glasbrint,** (-iau), *n.m.* BLUEPRINT
**glasglwyf,** (-au), *n.m.* CYANOSIS
**glasgoch,** *a.* PURPLE, PUCE
**glasier,** (-au), *n.m.* GLACIER
**glaslain,** (-leiniau), *n.f.* LYNCHET
**glaslanc,** (-iau), *n.m.* (RAW) YOUTH
**glaslun,** (-iau), *n.m.* BLUEPRINT
**glasoed,** *n.m.* ADOLESCENCE
**glasog,** (-au), *n.f.* CROP, GIZZARD
**glasrew,** *n.m.* FROZEN RAIN, BLACK ICE
**glastwr,** *n.m.* MILK AND WATER
**glasu,** *v.* BECOME BLUE, GREY, GREEN, TURN PALE, DAWN, SPROUT
**glaswellt,** *c.n.* GRASS
**glaswelltir,** (-oedd), *n.m.* GRASSLAND
**glaswelltyn,** *n.m.* BLADE OF GRASS, TIGRIDIA
**glaw,** (-ogydd), *n.m.* RAIN
*glaw mân,* DRIZZLE
*glaw darfudol,* CONVECTIONAL RAIN
**glawiad,** (-au), *n.m.* RAINFALL
**glawio,** *v.* RAIN
**glawlen,** (-ni), *n.f.* UMBRELLA
**glawlin,** (-au), *n.m.* ISOHYET
**glawog,** *a.* RAINY PLUVIAL
**glawsgodfa,** *n.f.* RAIN SHADOW
**glei,** *n.m.* GLEY
**gleider, -au,** *n.m.* GLIDER
**gleiniad,** (-au), *n.m.* BEADING
**gleinwaith,** *n.m.* BEADING
**gleisiad,** (-iaid), *n.m.* SEWIN
**gleision,** *n.pl.* WHEY
**glendid,** *n.m.* CLEANNESS, BEAUTY, PURITY
**glesni,** *n.m.* BLUENESS, VERDURE
**glew,** *a.* BRAVE, DARING, STOUT
**glewder, -dra,** *n.m.* COURAGE, PROWESS
**glin,** (-iau), *n.m.* KNEE
**gliwcos,** (-au), *n.m.* GLUCOSE
**glo,** *n.m.* COAL
*glo brig,* OPEN-CAST COAL
**glôb,** (globau), *n.m.* GLOBE
**globwl,** (-au), *n.m.* GLOBULE
**gloddest,** (-au), *n.m.* CAROUSAL, REVELLING
**gloddesta,** *v.* CAROUSE, REVEL
**gloddestwr,** (-wyr), *n.m.* REVELLER
**gloddolion,** *c.n.* FOSSILS
**gloes,** (-au), *n.f.* PAIN, PANG, SWOON
**glofa,** (-feydd), *n.f.* COLLIERY
**glofaol,** *a.* MINING
**glós,** (-au), *n.m.* GLOSS, COMMENT, EXPLANATION
**glotis,** (-au), *n.m.* GLOTTIS
**glöwr,** (-wyr), *n.m.* COLLIER
**glowty,** (-tai), *n.m.* COW-HOUSE
**glöyn,** (-nod), *n.m.* COAL
*glöyn byw,* BUTTERFLY
**gloyw,** (-on), *a.* CLEAR, BRIGHT, SHINY
**gloywder,** *n.m.* CLEARNESS, BRIGHTNESS
**gloywedd,** (-au), *n.m.* LUSTRE
**gloywi,** *v.* BRIGHTEN, POLISH, CLARIFY
**glud,** (-ion), *n.m.* GLUE, BIRD-LIME

**gludedd,** *n.m.* VISCOSITY
**gludio,** *v.* GLUE
**gludiog,** *a.* GLUEY
**gludydd,** (-ion), *n.m.* ADHESIVE
**glwcôs,** *n.m.* GLUCOSE
**glwten,** *n.m.* GLUTEN
**glwth,** (glythau), *n.m.* COUCH
(glythion), *n.m.* GLUTTON
*a.* GLUTTONOUS
**glwys,** *a.* FAIR, HOLY
**glycogen,** *n.m.* GLYCOGEN
**glyn,** (-noedd), *n.m.* GLEN, VALLEY
**glynol,** *a.* ADHESIVE, RESINOUS
**glynu,** *v.* STICK, ADHERE
**glyserin,** *n.m.* GLYCERINE
**glythineb,** *n.m.* GLUTTONY
**gnawd,** *a.* CUSTOMARY, USUAL
**Gnosticiaeth,** *n.f.* GNOSTICISM
**Gnostig,** (-iaid), *n.m.* GNOSTIC
**go,** *ad.* RATHER, SOMEWHAT
**goachul,** *a.* LEAN, POORLY, PUNY
**gobaith,** (-eithion), *n.m.* HOPE
**gobeithio,** *v.* HOPE
**gobeithiol,** *a.* HOPEFUL
**gobeithlu,** (-oedd), *n.m.* BAND OF HOPE
**gobennydd,** (-enyddiau), *n.m.* PILLOW
*gobennydd mawr,* BOLSTER
**goblygiad,** (-au), *n.m.* IMPLICATION
**goblygu,** *v.* FOLD, WRAP, IMPLY
**gochel(yd),** *v.* AVOID, BEWARE OF
**gocheladwy,** *a.* AVOIDABLE
**gochelffordd,** (-ffyrdd), *n.f.* BY-PASS
**gochelgar,** *a.* CAUTIOUS, WARY
**gocheliad,** (-au), *n.m.* AVOIDANCE
**gochelyd,** see *gochel*
**godard,** (-au), *n.f.* CUP, MUG, TANKARD
**godet,** *n.m.* GODET
**gododog,** *a.* EXCELLENT, SPLENDID
**gododowgrwydd,** *n.m.* EXCELLENCE
**godineb,** *n.m.* ADULTERY
**godinebu,** *v.* COMMIT ADULTERY
**godinebus,** *a.* ADULTEROUS
**godinebwr,** (-wyr), *n.m.* ADULTERER
**godre,** (-on), *n.m.* BOTTOM, SKIRT, EDGE, BORDER
**godrefryniau,** *n.pl.* FOOTHILLS
**godr(i)ad,** *n.m.* MILKING
**godro,** *v.* MILK
*n.m.* MILKING
**goduth,** *n.m.* JOG-TROT
**godwrdd,** *n.m.* DIN, MURMUR
**goddaith,** (-eithiau), *n.f.* BONFIRE, BLAZE, MUIRBURN
**goddef,** *v.* BEAR, ALLOW, SUFFER, PERMIT
**goddefedd,** *n.m.* TOLERANCE, SANCTION
**goddefgar,** *a.* TOLERANT, FORBEARING
**goddefgarwch,** *n.m.* TOLERANCE, FORBEARANCE
**goddefol,** *a.* TOLERABLE, PASSIVE
**goddefus,** *a.* PERMISSIVE
**goddiweddyd,** *v.* | OVERTAKE
**goddiwes,** *v.* |
**goddiwylliannu,** *v.* ACCULTURATE
**goddrych,** (-au), *n.m.* SUBJECT
**goddrychedd,** *n.m.* SUBJECTIVITY
**goddrychiaeth,** *n.f.* SUBJECTIVISM
**goddrychol,** *a.* SUBJECTIVE, PERSONAL
**gof,** (-aint), *n.m.* BLACKSMITH, SMITH
**gofal,** (-on), *n.m.* CARE, ANXIETY, CHARGE
**gofalaeth,** *n.f.* MAINTENANCE, CARE
**gofalu,** *v.* CARE, WORRY, TAKE CARE
**gofalus,** *a.* CAREFUL, WORRIED
**gofalwr,** (-wyr), *n.m.* CARETAKER, CUSTODIAN
**gofaniad,** (-au), *n.m.* FORGING
**gofaniaeth,** *n.f.* SMITH'S CRAFT
**gofannu,** *v.* FORGE
**gofer,** (-ydd), *n.m.* STREAM, OVERFLOW OF WELL
**goferu,** *v.* FLOW, POUR
**goferwi,** *v.* PARBOIL
**gofid,** (-iau), *n.m.* GRIEF, TROUBLE, AFFLICATION
**gofidio,** *v.* GRIEVE, VEX
**gofidus,** *a.* SAD, GRIEVOUS
**gofod,** (-au), *n.m.* SPACE, GAP
**gofoden,** (-nau), *n.f.* SPACE-SHIP
**gofodol,** *a.* SPATIAL
**gofodolaeth,** *n.f.* SUBSISTENCE
**gofodoli,** *v.* SUBSIST
**gofodwr,** (-wyr), *n.m.* ASTRONAUT
**gofodydd,** (-ion), *n.m.* SPACER
**gofwy,** (-on), *n.m.* VISIT, TRIBULATION
**gofwyo,** *v.* VISIT
**gofyn,** *v.* ASK, REQUIRE, DEMAND
(-ion), *n.m.* REQUEST, DEMAND
**gofyniad,** (-au), *n.m.* QUESTION
**gofynnod,** (-ynodau), *n.m.* QUESTION MARK
**gofynnol,** *a.* NECESSARY, REQUIRED
**gogan,** (-au), *n.f.* SATIRE
**goganu,** *v.* SATIRIZE, REVILE, DEFAME
**goganwr,** (-wyr), *n.m.* SATIRIST, REVILER
**goglais,** *v. & n.m.* TICKLE
**gogledd,** (-au), *n.m. & a.* NORTH

**gogleddol,** *a.* NORTHERN
**gogleddwr,** (-wyr), *n.m.* NORTHERNER
**gogleisio,** *v.* TICKLE
**goglyd,** *n.m.* TRUST, RELIANCE
**gogoneddiad,** *n.m.* GLORIFICATION
**gogoneddu,** *v.* GLORIFY
**gogoneddus,** *a.* GLORIOUS
**gogoniant,** *n.m.* GLORY
**gogor,** (-ion), *n.f.* FODDER
**gogr,** (-au), *n.m.* SIEVE, RIDDLE
**gogwydd,** (-au), *n.m.* INCLINATION, SLANT
**gogwyddiad,** (-au), *n.m.* INCLINATION, DECLINATION, DIP
**gogwyddo,** *v.* INCLINE, SLOPE
**gogyfer,** *a.* OPPOSITE, FOR, BY
**gogyfran,** (-nau), *n.m.* EPISODE
**gogyfrif,** *n.m.* DEAD RECKONING
**gogyfuwch,** *a.* EQUAL, EVEN
**gogyhyd,** *a.* OF EQUAL LENGTH
**gogymaint,** *a.* EQUAL IN SIZE
**gohebiaeth,** (-au), *n.f.* CORRESPONDENCE
**gohebol,** *a.* CORRESPONDING
**gohebu,** *v.* CORRESPOND
**gohebydd,** (-ion, -wyr), *n.m.* CORRESPONDENT, REPORTER
**gohiriad,** (-au), *n.m.* POSTPONEMENT, ADJOURNMENT
**gohiriant,** (-nnau), *n.m.* SUSPENSION (MUSIC)
**gohirio,** *v.* POSTPONE, DELAY, ADJOURN
**goitr,** (-au), *n.m.* GOITRE
**gôl,** (goliau), *n.f.* GOAL
**golau,** *a.* LIGHT, FAIR
(goleuadau), *n.m.* LIGHT
**golch,** (-ion), *n.m.* WASH, LOTION, LYE
**golchdrwyth,** *n.m.* LOTION
**golchdy,** (-dai), *n.m.* WASH-HOUSE, LAUNDRY
**golchfa,** (-feydd), *n.f.* WASHING-PLACE, LAUNDRY
**golchiad,** (-au), *n.m.* WASHING, CRATING, PLATING
**golchion,** *n.pl.* SLOPS, SUDS
**golchwr,** (-wyr), *n.m.* WASHER
**golchwraig,** (-wragedd), *n.f.* WASHERWOMAN
**golchydd,** (-ion), *n.m.* WASHER, WASHING MACHINE
*golchydd tro,* ROTARY WASHING MACHINE
*golchydd tyrfell canol,* CENTRAL AGITATOR WASHER
**goledd(f),** (-au), *n.m.* SLANT, DIP, SLOPE, INCLINE
**goledd(f)u,** *v.* MODIFY, DIP, SLANT, QUALIFY, CANT
**goleddiad,** (-au), *n.m.* DECLINATION
**golethr,** (-au), *n.m.* DIP, SLOPE
**goleuad,** (-au), *n.m.* LIGHT, LUMINARY
**goleuant,** (-nnau), *n.m.* ILLUMINATION
**goleudy,** (-dai), *n.m.* LIGHTHOUSE
**goleuedd,** (-au), *n.m.* LUMINOSITY
**goleufa,** *n.f.* BEACON
**goleulong,** (-au), *n.f.* LIGHTSHIP
**goleuni,** *n.m.* LIGHT
**goleuo,** *v.* LIGHT, ENLIGHTEN, GLITTER
**golff,** *n.m.* GOLF
**golffwr,** (-wyr), *n.m.* GOLFER
**goliwog,** (-iaid), *n.m.* GOLLIWOG
**golosg,** *n.m.* COKE, CHARCOAL
**golosgi,** *v.* CHAR, SINGE
**golud,** (-oedd), *n.m.* WEALTH, RICHES
**goludlon,** *a.* AFFLUENT
**goludlonedd,** *n.m.* AFFLUENCE
**goludog,** *a.* WEALTHY, RICH
**golwg,** (-ygon), *n.f.m.* SIGHT, VIEW, ELEVATION, APPEARANCE
*pl.* EYES
*golwg doriadol,* SECTIONAL VIEW
*golwg ochrol,* SIDE VIEW
**golwr,** (-wyr), *n.m.* GOALKEEPER
**golwyth,** (-on), *n.m.* RASHER, CHOP
**golygfa,** (-feydd), *n.f.* SCENE, VIEW, SCENERY
**golygiad,** (-au), *n.m.* VIEW, ASPECT
**golygu,** *v.* VIEW, MEAN, IMPLY, EDIT
**golygus,** *a.* HANDSOME, COMELY
**golygydd,** (-ion), *n.m.* EDITOR
**golygyddiaeth,** *n.f.* EDITORSHIP
**golygyddol,** *a.* EDITORIAL
**gollwng,** *v.* LET GO, LEAK, DROP, RELEASE, LOOSE
**gollyngdod,** (-au), *n.m.* RELEASE, ABSOLUTION
**gollyngiad,** *n.m.* DISPENSATION
**gomedd,** *v.* REFUSE
**gomeddiad,** (-au), *n.m.* REFUSAL
**gonest,** *a.* HONEST, SINCERE
**gonestrwydd,** *n.m.* HONESTY, SINCERITY
**göoer,** *a.* COOL
**gôr,** (gorion), *n.m.* MATTER, PUS, GORE
**goramser,** *n.m.* OVERTIME
**gor-,** *px.* OVER-, SUPER-, GREAT-
**gorau,** *a.* BEST
*o'r gorau,* VERY WELL

**gorawen,** (-au), *n.f.* JOY, ELATION, RAPTURE
**gorawydd,** *n.m.* MANIA
**gorbenion,** *n.pl.* OVERHEADS
**gorboblogaeth,** *n.f.* OVERPOPULATION
**gorboblogi,** *v.* OVERPOPULATE
**gorbris,** (-iau), *n.m.* OVERCHARGE
**gorbwyso,** *v.* OUTWEIGH
**gorchest,** (-ion), *n.f.* FEAT, EXPLOIT
**gorchestol,** *a.* EXCELLENT, MASTERLY
**gorchestwaith,** (-weithiau), *n.m.* MASTERPIECE
**gorchfygiad,** (-au), *n.m.* DEFEAT
**gorchfygu,** *v.* DEFEAT, SUBDUE
**gorchfygwr,** (-wyr), *n.m.* CONQUEROR, VICTOR
**gorchmynnol,** *a.* IMPERATIVE
**gorchudd,** (-ion), *n.m.* COVER, COVERING, VEIL
*gorchudd gwely,* BEDSPREAD
**gorchudden,** (-nau), *n.f.* COVERT
**gorchuddio,** *v.* COVER
**gorchwyl,** (-ion), *n.m.* TASK, EMPLOY, UNDERTAKING, PURSUIT
**gorchymyn,** *v.* COMMAND, ORDER
(gorchmynion), *n.m.* COMMAND, ORDER, COMMANDMENT
**gordal,** (-iadau), *n.m.* SURCHARGE
**gordo,** (-eau, -eon), *n.m.*, OVERHANG
**gor-doi,** *v.* COVER, OVERSPREAD
**gordreth,** (-i), *n.f.* SURTAX
**gordyfiant,** *n.m.* HYPERTROPHY
**gordyrru,** *v.* CONGEST, OVERCROWD
**gordd,** (gyrdd), *n.f.* SLEDGE-HAMMER, MALLET
**gorddadwy,** *a.* MALLEABLE
**gordderch,** (-adon), *n.f.* CONCUBINE
**gordderchu,** *v.* COMMIT ADULTERY
**gorddibyniaeth,** *n.m.* ADDICTION
**gorddirlawn,** *a.* SUPERSATURATED
**gorddor,** (-au), *n.f.* WICKET, HATCH
**gor-ddôs,** *n.f.* OVERDOSE
**gorddwy,** *n.m.* OPPRESSION, VIOLENCE
**gorddyfnder,** (-au), *n.m.* DEEP
**gorddyledus,** *a.* OVERDUE
**gorelw,** (-au), *n.m.* EXCESS PROFIT
**goresgyn,** *v.* OVERRUN, CONQUER
**goresgyniad,** (-au), *n.m.* INVASION, CONQUEST
**goresgynnwr,** (-esgynwyr), *n.m.* INVADER,
**goresgynnydd,** (-ynyddion), *n.m.* CONQUEROR
**gorest,** (-au), *n.f.* WASTE
**goreuaeth,** *n.f.* OPTIMISM
**goreuro,** *v.* GILD
**goreuydd,** (-ion), *n.m.* OPTIMIST
**gorewyn,** *n.m.* SURF
**gorewynnu,** *v.* SURFING, SURF-BATHE
**gorfannol,** *a.* ALVEOLAR
**gorfarchnad,** (-au, -oedd), *n.f.* HYPERMARKET
**gorflinder,** *n.m.* EXHAUSTION
**gorflwch,** (-flychau), *n.m.* CUP, GOBLET
**gorfod,** *v.* BE OBLIGED, OVERCOME
**gorfod(aeth),** *n.m.f.* OBLIGATION, NECESSITY, COMPULSION, CONSCRIPTION
**gorfodeb,** (-au), *n.f.* INJUNCTION
**gorfodi,** *v.* COMPEL, CONSCRIPT
**gorfodog,** (-ion), *n.m.* CONSCRIPT
**gorfodol,** *a.* COMPULSORY, OBLIGATORY
**gorfoledd,** *n.m.* JOY, REJOICING
**gorfoleddu,** *v.* REJOICE
**gorfoleddus,** *a.* JOYFUL, TRIUMPHANT
**gorfychan,** *a.* INFINITESIMAL
**gorfychanyn,** (-ion), *n.m.* INFINITESIMAL
**gorffen,** *v.* FINISH, CONCLUDE, COMPLETE
**gorffenedig,** *a.* FINISHED, PERFECT
**gorffeniad,** (-au), *n.m.* FINISH, COMPLETION
**Gorffennaf,** *n.m.* JULY
**gorffennol,** *a. & n.m.* PAST
**gorffennu,** *v.* FINISH OFF
**gorffwyll,** *a.* MAD, INSANE
**gorffwylledd,** *n.m.* INSANITY, MANIA
**gorffwyllo,** *v.* RAGE
**gorffwyllog,** *a.* MAD, INSANE
(-ion), *n.m.* MANIAC
**gorffwylltra,** *n.m.* MADNESS, INSANITY
**gorffwys,** *v. & n.m.* REST
**gorffwysfa,** (-feydd), *n.f.* RESTING-PLACE, REST
**gorffwyso,** *v.* REST
**gorgyflogaeth,** *n.f.* OVERMANNING
**gorgyflogi,** *v.* OVERMAN
**gorgyffwrdd,** *v.* OVERLAP
**gorged,** *n.m.* SURPLUS
**gorgyfnod,** (-au), *n.m.* ERA
**gorhendaid,** *n.m.* GREAT-GREAT-GRANDFATHER
**gori,** *v.* HATCH, BROOD, FESTER
**gorifyny,** *n.m.* ASCENT, STEEP CLIMB
**goris,** *prp.* BELOW, UNDER, BENEATH
**goriwaered,** *n.m.* DESCENT, DECLIVITY
**gorlanw,** (-au), *n.m.* HIGH TIDE, SPRING TIDE

**gorlawn,** *a.* OVERFLOWING, OVERCROWDED
**gorlenwi,** *v.* OVERFILL, OVERCROWD
**gorlif,** (-ogydd), *n.m.* OVERSPILL
**gorlifo,** *v.* FLOOD
**gorliwio,** *v.* OVER-COLOUR, EXAGGERATE
**gorludded,** *n.m.* EXHAUSTION
**gorlun,** (-iau), *n.m.* CARICATURE
**gorllewin,** *n.m.* WEST
**gorllewineiddio,** *n.m.* WESTERNIZE
**gorllewinol,** *a.* WESTERLY, WESTERN
**gorllwyn,** *v.* WAIT FOR, AMBUSH
**gormes(iad),** (-au), *n.m.* OPPRESSION, TYRANNY
**gormesol,** *a.* OPPRESSIVE, TYRANNICAL, BURDENSOME
**gormesu,** *v.* OPPRESS, TYRANNISE
**gormeswr,** (-wyr), *n.m.* OPPRESSOR
**gormesydd,** (-ion), *n.m.* TYRANT
**gormod,** (-ion), *n.m.* TOO MUCH
**gormodedd,** *n.m.* EXCESS, EXAGGERATION
**gormodi,** *v.* OVERESTIMATE
**gormodiaith,** *n.f.* HYPERBOLE, EXAGGERATION
**gormodol,** *a.* EXCESSIVE
**gornest,** (-au), *n.f.* CONTEST, BATTLE, MATCH
*gornest gwpan,* CUP-TIE
**gornestu,** *v.* CONTEST
**goroedi,** *v.* OUTDATE
**goroer,** *a.* SUPERCOOL
**goroesi,** *v.* OUTLIVE, SURVIVE
**goroesiad,** (-au), *n.m.* SURVIVAL
**goroeswr,** (-wyr), *n.m.* SURVIVOR
**goror,** (-au), *n.m.f.* BORDER, CONFINE, COAST, FRONTIER, MARCH
*Y Gororau,* THE MARCHES
**gorsaf,** (-oedd), *n.f.* STATION
**gorsedd,** (-au), *n.f.*
**gorseddfa,** (-oedd), *n.f.* } THRONE
**gorseddfainc,** (-feinciau), *n.f.*
**gorseddu,** *v.* ENTHRONE, THRONE, INSTALL
**gorsin(g),** (-au), *n.f.* DOOR-POST, SUSTAINER, JAMB
**gorswyno,** *v.* HYPNOTISE
**gortho,** (-au), *n.m.* CANOPY
**gorthrech,** *n.m.* OPPRESSION, COERCION, VIOLENCE
*a.* DOMINANT (GENETICS)
**gorthrechu,** *v.* OPPRESS, COERCE, OVERCOME
**gorthrwm,** *n.m.* OPPRESSION
**gorthrymder,** (-au), *n.m.* OPPRESSION, TRIBULATION
**gorthrymedig,** *a.* OPPRESSED
**gorthrymu,** *v.* OPPRESS
**gorthrymus,** *a.* OPPRESSIVE
**gorthrymwr, -ydd,** (-wyr), *n.m.* OPPRESSOR
**gorthwr,** (-yrau), *n.m.* KEEP
**goruchaf,** *a.* MOST HIGH, SUPREME
**goruchafiaeth,** (-au), *n.f.* SUPREMACY, ASCENDANCY, TRIUMPH, HEGEMONY
**goruchel,** *a.* SUBLIME, LOFTY, EXALTED
**goruchwyliaeth,** (-au), *n.f.* SUPERVISION, OVERSIGHT, MANAGEMENT
**goruchwylio,** *v.* OVERSEE, SUPERVISE
**goruchwyliwr,** (-wyr), *n.m.* OVERSEER, MANAGER
**goruniad,** (-au), *n.m.* LAP JOINT
**gorunig,** *a.* UNIQUE
**goruwch,** *prp.* ABOVE, OVER
**goruwchnaturiaeth,** *n.f.* SUPERNATURALISM
**goruwchnaturiol,** *a.* SUPERNATURAL
**gorwedd,** *v.* LIE, LIE DOWN
**gorweddfa,** (-feydd), *n.f.* RESTING-PLACE,
**gorweddfan,** (-nau), *n.f.* BED
**gorweddian,** *v.* LOUNGE, LOLL
**gorweddog,** *a.* BEDRIDDEN
**gorweddol,** *a.* RECUMBENT
**gorwel,** (-ion), *n.m.* HORIZON
**gorwthiad,** (-au), *n.m.* OVER THRUST
**gorwych,** *a.* GORGEOUS, SUPERB
**gorŵydd,** (-on), *n.m.* STEED, HORSE
**gorwŷdd,** *n.m.* EDGE OF WOOD, WOODED SLOPE
**gorŵyr,** (-ion), *n.m.* GREAT-GRANDSON
**gorymadrodd,** (-ion), *n.m.* PLEONASM
**gorymdaith,** (-deithiau), *n.f.* PROCESSION
**gorymdeithio,** *v.* MARCH (IN PROCESSION)
**gorynys,** (-oedd), *n.f.* PENINSULA
**goryrru,** *v.* SPEED
**gosber,** (-au), *n.m.* VESPER, EVENING, EVENSONG
**gosgedd,** (-au), *n.m.* FORM, FIGURE
**gosgeiddig,** *a.* COMELY, SHAPELY, GRACEFUL
**gosgordd,** (-ion), *n.f.* RETINUE, TRAIN, ESCORT
**gosgorddlu,** (-oedd), *n.m.* RETINUE, BODYGUARD
**goslef,** (-au), INTONATION, TONE
**gosod,** *v.* PLACE, PUT, SET LET
*a.* FALSE, ARTIFICIAL, APPLIED
**gosodiad,** (-au), *n.m.* ASSERTION,

ARRANGEMENT, SETTING, PROVISION, THESIS, IMPOSITION
**gosodiant,** (-iannau), *n.m.* INSTALLATION
**gosodyn,** (gosodion), *n.m.* FIXTURE
**gosteg,** (-ion), *n.f.* SILENCE, HUSH, CALM
*gostegion,* BANNS
**gostegu,** *v.* SILENCE, STILL, SUBDUE
**gostwng,** *v.* LOWER, REDUCE, BOW, DROP, DECREASE, HUMBLE, LET DOWN, DEPRESS
**gostyngedig,** *a.* HUMBLE
**gostyngeiddrwydd,** *n.m.* HUMILITY
**gostyngiad,** (-au), *n.m.* REDUCTION, DECREASE, DEDUCTION, HUMILIATION
**gostyngol,** *a.* REDUCED
**gowt,** *n.m.* GOUT
**gradell,** (-au, gredyll), *n.f.* GRIDDLE, BAKESTONE
**gradd,** (-au), *n.m.f.* GRADE, DEGREE, STAGE, SEQUENCE
**graddedig,** (-ion), *a.* GRADUATED, GRADED
**graddedigaeth,** *n.f.* GRADUATION
**graddedigion,** *n.pl.* GRADUATES
**graddeg,** (-au), *n.f.* SCALE, GRADIENT
**gradden,** *n.f.* DIVISION OF SCALE
**graddfa,** (-fâu, -feydd), *n.f.* SCALE
*graddfa deallusrwydd,* SCALE OF INTELLIGENCE
*graddfâu cyflogau,* SALARY SCALES
**graddiad,** (-au), *n.m.* GRADATION, GRADUATION, PROGRESSION
**graddiant,** (-nnau), *n.m.* GRADIENT
**graddio,** *v.* GRADUATE, GRADE, SCALE
**graddliwio,** *v.* SHADE
**graddluniad,** (-au), *n.m.* SCALE DRAWING
**graddnodi,** *v.* GRADUATE
**graddol,** *a.* GRADUAL
**graddoliad,** *n.m.* GRADATION
**graean,** (*greyenyn, n.m.*), *c.n.* GRAVEL, GRIT, SHINGLE
**graeanog,** *a.* GRAVELLY
**graeanu,** *v.* GRIT
**graeanwst,** *n.m.* GRAVEL (ILLNESS)
**graen,** *n.m.* GRAIN, GLOSS, CONDITION
**graenio,** *v.* GRAIN
**graenus,** *a.* OF GOOD QUALITY, GLOSSY, SLEEK
**grafel,** *n.m.* GRAVEL
**graff,** (-iau), *n.m.* GRAPH
**graffeg,** / **graffigwaith,** *n.m.* GRAPHICS
**graffit,** *n.m.* GRAPHITE
**graffito,** (-i), *n.m.* GRAFFITO
**grafftio,** *v.* GRAFT
**gram,** (-iau), *n.m.* GRAM
**gramadeg,** (-au), *n.m.* GRAMMAR
**gramadegol,** *a.* GRAMMATICAL
**gramadegwr, -ydd,** (-wyr), *n.m.* GRAMMARIAN
**gramoffôn,** (-onau), *n.m.* GRAMOPHONE
**gran,** (-nau), *n.m.* CHEEK
**grant,** (-iau), *n.m.* GRANT
**gras,** (-au, -usau), *n.m.* GRACE
**graslawn, -lon,** *a.* GRACIOUS, FULL OF GRACE
**graslonrwydd,** *n.m.* GRACIOUSNESS
**grasol,** / **grasusol,** *a.* GRACIOUS
**grât, grat,** (gratiau), *n.m.f.* GRATE
**grategl,** (-au), *n.m.* GRATICULE
**grater,** (-i), *n.m.* GRATER
**gratin,** (-au), *n.m.* GRATING
**grawn,** (*gronyn, n.m.*), *n.pl.* GRAIN, GRAPES, ROE, BERRIES
**grawnfwyd,** (-ydd), *n.m.* CEREAL
**grawnffrwyth,** (-au), *n.m.* GRAPEFRUIT
**grawnwin,** (*-en, n.f.*), *n.pl.* GRAPES
**Grawys,** *n.m.* LENT
**gre,** (-oedd), *n.f.* STUD, HERD
**greddf,** (-au), *n.f.* INSTINCT, INTUITION
**greddfol,** *a.* INSTINCTIVE, INTUITIVE
**grefi,** *n.m.* GRAVY
**gregaredd,** *n.m.* GREGARIOUSNESS
**grenâd,** (-adau), *n.m.* GRENADE
**gresyn,** *n.m.* PITY
**gresyndod,** *n.m.* MISERY, WRETCHEDNESS
**gresynu,** *v.* DEPLORE, PITY
**gresynus,** *a.* MISERABLE, WRETCHED
**grid,** (-iau), *n.m.* GRID
**gridyll,** (-au), *n.m.f.* GRIDDLE, GRILL
**gridyllio,** / **gridyllu,** *v.* GRILL
**griddfan,** *v.* MOAN, GROAN
(-nau), *n.m.* MOAN, GROAN
**gril,** (-iau), *n.m.* GRILLE, GRILL
**grilio,** *v.* GRILL
**grillian,** *v.* SQUEAK, CHIRP, CRUNCH
**grîn,** (-s, -au), *n.m.* GREEN
**gris,** (-iau), *n.m.* STEP, STAIR
**grisffordd,** (-ffyrdd), *n.m.* STAIRWAY
**grisial,** *n.m.* CRYSTAL
**grisialaidd,** *a.* CRYSTAL(LINE)

**grisialeg,** *n.f.* CRYSTALLOGRAPHY
**grit,** (-iau), *n.m.* GRIT
**griwel,** (-au), *n.m.* GRUEL
**gro,** (*gröyn, n.m.*), *c.n.* GRAVEL, PEBBLES
*gro chwipio,* PEBBLE DASH
**Groeg,** *n.f.* GREECE, GREEK
*a.* GREEK
**Groegaidd,** *a.* GRECIAN, GREEK
**Groegwr,** (-wyr), *n.m.* GREEK, GRECIAN
**grog,** *n.m.* GROG
**gronell,** (-au), *n.f.* ROE
**gronyn,** (-nau), *n.m.* GRAIN, PARTICLE, A LITTLE (WHILE), GRANULE
**gronyniad,** (-au), *n.m.* GRANULATION
**gronynnog,** *a.* GRANULAR
**gros,** *a. & n.m.* GROSS
**groser,** (-iaid), *n.m.* GROCER
**groserion,** *n.pl.* GROCERIES
**grôt,** (grotiau), *n.m.* GROAT, FOURPENCE
**grotésg,** *a.* GROTESQUE
**groto,** *n.m.* GROTTO
**growt,** *n.m.* GROUT
**growtio,** *v.* GROUT
**grual,** *n.m.* GRUEL
**grudd,** (-iau), *n.m.f.* CHEEK
**grug,** *n.m.* HEATHER
**grugiar,** (-ieir), *n.f.* GROUSE
**grut,** (-iau), *n.m.* GRIT
**grutaidd,** *a.* GRITTY
**grutiog,** *a.* GRITACEOUS
**grwgnach,** *v.* GRUMBLE, COMPLAIN
**grwgnachlyd,** *a.* GRUMBLING
**grwgnachwr,** (-wyr), *n.m.* GRUMBLER
**grwn,** (grynnau), *n.m.* RIDGE (IN FIELD)
**grŵn,** *n.m.* HUM, PURR
**grwnan,** *v.* HUM, PURR, CROON
**grwndwal,** (-au), *n.m.* FOUNDATION
**grŵp,** (grwpiau), *n.m.* GROUP
*grŵp curo,* BEAT GROUP
*ffactorau grŵp,* GROUP FACTORS
**grŵp-gapten,** (-iaid), *n.m.* GROUP-CAPTAIN
**grwpio,** *a.* GROUP
**grwyn,** (-i), *n.m.* GROYNE
**grym,** (-oedd), *n.m.* FORCE, POWER, STRENGTH
**grymedd,** *n.m.* STRESS
**grymial,** *v.* MURMUR, MUTTER, GRUMBLE
**grymus,** *a.* POWERFUL, STRONG, MIGHTY
**grymuso,** *v.* STRENGTHEN
**grymuster, -tra,** (-au), *n.m.* POWER, MIGHT
**gwacáu,** *v.* EMPTY, EXHAUST
**gwacäwr,** *n.m.* EXHAUST
**gwacsaw,** *a.* FRIVOLOUS, TRIVIAL
**gwacter,** *n.m.* EMPTINESS
**gwactod,** (-au), *n.m.* VACUUM
**gwachul,** *a.* LEAN, GAUNT, FEEBLE
**gwad(iad),** *n.m.* DENIAL, DISAVOWAL
**gwadn,** (-au), *n.m.* SOLE
**gwadnu,** *v.* SOLE, FOOT IT
**gwadu,** *v.* DENY, DISOWN, FORSAKE
**gwadwr,** (-wyr), *n.m.* DENIER
**gwadd,** (-od), *n.f.* MOLE
**gwadd,** *a.* INVITED
*v.* INVITE
**gwaddod,** (-ion), *n.m.* SEDIMENT, DREGS, PRECIPITATE
**gwaddodi,** *v.* DEPOSIT SEDIMENT, PRECIPITATE
**gwaddol,** (-ion, -iadau), *n.m.* DOWRY, ENDOWMENT
**gwaddoledig,** *a.* ENDOWED
**gwaddoli,** *v.* ENDOW, DOWER
**gwaddoliad,** (-au), *n.m.* ENDOWMENT
**gwae,** (-au), *n.m.f.* WOE
**gwaed,** *n.m.* BLOOD
**gwaedlif,** (-au), *n.m.* HAEMORRHAGE
**gwaedlyd,** *a.* BLEEDING, BLOODY, CRUEL
**gwaedllw,** *n.m.* BLOOD-OATH
**gwaedoliaeth,** *n.f.* BLOOD, RACE
**gwaedu,** *v.* BLEED
**gwaedd,** (-au), *n.f.* CRY, SHOUT
**gwäeg,** (gwaëgau), *n.f.* CLASP, BUCKLE
**gwael,** *a.* POOR, POORLY, BASE, VILE
**gwaeledd,** *n.m.* ILLNESS, POORNESS, BASENESS, LOWLINESS
**gwaelod,** (-ion), *n.m.* BOTTOM, BASE, DEPOSIT
*gwaelodion,* SEDIMENT
**gwaelodi,** *v.* DEPOSIT
**gwaelodlin,** (-iau), *n.m.* BASE LINE
**gwaelodol,** *a.* UNDERLYING
**gwaelu,** *v.* SICKEN
**gwäell, -en,** (gweill, gwëyll), *n.f.* KNITTING-NEEDLE, SKEWER
**gwäellu,** *v.* TRUSS
**gwaered,** *n.m.* DESCENT
**gwaeth,** *a.* WORSE
**gwaethafydd,** *n.m.* PESSIMIST
**gwaethygu,** *v.* WORSEN
**gwag,** (gweigion), *a.* EMPTY, VAIN, VACANT, BARREN
**gwagedd,** (-au), *n.m.* VANITY, VOID
**gwagen,** (-ni), *n.f.* WAGGON

**gwagio,** *v.* EMPTY
**gwagle,** (-oedd), *n.m.* SPACE, VOID
**gwagnod,** (-au), *n.m.* ZERO, NOUGHT
**gwagr,** (-au), *n.m.* SIEVE
**gwagsymera,** *v.* DAWDLE
**gwagyn,** *n.m.* VACUOLE
**gwahân,** *n.m.* SEPARATION, DIFFERENCE
*ar wahân,* SEPARATELY, APART
**gwahanadwy,** *a.* SEPARABLE
**gwahanfa,** *n.f.* DIVIDE
**gwahanfur,** (-iau), *n.m.* DIVIDING WALL, DIVISION
**gwahangleifion,** *n.pl.* LEPERS
**gwahanglwyf,** *n.m.* LEPROSY
**gwahanglwyfus,** *a.* LEPROUS
*n.m.* LEPER
**gwahangyflwr,** *n.m.* ANAPHASE
**gwahaniad,** (-au), *n.m.* SEPARATION, SEGREGATION
**gwahaniaeth,** (-au), *n.m.* DIFFERENCE, SEPARATION
*gwahaniaeth cymedrig,* MEAN DIFFERENCE
**gwahaniaethiad,** *n.m.* DISCRIMINATION
**gwahaniaethol,** *a.* DIFFERENTIAL
**gwahaniaethydd,** (-ion), *n.m.* DIFFERENTIAL
**gwahanion,** *n.pl.* SEPARATES
**gwahanol,** *a.* DIFFERENT, VARIOUS
**gwahanolyn,** (-olion), *n.m.* DISCRIMINANT
**gwahanredol,** *a.* DISTINCTIVE
**gwahanu,** *v.* SEPARATE, DIVIDE, PART, SPACE, DISTINGUISH
**gwahardd,** *v.* FORBID, PROHIBIT
**gwaharddiad,** (-au), *n.m.* PROHIBITION, VETO, EMBARGO
**gwahodd,** *v.* INVITE
**gwahoddedigion,** *n.pl.* GUESTS
**gwahoddiad,** (-au), *n.m.* INVITATION
**gwahoddwr,** (-wyr), *n.m.* INVITER, HOST
**gwain,** (-einiau), *n.f.* SHEATH, NUT, SPATHE, VAGINA
**gwair,** (gweiriau), *n.m.* HAY
**gwaith,** (gweithiau), *n.m.* WORK, COMPOSITION, WORKS
*gwaith maes,* FIELDWORK
*o'r maes,* EX-WORKS
**gwaith,** (gweithiau), *n.f.* TIME, TURN
*c.* FOR, BECAUSE
**gwâl,** (gwalau), *n.f.* LAIR, BED
**gwal,** (-iau, gwelydd), *n.f.* WALL, HOUSING
**gwala,** *n.f.* SUFFICIENCY, ENOUGH
**gwalch,** (gweilch), *n.m.* HAWK, RASCAL
**gwald,** (-iau), *n.f.* WELT
**gwaldu,** *v.* WELT
**gwaled,** (-au), *n.f.* WALLET
**gwaltas,** *n.f.* WELT
**gwall,** (-au), *n.m.* MISTAKE, DEFECT, WANT
**gwalleb,** *n.m.* FALLACY
**gwallfaethiad,** (-au), *n.m.* MALNUTRITION
**gwallgof,** *a.* MAD, INSANE
**gwallgofdy,** (-dai), *n.m.* MADHOUSE, MENTAL HOME
**gwallgofddyn,** (-gofiaid), *n.m.* MADMAN
**gwallgofi,** *v.* BECOME MAD, RAVE
**gwallgofrwydd,** *n.m.* MADNESS
**gwallog,** *a.* FALLACIOUS, FAULTY
**gwallt,** (-iau, -au), *n.m.* & *c.n.* HAIR (OF HEAD)
**gwalltog,** *a.* HAIRY
**gwallus,** *a.* FAULTY, ERRONEOUS, INACCURATE
**gwallusrwydd,** *n.m.* INACCURACY
**gwamal,** *a.* FICKLE, FRIVOLOUS
**gwamalrwydd,** *n.m.* FICKLENESS, FRIVOLITY
**gwan,** (gweinion, gweiniaid), *a.* WEAK, FEEBLE, DILUTE
**gwanaf,** (-au), *n.f.* LAYER, SWATH, ROW
**gwanas,** (-au), *n.m.f.* STAY, PEG, PROP BUTTRESS
**gwanc,** *n.m.* GREED
**gwancus,** *a.* GREEDY, RAPACIOUS
**gwanedig,** *a.* DILUTED
**gwanedu,** *v.* DILUTE
**gwaneg,** (-au, gwenyg), *n.f.* WAVE, ROLLER (SEA)
**gwangalon,** *a.* FAINT-HEARTED
**gwangalonni,** *v.* LOSE HEART
**gwanhad,** *n.m.* ATTENUATION
**gwanhadur,** (-on), *n.m.* ATTENUATOR
**gwanhau,** *v.* WEAKEN
**gwanllyd,** *a.* | WEAK, DELICATE
**gwannaidd,** *a.* |
**gwant,** *n.m.* BREAK, CAESURA
**gwantan,** *a.* FEEBLE, POOR, FICKLE
**gwanu,** *v.* PIERCE, STAB, THRUST
**gwanwyn,** (-au), *n.m.* SPRING
**gwanwynol,** *a.* VERNAL
**gwanychiad,** (-au), *n.m.* WEAKENING, DAMPING

**gwanychu,** *v.* WEAKEN
**gwanydd,** (-ion), *n.m.* PIERCER
**gwâr,** *a.* TAME, GENTLE, CIVILISED
**gwar,** (-rau), *n.m.f.* SHOULDERS, BACK, WITHERS
**gwaradwydd,** (-iadau), *n.m.* SHAME, DISGRACE
**gwaradwyddo,** *v.* SHAME, DISGRACE
**gwaradwyddus,** *a.* SHAMEFUL, DISGRACEFUL
**gwarafun,** *v.* FORBID, GRUDGE, REFUSE
**gwaraidd,** *a.* CIVILISED, GENTLE
**gwarant,** (-au), *n.f.m.* WARRANT, SECURITY, GUARANTEE
**gwarantedig,** *a.* GUARANTEED
**gwarantu,** *v.* WARRANT, GUARANTEE
**gwarantwr, -ydd,** (-wyr), *n.m.* GUARANTOR
**gwarchae,** *v.* BESIEGE
(-oedd), *n.m.* SIEGE
**gwarchaeëdig,** *a.* BESIEGED
**gwarcheidiol,** *a.* GUARDIAN
**gwarcheidwad,** *n.m.* GUARDIAN, KEEPER
**gwarcheidwaith,** *n.m.* GUARDIANSHIP
**gwarchod,** *v.* WATCH, GUARD, MIND, BABY-SIT
**gwarchodaeth,** (-au), *n.f.* WARD, CUSTODY, CONSERVATION, CONSERVANCY
**gwarchodfa,** (-feydd, -fau), *n.f.* GUARD-HOUSE, RESERVE
**gwarchodfilwr,** (-wyr), *n.m.* GUARDSMAN
**gwarchodlu,** (-oedd), *n.m.* GUARDS, GARRISON
**gwarchodwr, -ydd,** (-wyr), *n.m.* KEEPER, GUARDIAN, WARDEN, CHAPERON, BABY-SITTER
**gwarchodwraig,** (-wragedd), *n.f.* BABY SITTER
**gward,** (-iau), *n.m.* WARD, GUARD
**gwarden,** (-einiaid), *n.m.* WARDEN, GUARDIAN
**gwarder,** *n.m.* GENTLENESS, KINDNESS
**gwardrob,** *n.m.f.* WARDROBE
**gwared,** *v.* DELIVER, REDEEM, RID, SAVE
**gwaredigaeth,** *n.f.* DELIVERANCE, RIDDANCE
**gwaredigion,** *n.pl.* REDEEMED PERSONS
**gwaredu,** *v.* SAVE, REDEEM, RID, DELIVER
**gwaredwr,** (-wyr), *n.m.* SAVIOUR, DELIVERER
**gwaredd,** *n.m.* GENTLENESS, MILDNESS
**gwareiddiad,** (-au), *n.m.* CIVILIZATION
**gwareiddiedig,** *a.* CIVILIZED
**gwareiddio,** *v.* CIVILIZE, TAME
**gwargaled,** *a.* OBSTINATE, STIFFNECKED
**gwargaledwch,** *n.m.* OBSTINACY
**gwargam,** *a.* STOOPING
**gwargamu,** *v.* STOOP
**gwarg(r)ed,** (-ion), *n.m.* REMAINS, LEAVINGS, SURPLUS
**gwargrwm,** *a.* ROUND-SHOULDERED, STOOPING
**gwargrymu,** *v.* STOOP
**gwariant,** (-nnau), *n.m.* EXPENDITURE
**gwarineb,** *n.m.* CIVILITY
**gwario,** *v.* SPEND
**gwarsyth,** *a.* OBSTINATE, STIFFNECKED
**gwarth,** *n.m.* SHAME, DISGRACE
**gwarthaf,** *n.m.* SUMMIT, TOP
*ar warthaf,* UPON, ON TOP OF
**gwarthafl,** (-au), *n.f.* STIRRUP
**gwartheg,** *n.pl.* COWS, CATTLE
**gwarthnod,** (-au), *n.m.* STIGMA
**gwarthnodi,** *v.* BRAND
**gwarthol,** (-ion), *n.f.* STIRRUP
**gwarthrudd,** *n.m.* SHAME, DISGRACE
**gwarthruddo,** *v.* SHAME, DISGRACE
**gwarthus,** *a.* SHAMEFUL, DISGRACEFUL
**gwas,** (gweision), *n.m.* LAD, SERVANT
*yr hen was,* THE DEVIL
**gwasaidd,** *a.* SERVILE, SLAVISH
**gwasanaeth,** (-au), *n.m.* SERVICE, USE
**gwasanaethferch,** (-ed), *n.f.* MAIDSERVANT
**gwasanaethgar,** *a.* SERVICEABLE, OBLIGING
**gwasanaethu,** *v.* SERVE, MINISTER
**gwasanaethwr,** (-wyr), *n.m.* | SERVANT, MANSERVANT
**gwasanaethydd,** (-ion), *n.m.* |
**gwasarn,** (-au), *n.m.* LITTER, BOOTY, DEEP LITTER
**gwascogydd,** (-ion), *n.m.* PRESSURE-COOKER
**gwaseidd-dra,** *n.m.* SERVILITY
**gwasg,** (-au, -oedd, gweisg), *n.f.* PRESS, PRESSURE
*n.m.* WAIST, STRESS
**gwasgar,** *n.m.* DISPERSION
**gwasgaredig,** *a.* SCATTERED
**gwasgariad,** (-au), *n.m.* DISPERSION, DISTRIBUTION, SCATTERING, DIASPORA
**gwasgarog,** *a.* SCATTERED, SPARSE
**gwasgaru,** *v.* SCATTER, SPREAD
**gwasgedd,** (-au), *n.m.* COMPRESSION, PRESSURE
**gwasgeddu,** *v.* PRESSURIZE

**gwasgell,** *n.m.* FOOT PRESSER
**gwasgfa,** (-feydd, -feuon), *n.f.* SQUEEZE, PANG, FIT, DISTRESS
**gwasgfoliant,** (-nnau), *n.m.* BLURB
**gwasgod,** (-au), *n.f.* WAISTCOAT
**gwasgu,** *v.* PRESS, SQUEEZE, WRING, CRUSH
**gwasgwcer,** (-i), *n.m.* PRESSURE COOKER
**gwasgwr, -ydd,** (-wyr, -ion), *n.m.* WRINGER
**gwasod,** *a.* IN HEAT (OF COW)
**gwastad,** *a.* FLAT, LEVEL, EVEN, CONSTANT, EQUABLE
*yn wastad,* ALWAYS
**gwastad(edd),** (-au), *n.m.* LEVEL PLACE, PLAIN
**gwastadiant,** *n.m.* PLANATION
**gwastadol,** *a.* PERPETUAL, CONTINUAL
**gwastadrwydd,** *n.m.* CONSTANCY, EVENNESS
**gwastadwres,** *n.m.* HOMOTHERMAL
**gwastatáu,** *v.* LEVEL, SUBDUE, SETTLE
**gwastatir,** (-oedd), *n.m.* LEVEL GROUND, PLAIN
**gwastraff,** (-au, -oedd), *n.m.* WASTE, EXTRAVAGANCE
**gwastraffu,** *v.* WASTE
**gwastraffus,** *a.* WASTEFUL, EXTRAVAGANT
**gwastraffwr,** (-wyr), *n.m.* WASTER
**gwastrawd,** (-odion), *n.m.* GROOM
**gwastrodaeth, -odi,** *v.* MASTERY, DISCIPLINE
**gwaswlad,** (-wledydd), *n.f.* VASSAL STATE
**gwatwar,** *v.* MOCK, MIMIC
*n.m.* MOCKERY
**gwatwareg,** *n.f.* SARCASM, SATIRE
**gwatwariaeth,** *n.f.* IRONY
**gwatwarus,** *a.* MOCKING, DERISIVE
**gwatwarwr,** (-wyr), *n.m.* MOCKER, SCOFFER
**gwau,** *v.* WEAVE, KNIT
**gwaudd,** *n.f.* DAUGHTER-IN-LAW
**gwaun,** (gweunydd), *n.f.* DAMP MEADOW, MOOR
**gwawch,** (-iau), *n.f.* SCREAM, YELL
**gwawchio,** *v.* SCREAM, YELL
**gwawd,** *n.m.* SCORN, SATIRE, SCOFF
**gwawdio,** *v.* SCORN, MOCK, JEER
**gwawdiwr,** (-wyr), *n.m.* MOCKER, JEERER
**gwawdlun,** (-iau), *n.m.* CARTOON
**gwawdlyd,** *a.* MOCKING, SCORNFUL, JEERING
**gwawl,** *n.m.* LIGHT
**gwawn,** *n.m.* GOSSAMER
**gwawr,** *n.f.* DAWN, HUE, NUANCE, SHADE
**gwawriad,** (-au), *n.m.* DAWNING
**gwawrio,** *v.* DAWN
**gwayw,** (gwewyr), *n.m.* PANG, PAIN, BRAXY
**gwaywfwyall,** (-fwyeill), *n.f.* HALBERD
**gwaywffon,** (-ffyn), *n.f.* SPEAR
**gwden,** (-ni, -nau), *n.f.* WITHE, COIL
**gwdennu,** *v.* TWIST, COIL
**gwdihŵ,** (-od), *n.m.* OWL
**gwddf,** (gyddfau), *n.m.* NECK, THROAT, NECKLINE
**gwddfdlws,** (-dlysau), *n.m.* LOCKET
**gwddfdorch,** (-au), *n.f.* NECKLACE
**gwe,** (-oedd), *n.f.* WEB, TEXTURE
**gwead,** *n.m.* KNITTING, WEAVING, STRUCTURE
**gweadedd,** (-au), *n.m.* TEXTURE
**gweadwaith,** (-weithiau), *n.m.* TEXTILE
**gwedi,** *pr.* AFTER
*ad.* AFTERWARDS
**gwedd,** (-au), *n.f.* ASPECT, FORM, APPEARANCE, TEXTURE, FACIES
(-oedd), *n.f.* YOKE, TEAM (HORSES, etc.)
**gweddaidd,** *a.* BEAUTIFUL, DECENT
**gwedder,** (gweddrod), *n.m.* WETHER
*cig gwedder,* MUTTON
**gweddi,** (-ïau), *n.f.* PRAYER
**gweddigar,** *a.* PRAYERFUL
**gweddill,** (-ion), *n.m.* REMAINDER, REST, BALANCE (MONEY)
*pl.* REMAINS, SURPLUS
*a.* RESIDUAL
**gweddilleb,** *n.f.* RESIDUAL
**gweddillio,** *v.* LEAVE REMNANT
**gweddïo,** *v.* PRAY
**gweddïwr,** (-ïwyr), PRAY-ER, SUPPLICATOR
**gweddnewid,** *v.* TRANSFORM, TRANSFIGURE
**gweddol,** *a. & ad.* FAIR, FAIRLY
**gweddu,** *v.* SUIT, BECOME
**gweddus,** *a.* PROPER, SEEMLY, DECENT
**gwedduster, -tra,** *n.m.* DECENCY, PROPRIETY
**gweddw,** (-on), *n.f.* WIDOW
*a.* SINGLE, WIDOW(ED)
**gweddwdod,** *n.m.* WIDOWHOOD
**gwefl,** (-au), *n.f.* LIP (OF ANIMAL), BEZEL
**gwefr,** *n.m.* THRILL, EXCITEMENT, CHARGE, AMBER

**gwefreiddio,** *v.* THRILL, ELECTRIFY
**gwefreiddiol,** *a.* THRILLING
**gwefru,** *v.* CHARGE
**gwefus,** (-au), *n.f.* LIP
**gwefusol,** *a.* LABIAL
**gwefusoliad,** *n.m.* LABIALISATION
**gwegi,** *n.m.* VANITY
**gwegian,** *v.* TOTTER, SWAY
**gwegil,** (-au), *n.m.f.* NAPE OF NECK
**gwehelyth,** *n.m.f.* LINEAGE, STOCK
**gwehilion,** *n.pl.* REFUSE, TRASH, UNTOUCHABLES
**gwehydd,** (-ion), *n.m.* WEAVER
**gwehyddiad,** *n.m.* WEAVE
**gwehynnu,** *v.* DRAW, EMPTY, POUR
**gwehynnwr,** (-ynwyr), *n.m.* DRAWER, POURER
**gwehynnydd,** (-ynyddion), *n.m.* HYDRO-EXTRACTOR
**gweiddi,** *v.* SHOUT, CRY
**gweilgi,** *n.f.* SEA, TORRENT, OCEAN
**gweili,** *a.* EMPTY, SPARE, EXTRA
**gweinell,** (-au), *n.f.* NUT
**gweini,** *v.* SERVE, ATTEND, MINISTER
**gweinidog,** (-ion), *n.m.* MINISTER, SERVANT
**gweinidogaeth,** *n.f.* MINISTRY, SERVICE
**gweinidogaethu,** *v.* MINISTER
**gweinio,** *v.* SHEATHE
**gweinydd,** (-ion), *n.m.* ATTENDANT, CELEBRANT
**gweinyddes,** (-au), *n.f.* ATTENDANT, NURSE
**gweinyddiad,** (-au), *n.m.* ADMINISTRATION
**gweinyddiaeth,** (-au), *n.f.* ADMINISTRATION, MINISTRY
**gweinyddol,** *a.* ADMINISTRATIVE, EXECUTIVE
**gweinyddu,** *v.* AMDINISTER, OFFICIATE
**gweinyddwr,** (-wyr), *n.m.* ADMINISTRATOR
**gweirglodd,** (-iau), *n.f.* MEADOW
**gweisgioni,** *v.* HUSK
**gweitied, -io,** *v.* WAIT
**gweithdrefn,** *n.f.* PROCEDURE
**gweithdy,** (-dai), *n.m.* WORKSHOP
**gweithfa,** (-feydd), *n.f.* WORKS
**gweithfaol,** *a.* INDUSTRIAL
**gweithgar,** *a.* HARD-WORKING, INDUSTRIOUS
**gweithgaredd,** (-au), *n.m.* | ACTIVITY
**gweithgarwch,** *n.m.* |
**gweithgareddau,** *n.pl.* PROCEEDINGS, ACTIVITIES
**gweithgor,** (-au), *n.m.* WORKING PARTY
**gweithgynhyrchu,** *v.* MANUFACTURE
**gweithgynhyrchydd,** *n.m.* MANUFACTURER
**gweithiadwy,** *a.* WORKABLE
**gweithiedig,** *a.* WORKED
**gweithio,** *v.* WORK, FERMENT, OPERATE
**gweithiol,** *a.* WORKING, EXECUTIVE
**gweithiwr,** (-wyr), *n.m.* WORKER
*gweithiwr di-sgil/di-grefft,* UNSKILLED WORKER
*gweithiwr hyffordd,* SKILLED WORKER
**gweithle,** (-oedd), *n.m.* ESTABLISHMENT
**gweithred,** (-oedd), *n.f.* ACT, DEED
**gweithrediad,** (-au), *n.f.* ACTION, OPERATION
**gweithrediadol,** *a.* FUNCTIONAL
**gweithrediant,** *n.m.* OPERATION
**gweithredol,** *a.* ACTIVE, ACTUAL, OPERATIVE, ACTING
**gweithredu,** *v.* ACT, OPERATE, EXECUTE
**gweithredwr,** (-wyr), *n.m.* DOER, OPERATOR, EXECUTIVE
**gweithredydd,** (-ion), *n.m.* AGENT, OPERATOR
**gweithwyr,** *n.pl.* LABOUR FORCE
**gweladwy,** *a.* VISIBLE
**gweled, gweld,** *v.* SEE, PERCEIVE
**gwelededd,** *n.m.* VISIBILITY
**gwelediad,** (-au), *n.m.* SIGHT, APPEARANCE
**gweledig,** *a.* VISIBLE
**gweledigaeth,** (-au), *n.f.* VISION
**gweledol,** *a.* VISUAL
**gweledydd,** (-ion), *n.m.* SEER, PROPHET
**gweli,** (-ïau), *n.m.* WOUND, SORE
**gwelw,** (-on), *a.* PALE
**gwelwi,** *v.* PALE
**gwely,** (-au, gwelâu), *n.m.* BED
**gwelyfod,** (-ion), *n.m.* CONFINEMENT
**gwell,** *a.* BETTER, SUPERIOR
**gwella,** *v.* BETTER, IMPROVE, CURE, MEND
**gwellau, -aif,** (-eifiau), *n.m.* SHEARS
**gwellen,** (gweill), *n.f.* KNITTING-NEEDLE
**gwellhad,** *n.m.* BETTERING, CURE, IMPROVEMENT
**gwellhau,** *v.* IMPROVE, BETTER
**gwelliant,** (-nnau), *n.m.* AMENDMENT, IMPROVEMENT

**gwellt,** (*-yn, n.m.*), *c.n.* GRASS, SWARD, STRAW
**gwelltglas,** *n.m.* GRASS
**gwelltog,** *a.* GRASSY
**gwelltyn,** *n.m.* BLADE OF GRASS, A STRAW
**gwempl,** *n.m.* WIMPLE
**gwên,** (gwenau), *n.f.* SMILE
**gwen,** *a.* f. of *gwyn*
**gwenci,** (-ïod, *n.f.* WEASEL, STOAT
**gwendid,** (-au), *n.m.* WEAKNESS
*gwendid y lleuad,* WANE OF THE MOON
**Gwener,** *n.f.* VENUS
*dydd Gwener,* FRIDAY
**gwenerol,** *a.* VENEREAL
**gwenfflam,** *a.* BLAZING
**gweniaith,** *n.f.* FLATTERY
**gwenieithio,** *v.* FLATTER
**gwenieithiwr,** (-wyr), *n.m.* FLATTERER
**gwenieithus,** *a.* FLATTERING
**gwenith,** (*-en, n.f.*), *n.pl.* WHEAT
**gwenithfaen,** *n.m.* GRANITE
**gwennol,** (gwenoliaid), *n.f.* SWALLOW, MARTIN, SHUTTLE, SHUTTLECOCK
**gwenu,** *v.* SMILE
**gwenwisg,** (-oedd), *n.f.* SURPLICE
**gwenwyn,** *n.m.* POISON, JEALOUSY
**gwenwyniad,** (-au), *n.m.* POISONING, TOXAEMIA
**gwenwynig, -ol,** *a.* POISONOUS
**gwenwynllyd,** *a.* SPITEFUL, JEALOUS
**gwenwyno,** *v.* POISON, BE JEALOUS
**gwenyn,** (*-en, n.f.), n.pl.* BEES
**gwenyna,** *v.* KEEP BEES
**gwenynfa,** (-feydd), *n.f.* APIARY
**gwenynwr,** (-wyr), *n.m.* BEE-KEEPER
**gwep,** (-iau), *n.f.* GRIMACE, VISAGE
**gwêr,** (gwerau), *n.m.* TALLOW
**gŵer,** *n.m.* SHADE, COOL
**gwerdd,** *a.* f. of *gwyrdd*
**gwerddon,** (-au), *n.f.* GREEN PLACE, OASIS
**gweren,** *n.f.* WARBLE
**gwerin,** *c.n.f.* ORDINARY FOLK, PEASANTRY, CHESSMEN, DEMOCRACY
**gwerinaidd,** *a.* DEMOCRATIC
**gweriniaeth,** (-au), *n.f.* DEMOCRACY, REPUBLIC
**gweriniaethol,** *a.* REPUBLICAN
**gwerinlywodraeth,** (-au), *n.f.* REPUBLIC, COMMONWEALTH
**gwerinol,** *a.* PLEBEIAN
**gwerinos,** *c.n.f.* THE RABBLE, MOB
**gwerinwr,** (-wyr), *n.m.* DEMOCRAT, COMMONER
**gwern,** (-i, -ydd), *n.f.* SWAMP, MEADOW, ALDER-GROVE
**gwern,** (*-en, n.f.*), *n.pl.* ALDER-TREES
**gwerniar,** (-ieir), *n.f.* BUSTARD
**gwers,** (-i), *n.f.* LESSON, WHILE, VERSE
**gwerseb,** (-au), *n.f.* MAXIM, DOCTRINE
**gwerslyfr,** (-au), *n.m.* TEXTBOOK
**gwersyll,** (-oedd), *n.m.* CAMP
**gwersyllu,** *v.* ENCAMP
**gwerth,** (-oedd), *n.m.* WORTH, VALUE
*ar werth,* FOR SALE
*gwerth cynhenid,* INTRINSIC VALUE
*gwerth par,* PAR VALUE
**gwerthadwy,** *a.* SALEABLE, MARKETABLE
**gwerthfawr,** *a.* VALUABLE, PRECIOUS
**gwerthfawrogi,** *v.* APPRECIATE
**gwerthfawrogiad,** (-au), *n.m.* APPRECIATION
**gwerthiant,** (-nnau), *n.m.* SALE
**gwerthostyngiad,** *n.m.* DEVALUATION
**gwerthu,** *v.* SELL
**gwerthusiad,** *n.m.* EVALUATION
**gwerthuso,** *v.* EVALUATE
**gwerthwr,** (-wyr), *n.m.* SELLER, SALESMAN
**gwerthyd,** (-oedd), *n.f.* SPINDLE, AXLE, SHAFT, SPOOL
**gweryd,** (-au), *n.m.* EARTH, SOIL, GRAVE
**gweryriad,** (-au), *n.m.* NEIGH
**gweryru,** *v.* NEIGH
**gwesgi,** (-ïau), *n.m.* SQUEEGEE
**gwestai,** (-eion), *n.m.* GUEST, HOST
**gwesty,** (-au, -tai), *n.m.* HOTEL, INN
**gwestyaeth,** *n.f.* HOTEL MANAGEMENT
**gwestywr,** (-wyr), *n.m.* HOST
**gweu,** *v.* KNIT, WEAVE
**gweundir,** (-oedd), *n.m.* MOORLAND, MEADOW LAND
**gweuwaith,** *n.m.* KNITWEAR
**gwewyr,** see *gwayw*
**gwg,** *n.m.* FROWN, SCOWL, ANGER
**gwgli,** *n.m.* GOOGLY
**gwgu,** *v.* FROWN, SCOWL
**gwialen,** (gwiail), *n.f.* ROD, STICK, PENIS
**gwialenodio,** *v.* BEAT WITH STICK
**gwiail,** *n.pl.* WICKER
**gwib,** (-iau), *n.f.* WANDERING, FLASH
*a.* DARTING, WANDERING
*ar wib,* AT FULL SPEED
**gwibdaith,** (-deithiau), *n.f.* EXCURSION, TRIP
**gwiber,** (-od), *n.f.* VIPER

**gwibfaen,** (-feini), *n.m.* METEORITE
**gwibgart,** *n.m.* GO-KART
**gwibio,** *v.* FLIT, FLASH, DART, WANDER
**gwibiog, -iol,** *a.* FLITTING, WANDERING
**gwich,** (-iau, -iadau), *n.f.* SQUEAK, CREAK, SQUEAL, WHEEZE
**gwichiad,** (-iaid), *n.m.* PERIWINKLE, WINKLE
**gwichian,** *v.* SQUEAK, CREAK, SQUEAL, WHEEZE
**gwichlyd,** *a.* SQUEAKY, CREAKY, WHEEZY
**gwidw,** (-od), *n.f.* WIDOW
**gwiddon, -an,** (-od), *n.f.* WITCH, HAG
*n.pl.* MITES
**gwif,** (-ion), *n.m.* CROWBAR, LEVER
**gwifrad,** (-au), *n.m.* WIRING
**gwifren,** (gwifrau), *n.f.* WIRE
**gwifro,** *v.* WIRE
**gwig,** (-oedd), *n.f.* WOOD
**gwingo,** *v.* WRIGGLE, WRITHE, STRUGGLE
**gwin,** (-oedd), *n.m.* WINE
**gwina,** *v.* TIPPLE WINE
**gwinau,** *a.* BAY, AUBURN, BROWN
**gwinegr,** *n.m.* VINEGAR
**gwinllan,** (-nau, -noedd), *n.f.* VINEYARD
**gwinllannwr,** (-anwyr), *n.m.* VINE-DRESSER
**gwinwr,** (-wyr), *n.m.* VINTNER
**gwinwryf,** (-oedd), *n.m.* WINE-PRESS
**gwinwydd,** (*-en, n.f.*), *n.pl.* VINES
**gwinwyddiaeth,** (-au), *n.f.* VITICULTURE
**gwir,** *n.m.* TRUTH
*a.* TRUE, REAL, NET
*yn wir,* INDEED
**gwireb,** (-au), *n.f.* TRUISM, MAXIM, GNOME
**gwiredd,** (-au), *n.m.* TRUTH
**gwireddu,** *v.* VERIFY
**gwireddydd,** *n.m.* VERIFER
**gwirfodd,** *n.m.* GOODWILL, OWN ACCORD
**gwirfoddol,** *a.* VOLUNTARY
**gwirfoddoli,** *v.* VOLUNTEER
**gwirfoddolrwydd,** *n.m.* VOLUNTARINESS
**gwirfoddolwr,** (-wyr), *n.m.* VOLUNTEER
**gwiriad,** (-au), *n.m.* CHECK
**gwirio,** *v.* CHECK, ASSERT
**gwirion,** (-iaid), *n.m.* INNOCENT, SIMPLE, FOOLISH, SILLY
**gwiriondeb,** *n.m.* INNOCENCE, FOOLISHNESS, SILLINESS
**gwirionedd,** (-au), *n.m.* TRUTH, REALITY
**gwirioneddol,** *a.* TRUE, REAL, ACTUAL
**gwirioni,** *v.* DOTE, INFATUATE
**gwirionyn,** *n.m.* SIMPLETON, IMBECILE
**gwirod,** (-ydd), *n.m.* LIQUOR, SPIRIT
**gwirodlyn,** (-nnau), *n.m.* LIQUEUR
**gwisg,** (-oedd), *n.f.* DRESS, GARMENT, COSTUME
**gwisgi,** *a.* LIVELY, BRISK, RIPE
**gwisgo,** *v.* DRESS, WEAR, ROBE
**gwiw,** *a.* FIT, WORTHY, MEET
**gwiwer,** (-od), *n.f.* SQUIRREL
**gwlad,** (gwledydd), *n.f.* COUNTRY, LAND
*cefn gwlad,* COUNTRYSIDE
**gwladaidd,** *a.* COUNTRYFIED, RUSTIC, BOORISH
**gwladeiddiwr,** (-wyr), *n.m.* PEASANT
**gwladfa,** (-oedd, -feydd), *n.f.* COLONY, SETTLEMENT
**gwladgarol,** *a.* PATRIOTIC
**gwladgarwch,** *n.m.* PATRIOTISM
**gwladgarwr,** (-wyr), *n.m.* PATRIOT
**gwladol,** *a.* CIVIL, COUNTRY, STATE, NATIONAL
*diwydiant gwladol,* NATIONALIZED INDUSTRY
*cynilion gwladol,* NATIONAL SAVINGS
**gwladoli,** *v.* NATIONALISE
**gwladweiniaeth,** *n.f.* STATESMANSHIP
**gwladweinydd,** (-ion, -wyr), *n.m.* STATESMAN
**gwladwr,** (-wyr), *n.m.* COUNTRYMAN, PEASANT
**gwladwriaeth,** (-au), *n.f.* STATE
**gwladwriaethol,** *a.* STATE, POLITICAL
**gwladychfa,** (-oedd), *n.f.* SETTLEMENT, COLONY
**gwladychiad,** (-au), *n.m.* COLONIZATION
**gwladychwr,** (-wyr), *n.m.* SETTLER, COLONIST
**gwlân,** (gwlanoedd), *n.m.* WOOL
**gwlana,** *v.* GATHER WOOL, DAY-DREAM
**gwlanen,** (-ni), *n.f.* FLANNEL
**gwlanog,** *a.* WOOLLY
**gwlatgar,** *a.* PATRIOTIC
**gwlaw,** see *glaw*
**gwleb,** *a.* f. of *gwlyb*
**gwledig,** *a.* RURAL, RUSTIC, BOORISH
*n.m.* LORD, PRINCE, RULER
**gwledigrwydd,** *n.m.* RUSTICITY
**gwledd,** (-oedd), *n.f.* FEAST, BANQUET
**gwledda,** *v.* FEAST
**gwleidydd,** (-ion), *n.m.* POLITICIAN, STATESMAN
**gwleidyddeg,** *n.m.* POLITICIAL THOUGHT

**gwleidyddiaeth,** *n.f.* POLITICS
**gwleidyddol,** *a.* POLITICAL
**gwlff,** (gylffau), *n.m.* GULF
**gwli,** (-ïau), *n.m.* GULLY
**gwlith,** (-oedd), *n.m.* DEW
**gwlithbwynt,** (-iau), *n.m.* DEWPOINT
**gwlithlaw,** (-ogydd), *n.m.* DRIZZLE
**gwlitho,** *v.* DEW
**gwlithog,** *a.* DEWY
**gwlithyn,** *n.m.* DEWDROP
**gwlyb,** (-ion), *a. & n.m.* WET, LIQUID
**gwlybaniaeth,** *n.m.* MOISTURE, WET, HUMIDITY
**gwlybedd,** *n.m.* MOISTURE
**gwlybwr,** (-yron), *n.m.* MOISTURE, LIQUID
**gwlybyrog,** *a.* WET, DAMP, LIQUID
**gwlych,** *n.m.* WET
**gwlychu,** *v.* WET, GET WET, MOISTEN
**gwlydd,** (*-yn, n.m.*), *n.pl.* HAULM, STALKS, WEEDS
**gwm,** (gymiau), *n.m.* GUM
**gwn,** (gynnau), *n.m.* GUN
**gŵn,** (gynau), *n.m.* GOWN
*gŵn gwisgo,* DRESSING GOWN
**gwndwn,** see *gwyndwn*
**gwneud, gwneuthur,** *v.* MAKE, DO, MANUFACTURE
**gwneuthuriad,** *n.m.* MAKING, MAKE, MANUFACTURE
**gwneuthurwr,** (-wyr), *n.m.* MAKER, DOER, MANUFACTURER
**gwnïad,** (-au), *n.m.* SEWING, SEAM
**gwniadur,** (-iau), *n.m.* THIMBLE
**gwniadwaith,** *n.m.* NEEDLEWORK, DRESSMAKING
**gwniadwraig,** (-wragedd), *n.f.* | SEAMSTRESS
**gwniadyddes,** (-au), *n.f.* |
**gwnïo,** *v.* SEW, STITCH
**gwniyddes,** (-au), *n.f.* SEAMSTRESS
**gwobr,** (-au), *n.f.* PRIZE, REWARD
**gwobrwyo,** *v.* REWARD, AWARD PRIZE TO
**gwobrwywr,** (-wyr), *n.m.* REWARDER
**gŵr,** (gwŷr), *n.m.* MAN, HUSBAND, VASSAL
**gwra,** *v.* SEEK OR MARRY A HUSBAND
**gwrach,** (-od, -ïod), *n.f.* HAG, WITCH
**gwrachen,** (gwrachod), *n.f.* ROACH
**gwraidd,** (gwreiddiau), *c.n.* ROOTS
**gwraig,** (gwragedd), *n.f.* WIFE, WOMAN
**gwrandaw,** see *gwrando*
**gwrandawiad,** (-au), *n.m.* LISTENING, HEARING
**gwrandawr,** (-wyr), *n.m.* LISTENER, HEARER
**gwrando,** *v.* LISTEN
**gwrcath,** (-od), *n.m.* TOM-CAT
**gwregys,** (-au), *n.m.* GIRDLE, BELT, TRUSS
**gwregysu,** *v.* GIRD, GIRDLE
**gwrêng,** *n.m. & c.n.* PLEBEIAN, COMMON PEOPLE (ONE OF)
**gwreica,** *v.* SEEK OR MARRY A WIFE
**gwreicty,** (-tai), *n.m.* HAREM
**gwreichion,** (*-en, n.f.*), *n.pl.* SPARKS
**gwreichioni,** *v.* SPARK, SCINTILLATE
**gwreiddair,** (-eiriau), *n.m.* ROOT-WORD
**gwreiddflaen,** *n.m.* ROOTCAP
**gwreiddffwng,** (ffyngoedd), *n.m.* MYCORRHIZA
**gwreiddgyffiol,** *a.* RHIZOMATOUS
**gwreiddio,** *v.* ROOT, GROUND
**gwreiddiol,** *a.* RADICAL, ORIGINAL
**gwreiddioldeb,** (-au), *n.m.* ORIGINALITY
**gwreiddyn,** (gwreiddiau, gwraidd), *n.m.* ROOT
**gwreigan,** *n.f.* LITTLE WOMAN
**gwres,** (-au), *n.m.* HEAT, WARMTH, ZEST
*gwres cudd,* LATENT HEAT
*trawiad gwres,* HEATSTROKE
**gwresfesurydd,** (-ion), *n.m.* THERMOMETER
**gwresog,** *a.* WARM, FERVENT, HOT
**gwresogi,** *v.* WARM, HEAT
**gwresogydd,** (-ion), *n.m.* HEATER
**gwrhau,** *v.* DO HOMAGE
**gwr(h)yd,** (-oedd), *n.m.* FATHOM
**gwrhydri,** *n.m.* VALOUR, EXPLOIT
**gwrid,** *n.m.* BLUSH, FLUSH
**gwrido,** *v.* BLUSH, FLUSH
**gwridog,** *a.* | ROSY-CHEEKED, RUDDY
**gwritgoch,** *a.* |
**gwrit,** (-iau), *n.m.* WRIT
**gwrogaeth,** *n.f.* HOMAGE, VASSALAGE
**gwrogi,** *v.* DO HOMAGE
**gwrol,** *a.* BRAVE, COURAGEOUS
**gwroldeb,** *n.m.* BRAVERY, COURAGE
**gwroli,** *v.* BECOME BRAVE
**gwron,** (-iaid), *n.m.* HERO
**gwroniaeth,** *n.f.* HEROISM
**gwrtaith,** (-teithiau), *n.m.* MANURE, FERTILISER
**gwrteithiad,** *n.m.* MANURING, CULTIVATION
**gwrteithio,** *v.* MANURE, CULTIVATE
**gwrth-,** *px.* CONTRA-, COUNTER-, ANTI-
**gwrthateb,** (-ion), *n.m.* REJOINDER

**gwrthatyniad,** (-au), *n.m.* COUNTER ATTRACTION
**gwrthban,** (-au), *n.m.* BLANKET
**gwrthblaid,** *n.f.* OPPOSITION (PARTY)
**gwrthblot,** (-iau), *n.m.* COUNTER PLOT
**gwrthbrawf,** (-brofion), *n.m.* DISPROOF, REFUTATION
**gwrthbrofi,** *v.* DISPROVE, REFUTE
**gwrthbwynt,** (-iau), *n.m.* COUNTERPOINT
**gwrthbwyntiol,** *a.* CONTRAPUNTAL
**gwrthbwyso,** *v.* COUNTERBALANCE, COMPENSATE
**gwrthchwyldro,** *n.m.* COUNTERREVOLUTION
**gwrthdaro,** *v.* CLASH, COLLIDE
**gwrthderfysgaeth,** *n.f.* ANTI-TERRORISM
**gwrthdir,** (-oedd), *n.m.* UPLAND
**gwrthdrawiad,** (-au), *n.m.* COLLISION, CLASH
**gwrthdro,** *a.* INVERTED
**gwrthdroad,** (-au), *n.m.* INVERSION
**gwrthdrychiad,** (-au), *n.m.* REFRACTION
**gwrthdystio,** *v.* PROTEST
**gwrthddadl,** (-euon), *n.f.* OBJECTION
**gwrthddadlau,** *v.* OBJECT, SPEAK AGAINST
**gwrthddangosiad,** *n.m.* COUNTEREXPOSITION
**gwrthddalen,** (-ni), *n.f.* COUNTERFOIL
**gwrth-ddŵr,** *a.* WATER REPELLENT
**gwrthddywediad,** (-au), *n.m.* CONTRADICTION
**gwrthddywedyd,** *v.* CONTRADICT
**gwrtheb,** (-ion), *n.m.* REPARTEE
**gwrthebiad,** (-au), *n.m.* ANTILOGISM
**gwrthebiaeth,** *n.f.* ANTINOMY
**gwrthfiotig,** *n.m.* & *a.* ANTIBIOTIC
**gwrthfflam,** *a.* FLAME-RESISTANT
**gwrthganoli(ad),** *n.m.* DECENTRALISATION
**gwrthgenhedlu,** *n.m.* CONTRACEPTION
**gwrthgiliad,** (-au), *n.m.* BACKSLIDING, APOSTASY
**gwrthgilio,** *v.* BACKSLIDE, RETIRE
**gwrthgiliwr,** (-wyr), *n.m.* BACKSLIDER, SECEDER
**gwrthglawdd,** (-gloddiau), *n.m.* RAMPART
**gwrthgloc,** *a.* ANTICLOCKWISE
**gwrthgorffyn,** *n.m.* ANTIBODY
**gwrthgrych,** *a.* CREASE RESISTING
**gwrthgydiol,** *a.* NON-STICK
**gwrthgyferbyniad,** (-au), *n.m.* CONTRAST, ANTITHESIS
**gwrthgyferbyniol,** *a.* OPPOSITE
**gwrthgyferbynnedd,** *n.m.* OPPOSITENESS
**gwrthgyferbynnu,** *v.* CONTRAST
**gwrth-heintus,** *a.* ANTISEPTIC
**gwrthiant,** (-nnau), *n.m.* RESISTANCE
**gwrthiddewiaeth,** *n.m.* ANTI-SEMITISM
**gwrthio,** *v.* COUNTER
**gwrthlaw,** *n.f.* BACKHAND
**gwrth-law,** *a.* RAIN PROOF
**gwrthlogarithm,** (-au), *n.m.* ANTILOGARITHM
**gwrthnaws,** *a.* REPUGNANT
**gwrthnawsedd,** *n.m.* ANTIPATHY, AVERSION
**gwrthnysig,** *a.* OBSTINATE, REBELLIOUS, INCOMPATIBLE
**gwrthod,** *v.* REFUSE, REJECT
**gwrthodedig,** *a.* REJECTED, FORSAKEN
**gwrthodiad,** *n.m.* REFUSAL, REJECTION
**gwrthodwr,** (-wyr), *n.m.* REFUSER
**gwrthol,** *n.m.* & *ad.* BACK
*ôl a gwrthol,* TO AND FRO
**gwrthrew,** *n.m.* ANTIFREEZE
**gwrthrwd,** *a.* RUSTLESS
**gwrthrych,** (-au), *n.m.* OBJECT
**gwrthrychol,** *a.* OBJECTIVE
**gwrthrycholdeb,** *n.m.* OBJECTIVITY
**gwrthrycholiad,** *n.m.* OBJECTIFICATION
**gwrthrychu,** *v.* OBJECTIFY
**gwrthryfel,** (-oedd), *n.m.* REBELLION, MUTINY, INSURRECTION
**gwrthryfela,** *v.* REBEL, MUTINY
**gwrthryfelgar,** *a.* REBELLIOUS, MUTINOUS
**gwrthryfelwr,** (-wyr), *n.m.* REBEL, MUTINEER
**gwrthsafiad,** *n.m.* RESISTANCE
**gwrthsaim,** *a.* GREASEPROOF
**gwrthsefyll,** *v.* RESIST
**gwrthsoddi,** *v.* COUNTERSINK
**gwrthsur,** (-ion), *n.m.* ALKALI
**gwrthun,** *a.* ODIOUS, OFFENSIVE, ABSURD
**gwrthuni,** *n.m.* ODIOUSNESS
**gwrthuno,** *v.* MAR, DEFORM
**gwrthwedd,** *n.m.* ANTIPHASE
**gwrthweithio,** *v.* COUNTERACT, REACT
**gwrthwenwyn,** *n.m.* ANTIDOTE
**gwrthwenwynol,** *a.* ANTIDOTAL
**gwrthwyneb,** *n.m.* OPPOSITE, CONTRARY
**gwrthwynebiad,** (-au), *n.m.* OPPOSITION
**gwrthwynebol,** *a.* OPPOSED
**gwrthwynebu,** *v.* OPPOSE, RESIST, CHALLENGE
**gwrthwynebus,** *a.* OPPOSING, ANTAGONISTIC

**gwrthwynebwr, -ydd,** (-wyr), *n.m.* OPPONENT, OBJECTOR, ANTAGONIST
**gwrthydd,** (-ion), *n.m.* RESISTOR
**gwrthymosod,** *v.* COUNTERATTACK
**gwrthyrru,** *v.* REPEL
**gwrych,** (-oedd), *n.m.* HEDGE
**gwrych,** (-*yn, n.m.*), *n.pl.* BRISTLES
**gwryd,** (-hydau), *n.m.* FATHOM
**gwryd,** *n.m.* BRAVERY
**gwryf,** (-oedd), *n.m.* PRESS
**gwrym,** (-iau), *n.m.* SEAM, WEAL, BAND, CORRUGATION
**gwrymiog,** *a.* SEAMED, RIBBED, CORRUGATED
**gwrysg,** (-*en, n.f.*), *n.pl.* HAULM, STALKS
**gwryw,** *a.* MALE
(-od), *n.m.* MALE
**gwrywaeth,** *n.f.* MASCULINITY
**gwrywaidd, -ol,** *a.* MASCULINE
**gwrywgydiaeth,** *n.f.* HOMOSEXUALITY
**gwrywgydiol,** *a.* HOMOSEXUAL
**gwrywgydiwr,** (-wyr), *n.m.* HOMOSEXUAL
**gwrywol,** *a.* MALE
**gwsberen,** (gwsberys), *n.f.* GOOSEBERRY
**gwth,** (-iau), *n.m.* PUSH, THRUST, GUST
**gwthiad,** (-au), *n.m.* HEAVE, THRUST
**gwthio,** *v.* PUSH, THRUST, SHOVE
**gwthiwr,** (-wyr), *n.m.* PUSHER
**gwyar,** *n.m.* BLOOD
**gwybed,** (-*yn, n.m.*), *n.pl.* GNATS
**gwybod,** *v.* KNOW
(-au), *n.m.* KNOWLEDGE
**gwybodaeth,** (-au), *n.f.* KNOWLEDGE
**gwybodeg,** *n.f.* EPISTEMOLOGY
**gwybodaeth,** (-au), *n.f.* KNOWLEDGE, COGNITION
**gwybyddus,** *a.* KNOWN
**gwych,** *a.* FINE, SPLENDID, BRILLIANT
**gwychder,** *n.m.* SPLENDOUR, POMP
**gwŷd,** (gwydiau), *n.m.* PASSION, VICE
**gwydlawn, -lon,** *a.* VICIOUS, PASSIONATE
**gwydn,** *a.* TOUGH, TENACIOUS
**gwydr,** (-au), *n.m.* GLASS
**gwydredd,** (-au), *n.m.* GLAZE
**gwydrfaen,** *a.* & *n.m.* OBSIDIAN
**gwydriad,** (-au), *n.m.* GLAZING
**gwydrin,** *a.* OF GLASS
**gwydro,** *v.* GLAZE
**gwydrwr,** (-wyr), *n.m.* GLAZIER
**gwydryn,** (gwydrau), *n.m.* DRINKING-GLASS
**gwydus,** *a.* VICIOUS
**gŵydd,** *a.* WILD
*n.m.* PRESENCE
(gwyddau), *n.f.* GOOSE
**gwŷdd** (*gwydden, n.f.*), *n.pl.* TREES
(gwyddion, gwehyddion),
*n.m.* PLOUGH, LOOM, WEAVER
**gwyddbwyll,** *n.f.* CHESS
**Gwyddel,** (-od, Gwyddyl), *n.m.* IRISHMAN
**Gwyddeleg,** *n.f.* IRISH LANGUAGE
**Gwyddelig,** *a.* IRISH
**gwyddfa,** *n.f.* TOMB, TUMULUS
**gwyddfid,** *n.m.* HONEYSUCKLE
**gwyddfod,** *n.m.* PRESENCE
**gwyddgrug,** (-iau), *n.m.* BARROW
**gwyddoneg,** *n.m.f.* SCIENTOLOGY
**gwyddoniadur,** (-on), *n.m.* ENCYCLOPAEDIA
**gwyddoniaeth,** *n.f.* SCIENCE
**gwyddonias,** *a.* SCIENCE THRILLER
**gwyddonol,** *a.* SCIENTIFIC
**gwyddonydd,** (-wyr), *n.m.* SCIENTIST
**gwyddor,** (-ion), *n.f.* RUDIMENT, SCIENCE
*yr wyddor,* THE ALPHABET
**gwyfyn,** (-od), *n.m.* MOTH
**gwyg,** *c.n.* TARES, VETCH
**gwygl,** *a.* SULTRY
**gŵyl,** (gwyliau), *n.f.* FEAST, FESTIVAL, HOLIDAY
**gŵyl,** *a.* MODEST, BASHFUL
**gwylan,** (-od, gwylain), *n.f.* SEAGULL
**gwylder,** *n.m.* | MODESTY,
**gwyleidd-dra,** *n.m.* | BASHFULNESS
**gwylfa,** (-fâu, -feydd), *n.f.* WATCH, VIEW-POINT
**gwyliadwriaeth,** *n.f.* WATCHFULNESS, WATCH, GUARD
**gwyliadwrus,** *a.* WATCHFUL, CAUTIOUS
**gwyliedydd,** (-ion), *n.m.* SENTINEL, WATCHMAN
**gwylio,** *v.* WATCH, MIND, BEWARE
**gwyliwr,** (-wyr), *n.m.* SENTINEL, WATCHMAN
**gwylmabsant,** (-au), *n.f.* WAKE
**gwylnos,** (-au), *n.f.* VIGIL, WATCH-NIGHT
**gwylog,** (-od), *n.f.* GUILLEMOT
**gŵyll,** (gwyllion), *n.f.* WITCH, GHOST, FIEND
**gwyll,** *n.m.* DARKNESS
**gwylliad,** (-iaid), *n.m.* BANDIT, ROBBER
**gwyllt,** (-ion), *a.* MAD, WILD, RAPID
**gwylltineb,** *n.m.* WILDNESS, FURY, RAGE
**gwylltio, -u,** *v.* FLY INTO A TEMPER, FRIGHTEN

**gwymon,** *n.m.* SEAWEED
**gwymp,** (*gwemp, f.*), *a.* FINE, FAIR
**gwyn,** (*gwen,* f. -ion), *a.* WHITE, BLESSED
**gwŷn,** (gwyniau), *n.m.* ACHE, LUST, RAGE
**gwynad,** *a.* SMARTING, ANGRY
**gwynder, -dra,** *n.m.* WHITENESS
**gwyndwn,** *n.m.* UNPLOUGHED LAND, LEY
**gwynegon,** *n.m.* RHEUMATISM
**gwynegu,** *v.* SMART, ACHE
**gwynfa,** *n.f.* PARADISE
**gwynfyd,** (-au), *n.m.* BLESSEDNESS, BLISS
**gwynfydau,** *n.pl.* BEATITUDES
**gwynfydedig,** *a.* BLESSED, HAPPY
**gwynfydedd,** *n.m.* BLESSEDNESS
**gwyngalch,** *n.m.* WHITEWASH
**gwyngalchog,** *a.* WHITEWASHED
**gwyngalchu,** *v.* WHITEWASH
**gwyniad,** (-iaid), *n.m.* WHITING
**gwynias,** *a.* WHITE-HOT, INCANDESCENT
**gwyniasedd,** *n.m.* INCANDESCENCE
**gwyniedyn,** *n.m.* SEWIN
**gwynio,** *v.* SMART, ACHE
**gwynnin,** *n.m.* SAPWOOD
**gwynnu,** *v.* WHITEN, BLEACH
**gwynnwy,** *n.m.* WHITE OF EGG
**gwynt,** (-oedd), *n.m.* WIND, SMELL, BREATH, FLATULENCE
*bwlch gwynt,* WIND GAP
*gwynt cyffredin,* PREVAILING WIND
*gwyntoedd trafnid,* TRADE WINDS
**gwyntell,** (-i), *n.f.* ROUND BASKET
**gwyntfesurydd,** *n.m.* ANEMOMETER
**gwyntglos,** *a.* WINDPROOF
**gwyntio,** *v.* SMELL
**gwyntog,** *a.* WINDY, BOMBASTIC
**gwyntyll,** (-au), *n.f.* FAN
**gwyntylliad,** (-au), *n.m.* VENTILATION, WINNOWING
**gwyntyllio, -u,** *v.* VENTILATE, WINNOW
**gŵyr,** *a.* CROOKED, INCLINED, ASLANT
**gŵŷr,** (*gŵr, n.m.*), *n.pl.* MEN, HUSBANDS
**gwyraeth,** *n.f.* DEVIATIONISM
**gwyrain,** (*gwyran, n.f.*), *n.pl.* BARNACLES
**gwyrdraws,** *a.* PERVERSE
**gŵyrdro,** (-eon, -eau), *n.m.* PERVERSION
**gwyrdroi,** *v.* PERVERT, DISTORT
**gwyrdd,** (-ion), *a. & n.m.* GREEN
**gŵyrddenu,** *v.* DISTRACT
**gwyrddfaen,** (-feini), *n.m.* EMERALD
**gwyrddlas,** *a.* GREEN, VERDANT
**gwyrddlesni,** *n.m.* | GREENNESS, VERDURE
**gwyrddni,** *n.m.* |
**gwyrddmon,** (-myn), *n.m.* VERDERER
**gwyrddu,** *v.* GREEN
**gwyredd,** (-au), *n.m.* ABERRATION, RAKE
**gwyrf,** *a.* PURE, FRESH, UNSALTED
**gwyrgam,** *a.* CROOKED
**gwyriad,** (-au), *n.m.* DEVIATION, AFFECTION (GRAM), REMOVE, SWERVE
**gwyrni,** *n.m.* CROOKEDNESS, PERVERSENESS
**gwyro,** *v.* SWERVE, DEVIATE, INCLINE, BEND
**gwyrwyr,** (-wyr), *n.m.* DEVIATIONIST
**gwyrth,** (-iau), *n.f.* MIRACLE
**gwyrthiol,** *a.* MIRACULOUS
**gwyry(f),** (gwyryfon), *n.f.* VIRGIN
**gwyryfdod,** *n.m.* VIRGINITY
**gwyryfol,** *a.* VIRGIN, MAIDEN
**gwŷs,** (gwysion), *n.f.* SUMMONS
**gwysio,** *v.* SUMMON
**gwysiwr,** (-wyr), *n.m.* SUMMONER
**gwystl,** (-on), *n.m.* PLEDGE, HOSTAGE
**gwystlo,** *v.* PLEDGE, PAWN
**gwystno,** *v.* SHRIVEL, DRY
**gŵyth,** *n.m.* ANGER, WRATH
**gwythi,** (*-ïen, n.f.), n.pl.* VEINS, GRISTLE
**gwythlon,** *a.* ANGRY, WRATHFUL
**gwythwch,** *n.f.* WILD PIG
**gwyw,** *a.* WITHERED, FADED, SEAR
**gwywo,** *v.* WITHER, FADE
**gyda, -g,** *prp.* TOGETHER WITH
**gyddfol,** *a.* GUTTURAL
**gyferbyn,** *prp.* OPPOSITE
**gylfin,** (-od), *n.m.* BEAK, BILL
**gylfinir,** *n.m.* CURLEW
**gym,** (-iau), *n.m.* GUM
**gymnasiwn,** (-asia), *n.m.* GYMNASIUM
**gymnasteg,** *n.f.* GYMNASTICS
**gynaecoleg,** *n.f.m.* GYNAECOLOGY
**gynaecolegydd,** (-wyr), *n.m.f.* GYNAECOLOGIST
**gynnau,** *ad.* JUST NOW, A WHILE AGO
**gynnwr,** (gynwyr), *n.m.* GUNNER
**gynt,** *ad.* FORMERLY
**gynwal,** (-au), *n.m.* GUNWALE
**gypswn,** *n.m.* GYPSUM
**gyr,** (-roedd), *n.m.* DROVE
**gyrfa,** (-oedd, -feydd), *n.f.* RACE, CAREER, COURSE
**gyriad,** (-au), *n.m.* DRIVE
**gyriedydd,** (-ion), *n.m.* DRIVER
**gyrosgop,** (-au), *n.m.* GYROSCOPE
**gyrru,** *v.* DRIVE, SEND, WORK
**gyrrwr,** (gyrwyr), *n.m.* DRIVER, SENDER
**gyrwynt,** (-oedd), *n.m.* WHIRLWIND, TORNADO
**gysb,** *n.m.* STAGGERS

**ha,** *i.* HA! HEY!
**hac,** -(i)au), *n.m.f.* NOTCH, HACK, CUT
**hacio,** *v.* HACK, CUT
**haclif,** (-iau), *n.f.* HACKSAW
**hach,** (-au), *n.m.* HOOSE, HUSK
**had,** (-au), *c.n.* SEED
**hadfaes,** (-feysydd), *n.m.* LEY
**hadlestr,** (-i), *n.m.* SEED-VESSEL, OVARY
**hadlif,** *n.m.* GONORRHOEA, SPERM
**hadog,** (-au), *n.m.* HADDOCK
*a.* HAVING SEED
**hadred,** *n.m.* GONORRHOEA
**had-rith,** *n.m.* OVULE, OVARY
**hadu,** *v.* SEED, RUN TO SEED
**hadwr,** (-wyr), *n.m.* SEEDSMAN, SOWER
**hadyd,** *c.n.* SEED CORN, SEED POTATOES
**haearn,** (heyrn), *n.m.* IRON
*a.* OF IRON, IRON
*haearn gwrymiog,* GALVANISED IRON
*haearn bwrw,* CAST IRON
*haearn gyr,* WROUGHT IRON
*sborion haearn,* SCRAP IRON
*haearn ongl,* ANGLE IRON
*haearn crai,* PIG IRON
**haearnaidd,** *a.* LIKE IRON, RIGID
**haedd,** (-ion), *n.f.* MERIT
**haeddedigaeth,** (-au), *n.f.* DESERT, MERIT
**haeddiannol,** *a.* MERITORIOUS, DESERVING, MERITED
**haeddiant,** (-iannau), *n.m.* MERIT, DESERT
**haeddol,** *a.* MERITORIOUS, DESERVING
**haeddu,** *v.* MERIT, DESERVE
**haeddus,** *a.* MERITORIOUS, DESERVING
**haeërnin,** *a.* OF IRON
**hael,** *a.* GENEROUS, LIBERAL
**haelder,** *n.m.* GENEROSITY, LIBERALITY
**haelfrydedd,** *n.m.* NOBLENESS, GENEROSITY
**haelfrydig,** *a.* NOBLE, GENEROUS
**haelioni,** *n.m.* GENEROSITY, LIBERALITY
**haelionus,** *a.* GENEROUS, LIBERAL
**haels,** (*-en, n.f.*), *n.pl.* SHOTS
**haemoffilia,** *n.m.* HAEMOPHILIA
**haemoglobin,** *n.m.* HAEMOGLOBIN
**haen,** (-au), *n.f.* LAYER, STRATUM, SEAM, BED, COATING
**haenell,** (-au), *n.m.* PLATE
**haenellu,** *v.* PLATE
**haenen,** (-nau), *n.f.* LAYER, FILM
**haeniad,** (-au), *n.m.* STRATIFICATION
**haenog,** *a.* LAMINATE(D), FLAKY
**haenol,** *a.* BEDDING
**haenu,** *v.* STRATIFY
**haeriad,** (-au), *n.m.* ASSERTION, PRETENCE
**haerllug,** *a.* IMPUDENT
**haerllugrwydd,** *n.m.* IMPUDENCE
**haeru,** *v.* ASSERT, AFFIRM
**haf,** (-au), *n.m.* SUMMER
**hafaidd,** *a.* SUMMER-LIKE, SUMMERY
**hafal,** *a.* EQUAL, LIKE
*yn hafal i,* EQUALS (=)
*nod hafalu,* EQUAL SIGN
*hafal a dirgroes,* EQUAL AND OPPOSITE
**hafaledd,** *n.m.* EQUALITY
**hafaliad,** (-au), *n.m.* EQUATION
*hafaliad cydamserol,* SIMULTANEOUS EQUATION
*hafaliad dwyradd,* QUADRATIC EQUATION
*hafaliad syml,* SIMPLE EQUATION
*hafaliad teirgradd,* CUBIC EQUATION
*hafaliad unradd,* LINEAR EQUATION
**hafalochrog,** *a.* EQUILATERAL
**hafalonglog,** *a.* EQUIANGULAR
**hafalu,** *v.* EQUATE
**hafan,** (-au), *n.f.* HAVEN, PORT, HARBOUR
**hafdy,** (-dai), *n.m.* SUMMER-HOUSE
**hafddydd,** (-iau), *n.m.* SUMMER'S DAY
**haflug,** *n.m.* ABUNDANCE, PLENTY
**hafn,** (-au), *n.f.* HOLLOW, RAVINE, GORGE
**hafod,** (-ydd), *n.f.* SUMMER DWELLING
**hafog,** *n.m.* HAVOC, WASTE, ABUNDANCE
**hafol,** *a.* OF SUMMER
**hafoty,** (-tai), *n.m.* CHALET, HOLIDAY-COTTAGE
**haff,** (-iau), *n.m.* SNATCH
**haffio,** *v.* SNATCH, SEIZE
**hafflau,** *n.m.* LAP, GRASP
**hagis,** *n.m.* HAGGIS
**hagr,** *a.* UGLY, UNWORTHY
**hagru,** *v.* DISFIGURE, MAKE UGLY
**hagrwch,** *n.m.* UGLINESS
**hanger,** (-i), *n.m.* HANGER, HANGAR
**hai,** *i,* MAKE HASTE!
**haid,** (heidiau), *n.f.* SWARM, FLOCK, DROVE
**haidd,** (*heidden, n.f.*), *c.n.* BARLEY
**haig,** (heigiau), *n.f.* SHOAL
**haint,** (heintiau), *n.f.* DISEASE, INFECTION, PESTILENCE, PLAGUE, FAINT, FIT
*haint y nodau,* BUBONIC PLAGUE
*haint digwydd,* EPILEPSY
*haint dofednod,* FOWL PEST

**hala,** *v.* SEND, SPEND, SPREAD
**hald,** *n.m.* TROTTING, SHAKING, JOGGING
**haldian,** *v.* TROT, SHAKE, JOG
**haleliwia,** *i. & n.f.* HALLELUJAH
**halen,** (-au), *n.m.* SALT, BRINE
**halenaidd,** *a.* SALTY
**haliad,** (-au), *n.m.* HEAVE
**halian, halio,** *v.* HAUL, DRAG
**halibwt,** *n.m.* HALIBUT
**halo,** (-au), *n.m.* HALO
**halog(edig),** *a.* POLLUTED, CORRUPT
**halogedd,** *n.m.* CORRUPTION
**halogen,** (-au), *n.m.* HALOGEN
**halogi,** *v.* POLLUTE, DEFILE
**halogiad, halogrwydd,** *n.m.* POLLUTION, CORRUPTION, CONTAMINATION
**halogwr,** (-wyr), *n.m.* DEFILER
**halogyn,** (halogion), *n.m.* CONTAMINANT
**haloffyt,** *n.m.* HALOPHYTE
**halwyn,** (-au), *n.m.* SALT
**halwynedd,** *n.m.* SALINITY
**hallt,** *a.* SALTY, SEVERE
*talu'n hallt,* PAY DEARLY
**halltedd, halltineb, halltrwydd,** *n.m.* SALTNESS
**halltu,** *v.* SALT
**halltwr,** (-wyr), *n.m.* SALTER
**ham,** (-iau), *n.f.* HAM
**hambwrdd,** (-byrddau), *n.m.* TRAY
**hamdden,** *n.m.f.* LEISURE, RESPITE
*oriau hamdden,* SPARE TIME
**hamddenol,** *a.* LEISURELY
**hamddenoldeb,** *n.m.* LEISURELINESS
**hamddena, hamddenu,** *v.* TAKE RESPITE
**hamog,** (-au), *n.m.* HAMMOCK
**hamper,** (-i, -ydd), *n.f.* HAMPER
**hances,** (-i), *n.f.* HANDKERCHIEF
**handicap,** (-au), *n.m.* HANDICAP
**hanedig,** *a.* DESCENDED
**hanercof,** *a.* HALF-WITTED
**hanercylch,** *n.m.* MENISCUS
**hanergylch,** (-au), *n.m.* SEMICIRCLE
*a.* SEMICIRCULAR
**hanerlled,** *n.m.* AMPLITUDE
**hanerob,** (-au), *n.f.* FLITCH OF BACON
**hanerog,** *a.* BY HALVES, HALF AND HALF
**hanertonol,** *a.* CHROMATIC
**haneru,** *v.* HALVE, BISECT
**hanerwr,** (-wyr), *n.m.* HALF-BACK (GAMES)
**hanerydd,** (-ion), *n.m.* BISECTOR
**hanes,** (-ion), *n.m.* HISTORY, STORY, TALE, REPORT
*hanes achos,* CASE HISTORY
*hanes cyfansoddiadol,* CONSTITUTIONAL HISTORY
**hanesiaeth, hanesigrwydd,** *n.f.* HISTORICITY
**hanesydd,** (-ion, -wyr), *n.m.* HISTORIAN
**hanesyddiaeth,** *n.f.* HISTORIOGRAPHY
**hanesyddol,** *a.* HISTORICAL, HISTORIC
**hanesyn,** (-nau), *n.m.* ANECDOTE
**hanfath,** *n.m.* VARIETY
**hanfod,** *v.* ISSUE FROM
*n.m.* ESSENCE, EXISTENCE
**hanfodiad,** *n.m.* EXISTENCE, BEING
**hanfodol,** *a.* ESSENTIAL, INTEGRAL
**haniad,** *n.m.* DESCENT
**haniaeth,** (-au), *n.m.* ABSTRACTION, ABSTRACT
**haniaethol,** *a.* ABSTRACT
**haniaethu,** *v.* ABSTRACT
**hanner,** (hanerau, haneri), *n.m.* HALF
**hanner-cylch,** (-au), *n.m.* SEMI-CIRCLE
**hansiad,** (-au), *n.m.* HAUNCH
**hanu,** *v.* ISSUE FROM, DESCEND FROM
**hap,** (-(i)au), *n.f.* CHANCE, LUCK, RANDOM
**hapbrynu,** *v.* SPECULATION
**hapbrynwr,** *n.m.* BULL (STOCK MARKET)
**hapfasnachu,** *v.* SPECULATE
**hapio,** *v.* HAPPEN
**haploid,** (-au), *n.m. & a.* HAPLOID
**hapnod,** (-ion), *n.m.* ACCIDENTAL
**haprif,** (-au), *n.m.* SAMPLE NUMBER
**hapsampl,** (-au), *n.m.* RANDOM SAMPLE
**hapus,** *a.* HAPPY
**hapusrwydd,** *n.m.* HAPPINESS
**hapwerthwr,** (-wyr), *n.m.* BEAR (STOCK MARKET)
**harbwr,** *n.m.* HARBOUR
**hardd,** (heirdd)ion), *a.* BEAUTIFUL, COMELY, HANDSOME
**harddineb,** *n.m.* BEAUTY
**harddu,** *v.* ADORN, BEAUTIFY
**harddwch,** *n.m.* BEAUTY, HANDSOMENESS
**harddwych,** *a.* GORGEOUS
**haricot,** (-au), *n.m.* HARICOT
**harîm,** *n.m.* HAREM
**harmoni,** (-ïau), *n.m.* HARMONY
**harmonig,** *n.m.* HARMONIC
**harnais,** (harneisiau), *n.m.* HARNESS, TRAPPINGS
**harneisio,** *v.* HARNESS

**harpsicord,** (-iau), *n.m.* HARPSICHORD
**hatling,** (-au, -od)), *n.f.* MITE
**hau,** *v.* SOW, DISSEMINATE
**haul,** (heuliau), *n.m.* SUN
*cysawd yr haul,* SOLAR SYSTEM
**hawc,** (-iau), *n.m.* HOD, HAWK
**hawdd,** *a.* EASY, PROSPEROUS
**hawddamor,** *n.m.f.* WELCOME, GREETINGS, HAIL!
**hawddfyd,** *n.m.* EASE, PROSPERITY
**hawddgarwch,** *n.m.* AMIABILITY
**hawl,** (-iau), *n.f.m.* CLAIM, DEMAND, RIGHT, QUESTION
*hawl ac ateb,* QUESTION AND ANSWER
**hawlen,** (-ni), *n.f.* PERMIT
**hawlfraint,** (-freintiau), *n.f.* PRIVILEGE, COPYRIGHT
**hawliad,** (-au), *n.m.* DEMAND
**hawlio,** *v.* CLAIM, DEMAND
**hawl(i)wr,** (-wyr), *n.m.* / **hawlydd,** (-ion), *n.m.* — CLAIMANT, PLAINTIFF
**hawlysgrif,** (-au), *n.f.* COPYRIGHT
**haws,** *a.* EASIER
**hawster,** / **hawstra,** — *n.m.* EASE
**head,** *n.m.* SOWING
**heb,** *prp,* WITHOUT, BESIDES, BY
**heblaw,** *prp.* BESIDES
**heboca,** *v.* HUNT WITH A HAWK
**hebog,** (-au), *n.m.* HAWK
**hebogaidd,** *a.* HAWK-LIKE
**hebogydd,** *n.m.* FALCONER
**hebogyddiaeth,** *n.f.* FALCONRY
**Hebraeg,** *n.f.* HEBREW LANGUAGE
**Hebreig,** *a.* HEBREW
**Hebrëwr,** (Hebrëwyr; *Hebrëes, n.f.*), n.m. HEBREW
**hebrwng,** *v.* LEAD, ACCOMPANY, ESCORT
**hebryngydd,** (-ion), *n.m.* LEADER, GUIDE
**hec,** *n.f.* HOP
**hecian,** *v.* HOP, HOBBLE
**hecsadegol,** (-ion), *n.m.* HEXADECIMAL
**hecsagon,** (-au), *n.m.* HEXAGON
**hecsagonal,** *a.* HEXAGONAL
**hecsahedron,** (-au), *n.m.* HEXAHEDRON
**hecsos,** *n.m.* HEXOSE
**hectar,** (-au), *n.m.* HECTARE
**hecyn,** *n.m.* SMALL NOTCH
**hedbridd,** (-oedd), *n.m.* BLOWN SOIL
**hedeg,** *v.* FLY
*n.m.* FLIGHT
**hedegog,** *a.* FLYING, VOLATILE
**hedfa,** (-feydd), *n.f.* FLIGHT, COURSE
**hedfan,** *v.* FLY
**hedfanaeth,** (-au), *n.f.* AVIATION
**hedfaniad,** *n.m.* FLIGHT
**hedfanog,** *a.* FLYING
**hedfanwr,** (-wyr), *n.m.* FLYER
**hediad,** (-au), *n.m.* FLIGHT
**hedion,** *n.pl.* CHAFF
**hedlam,** (-au), *n.m.* FLYING LEAP
**hedoniaeth,** *n.f.* HEDONISM
**hedonistaidd,** *a.* HEDONISTIC
**hedonydd,** (-ion), *n.m.* HEDONIST
**hedwr,** (-wyr), *n.m.* FLYER
**hedydd,** *n.m.* FLYER, LARK
**hedyn,** (hadau), *n.m.* SEED
**hedd,** *n.m.* PEACE, TRANQUILLITY
**heddferch,** (-ed), *n.f.* POLICEWOMAN
**heddgeidwad,** (-waid), *n.m.* POLICEMAN
**heddiw,** *ad.* TODAY
**heddlu,** (-oedd), *n.m.* POLICE FORCE
**heddwas,** (-weision), *n.m.* POLICEMAN
**heddwch,** *n.m.* PEACE, QUIET
**heddychfa,** *n.f.* APPEASEMENT
**heddychiaeth,** *n.f.* PACIFICSM
**heddychlon,** / **heddychol,** — *a.* PEACEFUL
**heddychu,** *v.* PACIFY, APPEASE
**heddychwr,** (-wyr), *n.m.* PEACEMAKER, PACIFIST, APPEASER
**heddynad,** (-on), *n.m.* JUSTICE OF THE PEACE
**hefin,** *a.* AESTIVAL
**hefo,** *prp.* WITH, TOGETHER WITH
**hefyd,** *ad.* ALSO, EITHER, BESIDES
**heffer,** (heffrod), *n.f.* HEIFER
**hegémoni,** (-ïau), *n.m.* HEGEMONY
**hegl,** (-au), *n.f.* LEG, LIMB, PLOUGH HANDLE
**heglog,** *a.* LEGGY, LONG-LEGGED
**heglu,** *v.* RUN AWAY
**heibiad,** (-au), *n.m.* BY-PASS
**heibiadu,** *v.* BY-PASS
**heibio,** *ad.* PAST, BY, BEYOND
**heidio,** *v.* SWARM, TEEM, THRONG
**heidiog,** *a.* SWARMING, TEEMING
**heidiol,** *a.* SWARMING, TEEMING
**heidden,** (*heiddyn, n.m.*), *n.f.* GRAIN OF BARLEY
**heigiad,** (-au), *n.m.* INFESTATION
**heigiannu,** *v.* INFEST
**heigio,** *v.* SHOAL
**heigiog,** *a.* TEEMING
**heini(f),** *a.* ACTIVE, LIVELY, AGILE, NIMBLE
**heintiad,** (-au), *n.m.* INFECTION

**heintiedig,** *a.* INFECTED
**heintio,** *v.* INFECT
**heintrydd,** *a.* IMMUNE
**heintryddid,** *n.m.* IMMUNITY
**heintus,** *a.* DISEASED, INFECTIOUS, CONTAGIOUS
**heislan,** (-od), *n.f.* HATCHEL
**heislanu,** *v.* HACKLE
**heistain,** (-einiau), *n.f.* STRICKLE
**hel,** *v.* GATHER, COLLECT, SEND, DRIVE
**hela,** *v.* HUNT, SEND, SPEND
**helaeth,** *a.* LARGE, WIDE, EXTENSIVE, ABUNDANT
**helaethder, -dra,** *n.m.* LARGENESS, SPACIOUSNESS, ABUNDANCE
**helaethiad, -iant,** *n.m.* ENLARGEMENT, EXTENSION
**helaethrwydd,** *n.m.* ABUNDANCE, EXTENT
**helaethu,** *v.* ENLARGE, EXTEND
**helaethwych,** *a.* SUMPTUOUS
**helbul,** (-on), *n.m.* TROUBLE, AFFLICTION, ADVERSITY
**helbulus,** *a.* TROUBLED, DISTRESSED
**heldir,** (-oedd), *n.m.* HUNTING GROUND, GAME LAND
**heldrin,** (-oedd), *n.m.f.* TROUBLE, BOTHER, FUSS
**helfa,** (-feydd, -fâu), *n.f.* HUNTING, CATCH, PREY
**helfarch,** (-feirch), *n.m.* HUNTER (HORSE)
**helgi,** (-gwn), *n.m.* HOUND
**helgig,** (-oedd), *n.m.* GAME
**helgorn,** (-gyrn), *n.m.* HUNTING-HORN
**heli,** *n.m.* BRINE, SALT WATER, SEA
**heliad,** (-au), *n.m.* GATHERING
**heliaidd,** *a.* SALINE, BRACKISH
**helical,** *a.* HELICAL
**helicoid,** (-au), *a.* HELICOID
**helicopter,** (-coptrau), *n.m.* HELICOPTER
**helics,** (-au), *n.m.* HELIX
**heligog,** *n.m.* GUILLEMOT
**heligol,** *a.* HELICAL
**heliwm,** *n.m.* HELIUM
**heliwr,** (-wyr), *n.m.* HUNTSMAN, GATHERER
**heliotropedd,** *n.m.* HELIOTROPISM
**helm,** (-ydd), *n.f.* STACK, RICK, SHED (OPEN)
*helm drol,* CARTSHED
(-au), *n.f.* HELM (OF SHIP), HELMET
**helmog,** *a.* HELMETED
**helmu,** *v.* STACK, RICK
**helogan,** *n.f.* CELERY
**help,** *n.m.* HELP, ASSISTANCE
**helpio,** / **helpu,** *v.* HELP, ASSIST
**help(i)wr,** (-wyr), *n.m.* HELPER
**helw,** *n.m.* PROTECTION, PROFIT, GAIN
**helwriaeth,** *n.f.* GAME, HUNTING
**helyg,** (*-en, n.f.*), *n.pl.* WILLOWS
**helyglys,** *n.m.* WILLOW-HERB
*n.pl.* WILLOWS
**helynt,** (-ion, -oedd), *n.m.* COURSE, STATE, TROUBLE, FUSS, BUSINESS
**helyntus,** *a.* TROUBLOUS
**helltni,** *n.m.* SALTINESS
**helltydd,** (-ion), *n.m.* SALTER
**hem,** (-iau), *n.f.* HEM, BORDER
*hem ffug,* FALSE HEM
(-au), *n.m.* RIVET
**hematid,** *n.m.* HEMATITE
**hemell,** (-i, -au), *n.m.* HEMMER
**hemio,** *v.* HEM, RIVET
**hemisffer,** (-au), *n.m.* HEMISPHERE
**hemisfferig,** *a.* HEMISPHERIC
**hen,** *a.* OLD, AGED, ANCIENT
**henadur,** (-iaid), *n.m.* ALDERMAN, ELDER
**Henaduriad,** (-iaid), *n.m.* PRESBYTERIAN
**henaduriaeth,** (-au), *n.f.* PRESBYTERY, ELDERSHIP
**Henaduriaeth,** *n.f.* PRESBYTERIANISM
**Henadurol,** *a.* PRESBYTERIAN
**henafgwr,** (-gwyr), *n.m.* OLD MAN, ELDER
**henafol,** *a.* ANCIENT, ANTIQUE
**henaidd,** *a.* OLDISH, OLD-FASHIONED
**henaint,** *n.m.* OLD AGE, SENILITY
**henc,** *n.m.* LIMP
**hencian,** *v.* LIMP
**hendad,** (-au), *n.m.* FOREFATHER, GRANDFATHER
**hendaid,** (-deidiau), *n.m.* GREAT GRANDFATHER
**hender,** / **hendra,** *n.m.* OLDNESS
**hendraul,** *a.* THREADBARE
**hendref,** (-i, -ydd), *n.f.* WINTER DWELLING, ESTABLISHED HABITATION
**hendrefa,** / **hendrefu,** *v.* WINTER
**hendrwm,** *a.* RANK, STALE
**henddyn,** (-ion), *n.m.* OLD MAN, ADULT
**henebion,** *n.pl.* ANCIENT MONUMENTS
**heneiddio,** *v.* GROW OLD, AGE
**heneiddiol,** *a.* AGEING

**henfam,** (-au), *n.f.* GRANDMOTHER
**henffasiwn,** *a.* OLD-FASHIONED
**henffel,** *a.* PRECOCIOUS, CUNNING
**henffych,** *i.* HAIL!
**hengall,** *a.* PRECOCIOUS
**hengraff,** *a.* CUTE, SHREWD
**henllydan,** *n.m.* THE PLANTAIN
**henllys,** (-oedd), *n.m.* OLD MANSION
**hen-nain,** (-neiniau), *n.f.* GREAT-GRANDMOTHER
**heno,** *ad.* TONIGHT
**henoed,** *n.m.* OLD AGE, OLD PEOPLE
**henoriaeth,** *n.f.* SENIORITY
**henuriad,** (-iaid), *n.m.* ELDER, PRESBYTER, ALDERMAN
**henwr,** (-wyr), *n.m.* OLD MAN
**henŵraidd,** *a.* FEEBLE, INFIRM
**heol,** (-ydd), *n.f.* ROAD, STREET, WAY
**heolan,** *n.f.* LANE
**hepatitis,** *n.m.* HEPATITIS
**hepgor,** *v.* SPARE, OMIT, DISCARD, DISPENSE WITH
(-ion), *n.m.* WHAT MAY BE OMITTED
**hepian,** *v.* SLUMBER, DOZE
**hepianus,** *a.* DROWSY
**heptagon,** (-au), *n.m.* HEPTAGON
**her,** (-iau), *n.f.* CHALLENGE, DEFIANCE
**herc,** (-iau), *n.f.* HOP, LIMP
*herc a cham a naid,* HOP, SKIP (STEP) AND JUMP
**hercian,** *v.* HOP, LIMP, STUTTER
**herclif,** (-iau), *n.f.* JIGSAW
**hercyd,** *v.* FETCH, REACH
**hereditament,** (-au), *n.m.* HEREDITAMENT
**héresi,** (-ïau), *n.f.* HERESY
**heretic,** (-iaid), *n.m.* HERETIC
**hereticaidd,** *a.* HERETICAL
**herfeiddio,** *v.* DARE, DEFY
**herfeiddiol,** *a.* DARING, DEFIANT
**hergod,** *n.m.* SOMETHING BIG
**hergwd,** *n.m.* PUSH, SHOVE, THRUST
**hergydio,** *v.* PUSH, SHOVE
**herian,** / **herio,** *v.* CHALLENGE, DARE, DEFY
**heriog,** *a.* DEFIANT, STUBBORN
**heriol,** *a.* CHALLENGING
**heriot,** (-au), *n.m.* HERIOT
**heriwr,** (-wyr), *n.m.* CHALLENGER
**herlodes,** (-i), *n.f.* DAMSEL, GIRL
**herlodyn,** *n.m.* KNAVE, RASCAL, STRIPLING
**herllyd,** *a.* DEFIANT, STUBBORN
**hermenewteg,** *n.m.* HERMENEUTICS
**hernia,** *n.m.* HERNIA
**herodraeth,** *n.f.* HERALDRY
**herodrol,** *a.* HERALDIC
**herw,** *n.m.* RAID, WANDERING, OUTLAWRY
*ar herw,* OUTLAWED
**herwa,** *v.* RAID, ROVE, PROWL, PLUNDER
**herwfilwr,** (-wyr), *n.m.* GUERRILLA
**herwgipio,** *v.* HIJACK
**herwgipiwr,** (-wyr), *n.m.* HIJACKER
**herwgydio,** *v.* KIDNAP
**herwgydiwr,** (-wyr), *n.m.* KIDNAPPER
**herwhela,** *v.* POACH, MARAUD
**herwheliwr,** (-wyr), *n.m.* POACHER, MARAUDER
**herwlong,** (-au), *n.f.* PIRATE SHIP
**herwr,** (-wyr), *n.m.* ROVER, PROWLER, ROBBER, MARAUDER, OUTLAW
**herwriaeth,** *n.f.* OUTLAWRY, BANISHMENT
**herwydd,** *prp.* ACCORDING TO, BY
*o'r herwydd,* ON ACCOUNT OF THAT
*yn herwydd,* ACCORDING TO
**hesb,** (*hysb, m.*), *a.f.* DRY, BARREN, DRIED UP
**hesben,** (-nau), *n.f.* HASP
**hesbin,** (-od), *n.f.* YEARLING EWE
**hesbin(h)wch,** (-(h)ychod), *n.f.* YOUNG SOW, GILT
**hesbio,** *v.* BECOME DRY
**hesbwrn,** (-byrniaid), *n.m.* YEARLING RAM
**hesg,** (*-en, n.f.*), *n.pl.* SEDGES, RUSHES
**hesglif,** (-iau), *n.f.* WHIP-SAW
**hesian,** *n.m.* HESSIAN
**hestor,** (-au), *n.f.* TWO-BUSHEL MEASURE
**het,** (-(i)au), *n.f.* HAT
**heterodein,** *n.m.* HETERODYNE
**heterogenaidd,** *a.* HETEROGENEOUS
**heterogenedd,** *n.m.* HETEROGENEITY
**heterogenus,** *a.* HETEROGENEOUS
**heteronomiaeth,** *n.f.* HETERONOMY
**heterosis,** *n.m.* HETEROSIS
**heterosygus,** *a.* HETEROZYGOUS
**hetiwr,** (-wyr), *n.m.* HATTER
**heth,** *n.f.* SEVERE COLD SPELL
**heu,** *v.* SOW
**heuad,** *n.m.* SOWING
**heulaidd,** *a.* HELIAC(AL)
**heuldes,** *n.m.* SUNSHINE, SUN-HEAT
**heuldro,** *n.m.* SOLSTICE
**heulfynag,** (-aig), *n.m.* SUN-DIAL
**heul-len,** (-ni), *n.f.* SUNSHADE
**heulo,** *v.* BE SUNNY

**heulog,** *a.* SUNNY
**heulor,** *n.m.* MANGER, RACK
**heulsaf,** (-au), *n.m.* SOLSTICE
**heulwen,** *n.f.* SUNSHINE
**heulyd,** *a.* SUNNY
**heuslau,** (*-leuen, n.f.*), *n.pl.* SHEEP-LICE
**heusor,** (-ion), *n.f.* HERDSMAN
**heuwr,** (-wyr), *n.m.* SOWER
**hewcan,** *v.* WANDER
**hewer,** *n.m.* HOE
**hewian,** *v.* CHALLENGE, DEFY
**hewl,** (-ydd), *n.f.* ROAD, WAY
**hewristig,** *a.* HEURISTIC
**hi,** *pn.* SHE, HER, IT
**hic,** (-iau), *n.m.* NOTCH
**hicio,** *v.* HACK, SLIT
**hicyn,** (-nau), *n.m.* SLIT
**hid,** *n.m.* HEED
**hidio,** *v.* HEED, MIND
**hidl,** (-au), *n.f.* STRAINER, FILTER
**hidl,** *a.* PROFUSE, COPIOUS, SHEDDING
**hidlen,** (-ni), *n.f.* STRAINER
**hidliad,** *n.m.* FILTRATION
**hidlif,** *n.m.* FILTRATE
**hidlo,** *v.* DISTIL, FILTER, STRAIN
**hidlydd,** (-ion), *n.m.* FILTER
**hidroleiddio, hidrolu,** *v.* HYDROLYSE
**hidrostateg,** *n.f.* HYDROSTATICS
**hidrostatig,** *a.* HYDROSTATIC
**hidrus,** *a.* HYDROUS
**hierarchaeth,** (-au), *n.f.* HIERARCHY
**hil,** (-ion, -iau), *n.f.* RACE, LINEAGE, OFFSPRING
**hilio,** *v.* BREED, TEEM
**hiliog,** *a.* TEEMING
**hiliogaeth,** *n.f.* DESCENDANTS, ISSUE
**hiliol,** *a.* RACIAL
**hiliwr,** *n.m.* RACIST
**hiliaeth,** *n.f.* RACISM, RACIALISM
**hil-laddiad,** *n.m.* GENOCIDE
**hilwm,** *n.m.* HILUM
**hin,** *n.f.* WEATHER
**hindreuliad,** (-au), *n.m.* WEATHERING
**hindreulio,** *v.* WEATHER
**hindda,** *n.f.* FAIR WEATHER
**hiniog,** (-au), *n.f.* THRESHOLD, DOOR-FRAME
**hinon,** *n.f.* FAIRWEATHER
**hinoni,** *v.* CLEAR UP (WEATHER)
**hinsawdd,** (-soddau), *n.f.* CLIMATE
**hinsoddeg,** *n.f.* CLIMATOLOGY
**hinsoddi,** *v.* ACCLIMATIZE
**hinsoddol,** *a.* CLIMATIC
**hip,** (-iau), *n.m.* TAP, RAP
**hipogynaidd,** *a.* HYPOGYNOUS
**hir,** *a. & px.* LONG
**hiraeth,** *n.m.* NOSTALGIA, LONGING, GRIEF, HOMESICKNESS
**hiraethu,** *v.* LONG, SORROW, YEARN
**hiraethus,** *a.* LONGING, HOMESICK
**hirbell,** *a.* DISTANT
**hirben,** *a.* SHREWD, LONG-HEADED
**hirfys,** (-edd), *n.m.* MIDDLE FINGER
**hirgrwn,** *a.* OVAL
**hirgul,** *a.* OBLONG
**hirgylch,** (-au, -oedd), *n.m.* ELLIPSE
**hirhoedledd,** *n.m.* LONGEVITY
**hirhoedlog,** *a.* LONG-LIVED
**hirlwm,** *n.m.* LEAN PERIOD AT WINTER'S END
**hirnod,** (-au), *n.m.* CIRCUMFLEX
**hirwyntog,** *a.* LONG-WINDED
**hirymarhous,** *a.* LONGSUFFERING
**hirymaros,** *v.* SUFFER LONG, ENDURE
**hisian,** *v.* HISS
**histamin,** (-au), *n.m.* HISTAMINE
**histoleg,** *n.m.f.* HISTOLOGY
**histrionig,** *a.* HISTRIONIC
**hithau,** *pn.* SHE, SHE (ALSO)
**hiwmaniaeth,** *n.f.* HUMANISM
**hiwmor,** *n.m.* HUMOUR
**hobaid,** (-eidiau), *n.f.* PECK
**hobi,** (hobïau), *n.m.* HOBBY
**hoced,** (-ion), *n.f.* DECEIT, FRAUD
**hocedu,** *v.* DECEIVE, CHEAT, FRAUD
**hocedwr,** (-wyr), *n.m.* ROGUE, QUACK, CHEAT
**hoci,** *n.m.* HOCKEY
**hocsed,** *n.m.* HOGSHEAD
**hocys,** (*-en, n.f.*), *n.pl.* MALLOWS
**hodi,** *v.* SHOOT, EAR
**hodograff,** (-iau), *n.m.* HODOGRAPH
**hoe,** *n.f.* SPELL, REST
**hoeden,** (-nod, -nau), *n.f.* FLIRT, HOYDEN
**hoedl,** (-au), *n.f.* LIFE, LIFETIME
**hoel, -en,** (-ion), *n.f.* NAIL
*hoelen dro,* SCREW
*hoelen fain,* BRAD NAIL
*hoelen glopa,* STUD
**hoelbren,** (-nau), *n.m.* DOWEL
**hoelio,** *v.* NAIL
**hoen,** *n.m.* JOY, VIVACITY, VIGOUR
**hoenus,** *a.* JOYOUS, LIVELY, GAY
**hoenusrwydd,** *n.m.* LIVELINESS, JOY
**hoenyn,** (-nau), *n.m.* TRAP, HAIR, SNARE

**hoewal,** *n.f.* HOVEL, CART-HOUSE, STREAM, FLOOD
**hof,** (-iau), *n.f.* HOE
**hofel,** (-au), HOVEL
**hofio,** *v.* HOE
**hofran,** *v.* HOVER
**hofrenfad,** (-au), *n.m.* HOVERCRAFT
**hofrennydd,** (-enyddion), *n.m.* HELICOPTER
**hoff,** *a.* DEAR, FOND, FAVOURITE
**hoffi,** *v.* LIKE, LOVE
**hoffter,** *n.m.* FONDNESS, LIKING
**hogalen,** *n.f.* WHETSTONE
**hogen,** (-nod), *n.f.* GIRL, LASS
**hogfaen,** (-feini), *n.m.* HONE, WHETSTONE
**hogi,** *v.* SHARPEN, WHET
**hogsied,** *n.m.* HOGSHEAD, CASK
**hogyn,** (hogiau), *n.m.* LAD, BOY
**hongiad,** (-au), *n.m.* SUSPENSION
**hongian,** *v.* HANG, DANGLE
**honglath,** *n.f.* BALANCE-BEAM
**hôl,** *v.* FETCH
**holdol,** (-au), *n.m.* HOLDALL
**holeb,** (-au), *n.f.* ENQUIRY, INTERROGATION
**holgar,** *a.* INQUISITIVE, CURIOUS
**holi,** *v.* ASK, QUESTION, INQUIRE, EXAMINE
**holiad,** (-au), *n.m.* INTERROGATION
**holiadur,** (-on), *n.m.* QUESTIONNAIRE
**holwr,** (-wyr), *n.m.* INTERROGATOR, EXAMINER, QUESTIONER
**holwyddoreg,** (-au), *n.f.* CATECHISM
**holwyddori,** *v.* CATECHISE
**holwyddorol,** *a.* CATECHETIC
**holl,** *a.* ALL, WHOLE
**hollalluog,** *a.* ALMIGHTY
**hollalluowgrwydd,** *n.m.* OMNIPOTENCE
**hollduwiaeth,** *n.f.* PANTHEISM
**hollfyd,** *n.m.* UNIVERSE
**hollfydedd,** *n.m.* GLOBALISM
**hollfydol,** *a.* GLOBAL
**hollgyfoethog,** *a.* ALMIGHTY
**holliach,** *a.* WHOLE, SOUND
**hollol,** *a. & ad.* WHOLE, ENTIRE
**hollt,** (-au), *n.f.* SLIT, SPLIT, CLEFT, RIFT, SAND-CRACK
**holltedd,** *n.m.* SPLIT, SLIT
**hollwybodaeth,** *n.f.* OMNISCIENCE
**hollwybodol,** *a.* OMNISCIENT
**hollysol,** *a.* OMNIVOROUS
**hollysydd,** (-ion), *n.m.* OMNIVORE
**homili,** (-ïau), *n.f.* HOMILY
**homogenedd,** *n.f.* HOMOGENEITY
**homogenus,** *a.* HOMOGENEOUS
**homolog,** (-au), *n.m.* HOMOLOGUE
**hon,** *a. & pn.f.* THIS
**hôn,** (honau), *n.m.* HONE
**honc,** (-iau), *n.f.* LIMP, JOLT
**honcian, -io,** *v.* WAGGLE, LIMP, JOLT
**honedig,** *a.* ALLEGED, REPUTED
**honiad,** (-au), *n.m.* ASSERTION, CLAIM, ALLEGATION
**honiadol,** *a.* ASSUMPTIVE
**honni,** *v.* ALLEGE, ASSERT, PROFESS, PRETEND, CLAIM
**honno,** *a. & pn.f.* THAT ONE (ABSENT)
**honorariwm,** *n.m.* HONORARIUM
**hopgefn,** (-au), *n.m.* HOGBACK
**hopran,** *n.f.* HOPPER, MOUTH
**hopys,** *n.pl.* HOPS
**hormôn,** (-onau), *n.m.* HORMONE
**horob,** (-au), *n.f.* FLITCH OF BACON
**hors,** (-au), *n.m.* CLOTHES HORSE
**horst,** *n.m.* HORST
**hosan,** (-au), *n.f.* STOCKING
**hostel,** (-i), *n.m.* HOSTEL
**hotel,** (-au), *n.m.* HOTEL
**howld,** *n.m.* HOLD
**hoyw,** *a.* LIVELY, ALERT, SPRIGHTLY, GAY
**hoywder, -deb,** *n.m.* LIVELINESS
**hoywi,** *v.* BRIGHTEN, SMARTEN
**hual,** (-au), *n.m.* FETTER, SHACKLE
**hualu,** *v.* FETTER, SHACKLE
**huan,** *n.m.* SUN
**huawdl,** *a.* ELOQUENT
**huchen,** (-nau), *n.f.* FILM, PELLICLE
**hud,** (-ion), *n.m.* MAGIC, CHARM, ENCHANTMENT
**hudlath,** (-au), *n.f.* MAGIC WAND
**hudo,** *v.* CHARM, ALLURE
**hudol,** *a.* ENCHANTING
*n.m.* MAGICIAN
**hudoles,** (-au), *n.f.* ENCHANTRESS, SORCERESS
**hudoliaeth,** (-au), *n.f.* ENCHANTMENT, ALLUREMENT
**hudolus,** *a.* ENCHANTING, ALLURING
**hudwg,** *n.m.* BUGBEAR
**hudwr,** (-wyr), *n.m.* ENTICER, ALLURER
**huddo,** *v.* COVER
**huddygl,** *n.m.* SOOT
**hufen,** (-nau), *n.m.* CREAM
*hufen rhew/iâ,* ICE CREAM
**hufenfa,** (-feydd), *n.f.* CREAMERY
**hufennog,** *a.* CREAMY

**hufennu,** *v.* CREAM (OFF)
**hug, -an,** (-au), *n.f.* CLOAK, RUG, COVERING
**hulio,** *v.* SPREAD, SET, COVER
**hun,** (-au), *n.f.* SLEEP
**hun(an),** (-ain), *pn.* SELF
*px.* SELF-
**hunan-barch,** *n.m.* SELF-RESPECT
**hunan-dyb,** *n.m.* SELF-CONCEIT
**hunanddigonedd,** *n.m.* SELF-SUFFICIENCY
**hunanddyrchafydd,** *n.m.* CAREERIST
**hunangar,** *a.* SELF-LOVING, SELFISH
**hunangarwch,** *n.m.* SELF-LOVE
**hunangofiant,** *n.m.* AUTOBIOGRAPHY
**hunaniaeth,** *n.f.* EGOTISM, IDENTITY, INDIVIDUALTY
**hunanladdiad,** (-au), *n.m.* SUICIDE
**hunanol,** *a.* SELFISH
**hunanoldeb,** *n.m.* SELFISHNESS, CONCEIT
**hunanreolaeth,** *n.f.* AUTONOMY
**hunanreolus,** *a.* AUTONOMIC
**hunanus,** *a.* SELF-WILLED
**hunanymwadiad,** (-au), *n.m.* SELF-DENIAL
**hunanysgogaeth,** *n.f.* AUTOMATION
**hunell,** (-au), *n.f.* WINK (OF SLEEP)
**hunglwyf,** (-au), *n.m.* COMA
**hunllef,** *n.f.* NIGHTMARE
**huno,** *v.* SLEEP, FALL ASLEEP
**huodledd,** *n.m.* ELOQUENCE
**hur,** (-iau), *n.m.* HIRE, WAGE
**hurbwrcasu,** *v.* HIRE PURCHASE
**hurfilwr,** (-wyr), *n.m.* MERCENARY
**hurio,** *v.* HIRE
**huriwr,** (-wyr), *n.m.* HIRER, HIRELING
**hurt,** *a.* STUPID, DULL, STUNNED
**hurtio,** *v.* STUN, STUPEFY
**hurtrwydd,** *n.m.* STUPIDITY
**hurtyn,** (-nod), *n.m.* STUPID PERSON, BLOCKHEAD
**hustyng,** (-au), *n.m.* WHISPER, HUSTING
**huw,** *n.m.* LULLABY, SLEEP
**huwcyn,** *n.m.* SLEEP
**hwb,** (hybiau), *n.m.* PUSH, EFFORT, LIFT
**hwbwb,** *n.m.* HUBBUB
**hwch,** (hychod), *n.f.* SOW, PIG
**hwde,** (pl. hwdiwch), *v.* TAKE, ACCEPT
**hwiangerdd,** (-i), *n.f.* LULLABY
**hwlc,** *n.m.* HULK
**hwlcyn,** *n.m.* LOUT, BOOR
**hwmws,** *n.m.* HUMUS
**hwmerws,** *n.m.* HUMERUS
**hwn,** (*hon, f.*), *a. & pn.* THIS (ONE)
**hwnnw,** (*honno, f.*), *a. & pn.* THAT ONE (ABSENT)
**hwnt,** *ad.* BEYOND, ASIDE, AWAY
*tu hwnt,* BEYOND
**hŵp,** (hwpiau), *n.m.* HOOP
**hwp,** *n.m.* PUSH
**hwp(i)o,** *v.* PUSH
**hŵr, -en,** *n.f.* WHORE
**hwrdd,** (hyrddiau), *n.m.* PUSH, THRUST, IMPULSE
**hwrdd,** (hyrddod), *n.m.* RAM
**hwre,** *v.* see *hwde*
**hwrgi,** (-gwn), *n.m.* FORNICATOR
**hwrswn,** *n.m.* WHORESON
**hwsmon,** (-myn), *n.m.* FARM-BAILIFF
**hwsmonaeth,** *n.f.* HUSBANDRY
**hwstyng,** (-au), *n.m.* HUSTING
**hwt,** *i.* AWAY!
**hwtio,** *v.* HOOT, HISS
**hwy,** *pn.* THEY, THEM
**hwy,** *a. comp.* LONGER
**hwyad, -en,** (hwyaid), *n.f.* DUCK
**hwyhad,** *n.m.* ELONGATION, PROLONGATION
**hwyhau,** *v.* LENGTHEN, ELONGATE
**hwyl,** (-iau), *n.f.* SAIL, FERVOUR, MOOD, HUMOUR, RELIGIOUS FERVOUR
*pob hwyl,* BEST OF LUCK, CHEERIO!
**hwylbren,** (-nau, -ni), *n.m.* MAST
**hwylforio,** *v.* WIND-SURFING
**hwylio,** *v.* SAIL
**hwyliog,** *a.* ELOQUENT, FERVENT
**hwylus,** *a.* HEALTHY, CONVENIENT, EASY, JOLLY
**hwylusedd,** *n.m.* FACILITATION
**hwyluso,** *v.* FACILITATE
**hwylustod,** *n.m.* EASE, CONVENIENCE, FACILITY, EXPEDIENCY
**hwynt,** *pn.* THEM, THEY
**hwynt-hwy,** *pn.* THEY, THEY THEMSELVES
**hwyr,** *a.* LATE
*n.m.* (LATE) EVENING
**hwyrach,** *ad.* PERHAPS
**hwyrdrwm,** *a.* SLUGGISH, DROWSY
**hwyrddydd,** (-iau), *n.m.* EVENING
**hwyrfrydig,** *a.* RELUCTANT, SLOW, TARDY
**hwyrfrydigrwydd,** *n.m.* RELUCTANCE, TARDINESS
**hwyrgan,** (-ganeuon), *n.f.* SERENADE, NOCTURNE
**hwyrgloch,** *n.f.* CURFEW
**hwyrglwb,** (-glybiau), *n.m.* NIGHTCLUB
**hwyrhau,** *v.* GET LATE
**hwythau,** *pn.* THEY, THEY ALSO
**hy,** *a.* BOLD

**hybarch,** *a.* VENERABLE
**hyblyg,** *a.* FLEXIBLE, PLIABLE, PLIANT
**hyblygrwydd,** *n.m.* FLEXIBILITY
**hybrid,** *a. & n.m.* HYBRID
**hybu,** *v.* RECOVER, PROMOTE
**hyd,** (-au, -oedd, -ion), *n.m.* LENGTH, WHILE
*prp.* TO, TILL, AS FAR AS
**hydawdd,** *a.* SOLUBLE
**hydawddlif,** (-oedd), *n.m.* SOLVENT
**hydeimledd,** *n.m.* SENSITIVITY, IRRITABILITY
**hyder,** *n.m.* CONFIDENCE, TRUST
**hyderu,** *v.* CONFIDE, TRUST, RELY
**hyderus,** *a.* CONFIDENT
**hydoddedd,** *n.m.* SOLUBILITY
**hydr,** *a.* STRONG, BOLD, POWERFUL
**hydradu,** *v.* HYDRATE
**hydrawlig,** *a.* HYDRAULIC
**hydraidd,** *a.* POROUS, PENETRABLE
**hydrant,** *n.m.* HYDRANT
**hydred,** (-ion), *n.m.* LONGITUDE
**hydredol,** *a.* LONGITUDINAL
**hydref,** (-au), *n.m.* AUTUMN, OCTOBER
**hydrefol,** *a.* AUTUMNAL
**hydreiddedd,** *n.m.* POROSITY
**hydrin,** *a.* TRACTABLE, DOCILE, MALLEABLE
**hydrinedd,** *n.m.* TRACTABILITY, MALLEABILITY
**hydrocarbon,** *n.m.* HYDROCARBON
**hydroceffalws,** *n.m.* HYDROCEPHALUS
**hydroclorig,** *a.* HYDROCHLORIC
**hydrocsid,** *n.m.* HYDROXIDE
**hydrodynameg,** *n.m.* HYDRODYNAMICS
**hydro-electrig,** *a.* HYDROELECTRIC
**hydroffobia,** *n.m.* HYDROPHOBIA
**hydroffoil,** (-au), *n.m.* HYDROFOIL
**hydroffyt,** *n.m.* HYDROPHYTE
**hydrogen,** *n.m.* HYDROGEN
**hydroid,** *n.m. & a.* HYDROID
**hydroleg,** *n.m.f.* HYDROLOGY
**hydrolig,** *a.* HYDRAULIC
**hydrolu,** *v.* HYDROLYSE
**hydrolysis,** *n.m.* HYDROLYSIS
**hydromedr,** (-au), *n.m.* HYDROMETER
**hydroponeg,** *n.m.* HYDROPONICS
**hydrosffer,** *n.m.* HYDROSPHERE
**hydrostateg,** *n.f.m.* HYDROSTATICS
**hydrostatig,** *a.* HYDROSTATIC
**hydrotropedd,** *n.m.* HYDROTROPISM
**hydrus,** *a.* HYDROUS
**hydwf,** *a.* LUXURIANT, TALL
**hydwyll,** *a.* GULLIBLE
**hydwylledd,** *n.m.* GULLIBILITY
**hydwyth,** *a.* SUPPLE, RESILIENT
**hydwythedd,** *n.m.* SUPPLENESS, RESILIENCE
**hydyn,** *a.* DUCTILE, TRACTABLE
**hydd,** (-od), *n.m.* STAG
**hyddysg,** *a.* LEARNED, WELL-VERSED
**hyena,** *n.m.f.* HYENA
**hyf,** *a.* BOLD
**hyfder, -dra,** *n.m.* BOLDNESS
**hyfedr,** *a.* EXPERT, CLEVER, SKILFUL
**hyfedredd,** *n.m.* PROFICIENCY, SKILL
**hyfryd,** *a.* PLEASANT, DELIGHTFUL, AGREEABLE
**hyfrydwch,** *n.m.* DELIGHT, PLEASURE
**hyfwyn,** *a.* KINDLY, GENIAL
**hyfyw,** *a.* VIABLE
**hyfywdra,** *n.m.* VIABILITY
**hyfflam,** *a.* INFLAMMABLE
**hyfforddi,** *v.* TRAIN, DIRECT, INSTRUCT
**hyfforddiadol,** *a.* TRAINING
**hyfforddiant,** (-nnau), *n.m.* TRAINING, INSTRUCTION
**hyfforddus,** *a.* DEXTEROUS, TRAINED
**hyfforddwr,** (-wyr), *n.m.* INSTRUCTOR, GUIDE
**hygar,** *a.* AMIABLE
**hygarwch,** *n.m.* AMIABILITY
**hyglod,** *a.* RENOWNED, CELEBRATED
**hyglyw,** *a.* AUDIBLE
**hygoel,** *a.* CREDIBLE, CREDULOUS
**hygoeledd,** *n.m.* CREDIBILITY, CREDULITY
**hygoelus,** *a.* CREDULOUS, GULLIBLE
**hygred,** *a.* CREDIBLE
**hygrededd,** *n.m.* CREDIBILITY
**hygromedr,** (-au), *n.m.* HYGROMETER
**hygyrch,** *a.* ACCESSIBLE
**hygyrchedd,** *n.m.* ACCESSIBILITY
**hyhi,** *pn.f.* SHE, HER (EMPHATIC)
**hylan,** *a.* HYGIENIC
**hylaw,** *a.* HANDY, DEXTEROUS
**hylawrwydd,** *n.m.* HANDINESS
**hylendid,** *n.m.* HYGIENE
**hylif,** (-au), *n.m. & a.* FLUID, LIQUID
**hylifiant,** *n.m.* LIQUEFACTION
**hylifol,** *a.* FLUID, LIQUID
**hylifydd,** *n.m.* LIQUIDISER
**hylithr,** *a.* SLIPPERY, FLUENT
**hylosg,** *a.* COMBUSTIBLE
**hylwydd,** *a.* PROSPEROUS, FAMOUS
**hyll,** *a.* UGLY, HIDEOUS
**hylltra,** *n.m.* UGLINESS

**hyllu,** *v.* DISFIGURE, MAR
**hymen,** *n.m.* HYMEN
**hymbygoliaeth,** *n.m.* HUMBUG
**hymn,** (-au), *n.f.* HYMN
**hyn,** *a. & pn.* THIS, THESE
**hynafaidd,** *a.* ARCHAIC
**hynafgwr,** (-wyr), *n.m.* OLD MAN, ELDER
**hynafiad,** (-iaid), *n.m.* ANCESTOR
**hynafiaeth,** (-au), *n.f.* ANTIQUITY
**hynafiaethol,** *a.* ANTIQUARIAN
**hynafiaethwr, -ydd,** (-wyr), *n.m.* ANTIQUARY
**hynaflyd,** *a.* ARCHAIC
**hynafol,** *a.* ANCIENT
**hynafolyn,** (-olion), *n.m.* ANTIQUE
**hynawf,** *a.* BUOYANT
**hynaws,** *a.* KIND, GENIAL
**hynawsedd,** *n.m.* KINDNESS, GENIALITY
**hynny,** *a. & pn.* THAT, THOSE
**hynod(ol),** *a.* NOTED, NOTABLE, SINGULAR, REMARKABLE
**hynodi,** *v.* DISTINGUISH, CHARACTERISE
**hynodion,** *n.pl.* PECULIARITIES
**hynodrwydd,** *n.m.* PECULIARITY
**hynodwedd,** *n.m.* IDIOSYNCRASY
**hynodyn,** (-ion), *n.m.* SINGULARITY
**hynofedd,** *n.m.* BUOYANCY
**hynt,** (-iau, -oedd), *n.f.* WAY, COURSE
**hypnoteiddio,** *v.* HYPNOTISE
**hypotenws,** (-nysau), *n.m.* HYPOTENUSE
**hypsograffeg,** *n.m.f.* HYPSOGRAPHY
**hyrdi-gyrdi,** *n.m.* HURDY-GURDY
**hyrddio, -u,** *v.* HURL, PUSH
**hyrddwr,** (-wyr), *n.m.* RAMMER
**hyrwydd,** *a.* FACILE, EXPEDITIOUS
**hyrwyddo,** *v.* PROMOTE, FACILITATE, SPONSOR
**hyrwyddwr,** (-wyr), *n.m.* PROMOTER, SPONSOR
**hysain,** *a.* EUPHONIOUS
**hysb,** (*hesb, f.*), *a.* DRY, BARREN
**hysbio,** *v.* DRY
**hysbyddu,** *v.* DRAIN, EXHAUST
**hysbys,** *a.* MANIFEST, KNOWN, EVIDENT
**hysbyseb,** (-ion), *n.f.m.* ADVERTISEMENT
**hysbysebu,** *v.* ADVERTISE
**hysbysebwr,** (-wyr), *n.m.* ADVERTISER
**hysbysfwrdd,** (-fyrddau), *n.m.* NOTICE-BOARD
**hysbysiad,** (-au), *n.m.* ANNOUNCEMENT, NOTICE
**hysbysiaeth,** *n.f.* INFORMATION
**hysbysrwydd,** *n.m.* NOTIFICATION
**hysbysu,** *v.* INFORM, CALL
**hysbyswr,** (-wyr), *n.m.* INFORMER, INFORMANT
**hysian, -io,** *v.* SET ON, HISS, INCITE
**hysteria,** *n.m.* HYSTERIA
**hysterig,** *a.* HYSTERICAL
**hyswïaeth,** *n.f.* HOUSEWIFERY, THRIFT
**hytrach,** *a.* RATHER
**hytraws,** *n.m.* DIAMETER
**hytrawst,** (-iau), *n.m.* GIRDER
**hywaith,** *a.* DEXTEROUS, INDUSTRIOUS
**hywasg,** *a.* COMPRESSIBILITY
**hywedd,** *a.* TRAINED, DOCILE
**hyweddu,** *v.* TRAIN, TAME

**i,** *prp.* TO, INTO, FOR
**i,** *pn.* I, ME
**iâ,** *n.m.* ICE
*ffloch iâ,* ICE FLOE
*llen iâ,* ICE-SHEET
*mynydd iâ,* ICEBERG
**iach,** *a.* HEALTHY, SANE, WHOLE
*yn iach,* FAREWELL!
**iachâd,** *n.m.* HEALING, CURE
**iachaol,** *a.* HEALING
**iacháu,** *v.* HEAL, SAVE
**iachawdwr,** (-wyr), *n.m.* SAVIOUR
**iachawdwriaeth,** *n.f.* SALVATION
**iachäwr,** (-wyr), *n.m.* HEALER
**iachlendid,** *n.m.* SANITATION
**iachus,** *a.* HEALTHY, WHOLESOME
**iachusol,** *a.* HEALTH-GIVING
**iad,** (-au), *n.f.* PATE, SKULL
**iäen,** (-nau), *n.f.* PIECE OF ICE, GLACIER
**iaith,** (ieithoedd), *n.f.* LANGUAGE
*iaith lafar,* SPOKEN LANGUAGE
**iâr,** (ieir), *n.f.* HEN
*iâr fatri,* BATTERY HEN
*ieir maes,* FREE RANGE HENS
**iard,** (ierdydd), *n.f.* YARD
**iarll,** (ieirll), *n.m.* EARL
**iarllaeth,** (-au), *n.f.* EARLDOM
**iarlles,** (-au), *n.f.* COUNTESS
**iarll-farsial,** (-iaid), *n.m.* EARL MARSHAL
**ias,** (-au), *n.f.* THRILL, SHIVER, TEMPER
**iasbis,** *n.m.* JASPER
**iasoer,** *a.* CHILLY
*stori iasoer,* THRILLER
**iasol,** *a.* THRILLING, INTENSELY COLD
**iau,** (ieuau), *n.m.* LIVER
(ieuau, ieuoedd), *n.m.* YOKE
**Iau,** *n.m.* THURSDAY, JUPITER
**iawn,** *ad.* VERY
*a.* RIGHT
*n.m.* COMPENSATION, RIGHT, ATONEMENT, REPARATION
**iawndal,** (-oedd), *n.m.* COMPENSATION, DAMAGES, INDEMNITY
**iawnder,** (-au), *n.m.* JUSTICE, RIGHT, RECTITUDE
**iawndyllu,** *v.* REAM
**iawndyllwr,** (-wyr), *n.m.* REAMER
**icon,** (-au), *n.m.* ICON
**iconoclastig,** *a.* ICONOCLASTIC
**ideal,** (-au), *n.m.* IDEAL
**idealaeth,** *n.f.* IDEALISM
**idealiad,** (-au), *n.m.* IDEALISATION
**ideoleg,** *n.f.* IDEOLOGY
**idiolegol,** *a.* IDEOLOGICAL
**idiom,** (-au), *n.m.* IDIOM
**idd,** *prp.* TO
**Iddew,** (-on), *n.m.* JEW
**Iddewaidd,** / **Iddewig,** *a.* JEWISH
**Iddewiaeth,** *n.f.* JUDAISM
**iddw(f),** *n.m.* ERYSIPELAS
**ie,** *ad.* YES, YEA
**iechyd,** *n.m.* HEALTH, SALVATION
**iechydaeth,** *n.f.* SANITATION
**iechydeg,** *n.f.* HYGIENE
**iechydfa,** (-feydd), *n.f.* SANATORIUM
**iechydol,** *a.* HYGIENIC, SANITARY
**iechydwriaeth,** *n.f.* SALVATION, HEALING
**ieitheg,** *n.f.* PHILOLOGY
**ieithegol,** *a.* PHILOLOGICAL
**ieithegydd,** (-wyr, -ion), *n.m.* PHILOLOGIST
**ieithol,** *a.* LINGUISTIC
**ieithwedd,** (-au), *n.f.* DICTION
**ieithydd,** (-ion), *n.m.* LINGUIST
**ieithyddiaeth,** *n.f.* LINGUISTICS
**ieithyddol,** *a.* LINGUISTIC, PHILOLOGICAL
**iet,** (-iau), *n.f.* GATE
**ieuanc,** (-ainc), *a.* YOUNG, UNMARRIED, JUVENILE
**ieuenctid,** *n.m.* YOUTH
**ieuengrwydd,** *n.m.* YOUTHFULNESS, JUVENILITY
**ieuo,** *v.* YOKE, JOIN
**ifanc,** (-ainc), *a.* YOUNG
**ifancaidd,** *a.* JUVENILE
**ifancwr,** (-wyr), *n.m.* JUVENILE
**ifori,** *n.m.* IVORY
**ig,** (-ion), *n.m.* HICCUP
**igam-ogam,** *a.* ZIGZAG
**igam-ogamu, igamogi,** *v.* SIDE-STEP
**igian, igio,** *v.* SOB, HICCUP
**iglŵ,** (-au), *n.m.* IGLOO
**igneaidd,** *a.* IGNEOUS
**ing,** (-oedd), *n.m.* ANGUISH, AGONY, DISTRESS
**ingol,** *a.* AGONIZING
**ildfrydedd,** *n.m.* DEFEATISM
**ildfrydwr,** (-wyr), DEFEATIST
**ildiad,** *n.m.* SURRENDER, CESSION
**ildio,** *v.* YIELD, SURRENDER, CEDE
**ill,** *pn.* BOTH, THEY, THEM
**imbill,** *n.f.* GIMLET
**imp,** (impiau), *n.m.* SHOOT, SPROUT, DESCENDANT, SCION
**imperialaeth,** *n.f.* IMPERIALISM

**imperialydd,** (-wyr), *n.m.* IMPERIALIST
**impio,** *v.* SPROUT, BUD, GRAFT
**impiwr,** (-wyr), *n.m.* GRAFTER
**impyn,** (impion), *n.m.* SHOOT, BUD
**imwnedd,** *n.m.* IMMUNITY
**imwneiddiad,** (-au), *n.m.* IMMUNISATION
**imwneiddio,** *v.* IMMUNISE
**imwnoleg,** *n.m.* IMMUNOLOGY
**inc,** (-iau), *n.m.* INK
*inc cadw,* INDELIBLE INK
**incil,** (-iau), *n.m.* TAPE
**inclein,** (-iau), *n.m.* INCLINE
**incwm,** (-cymau), *n.m.* INCOME, REVENUE
**indecs,** (-au), *n.m.* INDEX
**indemneb, indemniad,** (-au), *n.f.* INDEMNITY
**indemnio,** *v.* INDEMNIFY
**indentur,** (-au), *n.m.* INDENTURE
**indrawn,** *n.m.* MAIZE
**inert,** *a.* INERT
**inertia,** (-iau), *n.m.* INERTIA
**infolwt,** (-iau), *n.m.* INVOLUTE
**injan, -jin,** (-s), *n.f.* ENGINE
**inspector,** (-s), *n.m.* INSPECTOR
**inswlin,** *n.m.* INSULIN
**integr,** (-au), *n.m.* INTEGER
**integredig,** *a.* INTEGRATED
**integrol,** *a.* INTEGRAL
**integru,** *v.* INTEGRATE
**integryn,** (-nau), *n.m.* INTEGRAL
**intercom,** (-au), *n.m.* INTERCOM
**interegnwm,** *n.m.* INTERREGNUM
**interliwd,** (-iau), *n.f.* INTERLUDE
**iod,** *n.m.* IOTA, JOT
**ïodid,** (-iau), *n.m.* IODIDE
**ïodin,** *n.m.* IODINE
**iolyn,** *n.m.* NINCOMPOOP
**ïon,** (-au), *n.m.* ION
**ïoneiddiad,** (-au), *n.m.* IONISATION
**ïoneiddio,** *v.* IONISE
**Iôn,** *n.m.* THE LORD
**Ionawr, Ionor,** *n.m.* JANUARY
**ionc, -yn,** *n.m.* NINCOMPOOP
**ïonosffer,** *n.m.* IONOSPHERE
**Iôr,** *n.m.* THE LORD
**iorwg,** *n.m.* IVY
**ir, -aidd,** *a.* FRESH, GREEN, SUCCULENT
**irad,** *a.* DIRE, SAD, TERRIBLE
**irai,** *n.m.* GOAD
**iraid,** (ireidiau), *n.m.* LUBRICANT, GREASE, OINTMENT
**irder,** *n.m.* FRESHNESS, SUCCULENCE
**ireidio,** *v.* GREASE
**ireidd-dra,** *n.m.* FRESHNESS
**ireiddio,** *v.* FRESHEN
**iriad,** (-au), *n.m.* LUBRICATION, GREASING
**iridiwm,** *n.m.* IRIDIUM
**iro,** *v.* GREASE, ANOINT, OIL, SMEAR, LUBRICATE
**irwr,** (-wyr), *n.m.* GREASER
**iryn,** (-nau), *n.m.* CREAM
**is,** *a.* LOWER, INFERIOR
*prp.* BELOW, UNDER
*px.* SUB-, UNDER-, VICE-
**isadran,** (-nau), *n.f.* SUBSECTION
**isafon,** (-ydd), *n.f.* TRIBUTARY
**isafu,** *v.* MINIMISE
**Isalmaeneg,** *n.f.* DUTCH LANGUAGE
**isalobar,** (-au), *n.m.* ISALLOBAR
**isawyrol,** *a.* SUBAERIAL
**isbridd,** (-oedd), *n.m.* SUB-SOIL
**isbrisiad,** (-au), *n.m.* DEPRECIATION
**isbrisio,** *v.* DEPRECIATE
**is-bŵerdy,** (-dai), *n.m.* SUB-STATION
**is-bwyllgor,** (-au), *n.m.* SUB-COMMITTEE
**isdrofannol,** *a.* SUBTROPICAL
**isel,** *a.* LOW, HUMBLE, BASE, DEPRESSED
**iselder,** *n.m.* LOWNESS, DEPRESSION, HUMILITY, LOWLINESS
**iseldir,** (-oedd), *n.m.* LOWLAND
**iseldra,** *n.m.* DEPRESSION
**iselfryd,** *a.* HUMBLE
**iselhau, iselu,** *v.* LOWER, DEGRADE, ABASE
**is-etholiad,** (-au), *n.m.* BY-ELECTION
**is-faeth,** *a.* UNDERFED
**is-feidon,** *n.f.* SUBMEDIANT
**isfyd,** (-oedd), *n.m.* UNDERWORLD
**is-gadeirydd,** (-ion), *n.m.* VICE-CHAIRMAN
**is-gadfridog,** (-ion), *n.m.* MAJOR GENERAL
**is-gapten,** (-teiniaid), *n.m.* LIEUTENANT
**isgell,** *n.m.* BROTH, STOCK
**is-gil,** *n.m.* PILLION
*ad.* BEHIND
**is-goch,** *a.* INFRA-RED
**is-gorpral,** (-iaid), *n.m.* LANCE-CORPORAL
**is-gwmni,** (-ïau), *n.m.* SUBSIDIARY COMPANY
**is-gynnyrch,** (-gynhyrchion), *n.m.* BY-PRODUCT
**is-harmonig,** (-au), *n.m.* SUB-HARMONIC
**isiarll,** (-ieirll), *n.m.* VISCOUNT

**isl,** (-au), *n.m.* EASEL
**islaith,** *a.* SUBHUMID
**islaw,** *prp.* BELOW, BENEATH
**islawr,** (-loriau), *n.m.* BASEMENT
**islif,** (-ogydd), *n.m.* CURRENT
**is-lywydd,** (-ion), *n.m.* VICE-PRESIDENT, SUB-DOMINANT
**isnormal,** (-iaid), *n.m.* SUB-NORMAL *a.* SUB-NORMAL, INFERIOR
**isobar,** (-rau), *n.m.* ISOBAR
**isobarig,** *a.* ISOBARIC
**isobath,** (-au), *n.m.* ISOBATH
**isoclein,** (-iau), *n.m.* ISOCLINE
**isocleiniog,** *a.* ISOCLINAL
**isod,** *ad.* BELOW, BENEATH
**isogamedd,** *n.m.* ISOGAMY
**isogon,** (-au), *n.m.* ISOGON
**isogonal,** *a.* ISOGONAL
**isohyed,** (-au), *n.m.* ISOHYET
**isomedrig,** *a.* ISOMETRIC
**isomer,** *n.m.* ISOMER
**isomeredd,** *n.m.* ISOMERISM
**isomerig,** *a.* ISOMERIC
**isomorff,** *n.m.* ISOMORPH
**isomorffedd,** *n.m.* ISOMORPHISM
**isoneff,** (-au), *n.m.* ISONEPH
**isorew,** *n.m.* ISORYME
**isosgeles,** *a.* ISOSCELES
**isosod,** *v.* SUBLET
**isostad,** (-au), *n.m.* ISOSTADE
**isostatig,** *a.* ISOSTATIG
**isotop,** (-au), *n.m.* ISOTOPE
**isotopig,** *a.* ISOTOPIC
**isotherm,** (-au), *n.m.* ISOTHERM
**isothermal,** *a.* ISOTHERMAL
**isradd,** (-au), *n.m.* ROOT, SUBORDINATE *a.* SUBORDINATE
**israddol,** *a.* INFERIOR, SUBSIDIARY, SUBORDINATE
**israddoldeb,** (-au), *n.m.* INFERIORITY
**israniad,** (-au), *n.m.* SUBDIVISION
**isrannu,** *v.* SUBDIVIDE
**istrofannol,** *a.* SUBTROPICAL
**iswasanaethgar,** *a.* SUBSERVIENT
**isymwybod,** *n.m.* SUBCONSCIOUS
**isymwybodol,** *a.* SUBCONSCIOUS
**isymwybyddiaeth,** *n.f.* SUBCONSCIOUSNESS
**item,** (-au), *n.m.* ITEM
**iteru,** *v.* ITERATE
**iterus,** *a.* ITERATIVE
**ithfaen,** *n.m.* GRANITE
**iypi, (-s),** *n.m.* YUPPIE
**iwnifform,** *n.f.* UNIFORM
**iwrch,** (iyrchod), *n.m.* ROEBUCK
**iwrea,** *n.m.* UREA
**iws,** *n.m.* USE, INTEREST (ON MONEY)
**iwtopaidd,** *a.* UTOPIAN
**iwtopia,** *n.m.* UTOPIA
**iwtopiaeth,** *n.f.* UTOPIANISM

**jab,** *n.f.* JAB
**jac,** *n.f.* JACK
**jacio,** *v.* JACK
**Jacobaidd,** *a.* JACOBEAN
**Jacobin,** (-iaid), *n.m.* JACOBIN
**jac-y-do,** *n.m.* JACKDAW
**jam,** (-iau), *n.m.* JAM
**jamio,** *v.* JAM, MAKE JAM
**janglen,** *n.f.* GOSSIP
**jangl(i)o,** *v.* GOSSIP
**janisariad,** (-iaid), *n.m.* JANISSARY
**jar,** (-iau), *n.f.* JAR, HOT WATER BOTTLE
**jargon,** *n.m.* JARGON
**jasbis,** *n.m.* JASPER
**jêl,** *n.f.* JAIL
**jeli,** (-ïau), *n.m.* JELLY
**jelio,** *v.* JAIL, JELL
**jenni,** *n.f.* JENNY
**jermon,** (-myn), *n.m.* JOURNEYMAN
**jersi,** (-s), *n.f.* JERSEY
**jet,** (-iau), *n.m.* JET
*peiriant jet,* JET ENGINE
**jeti,** (-ïau), *n.m.* JETTY
**jetlif,** *n.m.* JET STREAM
**ji-binc,** (-od), *n.f.* CHAFFINCH
**jig,** (-iau), *n.f.* JIG
**jigio,** *v.* JIG
**jinc,** (-iau), *n.m.* JINK
**jincio,** *v.* JINK
**jingoistiaeth,** *n.f.* JINGOISM
**jîns,** *n.pl.* JEANS
**jîp,** *n.m.* JEEP
**jiwbilî,** (-au), *n.f.* JUBILEE
**jiwt,** *n.m.* JUTE
**job,** (-sys), *n.f.* JOB
**jobwr,** (-wyr), *n.m.* JOBBER
**jobyn,** *n.m.* JOB
**jôc,** (-s), *n.f.* JOKE
**jocan,** *v.* JOKE
**joci,** (-s), *n.m.* JOCKEY
**joch,** (-iau), *n.m.* GULP, SPLASH
**joule,** (joulau), *n.m.* JOULE
**juggernaut,** *n.m.* JUGGERNAUT
**junta,** *n.m.* JUNTA
**jwg,** (jygiau), *n.m.f.* JUG
**jwncet,** *n.m.* JUNKET
**Jwrasig,** *a.* JURASSIC
**jyngl,** (-oedd), *n.m.* JUNGLE

**lab,** (-iau), *n.m.* BLOW, STROKE
**labar,** *n.m.f.* LABOUR
**label,** (-i), *n.f.* LABEL
**labelu,** *v.* LABEL
**labio,** *v.* SLAP
**labordy,** (-dai), *n.m.* LABORATORY
**labro,** *v.* LABOUR
**labrwr,** (-wyr), *n.m.* LABOURER
**lacr,** (-au), *n.m.* LACQUER
**lactig,** *a.* LACTIC
**lactos,** *n.m.* LACTOSE
**lafa,** (lafâu), *n.m.* LAVA
*golif lafa,* LAVA OUTFLOW
**lafant,** (-au), *n.m.* LAVENDER
**lafwr,** *n.m.* LAVER
*bara lafwr,* LAVER BREAD
**lagŵn,** *n.m.* LAGOON
**lamina,** (-e), *n.m.* LAMINA
**laminadu,** *v.* LAMINATE
**laminaidd,** *a.* LAMINAR
**laminedig,** *a.* LAMINATED
**laminiad,** (-au), *n.m.* LAMINATION
**laminitis,** *n.m.* LAMINITIS
**laminol,** *a.* LAMINAR
**lamp,** (-au), *n.f.* LAMP
**lamplen,** (-ni), *n.f.* LAMPSHADE
**lan,** *ad.* UP
**landret,** *n.m.* LAUNDERETTE
**landri,** *n.m.* LAUNDRY
**landrofer,** (-au, -i), *n.m.* LAND-ROVER
**lanset,** (-au), *n.m.* LANCET
**lansio,** *v.* LAUNCH
**lantern,** (-au, -i), *n.f.* LANTERN
**lap,** *n.m.* LAP
**lapio,** *v.* WRAP, LAP
**lard,** (-iau), *n.m.* LARD
**larder,** *n.f.* LARDER
**lardfa,** (-feydd), *n.f.* LARDER
**largo,** *n.m.* LARGO
**larwm,** *n.m.* ALARM
**laryncs,** *n.m.* LARYNX
**laser,** (-au), *n.m.* LASER
**lasio,** *v.* LACE
**lastig,** (-au), *n.m.* ELASTIC
**latecs,** *n.m.* LATEX
**laterit,** (-au), *n.m.* LATERITE
**latis,** (-au), *n.m.* LATTICE
**latsen,** (lats), *n.f.* LATH
**latus-rectum,** *n.m.* LATUS-RECTUM
**latholith,** *n.m.* LATHOLITH
**lawnt,** (-iau), *n.m.f.* LAWN
**lawr,** / **lawr, i,** *ad.* DOWN
**lawryf,** (-au), *n.m.* LAUREL, BAY TREE
**lefain,** *n.m.* LEAVEN
**lefeinio,** *v.* LEAVEN, TAINT
**lefeinllyd,** *a.* LEAVENED
**lefel,** (-au), *n.f.* LEVEL
*a.* LEVEL
**lefelu,** *v.* LEVEL
**lefelwr,** (-wyr), *n.m.* LEVELLER
**lefi,** *n.m.* LEVY
**lefiathan,** *n.m.* LEVIATHAN
**lêg,** *n.m.* LEAGUE
**legad,** (-au), *n.m.* LEGATE
**legwm,** (-au), *n.m.* LEGUME
**leicio,** *v.* LIKE
**lein,** (-iau), *n.f.* LINE, CORD, LINE-OUT, RAILWAY
*lein fach,* LIGHT RAILWAY
**leiner,** (-au), *n.m.* LINER
**leinin,** *n.m.* LINING
**leinio,** *v.* FORM A LINE-OUT
**leino,** (-au), *n.m.* LINO
**leitmotif,** *n.m.* LEITMOTIV
**lelog,** *n.m.* LILAC
**lema,** *n.m.* LEMMA
**leming,** *n.m.* LEMMING
**lemon, lemwn,** (-au), *n.m.* LEMON
*lleden lemon,* LEMON SOLE
**lemur,** *n.m.* LEMUR
**lens,** (-au, -ys), *n.m.* LENS
*lens flaen,* OBJECTIVE LENS
**lentisel,** (-au), *n.m.* LENTICEL
**les,** (-i), *n.f.* LEASE
*n.m.* LACE
**lesbiad,** (-iaid), *n.f.* LESBIAN
**lesbiaeth,** *n.f.* LESBIANISM
**lesddaliwr,** (-wyr), *n.m.* LEASEHOLDER
**lest,** *n.f.* LAST
**letani,** *n.f.* LITANY
**letysen,** (letys), *n.f.* LETTUCE
**liana,** *n.m.* LIANA
**libart,** *n.m.* GROUND SURROUNDING HOUSE, RUN, BACK-YARD, LIBERTY (FRANCHISE)
**libreto,** (-s), *n.f.* LIBRETTO
**libretydd,** *n.m.* LIBRETTIST
**licer,** *n.m.* LIQUOR
**licras,** *n.m.* LIQUORICE
**lid,** (-iau), *n.m.* LEAD (WIRE, etc.)
**lifer,** (-i), *n.m.* LEVER
**lifrai,** (-eion), *n.m.* LIVERY
**lifft,** (-iau), *n.m.* LIFT
**lifftenant,** (-iaid), *n.m.* LIEUTENANT
**lignid,** *n.m.* LIGNITE
**ligwl,** *n.m.* LIGULE

**lingri,** (-ïau), *n.m.* LINGERIE
**lili,** (-ïau), *n.f.* LILY
**limrig,** (-au), *n.m.* LIMERICK
**linc,** (-iau), *n.f.* LINK
**lincyn-loncyn,** *ad.* SLOWLY, LEISURELY
**lindys,** (-*yn, n.m.*), *n.pl.* CATERPILLARS
**liniment,** (-iau), *n.m.* LINIMENT
**linolewm,** (-au), *n.m.* LINOLEUM
**linoteip,** *n.m.* LINOTYPE
**lint,** *n.m.* LINT
**lintel,** (-au, -i), *n.m.* LINTEL
**listio,** *v.* ENLIST
**litani,** *n.f.* LITANY
**litmws,** *n.m.* LITMUS
**litr,** (-au), *n.m.* LITRE
**litwrgi,** (-ïau), *n.f.* LITURGY
**litwrgïaidd,** *a.* LITURGICAL
**litholeg,** (-au), *n.f.* LITHOLOGY
**lithosffer,** *n.m.* LITHOSPHERE
**liwt,** (-iau), *n.f.* LUTE
**lob,** (-iau), *n.m.* DOLT, LOB
**lobio,** *v.* LOB
**lobsgows,** *n.m.* LOBSCOUSE, HOTCH-POTCH
**loc,** (-iau), *n.m.* LOCK (CANAL)
**loced,** (-i), *n.f.* LOCKET
**locer,** *n.m.* LOCKER
**locomotif,** (-au), *n.m.* LOCOMOTIVE
**locsen,** (locsys), *n.f.* / **locsyn,** *n.m.* WHISKER
**locust,** (-iaid), *n.m.* LOCUST
**locwm,** (loci), *n.m.* LOCUM
**locws,** (loci), *n.m.* LOCUS
**loch,** *n.m.* LOCH
**lodes,** (-i), *n.f.* LASS, DAMSEL
**lodj,** (-iau), *n.m.* LODGE
**loes,** (-au), *n.f.* ACHE, PAIN
**loés,** *n.m.* LOESS
**loetran,** *v.* LOITER
**log,** (-iau), *n.m.* LOG
**loganau,** *n.pl.* LOGANBERRIES
**logarithm,** (-au), *n.m.* LOGARITHM
**logia,** (-iâu), *n.m.* LOGGIA
**logisteg,** *n.f.* LOGISTICS
**loj,** *n.f.* LODGE
**lol,** *n.m.* NONSENSE
**lolfa,** *n.f.* LOUNGE
*lolfa'r actorion,* GREEN ROOM
**lolian,** *v.* TALK NONSENSE, LOUNGE
**lolyn,** (loliaid), *n.m.* FOOL
**lôm,** (lomau), *n.m.* LOAM
**lôn,** (lonydd), *n.f.* LANE, ROAD
**loncian,** *v.* JOG
**lonciwr,** (-wyr), *n.m.* JOGGER
**lons,** (-ys), *n.f.* LAUNCH
**lonsio,** *v.* LAUNCH
**lori,** (-ïau), *n.m.f.* LORRY
**losin,** (-en), *n.p.* LOZENGES, SWEETS
**lot,** (-iau), *n.f.* LOT, MANY
*lot a sgot,* LOT AND SCOT
**loteri,** (-ïau), *n.f.* LOTTERY
**lotment,** (-au), *n.m.* ALLOTMENT
**lowsed,** (-i), *n.f.* VENTILATION HOLE IN COWSHED, etc.
**lumen,** *n.m.* LUMEN
**lwans,** *n.m.* ALLOWANCE
**lwc,** *n.f.* LUCK
**lwcs,** (-au), *n.m.* LUX
**lwcus,** *a.* LUCKY
**lwfans,** (-au, -ys), *n.m.* ALLOWANCE
*lwfans cynnal,* SUBSISTENCE (ALLOWANCE)
**lwfer,** (-au), *n.m.* LOUVRE, CHIMNEY, HOOD
**lwfio,** *v.* ALLOW
**lwgys,** *c.n.* LUGS, SAND-WORMS
**lwmp,** (lymp(i)au), *n.m.* LUMP
**lŵn,** (lynau), *n.m.* LUNE
**lwrecs,** *n.m.* LUREX
**lwts,** *n.m.* MASH
**lwyn,** (-au), *n.m.f.* LOIN
*lwyn drwch,* CHUMP END OF LOIN
*lwyn flaen,* FORE LOIN
**lymberjac,** *n.m.* LUMBERJACK
**lymff,** *n.m.* LYMPH
**lyncs,** *n.m.* LYNX
**lysti,** *a.* LUSTY

**llabed,** (-au), *n.f.* LAPEL, FLAP, LOPE, LAPPET
**llabeden,** (-nau), *n.f.* LOBULE
**llabedi,** *n.pl.* REVERS
**llabedu,** *v.* LABEL
**llabi,** (-ïod), *n.m.* BOOBY
**llabwst,** (-ystiau), *n.m.* LOUT, LUBBER
**llabyddio,** *v.* STONE, KILL
**llac,** *a.* SLACK, LOOSE, LAX
(-iau), *n.m.* SLACK
**llaca,** *n.m.* MUD, MUCK, DIRT, MIRE
**llacio,** *v.* SLACKEN, RELAX, LOOSEN
**llacrwydd,** *n.m.* SLACKNESS, LOOSENESS, LAXITY
**llacs,** *n.m.* MUD, DIRT
**llacsog,** *a.* MUDDY, DIRTY
**llach,** (-iau), *n.f.* SLASH, LASH
**llachar,** *a.* BRIGHT, BRILLIANT, FLASHING
**llacharedd,** (-au), *n.m.* GLARE
**llachio,** *v.* SLASH, BEAT, LASH
**llad,** (-au), *n.m.* GRACE, GIFT
**Lladin,** *n.f.* LATIN
**lladmerydd,** (-ion), *n.m.* INTERPRETER
**lladrad,** (-au), *n.m.* THEFT, ROBBERY
*a.* FURTIVE, CLANDESTINE
**lladradaidd,** *a.* STEALTHY, FURTIVE
**lladrata,** *v.* ROB, STEAL
**lladron,** (*lleidr, n.m.*), *n.pl.* THIEVES, ROBBERS
**lladrones,** (-au), *n.f.* FEMALE THIEF
**lladronllyd,** *a.* PILFERING, THIEVISH
**lladd,** *v.* KILL, CUT, SLAUGHTER
*lladd ar,* DENOUNCE
*lladd sŵn,* SOUND-RESISTING
**lladd-dy,** (-dai), *n.m.* SLAUGHTER-HOUSE
**lladdedig,** (-ion), *a.* KILLED
**lladdedigaeth,** (-au), *n.f.* SLAUGHTER, MASSACRE
**lladdfa,** (-feydd), *n.f.* / **lladdiad,** (-au), *n.m.* — KILLING, CUTTING, SLAUGHTER
**lladdwr,** (-wyr), *n.m.* KILLER
**llaes,** *a.* LOOSE, LONG, TRAILING
*treiglad llaes,* SPIRANT MUTATION
**llaesiad,** (-au), *n.m.* RELAXATION
**llaesod(r),** *n.f.* LITTER (UNDER ANIMALS)
**llaesu,** *v.* SLACKEN, RELAX, LOOSEN, LENGTHEN, TRAIL, FLAG
**llaeth,** (-au), *n.m.* MILK, BUTTERMILK (coll.)
*a.* DAIRY
**llaetha,** *v.* YIELD MILK, LACTATE
**llaethdy,** (-dai), *n.m.* DAIRY
**llaethfwyd,** (-ydd), *n.m.* MILK DIET
**llaethiad,** (-au), *n.m.* LACTATION
**llaethig,** *a.* LACTIC
**llaethog,** *a.* MILKY
**llaethwr,** (-wyr), *n.m.* MILKMAN
**llaethyddiaeth,** (-au), *n.f.* DAIRYING
**llafar,** *n.m.* SPEECH, UTTERANCE
*a.* COLLOQUIAL, LOUD, RESOUNDING
*llafar gwlad,* EVERYDAY SPEECH
**llafaredd,** *n.f.* ORACITY
**llafareg,** *n.f.* SPEECH TRAINING
**llafariad,** (-iaid), *n.f.* VOWEL
**llafarog,** *a.* VOCALIC
**llafarol,** *a.* VOCAL
**llafn,** (-au), *n.m.* BLADE, YOUTH, LAMINA
**llafnau,** *n.pl.* CUTTERS
**llafniad,** (-au), *n.m.* LAMINATION
**llafnog,** *a.* LAMINATED
**llafrwyn,** (-*en, n.f.*), *n.pl.* BULRUSHES, PAPYRI
**llafur,** (-iau), *n.m.* LABOUR, TOIL, TILLAGE, CORN
*cysylltiadau llafur,* LABOUR RELATIONS
*tir llafur,* TILLAGE
**llafurfawr,** *a.* LABORIOUS, ELABORATE
**llafurio,** *v.* LABOUR, TOIL, TILL
**llafurlu,** (-oedd), *n.m.* MANPOWER, LABOUR FORCE, WORK FORCE
**llafurus,** *a.* LABORIOUS, PAINSTAKING, INDUSTRIOUS
**llafurwr,** (-wyr), *n.m.* LABOURER, HUSBANDMAN
**llai,** *a.* SMALLER, LESS
**llaib,** (lleibiau), *n.m.* LAPPING, LICKING
**llaid,** *n.m.* MUD, MIRE
**llain,** (lleiniau), *n.f.* PATCH, STRIP, PITCH, FILLET
*llain-bori,* STRIP-GRAZING
**llais,** (lleisiau), *n.m.* VOICE, SOUND, VOTE
**llaith,** *a.* DAMP, MOIST, SOFT
**llall,** (lleill), *pn.* THE OTHER, ANOTHER
**llam,** (-au), *n.m.* LEAP, JUMP, BOUND, STRIDE
**llamhidydd,** (llamidyddion), *n.m.* PORPOISE, JUMPER, ACROBAT
**llamprai,** (-eion), *n.m.* LAMPREY
**llamsachus,** *a.* CAPERING, PRANCING
**llamu,** *v.* LEAP, STRIDE, BOUND
**llan,** (-nau), *n.f.* MESS, LUMBER, CONFUSION, CHURCH, ENCLOSURE
**llanc,** (-iau), *n.m.* YOUTH, LAD
**llances,** (-i, -au), *n.f.* YOUNG WOMAN, LASS

**llannerch,** (llennyrch, llanerchau), *n.f.* GLADE, OPEN SPACE
**llanw,** (-au), *n.m.* FLOW (OF TIDE), INFLUX, FILLING
*trai a llanw,* EBB AND FLOW
*v.* FLOW, FILL
**llanwad,** (-au), *n.m.* FILLER
**llaprwth,** *n.m.* LOUT, LUBBER
**llariaidd,** *a.* MEEK, MILD, GENTLE, DOCILE
**llarieidd-dra,** *n.m.* MEEKNESS, DOCILITY, GENTLENESS
**llarieiddio,** *v.* SOOTHE, APPEASE, SOFTEN
**llarp,** (-iau), *n.m.* SHRED, CLOUT
**llarpio,** *v.* TEAR, REND, DEVOUR
**llarpiog,** *a.* TATTERED, RAGGED
**llarwydden,** (llarwydd), *n.f.* LARCH
**llaswyr,** (-au), *n.m.* PSALTER, ROSARY
**llatai,** (-eion), *n.m.f.* LOVE-MESSENGER
**llath,** (-au), *n.f.* YARD, WAND, ROD
**llathaid,** (-eidiau), *n.f.* YARD
**llathen,** (-ni), *n.f.* YARD, YARDSTICK
**llathr,** *a.* BRIGHT, GLOSSY, SMOOTH
**llathraidd,** *a.* SMOOTH, OF FINE GROWTH, BRIGHT
**llathredd,** *n.m.* POLISH
**llathrudd,** *n.m.* ABDUCTION, KIDNAPPING
**llathruddo,** *v.* KIDNAP, ABDUCT, SEDUCE
**llathrydd,** (-ion), *n.m.* POLISHER, POLISH
**llau,** (*lleuen, n.f.*), *n.pl.* LICE
*llau defaid,* KEDS
**llaw,** (dwylo, -aw), *n.f.* HAND
*maes o law,* PRESENTLY
*rhag llaw,* HENCEFORTH
**llawagored,** *a.* GENEROUS
**llawcio,** *v.* GULP, GOBBLE
**llawchwith,** *a.* LEFT-HANDED
**llawchwithedd,** *n.m.* LEFTHANDEDNESS
**llawd,** *n.m.* HEAT (OF SOW)
**llawdr,** (llodrau), *n.m.* TROUSERS, BREECHES
**llawdrin,** *v.* MANIPULATE
**llawdde,** *a.* SKILFUL, DEXTEROUS
**llawddryll,** (-iau), *n.m.* PISTOL, REVOLVER
**llawen,** *a.* CHEERFUL, MERRY, GLAD
**llawen-chwedl,** *n.f.* GLAD TIDINGS
**llawenhau,** *v.* REJOICE, GLADDEN
**llawenychu,** *v.* REJOICE
**llawenydd,** *n.m.* JOY, GLADNESS, REJOICING
**llawer,** (-oedd), *n.m., a. & ad.* MANY, MUCH
**llaweredd,** *n.m.* ABUNDANCE
**llawes,** (llewys), *n.f.* SLEEVE
**llawfaeth,** *a.* REARED BY HAND
**llawfeddyg,** (-on), *n.m.* SURGEON
**llawfeddygaeth,** *n.f.* SURGERY
**llawfeddygol,** *a.* SURGICAL
**llaw-fer,** *n.f.* SHORTHAND
**llawfom,** (-iau), *n.f.* GRENADE
**llawforwyn,** (-forynion), *n.f.* HAND-MAID
**llawfrydedd,** *n.m.* MELANCHOLY, SADNESS
**llawffon,** (-ffyn), *n.f.* WALKING-STICK
**llawgaead,** *a.* STINGY, MEAN
**llawio,** *v.* HANDLE
**llawlif,** (-iau), *n.f.* HAND-SAW
**llawlyfr,** (-au), *n.m.* HAND-BOOK, MANUAL
**llawn,** (-ion), *a.* FULL
*ad.* ENOUGH, QUITE
**llawnder, -dra,** *n.m.* ABUNDANCE, FULLNESS
**llawngyflogaeth,** *n.f.* FULL EMPLOYMENT
**llawnllonaid,** *a. & n.m.* FULL, FULL MOON
**llawnodi,** *v.* SIGN
**llawnodiad,** (-au), *n.m.* SIGNATURE
**llawr,** (lloriau), *n.m.* FLOOR, GROUND, STOREY, EARTH
*llawr y neuadd,* AUDITORIUM
*llawr sglefrio,* RINK FLOOR
**llawryf,** (-on -oedd), *n.m.* LAUREL
**llawryfog, -ol,** *a.* LAUREATE
**llawr-sgleinydd,** *n.m.* FLOOR POLISHER
**llawsafiad,** (-au), *n.m.* HANDSTAND
**llawsefyll,** *v.* HANDSTAND
**llawysgrif,** (-au), *n.f.* MANUSCRIPT
**llawysgrifen, (-iadau),** *n.f.* HANDWRITING
**lle,** (-oedd, llefydd), *n.m.* PLACE, ROOM ACCOMMODATION
*yn lle,* INSTEAD OF
*ad,* WHERE
**lleban,** (-od), *n.m.* CLOWN, LOUT
**llecyn,** (-nau), *n.m.* SPOT, PLACE
**llech,** (-au, -i), *n.f.* SLAB, FLAG, SLATE
**llecheira,** *n.m.* CHILBLAINS
**llechen,** (llechi), *n.f.* SLATE
**llechfaen,** *n.m.* BAKESTONE
**llechfeddiant,** (-nnau), *n.m.* ENCROACHMENT
**llechgi,** (-gwn), *n.m.* SNEAK
**llechian,** *v.* SKULK
**llechres,** (-i), *n.f.* LIST, TABLE, INVENTORY
**llechu,** *v.* HIDE, LURK, SHELTER, SKULK
**llechwedd,** (-au, -i), *n.m.* SLOPE, HILLSIDE

**llechwraidd, -us,** *a.* STEALTHY, SNEAKING, SLY
**lled,** (-au), *n.m.* BREADTH, WIDTH
*ar led,* ABROAD
*ad.* RATHER, PARTLY, ALMOST
**lledach,** (-au), *n.f.* ONE OF MIXED DESCENT
**lledaeniad,** (-au), *n.m.* PROPAGATION
**lledaenu,** *v.* SPREAD, CIRCULATE, DISSEMINATE
**lledamcan,** (-ion), *n.m.* APPROXIMATION
**lledamcanu,** *v.* APPROXIMATE
**lleden,** (-od), *n.f.* FLAT-FISH, PLAICE
**lledferwi,** *v.* SIMMER, PARBOIL
**lledfyw,** *a.* HALF DEAD
**llediaith,** *n.f.* 'ACCENT', FOREIGN ACCENT, PROVINCIALISM
**lledled,** *prp.* THROUGHOUT
**llednais,** *a.* MODEST, MEEK, GENTLE
**llednant,** (-nentydd), *n.f.* TRIBUTARY
**lledneisrwydd,** *n.m.* MODESTY, MEEKNESS, GENTLENSS
**lled-orwedd,** *v.* RECLINE, LOLL, LOUNGE
**lledr,** (-au), *n.m.* LEATHER
*lledr y gwefusau,* GUMS
**lledred,** (-ion, -au), *n.m.* LATITUDE
**lledrith,** *n.m.* MAGIC, ILLUSION, APPARITION
*hud a lledrith,* MAGIC AND FANTASY
**lledrithio,** *v.* APPEAR, HAUNT
**lledrithiol,** *a.* ILLUSORY
**lledryw,** *a.* DEGENERATE
**lledu,** *v.* SPREAD, WIDEN, EXPAND, BROADEN, OPEN
**lledwastad,** (-eddau), *n.m.* PENEPLAIN
**lleddf,** *a.* OBLIQUE, SLANTING, FLAT, MINOR, PLAINTIVE
**lleddfolyn,** (-olion), *n.m.* SEDATIVE
**lleddfu,** *v.* SOOTHE, EASE, ABATE, MODERATE
**llef,** (-au), *n.f.* VOICE, CRY
**llefain,** *v.* CRY
**llefareg,** *n.f.* SPEECH TRAINING
**llefaru,** *v.* SPEAK, UTTER
**llefarwr,** (-wyr), *n.m.* | SPEAKER
**llefarydd,** (-ion), *n.m.* |
**llefelyn,** *n.m.* STYE (IN EYE)
**lleferydd,** *n.m.f.* UTTERANCE, SPEECH, VOICE
**llefn,** *a.* f. of *llyfn*
**llefrith,** *n.m.* MILK
**llefrithen,** *n.f.* STYE (IN EYE)
**llegach,** *a.* FEEBLE, WEAK, DECREPIT, INFIRM
**lleng,** (-oedd), *n.f.* LEGION
**lleiaf,** *a.* SMALLEST, LEAST
*o leiaf,* AT LEAST
**lleiafrif,** (-au, -oedd), *n.m.* MINORITY
**lleian,** (-od), *n.f.* NUN
**lleiandy,** (-dai), *n.m.* NUNNERY
**lleibio,** *v.* LAP, LICK
**lleidiog,** *a.* MUDDY, MIRY, DIRTY
**lleidlif,** (-au), *n.m.* MUDFLOW
**lleidr,** (lladron), *n.m.* ROBBER, THIEF, BANDIT
**lleiddiad,** (-iaid), *n.m.* KILLER, ASSASSIN
**lleihad,** *n.m.* DECREASE, DIMINUTION, LITOTES
**lleihaol,** *a.* DECREASING
**lleihau,** *v.* LESSEN, DIMINISH, REDUCE, DECREASE
**lleilai,** *ad.* LESS AND LESS
**lleill,** see *llall*
**lleinasio,** *v.* FILLET WELD
**lleiniog,** *a.* FILLETED
**lleisio,** *v.* SOUND, UTTER, SHOUT, BAWL
**lleisiol,** *a.* VOCAL
**lleisiwr,** (-wyr), *n.m.* VOCALIST
**lleisw,** *n.m.* URINE
**lleithder, -dra,** (-au), *n.m.* DAMP, MOISTURE
**lleithedd,** (-au), *n.m.* MOISTURE
**lleithig,** *n.f.* COUCH, FOOTSTOOL
**llem,** *a.* f. of *llym*
**llemain,** *v.* LEAP, HOP, SKIP
**llemprog,** (-od), *n.f.* LAMPREY
**llen,** (-ni), *n.f.* SHEET, CURTAIN, VEIL
*llen iâ,* ICE SHEET
**llên,** *n.f.* LITERATURE, LORE, LEARNING
*llên a lleyg,* CLERGY AND LAITY
**llencyn,** *n.m.* LAD
**llencyndod,** *n.m.* ADOLESCENCE
**llencynnol,** *a.* ADOLESCENT
**llenfetel,** (-au), *n.m.* SHEET METAL
**llengar,** *a.* LITERARY, LEARNED
**llengig,** (-oedd), *n.f.* DIAPHRAGM, MIDRIFF
*tor llengig,* RUPTURE
**llên-ladrad,** (-au), *n.m.* PLAGIARISM
**llenor,** (-ion), *n.m.* LITERARY MAN
**llen-tân,** *n.m.* SAFETY-CURTAIN
**llenwad,** (-au), *n.m.* FILLING, FILL
**llenwi,** *v.* FILL, FLOW IN
**llenydda,** *v.* PRACTISE LITERATURE
**llenyddiaeth,** (-au), *n.f.* LITERATURE
**llenyddol,** *a.* LITERARY
**lleol,** *a.* LOCAL

**lleolaeth,** (-au), *n.f.* DISTRIBUTION
**lleolbwynt,** (-iau), *n.m.* ORIGIN
**lleoli,** *v.* LOCATE, LOCALISE, PLACE
**lleoliad,** (-au), *n.m.* LOCATION, LOCALIZATION
**llercian,** *v.* LURK, LOITER
**llerciwr,** (-wyr), *n.m.* LURKER, LOITERER
**llerw,** *a.* SUCCULENT, SLENDER
**lles,** *n.m.* BENEFIT, PROFIT, GOOD, ADVANTAGE
*y wladwriaeth les,* THE WELFARE STATE
**llesâd,** *n.m.* ADVANTAGE, BENEFIT, PROFIT
**llesaol,** *a.* BENEFICIAL, PROFITABLE
**llesáu,** *v.* BENEFIT, PROFIT, AVAIL
**llesg,** *a.* FEEBLE, WEAK, FAINT, SLOW, SLUGGISH
**llesgáu,** *v.* LANGUISH, WEAKEN, FAINT
**llesgedd,** *n.m.* WEAKNESS, FEEBLENESS, DEBILITY, LANGUOR
**llesiant,** (-nnau), *n.m.* BENEFIT, ADVANTAGE, WELFARE
**llesmair,** (-meiriau), *n.m.* FAINT, SWOON, SYNCOPE
**llesmeirio,** *v.* FAINT, SWOON
**llesmeiriol,** *a.* FAINTING, ENCHANTING
**llesol,** *a.* BENEFICIAL, PROFITABLE, ADVANTAGEOUS
**llestair,** (-eiriau), *n.m.* OBSTRUCTION, HINDRANCE, HAZARD
**llesteiriant,** (-nnau), *n.m.* FRUSTRATION
**llesteirio,** *v.* HINDER, OBSTRUCT, FRUSTRATE, BAULK
**llestr,** (-i), *n.m.* VESSEL
**llesyddiaeth,** *n.f.* UTILITARIANISM
**lletbai,** *a.* AWKWARD, AWRY, OBLIQUE
**lletben,** (-nau), *n.m.* CHEEK
**lletchwith,** *a.* AWKWARD, CLUMSY
**lletem,** (-au), *n.f.* WEDGE
*lletem bysgod,* FISH FINGER
**lletemu,** *v.* WEDGE
**lletgam,** *a.* CROOKED
*n.m.* SIDE-STEP
**lletgamu,** *v.* SIDE-STEP
**lletraws,** *n.f.* DIAGONAL
*a.* DIAGONAL, OBLIQUE
**lletro,** (-eon), *n.m.* HALF TURN
**lletwad,** (-au), *n.f.* LADLE
**llety,** (-au), *n.m.* LODGING(S)
**lletya,** *v.* LODGE
**lletyaeth,** *n.f.* LODGING
**lletygar,** *a.* HOSPITABLE
**lletygarwch,** *n.m.* HOSPITALITY
**lletywr,** (-wyr), *n.m.* LODGER, HOST
**lletywraig,** (-wragedd), *n.f.* LANDLADY
**llethen,** (-nau), *n.f.* WAFER
**llethol,** *a.* OPPRESSIVE, OVERWHELMING
**llethr,** (-au, -i), *n.m.f.* SLOPE, STEEP, INCLINE
**llethrog,** *a.* SLOPING, STEEP
**llethu,** *v.* OPPRESS, OVERPOWER, CRUSH, SMOTHER, OVERWHELM
**lleuad,** (-au), *n.f.* MOON
*lleuad gilgant,* CRESCENT
*encil y lleuad,* MOON-WANE
*blaen lleuad,* MOON-WAX
**lleufer,** *n.m.* LIGHT, LUMINARY
**lleugylch,** (-au), *n.m.* HALO
**lleuog,** *a.* LOUSY
**lleurith,** (-iau), *n.m.* IMAGE, MIRAGE
**llew,** (-od), *n.m.* LION
**llewa,** *v.* DEVOUR, GULP
**llewes,** (-au), *n.f.* LIONESS
**llewndid,** *n.m.* FULLNESS, ABUNDANCE
**llewpart,** (-iaid), *n.m.* LEOPARD
**llewych,** *n.m.* BRIGHTNESS, LIGHT, GLEAM, LUSTRE
**llewychiant,** (-nnau), *n.m.* LUMINOSITY
**llewychol,** *a.* LUMINOUS
**llewychu,** *v.* SHINE
**llewyg,** (-on), *n.m.* FAINT, SWOON
**llewygu,** *v.* FAINT, SWOON
**llewyrch,** *n.m.* BRIGHTNESS, LIGHT, GLEAM, LUSTRE
*v.* SHINE, GLEAM
**llewyrchus,** *a.* BRIGHT, PROSPEROUS
**llewyrchyn,** *n.m.* GLIMMER
**lleyg,** (-ion), *a.* LAY
**lleygwr,** (-wyr), *n.m.* LAYMAN
**lliain,** (-einiau), *n.m.* LINEN, CLOTH, TOWEL, NAPKIN
**lliaws,** *n.m.* HOST, MULTITUDE
**llibin,** *a.* LIMP, FEEBLE, CLUMSY, DROOPING
**llid,** *n.m.* WRATH, IRRITATION, INFLAMMATION, PASSION
*llid y coluddion,* COLITIS
*llid y ffedog,* PERITONITIS
*llid (pilen) yr ymennydd,* MENINGITIS
*llid yr ysgyfaint,* PNEUMONIA
**llidiart,** (-ardau), *n.f.m.* GATE
**llidio,** *v.* BECOME ANGRY, CHAFE, INFLAME
**llidiog,** *a.* ANGRY, WRATHFUL, INFLAMED
**llidiowgrwydd,** *n.m.* WRATH, INDIGNATION
**llidus,** *a.* INFLAMED

**llidwynebu,** *n.m.* CONFRONTATION
**llieingig,** *n.m.* PERITONEUM
**llif,** (-iau), *n.f.* SAW
(-ogydd), *n.m.* FLOW, FLOOD, DELUGE, CURRENT
**llifanu,** *v.* GRIND, SHARPEN
**llifbridd,** *n.m.* ALLUVIUM
**llifdaflen,** (-ni), *n.f.* FLOW-SHEET
**llifddol,** (-ydd), *n.f.* WATER MEADOW
**llifddor,** (-au), *n.f.* FLOODGATE, LOCK
**llifddur,** (-au), *n.f.* FILE, RASP
**llifddwfr,** (-ddyfroedd), *n.m.* FLOOD, TORRENT
**llifedig,** *a.* DYED, GROUND (of tool)
**llifedd,** *n.m.* FLUIDITY
**llifeiriant,** (-iaint), *n.m.* FLOOD
**llifeirio,** *v.* FLOW, STREAM
**llifeiriol,** *a.* STREAMING, OVERFLOWING
**llifglawdd,** (-gloddiau), *n.m.* LEVEE
**llifio,** *v.* SAW
**llifiwr,** (-wyr), *n.m.* SAWYER
**llifo,** *v.* FLOW, DYE, GRIND (TOOL)
**llifolau,** (-oleuadau), *n.m.* SPOTLIGHT, FLOODLIGHT
**llifoleuo,** *v.* FLOODLIGHT
**llifwaddod,** (-ion), *n.m.* ALLUVIUM
**llifwaddodol,** *a.* ALLUVIAL
**llifwr,** (-wŷr), *n.m.* DYER
**llifwydd,** *n.pl.* PLANKS, BOARDS
**llifydd,** (-ion), *n.m.* FLUID
**llifyddol,** *a.* FLUID
**llifyn,** (-nau, -ion), *n.m.* DYE
**llignaidd,** *a.* LIGNEOUS
**lligneiddio,** *v.* LIGNIFY
**llignin,** *n.m.* LIGNIN
**llilin,** *a.* STREAMLINE
**llilinio,** *v.* STREAMLINE
**llin,** *n.m.* FLAX, LINEAGE, LINE, RANK
*had llin,* LINSEED
**llinach,** (-au), *n.f.* LINEAGE, PEDIGREE
**llindagu,** *v.* STRANGLE, THROTTLE, CHOKE
**llindys,** (*-yn, n.m.*), *n.pl.* CATERPILLARS
**llinell,** (-au), *n.f.* LINE, AXIS, LINE-OUT
*llinell darddiad,* SPRING LINE
*llinell fas,* BASE LINE
*llinell orwel,* EYE LEVEL
**llinelliad,** (-au), *n.m.* LINEATION, DRAWING
**llinellog,** *a.* LINED, RULED
**llinellol,** *a.* LINEAL
**llinellu,** *v.* LINE, DRAW, RUN THE LINE
**llinellwr,** (-wyr), *n.m.* LINESMAN
**llinfap,** (-iau), *n.m.* SKETCH MAP
**llinglwm,** *n.m.* TIGHT KNOT
**lliniarol,** *a.* SOOTHING, PALLIATIVE
**lliniaru,** *v.* SOOTHE, ALLAY, EASE
**lliniarus,** *a.* SOOTHING, ALLEVIATING
**lliniarydd,** (-ion), *n.m.* PALLIATIVE, ANODYNE
**lliniogi,** *v.* HATCHING
**llinol,** *a.* LINEAR
**llinoledd,** *n.m.* LINEARITY
**llinor(yn),** *n.m.* PIMPLE, PUSTULE
**llinorog,** *a.* ERUPTIVE, PURULENT
**llinos,** (-od), *n.f.* LINNET
*llinos werdd,* GREENFINCH
**llinyn,** (-nau), *n.m.* LINE, TAPE, STRING, CORD, TWINE
**llinynnog,** *a.* STRINGED, STRINGY
**llinynnol,** *a.* STRINGED
**llinynnu,** *v.* STING
**llipa,** *a.* LIMP, FLACCID, WEAK
**llipryn,** (-nod), *n.m.* HOBBLEDEHOY, WEAKLING
**llipryn**naidd, *a.* LIMP, FLABBY
**llith,** (-iau, -oedd), *n.f.* LESSON, ARTICLE, LECTURE
(-iau), *n.m.* BAIT, MASH
**llithiad,** (-au), *n.m.* ENTICEMENT, SEDUCTION
**llithiadur,** (-on), *n.m.* LECTIONARY
**llithio,** *v.* ENTICE, SET ON, SEDUCE, FEED
**llithiwr,** (-wyr), *n.m.* ENTICER, SEDUCER
**llithr,** (-au), *n.m.* GLIDE, SLIDE
**llithren,** *n.f.* CHUTE
**llithrfa,** (-feydd), *n.f.* SLIPWAY
**llithriad,** (-au), *n.m.* GLIDE, SLIP, SLUR
**llithrig,** *a.* SLIPPERY, GLIB, FLUENT
**llithrigfa,** (-feydd), *n.f.* SLIPPERY PLACE, CHUTE
**llithrigrwydd,** *n.m.* SLIPPERINESS, FLUENCY
**llithriwl,** (-iau), *n.m.* SLIDE RULE
**llithro,** *v.* SLIP, SLIDE, GLIDE
**llithryn,** (-nau), *n.m.* SLIDE
**lliw,** (-iau), *n.m.* COLOUR, COUNTENANCE, HUE, DYE
*gwahanfur lliw,* COLOUR BAR
*lliw anniflan,* FAST COLOUR
*lliw dydd,* BY DAY
*lliw nos,* BY NIGHT
**lliwddallineb,** *n.m.* COLOUR BLINDNESS
**lliwgar,** *a.* COLOURFUL
**lliwiedig,** *a.* COLOURED
**lliwio,** *v.* COLOUR, DYE
**lliwiog,** *a.* COLOURED

**lliwo,** *v.* COLOUR, DYE
**lliwur,** (-au), *n.m.* DYESTUFF
**llo,** (lloi, lloeau), *n.m.* CALF
**llob,** (-au), *n.m.* DOLT, LOBE
**lloc,** (-iau), *n.m.* FOLD, PEN, ENCLOSURE
**llocio,** *v.* PEN
**lloches,** (-au), *n.f.* REFUGE, SHELTER, LAIR
**llochesu,** *v.* HARBOUR, SHELTER
**llochi,** *v.* STROKE, PAMPER, CARESS
**llodig,** *a.* IN HEAT (OF SOW)
**llodrau,** *n.pl.* TROUSERS
**lloea,** *v.* CALVE
**lloeren,** (-ni, -nau), *n.f.* SATELLITE, SPUTNIK
**lloergan,** *n.m.* MOONLIGHT
**lloergryn,** *n.m.* MOONQUAKE
**lloerig,** *a. & n.m.* LUNATIC
**lloerigrwydd,** *n.m.* LUNACY
**lloerol,** *a.* LUNAR
**llofnaid,** (-neidiau), *n.f.* VAULT
**llofneidio,** *v.* VAULT
**llofnod,** (-au, -ion), *n.m.* SIGNATURE
**llofnodi,** *v.* SIGN, SUBSCRIBE
**llofnodiad,** (-au), *n.m.* SIGNATURE
**llofrudd,** (-ion), *n.m.* MURDERER
**llofruddiaeth,** (-au), *n.f.* MURDER
**llofruddio,** *v.* MURDER
**llofruddiwr,** (-wyr), *n.m.* MURDERER
**lloffa,** *v.* GLEAN
**lloffion,** *n.pl.* GLEANINGS
**llofft,** (-ydd), *n.f.* LOFT, UPSTAIRS, GALLERY, BEDROOM
**lloffwr,** (-wyr), *n.m.* GLEANER
**llog,** (-au), *n.m.* INTEREST, HIRE
*cyfradd llog,* RATE OF INTEREST
*a.* HIRED
**llogell,** (-au), *n.f.* POCKET
**llogi,** *v.* HIRE
**llong,** (-au), *n.f.* SHIP
*llong garthu,* DREDGER
**llongborth,** (-byrth), *n.m.* HARBOUR
**llongddrylliad,** (-au), *n.m.* SHIPWRECK
**llongiad,** (-au), *n.m.* SHIPMENT
**llongiadu,** *v.* SHIP
**llongwr,** (-wyr), *n.m.* SAILOR
**llongwriaeth,** *n.f.* SEAMANSHIP, NAVIGATION
**llom,** *a.* f. of *llwm*
**llon,** *a.* MERRY, GLAD, CHEERFUL
**llonaid, llond,** *a.* FULL
**llonder,** *n.m.* GLADNESS, JOY, CHEERFULNESS
**llongyfarch,** *v.* CONGRATULATE
**llongyfarchiad,** (-au), *n.m.* CONGRATULATION
**lloniant,** *n.m.* JOY, CHEER
**llonni,** *v.* CHEER, GLADDEN
**llonnod,** (llonodau), *n.m.* SHARP (MUSIC)
**llonydd,** *a.* QUIET, STILL, CALM, SATISFIED
**llonyddu,** *v.* QUIETEN, STILL, CALM
**llonyddwch,** *n.m.* QUIETNESS, CALM, STILLNESS
**llorfudiant,** *n.m.* ADVECTION
**llorgynllun,** (-iau), *n.m.* GROUND PLAN
**llorio,** *v.* FLOOR
**llorp,** (-iau), *n.f.* CART-SHAFT
**llorrew,** (-ogydd), *n.m.* GROUND FROST
**llorwedd,** *a.* HORIZONTAL
**llorwedd-dra,** *n.m.* HORIZONTALITY
**llorweddol,** *a.* PROSTRATE, HORIZONTAL
**llosg,** *n.m.* BURNING, ARSON, INFLAMMATION, SCALD (SHEEP)
*llosg eira,* CHILBLAINS
*a.* BURNING, BURNT
**llosgach,** *n.m.* INCEST
**llosgadwy,** *a.* COMBUSTIBLE
**llosgarnedd,** *n.m.* AGGLOMERATE
**llosgfa,** (-fâu, -feydd), *n.f.* BURNING, INFLAMMATION
**llosgfaen,** (-feini), *n.m.* PUMICE STONE
**llosgfynydd,** (-oedd), *n.m.* VOLCANO
**llosgi,** *v.* BURN, SCORCH, SMART
**llosgwrn,** (-gyrnau), *n.m.* TAIL
**llosgydd,** (-ion), *n.m.* INCINERATOR, BURNER
**llostlydan,** (-od), *n.m.* BEAVER
**llu,** (-oedd), *n.m.* HOST
**lluched,** (*-en, n.f.*), *n.pl.* LIGHTNING
**lluchfa,** (-feydd), *n.f.* SNOWDRIFT, THROW
**lluchiad,** (-au), *n.m.* THROW
**lluchio,** *v.* THROW, PELT, DRIFT
**lluchiwr,** (-wyr), *n.m.* THROWER
**lludw, lludy,** *n.m.* ASHES, ASH
**lludd,** (-iau), *n.m.* HINDRANCE, OBSTACLE, IMPEDIMENT
**lludded,** *n.m.* WEARINESS, FATIGUE
**lluddedig,** *a.* WEARY, TIRED
**lluddedu,** *v.* TIRE, WEARY
**lluddiant,** (-nnau), *n.m.* HINDRANCE, OBSTRUCTION, INHIBITION
**lluddias, -io,** *v.* HINDER, PREVENT, OBSTRUCT, FORBID
**lluest,** (-au), *n.m.* TENT, BOOTH, SHIELING
**lluestfa,** (-feydd), *n.f.* ENCAMPMENT

**lluestu,** *v.* ENCAMP
**lluestwr,** (-wyr), *n.m.* CAMPER
**lluesty,** (-tai), *n.m.* TENT, BOOTH
**llufadredd,** *n.m.* HUMIFICATION
**llugaeron,** *n.pl.* CRANBERRIES
**llugoer,** *a.* LUKEWARM, TEPID
**lluman,** (-au), *n.m.* BANNER, FLAG, STANDARD
**llumanu,** *v.* FLAG
**llumon,** (-au), *n.m.* CHIMNEY, BEACON, PEAK
**llun,** (-iau), *n.m.* PICTURE, FORM, IMAGE
**Llun,** *n.m.* MONDAY
**lluniad,** (-au), *n.m.* DRAWING, CONSTRUCTION, STRUCTURE (PSYCH.)
**lluniadaeth,** (-au), *n.f.* CONSTRUCTION, DRAUGHTSMANSHIP
**lluniadu,** *v.* DRAW
**lluniadydd,** *n.m.* DRAUGHTSMAN
**lluniaethu,** *v.* ORDER, ORDAIN, DECREE, PROVIDE
**lluniaidd,** *a.* SHAPELY, GRACEFUL
**lluniant,** (-nnau), *n.m.* FORMATION, ALIGNMENT
**llunio,** *v.* FORM, SHAPE, FASHION, DRAFT
**lluniwr,** (-wyr), *n.m.* MAKER, FORMER, DRAUGHTSMAN
**llun-recordydd,** (-wyr), *n.m.* VIDEO-TAPE RECORDER
**llunwedd,** (-au), *n.m.* LAYOUT
**lluosedd,** *n.m.* PLURALISM
**lluosflwydd,** *a. & n.m.* PERENNIAL
**lluosgell,** *a.* MULTICELLULAR
**lluosi,** *v.* MULTIPLY
**lluosiad,** (-au), *n.m.* MULTIPLICATION
**lluosill(afog),** *a.* POLYSYLLABIC
**lluosog,** *a.* NUMEROUS, PLURAL
**lluosogaeth,** *n.f.* PLURALISM
**lluosogi,** *v.* MULTIPLY
**lluosogiad,** (-au), *n.m.* MULTIPLICATION, MULTIPLICITY
**lluoso(w)grwydd,** *n.m.* MULTITUDE, HOST, NUMEROUSNESS
**lluosogwr,** (-wyr), *n.m.* MULTIPLIER
**lluosol,** *a.* MULTIPLICATIVE
**lluosrif,** (-au), *n.m.* MULTIPLICAND
**lluoswm,** *n.m.* PRODUCT
**lluosydd,** (-ion), *n.m.* MULTIPLIER
**lluosyn,** (-ion), *n.m.* MULTIPLICAND
**llurgunio,** *v.* MANGLE, MUTILATE
**llurguniwr,** (-wyr), *n.m.* MANGLER, MUTILATOR
**llurig,** (-au), *n.f.* COAT OF MAIL, CUIRASS, BREASTPLATE
**llurigog,** *a.* MAIL-CLAD
**llus,** (*-en, n.f.*), *n.pl.* BILBERRIES, WHINBERRIES
**llusern,** (-au), *n.f.* LAMP, LANTERN
**llusg,** (-ion), *n.m.* DRAUGHT, DRAG
**llusgdal,** (-iadau), *n.m.* TOWAGE
**llusgfad,** (-au), *n.m.* TUGBOAT
**llusgiad,** (-au), *n.m.* DRAGGING, DRAWL, TOWAGE
**llusgo,** *v.* DRAG, TRAIL, DRAW, CRAWL
**llusgwr,** (-wyr), *n.m.* DRAGGER, SLOW-COACH
**llutrod,** *n.m.* MIRE, ASHES, DEBRIS
**lluwch,** *n.m.* SNOWDRIFT, SPRAY, DUST
**lluwchfa,** (-fâu, -feydd), *n.f.* SNOWDRIFT
**lluwchio,** *v.* DRIFT, DUST
**lluwchwynt,** (-oedd), *n.m.* BLIZZARD
**lluydd,** (-au), *n.m.* HOST, ARMY
**lluyddu,** *v.* MOBILISE
**llw,** (-on), *n.m.* OATH, CURSE
**llwch,** (llychau), *n.m.* DUST, POWDER, LOUGH, LOCH
**llwdn,** (llydnod), *n.m.* YOUNG ANIMAL
**llwfr,** *a.* COWARDLY, TIMID
**llwfrdra,** *n.m.* COWARDICE
**llwfrddyn, -gi,** *n.m.* COWARD, FUNK
**llwfrhau,** *v.* LOSE HEART, FAINT
**llwg,** *n.m.* SCURVY
**llwglyd,** *a.* HUNGRY, FAMISHED, UNDERFED
**llwgr,** *a.* CORRUPT
**llwgrwobrwy,** (-on), *n.m.* BRIBE
**llwgrwobrwyo,** *v.* BRIBE
**llwgu,** *v.* STARVE, FAMISH
**llwgwm,** *n.m.* LUGWORM
**llwm,** (*llom, f.*), *a.* BARE, EXPOSED, POOR, MEAN
**llwnc,** (llynciau), *n.m.* GULP, GULLET, SWALLOW
**llwncdestun,** (-au), *n.m.* TOAST (HEALTH)
**llwr(w),** *n.m.* TRACK, COURSE
*llwrw ei gefn,* BACKWARDS
**llwtra,** *n.m.* MUD, SLIME, ALLUVIUM, SILT
**llwy,** (-au), *n.f.* SPOON, LADLE
**llwyar(n),** *n.f.* SHOVEL, TROWEL, SLICE
**llwybr,** (-au), *n.m.* PATH, TRACK, ROUTE
*llwybr ceffyl/march,* BRIDLEWAY
**llwybreiddiad,** (-au), *n.m.* DIRECTION, PATH
**llwybreiddio,** *v.* DIRECT, FORWARD
**llwybro,** *v.* WALK
**llwybrydd,** (-ion), *n.m.* PATHFINDER
**llwyd,** *a.* BROWN, GREY, PALE, HOARY

**llwydaidd,** *a.* GREY, PALE
**llwyd(n)i,** *n.m.* GREYNESS, MOULD, MILDEW
**llwydnos,** *n.f.* DUSK, TWILIGHT
**llwydo,** *v.* TURN GREY, BECOME MOULDY
**llwydrew,** (-ogydd), *n.m.* HOARFROST
**llwydrewi,** *v.* CAST HOARFROST
**llwydyn,** *n.m.* GREY MATTER
**llwydd, -iant,** (-nnau), *n.m.* SUCCESS, PROSPERITY
**llwyddiannus,** *a.* SUCCESSFUL, PROSPEROUS
**llwyddo,** *v.* SUCCEED, PROSPER
**llwyfan,** (-nau), *n.m.f.* PLATFORM, STAGE
**llwyfandir,** (-oedd), *n.m.* PLATEAU
**llwyfannu,** *v.* STAGE
**llwyfen,** (llwyf), *n.f.* ELM
**llwyn,** (-i), *n.m.* GROVE, BUSH
(-au), *n.f.* LOIN
**llwynog,** (-od), *n.m.* FOX
**llwynoges,** (-au), *n.f.* VIXEN
**llwynwst,** *n.m.* LUMBAGO
**llwyo,** *v.* USE A SPOON, LADLE
**llwyr,** *a.* COMPLETE, ENTIRE, UTTER, TOTAL
*ad,* ENTIRELY, ALTOGETHER
*px.* TOTAL
**llwyredd,** *n.m.* ENTIRENESS, COMPLETENESS
**llwyrfryd,** *n.m.* DEVOTION, DETERMINATION
**llwyrymatal,** *v.* ABSTAIN TOTALLY
**llwyrymataliwr, llwyrymwrthodwr,** (-wyr), *n.m.* TEETOTALLER
**llwyth,** (-au), *n.m.* TRIBE, CLAN
(-i), *n.m.* LOAD, BURDEN, FREIGHT
**llwythleiner,** (-au, -i), *n.m.* FREIGHTLINER
**llwytho,** *v.* LOAD, BURDEN, CHARGE
**llwythog,** *a.* LADEN, BURDENED
**llychlyd,** *a.* DUSTY
**llychwin,** *a.* DUSTY, SPOILED
**llychwino,** *v.* SOIL, FOUL, MAR, SPOT
**llychyn,** *n.m.* PARTICLE OF DUST, MOTE
**llydan,** *a.* WIDE, BROAD
**llydanu,** *v.* WIDEN, DILATE
**llydnu,** *v.* BRING FORTH
**llyfelyn,** (llyfelod), *n.m.* STYE (IN EYE)
**llyfn,** (*llefn, f.*), *a.* SMOOTH, SLEEK
**llyfnder, -dra,** *n.m.* SMOOTHNESS, SLEEKNESS
**llyfndew,** *a.* SLEEK, PLUMP
**llyfnhau,** *v.* SMOOTH, LEVEL, PLANE
**llyfnu,** *v.* HARROW, LEVEL, SMOOTH
**llyfr,** (-au), *n.m.* BOOK, MANUAL
*llyfr clwt,* RAG BOOK
*llyfr lloffion/manion,* SCRAPBOOK
**llyfrbryf,** (-ed), *n.m.* BOOKWORM
**llyfrder, -dra,** *n.m.* COWARDICE
**llyfrfa,** (-oedd), *n.f.* LIBRARY, BOOKROOM
**llyfrgell,** (-oedd), *n.f.* LIBRARY
**llyfrgellydd,** (-gellwyr, -ion), *n.m.* LIBRARIAN
**llyfrifeg,** *n.m.f.* BOOK-KEEPING
**llyfrnod,** (-au), *n.m.* BOOKMARK
**llyfr-rwymwr,** (-wyr), *n.m.* BOOK-BINDER
**llyfrydd,** (-ion), *n.m.* BIBLIOGRAPHER
**llyfryddiaeth,** (-au), *n.f.* BIBLIOGRAPHY
**llyfryn,** (-nau), *n.m.* BOOKLET, PAMPHLET
**llyfu,** *v.* LICK
**llyffant,** (-od, llyffaint), *n.m.* TOAD
**llyffantws,** *n.m.* BLAIN
**llyffethair,** (-eiriau), *n.f.* FETTER, SHACKLE, INCUMBRANCE
**llyffetheirio,** *v.* FETTER, SHACKLE
**llyg,** (-od), *n.m.f.* SHREW
*a. & n.m.* LAY, LAYMAN
**llygad,** (llygaid), *n.m.f.* EYE
**llygad-dynnu,** *v.* BEWITCH
**llygaden,** (-nau), *n.f.* EYELET
**llygadog,** *a.* SHARP-EYED
**llygadol,** *a.* OPTIC
**llygadrwth,** *a.* STARING, WIDE-EYED
**llygadrythu,** *v.* STARE
**llygadu,** *v.* EYE
**llygatgam,** *a.* SQUINT-EYED
**llygatgraff,** *a.* SHARP-EYED
**llygedyn,** *n.m.* RAY OF LIGHT
**llygeidiog,** *a.* HAVING EYES OR HOLES
**llygliw,** *a.* GREY, MOUSE COLOURED
**llygod,** (*-en, n.f.*), *n.pl.* MICE
*llygoden fawr/ffrengig,* RAT
**llygota,** *v.* CATCH MICE
**llygotwr,** (-wyr), *n.m.* MOUSER
**llygradwy,** *a.* CORRUPTIBLE
**llygredig,** *a.* CORRUPT, DEGRADED, DEFILED
**llygredigaeth,** (-au), *n.f.* CORRUPTION
**llygredd,** *n.m.* CORRUPTNESS, DEPRAVITY
**llygriad,** (-au), *n.m.* CORRUPTION, ADULTERATION
**llygru,** *v.* CORRUPT, CONTAMINATE
**llygrwr,** (-wyr), *n.m.* CORRUPTER, ADULTERATOR

**llynges,** (-au), *n.f.* FLEET, NAVY
**llyngesol,** *a.* NAVAL
**llyngeswr,** (-wyr), *n.m.* NAVY-MAN, SEAMAN
**llyngesydd,** (-ion), *n.m.* ADMIRAL
**llyngyr,** (*-en, n.f.*), *n.pl.* TAPE-WORMS, HELMINTHS, EELWORMS
**llym,** (*llem, f.*), *a.* SHARP, KEEN, ACUTE, SEVERE
**llymaid,** (-eidiau), *n.m.* SIP, DRINK
**llymarch,** (llymeirch), *n.m.* OYSTER
**llymder,** *n.m.* SHARPNESS, KEENNESS, SEVERITY
**llymder, -dra,** *n.m.* BARENESS, POVERTY
**llymdost,** *a.* SEVERE, ACUTE, RIGOROUS
**llymeitian, -io,** *v.* TIPPLE, SIP
**llymeitiwr,** (-wyr), *n.m.* TIPPLER, SOT
**llymhau,** (from *llwm*), *v.* MAKE BARE, IMPOVERISH
**llymhau,** (from *llym*), *v.* SHARPEN
**llymrïen,** (llymrïaid), *n.f.* SAND-EEL
**llymrig,** *a.* CRUDE, RAW, HARSH, SLIP-SHOD
**llymru,** *n.m.* FLUMMERY
**llymsur,** *a.* ACRID
**llymu,** *v.* SHARPEN, WHET
**llyn,** *n.m.* DRINK
*bwyd a llyn,* FOOD AND DRINK
**llyn,** (-noedd, -nau), *n.m.f.* LAKE, POND, POOL
*cronlyn,* MORAINE DAMMED LAKE
*llyn cafnog,* GOUGED-OUT LAKE
*ystumllyn,* OX-BOW LAKE
*llyn hirgul,* RIBBON LAKE
*rhewlyn,* GLACIAL LAKE
**llyna,** *v.* BEHOLD, LO
**llynciad,** (-au), *n.m.* SWALLOWING, GULP
**llyncdwll,** (-dyllau), *n.m.* SWALLOW HOLE
**llyncoes,** *n.m.* SPAVIN
**llyncu,** *v.* SWALLOW, GULP, DEVOUR, ABSORB
**llyncwr,** (-wyr), *n.m.* SWALLOWER
**llynedd,** *n.f.* LAST YEAR
**llyn-glwm,** *n.m.* TIGHT-KNOT
**llynmeirch,** *n.m.* GLANDERS
**llynnol,** *a.* LACUSTRINE
**llynoleg,** *n.m.f.* LIMNOLOGY
**llyo,** *v.* LICK
**llys,** (-oedd), *n.m.* COURT, HALL, PALACE
*Llys Ieuenctid,* JUVENILE COURT
*Llys y Goron,* CROWN COURT
*Y Llys Canolog Troseddau,* CENTRAL CRIMINAL COURT
*n.m.* SLIME
**llysaidd,** *a.* COURTLY, POLITE
**llysblant,** *n.pl.* STEP-CHILDREN
**llyschwaer,** *n.f.* STEP-SISTER
**llysenw,** (-au), *n.m.* NICKNAME
**llysenwi,** *v.* NICKNAME
**llysfam,** *n.f.* STEP-MOTHER
**llysfwytäwr,** (-wyr), *n.m.* VEGETARIAN
**llysgenhadaeth,** (-genadaethau), *n.f.* EMBASSY
**llysgenhadol,** *a.* AMBASSADORIAL
**llysgenhadwr, llysgennad,** *n.m.* AMBASSADOR
**llysiau,** (*-ieuyn, n.m.*), *n.pl.* HERBS, VEGETABLES
*llysiau blas,* HERBS
**llysieueg,** *n.f.m.* BOTANY
**llysieuog, -ol,** *a.* HERBAL, VEGETABLE
**llysieuwr,** (-wyr), *n.m.* HERBALIST
**llysieuydd,** *n.m.* BOTANIST
**llyslau,** *n.pl.* APHIS, BLIGHT
**llysleiddiad,** (-au), *n.m.* HERBICIDE
**llysnafedd,** *n.m.* SLIME, MUCUS
**llysnafeddog,** *a.* SLIMY
**llysol,** *a.* BELONGING TO A COURT
**llystad,** (-au), *n.m.* STEP-FATHER
**llystyfiant,** (-nnau), *n.m.* VEGETATION
**llysu,** *v.* REFUSE, REJECT
**llyswenwyn,** *n.m.* HERBICIDE
**llysyddiaeth,** *n.m.* VEGETARIANISM
**llysysol,** *a.* HERBIVOROUS
**llythreniad,** (-au), *n.m.* LETTERING
**llythrennedd,** *n.m.* LITERACY
**llythrennog,** *a.* LITERATE
**llythrennol,** *a.* LITERAL
**llythrenolwr,** (-wyr), *n.m.* LITERALIST
**llythyr,** (-au, -on), *n.m.* LETTER
*llythyr cyfar,* COVERING LETTER
*llythyr cofrestredig,* REGISTERED LETTER
**llythyrdwll,** (-dyllau), *n.m.* LETTER BOX
**llythyrdy,** (-dai), *n.m.* POST-OFFICE
**llythyren,** (llythrennau), *n.f.* LETTER
**llythyrgerdyn,** (-gardiau), *n.m.* LETTER CARD
**llythyrnod,** (-au), *n.m.* POSTAGE-STAMP
**llythyrwr,** (-wyr), *n.m.* LETTER-WRITER
**llyw,** (-iau), *n.m.* RULER, RUDDER, HELM
**llywaeth,** *a.* PET, TAME
**llyweth,** (-au), *n.f.* LOCK OF HAIR
**llywiawdwr,** (-wyr), *n.m.* GOVERNOR, RULER
**llywio,** *v.* STEER, GOVERN, DIRECT
**llywionen,** *n.f.* CANVAS SHEET

**llywiwr,** (-wyr), *n.m.* HELMSMAN
**llywodraeth,** (-au), *n.f.* GOVERNMENT
**llywodraethiad,** (-au), *n.m.* REGENCY
**llywodraethol,** *a.* GOVERNING, DOMINANT
**llywodraethu,** *v.* GOVERN, RULE, CONTROL
**llywodraethwr,** (-wyr), *n.m.* GOVERNOR, RULE
**llywodraethwr, -ydd,** (-wyr), *n.m.* CONTROL UNIT
**llywydd,** (-ion), *n.m.* PRESIDENT, DOMINANT
**llywyddiaeth,** (-au), *n.f.* PRESIDENCY
**llywyddol,** *a.* PRESIDENTIAL
**llywyddu,** *v.* PRESIDE

**mab,** (meibion, meib), *n.m.* BOY, SON, MAN, MALE
**mabaidd,** *a.* FILIAL
**maban,** (-od), *n.m.* BABY, BABE
**mabandod,** (-au), *n.m.* CHILDHOOD, INFANCY
**mabiaith,** *n.f.* BABY TALK
**mabinogi,** *n.m.* TALE, STORY
**mablygad,** *n.m.* EYEBALL
**maboed,** *n.m.* CHILDHOOD, YOUTH, INFANCY
**mabolaeth,** *n.f.* SONSHIP, YOUTH, BOYHOOD, FILIATION
**mabolaidd,** *a.* YOUTHFUL, BOYISH
**mabolgamp,** (-au), *n.f.* GAME, SPORT, FEAT
**mabolgampwr,** (-wyr),*n.m.* ATHLETE
**mabsant,** *n.m.* PATRON SAINT
**mabwysiad,** *n.m.* ADOPTION
**mabwysiadu,** *v.* ADOPT
**macai,** (-eiod), *n.m.* MAGGOT, GRUB
**macaroni,** *n.m.* MACARONI
**macarŵn,** *n.m.* MACAROON
**macrell,** (mecryll), *n.m.f.* MACKEREL
**macrocosm,** (-au), *n.m.* MACROCOSM
**macsimwm,** (macsima), *n.m.* MAXIMUM
**macsu,** *v.* BREW
**macwi,** *n.m.* MAQUI
**macwla,** *n.m.* MACULA
**macwy,** (-aid), *n.m.* YOUTH, PAGE
**macyn,** (-nau), *n.m.* HANDKERCHIEF, NAPKIN
**mach,** (meichiau), *n.m.* SURETY, BAIL.
**machlud, -iad,** *n.m.* SETTING, GOING DOWN
**machlud, -o,** *v.* SET, GO DOWN
**machnïydd,** *n.m.* MEDIATOR
**mad,** *a.* GOOD, SEEMLY
**madalch, -arch,** (-au), *n.m.* TOADSTOOL, MUSHROOM
**madam,** *n.f.* MADAM
**madarchen,** (madarch), *n.f.* MUSHROOM
**madfall,** (-od), *n.f.* LIZARD, NEWT
**madfyw,** *a.* HALF-DEAD
**madredd,** *n.m.* PUTREFACTION, GANGRENE
**madreddu,** *v.* PUTREFY, FESTER
**madrigal,** (-au), *n.m.* MADRIGAL
**madrondod,** *n.m.* GIDDINESS, STUPEFACTION
**madroni,** *v.* MAKE OR BECOME GIDDY
**madru,** *v.* PUTREFY, ROT, FESTER
**madrudd (yn),** *n.m.* MARROW, CARTILAGE
*madrudd(yn) y cefn,* SPINAL CORD
**madyn,** *n.m.* FOX
**maddau,** *v.* FORGIVE, PARDON, RENOUNCE
**maddeuant,** *n.m.* FORGIVENESS, PARDON
**maddeueb,** (-au), *n.f.* (PAPAL) INDULGENCE
**maddeugar,** *a.* FORGIVING
**maddeuol,** *a.* FORGIVING
**maddeuwr,** (-wyr), *n.m.* PARDONER
**mae,** *v.* IS, ARE, THERE IS, THERE ARE
**maeden,** *n.f.* SLUT, JADE
**maeddu,** *v.* CONQUER, BEAT, FOUL
**mael,** (-ion), *n.f.* GAIN, PROFIT
**maelfa,** (-oedd), *n.f.* SHOP
**maen,** (main, meini), *n.m.* STONE
*maen tramgwydd,* STUMBLING BLOCK
*maen prawf,* CRITERION, TOUCHSTONE
**maenol,** (-au), *n.f.* | MANOR
**maenor,** (-au), *n.f.* | MANOR
**maenordy,** (-dai), *n.m.* MANOR HOUSE
**maentumio,** *v.* MAINTAIN
**maer,** (meiri, -od), *n.m.* MAYOR
**maeres,** (-au), *n.f.* MAYORESS
**maerol,** *a.* MAYORAL
**maeryddiaeth,** *n.f.* MAYORALTY
**maes,** (meysydd), *n.m.* FIELD, SQUARE, SYLLABUS
*i maes,* OUT
*maes o law,* SHORTLY
**maesglaf,** (-gleifion), *n.m.* OUTPATIENT
**maeslywydd,** (-ion), *n.m.* FIELD-MARSHAL
**maestir,** (-oedd), *n.m.* OPEN COUNTRY, PLAIN
**maestref,** (-i, -ydd), *n.f.* SUBURB
**maesu,** *v.* FIELD
**maeswellt,** *n.m.* AGROSTIS
**maeth,** (-ion), *n.m.* NOURISHMENT, NUTRIMENT
**maetheg,** *n.f.* NUTRITION
**maethlon,** *a.* NOURISHING
**maethloneg,** *n.f.* SCIENCE OF NUTRITION
**maethlyn,** (-nau), *n.m.* BEVERAGE
**maethu,** *v.* NURTURE, NOURISH
**maethydd,** (-ion), *n.m.* NUTRIENT, NOURISHER
**mafon,** (*-en, n.f.*), *n.pl.* RASPBERRIES
**magïen,** (magïod), *n.f.* GLOW-WORM
**magl,** (-au), *n.f.* SNARE, MESH
**maglu,** *v.* SNARE, MESH, TRIP
**maglys,** (-iau), *n.m.* LUCERNE
**magnel,** (-au), *n.f.* CANNON, GUN
**magnelaeth,** *n.f.* ARTILLERY

**magnesiwm,** *n.m.* MAGNESIUM
**magnet,** (-au), *n.m.* MAGNET
**magnetedd,** *n.m.* MAGNETISM
**magneteg,** *n.m.f.* MAGNETISM (STUDY)
**magneteiddio,** *v.* MAGNETISE
**magnetig,** *a.* MAGNETIC
**magneto,** (-eon), *n.m.* MAGNETO
**magu,** *v.* BREED, NURSE, REAR, GAIN
**magwraeth,** *n.f.* NURTURE, NOURISHMENT
**magwrfa,** (-oedd, -feydd), *n.f.* NURSERY, NURTURE
**magwyr,** (-ydd), *n.f.* WALL
**mangl,** (-au), *n.m.* MANGLE
**maharen,** (meheryn), *n.m.* RAM, WETHER
**mahogani,** *n.m.* MAHOGANY
**Mai,** *n.m.* MAY
**mai,** *c.* THAT
**maidd,** *n.m.* WHEY
**main,** (meinion), *a.* THIN, LEAN, SLENDER, FINE, SHRILL
*main y cefn,* SMALL OF THE BACK
**mainc,** (meinciau), *n.f.* BENCH, FORM, SEAT
**maint,** (meintiau), *n.m.* SIZE, NUMBER, QUANTITY
**maintioli,** *n.m.* SIZE, STATURE, MAGNITUDE
**maip,** (*meipen, n.f.*), *n.pl.* TURNIPS
**maith,** (meithion), *a.* LONG, TEDIOUS
**mâl,** *a.* GROUND
*aur mâl,* WROUGHT GOLD
**malais,** *n.m.* MALICE
**malaria,** *n.m.* MALARIA
**maldod,** *n.m.* AFFECTION, DALLIANCE
**maldodi,** *v.* PAMPER, FONDLE, PET
**maleisus,** *a.* MALICIOUS
**maleithiau,** *n.pl.* CHILBLAINS
**malen,** *n.f.* MELANCHOLY, DEPRESSION
**malio,** *v.* HEED, CARE, MIND
**malpau,** *n.pl.* AFFECTION
**malu,** *v.* GRIND, MINCE, CHOP, MILL, SMASH
**maluriad,** (-au), *n.m.* DISINTEGRATION
**malurion,** *n.pl.* FRAGMENTS, DEBRIS, BRASH
**malwod,** (*-en, malwen, n.f.*), *n.pl.* SNAILS
**mall,** *n.f.* BLIGHT
*y fall,* THE DEVIL
*a.* CORRUPT, EVIL, BLASTED
**malltod,** *n.m.* ROT, BLIGHT, BLAST
**mallu,** *v.* ROT, BLAST
**mam,** (-au), *n.f.* MOTHER, DAM
**mam-gu,** *n.f.* GRANDMOTHER
**mamaeth,** (-od), *n.f.* NURSE
**mamal,** (-od, -iaid), *n.m.* MAMMAL
**mamiaith,** *n.f.* MOTHER TONGUE
**mamog,** (-iaid, -ion), *n.f.* EWE, DAM
**mamolion,** *n.pl.* MAMMALIA
**mamoth,** (-iaid), *n.m.* MAMMOTH
**mamwlad,** *n.f.* MOTHERLAND
**man,** (-nau), *n.m.f.* PLACE, SPOT, MARK, BLEMISH
**mân,** *a.* TINY, SMALL, MINUTE, FINE, PETTY
**manbeth,** (-au), *n.m.* TRIFLE, SMALL THING
**manblu,** *n.pl.* DOWN
**mandad,** (-au), *n.m.* MANDATE
**mandolin,** (-au), *n.m.* MANDOLIN
**mandrel,** (-au), *n.m.* MANDREL
**mandyllog,** *a.* POROUS
**mân-ddarlun,** (-iau), *n.m.* MINIATURE
**manedd,** *n.m.* FINENESS
**maneg,** (menig), *n.f.* GLOVE, GAUNTLET
**manganîs,** *n.m.* MANGANESE
**mangoed,** *n.pl.* BRUSHWOOD, SCRUB
**mangre,** *n.f.* PLACE, SPOT
**mania,** *n.m.* MANIA
**manicin,** *n.f.* MANNEQUIN
**maniffesto,** *n.m.* MANIFFESTO
**maniffold,** (-au), *n.m.* MANIFOLD
**manion,** *n.pl.* TRIFLES, SCRAPS, BIT, PART
**maniwal,** *n.m.* MANUAL
**manna,** *n.m.* MANNA
**mans,** *n.m.* MANSE
**mân-sôn,** *n.m.* MUTTERING, GRUMBLING
**mant,** (-au), *n.m.f.* MOUTH, LIP
**mantach,** *a.* TOOTHLESS
**mantais,** (manteision), *n.f.* ADVANTAGE
**manteisio,** *v.* TAKE ADVANTAGE, PROFIT
**manteisiol,** *a.* ADVANTAGEOUS, PROFITABLE
**mantell,** (-oedd, mentyll), *n.f.* MANTLE, ROBE
**mantol,** (-ion), *n.f.* BALANCE
**mantoledd,** (-au), *n.m.* BALANCE
**mantolen,** (-ni), *n.f.* BALANCE-SHEET
**mantoli,** *v.* WEIGH, BALANCE
**mân-werthu,** *v.* RETAIL
**mân-werthwr,** (-wyr), *n.m.* RETAILER
**manwl,** *a.* EXACT, STRICT, CAREFUL, PARTICULAR, FINE
**manwl-gywir,** *a.* PRECISE
**manws,** *n.m.* MANUS
**mân-wythi,** (*-ïen, n.f.*), *n.pl.* CAPILLARIES

**manyldeb,** / **manylrwydd,** *n.m.* EXACTNESS, DETAIL
**manylion,** *n.pl.* PARTICULARS, DETAILS
**manylu,** *v.* PARTICULARISE, GO INTO DETAIL
**manylyn,** (manylion), *n.m.* DETAIL
**map,** (-iau), *n.m.* MAP
*map tirwedd,* RELIEF MAP
*map cyfuchlin,* CONTOUR MAP
**mapio,** *v.* MAP
**mapiwr,** (-wyr), *n.m.* CARTOGRAPHER
**marblen,** (marblys), *n.f.* MARBLE
**marc,** (-iau, -au), *n.m.* MARK
**marcio,** *v.* MARK, MARK OUT
**marciwr,** (-wyr), *n.m.* MARKER
**marcsydd,** *n.m.* MARXIST
**march,** (meirch), *n.m.* STALLION, HORSE
**marchlu,** (-oedd), *n.m.* CAVALRY
**marchnad,** (-oedd), *n.f.* MARKET
**marchnadfa,** (-feydd), *n.f.* MARKET-PLACE
**marchnadol,** *a.* MARKETABLE
**marchnata, -áu,** *v.* TRADE, MARKET
**marchnatwr,** (-wyr), *n.m.* MERCHANT
**marchnerth,** (-oedd), *n.m.* HORSEPOWER
**marchocáu,** *v.* RIDE
**marchog,** (-ion), *n.m.* HORSEMAN, RIDER, KNIGHT
**marchogaeth,** *v.* RIDE
**marchoges,** (-au), *n.f.* HORSEWOMAN
**marchogwr,** (-wyr) *n.m.* RIDER, HORSEMAN
**marchredyn,** (*-en, n.f.*), *n.pl.* POLYPODY FERN
**marchwellt,** *n.pl.* COARSE GRASS
**marchwreinyn,** *n.m.* RINGWORM
**margarin,** *n.m.* MARGARINE
**marian,** (-nau), *n.m.* BEACH, MORAINE, BOUNDARY
**marlad, -at,** *n.m.* DRAKE
**marmalêd,** (-au), *n.m.* MARMALADE
**marmor,** *n.m.* MARBLE
**maro,** *n.m.* MARROW
**marsialydd,** (-ion), *n.m.* MARSHAL
**marsiandïaeth,** *n.f.* MERCHANDISE
**marsiandïwr,** (-wyr), *n.m.* MERCHANT
**marsipan,** *n.m.* MARZIPAN
**mart,** (-au), *n.m.* MART
**marw,** (meirw, meirwon), *n. & a.* DEAD
*v.* DIE
**marwaidd,** *a.* LIFELESS, SLUGGISH, GANGRENOUS
**marweiddiad,** (-au), *n.m.* MORTIFICATION
**marwdon,** *n.f.* SCURF
**marwdy,** (-dai), *n.m.* MORTUARY
**marweidd-dra,** *n.m.* DEADNESS, SLUGGISHNESS
**marweiddiad,** *n.m.* MORTIFICATION
**marweiddio,** *v.* DEADEN, MORTIFY
**marwgig,** *n.m.* PROUD FLESH
**marwhad,** *n.m.* MORTIFICATION
**marwhau,** *v.* MORTIFY
**marŵn,** *n.m. & a.* MAROON
**marwnad,** (-au), *n.f.* LAMENT, ELEGY
**marwol,** *a.* DEADLY, FATAL, MORTAL
**marwolaeth,** (-au), *n.f.* DEATH
**marwoldeb,** *n.m.* / **marwoledd,** *n.m.* MORTALITY
**marwolion,** *n.pl.* MORTALS
**marwor,** *(-yn, n.m.), n.pl.* / **marwydos,** *n.pl.* EMBERS
**mâs,** (-iau), *n.m.* MACE
**más,** (-iau), *n.m.* MASS
**masarnen,** (masarn), *n.f.* MAPLE, SYCAMORE
**masfawr,** *a.* MASSIVE
**masg,** (-iau), *n.m.* MASK, MESH
**masgl,** (-au), *n.f.* SHELL, POD
**masglo, -u,** *v.* SHELL, INTERLACE
**masgynhyrchu,** *v.* MASS PRODUCE / *n.m.* MASS PRODUCTION
**mashîn,** (-inau), *n.m.* MACHINE
**masiff,** (-au), *n.m.* MASSIF
**masiwn,** (-iyniaid), *n.m.* MASON
**masnach,** (-au), *n.f.* TRADE, COMMERCE
*masnach adwerthol,* RETAIL TRADE
*masnachau dosbarthol,* DISTRIBUTIVE TRADES
**masnachdy,** (-dai), *n.m.* BUSINESS PREMISES, SHOP
**masnacheg,** *n.m.f.* COMMERCE
**masnachol,** *a.* COMMERCIAL, BUSINESS
**masnachu,** *v.* TRADE, DO BUSINESS, TRAFFIC
**masnachwr,** (-wyr), *n.m.* TRADESMAN, DEALER, MERCHANT
**masocïaeth,** *n.f.* MASOCHISM
**mast,** (-iau), *n.m.* MAST
**mastitis,** *n.m.* MASTITIS
**mastwrbedd,** *n.m.* MASTURBATION
**mastwrbio,** *v.* MASTURBATE
**masw,** *a.* SOFT, WANTON, MERRY, FICKLE
**maswedd,** *n.m.* RIBALDRY, WANTONNESS
**masweddol,** *a.* RIBALD, WANTON

**maswr,** (-wyr), *n.m.* OUTSIDE-HALF
**mat,** (-iau), *n.m.* MAT
**matador,** *n.m.* MATADOR
**mater,** (-ion), *n.m.* MATTER, SUBJECT
**materol,** *a.* MATERIAL, MATERIALISTIC
**materoliaeth,** *n.f.* MATERIALISM
**materoliaethwr,** (-wyr), *n.m.* MATERIALIST
**materolwr, -ydd,** (-wyr), *n.m.* MATERIALIST
**matog,** (-au), *n.f.* MATTOCK
**matras,** (-resi), *n.f.* MATTRESS
**matrics,** (-au), *n.m.* MATRIX
**mats(i)en,** (matsys), *n.f.* MATCH
**matsio,** *v.* MATCH
**math,** (-au), *n.m.* SORT, KIND SPECIES
**mathemateg,** *n.m.* MATHEMATICS
**mathemategol,** *a.* MATHEMATICAL
**mathemategwr,** (-wyr), *n.m.* MATHEMATICIAN
**mathradur,** (-on), *n.m.* CRUSHER
**mathru,** *v.* TRAMPLE, GRIND, CRUSH
**mawl,** *n.m.* PRAISE
**mawlgan,** (-euon), *n.f.* PAEAN
**mawn,** *n.m.* PEAT
**mawnen,** (-nau, -ni), *n.f.* SLICE OF PEAT
**mawnog,** (-ydd), *a.* PEAT-BOG
*n.f.* PEATY
**mawr,** (-ion), *a.* GREAT, BIG, LARGE
**mawredd,** *n.m.* GREATNESS, GRANDEUR, MAJESTY
**mawreddog,** *a.* GRAND, MAJESTIC, GRANDIOSE
**mawrfrydig,** *a.* MAGNANIMOUS
**mawrfrydigrwydd,** *n.m.* MAGNANIMITY, PRIDE
**mawrhad,** *n.m.* HONOUR
**mawrhau,** *v.* MAGNIFY, ENLARGE
**mawrhydi,** *n.m.* MAJESTY
**Mawrth,** *n.m.* MARCH, TUESDAY, MARS
**mawrygiad,** (-au), *n.m.* MAGNIFICATION
**mawrygu,** *v.* GLORIFY, EXTOL
**mebyd,** *n.m.* CHILDHOOD, INFANCY, YOUTH
**mecaneg,** *n.f.* MECHANICS
*mecaneg gymwys,* APPLIED MECHANICS
**mecaneiddiad,** (-au), *n.m.* MECHANISATION
**mecaneiddio,** *v.* MECHANISE
**mecanwaith,** (-weithiau), *n.m.* MECHANISM
**mecanyddol,** *a.* MECHANICAL
**mechdeyrn,** (-edd), *n.m.* OVERLORD
**mechni,** (-ïon), *n.m.* SURETY, BAIL
**mechnïaeth,** *n.f.* SURETYSHIP, BAIL
**mechnïo,** *v.* BECOME SURETY
**mechnïwr,** (-wyr), *n.m.* } SURETY, BAIL
**mechnïydd,** (-ion), *n.m.* }
**medal,** (-au), *n.f.m.* MEDAL
**medel,** (-au), *n.f.* REAPING, REAPING PARTY
**medi,** *v.* REAP
**Medi,** *n.m.* SEPTEMBER
**medr,** (-au), *n.m.* SKILL, ABILITY
**medru,** *v.* KNOW, BE ABLE, HIT
**medrus,** *a.* SKILFUL, ABLE, CLEVER
**medrusrwydd,** *n.m.* SKILL, CLEVERNESS
**medrydd,** (-ion), *n.m.* GAUGE
**medryddu,** *v.* GAUGE
**medd,** *n.m.* MEAD
*v.* SAYS, SAID
**meddal,** *a.* SOFT, TENDER, PLIABLE
**meddalhau,** *v.* } SOFTEN
**meddalu,** *v.* }
**meddalnod,** (-au), *n.m.* FLAT (MUSIC)
**meddalu,** *v.* CUSHION, SOFTEN
**meddalwch,** *n.m.* SOFTNESS
**meddiannaeth,** *n.f.* OCCUPATION
**meddiannol,** *a.* POSSESSING, POSSESSIVE
**meddiannu,** *v.* POSSESS, OCCUPY, OBTAIN
**meddiant,** (-iannau), *n.m.* POSSESSION, SEISIN
**meddu,** *v.* POSSESS, OWN
**meddw,** (-on), *a.* DRUNK
**meddwdod,** *n.m.* DRUNKENNESS
**meddwi,** *v.* GET DRUNK, INTOXICATE
**meddwl,** *v.* THINK, MEAN, INTEND
(-yliau), *n.m.* THOUGHT, MIND, MEANING, OPINION
**meddwol,** *a.* INTOXICATING
**meddwyn,** (-won), *n.m.* DRUNKARD
**meddyg,** (-on), *n.m.* DOCTOR
**meddygaeth,** *n.f.* MEDICINE
**meddygfa,** (-feydd), *n.f.* SURGERY
**meddyginiaeth,** (-au), *n.f.* REMEDY, MEDICINE
**meddyginiaethu,** *v.* CURE, REMEDY, TREAT
**meddyglyn,** *n.m.* DRINK OF MEAD, MEDICINE
**meddygol,** *a.* MEDICAL
**meddylddrych,** (-au), *n.m.* IDEA
**meddyleg,** *n.f.* PSYCHOLOGY
**meddylegwr,** (-wyr), *n.m.* PSYCHOLOGIST

**meddylfryd,** *n.m.* THOUGHT, INCLINATION, BENT
**meddylgar,** *a.* THOUGHTFUL, PENSIVE
**meddylgarwch,** *n.m.* THOUGHTFULNESS
**meddyliaeth,** *n.f.* MENTALISM
**meddyliol,** *a.* MENTAL, INTELLECTUAL
**meddyliwr,** (-wyn), *n.m.* THINKER
**meddylu,** *v.* MEDITATE, WOOLGATHER
**mefl,** (-au), *n.m.* BLEMISH, SHAME, DISGRACE
**mefus,** (*-en, n.f.*), *n.pl.* STRAWBERRIES
**megalith,** (-iau), *n.m.* MEGALITH
**megalopolis,** (-iau), *n.m.* MEGALOPOLIS
**megatherm,** (-au), *n.m.* MEGATHERM
**megin,** (-au), *n.f.* BELLOWS
**megino,** *v.* WORK BELLOWS, BLOW
**megis,** *c. & prp.* AS, SO AS, LIKE
**Mehefin,** *n.m.* JUNE
**meic,** (-iau), *n.m.* MICROPHONE
**meicoleg,** *n.f.* MYCOLOGY
**meicolegydd,** *n.m.* MYCOLOGIST
**meicosis,** *n.m.* MYCOSIS
**meicrobioleg,** *n.f.m.* MICROBIOLOGY
**meicroffon,** (-au), *n.m.* MICROPHONE
**meicrosbôr,** *n.m.* MICROSPORE
**meicrosgop,** (-au), *n.m.* MICROSCOPE
**meichiad,** (-iaid), *n.m.* SWINEHERD
**meichiau,** (-iafon), *n.m.* SURETY, BAIL
**meidon,** *n.m.* MEDIANT
**meidr,** (-au), *n.m.* METER
**meidrol,** *a.* FINITE
**meidroldeb,** *n.m.* FINITENESS
**meidrydd,** (-ion), *n.m.* GAUGE
**meidryddu,** *v.* GAUGE
**meiddio,** *v.* DARE, VENTURE
**meiddion,** *n.pl.* CURDS AND WHEY
**meilart,** *n.m.* DRAKE
**meilwn(g),** (-yn(g)au), *n.m.* ANKLE
**meillion,** *(-en, n.f.), n.pl.* CLOVER
**meillionog,** *a.* HAVING CLOVER
**meim,** (-iau), *n.m.f.* MIME
**meimio,** *v.* MIME
**meinciwr,** (-wyr), *n.m.* BENCHER
**meincnod,** (-au), *n.m.* BENCH MARK
**meinder,** *n.m.* FINENESS, SLENDERNESS
**meindio,** *v.* MIND, CARE
**meindiwb,** (-iau), *n.m.* CAPILLARY TUBE
**meindwll,** (-dyllau), *n.m.* PORE
**meindwr,** (-dyrau), *n.m.* SPIRE, MINARET
**meingefn,** (-au), *n.m.* SMALL OF THE BACK
**meinhau,** *v.* GROW SLENDER, TAPER
**meinir,** *n.f.* MAIDEN
**meinllais,** *n.m.* SHRILL VOICE, TREBLE
**meintiol,** *a.* QUANTITATIVE
**meintoli,** *v.* QUANTIFY
**meintoliad,** *n.m.* QUANTIFICATION
**meintoniaeth,** *n.f.* GEOMETRY
**meinwe,** (-oedd), *n.f.* TISSUE
**meiopia,** *n.m.* MYOPIA
**meiosis,** (meioses), *n.m.* MEIOSIS
**meipen,** (maip), *n.f.* TURNIP
**meiriol,** *n.m.* THAW
**meirioli,** *v.* THAW
**meirw-ddewiniaeth,** *n.f.* NECROMANCY
**meistr,** (-i, -iaid, -adoedd), *n.m.* MASTER, OWNER
**meistres,** (-i), *n.f.* MISTRESS
**meistrolaeth,** *n.f.* MASTERY
**meistrolgar,** *a.* MASTERLY
**meistroli,** *v.* MASTER
**meitin,** *n.m. ers meitin,* A GOOD WHILE SINCE
**meitr,** (-au), *n.m.* MITRE
**meitro,** *v.* MITRE
**meithder,** (-au), *n.m.* LENGTH, TEDIOUSNESS
**meithrin,** *v.* NURTURE, REAR, FOSTER
**meithrinfa,** (-oedd), *n.f.* NURSERY
**mêl,** *n.m.* HONEY
**melan,** *n.f.* MELANCHOLY
**melancolia,** *n.m.* MELANCHOLIA
**melanedd,** *n.m.* MELANISM
**melen,** *a.* f. of *melyn*
**melfa,** (-feydd, -fâu), *n.f.* NECTARY
**melfaréd,** *n.m.* CORDUROY
**melfed,** (-au), VELVET
**melin,** (-au), *n.f.* MILL
*melin strip boeth,* HOT STRIP MILL
**melinwaith,** *n.m.* MILLWORK
**melinydd,** (-ion), *n.m.* MILLER
**melodaidd,** *a.* MELODIOUS
**melodi,** *n.f.* MELODY
**melodrama,** (-dramâu), *n.f.* MELODRAMA
**melon,** (-au), *n.m.* MELON
**melyn,** (*melen, f.*), *a.* YELLOW
**melynder, -dra,** *n.m.* YELLOWNESS
**melynddu,** *a.* TAWNY, SWARTHY
**melyni,** *n.m.* YELLOWNESS, JAUNDICE
**melynu,** *v.* YELLOW
**melynwy,** (-au), *n.m.* YOLK
**melynwyn,** *a.* CREAM
**melys,** *a.* SWEET
(-ion), *n.pl.* SWEETS
**melyster, -tra,** *n.m.* SWEETNESS

**melysol,** *a.* SWEETENING
**melysu,** *v.* SWEETEN
**mellt,** (*-en, n.f.*), *n.pl.* LIGHTNING
**melltennu,** *v.* FLASH LIGHTNING
**melltigedig,** *a.* ACCURSED, CURSED
**melltith,** (-ion), *n.f.* CURSE
**melltithio,** *v.* CURSE
**memo,** *n.m.* MEMO
**memorandwm,** (-anda), *n.m.* MEMORANDUM
**memrwn,** (-ynau), *n.m.* PARCHMENT, VELLUM, MEMBRANE
**men,** (-ni), *n.f.* WAGGON, WAIN, CART
**mên,** *a.* MEAN
**mendio,** *v.* MEND, RECOVER
**menestr,** *n.m.* CUP-BEARER
**menter,** (mentrau), *n.f.* VENTURE, HAZARD
**mentro,** *v.* VENTURE, HAZARD
**mentrus,** *a.* VENTURESOME
**mentrwr,** (-wyr), *n.m.* ENTREPRENEUR
**menu,** *v.* MARK, AFFECT, IMPRESS
**menwyd,** *n.m.* DELIGHT, JOY
**menyn,** *n.m.* BUTTER
**menyw,** (-od), *n.f.* WOMAN
*a.* FEMALE
**mêr,** (merion), *n.m.* MARROW
**merbwll,** (-byllau), *n.m.* STAGNANT POOL
**mercantilaidd,** *a.* MERCANTILE
**mercwri,** *n.m.* MERCURY
**merch,** (-ed), *n.f.* DAUGHTER, GIRL, WOMAN
**merchedaidd,** *a.* EFFEMINATE
**Mercher,** *n.m.* MERCURY
*Dydd Mercher,* WEDNESDAY
**mercheta,** *v.* WENCH
**merchetaidd,** *a.* EFFEMINATE
**merddwr,** *n.m.* STAGNANT WATER
**merf, -aidd,** *a.* TASTELESS, INSIPID
**merfder, -dra,** *n.m.* INSIPIDITY
**meridian,** (-au), *n.m.* & *a.* MERIDIAN
**meristem,** (-au), *n.m.* MERISTEM
**merlota,** *n.m.* & *v.* PONY-TREKKING
**merlotwr,** (-wyr), *n.m.* PONY-TREKKER
**merlyn,** (-nod, merlod), *n.m.* PONY
**merllyd,** *a.* INSIPID
**merllys,** (*-en, f.*), *n.pl.* ASPARAGUS
**merthyr,** (-on, -i), *n.m.* MARTYR
**merthyrdod,** (-au), *n.m.* MARTYRDOM
**merthyroleg,** *n.m.* MARTYROLOGY
**merthyru,** *v.* MARTYR
**merwindod,** *n.m.* NUMBNESS, TINGLING
**merwino,** *v.* BENUMB, GRATE, JAR (on)
**meryw,** (*-en, n.f.*) *n.pl.* JUNIPER TREES
**mes,** (*-en, n.f.*), *n.pl.* ACORNS
*n.m.* MACE
**mesa,** (mesâu), *n.m.* MESA
**mesobr,** (-au), *n.m.* PANNAGE
**meson,** (-au), *n.m.* MESON
**mesur,** (-au), *n.m.* MEASURE, METRE, BAR, BILL
**mesureb,** (-au), *n.f.* ARITHMETICAL RESULTS
**mesureg,** *n.f.m.* MENSURATION
**mesuriad,** (-au), *n.m.* MEASUREMENT
**mesurol,** *a.* QUANTITATIVE
**mesurwr,** (-wyr), *n.m.* MEASURER
**mesurydd,** (-ion), *n.m.* MEASURER, METER
**mesuryn,** (-nau), *n.m.* ORDINATE
**metabolaeth,** *n.f.* METABOLISM
**metabolig,** *a.* METABOLIC
**metabwynt,** (-iau), *n.m.* METACENTRE
**metacarpws,** *n.m.* METACARPUS
**metaffiseg,** *n.f.m.* METAPHYSICS
**metaffisegwr,** (-wyr), *n.m.* METAPHYSICIAN
**metamorffedd,** *n.m.* METAMORPHISM
**metamorffig,** *a.* METAMORPHIC
**metel,** (-oedd, -au), *n.m.* METAL, METTLE
*metel traul,* BEARING METAL
*metel gwn,* GUN METAL
*sborion metel,* SCRAP METAL
**metelaidd,** *a.* METALLIC
**meteleg,** *n.f.m.* METALLURGY
**metelegol,** *a.* METALLURGICAL
**metelig,** *a.* METALLIFEROUS, METALLIC
**metelydd,** (-ion), *n.m.* METALLURGIST
**metelyddiaeth,** *n.f.* METALLURGY
**meteor,** (-au), *n.m.* METEOR
**meteoroleg,** *n.f.* METEOROLOGY
**meteorit,** (-au), *n.m.* METEORITE
**meteoryn,** (-nau), *n.m.* METEORITE
**metr,** (-au), *n.m.* METRE
**metrig,** *a.* METRIC
**metrigeiddio,** *v.* METRICATION
**metron,** (-au), *n.f.* MATRON
**metronom,** *n.m.* METRONOME
**meth,** (-ion), *n.m.* DEFECT, FAILURE
**methan,** *n.m.* METHANE
**methdaliad,** (-au), *n.m.* BANKRUPTCY
**methdalwr,** (-wyr), *n.m.* BANKRUPT
**methedig,** (-ion), *a.* INFIRM, DISABLED, DECREPIT

**methiannus,** *a.* FAILING
**methiant,** (-nnau), *n.m.* FAILURE
**method,** (-au), *n.m.* METHOD
**methodeg,** / **methodoleg,** *n.f.* METHODOLOGY
**methu,** *v.* FAIL, MISS
**meudwy,** (-aid, -od), *n.m.* HERMIT, RECLUSE
**meudwyaidd,** *a.* HERMIT-LIKE
**mewial, -ian,** *v.* MEW
**mewn,** *prp.* IN, WITHIN
**mewnadlu,** *v.* INHALE
**mewnblyg(ol),** *a.* INTROSPECTIVE
**mewnbwn,** (-bynnau), *n.m.* INPUT
**mewndardd,** *a.* ENDOGENIC
**mewndir,** *n.m.* INTERIOR
**mewnfa,** (-feydd), *n.f.* INLET
**mewnfaeth,** *n.m.* ENDOSPERM
**mewnfodaeth,** *n.f.* IMMANENCE
**mewnfodol,** *a.* IMMANENT
**mewnforio,** *v.* IMPORT
**mewnforyn,** (-forion), *n.m.* IMPORT
**mewnfudiad,** *n.m.* IMMIGRATION
**mewnfudwr,** (-wyr), *n.m.* IMMIGRANT
**mewnfwriol,** / **mewngyrchol,** *a.* CENTRIPETAL
**mewnffrwydrad,** (-au), *n.m.* IMPLOSION
**mewniad,** (-au), *n.m.* INSERTION
**mewnlifol,** *a.* ILLUVIAL
**mewnol,** *a.* INTERNAL, INWARD, INNER, INFIXED
**mewnoliad,** *n.m.* INTERNALIZATION
**mewnolyn,** (-olion), *n.m.* INTROVERT
**mewnosod,** *n.m.* INPUT
*v.* INSERT
**mewnsaethiad,** (-au), *n.m.* INJECTION
**mewnsaethu,** *v.* INJECT
**mewnsyllgar,** *a.* INTROSPECTIVE
**mewnsylliad,** (-au), *n.m.* INTROSPECTION
**mewnwelediad,** (-au), *n.m.* INSIGHT
**mewnwr,** (-wyr), *n.m.* SCRUM-HALF, INSIDE-FORWARD
**mewnyn,** (mewnion), *n.m.* FILLING
**mi,** *pn.* I, ME
**miaren,** (mieri), *n.f.* BRAMBLE
**microbioleg,** *n.f.m.* MICROBIOLOGY
**microcosm,** (-au), *n.m.* MICROCOSM
**microdon,** *n.m.* MICROWAVE
**microelectroneg,** *n.pl.* MICROELECTRONICS
**microffon,** (-au), *n.m.* MICROPHONE
**microleg,** *n.f.m.* MICROLOGY
**micromedr,** (-au), *n.m.* MICROMETER
**micro-prosesydd,** *n.m.* MICRO-PROCESSOR
**micro-sglodyn,** (-ion), *n.m.* MICRO-CHIP
**microsgop,** (-au), *n.m.* MICROSCOPE
**microtôn,** (-au), *n.m.* MICROTONE
**mig,** (-ion), *n.f.* SPITE
*chwarae mig,* PLAY BO-PEEP
**mign, -en,** (-edd, -ni), *n.f.* BOG, QUAGMIRE, MARSH
**migwrn,** (-yrnau), *n.m.* ANKLE, WRIST, KNUCKLE
**migwyn,** *n.m.* WHITE MOSS ON BOGS
**mil,** (-od), *n.m.* ANIMAL
(-oedd), *n.f.* THOUSAND
**milain,** *a.* ANGRY, FIERCE, CRUEL
**mileindra,** *n.m.* SAVAGENESS, FEROCITY
**mileinig,** *a.* SAVAGE, FEROCIOUS
**mileniwm,** (milenia), *n.m.* MILLENIUM
**milfeddyg,** (-on), *n.m.* VETERINARY SURGEON
**milfeddygol,** *a.* VETERINARY
**milflwyddiant,** (-nnau), *n.m.* MILLENIUM
**milgi,** (-gwn), *n.m.* GREYHOUND
**mililitr,** (-au), *n.m.* MILLILITRE
**milimetr,** (-au), *n.m.* MILLIMETRE
**milisia,** *n.m.* MILITIA
**militariaeth,** *n.f.* MILITARISM
**militarydd,** *n.m.* MILITARIST
**miliwn,** (-iynau), *n.f.* MILLION
**miliynydd,** *n.m.* MILLIONAIRE
**milodfa,** (-feydd), *n.f.* MENAGERIE
**milrhith,** (-ion), *n.m.* EMBRYO
**milwr,** (-wyr), *n.m.* SOLDIER
**milwraidd,** *a.* SOLDIERLY
**milwriaeth,** *n.f.* WARFARE
**milwriaethus,** *a.* MILITANT
**milwrio,** *v.* MILITATE
**milwrol,** *a.* MILITARY, MARTIAL
**milyn,** (milod), *n.m.* BEAST, ANIMAL
**milltir,** (-oedd), *n.f.* MILE
**min,** (-ion), *n.m.* BRINK, EDGE, LIP, BURR
**minaret,** (-au), *n.m.* MINARET
**mindag,** (-au), *n.m.* LAMPAS
**mindlws,** *a.* FINE-MOUTHED, AFFECTED
**minell,** (-au), *n.f.* SHARPENER
**minfin,** *a.* LIP TO LIP
**mingamu,** *v.* GRIMACE, MOCK
**minialedd,** *n.m.* OSCULATION
**minialu,** *v.* OSCULATE
**miniatur,** (-au), *n.m.* MINIATURE
**minim,** (-au), *n.m.* MINIM
**minimwm,** (minima), *n.m.* MINIMUM

**minio,** *v.* SHARPEN, CUT, THREATEN
**miniog,** *a.* SHARP, CUTTING, KEEN
**minlliw,** (-iau), *n.m.* LIPSTICK
**minnau,** *pn.* I ALSO, ME
**minor,** (-au), *n.m.* MINOR
**mint,** (-iau), *n.m.* MINT
**mintai,** (-eioedd), *n.f.* TROOP, BAND
**minwét,** (-au), *n.m.* MINUET
**minws,** *n.m.f.* MINUS, LITTLE LIP
**miragl,** (-au), *n.m.* MIRACLE, WONDER
**mirain,** *a.* FAIR, BEAUTIFUL, NOBLE
**mireinder,** *n.m.* BEAUTY
**miri,** *n.m.* MERRIMENT, FUN
**mis,** (-oedd), *n.m.* MONTH
**misglen,** (misgl), *n.f.* MUSSEL
**misi,** *a.* FASTIDIOUS
**misio,** *v.* MISS, FAIL, BE MISTAKEN
**misol,** *a.* MONTHLY
**misolyn,** (-olion), *n.m.* MONTHLY (MAGAZINE)
**miswrn,** (-yrnau), *n.m.* VISOR, MASK, VEIL
**miten,** (-ni), *n.f.* MITTEN
**mitsio,** *v.* MITCH, PLAY TRUANT
**miw,** see *siw*
**miwsig,** *n.m.* MUSIC
**miwt,** (-iau), *n.m.* MUTE (MUSIC)
**míwtini,** *n.m.* MUTINY
**mo,** contr. of *dim o.* –
*nid oes mo'i well,* THERE IS NONE BETTER THAN HE
**moch,** (-*yn, n.m.*), *n.pl.* PIGS, SWINE
**mochaidd,** *a.* SWINISH, FILTHY
**model,** (-au), *n.m.* MODEL
**modelu,** *v.* MODEL
**modernaidd,** *a.* MODERNISTIC
**moderneiddiad,** (-au), *n.m.* MODERNISATION
**moderniaeth, -edd,** *n.f.* MODERNISM
**modfedd,** (-i), *n.f.* INCH
**modrwy,** (-au), *n.f.* RING
**modrwyo,** *v.* RING
**modrwyog,** *a.* RINGED, CURLY
**modryb,** (-edd), *n.f.* AUNT
**modur,** (-on), *n.m.* MOTOR
**modurdy,** (-dai), *n.m.* GARAGE
**modurfa,** (-feydd), *n.f.* GARAGE
**moduro,** *v.* MOTOR
**modurwr,** (-wyr), *n.m.* MOTORIST
**modwl,** (-au), *n.m.* MODULE
**modwlar,** *a.* MODULAR
**modwlws,** *n.m.* MODULUS
**modyledig,** *a.* MODULATED
**modylu,** *v.* MODULATE
**modylydd,** (-ion), *n.m.* MODULATOR
**modd,** (-ion, -au), *n.m.* MANNER, MODE, MEANS, MOOD
**moddion,** *n.pl.* MEANS, MEDICINE
**moddol,** *a.* MODAL
**moddolaeth,** *n.m.* MODALISM
**moddus,** *a.* MANNERLY, DECENT
**moel,** (-ion), *a.* BARE, BALD, HORNLESS
(-ydd), *n.f.* HILL
**moeli,** *v.* MAKE OR BECOME BALD, PRICK UP (EARS)
**moelni,** *n.m.* BARENESS, BALDNESS
**moelyn,** *n.m.* BALD-HEAD
**moes,** *v.* GIVE
(-au), *n.f.* MORALITY
*pl.* MANNERS, MORALS
**moeseg,** *n.f.* ETHICS
**moesegol,** *a.* ETHICAL
**moesegu,** *v.* MORALISE
**moesgar,** *a.* POLITE, MANNERLY
**moesgarwch,** *n.m.* POLITENESS, GOOD MANNERS
**moesol,** *a.* ETHICAL, MORAL
**moesoldeb,** (-au), *n.m.* MORALITY
**moesoli,** *v.* MORALISE
**moesolwr,** (-wyr), MORALIST
**moeswers,** (-i), *n.f.* MORAL APOLOGUE
**moesymgrymu,** *v.* BOW
**moeth,** (-au), *n.m.* LUXURY, DELICACY
**moethi,** *v.* PAMPER, INDULGE
**moethlyd,** *a.* PAMPERED, SPOILT
**moethus,** *a.* LUXURIOUS, PAMPERED
**moethusrwydd,** *n.m.* LUXURIOUSNESS, LUXURY
**mogfa,** *n.f.* ASTHMA
**mogi,** *v.* SUFFOCATE
**moieti,** *n.m.* MOIETY
**molawd,** (-au), *n.m.f.* EULOGY, PANEGYRIC
**mold,** (-iau), *n.m.* MOULD
**moldin,** *n.m.* MOULDING
**moldio,** *v.* MOULD
**molecwl,** (-cylau), *n.m.* MOLECULE
**molecwlaidd,** | *a.* MOLECULAR
**molecwlar,** |
**moled,** (-au), *n.f.* KERCHIEF, MUFFLER, VEIL
**moli, -annu,** *v.* PRAISE
**moliannus,** *a.* PRAISEWORTHY, PRAISED
**moliant,** (-iannau), *n.m.* PRAISE
**molwsc,** (-iaid), *n.m.* MOLLUSC
**mollt, -yn,** (myllt), *n.m.* WETHER

**moment,** (-au), *n.f.* MOMENT
**momentwm,** (momenta), *n.m.* MOMENTUM
**monarchiaeth,** *n.f.* MONARCHY
**monarchydd,** (-ion), *n.m.* MONARCHIST
**monig,** *a.* MONIC
**mongol,** (-iaid), *n.m.* MONGOL
**moniaeth,** *n.f.* MONISM
**monllyd,** *a.* SULKY
**monni,** *v.* SULK, CHAFE
**monoclein,** (-iau), *n.m.* MONOCLINE
**monocsid,** (-au), *n.m.* MONOXIDE
**monópoli,** (-ïau), *n.m.* MONOPOLY
**monópolydd,** (-ion), *n.m.* MONOPOLIST
**monoteip,** (-iau), *n.m.* MONOTYPE
**monsŵn,** (-synau), *n.m.* MONSOON
**mop,** (-iau), *n.m.* MOP
**mopren,** (-ni), *n.m.* STIRRER
**môr,** (moroedd), *n.m.* SEA, OCEAN
*Môr Iwerydd,* ATLANTIC OCEAN
*Y Môr Canoldir,* MEDITERRANEAN SEA
*Y Môr Tawch,* NORTH SEA
**mor,** *ad.* HOW, SO, AS
**morâl,** *n.m.* MORALE
**moratoriwm,** (-atoria), *n.m.* MORATORIUM
**mordaith,** (-deithiau), *n.f.* VOYAGE, CRUISE
**mordwy, -o,** *v.* SAIL, NAVIGATE, VOYAGE
**mordwyol,** *a.* NAVIGABLE
**mordwywr,** (-wyr), *n.m.* SAILOR, MARINER
**morddwyd,** (-ydd), *n.f.* THIGH
**morfa,** (-feydd), *n.f.m.* SEA MARSH, BOG, FEN
**morfil,** (-od), *n.m.* WHALE
**morfilwr,** (-wyr), *n.m.* MARINE
**môr-filltir,** (-oedd), *n.f.* NAUTICAL MILE
**môr-forwyn,** (-forynion), *n.f.* MERMAID
**morfran,** (-frain), CORMORANT
**morffoleg,** *n.m.f.* MORPHOLOGY
**morffolegol,** *a.* MORPHOLOGICAL
**morgais,** (-geisiau), *n.m.* MORTGAGE
**morgeisî,** *n.m.* MORTGAGEE
**morgeisio,** *v.* MORTGAGE
**morgeisiwr,** *n.m.* MORTGAGOR
**morglawdd,** (-gloddiau), *n.m.* EMBANKMENT, MOLE
**morgrug,** (*-yn, n.m.*), *n.pl.* ANTS
**môr-herwr,** (-wyr), *n.m.* PIRATE
**morio,** *v.* SAIL, VOYAGE
**môr-ladrad,** (-au), *n.m.* PIRACY
**môr-leidr,** (-ladron), *n.m.* PIRATE
**morlen,** (-ni), *n.m.* CHART
**morlin,** (-iau), *n.m.* COASTLINE
**morlo,** (-loi), *n.m.* SEAL
**morlun,** (-iau), *n.m.* SEASCAPE
**morlyn,** (-noedd), *n.m.* LAGOON, HAFF
**morlywydd,** (-ion), *n.m.* COMMODORE
**morol,** *a.* MARITIME, MARINE
**moron,** (*-en, n.f.*), *n.pl.* CARROTS
**mortais,** (-eisiau), *n.m.* MORTISE
**morter,** (-au), *n.m.* MORTAR
**morthwyl,** (-ion), *n.m.* HAMMER
**morthwylio,** *v.* HAMMER
**morwal,** (-iau), *n.f.* BREAKWATER
**morwarchae,** *n.m.* BLOCKADE
**morwr,** (-wyr), *n.m.* SAILOR, SEAMAN
**morwriaeth,** *n.f.* SEAMANSHIP, NAVIGATION
**morwydd,** (*-en, n.f.*), *n.pl.* MULBERRY-TREES
**morwyn,** (-ynion), *n.f.* MAID, GIRL, VIRGIN
**morwyndod,** *n.m.* VIRGINITY
**morwynol,** *a.* VIRGIN, MAIDEN
**moryd,** (-au), *n.f.* ESTUARY, INLET
**moryn,** (-nau), *n.m.* BREAKER, BILLOW
**mosaig,** (-au), *n.m.* & *a.* MOSAIC
**motel,** (-au), *n.m.* MOTEL
**motif,** (-au), *n.m.* MOTIVE
**motifyddiaeth,** (-au), *n.f.* MOTIVATION
**motiff,** (-au), *n.m.* MOTIF
**motor,** (-au), *n.m.* MOTOR
**motor-beic,** (-iau), *n.m.* MOTOR-CYCLE
**mowld,** (-iau), *n.m.* MOULD
**mowldio,** *v.* MOULD
**mowntin,** *n.m.* MOUNTING
**muchudd,** *n.m.* JET (STONE)
**mud,** *a.* DUMB, MUTE
**mudan,** (-od), *n.m.* MUTE
**mudandod,** *n.m.* DUMBNESS
**mudferwi,** *v.* SIMMER
**mudiad,** (-au), *n.m.* REMOVAL, MOVEMENT
**mudiant,** (-nnau), *n.m.* MOTION
**mudo,** *v.* REMOVE, MOVE, MIGRATE, EMIGRATE
**mudol,** *a.* MOBILE, MOVING, MIGRATORY
**mudolrwydd,** *n.m.* MOBILITY
**mudydd,** (-ion), *n.m.* MUTE (MUSIC)
**mul,** (-od), *n.m.* DONKEY, MULE
**mulaidd,** *a.* ASININE, MULISH
**mulfran,** (-frain), *n.f.* CORMORANT
**mun,** see *bun*
**munud,** (-au), *n.m.f.* MINUTE

**munud,** (-iau), *n.m.* SIGN, NOD, GESTURE
**munudedd,** (-au), *n.m.* MANNERISM
**munudio,** *v.* GESTICULATE
**munudyn,** *n.m.* JIFFY
**mur,** (-iau), *n.m.* WALL
**murdreth,** (-i), *n.f.* MURAGE
**murddun,** (-od), *n.m.* RUIN, RUINS
**murio,** *v.* WALL
**murlen,** (-ni), *n.m.* POSTER
**murlun,** (-iau), *n.m.* MURAL, GRAFFITO
**murn,** *n.m.* HARM, MURDER
**murol,** *a.* MURAL
**mursen,** (-nod), *n.f.* COQUETTE, PRUDE
**mursendod,** (-au), *n.m.* AFFECTATION
**mursennaidd,** *a.* AFFECTED, PRUDISH
**mursennu,** *v.* COQUETTE
**murysgrifen,** (-iadau), *n.f.* GRAFFITO
**musgrell,** *a.* FEEBLE, DECREPIT, CLUMSY
**musgrell(n)i,** *n.m.* FEEBLENESS, DECREPITUDE
**mwclis,** (*-en, n.f.*), *n.pl.* BEADS
**mwcws,** (mycysau), *n.m.* MUCUS
**mwd,** *n.m.* MUD
**mwdwl,** (mydylau), *n.m.* HAYCOCK
**mwffin,** (-au), *n.m.* MUFFIN
**mwg,** *n.m.* SMOKE
**mwgwd,** (mygydau), *n.m.* MASK
**mwng,** (myngau), *n.m.* MANE
**mwngial,** *v.* MUMBLE
**mwliwn,** *n.m.* MULLION
**mwlsyn,** *n.m.* NINCOMPOOP, MULE
**mwlwg,** *n.m.* REFUSE, SWEEPINGS
**mwll,** (*moll, a.f.*), *a.* CLOSE, SULTRY, MUGGY
**mwmi,** (-ïau), *n.m.f.* MUMMY
**mwmian,** / **mwmial,** *v.* MUMBLE, HUM
**mwnci,** (-ïod), *n.m.* MONKEY
**mwnglawdd,** see *mwynglawdd*
**mwnwgl,** (mynyglau), *n.m.* NECK
*mwngwl y droed,* INSTEP
**mwnws,** *c.n.* DUST, PARTICLES, DEBRIS
**mwrdro,** *v.* MURDER
**mwren,** *n.m.* MURRAIN
**mwrllwch,** *n.m.* FOG, HAZE, VAPOUR, SMOG
**mwrn,** *a.* SULTRY, CLOSE, WARM
**mwrndra,** *n.m.* SULTRINESS
**mwrno,** *v.* BECOME SULTRY, BE IN MOURNING
**mwrthwl,** (myrthylau), *n.m.* HAMMER
**mws,** *a.* STALE, STINKING
**mwsel,** (-i), *n.m.* MUZZLE
**mwsg,** *n.m.* MUSK
**mwsged,** (-i), *n.m.f.* MUSKET
**mwslin,** (-au), *n.m.* MUSLIN
**mwsogl, -wgl,** *n.m.* MOSS
**mwsoglyd,** *a.* MOSSY
**mwstard, -tart,** (-au), *n.m.* MUSTARD
**mwstro,** *v.* SHIFT, HURRY
**mwstwr,** (mystyrau), *n.m.* MUSTER, BUSTLE, COMMOTION
**mwtantu,** *v.* MUTATE
**mwy,** *a.* MORE, BIGGER
*ad.* MORE, AGAIN
**mwyach,** *ad.* ANY MORE, HENCEFORTH
**mwyadur,** (-on), *n.m.* MICROSCOPE
**mwyafrif,** (-au), *n.m.* MAJORITY
**mwyalch, -en,** (-od, mwyeilch), *n.f.* BLACKBIRD
**mwyar,** (*-en, n.f.*), *n.pl.* BLACKBERRIES
**mwyara,** *v.* GATHER BLACKBERRIES
**mwyarafan,** (*-en, n.f.*), *n.pl.* LOGANBERRIES
**mwydion,** *n.pl.* SOFT PARTS, PITH, PULP, CRUMB
**mwydo,** *v.* SOAK, STEEP
**mwydro,** *v.* MOIDER, BEWILDER
**mwydyn,** (mwydod), *n.m.* WORM
**mwyedig,** *a.* AMPLIFIED
**mwyfwy,** *ad.* MORE AND MORE
**mwygl,** *a.* TEPID, MUGGY, SULTRY
**mwyglo,** *v.* BECOME MUGGY
**mwyhad,** *n.m.* INCREASE, AMPLIFICATION
**mwyhadur,** (-on), *n.m.* AMPLIFIER
**mwyhaol,** *a.* AUGMENTATIVE
**mwyhau,** *v.* INCREASE, ENLARGE, AMPLIFY
**mwyn,** *n.m.* SAKE
**mwyn, mŵn,** (-au), *n.m.* ORE, MINERAL
**mwyn, -aidd,** *a.* GENTLE, MILD, DEAR
**mwynder,** (-au), *n.m.* GENTLENESS
**mwynderau,** *n.pl.* PLEASURES, DELIGHTS
**mwyn-doddfa,** (-feydd), *n.f.* SMELTING WORKS
**mwyn-doddi,** *v.* REFINE
**mwyneidd-dra,** *n.m.* GENTLENESS, KINDNESS
**mwyneiddio,** *v.* BECOME GENTLE OR MILD
**mwynglawdd,** (-gloddiau), *n.m.* MINE
**mwyngloddiaeth,** *n.f.* MINING
**mwyngloddio,** *v.* MINE
**mwynhad,** *n.m.* ENJOYMENT, PLEASURE
**mwynhau,** *v.* ENJOY
**mwyniant,** (-iannau), *n.m.* ENJOYMENT, USE

**mwynlong,** (-au), *n.f.* ORE CARRIER
**mwynofydd,** (-ion), *n.m.* MINERALOGIST
**mwynol,** *a.* MINERAL
**mwynoleg,** *n.f.* MINERALOGY
**mwynwr,** (-wyr), MINER
**mwynyddiaeth,** *n.f.* MINERALOGY
**mwys,** *a.* AMBIGUOUS
*gair mwys,* PUN
**mwythau,** *n.pl.* CARESSES, DELICACIES
**mwytho,** *v.* FONDLE, PET, PAMPER
**mwythus,** *a.* PAMPERED
**mwythyn,** (mwythion), *n.m.* PET
**mycoleg,** *n.f.* MYCOLOGY
**mycolegydd,** (-wyr), *n.m.* MYCOLOGIST
**myctod,** *n.m.* ASPHYXIA
**mydr,** (-au), *n.m.* METRE, VERSE
**mydrol,** / **mydryddol,** *a.* METRICAL
**mydryddu, mydru,** *v.* VERSIFY
**mydylu,** *v.* STACK, COCK
**myfi,** *pn.* I, ME, MYSELF
(-ïau), *n.m.* EGO
*cymhleth y myfi,* EGO COMPLEX
**myfïaeth,** *n.f.* EGOISM
**myfïol,** *a.* EGOISTIC
**myfyrdod,** (-au), *n.m.* MEDITATION
**myfyrfa,** (-feydd), *n.f.* STUDY
**myfyrgar,** *a.* STUDIOUS, CONTEMPLATIVE
**myfyrio,** *v.* STUDY, MEDITATE
**myfyriol,** *a.* MEDITATIVE
**myfyriwr,** (-wyr), *n.m.* STUDENT
**mygdarth,** (-au, -oedd), *n.m.* FUME
**mygdarthu,** *v.* FUMIGATE
**mygedol,** *a.* HONORARY
**mygfa,** (-feydd), *n.f.* SUFFOCATION
**mygio,** *v.* MUGGING, MUG
**mygiwr,** (-wyr), *n.m.* MUGGER
**myglyd,** *a.* SMOKY, CLOSE, STIFLING
**myglys,** *n.m.* TOBACCO
**mygu,** *v.* SMOKE, SUFFOCATE, STIFLE, SMOTHER
**mygydu,** *v.* BLINDFOLD,
**mygyn,** *n.m.* A SMOKE
**myngial,** *v.* MUMBLE, MUTTER
**myngus,** *a.* MUMBLING, INDISTINCT
**myllni,** *n.m.* SULTRINESS
**myllu,** *v.* GROW SULTRY
**mympwy,** (-on), *n.m.* WHIM, FAD
**mympwyol,** *a.* WHIMSICAL, ARBITRARY
**mymryn,** (-nau), *n.m.* PARTICLE, BIT, JOT
**myn,** *prp.* BY (IN OATHS)
**myn,** (-nod), *n.m.* KID
**mynach,** (-aich, -od), *n.m.* MONK
**mynachaeth,** *n.f.* MONASTICISM
**mynachdy,** (-dai), *n.m.* MONASTERY, CONVENT, GRANGE
**mynachlog,** (-ydd), *n.f.* MONASTERY
**mynawyd,** (-au), *n.m.* AWL, BRADAWL
**mynci,** (-ïau), *n.m.* HAME(S)
**myned, mynd,** *v.* GO, PROCEED
**mynedfa,** (-feydd), *n.f.* ENTRANCE, PASSAGE
**mynediad,** (-au), *n.m.* ENTRANCE, ENTRY, ACCESS, GOING, ADMISSION
**mynegai,** (-eion), *n.m.* INDEX, CONCORDANCE
**mynegair,** (-eiriau), *n.m.* CONCORDANCE
**mynegeio,** *v.* INDEX
**mynegfys,** (-edd), *n.m.* FOREFINGER, DIRECTION SIGN
**mynegi,** *v.* STATE, TELL, RELATE, INDICATE
**mynegiad,** (-au), *n.m.* STATEMENT
**mynegiadaeth,** (-au), *n.f.* EXPRESSIONISM
**mynegiant,** (-nnau), *n.m.* EXPRESSION, COMMUNICATION
**myneglon** *a.* EXPRESSIVE
**mynegol,** *a.* EXPRESSIVE
**mynegolrwydd,** *n.m.* EXPRESSIVENESS
**mynegrif,** (-au), *n.m.* INDEX
**mynegyn,** (-egion), *n.m.* EXPRESSION
**mynnu,** *v.* WILL, INSIST, WISH, OBTAIN
**mynor,** *n.m.* MARBLE
**mynwent,** (-ydd), *n.f.* GRAVEYARD, CHURCHYARD, CEMETERY
**mynwes,** (-au), *n.f.* BREAST, BOSOM
**mynwesol,** *a.* BOSOM
**mynwesu,** *v.* EMBRACE, CHERISH
**mynych,** *a.* FREQUENT, OFTEN
**mynychder,** (-au), *n.m.* FREQUENCY
*cromlin mynychder,* FREQUENCY CURVE
**mynychiad,** (-au), *n.m.* FREQUENTING
**mynychu,** *v.* FREQUENT, ATTEND
**mynychwr,** (-wyr), *n.m.* FREQUENTER
**mynydd,** (-oedd), *n.m.* MOUNTAIN
**mynydda,** *v. & n.m.* MOUNTAINEERING
**mynydd-dir,** (-oedd), *n.m.* HILL-COUNTRY
**mynyddig, -og,** *a.* MOUNTAINOUS
**mynyddwr,** (-wyr), *n.m.* MOUNTAINEER
**myopia,** *n.m.* MYOPIA
**myrdd,** (-iynau), *n.m.* MYRIAD
**myrndra,** *n.m.* SULTRINESS
**myrnio,** *v.* BECOME SULTRY
**myrr,** *n.m.* MYRRH

**myrtwydd,** (-*en, n.f.*), *n.pl.* MYRTLES
**myrthylu,** *v.* HAMMER
**mysg,** *n.m.* MIDDLE, MIDST
*ymysg,* AMONG
**mysgol,** *a.* BLENDED
**mysgu,** *v.* UNDO, BLEND, MACERATE
**myswynog,** (-ydd), *n.f.* BARREN COW
**myth,** (-au), *n.m.* MYTH
**mytholeg,** *n.f.* MYTHOLOGY
**mytholegol,** *a.* MYTHOLOGICAL
**mywion,** (-*yn, n.m.* -*en. n.f.*), *n.pl.* ANTS
**mywyn,** *n.m.* PITH

**na,** *c.* NEITHER, NOR, THAN
*ad.* NO, NOT
**nabl,** (-au), *n.m.* PSALTERY
**nac,** *c.* NOR, NEITHER
*ad.* NO, NOT
**nacâd,** *n.m.* REFUSAL, REBUFF, DENIAL
**nacaol,** *a.* NEGATIVE
**nacáu,** *v.* REFUSE, DENY
**nacer,** (-i), *n.m.* KNACKER
**nad,** *ad.* NOT
**nâd,** (nadau), *n.f.* CRY, HOWL, CLAMOUR
**nadir,** *n.m.* NADIR
**Nadolig,** (-au), *n.m.* CHRISTMAS
**Nadoligaidd,** *a.* CHRISTMASSY
**nadu,** *v.* HOWL, CRY (OUT)
*v.* STOP, HINDER
**nadd,** *a.* HEWN, WROUGHT
**naddiad,** (-au), *n.m.* WHAT IS HEWN OR CHIPPED
**naddion,** *n.pl.* CHIPS, SHREDS, SHAVINGS
**naddo,** *ad.* NO
**naddu,** *v.* CHIP, HEW, WHITTLE
**Naf,** *n.m.* LORD
**nafftha,** *n.m.* NAPHTHA
**nag,** *c.* THAN
**nage,** *ad.* NOT SO, NO
**nai,** (neiaint), *n.m.* NEPHEW
**naid,** (neidiau), *n.m.* JUMP, LEAP, BOUND
*naid bolyn,* POLE VAULT
*naid stradl,* STRADDLE JUMPING
**naïf,** *a.* NAÏVE
**naïfder,** *n.m.* NAÏVETÉ
**naill,** *dem.pn.* THE ONE *c.* EITHER
**nain,** (neiniau), *n.f.* GRANDMOTHER
**nam,** (-au), *n.m.* BLEMISH, FLAW, MARK
**namyn,** *prp.* BUT, EXCEPT
**nant,** (nentydd), *n.f.* BROOK, STREAM
**napcyn,** (-au), *n.m.* NAPKIN, SERVIETTE
**narcotig,** *n.m. & a.* NARCOTIC
**nard,-us,** *n.m.* NARD, SPIKENARD
**natur,** *n.f.* NATURE, TEMPER
**naturiaeth,** (-au), *n.f.* NATURE
**naturiaethwr,** (-wyr), *n.m.* NATURALIST
**naturiol,** *a.* NATURAL
**naturioldeb,** *n.m.* NATURALNESS
**naturoliaeth,** *n.f.* NATURALISM
**naturus,** *a.* ANGRY, QUICK-TEMPERED
**naturyddol,** *a.* NATURALISTIC
**naw,** *a. & n.m.* NINE
**nawdd,** *n.m.* REFUGE, PROTECTION, PATRONAGE, SUPPORT
**nawddogaeth,** *n.f.* PATRONAGE, PROTECTION
**nawddogol,** *a.* PATRONISING
**nawf,** *a.* FLOATING
**nawn,** (-au), *n.m.* NOON
**nawnddydd,** *n.m.* AFTERNOON
**nawr,** *ad.* NOW
**naws,** (-au), *n.f.* FEELING, NATURE, TINGE, NUANCE, DISPOSITION, TEMPERAMENT
**nawsaer,** *a.* AIR-CONDITIONED
**nawseiddio,** *v.* TEMPER, SOFTEN
**nawswyllt,** *a.* PASSIONATE
**neb,** *n.m.* ANY ONE, NO ONE
**necropsi,** *n.m.* NECROPSY
**necrosis,** *n.m.* NECROSIS
**necton,** *n.m.* NEKTON
**neddau, neddyf,** (neddyfau), *n.f.* ADZE
**nedden** (nedd), *n.f.* NIT
**nef, -oedd,** *n.f.* HEAVEN
**nefol, -aidd,** *a.* HEAVENLY
**nefoli,** *v.* MAKE OR BECOME HEAVENLY
**nefolion,** *n.pl.* CELESTIALS
**nefrosis,** *n.m.* NEUROSIS
**neffritis,** *n.m.* NEPHRITIS
**negatif,** *n.m. & a.* NEGATIVE
**neges,** (-au, -euau), *n.f.* MESSAGE, ERRAND
**negesa, -eua,** *v.* RUN ERRANDS
**negeseuwr,** (-wyr), *n.m.* MESSENGER
**negodi,** *v.* NEGOTIATE
**negro,** (-aid), *n.m.* NEGRO
**negydd,** (-ion), *n.m.* REFUSER
*a.* NEGATIVE
**negyddiaeth,** *n.f.* NEGATIVISM, REFUSAL
**negyddol,** *a.* NEGATIVE
**neidio,** *v.* JUMP, LEAP, THROB
**neidiwr,** (-wyr), *n.m.* JUMPER, LEAPER
**neidr,** (nadroedd, nadredd), *n.f.* SNAKE
**neidraidd,** *a.* SNAKY
**neiedd,** *n.m.* NEPOTISM
**neieddwr,** (-wyr), *n.m.* NEPOTIST
**Neifion,** *n.m.* NEPTUNE
**neilon,** *n.m.* NYLON
**neilleb,** (-ion), *n.m.* ASIDE
**neillog,** (-ion), *n.m.* ALTERNATIVE
**neilltu,** *n.m.* ONE SIDE
*o'r neilltu,* APART, ASIDE
**neilltuad,** (-au), *n.m.* SEPARATION, RESERVATION
**neilltuaeth,** *n.f.* SEPARATION, PRIVACY, RETIREMENT
**neilltuedig,** *a.* SEPARATED, SECLUDED
**neilltuo,** *v.* RESERVE, SEPARATE, SET APART, EAR-MARK

**neilltuol,** *a.* SPECIAL, PARTICULAR, PECULIAR
**neilltuoli,** *v.* SEPARATE, DISTINGUISH
**neilltuolrwydd,** *n.m.* PECULIARITY, DISTINCTION
**neis,** *a.* NICE
**neisied,** (-i), *n.f.m.* KERCHIEF
**neithdar,** (-au), *n.m.* NECTAR
**neithdarfa,** (-âu), *n.f.* NECTARY
**neithior,** (-au), *n.f.* MARRIAGE FEAST
**neithiwr,** *ad.* LAST NIGHT
**nematod,** *n.m.* NEMATODE
**nemonigau,** *n.pl.* MNEMONICS
**nemor,** *a.* FEW
*nid nemor,* HARDLY ANY
**nen,** (-nau, -noedd), *n.f.* CEILING, HEAVEN, SKY
**nenbren,** (-nau, -ni), *n.m.* ROOF-TREE
**nenfwd,** (-fydau), *n.m.* CEILING
**nenffyrch,** *n.pl.* CRUCKS
**nenlen,** (-ni), *n.f.* CANOPY
**nenlofft,** (-ydd), *n.f.* ATTIC, STOREY
**neon,** *n.m.* NEON
**neoterig,** *a.* NEOTERIC
**nepell,** *ad.* FAR
*nid nepell,* NOT FAR
**nepotistiaeth,** *n.f.* NEPOTISM
**Nêr,** *n.m.* LORD
**nerco,** *n.m.* SIMPLETON
**nerf,** (-au), *n.f.* NERVE
**nerfeg,** *n.f.* NEUROLOGY
**nerfegol,** *a.* NEUROLOGICAL
**nerfegwr,** (-wyr), *n.m.* NEUROLOGIST
**nerfgell,** (-oedd), *n.f.* NEURONE
**nerfol, nerfus,** *a.* NERVOUS
**nerfusrwydd,** *n.m.* NERVOUSNESS
**nerfwst,** *n.m.* NEURASTHENIA
**nerob,** (-au), *n.f.* FLITCH (OF BACON)
**nerth,** (-oedd), *n.m.* STRENGTH, MIGHT, POWER
**nerthu,** *v.* STRENGTHEN, SUPPORT
**nerthyriad,** (-au), *n.m.* POWER-DRIVE
**nes,** *a.* NEARER
**nesâd,** (-adau), *n.m.* APPROACH
**nesaf,** *a.* NEAREST, NEXT
**nesaol,** *a.* APPROACHING
**nesáu,** *v.* APPROACH, DRAW NEAR
**nesnes,** *ad.* NEARER AND NEARER
**nesu,** *v.* DRAW NEAR
**net,** *a.* NET
**neu,** *c.* OR
**neuadd,** (-au), *n.f.* HALL, GUILDHALL
**newid,** (-iadau), *n.m.* CHANGE
*v.* CHANGE, ALTER
**newidiant,** (-nnau), *n.m.* VARIABILITY
**newidiol,** *a.* CHANGEABLE, VARIABLE
**newidydd,** (-ion), *n.m.* TRANSFORMER
**newidyn,** (-nau), *n.m.* VARIABLE
**newritis,** *n.m.* NEURITIS
**newroleg,** *n.m.* NEUROLOGY
**newter,** *n.m.* NEUTER
**newtral,** (-iaid), *n.m.* & *a.* NEUTRAL
**newtraliad,** *n.m.* NEUTRALIZATION
**newtron,** (-au), *n.m.* NEUTRON
**newydd,** *a.* NEW, NOVEL, FRESH
(-ion), *n.m.* NEWS
**newydd-deb, -der,** *n.m.* NOVELTY, NEWNESS
**newydd-ddyfodiad,** (-iaid), *n.m.* NEWCOMER
**newyddeb,** *n.m.* INNOVATION
**newyddiadur,** (-on), *n.m.* NEWSPAPER
**newyddiaduraeth** *n.f.* JOURNALISM
**newyddiadurwr,** (-wyr), *n.m.* JOURNALIST
**newyddian,** (-od), *n.m.* NOVICE
**newyddiannu,** *v.* INNOVATE
**newyddu,** *v.* INNOVATE
**newyddwr,** (-wyr), *n.m.* INNOVATOR
**newyn,** *n.m.* HUNGER, FAMINE
**newynllyd, newynog,** HUNGRY, STARVING
**newynu,** *v.* STARVE
**ni,** *pn.* WE, US
**ni, nid,** *ad.* NOT
**nicel,** *n.m.* NICKEL
**nicer,** (-s), *n.m.* KNICKERS
**nicotin,** *n.m.* NICOTINE
**nidr,** (-au), *n.m.* DELAY, HINDRANCE
**nifer,** (-oedd, -i), *n.m.f.* NUMBER, QUANTITY
**niferus,** *a.* NUMEROUS
**nifwl,** (nifylau), *n.m.* NEBULA
**nigroma(w)ns,** *n.m.* NECROMANCY
**nihilaidd,** *a.* NIHILISTIC
**nihiliaeth,** *n.f.* NIHILISM
**nihilistiaeth,** *n.f.* NIHILISM
**nihilydd,** (-ion), *n.m.* NIHILIST
**nimffomania,** *n.m.* NYMPHOMANIA
**ninnau,** *pn.* WE (ON OUR PART), WE ALSO
**nionyn,** (nionod), *n.m.* ONION
**niper,** *n.m.* NIPPER
**nis,** *ad.* NOT . . HIM, HER, IT, THEM
*nis gwelodd,* HE DID NOT SEE HIM, IT, etc.
**nitrad,** (-au), *n.m.* NITRATE
**nitraid,** (-eidiau), *n.m.* NITRITE
**nitrig,** *a.* NITRIC

**nitrogen,** *n.m.* NITROGEN
**nitrus,** *a.* NITROUS
**nith,** (-oedd), *n.f.* NIECE
**nithio,** *v.* WINNOW, SIFT
**nithiwr,** (-wyr), *n.m.* WINNOWER, SIFTER
**nithlen,** (-ni), *n.f.* WINNOWING SHEET
**niwcleig,** *a.* NUCLEIC
**n(i)wclear,** *a.* NUCLEAR
**n(i)wcliws,** *n.m.* NUCLEUS
**niwed,** (-eidiau), *n.m.* HARM, DAMAGE, INJURY
**niweidio,** *v.* HARM, HURT, DAMAGE, INJURE
**niweidiol,** *a.* HARMFUL, INJURIOUS
**niwl,** (-oedd), *n.m.* / **niwlen,** *n.f.* MIST, FOG, HAZE
**niwlogrwydd,** *n.m.* FOGGINESS
**niwl(i)og,** *a.* MISTY, FOGGY, HAZY
**niwmatig,** *a.* PNEUMATIC
**niwmonia,** *n.m.* PNEUMONIA
**niwsans,** (-ys), *n.m.* NUISANCE
**niwtral,** *a.* NEUTRAL
**niwtraleiddio,** *v.* NEUTRALISE
**niwtraliaeth,** *n.f.* NEUTRALITY
**niwtralu,** *v.* NEUTRALISE
**niwtron,** (-au), *n.m.* NEUTRON
**nobyn,** (nobiau), *n.m.* KNOB
**nod,** (-au, -ion), *n.m.f.* NOTE, MARK, TOKEN, AIM
**nôd,** (-au), *n.m.* NODE, CHARACTER
**nodaledd,** *n.m.* NODALITY
**nodarwydd,** (-ion), *n.m.* SEAL
**nodedig,** *a.* REMARKABLE, NOTED, APPOINTED, SPECIFIED
**nodi,** *v.* NOTE, MARK, APPOINT, MENTION, STATE
**nodiad,** (-au), *n.m.* NOTE
**nodiadur,** (-on), *n.m.* NOTEBOOK
**nodiant,** (-nnau), *n.m.* NOTATION
**nodlyfr,** (-au), *n.m.* NOTEBOOK
**nodwedd,** (-ion), *n.f.* CHARACTER, FEATURE, CHARACTERISTIC
**nodweddiadol,** *a.* CHARACTERISTIC
**nodweddrif,** (-au), *n.m.* CHARACTERISTIC (LOGARITHMS)
**nodweddu,** *v.* CHARACTERISE
**nodwydd,** (-au), *n.f.* NEEDLE, AIGUILLE
*nodwydd frodio,* CREWEL NEEDLE
*nodwydd greithio,* DARNING NEEDLE
**nodwydden,** *n.f.* BETWEEN NEEDLE
**nodwyddes,** (-au), *n.f.* NEEDLE-WOMAN
**nodyn,** (-nau, nodau, nodion), *n.m.* NOTE
**nodd,** (-ion), *n.m.* SAP, JUICE
**nodded,** (-i, -au), *n.m.* REFUGE, PROTECTION
**noddfa,** (-feydd, -fâu), *n.f.* REFUGE, SHELTER
**noddi,** *v.* SHELTER, PROTECT, PATRONISE
**noddlyd,** *a.* SAPPY, JUICY
**noddwr,** (-wyr), *n.m.* PROTECTOR, PATRON
**noe,** (-au), *n.f.* DISH, KNEADING-TROUGH
**noeth,** *a.* NAKED, BARE, EXPOSED, RAW, SHEER
**noethder,** *n.m.* NAKEDNESS, BARENESS
**noethi,** *v.* BARE, DENUDE, DRAW
**noethlun,** (-iau), *n.m.* NUDE
**noethlymun,** *a.* NUDE, STARK-NAKED
**noethlymunwr,** (-wyr), *n.m.* STREAKER, NUDIST
**noethlymunwraig,** *n.f.* STRIPPER
**noethni,** *n.m.* NAKEDNESS, NUDITY
**noethwr,** (-wyr), *n.m.* NUDIST
**nofel,** (-au), *n.f.* NOVEL
**nofelig,** (-au), *n.f.* NOVELETTE
**nofelwr, nofelydd,** (nofelwyr), *n.m.* NOVELIST
**nofiad,** (-au), *n.m.* SWIM
**nofiedydd,** (-ion), *n.m.* SWIMMER
**nofio,** *v.* SWIM
**nofis,** (-iaid), *n.m.f.* NOVICE
**nofiwr,** (-wyr), *n.m.* SWIMMER
**nogiad,** (-au), *n.m.* JIBBING
**nogio,** *v.* JIB, REFUSE
**noglyd,** *a.* JIBBING
**nôl,** *v.* FETCH, BRING
**nomad,** (-iaid), *n.m.* NOMAD
**nomadiaeth,** *n.f.* NOMADISM
**nomadig,** *a.* NOMADIC
**norm,** (-au), *n.m.* NORM
**normadol,** *a.* NORMATIVE
**normal,** (-au), *n.m.* & *a.* NORMAL
**normaledd,** *n.m.* NORMALITY
**normaleiddio,** *v.* NORMALISE
**normalrwydd,** *n.m.* NORMALITY
**normalydd,** (-ion), *n.m.* NORMALISER
**nos,** (-au), *n.f.* NIGHT
**nosgan,** (-euon, -au), *n.f.* SERENADE
**nosi,** *v.* BECOME NIGHT
**nosol,** *a.* NOCTURNAL, NIGHTLY
**noson, noswaith,** (nosweithiau), *n.f.* NIGHT, EVENING
**noswyl,** (-iau), *n.f.* VIGIL, EVE OF FESTIVAL
**noswylfa,** (-oedd), *n.f.* DORMITORY

**noswylio,** *v.* CEASE WORK AT EVE
**not,** (-iau), *n.f.* KNOT
**notari,** (-ïaid), *n.m.* NOTARY
**nudd, -en,** *n.f.* FOG, HAZE, MIST
**nwclear,** *a.* NUCLEAR
**nwclews,** (nwclei), *n.m.* NUCLEUS
**nwdl,** (-au), *n.m.* NOODLE
**nwl,** (-iau), *n.m.* NULL
**nwlbwynt,** (-iau), *n.m.* NULL POINT
**nwmeraidd,** *a.* NUMEROUS
**nwy,** (-on, -au), *n.m.* GAS
*nwy cynnyrch,* PRODUCER GAS
**nwyd,** (-au), *n.m.* PASSION
**nwydus,** *a.* PASSIONATE
**nwydd,** (-au), *n.m.* MATERIAL, ARTICLE, SUBSTANCE
*n.pl.* GOODS
*nwyddau para,* DURABLE GOODS
*nwyddau darfodus,* PERISHABLE GOODS
**nwyddyn,** (-nau), *n.m.* COMMODITY
**nwyf, -iant,** *n.m.* VIGOUR, VIVACITY
**nwyfre,** *n.m.* SKY, FIRMAMENT
**nwyfus,** *a.* LIVELY, SPRIGHTLY, VIVACIOUS
**nwyfusrwydd,** *n.m.* VIVACITY, LIVELINESS
**nwyglos,** *a.* GASTIGHT
**nwyol,** *a.* GASEOUS
**nych, -dod,** *n.m.* FEEBLENESS, INFIRMITY
**nychlyd,** *a.* SICKLY, FEEBLE
**nychu,** *v.* PINE, SICKEN, LANGUISH
**nydd-droi,** *v.* TWIST, SCREW
**nyddu,** *v.* SPIN, TWIST
**nyddwr,** (-wyr), *n.m.* SPINNER
**nyf,** *c.n.* SNOW
**nymff,** (-od), *n.f.* NYMPH
**nymffomania,** *n.m.* NYMPHOMANIA
**nyni,** *pn.* WE, US
**nyrs,** (-ys), *n.m.f.* NURSE
**nyrsio,** *v.* NURSE
**nyten,** (nytiau), *n.f.* NUT
**nytmeg,** *n.m.* NUTMEG
**nyth,** (-od), *n.f.* NEST
**nythfa,** *n.f.* NESTING-PLACE
**nythu,** *v.* NEST, NESTLE

**o,** *prp.* FROM, OF, OUT OF, BY
*o'r braidd,* HARDLY
*o'r bron,* ALTOGETHER
*o'r gorau,* VERY WELL
**o,** *i.* OH, O!
**o, od,** *c.* IF
**oasis,** (-au), *n.m.* OASIS
**obelisg,** *n.m.* OBELISK
**oblegid,** *c. & prp.* BECAUSE, FOR
**oblong,** (-au), *n.m. & a.* OBLONG
**obo,** (-i), *n.m.* OBOE
**obry,** *ad.* BENEATH, BELOW
**obstetreg,** *n.m.* OBSTETRICS
**obstetregydd,** (-wyr), *n.m.* OBSTETRICIAN
**ocr,** (-au), *n.m.* OCHRE
**ocr, -aeth,** *n.f.* USURY
**ocsalig,** *a.* OXALIC
**ocsid,** (-iau), *n.m.* OXIDE
**ocsidiad,** *n.m.* OXIDATION
**ocsidio,** *v.* OXIDISE
**ocsidydd,** (-ion), *n.m.* OXIDISING AGENT
**ocsigen,** *n.m.* OXYGEN
**ocsiwn,** (-iynau), *n.f.* AUCTION
**ocsiynier,** (-iaid), *n.m.* AUCTIONEER
**octaf,** (-au), *n.m. & a.* OCTAVE
**octafo,** *n.m.* OCTAVO
**octagon,** (-au), *n.m.* OCTAGON
**ocwlar,** (-au), *n.m.* OCULAR
**ocwlt,** *a.* OCCULT
**ocwltiaeth,** *n.m.* OCCULTISM
**och,** *i.* OH, ALAS, WOE, UGH!
**ochain,** *v.* GROAN
**ochenaid,** (-eidiau), *n.f.* SIGH
**och(e)neidio,** *v.* SIGH
**ochr,** (-au), *n.f.* SIDE
**ochri,** *v.* SIDE
**ochrog,** *a.* HAVING SIDES
**ochrol,** *a.* LATERAL
**ochrwr,** (-wyr), *n.m.* SIDER
**ôd,** *n.m.* SNOW
**od,** *a.* ODD, BIZARRE, REMARKABLE
**odi,** *v.* SNOW
**odiaeth,** *a. & ad.* VERY, EXCELLENT, EXQUISITE, MOST
**odid,** *ad.* PERCHANCE, PERADVENTURE
*ond odid,* PROBABLY
**odl,** (-au), *n.f.* RHYME, ODE, SONG
**odlaw,** *n.m.* SLEET
**odli,** *v.* RHYME
**odliadur,** (-on), *n.m.* RHYMING DICTIONARY
**odrif,** (-au), *n.m.* ODD NUMBER
**odrwydd,** *n.m.* ODDITY
**ods,** *n.m.* ODDS
**odyn,** (-nau), *n.f.* KILN
**oddeutu,** *prp & ad.* ABOUT
**oddf,** *n.m.* BULB
**oddi,** *prp.* OUT OF, FROM
**oddieithr,** *prp.* / **oddigerth,** *prp.* EXCEPT, UNLESS
**oed,** (-au), *n.m.* AGE, TIME, APPOINTMENT
**oed-dâl,** (-iadau), *n.m.* SUPERANNUATION
**oedfa,** (-on, -feuon), *n.f.* SERVICE, MEETING
**oedi,** *v.* DELAY, POSTPONE, ADJOURN, LINGER
**oediad,** (-au), *n.m.* DELAY, MORATORIUM, LAG
**oedolyn,** (-olion), *n.m.* ADULT
**oedran,** (-nau), *n.m.* AGE, FULL AGE
**oedrannus,** *a.* AGED, ELDERLY
**oedd,** *v.* WAS, WERE
**oel,** (-iau), *n.m.* OIL, LINIMENT
*oel crai,* CRUDE OIL
*oel llysiau,* VEGETABLE OIL
*rig oel,* OIL RIG
**oelio,** *v.* OIL
**oen,** (ŵyn), *n.m.* LAMB
**oena,** *v.* LAMB
**oenig,** *n.f.* EWE-LAMB
**oer,** *a.* COLD, CHILL, FRIGID, CHILLY
**oeraidd,** *a.* CHILLY, COLDISH
**oerder,** *n.m.* COLDNESS
**oerddrws,** (-ddrysau), *n.m.* WIND GAP
**oerfel,** *n.m.* COLD
**oerfelgarwch,** *n.m.* COLDNESS, APATHY
**oerfelog,** *a.* COLD, CHILLY
**oergell,** (-oedd), / **oergist,** (-iau) *n.f.* REFRIGERATOR
**oeri,** *v.* COOL, CHILL
**oeriadur,** (-on), *n.m.* REFRIGERATOR
**oerllyd,** *a.* FRIGID, CHILLY, COOL
**oernad,** (-au), *n.f.* WAIL, HOWL, LAMENTATION
**oernadu,** *v.* WAIL, HOWL, LAMENT
**oerni,** *n.m.* COLD, COLDNESS, CHILLNESS
**oerydd,** (-ion), *n.m.* COOLANT
**oes,** (-au, -oedd), *n.f.* AGE, LIFETIME
*yn oes oesoedd,* FOR EVER AND EVER
**oes,** *v.* IS, ARE
**oesi,** *v.* LIVE
**oesoffagws,** *n.m.* OESOPHAGUS
**oesol,** *a.* AGE-LONG, PERPETUAL
**oestrogen,** (-nau), *n.f.* OESTROGEN
**of,** *a.* RAW, CRUDE
**ofer,** *a.* WASTEFUL, VAIN, WASTE, PRODIGAL

**ofera,** *v.* WASTE, IDLE
**oferedd,** *n.m.* VANITY, DISSIPATION, FRIVOLITY
**ofergoel,** (-ion), *n.f.* SUPERSTITION
**ofergoeledd, -iaeth,** *n.m.* SUPERSTITION
**ofergoelus,** *a.* SUPERSTITIOUS
**oferôl,** (-au), *n.m.* OVERALL
**oferwr,** (-wyr), *n.m.* WASTER, IDLER
**ofn,** (-au), *n.m.* FEAR, TERROR, DREAD
**ofnadwy,** *a.* AWFUL, DREADFUL, HORRENDOUS
**ofnadwyaeth,** *n.f.* AWE, TERROR, DREAD
**ofni,** *v.* FEAR, DREAD
**ofnog,** *a.* FEARFUL, TIMID
**ofnus,** *a.* TIMID, NERVOUS
**ofnusrwydd,** *n.m.* TIMIDITY, NERVOUSNESS
**ofwl,** (-au), *n.m.* OVULE
**ofydd,** (-ion), *n.m.* OVATE
**offal,** *n.m.* OFFAL
**offeiriad,** (-iaid), *n.m.* PRIEST, PARSON
**offeiriadaeth,** *n.f.* PRIESTHOOD
**offeiriadol,** *a.* PRIESTLY, SACERDOTAL
**offer,** *n.pl.* IMPLEMENTS, TOOLS, GEAR
*offer ymdopi,* D.I.Y. TOOLS
**offeren,** (-nau), *n.f.* MASS, EUCHARIST
**offeriant,** *n.m.* PLANT
**offerwr,** (-wyr), *n.m.* TOOLMAKER
**offeryn,** (-nau, offer), *n.m.* INSTRUMENT, TOOL, APPARATUS, EQUIPMENT
**offeryniaeth,** (-au), *n.f.* INSTRUMENTATION
**offerynnol,** *a.* INSTRUMENTAL
**offrwm,** (-ymau), *n.m.* OFFERING, SACRIFICE
**offrymu,** *v.* OFFER, SACRIFICE
**offrymwr,** (-wyr), *n.m.* OFFERER, SACRIFICER
**offthalmia,** *n.m.* OPHTHALMIA
**offthalmosgop,** (-au), *n.m.* OPHTHALMOSCOPE
**og,** (-au), **oged,** (-i, -au), *n.f.* HARROW
**ogedu,** *v.* HARROW
**ogfaen,** (*-en, n.f.*), *n.pl.* HIPS
**ogof,** (-au, -feydd, -fâu), *n.f.* CAVE, CAVERN, DEN
**ogofydd,** (-ion), *n.m.* SPELAEOLOGIST
**ogylch,** *prp.* ABOUT
**ongl,** (-au), *n.f.* ANGLE, CORNER
*ongl lem,* ACUTE ANGLE
*ongl aflem,* OBTUSE ANGLE
*ongl gyflenwol,* COMPLEMENTARY ANGLE
*ongl atodol,* SUPPLEMENTARY ANGLE
**ongli,** *v.* OFF-SET
**onglog,** *a.* ANGULAR
**onglydd,** (-ion), *n.m.* PROTRACTOR
**oherwydd,** *c. & prp.* BECAUSE, FOR
**ohm,** (-au), *n.m.* OHM
**ôl,** (olion), *n.m.* MARK, PRINT, TRACK, TRACE
*yn ôl,* ACCORDING TO, AGO
**olaf,** *a.* LAST
**ôl-dâl,** (-oedd), *n.m.* BACK-PAY
**oldoriad,** (-au), *n.m.* APOCAPE
**oldywyn,** *n.m.* AFTERGLOW
**ôl-ddodiad,** (-iaid), *n.m.* SUFFIX, AFFIX
**olddyddio,** *v.* POST-DATE
**ôl-ddyled,** (-ion), *n.f.* ARREAR
**olew,** (-au), *n.m.* OIL
*maes olew,* OILFIELD
*olew grawn,* CORN OIL
**ôl-gart,** (-geirt), *n.m.* TRAILER
**olgroesiad,** (-au), *n.m.* BACKCROSS
**ôl-gynnyrch,** (-gynhyrchion), *n.m.* BY-PRODUCT
**olif,** (-au), *n.m.* OLIVE
**oligarchaeth,** *n.f.* OLIGARCHY
**olin,** (-au), *n.m.* TRACE
**ôl-nodiad,** (-au), *n.m.* POST-SCRIPT
**ôl-ofal,** (-on), *n.m.* AFTER-CARE
**olp,** (-au), *n.m.* EYELET-HOLE
**olrhain,** *v.* TRACE, TRACK
**olrhead,** (-au), *n.m.* TRACING
**olrheiniwr,** (-wyr), **olrhëwr,** (-wyr) *n.m.* TRACER
**olseddwr,** (-wyr), *n.m.* BACKBENCHER
**olsylliad,** (-au), *n.m.* RESTROSPECTION
**olsyllu,** *v.* RETROSPECT
**olwr,** (-wyr), *n.m.* BACK (RUGBY)
**olwyn,** (-ion), *n.f.* WHEEL
**olwyndro,** (-adau), *n.m.* CARTWHEEL (GYM.)
**olwyno,** *v.* WHEEL, CYCLE
**olwynog,** *a.* WHEELED
**olyniaeth,** (-au), *n.f.* SUCCESSION, SEQUENCE
**olynu,** *v.* SUCCEED
**olynwr, -ydd,** (-wyr), *n.m.* SUCCESSOR
**ôl-ysgrif,** (-au), *n.f.* POSTSCRIPT
**oll,** *ad.* ALL, WHOLLY, EVER, AT ALL
**ôm,** (omau), *n.m.* OHM
**ombwdsman,** (-myn), *n.m.* OMBUDSMAN
**omlet,** (-i), *n.m.* OMELETTE

**ond,** *c.* BUT, ONLY
*prp.* EXCEPT, SAVE, BUT
**onest,** *a.* HONEST
**oni, onid,** *ad.* NOT? IS IT NOT?
*c.* IF NOT, UNLESS
*prp.* EXCEPT, SAVE, BUT
**onis,** *c.* IF IT IS NOT
**onnen,** (onn, ynn), *n.f.* ASH TREE
**ontogenedd,** (-au), *n.m.* ONTOGENY
**ontoleg,** *n.m.* ONTOLOGY
**opera,** (-âu), *n.f.* OPERA
**operadiad,** (-au), *n.m.* OPERATION
**operadu,** *v.* OPERATE
**operadur,** (-on), *n.m.* OPERATOR
**opereta,** (-u), *n.f.* OPERETTA
**opiniwn,** (-iynau), *n.m.* OPINION
**opiniynllyd, -iynus,** *a.* OPINIONATED
**opiwm,** *n.m.* OPIUM
**opteg,** *n.f.* OPTICS
**optegol,** *a.* OPTICAL
**optegwr, -ydd,** (-wyr), *n.m.* OPTICIAN
**optimeiddio,** *v.* OPTIMISE
**optimist,** *n.m.* OPTIMIST
**optimistaidd,** *a.* OPTIMISTIC
**optimistiaeth,** *n.f.* OPTIMISM
**optimistig,** *a.* OPTIMISTIC
**optimwm,** (-tima), *n.m.* & *a.* OPTIMUM
**oracl,** (-au), *n.m.* ORACLE
**oraclaidd,** *a.* ORACULAR
**oraens,** *n.m.* ORANGE
**oratorio,** (-s), *n.f.* ORATORIO
**ordeiniad,** (-au), *n.m.* ORDINATION
**ordeinio,** *v.* ORDAIN
**ordeinyn,** (-ion), *n.m.* ORDINAND
**ordinhad,** (-au), *n.f.* SACRAMENT, ORDINANCE
**ordnans,** (-au), *n.m.* ORDNANCE
**ordor,** (-s), *n.m.* ORDER
**oren,** (-au), *n.m.* ORANGE
**orenfa,** (-feydd), *n.f.* ORANGERY
**organ,** (-au), *n.m.f.* ORGAN
**organaidd,** *a.* ORGANIC
**organdi,** *n.m.* ORGANDIE
**organeb,** (-au), *n.f.* ORGANISM
**organig,** *a.* ORGANIC
**organydd,** (-ion), *n.m.* ORGANIST
**organyddes,** (-au), *n.f.* ORGANIST
**orgraff,** (-au), *n.f.* ORTHOGRAPHY
**orgraffyddol,** *a.* ORTHOGRAPHICAL
**oriadur,** (-on), *n.f.* WATCH
**oriadurwr,** (-wyr), *n.m.* WATCH-MAKER
**oriawr,** (oriorau), *n.f.* WATCH
**oriel,** (-au), *n.f.* GALLERY
**orig,** *n.f.* LITTLE WHILE
**oriog,** *a.* FICKLE, MOODY, CHANGEABLE, INCONSTANT
**orlen,** (-ni), *n.f.* TIME SHEET
**orlon,** *n.m.* ORLON
**ornest,** (-au), *n.f.* COMBAT, CONTEST, DUEL
**orograffig,** *a.* OROGRAPHIC
**orohïan,** *n.m.* JOY
**orthograffi,** *n.m.* ORTHOGRAPHY
**orthograffig,** *a.* ORTHOGRAPHIC
**orthoptig,** *a.* ORTHOPTIC
**os, od** *c.* IF
**osgamu,** *v.* SIDESTEP
**osgiladiad,** (-au), *n.m.* OSCILLATION
**osgiladu,** *v.* OSCILLATE
**osgiladur,** (-on), *n.m.* OSCILLATOR
**osgilosgop,** *n.m.* OSCILLOSCOPE
**osgled,** (-au), *n.m.* AMPLITUDE
**osgo,** (-au), *n.m.* SLANT, SLOPE, BEARING, ATTITUDE
**osgoi,** *v.* AVOID, SWERVE, EVADE, SHIRK
**osio,** *v.* ESSAY, DARE, ATTEMPT
**oslef,** see *goslef*
**osmosis,** *n.m.* OSMOSIS
**osôn,** (-au), *n.m.* OZONE
**osteopath,** (-wyr), *n.m.* OSTEOPATH
**otitis,** *n.m.* OTITIS
**ots,** see *ods*
**ow,** *i.* OH! ALAS!
**owmal,** *n.m.* ENAMEL
**owns,** (-ys), *n.f.* OUNCE

**pa,** *a.* WHAT, WHICH
**pab,** (-au), *n.m.* POPE
**pabaeth,** *n.f.* PAPACY
**pabaidd,** *a.* PAPAL
**pabell,** (pebyll), *n.f.* TENT, PAVILION, TABERNACLE
**pabellu,** *v.* ENCAMP, TENT, TABERNACLE
**pabi,** (pabïau), *n.m.* POPPY
**pabwyr,** *n.m.* WICK
**pabwyr,** (*-en, n.f. -yn, n.m.*), *n.pl.* RUSHES
**pabydd,** (-ion), *n.m.* PAPIST
**pabyddiaeth,** *n.f.* POPERY
**pabyddol,** *a.* PAPIST, ROMAN CATHOLIC
**pac,** (-iau), *n.m.* PACK, BUNDLE
**pacborth,** (-byrth), *n.m.* PACKET PORT
**paced,** (-i), *n.m.* PACKET, PACKAGE
**pacfa,** (-feydd), *n.f.* PACK
**pacio,** *v.* PACK
**pacrew,** *n.m.* PACK ICE
**pad,** (-iau), *n.m.* PAD
**padell,** (-au, -i, pedyll), *n.f.* PAN, BOWL
**padelleg,** *n.f.* KNEE-PAN
**pader,** (-au), *n.m.* LORD'S PRAYER, PRAYERS
**padera,** *v.* REPEAT PRAYERS
**paderau,** *n.pl.* BEADS, ROSARY
**padio,** *v.* PAD
**padog,** (-au), *n.m.* PADDOCK
**pae,** *n.m.* PAY, WAGE
**paediatreg,** *n.m.* PAEDIATRICS
**paediatregydd,** *n.m.* PAEDIATRICIAN
**paement,** *n.m.* PAVEMENT, PAYMENT
**paent,** (-iau), *n.m.* PAINT
**paentiad,** (-au), *n.m.* PAINTING
**pafiliwn,** *n.m.* PAVILION
**pafin,** (-au), *n.m.* PAVEMENT
**paffio,** *v.* BOX, FIGHT
**paffiwr,** (-wyr), *n.m.* BOXER
**pagan,** (-iaid), *n.m.* PAGAN, HEATHEN
**paganaidd,** *a.* PAGAN, HEATHEN
**paganiaeth,** *n.f.* PAGANISM, HEATHENISM
**pang,** (-au), *n.m.* / **pangfa,** (-feydd), *n.f.* FIT, PANG
**paham,** *ad.* WHY
**paill,** *n.m.* FLOUR, POLLEN
**pair,** (peiriau), *n.m.* CAULDRON, MELTING POT
**pais,** (peisiau), *n.f.* PETTICOAT, COAT
*pais arfau,* COAT OF ARMS
**paith,** (peithiau), *n.m.* PRAIRIE, PAMPAS
**pâl,** (palau), *n.f.* SPADE
(palod), *n.m.* PUFFIN
**paladr,** (pelydr), *n.m.* RAY, BEAM, STAFF, STEM, SHAFT
**palaeograffeg,** *n.f.* PALAEOGRAPHY
**palalaeolithig,** *a.* PALAEOLITHIC
**palas,** (-au, -oedd), *n.m.* PALACE
**palet,** *n.m.* PALETTE
**palf,** (-au), *n.f.* PALM, PAW
**palfais,** (-eisiau), *n.f.* SHOULDER
**palfalu,** *v.* GROPE
**palfod,** (-au), *n.f.* SLAP, SMACK
**palff,** *n.m.* WELL-BUILT PERSON
**pali,** *n.m.* BROCADED SILK
**palis,** (-au), *n.m.* PARTITION, WAINSCOT, STOCKADE
**palmant,** (-mentydd, -au), *n.m.* PAVEMENT
**palmantu,** *v.* PAVE
**palmwydden,** (palmwydd), *n.f.* PALM-TREE
**palu,** *v.* DIG
**pall,** *n.m.* FAILURE, FAILING, LAPSE
**palledigaeth,** *n.f.* PERDITION, FAILURE
**pallu,** *v.* REFUSE, FAIL, LACK, CEASE
**pam,** *ad.* WHY, WHEREFORE
**pâm,** (pamau), *n.m.* GARDEN BED
**pamffled,** (-i, -au), *n.m.* / **pamffledyn,** *n.m.* PAMPHLET
**pampas,** *n.m.* PAMPAS
**pan,** *c.* WHEN
*a.* FULLING, FULLED
**pân,** *n.m.* FULLED-CLOTH, FUR
**pancosen,** (pancos), *n.f.* PANCAKE
**pancreas,** *n.m.* PANCREAS
**pandy,** (-dai), *n.m.* FULLING-MILL
**panel,** (-i), *n.m.* PANEL
**panelog,** *a.* PANELLED
**panig,** *a.* & *n.m.* PANIC
**panlogiaeth,** *n.m.* PANLOGISM
**panlwch,** *n.m.* POUNCE
**pannas,** (*panasen, n.f.*), *n.pl.* PARSNIPS
**pannu,** *v.* FULL (CLOTH)
**pannwl,** (panylau), *n.m.* HOLLOW, DIMPLE
**pannwr,** (panwyr), *n.m.* FULLER
**panorama,** (-âu), *n.m.* PANORAMA
**pant,** (-iau), *n.m.* HOLLOW, VALLEY, DENT
**pantio,** *v.* DENT, DEPRESS
**pantiog,** *a.* HOLLOW, DIMPLED
**pantle,** (-oedd), *n.m.* HOLLOW
**pantomeim,** (-au), *n.m.f.* PANTOMIME
**pantos,** *n.pl.* PANTIES
**pantri,** *n.m.* PANTRY

**pantheistiaeth,** *n.f.* PANTHEISM
**papur,** (-au), *n.m.* PAPER
*papur gwrthsaim,* GREASEPROOF PAPER
*papur gwydrog/swnd,* SAND PAPER
*papur sugno,* BLOTTING PAPER
**papurach,** *n.m.* BUMPH
**papurfrwyn,** (*-en, n.f.*), *n.pl.* PAPYRI
**papuro,** *v.* PAPER
**papurwr,** (-wyr), *n.m.* PAPERER
**pâr,** (parau), *n.m.* PAIR, SUIT, PAR
**para,** *v.* CONTINUE, LAST, ENDURE
**parabl,** (-au), *n.m.* SPEECH, UTTERANCE, SAYING
**parablu,** *v.* SPEAK
**paradeim,** (-au), *n.m.* PARADIGM
**paradocs,** (-au), *n.m.* PARADOX
**paradocsaidd,** *a.* PARADOXICAL
**paradwys,** *n.f.* PARADISE
**paradwysaidd,** *a.* PARADISEAN
**paraffin,** *n.m.* PARAFFIN
**paragraff,** (-au), *n.m.* PARAGRAPH
**paralacs,** *n.m.* PARALLAX
**paralel,** (-au), *n.m.* & *a.* PARALLEL
**paralelogram,** (-au), *n.m.* PARALLELOGRAM
**paratoad,** (-au), *n.m.* PREPARATION
**paratoawl,** *a.* PREPARATORY
**paratoi,** *v.* PREPARE, GET READY
**parau,** *n.pl.* DOUBLES
**parc,** (-iau), *n.m.* PARK, FIELD
**parcdir,** (-oedd), *n.m.* PARKLAND
**parcio,** *v.* PARK
**parch,** *n.m.* RESPECT, REVERENCE
**parchedig,** *a.* REVEREND, REVERENT
**parchedigaeth,** *n.f.* REVERENCE
**parchu,** *v.* RESPECT, REVERE
**parchus,** *a.* RESPECTABLE, RESPECTFUL
**parchusrwydd,** *n.m.* RESPECTABILITY
**pardwn,** (-ynau), *n.m.* PARDON
**pardynu,** *v.* PARDON
**pardynwr,** (-wyr), *n.m.* PARDONER
**parddu,** *n.m.* SOOT, FIRE-BLACK
**pardduo,** *v.* VILIFY, BLACKEN
**parechelin,** *a.* PARAXIAL
**pared,** (parwydydd), *n.m.* PARTITION, WALL
**parêd,** (paredau), *n.m.* PARADE
**paredd,** *n.m.* PARITY
**parhad,** (-au), *n.m.* CONTINUATION
**parhaol,** *a.* PERPETUAL, LASTING
**parhau,** *v.* CONTINUE, LAST, ENDURE
**parhaus,** *a.* PERPETUAL, LASTING, CONTINUAL
**pario,** *v.* PARRY
**parlwr,** (-yrau), *n.m.* PARLOUR
**parlys,** *n.m.* PARALYSIS
*parlys mud,* APOPLEXY
**parlysol,** *a.* PARALYSING
**parlysu,** *v.* PARALYSE
**parod,** *a.* READY, WILLING, PREPARED
**parodi,** (-ïau), *n.m.* PARODY
**parodïo,** *v.* PARODY
**parodrwydd,** *n.m.* READINESS, WILLINGNESS
**parôl,** (-ion), *n.m.* PAROLE
**parsel,** (-i, -au), *n.m.* PARCEL
**parti,** (-ïon), *n.m.* PARTY
**partïaeth,** *n.f.* PARTISANSHIP
**partïol,** *a.* PARTISAN, PARTIAL
**partisán,** *n.m.* PARTISAN
**partner,** (-iaid), *n.m.* PARTNER
**partneriaeth,** (-au), *n.f.* PARTNERSHIP
**parth,** (-au), *n.m.* PART, DISTRICT, FLOOR, HEARTH
**parthed,** *prp.* ABOUT, CONCERNING
**parthu,** *v.* DIVIDE, SEPARATE, SHED
**paru,** *v.* PAIR, MATE
**parwyden,** (-nau), *n.f.* PARTITION, SIDE
**pâs,** *n.m.* WHOOPING-COUGH
**pás,** (pasys, -iau), *n.f.* PASS
**Pasg,** *n.m.* PASSOVER, EASTER
**pasgedig,** *a.* FATTED, FATTENED
**pasiant,** (-iannau), *n.m.* PAGEANT
**pasio,** *v.* PASS, SURPASS
**past,** (-au), *n.m.* PASTE
**pasta,** *n.m.* PASTA
**pastai,** (-eiod), *n.f.* PASTY, PIE
**pasteiwr,** (-wyr), *n.m.* PASTRY-COOK
**pasten,** (-ni), *n.f.* PASTY
**pasteuredig,** *a.* PASTEURIZED
**pasteuro,** *v.* PASTEURIZE
**pastio,** *v.* PASTE
**pastwn,** (-ynau), *n.m.* CLUB, CUDGEL, STAFF
**pastynfardd,** (-feirdd), *n.m.* POETASTER
**pastynu,** *v.* CLUB, CUDGEL
**paté,** *n.m.* PATÉ
**pati,** (-au), *n.m.* PATTY
**patio,** *n.m.* PATIO
**patriarch,** (-iaid, patrieirch), *n.m.* PATRIARCH
**patriarchaidd,** *a.* PARTRIARCHAL
**patrôl,** (-au), *n.m.* PATROL
**patroleg,** *n.m.* PATROLOGY
**patrolio,** *v.* PATROL
**patrwm,** (-ymau), *n.m.* PATTERN

**patrymlun,** (-iau), *n.m.* TEMPLATE
**patrymog,** *a.* PATTERNED
**patrymu,** *v.* PATTERN
**pathew,** (-od), *n.m.* DORMOUSE
**patholeg,** *n.f.* PATHOLOGY
**patholegol,** *a.* PATHOLOGICAL
**patholegydd,** (-egwyr), *n.m.* PATHOLOGIST
**pau,** (peuoedd), *n.f.* COUNTRY, LAND
**paun,** (peunod), *n.m.* PEACOCK
**pawb,** *pn.* EVERYBODY, ALL
**pawen,** (-nau), *n.f.* PAW
**pawennu,** *v.* PAW
**pawl,** (polion), *n.m.* POLE, POST, STAKE
**pe,** *c.* IF
**pecaid,** (-eidiau), *n.m.* PECK
**pectin,** *n.m.* PECTIN
**pecyn,** (-nau), *n.m.* PACKET, PACKAGE
**pechadur,** (-iaid), *n.m.* SINNER
**pechadurus,** *a.* SINFUL, WICKED
**pechadurusrwydd,** *n.m.* SINFULNESS
**pechod,** (-au), *n.m.* SIN
**pechu,** *v.* SIN
**ped,** *c.* IF
**pedair,** *a.* f. of *pedwar*
**pedal,** (-au), *n.m.* PEDAL
**pedeiran,** *n.f.* ONE-FOURTH
**pedestal,** *n.m.* PEDESTAL
**pedestrad,** (-iaid), *n.m.* PEDESTRIAN
**pedler,** (-iaid), *n.m.* PEDLAR
**pedol,** (-au), *n.f.* SHOE, HEEL-TIP
**pedoli,** *v.* SHOE
**pedrain,** (-einiau), *n.f.* CRUPPER, HAUNCHES
**pedrant,** (-annau), *n.m.* QUADRANT
**pedrochr,** (-au), *a. & n.f.* QUADRILATERAL
**pedrongl,** *a.* SQUARE, QUADRILATERAL
(-au), *n.f.* SQUARE, QUADRILATERAL
**pedrwpl,** *a.* QUADRUPLE
**pedrwplet,** (-au), *n.m.* QUADRUPLET
**pedryfan,** *a.* FOUR-CORNERED
(-noedd), *n.m.* FOUR QUARTERS
**pedwar,** *a.* FOUR
**pedwarawd,** (-au), *n.m.* QUARTETTE
**pedwarcarnol,** (-ion), *a.* QUADRUPED
**pedwarplyg,** *a.* QUARTO, FOURFOLD
**peddestr,** *n.m.* PEDESTRIAN
**pefr,** *a.* RADIANT, BRIGHT
**pefredd,** *n.m.* RADIANCE, BRIGHTNESS
**pefren,** (-nod), *n.f.* BELLE
**pefrio,** *v.* RADIATE, SPARKLE
**pefriol,** *a.* SPARKLING
**peg,** (-iau), *n.m.* PEG
**pegol,** (-ion), *n.m.* BRADAWL
**pegor,** (-au), *n.m.* MANIKIN, IMP, DWARF
**pegwn,** (-ynau), *n.m.* POLE, PIVOT, CHUCK
**pegynol,** *a.* POLAR, AXIAL
**peidiad,** (-au), *n.m.* CESSATION
**peidio,** *v.* CEASE, STOP, DESIST
**peilennwr,** (-enwyr), *n.m.* SOUTH-PAW
**peilon,** (-au), *n.m.* PYLON
**peilot,** (-iaid), *n.m.* PILOT
**peillgod,** (-au), *n.f.* POLLEN SAC
**peillio,** *v.* BOLT, SIFT, POLLINATE
**peint,** (-iau), *n.m.* PINT
**peintiad,** (-au), *n.m.* PAINTING
**peintio,** *v.* PAINT
**peintiwr,** (-wyr), *n.m.* PAINTER
**peipio,** *v.* PIPE
**peiran,** (-nau), *n.m.* CIRQUE, CWM
**peirianneg,** *n.f.* ENGINEERING
**peiriannol,** *a.* MECHANICAL, MACHINE-
**peiriannwr, -ydd,** (-nwyr), *n.m.* ENGINEER
**peiriant,** (-iannau), *n.m.* ENGINE, MACHINE
*peiriant adio,* ADDING MACHINE
*peiriant golchi,* WASHING MACHINE
*peiriant jet,* JET ENGINE
**peirianwaith,** *n.m.* MECHANISM, MACHINERY
**peiswellt,** (-*yn, n.m.*), *n.pl.* FESCUES
**peiswyn,** *n.m.* CHAFF
**peithin,** *n.f.* SLAY, REED
**peithwydd,** *n.pl.* WEAVER'S REEDS
**peithyn(en),** (-ynau), *n.m.* RIDGE-TILE, SHINGLE
**pêl,** (peli, -au), *n.f.* BALL
*pêl farw,* DEAD BALL
*pêl traeth,* BEACH BALL
**pelawd,** (-au), *n.f.* OVER (CRICKET)
**peledu,** *v.* BOMBARD
**pelen,** (-ni, -nau), *n.f.* PILL, PELLET, BALL
**pêl-fasged,** *n.f.* BASKET-BALL
**pelferyn,** (-nau), *n.m.* BALL-BEARING
**pelfis,** (-au), *n.m.* PELVIS
**pêl-law,** *n.f.* HAND-BALL
**pelmet,** (-au), *n.m.* PELMET
**pelras,** (-i), *n.f.* BALLRACE
**pêl-r(h)wyd,** *n.f.* NETBALL
**pelten,** (pelts), *n.f.* BLOW
**pelwr,** (-wyr), *n.m.* BALL-PLAYER

**pelydr,** (-au), *n.m.* RAY, BEAM
**pelydriad,** (-au), *n.m.* RADIATION
**pelydrol,** *a.* RADIANT, SHINING
**pelydru,** *v.* GLEAM, RADIATE
**pelydrydd,** *n.m.* RADIATOR
**pelydryn,** (pelydrau), *n.m.* RAY, BEAM
**pell,** *a.* FAR, DISTANT, LONG, REMOTE
**pellen,** (-ni, -nau), *n.f.* BALL (OF YARN)
**pellennig,** *a.* FAR, DISTANT, REMOTE
**pellhad,** *n.m.* REMOVAL TO A DISTANCE
**pellhau,** *v.* MOVE FARTHER
**pellter,** (-au, -oedd), *n.m.* DISTANCE
**pen,** (-nau), *n.m.* HEAD, CHIEF, END, TOP, MOUTH
**penadur,** (-iaid), *n.m.* SOVEREIGN
**penaduriaeth,** *n.f.* SOVEREIGNTY
**penagored,** *a.* WIDE OPEN, UNDECIDED
**penaig,** *n.m.* CHIEF, LEADER
**penarglwyddiaeth,** *n.f.* SOVEREIGNTY
**penbaladr,** *a.* GENERAL, UNIVERSAL
**penben,** *ad.* AT LOGGERHEADS
**penbleth,** *n.f.* DOUBT, PERPLEXITY
**pen-blwydd,** (-i), *n.m.* BIRTHDAY
**penboeth,** *a.* HOT-HEADED, FANATICAL
**penboethni,** *n.m.* FANATICISM
**penboethyn,** (-boethiaid), *n.m.* EXTREMIST, FANATIC, HOTHEAD
**penbwl,** (-byliaid), *n.m.* BLOCKHEAD, TADPOLE, BULLHEAD
**pencadlys,** (-oedd), *n.m.* HEADQUARTERS
**pencampwr,** (-wyr), *n.m.* CHAMPION
**pencampwriaeth,** (-au), *n.f.* CHAMPIONSHIP
**pencawna,** *v.* DALLY, WASTE TIME
**pencerdd,** (-ceirddiaid), *n.m.* CHIEF MUSICIAN, CHIEF POET
**pencynydd,** (-ion), *n.m.* CHIEF HUNTSMAN
**penchwiban,** *a.* FLIGHTY, LIGHT-HEADED
**penchwidr,** *a.* GIDDY, WILD, RASH
**pendant,** *a.* POSITIVE, DEFINITE, EMPHATIC
**pendantrwydd,** *n.m.* POSITIVENESS, DECISIVENESS
**pendefig,** (-ion), *n.m.* PRINCE, PEER, NOBLEMAN
**pendefigaeth,** (-au), *n.f.* ARISTOCRACY, PEERAGE
**pendefigaidd,** *a.* ARISTOCRATIC, NOBLE
**pendefiges,** (-au), *n.f.* PEERESS
**penderfyniad,** (-au), *n.m.* RESOLUTION, DETERMINATION
**penderfyniaeth,** *n.f.* DETERMINISM
**penderfyniedydd,** *n.m.* DETERMINIST
**penderfynol,** *a.* RESOLUTE, DETERMINED
**penderfynu,** *v.* DECIDE, DETERMINE, RESOLVE
**penderfynydd,** (-ion), *n.m.* DETERMINANT
**pendew,** *a.* STUPID, THICK-HEADED
**pendifadu,** *v.* STUN, DISTRACT
**pendifaddau,** *ad.* VERILY
**pendil,** (-iau), *n.m.* PENDULUM
**pendoll,** *a.* HEAD FULL OF HOLES
**pendramwnwgl,** *a.* HEADLONG, TOPSYTURVY
**pendrant,** (-au), *n.m.* QUADRANT
**pendraphen,** *a.* CONFUSED, HELTER-SKELTER
**pendrawst,** (-iau), *n.m.* ARCHITRAVE
**pendro,** *n.f.* GIDDINESS, STAGGERS
**pendroni,** *v.* WORRY, PERPLEX ONESELF
**pendrwm,** *a.* TOP-HEAVY, DROWSY, IMPROPER (FRACTION)
**pendrymu,** *v.* DOZE, DROOP, NOD
**pendwmpian,** *v.* NOD, SLUMBER, DOZE
**penddar(edd),** *n.m.* GIDDINESS
**penddaru,** *v.* MAKE OR BECOME GIDDY
**penddelw,** (-au), *n.f.* BUST
**pendduyn,** (-nod), *n.m.* BOIL, BLACKHEAD
**penelin,** (-oedd), *n.m.f.* ELBOW
**penfar,** (-au), *n.m.* MUZZLE
**penfoel,** *a.* BALD-HEADED
**penfras,** (-au), *n.m.* COD
**penffestr,** (-au), *n.m.* HALTER
**penffrwyn,** (-au), *n.m.* MUZZLE, HALTER, HEAD-STALL
**pengaled,** *a.* HEADSTRONG, STUBBORN *n.f.* KNAPWEED
**pengaledwch,** *n.m.* STUBBORNNESS
**pen-glin,** (-iau), *n.f.* KNEE
**penglog,** (-au), *n.f.* SKULL
**pengryniad,** (-iaid), *n.m.* ROUND-HEAD
**penhwyad,** (-hwyaid), *n.m.* PIKE
**penigamp,** *a.* SPLENDID, EXCELLENT
**peniad,** (-au), *n.m.* HEADER
**peniant,** (-nnau), *n.m.* FIXTURE
**penio,** *v.* HEAD
**peniog,** *a.* CLEVER
**penisel,** *a.* DOWNCAST
**penisilin,** *n.m.* PENICILLIN
**pen-lin,** (-iau), *n.f.* KNEE
**penlinio,** *v.* KNEEL
**penllâd,** *n.m.* SUPREME GOOD
**penllanw,** (-au), *n.m.* HIGH WATER, PEAK
**penllawr,** (-lloriau), *n.m.* BING, FEEDING-PASSAGE

**penllinyn,** (-nau), *n.m.* CLUE
**penllwyd,** (-ion), *a.* GREY-HEADED
*n.m.* SEWIN
**penllwydni,** *n.m.* GREY HAIR, WHITE HAIR
**penllywydd,** (-ion), *n.m.* SOVEREIGN
**pennaeth,** (penaethiaid), *n.m.* CHIEF
**pennaf,** *a.* CHIEF, PRINCIPAL
**pennawd,** (penawdau), *n.m.* HEADING, HEADLINE
**pennill,** (penillion), *n.m.* STANZA, VERSE
**pennod,** (penodau), *n.f.* CHAPTER
**pennoeth,** *a.* BARE-HEADED
**pennog,** (penwaig), *n.m.* HERRING
**pennor,** (penorau), *n.m.* WICKET, MUZZLE
**pennu,** *v.* APPOINT, DETERMINE, SPECIFY
**penodedig,** *a.* PRESCRIBED
**penodi,** *v.* APPOINT
**penodiad,** (-au), *n.m.* APPOINTMENT
**penodol,** *a.* PARTICULAR, SPECIAL
**penoriad,** (-iaid), *n.m.* PREFECT
**penrhif,** (-au), *n.m.* PRINCIPAL VALUE
**penrhydd,** *a.* LOOSE, WILD
*mesur penrhydd,* VERS LIBRE
**penrhyddid,** *n.m.* LICENCE
**penrhyddyn,** *n.m.* LIBERTINE
**penrhyn,** (-nau, -noedd), *n.m.* CAPE, FORELAND
**pensaer,** (-seiri), *n.m.* ARCHITECT
**pensaernïaeth,** *n.f.* ARCHITECTURE, ARCHITECTONICS
**pensaernïol,** *a.* ARCHITECTURAL
**pensafiad,** *n.m.* HEADSTAND
**pensil,** (-iau), *n.m.* PENCIL
**pensiwn,** (-iynau), *n.m.* PENSION
**pensiynwr,** (-wyr), *n.m.* PENSIONER
**pensyfrdan,** *a.* STUNNED, DAZED
**pensyfrdandod,** *n.m.* BEWILDERMENT, GIDDINESS
**pensyfrdanu,** *v.* DAZE, BEWILDER, STUN
**pensyndod,** *n.m.* TWIN-LAMB DISEASE
**pensynnu,** *v.* BROOD, MUSE, DAY-DREAM
**pensyth,** *a.* PERPENDICULAR
**pentan,** (-au), *n.m.* HOB, CHIMNEY-CORNER
**pentagon,** (-au), *n.m.* PENTAGON
**pentatonig,** *a.* PENTATONIC
**penteulu,** *n.m.* HEAD OF FAMILY
**pentewyn,** (-ion), *n.m.* FIREBRAND
**pentir,** (-oedd), *n.m.* HEADLAND
**pentis,** *n.m.* PENTHOUSE
**pentocsid,** *n.m.* PENTOXIDE
**pentref,** (-i, -ydd), *n.m.* VILLAGE
**pentrefan,** (-nau), *n.m.* HAMLET
**pentrefol,** *a.* VILLAGE
**pentrefwr,** (-wyr), *n.m.* VILLAGER
**pentwr,** (-tyrrau), *n.m.* HEAP, MASS, PILE
**penty,** (-tai), *n.m.* COTTAGE, SHED
**pentyrru,** *v.* HEAP, AMASS
**penuchel,** *a.* PROUD, HAUGHTY
**penwan,** *a.* WEAK-HEADED, GIDDY
**penwar,** (-au), *n.m.* HEAD-STALL, MUZZLE
**penwendid,** *n.m.* WEAKNESS OF HEAD
**penwisg,** (-oedd), *n.f.* HEAD-DRESS
**penwmbra,** (-e), *n.m.* PENUMBRA
**penwyn,** *a.* WHITE-HEADED
**penwynni,** *n.m.* WHITE HAIR, GREY HAIR
**penyd,** (-iau), *n.m.* PENANCE
**penydfa,** (-oedd, -feydd), *n.f.* PENITENTIARY
**penydiadur,** *n.m.* PENITENTIAL
**penydiol,** *a.* PENAL
**penydiwr,** (-wyr), *n.m.* PENITENT, TORMENTOR
**penyd-wasanaeth,** *n.f.* PENAL SERVITUDE
**penysgafn,** *a.* GIDDY, DIZZY
**penysgafnder,** *n.m.* GIDDINESS, DIZZINESS
**pepton,** *n.m.* PEPTONE
**pêr,** *a.* SWEET, DELICIOUS
**peraidd,** *a.* SWEET, MELODIOUS
**perarogl,** (-au), *n.m.* PERFUME, AROMA, SCENT
**perarogli,** *v.* PERFUME, EMBALM
**peraroglus,** *a.* FRAGRANT, SCENTED
**percoladur,** (-on), *n.m.* PERCOLATOR
**perchen, -nog,** (perchenogion), *n.m.* OWNER, PROPRIETOR
**perchenogaeth,** (-au), *n.f.* OWNERSHIP
**perchenogi,** *v.* OWN
**perchentyaeth,** *n.f.* HOSPITALITY
**perchentyŵr,** (-wyr), *n.m.* HOUSEHOLDER
**perchi,** *v.* RESPECT
**pereidd-dra,** *n.m.* SWEETNESS
**pereiddio,** *v.* SWEETEN
**peren,** (pêr), *n.f.* PEAR
**pererin,** (-ion), *n.m.* PILGRIM
**pererindod,** (-au), *n.m.f.* PILGRIMAGE
**pererindota,** *v.* GO ON A PILGRIMAGE
**perfedd,** (-ion), *n.m.* GUTS, ENTRAILS, MIDDLE
*perfedd nos,* DEAD OF NIGHT
**perfeddwlad,** (-wledydd), *n.f.* INTERIOR, HEARTLAND
**perfeddyn,** (perfeddion), *n.m.* GUT

**perffaith,** *a.* PERFECT, IDEAL
**perffeithiaeth,** *n.f.* PERFECTIONISM
**perffeithio,** *v.* PERFECT
**perffeithrwydd,** *n.m.* PERFECTION
**perffeithydd,** (-ion), *n.m.* PERFECTER
**perfforadur,** (-on), *n.m.* PERFORATOR
**perfformiad,** (-au), *n.m.* PERFORMANCE
**perfformio,** *v.* PERFORM
**perfformiwr,** (-wyr), *n.m.* PERFORMER
**peri,** *v.* CAUSE, BID
**perifferal,** *a.* PERIPHERAL
**periglor,** (-ion, -iaid), *n.m.* PRIEST, INCUMBENT
**perigloriaeth,** *n.f.* INCUMBENCY
**perimedr,** (-au), *n.m.* PERIMETER
**peripatetig,** *a.* PERIPATETIC
**perisgop,** (-au), *n.m.* PERISCOPE
**perl,** (-au), *n.m.* PEARL
**perlewyg,** (-on), *n.m.* TRANCE, ECSTASY
**perlog,** *a.* PEARLY
**perlysiau,** *n.pl.* SPICES
**perlysiog,** *a.* SPICY
**perllan,** (-nau), *n.f.* ORCHARD
**perllys,** *n.m.* PARSLEY
**permitifedd,** *n.m.* PERMITIVITY
**perocsid,** (-au), *n.m.* PEROXIDE
**perori,** *v.* MAKE MELODY
**peroriaeth,** *n.f.* MELODY, MUSIC
**perpendicwlar,** (-au), *n.m.* & *a.* PERPENDICULAR
**persain,** *a.* MELODIOUS, SWEET, EUPHONIOUS
*n.f.* EUPHONY
**persawr,** (-au), *n.m.* FRAGRANCE, PERFUME
**persbecs,** *n.m.* PERPEX
**persbectif,** (-au), *n.m.* PERSPECTIVE
**perseinedd,** *n.m.* EUPHONY
**perseiniol,** *a.* MELODIOUS
**persli,** *n.m.* PARSLEY
**person,** (-au), *n.m.* PERSON
(-iaid), *n.m.* PARSON, CLERGYMAN
**personadu,** *v.* IMPERSONATE
**personadwr,** (-wyr), *n.m.* IMPERSONATOR
**persondy,** (-dai), *n.m.* PARSONAGE
**personiaeth,** *n.f.* BENEFICE
**personol,** *a.* PERSONAL
**personoli,** *v.* PERSONIFY
**personoliad,** (-au), *n.m.* PERSONIFICATION
**personoliaeth,** (-au), *n.f.* PERSONALITY
**personolwr,** (-wyr), *n.m.* IMPERSONATOR
**personolydd,** *n.m.* PERSONALIST
**perswâd,** *n.m.* PERSUASION
**perswadio,** *v.* PERSUADE
**pert,** *a.* PRETTY, QUAINT, PERT
**pertrwydd,** *n.m.* PRETTINESS
**perth,** (-i), *n.f.* HEDGE, BUSH
**perthnasedd,** (-au), *n.m.* RELATIVITY, RELEVANCE
**perthnaseddol,** *a.* RELATIVISTIC
**perthnasiad,** (-au), *n.m.* AFFILIATION
**perthnasol,** *a.* RELEVANT
**perthnasolaeth,** *n.f.* RELATIVISM
**perthnasolrwydd,** *n.m.* RELATIVITY
**perthyn,** *v.* BELONG, BE RELATED, PERTAIN
**perthynas,** (-au), *n.f.* RELATION, RELATIONSHIP, RELATIVE
**perthynasol,** *a.* RELEVANT
**perthynol,** *a.* RELATIVE, RELATED
**perwig,** (-au), *n.f.* PERIWIG, WIG
**perwyl,** *n.m.* PURPOSE, EFFECT
**perygl,** (-on), *n.m.* DANGER, PERIL
**peryglu,** *v.* ENDANGER
**peryglus,** *a.* DANGEROUS, PERILOUS
**pes,** *c.* IF . . . IT, HEM, HER, THEM
**pesgi,** *v.* FATTEN, FEED
**pesimist,** (-iaid), *n.m.* PESSIMIST
**pesimistaidd,** *a.* PESSIMISTIC
**pesimistiaeth,** *n.f.* PESSIMISM
**pestl,** (-au), *n.m,* PESTLE
**peswch,** *v.* & *n.m.* } COUGH
**pesychiad,** (-au), *n.m.* } COUGH
**pesychu,** *v.* COUGH
**petai,** *v.* IF IT WERE
**petal,** (-au), *n.m.* PETAL
**petris,** (*-en, n.f.*), *n.pl.* PARTRIDGES
**petrocemegolau,** *n.pl.* PETROCHEMICALS
**petrol,** (-au), *n.m.* PETROL
**petroleg,** *n.m.f.* PETROLOGY
**petrual,** *n.m.* & *a.* SQUARE, RECTANGLE
**petrus,** *a.* HESITATING, DOUBTFUL
**petruso,** *v.* HESTITATE, DOUBT
**petruster,** *n.m.* HESITATION, DOUBT
**petryal,** *n.m.* & *a.* SQUARE, RECTANGLE
**peth,** (-au), *n.m.* THING, PART, SOME
**petheuach,** *n.pl.* ODDS AND ENDS, TRIFLES
**peunes,** (-od), *n.f.* PEAHEN
**peuo,** *v.* PANT, PUFF, BELLOW
**pi, pia,** (pïod), *n.f.* MAGPIE
**piano,** (-s), *n.m.f.* PIANO
**pianydd,** (-ion), *n.m.* PIANIST
**piau,** *v.* OWN

**pib,** (-au), *n.f.* PIPE, DUCT, TUBE, DIARRHOEA
**pibell,** (-au, -i), *n.f.* PIPE, TUBE
**pibgorn,** (-gyrn), *n.m.* RECORDER
**pibo,** *v.* PIPE, SQUIRT
**pibonwy,** (-*en, n.f.*), *c.n.* ICICLES
**pibydd,** (-ion), *n.m.* PIPER
**pica,** *a.* POINTED, SHARP
**picas,** (-au), *n.m.f.* PICKAXE
**picedu,** *v.* PICKET
**picedwr,** (-wyr), *n.m.* PICKET
**picell,** (-au), *n.f.* DART, LANCE, SPEAR
**picellu,** *v.* SPEAR, STAB
**picen,** (picau), *n.f.* BUN
**picfforch,** (-ffyrch), *n.f.* PITCHFORK
**pic(i)l,** *n.m.* PICKLE, TROUBLE
**picio,** *v.* DART, HURRY, MOVE QUICKLY
**piclo,** *v.* PICKLE
**pictiwr,** (-tiyrau), *n.m.* PICTURE
**picyn,** (-nau), *n.m.* NOGGIN, PAIL
**pier,** (-i), *n.m.* PIER
**piff,** (-iau), *n.m.* PUFF
**pig,** (-au), *n.f.* POINT, BEAK, SPIRE, SPOUT
**pigan,** *v.* BEGIN TO RAIN, etc.
**pigdwr,** (-dyrau), *n.m.* SPIRE, STEEPLE
**pigfain,** *a.* TAPERING, POINTED
**pigiad,** (-au), *n.m.* PRICK, STING, INJECTION
**pigiadu,** *v.* INJECT
**pigion,** *n.pl.* SELECTIONS, PICKINGS
**piglas,** *a.* PALE-FACED, BLUE
**pigmi,** (ïaid), *n.m.* PYGMY
**pigo,** *v.* PICK, STING, PRICK, PECK
**pigodyn,** (-nau), *n.m.* PIMPLE
**pigog,** *a.* PRICKLY, SPINY, IRRITABLE
**pigoglys,** *n.m.* SPINACH
**pigwrn,** (-yrnau), *n.m.* CONE, PINNACLE
**pigyn,** (-nau), *n.m.* CONE, PINNACLE, PEAK, THORN, TIP, STITCH
**pilaster,** (-au), *n.m.* PILASTER
**pilcod,** (-*yn, n.m.*), *n.pl.* MINNOWS
**pilen,** (-nau), *n.f.* FILM, SKIN, CUTICLE, MEMBRANE
**piler,** (-au, -i), *n.m.* PILLAR, STILT
**pilio,** *v.* PEEL, PARE
**pilion.** *n.pl.* PEELINGS
**pili-pala,** *n.m.* BUTTERFLY
**pilsen,** (pils), *n.f.* PILL
**pilsiard,** *n.m.* PILCHARD
**pilyn,** (-nau), *n.m.* GARMENT, RAG
**pill,** (-ion), *n.m.* BIT OF POETRY, SNATCH OF SONG
**pillwydd,** *n.pl.* DRY WOOD
**pin,** (-nau), *n.m.* PIN, BOBBIN, PEN
*pin cau,* SAFETY PIN
*pin llanw,* FOUNTAIN PEN
*pin gwasgu,* DRAWING PIN
**pin,** *n.m.* PINE.
**pinacl,** (-au), *n.m.* PINNACLE
**pinafal,** (-au), *n.m.* PINEAPPLE
**pinbwyntio,** *v.* PINPOINT
**pinc,** *a.* PINK
(-od), *n.m.* CHAFFINCH
**pincas,** *n.m.* PIN-CUSHION
**pincio,** *v.* PINK, TITIVATE
**pincws,** (-cysau), *n.m.* PINCUSHION
**pindwll,** (-dyllau), *n.m.* PIN-HOLE
**piner,** *n.m.* PINAFORE
**pinio,** *v.* PIN
**piniwn,** (piniynau), *n.m.* OPINION, PINE-END
**pinsiad,** (-au), *n.m.* PINCH
**pinsio,** *v.* PINCH
**pinwydden,** *n.f.* PINE TREE
**pioden,** (pïod), *n.f.* MAGPIE
**piogenig,** *a.* PYOGENIC
**piped,** (-au), *n.m.* PIPETTE
**pipo,** *v.* PEEP
**pirŵet,** *n.m.* PIROUETTE
**piser,** (-au, -i), *n.m.* PITCHER, CAN, JUG
**piso,** *v.* URINATE
*n.m.* URINE
**piston,** (-au), *n.m.* PISTON
**pistyll,** (-oedd), *n.m.* SPOUT, CATARACT
**pistyllio, -u,** *v.* SPOUT, GUSH
**pisyn,** (-nau), *n.m.* PIECE, SHOW-GIRL
**piti,** *n.m.* PITY
**pitïo,** *v.* PITY
**pitsio,** *v.* PITCH
**pitw,** *a.* PUNY, PETTY, PALTRY
**piw,** (-od), *n.m.* UDDER
**piwiaid,** *n.pl.* GNATS
**piwis,** *a.* PEEVISH
**piwr,** *a.* KIND, FINE
**Piwritan,** (-iaid), *n.m.* PURITAN
**piwritanaidd,** *a.* PURITAN(ICAL)
**piwritaniaeth,** *n.f.* PURITANISM
**piwter, -ar,** *n.m.* PEWTER
**pizza,** *n.m.* PIZZA
**pla,** (plâu), *n.m.f.* PLAGUE, NUISANCE
**plac,** (-iau), *n.m.* PLAQUE
**plad,** (-iau), *n.m.* PLAID
**pladur,** (-iau), *n.f.* SCYTHE
**pladuro,** *v.* SCYTHE
**plaen,** *a.* PLAIN, CLEAR
(-iau), *n.m.* PLANE

**plaender, -dra,** *n.m.* PLAINNESS
**plaengan,** *n.f.* PLAINSONG
**plaenio,** *v.* PLANE
**plagio,** *v.* TORMENT, TEASE
**plagus,** *a.* ANNOYING, TROUBLESOME
**plaid,** (pleidiau), *n.f.* PARTY, FACTION, SIDE
**plaleiddiad,** *n.m.* PESTICIDE
**plân,** (planau), *n.m.* PLANE
**plan,** (-nau), *n.m.* PLAN
**planar,** *a.* PLANAR
**planc,** (-iau), *n.m.* PLANK, BOARD, BAKESTONE
*bara planc,* PLANK BREAD
**planced,** (-i), *n.f.* BLANKET
**plancton,** (-au), *n.pl.* PLANKTON
**planed,** (-au), *n.f.* PLANET, DISEASE
**planedol,** *a.* PLANETARY
**planetsygn,** *n.m.* ZODIACAL SIGN
**planhigfa,** (-feydd), *n.f.* PLANTATION
**planhigion,** *n.pl.* FLORA
**planhigyn,** (-higion), *n.m.* PLANT
**plannu,** *v.* PLANT, IMBED
**plant,** (*plentyn, n.m.*), *n.pl.* CHILDREN
*plant isnormal,* SUBNORMAL CHILDREN
*plant dan anfantais,* HANDICAPPED CHILDREN
*plant olgynyddol,* RETARDED CHILDREN
*plant araf,* BACKWARD CHILDREN
**planta,** *v.* BEGET CHILDREN
**plantos,** *n.pl.* (LITTLE) CHILDREN
**plas,** (-au), *n.m.* MANSION, PALACE
**plasma,** (-u), *n.m.* PLASMA
**plastig,** (-ion), *n.m.* & *a.* PLASTIC
**plastr,** (-au), *n.m.* PLASTER
**plastro,** *v.* PLASTER
**plasty,** (-tai), *n.m.* MANSION
**plât,** (platiau), *n.m.* PLATE
**plater,** *n.m.* PLATTER
**platinwm,** *n.m.* PLATINUM
**platio,** *v.* PLATE
**platŵn,** (-tynau), *n.m.* PLATOON
**platwydr,** *n.m.* PLATE-GLASS
**ple,** (pledion), *n.m.* PLEA
**plediad,** (-au), *n.m.* PLEADING
**pledio,** *v.* ARGUE, PLEAD
**pledren,** (-ni, -nau), *n.f.* BLADDER
**pleidgarwch,** *n.m.* PARTISANSHIP
**pleidiaeth,** *n.f.* ADVOCACY
**pleidio,** *v.* SUPPORT, FAVOUR
**pleidiol,** *a.* FAVOURABLE, PARTIAL
**pleidiwr,** (-wyr), *n.m.* SUPPORTER, PARTISAN
**pleidlais,** (-leisiau), *n.f.* VOTE, SUFFRAGE
**pleidleisio,** *v.* VOTE
**pleidleisiwr,** (-wyr), *n.m.* VOTER
**plencyn,** (planciau), *n.m.* PLANK
**plentyn,** (plant), *n.m.* CHILD
*plant hwyrgynnydd,* LATE DEVELOPERS
*plant olgynnydd,* RETARDED CHILDREN
**plentyndod,** *n.m.* CHILDHOLD, INFANCY
**plentynnaidd,** *a.* CHILDISH
**plentynrwydd,** *n.m.* CHILDISHNESS
**pleser,** (-au), *n.m.* PLEASURE
**pleserdaith,** (-deithiau), *n.f.* EXCURSION
**pleserus,** *a.* PLEASANT, PLEASURABLE
**plesio,** *v.* PLEASE
**plet(en),** (pletiau), *n.f.* PLEAT
**pletio,** *v.* PLEAT
**pletiog,** *a.* PLEATED
**pleth(en),** (plethi, -au), *n.f.* PLAIT
**plethdorch,** (-au), *n.f.* WREATH
**plethu,** *v.* PLAIT, WEAVE
**plethwaith,** (-weithiau), *n.m.* WATTLE
**plethwrysgen,** (-wrysg), *n.f.* WATTLE
**plewra,** (-e), *n.m.* PLEURA
**plewrisi,** *n.m.* PLEURISY
**plicio,** *v.* PLUCK, PEEL
**plisgen,** (-nau), *n.f.* SHELL, FILM
**plisgo,** *v.* SHELL, HULL
**plisgyn,** (plisg), *n.m.* SHELL, POD, CASE, CASING
**plisman, -mon,** (-myn), *n.m.* POLICEMAN
**plismones,** (-au), *n.f.* POLICEWOMAN
**plith,** *n.m.* MIDST
**ploc(yn),** (plociau), *n.m.* BLOCK
**plocfa iâ,** *n.f.* PACK-ICE
**plod,** *a.* & *n.m.* PLAID, TARTAN
**ploryn,** (-nod), *n.m.* PIMPLE
**plot,** (-iau), *n.m.* PLOT
**pluen,** (plu), *n.f.* } FEATHER
**plufyn,** (pluf), *n.m.* } FEATHER
**plufio,** *v.* } PLUCK, PLUME
**pluo,** *v.* } PLUCK, PLUME
**pluog,** *a.* FEATHERED
*da pluog,* POULTRY
**plwc,** (plyciau), *n.m.* PULL, JERK, WHILE, SPACE
**plwg,** (plygiau), *n.m.* PLUG
**plwm,** *n.m.* LEAD
*a.* PLUMB, VERTICAL

**plwmbago,** *n.m.* PLUMBAGO
**plws,** *n.m.* PLUS
**plwsh,** *a.* PLUSH
**plwtonig,** *a.* PLUTONIC
**plwtoniwm,** *n.m.* PLUTONIUM
**plwyf,** (-i, -ydd), *n.m.* PARISH
**plwyfo,** *v.* SETTLE DOWN
**plwyfol,** *a.* PAROCHIAL
**plwyfolion,** (*-olyn, n.m.*), *n.pl.* PARISHIONERS
**plwyfwas,** (-weision), *n.m.* BEADLE
**plwyn, -edd,** *n.m.* PUBERTY
**plycio,** *v.* PLUCK
**plyg,** (-ion), *n.m.* FOLD, DOUBLE, SIZE (OF BOOK)
*a.* FOLDED
**plygain,** *n.m.* COCK-CROW, DAWN, MATINS
**plygeiniol,** *a.* VERY EARLY
**plygell,** (-au), *n.m.* FOLDER
**plygiad,** (-au), *n.m.* FOLDING, FOLD
**plygiannedd,** *n.m.* REFRACTIVITY
**plygiant,** *n.m.* FOLDING, FLEXURE
**plygio,** *v.* PLUG
**plygu,** *v.* FOLD, BEND, STOOP, PLASH, BOW, SUBMIT
**plymen,** *n.f.* PLUMMET
**plymiad,** (-au), *n.m.* PLUNGE
**plymio,** *v.* PLUMB, DIVE
**plymwr,** (-wyr), *n.m.* PLUMBER
**po,** particle with the superlative
*pa fwyaf,* THE GREATER
**pob,** *a.* EACH, EVERY, ALL, ROAST
**pobi,** *v.* BAKE, ROAST, TOAST
**pobiad,** (-au), *n.m.* BAKING
**pobl,** (-oedd), *n.f.* PEOPLE
**poblog,** *a.* POPULOUS
**poblogaeth,** (-au), *n.f.* POPULATION
**poblogaidd,** *a.* POPULAR
**poblogeiddio,** *v.* POPULARIZE
**poblogi,** *v.* POPULATE
**poblogrwydd,** *n.m.* POPULARITY
**poblyddiaeth,** *n.f.* POPULISM
**pobwr,** (-wyr), *n.m.* | BAKER
**pobydd,** (-ion), *n.m.* |
**poced,** (-i), *n.f.* POCKET
**pocedu,** *v.* POCKET
**pocer,** (-i, -au), *n.m.* POKER
**poen,** (-au), *n.m.f.* PAIN, AGONY, ACHE
**poendod,** (-au), *n.m.* TORMENT, NUISANCE
**poenedigaeth,** *n.f.* TORTURE, TORMENT
**poeni,** *v.* PAIN, WORRY, TEASE
**poenus,** *a.* PAINFUL
**poenydio,** *v.* TORTURE, TORMENT, FRET
**poenydiwr,** (-wyr), *n.m.* TORMENTOR
**poer(i),** *n.m.* SALIVA, SPITTLE
**poergarthu,** *v.* EXPECTORATE
**poeri,** *v.* SPIT
**poeth,** *a.* HOT, BURNING
**poethder,** *n.m.* HEAT, HOTNESS
**poethdon,** (-nau), *n.f.* HEATWAVE
**poethi,** *v.* HEAT
**poethofanu,** *v.* FORGE
**pogrom,** *n.m.* POGROM
**pôl,** (polau), *n.m.* POLE, POLL
**polaredd,** (-au), *n.m.* POLARITY
**polareiddio,** *v.* POLARISE
**polareiddiad,** *n.m.* POLARIZATION
**polarimedr,** (-au), *n.m.* POLARIMETER
**polaru,** *v.* POLARISE
**polder,** *n.m.* POLDER
**polderu,** *v.* EMPOLDER
**poledd,** (-au), *n.m.* POLE STRENGTH
**polifynul,** *n.m.* POLYVINYL
**polio,** *n.m.* POLIO
**polipws,** *n.m.* POLYPUS
**polisi,** (-ïau), *n.m.* POLICY
**politbwro,** *n.m.* POLITBURO
**politechnig,** (-au), *n.m.* POLYTECHNIC
**politicaidd,** *a.* POLITICAL
**polo,** *n.m.* POLO
**polstri,** *n.m.* UPHOLSTERY
**polyffonig,** *a.* POLYPHONIC
**polygon,** *n.m.* POLYGON
*polygon rhaff,* FUNICULAR POLYGON
**polyhedral,** *a.* POLYHEDRAL
**polyhedron,** *n.m.* POLYHEDRON
**polyn,** *n.m.* POLE
**polymer,** *n.m.* POLYMER
**polymorff,** *a.* POLYMORPH
**polymorffedd,** *n.m.* POLYMORPHISM
**polyp,** (-au), *n.m.* POLYP
**polypoid,** *a.* POLYPOID
**polystiren,** *a.* POLYSTYRENE
**polytop,** *a.* POLYTOP
**polythen,** *n.m.* POLYTHENE
**pôm,** *n.m.* POME
**pomgranad,** (-au), *n.m.* POMEGRANATE
**pompiwn,** (-iynau), *n.m.* MELON, MARROW, PUMPKIN
**pompon,** *n.m.* POMPON
**pompren,** *n.f.* PLANK BRIDGE, FOOT-BRIDGE
**ponc,** (-iau), *n.f.* BANK, HILLOCK,
**poncen, -yn,** *n.f.m.* TUMP, GALLERY
**ponciog,** *a.* HUMMOCKY
**ponsio,** *v.* BUNGLE, MUDDLE

**pont,** (-ydd), *n.f.* BRIDGE
**pontffordd,** (-ffyrdd), *n.f.* FLY-OVER, VIADUCT
**pontio,** *v.* BRIDGE, ARCH
**pontreth,** (-i), *n.f.* PONTAGE
**pop,** *n.m.* POP
**popeth,** *n.m.* EVERYTHING
**poplys,** (*-en, n.f.*), *n.pl.* POPLARS
**poptu,** *n.m.* ALL SIDES, EITHER SIDE
**popty,** (-tai), *n.m.* BAKEHOUSE, OVEN
**porc,** *n.m.* PORK
**porchell,** (perchyll), *n.m.* YOUNG PIG
**porfa,** (-feydd), *n.f.* PASTURE, GRASS
**porfáu,** *v.* GRAZE
**porfelaeth,** *n.f.* AGISTMENT (OF CATTLE), PASTURAGE
**porffor,** *a. & n.m.* PURPLE
**pori,** *v.* GRAZE, BROWSE
**pornograffiaeth,** *n.m.* PORNOGRAPHY
**porslen,** *n.m.* PORCELAIN
**porter,** (-iaid), *n.m.* PORTER
**portico,** (-au), *n.m.* PORTICO
**portread,** (-au), *n.m.* PORTRAIT, PORTRAYAL
**portreadu,** *v.* PORTRAY
**porth,** (pyrth), *n.m.* DOOR, PORCH, GATE
*n.m.* AID, SUPPORT, HELP
(pyrth), *n.f.* HARBOUR, FERRY
**porth-awyr,** (pyrth-awyr), *n.m.* AIRPORT
**porthcwlis,** *n.m.* PORTCULLIS
**porthfaer,** (-feiri), *n.m.* PORT-REEVE
**porthi,** *v.* FEED
**porthiannus,** *a.* WELL-FED, HIGH-SPIRITED
**porthiant,** (-nnau), *n.m.* FOOD, FEED, SUPPORT
**porthladd,** (-oedd), *n.m.* HARBOUR, PORT, HAVEN
**porthmon,** (-myn), *n.m.* DROVER, CATTLE-DEALER
**porthmona,** *v.* DEAL IN CATTLE
**porthor,** (-ion), *n.m.* PORTER, COMMISSIONAIRE
**porthoriaeth,** *n.f.* PORTER'S OFFICE
**pôs,** (-au), *n.m.* RIDDLE, PUZZLE
**posel,** *n.m.* POSSET
**posibilrwydd,** *n.m.* POSSIBILITY
**posibl,** *a.* POSSIBLE
**posid(i)ol,** *a.* | POSITIVE
**positif,** *a. & n.m.* |
**positifiaeth,** *n.f.* POSITIVISM
**post,** (pyst), *n.m.* POST, PILLAR
(-iau), *n.m.* POST, MAIL
**poster,** (-i), *n.m.* POSTER
**postfarc,** (-iau), *n.m.* POSTMARK
**postio,** *v.* POST
**postman, -on,** (postmyn), *n.m.* POSTMAN
**post-mortem,** (-au), *n.m.* POST-MORTEM
**postyn,** (pyst), *n.m.* POST
**pot,** (-iau), *n.m.* POT
**potas,** *n.m.* POTASH
**potasiwm,** *n.m.* POTASSIUM
**potel,** (-i, -au), *n.f.* BOTTLE
**potelu,** *v.* BOTTLE
**poten,** (-ni), *n.f.* PUDDING, PAUNCH
**potensial,** (-au), *n.m. & a.* POTENTIAL
**potensiomedr,** (-au), *n.m.* POTENTIOMETER
**potes,** (-i), *n.m.* POTTAGE, SOUP, BROTH
**potio,** *v.* POT, TIPPLE
**potsiar,** (-s), *n.m.* POACHER
**potsio,** *v.* POACH
**potyn,** (potiau), *n.m.* POT
**pothell,** (-au, -i), *n.f.* BLISTER
*pothell waed,* HAEMATOMA
**pothellu,** *v.* BLISTER
**powd(w)r,** (powdrau), *n.m.* POWDER
**powdraidd,** *a.* POWDERY
**powl, -en,** (powliau; -enni), *n.f.* BOWL, BASIN
**powlio,** *v.* ROLL, TRUNDLE
**powltis,** (-au), *n.m.* POULTICE
**powltri,** *n.pl.* POULTRY
**powndedd,** *n.m.* POUNDAGE
**powndio,** *v.* IMPOUND
**practis,** *n.m.* PRACTICE
**prae,** *n.m.* PREY
**praff,** (preiffion), *a.* THICK, STOUT
**praffter,** *n.m.* THICKNESS, STOUTNESS
**pragmatiaeth,** *n.m.* PRAGMATISM
**praidd,** (preiddiau), *n.m.* FLOCK
**pram,** (-iau), *n.m.* PRAM
**pranc,** (-iau), *n.m.* PRANK, FROLIC
**prancio,** *v.* PRANCE, FROLIC
**praw(f),** (profion), *n.m.* TRIAL, TEST, PROOF
*ar brawf,* ON PROBATION, ON TRIAL
*prawf dawn,* APTITUDE TEST
*prawf moddion,* MEANS TEST
*prawf deallusrwydd,* INTELLIGENCE TEST
**prawfamod,** (-au), *n.m.* PROBATION ORDER
**prebend,** *n.m.* PREBEND
**prebendari,** (-ïau), *n.m.* PREBENDARY

**preblan,** *v.* BABBLE, CHATTER
**pregeth,** (-au), *n.f.* SERMON, DISCOURSE
**pregethu,** *v.* PREACH
**pregethwr,** (-wyr), *n.m.* PREACHER
**pregethwrol,** *a.* PREACHER-LIKE
**pregowthan,** *v.* JABBER
**preiddin,** *n.m.* BOOTY, SPOIL
**preiddiwr,** (-wyr), *n.m.* HERDSMAN
**preifat,** (-iaid), *a. & n.m.* PRIVATE
**preifatrwydd,** *n.m.* PRIVITY, PRIVACY
**preimin,** (-iau), *n.m.* PLOUGHING MATCH
**preimio,** *v.* PRIME
**preisaeth,** *n.f.* PRISAGE
**prelad,** (-iaid), *n.m.* PRELATE
**preladiaeth,** *n.f.* PRELACY
**preliwd,** (-au), *n.m.* PRELUDE
**premiwm,** (-iymau), *n.m.* PREMIUM
**pren,** (-nau), *n.m.* TREE, WOOD, TIMBER
*pren haenog,* PLY WOOD
**prennaidd,** *a.* WOODEN
**prennog,** *a.* WOODY
**prentis,** (-iaid), *n.m.* APPRENTICE
**prentisiaeth,** (-au), *n.f.* APPRENTICESHIP
**prentisio,** *v.* APPRENTICE
**prepian,** *v.* BLAB, GOSSIP
**pres,** (-ynnau), *n.m.* BRASS, BRONZE, MONEY, COPPERS
**presant,** (-au), *n.m.* PRESENT, GIFT
**preseb,** (-au), *n.m.* CRIB, STALL
**presennol,** *a. & n.m.* PRESENT
**presenoldeb,** *n.m.* PRESENCE, ATTENDANCE
**presentiwr,** *n.m.* PRECENTOR
**preserfio,** *v.* PRESERVE
**preses,** *n.m.* PRECES
**presgripsiwn,** (-iynau), *n.m.* PRESCRIPTION
**preswylfa,** (-feydd), *n.f.* } DWELLING
**preswylfod,** *n.m.* }
**preswylio,** *v.* DWELL, RESIDE, INHABIT
**preswyliwr,** (-wyr), *n.m.* } INHABITANT
**preswylydd,** (-ion), *n.m.* }
**presyddu,** *v.* BRAZE
**pric,** (-iau), *n.m.* STICK, CHIP
**pricio,** *v.* PRICK
**pricsiwn,** *n.m.* LAUGHING-STOCK
**prid,** *a.* COSTLY, DEAR
**pridiant,** (-nnau), *n.m.* CHARGE
**pridwerth,** *n.m.* CHARGE, RANSOM
**pridd,** (-oedd), *n.m.* } SOIL, EARTH, GROUND
**priddell,** (-au), *n.f.* }
**priddeg,** *n.f.* PEDOLOGY
**priddfaen,** (-feini), *n.m.* BRICK
**priddglai,** *n.m.* LOAM
**priddin,** *a.* EARTHEN
**priddlech,** (-i, -au), *n.f.* TILE
**priddlestr,** (-i), *n.m.* EARTHENWARE VESSEL
**pridd(i)o,** *v.* EARTH, BURY
**priddyn,** *n.m.* EARTH, SOIL
**prif,** *a.* PRIME, CHIEF, MAJOR, MAIN, PRINCIPAL
**prifardd,** (-feirdd), *n.m.* CHIEF BARD
**prifathro,** (-athrawon), *n.m.* HEADMASTER, PRINCIPAL
**prifddinas,** (-oedd), *n.f.* CAPITAL
**prifiant,** (-nnau), *n.m.* GROWTH
**prifio,** *v.* GROW
**prifodl,** (-au), *n.f.* END-RHYME
**prifol,** (-ion), *n.m.* CARDINAL (NUMBER)
**prifswm,** (-symiau), *n.m.* CAPITAL, PRINCIPAL
**prifustus,** (-iaid), *n.m.* JUSTICIAR(Y)
**prifweithwyr,** *n.pl.* KEY-WORKERS
**prifysgol,** (-ion), *n.f.* UNIVERSITY
**priffordd,** (-ffyrdd), *n.f.* HIGHWAY
**primaidd,** *a.* PRIMARY
**prin,** *a.* RARE, SCARCE
*adv.* SCARCELY, HARDLY
**prinder,** (-au), *n.m.* SCARCITY
**prinhad,** *n.m.* DIMINUTION
**prinhau,** *v.* GROW SCARCE, DIMINISH
**print,** (-iau), *n.m.* PRINT
**printiedig,** *a.* PRINTED
**printio,** *v.* PRINT
**printiwr,** (-wyr), *n.m.* PRINTER
**priod,** *a.* OWN, PROPER, MARRIED
*n.m.f.* HUSBAND OR WIFE
**priodas,** (-au), *n.f.* MARRIAGE, WEDDING
**priodasfab,** (-feibion), *n.m.* BRIDEGROOM
**priodasferch,** (-ed), *n.f.* BRIDE
**priodasol,** *a.* MARRIED, MATRIMONIAL
**priod-ddull,** (-iau), *n.m.* IDIOM
**priodfab,** (-feibion), *n.m.* BRIDEGROOM
**priodferch,** (-ed), *n.f.* BRIDE
**priodi,** *v.* MARRY
**priodol,** *a.* APPROPRIATE, PROPER
**priodoldeb, -der,** (-au), *n.m.* PROPRIETY
**priodoledd,** (-au), *n.m.* ATTRIBUTE, PROPERTY
**priodoli,** *v.* ATTRIBUTE, IMPUTE
**priodwedd,** (-au), *n.f.* PROPERTY, CHARACTERISTIC
**prior,** (-iaid), *n.m.* PRIOR

**priordy,** (-dai), *n.m.* PRIORY
**prioriaeth,** (-au), *n.f.* PRIORSHIP
**pris,** (-iau), *n.m.* PRICE, VALUE
*pris cyfartalog,* AVERAGE PRICE
**prisiad,** (-au), *n.m.* VALUATION,
**prisiant,** (-nnau), *n.m.* ASSESSMENT
**prisio,** *v.* PRICE, VALUE, PRIZE
**prisiwr,** (-wyr), *n.m.* VALUER, ASSESSOR
**prism,** (-au), *n.m.* PRISM
**probat,** *n.m.* PROBATE
**problem,** (-au), *n.f.* PROBLEM
**proc,** (-iau), *n.m.* THRUST, POKE
**procer,** (-au, -i), *n.m.* POKER
**procio,** *v.* POKE
**procsi,** *n.m.* PROXY
**procuriwr,** (-wyr), *n.m.* PROCURER
**procwradur,** (-iaid), *n.m.* PROCURATOR
**prodin,** (-au), *n.m.* PROTEIN
**proest,** (-au), *n.m.* HALF-RHYME
**profedig,** *a.* APPROVED, TRIED
**profedigaeth,** *n.f.* TROUBLE, TRIBULATION, TRIAL
**profi,** *v.* PROVE, TEST, TASTE, CHECK, EXPERIENCE, TRY
**profiad,** (-au), *n.m.* EXPERIENCE
**profiadol,** *a.* EXPERIENCED
**profiant,** (-iannau), *n.m.* PROBATE
**profiannaeth,** (-au), *n.f.* PROBATION
**profiedydd,** (-ion), *n.m.* TESTER
**proflen,** (-ni), *n.f.* PROOF-SHEET
**profocio,** *v.* PROVOKE
**profoclyd,** *a.* PROVOKING, PROVOCATIVE
**profost,** *n.m.* PROVOST
**profwr,** (-wyr), *n.m.* TESTER, TASTER
**proffes,** (-au), *n.f.* PROFESSION
**proffesiwn,** (-iynau), *n.m.* PROFESSION
**proffesiynol,** *a.* PROFESSIONAL
**proffesu,** *v.* PROFESS
**proffeswr,** (-wyr), *n.m.* PROFESSOR
**proffeswrol,** *a.* PROFESSIONAL
**proffid,** (-iau), *n.f.* PROFIT
**proffidiol,** *a.* PROFITABLE
**proffil,** (-iau), *n.m.* PROFILE
**proffwyd,** (-i), *n.m.* PROPHET
**proffwydo,** *v.* PROPHESY
**proffwydol,** *a.* PROPHETICAL
**proffwydoliaeth,** (-au), *n.f.* PROPHECY
**proffwydwr,** (-wyr), *n.m.* PROPHESIER
**prognosis,** *n.m.* PROGNOSIS
**project,** (-au), *n.m.* PROJECT
**prolog,** (-au), *n.m.* PROLOGUE
**promenâd,** (-adau), *n.m.* PROMENADE
**prôn,** (pronau), *n.m.* PRAWN
**prop,** (-iau), *n.m.* PROP
**propaganda,** *n.m.* PROPAGANDA
**propagandydd,** *n.m.* PROPAGANDIST
**propân,** (-anau), *n.m.* PROPANE
**pros,** *n.m.* PROSE
**proses,** (-au), *n.m.f.* PROCESS
**prosesu,** *v.* PROCESS
**prosesydd,** *n.m.* PROCESSOR
**prostad,** (-au), *n.m.* & *a.* PROSTATE
**protest,** (-au), *n.m.* PROTEST
**Protestannaidd,** *a.* PROTESTANT
**Protestant,** (-aniaid), *n.m.* PROTESTANT
**protestio,** *v.* PROTEST
**protestiwr,** (-wyr), *n.m.* PROTESTER
**protractor,** (-au), *n.m.* PROTRACTOR
**prudd,** *a.* SAD, GRAVE, SERIOUS
**pruddaidd,** *a.* SAD, GLOOMY
**prudd-der,** *n.m.* SADNESS, GLOOM
**pruddglwyf,** *n.m.* MELANCHOLY
**pruddglwyfus,** *a.* DEPRESSED, MELANCHOLY
**pruddhau,** *v.* SADDEN, DEPRESS
**pryd,** (-iau), *n.m.* TIME, SEASON
**pryd,** *n.m.* FORM, ASPECT, COMPLEXION
(-au), *n.m.* MEAL
*ad,* WHILE, WHEN, SINCE
**Prydain,** *n.f.* BRITAIN
**Prydeindod,** *n.m.* BRITISHNESS
**Prydeinig,** *a.* BRITISH
**Prydeiniwr,** (-wyr), *n.m.* BRITON, BRITISHER
**pryder,** (-on), *n.m.* ANXIETY, CARE, WORRY
**pryderu,** *v.* BE ANXIOUS
**pryderus,** *a.* ANXIOUS
**prydferth,** *a.* BEAUTIFUL, HANDSOME
**prydferthu,** *v.* BEAUTIFY, ADORN
**prydferthwch,** *n.m.* BEAUTY
**prydles,** (-i, -au), *n.f.* LEASE
**prydlesu,** *v.* LEASE
**prydlon,** *a.* PUNCTUAL, TIMELY
**prydlondeb,** (-au), *n.m.* PUNCTUALITY
**prydweddol,** *a.* HANDSOME, COMELY
**prydydd,** (-ion), *n.m.* POET
**prydyddiaeth,** *n.f.* POETRY
**prydyddol,** *a.* POETICAL
**prydyddu,** *v.* COMPOSE POETRY
**pryddest,** (-au), *n.f.* FREE-METRE POEM
**pryf,** (-ed), *n.m.* INSECT, VERMIN, ANIMAL
**pryfedog,** *a.* VERMINOUS
**pryfleiddiad,** (-au), *n.m.* INSECTICIDE
**pryfoclyd,** see *profoclyd*

**pryfydd,** (-ion), *n.m.* ENTOMOLOGIST
**pryfyddiaeth,** *n.f.* ENTOMOLOGY
**pryfyn,** (pryfed), *n.m.* WORM
**prŷn,** *a.* BOUGHT
**prynedigaeth,** *n.f.* REDEMPTION
**prynhawn,** (-iau), *n.m.* AFTERNOON
**prynhawnol,** *a.* AFTERNOON, EVENING
**pryniad,** (-au), *n.m.* PURCHASE
**pryniant,** (-nnau), *n.m.* PURCHASE
**prynu,** *v.* BUY, REDEEM
**prynwr,** (-wyr), *n.m.* BUYER, REDEEMER
**prysg,** (-au, -oedd), *n.m.* SCRUB
**prysglwyn,** (-i), *n.m.* BUSH
**prysgwydd,** *n.pl.* BRUSHWOOD, SHRUBS
**prysur,** *a.* BUSY, HASTY, SERIOUS, DILIGENT, ENGAGED
**prysurdeb,** *n.m.* HURRY, HASTE, BUSYNESS
**prysuro,** *v.* HURRY, EXPEDITE
**publican,** (-od), *n.m.* PUBLICAN
**pulpud,** (-au), *n.m.* PULPIT
**pulsau,** *n.pl.* PULSES
**pumawd,** (-au), *n.m.* QUINTET
**pum(p),** *a.* FIVE
**pumlet,** (-au), *n.m.* QUINTUPLET
**pumochr,** (-au), *n.m.* } PENTAGON
**pumongl,** (-au), *n.m.* }
**punt,** (punnoedd, punnau), *n.f.* POUND (£)
**pupur,** (-au), *n.m.* PEPPER
**pur,** *a.* PURE, SINCERE
*ad.* FAIRLY, VERY
**purdan,** *n.m.* PURGATORY
**purdeb,** *n.m.* PURITY
**purdebaeth,** (-au), *n.f.* PURISM
**purdebwr,** (-wyr), *n.m.* PURIST
**puredig,** *a.* PURIFIED, PURE
**puredigaeth,** *n.f.* PURIFICATION
**purfa,** (-feydd), *n.f.* REFINERY
**purion,** *a.* VERY WELL, RIGHT
**puro,** *v.* REFINE, PURIFY, CLEANSE
**purolchi,** *v.* LUSTRATE
**purydd,** (-ion), *n.m.* REFINER, PURIST
**putain,** (-einiaid), *n.f.* PROSTITUTE
**puteindra, -iaeth,** *n.m.* PROSTITUTION
**puteinio,** *v.* FORNICATE
**puteiniwr,** (-wyr), n.m. FORNICATOR
**pwbig,** *a.* PUBIC
**pwbis,** (-au), *n.m.* PUBIS
**pwd,** *n.m.* SULKS, FLUKE (IN SHEEP)
**pwdin,** (-au), *n.m.* PUDDING
**pwdlo,** *v.* PUDDLE
**pwdlyd,** *a.* SULKING
**pwdr,** *a.* ROTTEN, CORRUPT, LAZY
**pwdu,** *v.* SULK, POUT
**pŵer,** (-au), *n.m.* POWER, MANY, MUCH
**pŵerdy,** (-dai), *n.m.* POWER-HOUSE
**pwerperiwm,** *n.m.* PWERPERIUM
**pŵerus,** *a.* POWERFUL
**pwff,** (pyffiau), *n.m.* PUFF, GUST
**pwffian, -io,** *v.* PUFF
**pwl,** (pyliau), *n.m.* FIT, ATTACK
**pŵl,** *a.* DULL, BLUNT, OBTUSE
**pwlofer,** (-i), *n.m.* PULLOVER
**pwlsadu,** *v.* PULSATE
**pwlsadur,** (-on), *n.m.* PULSATOR
**pwll,** (pyllau), *n.m.* PIT, POOL, POND
**pwmel,** *n.m.* POMMEL
**pwmis,** *n.m.* PUMICE
**pwmp,** (pympiau), *n.m.* PUMP
**pwmpen,** (-ni), *n.f.* PUMPKIN, MARROW
**pwmpio,** *v.* PUMP
**pwn,** (pynnau), *n.m.* BURDEN, PACK
**pwnc,** (pynciau), *n.m.* SUBJECT, TOPIC
**pwniad,** (-au), *n.m.* NUDGE
**pwnio,** *v.* NUDGE, THUMP, BEAT
**pwns,** (-iau), *n.m.* PUNCH
**pwnsio,** *v.* PUNCH
**pwpa,** (-e), *n.m.* PUPA
**pwped,** (-au), *n.m.* PUPPET
**pwpedwr,** (-wyr), *n.m.* PUPPETEER
**pwrcas,** (-au), *n.m.* PURCHASE
**pwrcasu,** *v.* PURCHASE
**pwrcaswr,** (-wyr), *n.m.* PURCHASER, CONSUMER
**pwrffil,** *n.m.* TRAIN
**pwrpas,** (-au), *n.m.* PURPOSE
**pwrpasol,** *a.* APPROPRIATE
**pwrs,** (pyrsau), *n.m.* PURSE, BAG, UDDER
**pwrswifant,** *n.m.* PURSUIVANT
**pwstwla,** (-e), *n.m.* PUSTULA
**pwt,** (pytiau), *n.m.* STUMP, BIT, PIECE
*a.* TINY, SHORT
**pwtffalu,** *v.* FUMBLE
**pwti,** *n.m.* PUTTY
**pwtian, -io,** *v.* POKE, PROD
**pwy,** *pn.* WHO
**pwyad,** (-au), *n.m.* BLOW, SMASH, SHOT
**pwyll,** *n.m.* SENSE, DISCRETION
**pwyllgor,** (-au), *n.m.* COMMITTEE
*pwyllgor dethol,* SELECT COMMITTEE
*pwyllgor brys,* EMERGENCY COMMITTEE
*pwyllgor gwaith,* EXECUTIVE COMMITTEE
**pwyllo,** *v.* PAUSE, CONSIDER, REASON

**pwyllog,** *a.* PRUDENT, WISE, DELIBERATE
**pwylltrais,** (-treisiau), *n.m.* BRAINWASHING
**pwylltreisio,** *v.* BRAINWASH
**pwynt,** (-iau), *n.m.* POINT, STAGE
**pwyntil,** (-iau), *n.m.* TAB, PENCIL
**pwyntio,** *v.* POINT
**pwyntydd,** (-ion), *n.m.* POINTER
**pwyo,** *v.* BEAT, BATTER, SMASH
**pwys,** (-au, -i), *n.m.* WEIGHT, IMPORTANCE, BURDEN, POUND (LB)
**pwysal,** (-au), *n.m.* POUNDAL
**pwysau,** *n.m.* WEIGHT, TARE
**pwysbwynt,** (-iau), *n.m.* FULCRUM
**pwysel,** (-i), *n.m.* BUSHEL
**pwysfawr,** *a.* IMPORTANT
**pwysi,** (-ïau), *n.m.* POSY, BUNDLE
**pwysig,** *a.* IMPORTANT
**pwysigrwydd,** *n.m.* IMPORTANCE
**pwyslais,** (-leisiau), *n.m.* EMPHASIS
**pwyslath,** (-au), *n.m.* STRUT
**pwysleisio,** *v.* STRESS
**pwyso,** *v.* WEIGH, TRUST, LEAN, RELY, REST
**pwysol,** *a.* WEIGHTED
**pwysoli,** *v.* WEIGHT
**pwyswr,** (-wyr), *n.m.* WEIGHER
**pwysyn,** (-nau), *n.m.* WEIGHT
**pwyth,** (-au, -on), *n.m.* STITCH
*talu'r pwyth,* RETALIATE
**pwytho,** *v.* STITCH
**pwythyn,** (-nau), *n.m.* LIGATURE, THREAD (LENGTH)
**pybyr,** *a.* STRONG, STAUNCH, ENTHUSIASTIC
**pybyrwch,** *n.m.* STRENGTH, VIGOUR, ENTHUSIASM
**pydew,** (-au), *n.m.* WELL, PIT
**pydredd,** (-au), *n.m.* ROT, CORRUPTION
**pydru,** *v.* ROT, PUTREFY
**pydrysol,** *a.* SAPROPHYTIC
**pyg,** (-ion), *n.m.* PITCH
**pygddu,** *a.* PITCH-BLACK
**pygu,** *v.* PITCH
**pyngad, pyngu,** *v.* CLUSTER
**pyjamas,** (-ys), *n.m.* PYJAMAS
**pylni,** *n.m.* DULLNESS, BLUNTNESS
**pylor,** *n.m.* DUST, POWDER
**pyloriant,** *n.m.* COMMINUTION
**pylu,** *v.* BLUNT, DULL, DIM
**pylydd,** (-ion), *n.m.* DIMMER
**pyllog,** *a.* PITTED
**pyllu,** *v.* PITTING
**pymtheg,** (-au), *a. & n.m.* FIFTEEN
**pync,** *n.m. &a.* PUNK
**pyncio,** *v.* SING, MAKE MELODY
**pyndit,** (-iaid), *n.m.* PUNDIT
**pynfarch,** (-feirch), *n.m.* PACK-HORSE
**pynio,** *v.* LOAD, BURDEN
**pyped,** (-au), *n.m.* PUPPET
**pyramid,** (-iau), *n.m.* PYRAMID
**pyromedreg,** *n.m.f.* PYROMETRY
**pys,** (-en, *n.f.*), *n.pl.* PEAS
**pysgod,** (*-yn, n.m.*), *n.pl.* FISH
*pysgod a sglodion,* FISH AND CHIPS
**pysgodwr,** (-wyr), *n.m.* FISHMONGER
**pysgota,** *v.* FISH
**pysgotwr,** (-wyr), *n.m.* FISHERMAN
**pysgoty,** (-tai), *n.m.* AQUARIUM
**pystylad,** *v.* STAMP (OF HORSES' FEET)
**pytaten,** (-tws), *n.f.* POTATO
**pytio,** *v.* PUTT
**pytiwr,** (-wyr), *n.m.* PUTTER
**pythefnos,** (-au), *n.f.m.* FORTNIGHT

**rabad,** *n.m.* REBATE
**rabadu,** *v.* RABBET
**rabbi,** (-niaid), *n.m.* RABBI
**rabbinaidd,** *a.* RABBINICAL
**rac,** (-iau), *n.f.* RACK
**raced,** (-i), *n.m.f.* RACQUET
**radar,** *n.m.* RADAR
**radian,** (-au), *n.m.* RADIAN
**rádical,** (-iaid), *n.m.* & *a.* RADICAL
**radicalaidd,** *a.* RADICAL
**radicaliaeth,** *n.f.* RADICALISM
**radics,** *a.* RADIX
**radioactif,** *a.* RADIOACTIVE
**radioactifedd,** *n.m.* RADIOACTIVITY
**radioastronomi,** *n.m.* RADIOASTRONOMY
**radiofeddygaeth,** *n.f.* RADIOTHERAPY
**radiofioleg,** *n.m.f.* RADIOBIOLOGY
**radiograff,** (-au), *n.m.* RADIOGRAPH
**radiograffaeth,** *n.m.f.* RADIOGRAPHY
**radioleg,** *n.f.* RADIOLOGY
**radiolegydd,** *n.m.* RADIOLOGIST
**radiotherapi,** *n.m.* RADIOTHERAPY
**radiwm,** *n.m.* RADIUM
**radiws,** (radiysau), *n.m.* RADIUS
**radwla,** *n.m.* RADULA
**radys,** *(-en, n.f.), n.pl.* RADISH
**raffia,** *n.m.* RAFFIA
**rafft,** (-iau), *n.f.* RAFT.
**rali,** (-ïau, -s), *n.f.* RALLY
**ramp,** (-iau), *n.m.* RAMP
**ransio,** *v.* RANCH
**ras,** (-ys), *n.f.* RACE
*ras ffos a pherth,* STEEPLECHASE
*ras gyfnewid,* RELAY RACE
**rasb,** (-iau), *n.m.* RASP
**rasel, -er,** (-elydd, -erydd), *n.f.* RAZOR
**real,** *a.* REAL
**realaidd,** *a.* REALISTIC
**realaeth,** (-au), *n.f.* REALISM
**realiti,** | *n.m.* REALITY
**realrwydd,** |
**realydd,** (-wyr), *n.m.* REALIST
**record,** (-iau), *n.f.* RECORD
**recordiad,** (-au), *n.m.* RECORDING
**recordio,** *v.* RECORD
**recordiwr,** (-wyr), *n.m.* RECORDER (PERSON)
**recordydd,** (-ion), *n.m.* RECORDER
*recordydd tâp,* TAPE RECORDER
**recriwt,** (-iaid), *n.m.* RECRUIT
**recriwtio,** *v.* RECRUIT
**refferendwm,** (-enda), *n.m.* REFERENDUM
**refferi,** (-s), *n.m.* REFEREE
**reiat,** *n.m.* RIOT
**reiol,** *a.* ROYAL, NOBLE
**reion,** *n.m.* RAYON
**reis,** (-ys), *n.m.* RICE
**reit,** *ad.* RIGHT, VERY, QUITE
**relái,** *n.m.* RELAY
**relis,** *n.m.* RELISH
**remandio,** *v.* REMAND
**remandy,** (-dai), *n.m.* REMAND HOME
**rendro,** *v.* RENDER
**rêp,** (-iau), *n.m.* RAPE (PLANT)
**reredos,** (-au), *n.m.* REREDOS
**resbiradaeth,** *n.m.* RESPIRATION
**resbiradol,** *a.* RESPIRATORY
**resbiradu,** *v.* RESPIRE
**resipi,** (-ïau), *n.f.* RECIPE
**reteirio,** *v.* RETIRE
**reticwlwm,** (-cwla), *n.m.* RETICULUM
**retort,** (-au), *n.m.* RETORT
**ria,** (riâu), *n.m.* RIA
**ridens,** *n.f.* FRINGE
**rifolfar,** *n.m.* REVOLVER
**rîff,** (-iau), *n.m.* REEF
**rig,** (-iau), *n.m.* RIG
**rigio,** *v.* RIG
**rigoriaeth,** *n.m.* RIGORISM
**rigorydd,** *n.m.* RIGORIST
**ringio,** *v.* WRING
**rihyrsal,** (-s), *n.f.* REHEARSAL
**rilen,** (rîls), *n.f.* REEL
**rîm,** (rimau), *n.m.* REAM
**rinc,** (-iau), *n.f.* RINK
**rinsio,** *v.* RINSE
**risg,** (-iau), *n.m.* RISK
**risgio,** *v.* RISK
**risol,** (-ion), *n.f.* RISSOLE
**riwbob,** (-ion), *n.m.* RHUBARB
**riwl,** (-iau), *n.f.* RULE
*riwl gyfrif,* SLIDE RULE
**riwledig,** *a.* RULED
**riwler,** (-i), *n.m.* RULE(R)
**roc,** *n.m.* & *a.* ROCK
**roced,** (-i), *n.f.* ROCKET
**rod,** (-iau), *n.f.* ROD
**rong,** *a.* WRONG
**rôl,** (rolau), *n.f.* ROLE
**roli-poli,** *n.m.* ROLY-POLY
**roloc,** (-iau), *n.m.* ROWLOCK
**rondo,** (-au), *n.m.* RONDO
**rostrwm,** (-ymau), *n.m.* ROSTRUM
**rotari,** *n.m.* ROTARY
**rotor,** (-au), *n.m.* ROTOR

**rownd,** *a.* ROUND
(-iau), *n.m.* ROUND
*prp.* AROUND
**ruban,** (-au), *n.m.* RIBBON
**rŵan,** *ad.* NOW
**rwbel,** *n.m.* RUBBLE
**rwber,** (-i), *n.m.* RUBBER
**rwdins,** (*rwden, n.f.*), *n.pl.* SWEDES
**ryfflo,** *v.* RUFFLE
**ryg,** (-iau), *n.f.* RUG
**rygwaith,** *n.m.* RUGMAKING
**rysáit,** (-s), *n.f.* RECIPE

**rhac,** (-iau), *n.f.* RACK
**rhaca,** (-nau), *n.f.* RAKE
**rhacanu,** *v.* RAKE
**rhaced,** (-i), *n.f.* RACKET
**rhacs,** (*rhecsyn, n.m.*), *n.pl.* RAGS
**rhactal,** (-au), *n.m.* FRONTLET
**rhad,** *a.* FREE, CHEAP
(-au), *n.m.* GRACE, BLESSING
**rhadlon,** *a.* GRACIOUS, GENIAL, KIND
**rhadlonrwydd,** *n.m.* GRACIOUSNESS, GENIALITY
**rhadus,** *a.* ECONOMICAL
**rhaeadr,** (-au, rhëydr), *n.f.* CATARACT, WATERFALL
**rhaeadru,** *v.* POUR, GUSH
**rhaflad,** (-au), *n.m.* FRAY
**rhaflo,** *v.* FRAY
**rhaff,** (-au), *n.f.* ROPE, CORD
**rhaffo, -u,** *v.* ROPE, STRING (LIES)
**rhaffordd,** (-ffyrdd), *n.f.* ROPEWAY
**rhag,** *prp.* BEFORE, LEST, AGAINST, FROM
*px.* PRE-, FORE-, ANTE-
**rhagaeddfed,** *a.* PRECOCIOUS
**rhagafon,** (-ydd), *n.f.* TRIBUTARY
**rhagair,** *n.m.* PREFACE
**rhagarchebu,** *v.* ADVANCE BOOKING OR ORDER
**rhagarfaeth,** *n.f.* PREDESTINY
**rhagarfaethu,** *v.* PREDESTINATE
**rhagarwain,** *v.* INTRODUCE
**rhagarweiniad,** (-au), *n.m.* INTRODUCTION
**rhagarweiniol,** *a.* INTRODUCTORY
**rhagbaratoawl,** *a.* PREPARATORY
**rhagbrawf,** (-brofion), *n.m.* PRELIMINARY TEST, FORETASTE
**rhagchwiliad,** (-au), *n.m.* RECONAISSANCE
**rhagchwilio,** *v.* RECONNOITRE
**rhagderfyniad,** *n.m.* PREDESTINATION
**rhagdraeth,** (-au), *n.m.* PREFACE, INTRODUCTION
**rhagdrefnydd,** *n.m.* ADVANCE MANAGER
**rhag-dyb,** (-ion), *n.m.* PRESUPPOSITION
**rhagdybiaeth,** (-au), *n.f.* PRESUMPTION
**rhagdybied, -io,** *v.* PRESUPPOSE
**rhagddangos,** *v.* ADUMBRATE
**rhagddarbod,** *v.* PROVIDE
**rhagddetholus,** *a.* PRE-SELECTIVE
**rhagddodiad,** (-iaid), *n.m.* PREFIX
**rhagddor,** (-au), *n.f.* OUTER DOOR
**rhagddywedyd.** *v.* FORETELL, FORECAST
**rhagenw,** (-au), *n.m.* PRONOUN
**rhagenwol,** *a.* PRONOMINAL
**rhagfarn,** (-au), *n.f.* PREJUDICE
**rhagfarnllyd,** *a.* PREJUDICED
**rhagflaenu,** *v.* PRECEDE, FORESTALL
**rhagflaenydd,** (-ion, -wyr), *n.m.* PREDECESSOR, ANTECEDENT
**rhagflas,** *n.m.* FORETASTE
**rhagfur,** (-iau), *n.m.* BULWARK, RAMPART
**rhagfwriadu,** *v.* PREMEDITATE
**rhagfynegi,** *v.* FORETELL, PREDICT
**Rhagfyr,** *n.m.* DECEMBER
**rhag-ganfyddiad,** *n.m.* PREPERCEPTION
**rhaglaw,** (-iaid), *n.m.* GOVERNOR, VICEROY
**rhaglawiaeth,** *n.f.* GOVERNORSHIP
**rhaglen,** (-ni), *n.f.* PROGRAMME
**rhaglenedig,** *a.* PROGRAMMED
**rhaglennu,** *v.* PROGRAMME
**rhaglennwr,** (-enwyr), *n.m.* PROGRAMMER
**rhaglith,** (-iau, -oedd), *n.f.* PREFACE, PREAMBLE
**rhaglun,** (-iau), *n.m.* TRAILER (FILM), DESIGN
**rhagluniaeth,** (-au), *n.f.* PROVIDENCE
**rhagluniaethol,** *a.* PROVIDENTIAL
**rhaglunio,** *v.* PREDESTINE, PROGRAMMING, DESIGN
**rhaglunlyfr,** (-au), *n.m.* PROGRAMMED BOOK
**rhaglunydd,** *n.m.f.* DESIGNER
**rhaglyw,** (-iaid), *n.m.* REGENT
**rhagnodiad,** (-au), *n.m.* PRESCRIPTION
**rhagod,** *v.* HINDER, INTERCEPT, WAYLAY
(-ion), *n.m.* STOP, AMBUSH
**rhagofal,** (-on), *n.m.* PRECAUTION
**rhagolwg,** (-olygon), *n.m.* OUTLOOK, PROSPECT
**rhagor,** (-au, -ion), *n.m.* DIFFERENCE, MORE, EXCESS, SUPERIORITY
**rhagorfraint,** (-freintiau), *n.f.* PRIVILEGE
**rhagori,** *v.* EXCEL, EXCEED, SURPASS
**rhagoriaeth,** (-au), *n.f.* PRIVILEGE, EXCELLENCE
**rhagorol,** *a.* EXCELLENT, SPLENDID
**rhagoroldeb,** *n.m.* EXCELLENCE
**rhagosodiad,** (-au), *n.m.* PREMISE
**rhagosodol,** *a.* ANTECEDENT(AL)
**rhagras,** (-ys), *n.f.* HEAT (RACE)
**rhagredegydd,** (-ion), *n.m.* FORERUNNER

**rhagrith,** (-ion), *n.m.* HYPOCRISY
**rhagrithio,** *v.* PRACTISE HYPOCRISY
**rhagrithiol,** *a.* HYPOCRITICAL
**rhagrithiwr,** (-wyr), *n.m.* HYPOCRITE
**rhagrybuddio,** *v.* FOREWARN
**rhagweled,** *v.* FORESEE, ANTICIPATE
**rhagwelediad,** (-au), *n.m.* FORESIGHT
**rhagwth,** (-ion), *n.m.* LUNGE
**rhagwybodaeth,** *n.f.* FOREKNOWLEDGE
**rhagymadrodd,** (-ion), *n.m.* PREFACE, INTRODUCTION
**rhagymadroddi,** *v.* PREFACE
**rhagymwybodol,** *a.* PRECONSCIOUS
**rhai,** *pn.* ONES
*a.* SOME
**rhaib,** (rheibiau), *n.m.* RAPACITY, SPELL, GREED, RAPINE
**rhaid,** (rheidiau), *n.m.* NECESSITY, NEED
**rhaidd,** (rheiddiau), *n.f.* ANTLER, SPEAR
**rhain,** *pn.* THESE
**rhamant,** (-au), *n.f.* ROMANCE
**rhamantu,** *v.* ROMANCE
**rhamantus, -aidd,** *a.* ROMANTIC
**rhampio,** *v.* RAMP
**rhan,** (-nau), *n.f.* PART, SHARE, FATE, RÔLE
**rhanadwy,** *a.* DIVISIBLE
**rhanadwyedd,** *n.m.* DIVISIBILITY
**rhanbarth,** (-au), *n.m.* DIVISION, REGION, AREA, DISTRICT, QUARTER, BELT
*rhanbarth dichonadwy,* FEASIBLE REGION
**rhanbarthiaeth,** *n.f.* REGIONALISM
**rhanbarthol,** *a.* REGIONAL
**rhanbartholdeb,** *n.m.* REGIONALISM
**rhandaliad,** (-au), *n.m.* INSTALMENT
**rhandir,** (-oedd), *n.m.* REGION, DIVISION, DISTRICT, ALLOTMENT
**rhandy,** (-dai), *n.m.* APARTMENT
**rhanedig,** *a.* DIVIDED
**rhanfap,** (-iau), *n.m.* EXTRACT (MAP)
**rhangymeriad,** (-iaid), *n.m.* PARTICIPLE
**rhaniad,** (-au), *n.m.* DIVISION
**rhanned,** (rhanedau), *n.f.* FRACTION
**rhannu,** *v.* DIVIDE, SHARE, DISTRIBUTE
**rhannwr,** (rhanwyr), *n.m.* DIVIDER
**rhannydd,** (rhanyddion), *n.m.* DIVISOR
**rhanrif,** (-au), *n.m.* FRACTION
**rhanwyr,** *n.pl.* DIVIDERS
**rhasgl,** (-au), *n.f.* SPOKESHAVE, RASP, DRAWKNIFE
*rhasgl ddeugorn,* ROUGH SPOKESHAVE
**rhasglu,** *v.* ABRADE
**rhastl,** (-au), *n.f.* RACK, CRIB
**rhathell,** (-au), *n.f.* RASP, FILE
**rhathiad,** (-au), *n.m.* CHAFING
**rhathu,** *v.* SCRAPE, SMOOTH, FILE
**rhaw,** (-iau, rhofiau), *n.f.* SHOVEL, SPADE
**rhawd,** *n.f.* COURSE, CAREER
**rhawffon,** (-ffyn), *n.f.* PADDLE
**rhawg,** *ad.* FOR A LONG TIME TO COME
**rhawio,** *v.* SHOVEL
**rhawn,** *c.n.* COARSE LONG HAIR, HORSE-HAIR
**rhech,** (-od), *n.f.* FART
**rhechain,** *v.* FART
**rhedeg,** *v.* RUN, FLOW, CONJUGATE
(-au), *n.m.* RUN
**rhedegfa,** (-feydd), *n.f.* RACE, RACECOURSE
**rhedegog,** *a.* RUNNING, FLOWING
**rhedfa,** (-feydd), *n.f.* RUNNING, RACE, COURSE, RINK
**rhedffordd,** (-ffyrdd), *n.f.* RUNWAY
**rhediad,** (-au), *n.m.* RUNNING, FLOW, SLOPE, RHYTHM, DIRECTION, RUN, CONJUGATION
**rhedweli,** (-ïau), *n.f.* ARTERY
**rhedwr,** (-wyr), *n.m.* RUNNER
**rhedyn,** (*-en, n.f.*), *n.pl.* FERN
**rhef,** *a.* FAT, THICK
**rhefder, rhefedd,** *n.m.* THICKNESS
**rhefr,** *n.m.* ANUS
**rhefr-rwym,** *a.* CONSTIPATED
**rheffyn,** (-nau), *n.m.* SHORT ROPE, HALTER, CORD, RIGMAROLE
**rheg,** (-feydd), *n.f.* CURSE, SWEAR-WORD
**rhegen yr ŷd,** *n.f.* CORNCRAKE
**rhegi,** *v.* CURSE, SWEAR
**rheng,** (-oedd, -au), *n.f.* ROW, RANK
**rheibes,** (-au), *n.f.* WITCH
**rheibio,** *v.* BEWITCH, RAVAGE, RAVISH
**rheibiwr,** (-wyr), *n.m.* ENCHANTER, SPOILER, RAPIST
**rheibus,** *a.* RAPACIOUS, GREEDY
**rheidegwr,** (-wyr), *n.m.* NECESSITARIAN
**rheidiau,** *n.pl.* INGREDIENTS, NECESSITIES
**rheidiol,** *a.* NECESSARY, NEEDY
**rheidiolaeth,** *n.f.* DETERMINISM
**rheidiolydd,** *n.m.* DETERMINIST
**rheidrwydd,** *n.m.* NECESSITY, COMPULSION
**rheidus,** *a.* NECESSITOUS, NEEDY
**rheidusion,** *n.pl.* NEEDY ONES
**rheiddiad,** (-au), *n.m.* RADIATION
**rheiddiadu,** *v.* RADIATE

**rheiddiadur,** (-on), *n.m.* RADIATOR
**rheiddiol,** *a.* RADIAL
**rheilen,** (rheiliau), *n.f.* RAIL
**rheilfws,** (-fysys), *n.m.* RAIL-BUS
**rheilffordd,** (-ffyrdd), *n.f.* RAILWAY
**rheini, -y,** *pn.* THOSE (NOT PRESENT)
**rheiolti,** *n.m.* POMP, JOLLITY
**rheitheg,** *n.f.* RHETORIC
**rheithegydd,** (-ion, -wyr), *n.m.* RHETORICIAN
**rheithfarn,** (-au), *n.f.* VERDICT
**rheithgor,** (-au), *n.m.* JURY
**rheithiwr,** (-wyr), *n.m.* JURYMAN, JUROR
**rheithor,** (-ion, -iaid), *n.m.* RECTOR
**rhelyw,** *n.m.* REMAINDER, REST, RESIDUE
**rhemp,** *n.f.* EXCESS, DEFECT
**rhemp,** (-au), *n.m.* RAMP
**rhenc,** (-iau), *n.f.* ROW, RANK, TIER
**rhent,** (-i), *n.m.* RENT
**rhentol,** *a.* RENTAL
**rhentu,** *v.* RENT
**rheol,** (-au), *n.f.* RULE, ORDER
**rheolaeth,** (-au), *n.f.* RULE, CONTROL, MANAGEMENT
**rheolaethol,** *a.* MANAGERIAL
**rheolaidd,** *a.* REGULAR, CONSTANT, PROPER, ORDERLY
**rheoledig,** *a.* CONTROLLED, REGULATED
**rheoleiddio,** *v.* REGULATE
**rheolfa,** (-feydd), *n.f.* CHECKPOINT
**rheoli,** *v.* CONTROL, MANAGE
**rheolwaith,** *n.m.* ROUTINE
**rheolwr,** (-wyr), *n.m.* MANAGER, RULER, CONTROLLER, GOVERNOR, REFEREE
**rheolydd,** (-ion), *n.m.* CONTROL, REGULATOR
**rhes,** (-i, -au), *n.f.* LINE, STRIPE, ROW, RANK
**rhesel,** (-i), *n.f.* RACK
**rhesin,** (*-en, n.f.*), *n.pl.* RAISINS
**rhesog,** *a.* STRIPED, RIBBED
**rhestio,** *v.* ARREST
**rhestl,** (-au), *n.f.* RACK
**rhestr,** (-au, -i), *n.f.* LIST, RANK, ROW, INVENTORY
**rhestrol,** *a.* ORDINAL
**rhestru,** *v.* LIST, SPECIFY
**rheswm,** (-ymau), *n.m.* REASON, CAUSE
**rhesymeg,** *n.f.* LOGIC
**rhesymegiad,** (-au), *n.m.* RATIONALISATION
**rhesymegol,** *a.* LOGICAL
**rhesymegwr,** (-wyr), *n.m.* LOGICIAN
**rhesymiad,** (-au), *n.m.* REASONING, INFERENCE
**rhesymol,** *a.* REASONABLE, RATIONAL
**rhesymoldeb,** *n.m.* REASONABLENESS
**rhesymoli,** *v.* RATIONALIZE
**rhesymoliaeth,** *n.f.* RATIONALISM
**rhesymolwr,** (-wyr), *n.m.* RATIONALIST
**rhesymu,** *v.* REASON
**rhetoreg,** / **rhethreg,** *n.f.* RHETORIC
**rhethregol,** *a.* RHETORICAL
**rhethregwr,** (-wyr), *n.m.* RHETORICIAN
**rhew,** (-iau, -ogydd), *n.m.* FROST, ICE
**rhewadur,** (-on), *n.m.* REFRIGERATOR
**rhewbriddeg,** *n.f.* CRYOPEDOLOGY
**rhewbwynt,** (-iau), *n.m.* FREEZING POINT
**rheweiddiad,** *n.m.* REFRIGERATION
**rheweiddio,** *v.* REFRIGERATE
**rhewfryn,** (-iau), *n.m.* ICEBERG
**rhewgaeth,** *a.* ICE BOUND
**rhewgell,** (-oedd), *n.f.* / **rhewgist,** (-iau), *n.f.* DEEP FREEZE, FREEZER (CABINET)
**rhewglai,** *n.m.* BOULDER CLAY
**rhewi,** *v.* FREEZE
**rhewlif,** (-iau), *n.m.* GLACIER
**rhewlifol,** *a.* GLACIAL
**rhewllyd,** *a.* FROSTY, ICY, FRIGID
**rhewydd,** (-ion), *n.m.* WANTONNESS, REFRIGERANT, DEEP FREEZE
*a.* LUSTFUL, PLAYFUL
**rhewyn,** (-au), *n.m.* DITCH, STREAM
**rhi,** (-au), *n.m.* LORD, KING
**rhiain,** (rhianedd), *n.f.* MAIDEN
**rhialtwch,** *n.m.* FUN, FESTIVITY, MERRYMAKING
**rhiant,** (rhieni), *n.m.* PARENT
**rhibidirês,** *n.f.* RIGMAROLE, STRING
**rhibin,** *n.f.* STREAK, STRIP
**rhic,** (-iau), *n.m.* NOTCH, NICK, GROOVE
**rhicio,** *v.* NOTCH, NICK
**rhidennu,** *v.* FRINGE
**rhidens,** *n.pl.* FRINGES, EDGES, BORDER
**rhidyll,** (-(i)au), *n.f.* RIDDLE, SIEVE
**rhidyllu, -io,** *v.* SIEVE, SIFT
**rhieingerdd,** (-i), *n.f.* LOVE-POEM
**rhieni,** (*rhiant, n.m.f.*), *n.pl.* PARENTS
**rhif,** (-au), *n.m.* NUMBER, NUMERAL
*rhifau rhwydd,* EVEN NUMBERS
*rhifau afrwydd,* ODD NUMBERS
*rhif cysefin,* PRIME NUMBER
*rhif cyfan,* WHOLE NUMBER
*rhif cymhlyg,* COMPLEX NUMBER
**rhifadwy,** *a.* COUNTABLE

**rhifadwyedd,** *n.m.* COUNTABILITY
**rhifedi,** *n.m.* NUMBER
**rhifiadur,** (-on), *n.m.* NUMERATOR
**rhifo,** *v.* COUNT, NUMBER, RECKON
**rhifol,** (-ion), *n.m.* NUMERAL
**rhifydd,** (-ion), *n.m.* COUNTER
**rhifyddeg,** *n.f.m.* ARITHMETIC
*rhifyddeg moel/plaen,* MECHANICAL ARITHMETIC
**rhifyddol,** *a.* ARITHMETICAL
**rhifyddwr,** (-wyr), *n.m.* ARITHMETICIAN
**rhifyn,** (-nau), *n.m.* NUMBER (OF MAGAZINE)
**rhifflwr,** *n.m.* RIFFLER
**rhigol,** (-au), *n.f.* RUT, GROOVE
*rhigol a thafod,* GROOVE AND TONGUE
**rhigolaeth,** (-au), *n.f.* ROUTINE
**rhigolaidd,** *a.* ROUTINE
**rhigoli,** *v.* GROOVE
**rhigoliad,** (-au), *n.m.* GROOVING
**rhigolog,** *a.* GROOVED
**rhigwm,** (-ymau), *n.m.* RHYME, RIGMAROLE, VERSIFICATION
**rhigymu,** *v.* RHYME, VERSIFY
**rhigymwr,** (-wyr), *n.m.* RHYMESTER, VERSIFIER
**rhingyll,** (-iaid), *n.m.* SERGEANT, HERALD, BAILIFF
**rhimyn,** (-nau), *n.m.* STRIP, STRING, RIM
**rhin,** (-iau), *n.f.* VIRTUE, SECRET, ESSENCE, EXTRACT
**rhinc,** (-iau), *n.f.* CREAK, GNASH
**rhincian,** *v.* CREAK, GNASH
**rhinflas,** (-au), *n.m.* ESSENCE
**rhiniog,** (-au), *n.m.* THRESHOLD
**rhiniol,** *a.* VIRTUOUS, MYSTERIOUS
**rhint,** *n.m.* JAG
**rhinwedd,** (-au), *n.f.m.* VIRTUE
**rhinweddol,** *a.* VIRTUOUS
**rhip,** (-iau), *n.m.* STRICKLE, RIP
**rhiplif,** (-iau), *n.f.* RIP SAW
**rhipyn,** (-nau), *n.m.* ACCLIVITY
**rhisgl,** (*-yn, n.m.*), *n.pl.* BARK (OF TREE)
**rhisglo,** *v.* BARK
**rhisoid,** *n.m.* RHIZOID
**rhisom,** *n.m.* RHIZOME
**rhith,** (-iau), *n.m.* FORM, GUISE, APPEARANCE, IMAGE, FOETUS, SPORE
**rhithdyb,** (-iadau), *n.f.* DELUSION
**rhitheg,** *n.f.* EMBRYOLOGY
**rhithegol,** *a.* EMBRYOLOGICAL
**rhithio,** *v.* APPEAR, FORM (BY MAGIC)
**rhithiwr,** (-wyr), *n.m.* PRETENDER
**rhith-weledigaeth,** (-au), *n.f.* HALLUCINATION
**rhithwiredd,** (-au), *n.m.* VERISIMILITUDE
**rhithyn,** *n.m.* PARTICLE, ATOM, SHRED
**rhiw,** (-iau), *n.f.* HILL, ASCENT, SLOPE
**rhiwbob,** *n.m.* RHUBARB
**rhoch,** *n.f.* GRUNT, GROAN, DEATH-RATTLE
**rhochain, -ian,** *v.* GRUNT
**rhod,** (-au), *n.f.* WHEEL, ORBIT
**rhod-ddysgu,** *n.m.* ROTE LEARNING
**rhoden,** (-ni), *n.f.* ROD
*rhoden lwybro,* TRACK ROD
**rhodfa,** (-feydd), *n.f.* PROMENADE, WALK, AVENUE
**rhodiad,** (-au), *n.m.* WALK
**rhodianna,** *v.* STROLL
**rhodiannol,** *a.* AMBULATORY
**rhodio,** *v.* WALK, STROLL
**rhodl,** *n.m.f.* OAR, LADLE, SCULL
**rhodli,** *v.* PADDLE, SCULL
**rhodlong,** (-au), *n.f.* PADDLE-STEAMER
**rhodres,** (-i), *n.m.* OSTENTATION, AFFECTATION
**rhodresa,** *v.* BEHAVE AFFECTEDLY
**rhodresgar,** *a.* OSTENTATIOUS, AFFECTED, POMPOUS
**rhodreswr,** (-wyr), *n.m.* SWAGGERER
**rhodd,** (-ion), *n.f.* GIFT, DONATION
**rhoddi,** *v.* GIVE, BESTOW, PUT, YIELD
**rhoddwr,** (-wyr), *n.m.* GIVER, DONOR
**rhoi,** *v.* GIVE, BESTOW, PUT, YIELD
**rhol,** (-iau), *n.f.* } ROLL, CYLINDER
**rholyn,** (rholiau), *n.m.* } ROLL, CYLINDER
**rhôl,** *n.f.* RULE
**rholbren,** (-ni), *n.m.* ROLLING-PIN
**rholer,** (-i), *n.m.* ROLLER
**rholferyn,** (-nau), *n.m.* ROLLER-BEARING
**rholio,** *v.* ROLL
**rholstoc,** (-iau), *n.m.* ROLLING STOCK
**rhomboid,** (-au), *n.m.* RHOMBOID
**rhombws,** (rhombi), *n.m.* RHOMBUS
**rhomper,** (-i), *n.m.* ROMPER
**rhonc,** *a.* RANK, DOWNRIGHT, ARRANT
**rhoncian,** *v.* SWAY
**rhos,** (-ydd), *n.m.* MOOR, HEATH, PLAIN (*-yn, n.m.*), *n.pl.* ROSES
**rhosebill,** *n.m.* ROSEBIT
**rhosfa,** (-feydd), *n.f.* MOUNTAIN PASTURE
**rhost,** *a.* ROAST, ROASTED
**rhostio,** *v.* ROAST
**rhostir,** (-oedd), *n.m.* LANDES, MOORLAND

**rhu, -ad,** (rhuadau), *n.m.* ROAR
**rhuadwy,** *a.* ROARING
**rhuban,** (-au), *n.m.* & *a.* RIBBON, BRAID
**rhuchen,** (rhuchion), *n.f.* HUSK, FILM, PELLICLE, CATARACT
**rhudd,** *a.* RED, CRIMSON
**rhuddell,** *n.f.* RUDDLE, RUBRIC, CRIMSON COLOUR
**rhuddem,** (-au), *n.m.* RUBY
**rhuddin,** *n.m.* HEART OF TIMBER
**rhuddion,** *n.pl.* HUSKS, BRAN
**rhuddliw,** (-iau), *n.m.* ROUGE
**rhuddo,** *v.* SCORCH
**rhuddygl,** (*-en, n.f.*), *n.pl.* RADISH
**Rhufeinig,** *a.* ROMAN
**Rhufeiniwr,** (-wyr), *n.m.* ROMAN
**rhugl,** *a.* FLUENT, SWIFT, FREE, GLIB
**rhuglen,** (-ni), *n.f.* RATTLE
**rhugliad,** (-au), *n.m.* CREPITATION
**rhuglo,** *v.* RATTLE, RUB, SCRAPE
**rhumen,** *n.f.* BELLY, ABDOMEN, PAUNCH
**rhumog,** *a.* ROTUND
**rhuo,** *v.* ROAR, BELLOW
**rhusio,** *v.* START, SHY, SCARE, HINDER
**rhuthr, -ad,** (-au), *n.m.* RUSH, ATTACK
**rhuthro,** *v.* RUSH, ATTACK
**rhwbiad,** (-au), *n.m.* RUBBING, FRICTION, CHAFING
**rhwbian, -io,** *v.* RUB, CHAFE
**rhwd,** (rhydau), *n.m.* RUST, SEDIMENT
**rhwng,** *prp.* BETWEEN, AMONG
**rhwngfridio,** *v.* INTERBREED
**rhwth,** *a.* WIDE, GAPING
**rhwyd,** (-au, -i), *n.f.* NET, SNARE
**rhwydo,** *v.* NET, ENSNARE
**rhwydwaith,** (-weithiau), *n.m.* NETWORK
**rhwydd,** *a.* EASY, EXPEDITIOUS, FLUENT, GENEROUS
**rhwyddhau,** *v.* FACILITATE
**rhwyddineb,** *n.m.* EASE, FACILITY, FLUENCY
**rhwyf,** (-au), *n.f.* OAR
**rhwyfo,** *v.* ROW, SWAY, TOSS ABOUT
**rhwyfus,** *a.* RESTLESS
**rhwyfwr,** (-wyr), *n.m.* OARSMAN
**rhwyg, -iad,** (-iadau), *n.m.* RENT, SPLIT, SCHISM
**rhwyglif,** (-iau), *n.f.* RIP SAW
**rhwygo,** *v.* REND, TEAR, RUPTURE
**rhwyll,** (-au), *n.f.* HOLE, BUTTON-HOLE, LATTICE, FRET
**rhwyllen,** (-ni), *n.f.* GAUZE
**rhwyll-lif,** (-iau), *n.f.* FRETSAW
**rhwyllog,** *a.* PERFORATED, LATTICED, TRELLISED
**rhwyllwaith,** (-weithiau), *n.m.* FRETWORK, LATTICE-WORK
**rhwym,** *a.* BOUND, CONSTIPATED
(-au), *n.m.* BOND, TIE, OBLIGATION
**rhwymedig,** *a.* BOUND, OBLIGED
**rhwymedigaeth,** (-au), *n.f.* BOND, OBLIGATION, LIABILITY
**rhwymedd,** *n.m.* CONSTIPATION
**rhwymo,** *v.* BIND, TIE, CONSTIPATE
**rhwymol,** *a.* ASTRINGENT
**rhwymwr,** (-wyr), *n.m.* BINDER (PERSON)
**rhwymydd,** (-ion), *n.m.* BINDER
**rhwymyn,** (-nau), *n.m.* BANDAGE, BINDING, BOND
**rhwymynnu,** *v.* SWATHE, BANDAGE
**rhwysg,** (-au), *n.m.* POMP, PAGEANTRY, AUTHORITY
**rhwysgfawr,** *a.* POMPOUS, OSTENTATIOUS
**rhwystr,** (-au), *n.m.* HINDRANCE, OBSTACLE
**rhwystrad,** (-au), *n.m.* OBSTRUCTION, PREVENTION
**rhwystriant,** (-nnau), *n.m.* IMPEDANCE
**rhwystro,** *v.* HINDER, OBSTRUCT, PREVENT
**rhwyth,** *a.* MIGHTY
**rhy,** *n.m.* EXCESS
*ad.* TOO
**rhybannu,** *v.* SHRINK
**rhybed,** (-ion), *n.m.* RIVET
**rhybedu,** *v.* RIVET
**rhybudd,** (-ion), *n.m.* WARNING, NOTICE, CAUTION
**rhybuddio,** *v.* WARN, CAUTION
**rhych,** (-au), *n.m.f.* FURROW, RUT, GROOVE
**rhychiedig,** *a.* STRIATED
**rhychiog,** *a.* CORRUGATED
**rhychni,** *n.m.* CORRUGATION
**rhychog,** *a.* FURROWED, WRINKLED, FLUTED
**rhychsach,** (-au), *n.f.* RUCKSACK
**rhychu,** *v.* INCISE, TRENCH
**rhychwant,** (-au), *n.m.* SPAN
**rhychwantu,** *v.* SPAN
**rhyd,** (-au), *n.f.* FORD
**rhydio,** *v.* FORD, BE IN HEAT (OF SHEEP)
**rhydlyd,** *a.* RUSTY
**rhydu, rhwdu,** *v.* RUST
**rhydweli,** (-ïau), *n.f.* ARTERY

**rhydwythiad,** (-au), *n.m.* REDUCTION
**rhydwytho,** *v.* REDUCE
**rhydwythydd,** *n.m.* REDUCTANT
**rhydd,** (-ion), *a.* FREE, LIBERAL, LOOSE
**rhydd-ddaliad,** (-au), *n.m.* FREEHOLD
**rhyddfarn,** (-au), *n.f.* ACQUITTAL
**rhyddfarnu,** *v.* ACQUIT
**rhyddfraint,** (-freiniau), *n.f.* FREEDOM, EMANCIPATION
**rhyddfreiniad,** *n.m.* EMANCIPATION, NATURALIZATION
**rhyddfreinio,** *v.* ENFRANCHISE, CONFER FREEDOM, NATURALIZE
**Rhyddfrydiaeth,** *n.f.* LIBERALISM
**rhyddfrydig,** *a.* LIBERAL, GENEROUS
**Rhyddfrydol,** *a.* LIBERAL
**Rhyddfrydwr,** (-wyr), *n.m.* LIBERAL, RADICAL
**rhyddfynegiant,** *n.m.* FREE-EXPRESSION
**rhyddffordd,** (-ffyrdd), *n.f.* FREEWAY
**rhyddhad,** *n.m.* LIBERATION, RELEASE, REMISSION, EMANCIPATION, DISCHARGE
**rhyddhaol,** *a.* LAXATIVE
**rhyddhau,** *v.* FREE, RELEASE, LOOSE, LIBERATE, DISCHARGE
**rhyddhäwr,** (-wyr), *n.m.* LIBERATOR, RELEASER
**rhyddiaith,** *n.f.* PROSE
**rhyddid,** *n.m.* FREEDOM, LIBERTY
**rhyddieithol,** *a.* PROSAIC
**rhyddni,** *n.m.* DIARRHOEA
**rhyddydd,** (-ion), *n.m.* LAXATIVE
**rhyfedd,** *a.* STRANGE, WONDERFUL, QUEER
**rhyfeddnod,** (-au), *n.m.* EXCLAMATION MARK
**rhyfeddod,** (-au), *n.m.* MARVEL, WONDER, SURPRISE
**rhyfeddol,** *a.* WONDERFUL, MARVELLOUS
**rhyfeddu,** *v.* WONDER, MARVEL
**rhyfel,** (-oedd), *n.m.f.* WAR, WARFARE
**rhyfela,** *v.* WAGE WAR
**rhyfelgar,** *a.* WARLIKE, BELLICOSE
**rhyfelgi,** (-gwn), *n.m.* WARMONGER
**rhyfelgri,** *n.m.* WAR-CRY, SLOGAN
**rhyfelgyrch,** (-oedd), *n.m.* | CAMPAIGN
**rhyfelrod,** (-au), *n.f.* |
**rhyfelwr,** (-wyr), *n.m.* WARRIOR
**rhyfelwrol,** *a.* BELLIGERENT
**rhyferthwy,** *n.m.* TORRENT, TEMPEST
**rhyfon,** (-*en, n.f.*), *n.pl.* CURRANTS
**rhyfyg,** *n.m.* PRESUMPTION, RASHNESS, ARROGANCE
**rhyfygu,** *v.* PRESUME, DARE
**rhyfygus,** *a.* PRESUMPTUOUS, RASH, RECKLESS
**rhyg,** *n.m.* RYE
**rhyglyddu,** *v.* DESERVE, MERIT
**rhygnu,** *v.* RUB, GRATE, JAR, HARP
**rhygwellt,** (-*yn, n.m.*), *n.m.* RYE-GRASS
**rhygyngu,** *v.* AMBLE, CAPER
**rhyngberthynas,** (-au), *n.f.* INTERRELATION
**rhyngfynyddig,** *a.* INTERMONT
**rhynglesio,** *v.* INTERLACE
**rhyngosodiad,** *n.m.* INTERPOLATION
**rhyngu,** *v. rhyngu bodd,* TO PLEASE
**rhyngwladol,** *a.* INTERNATIONAL
**rhyndod,** (-au), *n.m.* CHILL, SHIVERING
**rhynion,** (*rhynyn, n.m.*), *n.pl.* GROATS, GRITS
**rhynllyd,** *a.* CHILLY, SHIVERING
**rhynnu,** *v.* SHIVER, CHILL
**rhysedd,** (-au), *n.m.* EXCESS
**rhysyfwr,** (-wyr), *n.m.* RECEIVER (OF LORDSHIP)
**rhythm,** (-au), *n.m.* RHYTHM
**rhythmeg,** *n.f.* EURHYTHMICS
**rhythmig,** *a.* RHYTHMIC
**rhython,** (*rhythen, n.f.*), *n.pl.* COCKLES
**rhythu,** *v.* STARE, GAPE
**rhyw,** *n.f.* SORT, KIND, SEX, GENDER
*a.* SOME, CERTAIN
**rhywbeth,** *n.m.* SOMETHING
**rhywfaint,** *n.m.* SOME AMOUNT
**rhywfodd,** *ad.* SOMEHOW
**rhywiog,** *a.* DELICATE, KINDLY, GENIAL, PROPER
**rhywiogrwydd,** *n.m.* GENIALITY
**rhywiol,** *a.* SEXUAL
**rhywioledd,** *n.m.* SEXUALITY
**rhywle,** *ad.* SOMEWHERE, ANYWHERE
**rhywogaeth,** (-au), *n.f.* SPECIES, SORT, KIND
**rhywogaethol,** *a.* GENERIC, SPECIFIC
**rhywsut,** *ad.* SOMEHOW, ANYHOW
**rhywun,** (rhywrai), *n.m.* SOMEONE, ANYONE
**rhyw-wr,** (-wyr), *n.m.* SEXIST
**rhywyr,** *a.* HIGH TIME

**Sabath, -oth,** (-au), *n.m.* SABBATH
**Sabathydd,** *n.m.* SABBATARIAN
**Sabathyddiaeth,** *n.f.* SABBATARIANISM
**sabl,** *a.* SABLE
**sabotwr,** (-wyr), *n.m.* SABOTEUR
**sabotyddiaeth,** *n.f.* SABOTAGE
**Sabothol,** *a.* SABBATH, SABBATIC(AL)
**sacarîn,** *n.m.* SACHARINE
**saco,** *v.* STUFF, SHOVE
**sacrament,** (-au), *n.m.f.* SACRAMENT
**sacramentaidd,** *a.* SACRAMENTAL
**sacristi,** *n.m.* SACRISTY
**sach,** (-au), *n.f.* SACK
**sachell,** (-au), *n.f.* SMALL SACK, BAG
**sachlen,** (-ni), *n.f.* / **sachliain,** (-lieiniau), *n.m.* SACKCLOTH
**sad,** *a.* FIRM, STEADY, SOLID, STABLE, SOBER
**sadio,** *v.* STEADY, SOLIDIFY, STABILISE
**sadistiaeth,** *n.f.* SADISM
**sadiwr,** (-wyr), *n.m.* STABILISER
**sadrwydd,** *n.m.* FIRMNESS, STEADINESS, STABILITY, SOBRIETY
**Sadwrn,** (-yrnau), *n.m.* SATURN, SATURDAY
**sadydd,** (-ion), *n.m.* SADIST, STABILISER
**saddurno,** *v.* INLAY
**saer,** (seiri), *n.m.* WRIGHT, MASON, CARPENTER, BUILDER
**saernïaeth,** *n.f.* WORKMANSHIP, CONSTRUCTION
**saernïo,** *v.* FASHION, CONSTRUCT
**saernïol,** *a.* CONSTRUCTIONAL
**Saesneg,** *n.f.* & *a.* ENGLISH
**Saesnes,** (-au), *n.f.* ENGLISHWOMAN
**saets,** (-iau), *n.m.* SAGE
**saeth,** (-au), *n.f.* ARROW
**saethben,** *a.* HERRINGBONE
**saethnod,** (-au), *n.m.* TARGET
**saethol,** *a.* SAGITTAL
**saethu,** *v.* SHOOT, FIRE
**saethwr,** (-wyr), *n.m.* SHOOTER, ARCHER, GOAL SHOOTER
**saethydd,** (-ion), *n.m.* SHOOTER, ARCHER
**saethyddiaeth,** *n.f.* ARCHERY
**saethyll,** (-au), *n.f.* MISSILE
**saethyn,** (-nau), *n.m.* MISSILE, PROJECTILE
**safadwy,** *a.* STABLE, STEADFAST, FIRM, ABIDING
**safana,** (-u), *n.m.* SAVANNA
**safbwynt,** (-iau), *n.m.* STANDPOINT, PERSPECTIVE, VIEWPOINT
**safdir,** (-oedd), *n.m.* RELIEF
**safiad,** (-au), *n.m.* STAND, STANDING, STATURE, STANCE, POSTURE
**safio,** *v.* SAVE
**safle,** (-oedd), *n.m.* POSITION, STATION, SITUATION, RANK
**safn,** (-au), *n.f.* MOUTH, JAW
**safnglo,** (-eon), *n.m.* GAG
**safnrhwth,** *a.* GAPING, OPEN-MOUTHED
**safnrhythu,** *v.* GAPE
**safon,** (-au), *n.f.* STANDARD, CLASS, CRITERION
**safonedig,** *a.* STANDARDISED
**safoni,** *v.* STANDARDISE
**safonol,** *a.* STANDARD
**safonoldeb,** *n.m.* STANDARDISATION
**saffir,** *n.m.* SAPPHIRE
**saffrwm,** (-ymau), *n.m.* CROCUS, SAFFRON
**sagiad,** (-au), *n.m.* SAG
**sagrafen,** (-nau), *n.f.* SACRAMENT
**sagrafennol,** *a.* SACRAMENTAL
**sagrafennydd,** *n.m.* SACRAMENTARIAN
**sang,** (-au), *n.f.* TREAD, PRESSURE
*dan sang,* CROWDED
**sangu,** *v.* TREAD, TRAMPLE
**saib,** (seibiau), *n.m.* PAUSE, REST
**saig,** (seigiau), *n.f.* MEAL, DISH
**sail,** (seiliau), *n.f.* BASE, FOUNDATION, GROUND
**saim,** (seimiau), *n.m.* GREASE, FAT
**sain,** (seiniau), *n.f.* SOUND, TONE, TIMBRE
**Sais,** (Saeson), *n.m.* ENGLISHMAN, SAXON
**saith,** *a.* & *n.m.* SEVEN
**sâl,** *a.* ILL, POORLY, MEAN
(salau), *n.f.* SALE
**salad,** (-au), *n.m.* SALAD
**saldra,** *n.m.* ILLNESS
**salifa,** *n.m.* SALIVA
**salm,** (-au), *n.f.* PSALM
*salm-dôn,* CHANT
**salmydd,** (-ion), *n.m.* PSALMIST
**salmyddiaeth,** *n.f.* PSALMODY
**salon,** (-au), *n.m.* SALON
**saltring,** (-au), *n.m.* PSALTERY
**salw,** *a.* UGLY, POOR, VILE, MEAN
**salwch,** *n.m.* ILLNESS
*salwch mynydd,* SOROCHE
**salwineb,** *n.m.* UGLINESS, POORNESS, MEANNESS
**sallwyr,** (-au), *n.m.* PSALTER
**sampl,** (-au), *n.m.* SAMPLE

**sampler,** (-i), *n.m.* SAMPLER
**samplu,** *v.* SAMPLE
**sancsiwn,** (-siynau), *n.m.* SANCTION(S)
**Sanct,** *n.m.* THE HOLY ONE
**sanctaidd,** *a.* HOLY
**sancteiddhad,** *n.m.* SANCTIFICATION
**sancteiddio,** *v.* SANCTIFY, HALLOW
**sancteiddrwydd,** *n.m.* HOLINESS, SANCTITY
**sandal,** (-au), *n.m.* SANDAL
**sandr,** *n.m.* SANDER
**sant,** (saint, seintiau), *n.m.* SAINT
**santes,** (-au), *n.f.* FEMALE SAINT
**sardîn,** (-au, -s), *n.m.* SARDINE
**sarff,** (seirff), *n.f.* SERPENT
**sarhad,** (-au), *n.m.* INSULT, DISGRACE
**sarhau,** *v.* INSULT, DISGRACE
**sarhaus,** *a.* INSULTING, INSOLENT
**sarn,** (-au), *n.f.* CAUSEWAY, ROUTE, WALKWAY
*n.m.* LITTER
**sarnu,** *v.* TRAMPLE, LITTER, SPILL
**sarrug,** *a.* SURLY, MOROSE, GRUFF
**sarsiant,** (-au, -s), *n.m.* SERGEANT
**sarugrwydd,** *n.m.* SURLINESS, GRUFFNESS
**sas,** (-iau), *n.m.* SASH
**sasiwn,** (-iynau), *n.m.f.* ASSOCIATION (OF WELSH PRESBYTERIANS)
**Satan,** *n.m.* SATAN
**sátelit,** *n.m.* SATELLITE
**sathredig,** *a.* TRODDEN, COMMON, VULGAR
**sathru,** *v.* TREAD, TRAMPLE
**sawdl, (sodlau),** *n.m.f.* HEEL
**sawdur,** *n.m.* SOLDER
**sawdurio,** *v.* SOLDER
**sawl,** *pn.* HE THAT, WHOSO
*pa sawl,* HOW MANY?
**sawr, sawyr,** *n.m.* ODOUR, SAVOUR
**sawrio, -u,** *v.* SMELL, TASTE, SAVOUR
**sawrus,** *a.* SAVOURY
**saws,** (-iau), *n.m.* SAUCE
**sba,** (-on), *n.m.* SPA
**sbageti,** *n.m.* SPAGHETTI
**sbaner,** (-i), *n.m.* SPANNER
**sbâr,** (sbarion), *n.m.* SPARE
*a.* SPARE
**sbarian,** *v.* SPAR
**sbarib,** (-iau, -s), *n.f.* SPARE-RIB
**sbario,** *v.* SPARE, SPAR
**sbaryn,** (sbarion), *n.m.* REMNANT
**sbastig,** *a.* SPASTIC
**sbeciannu,** *v.* SPECULATE
**sbeciant,** (-nnau), *n.m.* SPECULATION
**sbectol,** *n.f.* SPECTACLE(S)
**sbectroffotomedr,** (-au), *n.m.* SPECTROPHOTOMETER
**sbectromedr,** (-au), SPECTROMETER
**sbectrosgob,** (-au), *n.m.* SPECTROSCOPE
**sbectrosgopeg,** *n.m.f.* SPECTROSCOPY
**sbectrwm,** (sbectra), *n.m.* SPECTRUM
**sbeis,** *n.pl.* SPICE
**sbeit,** *n.f.* SPITE
**sbeitlyd,** *a.* SPITEFUL
**sbel,** (-iau), *n.f.* SPELL, TIME, BREAK
**sberm,** (-au), *n.m.* SPERM
**sbesiffig,** *a.* SPECIFIC
**sbesimen,** (-au), *n.m.* SPECIMEN
**sbin,** (-nau), *n.m.* SPIN
**sbinio,** *v.* SPIN
**sbïo,** *v.* LOOK, SPY
**sbleisio,** *n.f.* SPLICING
**sblint,** (-iau, -s), *n.m.* SPLINT
**sbon,** *ad.*
*newydd sbon* , BRAND-NEW
**sbonc,** (-iau), *n.f.* LEAP, JERK, BOUND
**sboncen,** *n.f.* SQUASH
**sboncio,** *v.* LEAP, JERK, BOUND
**sbôr,** (sborau), *n.m.* SPORE
**sborlys,** *n.m.* SPOROPHYTE
**sbort,** (-iau), *n.f.m.* SPORT, FUN, GAME
**sbortsmon,** (-myn), *n.m.* SPORTSMAN
**sbortsmonaeth** *n.f.* SPORTSMANSHIP
**sbot, -yn,** (-iau), *n.m.* SPOT
**sbri,** *n.m.* SPREE, FUN
**sbrigyn,** (-nau), *n.m.* SPRIG
**sbring,** *n.m.* SPRING
**sbringo,** *v.* SPRING
**sbrint,** (-iau, -s), *n.f.* SPRINT
**sbrintio,** *v.* SPRINT
**sbŵl,** *n.m.* SPOOL
**sbwylio,** *v.* SPOIL, RUIN
**sbyrt,** (-iau), *n.m.* SPURT
**seawns,** (-au), *n.m.* SEANCE
**sebon,** (-au), *n.m.* SOAP
**seboni,** *v.* SOAP, LATHER, SOFT-SOAP
**seboniant,** *n.m.* SAPONIFICATION
**sebonwr,** (-wyr), *n.m.* SOAPMAN, FLATTERER
**secant,** (-nnau), *n.m.* SECANT
**seci,** *v.* STUFF, SHOVE
**secondiad,** (-au), *n.m.* SECONDMENT
**secretiad,** (-au), *n.m.* SECRETION
**secretu,** *v.* SECRETE
**sect,** (-au), *n.f.* SECT
**sector,** (-au), *n.m.* SECTOR
**secstant,** (-au), *n.m.* SEXTANT

**secstig,** *a.* SEXTIC
**sectydd,** *n.m.* SECTAR
**sectyddiaeth,** *n.f.* SECTARIANISM
**sectyddol,** *a.* SECTARIAN
**secutor,** (-ion), *n.m.* EXECUTOR
**secwlar,** *a.* SECULAR
**secwlareiddio,** *v.* SECULARISE
**secwlariaeth,** *n.f.* SECULARISM
**sech,** *n.m.* SECH
**sech,** *a. f.* of *sych*
**sedisiwn,** *n.m.* SEDITION
**sedd,** (-au), *n.f.* SEAT, PEW
**seddu,** *v.* SEAT, INSTAL
**sef,** *c.* NAMELY, THAT IS TO SAY
**sefydledig,** *a.* ESTABLISHED
**sefydliad,** (-au), *n.m.* ESTABLISHMENT, INSTITUTION, INDUCTION
**sefydliadaeth,** *n.f.* INSTITUTIONALIZATION
**sefydlog,** *a.* INVARIANT, FIXED, SETTLED, STATIONARY, STABLE, SEDENTARY
**sefydlogi,** *v.* FIX, STABILIZE
**sefydlogrwydd,** *n.m.* STABILITY
**sefydlogydd,** (-ion), *n.m.* STABILISER
**sefydlu,** *v.* ESTABLISH, SETTLE, FOUND, INDUCT
**sefydlyn,** (-nau), *n.m.* INVARIANT, FIXATIVE
**sefyll,** *v.* STAND, STOP, STAY
**sefyllfa,** (-oedd), *n.f.* SITUATION, POSITION
**sefyllian,** *v.* LOITER, STAND ABOUT
**sefyllwyr,** *n.pl.* BYSTANDERS
**sêff,** *n.f.* SAFE
**segment,** (-au), *n.m.* SEGMENT
**segmentiad,** *n.m.* SEGMENTATION
**segmentu,** *v.* SEGMENT
**sego,** *n.m.* SAGO
**segur,** *a.* IDLE
**segura,** *v.* IDLE
**segurdod,** *n.m.* IDLENESS
**segurwr,** (-wyr), *n.m.* IDLER
**seguryd,** *n.m.* IDLENESS
**sengi,** *v.* TREAD, TRAMPLE
**sengl,** *a.* SINGLE
**senglau,** *n.pl.* SINGLES
**seianosis,** *n.m.* CYANOSIS
**seiat,** (seiadau), *n.f.* FELLOWSHIP MEETING, 'SOCIETY'
**seibiant,** (-au, -iannau), *n.m.* LEISURE, RESPITE, PAUSE
**seibio,** *v.* PAUSE
**seicdreiddiad,** *n.m.* PSYCHOANALYSIS
**seicdreiddydd,** (-wyr), *n.m.* PSYCHOANALYST
**seiciaeth,** *n.m.* PSYCHISM
**seiciatreg,** *n.m.f.* PSYCHIATRY
**seiciatrydd,** (-ion), *n.m.* PSYCHIATRIST
**seicig,** *a.* PSYCHIC
**seicigol,** *a.* PSYCHICAL
**seiclon,** (-au), *n.m.* CYCLONE
**seiclorama,** *n.m.* CYCLORAMA
**seicoleg,** *n.f.m.* PSYCHOLOGY
**seicolegol,** *a.* PSYCHOLOGICAL
**seicolegydd,** *n.m.* PSYCHOLOGIST
**seicopathi,** *n.m.* PSYCHOPATHY
**seicosis,** *n.m.* PSYCHOSIS
**seicosomatig,** *a.* PSYCHOSOMATIC
**seicotherapi,** *n.m.* PSYCHOTHERAPY
**seidin,** *n.m.* SIDING
**seifys,** *n.pl.* CHIVES
**seiffer,** (-au), *n.m.* CIPHER
**seiliad,** *n.m.* FOUNDATION, FOUNDING
**seilio,** *v.* BASE, FOUND, GROUND
**seimio,** *v.* GREASE
**seimlyd,** *a.* GREASY
**sein,** (-iau), *n.m.* SIGN
(-i), *n.m.* SINE
**seinamledd,** (-au), *n.m.* AUDIO-FREQUENCY
**seinber,** *a.* MELODIOUS, EUPHONIOUS
**seindon (-nau),** *n.f.* SOUND WAVE
**seindorf,** (-dyrf), *n.f.* BAND
**seineg,** *n.f.m.* PHONETICS, SONICS
**seinfan,** *a.* LOUD
**seinfanedd,** *n.m.* LOUDNESS
**seinfforch,** (-ffyrch), *n.f.* TUNING-FORK
**seinio,** *v.* SOUND, RESOUND
**seintwar,** *n.f.* SANCTUARY, CONSERVANCY
**seinyddiaeth,** *n.f.* PHONOLOGY
**seinyddol,** *a.* PHONETIC
**seinyddwr,** (-wyr), *n.m.* PHONOLOGIST
**seisin,** *n.m.* SEIZIN
**seismig,** *a.* SEISMIC
**seismoleg,** *n.f.m.* SEISMOLOGY
**Seisnig,** *a.* ENGLISH
**Seisnigaidd,** *a.* ANGLICISED
**Seisnigeiddio, -igo,** *v.* ANGLICISE
**seitogeneteg,** *n.f.* CYTOGENETICS
**seitoleg,** *n.f.* CYTOLOGY
**seithawd,** (-au), *n.m.* SEPTET
**seithochr,** (-au), *n.m.* HEPTAGON
**seithug,** *a.* FUTILE, FRUITLESS
**seithugo,** *v.* FRUSTRATE, THWART
**sêl,** *n.f.* ZEAL
**sêl,** (seliau), *n.f.* SEAL
**seld,** (-au), *n.f.* DRESSER

**seler,** (-au, -ydd), *n.f.* CELLAR
**selfa,** (selfâu), *n.m.* SELVA
**selfais,** (-feisiau), *n.m.* SELVEDGE
**seliad,** (-au), *n.m.* SEALING
**selio,** *v.* SEAL
**seliwlôs,** *n.m.* CELLULOSE
**selni,** *n.m.* ILLNESS
**selnod,** (-au), *n.m.f.* SEAL
**seloffên,** *n.m.* CELLOPHANE
**selog,** *a.* ZEALOUS, ARDENT
**selotâp,** *n.m.* SELLOTAPE
**selsig,** (*-en, n.f.* ) *n.pl.* SAUSAGES
**selwlôs,** *n.m.* CELLULOSE
**sêm,** (semau), *n.f.* SEAM
*sêm chwipio,* WHIPPED SEAM
*sêm ffel,* OVERLAID SEAM
**semaffor,** *n.m.* SEMAPHORE
**semanteg,** *n.f.* SEMANTICS
**semen,** *n.m.* SEMEN
**seminaidd,** *a.* SEMINAL
**seml,** *a. f.* of *syml*
**sen,** (-nau), *n.f.* REBUKE, SNUB, CENSURE
**senario,** *n.m.* SCENARIO
**senedd,** (-au), *n.f.* PARLIAMENT, SENATE
**seneddol,** *a.* PARLIAMENTARY, SENATORIAL
**seneddwr,** (-wyr), *n.m.* SENATOR, M.P.
**sennu,** *v.* REBUKE, TAUNT, CENSURE
**sensitifedd, -rwydd,** (-au), *n.m.* SENSITIVITY
**sensor,** *n.m.* CENSOR
**sensoriaeth,** *n.f.* CENSORSHIP
**sensro,** *v.* CENSOR
**sentiment,** *n.m.* SENTIMENT
**sentimentaleiddiwch,** *n.m.* SENTIMENTALITY
**septig,** *a.* SEPTIC
**seraff,** (-iaid), *n.m.* SERAPH
**sercol,** *n.m.* CHARCOAL
**serch,** (-iadau), *n.m.* AFFECTION, LOVE
*c. & prp.* ALTHOUGH, NOTWITHSTANDING
**serchog,** *a.* AFFECTIONATE, LOVING
**serchowgrwydd,** *n.m.* AMIABILITY, LOVE
**serchu,** *v.* LIKE, LOVE
**serchus,** *a.* AFFECTIONATE, LOVING, PLEASANT
**sêr-ddewin,** (-iaid), *n.m.* ASTROLOGER
**sêr-ddewiniaeth,** *n.f.* ASTROLOGY
**seremoni,** (-ïau), *n.f.* CEREMONY
**seremonïol,** *a.* CEREMONIAL
**seren,** (sêr), *n.f.* STAR, ASTERISK
*seren ambegwn,* CIRCUMPOLAR STAR
*seren guriadol,* PULSATING STAR
*seren orgawr,* SUPER GIANT STAR
*seren ddwbl,* BINARY STAR
**serennog,** *a.* STARRY
**serennu,** *v.* SPARKLE, SCINTILLATE
**serfiad,** (-au), *n.m.* SERVICE
**serfio,** *v.* SERVE
**serfyll,** *a.* FICKLE, UNSTEADY
**serio,** *v.* SEAR
**sero,** (-au), *n.m.* ZERO
**seroeiddio,** *v.* ZEROISE
**seroser,** *n.m.* XEROSERE
**serotherm,** *n.m.* XEROTHERM
**serth,** *a.* STEEP, UNCLEAN, OBSCENE
**serthedd,** *n.m.* RIBALDRY, OBSCENITY
**serthiant,** *n.m.* DEGREE OF PITCH
**serwm,** (sera), *n.m.* SERUM
**seryddiaeth,** *n.f.* ASTRONOMY
**seryddol,** *a.* ASTRONOMICAL
**seryddwr,** (-wyr), *n.m.* ASTRONOMER
**sesbin,** *n.m.* SHOEHORN
**sesiwn,** (sesiynau), *n.m.* SESSION
**sesnin,** *n.m.* SEASONING
**sesno,** *v. & n.m.* SEASON, SEASONING
**seston,** (-au), *n.f.* CISTERN
**set,** (-iau), *n.f.* SET
*set wag,* NULL SET
**sêt,** (seti), *n.f.* SEAT, PEW
*sêt fawr,* DEACONS' PEW
**setin,** (-oedd), *n.m.* SETTING, HEDGE
**setio,** *v.* SET
**setl,** (-au), *n.f.* SETTLE
**setliad,** (-au), *n.m.* SETTLEMENT
**setlo,** *v.* SETTLE
**seth,** *a. f.* of *syth*
**sew,** (-ion), *n.m.* POTTAGE, DELICACY
**sffêr,** (sfferau), *n.m.* SPHERE
**sfferaidd,** *a.* SPHERICAL
**sfferoid,** *a.* SPHEROID
**sfferomedr,** (-au), *n.m.* SPHEROMETER
**sg-,** see also *ysg-*
**sgab,** (-iau), *n.m.* SCAB
**sgadan,** (*sgadenyn, n.m.*) *n.pl.* HERRINGS
**sgalar,** (-au), *n.m.* SCALAR
**sgaldanu,** *v.* SCALD
**sgâm,** (sgamiau), *n.f.* SCHEME, DODGE
**sgampi,** *n.m.* SCAMPI
**sganio,** *v.* SCAN
**sgannydd,** *n.m.* SCANNER
**sgaprwth,** *a.* ROUGH, UNCOUTH
**sgarff,** (-iau), *n.f.* SCARF
**sgarffio,** *v.* SCARF
**sgarmes,** (-au, -oedd), *n.f.* SKIRMISH, MAUL

**sgarpdir,** *n.m.* SCARPLAND
**sgein,** (-iau), *n.m.* SKEIN
**sgeintio,** *v.* SPRINKLE
**sgeptig,** *n.m.* SCEPTIC
**sgerbwd,** (-ydau), *n.m.* SKELETON, CARCASE
**sgeri,** (sgerïau), *n.m.* SKERRY
**sgert,** (-i), *n.f.* SKIRT
**sgets,** (-ys), *n.f.* SKETCH
**sgetsio,** *v.* SKETCH
**sgi,** *n.f.m.* SKI
**sgil,** (-iau), *n.m.* SKILL, DEVICE, TRICK
**sgîl,** *n.m.* PILLION
*yn sgîl,* FOLLOWING
**sgîl-effaith,** (effeithiau), *n.m.* SIDE-EFFECT
**sgilgar,** *a.* SKILFUL
**sgimio,** *v.* SKIM
**sgïo,** *v.* SKI
**sgip,** (-iau), *n.f.* SKIPPING ROPE
**sgipio,** *v.* SKIP
**sgist,** (-au), *n.m.* SCHIST
**sgit,** (-iau), *n.f.* SKIT
**sgiw,** (-iau), *n.f.* SETTLE
*a.* ASKEW
**sgiwedd,** *n.m.* SKEWNESS
**sgiwer,** (-au), *n.m.* SKEWER
**sgïwr,** (-wyr), *n.m.* SKIER
**sglefriad,** (-au), *n.m.* GLISSADE
**sglefrio,** *v.* SKATE, SLIDE
**sglein,** (-iau), *n.m.* POLISH, GLAZE
**sgleinio,** *v.* SHINE, POLISH
**sglodio,** *v.* CHIP
**sglodyn,** (sglodion), *n.m.* CHIP
*sglodion silicon,* SILICON CHIPS
**sgôl,** (sgoliau), *n.m.f.* SQUALL
**sgolastig,** *a.* SCHOLASTIC
**sgolastigiaeth,** *n.m.* SCHOLASTICISM
**sgolop,** (-iau), *n.m.* SCALLOP
**sgolor,** (-ion), *n.m.* SCHOLAR
**sgoloriaeth,** (-au), *n.f.* SCHOLARSHIP
**sgon,** (-au), *n.f.* SCONE
**sgôr,** (sgoriau), *n.f.* SCORE
**sgori, -io,** *v.* SCORE
**sgorwr,** (-wyr), *n.m.* SCORER
**sgrafell,** (-i), *n.f.* SCRAPER, SHELF
**sgrafelliad,** (-au), *n.m.* ABRASION
**sgrafellu,** *v.* ABRASE, SCRAPE, ABRADE
**sgrambl,** *n.m.* SCRAMBLE
**sgramblo,** *v.* SCRAMBLE
**sgrap,** *a.* SCRAP
**sgrech,** (-iadau), *n.f.* YELL
**sgrechain, sgrechu, -ian,** *v.* YELL
**sgri,** (-au), *n.m.* SCREE
**sgrîd,** *n.m.* SCREED
**sgriffio,** *v.* ABRADE
**sgrin,** (sgriniau, -oedd), *n.f.* SCREEN
**sgript,** (-iau), *n.f.* SCRIPT
**sgriw,** (-iau), *n.f.* SCREW
*sgriw benwastad,* COUNTERSUNK SCREW
*sgriw wagen,* COACH SCREW
**sgriwio,** *v.* SCREW
**sgrôl,** (-iau), *n.m.* SCROLL
**sgrwbio,** *v.* SCRUB
**sgrym,** (-iau), *n.f.* SCRUM
**sgrymio,** *v.* SCRUM
**sgubo,** *v.* SWEEP
**sgubwr,** (-wyr), *n.m.* SWEEPER
**sgwadron,** (-s), *n.f.* SQUADRON
**sgwâr,** (-iau), *n.m.f. & a.* SQUARE
**sgwaryn,** (-nau), *n.m.* SET SQUARE
**sgwatwr,** (-wyr), *n.m.* SQUATTER
**sgwd,** (sgydau), *n.m.* WATERFALL, CATARACT
**sgwir,** *n.f.m.* CARPENTER'S SQUARE
**sgwl,** *n.m.* SCULL
**sgwlio,** *v.* SCULL
**sgwriad,** (-au), *n.m.* SCOURING
**sgwrio,** *v.* SCOUR
**sgwrs,** (sgyrsiau), *n.f.* TALK, CHAT, CONVERSATION
**sgwrsio,** *v.* TALK, CHAT
**sgwter,** (-i), *n.m.* SCOOTER
**sgyrt,** (-au -i), *n.f.* SKIRT
**shifft,** (-iau), *n.f.* SHIFT
**si,** (sïon), *n.m.* BUZZ, RUMOUR, MURMUR
**siaced,** (-i), *n.f.* JACKET, COAT
**siâd,** (siadau), *n.f.* PATE, CROWN
**siafft,** (-iau), *n.m.* SHAFT
**siâl,** (sialau), *n.m.* SHALE
**sialc,** (-iau), *n.m.* CHALK
**sialens,** *n.f.* CHALLENGE
**sialensio,** *v.* CHALLENGE
**siambr,** (-au), *n.f.* CHAMBER
**siambrlen,** *n.m.* CHAMBERLAIN
**siamffer,** (-au), *n.m.* CHAMFER
**siamffro,** *v.* CHAMFER
**siami,** *n.m.* CHAMOIS
**siamparti,** *n.m.* CHAMPERTY
**siampl,** (-au), *n.f.* EXAMPLE
**siampŵ,** (-au, -s), *n.m.* SHAMPOO
**siampŵo,** *v.* SHAMPOO
**sianel,** (-i, -ydd), *n.f.* CHANNEL
**siant,** (-au), *n.f.* CHANT

**sianti,** *n.f.* SHANTY
**siant(i)o,** *v.* CHANT
**siantri,** *n.m.* CHANTRY
**siâp,** (-iau), *n.m.* SHAPE
**siâr,** *n.f.* SHARE
**siarad,** *v.* TALK, SPEAK
*n.m.* TALK
**siarâd,** *n.m.* CHARADE
**siaradus,** *a.* TALKATIVE
**siaradwr,** (-wyr), *n.m.* TALKER, SPEAKER
**siario,** *v.* SHARE
**siars,** (-iau), *n.f.* CHARGE, COMMAND
**siarsio,** *v.* CHARGE, WARN
**siart,** (-iau), *n.m.* CHART
**siartaeth,** *n.f.* CHARTISM
**siarteru,** *v.* CHARTER
**siart(e)r,** (-au), *n.f.* CHARTER
**siartydd,** (-ion), *n.m.* CHARTIST
**siasbi,** *n.m.* SHOEHORN
**siasin,** *n.m.* CHASING
**siawnsio,** *v.* CHANCE
**siawnsri,** *n.m.* CHANCERY
**sibols,** (*-en, n.f. -yn, n.m.*) *n.pl.* SPRING ONIONS
**sibrwd,** *v.* WHISPER, MURMUR
(-ydion), *n.m.* WHISPER, MURMUR
**sibwns,** (*-yn, n.m.*) *n.pl.* SPRING ONIONS
**sicl,** (-au), *n.m.* SHEKEL
**sicr,** *a.* SURE, CERTAIN, SECURE
**sicrhau,** *v.* ASSURE, CONFIRM, OBTAIN, FIX, SECURE
**sicrwydd,** *n.m.* CERTAINTY, ASSURANCE, SECURITY
**sidan,** (-au), *n.m.* SILK
**sidanaidd,** *a.* SILKY
**sidell,** (-i), *n.f.* WHORL
**sider,** (-au), *n.m.* LACE
**Sidydd,** *n.m.* ZODIAC
**siec,** (-iau), *n.f.* CHEQUE
*n.m.* CHECK
**siêd,** *n.m.* ESCHEAT, FORFEIT
**siedwr,** (-wyr), *n.m.* ESCHEATOR
**sied,** (-iau), *n.f.* SHED
**sief,** *n.f.* SHAVE
**sieri,** (-ïau), *n.m.* SHERRY
**siero,** *v.* SHEAR
**siew,** (-iau), *n.f.* SHOW
**sifil,** *a.* CIVIL
**sifiliwr,** (-wyr), *n.m.* CIVILIAN
**siffon,** (-au), *n.m.* SIPHON
**siffrwd,** *n.m.* & *v.* RUSTLE
**sifft,** (-iau), *n.m.f.* SHIFT
**sigâr,** (sigarau), *n.f.* CIGAR
**sigarét,** (sigaretau), *n.f.* CIGARETTE
**sigl-a-swae,** *n.m.* ROCK AND ROLL
**siglad,** (-au), *n.m.* OSCILLATION, SHAKING
**sigledig,** *a.* SHAKY, RICKETY, OSCILLATING
**siglen,** (-ni, -nydd), *n.f.* SWING, BOG, SWAMP
**siglenydd,** *n.f.* SEE-SAW
**siglo,** *v.* SHAKE, QUAKE, SWING, WAG
**signal,** (-au), *n.m.* SIGNAL
**signwm,** (signa), *n.m.* SIGNUM
**sil,** (-od, -iau), *n.m.* SPAWN, FRY, SILL
**silfa,** (-feydd), *n.f.* SPAWNING GROUND
**silff,** (-oedd), *n.f.* SHELF
**silindr,** (-au), *n.m.* CYLINDER
**silindrog,** *a.* CYLINDRICAL
**silio,** *v.* SPAWN
**siltio,** *v.* SILT
**silwair,** (-weiriau), *n.m.* SILAGE
**silŵet,** (-au), *n.m.* SILHOUETTE
**sill,** (-iau), **sillaf,** (-au) | *n.f.* SYLLABLE
**sillafiaeth,** *n.f.* SPELLING
**sillafu,** *v.* SPELL
**sillgoll,** (-au), *n.f.* APOSTROPHE
**sim,** *n.m.* SHIM
**simach,** (-od), *n.m.* APE, MONKEY
**simdde, simnai,** (simneiau), *n.f.* CHIMNEY
**simoniaeth,** *n.f.* SIMONY
**simonwr,** (-wyr), *n.m.* SIMONIST
**simsan,** *a.* UNSTEADY, SHAKY, FLIMSY, TOTTERING
**simsanu,** *v.* TOTTER, BE UNSTEADY
**simŵm,** *n.m.* SIMOOM
**sin,** (-au), *n.m.* SINE, SIN
**sinach,** (-od), *n.f.* BALK, WASTE GROUND, SKINFLINT
**sinamon,** *n.m.* CINNAMON
**sinc,** (-iau), *n.m.* ZINC, SINK
**sinema,** (sinemâu), *n.f.* CINEMA
**sinig,** (-iaid), *n.m.* CYNIC
**sinigaidd,** *a.* CYNICAL
**sinigiaeth,** *n.m.* CYNICISM
**sinsir,** *n.m.* GINGER
**sinws,** (-au), *n.m.* SINUS
**sïo,** *v.* HUM, WHIZ, MURMUR
**sioc,** (-iau), *n.m.* SHOCK
**sioe,** (-au), *n.f.* SHOW
**siofinydd,** *n.m.* CHAUVINIST
**siofinyddiaeth,** *n.m.* CHAUVINISM
**siôl,** (siolau), *n.f.* SHAWL
**siol,** (-au), *n.f.* SKULL, PATE

**siom,** (-au), *a.* DISAPPOINTMENT
**siomedig,** *a.* DISAPPOINTING, DISAPPOINTED
**siomedigaeth,** (-au), *n.f.* DISAPPOINTMENT
**siomi,** *v.* DISAPPOINT, THWART
**siomiant,** *n.m.* DISAPPOINTMENT
**sionc,** *a.* NIMBLE, BRISK, AGILE
**sioncrwydd,** *n.m.* BRISKNESS, AGILITY
**siop,** (-iau), *n.f.* SHOP, STORE
*siop hunan-wasanaeth,* SELF-SERVICE SHOP
*siop gloi,* LOCK-UP SHOP
*siop gadwyn,* CHAIN SHOP
*siop amlgangen,* MULTIPLE STORE
**siopa,** *v.* SHOP
**siopladrad,** (-au), *n.m.* SHOPLIFTING
**siopleidr,** (-ladron), *n.m.* SHOPLIFTER
**siopwr,** (-wyr), *n.m.* SHOPMAN, SHOPKEEPER
**siorts,** *n.pl.* SHORTS
**siot,** (-au), *n.m.f.* SHOT, SHOTT
**sipian, -io,** *v.* SIP, SUP
**siprys,** *n.m.* MIXED CORN, GIBBERISH
**sipsiwn,** (*sipsi, n.m.f.*), *n.pl.* GIPSIES
**sir,** (-oedd), *n.f.* SHIRE, COUNTY
**sircyn,** (-(n)au), *n.m.* JERKIN
**siriol,** *a.* CHEERFUL, BRIGHT, PLEASANT
**sirioldeb,** *n.m.* CHEERFULNESS
**sirioli,** *v.* CHEER, BRIGHTEN
**sirydd, -yf,** (-ion), *n.m.* SHERIFF
**siryddiaeth,** *n.f.* SHRIEVALTY
**sisial,** *v. & n.m.* WHISPER
**sism,** *n.m.* SCHISM
**siswrn,** *n.m.* SCISSORS
*siswrn pincio,* PINKING SCISSORS
**siten,** (-ni), *n.f.* SHEET
**sitrig,** *a.* CITRIC
**sitrus,** *n.m.* MELON
**sitrws,** *n.m.* CITRUS
**sither,** (-au), *n.m.* ZITHER
**siwed,** *n.m.* SUET
**siwglaeth,** *n.f.* JUGGLERY
**siwglwr,** (-wyr), *n.m.* JUGGLER
**siwgr,** *n.m.* SUGAR
**siwr,** *a.* SURE, CERTAIN
**siwrnai,** (-eiau, -eion), *n.f.* JOURNEY
*ad.* ONCE
**siwt,** (-iau), *n.f.* SUIT
**siwtio,** *v.* SUIT
**siynt,** (-iau), *n.m.* SHUNT
**slab,** (-iau), *n.m.* SLAB
**slacs,** *n.pl.* SLACKS
**slaes,** (-au), *n.m.* SLASH
**slaf,** (-iaid), *n.m.* SLAVE, DRUDGE
**slafaidd,** *a.* SLAVISH
**slag,** *n.m.* SLAG
**slalom,** *n.m.* SLALOM
**slêd,** (slediau), *n.m.* SLEDGE
**sleifio,** *v.* SLINK, SLIDE
**sleisen,** (sleisys), *n.f.* SLICE
**slic,** *a.* SLICK
**slicrwydd,** *n.m.* SLICKNESS
**slip,** (-iau), *n.m.* SLIP, CHIT
**slipffordd,** (-ffyrdd), *n.f.* SLIP ROAD
**slogan,** (-au), *n.f.m.* SLOGAN
**slot,** (-iau), *n.m.* SLOT
**slotian,** *v.* PADDLE, TIPPLE
**slŵp,** (slwpiau), *n.m.* SLOOP
**slwt,** *n.f.* SLUT
**slyg,** (-iau), *n.m.* SLUG
**slym,** (-iau), *n.m.* SLUM
**smala,** *a.* DROLL, FUNNY, AMUSING
**smaldod,** (-au), *n.m.* FUN, DROLLERY, GAG
**smalio,** *v.* JOKE, JEST, GAG
**smaragdus,** *n.m.* EMERALD
**smeltio,** *v.* SMELT
**sment,** (-iau), *n.m.* CEMENT
**smentio,** *v.* CEMENT
**smoc,** (-iau), *n.f.* SMOCK
**smocio,** *v.* SMOKE, SMOCK
**smociwr,** (-wyr), *n.m.* SMOKER
**smocwaith,** (-weithiau), *n.m.* SMOCKING
**smotiog,** *a.* SPOTTED
**smotyn,** (smotiau), *n.m.* SPOT
**smwddio,** *v.* IRON
**smwt,** *n.m.* SMUT
*a.* SNUB
**smyglo,** *v.* SMUGGLING
**smyglwr,** (-wyr), *n.m.* SMUGGLER
**snipwr,** *n.m.* SNIPS
**snisin,** *n.m.* SNUFF
**snobyddiaeth,** *n.f.* SNOBBERY
**snobyddlyd,** *a.* SNOBBISH
**snwffian,** *v.* SNIFF, SNUFF, WHIMPER
**sobr,** *a.* SOBER, SERIOUS
**sobreiddio, sobri,** *v.* SOBER
**sobrwydd,** *n.m.* SOBERNESS, SOBRIETY
**socas,** (-au), *n.f.* GAITER, LEGGING
**soced,** (-au, -i), *n.m.* SOCKET
**sociometreg,** *n.f.* SOCIOMETRY
**socsen,** (socs), *n.f.* SOCK
**soda,** *n.m.* SODA
**sodiwm,** *n.m.* SODIUM

**sodli, sodlo,** *v.* BACK-HEEL, FOLLOW
**sodomiaeth,** *n.f.* SODOMY
**sodr,** (-au), *n.m.* SOLDER
**sodro,** *v.* SOLDER
**soddedig,** *a.* SUBMERGED
**soddgrwth,** (-grythau), *n.m.* CELLO
**soddi,** *v.* SINK, SUBMERGE, MERGE
**soeg,** *n.m.* DRAFF
**soeglyd,** *a.* SODDEN
**sofiet,** (-au), *n.m.* SOVIET
**sofl,** (-*yn, n.m.*), *n.pl.* STUBBLE
**sofraniaeth,** (-au), *n.f.* SOVEREIGNTY
**sofren,** (-ni, sofrod), *n.f.* SOVEREIGN (COIN)
**soffa,** *n.f.* SOFA
**soffistigedig,** *a.* SOPHISTICATED
**soffistigedigrwydd,** *n.m.* SOPHISTICATION
**soffydd,** (-ion), *n.m.* SOPHIST
**soffyddol,** *a.* SOPHISTICAL
**solas,** *n.m.* SOLACE, JOY
**soled,** (-au), *n.m.* SOLID
**solenoid,** (-au), *n.m.* SOLENOID
**solet,** *a.* SOLID
**sol-ffa,** *n.m.* SOL-FA
**solffeuo,** *v.* SOLFA
**solid,** (-iau), *n.m.* SOLID
**solidiad,** *n.m.* SOLIDIFICATION
**solidio,** *v.* SOLIDIFY
**somatig,** *a.* SOMATIC
**sôn,** *v. & n.m.* TALK, RUMOUR, MENTION
**sonata,** (-s), *n.m.* SONATA
**soned,** (-au), *n.f.* SONNET
**soneda,** *v.* COMPOSE SONNETS
**sonedwr,** (-wyr), *n.m.* COMPOSER OF SONNETS
**soniarus,** *a.* MELODIOUS, TUNEFUL, LOUD
**sonig,** *a.* SONIC
**sopen,** *n.f.* SLUT, COAGULUM
**sopyn,** *n.m.* BUNDLE (OF HAY, ETC), MOW
**soriant,** *n.m.* INDIGNATION
**sorllyd,** *a.* ANGRY, SULLEN
**sorod,** *n.pl.* DROSS, DREGS, REFUSE
**sorri,** *v.* SULK, CHAFE, BE DISPLEASED
**sosban,** (-au, -benni), *n.f.* SAUCEPAN
*sosban frys/gloi,* PRESSURE COOKER
**sosej,** (-ys), *n.f.* SAUSAGE
**soser,** (-i), *n.f.* SAUCER
**sosialaeth,** *n.f.* SOCIALISM
**sosialaidd,** *a.* SOCIALIST
**sosialydd,** (sosialwyr), *n.m.* SOCIALIST
**soterioleg,** *n.f.* SOTERIOLOGY
**sothach,** *c.n.* TRASH, RUBBISH, REFUSE
**sownd,** *a.* FAST, SOUND

**st-,** see also *yst-*
**stabl,** (-au), *n.f.* STABLE
**stac,** (-iau), *n.f.* STACK
**stad,** (-au), *n.f.* STATE, ESTATE, STAGE
**stadiwm,** (stadia), *n.f.* STADIUM
**staen,** (-iau), *n.m.* STAIN
**staenio,** *v.* STAIN
**staer,** (-au), *n.f.* STAIRCASE
**stâl,** (-au), *n.f.* STALL
**stalactit,** (-au), *n.m.* STALACTITE
**stalagmit,** (-au), *n.m.* STALAGMITE
**stamp,** (-iau), *n.m.* STAMP
**stampio,** *v.* STAMP
**stand,** (-iau), *n.f.* STAND
**stans,** *n.f.* STANCE
**stap(a)l,** (staplau), *n.f.* STAPLE
**staplwr,** (-wyr), *n.m.* STAPLER (PERSON)
**staplydd,** (-ion), *n.m.* STAPLER
**starn,** (-iau), *n.m.* STERN
**starts,** (-ys), *n.m.* STARCH
**stateg,** *n.f.* STATICS
**stator,** (-au), *n.m.* STATOR
**statud,** (-au), *n.m.* STATUTE
**statws,** *n.m.* STATUS
**stêc, stecen,** (-iau), *n.f.* STEAK
**steilws,** *n.m.* STYLUS
**stêm,** *n.m.* STEAM
**stem,** (-iau), *n.f.* SHIFT
**stempyn,** *n.m.* STAMP
**stemydd,** *n.m.* STEAMER
**stên,** (stenau), *n.f.* CAN
**step,** (-iau), *n.f.* STEP
**stereoffonig,** *a.* STEREOPHONIC
**sterling,** *n.m.* STERLING
**sternwm,** (sterna), *n.m.* STERNUM
**sterosgob,** (-au), *n.m.* STEROSCOPE
**steryllu,** *v.* STERILISE
**steryllydd,** *n.m.* STERILIZER
**stesion,** (-au), *n.f.* STATION
**stethosgob,** (-au), *n.m.* STETHOSCOPE
**sticil(l),** *n.f.* STILE
**stilgar,** *a.* INQUISITIVE
**stilio,** *v.* QUESTION, INQUIRE
**stiw,** (-iau), *n.m.* STEW
**stiward,** (-iaid), *n.m.* STEWARD
**stiwdio,** (-s), *n.f.* STUDIO
**stiwio,** *v.* STEW
**stoc,** (-iau), *n.f.m.* STOCK
**stocio,** *v.* STOCK
**stocrestr,** *n.f.* INVENTORY
**stof,** (-au), *n.f.* STOVE
**Stoic,** (-iaid), *n.m.* STOIC
**Stoicaidd,** *a.* STOICAL
**Stoiciaeth,** *n.m.* STOICISM

**stôl,** (stolau), *n.f.* STOOL, STOLE, CHAIR
**stolio,** *v.* STALLING
**stomp,** *n.f.* BUNGLE, MESS
**stompio,** *v.* BUNGLE, MAKE A MESS
**stôn,** (stonau), *n.f.* STONE
**stondin,** (-au), *n.m.* STALL
**stondiniaeth,** *n.f.* STALLAGE
**stop,** (-iau), *n.m.* STOP
**stôr,** (storau), *n.m.* STORE, RESERVE
**stordy,** (-dai), *n.m.* WAREHOUSE, STOREHOUSE
**storfan,** (-nau), *n.m.* DEPOT
**stori,** (-ïau, -iáu, straeon), *n.f.* STORY, TALE
**storio,** *v.* STORE
*storydd gwres,* STORAGE HEATER
**storïwr,** (-wyr), *n.m.* STORY-TELLER
**storm,** (-ydd), *n.f.* STORM
**straegar,** *a.* GOSSIPY, GOSSIPING
**straen,** (-au), *n.m.* STRAIN
**stranc,** (-iau), *n.f.* TRICK
**strap,** (-iau), *n.f.* STRAP
**strata,** *n.pl.* STRATA
**strategaeth,** *n.f.* STRATEGY
**strategol,** *a.* STRATEGIC
**strategwr,** (-wyr), **strategydd,** (-ion), *n.m.* STRATEGIST
**stratosffer,** (-au), *n.m.* STRATOSPHERE
**streic,** (-iau), *n.f.* STRIKE
**streicio,** *v.* STRIKE
**streip, -en,** (-iau), *n.m.f.* STRIPE
**stribed,** (-i), *n.m.* STRIP, BATTEN
**strim-stram-strellach,** *ad.* HELTER-SKELTER
**strimyn,** (-nau), *n.m.* BELT
**strip,** (-iau), *n.m.* STRIP
**striplun,** (-iau), *n.m.* FILM-STRIP
**strôc,** (strociau), *n.f.* STROKE, SEIZURE
**strwythur,** (-au), *n.m.* STRUCTURE
**strwythuro,** *v.* STRUCTURE
**strwythurol,** *a.* STRUCTURAL
**stryd,** (-oedd), *n.f.* STREET
**stumog,** (-au), *n.f.* STOMACH
**sturmant,** (-au), *n.m.* JEW'S HARP
**stwc,** (styciau), *n.m.* PAIL, BUCKET
**stwco,** *n.m.* STUCCO
**stwff,** *n.m.* STUFF
**stwffin,** (-au), *n.m.* STUFFING, FILLING
**stwffio,** *v.* STUFF, THRUST
**stwffwl,** (styffylau), *n.m.* STAPLE
**stwns,** *n.* MASH
**stwnsio,** *v.* MASH
**stŵr,** *n.m.* STIR, NOISE, BUSTLE, FUSS
**styd, -en,** (stydiau), *n.f.* STUD
**stylws,** (styli), *n.m.* STYLUS
**su,** (-on), *n.m.* BUZZ, HUM, MURMUR
**sucan,** *n.m.* GRUEL
**sudd,** (-ion), *n.m.* JUICE, SAP
**suddiant,** *n.m.* SINK
**suddlon,** *a.* SUCCULENT
**suddo,** *v.* SINK, DIVE, INVEST
**suddog,** *n.m.* SYRUP
*a.* JUICY
**suddurn,** *n.m.* INLAY
**suddurno,** *v.* INLAY
**sug,** (-ion), *n.m.* JUICE, SAP
**sugn,** *n.m.* SUCTION, SUCK
**sugndyniad,** (-au), *n.m.* SUCTION
**sugnedd,** (-au), *n.m.* QUAGMIRE, SUCTION
**sugno,** *v.* SUCK, ABSORB
**sugnydd,** *n.m.* ABSORBENT
*sugnydd llwch,* VACUUM CLEANER
**Sul,** (-iau), *n.m.* SUNDAY
**Sulgwyn,** *n.m.* WHITSUNDAY
**sumbol,** (-au), *n.m.* SYMBOL
**sumbolaeth,** *n.f.* SYMBOLISM
**sumbolig,** *a.* SYMBOLIC
**sunsur,** *n.m.* GINGER
**suo,** *v.* HUM, BUZZ, LULL
**sur,** (-ion), *a.* SOUR, BITTER, ACID
**surbris,** *n.m.* SURCHARGE
**surbwch,** *a.* SOUR, SURLY
**surdoes,** *n.m.* LEAVEN
**surdreth,** (-i), *n.f.* SURTAX
**surni,** *n.m.* SOURNESS, STALENESS
**suro,** *v.* SOUR
**suryn,** *n.m.* ACID
**sut,** *n.m.* MANNER, PLIGHT, HOW
**sw,** *n.m.* ZOO
**swab,** (-iau), *n.m.* SWAB
**swae,** (-au), *n.m.* RUMOUR
**swaeo,** *v.* SWAY
**swâf,** *a.* SUAVE
**swbach,** *n.m.* WIZENED PERSON
**swbsonig,** *a.* SUBSONIC
**swci,** *a.* TAME, PET
**swcro,** *v.* SUCCOUR, ENTICE
**swcros,** *n.m.* SUCROSE
**swcwr,** *n.m.* SUCCOUR
**swch,** (sychau), *n.f.* PLOUGH-SHARE, TIP, POINT, UPPER LIP
**swd,** (-iau), *n.m.* SUDD
**swedsen,** (sweds), *n.f.* SWEDE
**sweter,** *n.f.* SWEATER
**swffragan,** (-iaid), *n.m.* SUFFRAGAN

**swffragét,** (-iaid), *n.f.* SUFFRAGETTE
**swil,** *a.* SHY, BASHFUL
**swildod,** (-au), *n.m.* SHYNESS, BASHFULNESS, SELF-CONSCIOUSNESS
**swits,** (-ys), *n.m.* SWITCH
**switsfwrdd,** (-fyrddau), *n.m.* SWITCHBOARD
**switsio,** *v.* SWITCH
**swltana,** (-u), *n.f.* SULTANA
**swllt,** (sylltau), *n.m.* SHILLING
**swm,** (symiau), *n.m.* SUM
**swmbwl,** (symbylau), *n.m.* GOAD, STIMULUS, THORN, PRICK
**swmer,** (-au), *n.m.* PACK, BEAM, SUMPTER
**swmp,** (-au), *n.m.* BULK, SIZE, FEEL, HANDLE, SUMP
*swmp brynu,* BULK BUYING
**swmp-gludydd,** (-ion), *n.m.* BULK-CARRIER
**swmpo,** *v.* HANDLE, FEEL SIZE (WEIGHT, etc)
**swmpus,** *a.* BULKY, SIZEABLE
**sŵn,** (synau), *n.m.* NOISE, SOUND
**swnd,** *n.m.* SAND
**swnian,** *v.* GRUMBLE, MURMUR
**swnio,** *v.* SOUND, PRONOUNCE
**swnllyd,** *a.* NOISY
**swnt,** (-iau), *n.m.* SOUND, STRAIT
**sŵoleg,** *n.f.* ZOOLOGY
**sŵolegwr,** (-wyr), *n.m.* ZOOLOGIST
**sŵp,** (swpiau), *n.m.* SOUP
**swp,** (sypiau), *n.m.* MASS, HEAP, CLUSTER
**swper,** (-au), *n.m.f.* SUPPER
**swpera, -u,** *v.* GIVE OR TAKE SUPPER
**swpernofa,** *n.f.* SUPERNOVA
**swpersonig,** *a.* SUPERSONIC
**swpfargen,** *n.f.* PACKAGE DEAL
**swrd,** (syrdiau), *n.m.* SURD
**swrealaeth,** (-au), *n.f.* SURREALISM
**swrealydd,** (-ion), *n.m.* SURREALIST
**swrfform,** *n.m.* SURFORM
**swrn,** (syrnau), *n.f.* FETLOCK, ANKLE
*n.m.* GOOD NUMBER
**swrth,** *a.* HEAVY, INERT, SULLEN
**sws,** *n.m.* KISS
**swta,** *a.* ABRUPT, CURT, BRUSQUE
**swydd,** (-i, -au), *n.f.* POST, OFFICE, JOB, COUNTY
**swyddfa,** (-feydd), *n.f.* OFFICE, CHAMBER
**swyddog,** (-ion), *n.m.* OFFICER, OFFICIAL, PREFECT
*swyddog cyswllt,* LIAISON OFFICER
*swyddog prawf,* PROBATION OFFICER
*swyddog anoddi,* ISSUING OFFICER
**swyddogaeth,** (-au), *n.f.* OFFICE, FUNCTION, DUTY
**swyddogaethol,** *a.* FUNCTIONAL
**swyddogol,** *a.* OFFICIAL
**swyfaidd,** *a.* SEBACEOUS
**swyn,** (-ion), *n.m.* CHARM, MAGIC, FASCINATION, SPELL
**swyngwsg,** *n.m.* HYPNOTISM
**swyngyfaredd,** (-ion), *n.f.* SORCERY, ENCHANTMENT
**swyngyfareddwr,** (-wyr), *n.m.* SORCERER
**swyno,** *v.* CHARM, ENCHANT, BEWITCH
**swynoglydd,** *n.m.* AMULET
**swynol,** *a.* CHARMING, FASCINATING
**swynwr,** (-wyr), *n.m.* MAGICIAN, WIZARD
**swynwraig,** (-wragedd), *n.f.* SORCERESS
**sybachu,** *v.* PUCKER, SHRINK
**syber,** *a.* SOBER, MANNERLY, CLEAN, TIDY
**syberw,** *a.* PROUD, LIBERAL, COURTEOUS
**syberwyd,** *n.m.* COURTESY, PRIDE
**sybornu,** *v.* SUBORN
**sybseidi,** (-ïau), *n.m.* SUBSIDY
**sych,** (*sech, f.*), *a.* DRY
**sychborth,** (-byrth), *n.m.* DRY-DOCK
**sych-bydredd,** *n.m.* DRY-ROT
**sychdarthiad,** *n.m.* SUBLIMATION
**sychdarthu,** *v.* SUBLIMATE (CHEM.)
**sychder,** (-au), *n.m.* DRYNESS
**sychdir,** (-oedd), *n.m.* DRY LAND
**sychdwr,** (-dyrau), *n.m.* DROUGHT
**syched,** *n.m.* THIRST
**sychedig,** *a.* THIRSTY, PARCHED
**sychedu,** *v.* THIRST
**sychfoesol,** *a.* PRIGGISH
**sychfoesolyn,** (-ion), *n.m.* PRIG
**sychgamu,** *v.* WARP
**sychin,** *n.m.* DRY WEATHER, DROUGHT
**sychlanhau,** *v.* DRY CLEAN
**sychlyd,** *a.* DRY
**sychu,** *v.* DRY, DRY UP, WIPE
**sychydd,** (-ion), *n.m.* DRIER
*sychydd tro,* SPIN-DRYER
*sychydd tafl,* TUMBLE-DRYER
**sydyn,** *a.* SUDDEN, ABRUPT
**sydynrwydd,** *n.m.* SUDDENNESS
**sydd, sy,** *v.* IS, ARE
**syfïen,** (syfi), *n.f.* STRAWBERRY
**syflyd,** *v.* STIR, BUDGE, MOVE
**syfrdan,** *a.* DAZED, STUNNED, GIDDY
**syfrdandod,** *n.m.* STUPOR, GIDDINESS

**syfrdanol,** *a.* STUPEFYING, STUNNING
**syfrdanu,** *v.* DAZE, STUPEFY, STUN
**sygnau,** *n.pl.* SIGNS OF THE ZODIAC
**sylem,** *n.m.* XYLEM
**sylfaen,** (-feini), *n.f.* FOUNDATION, BASE
**sylfaenol,** *a.* BASIC, FUNDAMENTAL
**sylfaenu,** *v.* FOUND
**sylfaenwr,** (-wyr), **sylfaenydd,** (-ion), *n.m.* FOUNDER
**sylw,** (-adau), *n.m.* NOTICE, OBSERVATION, ATTENTION, REMARK
**sylwadaeth,** *n.f.* OBSERVATION
**sylwebaeth,** (-au), *n.f.* COMMENTARY
**sylwebu,** *v.* COMMENTATE
**sylwebydd, -wr,** (-wyr), *n.m.* COMMENTATOR
**sylwedydd,** (-ion), *n.m.* OBSERVER
**sylwedd,** (-au), *n.m.* SUBSTANCE, FOUNDATION
**sylweddol,** *a.* SUBSTANTIAL, REAL
**sylweddoli,** *v.* REALISE
**sylweddoliad,** (-au), *n.m.* REALISATION
**sylwgar,** *a.* OBSERVANT, ATTENTIVE
**sylwi,** *v.* OBSERVE, NOTICE
**sylladur,** (-on), *n.m.* EYE-PIECE
**syllu,** *v.* GAZE
**sym,** (-s, -iau), *n.m.* SUM
**symadwy,** *a.* SUMMABLE
**symatogenig,** *a.* CYMATOGENIC
**symbal,** (-au), *n.m.* CYMBAL
**symbol,** (-au), *n.m.* SYMBOL
**symbolaeth,** *n.f.* SYMBOLISM
**symbolig,** *a.* SYMBOLIC
**symbolwr,** (-wyr), *n.m.* SYMBOLIST
**symbyliad,** (-au), *n.m.* STIMULUS, ENCOURAGEMENT
**symbylu,** *v.* GOAD, STIMULATE, SPUR
**symbylydd,** (-ion), *n.m.* STIMULANT
**symffoni,** (-ïau), *n.m.* SYMPHONY
**symffonig,** *a.* SYMPHONIC
**symiant,** (-iannau), *n.m.* SUMMATION
**symio,** *v.* SUM
**syml,** (*seml, f.*), *a.* SIMPLE
**symledig,** *a.* SIMPLIFIED
**symledd,** *n.m.* SIMPLICITY
**symleiddio,** *v.* SIMPLIFY
**symlrwydd,** *n.m.* SIMPLICITY
**symlyn,** *n.m.* SIMPLETON
**symol,** *a.* MIDDLING, FAIR
**symptom,** (-au), *n.m.* SYMPTOM
**symud,** *v.* MOVE, REMOVE, SLIDE
*n.m.* MOVEMENT, ACTION
**symudedd,** *n.m.* MOBILITY
**symudiad,** (-au), *n.m.* MOVEMENT, REMOVAL
**symudliw,** *a.* OPALESCENT
**symudol,** *a.* MOVING, MOBILE, MOVEABLE
**symudoledd,** *n.m.* MOBILITY
**symudyn,** (symudion), *n.m.* MOBILE
**syn,** *a.* AMAZED, ASTONISHING, SURPRISING
**synagog,** (-au), *n.m.* SYNAGOGUE
**synclin,** (-iau), *n.m.* SYNCLINE
**synclinol,** *a.* SYNCLINAL
**syncop,** (-au), *n.m.* SYNCOPE
**syncretiaeth,** *n.m.* SYNCRETISM
**syndicaliaeth,** *n.f.* SYNDICALISM
**syndod,** (-au), *n.m.* SURPRISE, MARVEL
**syndrôm,** *n.m.* SYNDROME
**synergedd,** *n.m.* SYNERGISM
**synfen,** (-nau), *n.m.* SENTIMENT
**synfyfyrdod,** (-au), *n.m.* REVERIE, ABSTRACTION
**synfyfyrio,** *v.* MUSE, MEDITATE
**synhwyraidd,** *a.* SENSORY
**synhwyriadaeth,** *n.m.* SENSATIONALISM
**synhwyro,** *v.* SENSE, SNIFF, SMELL
**synhwyrol,** *a.* SENSIBLE
**synhwyrus,** *a.* SENSUOUS, SENSITIVE
**syniad,** (-au), *n.m.* NOTION, IDEA, THOUGHT
**syniadaeth,** *n.f.* IDEATION, CONCEPTION
**syniadolaeth,** *n.f.* CONCEPTUALISM
**synied, -io,** *v.* THINK, BELIEVE, IMAGINE
**synnu,** *v.* MARVEL, WONDER, BE SURPRISED
**synnwyr,** (synhwyrau), *n.m.* SENSE
**synod,** (-au), *n.m.* SYNOD
**synodaidd,** *a.* SYNODICAL
**synoptig,** *a.* SYNOPTIC
**syntheseisydd,** *n.m.* SYNTHESISER
**synthesis,** *n.m.* SYNTHESIS
**synthesu,** *v.* SYNTHESISE
**synthetig,** *a.* SYNTHETIC
**synwyrusrwydd,** *n.m.* SENSITIVITY
**sypio,** *v.* BUNDLE, HEAP, PACK
**sypyn,** (-nau), *n.m.* PACKET, PACKAGE
**syr,** *n.m.* SIR
**syrcas,** (-au), *n.m.f.* CIRCUS
**syrffed,** *n.m.* SURFEIT
**syrffedu,** *v.* SURFEIT, BE FED UP
**syrio,** *v.* SIR
**syrlwyn,** (-au), *n.m.* SIRLOIN
**syrth,** (-au), *n.m.* OFFAL
**syrthiedig,** *a.* FALLEN
**syrthio,** *v.* FALL
**syrthni,** *n.m.* SULLENNESS, SLOTH, APATHY
**system,** (-au), *n.m.* SYSTEM

*system fetrig,* METRIC SYSTEM
*system dreuliol,* DIGESTIVE SYSTEM
**systematig,** *a.* SYSTEMATIC
**syth,** (*seth, f.*), *a.* STIFF, STRAIGHT, ERECT
**sythlyd,** *a.* CHILLED, COLD
**sythu,** *v.* STIFFEN, STRAIGHTEN, BENUMB
**sythwelediad,** (-au), *n.m.* INTUITION
**sythweledol,** *a.* INTUITIVE
**syw,** *a.* BEAUTIFUL, WISE

**tab,** (-iau), *n.m.* TAB
**tabernacl,** (-au), *n.m.* TABERNACLE
**tabernaclu,** *v.* TABERNACLE
**tabl,** (-au), *n.m.* TABLE
**tablaidd,** *a.* TABULAR
**tabled,** (-au, -i), *n.f.* TABLET
**tabledig,** *a.* TABULATED
**tablen,** *n.f.* ALE, BEER
**tablenna,** *v.* TIPPLE
**tabliad,** (-au), *n.m.* TABULATION
**tablo,** (-s), *n.m.* TABLEAU
**tablu,** *v.* TABULATE
**tabŵ,** (-au, -s), *n.m.* TABOO
**tabwrdd,** (-yrddau), *n.m.* DRUM, TABOR
**tabyrddu,** *v.* DRUM
**tabyrddwr,** (-wyr), *n.m.* DRUMMER
**tac,** (-iau), *n.m.* TACK
**tacio,** *v.* TACK
**tacl,** (-au), *n.f.m.* TACKLE, GEAR
**taclad,** (-au), *n.m.* TACKLE
**taclo,** *v.* TACKLE
**taclu,** *v.* PUT IN ORDER, TRIM, DRESS
**taclus,** *a.* TRIM, TIDY, NEAT
**tacluso,** *v.* TRIM, TIDY
**taclusrwydd,** *n.m.* TIDINESS
**taclwr,** (-wyr), *n.m.* TACKLER
**tacnod,** (-au), *n.m.* TACNODE
**tacograff,** *n.m.* TACHOGRAPH
**tacteg,** (-au), *n.f.* TACTICS
**Tachwedd,** *n.m.* NOVEMBER
**tad,** (-au), *n.m.* FATHER
**tadaidd,** *a.* FATHERLY
**tad-cu,** (tadau-cu), *n.m.* GRANDFATHER
**tadladdiad,** *n.m.* PARRICIDE
**tadmaeth,** (-au, -od), *n.m.* FOSTER-FATHER
**tadogaeth,** (-au), *n.f.* PATERNITY, AFFILIATION, ETYMOLOGY
**tadogi,** *v.* FATHER, AFFILIATE
**tadol,** *a.* FATHERLY, PATERNAL
**tadolaeth,** *n.f.* PATERNITY
**taen,** (-ion), *n.m.* SPREADING
**taenelliad,** (-au), *n.m.* SPRINKLING, AFFUSION
**taenellu,** *v.* SPRINKLE
**taenellwr,** (-wyr), *n.m.* | SPRINKLER
**taenellydd,** (-ion), *n.m.* |
**taenu,** *v.* SPREAD, SCATTER, RENDER
**taenwr,** (-wyr), *n.m.* SPREADER, DISSEMINATOR
**taeog,** (-ion), *n.m.* CHURL, CAD, SERF
*a.* CHURLISH, RUDE, SERVILE
**taeogaeth,** *n.f.* SERFDOM
**taeogaidd,** *a.* SERVILE, CHURLISH, RUDE
**taer,** *a.* EARNEST, IMPORTUNATE, FERVENT
**taerineb,** *n.m.* EARNESTNESS, IMPORTUNITY
**taeru,** *v.* MAINTAIN, INSIST, WRANGLE, CONTEND
**tafarn,** (-au), *n.m.f.* TAVERN, PUBLIC-HOUSE, INN
**tafarndy,** (-dai), *n.m.* PUBLIC-HOUSE
**tafarnwr,** (-wyr), *n.m.* PUBLICAN, INN-KEEPER
**tafell,** (-au, -i, tefyll), *n.f.* SLICE, SLAB
**tafellog,** *a.* SLICED, LAMINATED, FLAKED
**tafellu,** *v.* SLICE
**tafledigion,** *n.pl.* PROJECTILES
**tafledd,** *n.m.* THROW
**taflegryn,** (-legrau), *n.m.* MISSILE
**tafleisiaeth,** *n.f.* VENTRILOQUISM
**tafleisydd,** (-ion, -wyr), *n.m.* VENTRILOQUIST
**taflen,** (-ni), *n.f.* LEAFLET, LIST, TABLE
**tafleniad,** (-au), *n.m.* TABULATION
**taflennu,** *v.* TABULATE
**tafl-ffon,** (-ffyn), *n.f.* SLING
**tafliad,** (-au), *n.m.* THROW, DISLOCATION, CAST
**taflod,** (-ydd), *n.f.* LOFT
*taflod y genau,* PALATE
**taflodi,** *v.* PALATIZE
**taflodol,** *a.* PALATAL
**taflod-orfannol,** *a.* PALATO-ALVEOLAR
**taflrwyd,** (-i, -au), *n.f.* CASTING-NET
**taflu,** *v.* THROW, HURL, FLING, CAST, DISLOCATE
**tafluniad,** (-au), *n.m.* PROJECTION
**taflunio,** *v.* PROJECT
**taflunydd,** (-ion), *n.m.* PROJECTOR
**taflwybr,** (-au), *n.m.* TRAJECTORY
**tafod,** (-au), *n.m.f.* TONGUE, TANG, SPIT
**tafodi,** *v.* ABUSE, SCOLD
**tafodiaith,** (-ieithoedd), *n.f.* SPEECH, DIALECT, LANGUAGE
**tafodig,** *n.m.* UVULA
**tafodleferydd,** *n.m.* SPEECH, UTTERANCE
**tafodog,** (-ion), *n.m.* ADVOCATE
*a.* TALKATIVE
**tafol,** (-au, -ion), *n.f.* SCALES
*c.n.* DOCK (PLANT)
**tafoli,** *v.* WEIGH
**tafotrydd,** *a.* GARRULOUS, FLIPPANT
**taffi,** *n.m.* TOFFEE
**tagell,** (-au, tegyll), *n.f.* GILL, DOUBLE-CHIN, SNARE
**tagellog,** *a.* DOUBLE-CHINNED

**tagen,** (-ni), *n.f.* CHOCKSTONE
**tagfa,** (-feydd), *n.f.* STRANGULATION, CHOKING, ASPHYXIA, CHOKE, BOTTLENECK
**taglwm,** *n.m.* CLAMP
**tagu,** *v.* STRANGLE, CHOKE
**tagydd,** (-ion), *n.m.* CHOKE
**tagiant,** *n.m.* CONGESTION
**tangiad,** (-au), *n.m.* TANGENT
**tangiadaeth,** *n.f.* TANGENCY
**tangiadol,** *a.* TANGENTIAL
**tangnefedd,** *n.m.f.* PEACE
**tangnefeddus,** *a.* PEACEFUL
**tangnefeddwr,** (-wyr), *n.m.* PACIFIER, PEACE-MAKER
**tangwystl,** (-on), *n.f.* FRANKPLEDGE
**taid,** (teidiau), *n.m.* GRANDFATHER
**tail,** (teiliau), *n.m.* DUNG, MANURE
**tair,** *a. & n.f.* of *tri*
**taith,** (teithiau), *n.f.* JOURNEY, VOYAGE, TOUR
**tal,** *a.* TALL, LOFTY, HIGH
**tâl,** (talau), *n.m.* FOREHEAD, FRONT, END
(taliadau), *n.m.* PAY, PAYMENT, DUE (FEUDAL)
*taloedd,* RATES
**taladwy,** *a.* PAYABLE
**talai,** (taleion), *n.m.* PAYEE
**talaith,** (-eithiau), *n.f.* PROVINCE, STATE, CHAPLET
**talar,** (-au), *n.f.* HEADLAND (IN PLOUGHING
**talbont,** (-ydd), *n.f.* BRIDGEHEAD
**talcen,** (-nau, -ni), *n.m.* FOREHEAD, GABLE, PINE-END
*talcen glo,* COAL-FACE
**talcendo,** (-au, -eon), *n.m.* HIP ROOF
**talch,** (teilchion), *n.m.* FRAGMENT, PIECE
**taldra,** *n.m.* TALLNESS, LOFTINESS, STATURE
**taleb,** (-au, -ion), *n.f.* RECEIPT
**taledigaeth,** (-au), *n.f.* PAYMENT, REMUNERATION
**taleithiog,** *a.* DIADEMED
**taleithiol,** *a.* PROVINCIAL
**talent,** (-au), *n.f.* TALENT
**talentog,** *a.* GIFTED, TALENTED
**tâl-feistr,** (-i), *n.m.* PAYMASTER
**talfyriad,** (-au), *n.m.* ABBREVIATION, ABRIDGEMENT
**talfyrru,** *v.* ABBREVIATE, ABRIDGE
**talgrwn,** (-ynion), *a.* COMPACT, SHORT
**talgryf,** *a.* STURDY
**taliad,** (-au), *n.m.* PAYMENT
**taliaidd,** *a.* AFFABLE, POLITE, DECENT
**talm,** *n.m.* PORTION, SPACE, WHILE, NUMBER
*er ys talm,* LONG AGO
**talment,** *n.m.* PAYMENT
**talog,** *a.* JAUNTY, LIVELY
(-au), *n.m.* PEDIMENT
**talogrwydd,** *n.m.* JAUNTINESS
**talp,** (-iau), *n.m.* LUMP, MASS, PIECE
*talp ar asgwrn,* EXOTOSIA
**talpentan,** *n.m.* FIRE-BACK
*brethyn talpentan,* HOME-SPUN CLOTH
**talpiog,** *a.* LUMPY
**talsbring,** (-au), *n.m.* HEADSPRING
**talsyth,** *a.* ERECT
**talu,** *v.* PAY, SUIT, RENDER
**talwr,** (-wyr), *n.m.* PAYER
**talwrn** (-yrnau), *n.m.* SPOT, COCK-PIT EXPERIMENTAL PLOT, THRESHING FLOOR
**tamaid,** (-eidiau), *n.m.* PIECE, BIT, BITE
**tambwrîn,** *n.m.* TAMBOURINE
**tameidyn,** (-ion), *n.m.* SNACK
**tampio,** *v.* BOUNCE
**tan,** *prp.* UNTIL, AS FAR, UNDER
**tân,** (tanau), *n.m.* FIRE, LIGHT
**tanamcangyfrif,** *v.* UNDERESTIMATE
**tanasiad,** (-au), *n.m.* FIRE-WELD
**tanasio,** *v.* FIRE-WELD
**tanbaid,** *a.* HOT, FERVENT, FIERY, BRILLIANT
**tanbeidrwydd,** *n.m.* GREAT HEAT, FERVOUR
**tanc,** (-iau), *n.m.* TANK
*tanc crychdonni,* RIPPLE TANK
**tancer,** (-i), *n.m.* TANKER
**tanchwa,** (-oedd), *n.f.* EXPLOSION, FIRE-DAMP
**tandoriad,** (-au), *n.m.* UNDERCUTTING
**tandwf,** *n.m.* UNDERGROWTH
**tanddaear(ol),** *a.* SUBTERRANEAN, UNDERGROUND
**tanerdy,** (-dai), *n.m.* TANNERY
**tanfaeth,** *v.* UNDER-NOURISH
**tanfor(ol),** *a.* SUBMARINE
*llong danfor,* SUBMARINE
**tanforwr,** (-wyr), *n.m.* SUBMARINER
**tanffordd,** (-ffyrdd), *n.f.* UNDER-PASS
**tanffrwythog,** *a.* EPIGYNOUS
**tangyflogaeth,** *n.f.* UNDEREMPLOYMENT
**taniad,** (tangiad), (-au), *n.m.* IGNITION, FIRING
**tanio,** *v.* IGNITE, FIRE, STOKE, LIGHT

**taniwr,** (-wyr), *n.m.* FIREMAN, STOKER
**tanlinellu,** *v.* UNDERLINE
**tanlwybr,** (-au), *n.m.* SUB-WAY
**tanlli,** *a.* FLAME-COLOURED
*newydd sbon danlli,* BRAND NEW
**tanllwyth,** (-i), *n.m.* BLAZING FIRE
**tanllyd,** *a.* FIERY, FERVENT
**tannu,** *v.* ADJUST, SPREAD, SCATTER
**tanodd,** *ad.* BELOW, BENEATH
**tanseilio,** *v.* SAP, UNDERMINE
**tansoddi,** *v.* SUBMERGE
**tant,** (tannau), *n.m.* CHORD, STRING
**tanwydd,** (-on, -au), *n.m.* FIREWOOD, FUEL
*traul tanwydd,* FUEL CONSUMPTION
**tanysgrifennwr** *n.m.* UNDERWRITER
**tanysgrifiad,** (-au), *n.m.* SUBSCRIPTION
**tanysgrifio,** *v.* SUBSCRIBE
**tanysgrifiwr,** (-wyr), *n.m.* SUBSCRIBER
**tap,** (-iau), *n.m.* TAP
*tapiau a deiau,* TAPS AND DIES
**tâp,** (tapiau), *n.m.* TAPE
*tâp ticio,* TICKER TAPE
**tâp-cofnodi,** *n.m.* TAPE-RECORDER
**taped,** (-au, -i), *n.m.* TAPPET
**tapestri,** (-ïau), *n.m.* TAPESTRY
**tapin,** (-au), *n.m.* TAPESTRY, BLANKET
**tapio,** *v.* TAP
**taplas,** (-au), *n.f.* BACKGAMMON, DANCE
**tapr,** (-au), *n.m.* TAPER
**tâp-recordydd,** (-ion), *n.m.* TAPE-RECORDER
**tapro,** *v.* TAPER
**taradr,** (terydr), *n.m.* AUGER
**taran,** (-au), *n.f.* (PEAL OF) THUNDER
**taranfollt,** (-au, -fyllt), *n.f.* THUNDERBOLT
**taranu,** *v.* THUNDER, THREATEN
**tarddell,** (-au), *n.f.* SPRING, SOURCE
**tarddellu,** *v.* GUSH, BOIL
**tarddiad,** (-au), *n.m.* SOURCE, DERIVATION
**tarddiadol,** *a.* DERIVATIVE
**tarddiant,** (-iannau), *n.m.* ERUPTION, ISSUE, RASH, SPRING
*tarddiant ar y croen,* URTICARIA
**tarddle,** (-oedd), *n.m.* SOURCE
**tarddlin,** *n.f.* SPRING LINE
**tarddu,** *v.* SPRING, SPROUT, DERIVE FROM, ISSUE
**tarfu,** *v.* SCARE, SCATTER, DISTURB
**tarfwr,** *n.m.* AGITATOR
**targed,** (-i, -au), *n.m.* TARGET
**tarian,** (-nnau), *n.f.* SHIELD, CRATON
**tariff,** (-iau), *n.m.* TARIFF
**tario,** *v.* TARRY
**tarnais,** *n.m.* TARNISH
**tarneisio,** *v.* TARNISH
**taro,** *n.m.* DIFFICULTY, CRISIS
*v.* STRIKE, HIT, TAP, JOT, SUIT
**tarpolen,** *n.m.* TARPAULIN
**tarren,** (tarenni, -ydd), *n.f.* KNOLL, ROCK, SCARP, TUMP
**tarten,** (-ni), *n.f.* TART
**tarth,** (-au, -oedd), *n.m.* MIST, VAPOUR
**tarw,** (teirw), *n.m.* BULL
**tarwden,** *n.f.* RINGWORM
**tas,** (teisi), *n.f.* RICK, STACK, PILE
**tasel,** (-au), *n.m.* TASSEL
**tasg,** (-au), *n.f.* TASK
**tasgu,** *v.* SPLASH, START, TAX, SPURT
**tasio, -u,** *v.* STACK, BUNDLE
**tato, tatws,** (*taten, n.f.*), *n.pl.* POTATOES
**tatio,** *n.m.* TATTING
**tatŵ,** (-au), *n.m.* TATTOO
**taw,** *n.m.* SILENCE, HUSH
*c.* THAT
**tawch,** (-au, -oedd), *n.m.* VAPOUR, MIST, HAZE, FOG
**tawdd,** *a.* MELTED, MOLTEN, DISSOLVED
**tawddlestr,** (-i), *n.m.* CRUCIBLE, MELTING-POT
**tawedog,** *a.* SILENT, TACITURN
**tawedogrwydd,** *n.m.* TACITURNITY
**tawel,** *a.* QUIET, CALM, STILL, PEACEFUL, SERENE
**tawelu,** *v.* CALM, GROW CALM
**tawelwch,** *n.m.* QUIET, CALM, STILLNESS, TRANQUILITY
**tawelydd,** (-ion), *n.m.* SILENCER
**tawelyddiaeth,** *n.f.* QUIETISM
**tawelyn,** (-ion), *n.m.* TRANQUILIZER
**tawlbwrdd,** (-byrddau), *n.m.* CHESSBOARD, DRAUGHTBOARD
**tawnod,** (-au), *n.m.* REST (MUSIC)
**tawtologaeth,** (-au), *n.f.* TAUTOLOGY
**te,** *n.m.* TEA
**tebot,** (-au), *n.m.* TEAPOT
**tebyg,** *a.* LIKE, SIMILAR, LIKELY
**tebyglun,** (-iau), *n.m.* IDENTIKIT
**tebygol,** *a.* LIKELY, PROBABLE
**tebygoleg,** *n.f.* PROBABILITY
**tebygoliaeth,** (-au), *n.f.* SIMILARITY, LIKELIHOOD
**tebygolrwydd,** *n.m.* LIKELIHOOD, PROBABILITY

*cromlin tebygolrwydd,* PROBABILITY CURVE
**tebygrwydd,** *n.m.* LIKENESS, SIMILARITY
**tebygu,** *v.* LIKEN, RESEMBLE, SUPPOSE
**tecáu,** *v.* BEAUTIFY, ADORN
**tecell,** (-au, -i), *n.m.* KETTLE
**teclyn,** (taclau), *n.m.* TOOL, INSTRUMENT, CHATTEL
**tectonig,** *a.* TECTONIC
**techneg,** (-au), *n.f.* TECHNIQUE
**technegol,** *a.* TECHNICAL
**technegwr,** (-wyr), *n.m.* TECHNICIAN
**technoleg,** *n.f.* TECHNOLOGY
**technolegol,** *a.* TECHNOLOGICAL
**technolegwr,** (-wyr), *n.m.* TECHNOLOGIST
**teflyn,** (-nau), *n.m.* PROJECTILE
**teg,** *a.* FAIR, FINE, BEAUTIFUL
**tegan,** (-au), *n.m.* TOY, TRINKET, PLAYTHING
**tegell,** (-au, -i), *n.m.* KETTLE
**tegwch,** *n.m.* BEAUTY, FAIRNESS
**tei,** (teis, -au), *n.m.f.* TIE
**teiar,** (-s), *n.m.* TYRE
**teiffŵn,** (teiffwnau), *n.m.* TYPHOON
**teigr,** (-od), *n.m.* TIGER
**teil(s),** (*-en, n.f.*), *n.pl.* TILES
**teilchion,** (*talch, n.m.* ), *n.pl.* FRAGMENTS, SHIVERS
**teilio,** *v.* TILE
**teiliwr,** (teilwriaid), *n.m.* TAILOR
**teilo,** *v.* DUNG, MANURE
**teilsen,** (teils), *n.f.* TILE
**teilwng,** *a.* WORTHY, DESERVED
**teilwra,** *v.* TAILOR
**teilwres,** (-au), *n.f.* TAILORESS
**teilwriaeth,** *n.f.* TAILORING
**teilyngdod,** (-au), *n.m.* MERIT, WORTHINESS
**teilyngu,** *v.* MERIT, DESERVE
**teim,** *n.m.* THYME
**teimlad,** (-au), *n.m.* FEEL, EMOTION, FEELING, SENSATION
**teimladol,** *a.* EMOTIONAL
**teimladrwydd,** *n.m.* FEELINGNESS, SENSITIVITY, SENTIMENT
**teimladus,** *a.* SENSITIVE
**teimladwy,** *a.* SENSITIVE, EMOTIONAL
**teimlo,** *v.* FEEL, HANDLE, TOUCH
**teimlydd,** (-ion), *n.m.* ANTENNA, TENTACLE, FEELER
**teip,** (-iau), *n.m.* TYPE
**teipiadur,** (-on), *n.m.* TYPEWRITER
**teipio,** *v.* TYPE
**teipoleg,** *n.f.* TYPOLOGY
**teipydd,** (-ion), *n.m.* TYPIST
**teipyddes,** (-au), *n.f.* TYPIST
**teiran,** *a.* TRIPARTITE
**teirannu,** *v.* TRISECT
**teirant,** (-iaid), *n.m.* TYRANT
**teisen,** (-nau), *n.f.* CAKE, TART
*teisen ddwbl,* SANDWICH CAKE
*teisen gri,* WELSH CAKE
**teisio,** *v.* STACK
**teisiwr,** (-wyr), *n.m.* STACKER
**teitl,** (-au), *n.m.* TITLE
**teitheb,** (-au), *n.f.* VISA
**teithi,** *c.n.* CHARACTERISTICS, TRAITS
**teithio,** *v.* TRAVEL, JOURNEY
**teithiol,** *a.* TRAVELLING
**teithiwr,** (-wyr), *n.m.* TRAVELLER, PASSENGER
**teithlong,** (-au), *n.f.* LINER
**teithlyfr,** (-au), *n.m.* GUIDE BOOK
**telaid,** *a.* BEAUTIFUL, GRACEFUL
**telathrebiaeth,** (-au), *n.m.* TELECOMMUNICATION
**telathrebu,** *v.* TELECOMMUNICATE
**telediad,** (-au), *n.m.* TELECAST
**telediw,** *a.* HANDSOME, BEAUTIFUL
**teledu,** *n.m.* TELEVISION
*v.* TELEVISE
**teledydd,** (-ion), *n.m.* TELEVISION SET
**teler,** (-au), *n.m.* CONDITION, TERM
**telerecordiad,** (-au), *n.m.* TELERECORDING
**teleffon,** (-au), *n.m.* TELEPHONE
**teleffonydd,** (-ion), *n.m.f.* TELEPHONIST
**telegraff,** *n.m.* TELEGRAPH
**telegram,** (-au), *n.m.* TELEGRAM
**teleprinter,** (-au), *n.m.* TELEPRINTER
**telesgop,** (-au), *n.m.* TELESCOPE
**telesgopig,** *a.* TELESCOPIC
**telm,** (-au), *n.f.* SNARE, TRAP
**telori,** *v.* WARBLE
**telyn,** (-au), *n.f.* HARP
**telyneg,** (-ion), *n.f.* LYRIC
**telynegol,** *a.* LYRICAL
**telynegu,** *v.* COMPOSE LYRICS
**telynor,** (-ion), *n.m.* HARPIST
**telynores,** (-au), *n.f.* FEMALE HARPIST
**teml,** (-au), *n.f.* TEMPLE
**templat,** (-iau), *n.m.* TEMPLATE
**tempo,** (tempi), *n.m.* TEMPO
**tempro, tempru,** *v.* TEMPER, AIR (CLOTHES)
**temtasiwn,** (-iynau), *n.m.f.* TEMPTATION

**temtio,** *v.* TEMPT
**temtiwr,** (-wyr), *n.m.* TEMPTER
**tenant,** (-iaid), *n.m.* TENANT
**tenantiaeth,** (-au), *n.f.* TENANCY
**tenau,** *a.* THIN, SLENDER, LEAN, RARE
**tendio,** *v.* TEND, CARE
**tendon,** (-au), *n.m.* TENDON
**tendriad,** (-au), *n.m.* TENDER
**tendro,** *v.* TENDER
**tenement,** (-au), *n.m.* TENEMENT
**teneuad,** (-au), *n.m.* RAREFACTION
**teneuo,** *v.* THIN, DILUTE
**teneuwch,** *n.m.* THINNESS, LEANNESS
**tenewyn,** (-nau), *n.m.* FLANK
**tenis,** *n.m.* TENNIS
**tennyn,** (tenynnau), *n.m.* TETHER, ROPE
**tens,** *n.m.* TENCH
**tensiwn,** (-iynau), *n.m.* TENSION
**têr,** *a.* BRIGHT, PURE, CLEAR
**teras,** (-au), *n.m.* TERRACE
**terasu,** *v.* TERRACE
**terfan,** (-nau), *n.m.* LIMIT
**terfyn,** (-au), *n.m.* END, BOUNDARY, EXTREMITY, BOUND
**terfynadwy,** *a.* TERMINABLE
**terfynedig,** *a.* DETERMINATE, TERMINATED
**terfynell,** (-au), *n.f.* TERMINAL
**terfynfa,** (-feydd), *n.f.* TERMINUS
**terfyngylch,** (-au, -oedd), *n.m.* HORIZON, AMBIT
**terfyniad,** (-au), *n.m.* ENDING, TERMINATION
**terfynol,** *a.* FINAL, CONCLUSIVE
**terfynu,** *v.* END, TERMINATE, LIMIT
**terfynus,** *a.* TERMINATING
**terfysg,** (-oedd), *n.m.* TUMULT, COMMOTION, RIOT, THUNDER
**terfysgaeth,** *n.m.* TERRORISM
**terfysgaidd, -lyd,** *a.* RIOTOUS, TURBULENT
**terfysgiad,** (-au), *n.m.* SEDITION, TURBULENCE
**terfysgu,** *v.* RIOT, RAGE, TROUBLE
**terfysgwr,** (-wyr), *n.m.* TERRORIST, RIOTER, INSURGENT
**term,** (-au), *n.m.* TERM, END
**termeg,** *n.f.* TERMINOLOGY
**termol,** *a.* TERMINAL, TERMINOLOGICAL
**terwyn,** *a.* FIERCE, ARDENT, FIERY
**terylen,** (-au), *n.m.* TERYLENE
**tes,** (-au, -oedd), *n.m.* HEAT, SUNSHINE, HAZE
**tesog,** *a.* HOT, SUNNY
**testament,** (-au), *n.m.* TESTAMENT
**testamentwr,** (-wyr), *n.m.* TESTATOR
**testatwm,** *n.m.* TESTATUM
**testun,** (-au), *n.m.* TEXT, SUBJECT
**testunio,** *v.* DERIDE
**tetanedd,** (-au), *n.m.* TETANY
**tetanws,** (-ysau), *n.m.* TETANUS
**tetrahedrol,** *a.* TETRAHEDRAL
**tetrahedron,** (-au), *n.m.* TETRAHEDRON
**tetrocsid,** *n.m.* TETROXIDE
**tetrod,** *n.m.* TETRODE
**teth,** (-au), *n.f.* TEAT
**teulu,** (-oedd), *n.m.* FAMILY
**teuluaidd,** *a.* FAMILY, DOMESTIC
**tew,** *a.* THICK, FAT, GREAT, NUMEROUS
**tewder, -dra, -dwr,** *n.m.* THICKNESS, FATNESS
**tewhau,** *v.* FATTEN, THICKEN
**tewi,** *v.* BE SILENT
**tewychiad,** *n.m.* CONDENSATION
**tewychu,** *v.* FATTEN, THICKEN, CONDENSE
**tewychydd,** (-ion), *n.m.* CONDENSER, THICKENING
**tewyn,** (-ion), *n.m.* FIREBRAND, EMBER
**teyrn,** (-edd, -oedd), *n.m.* MONARCH, SOVEREIGN
**teyrnaidd,** *a.* KINGLY
**teyrnas,** (-oedd), *n.f.* KINGDOM, REALM
**teyrnasiad,** *n.m.* REIGN
**teyrnasu,** *v.* REIGN
**teyrnfradwr,** (-wyr), *n.m.* TRAITOR
**teyrnfradwriaeth,** *n.f.* HIGH TREASON
**teyrngar(ol),** *a.* LOYAL
**teyrngarwch,** *n.m.* LOYALTY, ALLEGIANCE
**teyrnged,** (-au), *n.f.* TRIBUTE
**teyrnladdiad,** (-au), *n.m.* REGICIDE
**teyrnolion,** *n.pl.* REGALIA
**teyrnwialen,** (-wiail), *n.f.* SCEPTRE
**ti,** *pn.* THOU, THEE
(-au), *n.m.* TEE
**tîc,** (-iau), *n.m.* TEAK
**ticbryf,** (-ed), *n.m.* DEATH-WATCH BEETLE
**ticed,** (-i), *n.m.* TICKET
**tician, -io,** *v.* TICK
**ticyn,** (-nau), *n.m.* BIT, PARTICLE
**tid,** (-au), *n.f.* CHAIN
**tido,** *v.* TETHER
**tila,** *a.* FEEBLE, PUNY, INSIGNIFICANT
**tileru,** *v.* TILL
**tilfaen,** *n.m.* TILLITE

**tîm,** (timau), *n.m.* TEAM
**timpanites,** *n.m.* TYMPANITES
**tin,** (-au), *n.m.* BOTTOM, RECTUM, RUMP, TAIL
**tinben,** *ad.* HEAD TO TAIL
**tinbren,** (-ni), *n.m.* SPREADER
**tinc,** (-iadau), *n.m.* TINKLE, CLANG
**tincer,** (-iaid), *n.m.* TINKER
**tincial, -ian,** *v.* TINKLE, CLINK, CLANK
**tindro,** *n.f.* SWAYBACK
**tindroi,** *v.* DAWDLE, DALLY
**tindrosben,** *ad.* HEAD OVER HEELS
**tïo,** *v.* TEE
**tip,** (-iau), *n.m.* TIP
(tipiadau), *n.m.* TICK (OF CLOCK)
**tipian,** *v.* TICK
**tipyn,** (-nau, tipiau), *n.m.* BIT, LITTLE
*bob yn dipyn,* LITTLE BY LITTLE
**tir,** (-oedd), *n.m.* LAND, EARTH, GROUND, TERRITORY, TERRAIN
*tir ymyl,* MARGINAL LAND
**tirddaliadaeth,** *n.f.* TENURE (LAND)
**tirf,** *a.* FRESH, LUXURIANT
**tirfesur,** *v.* SURVEY
**tirfesurydd,** (-wyr), *n.m.* SURVEYOR
**tirfwrdd,** (-fyrddau), *n.m.* TABLELAND
**tirffurf,** (-iau), *n.m.* LANDFORM
**tirgryniad,** (-au), *n.m.* EARTH TREMOR
**tirio,** *v.* LAND, GROUND
**tiriog,** *a.* LANDED
**tiriogaeth,** (-au), *n.f.* TERRITORY
**tiriogaethol,** *a.* TERRITORIAL
**tirion,** *a.* TENDER, KIND, GENTLE, GRACIOUS
**tiriondeb, -der, -wch,** *n.m.* TENDERNESS, KINDNESS, GENTLENESS
**tirlif,** (-au), *n.m.* EARTH FLOW
**tirlun,** (-iau), *n.m.* LANDSCAPE
**tirmon,** (-myn), *n.m.* GROUNDSMAN
**tirmonaeth,** *n.f.* GROUNDSMANSHIP
**tirol,** *a.* AGRARIAN, RELATING TO LAND
**tirwedd,** (-au), *n.f.* CONFIGURATION, RELIEF
**tisian,** *v.* SNEEZE
**tisis,** *n.m.* PHTHISIS
**titradaeth,** *n.m.* TITRATION
**titradu,** *v.* TITRATE
**tithau,** *pn.* THOU ALSO, THOU (ON THY PART)
**tiwb,** (-iau), *n.m.* TUBE, DUCT
**tiwbaidd,** *a.* TUBULAR
**tiwbin,** (-au), *n.m.* TUBING
**tiwmor,** (-au), *n.m.* TUMOUR
*tiwmor gwyllt,* MALIGNANT TUMOUR
**tiwn,** (-iau), *n.f.* TUNE
**tiwnig,** (-au), *n.f.* TUNIC
**tiwnio,** *v.* TUNE
**tiwtelaeth,** *n.f.* TUTELAGE
**tiwtor,** (-iaid), *n.m.* TUTOR
**tiwtorial,** *n.m.* TUTORIAL
**tlawd,** (tlodion), *a.* POOR, NEEDY
**tlodaidd,** *a.* POORISH, DOWDY
**tlodi,** *n.m.* POVERTY
*v.* IMPOVERISH
**tlos,** *a. f.* of *tlws*
**tloty,** (-tai), *n.m.* POORHOUSE
**tlotyn,** (tlodion), *n.m.* PAUPER
**tlws,** (*tlos, f.*), *a.* PRETTY
(tlysau), *n.m.* GEM, JEWEL, MEDAL
**tlysineb, tlysni,** *n.m.* PRETTINESS
**to,** (-eau, -eon), *n.m.* ROOF
*n.m.f.,* GENERATION
**toc,** *ad.* SHORTLY, SOON, PRESENTLY
**tociad,** (-au), *n.m.* RESECTION
**tocio,** *v.* CLIP, DOCK, PRUNE, RESECT
**tocsemia,** *n.m.* TOXAEMIA
**tocyn,** (-nau), *n.m.* TICKET, TOKEN, SMALL HEAP, SNACK, (PACKED) LUNCH
(tociau), *n.m.* HILLOCK, PACK
**tocynnwr,** (-ynwyr), *n.m.* CONDUCTOR (BUS)
**toddadwy,** *a.* SOLUBLE
**toddedig,** *a.* MOLTEN, MELTING
**toddi,** *v.* MELT, THAW, DISSOLVE
**toddiant,** (-nnau), *n.m.* SOLUTION, LYSIS
**toddion,** (*toddyn, n.m.*), *n.pl.* DRIPPING
**toddrylliad,** *n.m.* SUBSTITUTION
**toddydd,** *n.m.* SOLVENT
**toddyddu,** *v.* SOLVATE
**toddyn,** *n.m.* SOLUTE, FUSE
**toes,** *n.m.* DOUGH
**toesen,** (-ni, -nau), *n.f.* DOUGHNUT
**to gwydr,** *n.m.* CLOCHE
**toi,** *v.* ROOF, THATCH
**toiled,** (-au), *n.m.* TOILET
**toili,** *n.m.* SPECTRAL FUNERAL
**tolach,** *v.* FONDLE
**tolc,** (-iau), *n.m.* DENT
**tolcio,** *v.* DENT
**tolciog,** *a.* DENTED
**tolch(en),** (-au), *n.f.* CLOT, THROMBUS
**tolcheniad,** (-au), *n.m.* THROMBOSIS
**tolchennu,** *v.* CLOT
**toll,** (-au), *n.f.* TOLL, CUSTOM, DUTY
**tollaeth,** *n.f.* TOLLAGE
**tolldal,** *n.m.* CUSTOMS DUTY

**tollfa,** (-feydd), *n.f.* TOLL-HOUSE, CUSTOMS
**tolli,** *v.* TAKE TOLL
**tom,** *n.f.* DUNG, DIRT, MANURE
**tomato,** (-s), *n.m.* TOMATO
**tomen,** (-nydd), *n.f.* HEAP, DUNGHILL
**tomlyd,** *a.* DIRTY
**tôn,** (tonau), *n.f.* TUNE, TONE
*tôn gron,* A ROUND
**ton,** (-nau), *n.f.* WAVE, BREAKER
*n.m.* LAY-LAND, SKIN, SURFACE
**tonaidd,** *a.* TONAL
**tonc,** (-iau), *n.f.* TINKLE, RING
**toncio,** *v.* TINKLE, RING
**tonfedd,** (-i), *n.f.* WAVELENGTH
**toniad,** (-au), *n.m.* UNDULATION
**toniant,** (-iannau), *n.m.* FLUCTUATION
**toniar,** (-au), *n.f.* BREAKER
**tonig,** (-iau), *n.m.* TONIC
*a.* TONIC
**tonnen,** (tonennydd), *n.f.* SKIN, BOG
**tonni,** *v.* WAVE, UNDULATE
**tonnog,** *a.* WAVY, TURBULENT
**tonsil,** (-au), *n.m.* TONSIL
**tonsur,** *n.m.* TONSURE
**tonwres,** *n.f.* HÈATWAVE
**tonydd,** (-ion), *n.m.* TONIC
**tonyddiaeth,** *n.f.* INTONATION, TONE
**top,** (-iau), *n.m.* TOP
**topio,** *v.* PLUG
**topograffig,** *a.* TOPOGRAPHIC
**topoleg,** *n.m.f.* TOPOLOGY
**toponumeg,** *n.m.f.* TOPONYMY
**topyn,** (-nau), *n.m.* STOPPER, PLUG, BUNG
**tor,** (-rau), *n.m.* BELLY, PALM (OF HAND)
(-ion), *n.m.* BREAK, CUT, INTERRUPTION
**toramod,** (-au), *n.m.* BREACH OF CONDITION / CONTRACT
**torbwynt,** (-iau), *n.m.* CUTOFF, BREAKPOINT
**torcalonnus,** *a.* HEART-BREAKING
**torcyfraith,** *n.m.* BREACH OF PEACE
**torch,** (-au), *n.f.* WREATH, COIL, TORQUE
*torchau dur,* METAL COILS
**torchedig,** *a.* WREATHED
**torchi,** *v.* ROLL, TUCK, COIL, WHIRL
**torchog,** *a.* WREATHED, COILED
**tordor,** *ad.* SIDE BY SIDE, FACE TO FACE
**tordyn,** *a.* TIGHT-BELLIED, FAT
**torddwr,** *n.m.* SWASH
**toreithiog,** *a.* ABUNDANT, TEEMING
**toreth,** *n.f.* ABUNDANCE
**torf,** (-eydd), *n.f.* CROWD, HOST, MULTITUDE
**torfennwr,** (torfenwyr), *n.m.* TORMENTOR
**torfol,** *a.* COLLECTIVE, MASS
**torfynyglu,** *v.* BEHEAD
**torgest,** *n.f.* RUPTURE
**torgoch,** (-ion), *n.m.* ROACH
**torgwmwl,** *n.m.* CLOUDBURST
**torheulo,** *v.* SUNBATHE, BASK
**Tori,** (-ïaid), *n.m.* TORY
**toriad,** (-au), *n.m.* BREAK, CUT, FRACTION, SECTION, KERFING, SCISSION
**Toriaidd,** *a.* TORY, CONSERVATIVE
**toriant,** (-nnau), *n.m.* DISCONTINUITY, SECTION
**torion,** *n.m.* PULP, CHAFF(ED STRAW)
**torlan,** (-nau, -ennydd), *n.f.* UNDERCUT RIVER BANK
**torllengig,** *n.m.* RUPTURE
**torllwyth,** (-i), *n.m.* | LITTER
**torraid,** (toreidiau), *n.m.* | LITTER
**torrell,** (torellau), *n.f.* CUTTER
**torri,** *v.* BREAK, CUT, WRITE, SEVER, GO BANKRUPT
**torrwr,** (torwyr), *n.m.* BREAKER, CUTTER, MOWER
**torryn,** (torynnau), *n.m.* CUTTING (OF PLANT)
**tors,** (tyrs), *n.m.f.* TORCH
**torsyth,** *a.* SWAGGERING
**torsythu,** *v.* SWAGGER, STRUT
**torth,** (-au), *n.f.* LOAF
**torthen,** (-ni), *n.f.* CLOT
**torthi,** *v.* CLOT
**torws,** (-ysau), *n.m.* TORUS
**tost,** *a.* SORE, ILL, SEVERE, SHARP, HARD, HARSH
(-ys), *n.m.* TOAST
**tostio,** *v.* TOAST
**tostrwydd,** *n.m.* ILLNESS, SEVERITY
**tosturi,** (-aethau), *n.m.* COMPASSION, PITY
**tosturio,** *v.* COMPASSION, PITY
**tosturiol,** *a.* COMPASSIONATE
**tostydd,** *n.m.* TOASTER
**tosyn,** (tosau), *n.m.* PIMPLE
**totalitariaeth,** *n.f.* TOTALITARIANISM
**totalitarydd,** *n.m.* TOTALITARIAN
**totem,** *n.m.* TOTEM
**totemiaeth,** *n.m.* TOTEMISM
**töwr,** (towyr), *n.m.* TILER
**towt,** (-iaid), *n.m.* TOUT

**tra,** *ad.* EXTREMELY, VERY, OVER *c.* WHILE, WHILST
**tra-arglwyddiaeth,** (-au), *n.f.* TYRANNY
**tra-arglwyddiaethu,** *v.* TYRANNIZE, LORD IT
**trabludd,** *n.m.* TROUBLE, TURMOIL, TUMULT
**trac,** (-iau), *n.m.* TRACK
**tractor,** (-au), *n.m.* TRACTOR
**tractrics,** (-au), *n.m.* TRACTRIX
**tracwisg,** (-oedd), *n.f.* TRACKSUIT
**trach,** *prp.* OVER
**trachefn,** *ad.* AGAIN
**trachwant,** (-au), *n.m.* LUST, GREED, COVETOUSNESS
**trachwanta, -tu,** *v.* COVET, LUST
**trachwantus,** *a.* COVETOUS, LUSTFUL
**trachywir,** *a.* PRECISE
**trachywiredd,** *n.m.* PRECISION WORK
**trâd,** *n.m.* OCCUPATION, TRADE
**tradwy,** *ad.* THREE DAYS HENCE
**traddodeb,** *n.m.f.* COMMITTAL
**traddodi,** *v.* DELIVER, COMMIT
**traddodiad,** (-au), *n.m.* TRADITION, DELIVERY
**traddodiadaeth,** *n.f.* TRADITIONALISM
**traddodiant,** *n.m.* COMMITTAL
**traddodwr,** (-wyr), *n.m.* DELIVERER
**traddwythiad,** (-au), *n.m.* TRADUCTION
**traean,** (-au), *n.m.* ONE-THIRD, THIRDS
**traeannu,** *v.* TRISECT
**traen,** (-iau), *n.m.* TRAIN, DRAIN
**traeniad,** *n.m.* DRAINAGE
**traenio,** *v.* DRAIN
**traetur,** (-iaid), *n.m.* TRAITOR
**traeth,** (-au), *n.m.* BEACH, SHORE
**traethawd,** (-odau), *n.m.* ESSAY, TREATISE, TRACT
**traethell,** (-au), *n.f.* STRAND
**traethiad,** (-au), *n.m.* DELIVERY, PREDICATE
**traethlin,** (-iau), *n.m.* SHORELINE
**traethodydd,** (-ion), *n.m.* ESSAYIST
**traethu,** *v.* SPEAK, RELATE, DELIVER
**trafael,** (-ion), *n.f.* TROUBLE, TRAVAIL
**trafaelio,** *v.* TRAVEL
**trafaeliwr,** (-wyr), *n.m.* TRAVELLER
**trafaelu,** *v.* TRAVEL, TRAVAIL
**traflwnc,** (-lyncau), *n.m.* GULP, DRAUGHT
**traflyncu,** *v.* GULP, DEVOUR, GORGE
**trafnidiaeth,** *n.f.* TRAFFIC, COMMERCE
**trafnidiol,** *a.* TRAFFIC
**trafnidiwr,** (-wyr), *n.m.* TRADER
**trafod,** *v.* HANDLE, DISCUSS, NEGOTIATE, TRANSACT
**trafodaeth,** (-au), *n.f.* DISCUSSION, TRANSACTION
**trafodion,** *n.pl.* TRANSACTIONS, PROCEEDINGS
**trafferth,** (-ion), *n.f.m.* TROUBLE, TOIL, BOTHER
**trafferthu,** *v.* TROUBLE, BOTHER, TAKE PAINS
**trafferthus,** *a.* TROUBLESOME, LABORIOUS, TROUBLED
**traffig, traffic,** (-au), *n.m.* TRAFFIC
**traffordd,** (-ffyrdd), *n.f.* MOTORWAY, AUTOBAHN
**tragwyddol,** *a.* ETERNAL, EVERLASTING
**tragwyddoldeb,** *n.m.* ETERNITY
**tragwyddoli,** *v.* IMMORTALISE
**tragywydd,** *a.* ETERNAL, EVERLASTING
**traha,** (-u), *n.m.* ARROGANCE
**trahaus,** *a.* ARROGANT, HAUGHTY
**trahauster,** *n.m.* ARROGANCE
**trai,** (treiau), *n.m.* EBB, DECREASE
**trais,** (treisiau), *n.m.* VIOLENCE, OPPRESSION, RAPE
**trallod,** (-au, -ion), *n.m.* TRIBULATION, TROUBLE
**trallodi,** *v.* AFFLICT, TROUBLE
**trallodus,** *a.* TROUBLED, TROUBLOUS
**trallodwr,** (-wyr), *n.m.* TROUBLER, AFFLICTER
**tramgwydd,** (-au, -iadau), *n.m.* OFFENCE, STUMBLING BLOCK
**tramgwyddaeth,** *n.f.* DELINQUENCY
**tramgwyddo,** *v.* STUMBLE, OFFEND, TAKE OFFENCE, STUMBLING BLOCK
**tramgwyddus,** *a.* SCANDALOUS, OFFENSIVE, DELINQUENT
**tramgwyddwr,** (-wyr), *n.m.* DELINQUENT, OFFENDER
**tramor,** *a.* OVERSEAS, FOREIGN
**tramorwr,** (-wyr), *n.m.* FOREIGNER
**tramplin,** (-au), *n.m.* TRAMPOLINE
**tramwy, -o,** *v.* PASS, TRAVERSE
**tramwyfa,** (-feydd), *n.f.* PASSAGE, THOROUGHFARE
**tranc,** *n.m.* END, DEATH
**trancedig,** *a.* DECEASED
**trannoeth,** *ad.* NEXT DAY
**transistor,** (-au), *n.m.* TRANSISTOR
**traorfodi,** *v.* COERCE
**trap,** (-iau), *n.m.* TRAP
**trapesiwm,** (-iymau), *n.m.* TRAPEZIUM

**trapesoid,** (-au), *n.m.* TRAPEZOID
**trapio,** *v.* TRAP
**trapîs,** *n.m.* TRAPEZE
**traphlith,** *ad.*
*blith draphlith,* HIGGLEDY-PIGGLEDY
**tras,** (-au), *n.f.* KINDRED, LINEAGE
**traserch,** *n.m.* GREAT LOVE, INFATUATION
**trasiedi,** (-ïau), *n.f.* TRAGEDY
**trasiedïol,** *a.* TRAGICAL
**trasiedïwr,** (-wyr), | *n.m.* TRAGEDIAN
**trasiedydd,** (-ion), |
**trasigomedi,** (-ïau), *n.f.* TRAGICOMEDY
**traul,** (treuliau), *n.f.* WEAR, EXPENSE, CONSUMPTION, BEARING
**traw,** *n.m.* PITCH, DIAPASON
**trawiad,** (-au), *n.m.* STROKE, BEAT, PERCUSSION
**trawiadol,** *a.* STRIKING, IMPRESSIVE
**trawiant,** (-nnau), *n.m.* INCIDENCE
**trawma,** *n.m.* TRAUMA
**trawmatig,** *a.* TRAUMATIC
**trawol,** *a.* INCIDENT
**traws,** *a.* CROSS, PERVERSE, FROWARD
**trawsblaniad,** (-au), *n.m.* TRANSPLANT
**trawsblannu,** *v.* TRANSPLANT
**trawsbren,** (-nau, -ni), *n.m.* CROSSBAR
**trawsbwytho,** *v.* OVERCAST
**trawsdoriad,** (-au), *n.m.* CROSS-SECTION
**trawsddodi,** *v.* TRANSPOSE
**trawsedd,** *n.m.* PERVERSENESS
**trawsenwad,** (-au), *n.m.* METONYMY
**trawsfeddiannu,** *v.* USURP
**trawsfeddiannwr,** (-wyr), *n.m.* USURPER
**trawsfudo,** *v.* TRANSMIGRATE, TRANSLATE
**trawsffordd,** (-ffyrdd), *n.f.* FLYOVER
**trawsffurfedd,** *n.m.* METAMORPHISM
**trawsffurfio,** *v.* TRANSFORM
**trawsffurfiol,** *a.* METAMORPHIC
**trawsgludedd,** *n.m.* CONDUCTIVITY
**trawsgludiad,** *n.m.* TRANSPORTATION, CONVEYANCE (OF PROPERTY)
**trawsgludo,** *v.* TRANSPORT, CONDUCT, CONVEY
**trawsgrifio,** *v.* TRANSCRIBE
**trawsgript,** (-iau), *n.m.* TRANSCRIPT
**trawsgyweirio,** *v.* TRANSPOSE, MODULATE
**trawslath,** (-au), *n.f.* PURLIN
**trawslif,** (-iau), *n.f.* CROSS-CUT SAW
**trawslin,** *a. & n.m.* TRANSVERSAL
**trawslun,** (-iau), *n.m.* TRANSECT
**trawsnewid,** *v.* TRANSFORM
**trawsnewidydd,** (-ion), *n.m.* CONVERTER, TRANSFORMER
**trawsnodiad,** (-au), *n.m.* TRANSPOSITION
**trawst,** (-iau), *n.m.* BEAM, CROSSBAR
**trawster,** *n.m.* VIOLENCE, OPPRESSION
**trawston,** (-au), *n.f.* BRIDGE-TONE
**trawstoriad,** (-au), *n.m.* CROSS-SECTION
**trawstrefa,** *n.f.* TRANSHUMANCE
**trawswyro,** *v.* PERVERT
**trawsymudol,** *a.* TRANSITIONAL
**trawsyriad,** *n.m.* DRIVE
**trawsyrru,** *v.* TRANSMIT, DRIVE
**trawydd,** (-ion), *n.m.* STRIKER
**trebl,** *a. & n.m.* TREBLE
**treblu,** *v.* TREBLE
**trech,** *n.m.* DOMINANT
*a.* STRONGER, SUPERIOR
**trechedd,** *n.m.* DOMINANCE, SUPERIORITY
**trechiad,** (-au), *n.m.* DEFEAT
**trechu,** *v.* OVERCOME, DEFEAT
**trechwr,** (-wyr), *n.m.* VICTOR
**tref,** (-i, -ydd), *n.f.* HOME, TOWN
*tref gyswllt,* SATELLITE TOWN
**trefedigaeth,** (-au), *n.f.* COLONY, SETTLEMENT
**trefedigaethedd,** *n.m.* COLONIALISM
**trefedigion,** *n.pl.* SETTLERS
**trefedigol,** *a.* COLONIAL
**trefgordd,** (-au), *n.f.* TOWNSHIP
**treflan,** (-nau), *n.f.* SMALL TOWN, TOWNLET
**trefn,** (-au), *n.f.* ORDER, ARRANGEMENT, SYSTEM, METHOD, SEQUENCE
*trefn dau,* SECOND ORDER
**trefnedig,** *a.* SORTED, ORDERED
**trefneg,** *n.f.* METHODOLOGY
**trefniad,** (-au), *n.m.* ARRANGEMENT, ORDERING, SORT
**trefniadaeth,** *n.f.* ORGANIZATION, PROCEDURE
**trefniadol,** *a.* PROCEDURAL
**trefniant,** (-nnau), *n.m.* ARRANGEMENT, ORGANIZATION
**trefnlen,** (-ni), *n.f.* SCHEDULE
**trefnol,** (-ion), *n.m. & a.* ORDINAL
**trefnu,** *v.* ORDER, ARRANGE, ORGANIZE, SORT
**trefnus,** *a.* ORDERLY, METHODICAL
**trefnusrwydd,** *n.m.* ORDERLINESS
**trefnydd,** (-ion), *n.m.* ORGANIZER
**trefnyddiaeth,** *n.f.* ORGANIZATION
**Trefnyddion,** *n.pl.* METHODISTS
**trefol,** *a.* URBAN
**trefolaeth,** *n.f.* URBANISM

**trefoledig,** *a.* URBANISED
**trefoli,** *v.* URBANISATION, URBANISE
**treftadaeth,** *n.f.* INHERITANCE, PATRIMONY
**treftadol,** *a.* HEREDITARY, PATRIMONIAL
**trengholiad,** (-au), *n.m.* INQUEST
**trengholydd,** (-ion), *n.m.* CORONER
**trengi,** *v.* DIE, PERISH
**treial,** (-on), *n.m.* TRIAL, CONTEST
**treiddgar,** *a.* PENETRATING, PIERCING
**treiddgarwch,** *n.m.* PENETRATION, ACUMEN
**treiddiad,** *n.m.* PENETRATION
**treiddio,** *v.* PENETRATE, PIERCE
**treiddiol,** *a.* PIERCING
**treigl,** (-au), *n.m.* TURN, COURSE, REVOLUTION, PASSING (OF TIME)
**treigl(i)ad,** (-au), *n.m.* MUTATION, INFLECTION, WANDERING, ROLLING
**treiglo,** *v.* ROLL, MUTATE, WANDER, INFLECT
**treiler,** (-i), *n.m.* TRAILER
**treillong,** (-au), *n.f.* TRAWLER
**treillrwyd,** (-i, -au), *n.f.* TRAWL NET
**treinio,** *v.* TRAIN
**treiniwr,** (-wyr), *n.m.* TRAINER
**treio,** *v.* TRY, EBB
**treip,** *n.m.* TRIPE
**treiplaen,** (-iau), *n.m.* TRYPLANE
**treisgyrch,** (-oedd), *n.m.* AGGRESSION
**treisgyrchwr,** (-wyr), *n.m.* AGGRESSOR
**treisiad,** (-iedi), *n.f.* HEIFER
**treisio,** *v.* FORCE, VIOLATE, OPPRESS, RAPE
**treisiol,** *a.* VIOLENT
**treisiwr,** (-wyr), *n.m.* OPPRESSOR, VIOLATOR, RAVISHER, RAPIST
**trem,** (-iau), *n.f.* SIGHT, LOOK
**tremio,** *v.* LOOK, GAZE
**tremyddol,** *a.* OPTICAL
**tremyg,** (-ion), *n.m.* CONTEMPT, SCORN
**tremygu,** *v.* DESPISE, INSULT
**tremygus,** *a.* CONTEMPTUOUS, INSULTING
**tremynt,** *n.m.* SIGHT, VIEW
**trên,** (trenau), *n.m.* TRAIN
**trennydd,** *ad.* TWO DAYS HENCE
**tres,** (-i), *n.f.* TRESS, TRACE, CHAIN
**tresbasu,** *v.* TRESPASS
**tresmasiaeth,** *n.f.* ENCROACHMENT
**tresmasu,** *v.* TRESPASS
**tresmaswr,** (-wyr), *n.m.* TRESPASSER
**tresio,** *v.* THRASH, TRACE
**treswaith,** *n.m.* TRACERY
**treth,** (-i), *n.f.* RATE, TAX, LEVY
*treth ar werth,* VALUE ADDED TAX
**trethadwy,** *a.* RATEABLE
**trethdalwr,** (-wyr), *n.m.* RATEPAYER
**trethiannol,** *a.* RATEABLE, TAXABLE
**trethiant,** (-nnau), *n.m.* TAXATION
**trethu,** *v.* RATE, TAX
**treulfwyd,** *n.m.* CHYME
**treuliad,** (-au), *n.m.* DIGESTION
**treuliant,** (-nnau), *n.m.* DENUDATION, ATTRITION, CONSUMPTION
**treulio,** *v.* WEAR, SPEND, DIGEST, DENUDE
**treuliol,** *a.* DIGESTIVE
**trew,** *n.m.* SNEEZE
**trewlwch,** *n.m.* SNUFF
**tri,** (*tair, f.*), *a. & n.m.* THREE
**triagl,** *n.m.* TREACLE, BALM
**triaidd,** *a.* TERNARY
**triawd,** (-au), *n.m.* TRIO, THREESOME, TRIPLE, TRIAD
**triban,** (-nau), *n.m.* TRIPLET (METRE)
**tribiwnlys,** (-oedd), *n.m.* TRIBUNAL
**tric,** (-iau), *n.m.* TRICK
**tridiau,** *n.pl.* THREE DAYS
**tridduwiaeth,** *n.m.* TRITHEISM
**trigain,** *a. & n.m.* SIXTY
**trigfa,** (-feydd), *n.f.* ABODE.
**trigfan,** (-nau), *n.f.* DWELLING-PLACE
**trigiannu,** *v.* DWELL, RESIDE
**trigiannydd,** (-ianwyr), *n.m.* DWELLER
**trigo,** *v.* DWELL, ABIDE, DIE (OF ANIMAL)
**trigolion,** *n.pl.* INHABITANTS
**trigonometreg,** *n.f.* TRIGONOMETRY
**trigonometrig,** *a.* TRIGONOMETRIC
**trihedrol,** *a.* TRIHEDRAL
**trimiant,** *n.m.* TRIMMING
**trimio,** *v.* TRIM
**trin,** (-oedd), *n.f.* BATTLE
*v.* TREAT, HANDLE, TILL, DRESS, REVILE
**trindod,** (-au), *n.f.* TRINITY
**triniaeth,** (-au), *n.f.* TREATMENT
**trio,** *n.m.* TRIO
**triod,** (-au), *n.m.* TRIODE
**trioedd,** *n.pl.* TRIADS
**triog,** (-au), *n.m.* TREACLE
**triongl,** (-au), *n.m.f.* TRIANGLE
*triongl anghyfochrog,* SCALENE TRIANGLE
*triongl grymoedd,* TRIANGLE OF FORCES
*triongl ongl sgwâr,* RIGHT ANGLED TRIANGLE
**triongliant,** (-nnau), *n.m.* TRIANGULATION
**trionglog,** *a.* TRIANGLULAR
**triol,** *a.* TERCIMAL

**triolyn,** *n.m.* TERCIMAL
**tripled,** (-i), *n.m.* TRIPLET
**triphlyg,** *a.* TRIPLE. TRIPLICATE. TERNARY
**trismws,** (-ysau), *n.m.* TRISMUS
**trist,** *a.* SAD. SORROWFUL
**tristáu,** *v.* BECOME SAD. GRIEVE
**tristwch,** *n.m.* SADNESS. SORROW
**triw,** *a.* TRUE. FAITHFUL
**triwant,** *a.* TRUANT
**triws,** *n.pl.* TREWS
**tro,** (troeau, troeon), *n.m.* TURN. TWIST. BEND. CONVERSION
**troad,** (-au), *n.m.* BEND. TURNING. TROPE
**troadur,** (-on), *n.m.* CYCLOMETER
**trobwll,** (-byllau), *n.m.* WHIRLPOOL
**trobwynt,** (-iau), *n.m.* TURNING-POINT
**trocoid,** (-au), *n.m.* TROCHOID
**trochfa,** (-feydd), *n.f.* PLUNGE. IMMERSION. DUCKING
**trochi,** *v.* DIP, PLUNGE, SOIL, BATHE
**trochiad,** (-au), *n.m.* IMMERSION
**trochion,** *n.pl.* LATHER. FOAM. SUDS
**trochioni,** *v.* FOAM. LATHER
**troed,** (traed), *n.m.f.* FOOT. BASE. HANDLE
**troedfainc,** (-feinciau), *n.f.* FOOTSTOOL
**troedfedd,** (-i), *n.f.* FOOT (MEASURE)
**troedffordd,** (-ffyrdd), *n.f.* FOOTPATH
**tröedig,** *a.* TURNED. CONVERTED
**tröedigaeth,** (-au), *n.f.* CONVERSION
**troedio,** *v.* WALK. FOOT. TRUDGE
**troedlath,** (-au), *n.f.* TREADLE
**troednodyn,** *n.m.* FOOT-NOTE
**troednoeth,** *a.* BAREFOOTED
**troedwst,** *n.f.* GOUT
**troell,** (-au), *n.f.* SPINNING-WHEEL. TURN. WHIRL
**troelli,** *v.* SPIN. WHIRL. TWIST
**troellog,** *a.* WINDING. SPIRAL. WHIRLED
**troellsychwr,** (-wyr), *n.m.* SPIN-DRYER
**troellwr,** (-wyr), *n.m.* CYCLOTRON. DISC-JOCKEY
**troeth,** *n.m.* URINE
**trofa,** (-fâu, -feydd), *n.f.* TURN. BEND. TURNING
**trofan,** (-nau), *n.f.* TROPIC
**trofannol,** *a.* TROPICAL
**trofaus,** *a.* PERVERSE
**trofwrdd,** (-fyrddau), *n.m.* TURN-TABLE
**trogen,** (trogod), *n.f.* TICK
**trogylch,** (-au), *n.m.* ORBIT. ROUNDABOUT
**trogyrch,** *n.m.* TURNOVER (MONEY)
**troi,** *v.* TURN. REVOLVE. CONVERT. PLOUGH. OVERTURN. TRANSLATE
**trol,** (-iau), *n.f.* CART
**trolen ginio,** (-ni), *n.f.* DINNER WAGON
**troli,** (-ïau), *n.f.* TROLLEY
**trolian, -io,** *v.* ROLL
**trolif,** (-ogydd), *n.m.* EDDY CURRENT
**troliwr,** (-wyr), *n.m.* CARTER
**trom,** *a. f.* of *trwm*
**trombôn,** (-au), *n.m.* TROMBONE
**tropedd,** (-au), *n.m.* TROPISM
**troposffer,** (-au), *n.m.* TROPOSPHERE
**tropoffin,** *n.m.* TROPOPAUSE
**tros,** *pr.* OVER. FOR. INSTEAD OF. ON BEHALF OF
**trosadwy,** *a.* CONVERTIBLE
**trosaidd,** *a.* TRANSITIVE
**trosben,** (-nau), *n.m.* SOMERSAULT
**trosbwytho,** *v.* SEAMING
**trosedd,** (-au), *n.f.* CRIME. TRANSGRESSION. OFFENCE
**troseddeg,** *n.f.m.* CRIMINOLOGY
**troseddlu,** *n.m.* CRIME SQUAD
**troseddol,** *a.* CRIMINAL
**troseddu,** *v.* TRANSGRESS. OFFEND. TRESPASS. FOUL
**troseddwr,** (-wyr), *n.m.* TRANSGRESSOR. CRIMINAL
**trosfeddiannu,** *v.* TAKE OVER
**trosffordd,** (-ffyrdd), *n.f.* FLY-OVER
**trosgais,** (-geisiau), *n.m.* CONVERTED TRY, PLACED GOAL
**trosglwyddeb,** (-au), *n.f.* CONVEYANCE
**trosglwyddiad,** (-au), *n.m.* TRANSFER. TRANSFERENCE
**trosglwyddo,** *v.* CONVEY. TRANSFER. HAND OVER
*trosglwyddo gwaed,* BLOOD TRANSFUSION
**trosglwyddydd,** (-ion), *n.m.* TRANSFORMER
**trosgyfeiriad,** (-au), *n.m.* SUBLIMATION
**trosgynnol,** *a.* TRANSCENDENTAL
**trosgynoliaeth,** *n.m.* TRANSCENDENTALISM
**trosi,** *v.* TURN. TRANSLATE. TRANSFER. CONVERT (A TRY)
**trosiad,** (-au), *n.m.* TRANSLATION. MODULATION. CONVERSION. METAPHOR. TRANSMISSION
**trosiadur,** (-on), *n.m.* MODULATOR
**trosiant,** (-nnau), *n.m.* CONVERSION. TURNOVER

**troslun,** (-iau), *n.m.* TRANSFER
**trosodd,** *ad.* OVER. BEYOND
**trosol,** (-ion), *n.m.* LEVER. CROWBAR. STAFF
**trosoledd,** (-au), *n.m.* LEVERAGE
**trosroddi,** *v.* EXTRADITE
**trostan,** (-au), *n.f.* POLE
**trostir,** *n.m.* OVERLAND
**troswisg,** (-oedd), *n.f.* OVERALL
**troswr,** (-wyr), *n.m.* SWITCH (ELECTRIC)
**troswydro,** *v.* OVERGLAZE
**tro-sychydd,** (-ion), *n.m.* SPIN DRIER
**trotian,** *v.* TROT
**trothwy,** (-au, -on), *n.m.* THRESHOLD
**tröwr,** (-wyr), *n.m.* TURNER
**trowsus,** (-au), *n.m.* TROUSER
**trowynt,** (-oedd), *n.m.* WHIRLWIND. TORNADO
**truan,** (truain), *a.* POOR. MISERABLE. WRETCHED
(trueiniaid), *n.m.* WRETCH
**trueni,** *n.m.* PITY. WRETCHEDNESS. MISERY
**truenus,** *a.* WRETCHED. MISERABLE
**trugaredd,** (-au), *n.m.* MERCY. COMPASSION
*trugareddau,* BRIC-A-BRAC
**trugareddfa,** *n.f.* MERCY-SEAT
**trugarhau,** *v.* BE MERCIFUL. TAKE PITY
**trugarog,** *a.* MERCIFUL. COMPASSIONATE
**trugarowgrwydd,** *n.m.* LOVING-KINDNESS
**trull,** (-iau), *n.m.* WINE-CUP. WINE-LADLE
**trulliad,** (-iaid), *n.m.* BUTLER. CUP-BEARER
**trum,** (-iau), *n.m.f.* RIDGE
**trumbren,** (-nau), *n.m.* KEEL
**trumwel,** (-oedd), *n.m.* SKYLINE
**truth,** *n.m.* FLATTERY. RIGMAROLE
**truthio,** *v.* FLATTER. ADULATE
**trwbl,** *n.m.* TROUBLE
**trwbl(i)o, -u,** *v.* TROUBLE. HAUNT
**trwblus,** *a.* TROUBLOUS
**trwch,** (trychion), *n.m.* THICKNESS. DENSITY
**trwchus,** *a.* THICK. DENSE
**trwm,** (trymion), *a.* HEAVY. SAD. WRETCHED
**trwmped,** (-i), *n.f.m.* TRUMPET
**trwnc,** *n.m.* URINE
(trynciau), *n.m.* TRUNK
**trwodd,** *ad.* THROUGH
**trŵp,** *n.m.* TROUPE
**trwpiwr,** (-wyr), *n.m.* TROUPER
**trws,** *n.m.* TRUSS (ROOF)
**trwsgl,** *a.* AWKWARD. CLUMSY
**trwsiadus,** *a.* WELL-DRESSED, SMART, DAPPER
**trwsio,** *v.* DRESS. TRIM. MEND
**trwsiwr,** (-wyr), *n.m.* REPAIRER
**trwst,** (trystau), *n.m.* NOISE. DIN. UPROAR. TRUST (FINANCE)
**trwstan,** *a.* AWKWARD. CLUMSY
**trwstaneiddiwch,** *n.m.* AWKWARDNESS
**trwstïaeth,** *n.f.* TRUSTEESHIP. TRUST
**trwy,** *prp.* THROUGH. BY. BY MEANS OF
**trwyadl,** *a.* THOROUGH
**trwyadledd,** *n.m.* THOROUGHNESS
**trwyborth,** *a.* ENTREPÔT
**trwydded,** (-au), *n.f.* LICENCE. DISPENSATION
**trwyddedai,** *n.m.* LICENSEE
**trwyddedair,** (-eiriau), *n.m.* PASSWORD
**trwyddedu,** *v.* LICENSE
**trwyddedwr,** (-wyr), *n.m.* LICENSOR
**trwyn,** (-au), *n.m.* NOSE. SNOUT. POINT. CAPE. NAZE
**trwynbwl,** *a.* BULL NOSE
**trwynlwch,** *n.m.* SNUFF
**trwyno,** *v.* NOSE. SMELL. SNIFF
**trwynol,** *a.* NASAL
**trwyth,** (-i, -au), *n.m.* DECOCTION. INFUSION. TINCTURE. URINE
**trwythiad,** *n.m.* INDOCTRINATION
**trwytho,** *v.* STEEP. SATURATE. IMBUE. INFUSE
**trwytholchi,** *v.* LEACH
**trwythyn,** *n.m.* SUSPENSOID
**trybedd,** (-au), *n.f.* TRIPOD. BRAND IRON. TRIVET
*trybedd yr ysgwydd,* SHOULDER BLADE
**trybelid,** *a.* LUMINOUS. BRILLIANT
**trybestod,** *n.m.* COMMOTION. FUSS. BUSTLE
**trybini,** *n.m.* TROUBLE. MISERY. MISFORTUNE
**tryblith,** *n.m.* CHAOS. MUDDLE
**tryc,** (-iau), *n.m.* TRUCK
**trych,** *a.* TRUNCATED
**trychfa,** *n.f.* CUTTING
**trychfil(yn),** (-filod), *n.m.* INSECT
**trychiad,** (-au), *n.m.* CUTTING. FRACTURE. AMPUTATION. SECTION
**trychineb,** (-au), *n.m.f.* DISASTER. CALAMITY
**trychinebedd,** *n.m.* CATASTROPHISM
**trychinebus,** *a.* DISASTROUS. CALAMITOUS
**trychlun,** (-iau), *n.m.* SECTIONAL DRAWING

**trychu,** *v.* CUT, HEW, LOP, AMPUTATE
**trydan,** *n.m.* ELECTRICITY, THRILL
*a.* ELECTRIC
**trydaneg,** *n.f.m.* ELECTRICAL ENGINEERING
**trydanol,** *a.* ELECTRICAL, THRILLING
**trydanolchi,** *v.* ELECTRO-PLATING
**trydanu,** *v.* ELECTRIFY, THRILL
**trydanwr,** (-wyr), *n.m.* ELECTRICIAN
**trydar,** *v. & n.m.* CHIRP, CHATTER
**trydydd,** (*trydedd, f.*), *a.* THIRD
**trydyddol,** *a.* TERTIARY
**tryddiferu,** *v.* SEEP
**tryfalu,** *v.* DOVETAIL
**tryfer,** (-i), *n.f.* HARPOON, GAFF, TRIDENT
**tryferu,** *v.* SPEAR, HARPOON
**tryfesur,** *n.m.* DIAMETER
**tryfrith,** *a.* SPECKLED, TEEMING
**tryfygu,** *v.* FUMIGATE
**tryffin,** (-iau), *n.m.* TREPHINE
**tryledіad,** (-au), *n.m.* DIFFUSION
**tryledu,** *v.* DIFFUSE
**tryleu,** *a.* TRANSLUCENT
**trylifiad,** (-au), *n.m.* PERCOLATION
**trylifo,** *v.* PERCOLATE
**tryloyw,** *a.* TRANSPARENT
**tryloywder,** (-au), *n.m.* TRANSPARENCY
**tryloywlun,** (-iau), *n.m.* TRANSPARENCY
**trylwyr,** *a.* THOROUGH, COMPLETE, INTENSIVE
**trylwyredd,** *n.m.* THOROUGHNESS
**trymaidd,** *a.* HEAVY, CLOSE, SULTRY
**trymder,** *n.m.* HEAVINESS, DROWSINESS, SADNESS
**trymedd,** *n.m.* INERTIA
**trymfryd,** *n.m.* SADNESS, SORROW
**trymhau,** *v.* GROW OR MAKE HEAVY
**trymllyd,** *a.* HEAVY, CLOSE, SULTRY
**tryncion,** *n.pl.* TRUNKS
**trynewid,** *v.* PERMUTATE
**tryryw,** *a.* THOROUGH-BRED
**trysgli,** *n.m.* THRUSH (VET.)
**trysiad,** (-au), *n.m.* TRUSS
**trysio,** *v.* TRUSS
**trysor,** (-au), *n.m.* TREASURE
**trysordy,** (-dai), *n.m.* TREASURE-HOUSE
**trysorfa,** (-feydd), *n.f.* TREASURY, FUND
**trysori,** *v.* TREASURE
**trysorlys,** *n.m.* TREASURY, EXCHEQUER
**trysorydd,** (-ion), *n.m.* TREASURER
**trystfawr,** *a.* NOISY, SONOROUS
**trystio,** *v.* MAKE A NOISE, TRUST
**trystiog,** *a.* NOISY, ROWDY
**trythyll,** *a.* WANTON, VOLUPTUOUS
**trythyllwch,** *n.m.* WANTONNESS
**trythyllwr,** (-wyr), *n.m.* SENSUALIST
**trywaniad,** (-au), *n.m.* PIERCING, STABBING
**trywanu,** *v.* STAB, PIERCE, TRANSFIX
**trywel,** (-i, -ion), *n.m.* TROWEL
**trywydd,** (-ion), *n.m.* SCENT, TRAIL, SPOOR
**tsâr,** (tsarau), *n.m.* TSAR
**tsieni,** *n.m.* CHINA
**tsiet,** (-iau), *n.f.* DICKY
**tu,** *n.m.* SIDE, REGION
**tua, tuag,** *prp.* TOWARDS, ABOUT
**tuchan,** *v.* GRUMBLE, GROAN, MURMUR
**tudalen,** (-nau), *n.m.f.* PAGE
**tudded,** (-au, -i), *n.f.* COVERING, CLOAK
**tuedd,** (-iadau), *n.f.* TENDENCY, INCLINATION
(-au), *n.m.* DISTRICT, REGION
**tueddfryd,** (-au), *n.m.* INCLINATION, BENT, BIAS
**tueddiad,** (-au), *n.m.* TENDENCY, PRONENESS
**tueddol,** *a.* INCLINED, APT
**tueddu,** *v.* TEND, INCLINE
**tugel,** (-ion), *n.m.* BALLOT
**tulath,** (-au), *n.f.* BEAM, RAFTER
**tun,** (-iau), *n.m. & a.* TIN, CAN
**tunelledd,** (-au), *n.m.* TONNAGE
**tunio,** *v.* TIN
**tunnell,** (tunelli), *n.f.* TON, TUN
*tunnell fetrig,* TONNE
**tunplat,** (-iau), *n.m.* TINPLATE
**turio,** *v.* BURROW, DELVE
**turn(en),** (-iau; -ni), *n.f.* LATHE
**turnio,** *v.* TURN (WOOD)
**turniwr,** (-wyr), *n.m.* TURNER
**turs,** (-iau), *n.m.* BILL, SNOUT
**turtur,** (-od), *n.f.* TURTLE-DOVE
**tusw,** (-au), *n.m.* BUNCH, WISP, POSY
**tuth,** (-iau), *n.m.* TROT
**tuthio,** *v.* TROT
**twb(a),** (tybiau), *n.m.* TUB
**twbercwlin,** (-nau), *n.m.* TUBERCULIN
**twbercwlosis,** *n.m.* TUBERCULOSIS
**twc,** (-iau), *n.m.* TUCK
**twca,** (-od), *n.m.* TUCK-KNIFE
**twcio,** *v.* TUCK, PAN
**tw(f),** *n.m.* GROWTH
*twf afiach,* NEOPLASM
**twffyn,** (twffiau), *n.m.* TUFT, TUFF
**twîd,** *n.m.* TWEED
**twil,** *n.m.* TWILL

**twist,** *n.m.* TWIST
**twlc,** (tylciau), *n.m.* STY
**twlcio,** *v.* BUTT, GORE, HORN
**twll,** (tyllau), *n.m.* HOLE
**twmblo,** *v.* TUMBLE
**twmfar,** (-rau), *n.m.* TOMMY BAR
**twmpath,** (-au), *n.m.* TUMP, HILLOCK
**twmplen,** (-ni), *n.f.* DUMPLING
**twmwlws,** (twmwli), *n.m.* TUMULUS
**twn,** (*ton, f.*), *a.* BROKEN
**twndis,** (-au), *n.m.* FUNNEL
**twndra,** (-âu), *n.m.* TUNDRA
**twnel,** (-au, -i), *n.m.* TUNNEL
**twp,** *a.* DULL, STUPID
**twpdra,** *n.m.* STUPIDITY
**twp(i)o,** *v.* BUTT
**twpsyn,** *n.m.* STUPID PERSON
**twŵr,** (tyrau), *n.m.* TOWER
**twr,** (tyrrau), *n.m.* HEAP, GROUP, CROWD
**twrci,** (-ïod, tyrcwn), *n.m.* TURKEY
**twrch,** (tyrchod), *n.m.* BOAR, HOG
*twrch daear,* MOLE, BADGER
**twred,** (-i), *n.m.* TURRET, MULTI-TOOL POST
**twristiaeth,** *n.f.* TOURISM
**twrn,** *n.m.* TOURN, TURN
**twrnai,** (-eiod), *n.m.* ATTORNEY, LAWYER
**twrnamaint,** *n.m.* TOURNAMENT
**twrneimant,** (-maint), *n.m.* TOURNAMENT
**twrw,** *n.m.* NOISE, TUMULT, ROAR, CLAP
**twt,** *i,* TUT, NONSENSE!
*a.* NEAT, TIDY, SMART
**twt,** *n.m.* TOOT
**twtian,** *v.* / **twtio,** *v.* TIDY
**twtrwydd,** *n.m.* NEATNESS, TIDINESS
**twyll,** *n.m.* DECEIT, FRAUD, CHICANERY
**twylledd,** (-au), *n.m.* FORGERY
**twyllo,** *v.* DECEIVE, CHEAT, DEFRAUD
**twyllodrus,** *a.* DECEITFUL, FALSE, FRAUDULENT
**twyllresymeg,** *n.f.* FALLACY
**twyllwr,** (-wyr), *n.m.* DECEIVER, CHEAT
**twym,** *a.* WARM, HOT
**twymder, -dra,** *n.m.* WARMTH
**twymgalon,** *a.* WARM-HEARTED
**twymo,** *v.* WARM, HEAT
**twymydd,** (-ion), *n.m.* HEATER
*twymydd tanbaid,* RADIANT HEATER
**twymyn,** (-au), *n.f.* FEVER, PYREXIA
**twymynol,** *a.* FEVERISH
**twyn,** (-i), *n.m.* HILLOCK, BURROW, DUNE
**twyndir,** (-oedd), *n.m.* DOWNLAND
**twynen,** (-nydd), *n.f.* SAND-HILL
**twysged,** *n.f.* LOT, QUANTITY
**tŷ,** (tai, teiau), *n.m.* HOUSE
*tŷ sengl,* DETACHED HOUSE
*tŷ clwm,* TIED HOUSE
**tyaid,** (tyeidiau), *n.m.* HOUSEFUL
**tyb,** (-iau), *n.m.f.* OPINION, SURMISE, CONJECTURE, NOTION
**tybaco,** *n.m.* TOBACCO
**tybed,** *ad.* I WONDER
**tybiad,** (-au), *n.m.* PRESUMPTION
**tybiaeth,** (-au), *n.f.* POSTULATION, PRESUMPTION, SUPPOSITION, ASSUMPTION
**tybied,** *v.* / **tybio,** *v.* SUPPOSE, IMAGINE, THINK
**tybiedig,** *a.* SUPPOSED
**tyciant,** (-nnau), *n.m.* SUCCESS, PROSPERITY
**tycio,** *v.* AVAIL, PROSPER, SUCCEED
**tydi,** *pn.* THOU THYSELF
**tŷ-ddeiliad,** (-ddeiliaid), *n.m.* HOUSEHOLDER
**tyddyn,** (-nod, -nau), *n.m.* SMALL-HOLDING, SMALL FARM, CROFT
**tyddynnwr,** (-ynwyr), *n.m.* SMALL-HOLDER, CROFTER
**tyfadwy,** *a.* GROWING, THRIVING
**tyfiant,** (-nnau), *n.m.* GROWTH, INCREASE
**tyfu,** *v.* GROW, INCREASE
**tynged,** (tynghedau), *n.f.* DESTINY, FATE
**tyngedfennol,** *a.* FATEFUL, FATAL
**tynghediaeth,** *n.f.* FATALISM
**tynghedu,** *v.* DESTINE, FATE, ADJURE
**tyngu,** *v.* SWEAR, VOW
**tyngwr,** (-wyr), *n.m.* SWEARER
**tyle,** (-au), *n.m.* HILL, ASCENT, SLOPE
**tylino,** *v.* KNEAD, MASSAGE
**tylinwr,** (-wyr), *n.m.* KNEADER, MASSEUR
**tylwyth,** (-au), *n.m.* HOUSEHOLD, FAMILY, ANCESTRY, KINDRED
*y tylwyth teg,* FAIRIES
**tylwythol,** *a.* GENERIC
**tyllfedd,** (-au), *n.m.* BORE
**tyllu,** *v.* HOLE, BORE, PERFORATE
**tylluan,** (-od), *n.f.* OWL
**tyllwr,** (-wyr), *n.m.* BORER
**tyllydd,** (-ion), *n.m.* PERFORATOR
**tymer,** (tymherau), *n.f.* TEMPER, TEMPERAMENT
**tymestl,** (tymhestloedd), *n.f.* TEMPEST, STORM

**tymheredd,** (tymereddau), *n.m.* TEMPERATURE, TEMPERAMENT
**tymheru,** *v.* TEMPER
**tymherus,** *a.* TEMPERATE
**tymhestlog,** *a.* TEMPESTUOUS, STORMY
**tymhoraidd,** *a.* SEASONABLE
**tymhorol,** *a.* TEMPORAL
**tymor,** (tymhorau), *n.m.* SEASON, TERM
**tymp,** *n.m.* APPOINTED TIME, PERIOD
**tympan,** (-au), *n.m.* TIMBREL, TIMPANO
**tyn,** (*ten,* f.), *a.* TIGHT, MEAN, RIGID, PERVERSE
**tynder, -dra,** (tyndrau), *n.m.* TIGHTNESS, TENSION
**tyndro,** (-eon), *n.m.* WRENCH
**tyndroi,** *v.* WRENCH
**tynddwr,** *n.m.* BACKWASH
**tyner,** *a.* TENDER, GENTLE
**tyneru,** *v.* MAKE TENDER, MODERATE
**tynerwch,** *n.m.* TENDERNESS, GENTLENESS
**tynerydd,** *n.m.* TENDERISER
**tynfa,** (-feydd), *n.f.* ATTRACTION, DRAW, DRAUGHT (OF SHIP)
**tynfad,** (-au), *n.m.* TUG
**tynfaen,** (-feini, -fain), *n.m.* LOADSTONE, MAGNET
**tynhau,** *v.* TIGHTEN
**tyniad,** (-au), *n.m.* PULL, JERK, ATTRACTION, INCLINATION
**tyniant,** *n.m.* TENSION, TRACTION
**tyniol,** *a.* SUBTRACTIVE
**tynion,** *n.pl.* TIGHTS
**tynlath,** *n.f.* TIE-BEAM
**tynnol,** *a.* TENSILE
**tynnu,** *v.* PULL, DRAW, REMOVE, TAKE OFF
**tyno,** (-au), *n.m.* DALE, TENON
**tyrbin,** (-au), *n.m.* TURBINE
**tyrchfa,** (-feydd), *n.f.* BURROWS
**tyrchu,** *v.* BURROW
**tyrchwr,** (-wyr), *n.m.* MOLE-CATCHER, BURROWER
**tyrfa,** (-oedd), *n.f.* CROWD, HOST, MULTITUDE
**tyrfedd,** (-au), *n.m.* TURBULENCE
**tyrfell,** (-i), *n.m.* AGITATOR
**tyrfo, -u,** *v.* MAKE A NOISE, THUNDER
**tyrfol,** *a.* TURBULENT
**tyrniwr,** (-wyr), *n.m.* TURNER
**tyrnsgriw,** (-iau), *n.m.* SCREWDRIVER
**tyrpant,** (-au), *n.m.* TURPENTINE
**tyrpeg,** (-au), *n.m.* TURNPIKE
**tyrru,** *v.* HEAP, AMASS, CROWD TOGETHER
**tyst,** (-ion), *n.m.* WITNESS
**tysteb,** (-au), *n.f.* TESTIMONIAL
**tystio,** *v.* TESTIFY, WITNESS
**tystiolaeth,** (-au), *n.f.* EVIDENCE, TESTIMONY
*tystiolaeth ail-law,* HEARSAY EVIDENCE
*tystiolaeth amgylchiadol,* CIRCUMSTANTIAL EVIDENCE
**tystiolaethu,** *v.* TESTIFY
**tystlythyr,** (-au), *n.m.* TESTIMONIAL
**tystysgrif,** (-au), *n.f.* CERTIFICATE
**tywallt,** *v.* POUR, SHED
**tywalltiad,** (-au), *n.m.* OUTPOURING, DOWNPOUR
**tywarchen,** (tywyrch), *n.f.* SOD, TURF
**tywel,** (-ion), *n.m.* TOWEL
**tywelin,** *n.m.* TOWELLING
**tywod,** *n.m.* SAND
**tywodfaen,** (-feini), *n.m.* SANDSTONE
**tywodlyd, -odog,** *a.* SANDY
**tywydd,** *n.m.* WEATHER
**tywyll,** *a.* DARK, OBSCURE, BLIND, SAD
**tywyllu,** *v.* DARKEN
**tywyllwch,** *n.m.* DARKNESS
**tywyn,** (-nau), *n.m.* DUNE, SAND-DUNE, GLOW
**tywynnu,** *v.* SHINE, GLOW
**tywyrchfa,** *n.f.* TURBARY
**tywys,** *v.* LEAD, GUIDE
**tywysen,** (-nau, tywys), *n.f.* EAR OF CORN
**tywysog,** (-ion), *n.m.* PRINCE
**tywysogaeth,** (-au), *n.f.* PRINCIPALITY
**tywysogaidd,** *a.* PRINCELY
**tywysoges,** (-au), *n.f.* PRINCESS
**tywyswr,** (-wyr), *n.m.* GUIDE, CONDUCTOR, LEADER, COURIER
**tywysydd,** (-ion), *n.m.* GUIDE-BOOK, COURIER, USHER(ETTE)

**thalws,** (thali), *n.m.* THALLUS
**theatr,** (-au), *n.f.* THEATRE, PLAYHOUSE
*theatr ddinesig,* CIVIC THEATRE
*theatr gymuned,* COMMUNITY THEATRE
**theatraidd,** *a.* THEATRICAL
**theirocsin,** *n.m.* THYROXINE
**theistiaeth,** *n.f.* THEISM
**thema,** (themâu), *n.f.* THEME
**thematig,** *a.* THEMATIC
**theocratiaeth,** *n.f.* THEOCRACY
**theodiciaeth,** *n.f.* THEODICY
**theodolit,** (-au), *n.m.* THEODOLITE
**theoffani,** *n.m.* THEOPHANY
**theogoni,** *n.m.* THEOGONY
**theorem,** (-au), *n.f.* THEOREM
**theori,** (-ïau), *n.f.* THEORY
*theori ginetig,* KINETIC THEORY
**theosoffi,** *n.m.* THEOSOPHY
**therapi,** (-ïau), *n.m.* THERAPY
**therapiwteg,** *n.m.f.* THERAPEUTICS
**therapiwtig,** *a.* THERAPEUTIC
**therapydd,** *n.m.* THERAPIST
**therm,** (-au), *n.m.* THERM
**thermal,** (-au), *n.m.* THERMAL
**thermocwpl,** *n.m.* THERMOCOUPLE
**thermodynameg,** *n.m.f.* THERMODYNAMICS
**thermoelectrig,** *a.* THERMOELECTRIC
**thermogram,** (-au), *n.m.* THERMOGRAM
**thermogydiad,** (-au), *n.m.* THERMOJUNCTION
**thermol,** *a.* THERMAL
**thermomedr,** (-au), *n.m.* THERMOMETER
**thermomedredd,** *n.m.* THERMOMETRY
**thermon(i)wclear,** *a.* THERMONUCLEAR
**thermopil,** *n.m.* THERMOPILE
**thermoplastig,** *n.m.* & *a.* THERMOPLASTIC
**thermosgob,** (-au), *n.m.* THERMOSCOPE
**thermosodol,** *a.* THERMO-SETTING
**thermostat,** (-au), *n.m.* THERMOSTAT
**thesis,** (-au), *n.m.* THESIS
**thiroid,** *n.m.* THYROID
**thoracs,** (-au), *n.m.* THORAX
**thrilen,** (-nau), *n.f.* THRILLER
**thrombosis,** *n.m.* THROMBOSIS
**thrombws,** (-bysau), *n.m.* THROMBUS
**thrôn,** (thronau), *n.m.* THRONE
**throtl,** (-au), *n.f.* THROTTLE
**throtlo,** *v.* THROTTLE
**thus,** *n.m.* FRANKINCENSE
**thuser,** (-au), *n.f.* CENSER, THURIBLE
**thymws,** *n.m.* THYMUS
**thyroid,** *n.m.* THYROID

**ubain,** *v.* SOB, MOAN, HOWL
**uchaf,** *a.* UPPER, HIGHEST
**uchafbwynt,** (-iau), *n.m.* CLIMAX
**uchafiaeth,** (-au), *n.f.* SUPREMACY, DOMINANCE
**uchafradd,** *a.* SUPERNORMAL
**uchafrif,** (-oedd), *n.m.* MAXIMUM
**uchafu,** *v.* MAXIMISE
**uchder, uchdwr,** (-au), *n.m.* HEIGHT, ALTITUDE
**uchedydd,** (-ion), *n.m.* SKYLARK
**uchel,** *a.* HIGH, LOUD
**uchelarglwyddiaeth,** (-au), *n.f.* HONOUR
**uchelder,** (-au), *n.m.* HEIGHT, HIGHNESS
**ucheldir,** (-oedd), *n.m.* HIGHLAND
**ucheldrem,** *a.* HAUGHTY
**ucheldyb,** *n.m.* CONCEIT
**uchelfa,** (-feydd, -on), *n.f.* HIGH PLACE
**uchelfar,** *n.m.* MISTLETOE
**uchelfraint,** (-freiniau), *n.f.* PREROGATIVE
**uchelfryd,** *n.m.* AMBITION
*a.* AMBITIOUS, HIGH-MINDED
**uchelgaer,** (-au), *n.f.* CITADEL
**uchelgais,** (-geisiau), *n.m.f.* AMBITION
**uchelgeisiol,** *a.* AMBITIOUS
**uchelgyhuddiad,** (-au), *n.m.* IMPEACHMENT
**uchelgyhuddo,** *v.* IMPEACH
**uchelion,** *n.pl.* HEIGHTS
**uchelradd, uchelryw,** *a.* SUPERIOR
**uchelseinydd,** (-ion), *n.m.* LOUDSPEAKER
**uchelwr,** (-wyr), *n.m.* NOBLEMAN, ARISTOCRAT, LANDED FREEMAN
**uchelwydd,** *n.m.* MISTLETOE
**uchelwyl,** (-iau), *n.f.* HIGH FESTIVAL
**uchod,** *ad.* ABOVE
**udiad,** (-au), *n.m.* HOWL, WAIL
**udo, udain,** *v.* HOWL, WAIL, MOAN
**ufudd,** *a.* OBEDIENT
**ufudd-dod,** *n.m.* OBEDIENCE, SUBMISSION
**ufuddhau,** *v.* OBEY
**uffern,** (-au), *n.f.* HELL
**uffernol,** *a.* HELLISH
**ugain,** *a.* TWENTY
**ugeinfed,** *a.* TWENTIETH
**ulw,** *c.n.* ASHES, CINDERS, UTTERLY
**un,** (-au), *a. & n.m.* ONE
*yr un, yr un un,* THE SAME
**unawd,** (-au), *n.m.* SOLO
**unawdwr, unawdydd,** (-wyr), *n.m.* SOLOIST
**unben,** (-iaid), *n.m.* DICTATOR, DESPOT
**unbenaethol,** *a.* DICTATORIAL
**unbennaeth,** *n.m.* DICTATORSHIP
**unclinol,** *a.* UNICLINAL
**uncnwd,** (-cnydau), *n.m.* MONOCULTURE
**uncorn,** *n.m.* UNICORN
*a.* WITH ONE CHIMNEY
**undeb,** (-au), *n.m.* UNION
**undebaeth,** *n.f.* UNIONISM
**undebol,** *a.* UNION, UNITED
**undebwr,** (-wyr), *n.m.* UNIONIST
**undod,** (-au), *n.m.* UNIT, UNITY
**Undodaidd,** *a.* UNITARIAN
**Undodiaeth,** *n.f.* UNITARIANISM
**Undodwr,** (-wyr), *n.m.* UNITARIAN
**un-dôn,** *a.* MONOTONE
**undonedd,** *n.m.* MONOTONY
**undonog,** *a.* MONOTONOUS
**undydd,** *a.* ONE-DAY
**uned,** (-au), *n.f.* UNIT
**unedig,** *a.* UNITED
**unedol,** *a.* UNITARY
**unfalent,** *a.* UNIVALENT
**unfan,** *n.m.* SAME PLACE
**unfaniad,** (-au), *n.m.* STILLSTAND
**unfarn,** *a.* UNANIMOUS
*yn unfryd unfarn,* OF ONE ACCORD
**unfath,** *a.* IDENTICAL
**unfathiant,** (-nnau), *n.m.* IDENTITY
**unflwydd,** *n.m. & a.* ANNUAL
**unfryd(ol),** *a.* UNANIMOUS
**unfrydedd,** *n.m.* UNANIMITY
**unffordd,** *a.* ONE-WAY
**unffurf,** *a.* UNIFORM
**unffurfedd,** (-au), *n.m.* UNIFORMITY
**unffurfiaeth,** (-au), *n.f.* UNIFORMITY
**unffurfwisg,** (-oedd), *n.f.* UNIFORM
**ungell,** *a.* MONOCELLULAR
**ungor,** *a.* UNTWISTED
**uniad,** (-au), *n.m.* JOINT, UNION, UNIFICATION
**uniadu,** *v.* JOINT
**uniaethiad,** *n.* IDENTIFICATION
**uniaethu,** *v.* IDENTIFY (WITH)
**uniaith,** *a.* MONOGLOT
**uniawn,** *a.* JUST, UPRIGHT, STRAIGHT
**uniawni,** *v.* STRAIGHTEN
**unig,** *a.* ONLY, SOLE, LONELY
**unigedd,** (-au), *n.m.* SOLITUDE, ISOLATION
**unigo,** *v.* ISOLATE
**unigol,** *a.* SINGULAR, INDIVIDUAL
*n.m.* INDIVIDUAL

**unigoledd,** *n.f.*
**unigoliaeth,** *n.f.*
**unigolrwydd,** *n.m.* } INDIVIDUALITY, SINGULARITY
**unigolydd,** (-ion), *n.m.* INDIVIDUALIST
**unigolyddiaeth,** *n.f.* INDIVIDUALISM
**unigolyn,** (unigolion), *n.m.* INDIVIDUAL
**unigolynnol,** *a.* INDIVIDUALISTIC
**unigrif,** (-au), *n.m.* DIGIT
**unigrwydd,** *n.m.* LONELINESS
**unigryw,** *a.* UNIQUE
**unigrywiaeth,** *n.m.* UNIQUENESS
**unigyn,** (-nau), *n.m.* ISOLATE
**union,** *a.* DIRECT, STRAIGHT, EXACT
**uniondeb,** *n.m.*
**uniondeb,** *n.m.*
**uniondra,** *n.m.* } RIGHTNESS, EQUITY, JUSTICE
**uniongred,** *a.* ORTHODOX
**uniongrededd,** *n.f.* ORTHODOXY
**uniongroes,** (-au), *n.f.* DIRECT CROSS
**uniongyrchol,** *a.* DIRECT
**unioni,** *v.* RECTIFY, STRAIGHTEN
**unioniad,** (-au), *n.m.* RECTIFICATION
**unionlin,** *a.* LINEAR, RECTILINEAR
**unionsgwar,** *a.* PERPENDICULAR
**unionsyth,** *a.* STRAIGHT, VERTICAL, UPRIGHT
**unionydd,** (-ion), *n.m.* RECTIFIER
**unllaw,** *a.* ONE-HANDED
**unllinedd,** *n.m.* COLLINEARITY
**unlliw,** *a.* MONOCHROME
**unllygeidiog,** *a.* ONE-EYED
**unmab,** *n.m.* ONLY SON
**unman,** *n.m.* ANYWHERE
**unnos,** *a.* OF OR FOR ONE NIGHT, EPHEMERAL
**uno,** *v.* UNITE, JOIN
**unochrog,** *a.* UNILATERAL, BIASED
**unodi,** *v.* IDENTIFY
**unodl,** *a.* OF THE SAME RHYME
**unoed,** *a.* OF THE SAME AGE
**unol,** *a.* UNIFIED, ACCORDANT
**unoli,** *v.* UNIFY
**unoliad,** (-au), *n.m.* UNIFICATION
**unoliaeth,** (-au), *n.f.* UNITY, UNION
**unpeth,** *n.m.* ANYTHING
**unplyg,** *a.* FOLIO, GENUINE, UPRIGHT, SINGLE-MINDED
**unplygrwydd,** *n.m.* SINCERITY, SINGLEMINDEDNESS
**unrhyw,** *a.* SAME, ANY, HOMOGENEOUS
**unrhywiaeth,** *n.f.* SAMENESS, HOMOGENEITY
**unrhywiol,** *a.* UNISEXUAL
**unsain,** *a.* UNISON
**unsill, unsillafog,** *a.* MONOSYLLABIC
**unswydd,** *a.* OF ONE PURPOSE
**unto,** *a.* UNDER THE SAME ROOF
**untrac,** *a.* SINGLE TRACK
**untrew,** *n.m.* SNEEZE
*taro untrew,* TO SNEEZE
**untu,** *a.* ONE-SIDED
**unwaith,** *ad.* ONCE
*ar unwaith,* AT ONCE
**unwedd,** *a. & ad.* LIKE, LIKEWISE
**unwerth,** *a.* SINGLE VALUED
**unwr,** (-wyr), *n.m.* UNITER
**urdd,** (-au), *n.f.* ORDER, GUILD
**urddas,** (-au), *n.m.* DIGNITY, GRADE
**urddasol,** *a.* DIGNIFIED
**urddedig,** *a.* ORDAINED, HONOURED
**urddiad,** (-au), *n.m.* ORDINATION
**urddo,** *v.* ORDAIN, CONFER AN HONOUR OR ORDER ON
**urddol,** *a.* NOBLE, HONOURED, DIGNIFIED, EXALTED, KNIGHTLY
**urddoliaeth,** (-au), *n.f.* PEERAGE
**urddolyn,** (-olion), *n.m.* PEER
**urddwisg,** (-oedd), *n.f.* VESTMENT
**urea,** *n.m.* UREA
**ureter,** (-au), *n.m.* URETER
**us,** *n.pl.* CHAFF
**usog,** *a.* FULL OF CHAFF
**ust,** *i.* HUSH!
*n.m.* A HUSH
**ustus,** (-iaid), *n.m.* MAGISTRATE
**usuriaeth,** *n.f.* USURY
**usuriwr,** (-wyr), *n.m.* USURER
**uswydd,** *n.pl.* SPLINTERS
**usyn,** (-nau), *n.m.* GLUME
**utgorn,** (utgyrn), *n.m.* TRUMPET
**uthr,** *a.* AWFUL
**uwch,** *a.* HIGHER, SENIOR, SUPERIOR, ADVANCED
**uwchallgyrchydd,** *n.m.* ULTRACENTRIFUGE
**uwchben,** *prp.* ABOVE
*ad.* ABOVE
**uwchblyg,** (-ion), *n.m.* UPFOLD
**uwchbridd,** (-oedd), *n.m.* TOPSOIL
**uwchbrisiad,** (-au), *n.m.* WRITE UP
**uwchdir,** (-oedd), *n.m.* UPLAND
**uwchdôn,** (-au), *n.f.* OVERTONE
**uwchdonydd,** *n.m.* SUPERTONIC
**uwch-ego,** *n.m.* SUPER-EGO
**uwchfarchnad,** (-oedd), *n.f.* SUPERMARKET
**uwchfioled,** *a.* ULTRAVIOLET

**uwchganolbwynt,** (-iau), *n.m.* EPICENTRE
**uwchgapten,** (-iaid), *n.m.* MAJOR
**uwchhidlad,** *n.m.* ULTRAFILTRATION
**uwch-las,** *n.m.* ULTRA-VIOLET
**uwchnormal,** *a.* SUPERIOR
**uwcholwg,** *n.m.* PLAN
**uwchradd(ol),** *a.* SUPERIOR, HIGH QUALITY, SECONDARY (SCHOOL)
**uwchsonig,** *a.* ULTRASONIC, SUPERSONIC
**uwchysgol,** (-ion), *n.f.* HIGH SCHOOL
**uwd,** (-iau), *n.m.* PORRIDGE

**wad,** *n.f.* SLAP, STROKE, BLOW
**wadi,** (-ïau), *n.m.* WADI
**waetio,** *v.* WAIT
**waets,** (-ys), *n.m.f.* WATCH
**wafflau,** *n.pl.* WAFFLES
**wagen,** (-ni), *n.f.* TRUCK, WAGGON
**walbant,** *n.m.* WALL-PLATE
**walbon,** *n.m.* WHALEBONE
**waldio,** *v.* WALLOP, THRASH
**wanws,** *n.m.* CART-HOUSE
**wâr,** (-iau), *n.m.* WARE
**warantedig,** *a.* WARRANTED
**waranti,** *n.m.* WARRANTY
**warsel,** *n.m.* WASSAIL
**warws,** (warysau), *n.m.* WAREHOUSE
**wasier,** (-i), *n.f.* WASHER
**wat,** (-iau), *n.m.* WATT
**watedd,** (-au), *n.m.* WATTAGE
**wats,** (-ys), *n.m.* WATCH
**wbwb,** *n.m.* HUBBUB
**wdward,** (-iaid), *n.m.* KEEPER, WOODWARD
**weber,** (-au), *n.m.* WEBER
**webin,** (-au), *n.m.* WEBBING
**wedi,** *prp.* AFTER
*ad.* AFTERWARDS
**wedyn,** *ad.* AFTERWARDS, THEN
**weindio,** *v.* WIND
**weir(en),** *n.f.* WIRE
**weiriad,** (-au), *n.m.* WIRING
**weir(i)o,** *v.* WIRE
**weithian, -ion,** *ad.* NOW, NOW AT LENGTH
**weithiau,** *ad.* SOMETIMES
**wel,** *i,* WELL!
**weld,** *n.m.* WELD
**weldio,** *v.* WELD
**weldiwr,** (-wyr), *n.m.* WELDER
**wele,** *i.* BEHOLD, LO!
**wermod, -wd,** *n.m.* WORMWOOD, ABSINTHE, VERMOUTH
**wfft,** *i.* FIE, FOR SHAME!
**wfftio,** *v.* CRY FIE, FLOUT
**whad,** *n.f.* SLAP, STROKE
**whado,** *v.* BEAT, THRASH
**whimbil,** *n.f.* GIMLET, WHIMBLE
**wi,** *i.* OH! ALAS!
**wic,** *n.m.* WICK
**wiced,** (-i), *n.f.* WICKET
**wicedwr,** (-wyr), *n.m.* WICKET-KEEPER
**widw,** *n.f.* WIDOW
**winc,** *n.f.* WINK
**wincian, -io,** *v.* WINK
**wins,** (-ys), *n.f.* WINCH
**wlser,** (-au), *n.m.* ULCER
**wltrabasig,** *a.* ULTRABASIC
**wmbilig,** *a.* UMBILIC
**wmbredd,** *n.m.* ABUNDANCE
**wniwn,** (*wnionyn, n.m.*), *n.pl.* ONIONS
**wobler,** *n.m.* WOBBLER
**wraniwm,** *n.m.* URANIUM
**wrbaniaeth,** *n.m.* URBANISM
**wrn,** (-yrnau), *n.m.f.* URN
**wrticaria,** *n.m.* URTICARIA
**wrth,** *prp.* BY, WITH, BECAUSE, TO, SINCE
**wstid,** *n.m.* WORSTED
**wtláu,** *v.* OUTLAW
**wtra, -e,** *n.f.* LANE
**wtres,** *n.f.* PRODIGALITY, LUXURY, CAROUSAL
**wtreswr,** (-wyr), *n.m.* PRODIGAL, CAROUSER
**wy,** (-au), *n.m.* EGG
**wybr,** (-au), *n.f.* | SKY
**wybren,** (-nau, -nydd), *n.f.* | SKY
**wybrennol,** *a.* FIRMAMENTAL, CELESTIAL
**wybrol,** *a.* ETHEREAL
**wyf,** *v.* I AM
**wyfa,** (-feydd), *n.f.* OVARY
**wyffurf,** *a.* OVOID
**wygell,** (-oedd), *n.f.* OVARY
**wylo,** *v.* WEEP, CRY
**wylofain,** *v.* WAIL, WEEP
*n.m.* WAILING
**wylofus,** *a.* WAILING, DOLEFUL, TEARFUL
**wylun,** *a.* OVATE
**ŵyll,** *n.f.* OWL, GHOST
**ŵyna,** *v.* LAMB
**wyneb,** (-au), *n.m.* FACE, SURFACE, FRONT
**wyneb-ddalen,** (-nau), *n.f.* TITLE-PAGE
**wynebedd,** (-au), *n.m.* AREA
**wynebgaled,** *a.* BAREFACED, IMPUDENT
**wynebgaledwch,** *n.m.* IMPUDENCE
**wynebiad,** (-au), *n.m.* VENEER, FACING
**wyneblun,** (-iau), *n.m.* FRONTISPIECE
**wynebu,** *v.* FACE, FRONT
**wynebyn,** (-nau), *n.m.* HEAD (GEOL.)
**wynepryd,** *n.m.* COUNTENANCE
**ŵynos,** *n.pl.* LAMBKINS
**wynwyn,** *n.pl.* ONIONS
**ŵyr,** (wyrion), *n.m.* GRANDCHILD, GRANDSON
**ŵy-rith,** *n.m.* OOSPORE
**wysg,** *n.m.* TRACK
*yn wysg ei gefn,* BACKWARDS
**wystn,** *n.m.* DRY STUMP
**wystrys,** (*-en, n.f.*), *n.pl. & c.n.* OYSTERS

**wyth,** (-au), *a. & n.m.* EIGHT
**wythawd,** (-au), *n.m.f.* OCTAVE. OCTET
**wythblyg,** *a.* OCTAVO
**wythfed,** (-au), *a.* EIGHTH
*n.m.* OCTAVE
**wythnos,** (-au), *n.f.* WEEK
**wythnosol,** *a.* WEEKLY
**wythnosolyn,** (-olion), *n.m.* WEEKLY PAPER
**wythongl,** (-au), *n.f.* OCTAGON
**wythwr,** (-wyr), *n.m.* NUMBER EIGHT (RUGBY)

**y, yr, 'r,** *a.* THE
**y, yr,** *preverbal and relative particle*
**ych,** (-en), *n.m.* OX
**ychwaith,** *ad.* (NOR) EITHER, NEITHER
**ychwaneg,** *n.m.* MORE
**ychwanegiad,** (-au), *n.m.* ADDITION, SUPPLEMENT
**ychwanegion,** *n.pl.* ADDITIONAL PIECES
**ychwanegol,** *a.* ADDITIONAL
**ychwanegu,** *v.* ADD, INCREASE, AUGMENT
**ychydig,** *a. ad, & n.m.* LITTLE, FEW
**ychydigyn,** *n.m.* A VERY LITTLE, A SHORT WHILE
**ŷd,** (ydau), *n.m.* CORN
**yden,** *n.f.* GRAIN OF CORN
**ydlan,** (-nau), *n.f.* STACK-YARD, RICK YARD
**ydrawn,** *n.pl.* GRAINS OF CORN
**ydys, ys,** *v.* IT IS
**ydyw,** *v.* IS, ARE
**yfed,** *v.* DRINK, ABSORB
**yfory,** (-au), *ad.* TOMORROW
**yfwr,** (-wyr), *n.m.* DRINKER
**yfflon,** (*yfflyn, n.m.*), *n.pl.* FRAGMENTS, PIECES, BITS
**yng,** *prp.* IN *(mutation of yn)*
**yngan, -u,** *v.* UTTER, SPEAK, MENTION
**ynganiad,** (-au), *n.m.* PRONUNCIATION, DICTION
**ynghyd,** *ad.* TOGETHER
**ynghylch,** *prp.* ABOUT, CONCERNING
**ynglŷn â,** *prp.* IN CONNECTION WITH
**ym,** *prp.* IN *(mutation of yn)*
**ym-,** *px. reflexive or reciprocal in meaning*
**yma,** *ad.* HERE, THIS
**ymadael, ymado,** *v.* DEPART
**ymadawedig,** *a.* DEPARTED, DECEASED
**ymadawiad,** (-au), *n.m.* DEPARTURE, DECEASE
**ymadawol,** *a.* PARTING, FAREWELL
**ymadferiad,** *n.m.* CONVALESCENCE
**ymadferth,** (-oedd), *n.f.* EFFORT, PROTECTION
**ymado,** see *ymadael*
**ymadrodd,** (-ion), *n.m.* SPEECH, SAYING, EXPRESSION
**ymadroddi,** *v.* SPEAK
**ymadroddus,** *a.* ELOQUENT
**ymadroddwr,** (-wyr), *n.m.* SPEAKER
**ymaddasiad,** (-au), *n.m.* ADJUSTMENT
*diffyg ymaddasiad,* MAL-ADJUSTMENT
**ymaddasu,** *v.* ADJUST, ADAPT
**ymaelodi,** *v.* BECOME A MEMBER, JOIN
**ymaelyd, ymafael, ymaflyd,** *v.* TAKE HOLD
**ymageru,** *v.* EVAPORATE
**ymagor,** *v.* OPEN, UNFOLD, EXPAND
**ymagweddiad,** (-au), *n.m.* DEMEANOUR, ATTITUDE
**ymaith,** *ad.* AWAY, HENCE
**ymannerch,** *v.* GREET
*n.m.* GREETING
**ymannog,** *v.* EXHORT ONE ANOTHER
**ymarddangosiaeth,** *n.f.* SHOWMANSHIP
**ymarfaethiad,** *n.m.* SELF-DETERMINATION
**ymarfer,** *v.* PRACTISE, EXERCISE, REHEARSE
(-ion), *n.f.m.* PRACTICE, EXERCISE
**ymarferiad,** (-au), *n.m.* PRACTICE, EXERCISE
**ymarferol,** *a.* PRACTICAL
**ymarhous,** *a.* SLOW, PATIENT, LONG-SUFFERING
**ymaros,** *v.* ENDURE, BEAR WITH
*n.m.* PATIENCE, LONG-SUFFERING
**ymarwedd(iad),** (-au), *n.m.* CONDUCT, BEHAVIOUR, DEPORTMENT
**ymarweddu,** *v.* BEHAVE, CONDUCT ONESELF
**ymarweithio,** *v.* INTERACT
**ymatal,** *v.* REFRAIN, FORBEAR, ABSTAIN
**ymataliad,** *n.m.* ABSTENTION
**ymataliol,** *a.* ABSTAINING
**ymataliwr,** (-wyr), *n.m.* ABSTAINER
**ymatchweliad,** (-au), *n.m.* AUTOREGRESSION
**ymateb,** *v.* ANSWER, RESPOND, CORRESPOND, REACT
(-ion), *n.m.* RESPONSE, REACTION
**ymawyddu,** *v.* LONG, DESIRE
**ymbalfalu,** *v.* GROPE
**ymbaratoi,** *v.* PREPARE ONESELF
**ymbarél,** *n.m.* UMBRELLA
**ymbelydredd,** *n.m.* RADIATION
**ymbelydrol,** *a.* RADIOACTIVE
**ymbelydru,** *v.* RADIATE
**ymbellhau,** *v.* GO FURTHER AWAY
**ymbil, -io,** *v.* IMPLORE, BESEECH
(-iau), *n.m.* ENTREATY, SUPPLICATION
**ymbilgar,** *a.* IMPLORING
**ymbiliwr,** (-wyr), *n.m.* SUPPLICANT
**ymblaid,** (ymbleidiau), *n.f.* FACTION
**ymbleidiaeth,** *n.f.* PARTISANSHIP

**ymbleidiol,** *a.* PARTISAN
**ymbleidiwr,** (-wyr), *n.m.* PARTISAN
**ymboeni,** *v.* TAKE PAINS
**ymborth,** *n.m.* FOOD, SUSTENANCE
**ymbortheg,** *n.f.m.* DIETETICS
**ymborthi,** *v.* FEED (ONESELF)
**ymborthiant,** *n.m.* DIETARY
**ymbriodi,** *v.* MARRY, INTERMARRY
**ymbwyllo,** *v.* PAUSE, REFLECT
**ymchwalu,** *v.* DISTINTEGRATE
**ymchwarae,** *v.* DALLY
**ymchweliad,** (-au), *n.m.* RETURN, REVERSION
**ymchwelyd,** *v.* TURN, RETURN, OVERTURN
**ymchwil,** *n.f.* RESEARCH, SEARCH, QUEST
**ymchwiliad,** (-au), *n.m.* INVESTIGATION, INQUIRY
**ymchwydd,** (-iadau), *n.m.* SURGE, SWELL, SWELLING, BOOM
**ymchwyddo,** *v.* SURGE, SWELL
**ymdaith,** (-deithiau), *n.f.* JOURNEY, MARCH
*v.* TRAVEL, MARCH
**ymdaro,** *v.* SHIFT (FOR ONESELF)
**ymdawelwch,** *n.m.* REPOSE
**ymdebygu,** *v.* RESEMBLE, GROW LIKE
**ymdeimlad,** (-au), *n.m.* CONSCIOUSNESS, FEELING, SENSE
**ymdeimlo,** *v.* BE CONSCIOUS OF, FEEL
**ymdeithgan,** *n.f.* MARCHING SONG, MARCH
**ymdeithio,** *v.* TRAVEL, JOURNEY, MARCH
**ymdeithiwr,** (-wyr), *n.m.* TRAVELLER
**ymdoddi,** *v.* FUSE, MELT
**ymdoddiad,** (-au), *n.m.* FUSION
**ymdonni,** *v.* RIPPLE, BILLOW
**ymdopi,** *v.* MANAGE, SHIFT (FOR ONESELF)
*offer ymdopi,* D.I.Y. TOOLS
**ymdorchi,** *v.* WRING, WRITHE
**ymdrafodaeth,** *n.f.* DISCUSSION
**ymdrech,** (-ion), *n.f.* EFFORT, ENDEAVOUR, STRUGGLE
**ymdrechgar,** *a.* STRIVING, ENERGETIC
**ymdrechiad,** *n.m.* CONATION
**ymdrechu,** *v.* STRIVE, ENDEAVOUR
**ymdreiddiad,** (-au), *n.m.* INFILTRATION
**ymdreiglo,** *v.* ROLL, WALLOW
**ymdrin,** *v.* TREAT, DEAL WITH
**ymdriniaeth,** (-au), *n.f.* TREATMENT, DISCUSSION
**ymdrochfa,** (-feydd), *n.f.* BATH, BATHING-PLACE
**ymdrochi,** *v.* BATHE
**ymdrochwr,** (-wyr), *n.m.* BATHER
**ymdroi,** *v.* LOITER, DAWDLE
**ymdrowyr,** *n.pl.* LAGGARDS
**ymdrybaeddu,** *v.* WALLOW
**ymdwymo,** *v.* WARM UP
**ymdynghedu,** *v.* VOW
**ymddadlau,** *v.* DISPUTE, CONTEND
**ymddangos,** *v.* APPEAR, SEEM
**ymddangosiad,** (-au), *n.m.* APPEARANCE
**ymddangosiadol,** *a.* APPARENT, SEEMING
**ym-ddal,** *n.m.* ENDURANCE
**ymddaliad,** (-au), *n.m.* POSTURE
**ymddarostwng,** *v.* HUMBLE ONESELF, SUBMIT
**ymddarostyngiad,** *n.m.* HUMILIATION, SUBMISSION
**ymddatod,** *v.* DISSOLVE, DEGENERATE
**ymddatodiad,** (-au), *n.m.* DISSOLUTION, LIQUIDATION, AUTOLYSIS
**ymddeol,** *v.* RETIRE
**ymddeoliad,** (-au), *n.m.* RETIREMENT
**ymdderu,** *v.* RAVE, QUARREL
**ymddibyniad,** *n.m.* DEPENDENCE
**ymddibynnu,** *v.* DEPEND
**ymddiddan,** (-ion), *n.m.* TALK, CONVERSATION
*v.* TALK, CONVERSE
**ymddieithrio,** *v.* DISGUISE ONESELF
**ymddigrifo,** *v.* DELIGHT
**ymddihatru,** *v.* UNDRESS, DIVEST
**ymddiheuriad,** (-au), *n.m.* APOLOGY
**ymddiheuro,** *v.* APOLOGISE
**ymddiheurol,** *a.* APOLOGETIC
**ymddiosg,** *v.* UNDRESS, STRIP
**ymddiried,** *n.m.* TRUST, CONFIDENCE
*v.* TRUST, CONFIDE
**ymddiriedaeth,** (-au), *n.f.* TRUST, CONFIDENCE
**ymddiriedolaeth,** (-au), *n.f.* TRUST
**ymddiriedolwr,** (-wyr), *n.m.* TRUSTEE
**ymddiswyddo,** *v.* RESIGN
**ymddolennu,** *v.* MEANDER
**ymddwyn,** *v.* BEHAVE, ACT
**ymddŵyn,** *v.* CONCEIVE, BEAR
**ymddygiad,** (-au), *n.m.* BEHAVIOUR, CONDUCT
**ymddygiadaeth,** *n.m.* BEHAVIOURISM
**ymddygiadol,** *a.* BEHAVIOURAL
**ymddygiadau,** *n.pl.* ACTIONS
**ymddygiaeth,** *n.f.* BEHAVIOURISM
**ymddyrchafiad,** *n.m.* EXALTATION
**ymddyrchafu,** *v.* EXALT ONESELF, RISE
**ymeffaith,** *n.m.* RECIPROCITY

**ymeffeithiol,** *a.* RECIPROCAL
**ymegnïad,** *n.m.* EFFORT, EXERTION
**ymegnïo,** *v.* STRIVE, EXERT ONESELF
**ymehangu,** *v.* BECOME ENLARGED
**ymelwad,** *n.m.* EXPLOITATION
**ymennydd,** (ymenyddiau), *n.m.* BRAIN
**ymennyn,** *v.* EXCITE ONESELF
**ymenyn,** *n.m.* BUTTER
**ymerawdwr,** (-wyr), *n.m.* EMPEROR
**ymerodraeth,** (-au), *n.f.* EMPIRE
**ymerodraethol,** *a.* IMPERIAL
**ymerodres,** (-au), *n.f.* EMPRESS
**ymerodrol,** *a.* IMPERIAL
**ymerodrydd,** (-ion), *n.m.* IMPERIALIST
**ymesgusodi,** *v.* EXCUSE ONESELF, APOLOGISE
**ymestyn,** *v.* STRETCH, REACH, EXTEND
**ymestyniad,** (-au), *n.m.* EXTENTION, ADDITION, EXTENT
**ymfalchïo,** *v.* PRIDE ONESELF
**ymfodloni,** *v.* ACQUIESCE
**ymfodlonus,** *a.* COMPLACENT
**ymfoddhad,** *n.m.* COMPLACENCY
**ymfudiad,** *n.m.* EMIGRATION
**ymfudo,** *v.* EMIGRATE
**ymfudwr,** (-wyr), *n.m.* EMIGRANT
**ymfyddino,** *v.* MOBILISE
**ymfflamychu,** *v.* BECOME INFLAMED, ORATE
**ymffrost,** *n.m.* BOAST
**ymffrostio,** *v.* BOAST
**ymffrostiwr,** (-wyr), *n.m.* BOASTER
**ymgadw,** *v.* REFRAIN, FORBEAR
*n.m.* CONTINENCE
**ymgais,** *n.m.f.* EFFORT, ATTEMPT
**ymgasglu,** *v.* GATHER TOGETHER
**ymgecraeth,** *n.f.* CONTENTION
**ymgecru,** *v.* QUARREL
**ymgeinio,** *v.* ABUSE, CURSE
**ymgeisiaeth,** *n.f.* CANDIDATURE
**ymgeisio,** *v.* TRY, APPLY, SEEK
**ymgeisydd,** (-wyr), *n.m.* CANDIDATE, APPLICANT
**ymgeledd,** (-au), *n.m.* CARE, SUCCOUR
**ymgeleddu,** *v.* CHERISH, SUCCOUR
**ymgiliad,** *n.m.* RETREAT
**ymgilio,** *v.* RETREAT, RECEDE
**ymgiliwr,** (-wyr), *n.m.* WELSHER
**ymgiprys,** *n.m.* CONTEST
*v.* VIE, STRUGGLE
**ymgleddyfu,** *v.* FENCE
**ymglymiant,** *n.m.* INVOLVEMENT
**ymglymu,** *v.* INVOLVE, BIND TOGETHER
**ymglywed,** *v.* FEEL (ONESELF), BE INCLINED
**ymgnawdoli,** *v.* BECOME INCARNATE
**ymgnawdoliad,** *n.m.* INCARNATION
**ymgodi,** *v.* RISE, UPLIFT, HEAVE
**ymgodol,** *a.* ELEVATED, UPLIFT
**ymgodymu,** *v.* WRESTLE, STRUGGLE
**ymgom,** (-iau, -ion), *n.f.* CONVERSATION, CHAT
**ymgomio,** *v.* CHAT, CONVERSE
**ymgomiwr,** (-wyr), *n.m.* CONVERSATIONALIST
**ymgomwest,** (-i), *n.f.* CONVERSAZIONE, SOCIAL
**ymgorffori,** *v.* EMBODY, INCORPORATE
**ymgorfforiad,** *n.m.* EMBODIMENT
**ymgosbol,** *a.* ASCETIC
**ymgreinio,** *v.* PROSTRATE ONESELF, WALLOW, GROVEL
**ymgroesi,** *v.* BEWARE, SHUN, CROSS ONESELF
**ymgryfhau,** *v.* BE STRONG, STRENGTHEN ONESELF
**ymgrymu,** *v.* STOOP, BOW DOWN
**ymgrynhoi,** *v.* GATHER TOGETHER
**ymguddfa,** (-feydd), *n.f.* SHELTER, HIDING-PLACE
**ymguddio,** *v.* HIDE ONESELF
**ymgydio,** *v.* COPULATE
**ymgydnabod,** *v.* ACQUAINT ONESELF
**ymgyfathrachu,** *v.* HAVE DEALINGS (WITH)
**ymgyfeillachu,** *v.* ASSOCIATE
**ymgyfoethogi,** *v.* GET RICH
**ymgyfreithiwr,** (-wyr), *n.m.* LITIGANT
**ymgynghori,** *v.* CONSULT, CONFER
**ymgynghoriad,** (-au), *n.m.* CONSULTATION
**ymgynghorol,** *a.* ADVISORY, CONSULTATIVE
**ymgymeriad,** (-au), *n.m.* UNDERTAKING
**ymgymryd,** *v.* UNDERTAKE
**ymgymysgu,** *v.* MINGLE
**ymgynddeiriogi,** *v.* RAVE, RAGE
**ymgynefino,** *v.* BECOME FAMILIAR, GET USED
**ymgynnal,** *v.* BEAR UP, SUPPORT ONESELF
**ymgynnull,** *v.* ASSEMBLE, GATHER
**ymgyrch,** (-oedd), *n.m.f.* CAMPAIGN, EXPEDITION
**ymgyrchu,** *v.* ATTACK, CAMPAIGN
**ymgyrraedd,** *v.* STRIVE (AFTER), STRETCH
**ymgysegriad,** *n.m.* DEVOTION, CONSECRATION
**ymgysegru,** *v.* DEVOTE ONESELF
**ymhalio,** *v.* HEAVE
**ymhél,** *v.* BE CONCERNED, MEDDLE

**ymhelaethu,** *v.* ENLARGE, ABOUND
**ymhell,** *ad.* FAR, AFAR
**ymhellach,** *ad.* FURTHER, FURTHERMORE
**ymhen,** *prp.* WITHIN
**ymherodr,** (ymerodron), *n.m.* EMPEROR
**ymhidlo,** *v.* INFILTRATE
**ymhlith,** *prp.* AMONG
**ymhlyg,** *a.* IMPLICIT
**ymhlygiad,** (-au), *n.m.* IMPLICATION
**ymhlygu,** *v.* IMPLY
**ymhoelwr,** (-wyr), *n.m.* SWATH-TURNER
**ymhoelyd,** *v.* OVERTURN, TOPPLE
**ymhoffi,** *v.* TAKE DELIGHT, BOAST
**ymholi,** *v.* INQUIRE
**ymholiad,** (-au), *n.m.* INQUIRY
**ymhollti,** *v.* FISSION
**ymholltiad,** *n.m.* FISSION
**ymholltus,** *a.* FISSILE
**ymhonni,** *v.* PRETEND, LAY CLAIM
**ymhonnwr,** (-honwyr), *n.m.* PRETENDER
**ymhŵedd,** *v.* IMPLORE, BESEECH
**ymhyfrydu,** *v.* DELIGHT ONESELF
**ymlacio,** *v.* RELAX
**ymladd,** *v.* FIGHT
(-au), *n.m.* FIGHT, BATTLE
**ymlâdd,** *v.* WEAR ONESELF OUT
*wedi ymlâdd,* DEAD TIRED
**ymladdfa,** (-feydd), *n.f.* FIGHT
**ymladdgar,** *a.* PUGNACIOUS
**ymladdwr,** (-wyr), *n.m.* FIGHTER, COMBATANT
**ymlaen,** *ad.* ON, ONWARD
**ymlaesu,** *v.* RELAX
**ymlafnio,** *v.* | STRIVE, TOIL
**ymlafurio,** *v.* |
**ymlawenhau,** *v.* REJOICE
**ymledol,** *a.* SPREADING, PROSTRATE
**ymledu,** *v.* SPREAD, EXPAND
**ymlid,** *v.* PURSUE, CHASE
**ymlidiwr,** (-wyr), *n.m.* PURSUER, PERSECUTOR
**ymliw,** (-iau), *n.m.* CHASTISEMENT
**ymliw, -io,** *v.* REPROACH, CHASTISE
**ymlonni,** *v.* GLADDEN
**ymlonyddu,** *v.* GROW CALM
**ymlosgiad,** *n.m.* COMBUSTION
**ymlusgiad,** (-iaid), *n.m.* REPTILE
**ymlusgo,** *v.* CREEP, CRAWL
**ymlwybro,** *v.* MAKE ONE'S WAY
**ymlyniad,** (-au), *n.m.* ATTACHMENT, LOYALTY
**ymlyniaeth,** *n.f.* ADNATION
**ymlynol,** *a.* ADNATE
**ymlynu,** *v.* ATTACH, ADHERE
**ymlynwr,** (-wyr), *n.m.* ADHERENT
**ymneilltuad,** *n.m.* RETIREMENT
**Ymneilltuaeth,** *n.f.* NONCONFORMITY
**ymneilltuo,** *v.* RETIRE, DISSENT
**Ymneilltuol,** *a.* NONCONFORMIST
**Ymneilltuwr,** (-wyr), *n.m.* NONCONFORMIST, DISSENTER
**ymnesáu,** *v.* DRAW NEAR
**ymochel, -yd,** *v.* SHELTER, AVOID, BEWARE
**ymochredd,** *n.m.* ALIGNMENT
**ymochri,** *v.* ALIGN
**ymod, -i,** *v.* MOVE, STIR
**ymofyn,** *v.* ASK, INQUIRE, SEEK
(-ion), *n.m.* INQUIRY
**ymofyngar,** *a.* INQUISITIVE
**ymofynnydd,** *n.m.* INQUIRER
**ymogel(yd),** *v.* BEWARE, AVOID
**ymolchfa,** (-feydd), *n.f.* BATHROOM, WASH, LAVATORY
**ymolch(i),** *v.* WASH ONESELF, BATHE
**ymolchiad,** *n.m.* ABLUTION
**ymollwng,** *v.* LET ONESELF GO, GIVE WAY, COLLAPSE
**ymollyngdod,** *n.m.* RELAXATION
**ymorchestu,** *v.* STRIVE, LABOUR
**ymorol,** *v.* SEEK, TAKE CARE
**ymosod,** *v.* ATTACK, ASSAULT
**ymosodedd,** *n.m.* AGGRESSION
**ymosodiad,** (-au), *n.m.* ATTACK, ASSAULT
**ymosodol,** *a.* AGGRESSIVE, OFFENSIVE
*Mudiad Ymosodol,* FORWARD MOVEMENT
**ymosodwr,** (-wyr), *n.m.* ATTACKER, ASSAILANT, AGGRESSOR
**ymostwng,** *v.* STOOP, SUBMIT, CAPITULATE
**ymostyngar,** *a.* SUBMISSIVE
**ymostyngiad,** (-au), *n.m.* SUBMISSION
**ymotbren,** *n.m.* STIRRER, LADLE
**ympowndio,** *v.* IMPOUND
**ympryd,** (-ion), *n.m.* FAST
**ymprydio,** *v.* FAST
**ymprydiwr,** (-wyr), *n.m.* FASTER
**ymrafael,** (-ion), *n.m.* QUARREL, CONTENTION
**ymrafael(io),** *v.* QUARREL
**ymrafaelgar,** *a.* QUARRELSOME
**ymrain,** v. COPULATE
**ymraniad,** (-au), *n.m.* DIVISION, SCHISM, SPLIT
**ymrannu,** *v.* DIVIDE, PART, SEPARATE
**ymread,** (-au), *n.m.* COPULATION

**ymreolaeth,** *n.f.* SELF-GOVERNMENT, AUTONOMY, HOME RULE
**ymrestru,** *v.* ENLIST
**ymresymiad,** (-au), *n.m.* REASONING, ARGUMENT
**ymresymu,** *v.* REASON, ARGUE
**ymresymwr,** (-wyr), *n.m.* REASONER
**ymrithio,** *v.* APPEAR
**ymroad,** *n.m.* DEVOTION, APPLICATION
**ymroddedig,** *a.* DEVOTED
**ymroddgar,** *a.* OF GREAT APPLICATION
**ymroddi, ymroi,** *v.* DEVOTE ONESELF, YIELD
**ymroddiad,** *n.m.* APPLICATION, DEVOTION
**ymron,** *ad.* ALMOST, NEARLY
**ymrous,** *a.* ASSIDUOUS
**ymrwymedig,** *a.* ENGAGED
**ymrwymiad,** (-au), *n.m.* AGREEMENT, ENGAGEMENT
**ymrwymo,** *v.* BIND ONESELF
**ymryson,** (-au), *n.m.* CONTENTION, COMPETITION, STRIFE
**ymrysonfa,** (-feydd), *n.f.* CONTEST, MATCH
**ymrysongar,** *a.* QUARRELSOME
**ymsefydlu,** *v.* ESTABLISH ONESELF, SETTLE
**ymserchu,** *v.* **CHERISH, DOTE, FALL IN LOVE**
**ymsoledu,** *v.* SOLIDIFY
**ymson,** *v.* SOLILOQUISE
(-au), *n.m.* SOLILOQUY
**ymsuddiant,** *n.m.* **SUBSIDENCE**
**ymsuddo,** *v.* **SUBSIDE, SINK**
**ymswyn(o),** *v.* **CROSS ONESELF, BEWARE**
**ymsymudiad,** *n.m.* LOCOMOTION
**ymsythu,** *v.* SWAGGER
**ymuno,** *v.* UNITE, JOIN
**ymwacâd,** *n.m.* KENOSIS
**ymwacáu,** *v.* EMPTY ONESELF
**ymwadiad,** *n.m.* DENIAL, ABSTENTION
**ymwadu,** *v.* DENY (ONESELF), RENOUNCE
**ymwahanu,** *v.* SEPARATE, PART, DIVIDE
**ymwaith,** (-weithiau), *n.m.* REACTION
**ymwared,** *n.m.* DELIVERANCE
**ymweithio,** *v.* REACT
**ymweithydd,** (-ion), *n.m.* REACTOR
**ymweled,** *v.* VISIT
**ymweliad,** (-au), *n.m.* VISIT, VISITATION
**ymwelwr, -ydd,** (-wyr), *n.m.* VISITOR
**ymwneud,** *v.* | **BECOME, DEAL(with)**
**ymwneuthur,** *v.* |
**ymwrando,** *v.* LISTEN
**ymwroli,** *v.* TAKE HEART
**ymwrthedd,** *n.m.* RESISTANCE
**ymwrthiannol,** *a.* RESISTANT
**ymwrthod,** *v.* RENOUNCE, ABSTAIN
**ymwrthodiad,** *n.m.* ABSTINENCE
**ymwthgar,** *a.* AMBITIOUS, PUSHING
**ymwthiad,** (-au), *n.m.* TRUSTING
**ymwthio,** *v.* PUSH ONESELF, ASSERT
**ymwthiol,** *a.* INTRUSIVE, OBTRUSIVE
**ymwthiwr,** (-wyr), *n.m.* INTRUDER, INTERLOPER
**ymwybodol,** *a.* CONSCIOUS
**ymwybyddiaeth,** *n.f.* CONSCIOUSNESS
**ymyl,** (-au, -on), *n.m.f.* EDGE, BORDER, MARGIN
*yn ymyl,* CLOSE BY
**ymyled,** (-au), *n.m.* COAMING
**ymylnod,** (-au), *n.m.* MARGINAL NOTE
**ymylu,** *v.* BORDER, ABUT, **ADHERE, VERGE**
**ymyluniad,** (-au), *n.m.* EDGE-JOINTING
**ymylwe,** *n.f.* SELVEDGE
**ymyradur,** (-on), *n.m.* INTERFEROMETER
**ymyrgar,** *a.* INTRUSIVE, MEDDLESOME
**ymyrraeth,** (ymyraethau), *n.f.* INTERFERENCE, INTERVENTION
**ymyrru, -yd,** *v.* INTERFERE, MEDDLE, HECKLE
**ymyrrwr,** (ymyrwyr), *n.m.* MEDDLER, HECKLER
**ymysg,** *pr.* AMONG, AMID
**ymysgu,** *v.* BLEND
**ymysgaroedd,** *n.pl.* BOWELS
**ymysgogydd,** *n.m.* AUTOMATON
**ymysgwyd,** *v.* BESTIR ONESELF
**yn,** *pr.* IN, AT INTO, FOR
*part.* **(NO TRANSLATION)**
**yna,** *ad.* THERE, THEN, THEREUPON
**ynad,** (-on), *n.m.* JUDGE, JUSTICE, MAGISTRATE
**ynadaeth,** *n.f.* JUDICATURE, MAGISTRACY
**ynadol,** *a.* JUDICIAL, MAGISTERIAL
**yn awr,** *ad. phrase,* NOW, AT PRESENT
**yndeintiad,** (-au), *n.m.* INDENTATION
**yndeintio,** *v.* INDENT
**ynfyd,** *a.* FOOLISH, MAD
**ynfydrwydd,** *n.m.* FOOLISHNESS, MADNESS
**ynfydu,** *v.* BECOME MAD, RAVE
**ynfytyn,** (-fydion), *n.m.* FOOL, MADMAN, SIMPLETON
**ynioli,** *v.* ENERGIZE
**ynni,** *n.m.* ENERGY, VIGOUR
**yno,** *ad.* THERE
**yntau,** *pn.* HE, HE TOO
**ynteu,** *c.* OR, OR ELSE, OTHERWISE, THEN

**yntred,** *n.m.f.* INTRADA, INTROIT
**Ynyd,** *n.m.* SHROVETIDE
**ynyden,** (ynydau), *n.f.* INITIAL
**ynydiad,** *n.m.* INITIATION
**ynydu,** *v.* INITIATE
**ynys,** (-oedd), *n.f.* ISLAND, RIVER-MEADOW
**ynysfor,** (-oedd), *n.m.* ARCHIPELAGO
**ynysiad,** (-au), *n.m.* | INSULATION
**ynysiaeth,** *n.f.* |
**ynysol,** *a.* INSULAR
**ynysu,** *v.* INSULATE, ISOLATE
**ynyswr,** (-wyr), *n.m.* ISLANDER
**ynysydd,** (-ion), *n.m.* INSULATOR
**yogurt,** *n.m.* YOGURT
**yr,** see *y*
**yrhawg,** *ad.* FOR A LONG TIME TO COME
**yrŵan,** *ad.* NOW
**ys,** *v.* ONE IS, IT IS
*c.* AS
**ysbaddu,** *v.* CASTRATE
**ysbaid,** (-beidiau), *n.m.f.* SPACE OF TIME, RESPITE
**ysbail,** (-beiliau), *n.f.* SPOIL, BOOTY, PLUNDER
**ysbardun,** (-au), *n.m.f.* SPUR, ACCELERATOR
**ysbarduno,** *v.* SPUR, ACCELERATE
**ysbawd,** *n.m.* SHOULDER (OF MEAT)
**ysbeidiol,** *a.* OCCASIONAL, INTERMITTENT, CASUAL
**ysbeilio,** *v.* PLUNDER, SPOIL
**ysbeiliwr,** (-wyr), *n.m.* SPOILER, ROBBER
**ysbienddrych,** (-au), *n.m.* BINOCULARS
**ysbigoglys,** (-iau), *n.m.* SPINACH
**ysbinagl,** *n.m.* QUINSY
**ysbïaeth,** *n.f.* ESPIONAGE
**ysbïo,** *v.* SPY, LOOK
**ysbïwr,** (-wyr), *n.m.* SPY
**ysblander,** (-au), *n.m.* SPLENDOUR, GLORY
**ysbleddach,** *n.m.f.* FESTIVITY, MERRIMENT
**ysblennydd,** *a.* SPLENDID
**ysbonc,** (-iau), *n.f.* LEAP, JUMP, BOUND, SPURT
**ysboncio,** *v.* LEAP, JUMP, BOUNCE, SPURT
**ysborion,** *n.pl.* CAST-OFFS
**ysbryd,** (-ion, -oedd), *n.m.* SPIRIT, GHOST
**ysbrydegaeth,** *n.f.* SPIRITUALISM
**ysbrydegol,** *a.* SPIRITUALISTIC
**ysbrydiaeth,** *n.f.* ENCOURAGEMENT, INSPIRATION
**ysbrydol,** *a.* SPIRITUAL, HIGH-SPIRITED
**ysbrydoledig,** *a.* INSPIRED
**ysbrydoli,** *v.* INSPIRE, SPIRITUALISE
**ysbrydoliaeth,** *n.f.* INSPIRATION
**ysbwng,** *n.m.* SPONGE
**ysbwrial, -iel,** *n.m.* REFUSE, RUBBISH
**ysbyty,** (-tai, -tyau), *n.m.* HOSPITAL, HOSPICE
**ysfa,** (-feydd), *n.f.* ITCHING, CRAVING, URGE, SCRAPIE
**ysg-.** see also *sg-*
**ysgadan,** (*-enyn, n.m.*), *n.pl.* HERRINGS
**ysgafala,** *a.* CARELESS, SECURE, CAREFREE
**ysgafell,** (-au), *n.f.* LEDGE, SHELF, BROW
**ysgafn,** *a.* LIGHT
*n.m.* STACK, BAY OF CORN
**ysgafnder,** *n.m.* LIGHTNESS, LEVITY
**ysgafnhau, ysgafnu,** *v.* LIGHTEN (IN WEIGHT)
**ysgaldanu,** *v.* SCALD
**ysgall,** (*-en, n.f.*), *n.pl.* THISTLES
**ysgaprwth,** *a.* CLUMSY, AWKWARD
**ysgar,** (-ant, -geraint), *n.m.* ENEMY
**ysgar,** *v.* SEPARATE, DIVORCE
**ysgariad,** (-au), *n.m.* DIVORCE
**ysgarlad,** *a.* SCARLET
**ysgarlys,** (-oedd), *n.m.* DIVORCE COURT
**ysgarmes,** (-au, -oedd), *n.f.* SKIRMISH, MELEE
**ysgarthu,** *v.* EXCRETE
**ysgaru,** *v.* SEPARATE, DIVORCE
**ysgatfydd,** *ad.* PERHAPS
**ysgaw,** (*-en, n.f.*), *c.n.* ELDER (TREES)
**ysgegfa,** (-feydd), *n.f.* SHAKING
**ysgegio, -ian,** *v.* SHAKE, JERK, JOLT
**ysgeintio,** *v.* SCATTER, LEAP
**ysgeler,** *a.* WICKED, ATROCIOUS
**ysgelerder,** (-au), *n.m.* WICKEDNESS, INFAMY
**ysgelerddyn,** (-ion), *n.m.* MISCREANT
**ysgîl,** (-giliau), *n.m.* PILLION, RECESS
**ysgithr,** (-edd), *n.m.* TUSK, FANG
**ysgithrog,** *a.* TUSKED, FANGED, CRAGGY, RUGGED
**ysgiw,** (-ion), *n.f.* SETTLE
**ysglefrio,** *v.* SLIDE, SKATE
**ysglent,** (-iau), *n.f.* SLIDE
**ysglisen, (ysglisiau),** *n.f.* SLICE
**ysglisio,** *v.* SLICE
**ysglodyn,** (-ion), *n.m.* CHIP
**ysglyfaeth,** (-au), *n.f.* PLUNDER, PREY, SPOIL, CARRION
**ysglyfaethus,** *a.* RAPACIOUS, OF PREY

**ysglyfaethyn,** (-nau), *n.m.* PREDATOR
**ysglyfio,** *v.* PREY ON, SNATCH
**ysgogi,** *v.* MOVE, STIR, IMPEL
**ysgogiad,** (-au), *n.m.* MOVEMENT, INCITEMENT, IMPULSE, IMPETUS
*ysgogiad rhywiol,* SEXUAL IMPULSE
**ysgogydd,** (-ion), *n.m.* ACTIVATOR
**ysgogyn,** (-noedd), *n.m.* DANDY, FOP
**ysgol,** (-ion), *n.f.* SCHOOL, SCHOOLING
*ysgol drydyddol,* TERTIARY SCHOOL
*ysgol ddiwygio,* REFORMATORY SCHOOL
*ysgol fonedd,* PUBLIC SCHOOL
*ysgol warchod,* APPROVED SCHOOL
*ysgol gyfun,* COMPREHENSIVE SCHOOL
**ysgol, -en,** (-ion), *n.f.* LADDER
**ysgoldy,** (-dai), *n.m.* SCHOOLHOUSE, SCHOOLROOM
**ysgolfeistr,** (-i), *n.m.* SCHOOLMASTER
**ysgolfeistres,** (-au), *n.f.* SCHOOLMISTRESS
**ysgolhaig,** (-heigion), *n.m.* SCHOLAR
**ysgolheictod,** *n.m.* SCHOLARSHIP, LEARNING
**ysgolheigaidd,** *a.* SCHOLARLY
**ysgoliaeth,** *n.f.* SCHOLASTICISM
**ysgolor,** (-ion), *n.m.* SCHOLAR
**ysgoloriaeth,** (-au), *n.f.* SCHOLARSHIP
**ysgor,** (-au), *n.f.* CITADEL
**ysgorpion,** (-au), *n.m.* SCORPION
**ysgothi,** *v.* SCOUR, SPURT, PURGE
**ysgrafell,** (-i, -od), *n.f.* SCRAPER, RASP
**ysgrafellu,** *v.* SCRAPE
**ysgraff,** (-au), *n.f.* BARGE, FERRY-BOAT
**ysgraffinio,** *v.* SCRATCH, GRAZE, ABRADE
**ysgrech,** (-feydd), *n.f.* SCREAM, SHRIEK
**ysgrechain, -ian,** *v.* SCREAM, SHRIEK
**ysgrepan,** (-au), *n.f.* SCRIP, WALLET
**ysgrif,** (-au), *n.f.* ARTICLE, ESSAY
**ysgrifbin,** (-nau), *n.m.* PEN
**ysgrifen, -iad,** (-iadau), *n.f.* WRITING
**ysgrifenedig,** *a.* WRITTEN
**ysgrifennu,** *v.* WRITE
**ysgrifennwr,** (-enwyr), *n.m.* WRITER
**ysgrifennydd,** (-enyddion), *n.m.* SCRIBE, SECRETARY
**ysgrifenyddiaeth,** *n.f.* SECRETARYSHIP
**ysgrifenyddol,** *a.* SECRETARIAL
**ysgrifrwym,** (-au), *n.m.* BOND
**ysgrîn, (ysgriniau),** *n.f.* SETTLE, COFFIN, SCREEN
**ysgriw,** (-iau), *n.f.* SCREW
**ysgriwio,** *v.* SCREW
**ysgrubl,** (-iaid), *n.m.* BEAST
**ysgrublaidd,** *a.* ANIMAL, BRUTISH
**ysgrublyn,** *n.m.* SMALL PIECE
**ysgryd,** *n.m.* SHIVERING
**ysgrydio,** *v.* / **ysgrytian,** *v.* SHIVER, TREMBLE
**ysgrythur,** (-au), *n.f.* SCRIPTURE
**ysgrythurol,** *a.* SCRIPTURAL
**ysgrythurwr,** (-wyr), *n.m.* SCRIPTURIST
**ysgub,** (-au), *n.f.* SHEAF, BESOM
**ysgubell,** (-au), *n.f.* BESOM
**ysgubo,** *v.* SWEEP
**ysgubol,** *a.* SWEEPING
**ysgubor,** (-iau), *n.f.* BARN, GRANARY
**ysguborio,** *v.* GARNER
**ysgubwr,** (-wyr), *n.m.* SWEEPER, SWEEP
**ysgum,** *n.m.* SCUM
**ysgut,** *a.* NIMBLE, QUICK
**ysgutor,** (-ion), *n.m.* EXECUTOR
**ysgutoriaeth,** (-au), *n.f.* EXECUTORSHIP
**ysguthan,** (-od), *n.f.* WOOD-PIGEON
**ysgwâr,** *a. & n.f.* SQUARE
**ysgwario,** *v.* SQUARE
**ysgwïer,** (-iaid), *n.m.* (E)SQUIRE
**ysgwr,** (-gyrion), *n.m.* SCOUR
**ysgwrfa,** *n.f.* SCOURING, LATHERING
**ysgwrio,** *v.* SCOUR, SCRUB, LATHER
**ysgwyd,** *v.* SHAKE, SWAY, WAG
**ysgwydd,** (-au), *n.f.* SHOULDER
**ysgydwad,** (-au), *n.m.* SHAKING, SHAKE
**ysgyfaint,** *n.pl.* LUNGS, LIGHTS (OFFAL)
**ysgyfarnog,** (-od), *n.f.* HARE
*sugwaed ysgyfarnog,* JUGGED HARE
**ysgyfeinwst,** *n.m.* STRANGLES
**ysgymun,** *a.* ACCURSED
**ysgymunedig,** *a.* EXCOMMUNICATED
**ysgymuno,** *v.* EXCOMMUNICATE
**ysgyrion,** *n.pl.* SPLINTERS, STAVES
**ysgyrnygu,** *v.* GNASH THE TEETH, SNARL
**ysgytiad,** (-au), *n.m.* SHOCK
**ysgytio,** *v.* SHAKE, SHOCK
**ysgytlaeth,** *n.m.* MILK SHAKE
**ysgytwad,** (-au), *n.m.* SHOCK, SHAKING
**ysgythru,** *v.* SCRATCH, CARVE, ETCH, ENGRAVE
**ysgythrwr,** (-wyr), *n.m.* CARVER, ENGRAVER
**ysictod,** *n.m.* SPRAIN, CONTUSION
**ysiêd,** *n.m.* ESCHEAT
**ysiedu,** *v.* ESCHEAT
**ysig,** *a.* BRUISED, SORE, SPRAINED
**ysigo,** *v.* BRUISE, SPRAIN, SAG
**yslafan,** *n.m.* LAVER (SEAWEED)

**yslotian,** *v.* TIPPLE, DABBLE
**ysmala,** *a.* FUNNY, AMUSING, DROLL
**ysmaldod,** *n.m.* FUN, DROLLERY
**ysmalio,** *v.* JOKE
**ysmotyn,** (ysmotiau), *n.m.* SPOT
**ysmygu,** *v.* SMOKE (TOBACCO)
**ysmygwr,** (-wyr), *n.m.* SMOKER
**ysnoden,** (-ni), *n.f.* BAND, RIBBON, GLEET
**ysnodi,** *n.m.* CORYZA
**ysol,** *a.* CONSUMING, CORROSIVE
**yst-.** see also *st-*
**ystabl,** (-au), *n.f.* STABLE
**ystad,** (-au), *n.f.* STATE, ESTATE, FURLONG
**ystadegaeth,** *n.f.* STATISTICS
**ystadegau,** *n.pl.* STATISTICS
**ystadegol,** *a.* STATISTICAL
**ystadegydd,** (-ion), *n.m.* STATISTICIAN
**ystaden,** (-ni), *n.f.* FURLONG
**ystaen,** (-iau), *n.m.* STAIN
**ystafell,** (-oedd), *n.f.* ROOM, CHAMBER
**ystafellydd,** (-ion), *n.m.* CHAMBERLAIN
**ystalwyn,** (-i), *n.m.* STALLION
**ystanc,** (-iau), *n.m.* STAKE, BRACKET
**ystatud,** *n.f.* STATUTE
**ystarn,** (-au), *n.f.* STERN
**ystelcian,** *v.* SKULK, LOITER
**ystelciwr,** (-wyr), *n.m.* LOAFER, LOITERER
**ystên,** (-ènau), *n.f.* PITCHER, EWER, MILK-CAN
**ystent,** *n.m.f.* EXTENT
**ystig,** *a.* DILIGENT, WILLING
**ystinos,** *n.m.* ASBESTOS
**ystle(n),** (-i), *n.f.* SEX, GENUS
**ystlum,** (-od), *n.m.* BAT
**ystlynedd,** *n.f.* KINDRED, NAME
**ystlys,** (-au), *n.f.* SIDE, FLANK, TOUCHLINE
**ystlyswr,** (-wyr), *n.m.* LINESMAN, SIDESMAN
**ystod,** (-ion, -au), *n.f.* COURSE, SPACE OF TIME, SWATH
*yn ystod,* DURING
**ystof,** (-au), *n.m.f.* WARP
**ystofi,** *v.* WARP, WEAVE, PLAN
**ystôl,** (-olion), *n.f.* STOOL, CHAIR
**ystola,** (-u), *n.f.* STOLE
**ystor,** *n.m.* INCREASE, RESIN
**ystôr,** (-orau), *n.m.* STORE, PLENTY
**ystordy,** (-dai), *n.m.* STOREHOUSE, WAREHOUSE
**ystorfa,** (-feydd), *n.f.* STORE, STOREHOUSE
**ystorio,** *v.* STORE
**ystorïwr,** (-wyr), *n.m.* HISTORIAN, STORYTELLER
**ystorm,** (-ydd), *n.f.* STORM
**ystormus,** *a.* STORMY
**ystrad,** (-au), *n.m.f.* VALE, STRATH
**ystranc,** (-iau), *n.f.* TRICK
**ystrancio,** *v.* PLAY TRICKS, JIB, REBEL
**ystranclyd,** *a.* RESTIVE, REBELLIOUS, JIBBING
**ystrêd,** (-au), *n.m.* ESTREAT
**ystredu,** *v.* ESTREAT
**ystremp,** (-iau), *n.f.* CART-PADDLE
**ystryd,** (-oedd), *n.f.* STREET
**ystrydeb,** (-au), *n.f.* STEREOTYPE, CLICHÉ
**ystrydebol,** *a.* STEREOTYPED, HACKNEYED
**ystryw,** (-iau), *n.f.* TRICK, CUNNING, CRAFT, STRATAGEM
**ystrywgar, -us,** *a.* CRAFTY
**ystum,** (-iau), *n.m.f.* FORM, BEND, SHAPE, GESTURE, POSTURE, MEANDER
*pl.* GRIMACES
**ystumiad,** (-au), *n.m.* DISTORTION
**ystumiaeth,** *n.f.* CHIRONOMY
**ystumiwr,** (-wyr), *n.m.* TWISTER
**ystumog,** (-au), *n.f.* STOMACH
**ystwffwl,** (ystyffylau), *n.m.* COLUMN, PILLAR, DOOR-KNOCKER, STAPLE
**ystŵr,** *n.m.* NOISE, STIR, BUSTLE
**Ystwyll,** *n.m.* EPIPHANY
**ystwyrian,** *v.* STIR
**ystwyth,** *a.* FLEXIBLE, SUPPLE, AGILE, PLIANT
**ystwythder,** (-au), *n.m.* FLEXIBILITY, AGILITY
**ystwytho,** *v.* MAKE FLEXIBLE, BEND
**ystyfnig,** *a.* STUBBORN
**ystyfnigrwydd,** *n.m.* OBSTINACY
**ystyr,** (-on), *n.f.m.* SENSE, MEANING
**ystyriaeth,** (-au), *n.f.* CONSIDERATION, HEED
**ystyried,** *v.* CONSIDER, HEED
**ystyriol,** *a.* HEEDFUL, MINDFUL
**ystyrlon,** *a.* MEANINGFUL
**ysu,** *v.* CONSUME, CRAVE, ITCH
**yswain,** (-weiniaid), *n.m.* (E)SQUIRE
**yswil,** *a.* SHY, BASHFUL
**yswildod,** *n.m.* SHYNESS, BASHFULNESS
**yswiriant,** (-nnau), *n.m.* INSURANCE
**yswirio,** *v.* INSURE
**yswitian,** *v.* CHIRP, TWITTER
**yswr,** (-wyr), *n.m.* CONSUMER
**ysywaeth,** *ad.* MORE'S THE PITY, ALAS
**yw,** *v.* IS, ARE
**ywen,** (yw), *n.f.* YEW

# RHESTRAU AMRYWIOL

## Cymraeg — Saesneg

# MISCELLANEOUS LISTS

## Welsh — English

# Rhagddodiaid ac Ôl-Ddodiaid.
# Prefixes and Suffixes

**RHAGDDODIAID (PREFIXES)**

Most of the prefixes are followed by a mutation. The mutation is indicated in brackets.

**a-** *(spirant),* intensive, as in **athrist**

**ad-** *(soft),* 'second', as in **adladd, adflas**
're-, again', as in **adlais, adennill**
'evil, poor', as in **adfyd**

**add-** *(soft),* intensive, as in **addfwyn, addoer**

**af-** *(soft),* negative, as in **aflan, afraid**

**ang-** *(nasal),* negative, as in **angharedig, angof**

**ail-** *(soft),* 're-', as in **ailadrodd, aileni**

**all-** *(soft),* 'other', as in **allfro, allforio**

**am-** *(soft),* 'around, about', as in **amdo, amgylch**
*(nasal),* negative, as in **amhosibl, amarch**
'different', as in **amyd,** *(soft)* **amryw**

**an-** *(nasal),* negative, as in **annheg, annuwiol, anhysbys**

**ar-** *(soft),* intensive, as in **ardystio**
'fore', as in **argae**
'opposite', as in **Arfon**

**arch-** *(soft),* 'arch-', as in **archdderwydd, archesgob**

**at- (=ad-)** *(soft),* intensive, as in **atgas, atgof**

**cam-** *(soft),* 'wrong, mis-' as in **camddeall, camdriniaeth**

**can-** *(soft),* 'with, after', as in **canlyn, canllaw**

**cy-** *(soft),* 'com-, con-', as in **cywaith**

**cyd-** *(soft),* 'co-, together', as in **cydfod, cydymaith, cytûn, cytir (-d+d- =-t-)**

**cyf-** *(soft),* 'com-, con-', as in **cyfurdd, cyfliw**
intensive, as in **cyflawn**

**cyfr-** *(soft),* intensive, 'wholly', as in **cyfrgoll**

**cyng-** *(nasal),* 'com-, con-', as in **cyngwystl, cyngerdd**

**cym-** *(nasal),* 'com-, con-,', as in **cymwys, cymod**

**cyn- (=cy-)** *(nasal),* 'com-, con-' as in **cynnull, cynnwrf**

**cyn-** *(soft),* 'pre-, ex-', as in **cyn-faer, cyn-olygydd**

**cyn-** *(soft),* **cynt-** *(nasal),* 'first, before', as in **cynddail, cynhaeaf**

**dad-, dat-** *(soft),* intensive, as in **datgan**
'un-', as in **dadlwytho, datgloi**

**dar-** *(soft),* intensive, as in **darbwyllo, darlledu**

**dat- (= dad-)**

**di-** *(soft),* 'without', negative, as in **di-dduw, di-fai**
intensive, as in **dioddef, didol**

**dir-** *(soft),* intensive, as in **dirboen, dirgel**

**dis-** affirmative, as in **distaw**
negative, as in **disgloff**

**do-** *(soft),* intensive, as in **dolef**

**dy-** *(soft),* negative, as in **dybryd**
'to, together', as in **dygyfor, dyweddi**

**dy-** *(spirant),* intensive, as in **dychryn**
'bad', as in **dychan**

**e(h)-** 'before, without', as in **eang, eofn**

**ech-** 'before', as in **echnos, echdoe**

**eil-** *(soft, rad.),* 'again, second', as in **eilddydd (eildydd), eilwaith**

**en-** *(soft),* intensive, as in **enfawr, enbyd**

**go-, gwo-, gwa-** *(soft),* 'sub-', as in **gobennydd, gwobr, gwastad**

**gor-, gwar-** *(soft, spirant),* 'over, super', as in **gorboblogaeth, goruchel, gwarchod, gorffen**

**hy-** *(soft),* 'well, fine' as in **hyfryd, hygar**
'-able', as in **hydrin, hylaw**

**gwrth-** *(soft),* 'against, contra-', as in **gwrthglawdd, gwrthddywedyd**

**lled-** *(soft),* 'half, rather' as in **lledlwm, lledlaith**

**prif-** *(soft),* 'high, chief', as in **priflys, prifardd**

**rhag-** *(soft),* 'before, pre-, pro-', as in **rhagfur, rhagfarn**

**rhy-** *(soft),* 'too, very', as in **rhywyr, rhyfedd** (cf. *rhy fawr,* 'too big')

**rhyng-** *(soft),* 'inter-', as in **rhyngwladol, rhyng-golegol**

**tra-** *(spirant),* 'over, excessive', as in **tramor, trachwant, trachas**

**try-** *(soft),* 'through', as in **tryfer, tryloyw**

**ym-** *(soft),* reflexive, as in **ymolchi, ymlâdd**
reciprocal, as in **ymladd, ymweld** (usually followed by **â, ag)**

# ÔL-DDODIAID (SUFFIXES)

## BERFENWAU (VERB-NOUNS)

Most verb-nouns are formed by adding one of the following endings to the stem of the Verb: **-i, -o, -u.**

**-i** is added:—

1. to some stems with **a** in the last syllable which is affected to **e** by the ending **-i**:
   *e.g.* **erchi** (archaf), **peri** (paraf), **sengi** (sangaf), **llenwi** (llanwaf)
2. to stems with **o** or **oe** in the last syllable:
   *e.g.* **arfogi, cochi, cronni, dofi, torri, llonni, pori. oedi, oeri, poeri, poethi, noethi**
3. to stems ending in consonantal **w**:
   *e.g.* **berwi, chwerwi, enwi, tewi, gwelwi, distewi**

There are some exceptions where the stem is the same as the verb-noun.
*e.g.* **cadw, marw, llanw, galw**

**-o** is added:—

1. to stems with the following vowels in the final syllable: **i, u, eu, ŵy:**
   *e.g.* **llifo, crino, blino, rhifo, britho, gweddïo, saernïo, ymfalchïo, rhuo, hudo, curo, dymuno, ceulo, teneuo, euro, bwydo, rhwydo, rhwyfo, andwyo**
2. to stems ending in consonantal **i**:
   *e.g.* **troedio, gwawrio, rhodio, diffygio**
   Also where the verb-noun is formed from a noun or adjective with **ai** in the final syllable:
   *e.g.* **sail, seilio; disglair, disgleirio; gwaith, gweithio; rhaib, rheibio**

**-u** is added:—

to stems with one of these vowels in the final syllable: **a, ae, e, y** (formed from **w** or 'clear' **y**)

*e.g.* **caru, glasu, chwalu, diddanu, dallu; gwaelu, saethu, gwaedu; credu, trefnu, rhyfeddu, meddu, caledu; crynu, tyfu, melysu, tynnu**

Exceptions are:
*e.g.* **gweiddi** (gwaeddaf), **medi** (medaf)
**llenwi, rhegi,** and as in 1. above (under **-i**)

## OTHER VERB-NOUN ENDINGS ARE:

1. **-ach**, as in **clindarddach, cyfeddach**
2. **-ael**, as in **cael, caffael, gadael**
3. **-aeth**, as in **marchogaeth**
4. **-ain**, as in **llefain, ochain, disabedain**
5. **-al**, as in **sisial, tincial**
6. **-(i)an**, as in **trotian, hongian, sefyllian, grwnian**
7. **-as**, as in **lluddias**
8. **-ed**, as in **gweled, cerdded, yfed, myned, clywed**
9. **-eg**, as in **ehedeg, rhedeg**
10. **-fan**, as in **cwynfan, griddfan**
11. **-(h)a**, as in **pysgota, cardota, lloffa, cryffa, gwledda, cneua, mwyara**
12. **-(h)au**, as in **gwanhau, cryfhau, cwpláu, cwblhau, agosáu, byrhau, casáu, ysgafnhau, coffáu**
13 **-ofain**, as in **wylofain**
14. **-yd**, as in **cymryd, edryd, ymaflyd, dychwelyd, syflyd, ymyrryd**
15. **-u** and **-i** form a diphthong with a preceding **-a, -e, -o-**:: **parhau, glanhau, gwau, gweu, crynhoi, paratoi, troi, ffoi**

# ADJECTIVES

## ADJECTIVAL ENDINGS:

**-aid**, as in **ariannaid, cannaid, euraid**
**-aidd**, as in **gwladaidd, peraidd, tlodaidd, euraidd**
**-ar**, as in **byddar, cynnar, diweddar**
**-awl: -ol**, as in **corawl, dymunol, estronol, hudol**
**-gar**, as in **beiddgar, dialgar, hawddgar, dengar**
**-ig**, as in **deheuig, lloerig, gwledig**
**-in**, as in **cysefin, gerwin**
**-lawn: -lon**, as in **bodlon, ffrwythlon, anffyddlon**
**-llyd: -lyd**, as in **gwaedlyd, tanllyd, llychlyd**
**-(i)og**, as in **gwlanog, arfog, gwresog, eithinog, oriog**
**-us**, as in **llafurus, grymus, costus, blinderus**

# NOUNS

## ENDINGS OF ABSTRACT NOUNS:

**-ach**, as in **cyfeillach, cyfrinach, cyfeddach**
**-aeth**, as in **gwasanaeth, esgobaeth**
**-aid**, as in **dysglaid, llwyaid**
**-aint**, as in **henaint**
**-as**, as in **teyrnas, priodas, urddas**
**-awd**, as in **pennawd, traethawd**
**-der, -ter**, as in **dyfnder, gwacter**
**-did**, as in **glendid, gwendid**
**-dod**, as in **undod, cryndod**
**-dwr**, as in **sychdwr, cryfdwr**
**-ed**, as in **colled, syched**
**-edd**, as in **mawredd, atgasedd**
**-eg**, as in **Saesneg, Llydaweg, Cymraeg** *(formerly* Cymra-eg)
**-es**, as in **lloches**
**-fa**, as in **cymanfa, noddfa, lladdfa**

**-i**, as in **diogi, caledi**
**-iant**, as in **meddiant, moliant**
**-id**, as in **rhyddid, addewid**
**-ineb**, as in **doethineb, ffolineb**
**-ioni**, as in **drygioni, daioni**
**-ni**, as in **tlysni, noethni, bryntni**
**-red**, as in **gweithred**
**-rwydd**, as in **enbydrwydd, gwallgofrwydd**
**-wch**, as in **tristwch, tawelwch**
**-yd**, as in **mebyd, bywyd, iechyd**

## ENDINGS DENOTING A PERSON OR AGENT:

**-awdr**, as in **creawdr, dysgawdr**
**-es**, (feminine ending) as in **caethes, tywysoges**
**-iad**, as in **datgeiniad**
**-(i)edydd**, as in **caniedydd**
**-og**, as in **marchog, swyddog**
**-or**, as in **telynor, canghellor**
**-wr**, as in **pregethwr, siopwr**
**-wraig**, as in **golchwraig, adroddwraig**
**-ydd**, as in **melinydd, nofelydd**
**-yddes**, as in **gwniadyddes, ysgrifenyddes**

## ENDINGS DENOTING A TOOL OR A THING:

**-adur**, as in **gwniadur, teipiadur**
**-edydd**, as in **berwedydd**
**-ell**, as in **pibell, ysgrafell**
**-in**, as in **melin, cribin**
**-og**, as in **clustog, bidog**
**-wr**, as in **crafwr, tynnwr, golchwr**
**-ydd**, as in **gobennydd, dysychydd**

## DIMINUTIVE ENDINGS:

**-ach**, as in **corrach, dynionach**
**-an**, as in **dynan, gwreigan**
**-cyn**, as in **bryncyn, llecyn, ffwlcyn**
**-cen**, as in **ffolcen**
**-ell**, as in **traethell**
**-ig**, as in **afonig, oenig**
**-os**, as in **plantos, teios**
**-yn**, as in **llencyn, bachgennyn, dernyn**

# Termau Estron — Foreign Terms

*à bas,* i lawr â
*ab initio,* o'r dechrau
*ad infinitum,* yn ddiddiwedd
*ad libitum,* yn ddiwarafun
*ad nauseam,* hyd ddiflastod
*affaire d'amour,* carwriaeth
*affaire de coeur,* mater y galon
*à la mode,* yn ôl arfer, yn y ffasiwn
*al fresco,* yn yr awyr agored
*alma mater,* ysgol neu brifysgol (yr addysgwyd rhywun ynddi)
*alter ego,* hunan arall
*amour propre,* balchder
*Anno Domini,* Oed Crist (O.C.)
*anno mundi,* oed y byd
*ante meridiem (a.m.),* yn y bore
*aplomb,* hunanfeddiant
*a posteriori,* o'r effaith i'r achos
*à propos,* mewn perthynas â
*aqua vitae,* dwfr bywyd; brandi
*arrière-pensée,* rhagrith
*à tout pris,* costied a gosto
*au contraire,* i'r gwrthwyneb
*au courant,* hysbys
*au revoir,* / *auf Wiedersehen,* ffarwél nes cawn gwrdd eto
*bête noire,* bwgan
*bien entendu,* wrth gwrs
*bona fide,* diffuant, dilys
*bonhomie,* hynawsedd
*bon jour,* dydd da, bore da
*bon mot,* gair ffraeth
*bon soir,* noswaith dda
*bon vivant,* gloddestwr
*bon voyage,* siwrnai dda
*bric-à-brac,* pethau mân
*cacoethes loquendi,* ysfa siarad
*campo santo,* claddfa
*canaille,* y werin
*carte blanche,* awdurdod llawn
*casus belli,* achos rhyfel
*cave canem,* gochelwch y ci
*ceteris paribus,* â phethau eraill yn gyfartal
*chargé d'affaires,* llysgennad (dirprwy)
*chef d'oeuvre,* campwaith
*chic,* dillyn
*compos mentis,* yn ei iawn bwyll
*contretemps,* anffawd
*corrigenda,* gwallau i'w cywiro
*coup,* ergyd
*coup de grâce,* ergyd derfynol
*coup d'état,* ergyd wladol
*cul de sac,* heol heb fynedfa yn ei phen draw, heol hosan
*cum grano salis,* gydag ychydig halen, heb gredu gormod ynddo
*de facto,* mewn ffaith
*Dei gratia,* trwy ras Duw
*de jure,* yn ôl y gyfraith
*de novo,* o'r newydd
*Deo Volente (D.V.),* os dymuna Duw
*de profundis,* o'r dyfnder
*de trop,* gormodol
*deus ex machina,* gwaredwr
*dies irae,* dydd digofaint, dydd barn
*dramatis personae,* cymeriadau drama
*dum spiro spero,* gobeithiaf tra byddaf
*ecce homo,* wele'r dyn
*en avant!* ymlaen!
*en effet,* mewn gwirionedd
*en masse,* yn y crynswth
*en passant,* wrth fynd heibio
*en plein jour,* liw dydd golau
*en route,* ar y ffordd
*entente cordiale,* cyd-ddealltwriaeth galonnog (rhwng dwy lywodraeth)
*entourage,* gosgordd
*entre nous,* rhyngom ni
*esprit de corps,* ysbryd byddin, undeb
*et cetera,* ac yn y blaen
*ex cathedra,* yn swyddogol, gydag awdurdod
*exeunt,* ânt allan
*ex officio,* yn rhinwedd ei swydd
*ex parte,* o un ochr yn unig
*fait accompli,* ffaith wedi ei chyflawni
*faubourg,* maestref
*faux pas,* cam gwag, camddywediad
*Gott mit uns,* Duw gyda ni
*Gott sei Dank,* diolch i Dduw!
*hic jacet,* yma y gorwedd
*hors de combat,* analluog, allan o'r frwydr
*honoris causa,* er anrhydedd
*ibidem (ibid.),* yn yr un man
*id est (i.e.),* hynny yw (h.y.)
*in aeternum,* yn dragwyddol

*in memoriam,* er cof (am)
*in perpetuum,* am byth
*in saecula saeculorum,* yn oes oesoedd
*in situ,* yn ei briod le
*inter alia,* ymhlith pethau eraill
*in toto,* yn gyfan gwbl
*ipso facto,* drwy'r ffaith ei hun
*ipso jure,* drwy hawl cyfraith
*labor omnia vincit,* trechir popeth gan lafur
*laus Deo,* clod i Dduw
*locum tenens,* dirprwy
*magnum opus,* gorchestwaith
*mal de mer,* salwch y môr
*malgré lui,* er ei waethaf
*Materia Medica,* cyffuriau meddygol
*mens sana in corpore sano,* meddwl iach mewn corff iach
*mirabile dictu,* syndod sôn
*modus operandi,* dull o weithredu
*multum in parvo,* llawer mewn ychydig
*mutatis mutandis,* gyda chyfnewid dyladwy
*neé,* ganedig(am enw gwraig briod)
*nil desperandum,* nac anobeithier
*nolens volens,* o fodd neu anfodd
*nom de plume,* ffugenw
*non compos mentis,* allan o'i bwyll
*nota bene (N.B.),* dalier sylw (D.S.)
*nouveau riche,* newydd-gyfoethog
*nulli-secundus,* digymar, di-ail
*obiter dicta,* sylwadau wrth fynd heibio
*ora pro nobis,* gweddïa drosom
*par excellence,* yn anad neb neu ddim
*pas seul,* dawns i un
*passim,* ymhobman
*paterfamilias,* tad teulu
*pax vobiscum,* tangnefedd i chwi
*per annum,* (hyn a hyn) y flwyddyn
*per capita,* yn ôl pennau
*per diem,* (hyn a hyn) y dydd
*per se,* ynddo ei hun
*peu de chose,* rhywbeth bach
*pièce de resistance,* y prif ddarn
*post meridiem (p.m.),* wedi canol dydd, prynhawn
*post mortem,* wedi marwolaeth
*pot pourri,* cymysgfa
*prima facie,* ar yr olwg gyntaf
*pro bono publico,* er lles y cyhoedd
*pro rata,* ar gyfartaledd
*pro tempore (pro tem.),* dros dro
*quid pro quo,* rhywbeth cyfwerth
*quod erat demonstrandum (q.e.d.),* yr hyn oedd i'w brofi
*raison d'être,* hawl i fod, rheswm am fod
*rara avis,* aderyn prin, rhyfeddod
*répondez, s'il vous plaît (R.S.V.P.),* atebwch os gwelwch yn dda
*requiescat in pace,* gorffwysed mewn hedd
*résumé,* crynodeb
*sang-froid,* hunanfeddiant
*sans souci,* ysgafala, diofal
*sauve qui peut,* pawb drosto ei hun
*savoir faire,* medr, gallu
*semper eadem,* yr un yn wastad
*seriatim,* yn olynol
*sic transit gloria mundi,* felly y diflanna gogoniant y byd hwn
*sine die,* hyd amser amhenodol
*sine qua non,* hanfodol
*sotto voce,* yn ddistaw
*status quo,* y sefyllfa fel yr oedd
*stet,* peidier â'i ddileu
*sub judice,* dan ystyriaeth
*sub rosa,* yn gyfrinachol
*sui generis,* o'i fath ei hun
*summum bonum,* y daioni eithaf
*tempus fugit,* ffy amser
*terra firma,* daear gadarn
*tête-à-tête,* ymgom gyfrinachol
*tour de force,* gorchest
*tout ensemble,* y cyfan gyda'i gilydd
*ultima Thule,* y man eithaf
*vade mecum,* hyfforddwr, llawlyfr
*vale!* yn iach! ffarwél!
*verbatim et literatim,* air am air a llythyren am lythyren
*versus,* yn erbyn
*vice versa,* i'r gwrthwyneb
*videlicet (viz.),* hynny yw, sef

# Enwau Personau — Personal Names

**Adda,** ADAM
**Andreas,** ANDREW
**Alis,** ALICE
**Aneirin, (Aneurin)**
**Antwn,** ANTHONY
**Arnallt,** ARNOLD
**Awstin,** AUGUSTINE
**Bartholomeus,** BARTHOLOMEW
**Beda,** BEDE
**Bedwyr,** BEDIVERE
**Bemwnd,** BEAUMONT
**Bened,** BENNET
**Beti: Betsan: Betsi,** BETTY
**Bifan,** BEVAN
**Buddug,** BOADICEA
**Cadog: Catwg,** CADOC
**Cai,** KAY
**Caiaffas,** CAIAPHAS
**Calfin,** CALVIN
**Caradog,** CARATACUS
**Catrin: Cadi,** CATHERINE
**Cesar,** CAESAR
**Clêr,** CLARE
**Cynfelyn,** CYMBELINE
**Cystennin,** CONSTANTINE
**Dafydd: Dewi: Deio: Dai,** DAVID
**Deiniol,** DANIEL
**Edmwnd: Edmwnt,** EDMUND
**Edwart,** EDWARD
**Efa,** EVE
**Elen,** HELEN
**Elias,** ELIJAH
**Elinor,** ELEANOR
**Eliseus,** ELISHA
**Emrys,** AMBROSE
**Eseia,** ISAIAH
**Esyllt,** ISEULT
**Fychan,** VAUGHAN
**Fyrsil: Fferyll,** VIRGIL
**Garmon,** GERMANUS
**Geraint,** GERONTIUS
**Gerallt,** GERALD
**Glyn Dŵr,** GLENDOWER
**Gruffudd,** GRIFFITH
**Grygor,** GREGORY
**Guto,** GRUFFYDD
**Gwallter,** WALTER
**Gwenffrewi: Gwenfrewi,** WINIFRED
**Gwenhwyfar,** GUINEVERE
**Gwilym,** WILLIAM
**Gwladus,** GLADYS
**Gwrtheyrn,** VORTIGERN
**Henri: Harri,** HENRY
**Hopcyn,** HOPKIN
**Horas,** HORACE
**Hors,** HORSA
**Huw,** HUGH
**Hywel,** HOWELL
**Iago,** JAMES
**Iau,** JUPITER, JOVE
**Ieuan: Ifan: Iwan: Ianto,** EVAN
**Ioan,** JOHN
**Iorwerth: Iolo.** EDWARD
**Lawnslot,** LAUNCELOT
**Lefi,** LEVI
**Lowri,** LAURA
**Lisbeth: Leisa,** ELIZABETH
**Luc,** LUKE
**Lleucu,** LUCY
**Lludd,** LUDD
**Llwyd,** LLOYD
**Llŷr,** LEAR
**Mabli,** MABEL
**Madog,** MADOC, MADDOCK
**Mair: Mari,** MARY
**Mali,** MOLLY
**Mallt,** MAUD, MATILDA
**Maredudd, Meredydd,** MEREDITH
**Marc,** MARK
**Marged,** MARGARET
**Mawrth,** MARS
**Mererid,** MARGARET
**Meurig,** MAURICE
**Mihangel,** MICHAEL
**Modlen: Magdalen,** MAGDALENE
**Moesen,** MOSES
**Morus: Morys: Moris,** MORRIS
**Myrddin,** MERLIN
**Neifion,** NEPTUNE
**Ofydd,** OVID
**Oswallt,** OSWALD
**Owain: Owen,** OWEN
**Padrig,** PATRICK
**Pawl,** PAUL
**Pawl Hen,** PAULINUS
**Pedr,** PETER
**Peredur,** PERCEVAL
**Phylip,** PHILIP

**Prys,** PRICE
**Pyrs,** PIERCE, PIERS
**Puw,** PUGH
**Rheinallt,** REGINALD
**Rhisiart,** RICHARD
**Rhonwen,** ROWENA
**Rhosier,** ROSSER, ROGER
**Rhydderch,** RODERICK
**Rhys,** REES, RICE
**Rolant,** ROWLAND
**Selyf: Solomon,** SOLOMON
**Siân: Siani,** JANE, JENNY
**Siâm: Siâms: Siams,** JAMES
**Siarl,** CHARLES
**Siarlymaen,** CHARLEMAGNE
**Sieffre,** GEOFFREY
**Siencyn,** JENKIN
**Siôn: Sionyn: Sioni,** JOHN
**Sioned,** JANET
**Siôr: Siors,** GEORGE
**Siwan,** JOAN, JOANNA
**Steffan,** STEPHEN
**Sulien,** JULIAN
**Tegid,** TACITUS
**Timotheus,** TIMOTHY
**Tomos: Twm,** THOMAS, TOM
**Trystan,** TRISTAN, TRISTRAM
**Tudur,** TUDOR
**William,** WILLIAM
**Wmffre,** HUMPHREY
**Y Santes Fair,** SAINT MARY

---

# Enwau Lleoedd — Places Names

**Abergafenni: Y Fenni,** ABERGAVENNY
**Aberdaugleddau, -yf,** MILFORD HAVEN
**Abergwaun,** FISHGUARD
**Aberhonddu,** BRECON
**Abermaw: Abermo,** BARMOUTH
**Aber-miwl,** ABERMULE
**Aberogwr,** OGMORE-BY-SEA
**Aberpennar,** MOUNTAIN ASH
**Aberriw,** BERRIEW
**Abertawe,** SWANSEA
**Aberteifi,** CARDIGAN
**Abertyleri,** ABERTILLERY
**Afon Menai,** MENAI STRAITS
**Affganistan,** AFGHANISTAN
**Affrica: Yr Affrig,** AFRICA
**America: Yr Amerig,** AMERICA
**Amwythig,** SHREWSBURY
**Antarctig,** ANTARCTIC
**Arberth,** NARBERTH
**Arctig,** ARCTIC
**Ariannin,** ARGENTINA
**Asia Leiaf,** ASIA MINOR
**Athen,** ATHENS
**Awstralia,** AUSTRALIA
**Awstria,** AUSTRIA
**Bangor Is-coed,** BANGOR-ON-DEE
**Bannau Brycheiniog,** BRECKNOCK BEACONS
**Begeli,** BEGELLY
**Bers,** BERSHAM
**Biwmares,** BEAUMARIS
**Blaenau Gwent,** BLAINA
**Blorens,** BLORENGE
**Brasil,** BRAZIL
**Breudeth,** BRAWDY
**Bro'r Llynnoedd,** LAKE DISTRICT
**Bro Morgannwg,** VALE OF GLAMORGAN
**Brychdyn,** BROUGHTON
**Brynbuga,** USK
**Bryste: Caerodor,** BRISTOL
**Bwcle,** BUCKLEY
**Bwlgaria,** BULGARIA
**Bwrgwyn,** BURGUNDY
**Bwrma,** BURMA
**Bytholwerni,** EVERGLADES
**Caer,** CHESTER
**Caerdroea: Troea,** TROY
**Caerdydd,** CARDIFF
**Caeredin,** EDINBURGH
**Caerfaddon,** BATH
**Caerfuddai,** CHICHESTER
**Caerfyrddin,** CARMARTHEN

**Caer-gaint,** CANTERBURY
**Caer-grawnt,** CAMBRIDGE
**Caergybi,** HOLYHEAD
**Caergystennin,** CONTSTANTINOPLE
**Caerhirfryn,** LANCASTER
**Caeriw,** CAREW
**Caerliwelydd,** CARLISLE
**Caerloyw,** GLOUCESTER
**Caerlŷr,** LEICESTER
**Caerllion Fawr,** CHESTER
**Caerlleon,** CAERLEON
**Caernarfon,** CAERNARVON
**Caersalem: Jerwsalem,** JERUSALEM
**Caersallog,** SALISBURY
**Caerwrangon,** WORCESTER
**Caer-wynt,** WINCHESTER
**Caer-wysg,** EXETER
**Caint,** KENT
**Camros,** CAMROSE
**Camwy,** CHUBUT
**Cantwn,** CANTON
**Carwe,** CARWAY
**Cas-blaidd,** WOLF'S CASTLE
**Cas-gwent,** CHEPSTOW
**Cas-lai,** HAYSCASTLE
**Casllwchwr,** LOUGHOR
**Casnewydd,** NEWPORT (GWENT)
**Casnewydd-bach,** LITTLE NEWCASTLE
**Castell-nedd,** NEATH
**Castellnewydd Emlyn,** NEWCASTLE EMLYN
**Castell Paen,** PAINSCASTLE
**Castell-y-waun: Y Waun,** CHIRK
**Cas-wis,** WISTON
**Catraeth,** CATTERICK
**Cawcasws,** CAUCASUS
**Ceinewydd,** NEW QUAY (DYFED)
**Ceintun,** KINGTON
**Cendl,** BEAUFORT
**Cernyw,** CORNWALL
**Cilgwri,** WIRRAL
**Cilâ,** KILLAY
**Clawdd Offa,** OFFA'S DYKE
**Cleirwy,** CLYRO
**Cnwclas,** KNUCKLAS
**Coed-duon,** BLACKWOOD
**Coed-llai,** LEESWOOD
**Côr y Cewri,** STONEHENGE
**Corneli,** CORNELLY
**Crai,** CRAY
**Creta,** CRETE
**Croesoswallt,** OSWESTRY
**Crucywel,** CRICKHOWELL
**Crynwedd,** CRINOW
**Cwlen,** COLOGNE
**Cydweli,** KIDWELLY
**Cymanwlad o Daleithiau Annibynnol,** C.I.S.
**Chwitffordd,** WHITFORD
**Denmarc,** DENMARK
**Derwen-fawr,** BROAD OAK
**Derwen-gam,** OAKFORD
**Dinbych,** DENBIGH
**Dinbych-y-pysgod,** TENBY
**Dindyrn,** TINTERN
**Dolgellau,** DOLGELLEY
**Donaw,** DANUBE
**Dulyn,** DUBLIN
**Dwn-rhefn,** DUNRAVEN
**Dyfnaint,** DEVON
**Dyfrdwy,** DEE
**Dyfnant,** DUNVANT
**Efrog: Caer Efrog,** YORK
**Eglwys Fair y Mynydd,** ST. MARY HILL
**Eláí,** ELY (near CARDIFF)
**Emiradau Arabaidd Unedig,** UNITED ARAB EMIRATES
**Eryri,** SNOWDONIA
**Euskadi, Gwlad y Basg,** BASQUE COUNTRY
**Ewrop,** EUROPE
**Fenis,** VENICE
**Fietnam,** VIETNAM
**Froncysylltau,** VRONCYSYLLTE
**Ffindir, Y,** FINLAND
**Fflandrys,** FLANDERS
**Fflint,** FLINT
**Fflorens,** FLORENCE
**Ffrainc,** FRANCE
**Ffwl-y-mwn,** FONMON
**Ffynnon Taf,** TAFF'S WELL
**Gâl,** GAUL
**Genefa,** GENEVA
**Glandŵr,** LANDORE
**Glyn Ebwy,** EBBW VALE
**Glyn Egwestl: Glyn y Groes,** VALLE CRUCIS
**Gresffordd,** GRESFORD
**Groeg,** GREECE
**Gwasgwyn,** GASCONY
**Gwenfô,** WENVOE
**Gweriniaeth Dwyrain yr Almaen,** G.D.R.,
**Gweriniaeth Ffederal yr Almaen,** G.F.R.,
**Gwlad Belg,** BELGIUM
**Gwlad Pwyl,** POLAND
**Gwlad-yr haf,** SOMERSET
**Gwlad yr Iâ,** ICELAND

**Gwy,** WYE
**Gŵyr,** GOWER
**Hafren,** SEVERN
**Halchdyn,** HALGHTON
**Helygain,** HALKYN
**Hendy-gwyn (ar Daf),** WHITLAND
**Henffordd,** HEREFORD
**Hwlffordd,** HAVERFORDWEST
**Hwngaria,** HUNGARY
**India'r Gorllewin,** WEST INDIES
**Iorddonen,** JORDAN
**Isalmaen: Holand,** HOLLAND
**Iwerddon,** IRELAND
**Iwgoslafia,** JUGOSLAVIA
**Japan,** JAPAN
**Lacharn,** LAUGHARNE
**Lerpwl,** LIVERPOOL
**Libanus,** LEBANON
**Llanandras,** PRESTEIGN
**Llanbedr-y-fro,** PETERSTON-SUPER-ELY
**Llanbedr Pont Steffan,** LAMPETER
**Llandâf,** LLANDAFF
**Llandeilo Ferwallt,** BISHOPSTON (in GOWER)
**Llandoche, -au,** LLANDOUGH
**Llandudoch,** ST. DOGMAEL'S
**Llandudwg,** TYTHEGSTON
**Llandŵ,** LLANDOW
**Llanddewi Nant Hodni,** LLANTHONY
**Llanddunwyd,** WELSH ST. DONATS
**Llaneirwg,** ST. MELLONS
**Llanelwy,** ST. ASAPH
**Llaneurgain,** NORTHOP
**Llan-fair,** ST. MARY CHURCH
**Llanfair-ym-Muallt,** BUILTH WELLS
**Llanfihangel-ar-Elái,** MICHAELSTON -SUPER-ELY
**Llanfihangel-y-pwll,** MICHAELSTON-LE -PIT
**Llanfleiddan,** LLANBLETHIAN
**Llangatwg,** CADOXTON
**Llangrallo,** COYCHURCH
**Llangynydd,** LLANGENNITH
**Llanharri,** LLANHARRY
**Llanhuadain,** LLAWHADEN
**Llanilltud Fawr,** LLANTWIT MAJOR
**Llanilltud Faerdre,** LLANTWIT VARDRE
**Llanllieni,** LEOMINSTER
**Llanlŷr (-yn-Rhos),** LLANYRE
**Llanrhymni,** LLANRUMNEY
**Llansanffraid-ar-Ogwr,** ST. BRIDE'S MINOR
**Llansawel** *(Morgannwg),* BRITON FERRY
**Llanymddyfri,** LLANDOVERY
**Llan-y-tair-Mair,** KNELSTON
**Lloegr,** ENGLAND
**Llundain,** LONDON
**Llwydlo,** LUDLOW
**Llychlyn,** SCANDINAVIA
**Llydaw,** BRITTANY
**Llŷn,** LLEYN
**Llyn Tegid,** BALA LAKE
**Llys-faen,** LISVANE
**Llyswyrny,** LLYSWORNEY
**Maenorbŷr,** MANORBIER
**Maesaleg,** BASSALEG
**Maesglas,** BASINGWERK
**Manaw,** ISLE OF MAN
**Manceinion,** MANCHESTER
**Marcroes,** MARCROSS
**Meisgyn,** MISKIN
**Môn,** ANGLESEY
**Môr Hafren,** BRISTOL CHANNEL
**Môr Iwerydd,** ATLANTIC OCEAN
**Môr Llychlyn,** BALTIC SEA
**Môr Tawch,** (Môr y Gogledd), NORTH SEA
**Môr Udd,** ENGLISH CHANNEL
**Morgannwg,** GLAMORGAN
**Mwynglawdd,** MINERA
**Mynwy,** MONNOW
**Mynydd Cynffig,** KENFIG HILL
**Mynyw,** MENEVIA
**Nercwys,** NERQUIS
**Nil: Neil,** NILE
**Nyfer: Nanhyfer,** NEVERN
**Niwbwrch,** NEWBOROUGH
**Penarlâg,** HAWARDEN
**Penbedw, Pen-y-bircwy,** BIRKENHEAD
**Penffordd-las,** STAYLITTLE
**Pengelli(-ddrain),** GROVESEND
**Pen-y-bont ar Ogwr,** BRIDGEND
**Pen-y-fâl,** SUGAR LOAF (ABERGAVENNY)
**Periw,** PERU
**Pontarfynach,** DEVIL'S BRIDGE
**Pont-y-pŵl,** PONTYPOOL
**Portiwgal,** PORTUGAL
**Porth Tywyn,** BURRY PORT
**Post-mawr,** SYNOD INN
**Prydain,** BRITAIN
**Pumlumon,** PLYNLIMON
**Pyreneau,** PYRENEES
**Rhaeadr Ewynnol,** SWALLOW FALLS
**Rhaeadr Gwy,** RHAYADER
**Rhein,** RHINE
**Rheindir,** RHINELAND
**Rhisga,** RISCA

**Rhufain,** ROME
**Rhydaman,** AMMANFORD
**Rhydychen,** OXFORD
**Romania,** RUMANIA
**Sain Ffagan,** ST. FAGANS
**Sain Tathan,** ST. ATHANS
**Saint-y-brid,** ST. BRIDE'S MAJOR
**Silstwn,** GILESTON
**Solfach,** SOLVA
**Swdan,** SUDAN
**Swmatra,** SUMATRA
**Sychdyn,** SOUGHTON
**Tafwys,** THAMES
**Talacharn,** LAUGHARNE
**Talyllychau,** TALLEY
**Treamlod,** AMBLESTON
**Trebefered,** BOVERTON
**Trecastell,** TRECASTLE
**Trecelyn,** NEWBRIDGE (GWENT)
**Trefdraeth,** NEWPORT (DYFED)
**Trefesgob,** BISHOP'S CASTLE
**Trefhedyn,** ADPAR
**Treforys,** MORRISTON
**Trefyclawdd,** KNIGHTON
**Trefynwy,** MONMOUTH
**Treffynnon,** HOLYWELL
**Tregolwyn,** COLWINSTON
**Tre-gŵyr,** GOWERTON
**Trelales,** LALESTON
**Trelawnyd,** NEWMARKET (CLWYD)
**Treletert,** LETTERSTON
**Tresimwn,** BONVILSTON
**Trewyddel,** MOYLGROVE
**Trwyn y fuwch,** LITTLE ORME
**Tsiecoslofacia,** CZECHOSLOVAKIA
**Tsieina,** CHINA
**Twrci,** TURKEY
**Tŷ Du,** ROGERSTONE
**Tyddewi,** ST. DAVID'S
**Wcrain,** UKRAINE
**Wdig,** GOODWICK
**Wrecsam,** WREXHAM
**Wysg,** USK
**Y Balcanau,** BALKANS
**Y Bewpyr,** BEAUPRÉ
**Y Barri,** BARRY
**Y Bont-faen,** COWBRIDGE
**Y Batel,** BATTLE
**Y Castellnewydd,** NEWCASTLE (MORGANNWG)
**Y Clun,** CLYNE
**Y Drenewydd,** NEWTOWN
**Y Drenewydd yn Notais,** NOTTAGE
**Y Clas-ar-Wy,** GLASBURY
**Y Felinheli,** PORT DINORWIC
**Y Friog,** FAIRBOURNE
**Y Gelli(gandryll),** HAY
**Y Gogarth,** GREAT ORME
**Y Grusmwnt,** GROSMONT
**Y Gymuned Economaidd Ewropeaidd,** E.E.C.
**Y Môr Canoldir,** MEDITERRANEAN SEA
**Y Môr Caribî,** CARIBBEAN SEA
**Y Môr Coch,** RED SEA
**Y Môr Marw,** DEAD SEA
**Y Môr Tawel,** PACIFIC OCEAN
**Y Pîl,** PYLE
**Y Rhath,** ROATH
**Y Rhws,** RHOOSE
**Y Swistir,** SWITZERLAND
**Y Trallwng,** WELSHPOOL
**Y Tymbl,** TUMBLE
**Y Wig,** WICK
**Ynys Afallon,** AVALON, GLASTONBURY
**Ynys Bŷr,** CALDEY ISLAND
**Ynys Dewi,** RAMSEY ISLAND
**Ynys Enlli,** BARDSEY ISLAND
**Ynys Gybi,** HOLY ISLAND (HOLYHEAD)
**Ynysgynwraidd,** SKENFRITH
**Ynysoedd Erch,** ORKNEY ISLANDS
**Ynysoedd Heledd,** THE HEBRIDES
**Ynys Seiriol,** PUFFIN ISLAND
**Ynys Wyth,** ISLE OF WIGHT
**Ynys yr Iâ,** ICELAND
**Yr Aifft,** EGYPT
**Yr Alban: Sgotland,** SCOTLAND
**Yr Almaen,** GERMANY
**Yr Alpau,** ALPS
**Yr Eidal,** ITALY
**Yr Heledd Ddu,** NORTHWICH
**Yr Heledd Wen,** NANTWICH
**Yr Iseldiroedd,** NETHERLANDS, LOW COUNTRIES
**Yr Undeb Sofietaidd,** U.S.S.R.
**Yr Unol Daleithiau,** UNITED STATES
**Yr Wyddfa,** SNOWDON
**Yr Wyddgrug,** MOLD
**Yr Ynysoedd Dedwydd,** CANARIES
**Yr Ystog,** CHURCHSTOKE
**Ystrad Fflur,** STRATA FLORIDA
**Ystumllwynarth,** OYSTERMOUTH

# Anifeiliaid — Animals

**abwydyn,** mwydyn, pryf genwair, llyngyren y ddaear. EARTHWORM.
**afanc,** llostlydan. BEAVER.
**arth,** (*b.* arthes). BEAR.
**asyn,** (*b.* asen), ASS
**asb,** ASP
**bele,** bele'r graig, PINE MARTEN
**blaidd,** (*b.* bleiddiast), WOLF
**broga,** ffroga, llyffant melyn, FROG (COMMON)
**penbwl,** TADPOLE
**buwch fach (goch) gota,** LADYBIRD
**cacwn bustl,** GALL WASP
**cacynen,** picwnen, gwenynen feirch, WASP. HORNET
**cadno,** llwynog, madyn, FOX
**camel,** CAMEL
**carlwm,** STOAT
**carw,** hydd, DEER. HART
carw coch, RED DEER
carw ifanc, FAWN
ewig, iyrches, ROE DEER. HIND
iwrch, ROEBUCK
**cath,** CAT
gwrcath, cwrcyn, cath wryw, TOM-CAT
cath wyllt, cath goed, WILD CAT
**ceffyl,** cel. HORSE
march, stalwyn, STALLION
caseg, MARE
ebol, swclyn, FOAL
eboles, swclen, FILLY
merlyn, merlen, PONY
**ceiliog y rhedyn,** sioncyn y gwair, GRASSHOPPER
**ci,** DOG
gast, BITCH
ci bach, cenau, colwyn, PUP
**cleren,** pryf ffenestr, cylionen, FLY (HOUSE)
**cleren las,** cleren chwythu, pryf cig, BLUE BOTTLE
**corryn,** pryf copyn, cop, SPIDER
**cricedyn,** cricsyn, pryf tân, CRICKET
**crwban,** TORTOISE
**cwningen,** RABBIT
**cylionen,** cylionyn, gwybedyn, piwiedyn, cleren, GNAT. FLY
**chwannen,** FLEA
**chwannen ddŵr,** WATER FLEA
**chwilen bridd,** BURYING BEETLE
**chwilen bwgan,** WHIRLIGIG BEETLE
**chwilen bwm,** chwilen y bwm, COCKCHAFER
**chwilen ddu,** BLACK-BEETLE. COCKROACH
**chwilen glust,** pryf clust, pryf clustiog, EARWIG
**da,** gwartheg, CATTLE. KINE
buwch, COW
dyniawed, YEARLING
myswynog, BARREN COW
tarw, BULL
bustach, eidion, ych, OX
anner, treisiad, heffer, HEIFER
llo, CALF
**dafad,** SHEEP. EWE
mamog, EWE
maharen, hwrdd, RAM
llwdn, gwedder, mollt, molltyn, WETHER
**hesbin, llydnes,** YOUNG EWE
hesbwrn, YOUNG RAM
oen, LAMB
oenig, EWE LAMB
**draenog,** HEDGEHOG
**draenog y môr,** SEA URCHIN
**dwrgi,** dyfrgi, OTTER
**eliffant,** ELEPHANT
**epa,** APE
**ffured,** FERRET
**ffwlbart,** gwichydd, POLECAT
**gafr,** GOAT
bwch gafr, BILLY GOAT
myn, KID
**gele,** gelen, geloden, LEECH
**glöyn byw,** iâr fach yr haf, pili pala, BUTTERFLY
**gwadd,** twrch daear, MOLE
**gwas y neidr,** DRAGON FLY
**gwenci,** bronwen, y wenci, WEASEL
**gwenynen,** HONEY BEE
**gwerddwr,** SEA CUCUMBER
**gwiber,** VIPER
**gwiddon,** gwyfyn yr ŷd, WEEVIL
**gwiwer,** SQUIRREL
**gwybedyn,** cylionen, cylionyn, piwiedyn, GNAT
**gwybedyn y dŵr,** piwiad, WATER GNAT

**gwyfyn,** pryfyn dillad, meisgyn, MOTH
**lindys,** CATERPILLAR
**lledod bach yr iau,** LIVER FLUKE
**lleuen,** LOUSE
**llew** (*b.* llewes), LION
**llewpart,** LEOPARD
**llyffant,** llyffant dafadennog, TOAD
llyffant melyn, FROG
**llyffant gwair** (ei larfa ym mhoeri'r gwcw), FROGHOPPER
**llygad maharen,** brenigen, LIMPET
**llygoden,** MOUSE, RAT
llygoden fach, HOUSE MOUSE
llygoden fawr, llygoden ffrengig (ffreinig), RAT
llygoden gwta, MEADOW VOLE
llygoden y maes, llygoden yr ŷd, FIELD MOUSE
llygoden pen bawd, WOOD MOUSE
llygoden goch, llyg, chwislen, SHREW
llygoden y dŵr, WATER VOLE
**llyngyren,** TAPE WORM
**llymarch,** wystrys, OYSTER
**llyslau,** gwartheg (buchod) y morgrug, GREENFLY
**madfall,** genau goeg, madrchwilen, LIZARD
**madfall gribog,** genau goeg gribog, CRESTED NEWT
**madfall y dŵr,** genau pryf gwirion, COMMON NEWT
**magïen,** tân bach diniwed, pren pwdr, pryfyn tân, GLOW-WORM
**malwoden,** malwen, SNAIL, SLUG
malwoden ddu, malwen ddu, gwlithen ddu, BLACK SNAIL
malwoden ddŵr, malwen ddŵr, POND SNAIL
malwoden gorn, malwen gorn, TRUMPET SNAIL
malwoden lwyd, malwen lwyd, GARDEN SNAIL
**mochyn,** PIG
hwch, SOW
hesbinwch, banwes, GILT
twrch, baedd, BOAR
porchell, PIGLING
**mochyn daear,** mochyn bychan, broch, daearfochyn, BADGER
**mochyn y coed,** gwrachen ludw, pryf twca, WOODLOUSE
**morgrugyn,** ANT
**mosgito,** MOSQUITO
**mul,** MULE, DONKEY
**neidr,** neidr fraith, sarff, SNAKE (GRASS)
**neidr ddefaid,** slorwm, SLOW-WORM, BLIND-WORM
**neidr filtroed,** MILLIPEDE
**neidr gantroed,** CENTIPEDE
**pathew,** pathor, DORMOUSE
**pryf corff,** DEATH WATCH BEETLE
**pryf gweryd,** Robin y gyrrwr, WARBLE FLY
**pryf llwyd,** GAD-FLY
**pryf teiliwr,** lleidr y gannwyll, Jac y baglau, hirheglyn, DADDY LONG LEGS
**rhiain y dŵr,** hirheglyn y dŵr, POND SKATER
**rhwyfwr mawr,** ceffyl dŵr, WATER BOATMAN
**siacal,** JACKAL
**trogen,** TICK
**udfil,** HYENA
**ysgyfarnog,** ceinach, pryf mawr, sgwarnog, HARE (BROWN)
**ystlum,** slumyn (bacwn), BAT

# Pysgod — Fishes

**annog,** CHUB
**brithyll,** bridyll, TROUT
**brithyll y don,** STICKLEBACK
**bwgan dŵr,** DRAGONET
**cath fôr,** RAY
**cegddu,** HAKE
**cimwch,** LOBSTER
**cimwch coch,** seger, CRAYFISH
**cocos,** rhython, COCKLES
**corbenfras,** hadog, HADDOCK
**corgimwch,** PRAWN
**cragen Fair,** cragen Iago, COWRIE
**cragen fylchog,** SCALLOP
**cragen grib,** TOP SHELL
**cragen y forwyn,** VENUS
**cranc,** CRAB
**crothell,** GRAYLING
**cyhyren,** môr-lysywen, CONGER EEL
**draenogiad,** PERCH
**eog,** samwn, SALMON
hwyfell, FEMALE SALMON
gleisiad, YOUNG SALMON
**gwalc,** WHELK
**gwelchyn y dŵr,** HEART URCHIN
**gwichiad,** PERIWINKLE
**gwichiad coliog,** STING WINKLE
**gwichydd y cŵn,** DOG WINKLE
**gwrachen ddu,** BREAM
**gwrachen farf,** LOACH
**gwrachen,** brachyn, ROACH
**gwyniad (y môr),** WHITING
**gwyniedyn,** SEWIN
**hyrddyn,** MULLET
**llamhidydd,** llambedyddiol, moelrhonyn, PORPOISE
**lleden,** PLAICE
**lleden chwithig,** SOLE
**lleden y môr,** HALIBUT
**llysywen,** EEL
**macrell,** MACKEREL
**misglen,** cregynen las, MUSSEL
**morfarch,** SEAHORSE
**morfil,** WHALE
**morgath,** CATFISH
**morgi,** SHARK
**morlo,** broch môr, moelrhon, SEAL
**penbwl,** penlletwad, BULLHEAD
**penci,** DOGFISH
**penfras,** COD
**penhwyad,** PIKE
**perdysen,** Sioni naill ochr, SHRIMP
**seren fôr,** STARFISH
**sildyn,** silidon, silcyn, MINNOW
**slefren fôr,** JELLYFISH
**symlyn,** GUDGEON
**torbwt,** TURBOT
**torgoch,** CHAR
**twps y dail,** SEWIN
**ysgadenyn,** pennog, HERRING

# Adar — Birds

**Adain gŵyr,** WAXWING
**aderyn-drycin Manaw,** MANX SHEARWATER
**aderyn-drycin y graig,** FULMAR PETREL
**aderyn du,** mwyalchen, pigfelen, merwys, BLACKBIRD
**aderyn y to,** llwyd y to, strew, sbrocsyn, golfan, HOUSE SPARROW
**alarch,** SWAN
**alarch Bewick,** BEWICK'S SWAN
**alarch chwibanol,** alarch gwyllt, WHOOPER SWAN
**alarch mud,** alarch dof, MUTE SWAN
**asgell fraith,** asgell arian, ji-binc, pia'r gwinc, jin jin, pwynt, binc binc, brig y coed, CHAFFINCH
**asgell goch,** adain goch, tresglen goch, coch yr adain, REDWING

**barcut,** barcutan, KITE
**boda,** bwncath, boncath, BUZZARD
**boda tinwyn,** hebog llwydlas, cudwalch, HEN HARRIER
**boda coes garw,** ROUGH-LEGGED BUZZARD
**boda'r gors,** hebog yr hesg, bod y gwerni, MARSH HARRIER
**boda'r mêl,** HONEY BUZZARD
**boda'r waun,** boda Montagu, MONTAGU'S HARRIER
**brân,** CROW
**brân dyddyn,** brân syddyn, brân fawr, CARRION CROW
**brân goesgoch,** brân Arthur, brân gochbig, CHOUGH
**brân lwyd,** brân Iwerddon, HOODED CROW
**bras bach,** LITTLE BUNTING
**bras y coed,** bras Ffrainc, CIRL BUNTING
**bras yr eira,** SNOW BUNTING
**bras y gors,** golfan y gors, penddu'r bryn, REED BUNTING
**bras yr ŷd,** CORN BUNTING
**bras yr ŷd penwyrdd,** ORTOLAN BUNTING
**bronfraith,** SONG THRUSH
**brongoch,** bronrhuddyn, robin goch, coch-gam, REDBREAST
**bwm y gors,** aderyn y bwn, BITTERN
**carfil bach,** LITTLE AUK
**cigfran,** RAVEN
**cigydd cefngoch,** RED-BACKED SHRIKE
**cigydd llwyd mawr,** GREAT GREY SHRIKE
**clochdar yr eithin,** clap yr eithin, crec yr eithin, WHINCHAT
**cnut (cnit),** pibydd glas, myniar y traeth, KNOT
**cobler y coed,** cnocell brith mwyaf, taradr y coed, cymynwr y coed, coblyn y coed, tyllwr y coed, GREAT SPOTTED WOODPECKER
**cnocell brith lleiaf,** LESSER SPOTTED WOODPECKER
**cnocell werdd,** cnocell y coed, caseg wanwyn, coblyn gwyrdd, GREEN WOODPECKER
**cnocell y cnau,** telor y cnau, NUTHATCH
**coch y berllan,** aderyn pensidan, chwibanydd, BULLFINCH
**coeg-gylfinir,** WHIMBREL
**coesgoch,** pibydd coesgoch, REDSHANK
**cog,** y gog, **cwcw,** cethlydd, CUCKOO
**colomen,** PIGEON
**colomen grech,** pibydd torchog, RUFF
**colomen y graig,** colomen y clogwyn, ROCK DOVE
**corbibydd,** CURLEW, SANDPIPER
**corhwyaden,** TEAL
**cornchwiglen,** hen het, cornicyll y waun, LAPWING
**cornicyll aur,** chwilgorn y mynydd, cornicyll y mynydd, GOLDEN PLOVER
**cornicyll Caint,** KENTISH PLOVER
**cornicyll llwyd,** cwtiad glas, GREY PLOVER
**cornicyll modrwyog,** môr-hedydd, RINGED PLOVER
**corshwyaden lwyd,** GADWALL
**crec yr eithin,** crec y garreg, clegr y garreg, clochdar y cerrig, tinwen y garreg, STONECHAT
**crëyr glas,** crychydd, garan, HERON
**crëyr gwyn lleiaf,** LITTLE EGRET
**crëyr y nos,** NIGHT HERON
**cropiedydd,** crepianog, aderyn pen bawd, dringwr bach, ymlusgydd y coed, TREE CREEPER
**cudyll coch,** y genlli goch, curyll y gwynt, gellan goch, KESTREL
**cudyll glas,** gwipia, gwibiwr, llamysten, SPARROW HAWK
**cyffylog,** WOODCOCK
**cynffonwen,** tinwen y garreg, tinwyn y garn, WHEATEAR
**chwibanogl ddu,** GLOSSY IBIS
**chwiwiad,** chwiwell, WIGEON
**dreiniog,** llinos werdd, pibydd gwyrdd, SISKIN
**drudwy,** drudwen, drydw, aderyn yr eira, sgrech, aderyn y drycin, STARLING
**drudwy gochliw,** ROSE-COLOURED STARLING
**dryw,** dryw bach, WREN
**dryw ben aur,** dryw eurben, dryw aur, GOLDCRESTED WREN
**ehedydd,** uchedydd, SKYLARK
**ehedydd y coed,** esgudogyll, WOODLARK
**eos,** NIGHTINGALE
**eryr aur,** eryr melyn, GOLDEN EAGLE
**eryr gynffonwen,** eryr y môr, eryr tinwyn, WHITE-TAILED EAGLE

**eryr y pysgod,** eryr y môr, OSPREY
**ffesant,** ceiliog y coed, PHEASANT
**gïach,** ysniden, dafad y gors, SNIPE
**gïach fach,** JACK SNIPE
**gïach fawr,** GREAT SNIPE
**glas y dorlan,** glas y geulan, KINGFISHER
**golfan y coed,** golfan y mynydd, TREE SPARROW
**gopog,** HOOPOE
**gosog,** gwyddwalch, GOSHAWK
**grugiar,** iâr y mynydd, iâr goch, RED GROUSE
**grugiar ddu,** BLACK GROUSE
**gwalch glas,** PEREGRINE FALCON
**gwalch y grug,** gwalch bach, corwalch, MERLIN
**gwalch y penwaig,** llurs, RAZORBILL
**gwddfgam,** pengam, WRYNECK
**gwddfgwyn,** barfog, llwydfron, llwyd y danadl, WHITETHROAT
**gwddflas,** BLUETHROAT
**gwennol,** SWALLOW
**gwennol ddu,** gwrach yr ellyll, asgell hir, aderyn yr eglwys, aderyn du'r llan, y biwita, y folwen, sgilpen, SWIFT
**gwennol y bondo,** gwennol y bargod, gwennol y muriau, gwennol fronwen, HOUSE MARTIN
**gwennol y dŵr,** gwennol y glennydd, gwennol y llynnoedd, SAND MARTIN
**gwyach fach,** gwyach leiaf, tintroed fach, Harri-gwlych-dy-big, LITTLE GREBE (DABCHICK)
**gwyach fawr,** GREAT CRESTED GREBE
**gwyach gorniog,** SLAVONIAN (HORNED) GREBE
**gwyach gwddfddu,** gwyach glustiog, BLACK-NECKED GREBE
**gwyach gwddfgoch,** RED-NECKED GREBE
**gwybedwr brith,** cylionydd, pryfetwr brith, gwybedwr mannog, SPOTTED FLYCATCHER
**gwybedwr du a gwyn,** gwybedog brith, PIED FLYCATCHER
**gwybedwr frongoch,** RED-BREASTED FLYCATCHER
**gŵydd dalcen gwyn,** WHITE-FRONTED GOOSE
**gŵydd dalcen gwyn leiaf,** LESSER WHITE-FRONTED GOOSE
**gŵydd dorchwen,** gŵydd wendorch, gŵydd ddu, BRENT GOOSE
**gŵydd droed-binc,** PINK-FOOTED GOOSE
**gŵydd ffa,** soflwydd, gŵydd y llafur, gŵydd y cynhaeaf, gŵydd yr egin, gŵydd bonar, BEAN GOOSE
**gŵydd gwyrain,** gŵydd y môr, BARNACLE GOOSE
**gŵydd wendorch,** BRENT GOOSE
**gŵydd wyllt gyffredin,** GREY-LAG GOOSE
**gŵydd yr eira,** SNOW GOOSE
**gwylan,** SEA-GULL
**gwylan benddu,** BLACK-HEADED GULL
**gwylan fach,** LITTLE GULL
**gwylan gefnddu fwyaf,** copsyn y môr, GREAT BLACK-BACKED GULL
**gwylan gefnddu leiaf,** LESSER BLACKBACKED GULL
**gwylan goesddu,** gwylan dribys, drilyn, KITTIWAKE
**gwylan Gwlad yr Iâ,** ICELAND GULL
**gwylan Sabine,** SABINE'S GULL
**gwylan y gogledd,** gwylan laswyrdd, GLAUCOUS GULL
**gwylan y graig,** aderyn drycin y graig, ffwlmar, FULMAR
**gwylan y penwaig,** HERRING GULL
**gwylanwydd,** GANNET
**gwylog,** GUILLEMOT
**gwylog ddu,** BLACK GUILLEMOT
**gylfin groes,** CROSSBILL
**gylfinir,** cwrlig, cwrlip, chwibanogl y mynydd, chwibanwr, cwliwn, CURLEW
**gylfinir y cerrig,** STONE CURLEW
**hebog,** gwalch glas, PEREGRINE FALCON
**hebog y Wlad Werdd,** GREENLAND FALCON
**hebog Ynys yr Iâ,** ICELAND FALCON
**heligog,** hwylog, chwilog, gwilyn, arron, CUILLEMOT
**heligog du,** chwilog du, BLACK GUILLEMOT
**hudwalch,** hebog yr hedydd, HOBBY
**hutan,** DOTTEREL
**hutan y môr,** TURNSTONE
**hwyaden addfain,** GARGANEY
**hwyaden benddu,** SCAUP DUCK
**hwyaden bengoch,** POCHARD
**hwyaden ddanheddog,** GOOSANDER
**hwyaden ddanheddog fronrudd,** REDBREASTED MERGANSER
**hwyaden ddu,** môr-hwyaden ddu, COMMON SCOTER
**hwyaden felfedog,** VELVET SCOTER

**hwyaden fraith,** hwyaden yr eithin, SHELDUCK
**hwyaden goesgoch,** hwyad-ŵydd ddanheddog, GOOSANDER
**hwyaden gopog,** TUFTED DUCK
**hwyaden gynffon hir,** hwyaden gynffon gwennol, LONG-TAILED DUCK
**hwyaden gynffonfain,** hwyaden lostfain, PINTAIL
**hwyaden lydanbig (biglydan),** SHOVELER
**hwyaden lygad-arian,** SCAUP
**hwyaden lygad-aur,** GOLDENEYE
**hwyaden wyllt,** MALLARD
**hwyad-ŵydd fronrudd,** RED-BREASTED MERGANSER
**hwyad-ŵydd lwydwen,** lleian wen, SMEW
**iâr ddŵr,** iâr fach yr hesg, iâr y gors, MOORHEN
**iâr y gors,** cwtiar, iâr ddŵr foel, dobi benwyn, COOT
**jac-y-do,** cawci, cogfran, corfran, jac ffa, JACKDAW
**llinos,** aderyn cywarch, brown y mynydd, gyrnad llwyd, LINNET
**llinos bengoch,** llwyd bach, REDPOLL
**llinos y mynydd,** TWITE
**llostrudd du,** tinboeth du, tingoch du, BLACK REDSTART
**llwybig,** SPOONBILL
**llwyd y berth,** llwyd y gwrych, llwyd y clawdd, llwyd bach, jac llwyd y baw, gwas y gog, Siani lwyd, llwyd y dom, gwrychell, gwrachell y cae, brych y cae, brith y cae, HEDGE SPARROW (DUNNOCK)
**llygad yr ych,** DUNLIN
**melyn yr eithin,** penfelyn, llinos felen, drinws felen, gwas y neidr, ysgras, YELLOW HAMMER, YELLOW BUNTING
**morfran,** mulfran, bilidowcar, Wil wal waliog, llanciau Llandudno, CORMORANT
**môr-hwyaden ddu,** COMMON SCOTER
**morwennol bigddu,** SANDWICH TERN
**morwennol ddu,** ysgraell ddu, BLACK TERN
**morwennol fechan,** LITTLE TERN
**morwennol gyffredin,** COMMON TERN
**morwennol leiaf,** LITTLE TERN
**morwennol wridog,** ROSEATE TERN
**morwennol y gogledd,** ARCTIC TERN
**mulfran gopog,** mulfran werdd, SHAG
**mulfran wen,** mulfran lwyd, y gan, hugan, gwylan dydd, gwylanwydd, gŵydd y weilgi, gŵydd lygadlan, GANNET
**mwyalchen felen,** GOLDEN ORIOLE
**mwyalchen y mynydd,** mwyalchen y graig, RING OUZEL
**myniar y traeth,** KNOT
**nico,** jac nico, teiliwr (telor) Llundain, peneuryn, eurbinc, pobliw, GOLDFINCH
**pâl,** pwffin, cornicyll y dŵr, PUFFIN
**pâl du,** SOOTY SHEARWATER
**pâl Manaw,** aderyn drycin y graig, MANX SHEARWATER
**pâl mwyaf,** GREAT SHEARWATER
**pedryn cynffon fforchog,** brochellog, pedryn llach, LEACH'S PETREL
**pedryn drycin,** cas-gan-longwr, STORM PETER, STORMY PETREL
**pendew,** gylfinbraff, HAWFINCH
**penddu,** telor bach penddu, penlöyn, lleian benddu, BLACKCAP
**petrisen,** PARTRIDGE
**petrisen goesgoch,** RED-LEGGED PARTRIDGE
**pia bach,** aderyn melyn bach, y bi bach, telor goesddu'r helyg, dryw felen, CHIFFCHAFF
**pibydd coesgoch brith,** pibydd mannog, SPOTTED REDSHANK
**pibydd goeswerdd (coeswyrdd),** GREENSHANK
**pibydd gwyrdd,** GREEN SANDPIPER
**pibydd gylfinog,** corbibydd, CURLEW SANDPIPER
**pibydd lleiaf,** corbibydd, LITTLE STINT
**pibydd porffor (du),** PURPLE SANDPIPER
**pibydd llydandroed glas (llwyd),** GREY PHALAROPE
**pibydd llydandroed gwddfgoch,** RED-NECKED PHALAROPE
**pibydd mannog,** SPOTTED RED SHANK
**pibydd rhuddgoch,** pibydd y mawn, llwyd y tywod, llygad yr ych, DUNLIN
**pibydd Richard,** RICHARD'S PIPIT
**pibydd Temminck,** TEMMINCK'S STINT
**pibydd y coed,** TREE PIPIT

**pibydd y dorlan,** COMMON SANDPIPER
**pibydd y dŵr,** WATER PIPIT
**pibydd y gors,** MARSH SANDPIPER
**pibydd y graig,** ehedydd y graig, widwid, ROCK PIPIT
**pibydd y traeth,** hutan lwyd, llwyd y tywod, SANDERLING
**pibydd y waun,** pibganwr (pibydd), y ddôl, pibydd y mynydd, ehedydd bach, llwyd y bryn, gwas y gog, MEADOW PIPIT
**pinc y mynydd,** bronrhuddyn y mynydd, pinc y gogledd, gwinc, BRAMBLING
**pioden,** piogen, pia, y bi, MAGPIE
**pioden y môr,** bilcoch, picoch, Twm pib, watryswm, llymarchyn, saer, OYSTERCATCHER
**pysgeryr,** OSPREY
**rhegen fach,** LITTLE CRAKE
**rhegen fraith,** rhegen fawnog, creciar frechfawr, SPOTTED CRAKE
**rhegen y dŵr,** WATER RAIL
**rhegen yr ŷd,** rhegen ryg, rhegen y rhych, sgrech yr ŷd, sgrech y gwair, CORNCRAKE
**rhostog goch,** gïach pengafr, BAR-TAILED GODWIT
**rhostog gynffonddu,** BLACK-TAILED GODWIT
**sgrech y coed,** pioden y coed, JAY
**siglen felen,** YELLOW WAGTAIL
**siglen fraith,** brith y fuches, **sigl-di-gwt,** brith y coed, sigldin y gŵys, tinsigl brith, brith yr oged, sigwti fach y dŵr, PIED WAGTAIL
**siglen las,** GREY WAGTAIL
**siglen wen,** WHITE WAGTAIL
**sofliar,** rhinc, QUAIL
**sogiar,** caseg y ddrycin, socan (sogen) lwyd, socan eira, FIELDFARE
**telor gwyrdd,** GREENISH WARBLER
**telor y berllan,** telor(ydd) yr ardd, GARDEN WARBLER
**telor y dŵr,** telor yr hesg, dryw'r hesg, SEDGE WARBLER
**telor yr eithin,** DARTFORD WARBLER
**telor y gors,** MARSH WARBLER
**telor y gwair,** gwichedydd, nyddwr bach, nyddreg, GRASSHOPPER, WARBLER
**telor yr helyg,** dryw'r helyg, dryw wen, cethlydd y coed, WILLOW WARBLER
**telor yr hesg,** llwyd y gors, telor y cyrs, telor y cawn, WILLOW WARBLER
**titw barfog,** BEARDED TIT
**titw copog,** CRESTED TIT
**titw du,** yswigw du, COAL TIT
**titw'r gors,** yswigw'r wern, yswidw lwyd, pela'r wern, MARSH TIT
**titw gynffon hir,** yswigw gynffon hir, yswigw dirgwt, lleian gynffon hir, gwas y dryw, yswelw, LONG-TAILED TIT
**titw'r helyg,** WILLOW TIT
**titw mwyaf,** penlöyn mawr, penloyw, pela glas mawr, yswigw'r coed, GREAT TIT
**titw tomos las,** glas y pared, glas bach y wal, pela glas bach, perla glas dwl, yswidw las fach, gwas y dryw, yswigw, BLUE TIT
**tresglen,** sgrechgi, caseg y ddrycin, sgrad y coed, bronfraith fawr, pen y llwyn, cragell y coed, brych y coed, MISSEL THRUSH
**trochwr,** bronwen y dŵr, mwyalchen y dŵr, Wil y dŵr, aderyn du'r dŵr, tresglen y dŵr, DIPPER, WATER OUZEL
**trochydd gwddfddu,** BLACK-THROATED DIVER
**trochydd gwddfgoch,** RED-THROATED DIVER
**trochydd mawr,** GREAT NORTHERN DIVER
**troellwr,** aderyn y dröell, Wil nyddwr, gwennol y nos, rhodor, gafr y gors, gafr wanwyn, brân nos, NIGHTJAR
**tylluan fach,** LITTLE OWL
**tylluan glustiog,** SHORT-EARED OWL
**tylluan gorniog,** LONG-EARED OWL
**tylluan wen,** aderyn corff, tylluan ysgubor, gwdihŵ, BARN OWL
**tylluan yr eira,** SNOWY OWL
**wid-wid,** ROCK PIPIT
**y big mynawyd,** AVOCET
**y durtur,** colomen Fair, TURTLE DOVE
**ydfran,** ROOK
**ysgiwen gynffondro,** POMPARINE SKUA
**ysgiwen gynffon hir,** LONG-TAILED SKUA
**ysgiwen y gogledd,** gwylan frech yr Arctig, ARTIC SKUA
**ysguthan,** colomen wyllt, WOODPIGEON
**ysguthell,** STOCK DOVE
**yswigw,** gweler *titw*

# Planhigion — Plants

**Adda ac Efa,** MONK'S WOOD, WOLF'S BANE
**acesia,** ACACIA, LOCUST TREE
**aethnen,** ASPEN
**afallen,** APPLE TREE
**alaw,**
**alaw'r llyn,** LILY, WATER LILY
**amdowellt,** LYME GRASS
**amhrydlwyd,** FLEABANE
**amlaethai,** MILKWORT
**anemoni coch,** SCARLET ANEMONE
**anhiliog,** BARRENWORT
**anis,** ANISE
**archmain,** SEA THRIFT
**arian Gwion,** YELLOW RATTLE
**arian pladurwr,** YELLOW RATTLE
**aur yr ŷd,** CHARLOCK, WILD MUSTARD
**balchder Llundain,** LONDON PRIDE
**balm,** BALM
**banadl,** BROOM
**banadl pigog,** BUTCHER'S BROOM
**bara a chaws y gwcw,** COMMON SORREL
**bara can a llaeth,** GREATER STITCHWORT
**bara'r cythraul,** SCABIOUS, DEVIL'S BIT
**barf yr afr felen,** YELLOW GOAT'S BEARD
**barf yr hen ŵr,** CLEMATIS, OLD MAN'S BEARD
**basged bysgota,** LADY'S SLIPPER, BIRD'S FOOT TREFOIL
**bedwen,** BIRCH
**bedwen arian,** SILVER BIRCH
**beidiog lwyd,** MUGWORT
**bendigeidlys y dŵr,** AVENS (WATER)
**berw(r),** WATER CRESS
**berw Caersalem,** FIELD ROCKET (YELLOW)
**berw chwerw,** HAIRY BITTER CRESS
**berw'r dŵr,** WATER CRESS
**berw'r fagwyr,** WALL CRESS, THALE
**berw'r ieir,** KNOTGRASS
**betys,** BEET
**bidoglys,** LOBELIA
**biwlith melyn,** COW-WHEAT
**blaen y gwayw,** LESSER SPEARWORT
**blodau'r brain,** MEADOW LYCHNIS, RAGGED ROBIN
**blodau'r brenin,** PEONY
**blodau cleddyf,** GLADIOLI
**blodau Gorffennaf,** SEA THRIFT
**blodau'r gwynt,** ADONIS
**blodau mam-gu,** WALL-FLOWER
**blodau'r mur,** WALL-FLOWER
**blodau'r neidr,** WHITE CAMPION
**blodau'r sipsi,** AQUILEGIA
**blodeugainc ganghennog,** CYME
**blodfresych caled,** BROCCOLI
**blodyn y gog,**
**blodyn y gwcw,** CUCKOO-FLOWER, LADY'S SMOCK
**blodyn yr haul,** SUNFLOWER
**blodyn llaeth,** LADY'S SMOCK
**blodyn y llyffant,** MARSH LOUSEWORT, RED RATTLE
**blodyn Mawrth,** DAFFODIL
**blodyn Mihangel,** CHRYSANTHEMUM
**blodyn yr eira,** SNOWDROP
**blodyn y gwynt,** ANEMONE
**blodyn ymenyn,** BUTTERCUP
**bocysen,**
**bocyswydden,** BOXTREE
**boglynon,** SEA HOLLY, ERYNGO
**botwm gŵr ifanc,**
**botwm Llundain,** BACHELOR'S BUTTON
**botwm gwyn,** PEPPERMINT
**bresych deiliog,** KALE
**bresych y cŵn,** HERB MERCURY, DOG MERCURY
**breuwydden,** BUCKTHORN
**briallu,** PRIMROSE
**briallu amryliw,** POLYANTHUS
**briallu cochion,** POLYANTHUS
**briallu llygad siolyn,** THRUM-EYED PRIMROSE
**briallu Mair,** COWSLIP
**briw'r march,** VERVAIN
**briwydd felen,** BEDSTRAW (YELLOW)
**bronwerth,** BORAGE
**brwynen,** RUSH
**brwysgedlys,** CORIANDER
**brythlys,** SCARLET PIMPERNEL
**bual,** BUGLE
**bulwg,** CORN COCKLE
**bustl y ddaear,** CENTAURY
**bwtsias y gog,** BLUEBELL
**bwyd y barcut,** TOADSTOOL
**bwyd y boda,** TOADSTOOL
**bwyd yr hwyad,** DUCKWEED
**bys y blaidd,** LUPIN
**bysedd cochion,** FOXGLOVES

**bysedd y cŵn,** FOXGLOVES
**cadawarth,**
**cadafarch,** } CHARLOCK
**cadafarth,**
**caca-mwci,** BURDOCK
**cabaits,** CABBAGE
**calon afal,** SCABIOUS, DEVIL'S BIT
**camil,**
**camri,** } CAMOMILE
**camined y dŵr,** IRIS, YELLOW FLAG
**camri'r coed,** CENTAURY
**canclwm,** KNOTGRASS, LADY'S TRESSES
**cannwyll yr adar,** TORCHWEED
**cap y Twrc,** MARTAGON LILY
**capan cornicyll,** NASTURTIUM
**carnasiwn,** CARNATION
**carn yr ebol,** COLT'S FOOT
**caru'n ofer,** PANSY
**carpiog y gors,** MEADOW LYCHNIS, RAGGED ROBIN
**cartheig,** NIPPLEWORT
**castanwydden,** HORSE CHESTNUT
**cawnen,** REED
**caws llyffant,** TOADSTOOL
**cecysen,** REED
**cedowrach,** BURDOCK
**cedowydd,** FLEABANE
**cedrwydden,** CEDAR
**cegid,** HEMLOCK
**cegiden,** DROPWORT
**cegiden wen,** GREAT CHERVIL
**cegiden y dŵr,** WATER DROPWORT, COWBANE
**ceg nain,** SNAPDRAGON, ANTIRRHINUM
**cegr pumbys,** HEMLOCK
**ceian,** CARNATION
**ceiliog coch,** RED CAMPION, RED ROBIN
**ceilys,** PINK
**ceiniog arian,** HONESTY
**ceinioglys,** CREEPING JENNY, MONEYWORT, NAVELWORT, WALL PENNYWORT
**celyn Ffrainc,**
**celyn Mair,** } BUTCHER'S BROOM
**celynnen,** HOLLY
**cen y coed,**
**cen y cerrig,** } LICHEN
**cenawon,** CATKINS
**cenhinen Bedr,** DAFFODIL
**cennin,** LEEKS
**cennin ewinog,** GARLIC
**cennin syfi,** CHIVES
**cennin y brain,** BLUEBELL
**cerddinen,** MOUNTAIN ASH
**ceulon,** YELLOW BEDSTRAW
**cingroen,** STINKHORN
**clafrllys lleiaf,** SMALL SCABIOUS
**clafrllys mawr,** ELECAMPANE (LARGE SCABIOUS)
**clais yr hydd,** DOG MERCURY, HERB MERCURY
**clais y moch,** MOCH
**clefryn,** SHEEP'S BIT SCABIOUS
**clinogai,** COW-WHEAT
**cloch maban,** SNOWDROP
**cloch yr eos,** HAREBELL
**cloc yr hen ŵr,** SCARLET PIMPERNEL
**clofer,** CLOVER
**cloron,** POTATOES
**clust yr arth,** WOOD SANICLE
**clust yr asen,** LIVERWORT
**clust y fuwch,** MULLEIN
**clust y gath,** CAT'S EAR
**clust yr Iddew,**
**clust yr ysgaw,** } JEW'S EAR
**clust y llygoden,** MOUSE-EAR HAWKWEED
**clust y tarw,** MULLEIN
**clustog Fair,** (SEA) THRIFT
**clych y perthi,** BINDWEED, CONVOLVULUS
**clychau'r gog,** BLUEBELLS
**clychau'r perthi,**
**clychau'r cawr,** } CANTERBURY BELLS
**clychau'r ŷd,** CORN-COCKLE
**clymlys,**
**clymog,** } KNOTGRASS
**cochlas,** PURPLE CLARY
**cochlys,** BURNET (GREAT)
**cochyn bratiog,** RAGGED ROBIN
**coden fwg,** PUFF BALL
**codrwth,** BLADDER CAMPION
**codrwth y môr,** SEA CAMPION
**codwarth,** DEADLY NIGHTSHADE, BELLADONNA
**coed afalau surion bach,** CRAB TREE
**coluddlys,** PENNYROYAL
**collen,** HAZEL
**corn carw'r mynydd,** CLUB MESS
**corn yr hydd,**
**corn yr iwrch,** } BROOM, BROOM RAPE
**cornwlyddyn,** MOUSE-EAR
**corsen,** REED
**corswigen,** GUELDER ROSE, WAY-FARING TREE
**craf,** GARLIC
**cra'r gerddi,** BROAD-LEAVED GARLIC
**crafanc yr arth werdd,** BEAR'S FOOT, GREEN HELLEBORE

**crafanc y frân,** CROWFOOT, BUTTERCUP
**crafanc y maes,** MEADOW CROWFOOT
**crafanc orweddol,** CREEPING CROWFOOT
**craith unnos,** SELF-HEAL
**cramenog yr ŷd,** BLUEBOTTLE
**creiglys,** CROWBERRY, BLACK-BERRIED HEATH
**criafolen,** MOUNTAIN ASH, ROWAN
**crib y ceiliog,** LONDON PRIDE
**crib y ceiliog (rhedyn),** MOONWORT
**cribau Sanffraid,** BETONY (WOOD)
**cribell goch,** MARSH LOUSEWORT, RED RATTLE
**crinllys,** DOG VIOLET
**croeslys,** CROSSWORT
**croeso'r gwanwyn,** NARCISSUS, JONQUIL
**croeso haf,** WILD HYACINTH, BLUEBELL
**crydwellt,** QUAKING GRASS
**crys y brenin,** HERBANE
**cudd y coed,** CLEMATIS
**cwcwll y mynach,** WOLF'S BANE, MONKSHOOD
**cwlwm cariad cywir,** TRUE-LOVE KNOT, DEVIL-IN-A-BUSH
**cwlwm y coed,** BRYONY
**cwyros,** DOGWOOD, CORNEL
**cyfardwf,** COMFREY
**cynghafan,** GOOSE GRASS, CLEAVERS
**cywarch,** HEMP
**cywer y llaeth,** YELLOW BEDSTRAW
**chweinlys,** FLEAWORT
**chwerwlys yr eithin,** WILD SAGE
**chwys Mair,** BUTTERCUP
**chwys yr haul,** SUNDEW
**dagrau Mair,** COWSLIP
**dail arian,** SILVER WEED
**dail llwyn y neidr,** SMALL PLANTAIN
**dail llydain y ffordd,** BROAD-LEAVED PLANTAIN
**dail y fendigaid,** ST. JOHN'S WORT
**dail robin,** HERB ROBERT
**dail surion bach,** COMMON SORREL
**dail tafol,** DOCK
**dail troed yr ebol,** COLT'S FOOT
**dail tryfan,** BUTTERBUR
**danad,**
**danadl,**
**danadl dall,**
**danadl poethion,** } BLIND NETTLE
**danhadlen fud,** DEAD NETTLE
**dant y llew,** DANDELION
**deilen gron,** NAVELWORT, WALL PENNYWORT
**delia,** DAHLIA
**derwen,** OAK
**derwen fythwyrdd,** HOLM-OAK
**deulafn,** BIRD'S NEST, TWAYBLADE
**draen,** THORN
**diodwydden,** LAUREL
**draenen ddu,** BLACKTHORN
**draenen wen,** HAWTHORN
**drewg,** DARNEL, COCKLE
**dringiedydd,** CLEMATIS, LADY'S BOWER
**dringol,** COMMON SORREL
**drops cochion,** FUCHSIA
**drysïen,** BRIAR
**drysïen bêr,** SWEET BRIAR
**du-wallt y forwyn (rhedyn),** BLACK SPLEENWORT
**dwyddalen,** BIRD'S NEST, TWAYBLADE
**dwyfog,** WOOD BETONY
**dynad,**
**dynaint,** } STINGING NETLES
**efrau,** HAIRY VETCH, TARES, COCKLE
**efwr,** HOGWEED, COW PARSNIP
**eglyn,** COLDEN SAXIFRAGE
**egwydob,** ERGOT
**egyllt yr afon,**
**egyllt y dŵr,** } WATER CROWFOOT
**egyllt y gweunydd,** MEADOW CROWFOOT
**egyllt ymlusgol,** CREEPING BUTTERCUP, CORN CROWFOOT
**eiddew,** IVY
**eiddew'r ddaear,** GROUND IVY
**eiddiorwg,** IVY
**eirlys,** SNOWDROP
**eiryfedig,** BUTTERWORT
**eithin,** GORSE
**eithinen bêr,** JUNIPER
**elinog,** BITTER-SWEET
**erfin gwyllt,** RAPE
**erfinen,** TURNIP
**erwain,** MEADOW SWEET
**esgid y grog,** DOG VIOLET
**esgob gwyn,** OX-EYED DAISY
**esgynnydd,** CHARLOCK, WILD MUSTARD
**eurfanadl,** DYER'S WEED
**eurlys,** YELLOW VETCH
**eurwialen,** GOLDEN ROD
**fandon,** WOODRUFF
**fioled,** VIOLET
**fioled bêr,** SWEET VIOLET
**fioled flewog,** VIOLET
**fioled y gwrych,** DOG VIOLET
**fioled wen bêr,** SWEET WHITE VIOLET
**fioled y ci,** DOG VIOLET

**fioled y gors,** MARSH VIOLET
**ffa,** BROAD BEANS
**ffa coch,** SCARLET RUNNER BEANS
**ffa ffrengig,** RUNNER BEANS
**ffa'r gors,** BUCK BEANS
**ffa'r ieir,** MARSH BIRD'S FOOT TREFOIL
**ffa'r moch,** HENBANE
**ffacbys,** VETCH
**ffacbys y wig,** TUFTED VETCH
**ffarwel haf,** MICHAELMAS DAISY
**ffawydden,** BEECH
**ffennigl,** FENNEL, DILL
**fflamgoed,** SPURGE
**ffon y bugail,** SMALL TEASEL
**ffromlys,** TOUCH-ME-NOT, BALSAM
**ffriddlys,** ANEMONE
**ffwsia,** FUSCHIA
**ffynidwydden,** FIR
**garanbig llachar,** SHINING CRANEBILL
**garanbig y weirglodd,** MEADOW CRANEBILL
**garlleg,** GARLIC
**garllegog,** JACK-BY-THE-HEDGE, GARLIC MUSTARD
**gellhesg,** FLAG (YELLOW) IRIS
**gellygen,** PEAR TREE
**gerllys,** HOUSE LEEKS
**geuberlys,** FOOL'S PARSLEY
**glaswenwyn,** SCABIOUS, DEVIL'S BIT
**glas y gors,** FORGET-ME-NOT
**glas y llwyn,** BLUEBELL
**glesyn,** BORAGE
**glesyn y coed,** BUGLE
**gliniogai,** COW-WHEAT
**gloywlys,** EYEBRIGHT
**gold Mair,** / **goldwyr,** MARIGOLD
**gold y gors,** MARSH MARIGOLD
**gold yr ŷd,** CORN MARIGOLD, YELLOW OX-EYE DAISY
**goreunerth,** FIGWORT
**gorfanadl,** BROOM RAPE
**gorthyfail,** ROUGH CHERVIL
**grawn y perthi,** BRYONY
**greulys,** GROUNDSEL
**grug croesddail,** CROSS-LEAVED HEATHER
**grug mêl,** LING, SCOTCH HEATHER
**grug ysgub,** LING
**gwaedlys,** PINK PERSICARIA
**gwair merllyn (rhedyn),** QUILLWORT
**gwalchys,** HAWK'S BEARD
**gwallt y ddaear,** COMMON HAIR MOSS
**gwallt y forwyn,** MAIDEN HAIR
**gwendon,** BEDSTRAW
**gwenith y gog,** FIGWORT
**gwenith yr ysgyfarnog,** QUAKING GRASS, QUAKERS
**gwenonwy,** LILY OF THE VALLEY
**gwenwlydd,** BEDSTRAW
**gwernen,** ALDER
**gwewyrlys,** DILL
**gwiberlys,** BUGLOSS (VIPER'S)
**gwinwydden ddu,** BLACK BRYONY
**gwlithlys,** SUNDEW
**gwlydd melyn Mair,** YELLOW PIMPERNEL
**gwlydd y dom,** CHICKWEED
**gwlydd y perthi,** GOOSE GRASS, CLEAVERS
**gwlydd yr ieir,** CHICKWEED
**gwlyddyn blewog,** MOUSE-EAR CHICKWEED
**gwman,** ALGA
**gwniolen,** MAPLE
**gwreiddeiriog,** SAXIFRAGE (BURNET)
**gwrysgen lwyd,** MUGWORT
**gwyddau bach,** CATKINS
**gwyddfid,** / **gwyddwydd,** HONEYSUCKLE
**gwymon,** / **gwmon,** SEAWEED
**gwyran fendigaid,** SAINFOIN
**gwyros,** PRIVET
**heboglys,** HAWKWEED
**heboglys y mur,** WALL HAWKWEED
**helogan,** CELERY
**helygen,** WILLOW
**helygen Babilon,** WEEPING WILLOW
**helygen felen,** / **helygen grynddail,** GOAT WILLOW, SALLOW
**helygen wiail,** OZIER WILLOW
**helyglys,** LESSER WILLOW HERB
**hen ŵr,** OLD MAN
**hesg,** SEDGES
**heulflodyn,** SUNFLOWER
**hocys,** COMMON MALLOW
**hocys y gors,** MARSH MALLOW
**hopys,** HOPS
**hydyf,** LADY'S SMOCK, CUCKOO FLOWER
**hydyf du,** BLACK HELLEBORE
**iorwg,** IVY
**iorwg llesg,** GROUND IVY
**isop,** HYSSOP
**jac y gwyrch,** JACK-BY-THE-HEDGE, GARLIC MUSTARD
**ladi wen,** FIELD BINDWEED
**ladis gwynion,** PHLOX

**lafant,** LAVENDER
**letys,** LETTUCE
**lili bengam,** DAFFODIL
**lili'r dŵr,** WATER-LILY
**lili'r dyffrynnoedd,** LILY OF THE VALLEY
**lili'r ffagl,** RED HOT POKER
**lili'r grog,** ARUM LILY
**lili'r maes,** / **lili Mai,** LILY OF THE VALLEY
**lili'r Pasg,** ARUM LILY
**lili wen fach,** SNOWDROP
**lwsern,** LUCERNE
**llaeth bron Mair,** LUNGWORT, PULMONARIA
**llaeth y cythraul,** PETTY SPURGE
**llaeth y famaeth,** SEA SPURGE
**llaeth y gaseg,** HONEYSUCKLE
**llaeth-ysgall,** SOW THISTLE, MILK THISTLE
**llaeth yr ysgyfarnog,** SUN SPURGE
**llaethlys,** MILKWORT
**llafrwyn,** BULRUSHES
**llarwydden,** LARCH
**llau'r perthi,** / **llau'r offeiriad,** GOOSE-GRASS, CLEAVERS
**llawenlys,** BORAGE
**llawredyn,** POLYPODIUM
**llawryfen,** BAY TREE, LAUREL
**ller,** DARNEL, COCKLE
**llewyg y blaidd,** HOP TREFOIL, HOP CLOVER
**llewyg yr iâr,** HENBANE
**llin,** FLAX
**llin y forwyn,** TOADFLAX
**llin y llyffant,** CORN SPURVEY, YELLOW TOADFLAX
**llin y mynydd,** MOUNTAIN FLAX
**llorwydden,** LAUREL
**lluglys gwyn,** WHITE CAMPION
**llus,** WHINBERRY, BILBERRY
**llus y brain,** CROWBERRY
**llusi duon bach,** WHINBERRY
**llwydni,** MILDEW
**llwyd y ffordd,** CUDWEED
**llwyfen,** ELM
**llwyglys,** ELECAMPANE, LARGE SCABIOUS
**llwynhidydd,** RIBWORT PLANTAIN
**llygad Ebrill,** LESSER CELANDINE
**llygad y bwgan,** POPPY
**llygad madfall,** STITCHWORT
**llygad y dydd,** DAISY
**llygad y llo mawr,** DOG DAISY
**llygad y dydd mawr,** OX-EYED DAISY
**llygad yr ych,** SCENTLESS MAYWEED
**llygadlys,** / **llym y llygad,** GREATER CELANDINE
**llynclyn y dŵr,** BROOKLIME
**llyriad,** BROAD-LEAVED PLANTAIN
**llyriad y dŵr,** WATER PLANTAIN
**llyriad y morfa,** SEA PLANTAIN
**llys y gïau,** BUTCHER'S BROOM
**llysiau'r angel,** ANGELICA
**llysiau blaengwayw,** STITCHWORT
**llysiau'r bara,** CORIANDER
**llysiau'r blaidd,** MONKSWOOD, WOLF'S BANE
**llysiau'r bystwn,** WHITLOW GRASS
**llysiau cadwgan,** GREAT WILD VALERIAN
**llysiau'r creigiau,** TEASEL
**llysiau'r cribau,** TEASEL
**llysiau'r cryman,** SCARLET PIMPERNEL
**llysiau'r cwlwm,** COMFREY
**llysiau'r cwsg,** ADONIS
**llysiau'r cywer,** LADY'S BEDSTRAW
**llysiau'r dom,** CHICKWEED
**llysiau'r domen,** PINK PERSICARIA
**llysiau'r dryw,** AGRIMONY
**llysiau'r dyfrglwyf,** ASPARAGUS
**llysiau'r ddannoedd,** MASTERWORT
**llysiau'r eryr,** WOODRUFF
**llysiau'r ewinor,** WHITLOW GRASS
**llysiau'r fagwyr,** WALL FLOWER
**llysiau'r fam,** MOTHERWORT
**llysiau f'anwylyd,** HERB BENNET, WOOD AVENS
**llysiau'r fuddai,** AGRIMONY
**llysiau'r geiniog,** WILD NAVELWORT
**llysiau'r gingroen,** RAGWORT
**llysiau'r groes,** CROSSWORT
**llysiau'r gwaed,** PENNYROYAL
**llysiau'r gwaedlif,** YARROW, MILFOIL
**llysiau'r gwenyn,** GOAT'S BEARD
**llysiau'r gwewyr,** DILL
**llysiau'r gŵr da,** ALLHEAL
**llysiau'r gynddaredd,** CUDWEED
**llysiau'r hebog,** HAWKWEED
**llysiau'r hedydd,** LARKSPUR, DELPHINIUM
**llysiau'r hudol,** VERVAIN
**llysiau Iago,** RAGWORT
**llysiau Ioan,** ST. JOHN'S WORT
**llysiau'r lludw,** FLEAWORT
**llysiau llwyd,** MUGWORT
**llysiau'r llwynog,** HERB ROBERT
**llysiau Llywelyn,** SPEEDWELL
**llysiau melyn,** DYER'S WEED
**llysiau'r milwr,** GREATER WILLOW HERB
**llysiau'r milwr coch,** LOOSESTRIFE

**llysiau Mair Fagdalen,** COSMARY
**llysiau'r moch,** WOODY NIGHTSHADE
**llysiau'r pannwr,** TEASEL
**llysiau'r parlys,** OXLIP
**llysiau pengelyd,** KNAPWEED
**llysiau'r pwdin,** PENNYROYAL
**llysiau Solomon,** SOLOMON'S SEAL
**llysiau St. Mair,** ROSEBAY, FRENCH WILLOW
**llysiau Steffan,** ENCHANTER'S NIGHTSHADE
**llysiau Taliesin,** BROOKLIME
**llysiau tryfal,** SHEPHERD'S PURSE
**llysiau'r wennol,** GREATER CELANDINE
**llysiau'r ychen,** RED CAMPION, RED ROBIN
**llysiau'r ysgyfaint,** LUNGWORT, PULMONARIA, ANGELICA
**llysieuyn dirwynol,** TWINING PLANT
**llysieuyn y drindod,** PANSY
**llysieuyn y gwynt,** ANEMONE
**mabgoll glan y dŵr,** WATER AVENS
**madalch,** / **madarch,** MUSHROOM
**maglys,** LUCERNE
**magnolia,** MAGNOLIA
**maip gwyllt,** CHARLOCK
**maip yr ŷd,** COMMON WILD NAVEW
**malws,** MALLOW
**mallnyg,** ERGOT
**mam-yng-nghyfraith,** PANSY
**mamoglys,** MOTHERWORT
**mandragora,** MANDRAKE
**mantell Fair,** LADY'S MANTLE
**marchfiaren ymlusgol,** TRAILING DOG-ROSE
**marchfieri'r ci,** DOG ROSE
**marchredyn,** MALE FERN
**marchredyn y dŵr,** POLYPODY
**marchysgall,** SPEAR PLUME THISTLE, ARTICHOKE
**marchddanhadlen,** DEADNETTLE
**marddanhadlen goch,** RED DEADNETTLE
**Mari waedlyd,** LOVE LIES BLEEDING
**masarnen fach,** MAPLE
**meddyges ddu,** FIGWORT
**meddyglys,** WOUNDWORT
**mefus gwyllt,** WILD STRAWBERRY
**meillion coch,** RED CLOVER
**meillion gwyn,** WHITE CLOVER
**meillion melyn,** KIDNEY VETCH, LADY'S FINGERS
**meillionen felen y ceirw,** COMMON YELLOW MELITOT
**meillionen gedennog,** HARE'S FOOT TREFOIL
**meipen ddeiliog,** KOHL RABI
**meipen Fair,** BLACK BRYONY
**mêl y ceirw,** MELITOT
**melyn euraidd,** GOLDEN ROD
**melyn Mair,** CALENDIDA, COMMON MARIGOLD
**melyn y gwanwyn,** LESSER CELANDINE
**melyn yr eithin,** TORMENTIL
**melyn yr ŷd,** CORN MARIGOLD, YELLOW OX-EYED DAISY
**melyn y tywydd,** YELLOW PIMPERNEL
**melynllys,** GREATER CELANDINE
**melynydd,** CAT'S EAR
**menig y gog,** BLADDER CAMPION
**menig,** / **menig y tylwyth teg,** / **menig Mair,** FOXGLOVE
**merhelygen,** GOAT WILLOW, SALLOW
**merllys,** ASPARAGUS
**meryswydden,** MEDLAR TREE
**merywen,** JUNIPER
**miaren,** BRIAR
**miaren gor,** CLOUDBERRY
**miaren Mair,** EGLANTINE, SWEET BRIAR
**miaren y mynydd,** CLOUDBERRY
**migwyn,** BOG MOSS
**milddail,** MILFOIL, YARROW
**milfyw,** LESSER CELANDINE
**mindag,** / **mintag,** LAMPAS
**mintys,** MINT
**mintys y creigiau,** WILD ORGANY
**mintys y dŵr,** WATER MINT
**mintys y graig,** MARJORAM
**mintys poethion,** PEPPERMINT
**mintys y twyni,** CALAMINT
**mochlys,** WOODY NIGHTSHADE
**mochlys duon,** BLACK NIGHTSHADE
**moled Olwen,** BINDWEED
**môr-fresych,** SEAKALE
**môr-gelyn,** SEA HOLLY, ERYNGO
**moron,** CARROTS
**moron y meirch,** HOGWEED, COW PARSNIP
**moron y meysydd,** WILD CARROTS
**murlys,** WALL PELLITORY
**mwg y ddaear,** FUMITORY
**mwsg,** MUSK
**mwsg yr epa,** MONKEY MUSK
**mwsogl,** MOSS
**mwsogl y ffynhonnau,** SPRING MOSS

**mwswg,**
**mwswm,** MOSS
**mwyaren,** BLACKBERRY, BRAMBLE
**mwyaren Berwyn,** CLOUDBERRY
**mynawyd y bugail,** CRANEBILL, GERANIUM
**mynyglog,** BITTER-SWEET
**myrtwydd,** MYRTLE
**nodwydd y bugail,** WILD CHERVIL, BEAKED PARSLEY, LADY'S COMB
**obrisia,** AUBRETIA
**oestrwydd,** HORNBEAM
**olewydden,** OLIVE-TREE
**olewydden wyllt,** WILD OLIVE TREE
**onnen,** ASH
**pabi coch,** POPPY
**pabi coch yr ŷd,** FIELD POPPY
**pabi'r gwenith,** CORN-COCKLE
**pabwyren,** RUSH
**palalwyfen,** LIME-TREE
**palmwydden,** PALM
**panasen,** PARSNIP
**pannas y fuwch,** HOGWEED, COW PARSNIP
**pansi,** PANSY
**paredlys,** WALL PELLITORY
**pawen yr arth,** STINKING HELLEBORE, SETTERWORT
**peisgwyn,** WHITE POPLAR, ABELE
**pelenllys (rhedyn),** PILLWORT
**pelydr du,** BLACK HELLEBORE
**pelydr y gwelydd,** WALL PELLITORY
**penboeth,** COMMON HEMP NETTLE
**pen ci bach,** ANTIRRHINUM
**peneuraid,** GOLDILOCKS, WOOD CROWFOOT
**penfelen,** GROUNDSEL
**pengaled,** KNAPWEED
**penlas,** SCABIOUS (FIELD)
**penlas yr ŷd,** BLUEBOTTLE, BLUE CORNFLOWER
**penllwyd,** CUDWEED
**perllys,** MIGNONETTE
**persli,** PARSLEY
**persug,** BALSAM
**pesychlys,** COLT'S FOOT
**pibwydd,** SYRINCA
**pidyn y gog,** WILD ARUM, CUCKOO PINT
**pig yr aran,** CRANEBILL
**pig yr aran cyffredin,** COLUMBINE, DOVE'S FOOT
**pig y crëyr,**
**pig y crychydd,** STORK'S BILL
**pig y deryn,** YELLOW STONECROP
**pinc,** PINK
**pîn,**
**pinwydden,** PINE
**pisgwydden,** LINDEN, LIME TREE
**plân,**
**planwydden,** PLANE-TREE
**plu'r gweunydd,** COTTON GRASS
**poerlys,** MASTERWORT
**poethfflam,** GREATER SPEARWORT
**poplysen,** POPLAR
**poplysen wen,** ABELE, WHITE POPLAR
**pren afalau,** APPLE-TREE
**pren boc(y)s,** BOX TREE, BOX BUSH
**pren ceirios,** WILD CHERRY
**pren ceri,** MEDLAR TREE
**pren cnau,** HAZEL
**pren eirin,** PLUM TREE
**pren gwyddau bach,** OZIER WILLOW
**pren llawryf,** BAY TREE, LAUREL
**pren y clefyd melyn,** BARBERRY
**preswydden,** CYPRESS
**prinwydden,** HOLM OAK
**pumlys,**
**pumnalen,** CINQUEFOIL
**pupur y ddaear,** PILLWORT
**pwrs y bugail,** YELLOW RATTLE
**pyrwydden,** SPRUCE
**pys,** PEAS
**pys tragwyddol,** EVERLASTING PEAS
**pys yr aren,** KIDNEY VETCH, LADY'S FINGERS
**pys y bedol,**
**pys y berth,** BUSH VETCH
**pys y ceirw,** LADY'S SLIPPER, BIRD'S FOOT TREFOIL
**pys y coed,** TUBEROUS BITTER VETCH
**pys y gath,** TUFTED VETCH
**pys y llygod,** VETCH
**pys y wig,** HAIRY VETCH, TARES
**rwdins,** SWEDES
**ryw,** MEADOW RUE
**rhafnwydden,** BUCKTHORN
**rhawn yr ebol,** STONEWORT
**rhawn y march,** HORSETAIL
**rhedyn,** FERN
**rhedyn bras,** HARD FERN
**rhedyn cyfrodedd,** ROYAL FERN
**rhedyn Mair,** LADY'S FERN, OSMONS ROYAL
**rheffyn mwsogl,** COMMON CORD MOSS
**rhiwbob,** RHUBARB
**rhos Mair,**
**rhosmari,** ROSEMARY

**rhoslwyn pêr,** SWEET BRIAR
**rhoswydden,** OLEANDER
**rhosyn,** ROSE
**rhosyn gwyllt,** DOG ROSE
**rhosyn Nadolig,** WINTER ROSE
**rhosyn Saron,** ROSE OF SHARON
**rhosyn y grog,** PEONY
**rhosyn y mynydd,** PEONY
**rhuddos,** MARIGOLD
**rhuddos y morfa,** MARSH MARIGOLD
**rhuddwernen,** WILD CHERRY TREE, GEAN
**rhwyddlwyn y bryniau,** MOUNTAIN SPEEDWELL
**rhyw'r muriau,** WALLRUE
**saets,** SAGE
**saets gwyllt,** WOOD SAGE, WILD SAGE
**sanau'r gwcw,** DOG VIOLET
**safri,** SAVOURY
**saffrwm,** / **saffrwn,** CROCUS
**sawdl y fuwch,** COWSLIP
**sbardun y marchog,** LARKSPUR, DELPHINIUM
**sbectol hen ŵr,** HONESTY
**sebonllys,** BRUISEWORT, SOAPWORT
**sêl Selyf,** SOLOMON'S SEAL
**seleri,** CELERY
**sêr-flodau,** ASTERS
**seren ddaear (ffwng),** EARTH STAR
**seren Fethlehem,** STAR OF BETHLEHEM
**serenyn,** SQUILL
**siasmin,** JASMINE
**sidan y waun,** COTTON GRASS
**sierfel,** CHERVIL
**siligabŵd,** OLD MAN (SOUTHERN)
**suran,** COMMON SORREL
**suran y coed,** WOOD SORREL
**suran yr ŷd,** SHEEP'S SORREL
**swêds,** SWEDES
**sycamorwydden,** SYCAMORE
**syfi cochion,** WILD STRAWBERRY
**syfien goeg,** STRAWBERRY-LEAVED CINQUEFOIL, BARREN STRAWBERRY
**tafod y bwch,** BUGLOSS (VIPER'S)
**tafod y bytheiad,** / **tafod y ci,** HOUND'S TONGUE
**tafod y gors,** BUTTERWORT
**tafod yr hedydd,** DELPHINIUM
**tafod yr hydd,** HART'S TONGUE
**tafod y merched,** ASPEN
**tafod y neidr,** ADDER'S TONGUE
**tafod yr ych,** BORAGE
**tafol y dŵr,** WATER-DOCK
**taglys,** FIELD BINDWEED
**tagwydden,** LARGER CONVOLVULUS, BINDWEED
**tag yr aradr,** REST HARROW, WILD LIQUORICE
**tansi,** TANSY
**tansi wyllt,** SILVER WEED
**tapr Mair,** MULLEIN
**tato,** / **tatw(s)** POTATOES
**tegeirian,** ORCHID
**tegeirian coch y waun,** EARLY PURPLE ORCHIS
**tegeirian dwyddalen,** BUTTERFLY ORCHIS
**tegeirian mannog,** SPOTTED ORCHIS
**tegeirian y waun,** MEADOW ORCHIS
**teim,** THYME
**tiwlip,** TULIP
**tlws yr eira,** SNOWDROP
**torfagl,** WILD ENGLISH CLARY
**tormaen,** GOLDEN SAXIFRAGE
**tresgl,** TORMENTIL
**tresi aur,** LABURNUM
**trewynyn,** LOOSESTRIFE
**triagl y moch,** TORMENTIL
**triaglog,** VALERIAN
**triaglog coch,** RED SPUR VALERIAN
**trilliw,** PANSY
**troed aderyn,** MARSH BIRD'S FOOT TREFOIL
**troed y barcut,** COLUMBINE
**troed y cyw,** HEDGE PARSLEY
**troed y glomen,** COLUMBINE
**troed y llew,** LADY'S MANTLE
**troed yr arth,** ACANTHUS
**troellig yr ŷd,** CORN SPURREY
**trwyn y llo,** ANTIRRHINUM, YELLOW TOADFLAX
**trwyn y llo dail iorwg,** IVY-LEAVED SNAPDRAGON, IVY-LEAVED TOADFLAX
**trydon,** AGRIMONY
**trymsawr,** DILL
**tudfwg,** FUMITORY
**uchelfar, uchelwydd,** MISTLETOE
**wermod lwyd,** WORMWOOD
**wermod wen,** FEVERFEW
**wniwn,** ONION
**wniwn y môr,** SQUILL
**wynwyn,** ONIONS
**y berllys,** CHERVIL
**y byddon chwerw,** HEMP
**y fapgoll,** HERB BENNET, WOOD AVENS
**y feddyges las,** SELF-HEAL

**y feidiog felen,** YELLOW PANSY
**y feidiog las,** PURPLE PANSY, GROUND IVY
**y feidiog wen,** WHITE PANSY
**y ferfain,** VERVAIN
**y frigwydd wen,** MADDER
**y galon waedlyd,** LOVE LIES BLEEDING
**y godog,** SAINFOIN
**y goesgoch,** HERB ROBERT
**y gramenog fawr,** GREATER KNAPWEED
**y gynghafog arfor,** SEA BINDWEED
**y pren melyn,** BARBERRY
**y we felen,** HOP TREFOIL, HOP CLOVER
**ŷd meddw,** DARNEL
**ysbinwydden,** BARBERRY
**ysbinys,** BARBERRY
**ysgall yr âr,** FIELD THISTLE
**ysgall gogwydd,** MUSK THISTLE
**ysgall y gors,** MARSH THISTLE
**ysgall y meirch,** WILD CHICKWEED, SUCCORY
**ysgall y moch,** SOW THISTLE, MILK THISTLE
**ysgawen,** ELDER
**ysgawen y gors,** GUELDER ROSE, WAYFARING TREE
**ysgewyll Brussel,** BRUSSELS SPROUTS
**ysgol Fair,** CENTAURY
**ysgorpionllys,** SCORPION GRASS
**ysgwydden gyffredin,** PRIVET
**ysnoden Fair,** GALINGALE
**ytbys y waun,** YELLOW PEAS, MEADOW VETCHLING.
**yr edafeddog,** CUDWEED
**ywen,** YEW
**y wialen aur,** GOLDEN ROD

---

# Ffrwythau — Fruits

**afal,** APPLE
afalau surion, CRAB-APPLES
**afan (cochion),** mafon, RASPBERRIES
**almon,** ALMOND
**bricyllen,** APRICOT
**ceirios,** CHERRIES
**cneuen,** NUT
**cneuen ffrengig,** WALNUT
**criafol,** ROWANBERRY
**criafol y moch,** crawel y moch, HAWS
**cucumer,** CUCUMBER
**cyren,** cwrens, rhyfon, grawn Corinth, CURRANTS
**cyren duon,** BLACK CURRANTS
**egroes,** afalau'r bwci, bochgoch, HIPS
**eirin,** PLUMS
**eirin duon,** DAMSONS
**eirin gwlanog,** PEACHES
**eirin perthi,** eirin duon bach, SLOES
**eirin ysgawen,** aeron ysgawen, ELDERBERRIES
**ffigysen,** FIG
**gellygen,** peren, PEAR
**grawnwin,** GRAPES
**gwsberi(n)s,** eirin Mair, GOOSEBERRIES
**llus,** llusi duon bach, WHINBERRIES, BILBERRIES
**mefus,** syfi, suddiau, STRAWBERRIES
**mesen,** ACORN
**morwydd,** MULBERRY
**mwyar (duon),** BLACKBERRIES
**oren,** oraens, ORANGE
**pomgranad,** POMEGRANATE
**pwmpen,** VEGETABLE MARROW, PUMPKIN

# Diarhebion — Proverbs

A arddo diroedd a gaiff ddigonedd
*He who tills land will have plenty*

A bryn gig a bryn esgyrn
*Who buys meat buys bones*

A chwilio fwyaf am fodlondeb a fydd bellaf oddi wrtho
*He who searches most for satisfaction will be furthest from it*

A ddwg wy a ddwg fwy
*He who steals an egg will steal more*

A fo ben, bid bont
*He who would be a leader let him be a bridge*

A fo byw yn dduwiol a fydd marw yn ddedwydd
*He who leads a godly life will die happy*

A fynno barch, bid gadarn
*He who desires respect, let him be steadfast*

A fynno Duw, a fydd
*What God wills will be*

A fynno glod, bid farw
*He who desires fame, let him die*

A fynno iechyd, bid lawen
*He who would be healthy, let him be cheerful*

A gâr a gerydd
*He who loves chastises*

A geir yn rhad, a gerdd yn rhwydd
*What is got cheaply goes quickly*

A wnêl dwyll, ef a dwyllir
*He who deceives shall be deceived*

A ystyrio, cofied
*Let him who reflects, remember*

Adeiniog pob chwant
*Every desire is fleeting*

Adfyd a ddwg wybodaeth, a gwybodaeth ddoethineb
*Adversity brings knowledge, and knowledge wisdom*

Adwaenir ffôl wrth ei wisg
*The fool is recognised by his dress*

Adwaenir dyn wrth ei gyfeillion
*A man is recognised by the friends he keeps*

Aeddfed angau i hen
*Death is ripe for the old*

Afalau'r nos, cnau'r bore, os ceri'th iechyd
*If you cherish good health, eat apples at night and nuts in the morning*

Afal pwdr a ddryga'i gyfeillion
*A rotten apple spoils the others*

Afrad pob afraid
*Everything needless is waste*

Angau'r euog ydyw'r gwir
*The truth is fatal to the guilty*

Angel pen ffordd, a diawl pen tân
*An angel abroad, and a devil at home*

Angen a ddysg i hen redeg
*Necessity teaches the old to run*

Angor diogel yw gobaith
*Hope is a safe anchor*

Ail fam, modryb dda
*A good aunt is a second mother*

Allwedd tlodi, seguryd
*Idleness is the key to poverty*

Aml cogau, aml ydau
*Many cuckoos, abundance of corn*

Aml yw haint ym mol hen
*The old has many afflictions*

Amlach ffŵl na gŵr bonheddig
*There are more fools than gentlemen*

Amlwg gwaed ar farch gwinau
*Blood is conspicuous on a bay horse*

Amser yw'r meddyg
*Time is the doctor (healer)*

Amynedd yw mam pob doethineb
*Patience is the mother of all wisdom*

Anaml elw heb antur
*There is no profit without a venture*

Annoeth, llithrig ei dafod
*The unwise has a ready tongue*
Anodd iacháu hen glefyd
*It is difficult to cure an old disease*
Anwylach bywyd na bwyd
*Life is dearer than food*
Arfer yw hanner y gwaith
*Practice is half the work*
Arfer yw mam pob meistrolaeth
*Practice is the mother of mastery*
Asgre lân, diogel ei pherchen
*Safe is the owner of a clear conscience*
Athro da yw amser
*Time is a good teacher*
Awel y canolddydd a ddwg law yn ebrwydd
*A breeze at noon brings rain soon*
A wrthodo gyngor rhad a brŷn edifeirwch drud
*He who refuses free advice buys an expensive repentance*

Bach hedyn pob mawredd
*The seed of all greatness is small*
Bach pob dyn a dybio ei hun yn fawr
*Small is everyone who considers himself great*
Bedd a wna bawb yn gydradd
*The grave makes everybody equal*
Benthyg dros amser byr yw popeth geir yn y byd hwn
*Everything one has in this world is only borrowed for a short while*
Blasus pob peth a gerir
*Everything one loves is tasty*
Blodau cyn Mai, gorau na bai
*Flowers before May, better without them*
Blwyddyn o eira, blwyddyn o lawndra
*A year of snow, a year of plenty*
Blys geneth yn ei llygaid, blys bachgen yn ei galon
*A girl's desire in her eyes; a boy's desire in his heart*
Bolaid ci a bery dridiau
*A dog's fill lasts three days*
Bonheddig pob addfwyn
*Every meek person is courteous*
Brawd mogi (mygu) yw tagu
*Choking is brother to suffocating*
Brawd yw celwyddog i leidr
*The liar is brother to the thief*
Brenhines pob camp, cyfiawnder
*Righteousness is the queen of all feats*
Brenin pob llyffant ar ei domen ei hun
*Every toad is a king on his patch*
Brenin y bwyd yw bara
*Bread is the king of all foods*
Bu weithiau heb haf; ni bu erioed heb wanwyn
*Sometimes there has been no summer; but always there has been a spring*
Bychan y tâl cyngor gwraig, ond gwae y gŵr nas cymero
*A wife's advice is not worth much, but woe to the husband who doesn't take it*
Bydd olaf i fyned drwy ddŵr dwfn
*Be the last one to go through deep water*
Byr ei hun, hir ei hoedl
*Sleep little, live long*
Byr yw Chwefror, ond hir ei anghysuron
*February is short but its discomforts are long*
Byw i arall yw byw yn iawn
*To live for others is to live properly*

Cadarna'r mur po arwa'r garreg
*The rougher the stone the stronger the wall*
Cadw dy ardd, ceidw dy ardd dithau
*Keep thy garden and thy garden will keep thee*
Cadw dy dafod i oeri dy gawl
*Keep thy tongue to cool thy soup (broth)*
Cadw yn graff a ddysgych
*Keep securely what you learn*

Cael rhad Duw, cael y cyfan
*To have God's blessing is to have everything*
Cais ddedwydd yn ei gartref
*Seek the happy at home*
Cais ddoeth yn ei dyddyn
*Seek the wise in his homestead*
Cais ffrwyn gref i farch gwyllt
*Seek a strong bridle for a wild horse*
Call dros awr, cyfoethog dros fyth
*Wise for an hour, rich for ever*
Call pob un yn ei farn ei hun
*Everyone is wise in his own opinion*
Canmol dy fro a thrig yno
*Praise thy country and dwell there*
Canmoled pawb y bont a'i dyco drosodd
*Let everyone praise the bridge that brought him over*
Câr cywir, yn yr ing fe'i gwelir
*A true friend, in distress is seen (A friend in need is a friend indeed)*
Cariad yw mam pob dwyfoldeb
*Love is the mother of all godliness*
Cas athro heb amynedd
*Hateful is an impatient teacher*
Cas chwerthin heb achos
*To laugh without a cause is abhorrent*
Cas dyn a ddirmygo Dduw a dyn
*Hateful is he who despises God and man*
Cas dyn ni chredo neb, na neb yntau
*Hateful is he who believes no one, and whom no one believes*
Cas fydd un enllibiwr gan y llall
*One slanderer is hated by another*
Cas gŵr na charo'r wlad a'i maco
*Hateful is the man who does not love the country which nurtured him*
Cas yw'r gwirionedd lle nis carer
*Truth is hateful where it is not loved*
Castell pawb, ei dŷ
*Everyone's castle is his home*
Ceffyl da yw ewyllys
*The will is a good horse*
Ceiniog a enillir ydyw'r geiniog a gynilir
*A penny saved is a penny gained*
Ceir llawer cam gwag trwy sefyll yn llonydd
*Many a false step is made by standing still*
Celf orau yn y tŷ; gwraig dda
*A good wife is a home's best piece of furniture*
Celwydd sydd yn marchogaeth ar ddyled
*Untruth rides on debt*
Cenedl heb iaith, cenedl heb galon
*A nation without a language, a nation without a heart*
Cenfigen yw gwraidd pob cynnen
*Jealousy is the root of all strife*
Cennad hwyr, drwg ei neges
*A late messenger brings bad news*
Clust doeth a lwnc wybodaeth
*A wise ear swallows information*
Clydwr dafad yw ei chnu
*A sheep's shelter is its fleece*
Clyw a gwêl ac na ddywed ddim
*Listen and look and say nothing*
Craffach un llygad llysfam na dau lygad mam
*A stepmother's one eye is keener than a mother's two eyes*
Cred air o bob deg a glywi, a thi a gei rywfaint bach o'r gwir
*Believe one-tenth of what you hear and you will get some grain of truth*
Crefftwr tafod hawdd ei nabod
*It is easy to recognize a glib talker*
Crochaf yr afon, lleiaf y pysgod
*The louder the river, the fewer the fish*
Cura'r haearn tra fo'n boeth
*Strike the iron while it is hot*
Cwsg yw bywyd heb lyfrau
*A life without books is asleep*
Cydwybod euog a ofna ei gysgod

*A guilty conscience is afraid of its shadow*

Cydymaith asyn ei glustiau
*A donkey's friend is his ears*

Cyfaill blaidd, bugail diog
*A lazy shepherd is the wolf's friend*

Cyfaill da cystal â cheffyl
*A good friend is as good as a horse*

Cyfoeth pob crefft
*Every craft is wealth*

Cyfoethog pob bodlon
*Every contented person is rich*

Cyfyng ac eang yw dewis
*Every choice is both narrow and wide*

Cymydog da ydyw clawdd
*A hedge makes a good neighbour*

Cynt y cwrdd dau ddyn na dau fynydd
*Sooner will two men meet than two mountains*

Cynt y cwymp dâr na miaren o flaen gwynt
*An oak will fall sooner than a bramble bush in the wind*

Cyntaf ei og, cyntaf ei gryman
*First with the harrow, first with the sickle*

Cysur pob gwyryf — cusan
*Every maiden's comfort – a kiss*

Chwedl a gynydda fel caseg eira
*A tale increases like a rolling snowball*

Chwefror garw; porchell marw
*A rough February; a dead pigling*

Chwerthin a wna ynfyd wrth foddi
*The fool will laugh when drowning*

Chwynnwch eich gardd eich hun yn gyntaf
*Weed your own garden first*

Da gadael pob da fel y mae
*Leave every good as it is*

Da yw dant i atal tafod
*A tooth is useful to check the tongue*

Darllenwch ddynion yn gystal â llyfrau
*Read men as well as books*

Dau ddigon sydd
*Enough has only two kinds*

Dedwydd pob di-falch
*Every modest person is happy*

Deuparth gwaith ei ddechrau
*Beginning is two-thirds of work*

Deuparth llwyddiant, diwydrwydd
*Two-thirds of success, diligence*

Diflanna geiriau, ond erys gweithredoedd
*Words vanish, but actions remain*

Dim glaw Mai, dim mêl Medi
*No rain in May, no honey in September*

Diogi a rhinwedd, dwyrain a gorllewin
*Idleness and virtue are like east and west (poles apart)*

Diwedd pob peth yw cyffes
*Confession is the end of everything*

Doeth a wrendy; ffôl a lefair
*The wise listens; the fool talks*

Doeth pob tawgar
*Wise is the silent*

Doethaf naid, naid dros fai
*The wisest jump is to jump over a fault*

Drych i bawb ei gymydog
*A man's neighbour is his mirror*

Dwla dwl, dwl hen
*The most foolish of all is an old fool*

Dyled ar bawb ei addewid
*Everyone who promises is in debt*

Dyn a chwennych, Duw a ran
*Man desires, God distributes*

Dyngarwch yw'r dawn gorau
*Philanthropy is the best of all gifts*

Eglwys cybydd, ei gist
*A miser's church is his money-chest*

Egni a lwydd
*Exertion will succeed*

Eli i bob dolur yw amynedd
*Patience is an ointment for every sore*

Enfys y bore, aml gawodau
*Rainbow in the morning, frequent showers*
Enw da yw'r trysor gorau
*A good name is the best of treasures*
Esgeulus pob hen
*The old are neglectful*
Etifeddiaeth werthfawr ydyw gair da
*A good word is a valuable inheritance*
Euog a wêl ei gysgod rhyngddo â'r haul
*The guilty sees his shadow between himself and the sun*
Ewyn dwfr yw addewid mab
*A son's promise is just foam*
Fallai yw hanner y ffordd i felly
*Perhaps is half way to 'yes'*
Fe fynn y gwir ei le
*'Truth will out'*
Fe gwsg galar, ni chwsg gofal
*Grief sleeps, care sleeps not*
Fel yr afon i'r môr yw bywyd dyn
*Man's life is like the river flowing to the sea*
Ffawd ar ôl ffawd a wna ddyn yn dlawd
*Misfortune after misfortune makes a man poor*
Ffôl pawb ar brydiau
*Everyone is foolish at times*
Ffolog sydd fel llong heb lyw
*The fool is like a rudderless ship*
Ffon y bywyd yw bara
*Bread is the staff of life*
Ffordd nesaf at olud, talu dyled
*The next road to wealth is to pay one's debt*
Ffynnon pob anffawd, diogi
*The fount of all misfortune is laziness*
Gaeaf gwyn, ysgubor dynn
*A white winter, a full barn*
Gair drwg a dynn y drwg ato
*One unkind word attracts more to it*
Gair mam a bery'n hir
*A mother's advice lasts long*
Gall y gwaethaf ddysgu bod yn orau
*The worst can learn to be best*
Gan bwyll y mae mynd ymhell
*Going slowly, going far*
Gelyn yw i ddyn ei dda
*A man's wealth is his enemy*
Gellir yfed yr afon ond ni ellir bwyta'r dorlan
*One can drink the river but one can not eat the bank*
Genau oer a thraed gwresog a fydd byw yn hir
*Cold lips and warm feet mean a long life*
Gloddest awr a newyn blwyddyn
*An hour's festivity, a year's famine*
Gnawd i feddw ysgwyd llaw
*It is customary for a drunkard to shake hands*
Gochel gyfaill a elo'n feistr
*Beware of a friend who becomes a master*
Gorau aml, aml gardod
*The best frequency, frequent alms*
Gorau arfer, doethineb
*Wisdom is the best of practices*
Gorau caffaeliad, enw da
*A good name is the best acquisition*
Gorau cam, cam gyntaf
*The best step is the first step*
Gorau cannwyll, pwyll i ddyn
*Discretion is man's best candle*
Gorau cof, cof llyfr
*The best memory is that of a book*
Gorau coll, enw drwg
*The best of all losses, a bad name*
Gorau cyfoeth, iechyd
*The best wealth is health*
Gorau Cymro, Cymro oddi cartref
*The best Welshman is the exiled*
Gorau chwedl, gwirionedd
*Truth is the best of all tales*
Gorau doethineb, tewi
*The best wisdom is silence*
Gorau gwraig, gwraig heb dafod
*The best wife is the silent one*
Gorau haelioni, rhoddi cardod
*The best generosity, giving alms*
Gorau prinder, prinder geiriau
*The best scarcity is the scarcity of words*

Gorau trysor, daioni
*The best treasure is goodness*
Gorau un tlws, gwraig dda
*A good wife is the best gem*
Gormod o ddim nid yw dda
*Too much of anything is not good*
Gorwedd yw diwedd pob dyn
*Death is the end of all*
Gwae a fag neidr yn ei fynwes
*Woe to the person who nurtures a serpent in his bosom*
Gwae leidr a fo gweledig
*Woe to the thief who is seen*
Gwaethaf gelyn, calon ddrwg
*A wicked heart is the worst of all enemies*
Gweddw crefft heb ei dawn
*Craft is useless without talent*
Gwell amcan gof na mesur saer
*A smith's guess is better than a carpenter's measure*
Gwell bach mewn llaw na mawr gerllaw
*Better the small in the hand than the large nearby*
Gwell bachgen call na brenin ffôl
*A wise boy is better than a foolish king*
Gwell benthyg nag eisiau
*It is better to borrow than to be in need*
Gwell bygwth na tharo
*It is better to threaten than to strike a blow*
Gwell câr yn y llys nag aur ar fys
*A friend in the court is better than a gold ring on one's finger*
Gwell ci da na dyn drwg
*A good dog is better than a wicked man*
Gwell cydwybod na golud
*A conscience is better than riches*
Gwell cymydog yn agos na brawd ymhell
*Better a neighbour at hand than a distant brother*
Gwell digon na gormod
*Enough is better than too much*
Gwell Duw yn gâr na holl lu daear
*God is a better friend than all the world's people*
Gwell enw da nag aur dilin
*A good name is better than fine gold*
Gwell hela â maneg nag â saeth
*It is better to hunt with a glove than with an arrow*
Gwell hanner na dim
*Better half than nothing*
Gwell hwyr na hwyrach
*Better late than never (later)*
Gwell mam anghenog na thad goludog
*A needy mother is better than a rich father*
Gwell migwrn o ddyn na mynydd o wraig
*A small man is better than a huge woman*
Gwell pwyll nag aur
*Prudence is better than gold*
Gwell synnwyr na chyfoeth
*Better sense than riches*
Gwell un awr lawen na dwy drist
*One happy hour is better than two sad ones*
Gwell un hwde na dau addaw
*Better one gift than two promises*
Gwell yr heddwch gwaethaf na'r rhyfel gorau
*Better the worst peace than the best war*
Gwerth dy wybodaeth i brynu synnwyr
*Sell your knowledge to buy sense*
Gwers gyntaf doethineb; adnabod ei hunan
*Wisdom's first lesson; know thyself*
Gwisg orau merch yw gwylder
*Modesty is a girl's best dress*
Gwna dda unwaith, gwna dda eilwaith
*Do good once, do good twice*
Gŵr dieithr yw yfory
*Tomorrow is a stranger*
Gŵr heb bwyll, llong heb angor
*A man without discretion, a ship without an anchor*
Gwybedyn y dom a gwyd uchaf
*The dung fly rises highest*

Gwybydd fesur dy droed dy hun
*Know the length of your own foot*
Gwynfyd herwr yw hwyrnos
*A robber's bliss is eventide*
Hardd ar ferch bod yn ddistaw
*A girl's virtue is silence*
Harddwch pob hardd, tangnefedd
*Inner peace is the best of all beauties*
Hawdd cymod lle bo cariad
*Reconciliation is easy where there is love*
Hawdd dweud, caled gwneud
*It is easy to say, but hard to act*
Haws bodloni Duw na diafol
*It is easier to please God than the devil*
Heb Dduw, heb ddim
*Without God, without everything*
Heb ei fai, heb ei eni
*He who is without fault is not born*
*(No one is perfect)*
Heb wraig, heb ymryson
*Without a wife, without strife*
Hedyn pob drwg yw diogi
*Idleness is the seed of all evil*
Hen bechod a wna gywilydd newydd
*An old sin brings fresh shame*
Hir ei dafod, byr ei wybod
*A long tongue but little knowledge*
Hir pob aros
*Every waiting is long*
Hir yn llanc, hwyr yn ŵr
*If one remains long as a lad he will marry late*
Hwy pery clod na hoedl
*Praise lasts longer than life*

Ionawr cynnes, Mai oer
*A warm January, but a cold May*

Llaw ddiofal a fydd gwag
*The careless hand will be empty*
Llon colwyn ar arffed ei feistres
*The pup is happy in the lap of its owner*

Llwm yw'r ŷd lle mae'r adwy
*The corn harvest is poor where there is a gap in the hedge*
Llysywen mewn dwrn yw arian
*Money is an eel in the fist*
Mae ffôl yn ymlid ei gysgod
*The fool pursues his shadow*
Mae pont i groesi pob anhawster
*There is a bridge to cross every difficulty*
Mae rhagluniaeth yn fwy na ffawd
*Providence is mightier than fate*
Mae'r diawl yn dda wrth ei blant
*The devil is kind to his children*
Mam ddiofal a wna ferch ddiog
*A neglectful mother rears a lazy daughter*
Meddu pwyll, meddu'r cyfan
*To have discretion is to have everything*
Meddwl agored, llaw agored
*An open mind, an open hand*
Meistr pob gwaith yw ymarfer
*Practice is master of all work*
Mwyaf poen yw poen methu
*The greatest pain, the pain of failure*

Nac adrodd a glywaist rhag ei fod yn gelwyddog
*Don't repeat what you heard in case it is false*
Nac yf ond i dorri syched
*Don't drink except to quench your thirst*
Na ddeffro'r ci a fo'n cysgu
*Do not wake the sleeping dog*
*(Let sleeping dogs lie)*
Nerth cybydd yn ei ystryw
*Cunning is the miser's strength*
Nerth gwenynen, ei hamynedd
*Patience is the strength of the bee*
Nes penelin nag arddwrn
*Nearer elbow than wrist*
*(Blood is thicker than water)*
Ni all neb ddwyn ei geraint ar ei gefn
*No one can carry his relations*
Ni cheir da o hir gysgu
*No good comes from too much sleep*
Ni cheir gan lwynog ond ei groen
*A fox only gives one its pelt*

Ni chyll dedwydd ei swydd
*The happy will not lose his job*
Ni ddaw doe byth yn ôl
*Yesterday will not return*
Ni ddaw henaint ei hunan
*Old age does not come alone*
Ni ddychwel cyngor ynfyd
*A fool's advice will not return*
Ni ellir prynu parch
*No one can buy respect*
Ni ŵyr dyn ddolur y llall
*One man knows not another's pain*
Nid athro ni ddysg ei hunan
*No one is a teacher unless he learns himself*
Nid byd, byd heb wybodaeth
*A world without learning is no world*
Nid call, adrodd y cyfan
*It is not wise to tell everything*
Nid deallus ond a ddeall ei hunan
*He is not intelligent unless he understands himself*
Nid doeth a ymryson
*The wise does not argue*
Nid eir i annwn ond unwaith
*One only goes once to hell*
Nid hawdd bodloni pawb
*It is not easy to please everyone*
Nid hwy oes dyn nag oes dail
*A man's life is not longer than that of a leaf*
Nid oes ar uffern ond eisiau ei threfnu
*Hell needs only to be organized*
Nid o fradwr y ceir gwladwr
*A traitor will never become a patriot*
Nid rhodd rhodd oni bydd o fodd
*No gift is a gift unless it is from the heart*
Nid rhy hen neb i ddysgu
*No one is too old to learn*
Nid tegwch heb wragedd
*There is no beauty without woman*
Nid yw'r hoff o lyfr yn fyr o gyfaill
*He who loves books is not bereft of friends*
Nid yw rhinwedd byth yn mynd yn hen
*Virtue never grows old*

O ddau ddrwg gorau y lleiaf
*Of two evils choose the lesser*
Oedran a ŵyr fwy na dysg
*Old age knows more than learning*
O gyfoeth y daw gofid
*From wealth comes trouble*
Oer yw'r cariad a ddiffydd ar un chwa o wynt
*Cold is the love that is put out by one gust of wind*
O mynni brysurdeb, cais long, melin a gwraig
*If you want to be busy, seek a ship, a mill and a wife*
Oriadur yw meddwl dyn, a rhaid ei ddirwyn bob dydd
*Man's mind is a watch that needs winding daily*
Oni byddi gryf, bydd gyfrwys
*If you lack strength be cunning*
Os rhôi barch ti gei barch
*If you give respect you will receive it*

Pawb a fesur arall wrtho'i hunan
*Everyone measures others by himself*
Pawb yn aros yr amser, a'r amser nid erys neb
*Everybody waits for the time but time waits for no one*
Pert pob peth bach ond diawl bach
*Everything small is pretty except a small devil*
Perth hyd fogel, perth ddiogel
*A hedge up to one's midriff is a safe hedge*
Peswch sych, diwedd pob nych
*A dry cough is the end of every ailment*
Po callaf y dyn anamlaf ei eiriau
*The wiser the man, the fewer his words*
Po fwyaf y bai, lleiaf y cywilydd
*The greater the fault, the lesser the shame*
Po fwyaf y cwsg, hwyaf yr einioes
*The longer one sleeps, the longer one lives*
Pob sorod i'r god ag ef
*Throw every rubbish into the bag*

Pob un a gâr lle ceir arian
*All will love where there is money*
Prinder gorau, prinder geiriau
*The best scarcity, scarcity of words*
Pritaf o bob prŷn, edifeirwch
*The dearest buy of all, repentance*
Prŷn wael, prŷn eilwaith
*Buy a poor thing, buy a second time*

Rhaid cariad yw cerydd
*Chastisement is essential to love*
Rhaid cropian cyn cerdded
*One must crawl before walking*
Rhaid i'r dderwen wrth gysgod yn ieuanc
*The oak needs some shelter when young*
Rhaid wrth lwy hir i fwyta gyda'r diafol
*One needs a long spoon to sup with the devil*
Rhed cachgi rhag ei gysgod
*A coward flees from his shadow*
Rhy hwyr galw doe yn ôl
*It is too late to recall yesterday*
Rhydd i bob meddwl ei farn, ac i bob barn ei llafar
*Everyone has a right to his opinion, and to express it*

Seguryd ni fynn sôn am waith
*Idleness does not want to mention work*
Selni rhai yw eu hiechyd
*Good health to some is an ailment*
Sylfaen pob rhinwedd — gwirionedd
*The foundation of virtue is truth*

Taer yw'r gwir am y golau
*Truth is eager for the light*
Tafl garreg at fur, hi a neidia at dy dalcen
*Throw a stone at a wall and it will rebound to your forehead*

Tebyg i ddyn fydd ei lwdwn
*Like father, like son*
Tecaf fro, bro mebyd
*The finest place is one's own neighbourhood*
Trech cariad na'r cyfan
*Love surpasses everything*
Trech gwlad nag arglwydd
*A country is mightier than a lord*
Trech serch nag arfau dur
*Love is mightier than weapons of steel*
Tri brodyr doethineb: a wrendy, a edrych, a daw
*Three brothers of wisdom: he who listens, he who looks, he who is silent*
Trwy dwll bychan y gwelir goleuni
*Light is seen through a small hole*
Trydydd troed i hen ei ffon
*The third foot of the aged is his stick*
Twyllo arall, twyllo dy hunan
*To deceive another is to deceive thyself*

Ufudd-dod ydyw llwybr bywyd
*Obedience is the path of life*
Un celwydd yn dad i gant
*One lie is a father to a hundred*
Utgorn angau yw peswch sych
*A dry cough is the trumpet of death*

Y ci a gyfarth ni fratha
*The dog which barks does not bite*
Y ddraig goch ddyry cychwyn
(Y ddraig goch a ddyry gychwyn)
*The red dragon leads the way*
Y doeth ni ddywed a ŵyr
*The wise does not say all he knows*
Yf dy gawl cyn oero
*Drink thy broth before it gets cold*
Y fesen yn dderwen a ddaw
*The acorn will grow into an oak*
Y groes waethaf yw bod heb yr un
*The worst cross is to be without one*

Y gwaith a ganmol y gweithiwr
*The worker is praised by his work*
Y llaw a rydd a gynnull
*The hand which gives gathers*
Y mae gweithred yn well na gair
*Actions are better than words*
Ymhob clwyf y mae perygl
*There is danger in every wound*
Ymhob gwlad y megir glew
*In every country a hero is bred*
Ymhob pen y mae 'piniwn
*In every head there is an opinion*
Y mwyaf ei fost, lleiaf ei orchest
*The greater the boast, the least in accomplishment*
Yn yr hwyr y mae nabod gweithiwr
*One recognizes a worker in the evening*
Yr afal mwyaf yw'r pydraf ei galon
*The largest apple is the most rotten*
Yr euog a ffy heb neb yn ei erlid
*The guilty flees without any pursuer*
Yr hen a ŵyr, yr ieuanc a dybia
*The old knows, the young surmises*

# DICTIONARY
## English — Welsh

# GEIRIADUR
## Saesneg — Cymraeg

## ABBREVIATIONS — BYRFODDAU

| | | |
|---|---|---|
| *a.* | *adjective* | *ansoddair* |
| *ad.* | *adverb* | *adferf* |
| *art.* | *article* | *bannod* |
| *c.* | *conjunction* | *cysylltair* |
| *chem.* | *chemistry* | *cemeg* |
| *dem.* | *demonstrative* | *dangosol* |
| *f.* | *feminine* | *benywaidd* |
| *gram.* | *grammar* | *gramadeg* |
| *i.* | *interjection* | *ebychiad* |
| *ind.* | *indefinite* | *amhenodol* |
| *inter.* | *interrogative* | *gofynnol* |
| *m.* | *masculine* | *gwrywaidd* |
| *maths.* | *mathematics* | *mathemateg* |
| *n.* | *noun* | *enw* |
| *pl.* | *plural* | *lluosog* |
| *pn.* | *pronoun* | *rhagenw* |
| *prp.* | *preposition* | *arddodiad* |
| *prx.* | *prefix* | *rhagddodiad* |
| *rel.* | *relative* | *perthynol* |
| *v.* | *verb* | *berf* |
| *vet.* | *veterinary* | *milfeddygol* |

**A,** *ind. art.* (no Welsh equivalent)
**aback,** *ad.* YN ÔL
**abacus,** *n.* ABACWS
**abaft,** *prp.* Y TU ÔL I
*ad.* YMHEN ÔL LLONG
**abandon,** *v.* CYFRADAEL. GADAEL. RHOI'R GORAU I. YMADAEL Â
*n.* YMRODDIAD
**abandoned,** *a.* WEDI EI ADAEL. OFER. AFRADLON
**abandonment,** *n.* GADAWAETH
**abase,** *v.* ISELHAU. DAROSTWNG
**abasement,** *n.* ISELHAD. DAROSTYNGIAD
**abash,** *v.* CYWILYDDIO
**abate,** *v.* GOSTEGU. LLEIHAU
**abatement,** *n.* GOSTEG. LLEIHAD. DIDDYMIAD
**abattoir,** *n.* LLADD-DY
**abaxial,** *a.* ALLECHELIN
**abbess,** *n.* ABADES
**abbey,** *n.* MYNACHLOG, ABATY
**abbot,** *n.* ABAD
**abbreviate,** *v.* BYRHAU. CWTOGI. TALFYRRU
**abbreviation,** *n.* BYRFODD. TALFYRIAD
**abc,** *n.* YR WYDDOR
**abdicate,** *v.* YMDDISWYDDO
**abdication,** *n.* YMDDISWYDDIAD
**abdomen,** *n.* BOL. ABDOMEN
**abdominal,** *a.* PERTHYNOL I'R BOL
**abduct,** *v.* LLATHRUDDO
**abduction,** *n.* LLATHRUDD
**abductor,** *n.* LLATHRUDDWR
**aberration,** *n.* EGWYRIAD
**abet,** *v.* CEFNOGI
**abettor,** *n.* CEFNOGWR
**abeyance,** *n.* OEDIAD
**abhor,** *v.* CASÁU. FFIEIDDIO
**abhorrence,** *n.* ATGASEDD. FFIEIDDIAD
**abhorrent,** *a.* ATGAS. FFIAIDD
**abide,** *v.* AROS. GODDEF. TRIGO
**abiding,** *a.* ARHOSOL. PARHAUS
**ability,** *n.* MEDR. GALLU. ABLEDD
**abject,** *a.* GWAEL. DISTADL. DIRMYGEDIG
**abjuration,** *n.* GWADIAD
**abjure,** *v.* GWADU
**ablate,** *v.* ABLADU
**ablation,** *n.* ABLADIAD
**ablative,** *a.* ABLADOL
**ablaut,** *n.* ABLAWT
**ablaze,** *ad.* AR DÂN
**able,** *a.* ABL. GALLUOG. MEDRUS
**able-bodied,** *a.* ABL. CRYF
**ablution,** *n.* YMOLCHIAD. PUREDIGAETH
**abnegate,** *v.* YMWADU
**abnormal,** *a.* ANGHYFFREDIN. ANNORMAL
**abnormality,** *n.* ABNORMALEDD. ANNORMALAETH
**abode,** *n.* CARTREF. PRESWYLFA
**abolish,** *v.* DIDDYMU. DILEU
**abolition,** *n.* DIDDYMIAD. DILEAD
**abominable,** *a.* ATGAS. FFIAIDD
**abominate,** *v.* CASÁU. FFIEIDDIO
**abomination,** *n.* FFIEIDD-DRA
**aboriginal,** *n.* CYNFRODOR
*a.* CYNFRODOROL
**abort,** *v.* ERTHYLU. METHU
**abortion,** *n.* ERTHYLIAD
**abortionist,** *n.* ERTHYLYDD
**abortive,** *a.* ERTHYLOG. AFLWYDDIANNUS. ANNHYMIG
**abound,** *v.* AMLHAU. HEIGIO
**about,** *prp.* TUA. O GWMPAS. O BOPTU
*ad.* ODDEUTU. O AMGYLCH
**above,** *prp.* I FYNY. UWCHBEN
*ad.* TROS. FRY. UWCH
**abrade,** *v.* SGRAFFINIO. YSGYTHRU. SGRAFELLU
**abrasive,** *n.* SGRAFFINYDD
**abreast,** *ad.* OCHR YN OCHR. CYFOCHROG
**abridge,** *v.* CWTOGI
**abridgement,** *n.* CWTOGIAD
**abroad,** *ad.* AR LED. MEWN GWLAD DRAMOR
**abrogate,** *v.* DIDDYMU. DILEU
**abrogation,** *n.* DIDDYMIAD. DILEAD
**abrupt,** *a.* SYDYN. CWTA
**abruptness,** *n.* SYDYNRWYDD
**abscess,** *n.* CRYNHOFA. CRAWNIAD. CASGL
**abscissa,** *n.* ABSISA
**abscond,** *v.* DIANC. CILIO
**abseil,** *n.* ABSEIL
*v.* ABSEILIO
**absence,** *n.* ABSEN, ABSENOLDEB
**absent,** *v.* ABSENOLI
*a.* ABSENNOL
**absentee,** *n.* ABSENOLYN/WR
**absenteeism,** *n.* ABSENOLIAETH. ABSENOLRWYDD
**absolute,** *a.* ABSOL(I)WT. EITHAF. DIAMOD
**absolutely,** *ad.* YN HOLLOL
**absolution,** *n.* ABSOLWSIWN. MADDEUANT
**absolutism,** *n.* ABSOL(I)WTIAETH
**absolve,** *v.* MADDAU. RHYDDHAU
**absorb,** *v.* AMSUGNO
**absorbent,** *a.* AMSUGNOL
*n.* AMSUGNYDD
**absorption,** *n.* AMSUGNAD

**abstain,** *v.* YMWRTHOD, YMATAL
**abstainer,** *n.* YMWRTHODWR, YMATALIWR
**abstemious,** *a.* SOBR, CYMEDROL
**abstemiousness,** *n.* SOBRWYDD, CYMEDROLDEB
**abstention,** *n.* YMWRTHODIAD, YMATALIAD
**abstinence,** *n.* DIRWEST, YMATALIAD
**abstinent,** *a.* SOBR, CYMEDROL
**abstract,** *n.* HANIAETH, CRYNODEB
*a.* HANIAETHOL
*v.* HANIAETHU, CRYNHOI
**abstraction,** *n.* HANIAETH, TYNIAD
**abstruse,** *a.* ASTRUS, DYRYS
**absurd,** *a.* GWRTHUN, AFRESYMOL, ABSWRD
**absurdity,** *n.* GWRTHUNI, AFRESWM
**abundance,** *n.* LLAWEREDD, DIGONEDD, TORETH, AMLDER
**abundant,** *a.* HELAETH, TOREITHIOG
**abuse,** *v.* SARHAU, DIFRÏO
*n.* SARHAD, AMARCH
**abusive,** *a.* SARHAUS, DIFRÏOL
**abut,** *v.* FFINIO, YMYLU
**abutment,** *n.* ATEGWAITH
**abysmal,** *a.* AFFWYSOL, DIWAELOD, DIFESUR
**abyss,** *n.* AFFWYS
**acacia,** *n.* ACESIA
**academic,** *a.* ACADEMAIDD, ACADEMIG
**academical,** *a.* ATHROFAOL
**academy,** *n.* ACADEMI, ATHROFA
**accede,** *v.* CYTUNO, ESGYN
**accelerate,** *v.* CYFLYMU
**acceleration,** *n.* CYFLYMIAD
**accelerator,** *n.* CYFLYMIADUR, SBARDUN
**accent,** *n.* ACEN, LLEDIAITH
*v.* ACENNU
**accentual,** *a.* ACENNOL
**accentuate,** *v.* ACENNU, PWYSLEISIO
**accentuation,** *n.* ACENYDDIAETH, ACENIAD, PWYSLAIS
**accept,** *v.* DERBYN
**acceptability,** *n.* DERBYNIOLDEB
**acceptable,** *a.* DERBYNIOL, CYMERADWY
**acceptance,** *n.* DERBYNIAD, CYMHWYSIAD, CYTUNIAD, CYDNABYDDEB
**access,** *n.* MYNEDFA, MYNEDIAD, CYRCHU
**accessary,** *n.* AFFEITHIWR
*a.* AFFEITHIOL
**accessibility,** *n.* HYGYRCHEDD
**accessible,** *a.* HYGYRCH, CYRAEDDADWY
**accession,** *n.* CYTUNDEB, ESGYNIAD
**accessions,** *n.pl.* DERBYNION
**accessor,** *n.* ASESWR
**accessories,** *n.pl.* CYFWISGOEDD, ATEGOLION
**accessory,** *n.* AFFEITHIWR, ATEGOLYN
*a.* ATEGOL, ATODOL
**accidence,** *n.* FFURFIANT
**accident,** *n.* DAMWAIN, ANAP
**accidental,** *n.* HAPNOD
*a.* DAMWEINIOL
**acclaim,** *v.* CYMERADWYO
**acclamation,** *n.* CYMERADWYAETH
**acclimatise,** *v.* (YM)HINSODDI
**acclivity,** *n.* RHIW, TYLE
**accolade,** *n.* ACOLÂD
**accommodate,** *v.* LLETYA, ADDASU
**accommodation,** *n.* LLETY, LLE, ARLE, CYMHWYSIAD
**accompaniment,** *n.* CYFEILIANT,
**accompaniments,** *n.pl.* CYFWYDYDD
**accompanist,** *n.* CYFEILYDD(ES)
**accompany,** *v.* CYD-DEITHIO, CYFEILIO
**accomplice,** *n.* AFFEITHIWR
**accomplish,** *v.* CYFLAWNI, GORFFEN
**accomplished,** *a.* MEDRUS
**accomplishment,** *n.* MEDR, DAWN, CAMP
**accord,** *n.* CYDSYNIAD
*v.* CYDSYNIO
**accordance,** *n.* CYTUNDEB
**accordant,** *a.* CYFUWCH
**according (to),** *prp.* YN ÔL, MEGIS
**accordingly,** *ad.* GAN HYNNY, FELLY
**accordion,** *n.* ACORDION
**accost,** *v.* CYFARCH, ANNERCH
**account,** *n.* CYFRIF, COWNT
*v.* RHOI CYFRIF
**accountancy,** *n.* CYFRIFEG
**accountant,** *n.* CYFRIFYDD
**accounts,** *n.pl.* CYFRIFON
**accoutrements,** *n.pl.* OFFER, ARFAU, HARNAIS
**accredit,** *v.* ACHREDU
**accredited,** *a.* ACHREDEDIG
**accretion,** *n.* CRONIANT, CYNNYDD
**accrue,** *v.* DEILLIO, CODI
**accumulate,** *v.* CRONNI, CASGLU, YMGASGLU
**accumulation,** *n.* CRONNEDD, CRONIANT, CASGLIAD
**accumulator,** *n.* CRONIADUR
**accuracy,** *n.* CYWIRDEB
**accurate,** *a.* CYWIR, IAWN
**accursed,** *a.* MELLTIGEDIG
**accusation,** *n.* CYHUDDIAD

**accusative,** *a.* CYHUDDOL, GWRTHRYCHOL (GRAM.)
**accuse,** *v.* CYHUDDO
**accused,** *n.* CYHUDDEDIG
**accuser,** *n.* CYHUDDWR
**accustom,** *v.* CYFARWYDDO, CYNEFINO
**accustomed,** *a.* CYFARWYDD, CYNEFIN
**acetabulum,** *n.* ASETABWLWM
**acetate,** *n.* ASETYN
**acetic,** *a.* ASETIG
**acetone,** *n.* ASETÔN
**acetylene,** *n.* ASETYLIN
**ache,** *n.* DOLUR, CUR, POEN
*v.* DOLURIO, BRIFO, POENI, GWYNIO
**achene,** *n.* ACHEN
**achieve,** *v.* CYFLAWNI, GORFFEN
**achievement,** *n.* CAMP, GORCHEST
**achilles tendon,** *n.* GWELLEN Y FFÊR
**aching,** *a.* DOLURUS, POENUS
**achromatic,** *a.* ACROMATIG
**acid,** *n.* ASID
*a.* SUR
*dilute acid,* ASID GWANEDIG
**acidic,** *a.* ASIDIG
**acidify,** *v.* ASIDEIDDIO
**acidity,** *n.* ASIDRWYDD, SURNI
**acidulated,** *a.* ASIDAIDD
**acknowledge,** *v.* CYDNABOD
**acknowledgement,** *n.* CYDNABYDDIAETH
**acme,** *n.* UCHAFBWYNT, ACME
**acne,** *n.* ACNE
**acnode,** *n.* ACNOD
**acolyte,** *n.* ACOLIT
**acorn,** *n.* MESEN
**acosmism,** *n.* ACOSMAETH
**acoustic,** *a.* ACWSTIG
**acoustics,** *n.* ACWSTEG
**acquaint,** *v.* YMGYDNABOD
**acquaintance,** *n.* ADNABYDDIAETH
**acquainted,** *a.* CYFARWYDD, CYNEFIN
**acquiesce,** *v.* CYDSYNIO
**acquiescence,** *n.* CYDSYNIAD
**acquire,** *v.* ENNILL, CAFFAEL
**acquirement,** *n.* CAFFAELIAD
**acquisition,** *n.* ENNILL, CAFFAELIAD
**acquisitive,** *a.* MEDDIANGAR, BARUS
**acquit,** *v.* RHYDDHAU, DIHEURO
**acquittal,** *n.* DIHEURIAD
**acquittance,** *n.* ACWITANS
**acre,** *n.* ERW, CYFAIR, ACER
**acrid,** *a.* CHWERW, LLYMSUR
**acrilan,** *n.* ACRILAN
**acrimonious,** *a.* SARRUG, CHWERW
**acrimony,** *n.* SARUGRWYDD, CHWERWEDD
**acrobat,** *n.* ACROBAT
**across,** *prp.* DROS, AR DRAWS
*ad.* DROSODD
**acrostic,** *n.* ACROSTIG
**acrylic,** *a.* ACRYLIG
**act,** *n.* ACT, GWEITHRED, DEDDF
*v.* ACTIO, GWEITHREDU
**actable,** *a.* ACTADWY
**acting,** *n.* ACTIO
*a.* GWEITHREDOL
**actinium,** *n.* ACTINIWM
**action,** *n.* GWEITHRED, EFFAITH, ACHOS, ARWAITH, GWEITHIAD
*action song,* CÂN ACTOL
**actions,** *n.pl.* YMDDYGIADAU
**activate,** *v.* ACTIFADU
**activation,** *n.* ACTIFIANT
**activator,** *n.* ACTIFADUR
**active,** *a.* BYWIOG, GWEITHGAREDDOL, ACTIF
**activist,** *n.* ACTIFYDD
**activities,** *n.pl.* GWEITHGAREDDAU
**activity,** *n.* GWEITHGARWCH, ACTIFEDD, GWEITHGAREDD
**actor,** *n.* ACTIWR, ACTOR
**actress,** *n.* ACTORES
**actual,** *a.* GWIRIONEDDOL, CYFLAWNEDIG
**actually,** *ad.* MEWN GWIRIONEDD
**actuary,** *n.* ACTWARI
**actuate,** *v.* CYMELL, YSGOGI
**acumen,** *n.* CRAFFTER
**acute,** *a.* LLYM, CRAFF, GWYLLT
*acute angle,* ONGL LEM
**acuteness,** *n.* CRAFFTER, LLYMDER
**acylate,** *v.* ACYLEIDDIO
**adage,** *n.* DYWEDIAD (CRAFF), DIHAREB
**adagio,** *ad.* ADAGIO
**adamant,** *n.* ADAMANT
*a.* DIYSGOG
**adapt,** *v.* ADDASU, CYMHWYSO
**adaptability,** *n.* CYMHWYSEDD
**adaptable,** *a.* CYMWYSADWY
**adaptation,** *n.* ADDASIAD
**adaptor,** *n.* ADAPTOR, ADDASYDD
**adaxial,** *n.* ADECHELIN
**add,** *v.* YCHWANEGU, ADIO
**addend,** *n.* ADEND
**addendum,** *n.* ATODIAD
**adder,** *n.* GWIBER, ADYDD
**addict,** *v.* YMROI, GORDDIBYNNU
**addicted,** *a.* CHWANNOG, TUEDDOL
**addiction,** *n.* YMROAD, GORDDIBYNIAETH

**addition,** *n.* YCHWANEGIAD, ADIAD
**additional,** *a.* YCHWANEGOL
**additive,** *n.* ADIOLYN, ADCHWANEGOLYN
*a.* ADIOL
**addled,** *a.* CLWC, GORLLYD
**address,** *n.* CYFARCHIAD, CYFEIRIAD, ANERCHIAD
*v.* CYFARCH, CYFEIRIO, ANNERCH
**adduce,** *v.* NODI
**adept,** *n.* CAMPWR
*a.* MEDRUS
**adequacy,** *n.* DIGONOLRWYDD
**adequate,** *a.* DIGONOL
**adhere,** *v.* ADLYNU
**adherence,** *n.* ADLYNIAD
**adherent,** *n.* YMLYNWR
**adhesion,** *n.* ADLYNIAD
**adhesive,** *a.* ADLYNOL, GLUDIOG
*n.* ADLYN, GLUDYDD
**adieu,** *i.* BYDD WYCH!
**adipose,** *a.* BRAS, TEW, BLONEGOG
**adit,** *n.* CEUFFORDD
**adjacent,** *a.* CYFAGOS
**adjectival,** *a.* ANSODDEIRIOL
**adjective,** *n.* ANSODDAIR
**adjoin,** *v.* FFINIO, CYDIO
**adjoining,** *a.* CYFAGOS, CYFFINIOL
**adjourn,** *v.* GOHIRIO, OEDI
**adjourned,** *a.* GOHIRIEDIG
**adjournment,** *n.* GOHIRIAD, SEIBIAD
**adjudge,** *v.* DYFARNU, BARNU
**adjudicate,** *v.* BEIRNIADU
**adjudication,** *n.* BEIRNIADAETH
**adjudicator,** *n.* BEIRNIAD
**adjure,** *v.* TYNGHEDU
**adjust,** *v.* CYMHWYSO, (YM)ADDASU, CYWEIRIO
**adjustable,** *a.* ADDASADWY, CYMWYSADWY
**adjustment,** *n.* (YM)ADDASIAD, CYMHWYSIAD, CYWEIRIAD
**administer,** *v.* GWEINYDDU
**administration,** *n.* GWEINYDDIAD, GWEINYDDIAETH
**administrative,** *a.* GWEINYDDOL
**administrator,** *n.* GWEINYDDWR
**admirable,** *a.* CAMPUS, RHAGOROL
**admiral,** *n.* LLYNGESYDD
**admiralty,** *n.* MORLYS
**admiration,** *n.* EDMYGEDD, PARCH
**admire,** *v.* EDMYGU, PARCHU
**admirer,** *n.* EDMYGYDD, CARWR
**admissible,** *a.* DERBYNIADWY
**admission,** *n.* DERBYNIAD, CYFADDEFIAD, ADMISIWN
**admit,** *v.* CYFADDEF, DERBYN, CANIATÁU
**admittance,** *n.* MYNEDIAD, DERBYNIANT
**admixture,** *n.* CYMYSGIAD, CYMYSGEDD
**admonish,** *v.* CERYDDU
**admonition,** *n.* CERYDD, GOFEIO
**adnate,** *n.* ADNAWD
**ado,** *n.* HELYNT, FFWDAN
**adolescence,** *n.* LLENCYNDOD, ADOLESENS, GLASOED
**adolescent,** *n.* ADOLESENT
*a.* LLENCYNNOL, ADOLESENT
**adopt,** *v.* MABWYSIADU
**adopted,** *a.* MABWYSIEDIG
**adoption,** *n.* MABWYSIAD
**adorable,** *a.* ADDOLADWY
**adoration,** *n.* ADDOLIAD, ADDOLIANT
**adore,** *v.* ADDOLI
**adorn,** *v.* ADDURNO, HARDDU, TRWSIO
**adornment,** *n.* ADDURN, TRWSIAD
**adrenalin,** *n.* ADRENALIN
**adroit,** *a.* DEHEUIG, MEDRUS
**adroitness,** *n.* DEHEURWYDD, MEDRUSRWYDD
**adsorb,** *v.* ARSUGNO
**adsorption,** *n.* ARSUGNIAD
**adulate,** *v.* GWENIEITHIO
**adulation,** *n.* GWENIAITH
**adult,** *n.* OEDOLYN
**adulterate,** *v.* LLYGRU, DIFWYNO
**adulteration,** *n.* LLYGRIAD, DIFWYNIAD
**adulterer,** *n.* GODINEBWR
**adulterous,** *a.* GODINEBUS
**adultery,** *n.* GODINEB
**advance,** *v.* CYNNIG, BLAENU, CYNYDDU, BLAENSYMU
*n.* BLAENSWM, ESTYNIAD, ECHWYN (BANC)
**advanced,** *a.* UWCH, CALED
**advancement,** *n.* CODIAD, DYRCHAFIAD
**advantage,** *n.* MANTAIS, LLES
**advantageous,** *a.* MANTEISIOL, LLESOL
**advection,** *n.* LLORFUDIANT
**advent,** *n.* YR ADFENT, DYFODIAD
**adventitious,** *a.* DAMWEINIOL
**adventure,** *n.* ANTUR(IAETH)
**adventurer,** *n.* ANTURIWR, ANTURIAETHWR
**adventurous,** *a.* ANTURUS, ANTURIAETHUS, HY
**adverb,** *n.* ADFERF
**adverbial,** *a.* ADFERFOL
**adversary,** *n.* GWRTHWYNEBYDD
**adverse,** *a.* GWRTHWYNEBUS, CROES
**adversity,** *n.* ADFYD, TRALLOD
**advertise,** *v.* HYSBYSEBU

**advertiser,** *n.* HYSBYSEBWR
**advertisement,** *n.* HYSBYSEB
**advice,** *n.* CYNGOR
**advisable,** *a.* BUDDIOL, LLESOL
**advise,** *v.* CYNGHORI
**adviser,** *n.* CYNGHORWR
**advisory,** *a.* CYNGHOROL, YMGYNGHOROL
**advocacy,** *n.* DADLEUAETH
**advocate,** *n.* ADFOCAD, HYRWYDDWR, TAFODOG
**advowson,** *n.* ADFOWSON
**adze,** *n.* BWYELL GAM, NEDDYF
**aeolian,** *n.* AEOLAIDD
**aerate,** *v.* AWYRU
**aerated,** *a.* AWYROG
**aeration,** *n.* AWYRIAD
**aerial,** *n.* ERIAL
*a.* AWYROL
*aerial photograph,* AWYRLUN
**aerobic,** *a.* AEROBIG
**aerodrome,** *n.* ERODROM
**aerodynamics,** *n.* AERODYNAMEG
**aerology,** *n.* AEROLEG
**aeronaut,** *n.* AWYRENNWR
**aeronautics,** *n.* AERONOTEG, AWYRENNAETH
**aeroplane,** *n.* AWYREN
**aerosol,** *n.* AEROSOL
**aerospace,** *n.* AWYROFOD, AEROFOD
**aesthetic,** *a.* ESTHETIG
**aesthetics,** *n.* ESTHETEG
**aether,** *n.* AETHER
**aetiological,** *a.* ACHOSEGOL
**aetiology,** *n.* ACHOSEG
**afar,** *ad.* YMHELL
**affability,** *n.* HYNAWSEDD
**affable,** *a.* HYNAWS, CLÊN
**affair,** *n.* MATER, ACHOS, HELYNT
*current affairs,* MATERION CYFOES
**affect,** *n.* AFFAITH
*v.* AFFEITHIO, MENNU, DYLANWADU
**affectation,** *n.* RHODRES, MURSENDOD
**affected,** *a.* MURSENNAIDD
**affection,** *n.* SERCH, AFFEITHIAD
**affectionate,** *a.* SERCHOG
**afferent,** *a.* AFFEROL
**affidavit,** *n.* AFFIDAFID
**affiliate,** *v.* TADOGI
**affiliation,** *n.* TADOGAETH
**affine,** *n.* AFFIN
**affinity,** *n.* PERTHYNAS, AFFINEDD
**affirm,** *v.* CADARNHAU
**affirmation,** *n.* CADARNHAD
**affirmative,** *a.* CADARNHAOL
**affix,** *v.* SICRHAU
*n.* ÔL-DDODIAD
**afflation,** *n.* ANADLIAD
**afflict,** *v.* CYSTUDDIO
**afflicted,** *a.* CYSTUDDIOL
**affliction,** *n.* CYSTUDD
**affluence,** *n.* GOLUDLONEDD
**affluent,** *a.* GOLUDLAWN, GOLUDOG, CEFNOG
**afford,** *v.* FFORDDIO
**afforest,** *v.* COEDWIGO, FFORESTU
**afforestation,** *n.* COEDWIGAETH, COEDWIGIAD
**affray,** *n.* AFFRAE, FFRWGWD
**affricative,** *a.* AFFRITHIOL
**affront,** *n.* SARHAD, SEN, ANFRI
**afoot,** *ad.* AR WAITH, AR DROED
**aforehand,** *ad.* YMLAEN LLAW
**aforesaid,** *a.* DYWEDEDIG
**afraid,** *a.* OFNUS
**afresh,** *ad.* O'R NEWYDD
**aft,** *ad.* TU ÔL
**after,** *prp.* WEDI
*ad.* WEDYN, YNA
**afterbirth,** *n.* Y BRYCH, GARW, OLESGOR
**aftercare,** *n.* ÔL-OFAL
**afterglow,** *n.* OLDYWYN, GOLEWYCH
**aftermath,** *n.* ADLADD, CANLYNIAD
**afternoon,** *n.* PRYNHAWN
**afterwards,** *ad.* WEDYN, WEDI HYNNY
**again,** *ad.* ETO, EILWAITH, DRACHEFN
**against,** *prp.* AR GYFER, CYFERBYN, (YN) ERBYN
**agape,** *n.* CARIADWLEDD
*ad.* YN SAFNRWTH
**agate,** *n.* AGET
**age,** *n.* OES, OED(RAN), EINIOES
*v.* HENEIDDIO
*ages,* OESOEDD, HYDOEDD
**aged,** *a.* HEN, OEDRANNUS
**agency,** *n.* ASIANTAETH, CYFRWNG
**agenda,** *n.* AGENDA
**agent,** *n.* ASIANT, CYFRWNG
*agent provocateur,* CUDDGYNHYRFWR
**agglomerate,** *n.* LLOSGARNEDD
*v.* ATHYRRU
**agglutination,** *n.* CYFLUDIAD
**aggrade,** *v.* AGRADU
**aggravate,** *v.* CYTHRUDDO, FFYRNIGO
**aggravating,** *a.* POENUS
**aggregate,** *n.* AGREG, CYFANSWM
*v.* AGREGU

**aggregation,** *n.* CYFANREDIAD
**aggression,** *n.* YMOSODEDD, TREISGYRCH
**aggressive,** *a.* YMOSODGAR
**aggressiveness,** *n.* YMOSODGAREDD
**aggressor,** *n.* YMOSODWR
**aghast,** *a.* SYN
**agile,** *a.* SIONC, HEINI, GWISGI
**agility,** *n.* SIONCRWYDD, YSTWYTHDER
**agist,** *v.* PORFELU, TACIO
**agistment,** *n.* PORFELAETH, TAC
**agitate,** *v.* CYNHYRFU, CYFFROI
**agitation,** *n.* CYNNWRF, CYFFRO
**agitator,** *n.* CYNHYRFWR, CYFFRÖWR, TARFWR
**agnostic,** *n.* AGNOSTIG
**agnosticism,** *n.* AGNOSTICIAETH
**ago,** *ad.* YN ÔL, CYN HYN
**agog,** *a.* AWYDDUS, BRWD
**agony,** *n.* ING, POEN, DIRBOEN
**agrarian,** *a.* AMAETHOL
**agree,** *v.* CYTUNO, CYDFYNED, BODLONI
**agreeable,** *a.* CYTÛN, DYMUNOL, CLÊN
**agreed,** *a.* CYTUNEDIG
**agreement,** *n.* CYTUNDEB, CYDWELEDIAD
**agricultural,** *a.* AMAETHYDDOL
**agriculture,** *n.* AMAETHYDDIAETH
**agronomy,** *n.* AGRONOMEG
**agrostis,** *n.* MAESWELLT
**aground,** *ad.* AR DIR, AR LAWR
**ague,** *n.* ACSES, Y CRYD
**ah,** *i.* O! OCH! WFFT!
**ahead,** *ad.* YMLAEN, O FLAEN
**aid,** *n.* CYMORTH, HELP, CYNHORTHWY
*v.* CYNORTHWYO, HELPU
*first aid,* CYMORTH CYNTAF
**aids,** *n.pl.* CYMHORTHION
**aiguille,** *n.* NODWYDD
**ail,** *v.* CLAFYCHU, BLINO
**ailment,** *n.* AFIECHYD, DOLUR, ANHWYLDEB
**aim,** *n.* NOD, AMCAN, ANELIAD, BWRIAD
*v.* AMCANU, ANELU, BWRIADU
**air,** *n.* AWYR, AER, ALAW
*v.* AWYRU, CRASU, DATGAN
*air piracy,* AWYRLADRAD
**air-condition,** *v.* NAWSAERU
**air-conditioned,** *a.* NAWSAER
**aircraft,** *n.* AWYREN(NAU)
**airfield,** *n.* MAES AWYR, AWYRENFA
**airforce,** *n.* LLU AWYR, AWYRLU
**air-freshener,** *n.* FFRESNYDD AWYR/AER
**air-hostess,** *n.* STIWARDES AWYREN
**airline,** *n.* CWMNI HEDFAN
**air-lock,** *n.* AERGLO
**airmail,** *n.* POST AWYR
**airport,** *n.* PORTH AWYR
**air-raid,** *n.* CYRCH AWYR
**airs,** *n.pl.* ALAWON, RHODRES
**airship,** *n.* LLONG AWYR
**airtight,** *a.* AERGLOS, AERDYN
**airy,** *a.* AWYROL, YSGAFN
**aisle,** *n.* YSTLYS, ALE, EIL
**ajar,** *a.* CILAGORED
**akin,** *a.* PERTHYNOL, CYTRAS
**alabaster,** *n.* ALABASTR
**alacrity,** *n.* BYWIOGRWYDD, PARODRWYDD
**alanine,** *n.* ALANIN
**alarm,** *n.* DYCHRYN, BRAW, OFN
*v.* DYCHRYNU, BRAWYCHU
**alarm-clock,** *n.* CLOC LARWM
**alarming,** *a.* DYCHRYNLLYD, OFNADWY
**alas,** *i.* OCH! GWAE FI! YSYWAETH!
**albeit,** *c.* ER, ER HYNNY
**albinism,** *n.* ALBINEDD
**albino,** *n.* ALBINO
*a.* ALBINAIDD
**album,** *n.* ALBWM
**albumen,** *n.* GWYNNWY, ALBWMEN
**alchemist,** *n.* ALCEMYDD
**alchemy,** *n.* ALCEMI
**alcohol,** *n.* ALCOHOL
**alcoholic,** *n.* ALCOHOLIG
*a.* ALCOHOLAIDD
**alcoholism,** *n.* ALCOHOLIAETH
**alcove,** *n.* ALCOF
**alder,** *n.* GWERNEN
**alderman,** *n.* HENADUR
**aldermanic,** *a.* HENADUROL
**ale,** *n.* CWRW, TABLEN
**alehouse,** *n.* TAFARN
**alert,** *a.* EFFRO, GWYLIADWRUS
*n.* RHYBUDD
**alertness,** *n.* BYWIOGRWYDD, CRAFFTER
**algebra,** *n.* ALGEBRA, ALGEBREG
**algebraic,** *a.* ALGEBRAIDD
**algorithm,** *n.* ALGORITHM
**alias,** *ad.* NEU, YN AMGEN
*n.* ENW ARALL
**alibi,** *n.* ALIBI, ALLFAN
**alidade,** *n.* ALIDAD
**alien,** *n.* ALIWN, ESTRONWR
*a.* ESTRON(OL)
**alienate,** *v.* DIEITHRIO, TROSI, ARALLU
**alienation,** *n.* DIEITHRIAD, ARALLIAD
**alight,** *v.* DISGYN
*ad.* AR DÂN

**align,** *v.* ALINIO, YMOCHRI
**aligned,** *a.* YMOCHROL, CYFUNION
**alignment,** *n.* ALINIAD, YMOCHREDD
**alike,** *a.* TEBYG, CYFFELYB
*ad.* YN DEBYG, YN GYFFELYB
**alimentary,** *a.* MAETHOL
**alimony,** *n.* ALIMONI
**aliquot,** *n.* ALICWOT
**alive,** *a.* BYW(IOG)
*ad.* YN FYW
**alkali,** *n.* ALCALI
**alkaline,** *a.* ALCALINAIDD
**alkalinity,** *n.* ALCALINEDD
**alkene,** *n.* ALCEN
**all,** *n.* PAWB, Y CYFAN, Y CWBL
*a.* HOLL, I GYD
*ad.* OLL, YN HOLLOL
**allay,** *v.* TAWELU, LLINIARU
**allegation,** *n.* HAERIAD, HONIAD, ALEGASIWN
**allege,** *v.* HONNI, HAERU
**alleged,** *a.* HONEDIG
**allegiance,** *n.* TEYRNGARWCH
**allegorical,** *a.* ALEGORÏAIDD
**allegorize,** *v.* ALEGOREIDDIO
**allegory,** *n.* ALEGORI, ALLEG
**allegro,** *a.* BYWIOG, HOENUS
**allele,** *n.* ALEL
**alleluia,** *n.* HALEL(I)WIA
**allergic,** *a.* ALLERGOL
**allergy,** *n.* ALLERGEDD
**alleviate,** *v.* LLINIARU, LLEDDFU
**alleviation,** *n.* ESMWYTHYD
**alley,** *n.* ALI, ALE
**Allhallowtide,** *n.* CALAN GAEAF
**alliance,** *n.* CYNGHRAIR
**allied,** *a.* CYNGHREIRIOL, PERTHYNOL
**alliterate,** *n.* CYSEINIO
**alliteration,** *n.* CYSEINEDD, CYFLYTHRENIAD
**allocate,** *v.* DYRANNU
**allocation,** *n.* DYRANIAD
**allogenic,** *a.* ALOGENIG
**allot,** *v.* ALOTIO, PENNU
**allotment,** *n.* RHANDIR, LOTMENT
**allotropy,** *n.* ALOTROPIAETH
**allow,** *v.* CANIATÁU, GODDEF
**allowance,** *n.* LWFANS, DOGN
**alloy,** *n.* ALOI
**all-round,** *a.* AMRYDDAWN
**allude,** *v.* CYFEIRIO, CRYBWYLL
**allure,** *v.* DENU, HUDO
**allurement,** *n.* HUDOLIAETH
**alluring,** *a.* DENGAR, HUDOLUS
**allusion,** *n.* CYFEIRIAD, CRYBWYLLIAD
**alluvial,** *a.* LLIFWADDODOL
**alluvium,** *n.* LLIFWADDOD
**ally,** *n.* CYNGHREIRIAD
*v.* CYNGHREIRIO
**almanac,** *n.* ALMANAC
**almighty,** *a.* HOLLALLUOG
**almond,** *n.* ALMON
**almoner,** *n.* ALMONWR, ELUSENNWR
**almost,** *ad.* BRON, BRAIDD, YMRON
**alms,** *n.* ELUSEN, CARDOD
**alms-house,** *n.* ELUSENDY
**aloe,** *n.* ALWYS
**aloft,** *ad.* FRY, I FYNY
**alone,** *a.* UNIG, AR EI BEN EI HUN, WRTHO'I HUN
**along,** *ad.* YMLAEN, AR EI HYD
*prp.* AR HYD
*alongside,* OCHR YN OCHR
**aloof,** *ad.* AR WAHÂN
**aloofness,** *n.* OERNI
**aloud,** *ad.* YN UCHEL, YN GROCH
**alp,** *n.* ALP
**alphabet,** *n.* YR WYDDOR
**alphabetical,** *a.* YN NHREFN YR WYDDOR
**alpine,** *a.* ALPAIDD
**already,** *ad.* YN BAROD, EISOES
**also,** *ad.* HEFYD
**altar,** *n.* ALLOR
**alter,** *v.* NEWID, ALTRO
**alteration,** *n.* NEWID, ALTRAD, CYFNEWIDIAD
**altercate,** *v.* CWERYLA, FFRAEO
**altercation,** *n.* CWERYL, FFRAE
**alternate,** *v.* EILEDU, ARYNEILIO
*a.* EILEDOL, BOB YN AIL
**alternating,** *a.* EILEDOL, BOB YN AIL
**alternative,** *a.* ARALL
*n.* DEWIS
**alternatively,** *ad.* AR YN AIL
**alternator,** *n.* EILIADUR
**although,** *c.* SERCH, ER
**altiplanation,** *n.* UWCHWASTADIANT
**altitude,** *n.* UCHDER
**altimeter,** *n.* ALTIMEDR
**alto,** *n.* ALTO
**altogether,** *ad.* O'R BRON, YN HOLLOL, YN GYFAN GWBL
**altruism,** *n.* ALLGAREDD
**altruist,** *n.* ALLGARWR
**alum,** *n.* ALWM
**aluminium,** *n.* ALWMINIWM

**alveolus,** *n.* ALFEOLUS
**always,** *ad.* BOB AMSER, YN WASTAD(OL)
**amalgam,** *n.* AMALGAM
**amalgamate,** *v.* ARUNO
**amalgamation,** *n.* ARUNIAD, CYFUNIAD
**amass,** *v.* CRONNI, PENTYRRU, CASGLU
**amateur,** *n.* AMATUR
*a.* AMATUR(AIDD)
**amateurish,** *a.* TRWSGL
**amateurism,** *n.* AMATURIAETH
**amaze,** *v.* SYNNU, RHYFEDDU, SYFRDANU
**amazement,** *n.* SYNDOD, SYFRDANDOD
**ambassador,** *n.* LLYSGENNAD
**amber,** *n. & a.* AMBR
**ambiguity,** *n.* AMWYSEDD, ASTRUSI
**ambiguous,** *a.* AMWYS, ASTRUS
**ambit,** *n.* CWMPASIAD
**ambition,** *n.* UCHELGAIS
**ambitious,** *a.* UCHELGEISIOL
**amble,** *v.* RHYGYNGU
*n.* RHYGYNG
**ambulance,** *n.* AMBIWLANS
**ambush,** *n.* RHAGOD, CYNLLWYN
*v.* RHAGOD, CYNLLWYN
**ameliorate,** *v.* GWELLA
**amelioration,** *n.* GWELLHAD
**amen,** *n.* AMEN
**amenable,** *a.* HYDRIN, CYFRIFOL
**amend,** *v.* GWELLA, DIWYGIO, CYWIRO
**amendment,** *n.* GWELLIANT
**amends,** *n.pl.* IAWN
**amenity,** *n.* AMWYNDER
**amerce,** *v.* AMERSU
**America,** *n.* AMERICA
**American,** *n.* AMERICANWR
*a.* AMERICANAIDD
**amiability,** *n.* HYNAWSEDD
**amiable,** *a.* HYNAWS, SERCHUS
**amicable,** *a.* CYFEILLGAR
**amide,** *n.* AMID
**amid(st),** *prp.* YMHLITH, RHWNG, YNGHANOL, YMYSG
**amination,** *n.* AMINEDD
**amine,** *n.* AMIN
**amiss,** *a.* BEIUS
*ad.* O CHWITH, O LE, O'I LE
**amity,** *n.* CYFEILLGARWCH
**ammeter,** *n.* AMEDR
**ammonia,** *n.* AMONIA
**amnesia,** *n.* AMNESIA
**amnesty,** *n.* AMNEST
**amoeba,** *n.* AMIBA
**amoeboid,** *a.* AMIBAIDD
**amok,** *a.* PENWYLLT
**among(st),** *prp.* YMHLITH, RHWNG, YMYSG
**amorous,** *a.* SERCHOG
**amorphous,** *a.* AMORFFUS, DI-FFURF
**amount,** *n.* SWM, CYFANSWM
*v.* CYFRIF
**amour,** *n.* SERCH, CARWRIAETH
**ampere,** *n.* AMPER
**amphibian,** *n.* AMFFIBIAD
*a.* AMFFIBIAIDD
**amphibious,** *a.* AMFFIBUS, AMFFIBIWS
**amphitheatre,** *n.* AMFFITHEATR
**ample,** *a.* HELAETH, DIGON, EANG
**amplification,** *n.* MWYHAD, HELAETHIAD
**amplifier,** *n.* MWYHADUR
**amplify,** *v.* MWYHAU
**amplitude,** *n.* ARG, OSGLED
**amputate,** *v.* TRYCHU, TORRI
**amputation,** *n.* TRYCHIAD, TORIAD
**amuse,** *v.* DIDDANU, DIFYRRU
**amusement,** *n.* DIFYRRWCH, DIGRIFWCH
**amusing,** *a.* DIFYRRUS, YSMALA
**an,** *ind. art.* (no Welsh equivalent)
**anabaptism,** *n.* AILFEDYDDIAETH
**anabaptist,** *n.* AILFEDYDDIWR
**anabatic,** *a.* ANABATIG
**anabolism,** *n.* ANABOLAETH
**anachronism,** *n.* ANACRONIAD
**anaemia,** *n.* ANAEMIA, GWAED TENAU
**anaemic,** *a.* ANAEMIG
**anaerobic,** *a.* ANAEROBIG
**anaesthetic,** *n.* ANAESTHETIG
**anaesthetist,** *n.* ANAESTHETYDD
**anagram,** *n.* ANAGRAM
**analogous,** *a.* CYFATEBOL, CYDWEDDOL
**analogue,** *n.* ANALOG, CYDWEDD
**analogy,** *n.* CYFATEBIAETH, CYDWEDDIAD
**analyse,** *v.* DADANSODDI
**analyser,** *n.* DADANSODDYDD
**analysis,** *n.* DADANSODDIAD
**analytic(al),** *a.* DADANSODDOL
**anarchist,** *n.* ANARCHYDD
**anarchy,** *n.* ANARCHIAETH
**anathema,** *n.* MELLTITH, ANATHEMA
**anatomical,** *a.* ANATOMEGOL
**anatomy,** *n.* ANATOMI
**ancestor,** *n.* HYNAFIAD
**ancestral,** *a.* HYNAFIADOL
**ancestry,** *n.* ACH, LLINACH, TYLWYTH
**anchor,** *n.* ANGOR
*v.* ANGORI
**anchorage,** *n.* ANGORFA
**anchorite,** *n.* ANCR, MEUDWY

**anchovy,** *n.* ANSIOFI, BRWYNIAD
**ancient,** *a.* HYNAFOL
*ancient monument,* HENEBYN
**ancillary,** *a.* ATEGOL, CYNORTHWYOL
**and,** *c.* A, AC
**andiron,** *n.* BRIGWN, GOBED
**anecdote,** *n.* HANESYN
**anemometer,** *n.* ANEMOMEDR
**aneurin,** *n.* ANEURIN
**anew,** *ad.* EILWAITH, O'R NEWYDD
**angel,** *n.* ANGEL
**angelic,** *a.* ANGYLAIDD
**anger,** *n.* LLID, DICTER
*v.* DIGIO, CYTHRUDDO
**angle,** *n.* ONGL, CORNEL
*acute angle,* ONGL LEM
*adjacent angles,* ONGLAU CYFAGOS
*alternate angles,* ONGLAU EILEDOL
*corresponding angles,* ONGLAU CYFATEBOL
*included angle,* ONGL GYNWYSEDIG
*obtuse angle,* ONGL AFLEM
*reflex angle,* ONGL ATBLYG
*right angle,* ONGL SGWÂR
*supplementary angles,* ONGLAU ATODOL
**Anglican,** *a.* ANGLICANAIDD
**Anglicise,** *v.* SEISNIGO, SEISNIGEIDDIO
**Anglo-,** *a.* EINGL-
**angry,** *a.* DICLLON, DIG
**anguish,** *n.* ING, DIRBOEN, GLOES
**angular,** *a.* ONGLOG
**angularity,** *n.* ONGLOGRWYDD
**anhydrous,** *a.* ANHYDRUS
**animal,** *n.* ANIFAIL, MIL
*a.* ANIFEILAIDD
**animate,** *a.* BYW(IOL)
*v.* BYWHAU
**animatism,** *n.* ANIMATIAETH
**animism,** *n.* ANIMISTIAETH, ENEIDYDDIAETH
**animist,** *n.* ANIMISTIAD, ENEIDYDD
**animosity,** *n.* CAS, GELYNIAETH
**anion,** *n.* ANION
**ankle,** *n.* FFÊR, MIGWRN, PIGWRN
**annals,** *n.pl.* BLWYDDNODION
**annate,** *n.* ANAWD
**anneal,** *v.* ANELIO
**annealing,** *n.* ANELIAD
**annex,** *n.* YCHWANEGIAD
*v.* CYFEDDIANNU, CYSYLLTU
**annexation,** *n.* CYFEDDIANNAETH
**annexe,** *n.* YCHWANEGIAD, ATODIAD
**annihilate,** *v.* DIFODI, DIDDYMU
**annihilation,** *n.* DIFODIANT, DIDDYMIANT
**anniversary,** *n.* CYLCHWYL, PEN-BLWYDD
**annoint,** *v.* ENEINIO
**annotation,** *n.* ANNODIAD
**announce,** *v.* CYHOEDDI, DATGAN
**announcement,** *n.* CYHOEDDIAD, HYSBYSIAD
**announcer,** *n.* CYHOEDDWR
**annoy,** *v.* BLINO, TRALLODI, CYTHRUDDO
**annoyance,** *n.* BLINDER, POEN
**annual,** *n.* UNFLWYDDIAD
*a.* BLYNYDDOL
**annuity,** *n.* BLWYDD-DÂL
**annul,** *v.* DIRYMU, DILEU
**annulment,** *n.* DIRYMIAD
**annulus,** *n.* ANWLWS
**annunciation,** *n.* CYFARCH(IAD)
**anode,** *n.* ANOD
**anodyne,** *n.* ANODÎN
**anoint,** *v.* ENEINIO
*The Anointed,* YR ENEINIOG
**anomalous,** *a.* ANRHEOLAIDD, ANOMALUS
**anomaly,** *n.* ANOMALEDD, ANGHYSONDER, ANRHEOLEIDD-DRA
**anomic,** *a.* ANOMIG
**anomy,** *n.* ANOMI
**anon,** *ad.* YN UNION, TOC, YN Y MAN
**anonymous,** *a.* ANHYSBYS, DI-ENW
**anorexia,** *n.* ANORECSIA, ANCHWANT BWYD
**anoxia,** *n.* ANOCSIA
**another,** *a. & pn.* ARALL
**answer,** *n.* ATEB(IAD)
*v.* ATEB
**answerable,** *a.* ATEBOL, CYFRIFOL
**ant,** *n.* MORGRUGYN, MYWIONYN
**antagonism,** *n.* GELYNIAETH, GWRTHWYNEBIAETH
**antagonist,** *n.* GWRTHWYNEBYDD
**antarctic,** *n. & a.* ANTARCTIG
**ante-,** *px.* RHAG-, CYN-
**antecedent,** *n.* RHAGFLAENYDD, RHAGALAW
*a.* BLAENOROL
**antelope,** *n.* ANTELOP, GAFREWIG
**ante-natal,** *a.* CYN-GENI
**antenna,** *n.* TEIMLYDD
**anterior,** *a.* CYN, BLAEN(OROL)
**anthem,** *n.* ANTHEM
**anther,** *n.* ANTHER, BRIGER
**anthology,** *n.* BLODEUGERDD, BLODEUGLWM
**anthracite,** *n.* GLO CALED/CARREG
**anthrax,** *n.* ANTHRACS, Y DDUEG

**anthropocentric,** *a.* DYNGREIDDIOL
**anthropological,** *a.* ANTHROPOLEGOL
**anthropologist,** *n.* ANTHROPOLEGWR
**anthropology,** *n.* ANTHROPOLEG
**anthropomorphism,** *n.* ANTHROPOMORFFAETH
**anthroposophy,** *n.* ANTHROPOSOFFI
**anti-,** *px.* GWRTH-
**antibiotic,** *n.* & *a.* ANTIBIOTIG, GWRTHFIOTIG
**antibody,** *n.* ANTIBODI, GWRTHGORFFYN
**antichrist,** *n.* ANGHRIST
**anticipate,** *v.* RHAGWELD, ACHUB Y BLAEN
**anticipation,** *n.* DISGWYLIAD
**anticlimax,** *n.* DISGYNNEB
**anticlinical,** *a.* ANTICLINIOL
**anticline,** *n.* ANTICLIN
**antics,** *n.pl.* CAMPAU, STRANCIAU
**anticlockwise,** *a.* GWRTHGLOC(WEDD)
**anticyclone,** *n.* GWRTHDRÔWYNT, ANTISEICLON
**antidote,** *n.* GWRTHWENWYN
**antifreeze,** *n.* GWRTHREW(YN)
**antifriction,** *n.* GWRTHFFRITHIANT
**antinomian,** *a.* ANTINOMAIDD
**antinomy,** *n.* GWRTHDDEDDF, GWRTHEBIAETH
**antipathy,** *n.* CAS, GELYNIAETH
**antiphase,** *a.* GWRTHWEDD
**antiphon,** *n.* ANTIFFON
**antipodes,** *n.* CYFERBWYNT
**antiquarian,** *n.* HYNAFIAETHYDD
**antiquated,** *a.* HENFFASIWN
**antique,** *n.* HYNAFOLYN
*a.* HENFFASIWN
**antiquity,** *n.* HYNAFIAETH
**antiseptic,** *n.* ANTISEPTIG, GWRTH-HAINT
**antithesis,** *n.* GWRTHGYFERBYNIAD, GWRTHOSODIAD, ANTITHESIS
**antithetical,** *a.* GWRTHGYFERBYNIOL
**antler,** *n.* RHAIDD
**antonym,** *n.* GWRTHWYNEB(AIR), GWRTHEBIAETH
**anuria,** *n.* CARCHAR DŴR, ANURIA
**anvil,** *n.* EIN(G)ION
**anxiety,** *n.* PRYDER
**anxious,** *a.* PRYDERUS, AWYDDUS
**any,** *a.* RHYW, PETH, DIM, UNRHYW
**aorist,** *n.* GORFFENNOL
**aorta,** *n.* GWYTHÏEN FAWR, AORTA
**apace,** *ad.* YN FUAN, AR FFRWST, AR FRYS
**apart,** *ad.* AR WAHÂN, O'R NEILLTU
**apartheid,** *n.* ARWAHANRWYDD, APARTHEID
**apartment,** *n.* RHANDY
**apathetic,** *a.* DIFATER, DIDARO
**apathy,** *n.* DIFRAWDER, DIFATERWCH
**ape,** *n.* EPA
*v.* DYNWARED
**aperiodic,** *a.* DIGYFNOD
**aperture,** *n.* AGORFA, TWLL
**apetalous,** *a.* DIBETALOG
**apex,** *n.* APIG, PEN
**aphis,** *n.pl.* LLYSLAU
**aphorism,** *n.* GWIREB
**apiary,** *n.* GWENYNFA
**apical,** *a.* APIGOL
**apocalypse,** *n.* DATGUDDIAD, APOCALYPS
**Apocrypha,** *n.* YR APOCRYFFA
**apologetics,** *n.pl.* DIFFYNIAETH, APOLOGIAETH
**apologise,** *v.* YMDDIHEURO
**apology,** *n.* YMDDIHEURIAD, APOLEG, DIFFYNIAD
**apophthegm,** *n.* DOETHAIR
**apoplexy,** *n.* PARLYS MUD
**apostasy,** *n.* APOSTASI
**apostle,** *n.* APOSTOL
**apostolic,** *a.* APOSTOLAIDD
**apostrophe,** *n.* COLLNOD
**apothecary,** *n.* APOTHECARI
**apotheosis,** *n.* DWYFOLIAD
**appal,** *v.* ARSWYDO
**appalling,** *a.* ARSWYDUS, OFNADWY
**appanage,** *n.* APANAETH
**apparatus,** *n.* CYFARPAR, OFFER
**apparel,** *n.* DILLAD, GWISG
*v.* DILLADU, GWISGO
**apparent,** *a.* AMLWG, EGLUR, YMDDANGOSOL
**apparently,** *ad.* MAE'N DEBYG
**apparition,** *n.* DRYCHIOLAETH, YSBRYD
**appeal,** *n.* APÊL
*v.* APELIO, CREFU, ERFYN
**appear,** *v.* YMDDANGOS, YMRITHIO
**appearance,** *n.* YMDDANGOSIAD, RHITH, DULL
**appease,** *v.* CYMODI, LLONYDDU, DYHUDDO
**appeasement,** *n.* CYMOD
**appellant,** *n.* APELYDD
**append,** *v.* ATODI, YCHWANEGU
**appendage,** *n.* ATOD(IAD), YCHWANEGIAD
**appendicitis,** *n.* LLID Y COLUDDYN,
**appendix,** *n.* ATODIAD, APENDICS
**apperception,** *n.* CYFARGANFOD
**appertain,** *v.* YMWNEUD, PERTHYN

**appetiser,** *n.* BLASYN
**appetising,** *a.* ARCHWAETHUS, BLASUS
**appetite,** *n.* ARCHWAETH
**applaud,** *v.* CYMERADWYO, CURO DWYLO
**applause,** *n.* CYMERADWYAETH, CURO DWYLO
**apple,** *n.* AFAL
*apple of the eye,* CANNWYLL Y LLYGAD
**appliance,** *n.* OFFERYN
**applicable,** *ad.* YN GYMWYS
**applicant,** *n.* YMGEISYDD
**application,** *n.* CAIS, CEISEB, YMRODDIAD
**applied,** *a.* CYMHWYSOL, GOSOD, CYMWYSEDIG
*applied braid,* BRED GOSOD
**apply,** *v.* YMGEISIO, YMROI
**appoint,** *v.* PENODI, TREFNU, NODI
**appointment,** *n.* PENODIAD, APWYNTIAD
**apportion,** *v.* DOSRANNU
**apportionment,** *n.* DOSRANIAD
**appraisal,** *n.* PRISIAD
**appraise,** *v.* PRISIO
**appreciate,** *v.* GWERTHFAWROGI, ARBRISIO
**appreciation,** *n.* GWERTHFAWROGIAD, ARBRISIAD
**apprehend,** *v.* DIRNAD, OFNI, AMGYFFRED
**apprehension,** *n.* DIRNADAETH, AMGYFFRED, OFN
**apprehensive,** *a.* OFNUS, PRYDERUS
**apprentice,** *n.* PRENTIS
*v.* PRENTISIO
**apprenticeship,** *n.* PRENTISIAETH
**approach,** *v.* AGOSÁU, NESU, NESÁU
*n.* NESÂD, DYNESIAD, DYNESFA
**approachable,** *a.* HAWDD MYND ATO
**appropriate,** *a.* ADDAS, PRIODOL
*v.* ADFEDDU
**appropriation,** *n.* ADFEDDIANT, CYFEDDIANT
**approval,** *n.* CYMERADWYAETH
**approve,** *vv.* CYMERADWYO, APROFI
**approximate,** *v.* LLEDAMCANU, BRASAMCANU
*a.* LLEDAMCAN, BRAS
**approximately,** *ad.* TUA
**approximation,** *n.* LLEDAMCAN, BRASAMCAN
**apricot,** *n.* BRICYLLEN
**April,** *n.* EBRILL
**apron,** *n.* FFEDOG, BARCLOD
**apropos,** *ad.* YNGLŶN Â
**apse,** *n.* APS, CROMFAN
**apsidal,** *a.* CROMFANNOL
**apt,** *a.* PRIODOL, CYMWYS, TUEDDOL, CHWANNOG
**aptitude,** *n.* DAWN, TUEDDFRYD
**aptness,** *n.* ADDASRWYDD
**aqua,** *n.* ACWA
**aquarium,** *n.* ACWARIWM
**aquatic,** *a.* DYFROL
**aqueduct,** *n.* TRAPHONT DDŴR
**aqueous,** *a.* DYFRLLYD
**aquifer,** *n.* DYFR-HAEN
**arable,** *a.* ÂR
**arbiter,** *n.* CANOLWR, DYDDIWR
**arbitrary,** *a.* MYMPWYOL
**arbitrate,** *v.* CYMRODEDDU, DYDDIO, CYFLAFAREDDU
**arbitration,** *n.* CYMRODEDD(IAD)
**arbitrator,** *n.* CYMRODEDDWR, CANOLWR, DYDDIWR
**arbor,** *n.* ARBOR
**arbour,** *n.* DEILDY
**arc,** *n.* ARC, ARCH
**arcade,** *n.* ARCÊD
**arch,** *n.* BWA, PONT
*v.* PONTIO
**arch-,** *px.* ARCH-, CARN-, PRIF-
**archaeological,** *a.* ARCHAEOLEGOL
**archaeologist,** *n.* ARCHAEOLEGYDD
**archaeology,** *n.* ARCHAEOLEG
**archaic,** *a.* HYNAFAIDD, HYNAFLYD, ANSATHREDIG
**archaism,** *n.* HYNAFIAD
**archangel,** *n.* ARCHANGEL
**archbishop,** *n.* ARCHESGOB
**archbishopric,** *n.* ARCHESGOBAETH
**archdeacon,** *n.* ARCHDDIACON
**archdeaconry,** *n.* ARCHDDIACONIAETH
**archdruid,** *n.* ARCHDDERWYDD
**archer,** *n.* SAETHWR
**archery,** *n.* SAETHYDDIAETH
**archetype,** *n.* CYNDDELW
**archipelago,** *n.* YNYSFOR
**architect,** *n.* PENSAER
**architectural,** *a.* PENSAERNÏOL
**architecture,** *n.* PENSAERNÏAETH
**architrave,** *n.* ARCHITRAF, AMHINOG
**archives,** *n.pl.* ARCHIFAU
**archivist,** *n.* ARCHIFYDD
**arc-lamp,** *n.* LAMP-FWA
**arctic,** *n.* & *a.* ARCTIG
**arcuate,** *a.* BWAOG
**ardent,** *a.* SELOG, TANBAID, EIDDGAR
**ardour,** *n.* SÊL, AIDD, ANGERDD
**arduous,** *a.* LLAFURUS; CALED

**area,** *n.* ARWYNEBEDD, RHANBARTH
*catchment area,* DALGYLCH
**arena,** *n.* ARENA
**arenaceous,** *a.* TYWODLYD
**arête,** *n.* CRIB
**argillaceous,** *a.* CLEIOG
**argue,** *v.* DADLAU
**argument,** *n.* DADL, ARG, YMRESYMIAD
**argumentative,** *a.* DADLEUGAR
**arhythmic,** *a.* DI-RYTHM
**aria,** *n.* ARIA
**arid,** *a.* SYCH, CRAS, CRIN
**aridity,** *n.* SYCHDER, CRASTER
**arise,** *v.* CODI, CYFODI
**aristocracy,** *n.* BONEDD
**aristocrat,** *n.* ARISTOCRAT
**aristocratic,** *a.* BONHEDDIG
**arithmetic,** *n.* RHIFYDDEG
*mental arithmetic,* RHIFYDDEG PEN
**arithmetical,** *a.* RHIFYDDOL
**arithmetician,** *n.* RHIFYDDWR
**ark,** *n.* ARCH, CIST
**arm,** *n.* BRAICH, CAINC
**arm,** *n.* ARF
*v.* ARFOGI
**armaments,** *n.* ARFOGAETH, CADOFFER
**armature,** *n.* ARMATUR
**arm-chair,** *n.* CADAIR FREICHIAU
**armed,** *a.* ARFOG
**armistice,** *n.* CADOEDIAD
**armlet,** *n.* BREICHLED
**armour,** *n.* ARFWISG, ARFOGAETH
*armoured ply,* PREN HAENGALED
**armoury,** *n.* ARFDY
**armpit,** *n.* CESAIL
**army,** *n.* BYDDIN
**aroma,** *n.* AROGL
**aromatic,** *a.* AROMATIG
**around,** *prp.* O GWMPAS
*ad.* AM, O AMGYLCH
**arouse,** *v.* DEFFRO, CYFFROI
**arrange,** *v.* TREFNU
**arrangement,** *n.* TREFNIANT
**arrant,** *a.* DYBRYD, RHONC
**array,** *n.* ARAE, GWISG, TREFN
*v.* GWISGO, TREFNU
**arrears,** *n.pl.* ÔL-DDYLEDION
**arrest,** *v.* (A)RESTIO, RHWYSTRO
*n.* (A)RESTIAD
**arrival,** *n.* CYRHAEDDIAD, DYFODIAD
**arrive,** *v.* CYRRAEDD
**arrogance,** *n.* TRAHA, BALCHDER
**arrogant,** *a.* TRAHAUS, BALCH
**arrow,** *n.* SAETH
**arrowroot,** *n.* ARORWT
**arsenic,** *n.* ARSENIG
**arson,** *n.* ARSWN
**arsonist,** *n.* ARSWNYDD
**art,** *n.* CELF(YDDYD), YSTRYW, DICHELL
*fine art,* CELFYDDYD GAIN
**artefact,** *n.* ARTEFFACT
**arterial,** *a.* PRIFWYTHIENNOL
**arteriole,** *n.* RHYDWELYN
**artery,** RHYDWELI
**artesian,** *a.* ARTESAIDD
**artful,** *a.* DICHELLGAR, CYFRWYS
**artfulness,** *n.* DICHELL, CYFRWYSTRA
**arthritis,** *n.* ARTHRITIS
**article,** *n.* ERTHYGL, BANNOD, NWYDD
*v.* PRENTISIO, ERTHYGLU
**articulate,** *a.* CYMALOG, CROYW
*v.* YNGANU, YMGYMALU
**artifice,** *n.* DYFAIS
**artificial,** *a.* ARTIFFISIAL, GOSOD, FFUG
**artillery,** *n.* ARTILERI
**artisan,** *n.* CREFFTWR, ARTISAN
**artist,** *n.* ARLUNYDD
**artiste,** *n.* CANTOR(ES)
**artistic,** *a.* ARTISTIG, CELFYDD
**artistry,** *n.* CELFYDDYD
**as,** *c.* FEL, MOR, CYN, TRA, MEGIS, Â, AG
**asbestos,** *n.* ASBESTOS, YSTINOS
**asbig,** *n.* ASBIG
**ascend,** *v.* DRINGO, ESGYN
**ascendancy,** *n.* GORUCHAFIAETH
**ascending,** *a.* ESGYNNOL
**ascension,** *n.* ESGYNIAD, DYRCHAFAEL
**ascent,** *n.* CODIAD, LLETHR, RHIW
**ascertain,** *v.* SICRHADU
**ascetic,** *n. & a.* ASGETIG
**asceticism,** *n.* ASGETIGIAETH
**ascorbic,** *a.* ASGORBIG
**ascribe,** *v.* PRIODOLI
**aseity,** *n.* ASEDOD, ASEYDDIAETH
**aseptic,** *a.* ASEPTIG
**asexual,** *a.* ANRHYWIOL
**ash,** *n.* ONNEN, LLUDW
**ashamed,** *a.* Â CHYWILYDD
**ashes,** *n.pl.* LLUDW, ULW
**ashore,** *ad.* I DIR, AR Y LAN
**ashtray,** *n.* LLWCHBLAT
**aside,** *ad.* O'R NEILLTU
*n.* NEILLEB
**ask,** *v.* GOFYN, HOLI
**askew,** *a.* AR GAM, AR OSGO
**aslant,** *a.* AR OGWYDD

**asleep,** *ad.* YN CYSGU, YNGHWSG
**asp,** *n.* ASB
**asparagus,** *n.* ASBARAGWS
**aspect,** *n.* AGWEDD, WYNEBWEDD
**aspen,** *n.* AETHNEN
**aspersion,** *n.* DIFRÏAD
**asphalt,** *n.* ASFFALT
**asphyxia,** *n.* MYCTOD
**aspic,** *n.* ASBIG
**aspirant,** *n.* YMGEISYDD, DYHËYDD
**aspire,** *v.* YMGEISIO
**aspirin,** *n.* ASBIRIN
**ass,** *n.* ASYN, ASEN
**assail,** *v.* YMOSOD
**assailant,** *n.* YMOSODWR
**assassin,** *n.* LLEIDDIAD, BRADLOFRUDD
**assassinate,** *v.* LLOFRUDDIO
**assassination,** *n.* LLOFRUDDIAETH
**assault,** *v.* YMOSOD
*n.* YMOSODIAD
*assault and battery,* YMOSOD A THARO
**assemble,** *v.* YMGYNNULL, CYDOSOD
**assembler,** *n.* CYDOSODYDD
**assembly,** *n.* CYNULLIAD, CYMANFA, CYDOSODIAD
**assent,** *n.* CANIATÂD, CYDSYNIAD
*v.* CANIATÁU, CYDSYNIO
**assert,** *v.* HONNI, HAERU, TAERU
**assertion,** *n.* HONIAD, HAERIAD
**assess,** *v.* ASESU, BARNU
**assessment,** *n.* ASESIAD
**assessor,** *n.* ASESWR, CYFEISTEDDWR
**asset,** *n.* CAFFAELIAD, ASED
**assets,** *n.pl.* EIDDO, ASEDION
**assiduity,** *n.* DIWYDRWYDD, DYFALWCH
**assiduous,** *a.* DIWYD, DYFAL
**assign,** *v.* NEILLTUO, TROSGLWYDDO
**assignment,** *n.* ASEINIAD, TROSGLWYDDIANT
**assimilate,** *v.* CYMATHU, CYDWEDDU
**assimilation,** *n.* CYMATHIAD, CYDWEDDIAD
**assist,** *v.* CYNORTHWYO, HELPU
**assistance,** *n.* CYMORTH, HELP, CYNHORTHWY
**assistant,** *n.* CYNORTHWYWR
**assize,** *n.* BRAWDLYS
**associate,** *n.* CYDYMAITH
*v.* CYMDEITHASU
**associated,** *a.* CYSYLLTIOL
**association,** *n.* CYMDEITHAS(FA)
**assonance,** *n.* CYSAIN
**assort,** *v.* TREFNU
**assortment,** *n.* AMRYWIAETH, PIGION
**assume,** *v.* TYBIO, HONNI
**assumption,** *n.* TYBIAETH
**assurance,** *n.* SICRWYDD, ASWIRIANT
**assure,** *v.* SICRHAU, ASWIRIO
**asterisk,** *n.* SEREN
**astern,** *ad.* Y TU ÔL
**asteroid,** *n.* ASTEROID
**asthma,** *n.* ASMA, Y FOGFA
**astir,** *ad.* YN SYMUD, AR WAITH
**astonish,** *v.* RHYFEDDU, SYNNU
**astonishing,** *a.* RHYFEDDOL, SYN
**astonishment,** *n.* RHYFEDDOD, SYNDOD
**astound,** *v.* SYFRDANU
**astral,** *a.* SEROL
**astray,** *ad.* AR GYFEILIORN
**astride,** *ad.* AR LED
**astrolatry,** *n.* SÊR-ADDOLIAETH
**astrologer,** *n.* SÊR-DDEWIN, ASTROLEGYDD
**astrology,** *n.* ASTROLEG, SÊR-DDEWINIAETH
**astronaut,** *n.* GOFODWR
**astronomer,** *n.* SERYDDWR
**astronomy,** *n.* SERYDDIAETH
**astrophysics,** *n.* ASTROFFISEG
**astute,** *a.* CRAFF
**astuteness,** *n.* CRAFFTER
**asunder,** *ad.* YN DDARNAU, AR WAHÂN
**asylum,** *n.* YSBYTY'R MEDDWL, NODDFA
**asymmetric,** *a.* ANGHYMESUR
**asymmetry,** *n.* ANGHYMESUREDD
**asymptote,** *n.* ASYMTOT
**at,** *prp.* YN, GER, WRTH, AR, AM
**atavism,** *n.* ATAFISTIAETH, ATAFIAETH
**atheism,** *n.* ANFFYDDIAETH
**atheist,** *n.* ANFFYDDIWR
**athematic,** *a.* DI-THEMA
**athlete,** *n.* ATHLETWR
**athletic,** *a.* ATHLETIG
**athletics,** *n.pl.* ATHLETAU
**atlas,** *n.* ATLAS
**atmosphere,** *n.* ATMOSFFER, NAWS, AWYRGYLCH
**atmospheric,** *a.* ATMOSFFERIG
**atoll,** *n.* ATOL
**atom,** *n.* ATOM
**atomic,** *a.* ATOMIG
**atomician,** *n.* ATOMEGWR
**atomicity,** *n.* ATOMIGEDD
**atomise,** *v.* ATOMEIDDIO
**atomiser,** *n.* ATOMADUR
**atone,** *v.* GWNEUD IAWN
**atonement,** *n.* IAWN, CYMOD
**atony,** *n.* ATONEDD

**atrocious,** *a.* ANFAD, ERCHYLL, YSGELER
**atrocity,** *n.* ERCHYLLTER, YSGELERDER
**atrophy,** *n.* ATROFFI, CREBACHIAD
**attach,** *v.* CYDIO (WRTH), GLYNU
**attaché-case,** *n.* BAG LLAW
**attachment,** *n.* ATODYN, YMLYNIAD, SERCH, CYDFAN
**attack,** *n.* YMOSODIAD, CYRCH
*v.* YMOSOD
**attacker,** *n.* YMOSODWR
**attain,** *v.* ENNILL, CYRRAEDD
**attainder,** *n.* ADENDRIAD
**attainment,** *n.* CYRHAEDDIAD, DAWN, CYMHWYSTER
**attaint,** *n.* ADENDRO
**attempt,** *n.* YMGAIS, CYNNIG
*v.* YMGEISIO, CYNNIG
**attend,** *v.* MYNYCHU, GOFALU SYLWI, GWEINI
**attendance,** *n.* GWASANAETH, PRESENOLDEB
**attendant,** *n.* GWAS
**attention,** *n.* YSTYRIAETH, SYLW
**attentive,** *a.* ASTUD
**attentiveness,** *n.* ASTUDRWYDD
**attenuate,** *v.* GWANHAU
**attenuation,** *n.* GWANHAD
**attenuator,** *n.* GWANHADUR
**attest,** *v.* TYSTIO, ARDYSTIO
**attestation,** *n.* TYSTIOLAETH, ARDYSTIAD
**attested,** *a.* ARDYST
**attester,** *n.* TYSTIWR, ARDYSTIWR
**attic,** *n.* ATIG, CROGLOFFT
**attire,** *n.* DILLAD, GWISG
*v.* DILLADU, GWISGO
**attitude,** *n.* AGWEDD, OSGO
**attorney,** *n.* (A)TWRNAI
**attract,** *v.* ATYNNU
**attraction,** *n.* ATYNIAD
**attractive,** *a.* ATYNIADOL
**attribute,** *n.* PRIODOLEDD
*v.* PRIODOLI
**attrition,** *n.* ATHREULIAD, TREULIANT
**aubergine,** *n.* PLANHIGYN WY
**auburn,** *a.* GWINAU
**auction,** *n.* ARWERTHIANT, ACSIWN, OCSIWN
*v.* ARWERTHU
**auctioneer,** *n.* ARWERTHWR, OCSIWNÊR
**audacious,** *a.* EOFN, HY
**audacity,** *n.* EHOFNDRA, HYFDRA
**audibility,** *n.* CLYWEDEDD
**audible,** *a.* CLYWADWY
**audience,** *n.* CYNULLEIDFA
**audiogram,** *n.* AWDIOGRAM
**audiometry,** *n.* AWDIOMEDREG
**audio-visual aids,** *n.pl.* CYMHORTHION CLYWELED
**audit,** *n.* ARCHWILIAD
*v.* ARCHWILIO
**audition,** *n.* CLYWELIAD
*v.* CLYWELD
**auditor,** *n.* ARCHWILIWR
**auditorium,** *n.* AWDITORIWM
**auditory,** *a.* CLYBODOL, CLYWOL
**auger,** *n.* TARADR, EBILL
**aught,** *n.* UNPETH, DIM
**augment,** *v.* YCHWANEGU AT
**augmentation,** *n.* YCHWANEGIAD, MWYHAD, ESTYNIAD
**augmenter,** *n.* YCHWANEGYDD
**augur,** *v.* DAROGAN, ARGOELI
*n.* DEWIN
**augury,** *n.* ARGOEL
**august,** *a.* MAWREDDOG
**August,** *n.* AWST
**aunt,** *n.* MODRYB
**aural,** *a.* CLYWEDOL
**aureole,** *n.* EURGYLCH
**auricle,** *n.* AWRICL
**aurora,** *n.* AWRORA
**auspices,** *n.pl.* NAWDD
**auspicious,** *a.* ADDAWOL
**austenite,** *n.* AWSTENIT
**austere,** *a.* LLYM, CALED
**austerity,** *n.* LLYMDER, CALEDI, GERWINDER
**autarchy,** *n.* AWTARCHIAETH
**authentic,** *a.* DILYS
**authenticity,** *n.* DILYSRWYDD
**author,** *n.* AWDUR(ES)
**authoritarian,** *a.* AWDURDODUS
**authoritarianism,** *n.* AWDURDODUSRWYDD
**authorisation,** *n.* AWDURDODIAD
**authoritative,** *a.* AWDURDODOL
**authority,** *n.* AWDURDOD
**authorise,** *v.* AWDURDODI
**autistic,** *a.* AWTISTIG/AIDD
**autobahn,** *n.* TRAFFORDD
**autobiography,** *n.* HUNANGOFIANT
**autocephalous,** *a.* HUNANBENAETHOL
**autocracy,** *n.* AWTOCRATIAETH
**autocrat,** *n.* AWTOCRAT
**autocratic,** *a.* AWTOCRATIG
**autograph,** *n.* LLOFNOD
*v.* LLOFNODI

**automatic,** *a.* AWTOMATIG
**automation,** *n.* AWTOMASIWN
**automorphic,** *a.* AWTOMORFFIG
**autonomous,** *a.* YMREOLAETHOL, AWTONOMAIDD, YMGYNHALIOL
**autonomy,** *n.* YMREOLAETH, AWTONOMI
**autopsy,** *n.* AWTOPSI(A)
**autoregression,** *n.* YMATCHWELIAD
**autumn,** *n.* HYDREF
**autumnal,** *a.* HYDREFOL
**auxiliary,** *n.* CYNORTHWYWR
*a.* CYNORTHWYOL, ATEGOL
**avail,** *n.* LLES
*v.* TYCIO
**availability,** *n.* ARGAELEDD, CAFFAELEDD
**available,** *a.* AR GAEL
**avalanche,** *n.* EIRLITHRAD, AFALANS
**avarice,** *n.* TRACHWANT
**avaricious,** *a.* TRACHWANTUS, ARIANGAR
**avenge,** *v.* DIAL
**avenger,** *n.* DIALYDD
**avenue,** *n.* RHODFA
**average,** *n.* CYFARTALEDD
*a.* CYFARTALOG
**averse,** *a.* GWRTHWYNEBOL
**aversion,** *n.* GWRTHWYNEBIAD, GWRTHNAWSEDD
**avert,** *v.* GOCHEL
**aviary,** *n.* ADARDY
**aviation,** *n.* HEDFANAETH
**aviator,** *n.* AWYRENNWR
**avid,** *a.* AWCHUS
**avidity,** *n.* AWCH
**avocation,** *n.* GALWEDIGAETH
**avoid,** *v.* OSGOI, GOCHEL
**avoidable,** *a.* GOCHELADWY
**avoidance,** *n.* GOCHELIAD
**avow,** *v.* ADDEF
**avowal,** *n.* ADDEFIAD
**await,** *v.* DISGWYL, AROS
**awake,** *a.* EFFRO
*v.* DEFFRO, DIHUNO
**award,** *n.* DYFARNIAD, BUDDGED
*v.* DYFARNU
**aware,** *a.* YMWYBODOL, ARWYBODOL
*v.* YMGLYWED
**awareness,** *n.* YMWYBODOLRWYDD, ARWYBOD
**away,** *i.* YMAITH! I FFWRDD!
**awe,** *n.* DYCHRYN
*v.* DYCHRYNU
**awful,** *a.* ARSWYDUS
**awhile,** *ad.* ENNYD
**awkward,** *a.* TRWSGL, LLETCHWITH, LLIBIN
**awkwardness,** *n.* LLETCHWITHDOD
**awl,** *n.* MYNAWYD
**awn,** *n.* COL
**awning,** *n.* CYSGODLEN
**awry,** *a.* GWYRGAM
**axe,** *n.* BWYELL
**axial,** *a.* ECHELOG, ECHELINOL
**axil,** *n.* CESAIL
**axiom,** *n.* ACSIOM, GWIREB
**axiomatic,** *a.* ACSIOMATIG, GWIREBOL
**axis,** *n.* ECHEL(IN)
**axle,** *n.* ACSTRI
**axon,** *n.* ACSON
**ay,** *i.* IE!
**azimuth,** *n.* ASIMWTH
**azure,** *a.* ASUR
*n.* GLAS YR WYBREN

**babble,** *n.* BALDORDD
*v.* BALDORDDI
**babbler,** *n.* BALDORDDWR
**babe,** *n.* BABAN
**babel,** *n.* TERFYSG
**baboon,** *n.* BABŴN
**baby,** *n.* BABAN
**babyhood,** *n.* BABANDOD
**baby-sit,** *v.* GWARCHOD
**baby-sitter,** *n.* GWARCHODWR(AIG)
**bachelor,** *n.* HEN LANC, BAGLOR
**bacillus,** *n.* BACILWS
**back,** *n.* CEFN, OLWR
*v.* CEFNOGI, BACIO
*ad.* YN ÔL
**back-bench,** *n.* MAINC GEFN, ÔL-SEDD
**backbite,** *v.* ENLLIBIO, ABSENNU
**backbiter,** *n.* ABSENNWR
**backbone,** *n.* ASGWRN CEFN
**backcloth,** *n.* CEFNLEN
**backcross,** *n.* ÔL-GROESIAD
**backer,** *n.* BACIWR, CEFNOGWR
**backflow,** *n.* ÔL-LIFIAD
**background,** *n.* CEFNDIR
**backhand,** *n.* GWRTHLAW
**backing,** *n.* CYMORTH, BACIO
*v.* GWRTHWYRO
**backlash,** *n.* ADLACH
**backlog,** *n.* ÔL-GRONIAD
**backslider,** *n.* GWRTHGILIWR
**backstitch,** *n.* PWYTH ÔL
**backward,** *ad.* YN ÔL, AR ÔL
*a.* ARAF, ÔL-GYNNYDD
**backwardness,** *n.* ARAFWCH
**backwards,** *ad.* TUAG YN ÔL
**backwash,** *n.* TYNDDWR
**backwater,** *n.* CILDDWR, MERDDWR
**backwoods,** *n.pl.* GWYLLGOED
**bacon,** *n.* BACWN, CIG MOCH
**bacteria,** *n.* BACTERIA
**bacteriologist,** *n.* BACTERIOLEGYDD
**bacteriology,** *n.* BACTERIOLEG
**bad,** *a.* SÂL, GWAEL, DRWG, TOST
**badge,** *n.* BATHODYN
**badger,** *n.* DAEARFOCHYN, BROCH
*v.* BLINO, POENI
**badlands,** *n.pl.* GARWDIROEDD
**badminton,** *n.* BADMINTON
**badness,** *n.* DRYGIONI
**baffle,** *v.* DRYSU, SIOMI
**bag,** *n.* COD, BAG, CWD
*v.* BAGIO, CYDU
**baggage,** *n.* PAC, CLUD
**bagpipe,** *n.* PIBGOD
**bah,** *i.* TWT Y BAW! PW!
**bail,** *n.* MECHNÏAETH, MEICHIAU, CATEN (CRICED)
*v.* MECHNÏO
**bailey,** *n.* BEILI
**bailiwick,** *n.* BEILÏAETH
**bailiff,** *n.* BEILI
**bait,** *n.* LLITH, ABWYD
*v.* ABWYDO
**baize,** *n.* BEIAS
**bake,** *v.* POBI, CRASU
*bake blind,* POBI'N WAG
**baked,** *a.* POB
**baker,** *n.* POBYDD
**bakery,** *n.* POPTY
**bakestone,** *n.* MAEN, GRADELL
**balance,** *n.* BALANS, CLORIAN, GWEDDILL (ARIAN), CYDBWYSEDD
*v.* CYDBWYSO, MANTOLI
**balance-beam,** *n.* HONGLATH
**balanced,** *a.* CYTBWYS
**balance-sheet,** *n.* MANTOLEN
**balcony,** *n.* BALCONI
**bald,** *a.* MOEL, PENFOEL
**balderdash,** *n.* DWLI, FFWLBRI
**baldness,** *n.* MOELNI
**bale,** *n.* BWRN
*v.* BYRNU
**baler,** *n.* BYRNWR
**ball,** *n.* PÊL, PELEN, PELLEN, BOWLIAD, DAWNS
*ball of the foot,* PELEN Y DROED
**ballad,** *n.* BALED
**ballast,** *n.* BALAST
**ball-bearing,** *n.* PELFERYN
**ballet,** *n.* BALE, BALET
**ballistic,** *a.* BALISTIG
**ballistics,** *n.* BALISTEG
**balloon,** *n.* BALŴN
**ballot,** *n.* BALOT
**ballrace,** *n.* PELRES
**ballroom,** *n.* DAWNSFA
**ballyhoo,** *n.* CYBÔL
**balm,** *n.* BALM
**balmy,** *a.* BALMAIDD
**balustrade,** *n.* CANLLAW, BALWSTRAD
**bamboo,** *n.* BAMBŴ
**bamboozle,** *v.* TWYLLO
**ban,** *n.* GWAHARDDIAD, YSGYMUNDOD
*v.* GWAHARDD, YSGYMUNO
**banal,** *a.* CYFFREDIN, SATHREDIG
**banana,** *n.* BANANA

**band,** *n.* RHWYMYN, BAND, MINTAI
*v.* RHWYMO
*Band of Hope,* GOBEITHLU
**bandage,** *n.* RHWYMYN
*v.* RHWYMO
**banded,** *a.* BANDOG
**banding,** *n.* BANDIN
**bandit,** *n.* YSBEILIWR
**bandsaw,** *n.* CYLCHLIF
**bandy,** *a.* CAM
*n.* BANDO
*v.* YMRYSON
**bandy-legged,** *a.* COESGAM
**bane,** *n.* MELLTITH
**bang,** *n.* ERGYD, TWRF, BANG
*v.* CURO, FFUSTO, BANGIAN
**bangle,** *n.* BREICHLED
**banish,** *v.* ALLTUDIO
**banishment,** *n.* ALLTUDIAETH
**banister,** *n.* CANLLAW GRISIAU
**banjo,** *n.* BANJO, BANDOR
**bank,** *n.* BANC, GLAN, CLAWDD
*v.* BANCIO, PENTYRRU
*clearing bank,* BANC CLIRIO
*joint-stock bank,* BANC CYD-DDALIANNOL
**banker,** *n.* BANCER
**bank-note,** *n.* ADDAWEB
**bank rate,** *n.* BANCRADD
**bankrupt,** *a.* BANCRAFFT
*n.* METHDALWR
**bankruptcy,** *n.* METHDALIAD
**banner,** *n.* BANER, LLUMAN
**banns,** *n.pl.* GOSTEGION
**banquet,** *n.* GWLEDD
*v.* GWLEDDA
**bantam,** *n.* BANTAM
**baptism,** *n.* BEDYDD
**baptismal,** *a.* BEDYDDIOL
**Baptist,** *n.* BEDYDDIWR
*a.* BEDYDDIEDIG
**baptistry,** *n.* BEDYDDFA(N)
**baptize,** *v.* BEDYDDIO
**bar,** *v.* ATAL, BOLLTIO, BARIO
*n.* BAR, BOLLT, TROSOL, TRAETHELL
**barb,** *n.* ADFACH
**barbarian,** *n.* BARBARIAD
**barbaric,** *a.* BARBARAIDD
**barbarism,** *n.* BARBARIAETH
**barbarity,** *n.* BARBAREIDDIWCH
**barbed,** *a.* PIGOG, BARFOG, ADFACHOG
*barbed wire,* WEIR BIGOG
**barber,** *n.* BARBWR, EILLIWR
**barbiturate,** *n.* BARBITWRAD
**barbule,** *n.* ADFACHYN
**bard,** *n.* BARDD
**bardic,** *a.* BARDDOL
**bardism,** *n.* BARDDAS
**bare,** *a.* NOETH, MOEL, LLWM, PRIN
*v.* DINOETHI
**barefaced,** *v.* DIGYWILYDD, HAERLLUG
**barefooted,** *a.* TROEDNOETH
**barely,** *ad.* PRIN, O'R BRAIDD
**bareness,** *n.* NOETHNI, MOELNI
**bargain,** *n.* BARGEN
*v.* BARGEINIO, BARGENNA
**barge,** *n.* YSGRAFF, HYRDDIAD
*v.* HYRDDIO
**baritone,** *n.* & *a.* BARITON
**bark,** *n.* RHISGL, CYFARTHIAD
*v.* RHISGLO, CYFARTH
**barley,** *n.* HAIDD, BARLYS
**barm,** *n.* BURUM, BEREM
**barn,** *n.* YSGUBOR
*barn dance,* DAWNS (Y)SGUBOR
**barnacle,** *n.* CRAGEN LLONG, GWYRAN
**barograph,** *n.* BAROGRAFF
**barometer,** *n.* BAROMEDR
**barometric,** *a.* BAROMEDRIG
**baron,** *n.* BARWN
**baronage,** *n.* BARWNIAETH
**baroness,** *n.* BARWNES
**baronet,** *n.* BARWNIG
**baronial,** *a.* BARWNOL
**barony,** *n.* BARWNI
**barque,** *n.* BARC
**barrack,** *v.* HWTIO, GWAWDIO
**barracks,** *n.* BARICS, GWERSYLL
**barrage,** *n.* ARGAE, BARED
**barrel,** *n.* BARIL, CELWRN
*barrel organ,* ORGAN GELWRN
**barren,** *a.* DIFFRWYTH, HESB
**barrenness,** *n.* DIFFRWYTHDRA, ANGHYFEBRWYDD
**barricade,** *n.* GWRTHGLAWDD
*v.* GWRTHGLODDIO
**barrier,** *n.* RHWYSTR, BARIER, GWRTHFUR
*barrier reef,* BARRIFF
**barring,** *prp.* AC EITHRIO
**barrister,** *n.* BARGYFREITHIWR
**barrow,** *n.* BERFA, GWYDDGRUG, CRUG
**barter,** *v.* CYFNEWID, FFEIRIO
**barton,** *n.* BARTWN
**baryshere,** *n.* BARYSFFER
**basal,** *a.* GWAELODOL, BASAL, SYLFAENOL
**basalt,** *n.* BASALT
**base,** *n.* SYLFAEN, BAS, BÔN, GWAELOD, SAIL, CANOLFAN

*a.* ISEL, BAS, GWAEL
*v.* SEILIO
*baseline,* GWAELODLIN
**baseball,** *n.* BAS-BÊL
**baseman,** *n.* BASWR
**basement,** *n.* BASMENT, ISLAWR
**bash,** *v.* PWNIO
**bashful,** *a.* SWIL, GWYLAIDD
**bashfulness,** *n.* SWILDOD
**basic,** *a.* SYLFAENOL, BASIG
**basicity,** *n.* BASIGRWYDD
**basil,** *n.* BASIL
**basilica,** *n.* BASILICA
**basin,** *n.* BASN
**basis,** *n.* SAIL, SYLFAEN
**bask,** *v.* TORHEULO
**basket,** *n.* BASGED
**basket-ball,** *n.* PÊL-FASGED
**basket-work,** *n.* BASGEDWAITH
**bas-relief,** *n.* BASGERFIAD
**bass,** *n.* BÀS, DRAENOGIAD Y MÔR
**bassoon,** *n.* BASŴN
**bastard,** *n.* BASTARD, PLENTYN GORDDERCH
**bastardy,** *n.* BASTARDIAETH
**baste,** *v.* BRASTERU, IREIDIO, BRASBWYTHO
**bastion,** *n.* BASTIWN, RHAGFUR
**bat,** *n.* YSTLUM, BAT
*v.* BATIO
**batch,** *n.* BATS, TWR
**baton,** *n.* BATON
**bath,** *n.* BADDON
*v.* BADDO
**bathe,** *v.* YMDROCHI
**bathos,** *n.* BATHOS, DISGYNNEB, AFFWYSEDD
**bathroom,** *n.* YMOLCHFA, BATHRWM
**bathysphere,** *n.* BATHYSFFER
**batsman,** *n.* BATIWR
**battalion,** *n.* BATALIWN
**batten,** *n.* ASTELL, STRIBED
*v.* HOELIO, YMBESGI
**batter,** *n.* BATER, CYTEW
*v.* CURO, DYRNODIO, PWYO
**battery,** *n.* BATRI, CURFA
**battle,** *v.* BRWYDRO
**battlement,** *n.* BYLCHFUR
**battleship,** *n.* CADLONG, LLONG RYFEL
**bauble,** *n.* OFERBETH
**bauxite,** *n.* BOCSIT
**bawdy,** *a.* ANNIWAIR, SERTH
**bawl,** *v.* GWEIDDI, BLOEDDIO
**bay,** *a.* GWINAU
*v.* CYFARTH
*n.* BAE, LLAWRYF, COWLAS, GOLAU
**bayonet,** *n.* BIDOG
*v.* BIDOGI
**bazaar,** *n.* BASÂR
**be,** *v.* BOD
**beach,** *n.* TRAETH, GLAN Y MÔR
**beacon,** *n.* COELCERTH, BAN, GOLEUFA, TŴR
**bead,** *n.* GLAIN
*v.* GLEINIO
**beading,** *n.* GLEINWAITH
**beadle,** *n.* BEDEL, PLWYFWAS
**beagle,** *n.* HELGI BACH
**beak,** *n.* PIG, GYLFIN
**beaker,** *n.* BICER
*beaker people,* BICERWYR
**beam,** *n.* TRAWST, BÊM, PALADR, PELYDRYN, LLED
*v.* PELYDRU
**bean,** *n.* FFÄEN, FFEUEN
*baked beans,* FFA POB
**bear,** *n.* ARTH(ES), HAPWERTHWR
*v.* CLUDO, GODDEF, GENI
**beard,** *n.* BARF, COL
**bearded,** *a.* BARFOG
**bearer,** *n.* DYGIEDYDD, CYNHALYDD
**bearing,** *n.* YMARWEDDIAD, BERYN, CYFEIRIANT
**beast,** *n.* BWYSTFIL, ANIFAIL, LLWDN
**beastliness,** *n.* BRYNTNI, BWYSTFILEIDDIWCH, ANIFAILEIDD-DRA
**beastly,** *a.* BWYSTFILAIDD
**beat,** *n.* CURIAD, TRAWIAD
*v.* CURO, TRECHU, BAEDDU
**beater,** *n.* CURYDD
**beatification,** *n.* GWYNFYDIAD
**beating,** *n.* CURFA
**beatitude,** *n.* GWYNFYD
**beau,** *n.* COEGYN
**beautiful,** *a.* HARDD, TEG, GLÂN, PRYDFERTH
**beauty,** *n.* HARDDWCH, PRYDFERTHWCH, CEINDER
**beaver,** *n.* AFANC
**becalm,** *v.* LLONYDDU, TAWELU
**because,** *c.* O ACHOS, GAN, AM, OBLEGID, OHERWYDD
**beck,** *n.* AMNAID, NANT
**beckon,** *v.* AMNEIDIO
**become,** *v.* GWEDDU, DYFOD
**becoming,** *a.* GWEDDUS, GWEDDAIDD
**bed,** *n.* GWELY, PÂM

**bedding,** *n.pl.* HAENAU, *n.* DILLAD GWELY
*a.* HAENOL
**bedeck,** *v.* ADDURNO, TRWSIO
**bedfellow,** *n.* CYWELY
**bedlam,** *n.* TERFYSG, GWALLGOFDY
**bedridden,** *a.* GORWE(I)DD(I)OG
**bedrock,** *n.* CREIGWELY
**bedroom,** *n.* YSTAFELL WELY
**bedside,** *n.* ERCHWYN
**bedsitter,** *n.* BYWGYSGELL, CEGINLOFFT
**bedsock,** *n.* SOCSEN WELY
**bedsore,** *n.* BRIW GORWEDD
**bedspread,** *n.* CWRLID, GORCHUDD GWELY
**bee,** *n.* GWENYNEN
**beech,** *n.* FFAWYDDEN
**beef,** *n.* BIFF, CIG EIDION
**beefburger,** *n.* EIDIONYN
**beehive,** *n.* CWCH GWENYN
**beer,** *n.* CWRW
**beeswax,** *n.* CŴYR GWENYN
**beet,** *n.* BETYSEN
**beetle,** *n.* CHWILEN, GORDD
**beetroot,** *n.* BETYS COCH
**befit,** *v.* GWEDDU (I)
**before,** *prp.* CYN, O FLAEN, GERBRON
*ad.* CYNT, O'R BLAEN
**beforehand,** *ad.* YMLAEN LLAW
**befriend,** *v.* LLOCHESU
**beg,** *v.* YMBIL, DEISYF, ERFYN, CARDOTA
**beget,** *v.* CENHEDLU, CREU
**beggar,** *n.* CARDOTYN, ACHENOG
**begin,** *v.* DECHRAU
**beginner,** *n.* DECHREUWR
**beginning,** *n.* DECHREUAD
**beguile,** *v.* DENU, HUDO
**behalf,** *n.* PLAID, TU
**behave,** *v.* YMDDWYN
**behaviour,** *n.* YMDDYGIAD, YMARWEDDIAD
**behavioural,** *a.* YMDDYGIADOL
**behaviourism,** *n.* YMDDYGIADAETH
**behead,** TORRI PEN
**behest,** *n.* CAIS, ARCH
**behind,** *prp.* Y TU ÔL, Y TU CEFN
*ad.* AR ÔL, HWYR
**behold,** *i.* WELE!
*v.* GWELED, EDRYCH
**beige,** *n.* BEIS
**being,** *n.* BOD(OLAETH), HANFOD
**bel,** *n.* BEL
**belated,** *a.* HWYR, DIWEDDAR
**belay,** *n.* BELÁI
**belch,** *n.* BYTHEIRIAD
*v.* BYTHEIRIO
**beleaguer,** *v.* GWARCHAE
**belfry,** *n.* CLOCHDY
**belief,** *n.* CRED, COEL
**believable,** *a.* CREDADWY
**believe,** *v.* CREDU, COELIO
**believer,** *n.* CREDWR, CREDADUN, CREDINIWR
**belittle,** *v.* BYCHANU
**bell,** *n.* CLOCH
**belles-lettres,** *n.pl.* LLENYDDIAETH GAIN
**bellicose,** *a.* CWERYLGAR, YMLADDGAR
**belligerent,** *a.* RHYFELGAR
*n.* CYDRYFELWYR
**bell-jar,** *n.* CLOCHEN
*bell-jar,* CLOCHEN
**bellow,** *v.* RHUO, BUGUNAD
**bellows,** *n.pl.* MEGIN
**bell-ringer,** *n.* CLOCHYDD
**belly,** *n.* BOL(A), TOR
**belly-band,** *n.* CENGL
**bellydancer,** *n.* BOLDDAWNSWRAIG
**belong,** *v.* PERTHYN, BOD YN EIDDO I
**belongings,** *n.pl.* EIDDO, DA, MEDDIANNAU
**beloved,** *n.* ANWYLYD, CARIAD
*a.* ANNWYL, CU
**below,** *ad.* ISOD, OBRY
*prp.* O DAN
**belt,** *n.* GWREGYS, BELT, STRIMYN, RHANBARTH
*green belt,* STRIMYN GLAS
**bemoan,** *v.* HIRAETHU (AM)
**bench,** *n.* MAINC
*bench mark,* MEINCNOD
**bencher,** *n.* MEINCIWR
**bend,** *n.* PLYG, TRO, CAMEDD
*v.* PLYGU, CRYMU
*bend of the knee,* CAMEDD Y GAR
**bendability,** *n.* PLYGIANT
**beneath,** *ad.* ISOD, OBRY
*prp.* O DAN
**benediction,** *n.* BENDITH
**benefaction,** *n.* CYMWYNAS, RHODD
**benefactor,** *n.* CYMWYNASWR
**benefice,** *n.* BYWOLIAETH EGLWYSIG
**beneficence,** *n.* HAELIONI
**beneficent,** *a.* HAELIONUS
**beneficial,** *a.* BUDDIOL, LLESOL
**beneficiary,** *n.* BUDDIOLWR
**benefit,** *n.* BUDD, BUDD-DÂL, ELW, LLES
**benevolence,** *n.* CAREDIGRWYDD
**benevolent,** *a.* CAREDIG, HAELIONUS
**benign,** *a.* HYNAWS, RHADLON
**bent,** *a.* CAM
*n.* TUEDD, GOGWYDD

**benumb,** *v.* FFERRU, MERWINO
**benzine,** *n.* BENSIN
**bequeath,** *v.* BECWEDDU, CYMYNNU
**bequest,** *n.* BECWÊDD, CYMYNRODD
**bereave,** *v.* COLLEDU
**bereavement,** *n.* COLLED (TRWY FARWOLAETH)
**beret,** *n.* BERET
**berry,** *n.* AERONEN
**berth,** *n.* DOCFA, ANGORFA, GWELY
*v.* DOCIO
**beseech,** *v.* DEISYF, ERFYN, YMBIL
**beseem,** *v.* GWEDDU
**beside,** *prp.* GERLLAW, WRTH, YN YMYL
**besides,** *prp.* GYDA
*ad.* HEBLAW
**besiege,** *v.* GWARCHAE (AR)
**besmirch,** *v.* PARDDUO, BAEDDU
**besom,** *n.* YSGUBELL
**best,** *a.* GORAU
**bestial,** *a.* BWYSTFILAIDD
**bestiality,** *n.* BWYSTFILEIDDIWCH
**bestir,** *v.* YMYSGWYD, CYFFROI
**bestow,** *v.* CYFLWYNO, RHODDI
**bestowal,** *n.* CYFLWYNIAD
**bet,** *n.* BET
*v.* BETIO
**betoken,** *v.* ARGOELI
**betray,** *v.* BRADYCHU
**betrayal,** *n.* BRAD(YCHIAD)
**betrayer,** *n.* BRADWR
**betroth,** *v.* DYWEDDÏO
**betrothal,** *n.* DYWEDDÏAD
**better,** *ad.* YN WELL
*a.* GWELL, RHAGORACH
**betterment,** *n.* GWELLHAD
**betting,** *n.* BETIO
**between,** *prp.* RHWNG
**bevel,** *n.* BEFEL
**beverage,** *n.* DIODLYN
**bevy,** *n.* BAGAD
**beware,** *v.* GOCHEL
**bewilder,** *v.* MWYDRO, DRYSU
**bewilderment,** *n.* DRYSWCH, PENBLETH
**bewitch,** *v.* HUDO, RHEIBIO
**bewitching,** *a.* HUDOL, FFAFRIOL
**beyond,** *prp.* TU HWNT, DRAW, DROS, TRA
**bezel,** *n.* GWEFL
**bias,** *n.* BIAS, TUEDD, GŴYRDUEDD
*v.* BIASU, TUEDDU
**biased,** *a.* RHAGFARNLLYD, UNOCHROG
**bib,** *n.* BIB
*v.* LLYMEITIAN, DIOTA
**Bible,** *n.* BEIBL
**Biblical,** *a.* BEIBLAIDD
**Biblicist,** *n.* BEIBLYDD
**bibliographer,** *n.* LLYFRYDDWR
**bibliography,** *n.* LLYFRYDDIAETH
**bicarbonate,** *n.* BICARBONAD, CABI
**bicellular,** *n.* DEUGELL
**bicentenary,** *n.* DAUCANMLWYDDIANT
**biceps,** *n.* CYHYR
**bicimal,** *n.* DEUOLYN
*a.* DEUOL
**bicker,** *v.* CWERYLA, FFRAEO
**bickering,** *n.* CWERYL, CYNNEN
**biconcave,** *a.* DEUGEUGRWM
**biconvex,** *a.* DEUAMGRWM
**bicycle,** *n.* BEIC
**bid,** *n.* CYNNIG
*v.* CYNNIG, ERCHI
**bidder,** *n.* CYNIGYDD
**bide,** *v.* DISGWYL, AROS
**biennial,** *n.* EILFLWYDD
*a.* EILFLWYDDOL
**bier,** *n.* ELOR
**bifocal,** *a.* DEUFFOCAL
**big,** *a.* MAWR
**bigamist,** *n.* BIGAMWR
**bigamy,** *n.* BIGAMI
**bight,** *n.* BAE, DOLEN, GENEUFOR
**bigot,** *n.* PENBOETHYN
*a.* PENBOETH, CUL
**bigotry,** *n.* PENBOETHNI, BIGOTRI, CULNI, DALLBLEIDIAETH
**bikini,** *n.* BICINI
**bilateral,** *a.* DWYOCHROG
**bilberries,** *n.pl.* LLUS
**bilateral,** *a.* DWYOCHROG
**bilateralism,** *n.* DWYOCHREDD
**bile,** *n.* BUSTL
**bilge,** *n.* SOTHACH
**bilinear,** *a.* DEULINOL
**bilingual,** *a.* DWYIEITHOG
**bilingualism,** *n.* DWYIEITHRWYDD
**bilious,** *a.* CYFOGLYD
**biliousness,** *n.* CYFOG
**bill,** *n.* PIG, BIL, GYLFIN, MESUR, BILWG
*v.* BILIO
*bill of exchange,* BIL CYFNEWID
**billet,** *n.* BILED
*v.* BILEDU
**billhook,** *n.* BILWG
**billiards,** *n.pl.* BILIARD(S)
**billion,** *n.* BILIWN
**billow,** *n.* TON, MORYN, GWANEG
*v.* TONNI, DYGYFOR

**billowy,** *a.* TONNOG
**billy-goat,** *n.* BWCH GAFR
**bimolecular,** *n.* DEUFOLECWLAR
**bin,** *n.* BIN
**binary,** *a.* DWYRAN, DEUAIDD, DEUBLYG
**bind,** *v.* RHWYMO, GORFODI, CLYMU
**binder,** *n.* RHWYMYDD
**binding,** *n.* RHWYMYN, BEINDIN, RHWYMIAD
*a.* GORFODOL
**bing,** *n.* PENLLAWR
**binitarian,** *n.* BINDODWR
**binoculars,** *n.pl.* DEULYGADION
**binomial,** *a.* BINOMAIDD
*n.* BINOMIAL
**biochemistry,** *n.* BIOCEMEG
**biographer,** *n.* BYWGRAFFYDD
**biographical,** *a.* BYWGRAFFYDDOL
**biography,** *n.* BYWGRAFFIAD, COFIANT
**biological,** *a.* BIOLEGOL
**biologist,** *n.* BIOLEGYDD
**biology,** *n.* BIOLEG, BYWYDEG
**biomechanics,** *n.pl.* BIOMECANEG
**biophysics,** *n.* BIOFFISEG
**biosphere,** *n.* BIOSFFER
**biotic,** *a.* BIOTIG
**bipartisan,** *a.* DWYBLEIDIOL
**bipartite,** *a.* DEURANNOL
**bipolarity,** *n.* DEUATYNIADAETH
**birch,** *n.* BEDWEN
*v.* GWIALENODIO
**bird,** *n.* ADERYN, EDN
**biro,** *n.* BIRO
**birth,** *n.* GENEDIGAETH
*birth rate,* CYFRADD GENI
**birthday,** *n.* PEN-BLWYDD
**birthmark,** *n.* MAN GENI
**birth-right,** *n.* GENEDIGAETHFRAINT
**biscuit,** *n.* BISGEDEN
**bisect,** *v.* DWYRANNU, HANERU
**bisector,** *n.* DWYRANNYDD
**bisexual,** *a.* DEURYWIOL
**bishop,** *n.* ESGOB
**bishopric,** *n.* ESGOBAETH
**bismuth,** *n.* BISMWTH
**bison.** *n.* BEISON
**bistable,** *a.* DEUSEFYDLOG
**bit,** *n.* MYMRYN, TIPYN, TAMAID, DARN, EBILL, GENFA
**bitch,** *n.* GAST
**bite,** *n.* BRATH, DARN, CNOAD
*v.* BRATHU, CNOI
**bitonal,** *a.* DEUGYWAIR
**bitter,** *a.* CHWERW, TOST
**bittern,** *n.* ADERYN Y BWN
**bitterness,** *n.* CHWERWEDD
**bitumen,** *n.* BITWMEN
**bivouac,** *n.* GWERSYLL
*v.* GWERSYLLU (HEB BEBYLL)
**bizarre,** *a.* BISÂR, OD
**blab,** *n.* CLEPIWR
*v.* CLEPIAN
**black,** *a.* DU, TYWYLL
*black pudding,* PWDIN GWAED
**black-beetle,** *n.* CHWILEN DDU
**blackberry,** *n.* MWYAREN
**blackbird,** *n.* ADERYN DU, MWYALCHEN
**blackboard,** *n.* BWRDD DU
**blackcap,** *n.* PENDDU
**blackcurrants,** *n.pl.* CYRREN DUON
**blacken,** *v.* DUO, PARDDUO
**blackguard,** *n.* ADYN, CNAF
**blackhead,** *n.* PENDDUYN
**blacking,** *n.* BLACIN
**blacklead,** *n.* BLAC-LÉD
**blackleg,** *n.* BRADWR, Y CLWYF DU,
**blackmail,** *n.* BLACMÊL
**black-market,** *n.* Y FARCHNAD DDU
**black-out,** *n.* BLACOWT
**blacksmith,** *n.* GOF
**blackthorn,** *n.* DRAENEN DDU
**bladder,** *n.* CHWYSIGEN, PLEDREN
**blade,** *n.* LLAFN, EGINYN
**blain,** *n.* LLYFFANTWS, Y FOTHELL
**blame,** *n.* BAI
*v.* BEIO
**blameless,** *a.* DI-FAI
**blanch,** *v.* CANNU, BLANSIO
**blancmange,** *n.* BLANCMANGE
**bland,** *a.* MWYN, TYNER
**blandish,** *v.* GWENIEITHIO
**blank,** *a.* BLANC, GWAG
*n.* BLANC, GWACTER
*blank verse,* MESUR MOEL
**blanket,** *n.* BLANCED, GWRTHBAN
*blanket bog,* GORGORS
**blarney,** *n.* GWENIAITH, TRUTH
**blaspheme,** *v.* CABLU, DIFENWI
**blasphemer,** *n.* CABLWR
**blasphemous,** *a.* CABLEDDUS
**blasphemy,** *n.* CABLEDD
**blast,** *n.* CHWA, BLAST, CHWYTHAD
*v.* FFRWYDRO, CHWYTHELLU
**blast-furnace,** *n.* FFWRNAIS CHWYTH/FLAST
**blatant,** *a.* DIGYWILYDD, HAERLLUG
**blaze,** *n.* FFAGL, NOD, SEREN
*v.* FFAGLU, TORRI NOD

**blazer,** *n.* COT YSGAFN
**bleach,** *v.* CANNU, DILIWIO
*n.* CANNYDD
**bleached,** *a.* CAN
**bleak,** *a.* LLWM, NOETH, DIGYSGOD
**blear,** *a.* PŴL, DOLURUS
**bleat,** *n.* BREF
*v.* BREFU
**bleed,** *v.* GWAEDU
**blemish,** *n.* NAM, MEFL, BAI
*v.* AMHARU, DIFWYNO
**blend,** *n.* CYMYSGEDD, BLEND
*v.* CYMYSGU, BLENDIO, CYMHLITHO, YMYSGU
**blender,** *n.* YMYSGYDD
**bless,** *v.* BENDITHIO, BENDIGO
**blessed,** *a.* BENDIGEDIG, BENDIGAID, GWYNFYDEDIG
**blessedness,** *n.* GWYNFYD
**blessing,** *n.* BENDITH
**blight,** *n.* MALLTOD, LLYSLAU, PLA
*v.* DIFETHA, DIFWYNO
**blind,** *a.* DALL, TYWYLL
*n.* BLEIND, MWGWD
*v.* DALLU, MYGYDU
**blinder,** *n.* DALLYDD
**blindfold,** *v.* MYGYDU
**blindness,** *n.* DALLINEB, DELLNI
**blinkers,** *n.* FFRWYN DDALL/DYWYLL
**bliss,** *n.* GWYNFYD, DEDWYDDYD
**blissful,** *a.* DEDWYDD, GWYNFYDEDIG
**blister,** *n.* POTHELL, CHWYSIGEN
*v.* POTHELLU
**blithe,** *a.* LLON, LLAWEN
**blizzard,** *n.* LLUWCHWYNT, STORM EIRA
**bloat,** *v.* YMCHWYDDO
*n.* CLWY'R BOTEN
**bloater,** *n.* PENNOG SYCH
**blobby,** *a.* BLOTIOG
**bloc,** *n.* BLOC
**block,** *n.* BLOCYN, BLOC, CYFF
*v.* BLOCIO
*blockboard,* BLOCFWRDD
**blockade,** *n.* MORWARCHAE, BLOCÂD
*v.* GWARCHAE
**blockhead,** *n.* HURTYN, TWPSYN
**blonde,** *a.* GOLAU
**blood,** *n.* GWAED, GWAEDOLIAETH
**blood-feud,** *n.* GALANAS WAED
**bloodhound,** *n.* GWAEDGI
**blood-pressure,** *n.* GWASGEDD GWAED
**bloodshed,** *n.* TYWALLT GWAED
**bloodshot,** *a.* GWAEDGOCH
**blood-vessel,** *n.* GWYTHÏEN
**bloody,** *a.* GWAEDLYD
**bloom,** *n.* BLODEUYN, GWAWR, BLŴM
*v.* BLODEUO
**bloomer,** *n.* CAMGYMERIAD
**blossom,** *n.* BLODEUYN
*v.* BLODEUO
**blot,** *n.* BLOT, NAM
*v.* BLOTIO
**blotting-paper,** *n.* PAPUR BLOTIO
**blouse,** *n.* BLOWS, CRYSBAIS
**blow,** *n.* ERGYD, PWYAD
*v.* CHWYTHU
**blower,** *n.* CHWYTHYDD
**blowlamp,** *n.* CHWYTHLAMP
**blowpipe,** *n.* CHWYTHBIB
**bludgeon,** *n.* PASTWN
**blue,** *a.* GLAS
**bluebells,** *n.pl.* CLYCHAU'R GOG
**bluebottle,** *n.* CLEREN LAS
**blueness,** *n.* GLESNI
**blueprint,** *n.* GLASBRINT, GLASLUN
**blue-tit,** *n.* GLAS BACH Y WAL, TITW TOMOS LAS
**bluff,** *n.* TWYLL, BLWFF
*v.* BWNGLERA
**blunder,** *n.m.* CAMSYNIAD
**blunt,** *a.* SWRTH, PŴL, DI-FIN
*v.* PYLU
**bluntness,** *n.* SIARAD SWRTH, PYLNI
**blur,** *n.* ANAF, YSMOTYN
*v.* PYLU
**blurb,** *n.* GWASGFOLIANT, BROLIANT
**blush,** *n.* GWRID
*v.* GWRIDO, COCHI
**bluster,** *v.* CHWYTHU'N GRYF, BROCHI
**boar,** *n.* BAEDD
**board,** *n.* BWRDD, ASTELL, BWYD
*v.* LLETYA, BYRDDIO
**boarder,** *n.* BYRDDWR, LLETYWR
**boarding-house,** *n.* GWESTY
**boarding-school,** *n.* YSGOL BRESWYL
**boast,** *n.* YMFFROST, BROL
*v.* YMFFROSTIO, BROLIO
**boaster,** *n.* YMFFROSTIWR, BROLIWR
**boat,** *n.* BAD, CWCH
**boatman,** *n.* BADWR, CYCHWR
**bob,** *n.* HERC
*a.* BYR, CWTA
*v.* HERCIAN
**bobbin,** *n.* BOBIN, CWÏL, PIN
**bode,** *v.* ARGOELI
**bodice,** *n.* BODIS
**bodily,** *a.* CORFFOROL

**bodkin,** *n.* BOTGIN, BWYTGIN
**body,** *n.* CORFF, PERSON, CORFFOLAETH
**bog,** *n.* CORS, MIGNEN, SIGLEN
**bogey,** *n.* BWGAN, BOGI, BWCI
**bogus,** *a.* FFUG, FFUANTUS
**boil,** *n.* CORNWYD, CLEWYN
*v.* BERWI, FFROMI
**boiler,** *n.* BERWEDYDD, BWYLER, BOELER
**boiling,** *n.* BERWAD
*a.* BERW
**boiling-point,** *n.* BERWBWYNT
**boisterous,** *a.* TYMHESTLOG, BROCHUS
**bold,** *a.* EOFN, HY, BEIDDGAR, EGLUR
**boldness,** *n.* EHOFNDRA, HYFDRA
**bolero,** *n.* BOLERO
**bollard,** *n.* POLYN, BOLARD
**bolshevik,** *n.* BOLSIEFIG
**bolster,** *n.* GOBENNYDD MAWR
**bolt,** *n.* BOLLT
*v.* BOLLTIO, DIANC
**bomb,** *n.* BOM
*v.* BOMIO
**bombard,** *v.* PELEDU
**bombast,** *n.* YMFFROST
**bombastic,** *a.* YMFFROSTGAR
**bomber,** *n.* AWYREN FOMIO
**bond,** *n.* BOND, RHWYMYN
*v.* BONDIO
**bondage,** *n.* CAETHIWED
**bonds,** *n.pl.* BONDIAU
**bondsman,** *n.* BONDSMON
**bone,** *n.* ASGWRN
*v.* DIASGYRNU
**bonfire,** *n.* COELCERTH
**bonnet,** *n.* BONED
**bonny,** *a.* BRAF, NOBL
**bonus,** *n.* BONWS
**bony,** *a.* ESGYRNOG
**boo,** *i.* BW, HWT!
*v.* HWTIO
**booby,** *n.* HURTYN, PENBWL
**boogie-woogie,** *n.* BŴGI-ŴGI
**book,** *n.* LLYFR
*v.* BWCIO
*programmed book,* RHAGLUNLYFR
**bookbinder,** *n.* RHWYMWR LLYFRAU
**booking-office,** *n.* SWYDDFA DOCYNNAU
**book-keeper,** *n.* LLYFRIFWR
**book-keeping,** *n.* LLYFRIFEG
**booklet,** *n.* LLYFRYN
**bookmaker,** *n.* BWCI
**bookmark,** *n.* LLYFRNOD
**bookseller,** *n.* LLYFRWERTHWR
**bookshelf,** *n.* SILFF LYFRAU
**bookworm,** *n.* LLYFRBRYF
**boom,** *n.* TRWST, BŴM, YMCHWYDD
*v.* TRYSTIO
**boomerang,** *n.* BWMERANG
**booming,** *a.* FFYNIANNUS, YMCHWYDDOL
**boon,** *n.* BENDITH, CAFFAELIAD
**boor,** *n.* TAEOG
**boorishness,** *n.* TAEOGRWYDD
**boost,** *v.* GWTHIO
*n.* ATGYFNERTHIAD
**booster,** *n.* CYFNERTHYDD
*booster dose,* DOS GYFNERTHOL
**boot,** *n.* ESGID, BŴT, YSBAIL
*v.* ELWA
*high boots,* GWINTASAU
**booth,** *n.* BWTH
**bootlace,** *n.* LASEN, CARRAI ESGID
**bootless,** *a.* OFER, SEITHUG
**booze,** *v.* MEDDWI, DIOTA
**borax,** *n.* BORACS
**border,** *n.* FFIN, BORDER
*v.* FFINIO (Â)
**borderland,** *n.* FFINDIR
**bore,** *n.* TYLLFEDD, BÔR, BLINWR, EGER
*v.* TYLLU, BORIO, BLINO
**boredom,** *n.* DIFLASTOD, ALAREDD
**borer,** *n.* TYLLYDD
**born,** *a.* GENEDIGOL, CYNHENID
**borough,** *n.* BWRDEISTREF
**borrow,** *v.* BENTHYCA, CAEL BENTHYG
**borrower,** *n.* BENTHYCIWR
**bosh,** *n.* FFWLBRI, DWLI, LOL
**bosom,** *n.* MYNWES, BRON
**boss,** *n.* BWLYN, BOS, CNAP, BOGEL, MEISTR
**bo'sun,** *n.* BOSWN
**botanical,** *a.* BOTANGEOL
**botanist,** *n.* BOTANEGWR
**botany,** *n.* BOTANEG
**botch,** *v.* BWNGLERA, STOMPIO
**bote,** *n.* BUDD
**both,** *a. & pn. & ad.* Y DDAU, Y DDWY
**bother,** *n.* HELYNT, BODDER, TRAFFERTH, FFWDAN
*v.* POENI, BODDRAN, TRAFFERTHU
**bottle,** *n.* POTEL, COSTREL
*v.* POTELU, COSTRELU
**bottleneck,** *n.* TAGFA
**bottom,** *n.* GWAELOD, GODRE
**bottomless,** *a.* DIWAELOD
**botulism,** *n.* BOTWLIAETH
**bough,** *n.* CAINC, CANGEN
**boulder,** *n.* CLOGFAEN

**boulevard,** *n.* RHODFA GOED
**bounce,** *n.* TAMPIAD, BOWND, YMFFROST
*v.* TAMPIO, BOWNDIO
**bouncer,** *n.* BOWNSIWR
**bound,** *n.* TERFYN, LLAM, ARFFIN
*a.* RHWYM
*v.* FFINIO, LLAMU
**boundary,** *n.* FFIN, TERFYN
**bounded,** *a.* FFINEDIG
**bounder,** *n.* DIHIRYN
**boundless,** *a.* DIDERFYN
**bounteous,** *a.* HAEL, HAELIONUS
**bounty,** *n.* HAELIONI
**bouquet,** *n.* TUSW, BLODEUGLWM
**bourgeois, -ie,** *a. & n.* BWRDAIS
**bourn,** *n.* NANT
**bout,** *n.* GORNEST, BOWT
**bovate,** *n.* BUFEDD
**bow,** *n.* BWA, YMGRYMIAD, BLAEN LLONG, CWLWM, DOLEN
**bowels,** *n.pl.* YMYSGAROEDD, COLUDDION, PERFEDD
**bower,** *n.* DEILDY
**bowl,** *n.* POWLEN, BŴL, CAWG
*v.* POWLIO, BOWLIO
**bowler,** *n.* BOWLIWR, BOWLER
**bowline,** *n.* BOWLIN
**bowling-green,** *n.* LAWNT FOWLIO
**bowls,** *n.pl.* BOWLS
**bowman,** *n.* SAETHYDD, RHWYFWR
**bowsprit,** *n.* BOLSBRYD
**bow-window,** *n.* FFENESTR GROM
**box,** *n.* BLWCH, BOCS
*v.* BOCSIO, PAFFIO
**boxer,** *n.* BOCSIWR, PAFFIWR
**box-office,** *n.* SWYDDFA DOCYNNAU
**boy,** *n.* BACHGEN, HOGYN, LLANC
**boycott,** *v.* BOYCOTIO, GWAHARDD
**boyhood,** *n.* BACHGENDOD
**boyish,** *a.* BACHGENNAIDD
**brace,** *n.* PÂR, CARNTRO, CYPLYSNOD (MIWSIG), BRES, CLEDD
*v.* BRESU, TYNHAU
*brace and bit,* CARNTRO AC EBILL
*ratchet brace,* CARNTRO CLICIED
**braced,** *a.* CLEDDOG
**bracelet,** *n.* BREICHLED
**bracer,** *n.* BREICHYDD
**braces,** *n.pl.* BRESYS, GALWSYS
**bracing,** *a.* FFRES
**bracken,** *n.* RHEDYN, RHEDYN UNGOES
**bracket,** *n.* BRACED, CROMFACH
*v.* CYSYLLTU
**brackish,** *a.* HALLT
**bracteole,** *n.* BRACTOLYN
**bradawl,** *n.* MYNAWYD
**brae,** *n.* BRYN, BRYNDIR
**brag,** *n.* YMFFROST, BROL
*v.* YMFFROSTIO, BROLIO
**braggart,** *n.* YMFFROSTIWR, BROLIWR
**braid,** *n.* BRÊD, CADIS
**braille,** *n.* BREIL
**brain,** *n.* YMENNYDD
**brainwash,** *n.* PWYLLTRAIS
*v.* PWYLLTREISIO
**brainy,** *a.* GALLUOG
**braise,** *v.* BRWYSIO
**brake,** *n.* BRÊC, PRYSGLWYN
*v.* BRECIO
**bramble,** *n.* MIAREN
**bran,** *n.* BRAN, EISIN
**branch,** *n.* CANGEN, ADRAN, CAINC
*v.* CANGHENNU, CEINCIO, YMESTYN
**branching,** *a.* CANGHENNOG, CEINCIOG
**brand,** *n.* NOD, PENTEWYN, BRAND
*v.* NODI, GWARTHNODI, LLOSGNODI
**brandish,** *v.* CHWIFIO
**brand-new,** *a.* NEWYDD SBON
**brandy,** *n.* BRANDI
*brandy snap,* CRIMPEN FRANDI
**brash,** *n.pl.* MALURION
**brass,** *n.* EFYDD, PRES (ARIAN)
**brassiere,** *n.* BRONNEG, BRONGLYMAU
**bravado,** *n.* YMFFROST, BOCSACH
**brave,** *a.* DEWR, GWROL, GLEW
*v.* HERIO, HERFEIDDIO
**bravery,** *n.* DEWRDER, GWROLDEB, GLEWDER
**brawl,** *n.* FFRAE
*v.* FFRAEO
**brawn,** *n.* BRÔN, CYHYR, COSYN PEN
**brawny,** *a.* CYHYROG
**braxy,** *n.* DŴR COCH
**bray,** *n.* NAD
*v.* NADU
**braze,** *v.* PRESYDDU
**brazen,** *a.* HAERLLUG, PRES
**brazing,** *v.* ASIO, EFYDDU
**breach,** *n.* ADWY, TORCYFRAITH
*v.* BYLCHU, TORRI
**bread,** *n.* BARA
*bread roll,* CWGEN
**breadth,** *n.* LLED, EHANGDER
**break,** *v.* TORRI, DRYLLIO, BRECIO
*n.* TORIAD, BRÊC
*break even,* ADENNILL COSTAU

**breaker,** *n.* TON, ATALYDD, TONIAR
**breakfast,** *n.* BRECWAST, BOREFWYD
*v.* BRECWASTA
**breakpoint,** *n.* TORBWYNT
**breakwater,** *n.* MORWAL
**bream,** *n.* GWRACHEN DDU
**breast,** *n.* BREST, DWYFRON, MYNWES
**breastplate,** *n.* DWYFRONNEG
**breast-stroke,** *n.* NOFIO BROGA
**breath,** *n.* ANADL
**breathalyser,** *n.* ANALIADUR, ANADLYDD
**breathe,** *v.* ANADLU
**breathing,** *n.* ANADLIAD
**breech,** *n.* BÔN DRYLL
**breeches,** *n.pl.* LLODRAU, CLOS
**breed,** *n.* BRID *v.* BRIDIO
**breeder,** *n.* BRIDIWR
*breeder reactor,* YMWEITHYDD BRIDIOL
**breeding,** *n.* MAGWRAETH
**breeze,** *n.* AWEL, CHWA, BRÎS
*breeze blocks,* BLOCIAU BRÎS
**breezy,** *a.* AWELOG
**brethren,** *n.* BRODYR
**breve,** *n.* BRIF
**breviary,** *n.* BREFIARI
**brevity,** *n.* BYRDRA
**brew,** *v.* DARLLAW, BRAGU
**brewer,** *n.* BRAGWR, DARLLAWR
**brewery,** *n.* BRACTY
**bribe,** *n.* LLWGRWOBRWY
*v.* LLWGRWOBRWYO
**bribery,** *n.* LLWGRWOBRWYAETH
**bric-a-brac,** *n.* CYWREINION
**brick,** *n.* BRICSEN, BRIC, PRIDDFAEN
*v.* BRICIO
**bricklayer,** *n.* BRICIWR, MASIWN
**brickwork,** *n.* BRICWAITH
**bridal,** *n.* PRIODAS
*a.* PRIODASOL
**bride,** *n.* PRIODFERCH
**bridegroom,** *n.* PRIODFAB
**bridesmaid,** *n.* MORWYN BRIODAS
**bridge,** *n.* PONT
*v.* PONTIO
*bridge-tone,* TRAWS-DÔN
**bridgehead,** *n.* TALBONT
**bridle,** *n.* FFRWYN
*v.* FFRWYNO
**bridlepath,** *n.* LLWYBR CEFFYL/MARCH
**brief,** *a.* BYR, CWTA
*n.* BRIFF, GWYSEB
*v.* BRIFFIO
**briefly,** *ad.* YN FYR
**briefs,** *n.pl.* BYRION
**brigade,** *n.* BRIGÂD
**brigadier,** *n.* BRIGADYDD
**brigand,** *n.* HERWR
**bright,** *a.* DISGLAIR, CLAER, GLOYW
**brighten,** *v.* DISGLEIRIO, GLOYWI
**brightness,** *n.* DISGLEIRDEB, GLOYWDER
**brill,** *n.* BRIL
**brilliance,** *n.* GALLU, DISGLEIRDEB
**brilliant,** *a.* GALLUOG, LLACHAR
**brim,** *n.* MIN, CANTEL, YMYL
**brimstone,** *n.* BRWMSTAN
**brindled,** *a.* BRYCH, BRITH
**brine,** *n.* HELI
**bring,** *v.* DYFOD (â), DWYN
**brink,** *n.* YMYL, MIN
**brinkmanship,** *n.* DIBYNFENTRO
**brisk,** *a.* BYWIOG
**brisket,** *n.* BRISGED, Y BARWYDEN
**bristle,** *n.* GWRYCHYN
*v.* CODI GWRYCH
**Britain,** *n.* PRYDAIN
**Britisher,** *n.* PRYDEINIWR
**Briton,** *n.* BRYTHON
**brittle,** *a.* BRAU, BREGUS
**brittleness,** *n.* BREUDER
**broach,** *n.* DIGORYDD, BROES
**broad,** *a.* LLYDAN
**broadbean,** *n.* FFÄEN, FFEUEN
**broadcast,** *n.* DARLLEDIAD
*ad.* AR LED
*v.* DARLLEDU, HAU Â LLAW
**broaden,** *v.* LLEDU
**broadly,** *ad.* YN FRAS
**broadminded,** *a.* EANGFRYDIG
**broadsheet,** *n.* ARGRAFFLEN
**brocade,** *n.* BROCÂD
**broccoli,** *n.* BROCOLI
**brochure,** *n.* LLYFRYN, PAMFFLED
**brogue,** *n.* BRÔG, ACEN
**broil,** *n.* CWERYL, YMRAFAEL
*v.* BRWYLIO
**broiler,** *n.* BRWYLIAD
**broken,** *a.* TOREDIG, DRYLLIOG
**broker,** *n.* BROCER
**brokerage,** *n.* BROCERIAETH, TÂL BROCER
**bromide,** *n.* BROMID
**bromination,** *n.* BROMINIAD
**bromine,** *n.* BROMIN
**bronchiole,** *n.* BRONCIOLYN
**bronchitis,** *n.* BRONCITIS, LLID Y BRONCI
**bronze,** *n.* PRES, EFYDDYN, EFYDD
*a.* EFYDD

**brooch,** *n.* TLWS
**brood,** *n.* HIL, NYTHAID, EPIL
*v.* DEOR, PENDRONI
**broody,** *a.* CLWC, GORLLYD
**brook,** *n.* NANT
*v.* GODDEF
**broom,** *n.* BANADL, YSGUBELL
**broth,** *n.* POTES, CAWL
**brothel,** *n.* PUTEINDY
**brother,** *n.* BRAWD
**brotherhood,** *n.* BRAWDOLIAETH
**brotherly,** *a.* BRAWDOL
**brow,** *n.* AEL, TALCEN, CRIB
**brown,** *a.* GWINAU, BROWN, LLWYD
**browned-off,** *a.* DIFLAS
**browning,** *n.* BROWNIN
*v.* BROWNIO
**browse,** *v.* PORI
**bruise,** *n.* CLAIS
*v.* CLEISIO
**brunette,** *n.* MERCH BRYD TYWYLL
**brush,** *n.* BRWS
*v.* BRWSIO
**brushwood,** *n.* PRYSGWYDD
**brusque,** *a.* CWTA, SWRTH
**brutal,** *a.* CREULON, BWYSTFILAIDD
**brutality,** *n.* CREULONDEB
**brute,** *n.* BWYSTFIL
**brutish,** *a.* BWYSTFILAIDD
**bubble,** *n.* YSWIGEN, BWBWL, BWRLWM
*v.* BYRLYMU, BYBYLU
*bubble and squeak,* BWYD BWRLWM
**buccaneer,** *n.* MÔR-LEIDR
**buck,** *n.* BWCH
*v.* LLAMSACHU
**bucket,** *n.* BWCED, STWC
**buckle,** *n.* BWCL
*v.* BWCLO
**buckram,** *n.* BWCRAM
**bud,** *n.* BLAGURYN, EGINYN
*v.* BLAGURO, EGINO
**budge,** *v.* SYFLYD
**budget,** *n.* CYLLIDEB
*v.* CYLLIDO, CLUSTNODI
*budget surplus,* GORGED CYLLIDEB
**buff,** *n.* BWFF
**buffalo,** *n.* BYFFLO
**buffer,** *n.* BYFFER
*buffer state,* CLUSTOGWLAD
**buffered,** *a.* BYFFYREDIG
**buffet,** *n.* COWNTER BWYD, BWFFE
*v.* ERGYDIO
**buffoon,** *n.* CLOWN, FFŴL
**buffoonery,** *n.* FFWLBRI
**bug,** *n.* BYG, TROGEN
**bugbear,** *n.* BWGAN, BWCI
**buggery,** *n.* SODOMIAETH
**bugle,** *n.* BIWGL, GLESYN Y COED
**bugler,** *n.* BIWGLWR
**build,** *n.* CORFFOLAETH, SAERNÏAETH
*v.* ADEILADU, CODI
**builder,** *n.* ADEILADYDD
**building,** *n.* ADEILAD
**built-up,** *a.* ADEILEDIG
**bulb,** *n.* BWLB
**bulbous,** *a.* ODDFOG
**bulge,** *n.* CHWYDD, CRYMEDD
*v.* CHWYDDO, BOCHIO
**bulk,** *n.* SWMP
*bulk buying,* SWMP BRYNU
*bulk-carrier,* SWMP-GLUDYDD
**bulky,** *a.* SWMPUS
**bull,** *n.* TARW, BWL (PAPAL), HAPBRYNWR
**bulldozer,** *n.* TARW DUR
**bullet,** *n.* BWLED
**bulletin,** *n.* BWLETIN
**bullfinch,** *n.* COCH Y BERLLAN
**bullhead,** *n.* PENBWL
**bullion,** *n.* BWLIWN
**bullnose,** *a.* TRWYNBWL
**bullock,** *n.* BUSTACH, EIDION
**bull's eye,** *n.* CANOL TARGED
**bully,** *n.* BWLI
*v.* GORMESU
*bully off,* BWLIO
**bulrushes,** *n.pl.* HESG
**bulwark,** *n.* GWRTHGLAWDD, CANLLAW (LLONG)
**bumbailiff,** *n.* BWMBEILI
**bump,** *n.* HERGWD, BWMP
*v.* GWRTHDARO, HERGYDIO
**bumper,** *n.* BYMPER
*a.* HELAETH
**bumph,** *n.* PAPURACH
**bumpkin,** *n.* LLABWST, LLEBAN, LLELO
**bumptious,** *a.* YMFFROSTGAR
**bun,** *n.* BYNNEN
*hot cross buns,* BYNS Y GROG
**bunch,** *n.* CLWSTWR, PWYSI, CLWM
**bund,** *n.* BWND
**bundle,** *n.* BWNDEL, SOPYN
*v.* BWNDELU
**bung,** *n.* BWNG, TOPYN, CORCYN
**bungalow,** *n.* BYNGALO, TŶ UNLLAWR
**bungle,** *n.* STOMP, BWNGLERWAITH
*v.* STOMPIO, BWNGLERA

**bungler,** *n.* BWNGLERWR
**bungling,** *a.* BWNGLERAIDD
**bunker,** *n.* BWNCER
**bunkum,** *n.* FFWLBRI, LOL, FFILOREG
**bunsen burner,** *n.* BYRNER BWNSEN
**buoy,** *n.* BWI
**buoyancy,** *n.* HYNOFEDD
**buoyant,** *a.* HYNAWF
**burden,** *n.* BAICH, BYRDWN
**burdensome,** *a.* BEICHUS
**bureau,** *n.* BIWRÔ, DESG, BWRDD
**bureaucracy,** *n.* BIWROCRATIAETH
**bureaucrat,** *n.* BIWROCRAT
**burette,** *n.* BIWRÉT, BWRÉT
**burgess,** *n.* BWRDEISIWR
**burglar,** *n.* BWRGLER
**burglary,** *n.* BWRGLERAETH
**burgle,** *v.* BWRGLERA
**burgomaster,** *n.* MAER
**burial,** *n.* CLADDEDIGAETH
**burlesque,** *n.* BWRLÉSG
**burly,** *a.* CYDNERTH, CORFFOL
**burn,** *n.* LLOSG, NANT
*v.* LLOSGI, CYNNAU
**burner,** *n.* BYRNER, LLOSGYDD
**burnish,** *v.* LLATHRU, BWRNEISIO
**burr,** *n.* BWR, MIN
**burrow,** *n.* TWLL, TYLLFA, TWYN
*v.* TYLLU, TYRCHU
**bursar,** *n.* TRYSORYDD, UN AG YSGOLORIAETH
**bursary,** *n.* YSGOLORIAETH, ADDYSGED
**burst,** *n.* RHWYG, BYRSTIAD
*v.* YMRWYGO, BYRSTIO
**bury,** *v.* CLADDU
**bus,** *n.* BWS
**bush,** *n.* LLWYN, PERTH, BWSH
**bushel,** *n.* BWYSEL
**business,** *n.* BUSNES, MASNACH, NEGES
**business-like,** *a.* TREFNUS
**bust,** *n.* PENDDELW, BWST
**bustle,** *n.* FFWDAN
*v.* FFWDANU
**busy,** *a.* DIWYD, PRYSUR
**but,** *c.* OND, EITHR
**butane,** *n.* BWTÂN
**butcher,** *n.* CIGYDD
*v.* LLADD
**butler,** *n.* BWTLER, TRULLIAD
**butt,** *n.* CASGEN, NOD, BÔN
*v.* BYTIO
**butte,** *n.* CNWC
**butter,** *n.* (Y)MENYN
**buttercup,** *n.* BLODYN YMENYN
**butterfly,** *n.* GLÖYN BYW, PILI PALA
**buttermilk,** *n.* LLAETH ENWYN
**butterscotch,** *n.* CYFLAITH MENYN
**buttock,** *n.* FFOLEN
**button,** *n.* BOTWM
*v.* BOTYMU
**buttonholder,** *n.* BOTYMELL
**buttress,** *n.* BWTRES, GWANAS, ATEG
*v.* CRYFHAU
**butt-weld,** *n.* BÔN-ASIAD
**buxom,** *a.* TEW, CRON
**buy,** *v.* PRYNU, PWRCASU
**buyer,** *n.* PRYNWR, PWRCASWR
**buzz,** *n.* SU, SI
*v.* SUO, SÏO
**buzzard,** *n.* BODA
**by,** *ad.* GERLLAW, HEIBIO
*prp.* ERBYN, TRWY, GAN, WRTH, Â
**bye,** *n.* BEI
**by-election,** *n.* IS-ETHOLIAD
**by-law,** *n.* IS-DDEDDF
**by-pass,** *n.* HEIBIAD, FFORDD OSGOI
*v.* HEIBIADU
**by-product,** *n.* SGÎL-GYNNYRCH
**byre,** *n.* BEUDY
**by-road,** *n.* CILFFORDD
**bystanders,** *n.pl.* SEFYLLWYR
**byway,** *n.* CILFFORDD
**byword,** *n.* DIHAREB

**cab,** *n.* CAB, CABAN
**cabal,** *n.* CABAL
**cabbage,** *n.* CABETSEN, BRESYCHEN
**cabin,** *n.* CABAN
**cabinet,** *n.* CIST, CABINET
**cable,** *n.* CEBL, CABLEN
**cache,** *n.* STÔR
**cackle,** *v.* CLEGAR
**cacophonous,** *a.* CACOFFONIG, AMHERSAIN
**cacophony,** *n.* CACOFFONI, AMHERSEINEDD
**cactus,** *n.* CACTUS
**cad,** *n.* DIHIRYN, CENAU
**caddie,** *n.* CADI
**caddy,** *n.* BOCS TE
**cadence,** *n.* CADENS, DIWEDDEB
**cadential,** *a.* DIWEDDEBOL
**cadet,** *n.* CADLANC
**caesura,** *n.* GORFFWYSFA
**café.** *n.* CAFFE, BWYTY
**cafeteria,** *n.* CAFFETERIA
**caffeine,** *n.* CAFFEIN
**cage,** *n.* CAETS, CAWELL
**cairn,** *n.* CARN(EDD)
**cajole,** *v.* GWENIEITHIO
**cajolery,** *n.* GWENIAITH
**cake,** *n.* CACEN, TEISEN, CÊC
*v.* CAGLU
**calamitous,** *a.* TRYCHINEBUS
**calamity,** *n.* TRYCHINEB
**calcareous,** *a.* CALCHAIDD
**calcify,** *v.* CALCHEIDDIO
**calcium,** *n.* CALSIWM
**calculate,** *v.* CYFRIF, RHIFO
**calculation,** *n.* CYFRIF(IAD)
**calculator,** *n.* CYFRIFYDD
**calculus,** *n.* CALCWLWS
**caldera,** *n.* CALLOR
**calendar,** *n.* CALENDR
**calends,** *n.pl.* DYDDIAU CALAN
**calf,** *n.* LLO, CROTH (COES)
**calibrate,** *v.* CALIBRO, GRADDNODI
**calibration,** *n.* CALIBRAD
**calico,** *n.* CALICO
**calipers,** *n.pl.* CALIPERAU
**calkin,** *n.* CAWC
**call,** *n.* GALWAD, YMWELIAD
*v.* GALW, YMWELED (Â)
*call boy,* HYSBYSWR
**caller,** *n.* GALWR, YMWELYDD, GEILWAD
**calling,** *n.* GALWEDIGAETH
**calliper,** *n.* CALIPR
**callosity,** *n.* CALEDEDD
**callous,** *a.* CALED, DIDEIMLAD
**callus,** *n.* CALWS, CALEDEN
**calm,** *n.* TAWELWCH, GOSTEG
*a.* TAWEL
*v.* TAWELU, GOSTEGU
**calmness,** *n.* LLONYDDWCH, TAWELWCH
**calorie,** *n.* CALORI
**calorimeter,** *n.* CALORIMEDR
**calorimetry,** *n.* CALORIMEDREG
**calumny,** *n.* ENLLIB, ANAIR
**calve,** *v.* BWRW LLO
**Calvinism,** *n.* CALFINIAETH
**Calvinistic,** *a.* CALFINAIDD
**calyx,** *n.* CALYCS
**cam,** *n.* CAM
**camber,** *n.* CRYMDER
**cambric,** *n.* CAMBRIG
**camel,** *n.* CAMEL
**cameo,** *n.* CAMEO
**camera,** *n.* CAMERA
**camomile,** *n.* CAMIL, CAMRI
**camouflage,** *n.* CUDDLIW, CUDDWEDD
*v.* DIEITHRIO, CUDDWEDDU
**camp,** *n.* GWERSYLL
*v.* GWERSYLLU
**campaign,** *n.* YMGYRCH, RHYFELROD
**camp-bed,** *n.* GWELY PLYG
**camphor,** *n.* CAMFFYR
**campion,** *n.* CEILIOG COCH
**camp-stool,** *n.* STÔL BLYG
**campus,** *n.* CAMPWS
**camshaft,** *n.* CAMSIAFFT
**can,** *n.* CAN, TUN
*v.* CANIO, MEDRU, GALLU
**canal,** *n.* CAMLAS
**canary,** *n.* CANERI
**cancel,** *v.* CANSLO, DILEU
**cancellation,** *n.* CANSLAD, DILEAD
**cancer,** *n.* CANCR, CANSER, DAFADEN WYLLT
*Tropic of Cancer,* TROFAN CANCR
**candid,** *a.* DIDWYLL, AGORED, GONEST
**candidate,** *n.* YMGEISYDD
**candidature,** *n.* YMGEISIAETH
**candle,** *n.* CANNWYLL
**Candlemas,** *n.* GŴYL FAIR (CHWEFROR 2)
**candlestick,** *n.* CANHWYLLBREN
**candlewick,** *n.* COTWM TRWCH
**candour,** *n.* DIDWYLLEDD
**candy,** *n.* CANDI
**cane,** *n.* GWIALEN, CANSEN
*v.* GWIALENODIO
**canine,** *a.* CÏOG
**canister,** *n.* BOCS (TE)

**canker,** *n.* CANCR
*v.* CANCRO
**cannery,** *n.* CANERDY
**canning,** *n.* CANIO
**cannibal,** *n.* CANIBAL
**cannibalism,** *n.* CANIBALIAETH
**cannon,** *n.* CANON, MAGNEL
**cannon-ball,** *n.* TANBELEN
**canny,** *a.* CYFRWYS
**canoe,** *n.* CANŴ
*v.* CANŴO
**canon,** *n.* CANON, RHEOL
**canonical,** *a.* CANONAIDD
**canonicity,** *n.* CANONEIDD-DRA
**canonise,** *v.* CANONEIDDIO
**canopy,** *n.* CANOPI, LWFER
**cant,** *n.* RHAGRITH, TRUTH, OSGO
*v.* GOLEDD(F)U
**cantankerous,** *a.* CYNHENNUS, CWERYLGAR
**cantata,** *n.* CANTAWD
**canteen,** *n.* CANTÎN
**canter,** *n.* RHYGYNG
*v.* RHYGYNGU
**canticle,** *n.* CANTIGL
**cantilever,** *n.* CANTILIFER
**cantor,** *n.* CANTOR
**canvas,** *n.* CYNFAS
**canvass,** *v.* CANFASIO
**canvasser,** *n.* CANFASIWR
**canyon,** *n.* CEUNANT, CANION
**cap,** *n.* CAP(AN)
**capable,** *a.* GALLUOG, MEDRUS
**capability,** *n.* GALLU, MEDR
**capacious,** *a.* HELAETH, EANG
**capaciousness,** *n.* HELAETHRWYDD
**capacitance,** *n.* CYNHWYSEDD
**capacitor,** *n.* CYNHWYSWR
**capacity,** *n.* MEDR, CYNNWYS, CYNHWYSEDD
**cape,** *n.* PENTIR, MANTELL, CÊP, CLOGYN
**caper,** *v.* PRANCIO
*n.* CAPER
**capillarity,** *n.* CAPILAREDD
**capillary,** *n.* CAPILARI
*a.* CAPILARIG
**capital,** *n.* PRIFDDINAS, PRIFLYTHYREN, CYFALAF
*a.* PRIF, ARDDERCHOG
**capitalism,** *n.* CYFALAFIAETH
**capitalist,** *n.* CYFALAFWR
**capitation,** *n.* HYN A HYN Y PEN
**capitulate,** *v.* ARDELERU
**capitulation,** *n.* ARDELERIAD
**capon,** *n.* CAPRWN
**caprice,** *n.* MYMPWY
**capricious,** *a.* MYMPWYOL
**capriciousness,** *n.* MYMPWY
**Capricorn,** *n.* ARWYDD YR AFR, CAPRICORN
*Tropic of Capricorn,* TROFAN CAPRICORN
**capsize,** *v.* DYMCHWEL
**capsule,** *n.* CAPSWL
**captain,** *n.* CAPTEN
*v.* BOD YN GAPTEN, CAPTEINIO
**captaincy,** *n.* CAPTENIAETH
**caption,** *n.* PENNAWD
**captivate,** *v.* HUDO, SWYNO, DENU
**captive,** *n.* CARCHAROR
*a.* CAETH
**captivity,** *n.* CAETHIWED
**captor,** *n.* DALIWR
**capture,** *n.* DALIAD
*v.* DAL
**caput,** *n.* CAPWT
**car,** *n.* CAR, CERBYD
**caravan,** *n.* CARAFÁN
**caravanning,** *v.* CARAFANNA
**caraway,** *n.* CARWE
**carbohydrate,** *n.* CARBOHYDRAD
**carbon,** *n.* CARBON
**carbonaceous,** *a.* CARBONAIDD
**carbonate,** *n.* CARBONAD
**carbonated,** *a.* CARBONEDIG
**carbonation,** *v.* CARBONADU
**carboniferous,** *a.* CARBONIFFERAIDD
**carbonisation,** *n.* CARBONEIDDIANT
**carborundum,** *n.* AGALEN
**carbuncle,** *n.* CORNWYD, CARBWNCL
**carburettor,** *n.* CARBURADUR
**carcass,** *n.* CELAIN, ABO, BURGYN, YSGERBWD
**carcinoma,** *n.* CARSINOMA, CANCR GWYLLT
**card,** *n.* CERDYN, CARDEN
*v,* CRIBO
**cardboard,** *n.* CARDBORD
**cardiac,** *a.* CARDIAIDD
**cardigan,** *n.* CARDIGAN
**cardinal,** *n.* CARDINAL
*a.* PRIF, CARDINAL
**care,** *n.* GOFAL, PRYDER
*v.* GOFALU, PRYDERU
**career,** *n.* GYRFA
*v.* RHUTHRO, CARLAMU
**careful,** *a.* GOFALUS, CARCUS
**carefulness,** *n.* GOFAL

**carefree,** *a.* DIOFAL(ON)
**careless,** *a.* ESGEULUS
**carelessness,** *n.* ESGEULUSTOD
**caress,** *n.* ANWES, MWYTHAU
*v.* ANWESU, MWYTHO
**caressing,** *a.* CARUAIDD
**caretaker,** *n.* GOFALWR
**cargo,** *n.* LLWYTH
**caribou,** *n.* CARIBŴ
**caricature,** *n.* GWAWDLUN
**caricaturist,** *n.* GWAWDLUNYDD
**carnage,** *n.* LLADDFA
**carnal,** *a.* CNAWDOL
**carnation,** *n.* CARNASIWN, CNODLIW
**carnival,** *n.* CARNIFAL
**carnivorous,** *a.* CARNIFORUS, CIGYSOL
**carob,** *n.* CAROB
**carol,** *n.* CAROL
*v.* CANU CAROLAU
**caroller,** *n.* CANWR CAROLAU
**carotene,** *n.* CAROTEN
**carotid,** *a.* CAROTID
**carousal,** *n.* CYFEDDACH
**carouse,** *v.* CYFEDDACH, GLODDESTA
**carouser,** *n.* BOLGI, GLODDESTWR
**carp,** *n.* CARP
**carpenter,** *n.* SAER COED
**carpentry,** *n.* GWAITH SAER
**carpet,** *n.* CARPED
*v.* CARPEDU
**carriage,** *n.* CERBYD, CLUDIANT, OSGO, YMÁRWEDDIAD
**carrier,** *n.* CLUDYDD, CARIWR
**carrion,** *n.* CELAIN, BURGYN
**carrot,** *n.* MORONEN
**carroty,** *a.* BRAU, PENGOCH
**carry,** *v.* CLUDO, CARIO, CYWAIN
**cart,** *n.* CERT, TROL
**cartage,** *n.* CLUDIAD
**cartel,** *n.* CARTÉL
**cartesian,** *a.* CARTESAIDD
**cart-horse,** *n.* CEFFYL GWAITH
**cart-house,** *n.* CARTWS, HOEWAL
**cartilage,** *n.* CARTILAG
**cartography,** *n.* CARTOGRAFFEG
**carton,** *n.* CARTON
**cartoon,** *n.* CARTŴN
**cartoonist,** *n.* CARTWNYDD
**cartridge,** *n.* CETRISEN
**cartwheel,** *n.* OLWYNDRO
*v.* OLWYNDROI
**carve,** *v.* CERFIO, TORRI CIG
**carver,** *n.* CERFIWR, CARFER
**cascade,** *n.* RHAEADR, SGWD
**case,** *n.* ACHOS (MEWN LLYS), CAS
**casein,** *n.* CASEIN
**casement,** *n.* CASMENT
**cash,** *n.* ARIAN (PAROD)
*v.* NEWID
**cashier,** *n.* ARIANNWR
**cashmere,** *n.* CASMIR
**casing,** *n.* PLISGYN, CASIN, CAS
**cask,** *n.* CASGEN, BARIL
**cassava,** *n.* CASAFA
**casserole,** *n.* CASEROL
**cassette,** *n.* CASÉT
**cast,** *n.* CAST
*v.* CASTIO, TAFLU, CAMDROI
**castanets,** *n.pl.* CASTANEDAU
**caste,** *n.* CAST
**castellated,** *a.* CASTELLOG
**castigate,** *v.* CYSTWYO, CERYDDU
**castigation,** *n.* CYSTWYAD, CERYDD
**casting,** *n.* CASTIN
*v.* CASTIO
**casting-vote,** *n.* PLEIDLAIS FWRW
**castle,** *n.* CASTELL
*v.* CASTELLU
**castor,** *n.* CASTOR
**castrate,** *v.* DISBADDU
**castration,** *n.* DISBADDIAD
**casual,** *a.* ACHLYSUROL, YSBEIDIOL
**casualties,** *n.pl.* COLLEDIGION
**casualty,** *n.* DAMWAIN
**casuals,** *n.pl.* DILLAD SEGURA
**casuist,** *n.* CASŴIST
**casuistic,** *a.* CASŴISTAIDD
**cat,** *n.* CATH
**catabolism,** *n.* CATABOLAETH
**cataclysm,** *n.* RHYFERTHWY
**catacomb,** *n.* CLADDGELL, CATACWM
**catalogue,** *n.* CATALOG
*v.* CATALOGIO
**cataloguer,** *n.* CATALOGYDD
**catalysis,** *n.* CATALEDD
**catalyse,** *v.* CATALEIDDIO
**catalyst,** *n.* CATALYDD
**catapult,** *n.* CATAPWLT
**cataract,** *n.* RHAEADR, PILEN (AR LYGAD)
**catarrh,** *n.* CATÂR
**catastrophe,** *n.* TRYCHINEB
**catch,** *n.* DALIAD, CLICIED, DALFA (BYSGOD)
*v.* DAL(A)
*fair catch,* DALIAD GLÂN
**catcher,** *n.* DALIWR
**catchment,** *n.* DALGYLCH

**catchword,** *n.* CIPAIR
**catechetic,** *a.* HOLWYDDOROL
**catechise,** *v.* HOLI
**categorical,** *a.* PENDANT, CATEGORÏOL
**category,** *n.* CATEGORI
**catenary,** *n.* CATENA
**cater,** *v.* ARLWYO, DARMERTHU
**caterer,** *n.* ARLWYWR
**catering,** *n.* ARLWYAETH, DARMERTH
**caterpillar,** *n.* LINDYSYN
**catgut,** *n.* CATGWT
**catharsis,** *n.* CATHARSIS
**cathartic,** *n.* CARTHLYN
**cathedral,** *n.* CADEIRLAN
**cathode,** *n.* CATOD
**Catholic,** *a.* CATHOLIG, PABYDDOL
*n.* PABYDD
**Catholicism,** *n.* CATHOLIGIAETH, PABYDDIAETH
**catkins,** *n.pl.* GWYDDAU BACH, CENAWON CYLL
**cat's eye,** *n.* LLYGAD CATH
**cattle,** *n.pl.* GWARTHEG, DA
**catty,** *a.* MALEISUS
**catwalk,** *n.* BRIGDRAWST
**caucus,** *n.* CAWCWS
**caul,** *n.* GWASGBLAT
**cauldron,** *n.* CROCHAN, PAIR
**cauliflower,** *n.* COLIFFLŴER, BLODFRESYCHEN
**caulk,** *v.* CALCIO
**causality,** *n.* ACHOSIAETH
**cause,** *n.* ACHOS, ACHLYSUR
*v.* PERI
**causeway,** *n.* SARN, CAWSAI
**caustic,** *a.* COSTIG
**cauterize,** *v.* SERIO
**caution,** *n.* RHYBUDD
*v.* RHYBUDDIO
**cautious,** *a.* GOFALUS, GWYLIADWRUS
**cavalry,** *n.pl.* GWŶR MEIRCH
**cave,** *n.* OGOF
**caveat,** *n.* CAFEAT
**caver,** *n.* OGOFWR
**cavern,** *n.* CEUDWLL
**cavernous,** *a.* CEUDYLLOG
**caviar(e),** *n.* CAFIÂR
**cavil,** *v.* CWERYLA, CECRU
**cavity,** *n.* GWAGLE, CEUDOD
**caw,** *v.* CRAWCIAN
**cayenne,** *n.* CAIÁN
**cease,** *v.* DARFOD, PEIDIO
**ceaseless,** *a.* DI-BAID, DIDDARFOD
**cedar,** *n.* CEDRWYDDEN
**cede,** *v.* DADAFAEL, GILDIO
**ceiling,** *n.* NENFWD
**celandine,** *n.* LLYGAD EBRILL
**celebrant,** *n.* GWEINYDD
**celebrate,** *v.* DATHLU, CLODFORI, GWEINYDDU
**celebrated,** *a.* ENWOG, CLODFAWR
**celebration,** *n.* DATHLIAD
**celebrity,** *n.* PERSON ENWOG, ENWOGRWYDD
**celerity,** *n.* CYFLYMDER
**celery,** *n.* SELERI, HELOGAN
**celestial,** *a.* NEFOL(AIDD), WYBRENNOL
**celibacy,** *n.* DIBRIODAETH
**celibate,** *a.* DI-BRIOD
**cell,** *n.* CELL, SEL (BATRI)
*fuel cell,* CYNYDYDD
**cellar,** *n.* SELER
**cello,** SODDGRWTH
**cellophane,** *n.* SELOFFÊN
**celluloid,** *n.* SELWLOID
**cellulose,** *n.* SELWLÔS
**Celsius,** *a.* CELSIUS
**Celt,** *n.* CELT
**Celtic,** *n.* CELTEG (YR IAITH)
*a.* CELTAIDD
**cement,** *n.* SMENT
*v.* SMENTIO, CYDIO, UNO
**cemetery,** *n.* MYNWENT
**cenotaph,** *n.* COFADAIL
**cense,** *v.* AROGLDARTHU
**censer,** *n.* THUSER
**censor,** *n.* SENSOR
*v.* SENSRO
**censorious,** *a.* SENSORAIDD
**censorship,** *n.* SENSORIAETH
**censure,** *n.* CERYDD, SEN
*v.* CERYDDU, SENNU
*vote of censure,* PLEIDLAIS O GERYDD
**census,** *n.* CYFRIFIAD
**cent,** *n.* CANT
*per cent,* Y CANT
**centaur,** *n.* DYNFARCH
**centenary,** *n.* CANMLWYDDIANT
**centigrade,** *n.* CANRADD
**centile,** *n.* CANRADD
**centilitre,** *n.* CENTILITR
**centimetre,** *n.* CENTIMETR
**centipede,** *n.* NEIDR GANTROED
**central,** *a.* CANOLOG
**centralisation,** *n.* CANOLIAD
**centralise,** *v.* CANOLI

**centralism,** *n.* CANOLIAETH
**centrality,** *n.* CANOLRWYDD
**centre,** *n.* CANOL, CANOLWR, CANOLFAN
*v.* CANOLI
**centre-forward,** *n.* CANOLWR BLAEN
**centre-half,** *n.* CANOLWR
**centrifugal,** *a.* ALLGYRCHOL
**centrifuge,** *n.* ALLGYRCHYDD, ALLFWRYDD
*v.* ALLGYRCHU, ALLFWRW
**centripetal,** *a.* MEWNGYRCHOL
**centroid,** *n.* CRAIDD
**centurion,** *n.* CANWRIAD
**century,** *n.* CANT, CANRIF
**ceramic,** *a.* CERAMIG
**ceramics,** *n.* CERAMEG
**cereal,** *n.* GRAWN, ŶD, GRAWNFWYD
**cerebrum,** *n.* CEREBRUM
**ceremonial,** *a.* SEREMONÏOL
**ceremony,** *n.* DEFOD, SEREMONI
**cerise,** *a.* COCH GOLAU
**certain,** *a.* SICR, RHYW, DIAU
**certainly,** *ad.* YN SICR/SIŴR
**certainty,** *n.* SICRWYDD
**certificate,** *n.* TYSTYSGRIF
**certified,** *a.* ARDYSTIEDIG
**certify,** *v.* TYSTIO, ARDYSTIO
**cessation,** *n.* DARFYDDIAD
**cession,** *n.* ILDIAD, DADAFAELIAD
**cesspit,** *n.* CEUBWLL
**cesspool,** *n.* CARTHBWLL
**chafe,** *v.* RHATHU, YSGARTHU
**chaff,** *n.* US, HEDION
**chaffinch,** *n.* ASGELL FRAITH
**chagrin,** *n.* CYTHRUDD, SIOM
**chain,** *n.* CADWYN
*v.* CADWYNO
**chair,** *n.* CADAIR
*v.* CADEIRIO
**chaired,** *a.* CADEIRIOL
**chairman,** *n.* CADEIRYDD
**chairmanship,** *n.* CADEIRYDDIAETH
**chalet,** *n.* HAFOTY
**chalice,** *n.* CAREGL, CWPAN CYMUN
**chalk,** *n.* CALCH, SIALC
*v.* SIALCIO
**challenge,** *n.* HER, SIALENS
*v.* HERIO, SIALENSIO
**challenger,** *n.* HERIWR
**chamber,** *n.* YSTAFELL, SIAMBR
**chamberlain,** *n.* SIAMBRLEN, YSTAFELLYDD
**chambermaid,** *n.* MORWYN YSTAFELL
**chameleon,** *n.* CAMELION
**chamfer,** *n.* SIAMFFER, RHIGOL
*v.* SIAMFFRO
**chamois,** *n.* SIAMI, GAFREWIG
**champion,** *n.* PENCAMPWR, PLEIDIWR
**championship,** *n.* PENCAMPWRIAETH
**chance,** *n.* HAP, SIAWNS, DAMWAIN
*v.* DIGWYDD
**chancel,** *n.* CANGELL
**chancellor,** *n.* CANGHELLOR
**chancellorship,** *n.* CANGELLORIAETH
**Chancery,** *n.* SIAWNSRI
**chandelier,** *n.* CANHWYLLYR
**change,** *n.* NEWID, CYFNEWIDIAD
*v.* NEWID, CYFNEWID
**changeable,** *a.* CYFNEWIDIOL
**channel,** *n.* CULFOR, SIANEL
*v.* SIANELU
**chant,** *n.* CÔR-GÂN, SIANT, SALM-DÔN
*v.* CORGANU, SIANTIO
**chantry,** *n.* SIANTRI
**chaos,** *n.* ANHREFN, TRYBLITH
**chaotic,** *a.* ANHREFNUS
**chap,** *n.* CRWT, HOLLT
**chapel,** *n.* CAPEL, TŶ CWRDD
**chaperon,** *n.* GWARCHODYDD
**chaplain,** *n.* CAPLAN
**chaplaincy,** *n.* CAPLANIAETH
**chaplet,** *n.* CORONBLETH, TALAITH
**chapter,** *n.* PENNOD, CABIDWL
**chapter-house,** *n.* CABIDYLDY
**char,** *n.* MORWYN, TORGOCH
*v.* RHUDDO
**char-a-banc,** *n.* SIARABANG
**character,** *n.* CYMERIAD, NOD
**characterisation,** *n.* CYMERIADAETH
**characterise,** *v.* NODWEDDU, CYMERIADU
**characteristic,** *n.* NODWEDD, NODWEDDRIF *(Logs)*
*a.* NODWEDDIADOL, NODWEDDOL
**charade,** *n.* SIARÂD
**charcoal,** *n.* GOLOSG, SERCOL
**charge,** *n.* GOFAL, PRIS, GORCHYMYN, SIARS, CODIANT, LLWYTH, PRIDIANT, GWEFR (TRYDAN), HYRDDIAD
*v.* CYHUDDO, GORCHYMYN, GWEFRU, LLWYTHO, HYRDDIO
**chargeable,** *a.* CYHUDDADWY
**charged,** *a.* GWEFREDIG
**charger,** *n.* CADFARCH
**chariot,** *n.* CERBYD RHYFEL
**charisma,** *n.* CARISMA
**charismatic,** *a.* CARISMATIG
**charitable,** *a.* ELUSENNOL
**charity,** *n.* CARDOD, ELUSEN
**charlatan,** *n.* TWYLLWR, CWAC

**charm,** *n.* SWYN, CYFAREDD
*v.* SWYNO, RHEIBIO
**charming,** *a.* SWYNOL
**chart,** *n.* SIART
*v.* SIARTIO
**charter,** *n.* SIARTER, BREINLEN
*v.* SIARTERU, LLOGI, HURIO
**chartism,** *n.* SIARTAETH
**chartist,** *n.* SIARTYDD
**chary,** *a.* GOCHELGAR, GOFALUS
**chase,** *n.* ERLID, HELFA, YMLID
*v.* ERLID, HELA, SIASIO
**chasm,** *n.* AGENDOR
**chassis,** *n.* SIASI, FFRÂM
**chaste,** *a.* DIWAIR, PUR
**chasten,** *v.* PURO, COETHI
**chastise,** *v.* CERYDDU, CYSTWYO
**chastisement,** *n.* CERYDD, CYSTWYAD
**chastity,** *n.* DIWEIRDEB, PURDEB
**chasuble,** *n.* CASUL
**chat,** *n.* SGWRS, YMGOM
*v.* SGWRSIO, YMGOMIO
**chattels,** *n.pl.* MEDDIANNAU
**chatter,** *n.* CLEBER, SGRYTIAD
*v.* CLEBRAN, TRYDAR, SGRYTIAN
**chatty,** *a.* SIARADUS
**chauffeur,** *n.* GYRRWR
**chauvinism,** *n.* SIOFINYDDIAETH
**chauvinist,** *n.* SIOFINYDD
**cheap,** *a.* RHAD
**cheapen,** *v.* GOSTWNG PRIS
**cheapness,** *n.* ISELBRIS
**cheat,** *n.* TWYLL(WR)
*v.* TWYLLO
**check,** *n.* SIEC, GWIRIAD, ATALFA, HOLLT
*v.* ATAL, GWIRIO
**checkpoint,** *n.* RHEOLFA
**cheek,** *n.* GRUDD, BOCH, CERN, BOCHGERN
**cheeky,** *a.* HAERLLUG, EOFN
**cheer,** *v.* LLONNI, SIRIOLI
**cheerful,** *a.* LLON, SIRIOL
**cheerfulness,** *n.* LLONDER, SIRIOLDEB
**cheery,** *a.* CALONNOG, SIRIOL
**cheese,** *n.* CAWS, COSYN
**cheesecake,** *n.* CACEN GAWS
**chef,** *n.* PRIF GOGYDD
**chemical,** *n.* CEMEGYN, CEMEGOLYN
*a.* CEMEGOL
**chemise,** *n.* CRYS MERCH
**chemist,** *n.* FFERYLLYDD (SIOP), CEMEGWR, FFERYLLFA
**chemistry,** *n.* CEMEG
**cheque,** *n.* SIEC
**chequered,** *a.* BRITH, CYFNEWIDIOL
**cherish,** *v.* ANWYLO, MEITHRIN, COLEDDU
**cherry,** *n.* CEIRIOSEN
**cherub,** *n.* CERUB, CERIWB
**chervil,** *n.* SIERFEL
**chess,** *n.* GWYDDBWYLL
**chessmen,** *n.* GWERIN GWYDDBWYLL
**chest,** *n.* CIST, DWYFRON
**chestnut,** *n.* CASTAN
*chestnut tree,* CASTANWYDDEN
**chevron,** *n.* CEIBR, CWPLWS
**chew,** *v.* CNOI
**chewing-gum,** *n.* GWM CNOI
**chic,** *a.* TACLUS, TRWSIADUS
**chicanery,** *n.* TWYLL, HOCED
**chicken,** *n.* CYW IÂR, FFOWLYN
**chicken-pox,** *n.* BRECH YR IEIR
**chicory,** *n.* SICORI, YSGALL Y MEIRCH
**chide,** *v.* CERYDDU, DWRDIO
**chief,** *n.* PENNAETH, PEN
*a.* PRIF, PENNAF
**chieftain,** *n.* PENNAETH
**chilblain,** *n.* LLOSG EIRA, MALAITH
**child,** *n.* PLENTYN
**childhood,** *n.* MEBYD, PLENTYNDOD
**childish,** *a.* PLENTYNNAIDD
**childishness,** *n.* PLENTYNRWYDD
**chiliasm,** *n.* MILFLWYDDIAETH
**chill,** *n.* RHYNDOD, FFERDOD, RHYNNELL
*a.* OER
*v.* RHYNNU, FFERRU
**chilli,** *n.* CHILLI
**chilly,** *a.* RHYNLLYD
**chime,** *n.* SAIN CLYCHAU
*v.* TARO, CANU (CLOCH)
**chimerical,** *a.* DYCHMYGOL
**chimney,** *n.* SIMNAI, CORN (MWG)
**chimpanzee,** *n.* SIMPANSÎ
**chin,** *n.* GÊN
**china,** *n.* TSIENI
**chink,** *n.* AGEN, HOLLT
**chip,** *n.* TSHIPEN, SGLODYN, ASGLODYN
*v.* TSHIPIO, SGLODIO
**chip-shop,** *n.* SIOP TSHIPS, TAFARN DATWS
**chirality,** *n.* CIRALIAD
**chironomy,** *n.* YSTUMIAETH
**chiropodist,** *n.* MEDDYG TRAED
**chirp,** *v.* TRYDAR, PYNCIO, SWITIAN
**chisel,** *n.* CŶN, GAING
*v.* CYNIO
**chit,** *n.* NODYN, PLENTYN
**chivalrous,** *a.* CWRTAIS, MAWRFRYDIG
**chivalry,** *n.* SIFALRI, MAWRFRYDIGRWYDD

**chives,** *n.pl.* CENNIN SYFI
**chlorate,** *n.* CLORAD
**chloride,** *n.* CLORID
**chlorinate,** *v.* CLORINEIDDIO
**chlorine,** *n.* CLORIN
**chlorophyll,** *n.* CLOROFFYL
**chockstone,** *n.* TAGEN
**chocolate,** *n.* SIOCLED
**choice,** *n.* DEWIS(IAD)
*a.* DETHOL, BLASUS
**choir,** *n.* CÔR, CAFELL
**choirmaster,** *n.* CÔR-FEISTR
**choke,** *n.* TAGYDD
*v.* TAGU, MYGU
**cholera,** *n.* Y GERI MARWOL, COLERA
**cholesterol,** *n.* COLESTEROL
**choose,** *v.* DEWIS, (D)ETHOL
**chop,** *n.* GOLWYTH(YN), ERGYD
*v.* GOLWYTHO, TORRI, CILDORRI
**chopping-board,** *n.* YSTYLLEN FALU
**choppy,** *a.* GARW
**chops,** *n.pl.* GWEFLAU (CIG), GOLWYTHON
**choral,** *a.* CORAWL
**chorale,** *n.* CORÂL
**chord,** *n.* TANT, CORD
**chorea,** *n.* Y CRYNDOD
**choreographer,** *n.* COREOGRAFFYDD
**choreography,** *n.* COREOGRAFFIAETH
**chorister,** *n.* CORYDD
**chorus,** *n.* CYTGAN, CORWS
**chrism,** *n.* CRISM
**Christ,** *n.* CRIST
**christen,** *v.* BEDYDDIO, ENWI
**Christendom,** *n.* (GWLEDYDD) CRED
**Christian,** *n.* CRISTION
*a.* CRISTIONOGOL
**Christianity,** *n.* CRISTIONOGAETH
**Christmas,** *n.* NADOLIG
*Christmas Eve,* NOSWYL NADOLIG
*Father Christmas,* SIÔN CORN, SANTA CLÔS
**Christmassy,** *a.* NADOLIGAIDD
**Christology,** *n.* CRISTOLEG
**chromatic,** *a.* CROMATIG
**chromatography,** *n.* CROMATOGRAFFI
**chromium,** *n.* CROMIWM
**chromosome,** *n.* CROMOSOM
**chronic,** *a.* CRONIG, PARHAOL
**chronicle,** *n.* CRONICL
*v.* CRONICLO
**chronicler,** *n.* CRONICLYDD
**chronological,** *a.* AMSERYDDOL
**chronologist,** *n.* AMSERYDDWR
**chronology,** *n.* AMSERYDDIAETH
**chronometer,** *n.* CRONOMEDR
**chrysalis,** *n.* CRYSALIS, CHWILER
**chrysanthemum,** *n.* FFARWÉL HAF
**chub,** *n.* Y PENCI
**chubby,** *a.* TEW, WYNEPGRWN
**chuck,** *n.* PEGWN, CRAFANC
*v.* TAFLU, CRAFANGU
**chuckle,** *v.* GLASCHWERTHIN
**chum,** *n.* CYFAILL
**chunk,** *n.* TALP, TOC
**church,** *n.* EGLWYS, LLAN
*a.* EGLWYSIG
**churchman,** *n.* EGLWYSWR
**churchwarden,** *n.* GWARDEN EGLWYS
**churchyard,** *n.* MYNWENT
**churl,** *n.* TAEOG, COSTOG
**churlish,** *a.* TAEOGAIDD
**churlishness,** *n.* TAEOGRWYDD
**churn,** *n.* BUDDAI, STÊN
*v.* CORDDI
**churning,** *n.* CORDDIAD
**chute,** *n.* LLITHREN, SGWD
*disposal chute,* LLITHREN WARED
**chutney,** *n.* PICL CYMYSG, CATWAD
**chyme,** *n.* MAETHSUDD, TREULFWYD
**cider,** *n.* SEIDR
**cigar,** *n.* SIGÂR
**cigarette,** *n.* SIGARÉT
**cinder,** *n.* MARWORYN, COLSYN
**cine-camera,** *n.* CAMERA CINE
**cine-film,** *n.* FFILM CINE
**cinema,** *n.* SINEMA
**cine-projector,** *n.* TAFLUNYDD
**cinnamon,** *n.* SINAMON
**cipher,** *n.* SEIFFER
*v.* SEIFFRO
**ciphering,** *n.* RHIFYDDIAETH
**circle,** *n.* CYLCH, CANT
*v.* CYLCHU
**circuit,** *n.* CYLCHED, CYLCHDAITH, AMDAITH
*short circuit,* CYLCHED PWT
**circuitous,** *a.* CWMPASOG
**circular,** *n.* CYLCHNEGES
*a.* CRWN, CYLCHOG
**circulate,** *v.* CYLCHREDEG, AMGYLCHU
**circulating,** *a.* CYLCHYNOL, CYLCHREDOL
**circulation,** *n.* CYLCHREDIAD
**circulator,** *n.* CYLCHREDIADUR
**circumcentre,** *n.* AMGANOL
**circumcise,** *v.* ENWAEDU
**circumcision,** *n.* ENWAEDIAD

**circumference,** *n.* CYLCHEDD, CYLCHYN (THE LINE)
**circumflex,** *n.* HIRNOD, ACEN GROM
**circumlocution,** *n.* AMLEIRIAETH
**circumpolar,** *a.* AMBEGWN
**circumscribe,** *v.* AMSGRIFIO, AMGYLCHU
**circumspect,** *a.* GWYLIADWRUS, GOFALUS
**circumspection,** *n.* GWYLIADWRIAETH
**circumstance,** *n.* AMGYLCHIAD
**circumstantial,** *a.* AMGYLCHUS
**circumstantiate,** *v.* PROFI
**circumvent,** *v.* TRECHU
**circus,** *n.* SYRCAS
**cirque,** *n.* PEIRAN
**cirrhosis,** *n.* CIROSIS, CALEDWCH YR AFU
**cirrus,** *n.* CIRWS
**cissoid,** *n.* CISOID
**cist,** *n.* CIST
**cistern,** *n.* SESTON
**citadel,** *n.* CAER, AMDDIFFYNFA, YSGOR
**citation,** *n.* DYFYNIAD, GWŶS
**cite,** *v.* DYFYNNU
**citizen,** *n.* DINESYDD
**citizenship,** *n.* DINASYDDIAETH
**citric,** *a.* SITRIG
**citrus fruit,** *n.* FFRWYTH SITRAIDD
**cittern,** *n.* SITERN
**city,** *n.* DINAS
**city-state,** *n.* GWLADWRIAETH, DDINAS
**civic,** *a.* DINESIG
**civics,** *n.pl.* ASTUDIAETHAU DINESIG
**civil,** *a.* GWLADOL, SIFIL, CWRTAIS
**civilian,** *n.* SIFILIWR
**civility,** *n.* GWARINEB
**cladding,** *n.* ARWISG
**claim,** *n.* HAWL
*v.* HAWLIO
**clamp,** *n.* CLAMP, CLADD
*v.* CLAMPIO
**clan,** *n.* CLAN
**clap,** *v.* CURO DWYLO
**claque,** *n.* CLAPWYR TÂL
**clarinet,** *n.* CLARINET
**clasp,** *n.* CLESBYN, CLASP
*v.* CAU
**class,** *n.* DOSBARTH, ADRAN
**classic,** *n.* CLASUR, CAMPWAITH
**classical,** *a.* CLASUROL
**classicism,** *n.* CLASURAETH
**classicist,** *n.* CLASURYDD
**classics,** *n.pl.* CLASURON
**classification,** *n.* DOSBARTHIAD
**classified,** *a.* DOSBARTHIADOL
**classify,** *v.* DOSBARTHU
**clatter,** *v.* CLECIAN, TRYSTIO
*n.* CLEC, TRWST
**clause,** *n.* CYMAL, ADRAN
**claustrophobia,** *n.* CLAWSTROFFOBIA
**claves,** *n.pl.* CLAFIAU
**clavichord,** *n.* CLAFICORD
**clavicle,** *n.* PONT YR YSGWYDD
**claw,** *n.* CRAFANC
*v.* CRAFANGU
**clay,** *n.* CLAI
**clayey,** *a.* CLEIOG
**clean,** *a.* GLÂN
*v.* GLANHAU
*ad.* YN LÂN
**cleanliness,** *n.* GLANWEITHDRA, GLENDID
**cleanse,** *v.* GLANHAU, CARTHU
**clear,** *a.* EGLUR, CLIR, AMLWG
*v.* CLIRIO, RHYDDHAU
**clearance,** *n.* CLIRIAD
**clearness,** *n.* EGLURDER
**clearway,** *n.* CLIRFFORDD
**cleat,** *n.* CLEDD
**cleavage,** *n.* YMRANIAD, HOLLT(EDD)
**cleave,** *v.* HOLLTI
**clef,** *n.* CLEFF
**cleft,** *n.* HOLLT, AGEN
**clem,** *v.* LLWGU, NEWYNU
**clematis,** *n.* BARF YR HEN ŴR
**clemency,** *n.* TRUGAREDD, TYNERWCH
**clench,** *v.* CLENSIO, CAU DWRN
**clergy,** *n.* Y GLERIGAETH
**clergyman,** *n.* CLERIGWR, OFFEIRIAD
**cleric,** *n.* CLERIGWR
**clerical,** *a.* YSGRIFENYDDOL, CLERIGOL
**clerk,** *n.* CLERC
**clever,** *a.* DAWNUS, MEDRUS, CLYFAR
**cleverness,** *n.* DAWN, MEDR, CLYFRWCH
**clevis,** *n.* CLEIFIS, CLOIG
**cliché,** *n.* YSTRYDEB
**click,** *n.* CLIC
*v.* CLICIAN
**client,** *n.* CLEIENT, CWSMER
**clientele,** *n.* CWSMERIAID
**cliff,** *n.* CRAIG, CLOGWYN
**climate,** *n.* HINSAWDD
**climatic,** *a.* HINSODDOL
**climatology,** *n.* HINSODDEG
**climax,** *n.* UCHAFBWYNT
**climb,** *v.* DRINGO
*n.* DRINGWR
**climber,** *n.* DRINGWR
**clincer,** *n.* CLINCER
*v.* CLINCRO
**cling,** *v.* GLYNU, CYDIO

**clinic,** *n.* CLINIG
**clinical,** *a.* CLINIGOL
**clinker,** *n.* CLINCER
**clinometer,** *n.* CLINOMEDR
**clip,** *n.* CLIP
*v.* CNEIFIO, CLIPIO
**clipboard,** *n.* CLIPFWRDD
**clipper,** *n.* CLIPER, CLIPIWR
**clique,** *n.* CLYMBLAID, CLÎC
**cloak,** *n.* CLOG(YN), COCHL, MANTELL
**cloche,** *n.* TO GWYDR
**clock,** *n.* CLOC
**clockmaker,** *n.* CLOCIWR
**clockwise,** *a.* CLOCWEDD
**clockwork,** *n.* PEIRIANWAITH CLOC
**clod,** *n.* TYWARCHEN
**clog,** *n.* CLOCSEN, RHWYSTR
*v.* RHWYSTRO, TAGU
**cloister,** *n.* CLAS, CLOISTR
**close,** *n.* TERFYN, DIWEDD
*v.* CAU
**close,** *n.* CLOS
*a.* AGOS, CLÓS
**closed,** *a.* CAEËDIG, AR GAU
**closed-shop,** *n.* GWAITH CYFYNGEDIG
**closet,** *n.* TŶ-BACH, TOILED
**closure,** *n.* CAEFA, DIWEDD
**clot,** *n.* TORTHEN
*v.* TORTHENNU
**cloth,** *n.* BRETHYN, CLWT(YN)
**clothe,** *v.* DILLADU, GWISGO
**clothes,** *n.pl.* DILLAD
*leisure clothes,* DILLAD HAMDDEN
**clothier,** *n.* DILLEDYDD
**clothing,** *n.* DILLAD, GWISG
**clotted,** *a.* CEULEDIG, TORTHENNOG
**cloud,** *n.* CWMWL
*v.* CYMYLU
**cloudburst,** *n.* TORGWMWL
**cloudiness,** *n.* CYMYLOGRWYDD
**cloudy,** *a.* CYMYLOG
**clout,** *n.* CLWT, CARP, BONCLUST
*v.* CLYTIO, CERNODIO
**clove,** *n.* CLOFEN
**clover,** *n.* MEILLIONEN
**clown,** *n.* CLOWN, DIGRIFWAS
**cloy,** *v.* SYRFFEDU
**club,** *n.* CLWB, PASTWN
**cluck,** *n. & v.* CLOCHDAR, CLWCIAN
**clue,** *n.* CLIW
**clump,** *n.* CLWMP(YN)
**clumsiness,** *n.* LLETCHWITHDOD
**clumsy,** *a.* LLETCHWITH, TRWSGL, AFROSGO
**cluster,** *n.* CLWSTWR
*v.* CLYSTYRU
**clutch,** *n.* GAFAEL, CYDIWR, CRAFANC
*v.* GAFAELYD
**clutter,** *n.* TERFYSG
*v.* TERFYSGU
**coach,** *n.* COETS, CERBYD, HYFFORDDWR
*v.* HYFFORDDI
**coachman,** *n.* CERBYDWR
**coagulate,** *v.* CEULO, CLYSTYRU
**coagulation,** *n.* CEULAD, CLYSTYRIAD
**coal,** *n.* GLO
*anthracite coal,* GLO CALED/CARREG
*open-cast coal,* GLO BRIG
**coalesce,** *v.* CYFUNO
**coalition,** *n.* CLYMBLAID
**coal-mine,** *n.* GWAITH GLO, GLOFA
**coal tar,** *n.* COLTAR
*v.* COLTARIO
**coaming,** *n.* YMYLED
**coarse,** *a.* CWRS, GARW, BRAS
**coarsen,** *v.* GARWHAU
**coarseness,** *n.* GARWEDD, GERWINDER
**coast,** *n.* ARFORDIR
*v.* CÔSTIO
**coastal,** *a.* ARFORDIROL
**coastline,** *n.* MORLIN
**coat,** *n.* COT, CAEN, HAEN
*v.* CAENU, GORCHUDDIO
*Coat of Arms,* ARFBAIS
**coating,** *n.* ARAEN, GOLCHIAD
**coax,** *v.* DENU, HUDO
**coaxial,** *a.* CYFECHELOG
**cob,** *n.* COB, MORGLAWDD
**cobalt,** *n.* COBALT
**cobble,** *n.* COBL
*v.* COBLO
**cobbler,** *n.* CRYDD, COBLER
**cobra,** *n.* COBRA
**cobweb,** *n.* GWE COR
**cocaine,** *n.* COCÁIN
**cock,** *n.* CEILIOG, CLICIED (GWN), MWDWL
*v.* MYDYLU, CODI CLICIED
**cockchafer,** *n.* CHWILEN BWM/Y DOM
**cockles,** *n.pl.* COCOS, RHYTHON
**cockney,** *n.* COCNI
**cockpit,** *n.* SEDD PEILOT, TALWRN
**cockroach,** *n.* CHWILEN DDU
**cocksure,** *a.* GORHYDERUS
**cocktail,** *n.* COCTÊL
**cocky,** *a.* FFROENUCHEL
**cocoa,** *n.* COCO
**coconut,** *n.* CNEUEN GOCO, COCONYT

**cocoon,** *n.* COCŴN
**cod,** *n.* CWD, COD, CIB, PENFRAS
**coddle,** *v.* MALDODI, TOLACH
**code,** *n.* CÔD
**coder,** *n.* CODYDD
**codex,** *n.* CODECS
**codicil,** *n.* CODISIL
**codification,** *n.* CODEIDDIAD
**codify,** *v.* CODEIDDIO
**co-dominant,** *n.* CYDRECHYDD
**co-education,** *n.* CYDADDYSG
**co-educational,** *a.* CYDADDYSGOL
**coefficient,** *n.* CYFERNOD
**co-enzyme,** *n.* CYDENSYM
**coequal,** *n.* & *a.* CYDRADD
**coerce,** *v.* TRAORFODI
**coercion,** *n.* TRAORFODAETH
**co-essential,** *a.* CYD-HANFODOL
**coeval,** *a.* CYDOESOL
**coexist,** *v.* CYDOESI
**coexistence,** *n.* CYDFODOLAETH
**coexistent,** *a.* CYDFODOL
**coffee,** *n.* COFFI
**coffer,** *n.* COFFR
**coffin,** *n.* ARCH, SGRIN, COFFIN
**cog,** *n.* CÓG, COCSEN
**cogency,** *n.* EFFEITHIOLRWYDD
**cogitate,** *v.* MYFYRIO
**cognate,** *a.* CYTRAS
**cognition,** *n.* GWYBYDDIAETH, DEALL
**cognizance,** *n.* YMWYBOD
**cog-wheel,** *n.* COCOSEN
**cohabit,** *v.* CYD-FYW
**cohabitation,** *n.* CYD-FYW
**cohere,** *v.* CYDLYNU
**coherence,** *n.* CYDLYNIAD
**coherent,** *a.* CYDLYNOL
**cohesion,** *n.* CYDLYNIAD
**cohesiveness,** *n.* CYDLYNRWYDD
**cohort,** *n.* MINTAI
**coil,** *n.* COIL, TORCH
*v.* TORCHI
**coin,** *n.* DARN ARIAN
*v.* BATHU
**coinage,** *n.* ARIAN BATH
**coincide,** *v.* CYD-DARO, CYD-DDIGWYDD
**coincidence,** *n.* CYD-DDIGWYDDIAD
**coincident,** *a.* CYD-DRAWOL, CYD-DARO
**coition,** *n.* CNUCH
**coke,** *n.* CÔC, GOLOSG
**colander,** *n.* COLANDER
**colatitude,** *n.* CYFLEDRED
**cold,** *n.* OERFEL, ANNWYD, OERNI
*a.* OER(LLYD)
**coldish,** *a.* OERAIDD
**coldness,** *n.* OERNI, OERFEL
**colic,** *n.* COLIG
**colitis,** *n.* COLITIS, LLID Y COLUDDION
**collaborate,** *v.* CYDWEITHIO
**collaborator,** *n.* CYDWEITHIWR
**collage,** *n.* COLÂG, DARNLUN
**collagen,** *n.* COLAGEN
**collapse,** *n.* DYGWYMPIAD, METHIANT
*v.* DYGWYMPO
**collapsible,** *a.* PLYGADWY
**collar,** *n.* COLER
*v.* COLERO
**collate,** *v.* COLADU
**collateral,** *a.* CYFOCHROG
**collation,** *n.* COLADIAD
**colleague,** *n.* CYMAR
**collect,** *n.* COLECT
*v.* HEL, CRYNHOI, YMGYNNULL, CASGLU
**collection,** *n.* CASGLIAD
**collective,** *a.* CYFUNOL
*n.* CYWEITHFA
**collectivism,** *n.* CYDBERCHNOGAETH
**collector,** *n.* CASGLWR
**college,** *n.* COLEG
**collegian,** *n.* MYFYRIWR
**collegiate,** *a.* COLEGOL
**collet,** *n.* COLET
**collide,** *v.* GWRTHDARO
**collie,** *n.* CI DEFAID
**collier,** *n.* GLÖWR, LLONG LO
**colliery,** *n.* GWAITH GLO, GLOFA
**collinator,** *n.* CYFLINYDD
**collinearity,** *n.* UNLLINEDD
**collision,** *n.* GWRTHDRAWIAD
**colloid,** *n.* COLOID
**colloidal,** *a.* COLOIDAIDD
**collop,** *n.* GOLWYTHYN
**colloquial,** *a.* LLAFAR
**colloquialism,** *n.* YMADRODD LLAFAR
**collude,** *v.* CYD-DWYLLO
**collusion,** *n.* CYD-DWYLLEDD
**cologarithm,** *n.* CYFLOGARITHM
**colon,** *n.* COLON, COLUDDYN MAWR
**colonel,** *n.* CYRNOL
**colonial,** *a.* TREFEDIGAETHOL
**colonialism,** *n.* TREFEDIGAETHEDD
**colonialist,** *n.* TREFEDIGAETHWR
**colonization,** *n.* GWLADYCHIAD
**colonize,** *v.* GWLADYCHU
**colonizer,** *n.* GWLADYCHWR
**colonnade,** *n.* COLONÂD, COLOFNRES
**colony,** *n.* TREFEDIGAETH, GWLADFA, CYTREF

**colossal,** *a.* ANFERTH
**colour,** *n.* LLIW
*v.* LLIWIO
*colour blind,* LLIWDDALL
*colour bar,* GWAHANFUR LLIW
**colouration,** *n.* LLIWIAD
**colourful,** *a.* LLIWGAR
**colouring,** *n.* LLIWIAD
**colourless,** *a.* DI-LIW
**colt,** *n.* EBOL, SWCLYN
**column,** *n.* COLOFN
**columnar,** *a.* COLOFNOG, PILEROG
**columnist,** *n.* NEWYDDIADURWR
**coma,** *n.* COMA, HUNGLWYF
**comb,** *n.* CRIB, YSGRAFELL
*v.* CRIBO
**combat,** *n.* GORNEST, BRWYDR
*v.* TARO, BRWYDRO
**combatant,** *n.* GORNESTWR
**combe,** *n.* CWM
**combination,** *n.* CYFUNIAD
**combine,** *v.* CYFUNO
*n.* COMBEIN, CYNAEAFYDD
**combined,** *a.* CYFUNOL
**combustible,** *a.* HYLOSG
**combustion,** *n.* TANIAD, HYLOSGIAD
*v.* HYLOSGI
**come,** *v.* DOD, DYFOD
**comedian,** *n.* COMEDÏWR
**comedist,** *n.* COMEDYDD
**comedy,** *n.* COMEDI
**comeliness,** *n.* TEGWCH, GLENDID
**comely,** *a.* TEG, GLÂN
**comet,** *n.* COMED
**comfort,** *n.* CYSUR, DIDDANWCH
*v.* CYSURO, DIDDANU
**comfortable,** *a.* CYSURUS, CYFFYRDDUS
**comforter,** *n.* CYSURWR, DIDDANYDD
**comic(al),** *a.* COMIC, DIGRIF, SMALA
**comma,** *n.* COMA, GWAHANNOD
**command,** *n.* GORCHYMYN, ARCH, AWDURDOD, MEISTROLAETH
*v.* GORCHYMYN, ERCHI
**commandeer,** *v.* MEDDIANNU
**commander,** *n.* COMANDER
**commanding,** *a.* LLYWODRAETHOL, AWDURDODOL
**commandment,** *n.* GORCHYMYN, ARCH
**commemorate,** *v.* COFFÁU, DATHLU
**commemoration,** *n.* COFFÂD, DATHLIAD
**commemorative,** *a.* COFFAOL
**commence,** *v.* DECHRAU
**commencement,** *n.* DECHREUAD
**commend,** *v.* CYMERADWYO
**commendable,** *a.* CLODWIW
**commendation,** *n.* CYMERADWYAETH, CYFLWYNIANT
**commendatory,** *a.* CYMERADWYOL
**commensurable,** *a.* CYFESUR
**commensurate,** *a.* CYMESUR(OL)
**comment,** *n.* SYLW, ESBONIAD
*v.* SYLWI, ESBONIO
**commentary,** *n.* SYLWEBAETH
**commentator,** *n.* SYLWEBYDD
**commerce,** *n.* MASNACHEG
**commercial,** *a.* MASNACHOL
**commercialise,** *v.* MASNACHEIDDIO
**commercialism,** *n.* MASNACHOLAETH
**commiserate,** *v.* CYDYMDEIMLO
**commiseration,** *n.* CYDYMDEIMLAD
**commissar,** *n.* COMISÂR
**commissariat,** *n.* COMISARIAT
**commission,** *n.* COMISIWN, DIRPRWYAETH
*v.* COMISIYNU
**commissionaire,** *n.* PORTHOR
**commissioner,** *n.* COMISIYNYDD
**commit,** *v.* CYFLWYNO, TRADDODI
**commitment,** *n.* CYFLWYNIAD, YMRWYMIAD, TRADDODIAD
**committal,** *n.* TRADDODEB, TRADDODIANT
**committed,** *a.* YMRWYMEDIG
**committee,** *n.* PWYLLGOR
*emergency committee,* PWYLLGOR BRYS
**commode,** *n.* STÔL NOS
**commodious,** *a.* HELAETH, EANG
**commodity,** *n.* NWYDDYN, CYNWYDD
**commodore,** *n.* COMODÔR
**common,** *n.* CYTIR, COMIN
*a.* CYFFREDIN
**commonable,** *a.* COMINADWY
**commonalty,** *n.* CIWDOD, Y WERIN
**commoner,** *n.* COMINWR, AELOD SENEDDOL
**commonplace,** *a.* DIBWYS, CYFFREDIN
**commons,** *n.pl.* Y BOBL GYFFREDIN
**common sense,** *n.* SYNNWYR CYFFREDIN
**commonwealth,** *n.* Y GYMANWLAD
**commote,** *n.* CWMWD
**commotion,** *n.* TERFYSG, CYNNWRF
**communal,** *a.* COMUNOL, CYMUNEDOL
**commune,** *n.* CYMUNDOD, COMUN
*v.* CYMUNO
**communicant,** *n.* CYMUNWR, HYSBYSWR
**communicate,** *v.* CYFATHREBU, MYNEGI, CYMUNO
**communication,** *n.* CYFATHEBRIAD, CYSYLLTIAD

**communion,** *n.* CYMUN(DEB)
**communism,** *n.* COMIWNYDDIAETH
**communist,** *n.* COMIWNYDD
*a.* COMIWNYDDOL
**community,** *n.* CYMUNED, CYMDEITHAS
*a.* CYMUNEDOL
**commutation,** *n.* CYMUDIAD
**commutative,** *a.* CYMUDOL
**commutator,** *n.* CYMUDADUR
**commute,** *v.* CYMUDO, PENDIL(I)O
**commuter,** *n.* CYMUDWR, PENDIL(I)WR
**compact,** *n.* CYTUNDEB, COMPACT
*a.* CRYNO
**compactness,** *n.* CRYNODER
**companion,** *n.* CYMAR, CYDYMAITH
**companionship,** *n.* CWMNÏAETH, CYFEILLACH
**company,** *n.* CWMNI, MINTAI
**comparable,** *a.* CYFFELYB, TEBYG
**comparative,** *a.* CYMHAROL
**comparator,** *n.* CYMHARYDD
**compare,** *v.* CYMHARU, CYFFELYBU
**comparison,** *n.* CYMHARIAETH, CYFFELYBIAETH
**compartment,** *n.* COMPARTMENT, ADRAN
**compass,** *n.* CWMPAS, AMREDIAD, CWMPAWD, CYLCH
**compassion,** *n.* TOSTURI, TRUGAREDD
**compassionate,** *a.* TOSTURIOL, TRUGAROG
**compatibility,** *n.* CYTUNEDD
**compatible,** *a.* CYTÛN
**compatriot,** *n.* CYDWLADWR
**compel,** *v.* GORFODI, CYMELL
**compendious,** *a.* CYNHWYSFAWR, CRYNO
**compendium,** *n.* CRYNODEB, TALFYRIAD
**compensate,** *v.* CYFADFER
**compensation,** *n.* IAWNDAL, IAWN, CYFADFERIAD
**compensator,** *n.* CYSONYDD
**compère,** *n.* CYFLWYNYDD, COMPÊR
**compete,** *v.* CYSTADLU
**competence,** *n.* CYMHWYSEDD
**competent,** *a.* CYMWYS, DIGONOL
**competition,** *n.* CYSTADLEUAETH
**competitive,** *a.* CYSTADLEUOL
**competitor,** *n.* CYSTADLEUYDD
**compilation,** *n.* CASGLIAD
**compile,** *v.* CASGLU
**compiler,** *n.* CASGLWR
**complacency,** *n.* YMFODDHAD
**complacent,** *a.* BODLONUS, BODDOG
**complain,** *v.* CWYNO, ACHWYN
**complainant,** *n.* ACHWYNYDD
**complaint,** *n.* ACHWYNIAD, CWYN
**complaisant,** *a.* HYNAWS
**complement,** *n.* CYFLENWAD, CYFATEGOLYN
*v.* CYFLENWI
**complemental,** *a.* CYFLENWOL
**complementarity,** *n.* CYFLENWOLDEB
**complementary,** *a.* CYFLENWOL
**complete,** *a.* CYFLAWN, HOLLOL
*v.* CYFLAWNI, CWBLHAU
**completely,** *ad.* YN LLWYR
**completeness,** *n.* CYFLAWNRWYDD
**completion,** *n.* CWBLHAD
**complex,** *n.* CYMHLYG(YN)
*a.* CYMHLETH, DYRYS, CYMHLYG
**complexion,** *n.* PRYD(LIW), GWEDD
**complexity,** *n.* CYMHLETHDOD
**compliance,** *n.* CYDSYNIAD
**compliant,** *a.* UFUDD
**complicate,** *v.* CYMHLETHU
**complication,** *n.* CYMHLETHDOD
**complicity,** *n.* CYDRAN
**compliment,** *n.* CANMOLIAETH
*v.* CANMOL
**complimentary,** *a.* CANMOLIAETHUS, DI-DÂL
**compline,** *n.* CWMPLIN
**comply,** *v.* CYDYMFFURFIO (â)
**compoboard,** *n.* CYWASGFWRDD
**component,** *n.* CYDRAN, CYFANSODDYN
*a.* CYDRANNOL
**compose,** *v.* CYFANSODDI, CYSODI, LLONYDDU
**composed,** *a.* HUNANFEDDIANNOL
**composer,** *n.* CYFANSODDWR
**composite,** *a.* CYFANSAWDD
**composition,** *n.* CYFANSODDIAD, TRAETHAWD
**compositor,** *n.* CYSODYDD
**compost,** *n.* COMPOST
**composure,** *n.* HUNANFEDDIANT
**compound,** *n.* CYFANSODDYN
*a.* CYFANSAWDD
*v.* CYMPOWNDIO
**comprehend,** *v.* AMGYFFRED, DIRNAD
**comprehending,** *a.* DEALLUS
**comprehension,** *n.* AMGYFFRED(IAD), CYNHWYSIAETH, DEALLTWRIAETH
**comprehensive,** *a.* CYFUN, CYNHWYSFAWR
**compress,** *n.* PLASTR
*v.* CYWASGU
**compressed,** *a.* CYWASG(EDIG)
**compressible,** *a.* CYWASGADWY, HYWASG

**compression,** *n.* CYWASGEDD
**compressor,** *n.* CYWASGYDD
**comprise,** *v.* CYNNWYS
**compromise,** *n.* CYFADDAWD
*v.* CYFADDAWDU
**compulsion,** *n.* GORFODAETH, GYRIADAETH
**compulsive,** *a.* GYRIADOL
**compulsory,** *a.* GORFODOL
**compunction,** *n.* DWYSBIGIAD
**computation,** *n.* CYFRIFIANT
**compute,** *v.* CYFRIFIANNU
**computer,** *n.* CYFRIFIADUR
*computer science,* CYFRIFIADUREG
**comrade,** *n.* CYDYMAITH, CYMAR
**comradeship,** *n.* CYDYMDEITHAS
**comtism,** *n.* COMTIAETH
**concave,** *a.* CEUGRWM
**concavity,** *n.* CEUGRYMEDD
**conceal,** *v.* CELU, CUDDIO
**concealment,** *n.* CUDDIAD
**concede,** *v.* CYDSYNIO, ADDEF
**conceit,** *n.* HUNAN-DYB, MYMPWY
**conceited,** *a.* HUNANDYBUS, BALCH
**conceivable,** *a.* DIRNADWY
**conceive,** *v.* SYNIO, BEICHIOGI, CYFEBRU
**concentrate,** *v.* CRYNODI, CANOLBWYNTIO
*n.* CRYNOD(IAD)
**concentrated,** *a.* CRYNODEDIG
**concentrates,** *n.* DWYSFWYD
**concentration,** *n.* CRYNODIAD, YMRODDIAD
**concentric,** *a.* CONSENTRIG
**concept,** *n.* CYSYNIAD
**conception,** *n.* BEICHIOGI(AD), CYSYNIADAETH
**conceptualism,** *n.* SYNIADOLAETH
**concern,** *n.* ACHOS, BUSNES, PRYDER
*v.* GOFALU, YMWNEUD (â), PRYDERU
**concerning,** *prp.* YNGLŶN Â, YNGHYLCH
**concert,** *n.* CYNGERDD
**concerted,** *a.* CYDUNOL
**concertina,** *n.* CONSERTINA
**concerto,** *n.* CONCERTO
**concession,** *n.* CONSESIWN
**conchoid,** *n.* CONCOID
**conciliate,** *v.* CYMRODEDDU, CYMODI
**conciliation,** *n.* CYMRODEDD
**conciliator,** *n.* CYMODWR
**conciliatory,** *a.* CYMODOL
**concise,** *a.* CRYNO, BYR
**conciseness,** *n.* CRYNODER, BYRDER
**conclave,** *n.* CONCLAF
**conclude,** *v.* CASGLU, DIWEDDU
**conclusion,** *n.* CASGLIAD, DIWEDD
**conclusive,** *a.* TERFYNOL
**concoct,** *v.* CYMYSGU, DYFEISIO
**concoction,** *n.* CYMYSGEDD
**concord,** *n.* CYTUNDEB, CYTGORD
**concordance,** *n.* MYNEGAIR, CYTUNDEB
**concordat,** *n.* CONCORDAT
**concourse,** *n.* TYRFA, CYNULLIAD
**concrete,** *n.* CONCRIT
*a.* DIRIAETHOL
**concubine,** *n.* GORDDERCH
**concupiscent,** *a.* TRACHWANTUS, GWŶNIOL
**concur,** *v.* CYTUNO, CYDGROESI (MATHS)
**concurrence,** *n.* CYDSYNIAD
**concurrent,** *a.* CYTGROES, CYFREDOL
**concussion,** *n.* CYFERGYD
**concyclic,** *a.* CYDGYLCHOL
**condemn,** *v.* CONDEMNIO
**condemnation,** *n.* CONDEMNIAD, COLLFARN
**condemnatory,** *a.* CONDEMNIOL, COLLFARNOL
**condensation,** *n.* CYWASGIAD, CYDDWYSEDD
**condense,** *v.* CYWASGU, CYDDWYSO, CWTOGI
**condensed,** *a.* CYDDWYS
**condenser,** *n.* CYDDWYSYDD, CYNHWYSOR
**condescend,** *v.* YMOSTWNG
**condescension,** *n.* YMOSTYNGIAD
**condiments,** *n.pl.* CONFENNAU
**condition,** *n.* CYFLWR, AMOD
*v.* CYFLYRU, AMODI
**conditional,** *a.* AMODOL
**conditionally,** *ad.* AR AMOD
**conditioner,** *n.* CYFLYRYDD
**condole,** *v.* CYDYMDEIMLO
**condolence,** *n.* CYDYMDEIMLAD
**condominium,** *n.* CYDLYWODRAETH, CONDOMINIWM
**condone,** *v.* CYDFADDAU
**condor,** *n.* CONDOR
**conduce,** *v.* ARWAIN, TUEDDU
**conduct,** *n.* YMDDYGIAD
*v.* DARGLUDO, ARWAIN
**conduction,** *n.* DARGLUDIAD
**conductivity,** *n.* DARGLUDEDD
**conductor,** *n.* DARGLUDYDD, TOCYNNWR (BWS), ARWEINYDD, TYWYSWR
**conduit,** *n.* CWNDIT
**cone,** *n.* CÔN, MOCHYN COED
**confection,** *n.* CYFFAITH

**confectioner,** *n.* CYFFEITHIWR
**confederate,** *n.* CONFFEDERYDD
*v.* CONFFEDERU
**confederation,** *n.* CONFFEDERASIWN, CYDFFEDERASIWN
**confer,** *v.* YMGYNGHORI, CYFLWYNO
**conference,** *n.* CYNHADLEDD
**conferment,** *n.* CYFLWYNIAD
**confess,** *v.* CYFFESU, CYFADDEF
**confessant,** *n.* CYFFESYDD
**confession,** *n.* CYFFES, CYFADDEFAID
**confessional,** *n.* CYFFESGELL
**confessor,** *n.* CYFFESWR
**confetti,** *n.* CONFFETI
**confide,** *v.* YMDDIRIED, HYDERU
**confidence,** *n.* YMDDIRIED, HYDER
**confident,** *a.* HYDERUS
**confidential,** *a.* CYFRINACHOL
**configuration,** *n.* FFURFWEDD
**confine,** *n.* CYFFIN
*v.* CAETHIWO, CYFYNGU
**confinement,** *n.* CAETHIWED, GWELYFOD
**confirm,** *v.* CADARNHAU, CONFFYRMIO
**confirmation,** *n.* CADARNHAD, CONFFYRMASIWN, BEDYDD ESGOB
**confiscate,** *v.* ATAFAELU
**confiscation,** *n.* ATAFAELIAD
**conflagration,** *n.* GODDAITH
**conflict,** *n.* CROESTYNIAD, GWRTHDARO
*v.* CROESTYNNU
**conflicting,** *a.* ANGHYSON
**confluence,** *n.* CYDLIFIAD, CYMER
**confluent,** *n.* FFRWD
*a.* YN CYDLIFO
**conflux,** *n.* CYNULLIAD
**confocal,** *a.* CYFFOCAL
**conform,** *v.* CYDFFURFIO
**conformal,** *a.* CYFFURF
**conformation,** *n.* TREFN, CYFFURFIAD, FFRAMWAITH
**conformity,** *n.* CYDYMFFURFIAD
**confound,** *v.* DRYSU, CYMYSGU
**confrontation,** *n.* LLIDWYNEBU
**confuse,** *v.* DRYSU, FFWNDRO
**confusion,** *n.* ANHREFN
**confute,** *v.* GWRTHBROFI
**congas,** *n.pl.* CONGAU
**congeal,** *v.* RHEWI, CEULO
**congenial,** *a.* CYDNAWS
**congeniality,** *n.* CYDNAWSEDD
**congenital,** *a.* CYDENEDIGOL, CYNHWYNOL
**conger,** *n.* CONGREN
**congest,** *v.* GORDYRRU
**congested,** *a.* GORDYRROG
**congestion,** *n.* TAGIANT
**conglomerate,** *n.* AMRYFAEN
*v.* CASGLU
**conglomeration,** *n.* CYD-DYRIAD
**congratulate,** *v.* LLONGYFARCH
**congratulation,** *n.* LLONGYFARCHIAD
**congregate,** *v.* YMGYNNULL
**congregation,** *n.* CYNULLEIDFA, CYNULLIAD
**Congregational,** *a.* ANNIBYNNOL, CYNULLEIDFAOL
**Congregationalist,** *n.* ANNIBYNNWR
**congress,** *n.* CYNGRES
**congressional,** *a.* CYNGRESOL
**congruence,** *n.* CYFATHIANT
**congruent,** *a.* CYFATH
**congruity,** *n.* CYTGORD
**congruous,** *a.* ADDAS, PRIODOL
**conic,** *a.* CONIG
**conical,** *a.* CONIGOL
**conicoid,** *n.* CONICOID
**coniferous,** *a.* CONIFFERAIDD
*coniferous trees,* CONWYDD
**conjectural,** *a.* DYCHMYGOL
**conjecture,** *n.* DYCHYMYG
*v.* DYCHMYGU
**conjoint,** *a.* UNEDIG
**conjugal,** *a.* PRIODASOL
**conjugate,** *v.* RHEDEG, CYFIEUO
*n.* CYFIAU
**conjugation,** *n.* RHEDIAD
**conjunct,** *a.* CYSYLLTIOL
**conjunction,** *n.* CYSYLLTAIR
**conjunctive,** *a.* CYSYLLTIOL
**conjunctivitis,** *n.* LLID YR AMRANT
**conjure,** *v.* CONSURIO
**conjurer,** *n.* CONSURIWR
**conk,** *v.* FFAELU
**connate,** *a.* GENEDIGOL
**connect,** *v.* CYSYLLTU
**connected,** *a.* CYSYLLTIOL
**connection,** *n.* CYSWLLT
**connectivity,** *n.* CYSYLLTEDD
**connector,** *n.* CYSYLLTYDD
**connexion,** *n.* ENWAD, CYFUNDEB
**connexional,** *a.* ENWADOL, CYFUNDEBOL
**connive,** *v.* CYD-DDWYN
**connoisseur,** *n.* UN CYFARWYDD, ARBENIGWR
**connotation,** *n.* CYNODIAD
**connote,** *v.* CYNODI, DYNODI
**connubial,** *a.* PRIODASOL

**conoid,** *n. & a.* CONOID
**conquer,** *v.* GORCHFYGU, TRECHU
**conqueror,** *n.* CORCHFYGWR
**conquest,** *n.* GORUCHAFIAETH, CONCWEST
**consanguinity,** *n.* CARENNYDD
**conscience,** *n.* CYDWYBOD
**conscientious,** *a.* CYDWYBODOL
**conscientiousness,** *n.* CYDWYBODOL-RWYDD
**conscious,** *a.* YMWYBODOL
**consciousness,** *n.* YMWYBOD, YMWYBYDDIAETH
**conscript,** *n.* GORFODOG
*v.* GORFODI
**conscription,** *n.* GORFODAETH FILWROL
**consecrate,** *v.* CYSEGRU
**consecrated,** *a.* CYSEGREDIG
**consecration,** *n.* CYSEGRIAD
**consecutive,** *a.* OLYNOL
**consecutively,** *ad.* YN OLYNOL
**consensus,** *n.* CYDSYNIAD, CONSENSWS
**consent,** *n.* CANIATÂD, CYDSYNIAD
*v.* CANIATÁU, CYDSYNIO
**consequence,** *n.* CANLYNIAD
**consequent,** *a.* CANLYNOL
**consequently,** *ad.* O GANLYNIAD
**conservancy,** *n.* GWARCHODAETH
**conservation,** *n.* CADWRAETH
*v.* GWARCHOD
**conservatism,** *n.* CEIDWADAETH, TORÌAETH
**conservative,** *n.* CEIDWADWR, TORI
*a.* CEIDWADOL, CADWROL
**conservatory,** *n.* TŶ GWYDR
**conserve,** *n.* CYFFAITH
*v.* DIOGELU
**consider,** *v.* YSTYRIED
**considerable,** *a.* CRYN
**considerably,** *ad.* CRYN LAWER
**considerate,** *a.* YSTYRIOL, TIRION
**consideration,** *n.* YSTYRIAETH
**consignment,** *n.* TROSGLWYDDIAD, LLWYTH
**consist,** *v.* CYNNWYS
**consistency,** *n.* CYSONDEB
**consistent,** *a.* CYSON
**consistor,** *n.* CONSISTOR
**consolation,** *n.* CYSUR, DIDDANWCH
**console,** *n.* ALLWEDDELL, CONSOL
*v.* CYSURO
**consolidate,** *v.* CYDGYFNERTHU
**consolidation,** *n.* CYDGYFNERTHIAD
**consonance,** *n.* CYTGORD, CYTSEINEDD
**consonant,** *n.* CYTSAIN
*a.* CYTÛN, CYSAIN
**consonantal,** *a.* CYTSEINIOL
**consort,** *n.* CYMAR
*v.* CYFEILLACHU
**consortium,** *n.* CONSORTIWM, CYD-GWMNI
**conspicuous,** *a.* AMLWG
**conspicuousness,** *n.* AMLYGRWYDD
**conspiracy,** *n.* CYNLLWYN
**conspirator,** *n.* CYNLLWYNWR
**conspire,** *v.* CYNLLWYNO
**constable,** *n.* CWNSTABL, PLISMON
**constabulary,** *n.* HEDDLU
**constancy,** *n.* CYSONDEB
**constant,** *n.* CYSONYN
*a.* CYSON, SEFYDLOG
**constantly,** *ad.* YN GYSON
**constellation,** *n.* CLWSTWR, CYTSER
**consternation,** *n.* DYCHRYN
**constipated,** *a.* RHWYM
**constipation,** *n.* RHWYMEDD
**constituency,** *n.* ETHOLAETH
**constituent,** *n.* CYFANSODDYN, ETHOLWR
*a.* CYFANSODDOL
**constitute,** *v.* ANSODDI, CYNNWYS
**constitution,** *n.* CYFANSODDIAD
**constitutional,** *a.* CYFANSODDIADOL
**constrain,** *v.* GORFODI
**constraint,** *n.* CYFYNGYDD, CYFYNGIAD
**constrict,** *v.* DARWASGU
**constriction,** *n.* DARWASGIAD, TYNDRA
**construct,** *v.* ADEILADU, LLUNIO
**construction,** *n.* ADEILADWAITH, LLUNIAD, GWNEUTHURIAD, CYSTRAWEN
**constructional,** *a.* LLUNIADOL
**constructor,** *n.* ADEILADYDD, LLUNIWR
**construe,** *v.* DEHONGLI
**consubstantiation,** *n.* CYDSYLWEDDIAD
**consul,** *n.* CONSWL
**consular,** *a.* CONSWLAR
**consulate,** *n.* CONSWLIAETH
**consultant,** *n.* YMGYNGHORWR
**consultation,** *n.* YMGYNGHORIAD
**consultative,** *a.* YMGYNGHOROL
**consumable,** *a.* BWYTADWY
**consummate,** *v.* CYFLAWNI
*a.* CYFLAWN
**consummation,** *n.* CYFLAWNHAD
**consume,** *v.* BWYTA, YSU, DIHOENI
**consumer,** *n.* PRYNWR, TREULIWR, DEFNYDDIWR
**consumerism,** *n.* TREULYDDIAETH
**consumption,** *n.* DARFODEDIGAETH, TREULIANT, BWYTIAD, CYMERIANT

**consumptive,** *a.* DIFAOL
**contact,** *n.* CYSWLLT, CYSYLLTYN, CYFFYRDDIAD
*v.* CYFFWRDD
*contact breaker,* CYFFWRDD DORRWR
*personal contact,* CYFFWRDD PERSON
**contagion,** *n.* HAINT, LLŶN
**contagious,** *a.* HEINTUS, LLYNOL
**contain,** *v.* CYNNWYS, DAL, YMATAL
**container,** *n.* CYNHWYSYDD, AMLWYTH
*container depot,* DEPOT AMLWYTH
**containerisation,** *n.* AMLWYTHIANT
**containment,** *n.* AMGYLCHYNYDD, CYFYNGIANT
**contaminant,** *n.* HALOGYN
**contaminate,** *v.* DIFWYNO, HALOGI
**contamination,** *n.* HALOGIAD
**contemplate,** *v.* MYFYRIO, CYNHEMLU
**contemplation,** *n.* MYFYRDOD, CYNHEMLAD
**contemplative,** *a.* MYFYRIOL
**contemporaneous,** *a.* CYFOES
**contemporary,** *a.* CYFOES
*n.* CYFOESWR
**contempt,** *n.* DIRMYG, TREMYG
**contemptible,** *a.* DIRMYGEDIG, DIRMYGUS
**contemptuous,** *a.* DIRMYGUS
**contend,** *v.* CYSTADLU, YMRYSON
**content,** *a.* BODLON
*n.* BODLONRWYDD
**content,** *n.* CYNNWYS
**contented,** *a.* BODLON
**contention,** *n.* CYNNEN, CONTENSIWN
**contentious,** *a.* CYNHENNUS
**contentment,** *n.* BODLONRWYDD
**contest,** *n.* GORNEST, YMRYSON, CYSTADLEUAETH
*v.* YMRYSON
**context,** *n.* CYD-DESTUN, CYSYLLTIADAU
**contiguity,** *n.* CYFAGOSRWYDD
**contiguous,** *a.* CYFAGOS
**continence,** *a.* CYMEDROLDEB
**continent,** *n.* CYFANDIR
*a.* DIWAIR
**continental,** *a.* CYFANDIROL
**contingency,** *n.* CYFWNG, AMODAETH
**contingent,** *n.* MINTAI
*a.* DILYNOL, AMODOL, DIGWYDDOL
**continual,** *a.* PARHAUS, DI-BAID, GWASTADOL
**continually,** *ad.* YN WASTAD(OL)
**continuation,** *n.* PARHAD
**continue,** *v.* PARHAU, DAL (ATI)
**continuity,** *n.* DIDORIANT, PARHAD
**continuous,** *a.* DI-DOR, PARHAOL
**continuum,** *n.* CONTINUWM
**contort,** *v.* GWYRDROI
**contour,** *n.* CYFUCHLIN(EDD), AMLIN (MATHS), AMLINELL
**contra-,** *px.* GWRTH-, CROES-
**contraband,** *n.* CONTRABAND
*a.* GWAHARDDEDIG
**contraception,** *n.* GWRTHGENHEDLU
**contraceptive,** *n.* CYFARPAR GWRTH-GENHEDLU
**contract,** *n.* CYTUNDEB, CONTRACT
**contract,** *v.* CYFYNGU, BYRHAU
**contracted,** *a.* CYFYNG, CUL, CREBACHLYD
**contracting,** *a.* CYFYNGOL
**contraction,** *n.* CYFYNGIAD
**contractor,** *n.* CONTRACTWR, ADEILAD-YDD
**contradict,** *v.* GWRTH-DDWEUD
**contradiction,** *n.* GWRTHDDYWEDIAD
**contradictory,** *a.* CROES(EBOL)
**contralto,** *n.* CONTRALTO
**contraption,** *n.* DYFAIS
**contrapuntal,** *a.* GWRTHBWYNTIOL
**contrary,** *a.* CYFERBYNIOL
**contrast,** *n.* GWRTHGYFERBYNIAD, CYFERBYNIAD
*v.* CYFERBYNNU
**contrasting,** *a.* CYFERBYNIOL
**contravene,** *v.* TORRI, TROSEDDU
**contribute,** *v.* CYFRANNU
**contribution,** *n.* CYFRANIAD
**contributory,** *a.* CYFRANNOL
**contrite,** *a.* EDIFEIRIOL
**contrition,** *n.* EDIFEIRWCH
**contrivance,** *n.* DYFAIS
**contrive,** *v.* DYFEISIO
**contriver,** *n.* DYFEISIWR
**control,** *n.* RHEOLAETH, RHEOLYDD, CONTROL(YDD)
*v.* RHEOLI, CONTROLIO
**controller,** *n.* RHEOLWR, RHEOLYDD
**controversial,** *a.* DADLEUOL
**controversy,** *n.* DADL, YMRYSON
**contumely,** *n.* GWARTH, GWARADWYDD
**contusion,** *n.* CLAIS
**conundrum,** *n.* POS
**conurbation,** *n.* CYFDREFYDD, CLYMDREF, CYTREF
**convalesce,** *v.* CYFWELLA, YMADFER
**convalescence,** *n.* CYFWELLHAD, YMADFERIAD

**convection,** *n.* DARFUDIAD
**convectional,** *a.* DARFUDOL
**convene,** *v.* CYNNULL, GALW
**convener,** *n.* CYNULLYDD
**convenience,** *n.* CYFLEUSTRA
**conveniences,** *n.pl.* CYFLEUSTERAU, TOILEDAU
**convenient,** *a.* CYFLEUS, HWYLUS
**convent,** *n.* LLEIANDY, CWFAINT
**conventicle,** *n.* CONFENTIGL
**convention,** *n.* CONFENSIWN, CYNHADLEDD
**conventional,** *a.* CONFENSIYNOL
**converge,** *v.* CYDGYFEIRIO
**convergence,** *n.* CYDGYFEIRIANT
**convergent,** *a.* CYDGYFEIRIOL
**converging,** *a.* CYDGYFEIRIOL
**conversant,** *a.* CYFARWYDD, CYNEFIN
**conversation,** *n.* YMDDIDDAN, YMGOM
**conversational,** *a.* YMDDIDDANOL
**conversationalist,** *n.* YMDDIDDANWR
**converse,** *v.* YMDDIDDAN, YMGOMIO
*a.* CYFDRO
**conversion,** *n.* TRÖEDIGAETH, TROSIAD, TRAWSNEWID(IAD)
**convert,** *v.* TROSI, TRAWSNEWID
*converted try,* TROSGAIS
**convertible,** *a.* TROSADWY
**convertor,** *n.* TRAWSNEWIDYDD
**convex,** *a.* AMGRWM
**convexity,** *n.* AMGRYMEDD
**convey,** *v.* TROSGLWYDDO, CYFLEU
**conveyance,** *n.* TROSGLWYDDIAD, CLUDIANT, CYFLEAD, TRAWSGLUDIAD
*v.* TROSGLWYDDEBU
**conveyor,** *n.* CLUDYDD, CLUDWR
**convict,** *n.* TROSEDDWR
*v.* EUOGFARNU
**conviction,** *n.* EUOGFARN, ARGYHOEDDIAD
**convince,** *v.* ARGYHOEDDI, DARBWYLLO
**convincing,** *a.* ARGYHOEDDIADOL
**convivial,** *a.* LLAWEN
**conviviality,** *n.* RHIALTWCH
**convocation,** *n.* CONFOCASIWN
**convoke,** *v.* GWYSIO
**convolvulus,** *n.* TAGWYDD
**convoy,** *n.* CONFOI, GOSGORDD
*v.* HEBRWNG
**convulse,** *v.* DIRDYNNU
**convulsion,** *n.* DIRDYNIAD/IANT
**convulsive,** *a.* DIRDYNNOL
**cook,** *n.* COGYDD(ES)
*v.* COGINIO
**cooker,** *n.* CWCER
*pressure cooker,* SOSBAN GLOI, GWASCOGYDD
**cookery,** *n.* COGINIAETH
**cool,** *a.* OERLLYD, CLAEAR, HUNANFEDDIANNOL
*v.* OERI, CLAEARU
**coolant,** *n.* OERYDD, HYLIF OERI
**coolness,** *n.* OERNI, HUNANFEDDIANT
**coombe,** *n.* CWM
**coop,** *n.* CUT, SIED
*v.* CAU
**cooper,** *n.* COWPER, CYLCHWR
**co-operate,** *v.* CYDWEITHREDU
**co-operation,** *n.* CYDWEITHREDIAD
**co-operative,** *n.* CYDWEITHFA
*a.* CYDWEITHREDOL
**co-opt,** *v.* CYFETHOL
**co-optation,** *n.* CYFETHOLIAD
**coordinate,** *n.* CYFESURYN
*v.* CYFESUR, CYD-DREFNU
**coordination,** *n.* CYD-DREFNIANT, CYDWEITHREDIAD
**coot,** *n.* COTIAR
**cop,** *n.* COP, PLISMON
*v.* DAL(A)
**copartnership,** *n.* CYD-BARTNERIAETH
**cope,** *v.* YMDOPI
*n.* COPA, CRIB
**coping,** *n.* COPIN
**copious,** *a.* HELAETH, DIBRIN
**coplanar,** *a.* CYMHLAN
**copper,** *n.* COPR
*v.* COPRU
**coppersmith,** *n.* GOF COPR
**coppice,** *n.* COEDLAN
**copra,** *n.* COPRA
**copula,** *n.* CYPLAD
**copulate,** *v.* CYPLADU, CNUCHIO
**copulation,** *n.* CNUCH, CYDIAD
**copulative,** *a.* CYPLADOL
**copunctual,** *a.* CYDBWYNTOL
**copy,** *n.* COPI
*v.* COPÏO, EFELYCHU
**copyhold,** *n.* COPIDDALIAD
**copyist,** *n.* COPÏWR
**copyright,** *n.* HAWLFRAINT
**coquetry,** *n.* MURSENDOD
**coracle,** *n.* CWRWGL
**coral,** *n.* CWREL
**corbel,** *n.* CORBEL
**cord,** *n.* CORTYN, CORD, TENNYN, LLINYN
*v.* CORDIO
**cordial,** *n.* CORDIAL
*a.* CALONNOG, GWRESOG

**cordiality,** *n.* SERCHOWGRWYDD
**cordon,** *n.* RHES, RUBAN
**corduroy,** *n.* MELFARÉD
**core,** *n.* CRAIDD, BYWYN
**co-respondent,** *n.* CYD-ATEBWR
**cork,** *n.* CORC(YN)
*v.* CORCIO
**corkscrew,** *n.* ALLWEDD COSTREL
**corm,** *n.* CORM, ODDF
**cormorant,** *n.* MORFRAN, BILIDOWCAR
**corn,** *n.* ŶD, CORN, LLAFUR
**cornbeef,** *n.* CORNBÎFF
**corncrake,** *n.* RHEGEN YR ŶD
**cornea,** *n.* CORNEA, CORNBILEN
**corner,** *n.* CONGL, CORNEL, CWR
*v.* CORNELU
**cornet,** *n.* CORNED
**cornflakes,** *n.pl.* CREISION ŶD
**cornflour,** *n.* BLAWD CORN
**cornice,** *n.* CORNIS
**corolla,** *n.* COROLA
**corollary,** *n.* CANLYNEB, COROLARI
**corona,** *n.* CORONA
**coronary,** *n.* CORONARI
*a.* CORONAIDD
**coronation,** *n.* CORONI(AD)
**coroner,** *n.* CRWNER
**corporal,** *n.* CORPORAL
*a.* CORFFOROL
**corporate,** *a.* CORFFOREDIG
**corporation,** *n.* CORFFORAETH, CEST
**corporeal,** *a.* CORFFORUS
**corps,** *n.* CORFFLU
**corpse,** *n.* CORFF, CELAIN
**corpulence,** *n.* CORFFOLAETH
**corpulent,** *a.* CORFFOL, CESTOG
**corpus,** *n.* CASGLIAD, CORFF
**corpuscle,** *n.* CORFFILYN
**corpuscular,** *a.* CORFFILAIDD
**corral,** *n.* LLOC, CORÁL, CORLAN
*v.* LLOCIO
**corrasion,** *n.* CYRATHIAD
**correct,** *a.* CYWIR, PRIODOL
*v.* CYWIRO, CERYDDU
**corrective,** *n.* CYWIRYDD
*a.* CYWIROL, CERYDDOL
**correctness,** *n.* CYWIRDEB
**correlate,** *v.* CYDBERTHYN
**correlated,** *a.* CYDBERTHNASOL
**correlation,** *n.* CYDBERTHYNIAD, CYDBERTHYNAS
**correlative,** *a.* CYDBERTHYNOL
**correspond,** *v.* CYFATEB, GOHEBU
**correspondence,** *n.* CYFATEBIAETH, GOHEBIAETH
**correspondent,** *n.* GOHEBYDD
**corresponding,** *a.* CYFATEBOL, GOHEBOL
**corridor,** *n.* CORIDOR
**corrie,** *n.* PEIRAN
**corroborate,** *v.* CADARNHAU, ATEGU
**corroboration,** *n.* CADARNHAD
**corroborative,** *a.* CADARNHAOL, ATEGOL
**corrode,** *v.* CYRYDU
**corrosion,** *n.* CYRYDIAD
**corrosive,** *a.* CYRYDOL
**corrugated,** *a.* RHYCHIOG, GWRYMIOG
**corrugation,** *n.* RHYCHNI, CRYCHIAD, GWRYM
**corrupt,** *a.* LLYGREDIG, LLWGR
*v.* LLYGRU
**corruptible,** *a.* LLYGRADWY
**corruption,** *n.* LLYGREDIGAETH
**corset,** *n.* STAES, CORSED
**cortège,** *n.* CYNHEBRWNG
**cortex,** *n.* CORTECS
**cortisone,** *n.* CORTISÔN
**coryza,** *n.* YSNODI
**cosecant,** *n.* COSECANT
**cosech,** *n.* COSECH
**cosh,** *n.* COSH
**cosine,** *n.* COSIN
**cosiness,** *n.* CYSUR, CLYDWCH
**cosmetic,** *a.* COSMETIG
**cosmic,** *a.* COSMIG
**cosmism,** *n.* COSMAETH
**cosmogony,** *n.* COSMOGONEG
**cosmology,** *n.* COSMOLEG
**cosmopolitan,** *a.* COSMOPOLITAN
**cosmos,** *n.* COSMOS
**cost,** *n.* COST, TRAUL, PRIS
*v.* COSTIO
**costal,** *a.* ASENNOL
**costing,** *n.* COSTIAD
**costliness,** *n.* DRUDANIAETH
**costly,** *a.* DRUD, PRID
**costume,** *n.* COSTIWM, SIWT, GWISG
**cosy,** *a.* CLYD, CYSURUS
*n.* CAP TEBOT
**cotangent,** *n.* COTANGIAD
**coterie,** *n.* CLIC
**coterminal,** *a.* CYD-DERFYNOL
**coth,** *n.* COTH
**cottage,** *n.* BWTHYN
**cottager,** *n.* BYTHYNNWR
**cottar,** *n.* COTŶWR
**cotter,** *n.* COTER

**cotton,** *n.* COTWM
**cotyledon,** *n.* COTYLEDON
**couch,** *n.* GLWTH
*v.* MYNEGI
**cough,** *n.* PESWCH
*v.* PESYCHU
**coulter,** *n.* CWLLTWR
**council,** *n.* CYNGOR
**councillor,** *n.* CYNGHORWR/YDD
**counsel,** *n.* CYNGOR, CWNSLER
*v.* CYNGHORI, CWNSELA
**counsellor,** *n.* CYNGHORWR, CWNSLER
**count,** *n.* COWNT, CYFRIF, IARLL
*v.* RHIFO, CYFRIF
**countable,** *a.* RHIFADWY
**countability,** *n.* RHIFADWYEDD
**countenance,** *n.* PRYD, GWEDD
*v.* CEFNOGI
**counter,** *n.* COWNTER, RHIFYDD
*a.* GWRTH, CROES
*px.* GWRTH-
*v.* GWRTHWYNEBU
**counteract,** *v.* GWRTHWEITHIO
**counterattack,** *v.* GWRTHYMOSOD
**counter-attraction,** *n.* GWRTHATYNIAD
**counterbore,** *v.* GWRTHDYLLU
**counterchange,** *v.* GWRTHGYFNEWID
*n.* GWRTHGYFNEWIDIAD
**countercharge,** *n.* GWRTHGYHUDDIAD
*v.* GWRTHGYHUDDO
**counterclaim,** *n.* GWRTHGAIS
*v.* GWRTHGEISIO
**counterclockwise,** *a.* GWRTHGLOC
**counterfeit,** *n.* FFUG
*v.* FFUGIO
*a.* FFUG(IOL), LLWGR
**counterfoil,** *n.* BONYN (SIEC, etc.)
**counterpane,** *n.* CWRLID
**counterpart,** *n.* CYMAR
**counterpoint,** *n.* GWRTHBWYNT
**counterrevolution,** *n.* GWRTHCHWYLDRO
**countersink,** *n.* GWRTHSODDYDD
*v.* GWRTHSODDI
**counterweights,** *n.* GWRTHBWYSYNNAU
**countess,** *n.* IARLLES
**countless,** *a.* DIRIFEDI, ANEIRIF, DI-RIF
**country,** *n.* GWLAD, BRO
*a.* GWLADAIDD, GWLEDIG
*country music,* CANU GWLAD
**countryman,** *n.* GWLADWR
**countryside,** *n.* CEFN GWLAD
**county,** *n.* SIR, SWYDD
*a.* SIROL
**couple,** *n.* CWPL, PÂR
*v.* CYPLU, CYPLYSU
**coupled,** *a.* CYPLEDIG
**coupler,** *n.* CYPLYDD
**couplet,** *n.* CWPLED
**coupling,** *n.* CYSYLLTYDD, CYPLYDD
**coupon,** *n.* CWPON
**courage,** *n.* DEWRDER, GWROLDEB, GLEWDER
**courageous,** *a.* DEWR, GWROL, GLEW
**courier,** *n.* TYWYSWR
**course,** *n.* CWRS, HYNT, SAIG
*v.* HELA, YMLID, RHEDEG
*crash course,* CWRS CARLAM
**court,** *n.* LLYS, CWRT
*v.* CARU
**courteous,** *a.* CWRTAIS, MOESGAR
**courtesy,** *n.* CWRTEISI, MOESGARWCH
**courtier,** *n.* GWAS LLYS
**courtly,** *a.* BONEDDIGAIDD
**courtmartial,** *n.* CWRT-MARSIAL
*v.* DODI AR BRAWF
**courtship,** *n.* CARWRIAETH
**courtyard,** *n.* BUARTH, BEILI, CWRT, CLOS
**cousin,** *n.* CEFNDER, CYFNITHER
*second cousin,* CYFYRDER
**covalent,** *n.* COFALENT
**covariance,** *n.* CYDAMRYWIANT
**cove,** *n.* CILAN, CILFACH
**covenant,** *n.* CYFAMOD
*v.* CYFAMODI
**covenanter, -or** *n.* CYFAMODWR
**cover,** *n.* CLAWR, GORCHUDD, CYFAR
*v.* GORCHUDDIO, CYFRO
*extra cover,* CYFAR YCHWANEGOL
**covering,** *n.* GORCHUDD
**coverlet,** *n.* CWRLID, CWILT
**cover-point,** *n.* CYFAR(BWYNT)
**coversine,** *n.* CYFERSIN
**coverslip,** *n.* ARWYDRYN
**covert,** *n.* LLOCHES
**covet,** *v.* CHWENNYCH
**coveted,** *a.* DYMUNOL
**covetous,** *a.* TRACHWANTUS
**covetousness,** *n.* TRACHWANT
**covey,** *n.* HAID, NYTHAID (PETRIS)
**cow,** *n.* BUWCH
*barren cow,* MYSWYNOG
**coward,** *n.* LLWFRGI, CACHGI, CACHADUR
**cowardice,** *n.* LLWFRDRA, ANŴRYD
**cowardly,** *a.* LLWFR, ANŴRAIDD
**cowboy,** *n.* COWBOI
**cower,** *v.* SWATIO, CYRCYDU

**cowhouse,** *n.* BEUDY
**cowl,** *n.* CWFL, CWCWLL
**cowman,** *n.* COWMON
**cowpox,** *n.* COWPOG, BRECH Y FUWCH
**cowslips,** *n.pl.* BRIALLU MAIR
**cox,** *n.* COCS
*v.* COCSIO
**coxcomb,** *n.* COEGYN, YSGOGYN
**coxswain,** *n.* COCS
**coy,** *a.* SWIL
**coyness,** *n.* SWILDOD
**crab,** *n.* CRANC, AFAL SUR, CRAB
*v.* CRANCA
**crabbed,** *a.* CRABLYD, SARRUG
**crack,** *n.* CRAC
*v.* CRACIO, HOLLTI, DARNIO
**cracker,** *n.* CRACER, HOLLTYDD, DARNIWR
**crackle,** *v.* CLINDARDDACH, CRACELLU
**cradle,** *n.* CRUD, CAWELL
*v.* CRUDIO
**cradling,** *n.* CRUDIAD
**craft,** *n.* BAD, LLONG
**craft,** *n.* CREFFT, YSTRYW, AWYREN
**craftiness,** *n.* CYFRWYSTRA
**craftsman,** *n.* CREFFTWR
**craftsmanship,** *n.* CREFFTWRIAETH
**crafty,** *a.* CYFRWYS
**crag,** *n.* CRAIG, CLOGWYN, CLEGYR
**craggy,** *a.* CREIGIOG, CLEGYROG
**cram,** *v.* GORLENWI, SACO
**cramp,** *n.* CRAMP, CWLWM GWYTHI, GWRWST
*v.* CAETHIWO
**cramped,** *a.* CLÒS
**crampon,** *n.* CRAMPON
**cranberries,** *n.pl.* LLUGAERON
**crane,** *n.* CRAEN, GARAN
**cranium,** *n.* CRANIWM, CREUAN
**crank,** *n.* CRANC, CAMDRO
*v.* CRACIO, HOLLTI, DARNIO
**crankshaft,** *n.* CAMWERTHYD, CRANCSIAFFT
**cranny,** *n.* AGEN, HOLLT
**crash,** *n.* GWRTHDRAWIAD
*v.* GWRTHDARO, CWYMPO
**crass,** *a.* DYBRYD, TEW
**cratch,** *n.* CRAETS
**crate,** *n.* CAWELL
**crater,** *n.* CRATER
**cravat,** *n.* CRAFAT
**crave,** *v.* CREFU, BLYSIO
**craving,** *n.* GWANC, BLYS
**crawl,** *v.* YMLUSGO, CROPIAN
**crayfish,** *n.* CIMWCH COCH
**crayon,** *n.* CREON
**craze,** *n.* YSFA
**crazy,** *a.* PENWAN, GORFFWYLL
**creak,** *v.* GWICHIAN, CRECIAN
**cream,** *n.* HUFEN, IRYN
**creamery,** *n.* HUFENFA
**creamy,** *a.* HUFENNOG
**crease,** *n.* CRIS, CRYCH(IAD)
*v.* CRYCHU
*crease resisting,* GWRTHGRYCH
**create,** *v.* CREU
**creation,** *n.* CREAD(IGAETH)
**creationism,** *n.* CREADAETH
**creative,** *a.* CREADIGOL
**creativeness,** *n.* CREADIGRWYDD
**creativity,** *n.* CREUGARWCH, CREADIGEDD
**creator,** *n.* CRËWR, CREAWDWR
**creature,** *n.* CREADUR
**crêche,** *n.* MEITHRINFA
**credence,** *n.* CRED
**credentials,** *n.pl.* CREDLYTHYRAU
**credibility,** *n.* CREDADWYAETH
**credible,** *a.* CREDADWY
**credit,** *n.* COEL, CLOD, CREDYD
*v.* CREDYDU
**creditable,** *a.* CYMERADWY
**creditor,** *n.* CREDYDWR, ECHWYNNWR
**credulity,** *n.* HYGOELEDD
**credulous,** *a.* HYGOELUS
**creed,** *n.* CREDO
**creek,** *n.* CILFACH
**creel,** *n.* CAWELL
**creep,** *v.* YMLUSGO, CROPIAN
**creeper,** *n.* DRINGIEDYDD
**creeping,** *a.* YMGRIPIOL
**crepitation,** *n.* RHUGLIAD
**creepy,** *a.* IASOL
**cremate,** *v.* AMLOSGI
**cremation,** *n.* AMLOSGIAD
**crematorium,** *n.* AMLOSGFA, CREMATORIWM
**creole,** *n.* CREOL
**creosote,** *n.* CREOSOT
**crêpe,** *n.* CRÊP
**crepitation,** *n.* RHUGLIAD, CLEC
**crescent,** *n.* CILGANT
**cress,** *n.* BERWR
**cresset,** *n.* CRAESED
**crest,** *n.* BRIG, CRIB
**crestline,** *n.* CRIBLIN
**cretaceous,** *a.* CRETASAIDD
**cretin,** *n.* CRETIN

**cretinism,** *n.* CRETINEDD
**cretonne,** *n.* CRETON
**crevasse,** *n.* CREFÁS
**crevice,** *n.* AGEN, HOLLT
**crew,** *n.* CRIW, CIWED
**crib,** *n.* PRESEB, RHESEL, CYFIEITHIAD
*v.* COPÏO
**cribbage,** *n.* CRIBAIS
**crick,** *n.* CRIC
**cricket,** *n.* CRICED, CRICEDYN, CRICSYN
**cricketer,** *n.* CRICEDWR
**crier,** *n.* CRÎWR, CYHOEDDWR
**crime,** *n.* TROSEDD
**criminal,** *n.* TROSEDDWR
*a.* TROSEDDOL
**criminology,** *n.* TROSEDDEG
**crimp,** *v.* CRIMPIO, CREBACHU
**crimson,** *a.* DUGOCH, COCH
**cringe,** *v.* YMGREINIO
**crinkle,** *v.* CRYCHU
*n.* CRYCH, PLYG
**crinoline,** *n.* CRINOLIN
**cripple,** *n.* EFRYDD
*v.* EFRYDDU
**crippling,** *a.* EFRYDDOL
**crisis,** *n.* ARGYFWNG
**crisp,** *a.* CRAS, CREISIONLLYD
*v.* CRASU
**crispness,** *n.* CRASTER
**crisps,** *n.pl.* CREISION TATWS
**criss-cross,** *a.* CROESYMGROES
**criterion,** *n.* MAEN PRAWF, CRITERION
**critic,** *n.* BEIRNIAD, CRITIG
*a.* BEIRNIADOL, CRITIGOL
*critical temperature,* TYMHEREDD CRITIGOL
**critical,** *a.* CRITIGOL, BEIRNIADOL
**criticism,** *n.* BEIRNIADAETH
**criticize,** *v.* BEIRNIADU
**croak,** *n.* CRAWC
*v.* CRAWCIAN
**crochet,** *n.* CROSIET, GWAITH CROSIO
*v.* CROSIO
**crock,** *n.* LLESTR PRIDD, UN DIWERTH
**crockery,** *n.* LLESTRI
**crocodile,** *n.* CROCODIL
**crocus,** *n.* SAFFRWN, CROCUS
**croft,** *n.* CROFFT, TYDDYN
*v.* CROFFTIO
**crofter,** *n.* CROFFTWR
**crone,** *n.* HEN WRACH
**crook,** *n.* BAGL, CRWCA, TROSEDDWR
**crooked,** *a.* CAM, ADŴYR, CRWCA
**crookedness,** *n.* GWYRNI, PLYG
**croon,** *v.* CRWNO
**crooner,** *n.* CRWNER
**crop,** *n.* CNWD, CROMBIL, CHWIP
*v.* CNYDIO, TOCIO
**cropper,** *n.* CODWM, CWYMP
**croquet,** *n.* CROCI
**crosier, crozier,** *n.* BAGL, FFON ESGOB
**cross,** *n.* CROES, CROESIAD
*a.* CROES, TRAWS
*v.* CROESI
*The Cross,* Y GROES/GROG
**cross-bar,** *n.* TRAWSBREN
**crossbow,** *n.* BWA CROES
**cross-check,** *n.* CROESWIRIAD
**cross-cut,** *v.* TRAWSDORRI, TRAWSLIFIO
**cross-cut saw,** *n.* TRAWSLIF
**cross-examine,** *v.* CROESHOLI
**crossfertilise,** *v.* CROESFFRWYTHLONI
**crossing,** *n.* CROESFA(N)
**cross-road,** *n.* CROESFFORDD
**cross-section,** *n.* TRAWSLUN, TRAWSDORIAD
**crosswise,** *ad.* AR GROES
**crossword,** *n.* CROESAIR
**crotchet,** *n.* CROTSIED
**crouch,** *n.* CWRCWD
*v.* CYRCYDU
**croup,** *n.* CRWPER, PEDRAIN, CRŴP
**crow,** *n.* BRÂN, CÂN
*v.* CANU
**crow-bar,** *n.* TROSOL
**crowd,** *n.* TYRFA, TORF, CRWTH
*v.* TYRRU
**crown,** *n.* CORON, CORUN
*v.* CORONI
**crowned,** *a.* CORONOG
**crowning,** *n.* CORONI(AD)
*a.* PRIF, PENNAF
**crown-wheel,** *n.* CORONROD
**crucial,** *a.* TERFYNOL, HANFODOL
**crucible,** *n.* CRWSIBL
**crucifix,** *n.* CROESLUN
**crucifixion,** *n.* CROESHOELIAD
**cruciform,** *a.* CROESFFURF
**crucify,** *v.* CROESHOELIO
**cruck,** *n.* NENFFORCH
**crude,** *a.* AMRWD, CRAI
**crudity,** *n.* ANAEDDFEDRWYDD
**cruel,** *a.* CREULON
**cruelty,** *n.* CREULONDEB
**cruet,** *n.* CRIWED
**cruise,** *n.* MORDAITH
*v.* MORIO

**cruiser,** *n.* LLONG RYFEL (GYFLYM)
**crumb,** *n.* BRIWSIONYN
**crumble,** *v.* MALURIO, BRIWSIONI
*n.* BRIWSIONGRWST
**crumby,** *a.* BRIWSIONLLYD
**crumpet,** *n.* CRYMPED
**crumple,** *v.* GWASGU, CRYCHU, SYBACHU
**crumpled,** *a.* CRYCHLYD
**crunch,** *v.* CREINSIO
**crunode,** *n.* CRWNOD
**crupper,** *n.* CRWPER, PEDRAIN
**crusade,** *n.* CRWSÂD, CROESGAD
**crusader,** *n.* CRWSADWR, CROESGADWR
**cruse,** *n.* YSTÊN
**crush,** *v.* MATHRU, GWASGU
*n.* GWASGIAD, TORF
**crusher,** *n.* MATHRADUR
**crust,** *n.* CRYSTYN, CRAMEN, CROFEN
**crustaceans,** *n.pl.* CRAMENOGION
**crustaceous,** *a.* CRAMENNOG
**crustal,** *a.* CRAMENNOL
**crusty,** *a.* CROFENNOG, SARRUG
**crutch,** *n.* FFON FAGL
**crux,** *n.* CRAIDD, CROES
**cry,** *n.* CRI, SGRECH
*v.* CRIO, LLEFAIN
**crying,** *a.* PWYSIG, YN CRIO
**cryogenics,** *n.* CRYOGENEG
**cryoscopy,** *n.* CRYOSGOPI
**crypt,** *n.* CRYPT, CLADDGELL (EGLWYS)
**cryptic,** *a.* DIRGEL, CYFRIN
**crypto-communist,** *n.* CUDD-GOMIWNYDD
**crystal,** *n.* CRISIAL
*a.* CRISIAL
**crystalline,** *a.* CRISIALOG
**crystallisation,** *n.* CRISIALAD
**crystallise,** *v.* CRISIALU
**crystallography,** *n.* CRISIALEG
**cub,** *n.* CENAU
**cube,** *n.* CIWB
*v.* CIWBIO
*cube root,* TRYDYDD ISRADD
**cubic,** *a.* CIWBIG
**cubical,** *a.* CIWBIGOL
**cubicle,** *n.* CUDDYGL
**cubism,** *n.* CIWBAETH
**cubist,** *n.* CIWBYDD
*a.* CIWBAIDD
**cubit,** *n.* CUFYDD
**cuboid,** *a.* CIWBOID
**cuckoo,** *n.* COG, CWCW, HURTYN
**cucumber,** *n.* CUCUMER
**cud,** *n.* CIL
**cuddle,** *v.* COFLEIDIO, ANWESU
**cudgel,** *n.* PASTWN, FFON
*v.* PASTYNU
**cue,** *n.* CIW, AWGRYM
**cuff,** *n.* CWFF, DYRNOD, CERNOD
*v.* DYRNODIO, CERNODIO
**cuisine,** *n.* DULL O GOGINIO, CEGIN
**cul-de-sac,** *n.* **PEN FFORDD, HEOL HOSAN**
**culinary,** *a.* COGINIOL
**cull,** *v.* DETHOL, DEWIS, CWLIO
**culminate,** *v.* DIWEDDU
**culmination,** *n.* ANTERTH
**culpability,** *n.* EUOGRWYDD
**culpable,** *a.* BEIUS, CAMWEDDUS
**culprit,** *n.* TRAMGWYDDWR
**cult,** *n.* CWLT, DEFOD
**cultic,** *a.* CYLTIG
**cultivate,** *v.* DIWYLLIO, MEITHRIN
**cultivation,** *n.* TRINIAD
**cultivator,** *n.* TRINIADUR
**cultural,** *a.* DIWYLLIANNOL
**culture,** *n.* DIWYLLIANT
**cultured,** *a.* DIWYLLIEDIG, COETH
**cultus,** *n.* CWLTWS
**culvert,** *n.* CYLFAT
**cumber,** *v.* BEICHIO, RHWYSTRO
**cumbersome,** *a.* BEICHUS, AFROSGO
**cumulative,** *a.* CRONNUS
**cumulus,** *n.* CWMWLWS
**cuneiform,** *a.* CUNFFURF
**cunning,** *n.* CYFRWYSTRA
*a.* CYFRWYS, DICHELLGAR
**cup,** *v.* CWPANU
*n.* CWPAN
**cupboard,** *n.* CWPWRDD
**cupellate,** *v.* CWPELU
**cupellation,** *n.* CWPELIAD
**cupidity,** *n.* TRACHWANT
**cupola,** *n.* CWPOLA
**cupping,** *v.* CWPANU
**cupric,** *a.* COPRIG
**cuprous,** *a.* COPRUS
**cup-tie,** *n.* GORNEST GWPAN
**cupule,** *n.* CWPENYN
**cur,** *n.* COSTOG
**curable,** *a.* GWELLADWY
**curacy,** *n.* CURADIAETH
**curate,** *n.* CURAD
**curator,** *n.* CURADUR
**curb,** *n.* CWRBYN, ATALFA, CILCYN Y GAR
*v.* FFRWYNO, ATAL
**curd,** *n.* CEULED
**curdle,** *v.* CEULO, CAWSIO

**cure,** *n.* GWELLHAD, IACHÂD
*v.* GWELLA, IACHÂU
**curfew,** *n.* HWYRGLOCH
**curio,** *n.* CYWREINBETH, CRAIR
**curiosity,** *n.* CHWILFRYDEDD, CYWREINRWYDD
**curious,** *a.* CHWILFRYDIG, CYWRAIN
**curl,** *n.* CYRL, CWRL
*v.* CYRLIO
**curlew,** *n.* GYLFINIR, CHWIBANOGL (Y MYNYDD)
**curly,** *a.* CYRLIOG, CRYCH
**currant,** *n.* CYRENSEN
*currant bread,* BARA BRITH
**currency,** *n.* ARIAN CYFRED/BREINIOL/TREIGL
**current,** *n.* CYFREDOL, CYFOES
**curriculum,** *n.* CWRICWLWM, MAES LLAFUR
**currier,** *n.* CWRIER
**curry,** *n.* CYRRI
**curse,** *n.* RHEG, MELLTITH
*v.* RHEGI, MELLTITHIO
**cursed,** *a.* MELLTIGEDIG
**cursive,** *a.* RHEDOL
**cursory,** *a.* BRYSIOG, DIOFAL
**curt,** *a.* CWTA, SWTA, BYR
**curtail,** *v.* CWTOGI, TALFYRRU
**curtailment,** *n.* CWTOGIAD, TALFYRIAD
**curtain,** *n.* CYRTEN, LLEN
**curtsy,** *n.* CYRTSI
**curvature,** *n.* CRYMEDD
**curve,** *n.* CRYMEDD, TROAD, CROMLIN, ARDRO
*v.* CRYMU, TROI
**curved,** *a.* CRWM
**curvilinear,** *a.* CROMLINOG
**cushion,** *n.* CLUSTOG
*v.* MEDDALU, CLUSTOGI
**cusp,** *n.* CUSB, CWSB
**cuspate,** *a.* CWSBAIDD
**custard,** *n.* CWSTARD
**custodial,** *a.* CADWRAETHOL
**custodian,** *n.* CEIDWAD
**custody,** *n.* CADWRAETH, DALFA
**custom,** *n.* DEFOD, ARFER, TOLL, CWSMERIAETH
**customary,** *a.* ARFEROL, CYFFREDIN
**customer,** *n.* CWSMER, PRYNWR
**custom-house,** *n.* TOLLTY
**cut,** *n.* TORIAD, BRIW, TRYCHIAD
*v.* TORRI, TRYCHU
**cute,** *a.* CIWT, CYFRWYS
**cuticle,** *n.* CWTICL, PILEN
**cutlery,** *n.* CWTLERI
**cutlet,** *n.* CYTLED
**cutoff,** *n.* TORBWYNT
**cutter,** *n.* TORRELL, TORRWR, CŶN, LLAFN, LLONG FACH
**cutting,** *n.* TORIAD, TRYCHFA
**cwm,** *n.* PEIRAN, CWM
**cyanosis,** *n.* SEIANOSIS, GLASGLWYF
**cycle,** *n.* BEIC, CYLCHRED
*v.* BEICIO
**cyclic,** *a.* CYLCHOL, CYLCHREDOL, SEICLIG
**cycloid,** *n.* SEICLOID
**cyclone,** *n.* SEICLON
**cyclotron,** *n.* SEICLOTRON
**cygnet,** *n.* CYW ALARCH, ALARCHEN
**cylinder,** *n.* SILINDR
**cylindrical,** *a.* SILINDROG
**cymatogenic,** *a.* SYMATOGENIG
**cymbal,** *n.* SYMBAL
**cyme,** *n.* CYM
**cymose,** *a.* CYMAIDD
**cynic,** *n.* SINIG
**cynical,** *a.* SINIGAIDD, COEGLYD
**cynicism,** *n.* SINIGIAETH, COEGNI
**cypress,** *n.* CYPRESWYDDEN
**cyst,** *n.* CODEN
**cystitis,** *n.* LLID Y BLEDREN
**cytogenetics,** *n.pl.* SEITOGENETEG
**cytology,** *n.* CYTOLEG, SEITOLEG
**cytoplasm,** *n.* CYTOPLASM, SEITOPLASM

**dab,** *n.* DAB, LLEDEN Y LLAID
*a.* DEHEUIG
*v.* DABIO
**dabble,** *v.* DABLO
**dabbler,** *n.* DABLWR
**dace,** *n.* BRWYNIAD
**dachshund,** *n.* BROCHGI
**dacron,** *n.* DACRON
**dada,** *n.* DADA, TADA
**dadaism,** *n.* DADAIAETH
**daffodil,** *n.* CENHINEN BEDR, DAFFODIL
**daft,** *a.* DWL, GWIRION, HURT
**dagger,** *n.* DAGR
**daily,** *a.* BEUNYDDIOL, DYDDIOL
*ad.* BEUNYDD, BOB DYDD
**daintiness,** *n.* DILLYNDER
**dainty,** *a.* DILLYN, DANTEITHIOL
*n.* AMHEUTHUN
**dairy,** *n.* LLAETHDY
**dairyman,** *n.* DYN LLAETH
**dairying,** *n.* LLAETHYDDIAETH
**dais,** *n.* ESGYNLAWR
**daisy,** *n.* LLYGAD Y DYDD
**dale,** *n.* YSTRAD, DÔL, DYFFRYN
**dally,** *v.* YMDROI, SWMERA
**dam,** *n.* ARGAE, CRONFA
*v.* CRONNI
**dam,** *n.* MAM, MAMOG
**damage,** *n.* DIFROD, NIWED
*v.* DIFRODI, NIWEIDIO
**damages,** *n.* IAWN(DAL)
**Dame,** *n.* BONESIG
**damn,** *v.* RHEGI, MELLTITHIO, DAMNIO
**damnable,** *a.* DAMNIOL
**damnation,** *n.* DAMNEDIGAETH
**damned,** *a.* COLLEDIG
**damp,** *n.* LLEITHDER, TAMP
*a.* LLAITH
*v.* LLEITHIO, TAMPIO, LLADD Y SŴN
**damped,** *a.* GWANYCHOL
**damper,** *n.* DAMPAR
**damping,** *n.* GWANYCHIAD
**dampness,** *n.* LLEITHDER
**damsel,** *n.* LLANCES, MORWYN
**dance,** *n.* DAWNS
*v.* DAWNSIO
*folk dance,* DAWNS WERIN
*public folk dance,* TWMPATH DAWNS
**dance-band,** *n.* SEINDORF DDAWNS
**dancer,** *n.* DAWNSIWR
**dandelion,** *n.* DANT Y LLEW
**dandruff,** *n.* MARWDON, CEN
**dandy,** *n.* COEGYN, DANDI
**danger,** *n.* PERYGL, ENBYDRWYDD
**dangerous,** *a.* PERYGLUS, ENBYD
**dangle,** *v.* HONGIAN, SIGLO
**dank,** *a.* LLAITH, GWLYB
**dapper,** *a.* SIONC, TWT, DEL
**dapple,** *a.* BRITH
*v.* BRITHO
**dare,** *v.* MENTRO, BEIDDIO
**daring,** *n.* BEIDDGARWCH
*a.* BEIDDGAR
**dark,** *n.* TYWYLLWCH, NOS
*a.* TYWYLL
**darken,** *v.* TYWYLLU
**darkness,** *n.* TYWYLLWCH, GWYLL
**darling,** *n.* ANWYLYD, CARIAD
*a.* ANNWYL
**darn,** *n.* CRAITH
*v.* CREITHIO, TRWSIO, CYWEIRIO
**dart,** *n.* DARTEN, PICELL
*v.* DARTIO, RHUTHRO
**dash,** *n.* RHUTHR, LLINELL(—)
*v.* RHUTHRO
**dastard,** *n.* BAWDDYN, CACHGI, LLWFRYN
**data,** *n.pl.* DATA
**date,** *n.* DATYSEN, DYDDIAD
*v.* DYDDIO
*up to date,* CYFOES
*out of date,* WEDI DYDDIO
**dated,** *a.* DYDDIEDIG
**dative,** *a.* DERBYNIOL
**datum,** *n.* DATWM, DODYN
**daub,** *n.* DŴB
*v.* IRO, PLASTRO, DWBIO
**daughter,** *n.* MERCH
**daunt,** *v.* DIGALONNI, DANTO
**dauntless,** *a.* DI-OFN, EOFN, GLEW
**davits,** *n.pl.* CAMLATH
**davy-lamp,** *n.* LAMP GLÖWR
**dawdle,** *v.* YMDROI, TINDROI, SWMERA
**dawn,** *n.* GWAWR, CYFDDYDD
*v.* GWAWRIO, DYDDIO
**day,** *n.* DYDD, DIWRNOD
*by day,* LLIW DYDD
**day-book,** *n.* DYDDLYFR
**day-break,** *n.* GWAWR, TORIAD DYDD
**day-dream,** *v.* PENSYNNU, GWLANA
**daylight,** *n.* GOLAU DYDD, LIW DYDD
**day-time,** *n.* Y DYDD
**day-work,** *n.* DYDDWAITH
**daze,** *v.* SYNNU, DALLU, MWYDRO, SYFRDANU
**dazzle,** *v.* DALLU, DISGLEIRIO
**dazzling,** *a.* LLACHAR, DISGLAIR

**deacon,** *n.* DIACON
**deaconess,** *n.* DIACONES
**deaconship,** *n.* DIACONIAETH
**dead,** *a.* MARW(AIDD), CYWIR
*dead centre,* CANOL CALED/LLONYDD
*dead size,* MAINT CYWIR
*dead ball,* PÊL FARW
**deaden,** *v.* LLEDDFU, MARWEIDDIO
**dead-heat,** *a.* CYFARTAL
**deadlock,** *n.* METHIANT
**deadly,** *a.* MARWOL, ANGHEUOL
**deaf,** *n.* BYDDAR
*a.* BYDDAR
**deafen,** *v.* BYDDARU
**deafening,** *a.* BYDDAROL
**deaf-mute,** *n.* MUDAN
**deafness,** *n.* BYDDARDOD
**deal,** *n.* DELIANT, BARGEN, DÊL
*v.* BARGEINIO, DELIO, YMDRIN
**dealer,** *n.* DELIWR
**dean,** *n.* DEON
**deanery,** *n.* DEONIAETH (SWYDD), DEONDY (TŶ)
**dear,** *a.* ANNWYL, PRID, CU, DRUD
*n.* ANWYLYD, CARIAD
*i.* DIAR ANNWYL!
**dearness,** *n.* ANWYLDEB, DRUDANIAETH
**dearth,** *n.* PRINDER
**death,** *n.* MARWOLAETH, ANGAU, TRANC
**deathless,** *a.* ANFARWOL, DI-DRANC
**death-rate,** *n.* CYFRADD MARW
**debacle,** *n.* CHWALFA
**debar,** *v.* ATAL, LLUDDIAS
**debase,** *v.* DIRADDIO, TANSEILIO
**debasement,** *n.* DIRADDIAD
**debatable,** *a.* DADLEUOL
**debate,** *n.* DADL
*v.* DADLAU
**debater,** *n.* DADLEUWR
**debauch,** *n.* LLYGREDD, TRYTHYLLWCH
*v.* LLYGRU, TREISIO
**debauchery,** *n.* LLYGREDD, GWŶD
**debenture,** *n.* DEBENTUR, DYLEDEB
**debilitate,** *v.* LLESGÁU, GWANYCHU
**debility,** *n.* LLESGEDD, GWENDID
**debit,** *n.* DEBYD
*v.* DEBYDU
**debonair,** *a.* HYNAWS, COETH, CAIN
**debris,** *n.pl.* MALURION
**debt,** *n.* DYLED
**debtor,** *n.* DYLEDWR
**debugging,** *v.* DADFYGIO
**début,** *n.* YMDDANGOSIAD CYNTAF
**decade,** *n.* DEGAWD
**decadence,** *n.* DIRYWIAD
**decadent,** *a.* DIRYWIOL
**decagon,** *n.* DECAGON
**decamp,** *v.* CILIO, FFOI
**decant,** *v.* ARDYWALLT
**decapitate,** *v.* TORRI PEN
**decarbonise,** *v.* DATGARBONEIDDIO
**decay,** *n.* DADFEILIAD
*v.* DARFOD, DADFEILIO, DIHOENI
**decaying,** *a.* DARFODUS
**decease,** *n.* MARWOLAETH, TRANC
*v.* MARW, TRENGI
**deceased,** *a.* MARW, YMADAWEDIG
**deceit,** *n.* DICHELL, TWYLL
**deceitful,** *a.* DICHELLGAR, TWYLLODRUS
**deceive,** *v.* TWYLLO
**deceiver,** *n.* TWYLLWR
**decelerate,** *v.* ARAFU
**deceleration,** *n.* ARAFIAD
**December,** *n.* RHAGFYR
**decency,** *n.* GWEDDUSTER
**decent,** *a.* GWEDDUS
**decentralisation,** *n.* DATGANOLI(AD)
**decentralise,** *v.* DATGANOLI
**deception,** *n.* TWYLL, DICHELL
**deceptive,** *a.* TWYLLODRUS
**decibel,** *n.* DECIBEL
**decide,** *v.* PENDERFYNU, BARNU
**decided,** *a.* PENDERFYNOL, AMLWG
**decidedly,** *ad.* YN DDIAU/DDIAMAU
**deciduous,** *a.* COLLDDAIL, DEILGOLL
**decile,** *n.* DEGRADD
*a.* DEGYNNOL, DEGRADDOL
**decilitre,** *n.* DECILITR
**decimal,** *n.* DEGOLYN
*a.* DEGOL
*recurring decimal,* DEGOLYN CYLCHOL
**decimalize,** *v.* DEGOLI
**decimate,** *v.* DEGYMU
**decimation,** *n.* DEGYMIAD
**decimetre,** *n.* DECIMETR
**decipher,** *v.* DEHONGLI
**decision,** *n.* PENDERFYNIAD
**decisive,** *a.* PENDANT, TERFYNOL
**decisiveness,** *n.* PENDANTRWYDD
**deck,** *n.* BWRDD, DEC
*v.* TRWSIO, YMBINCIO
**declamation,** *n.* ARAITH DDEIFIOL
**declamatory,** *a.* DEIFIOL
**declaration,** *n.* DATGANIAD
**declare,** *v.* DATGAN
**declension,** *n.* GOGWYDDIAD, RHEDIAD

**declination,** *n.* GOLEDDIAD
**decline,** *n.* DIRYWIAD
*v.* DIRYWIO, NYCHU, GWANHAU, RHEDEG
**declivity,** *n.* GORIWAERED, LLETHR, GWAERED
**decoction,** *n.* TRWYTH
**de-code,** *v.* DADGODIO
**decompose,** *v.* MADRU, BRAENU, PYDRU, DADELFENNU
**decomposition,** *n.* MADREDD, PYDRIAD, BRAENIAD, DADELFENIAD
**decontaminate,** *v.* DADLYGRU
**decontrol,** *n.* DADREOLAETH
*v.* DADREOLI
**decor,** *n.* ADDURN
**decorate,** *v.* ADDURNO
**decorated,** *a.* ADDURNEDIG
**decoration,** *n.* ADDURN, TLWS
**decorative,** *a.* ADDURNOL
**decorator,** *n.* ADDURNWR, PEINTIWR TAI
**decorous,** *a.* GWEDDUS
**decorum,** *n.* GWEDDUSTER
**decouple,** *v.* DADGYPLU
**decoy,** *n.* LLITH, HUD
*v.* LLITHIO, HUDO, DENU
**decrease,** *n.* LLEIHAD, GOSTYNGIAD
*v.* LLEIHAU, GOSTWNG
**decreasing,** *a.* LLEIHAOL
**decree,** *n.* DYFARNIAD, ARCHDDYFARNIAD
**decrement,** *n.* DECREMENT
**decrepit,** *a.* MUSGRELL, LLEGACH
**decrepitate,** *v.* CRINELLU
**decrepitude,** *n.* MUSGRELLNI, LLESGEDD
**decry,** *v.* BYCHANU, DIFRÏO
**dedicate,** *v.* CYSEGRU, CYFLWYNO
**dedication,** *n.* CYSEGRIAD, CYFLWYNIAD
**deduce,** *v.* DIDDWYTHO
**deduct,** *v.* DIDYNNU
**deduction,** *n.* DIDDWYTHIAD, DIDYNIAD
**deductive,** *a.* DIDDWYTHOL
**deed,** *n.* GWEITHRED
**deem,** *v.* TYBIED, BARNU, YSTYRIED
**deep,** *a.* DWFN, DWYS, CYFRWYS
*n.* DYFNDER
*deep litter,* GWASARN
**deepen,** *v.* DYFNHAU, DWYSÁU
**deep freeze,** *n.* RHEWGELL
*chest,* RHEWGIST
**deepness,** *n.* DYFNDER
**deer,** *n.* HYDD, CARW
**deface,** *v.* DIFWYNO
**defacement,** *n.* DIFWYNIAD
**defamation,** *n.* DIFENWAD
**defamatory,** *a.* DIFENWOL, DIFRÏOL
**defame,** *v.* DIFENWI, DIFRÏO
**default,** *v.* DIFFYGDALU
**defaulter,** *n.* DIFFYGDALWR
**defeat,** *n.* TRECHIAD, GORCHFYGIAD
*v.* TRECHU, GORCHFYGU
**defeatism,** *n.* ILDFRYDEDD
**defeatist,** *n.* ILDFRYDWR
**defecate,** *v.* CARTHU, CACHU
**defecation,** *n.* CARTHIAD, CACHI
**defect,** *n.* NAM, DIFFYG
**defection,** *n.* GWRTHGILIAD
**defective,** *a.* DIFFYGIOL
**defence,** *n.* AMDDIFFYN(IAD)
**defend,** *v.* AMDDIFFYN
**defendant,** *n.* DIFFYNNYDD
**defender,** *n.* AMDDIFFYNNWR
**defensive,** *a.* AMDDIFFYNNOL
**defer,** *v.* GOHIRIO, OEDI
**deference,** *n.* PARCH, GWROGAETH
**deferential,** *a.* PARCHUS
**deferment,** *n.* GOHIRIAD, OEDIAD
**deferred,** *a.* GOHIRIEDIG
**defiance,** *n.* HERFEIDDIAD
**defiant,** *a.* HERFEIDDIOL
**deficiency,** *n.* DIFFYGIANT, DIFFYG
**deficient,** *a.* DIFFYGIOL
**deficit,** *n.* DIFFYG ARIANNOL
**defile,** *n.* CULFFORDD, CYFYNG
*v.* HALOGI, DIFWYNO
**defilement,** *n.* HALOGIAD
**define,** *v.* DIFFINIO
**defined,** *a.* DIFFINIEDIG
**definite,** *a.* PENDANT, PENODOL
**definitely,** *ad.* YN DDI-OS
**definiteness,** *n.* PENDANTRWYDD
**definition,** *n.* DIFFINIAD
**deflate,** *v.* DADCHWYTHU
**deflation,** *n.* DADCHWYTHIAD, DADCHWYDDIANT
**deflect,** *v.* ALLWYRO, GWYRO
**deflection,** *n.* ALLWYRIAD, GWYRIAD
**deflocculation,** *n.* DADGRYNHOAD
**defoliate,** *v.* DIDDEILIO
**deform,** *v.* ANFFURFIO, AFLUNIO, HAGRU
**deformed,** *a.* ANFFURF, AFLUNIAIDD
**deformity,** *n.* ANFFURFIANT, ANFERTHWCH
**defraud,** *v.* TWYLLO
**defray,** *v.* TALU
**defrayal,** *n.* TALIAD
**defroster,** *n.* DIREWYDD
**deft,** *a.* DEHEUIG, MEDRUS
**deftness,** *n.* DEHEURWYDD

**defunct,** *a.* MARW
**defy,** *v.* HERIO, BEIDDIO
**degeneracy,** *n.* DIRYWIAD, DIRYWIAETH
**degenerate,** *v.* DIRYWIO
*a.* DIRYWIEDIG
**degeneration,** *n.* DIRYWIAD
**degenerative,** *a.* DIRYWIOL
**degradation,** *n.* DIRADDIAD, DIRYWIAD
**degrade,** *v.* DIRADDIO
**degraded,** *a.* DIRADDIOL
**degrading,** *a.* DIRADDIOL
**degrease,** *v.* DISEIMIO
**degree,** *n.* GRADD
*by degrees,* YN RADDOL, BOB YN DIPYN
**dehorn,** *v.* DIGORNIO
**dehydrate,** *v.* DIHYDRADU
**dehydration,** *n.* DIHYDRAD
**deification,** *n.* DWYFOLIAD
**deify,** *v.* DWYFOLI
**deign,** *v.* YMOSTWNG
**deism,** *n.* DÉISTIAETH
**Deity,** *n.* DUW(DOD)
**deject,** *v.* DIGALONNI, TRISTÁU
**dejected,** *a.* DIGALON
**dejection,** *n.* DIGALONDID
**delate,** *v.* ACHWYN (AR)
**delay,** *n.* OEDIAD
*v.* OEDI
**delectable,** *a.* DYMUNOL, HYFRYD
**delegate,** *n.* ANFONOG, DIRPRWY
*v.* DIRPRWYO
**delegation,** *n.* DIRPRWYAETH
**delete,** *v.* DILEU
**deleterious,** *a.* NIWEIDIOL
**deletion,** *n.* DILEAD
**deliberate,** *a.* BWRIADOL
*v.* YSTYRIED, TRAFOD
**delicacy,** *n.* AMHEUTHUN, DANTEITHFWYD
*delicacies,* DANTEITHION
**delicate,** *a.* TYNER, EIDDIL, MOETHUS, CAIN, CYNNIL, GWANLLYD
**delicious,** *a.* DANTEITHIOL, BLASUS
**delight,** *n.* HYFRYDWCH
*v.* YMHYFRYDU
**delightful,** *a.* HYFRYD, BRAF
**delimit,** *v.* AMFFINIO
**delineate,** *v.* DARLUNIO
**delineation,** *n.* DARLUNIAD
**delinquency,** *n.* TRAMGWYDD(AETH), TROSEDD, DELINCWENSI
**delinquent,** *n.* TRAMGWYDDWR, DELINCWENT
**deliquescence,** *n.* DIWLYCHIAD
**deliquescent,** *a.* DIWLYCHOL
**delirium,** *n.* DELIRIWM
**deliver,** *v.* TROSGLWYDDO, TROSGLUDO, RHYDDHAU, DANFON, TRADDODI (ARAITH)
**deliverance,** *n.* GWAREDIGAETH, YMWARED
**deliverer,** *n.* GWAREDWR, ACHUBWR/YDD
**delivery,** *n.* TROSGLUD, ESGORIAD
**dell,** *n.* GLYN, PANT, CWM
**delta,** *n.* DELTA
**deltaic,** *a.* DELTAIDD
**delude,** *v.* TWYLLO, HUDO
**deluge,** *n.* DILYW, LLIFEIRIANT
**delusion,** *n.* RHITHDYB, TWYLL
**delusive,** *a.* TWYLLODRUS
**delve,** *v.* YMCHWILIO, CLODDIO
**demagogue,** *n.* TERFYSGWR
**demand,** *n.* HAWLIAD, ARCH, GOFYN, GALW
*v.* HAWLIO, MYNNU
**demarcation,** *n.* LLINELL DERFYN, FFIN
**demeanour,** *n.* YMARWEDDIAD, YMDDYGIAD
**demented,** *a.* GWALLGOF, GORFFWYLL
**demerara,** *n.* DEMERARA
**demesne,** *n.* DEMÊN
**demi,** *px.* HANNER
**demigod,** *n.* IS-DDUW
**demise,** *n.* CYMUNIAETH, MARWOLAETH
*v.* CYMUNO
**demi-semi-quaver,** *n.* LLED-HANNER-CWAFER
**demister,** *n.* DINIWLYDD
**demobilisation,** *n.* DADFYDDINIAD
**demobilize,** *v.* DADFYDDINO
**democracy,** *n.* DEMOCRATIAETH, GWERINIAETH
**democrat,** *n.* GWERINIAETHWR, DEMOCRAT
**democratic,** *a.* DEMOCRATIG
**demodulate,** *v.* DADFODYLU
**demographic,** *a.* DEMOGRAFFIG
**demography,** *n.* DEMOGRAFFEG
**demolish,** *v.* DYMCHWEL, DISTRYWIO
**demolition,** *n.* DYMCHWELIAD
**demon,** *n.* CYTHRAUL
**demoniac,** *n.* GWALLGOFDDYN
**demonism,** *n.* DEMONAETH, DEMONEG
**demonstrate,** *v.* ARDDANGOS
**demonstration,** *n.* ARDDANGOSIAD
**demonstrative,** *a.* ARDDANGOSOL, EGLURHAOL, DANGOSOL
**demonstrator,** *n.* ARDDANGOSWR
**demoralization,** *n.* LLYGRIAD MOESAU, LLYGREDIGAETH

**demoralize,** *v.* LLYGRU
**demoralizing,** *a.* LLYGREDIG
**demote,** *v.* DAROSTWNG
**demotion,** *n.* DAROSTYNGIAD
**demur,** *v.* DEMYRRU
**demure,** *a.* SWIL, GWYLAIDD
**demureness,** *n.* SWILDOD
**demurrer,** *n.* DEMYRIAD
**den,** *n.* FFAU, GWÂL
**denary,** *a.* DEGAIDD
**denationalize,** *v.* DADWLADOLI
**deniable,** *a.* GWADADWY
**denial,** *n.* GWADIAD, GWRTHODIAD
**denitrification,** *n.* DADNITRADAETH
**denitrify,** *v.* DADNITREIDDIO
**denizen,** *n.* PRESWYLYDD
**denominate,** *v.* ENWI, GALW
**denomination,** *n.* ENWAD, ENW
**denominational,** *a.* ENWADOL
**denominative,** *a.* ENWOL
**denominator,** *n.* ENWADUR
**denotation,** *n.* DYNODIAD
**denote,** *v.* DYNODI, ARWYDDO
**denouement,** *n.* DADLENIAD
**denounce,** *v.* LLADD (ar), DWRDIO, CONDEMNIO
**dense,** *a.* TRWCHUS, DWYS, HURT
**density,** *n.* DWYSEDD, TRWCH
**dent,** *n.* TOLC
*v.* TOLCIO
**dental,** *a.* DEINTYDDOL
**denticle,** *n.* DEINTIG
**dentist,** *n.* DEINTYDD
**dentistry,** *n.* DEINTYDDIAETH
**dentures,** *n.pl.* DANNEDD GOSOD/DODI
**denudation,** *n.* DINOETHIANT, TREULIANT
**denude,** *v.* DINOETHI
**denumerable,** *a.* RHIFADWY
**denunciation,** *n.* CONDEMNIAD
**deny,** *v.* GWADU, GWRTHOD
**deodorant,** *n.* DIAROGLYDD
**deodorize,** *v.* DIAROGLI
**depart,** *v.* YMADAEL, CYCHWYN
**departed,** *a.* YMADAWEDIG
**department,** *n.* ADRAN, DOSBARTH
**departmental,** *a.* ADRANNOL
**departure,** *n.* YMADAWIAD, GADAEL
**depend,** *v.* DIBYNNU
**dependable,** *a.* DIBYNADWY
**dependant,** *n.* DIBYNNYDD
**dependence,** *n.* DIBYNIANT
**dependency,** *n.* DIBYNIAD, GWLAD DDIBYNNOL, DIBYNWLAD
**dependent,** *a.* DIBYNNOL
**depict,** *v.* DARLUNIO
**deplete,** *v.* GWACÂU, DISBYDDU
**depletion,** *n.* GWACÂD
**deplorable,** *a.* GRESYNUS, TRUENUS
**deplore,** *v.* GRESYNU, GOFIDIO
**deploy,** *v.* LLEOLI
**deponent,** *n.* DEPONENT
**depopulate,** *v.* DIBOBLOGI
**depopulation,** *n.* DIBOBLOGIAD
**deport,** *v.* DADBORTHIO, ALLTUDIO
**deportation,** *n.* ALLTUDIAETH
**deportment,** *n.* YMGYNHALIAD
**depose,** *v.* DISWYDDO, TYSTIO, DIORSEDDU
**deposit,** *n.* ADNAU, ERNES, DYDDODYN, BLAENDAL
*v.* ADNEUO, DYDDODI
*deposit account,* CYFRIF ADNAU
*marine deposits,* DYDDODION MÔR
**deposition,** *n.* DISWYDDIAD, DIORSEDDIAD, DYDDODIAD, DEPONIAD
**depositor,** *n.* ADNEUYDDWR
**depository,** *n.* ADDOD, STORFA
**depot,** *n.* DEPOT, STORFA
**depravation,** *n.* LLYGREDD
**deprave,** *v.* LLYGRU
**depraved,** *a.* LLYGREDIG
**depravity,** *n.* LLYGREDD
**deprecate,** *v.* ANGHYMERADWYO, BYCHANU
**deprecation,** *n.* ANGHYMERADWYAETH
**deprecatory,** *a.* BYCHANUS
**depreciate,** *v.* DIBRISIO, GWERTHOSTWNG
**depreciation,** *n.* DIBRISIAD, GWERTHOSTYNGIAD
**depredation,** *n.* ANRHEITHIAD
**depredator,** *n.* ANRHEITHIWR
**depress,** *v.* DIGALONNI, GOSTWNG
**depressed,** *a.* DIGALON, ISEL-YSBRYD, DIRWASGEDIG
**depression,** *n.* ISELDER (YSBRYD), TOLC, DIBWYSIANT (TYWYDD), PANT, GOSTYNGIAD, DIRWASGIAD (DIWYDIANT)
**deprivation,** *n.* AMDDIFADEDD, COLLED
**deprive,** *v.* AMDDIFADU
**deprived,** *a.* AMDDIFADUS
**depth,** *n.* DYFNDER, PERFEDD (NOS)
**deputation,** *n.* DIRPRWYAETH
**depute,** *v.* DIRPRWYO
**deputise,** *v.* DIRPRWYO
**deputy,** *n.* DIRPRWY
**derange,** *v.* AMHWYLLO, ANHREFNU
**deranged,** *a.* AMHWYLLOG, ANHREFNUS
**derangement,** *n.* DRYSWCH, ANHREFN

**derelict,** *a.* CYFROLLWNG, DERELICT, DIFFAITH
**deride,** *v.* GWAWDIO, GWATWAR
**derision,** *n.* DIRMYG, GWATWAR
**derisive,** *a.* DIRMYGUS, GWATWARUS
**derivation,** *n.* DEILLIANT, TARDDIAD
**derivative,** *n.* DEILLIAD
*a.* DEILLIADOL
**derive,** *v.* DEILLIO, TARDDU, DERBYN
**derived,** *a.* DEILLIADOL
**dermatitis,** *n.* DERMATITIS, CLWY'R CROEN
**dermis,** *n.* DERMIS
**derrick,** *n.* DERIC
**descant,** *n.* DESGANT
**descend,** *v.* HANU, DISGYN
**descendant,** *n.* DISGYNNYDD
**descending,** *a.* DISGYNNOL
**descent,** *n.* DISGYNIAD
**describe,** *v.* DISGRIFIO
**description,** *n.* DISGRIFIAD
**descriptive,** *a.* DISGRIFIADOL
**descry,** *v.* CANFOD
**desecrate,** *v.* HALOGI
**desecration,** *n.* HALOGIAD
**desegregation,** *n.* DAD-DDIDOLI
**desert,** *n.* DIFFEITHWCH, ANIALWCH
*a.* DIFFAITH, ANIAL
**desert,** *n.* HAEDDIANT
*v.* CILIO, FFOI
**deserted,** *a.* DIFFAITH
**deserter,** *n.* ENCILIWR, FFOADUR
**desertion,** *n.* ENCILIAD
**deserts,** *n.pl.* HAEDDIANT
**deserve,** *v.* HAEDDU, TEILYNGU
**deserving,** *a.* HAEDDIANNOL, TEILWNG
**desiccate,** *v.* DISYCHU
**desiccated,** *a.* DISYCH
**desiccation,** *n.* DISYCHIAD
**desiccator,** *n.* DISYCHYDD, SYCHIADUR
**desideratum,** *n.* ANGEN
**design,** *n.* CYNLLUN, DYLUNIAD
*v.* CYNLLUNIO, DYLUNIO, AMCANU
**designate,** *v.* DYNODI, ENWI
**designation,** *n.* DYNODIAD, ENW
**designer,** *n.* CYNLLUNYDD, RHAGLUNYDD, DYLUNYDD
**desirability,** *n.* DYMUNOLDEB
**desirable,** *a.* DYMUNOL
**desire,** *n.* DYMUNIAD, AWYDD
*v.* DYMUNO
**desirous,** *a.* AWYDDUS, CHWANNOG
**desist,** *v.* YMATAL, PEIDIO
**desk,** *n.* DESG
**desolate,** *a.* ANGHYFANNEDD, DIFFAITH
*v.* DIFRODI
**desolation,** *n.* ANGHYFANEDD-DRA
**despair,** *n.* ANOBAITH
*v.* ANOBEITHIO
**desperado,** *n.* DIHIRYN
**desperate,** *a.* ANOBEITHIOL, GORFFWYLL
**desperation,** *n.* ANOBAITH, GORFFWYLLTRA
**despicable,** *a.* DIRMYGEDIG
**despise,** *v.* DIRMYGU
**despite,** *prp.* ER GWAETHAF
**despoil,** *v.* ANRHEITHIO, YSBEILIO
**despoliation,** *n.* ANRHEITHIAD
**despondency,** *n.* DIGALONDID
**despondent,** *a.* DIGALON
**despot,** *n.* DESBOT, UNBEN
**despotic,** *a.* UNBENAETHOL
**despotism,** *n.* DESBOTIAETH
**desquamation,** *n.* DIGENIAD
**dessert,** *n.* ANCWYN, PWDIN, MELYSFWYD
**dessert spoon,** *n.* LLWY GAWL
**destination,** *n.* CYRCHNOD
**destine,** *v.* ARFAETHU, TYNGHEDU
**destiny,** *n.* TYNGED, TYNGHEDFEN
**destitute,** *a.* ANGHENUS, AMDDIFAD
**destitution,** *n.* ANGEN, AMDDIFADRWYDD
**destroy,** *v.* DINISTRIO, DIFETHA
**destroyer,** *n.* DINISTRYDD, DISTRYWLONG
**destruction,** *n.* DISTRYW, DINISTR
**destructive,** *a.* DISTRYWIOL, DINISTRIOL
**destructiveness,** *n.* DISTRYWGAREDD
**destructor,** *n.* DISTRYWYDD
**detach,** *v.* DATGYSYLLTU, GWAHANU, DATOD
**detached,** *a.* AR WAHÂN
**detachment,** *n.* DIDOLIAD, MINTAI
**detail,** *v.* MANYLU
*n.* MANYLYN
**details,** *n.pl.* MANYLION
**detain,** *v.* CADW, CAETHIWO
**detect,** *v.* DATGELU, CANFOD
**detection,** *n.* DATGELIAD
**detective,** *n.* DITECTIF
**detector,** *n.* DETECTOR, DATGUDDIWR
**detention,** *n.* CARCHARIAD
**deter,** *v.* ATAL, RHWYSTRO
**detergent,** *n.* GLANEDYDD
*a.* GLANEDOL
**deteriorate,** *v.* DIRYWIO, GWAETHYGU
**deterioration,** *n.* DIRYWIAD
**determent,** *n.* RHWYSTR, ATALFA
**determinant,** *n.* PENDERFYNYN, DETERMINANT

**determinate,** *a.* PENDERFYNEDIG
**determination,** *n.* PENDERFYNIAD
**determine,** *v.* PENDERFYNU, PENNU
**determined,** *a.* PENDERFYNOL
**determinism,** *n.* PENDERFYNIAETH
**determinist,** *n.* PENDERFYNIEDYDD
*a.* PENDERFYNIADOL
**deterrence,** *n.* ATALIAETH
**deterrent,** *n.* ATALRYM, ATALIAD
*a.* ATALIOL
**detest,** *v.* CASÁU, FFIEIDDIO
**detestable,** *a.* ATGAS, FFIAIDD
**detestation,** *n.* ATGASEDD, FFIEIDD-DRA
**detonate,** *v.* TANIO
**detonation,** *n.* TANIAD
**detonator,** *n.* TANIADUR
**dethrone,** *v.* DIORSEDDU
**dethronement,** *n.* DIORSEDDIAD
**detour,** *n.* AMDAITH
**detract,** *v.* BYCHANU, DIFRÏO
**detraction,** *n.* DIFRÏAETH
**detriment,** *n.* NIWED, COLLED
**detrimental,** *a.* NIWEIDIOL, COLLEDUS
**detritus,** *n.* DETRITWS, MALURION
**deuce,** *n.* DIWS, DIAFOL
**deuteron,** *n.* DEUTERON
**devaluation,** *n.* GWERTHOSTYNGIAD, DATBRISIAD
**devalue,** *v.* GWERTHOSTWNG, DATBRISIO
**devastate,** *v.* DIFRODI, DIFFEITHIO
**devastating,** *a.* DIFRODUS
**devastation,** *n.* DIFROD
**devastator,** *n.* DIFRODWR
**develop,** *v.* DATBLYGU
**developer,** *n.* DATBLYGYDD
**developing,** *a.* DATBLYGOL
**development,** *n.* DATBLYGIAD
*development area,* RHANBARTH DATBLYGU
**developmental,** *a.* DATBLYGUS
**deviate,** *v.* GWYRO
**deviation,** *n.* GWYRIAD
**device,** *n.* DYFAIS
**devil,** *n.* DIAFOL, CYTHRAUL
**devilish,** *a.* DIEFLIG, CYTHREULIG
**devilled,** *a.* POETH
**devilment,** *n.* CYTHREULDEB, DRYGIONI
**devilry,** *n.* DIAWLEDIGRWYDD
**devious,** *a.* CYFEILIORNUS, TROELLOG
**devise,** *v.* DYFEISIO, CYNLLUNIO, CYMYNNU
**devisor,** *n.* CYMYNNWR
**devoid,** *a.* AMDDIFAD, GWAG
**devolution,** *n.* DATGANOLI
**devolve,** *v.* DATGANOLI, SYRTHIO (AR)
**devote,** *v.* YMRODDI, CYSEGRU
**devoted,** *a.* YMRODDGAR, FFYDDLON
**devotion,** *n.* YMRODDIAD, DEFOSIWN
**devotional,** *a.* DEFOSIYNOL
**devour,** *v.* YSU, DIFA
**devout,** *a.* DUWIOL, CREFYDDOL, DEFOSIYNOL, YMRODDEDIG
**dew,** *n.* GWLITH
*dew-point,* GWLITHBWYNT
**dewdrop,** *n.* GWLITHYN
**dewpond,** *n.* GWLITHBWLL
**dewy,** *a.* GWLITHOG
**dexterity,** *n.* DEHEURWYDD
**dexterous,** *a.* DEHEUIG
**dextrose,** *n.* DECSTROS
**diabetes,** *n.* CLEFYD MELYS/SIWGR
**diabetic,** *a. & n.* DIABETIG
**diabolic(al),** *a.* CYTHREULIG, DIEFLIG
**diaconate,** *n.* DIACONIAETH
**diadelphous,** *a.* DIADELFFUS
**diadem,** *n.* CORON, TALAITH
**diaeresis,** *n.* DIDOLNOD
**diagnose,** *v.* ADNABOD
**diagnosis,** *n.* DIAGNOSIS
**diagnostic,** *a.* DIAGNOSTIG
**diagonal,** *n.* CROESLIN
*a.* CROESLIN(OL), LLETRAWS
**diagonally,** *ad.* YN GROESLINOL
**diagram,** *n.* DIAGRAM
**dial,** *n.* DEIAL
*v.* DEIALU
**dialect,** *n.* TAFODIAITH
**dialectic,** *n.* DILECHDID
**dialectical,** *a.* DILECHDIDOL
**dialectics,** *n.pl.* RHESYMEG
**dialectology,** *n.* TAFODIEITHEG
**dialogue,** *n.* DEIALOG, YMDDIDDAN, SGWRS
**dialysis,** *n.* DIALYSIS
**diameter,** *n.* DIAMEDR, TRYFESUR
**diametral,** *a.* DIAMEDRAL
**diamond,** *n.* DIEMWNT
**diapason,** *n.* TRAW, DIAPASON
**diaphragm,** *n.* DIAFFRAM, LLENGIG
**diarist,** *n.* DYDDIADURWR
**diarrhoea,** *n.* DOLUR RHYDD
**diary,** *n.* DYDDIADUR
**diaspora,** *n.* GWASGARIAD
**diastrophism,** *n.* DIASTROFFEDD
**diatom,** *n.* DIATOM
**diatonic,** *a.* DIATONIG
**diatribe,** *n.* GEIRIAU HALLT
**dibble,** *n.* TYLLWR
*v.* PLANNU

**dice,** *n.* DÎS
*v.* DISIO, DEISIO
**diced,** *a.* DISIOG
**dichotomous,** *a.* DEUBARTHOL
**dichotomy,** *n.* DICOTOMI
**dictaphone,** *n.* DICTAFFON
**dictate,** *v.* ARDDYWEDYD, GORCHYMYN
**dictation,** *n.* ARDDYWEDIAD, CYFARWYDDYD
**dictator,** *n.* DICTADUR, UNBEN
**dictatorial,** *a.* DICTADUROL
**dictatorship,** *n.* UNBENNAETH
**diction,** *n.* IEITHWEDD, YNGANIAD
**dictionary,** *n.* GEIRIADUR
**dictum,** *n.* DATGANIAD, DYFARNIAD
**didactic,** *a.* DIDACTIG
**diddle,** *v.* TWYLLO
**die,** *n.* DEI
*die nut,* NYTEN DEI
**die,** *v.* MARW, TRENGI, DARFOD, TRIGO
**diehard,** *n.* GWRTHWYNEBWR CADARN
**dielectric,** *n.* DEUELECTRYN
*a.* DEUELECTRIG
**diesel,** *n.* DISEL
**diet,** *n.* DIET, CYNHADLEDD, YMBORTH
*v.* DILYN DIET
**dietary,** *a.* YMBORTHOL
**dietetics,** *n.* DIETETEG
**dietician,** *n.* DIETEGYDD
**differ,** *v.* GWAHANIAETHU, ANGHYTUNO
**difference,** *n.* GWAHANIAETH, ANGHYTUNDEB
*mean difference,* GWAHANIAETH CYMEDRIG
**different,** *a.* GWAHANOL, AMGEN
**differentia,** *n.* GWAHANWEDD
**differentiable,** *a.* DIFFERADWY
**differential,** *n.* DIFFERYN
*a.* DIFFEROL
*differential calculus,* CALCWLWS DIFFEROL
**differentiate,** *v.* DIFFERU, GWAHANIAETHU
**differentiated,** *a.* GWAHANIAETHOL
**differentiation,** *n.* DIFFERIAD, GWAHANIAETHIAD
**difficult,** *a.* ANODD, CALED, AFRWYDD
**difficulty,** *n.* ANHAWSTER, AFRWYDDINEB
**diffidence,** *n.* ANHYDER
**diffident,** *a.* ANHYDERUS
**diffraction,** *n.* DIFFREITHIANT
**diffuse,** *v.* TRYLEDU
**diffuser,** *n.* TRYLEDWR
**diffusion,** *n.* TRYLEDIAD
**diffusive,** *a.* TRYLEDOL
**dig,** *v.* CLODDIO, PALU, TORRI, PWNIO
**digest,** *n.* CRYNHOAD
*v.* TREULIO
**digestibility,** *n.* TREULIADEDD
**digestible,** *a.* TREULIADWY
**digestion,** *n.* TRAUL, TREULIAD
**digger,** *n.* CLODDIWR, PALWR
**digit,** *n.* DIGID, BYS
**digital,** *a.* DIGIDOL
**digitation,** *n.* DIGIDIAD
**dignified,** *a.* URDDASOL
**dignify,** *v.* URDDASOLI
**dignity,** *n.* URDDAS
**digraph,** *n.* DEUGRAFF
**digress,** *v.* CRWYDRO, GWYRO
**digression,** *n.* CRWYDRAD, GWYRIAD
**digressive,** *a.* GWYROL
**dihedral,** *a.* DEUHEDROL
**dihybrid,** *a.* DEUHYBRID
**dike,** *n.* COB, MORGLAWDD
**dilapidate,** *v.* ADFEILIO, MALURIO, DADFEILIO
**dilapidated,** *a.* ADFEILIEDIG
**dilapidation,** *n.* ADFEILIAD
**dilate,** *v.* YMLEDU
**dilation,** *n.* YMLEDIAD
**dilatoriness,** *n.* ARAFWCH
**dilatory,** *a.* ARAF, YMARHOUS
**dilemma,** *n.* PENBLETH, CYFYNG-GYNGOR
**diligence,** *n.* DIWYDRWYDD
**diligent,** *a.* DIWYD, DYFAL
**dilly-dally,** *v.* YMDROI, SWMERA
**dilute,** *v.* GWANHAU, GWANEDU
**diluted,** *a.* GWANEDIG
**dilution,** *n.* GWANHAD
**dim,** *a.* PŴL, ANEGLUR
*v.* PYLU, TYWYLLU
**dimension,** *n.* DIMENSIWN
*v.* DIMENSIYNU
**dimensional,** *a.* DIMENSIYNOL
**diminish,** *v.* LLEIHAU, PRINHAU
**diminished,** *a.* CYWASG
**diminution,** *n.* LLEIHAD
**diminutive,** *a.* BYCHAN, BACHIGOL
*n.* BACHIGYN
**dimmer,** *n.* PYLYDD
*dimmer board,* PANEL PYLU
**dimness,** *n.* PYLNI
**dimorphous,** *a.* DEULUN
**dimple,** *n.* PANNWL, PANT
*v.* PANYLU
**din,** *n.* MWSTWR, TWRF, TRWST
**dine,** *v.* CINIAWA

**diner,** *n.* CINIÄWR
**dinghy,** *n.* DINGI
**dingle,** *n.* PANT, CWM, GLYN
**dingy,** *a.* TYWYLL, BUDR, TLODAIDD
**dining-room,** *n.* YSTAFELL FWYTA
**dinky,** *a.* TWT, CRYNO
**dinner,** *n.* CINIO (NOS)
**diocesan,** *a.* ESGOBAETHOL
**diocese,** *n.* ESGOBAETH
**diode,** *n.* DEUOD
**dioptrics,** *n.pl.* DIOPTEG
**dioxide,** *n.* DEUOCSID, DIOCSID
**dip,** *n.* TROCHFA, DIP, GOGWYDDIAD, GOLEDD
*v.* TROCHI, GOLCHI, GOLEDDU
*dip slope,* GOLETHR
**diphtheria,** *n.* DIFFTHERIA
**diphthong,** *n.* DIPTON, DEUSAIN
**diploma,** *n.* DIPLOMA
**diplomacy,** *n.* DIPLOMYDDIAETH
**diplomat,** *n.* DIPLOMYDD
**diplomatic,** *a.* DIPLOMYDDOL
**dipole,** *n.* DEUPOL, DEUBEGWN
**dipper,** *n.* TIPELL, TROCHWR
**diptych,** *n.* DIPTYCH
**dire,** *a.* DYGN, GRESYNUS, ARSWYDUS
**direct,** *n.* CYFEIRNOD
*a.* UNION(GYRCHOL)
*direct current,* CERRYNT UNION
*v.* CYFEIRIO
**directed,** *a.* CYFEIRIEDIG, CYFEIRIOL
**direction,** *n.* CYFEIRIAD, CYFARWYDDYD
**directional,** *a.* CYFEIRIADOL
**directive,** *n.* CYFARWYDDEB
**directly,** *ad.* YN DDI-OED
**directness,** *n.* UNIONGYRCHEDD
**director,** *n.* CYFARWYDDWR
**directory,** *n.* CYFARWYDDIADUR
**directrix,** *n.* CYFEIRLIN
**dirge,** *n.* GALARNAD, MARWNAD
**dirk,** *n.* DAGR
**dirt,** *n.* BAW, LLAID, LLACA, TOM
**dirty,** *a.* BRWNT, BUDR, BAWLYD
**disability,** *n.* ANABLEDD
*disabled person,* PERSON AN-ABL
**disable,** *v.* ANABLU, ANALLUOGI
**disabled,** *a.* ANABL
**disadvantage,** *n.* ANFANTAIS
**disadvantageous,** *a.* ANFANTEISIOL
**disaffection,** *n.* ANFODLONRWYDD
**disagree,** *v.* ANGHYTUNO, ANGHYDWELD
**disagreeable,** *a.* ANNYMUNOL
**disagreeableness,** *n.* ATGASRWYDD
**disagreement,** *n.* ANGHYTUNDEB, ANGHYDFOD
**disallow,** *v.* GWAHARDD, GWRTHOD
**disamenity,** *n.* DIFWYNDER
**disappear,** *v.* DIFLANNU
**disappearance,** *n.* DIFLANIAD
**disappoint,** *v.* SIOMI
**disappointed,** *a.* SIOMEDIG
**disappointment,** *n.* SIOM(EDIGAETH)
**disapproval,** *a.* ANGHYMERADWYAETH
**disapprove,** *v.* ANGHYMERADWYO
**disarm,** *v.* DIARFOGI
**disarmament,** *n.* DIARFOGIAD
**disarrange,** *v.* ANHREFNU
**disarray,** *n.* ANHREFN
*v.* ANHREFNU
**disassociation,** *n.* DATGYSYLLTIAD
**disaster,** *n.* TRYCHINEB
**disastrous,** *a.* TRYCHINEBUS
**disavowal,** *n.* GWADIAD
**disband,** *v.* DADFYDDINO
**disbelief,** *n.* ANGHREDINIAETH, ANGOEL
**disbelieve,** *v.* ANGHREDU
**disburse,** *v.* DOSTALU
**disbursement,** *n.* DOSTALIAD
**disc,** *n.* DISG
*disc jockey,* TROELLWR
**discard,** *v.* HEPGOR
**discern,** *v.* DIRNAD, CANFOD
**discernible,** *a.* DIRNADWY, CANFYDDADWY
**discerning,** *a.* DEALLUS, CRAFF
**discernment,** *n.* DIRNADAETH, CRAFFTER
**discharge,** *v.* DADWEFRU, DADLWYTHO, RHYDDHAU
*n.* GOLLYNGDOD, RHYDDHAD
**disciple,** *n.* DISGYBL
**disciplinarian,** *n.* DISGYBLWR
**disciplinary,** *a.* DISGYBLAETHOL
**discipline,** *n.* DISGYBLAETH
*v.* DISGYBLU
**disclaim,** *v.* DIARDDEL, GWADU
**disclaimer,** *n.* GWADIAD
**disclose,** *v.* DATGUDDIO, DADLENNU
**disclosure,** *n.* DATGUDDIAD, DADLENIAD
**disco,** *n.* DISGO
**discolour,** *v.* AFLIWIO, DRYGLIWIO
**discolouration,** *n.* AFLIWIAD, DRYGLIWIAD
**discomfiture,** *n.* DYMCHWELIAD, BLINDER
**discomfort,** *n.* ANGHYSUR
**disconcert,** *v.* CYFFROI, AFLONYDDU
**disconnect,** *v.* DATGYSYLLTU
**disconnected,** *a.* DIGYSWLLT
**disconsolate,** *a.* ANHAPUS, DIGYSUR

**discontent,** *n.* ANFODLONRWYDD
**discontented,** *a.* ANFODLON
**discontinue,** *v.* TORRI, ATAL
**discontinuity,** *n.* TORIANT, BWLCH
**discontinuous,** *a.* TOREDIG, ANNIDOR, BYLCHOG
**discord,** *n.* ANGHYTGORD
**discordant,** *a.* AFLAFAR, CRAS
**discount,** *n.* DISGOWNT
*v.* DISGOWNTIO
*at a discount,* GYDA DISGOWNT
**discountenance,** *v.* ANGHEFNOGI
**discourage,** *v.* DIGALONNI
**discouragement,** *n.* DIGALONDID
**discouraging,** *a.* DIGALON
**discourse,** *n.* ARAITH, SGWRS
*v.* TRAETHU, SIARAD
**discourteous,** *a.* ANGHWRTAIS, ANFOESGAR
**discourtesy,** *n.* ANGHWRTEISI, ANFOESGARWCH
**discover,** *v.* DARGANFOD
**discoverer,** *n.* DARGANFYDDWR
**discovery,** *n.* DARGANFYDDIAD
**discredit,** *n.* AMARCH, ANFRI
*v.* DIFRÏO, AMHARCHU
**discreditable,** *a.* GWARTHUS
**discreet,** *a.* CALL, SYNHWYROL
**discrepancy,** *n.* ANGHYSONDEB
**discrepant,** *a.* ANGHYSON
**discrete,** *a.* ARWAHANOL
**discretion,** *n.* DOETHINEB, DISGRESIWN
**discriminant,** *n.* GWAHANOLYN
**discriminate,** *v.* GWAHANIAETHU, FFAFRIO
**discrimination,** *n.* DIRNADAETH, ANFFAFRIAETH
**discriminatory,** *a.* FFAFRIOL
**discursive,** *a.* AMLEIRIOG
**discus,** *n.* DISGEN
**discuss,** *v.* TRAFOD, TRIN
**discussion,** *n.* TRAFODAETH, DADL
*discussion group,* CYLCH TRAFOD
**disdain,** *v.* DIYSTYRU
*n.* DIYSTYRWCH
**disdainful,** *a.* DIYSTYRLLYD
**disease,** *n.* CLEFYD, DOLUR, SALWCH, CLWYF
*infectious disease,* CLEFYD LLIDIOG
**diseased,** *a.* CLAF, AFIACH
**diseconomy,** *n.* ANNARBODRWYDD
**disembark,** *v.* GLANIO
**disenfranchise,** *v.* DADFREINIO
**disengage,** *v.* DATGYWEDDU, RHYDDHAU
**disengagement,** *n.* DATGYWEDDIAD, DADYMAFAEL
**disentail,** *v.* DADENTAELIO
**disentangle,** *v.* DATOD, DATRYS
**diestablish,** *v.* DATGYSYLLTU
**disestablishment,** *n.* DATGYSYLLTIAD
**disfavour,** *n.* AMARCH, ANFRI
**disfigure,** *v.* ANFFURFIO
**disfigurement,** *n.* ANFFURFIAD
**disfranchise,** *v.* DADFREINIO
**disgorge,** *v.* CHWYDU, CYFOGI, ADFER
**disgrace,** *n.* GWARADWYDD, GWARTH
*v.* GWARADWYDDO
**disgraceful,** *a.* GWARADWYDDUS, GWARTHUS
**disgruntled,** *a.* ANFODLON, SORLLYD
**disguise,** *n.* DIEITHRWCH
*v.* DIEITHRIO
**disgust,** *n.* FFIEIDD-DOD
*v.* FFIEIDDIO
**disgusting,** *a.* FFIAIDD, ATGAS
**dish,** *n.* DYSGL, SAIG
*v.* DYSGLO
**dish-cloth,** *n.* CADACH LLESTRI
**dishearten,** *v.* DIGALONNI
**dishevel,** *v.* ANNIBENNU
**dishevelled,** *a.* ANNIBEN
**dishonest,** *a.* ANONEST
**dishonesty,** *n.* ANONESTRWYDD
**dishonour,** *n.* AMARCH, GWARTH
*v.* AMHARCHU
**dishonoured,** *a.* GWRTHODEDIG
**disillusion,** *v.* DADRITHIO
**disillusionment,** *n.* DADRITHIAD
**disincentive,** *n.* GWRTHGYMHELLIANT
**disinclination,** *n.* DIFFYG AWYDD, ANNHUEDD
**disinfect,** *v.* DIHEINTIO
**disinfectant,** *n.* DIHEINTYDD
**disinfection,** *n.* DIHEINTIAD
**disinfest,** *v.* DIHEIGIANNU
**disinfestation,** *n.* DIHEIGIANT
**disinflationary,** *a.* GWRTHCHWYDDOL
**disinherit,** *v.* DIETIFEDDU
**disintegrate,** *v.* DATGYFANNU, MALURIO
**disintegration,** *n.* DATGYFANNU, MALURIAD
**disinter,** *v.* DATGLADDU
**disinterested,** *a.* HEB DDIDDORDEB, DIDUEDD
**disjoin,** *v.* DATGYSYLLTU, DATOD
**disjoint,** *v.* DATGYMALU
**disjointed,** *a.* DATGYMALOG
**disjunctive,** *a.* ANGHYSYLLTIOL
**disk,** *n.* DISG(EN)

**dislike,** *v.* CASÁU
*n.* ATGASEDD, CASINEB
**dislocate,** *v.* DADLEOLI, AFLEOLI, ANHREFNU
**dislocation,** *n.* DADLEOLIAD, AFLEOLIAD, ANHREFN
**dislodge,** *v.* SYMUD, SYFLYD
**disloyal,** *a.* ANFFYDDLON
**dismal,** *a.* DIGALON, TYWYLL
**dismantle,** *v.* DADUNO, DIOSG
**dismay,** *n.* SIOM, CHWITHDOD
*v.* SIOMI
**dismember,** *v.* DATGYMALU, DARNIO
**dismemberment,** *n.* DATGYMALIAD
**dismiss,** *v.* RHYDDHAU, GWRTHOD, DISWYDDO
**dismissal,** *a.* GOLLYNGDOD, DISWYDDIAD
**dismount,** *v.* DISGYN
**disobedience,** *n.* ANUFFUDD-DOD
**disobedient,** *a.* ANUFUDD
**disobey,** *v.* ANUFUDDHAU
**disorder,** *n.* ANHREFN, AFREOLAETH, ANHWYLDEB
*v.* ANHREFNU
**disorderly,** *a.* AFREOLUS, ANNOSBARTHUS
**disorganisation,** *n.* ANHREFN
**disorganise,** *v.* ANHREFNU, DRYSU
**disown,** *v.* DIARDDEL, GWADU
**disparage,** *v.* DIFRÏO, AMHARCHU
**disparagement,** *n.* DIFRÏAETH
**disparager,** *n.* DIFRÏWR
**disparaging,** *a.* GWARADWYDDUS
**disparity,** *n.* GWAHANIAETH
**dispassionate,** *a.* PWYLLOG, TAWEL
**dispatch,** *n.* CENADWRI, NEGES, BUANDER
*v.* ANFON, LLADD
**dispel,** *v.* GWASGARU, CHWALU
**dispensable,** *a.* HEPGOROL
**dispensary,** *n.* FFERYLLFA
**dispensation,** *n.* TRWYDDED, GOLLYNGIAD
**dispense,** *v.* GWEINYDDU, HEPGOR
**dispersal,** *n.* GWASGARIAD
**disperse,** *v.* GWASGARU, CAEL GWARED
**dispersed,** *a.* GWASGAREDIG, GWASGAROG
**dispersion,** *n.* GWASGARIANT
**dispersive,** *a.* GWASGAROL
**dispirited,** *a.* DIGALON
**displace,** *v.* DADLEOLI, DISODLI
**displacement,** *n.* DADLEOLIAD, DILEOLIAD
**display,** *n.* ARDDANGOSIAD
*v.* ARDDANGOS
**displease,** *v.* ANFODLONI, DIGIO
**displeasure,** *n.* ANFODLONRWYDD
**disposable,** *a.* HEPGOROL
**dispose,** *v.* HEPGOR, GWAREDU
**disposition,** *n.* ANIANAWD
**dispossess,** *v.* DIFEDDIANNU
**disproof,** *n.* GWRTHBRAWF
**disproportion,** *n.* ANGHYFARTALEDD
**disproportionate,** *a.* ANGHYFARTAL
**disprove,** *v.* GWRTHBROFI
**disputable,** *a.* GWADADWY, AMHEUS
**disputant,** *n.* GWADWR
**disputation,** *n.* YMRYSON, DADLIAD
**dispute,** *n.* ANGHYDFOD
*v.* DADLAU
**disqualification,** *n.* DIFREINIAD, DIARDDELIAD
**disqualify,** *v.* DIFREINIO
**disquiet,** *v.* ANESMWYTHO
**disquietude,** *n.* ANESMWYTHYD
**disregard,** *n.* DIYSTYRWCH, ESGEULUSTRA
*v.* DIYSTYRU, ESGEULUSO
**disrepair,** *n.* ANGHYWEIRIAD
**disreputable,** *a.* GWARTHUS, AMHARCHUS
**disrepute,** *n.* GWARTH, ANFRI
**disrespect,** *n.* AMARCH, ANFRI
*v.* AMHARCHU
**disrespectful,** *a.* AMHARCHUS
**disrupt,** *v.* RHWYGO
**disruption,** *n.* RHWYG(IAD), CHWALFA
**disruptive,** *a.* RHWYGOL
**dissatisfaction,** *n.* ANFODLONRWYDD
**dissatisfy,** *v.* ANFODLONI
**dis-save,** *v.* DIGYNILO
**dissect,** *v.* DYRANNU
**dissected,** *a.* DYRANEDIG
**dissection,** *n.* DYRANIAD
**dissemble,** *v.* TWYLLO, CELU
**disseminate,** *v.* TAENU, HAU
**dissension,** *n.* ANGHYDFOD
**dissent,** *n.* ANGHYTUNDEB, YMNEILLTUAETH
*v.* ANGHYTUNO
**dissenter,** *n.* YMNEILLTUWR, SENTAR
**dissentient,** *n.* ANGHYTUNWR
*a.* YN ANGHYTUNO
**dissenting,** *a.* YMNEILLTUOL
**dissertation,** *n.* TRAETHAWD
**disservice,** *n.* ANGHYMWYNAS
**dissident,** *a.* ANGHYTUNOL
**dissimilar,** *a.* ANNHEBYG, GWAHANOL
**dissimilation,** *n.* DADFATHIAD
**dissimulate,** *v.* PROFFESU
**dissimulation,** *n.* RHAGRITH

**dissipate,** *v.* AFRADLONI, OFERA
**dissipated,** *a.* AFRADLON, OFER
**dissipation,** *n.* AFRADLONEDD, OFEREDD
**dissociate,** *v.* DATGYSYLLTU
**dissociation,** *n.* DATGYSYLLTIAD
**dissolute,** *a.* OFER, AFRADLON
**dissolution,** *n.* TODDIAD, DIDDYMIAD
**dissolve,** *v.* TODDI, DIDDYMU
**dissolved,** *a.* TODDEDIG
**dissonance,** *n.* ANGHYSEINEDD
**dissonant,** *a.* ANGHYSAIN, AFLAFAR
**dissuade,** *v.* ANGHYMELL
**dissuasion,** *n.* ANGHYMELLIAD
**distaff,** *n.* COGAIL
**distance,** *n.* PELLTER
**distant,** *a.* PELL, OERAIDD, ANGHYSBELL
**distaste,** *n.* DIFLASTOD, CAS
**distasteful,** *a.* DIFLAS, ATGAS
**distemper,** *n.* CLEFYD Y CŴN, DISTEMPER
**distend,** *v.* CHWYDDO
**distension,** *n.* CHWYDD
**distich,** *n.* CWPLED
**distil,** *v.* DISTYLLU
**distillation,** *n.* DISTYLLIAD
**distilled,** *a.* DISTYLL
**distinct,** *a.* ARBENNIG, EGLUR, GWAHANOL
**distinction,** *n.* ARBENIGRWYDD, GWAHANIAETH
**distinctive,** *a.* GWAHANREDOL
**distinctness,** *n.* AMLYGRWYDD, EGLURDER
**distinguish,** *v.* GWAHANIAETHU, ENWOGI
**distinguishable,** *a.* GWAHANIAETHADWY
**distinguished,** *a.* ENWOG
**distort,** *v.* AFLUNIO, GWYRDROI, YSTUMIO
**distortion,** *n.* AFLUNIAD, YSTUMIAD
**distract,** *v.* GWRTHDYNNU
**distraction,** *n.* GWRTHDYNIAD
**distrain,** *v.* ATAFAELU
**distraint,** *n.* ATAFAELIAD
**distraught,** *a.* TRALLODUS
**distress,** *n.* TRALLOD, BLINDER, ATAFAELIAD
*v.* TRALLODI, BLINO
**distressing,** *a.* TRALLODUS, BLIN
**distributary,** *n.* ALLAFON
**distribute,** *v.* DOSBARTHU
**distribution,** *n.* DOSBARTHIAD, LLEOLAETH
**distributive,** *a.* DOSBARTHOL
**distributor,** *n.* DOSBARTHYDD, DOSBARTHWR
**district,** *n.* DOSBARTH, ARDAL, CYLCH
*district council,* CYNGOR DOSBARTH
**distrust,** *n.* DRWGDYBIAETH
*v.* DRWGDYBIO
**distrustful,** *a.* DRWGDYBUS
**disturb,** *v.* AFLONYDDU, CYFFROI, YSGYTIO
**disturbance,** *n.* AFLONYDDWCH, CYFFRO, CYNNWRF, YSGYTWAD
**disturbed,** *a.* BLINDERUS, CYNHYRFUS
**disunion,** *n.* YMRANIAD
**disunite,** *v.* DADUNO
**disunited,** *a.* ANGHYTÛN
**disuse,** *n.* ANARFER
*v.* PEIDIO AG ARFER
**disyllabic,** *a.* DEUSILL
**ditch,** *n.* DYFRFFOS, FFOS
*v.* TORRI FFOS
**ditheism,** *n.* DITHEISTIAETH
**ditto,** *ad.* ETO
**ditty,** *n.* CÂN, CANIG
**diurnal,** *a.* DYDDIOL, BEUNYDDIOL
**divan,** *n.* DIFÁN
**dive,** *n.* DEIF
*v.* DEIFIO
**diver,** *n.* DEIFIWR
**diverge,** *v.* DARGYFEIRIO
**divergence,** *n.* DARGYFEIREDD
**divergent,** *a.* DARGYFEIRIOL
**divers,** *a.* AMRYW(IOL)
**diverse,** *a.* AMRYWIOL
**diversification,** *n.* AMRYWIANT, AMRYFALAETH
**diversify,** *v.* AMRYWIO, AMRYFALU
**diversion,** *n.* DARGYFEIRIAD, ADLONIANT
**diversity,** *n.* AMRYWIAETH
**divert,** *v.* DARGYFEIRIO, DIFYRRU
**diverting,** *a.* DIFYRRUS, DARGYFEIRIOL
**divest,** *v.* DIOSG, DIHATRU
**divide,** *v.* RHANNU, DOSBARTHU, GWAHANU
*n.* GWAHANFA
**divided,** *a.* RHANEDIG
**dividend,** *n.* DIFIDEND, BUDDRAN
**divider,** *n.* RHANNELL, RHANNWR
**dividers,** *n.pl.* CWMPAS MESUR, RHANWYR
**divination,** *n.* DEWINDABAETH
**divine,** *n.* DIFINYDD
*v.* DEWINA, DIFINIO
*a.* DWYFOL
**diviner,** *n.* DEWIN
**divinity,** *n.* DIWINYDDIAETH, DUWDOD
**divisibility,** *n.* RHANADWYEDD
**divisible,** *a.* RHANADWY
**division,** *n.* ADRAN, RHAN, YMRANIAD
*long division,* RHANNU HIR
**divisional,** *a.* RHANNOL, ADRANNOL
**divisor,** *n.* RHANNYDD
**divorce,** *n.* YSGARIAD
*v.* YSGAR(U)

**divot,** *n.* DIFOD
**divulge,** *v.* DADLENNU, DATGUDDIO
**dizziness,** *n.* PENDRO, PENYSGAFNDER
**do,** *v.* GWNEUD, GWNEUTHUR
**docile,** *a.* HYDRIN, DOF, GWÂR
**docility,** *n.* HYDRINEDD, GWARINEB
**dock,** *n.* PORTHLADD, DOC, (DAIL) TAFOL
*v.* DOCIO, CWTOGI
**docket,** *n.* TOCYN CYNNWYS
**dockyard,** *n.* IARD LONGAU
**doctor,** *n.* MEDDYG, DOCTOR, DOETHOR, DOETHUR
**doctorate,** *n.* DOETHURIAETH
**doctrinal,** *a.* ATHRAWIAETHOL
**doctrinaire,** *a.* DAMCANIAETHOL
**doctrine,** *n.* ATHRAWIAETH
**document,** *n.* DOGFEN
**documentary,** *n.* DOGFENNEN
*a.* DOGFENNOL
**documentation,** *n.* DOGFENNAETH
**dodder,** *v.* GWEGIAN
**dodecahedron,** *n.* DODECAHEDRON
**dodge,** *n.* YSTRYW, CAST
*v.* OSGOI
**dodger,** *n.* OSGÖWR
**doe,** *n.* EWIG, YSGYFARNOG FENYW
**doff,** *v.* DIOSG, TYNNU
**dog,** *n.* CI, STAPL, STYFFLYDD
*v.* DILYN
**dogfish,** *n.* PENCI
**dogged,** *a.* DYFAL, DI-ILDIO
**doggedness,** *n.* DYFALWCH
**doggerel,** *n.* RHIGWM
*a.* ANGHELFYDD
**dogma,** *n.* CREDO, DOGMA
**dogmatic,** *a.* DOGMATIG, PENDANT
**dogmatise,** *v.* BOD YN BENDANT
**dogmatism,** *n.* AWDURDOD, PENDANT-RWYDD
**dog-rose,** *n.* RHOSYN GWYLLT
**doily,** *n.* DOILI
**doldrums,** *n.pl.* DOLDRYMAU
**dole,** *n.* DÔL, DOGN
*v.* RHANNU, DOGNI
**doleful,** *a.* TRIST, PRUDD
**dolefulness,** *n.* TRISTWCH, PRUDD-DER
**dolerite,** *n.* DOLERIT
**doline,** *n.* DOLIN
**doll,** *n.* DOL(I)
**dollar,** *n.* DOLER
**dolly,** *n.* DOLI, MOTPREN
**dolmen,** *n.* CROMLECH
**dolomite,** *n.* DOLOMIT
**dolorous,** *a.* GALARUS, ALAETHUS
**dolphin,** *n.* DOLFFIN
**dolt,** *n.* HURTYN, DELFF
**domain,** *n.* PARTH, ARGLWYDDIAETH
**dome,** *n.* CROMEN
*v.* CROMENU
**domestic,** *a.* CARTREFOL, DOF
*n.* GWAS, MORWYN
**domesticate,** *v.* DOFI
**domesticated,** *a.* DOF
**domicile,** *n.* DOMISIL
**dominance,** *n.* TRECHEDD
*a.* TRECHOL
**dominant,** *a.* TRECH, DOMINYDDOL
*n.* LLYWYDD
*dominant seventh,* SEITHFED Y LLYWYDD
**dominate,** *v.* DOMINYDDU
**domination,** *n.* DOMINYDDIAETH
**domineer,** *v.* GORMESU
**domineering,** *a.* GORMESOL
**doming,** *n.* CROMENNU
**dominion,** *n.* DOMINIWN, ARGLWYDDIAETH
**domino,** *n.* DOMINO
**don,** *n.* ATHRO (COLEG), DON
*v.* GWISGO
**donate,** *v.* RHODDI
**donation,** *n.* RHODD, CYFRANIAD
**donkey,** *n.* ASYN, MUL
**donor,** *n.* RHODDWR, CYFRANNYDD
**doodle,** *v.* DWDLAN
**doom,** *n.* TYNGED, BARN
**doomsday,** *n.* DYDD BARN
**door,** *n.* DRWS, PORTH, DÔR
**door-keeper,** *n.* PORTHOR
**door-post,** *n.* CYNOR, AMHIN(I)OG
**door-step,** *n.* HINIOG, TROTHWY
**doorway,** *n.* PORTH, DRWS
**dope,** *n.* CYFFUR
*v.* RHOI CYFFUR
**dormancy,** *n.* CYSGIAD
**dormant,** *a.* CWSG
**dormer,** *n.* DORMER, FFENESTR GROMEN
**dormitory,** *n.* DORMITORI, HUNDY
**dormobile,** *n.* CAR CYSGU
**dormouse,** *n.* PATHEW
**dorsal,** *n. & a.* DORSAL
**dose,** *n.* DOS, DOGN
*v.* DOSIO, DOGNI
**dossier,** *n.* DOSIER
**dot,** *n.* DOT *v.* DOTIO
**dotage,** *n.* PENWENDID
**dote,** *v.* DWLU, GWIRIONI, FFOLI
**double,** *n.* DWBL
*a.* DWBL, DYBLYG

*v.* DYBLU, PLYGU
*double glazing,* GWYDRO DWBL
*double flat,* MEDDALNOD DWBL
**double-bass,** *n.* BAS DWBL
**double-dealing,** *n.* TWYLL
**doubler,** *n.* DWBLER
**doubles,** *n.pl.* PARAU
**doublet,** *n.* DWBLED, CRYSBAIS
**doubly,** *ad.* YN DDAU DDYBLYG
**doubt,** *n.* AMHEUAETH, PETRUSTER
*v.* AMAU, PETRUSO
**doubter,** *n.* AMHEUWR
**doubtful,** *a.* AMHEUS, PETRUS
**doubtless,** *ad.* YN DDIAMAU, DIAU
**douche,** *n.* FFRWD DDŴR
**dough,** *n.* TOES
**doughnut,** *n.* TOESEN
**doughty,** *a.* DEWR, PYBYR
**dour,** *a.* CYNDYN
**douse,** *v.* DIFFODD, TROCHI
**dove,** *n.* COLOMEN
**dove-cot,** *n.* COLOMENDY
**dovetail,** *v.* TRYFALU
**dowdy,** *a.* ANNIBEN, AFLÊR
**dowel,** *n.* HOELBREN, DOWEL
**dower,** *n.* AGWEDDI
**down,** *n.* MANBLU, RHOS
*down time,* AMSER DI-FYND
**downcast,** *a.* DIGALON, PRUDD
**downfall,** *n.* CWYMP, CODWM, DINISTR
**downfold,** *n.* ISBLYG
**downgrade,** *v.* ISRADDIO
**downhearted,** *a.* DIGALON, PRUDD
**downhill,** *ad.* I LAWR
**downland,** *n.* TWYNDIR
**downpour,** *n.* TYWALLTIAD, PISTYLLIAD
*v.* TYWALLT, PISTYLLIO
**downright,** *a.* DIAMHEUOL, RHONC
**downstairs,** *n.* Y LLAWR
*ad.* AR Y LLAWR
**downstream,** *n.* GWAERED AFON
**downstroke,** *n.* OLSTROC
**down time,** *n.* AMSER DI-FYND
**downtown,** *n.* LLORDREF
**downtrodden,** *a.* GORTHRYMEDIG
**downwards,** *ad.* I LAWR / WAERED
**downwash,** *n.* DARFODIANT
**dowry,** *n.* GWADDOL
**doxology,** *n.* MAWLGAN
**doyen,** *n.* AELOD HYNAF
**d'oyley,** *n.* DOILI
**doze,** *v.* HEPIAN
**dozen,** *n.* DWSIN, DEUDDEG
**drab,** *a.* SALW
**draff,** *n.* SOROD, SOEG, GWADDOD
**draft,** *n.* DRAFFT, BRASLUN
*v.* DRAFFTIO, BRASLUNIO
**draftsman,** *n.* DRAFFTSMON
**drag,** *n.* LLUSGIAD, DRAG
*v.* LLUSGO
**drag-net,** *n.* LLUSGRWYD
**dragon,** *n.* DRAIG
**dragoon,** *n.* DRAGŴN
*v.* GORMESU
**drain,** *n.* DRAEN, TRAEN
*v.* DRAENIO, DIFERU, YFED
*draining board,* BWRDD DIFERU
**drainage,** *n.* DRAENÏAD
*drainage basin,* DALGYLCH AFON
**drake,** *n.* ADIAD, MEILART
**drama,** *n.* DRAMA
**dramatic,** *a.* DRAMATIG
**dramatisation,** *n.* DRAMODIAD
**dramatise,** *v.* DRAMODI
**dramatist,** *n.* DRAMODYDD
**drape,** *v.* GWISGO, GORCHUDDIO
**draper,** *n.* DILLEDYDD
**drapery,** *n.* DILLADAETH
**drastic,** *a.* LLYM, CRYF
**draught,** *n.* DRACHT, DRAFFT(EN), TYNFA (LLONG), HELFA
*draught excluder,* GWRTHDDRAFFTYN
**draught-horse,** *n.* CEFFYL GWAITH / GWEDD
**draughts,** *n.pl.* DRAFFTIAU
**draughtsman,** *n.* DRAFFTSMON, LLUNIADYDD
**draughtsmanship,** *n.* DRAFFTSMONAETH, LLUNIADAETH
**draughty,** *a.* DRAFFTOG, DRAFFTLYD
**draw,** *n.* ATYNIAD, TYNFA, CULIANT
*v.* TYNNU, LLUSGO, LLUNIADU, DARLUNIO
*draw to scale,* GRADDLUNIADU
*drawn game,* GÊM DDI-DRECH
**drawback,** *n.* ANFANTAIS
**drawbridge,** *n.* PONT GODI
**drawee,** *n.* ARDYNNWR
**drawer,** *n.* DRÔR, TYNNWR (SIEC), LLUNIADWR
**drawing,** *n.* LLUNIAD
**drawing-room,** *n.* YSTAFELL GROESO
**drawl,** *n.* SIARAD ANNATURIOL, LLUSGO'I EIRIAU
**dray,** *n.* WAGEN
**dread,** *n.* OFN, ARSWYD
*v.* OFNI, ARSWYDO
**dreadful,** *a.* OFNADWY
**dream,** *n.* BREUDDWYD
*v.* BREUDDWYDIO

**dreamer,** *n.* BREUDDWYDIWR
**dreamy,** *a.* BREUDDWYDIOL
**dreariness,** *n.* PRUDD-DER, LLYMDRA
**dreary,** *a.* DIFLAS, DIGYSUR, LLWM
**dredge,** *v.* CARTHU
**dredger,** *n.* CARTHLONG, SGEINTYDD
**dregs,** *n.pl.* GWADDOD, GWAELODION, GWEHILION
**drench,** *n.* DRENS
*v.* DRENSIO, GWLYCHU
**drencher,** *n.* DRENSIWR
**dress,** *n.* DRES, GWISG
*v.* DRESIO, GWISGO, TRIN
*dress circle,* SEDDAU'R CYLCH
**dresser,** *n.* DRESER, GWISGWR
**dressing,** *n.* DRESIN
*salad dressing,* DRESIN SALAD
*dressing gown,* GŴN GWISGO
**dressmaker,** *n.* GWNIADWRAIG
**dressmaking,** *n.* GWNIADWAITH
*v.* GWNEUD DILLAD
**dribble,** *n.* DRIBL(AD), DREFL
*v.* DRIBLO, DREFLU, GLAFOERIO
**drier,** *n.* SYCHYDD
*spin drier,* SYCHYDD SBIN
*tumble drier,* SYCHYDD TWMBWL
**drift,** *n.* DRIFFT, TUEDD, LLUWCH
*v.* DRIFFTIO, LLUWCHIO
**drifter,** *n.* DRIFFTER
**drill,** *n.* DRIL, EBILL
*v.* DRILIO, EBILLIO
*jobber's drill,* DRIL JOBWR
**driller,** *n.* DRILIWR
**drink,** *n.* DIOD
*v.* YFED
**drinker,** *n.* YFWR, DIOTWR
**drip,** *n.* DIFERIAD
*v.* DIFERU
**drip-dry,** *a.* DRIPSYCH
*v.* DRIPSYCHU
**dripping,** *n.* TODDION
**drive,** *n.* DREIF, GYRIANT, CYMHELLIAD
*v.* DREIFIO, GYRRU
*backhand drive,* DREIF GWRTHLAW
**drivel,** *n.* GLAFOERION
*v.* GLAFOERIO
**driver,** *n.* GYRRWR, DREIFIWR
**drizzle,** *n.* GLAW MÂN
*v.* BRIWLAN
**droll,** *a.* YSMALA, DIGRIF
**drollery,** *n.* YSMALDOD, DIGRIFWCH
**dromedary,** *n.* DROMEDARI
**drone,** *v.* GRWNAN
*n.* DIOGYN, DRÔN
**drones,** *n.pl.* GWENYN SEGUR, BEGEGYR
**droop,** *v.* GWYRO, HONGIAN
**drop,** *n.* DIFERYN, DAFN, CWYMP(IAD)
*v.* DIFERU, CWYMPO, GOLLWNG
*drop goal,* GÔL ADLAM
**dropper,** *n.* DIFERYDD
**droppings,** *n.pl.* TOM, TAIL
**dropsy,** *n.* DROPSI
**dross,** *n.* SOROD, AMHURDEB, GWEHILION
**drought,** *n.* SYCHDWR
**drove,** *n.* GYR, DIADELL, MINTAI
**drover,** *n.* PORTHMON
**drown,** *v.* BODDI
**drowse,** *v.* HEPIAN, PENDWMPIAN
**drowsiness,** *n.* SYRTHNI, CYSGADRWYDD
**drowsy,** *a.* SWRTH, CYSGLYD
**drub,** *v.* BAEDDU, BWRW, CYSTWYO
**drubbing,** *n.* CWEIR, COSFA
**drudge,** *n.* SLAF
*v.* SLAFIO
**drudgery,** *n.* CALEDWAITH
**drug,** *n.* CYFFUR, DRYG
*v.* DRYGIO
**druggist,** *n.* DRYGIST
**druid,** *n.* DERWYDD
**druidic(al),** *a.* DERWYDDOL
**druidism,** *n.* DERWYDDIAETH
**drum,** *n.* DRWM, TABWRDD
*v.* DRYMIO, TABYRDDU
**drummer,** *n.* DRYMIWR, DRWMWR
**drunk,** *a.* MEDDW, CHWIL
**drunkard,** *n.* MEDDWYN
**drunkenness,** *n.* MEDDWDOD
**drupe,** *n.* DRŴP
**dry,** *a.* SYCH, HYSB, SYCHLYD, CRAS
*v.* SYCHU
*dry-clean,* SYCHLANHAU
**dry-dock,** *n.* SYCHBORTH
**dryers,** *n.pl.* SYCHYDDION
**dryness,** *n.* SYCHDER, CRASTER
**dry-rot,** *n.* SYCH-BYDREDD, PYDREDD SYCH
**dual,** *a.* DEUOL, DEUBLYG
**dualism,** *n.* DEUOLIAETH
**dub,** *v.* URDDO, IRO, LLEISIO (FFILM)
**dubbing,** *n.* DYBIN, CEFNSAIN
**dubiety,** *n.* AMHEUAETH
**dubious,** *a.* AMHEUS, PETRUS
**dubiousness,** *n.* AMHEUAETH
**duchess,** *n.* DUGES
**duchy,** *n.* DUGIAETH
**duck,** *n.* HWYAD(EN)
*v.* DOWCIO
**ducking,** *n.* TROCHFA, TROCHIAD

**duck,** *n.pl.* LORI-GYCHOD
**duct,** *n.* DWYTHELL
**ductile,** *a.* HYDWYTH
**ductility,** *n.* HYDWYTHEDD
**dud,** *n.* FFUGBETH
**due,** *n.* DYLED, HAWL, TÂL
*a.* DYLEDUS, DYLADWY
*ad.* YN UNION
**duel,** *n.* GORNEST, DEUFEL
**duet,** *n.* DEUAWD
**duffel,** *n.* DYFFL
**duffer,** *n.* HURTYN, GWIRIONYN
**duke,** *n.* DUG
**dulcet,** *a.* MELYS, PÊR
**dulcify,** *v.* MELYSU, PEREIDDIO
**dulcimer,** *n.* DWSMEL
**dull,** *a.* HURT, DWL, PŴL
**dullard,** *n.* HURTYN, TWPSYN
**dullness,** *n.* HURTRWYDD, TWPDRA, PYLNI
**dulse,** *n.* DELYSG
**duly,** *ad.* YN EI BRYD
**dumb,** *a.* MUD, HURT
**dumb-bell,** *n.* DYMBEL
**dumbfound,** *v.* SYFRDANU
**dumbness,** *n.* MUDANDOD
**dummy,** *n.* DYMI, DELW, FFUG-BAS
*v.* FFUG-BASIO
**dump,** *n.* DYMP, STORFA
*v.* DYMPIO
**dumpling,** *n.* TWMPLEN, POTEN
**dumps,** *n.pl.* ISELDER YSBRYD, Y FELAN
**dun,** *a.* LLWYD-DDU
**dunce,** *n.* HURTYN, TWPSYN
**dune,** *n.* TYWYN, TWYN
**dung,** *n.* TAIL, TOM
**dungarees,** *n.pl.* DYNGARÎS
**dungeon,** *n.* DWNSIWN
**dunghill,** *n.* TOMEN DAIL
**duodecagon,** *n.* DUODECAGON
**duodecahedron,** *n.* DUODECAHEDRON
**duodecimal,** *a.* DEUDDEGOL
**duodenal,** *a.* DUODENAL
**duodenum,** *n.* DUODENWM
**duopoly,** *n.* DEUOPOLI
**dupe,** *v.* TWYLLO
*n.* GWIRIONYN
**duple,** *a.* DYBLYG
**duplet,** *n.* DWBLED
**duplex,** *a.* DWPLECS
**duplicate,** *n.* DYBLYGEB
*v.* DYBLYGU
*a.* DYBLYG
**duplication,** *n.* DYBLYGIAD
**duplicator,** *n.* DYBLYGYDD
**duplicity,** *n.* TWYLL, DICHELL
**durable,** *a.* PARHAOL, CRYF
*n.* NWYDD PARA
**duralumin,** *n.* DURALWMIN
**duramen,** *n.* RHUDDIN
**duration,** *n.* PARHAD
**duress,** *n.* GORFODAETH
**during,** *prp.* YN YSTOD
**dusk,** *n.* CYFNOS
**dusky,** *a.* TYWYLL, CROENDDU
**dust,** *n.* LLWCH, DWST
**dustbin,** *n.* BIN SBWRIEL, BOCS LLUDW
**duster,** *n.* CADACH DODREFN, DWSTER
**dustman,** *n.* SBWRIELWR, DYN LLUDW
**dusty,** *a.* LLYCHLYD
**dutiful,** *a.* UFUDD, PAROD
**duty,** *n.* DYLETSWYDD, TOLL
*customs duty,* TOLLDAL
**dwarf,** *n.* COR(RACH)
**dwarfish,** *a.* CORACHAIDD
**dwarfism,** *a.* CORACHEDD
**dwell,** *v.* PRESWYLIO, TRIGO
**dweller,** *n.* PRESWYLYDD
**dwelling,** *n.* PRESWYLFA, ANNEDD
**dwindle,** *v.* LLEIHAU
**dyad,** *n.* DEUAD
**dye,** *n.* LLIFYN, LLIWUR
*v.* LLIFO, LLIWIO
*fast dye,* LLIFYN CADARN
**dyed,** *a.* LLIFEDIG
**dyer,** *n.* LLIFYDD
**dyke,** *n.* MORGLAWDD, COB, DEIC, CLAWDD
**dynamic,** *a.* DYNAMIG
**dynamical,** *a.* DYNAMEGOL
**dynamics,** *n.* DYNAMEG
**dynamite,** *n.* DYNAMEIT
**dynamo,** *n.* DYNAMO
**dynamometer,** *n.* DYNAMOMEDR
**dynasty,** *n.* BRENHINLLIN, TEYRNLIN
**dynatron,** *n.* DYNATRON
**dyne,** *n.* DEIN
**dysentery,** *n.* DYSENTRI
**dyspepsia,** *n.* DYSPEPSIA, DIFFYG TRAUL
**dyspnoea,** *n.* DYSPNOEA, CAETHDER ANADL

**each,** *a. & pn.* POB UN, POB
*each other,* EI GILYDD
**eager,** *a.* AWYDDUS, AWCHUS
**eagerness,** *n.* AWYDD, AWCH
**eagle,** *n.* ERYR
**eagre,** *n.* EGER
**ear,** *n.* CLUST, DOLEN
**ear (of corn),** *n.* TYWYSEN
**earl,** *n.* IARLL
**earldom,** *n.* IARLLAETH
**earliness,** *n.* CYNHARWCH
**early,** *a.* CYNNAR, BORE(OL)
*ad.* YN FORE, YN GYNNAR
**ear-mark,** *n.* CLUSTNOD, NOD CLUST
*v.* CLUSTNODI, NEILLTUO
**earn,** *v.* ENNILL, ELWA
**earnest,** *n.* ERNES, ERN, GWYSTL
*a.* DIFRIF(OL)
**earnestness,** *n.* DIFRIFWCH
**earnings,** *n.pl.* ENILLION
**earphone,** *n.* FFÔN CLUST
**ear-ring,** *n.* CLUSTLWS
**earshot,** *n.* CLYW
**earth,** *n.* DAEAR, PRIDD, TIR, Y BYD
*v.* DAEARU, CLADDU, PRIDDO
*earth tremor,* DAEARGRYD
**earthen,** *a.* PRIDDLYD, PRIDD
**earthenware,** *n.pl.* LLESTRI PRIDD
**earthnuts,** *n.pl.* CNAU'R DDAEAR, CLORON
**earthquake,** *n.* DAEARGRYN
**earth-wire,** *n.* GWIFREN DDAEAR
**earthward(s),** *ad.* I LAWR
**earthwork,** *n.* GWRTHGLAWDD, CLAWDD
**earthworm,** *n.* ABWYDYN, PRYF GENWAIR
**earthy,** *a.* DAEAROL, PRIDDLYD
**earwig,** *n.* PRYF CLUST
**ease,** *n.* ESMWYTHDER/DRA, ESMWYTHYD, RHWYDDINEB
*v.* ESMWYTHO, LLEDDFU
**easel,** *n.* ISL
**easement,** *n.* HAWDDFRAINT
**easily,** *ad.* YN HAWDD, YN RHWYDD
**easiness,** *n.* RHWYDDINEB
**east,** *n.* DWYRAIN
*a.* DWYREINIOL
**Easter,** *n.* Y PASG
**eastern,** *a.* DWYREINIOL
**easting,** *n.* DWYREINIAD
**eastward,** *a. & ad.* TUA'R DWYRAIN
**easy,** *a.* RHWYDD, HAWDD
**easy-chair,** *n.* CADAIR ESMWYTH
**easy-going,** *a.* DIDARO, DI-HID
**eat,** *v.* BWYTA, YMBORTHI, DIFA
**eatable,** *n.* BWYD
*a.* BWYTADWY
**eatables,** *n.pl.* BWYDYDD
**eater,** *n.* BWYTÄWR
**eaves,** *n.pl.* BARGOD, BONDO
**eavesdrop,** *n.* CLUSTFEINIO
**ebb,** *n.* TRAI
*v.* TREIO
**ebony,** *n.* EBONI
**ebullition,** *n.* BYBYLU, BERW
**eccentric,** *a.* ECHREIDDIG, ECSENTRIG
**eccentricity,** *n.* ECHREIDDIAD
**ecclesiastic,** *n.* CLERIGWR, EGLWYSWR
**ecclesiasticism,** *n.* EGLWYSIGIAETH
**ecclesiastical,** *a.* EGLWYSIG
**ecentre,** *a.* ALLGANOL
**echo,** *n.* ATSAIN, ADLAIS
*v.* ATSEINIO, ADLEISIO
**ecircle,** *n.* ALLGYLCH
**éclat,** *n.* BRI, LLWYDDIANT, SWAE
**eclectic,** *n.* ECLECTIGWR
*a.* ECLECTIG
**eclecticism,** *n.* ECLECTIAETH
**eclipse,** *n.* ECLIPS, DIFFYG, CLIP
*v.* ECLIPSIO, TYWYLLU
**ecliptic,** *n.* ECLIPTIG
*a.* ECLIPTIG
**eclogue,** *n.* BUGEILGERDD
**ecological,** *a.* ECOLEGOL
**ecologist,** *n.* ECOLEGYDD
**ecology,** *n.* ECOLEG
**econometrician,** *n.* ECONOMETRYDD
**econometrics,** *n.* ECONOMETREG
**economic,** *a.* ECONOMAIDD
**economical,** *a.* CYNNIL, DARBODUS
**economics,** *n.* ECONOMEG
**economist,** *n.* ECONOMEGWR, ECONOMYDD
**economize,** *v.* CYNILO
**economy,** *n.* CYNILDEB, TREFN (DDWYFOL), ECONOMI, DARBODYN
**ecotone,** *n.* ECOTÔN
**ecotype,** *n.* ECOTEIP
**ecstasy,** *n.* ECSTASI, PERLEWYG, GORFOLEDD, GORAWEN
**ecstatic,** *a.* ECSTATIG, GORAWENUS
**ectoderm,** *n.* ECTODERM
**ecumenical,** *a.* BYDEANG, EC(I)WMENAIDD
**ecumenicity,** *n.* EC(I)WMENRWYDD
**eczema,** *n.* ECSEMA
**edaphic,** *a.* EDAFFIG
**eddy,** *n.* TROLIF
*v.* TROLIFO
**edge,** *n.* MIN, YMYL, AWCH, CWR
*v.* YMYLU

**edged,** *a.* MINIOG
**edge-jointing,** *n.* YMYLUNIAD
*v.* YMYLUNO
**edging,** *n.* YMYL, BORDER
**edible,** *a.* BWYTADWY
**edict,** *n.* CYHOEDDEB, EDICT
**edification,** *n.* ADEILADAETH
**edifice,** *n.* ADEILAD
**edify,** *v.* ADEILADU
**edifying,** *a.* ADEILADOL
**edit,** *v.* GOLYGU
**edition,** *n.* ARGRAFFIAD
**editor,** *n.* GOLYGYDD
**editorial,** *a.* GOLYGYDDOL
**educability,** *n.* ADDYSGEDD
**educable,** *a.* ADDYSGADWY
**educate,** *v.* ADDYSGU
**education,** *n.* ADDYSG
**educational,** *a.* ADDYSGOL
**educationist,** *n.* ADDYSGWR
**educative,** *a.* ADDYSGOL
**educator,** *n.* ADDYSGWR
**educe,** *v.* EDWYTHO
**eduction,** *n.* EDWYTHIAD
**eel,** *n.* LLYSYWEN
**eerie,** *a.* IASOL, ANNAEAROL
**efface,** *v.* DILEU
**effaceable,** *a.* DILEADWY
**effacement,** *n.* DILEAD
**effect,** *n.* EFFAITH, CANLYNIAD
*v.* ACHOSI, EFFEITHIO
*after effects,* SGIL-EFFEITHIAU
**effective,** *a.* EFFEITHIOL
**effectiveness,** *n.* EFFEITHIOLRWYDD
**effeminate,** *a.* MERCHETAIDD
**efferent,** *n.* EFFERENT
*a.* ECHDYGOL
**effervesce,** *v.* EFERWI
**effervescence,** *n.* EFERWAD
**effervescent,** *a.* EFERW
**effete,** *a.* DIFFRWYTH
**efficacious,** *a.* EFFEITHIOL
**efficacy,** *n.* EFFEITHIOLRWYDD
**efficiency,** *n.* EFFEITHLONRWYDD
**efficient,** *a.* EFFEITHLON
**effigy,** *n.* ARDDELW
**effloresce,** *v.* EWLYCHU, BLODEUO
**efflorescence,** *n.* EWLYCHIAD
**efflorescent,** *a.* EWLYCHOL
**effluence,** *n.* ELIFYN
**effluent,** *n.* ELIFIANT
*v.* ELIFOL
**effluvium,** *n.* DRYGSAWR, DREWDOD
**efflux,** *n.* DYLIFIAD
**effort,** *n.* YMDRECH
**effortless,** *a.* DIYMDRECH
**effrontery,** *n.* DIGYWILYDD-DRA, HAERLLUGRWYDD
**effulgence,** *n.* DISGLEIRDEB
**effulgent,** *a.* DISGLAIR
**effuse,** *v.* ALLEDU
**effusion,** *n.* ALLEDIAD
**effusive,** *a.* TEIMLADOL
**egalitarian,** *n.* CYDRADDOLWR
**egalitarianism,** *n.* CYDRADDOLAETH
**egestion,** *n.* CARTHIAD
**egg,** *n.* ŴY
*scrambled egg,* CYMYSGWY
*v.* ANNOG
**eggbound,** *a.* WYRWYM
**egghead,** *n.* DEALLUSYN
**egg-shell,** *n.* MASGL/PLISGYN ŴY
**ego,** *n.* EGO, YR HUNAN
**egocentric,** *a.* MYFÏOL, EGOSENTRIG
**egoism,** *n.* EGÖISTIAETH, MYFÏAETH
**egoist,** *n.* EGÖYDD, MYFÏWR
**egoistic,** *a.* MYFÏOL, EGÖISTIG
**egotism,** *n.* HUNANOLDEB
**egregious,** *a.* HYNOD, DYBRYD
**eh,** *i.* AI E! TYBED!
**eiderdown,** *n.* CWRLID PLU
**eight,** *n.* WYTH
*a.* WYTH
*number eight,* WYTHWR
**eighteen,** *a.* DEUNAW, UN DEG WYTH
**eighty,** *a.* PEDWAR UGAIN, WYTH DEG
**either,** *a. & pn.* Y DDAU, NAILL AI
*ad. & c.* NA, NAC, YCHWAITH
**ejaculate,** *v.* EBYCHU
**ejaculation,** *n.* EBYCHIAD
**ejaculatory,** *a.* EBYCHOL
**eject,** *v.* ALLFWRW, DIARDDEL
**ejection,** *n.* ALLFWRIAD
**eke out,** *v.* YMESTYN
**elaborate,** *a.* LLAFURFAWR, MANWL
*v.* MANYLU
**elaboration,** *n.* MANYLDER
**élan,** *n.* EIDDGARWCH
**elance,** *v.* GWIBIO
**elapse,** *v.* MYNED HEIBIO, TREIGLO
**elastic,** *n.* ELASTIG
*a.* ELASTIG
**elasticity,** *n.* ELASTIGEDD, HYDWYTHEDD
**elate,** *v.* CALONOGI

**elated,** *a.* GORAWENUS, CALONNOG
**elation,** *n.* GORAWEN, YMLEDIAD
**elbow,** *n.* ELIN, PENELIN
**elbow-grease,** *n.* ELI PENELIN
**elbow-room,** *n.* LLE I DROI
**elder,** *a.* HŶN
*n.* HENURIAD, YSGAWEN
**elderberries,** *n.pl.* GRAWN YSGAW
**elderly,** *n.* YR OEDRANNUS
*a.* OEDRANNUS
**elect,** *v.* ETHOL, DEWIS
*a.* ETHOLEDIG
**election,** *n.* ETHOLIAD, ETHOLEDIGAETH
**elector,** *n.* ETHOLWR
**electoral,** *a.* ETHOLIADOL
**electorate,** *n.* ETHOLAETH
**electric,** *a.* TRYDANOL, ELECTRIG
**electrician,** *n.* TRYDANWR
**electricity,** *n.* TRYDAN, TRYDANEG (PWNC)
**electrify,** *v.* TRYDANU
**electrode,** *n.* ELECTROD
**electrolysis,** *n.* ELECTROLYSIS
**electrolyte,** *n.* ELECTROLYT
**electromagnetic,** *a.* ELECTROMAGNETIG
**electromagnetism,** *n.* ELECTROMAGNETEG
**electrometer,** *n.* ELECTROMEDR
**electron,** *n.* ELECTRON
**electronic,** *a.* ELECTRONIG
**electronics,** *n.* ELECTRONEG
**electrophorus,** *a.* ELECTROFFORWS
**electroplate,** *v.* ELECTROPLATIO
**electroscope,** *n.* ELECTROSGOP
**electrostatic,** *a.* ELECTROSTATIG
**electrostatics,** *n.* ELECTROSTATEG
**electrum,** *n.* AMBER, ELECTRWM
**eleemosynary,** *a.* ELUSENNOL
**elegance,** *n.* COETHDER, CEINDER
**elegant,** *a.* COETH, CAIN, DILLYN
**elegiac,** *a.* MARWNADOL
**elegy,** *n.* MARWNAD
**element,** *n.* ELFEN
*trace element,* ELFEN MYMRYN
**elemental,** *a.* ELFENNIG, SYLFAENOL
**elementary,** *a.* ELFENNOL
**elephant,** *n.* ELIFFANT, CAWRFIL
**elephantine,** *a.* ELIFFANTAIDD
**elevate,** *v.* DYRCHAFU, CODI
**elevated,** *a.* DYRCHAFEDIG, AR GODIAD
**elevating,** *a.* DYRCHAFOL, YN CODI
**elevation,** *n.* CODIAD, GOLWG, DRYCHIAD
*front elevation,* DRYCHIAD BLAEN
**elevator,** *n.* CODWR
**eleven,** *n.* UN AR DDEG, UN DEG UN
**elf,** *n.* ELLYLL, COBLYN, CORRACH
**elfish,** *a.* ELLYLLAIDD, DIREIDUS
**elicit,** *v.* MYNNU GAN
**elide,** *v.* SEINGOLLI
**eligibility,** *n.* CYMHWYSTER
**eligible,** *a.* CYMWYS, CYMWYSTEROL
**eliminant,** *n.* DILËYDD
**eliminate,** *v.* DILEU
**elimination,** *n.* DILEAD
**elision,** *n.* SEINGOLL
**elite,** *n.* ELÎT, Y GOREUON
**elixir,** *n.* MODDION DI-FFAEL
**ell,** *n.* CYFELIN, ELINAD
**ellipse,** *n.* ELIPS
**ellipsis,** *n.* COLL GEIRIAU
**elliptic,** *a.* ELIPTIG
**elliptical,** *a.* ELIPTIGOL
**elm,** *n.* LLWYFEN
**elocution,** *n.* AREITHYDDIAETH, ADRODDYDDIAETH
**elocutionist,** *n.* AREITHYDD, ADRODDWR
**elongate,** *v.* HWYHAU, ESTYN
**elongated,** *a.* HIRGUL
**elongation,** *n.* HWYHAD, ESTYNIAD
**elope,** *v.* DIFLANNU (GYDA CHARIAD)
**elopement,** *n.* DIFLANIAD, FFO
**eloquence,** *n.* HUODLEDD
**eloquent,** *a.* HUAWDL
**else,** *ad.* AMGEN, ARALL
**elsewhere,** *ad.* MEWN MAN ARALL
**elucidate,** *v.* ESBONIO, EGLURO
**elucidation,** *n.* ESBONIAD, EGLURHAD
**elude,** *v.* OSGOI
**elusion,** *n.* OSGOAD
**elusive,** *a.* GWIBIOG
**elute,** *v.* ECHLUDO
**elution,** *n.* ECHLUDAD
**eluviation,** *n.* ECHLIFIANT
**elver,** *n.* LLYSYWEN IFANC
**elysian,** *a.* PARADWYSAIDD
**elytron,** *n.* ELYTRON
**emaciate,** *v.* CURIO, TENEUO
**emaciated,** *a.* CURIEDIG, TENAU
**emaciation,** *n.* CURIEDD
**emanate,** *v.* DEILLIO, TARDDU
**emanation,** *n.* DEILLIAD, TARDDIAD
**emancipate,** *v.* RHYDDHAU, RHYDD-FREINIO
**emancipation,** *n.* RHYDDHAD, RHYDD-FREINIAD
**embalm,** *v.* PERENEINIO
**embankment,** *n.* COB, ARGLAWDD
**embargo,** *n.* GWAHARDDIAD, EMBARGO

**embark,** *v.* HWYLIO, DECHRAU
**embarkation,** *n.* HWYLIAD
**embarrass,** *v.* CHWITHEDDU
**embarrassment,** *n.* CHWITHEDD, EMBARAS
**embassy,** *n.* LLYSGENHADAETH
**embed,** *v.* GWELYO, MEWNOSOD
**embellish,** *v.* ADDURNO
**embellishment,** *n.* ADDURNIAD
**embers,** *n.pl.* MARWOR, MARWYDOS
**embezzle,** *v.* EMBESLU
**embezzlement,** *n.* EMBESLAD, ARIANDWYLL
**embitter,** *v.* CHWERWI
**emblazon,** *v.* ADDURNO
**emblem,** *n.* ARWYDDLUN
**emblematic,** *a.* ARWYDDLUNIOL
**embodiment,** *n.* CORFFORIAD, YMGORFFORIAD
**embody,** *v.* CORFFORI, YMGORFFORI
**embolden,** *v.* HYFHAU
**embolism,** *n.* EMBOLIAETH
**emboss,** *v.* BOGLYNNU
**embossed,** *a.* BOGLYNNOG
**embossing,** *n.* BOGLYNWAITH
**embrace,** *n.* COFLEIDIAD
*v.* COFLEIDIO, CYNNWYS
**embroider,** *v.* BRODIO
**embroidery,** *n.* BRODWAITH
**embroil,** *v.* TERFYSGU
**embryo,** *n.* EMBRYO
**embryology,** *n.* EMBRYOLEG
**embryonic,** *a.* EMBRYONIG
**emend,** *v.* CYWIRO, DIWYGIO
**emendation,** *n.* CYWIRIAD
**emerald,** *n.* EMRALLT
**emerge,** *v.* ALLDDOD
**emerged,** *a.* ALLDDODOL
**emergence,** *n.* ALLDDODIAD
**emergency,** *n.* ARGYFWNG, CYFYNGDER
*in an emergency,* MEWN TARO
**emergent,** *a.* ALLDDODOL
**emeritus,** *a.* EMERITWS
**emery,** *n.* EMERI
**emetic,** *n.* CYFOGLYN
*a.* CYFOGOL
**emigrant,** *n.* ALLFUDWR, YMFUDWR
**emigrate,** *v.* ALLFUDO, YMFUDO
**emigration,** *n.* ALLFUDIAD
**eminence,** *n.* CODIAD TIR, BRYN, BRI, ENWOGRWYDD
**eminent,** *a.* ENWOG, AMLWG
**emir,** *n.* EMIR
**emissary,** *n.* CENNAD
**emission,** *n.* ALLYRIANT
**emissivity,** *n.* ALLYRREDD
**emit,** *v.* ALLYRRU
**emolument,** *n.* TÂL, CYFLOG, ENILLION
**emotion,** *n.* EMOSIWN, YSMUDIAD
**emotional,** *a.* EMOSIYNOL
**emotive,** *a.* EMOSIYNUS
**empanel,** *v.* PANELU
**empathy,** *n.* EMPATHI
**emperor,** *n.* YMHERODR
**emphasis,** *n.* PWYS, PWYSLAIS
**emphasize,** *v.* PWYSLEISIO
**emphatic,** *a.* PWYSLEISIOL
**emphysema,** *n.* EMFFYSEMA
**empire,** *n.* YMERODRAETH
**empiric(al),** *a.* EMPIRIG, EMPEIRAIDD
**empiricism,** *n.* EMPIRAETH
**emplacement,** *n.* SAFLE
**employ,** *v.* CYFLOGI, DEFNYDDIO
**employable,** *a.* CYFLOGADWY
**employee,** *n.* CYFLOGEDIG
**employer,** *n.* CYFLOGWR
**employment,** *n.* CYFLOGAETH
**emporium,** *n.* MARCHNADFA
**empower,** *v.* AWDURDODI
**empress,** *n.* YMERODRES
**emptiness,** *n.* GWACTER
**empty,** *a.* GWAG, COEG, CAU
*v.* GWACÁU, DIHYSBYDDU
**empty-handed,** *a.* GWAGLAW
**emulate,** *v.* DYNWARED, EMŴLADU, EFELYCHU
**emulation,** *n.* EFELYCHIAD
**emulator,** *n.* EFELYCHWR, EMŴLADUR, DYNWAREDWR
**emulsifier,** *n.* EMYLSYDD
**emulsify,** *v.* EMWLSIO
**emulsion,** *n.* EMWLSIWN
**enable,** *v.* GALLUOGI
**enact,** *v.* CYFLAWNI, DEDDFU
**enactment,** *n.* CYFLAWNIAD
**enamel,** *n.* ENAMEL
*v.* ENAMLO
**enamour,** *v.* SWYNO, YMSERCHU
**encamp,** *v.* LLUESTU, GWERSYLLU
**encampment,** *n.* GWERSYLL
**encaustic,** *a.* LLOSGLIW
**encephalitis,** *n.* LLID YR YMENNYDD
**enchant,** *v.* SWYNO, HUDO
**enchanter,** *n.* SWYNWR, DEWIN
**enchantment,** *n.* SWYN, HUDOLIAETH
**enchantress,** *n.* HUDOLES, DEWINES
**encircle,** *v.* AMGYLCHU, CYLCHYNU

**encirclement,** *n.* CYLCHYNIAD
**enclave,** *n.* CLOFAN
**enclose,** *v.* AMGÁU
**enclosed,** *a.* AMGAEËDIG
**enclosure,** *n.* LLOC, TIR CAEËDIG, CAE
**encode,** *v.* AMGODIO
**encomium,** *n.* CLOD, MOLAWD
**encompass,** *v.* AMGYLCHYNU
**encore,** *n.* ENCÔR
*ad.* ETO
**encounter,** *n.* CYFARFOD, BRWYDR, GORNEST
*v.* CYFARFOD, YMLADD
**encourage,** *v.* CALONOGI, ANNOG
**encouragement,** *n.* CALONDID, ANOGAETH
**encouraging,** *a.* CALONOGOL
**encroach,** *v.* LLECHFEDDIANNU
**encroachment,** *n.* LLECHFEDDIANT
**encumber,** *v.* LLESTEIRIO, BEICHIO
**encumbrance,** *n.* BAICH
**encyclic(al),** *n.* CYLCHLYTHYR PAB
*a.* CYLCHREDOL
**encyclopaedia,** *n.* GWYDDONIADUR
**encyclopaedic,** *a.* GWYDDONIADUROL
**end,** *n.* DIWEDD, DIBEN
*v.* DIWEDDU, TERFYNU
*end point,* PWYNT TERFYN
*end product,* CYNRYCHIOLYN TERFYNOL
**endanger,** *v.* PERYGLU
**endear,** *v.* ANWYLO
**endearment,** *n.* ANWYLDEB
**endeavour,** *n.* YMDRECH, YMGAIS
*v.* YMDRECHU, YMEGNÏO
**endemic,** *a.* ENDEMIG
**ending,** *n.* DIWEDD, DIBENIAD, TERFYNIAD
**endive,** *n.* ENDIF
**endless,** *a.* DIDDIWEDD
**endocarditis,** *n.* ENDOCARDITIS
**endocrine,** *a.* ENDOCRIN
**endogamy,** *n.* MEWNBRIODI
**endogenous,** *a.* ENDOGENUS, MEWNDARDDOL
**endomorphic,** *a.* ENDOMORFFIG
**end-organ,** *n.* TERFYNELL
**endorse,** *v.* CEFNODI, ARNODI, ARDYSTIO
**endorsed,** *a.* ARNODEDIG, ARDYSTIEDIG
**endorsement,** *n.* ARDYSTIAD, ARNODIAD
**endosperm,** *n.* ENDOSBERM
**endothermic,** *a.* ENDOTHERMIG
**endow,** *v.* GWADDOLI, CYNYSGAEDDU
**endowed,** *a.* GWADDOLEDIG
**endowment,** *n.* GWADDOL, CYNYSGAETH
**endurable,** *a.* PARHAOL, GODDEFOL
**endurance,** *n.* DYGNEDD, DYGNWCH, DALFOD
**endure,** *v.* PARHAU, GODDEF
**enemy,** *n.* GELYN
**energetic,** *a.* EGNÏOL, YNÏOL
**energism,** *n.* EGNÏAETH
**energise,** *v.* EGNIOLI, YNÏOLI
**energised,** *a.* YNÏOLEDIG
**energy,** *n.* EGNI, YNNI
**enervate,** *v.* GWANHAU, LLESGÁU
**enfeeble,** *v.* GWANYCHU
**enfeebled,** *a.* MUSGRELL
**enfeeblement,** *n.* MUSGRELLNI
**enfeoff,** *v.* ENFFEODU
**enfeoffment,** *n.* ENFFEODAETH
**enfold,** *v.* GAFAEL
**enforce,** *v.* GORFODI
**enforcement,** *n.* GORFODAETH
**enfranchise,** *v.* RHYDDFREINIO
**enfranchisement,** *n.* RHYDDFREINIAD
**engage,** *v.* CYSYLLTU, YMLADD, DYWEDDÏO, CYFLOGI
**engaged,** *a.* CYSWLLT, DYWEDDÏEDIG
**engagement,** *n.* YMRWYMIAD, BRWYDR, DYWEDDÏAD
**engaging,** *a.* DENIADOL
**engender,** *v.* PERI
**engine,** *n.* PEIRIANT, INJAN
**engineer,** *n.* PEIRIANNYDD
**engineering,** *n.* PEIRIANNEG
**England,** *n.* LLOEGR
**English,** *n.* SAESON
*a.* SAESNEG (IAITH), SEISNIG
**Englishman,** *n.* SAIS
**engrain,** *v.* ENGREINIO
**engrave,** *v.* ENGRAFU
**engraver,** *n.* ENGRAFWR
**engraving,** *n.* ENGRAFIAD
**engross,** *v.* CWBLFEDDIANNU
**engrossment,** *n.* CWBLFEDDIANT
**engulf,** *v.* AMLYNCU
**enhance,** *v.* MWYHAU
**enhancement,** *n.* MWYHAD, CODIAD
**enharmonic,** *a.* ENHARMONIG
**enigma,** *n.* ENIGMA
**enigmatic,** *a.* ENIGMATIG
**enjoin,** *v.* GORCHYMYN, ERCHI
**enjoy,** *v.* MWYNHAU, MEDDU
**enjoyable,** *a.* PLESERUS
**enjoyment,** *n.* MWYNHAD, MEDDIANT
**enkindle,** *v.* ENNYN
**enlarge,** *v.* HELAETHU, EHANGU
**enlargement,** *n.* HELAETHIAD, EHANGIAD

**enlighten,** *v.* GOLEUO, HYSBYSU
**enlightened,** *a.* GOLEUEDIG, GOLAU
**enlist,** *v.* YMRESTRU
**enlistment,** *n.* YMRESTRIAD
**enliven,** *v.* BYWIOGI, SIRIOLI
**enmesh,** *v.* RHWYDO
**enmity,** *n.* GELYNIAETH
**ennoble,** *v.* URDDASOLI
**ennui,** *n.* DIFLASTOD
**enormity,** *n.* ANFADRWYDD
**enormous,** *a.* ENFAWR, ANFERTH
**enough,** *n.* DIGON(EDD), GWALA
*a. & ad.* DIGON
**enquire,** *v.* HOLI
**enquiry,** *n.* YMHOLIAD
**enrage,** *v.* CYNDDEIRIOGI, FFYRNIGO
**enraged,** *a.* CYNDDEIRIOG, LLIDIOG
**enrapture,** *v.* YMHYFRYDU
**enrich,** *v.* CYFOETHOGI
**enrichment,** *n.* YMGYFOETHOGIAD
**enrobe,** *v.* GWISGO, ARWISGO
**enrol,** *v.* COFRESTRU
**enrolment,** *n.* COFRESTRAD
**ensemble,** *n.* ENSEMBLE
**enshrine,** *v.* CADW
**enshroud,** *v.* GORDOI, AMDOI
**ensign,** *n.* LLUMAN
**enslave,** *v.* CAETHIWO
**enslavement,** *n.* CAETHIWED
**ensnare,** *v.* MAGLU, RHWYDO
**ensue,** *v.* DILYN, CANLYN
**ensuing,** *a.* DILYNOL, CANLYNOL
**ensure,** *v.* SICRHAU, DIOGELU
**ensyme,** *n.* ENSYM
**entail,** *n.* ENTAEL
*v.* ENTEILIO
**entangle,** *v.* DRYSU, MAGLU
**entanglement,** *n.* DRYSWCH, MAGL
**entente,** *n.* CYD-DDEALLTWRIAETH
**enter,** *v.* MYND I MEWN, DOD I MEWN, COFNODI, TREIDDIO
**enteric,** *a.* ENTERIG
**enteritis,** *n.* ENTERITIS
**entrepreneur,** *n.* MENTRWR
**enterprise,** *n.* MENTER
**enterprising,** *a.* MENTRUS
**entertain,** *v.* DIFYRRU, ADLONNI, CROESAWU
**entertainer,** *n.* DIFYRRWR, DIDDANWR
**entertaining,** *a.* DIFYRRUS, DIDDAN
**entertainment,** *n.* ADLONIANT, DIFYRRWCH
**enthalpy,** *n.* ENTHALPI
**enthral,** *v.* SWYNO
**enthralling,** *a.* SWYNOL
**enthrone,** *v.* GORSEDDU
**enthusiasm,** *n.* BRWDFRYDEDD
**enthusiast,** *n.* UN BRWD(FRYDIG)
**enthusiastic,** *a.* BRWDFRYDIG
**entice,** *v.* DENU, HUDO
**enticement,** *n.* HUDOLIAETH
**entire,** *a.* CYFAN, HOLLOL, LLWYR
**entirely,** *ad.* YN GYFAN GWBL
**entirety,** *n.* CYFANRWYDD
**entitle,** *v.* RHOI HAWL
**entity,** *n.* ENDID, HANFOD
**entomb,** *v.* CLADDU
**entomologist,** *n.* ENTOMOLEGWR
**entomology,** *n.* ENTOMOLEG
**entracte,** *n.* ENTRACTE
**entrails,** *n.pl.* PERFEDD, YMYSGAROEDD
**entrance,** *n.* MYNEDIAD, MYNEDFA, DRWS, PORTH, TÂL
**entrance,** *v.* SWYNO
**entrancing,** *a.* SWYNOL
**entrap,** *v.* MAGLU, RHWYDO
**entreat,** *v.* YMBIL, ERFYN
**entreaty,** *n.* YMBIL, ERFYNIAD
**entrepôt,** *a.* TRWYBORTH
**entropy,** *n.* ENTROPI
**entrust,** *v.* YMDDIRIED
**entry,** *n.* MYNEDIAD, COFNOD, TREIDDIAD
**entwine,** *v.* CORDEDDU, NYDDU, YMNYDDU
**enumerable,** *a.* RHIFADWY
**enumerate,** *v.* RHIFO
**enumeration,** *n.* RHIFIANT
**enumerator,** *n.* RHIFWR
**enunciate,** *v.* CYNANU, DATGAN
**enunciation,** *n.* CYNANIAD
**envelop,** *v.* AMGÁU, ENHUDDO
**envelope,** *n.* AMLEN
**envelopment,** *n.* GORCHUDDIAD
**envenom,** *v.* GWENWYNO
**envious,** *a.* CENFIGENNUS
**environment,** *n.* AMGYLCHEDD
**environmental,** *a.* AMGYLCHEDDOL
**environmentalist,** *n.* AMGYLCHEDDWR
**environs,** *n.pl.* AMGYLCHION/OEDD
**envisage,** *v.* RHAGWELD
**envoy,** *n.* CENNAD, NEGESYDD
**envy,** *n.* EIDDIGEDD
*v.* EIDDIGEDDU
**enzyme,** *n.* ENSYM
*a.* ENSYMAIDD
**eolithic,** *a.* EOLITHIG
**epaulette,** *n.* EPOLED
**epenthetic,** *a.* EPENTHETIG
**ephemeral,** *a.* DROS DRO, DARFODEDIG

**ephemeris,** *n.* EFFEMERIS
**epic,** *n.* ARWRGERDD, EPIG
*a.* ARWROL
**epicene,** *a.* DEURYW
**epicentre,** *n.* UWCHGANOLBWYNT
**epicure,** *n.* MOETHYN, GLWTH
**epicycloid,** *n.* EPISEICLOID
**epidemic,** *n.* HAINT, EPIDEMIG
*a.* HEINTUS, EPIDEMIG
**epidermal,** *a.* EPIDERMAIDD
**epidermis,** *n.* EPIDERMIS
**epidiascope,** *n.* EPIDIASGOP
**epigeal,** *a.* ARDDAEAROL, EPIGEAL
**epiglottis,** *n.* EPIGLOTIS
**epigram,** *n.* EPIGRAM
**epigrammatic,** *a.* EPIGRAMAIDD
**epigraph,** *n.* EPIGRAFF
**epigynous,** *a.* EPIGYNUS
**epilepsy,** *n.* EPILEPSI, HAINT DIGWYDD
**epilogue,** *n.* DIWEDDGLO, EPILOG
**epimorphic,** *a.* EPIMORFFIG
**epipetalous,** *a.* EPIPETALUS
**Epiphany,** *n.* YR YSTWYLL
**epiphyte,** *n.* EPIFFYT
**episcopacy,** *n.* ESGOBYDDAETH
**episcope,** *n.* EPISGÔP
**episode,** *n.* GOGYFRAN, EPISÔD, ATGAN
**epistasis,** *n.* EPISTASIS
**epistemology,** *n.* EPISTEMOLEG, GWYBODEG
**epistle,** *n.* EPISTOL, LLYTHYR
**epistolary,** *a.* EPISTOLAIDD
**epitaph,** *n.* BEDDARGRAFF
**epithet,** *n.* ANSODDAIR
**epitome,** *n.* TALFYRIAD, CRYNHOAD
**epitomize,** *v.* TALFYRRU, CRYNHOI
**epizoötic,** *a.* EPISOOTIG
**epoch,** *n.* CYFNOD, EPOC
**equability,** *n.* TAWELWCH
**equable,** *a.* CYSON, TAWEL, GWASTAD
**equal,** *a.* CYFARTAL, CYDRADD, HAFAL, UNFAINT
*equal sign,* HAFALNOD
*equal area,* ARWYNEBEDD CYFARTAL
**equality,** *n.* CYDRADDOLDEB, CYFARTALEDD, HAFAL
**equalize,** *v.* CYDRADDOLI, CYFARTALU
**equally,** *ad.* YN OGYSTAL Â, YN LLAWN
**equanimity,** *n.* ANGHYFFRO
**equate,** *v.* HAFALU, CYFARTALU
**equation,** *n.* HAFALIAD
*quadratic equation,* HAFALIAD DWYRADD
**equative,** *a.* CYFARTAL
**equator,** *n.* CYHYDEDD
**equatorial,** *a.* CYHYDEDDOL
**equerry,** *n.* GWASTRAWD (BRENHINOL)
**equestrian,** *n.* MARCHOG
*a.* MARCHOGOL
**equiangular,** *a.* HAFALONGLOG
**equidistant,** *a.* CYTBELL
**equilateral,** *a.* HAFALOCHROG
**equilibriate,** *v.* CYDBWYSOLI
**equilibrium,** *n.* CYDBWYSEDD, CYFANTOLEDD
**equinox,** *n.* CYHYDNOS
**equip,** *v.* CYFARPARU, TACLU, CYWEIRIO
**equipment,** *n.* CYFARPAR, OFFER
**equipoise,** *n.* CYDBWYSEDD
**equipotential,** *a.* UNBOTENSIAL
**equitable,** *a.* CYFIAWN, ECWITIOL
**equity,** *n.* CYFIAWNDER, ECWITI, SODDGYFRAN
**equivalence,** *n.* CYWERTHEDD
**equivalent,** *a.* CYWERTH, CYFARTAL
**equivocal,** *a.* AMWYS, MWYS
**equivocate,** *v.* BOD YN AMWYS
**equivocation,** *n.* AMWYSEDD, MWYSEDD
**era,** *n.* CYFNOD, OES, ERA
**eradicate,** *v.* DIFODI, DIFA
**eradication,** *n.* DIFODIAD
**eradicator,** *n.* DIFODWR
**erase,** *v.* DILEU, RHWBIO ALLAN
**eraser,** *n.* DILEYDD
**erasure,** *n.* DILEAD
**ere,** *c. & prp.* CYN
*ere long,* CYN BO HIR
**erect,** *a.* SYTH, UNION(SYTH)
*v.* CYFODI, ADEILADU, CODI
**erection,** *n.* CYFODIAD, CWNNAD, CYFODWAITH, YMGYFODIAD
**erector,** *n.* CODWR, ADEILADYDD
**erg,** *n.* ERG
**ergonomics,** *n.* ERGONOMEG
**ergot,** *n.* ERGOT
**ermine,** *n.* ERMIN, CARLWM
**erode,** *v.* ERYDU, YSU
**eroded,** *a.* ERYDOG
**erosion,** *n.* ERYDIAD
*cycle of erosion,* CYLCHED ERYDU
**erosive,** *a.* ERYDOL
*erosive agent,* ERYDYDD
**erotic,** *a.* EROTIG, SERCHOL
**err,** *v.* CYFEILIORNI, AMRYFUSO
**errand,** *n.* NEGES, CENADWRI

**errant,** *a.* CYFEILIORNUS, CRWYDR(OL)
**erratic,** *a.* ANSICR, CRWYDRAIDD
**erratum,** *n.* BAI (Y WASG)
**erroneous,** *a.* GWALLUS, AMRYFUS
**erroneously,** *ad.* AR GAM
**error,** *n.* GWALL, AMRYFUSEDD, CYFEILIORNAD, CAMSYNIAD
*in error,* AR GAM
**erst (while),** *ad.* GYNT, CYN HYN
**erudite,** *a.* DYSGEDIG, LLENGAR
**erudition,** *n.* DYSG, GWYBODAETH
**erupt,** *v.* ECHDORRI, TORRI ALLAN
**eruption,** *n.* ECHDORIAD, TARDDIAD
**erysipelas,** *n.* TÂN IDDWF, MANWYNION, FFLAMWYDDEN
**escalate,** *v.* ESGOLI
**escalation,** *n.* ESGOLIAD, GWAETHYGIAD, CYNNYDD
**escalator,** *n.* ESCALADUR
**escapade,** *n.* PRANC, DIREIDI
**escape,** *n.* DIHANGFA, YMWARED
*v.* DIANC, OSGOI
**escapement,** *n.* CILFA
**escarpment,** *n.* SGARP
**eschatology,** *n.* ESCATOLEG, DIWETHAFIAETH
**escheat,** *n.* SIÊD
*v.* FFORFFEDU
**escheator,** *n.* SIEDWR
**eschew,** *v.* OSGOI, GOCHEL
**escort,** *n.* GOSGORDD
*v.* HEBRWNG
**escribe,** *v.* ALLGYLCHU
*escribed circle,* ALLGYLCH
**escutcheon,** *n.* ESGYTSIWN, ARFBAIS
**esker,** *n.* ESGAIR
**esoteric,** *a.* CYFRINACHOL, CUDD
**espagnolette,** *n.* YSBAENOLED
**espalier,** *n.* RHWYLLWAITH
**especial,** *a.* NEILLTUOL, ARBENNIG, PENNAF
**especially,** *ad.* YN ARBENNIG, YN ENWEDIG
**espionage,** *n.* YSBÏAETH
**esplanade,** *n.* RHODFA
**espousal,** *n.* PRIODAS, DYWEDDÏAD
**espouse,** *v.* PRIODI, DYWEDDÏO
**espy,** *v.* CANFOD, GWYLIO
**esquire,** *n.* YSGWIER, YSWAIN (YSW.)
**essay,** *n.* TRAETHAWD, YMGAIS
*v.* CYNNIG, PROFI
**essayist,** *n.* TRAETHODWR/YDD
**essence,** *n.* HANFOD, RHINFLAS
**essential,** *a.* ANHEPGOR, HANFODOL
*n.* ANGHENRAID, HANFOD
**essentials,** *n.pl.* ANHEPGORION, HANFODION
**establish,** *v.* SEFYDLU
**established,** *a.* SEFYDLEDIG
**establishment,** *n.* SEFYDLIAD, GWEITHLE
**estate,** *n.* STAD, YSTAD, EIDDO
*real estate,* YSTAD REAL
**esteem,** *n.* PARCH, BRI
*v.* PARCHU, EDMYGU
**esterify,** *v.* ESTEREIDDIO
**estimable,** *a.* TEILWNG
**estimate,** *n.* AMCANGYFRIF
*v.* AMCANGYFRIF
**estimation,** *n.* AMCANGYFRIF, PARCH, BRI
**estrange,** *v.* DIEITHRIO
**estrangement,** *n.* DIEITHRIAD
**estreat,** *n.* YSTRÊD
*v.* YSTREDU
**estuary,** *n.* ABER, MORYD
**et cetera,** *ad.* AC YN Y BLAEN
**etch,** *v.* YSGYTHRU
**etching,** *n.* YSGYTHRIAD
**eternal,** *a.* TRAGWYDDOL
**eternally,** *ad.* YN DRAGYWYDD, YN OES OESOEDD, BYTH BYTHOEDD
**eternity,** *n.* TRAGWYDDOLDEB
**etesian,** *a.* ETESAIDD
**ethane,** *a.* ETHAN
**ether,** *n.* ETHER, NWYFRE
**ethereal,** *a.* AWYROL, NEFOLAIDD
**ethical,** *a.* MOESEGOL
**ethics,** *n.* MOESEG
**ethnic,** *a.* ETHNIG, CENHEDLIG
**ethnography,** *n.* ETHNOGRAFFI
**ethnologist,** *n.* ETHNOLEGWR
**ethnology,** *n.* ETHNOLEG
**ethnomusicology,** *n.* HILGERDDOREG
**ethology,** *n.* ETHOLEG
**ethos,** *n.* ETHOS, NAWS, NATUR
**etiolation,** *n.* HEGLEDD
**etiquette,** *n.* MOESAU, ARFER
**etymology,** *n.* GEIRDARDDIAD
**eucharist,** *n.* CYMUN(DEB)
**eucharistic,** *a.* CYMUNOL
**euclidean,** *a.* EWCLIDAIDD
**eugenics,** *n.* EWGENEG
**eulogise,** *v.* CANMOL, MOLI
**eulogist,** *n.* CANMOLWR
**eulogy,** *n.* MOLAWD, MOLIANT
**eunuch,** *n.* EUNUCH
**euphemism,** *n.* GAIR TEG
**euphonious,** *a.* PERSAIN
**euphonium,** *n.* EWFFONIWM

**euphony,** *n.* PERSEINEDD
**eurhythmics,** *n.pl.* EWRHYTHMEG
**Europe,** *n.* EWROP
**European,** *n.* EWROPEAD
*a.* EWROPEAIDD
**Europeanism,** *n.* EWROPEIDDIAD
**eustatic,** *a.* EWSTATIG
**euthanasia,** *n.* EWTHANASIA
**evacuate,** *v.* DATNWYO, GWACÂU
**evacuation,** *n.* DATNWYAD, GWACÂD
**evacuees,** *n.pl.* NODDEDIGION
**evade,** *v.* GOCHEL, EFADU, OSGOI
**evaluate,** *v.* ENRHIFO, GWERTHUSO, PENNU GWERTH
**evaluation,** *n.* ENRHIFIAD, GWERTHUSIAD
**evanesce,** *v.* DIFLANNU
**evanescent,** *a.* DIFLANEDIG, DARFODEDIG
**evangel,** *n.* EFENGYL
**evangelical,** *a.* EFENGYLAIDD
**evangelicism,** *n.* EFENGYLYDDIAETH
**evangelist,** *n.* EFENGYLWR
**evangelize,** *v.* EFENGYLU
**evaporate,** *v.* ANWEDDU
**evaporation,** *n.* ANWEDDIAD
**evaporator,** *n.* ANWEDDYDD
**evasion,** *n.* OSGOAD, GOCHELIAD, EFASIWN
**evasive,** *a.* YN OSGOI, CYFRWYS
**eve,** *n.* MIN NOS, NOSWYL
**even,** *a.* LLYFN, GWASTAD, CYFARTAL, TAWEL
*ad.* HYD YN OED
*n.* YR HWYR
*even number,* EILRIF
**evening,** *n.* NOSWAITH, YR HWYR, MIN NOS
**evenness,** *n.* LLYFNDRA, GWASTADRWYDD
**evensong,** *n.* GOSBER, PRYNHAWNOL WEDDI
**event,** *n.* DIGWYDDIAD
**eventide,** *n.* YR HWYR, MIN NOS
**eventuality,** *n.* POSIBILRWYDD
**eventually,** *ad.* O'R DIWEDD
**ever,** *ad.* BYTH, ERIOED, YN WASTAD/DRAGYWYDD
*ever and anon,* BYTH A HEFYD
**evergreen,** *n.* & *a.* BYTHWYRDD, ANWYW
**everlasting,** *a.* TRAGWYDDOL, BYTHOL, OESOL
*n.* BYTH
**evermore,** *ad.* BYTH BYTHOEDD, YN OES OESOEDD
**every,** *a.* POB
**everybody,** *pn.* PAWB, POB UN
**everyday,** *a.* BOB DYDD, BEUNYDDIOL
**everyone,** *pn.* PAWB, POB UN
**everything,** *pn.* POPETH, POB PETH
**everywhere,** *ad.* YM MHOBMAN
**evict,** *v.* DADFEDDIANNU, GYRRU ALLAN
**eviction,** *n.* DADFEDDIANT
**evidence,** *n.* TYSTIOLAETH
**evident,** *a.* EGLUR, AMLWG
**evidential,** *a.* TYSTIOLAETHOL
**evil,** *n.* DRWG, DRYGIONI
*a.* DRWG, ANFAD, BLIN
**evil-doer,** *n.* DRWGWEITHREDWR
**evince,** *v.* DANGOS, PROFI, ARDDANGOS
**evocation,** *n.* GWŶS, GALWAD
**evoke,** *v.* GWYSIO, GALW
**evolute,** *n.* EFOL(I)WT
**evolution,** *n.* ESBLYGIAD
**evolutionary,** *a.* ESBLYGIADOL
**evolutionism,** *n.* ESBLYGIADAETH
**evolve,** *v.* DATBLYGU, ESBLYGU, CYNHYRCHU
**ewe,** *n.* MAMOG, DAFAD
*yearling ewe,* HESBEN
**ewer,** *n.* YSTÊN, JWG
**ex-.** *px.* CYN-, ALLAN O
**exact,** *a.* MANWL, UNION, CYWIR, CYMWYS
*v.* HAWLIO, MYNNU
*exactly,* YN UNION, I'R DIM
**exacting,** *a.* MANWL, GORTHRYMUS
**exaction,** *n.* CRIBDDAIL, GORMES
**exactness,** *n.* MANYLDEB, CYWIRDEB
**exaggerate,** *v.* GORLIWIO, CHWYDDO
**exaggeration,** *n.* GORMODIAITH, GORLIWIAD
**exalt,** *v.* DYRCHAFU, MAWRYGU
**exalting,** *a.* DYRCHAFOL
**exaltation,** *n.* DYRCHAFIAD, GORAWEN
**examination,** *n.* ARHOLIAD, ARCHWILIAD
**examine,** *v.* ARHOLI, ARCHWILIO
**examiner,** *n.* ARHOLWR, ARCHWILIWR
**example,** *n.* ENGHRAIFFT, ESIAMPL
**exasperate,** *v.* CYTHRUDDO, LLIDIO
**exasperation,** *n.* CYTHRUDD, LLID
**excavate,** *v.* CLODDIO
**excavation,** *n.* CLODDIAD
**excavator,** *n.* CLODDIWR
**exceed,** *v.* RHAGORI AR, BOD YN FWY NA
**exceedingly,** *ad.* TROS BEN, TRA
**excel,** *v.* RHAGORI
**excellence,** *n.* RHAGOROLDEB, ARDDERCHOWGRWYDD, RHAGORIAETH
**excellency,** *n.* ARDDERCHOWGRWYDD
**excellent,** *a.* RHAGOROL, PENIGAMP, ARDDERCHOG, CAMPUS
**excelling,** *a.* GODIDOG

**except,** *prp.* AC EITHRIO, EITHR, NAMYN, ODDIEITHR, HEB LAW
**exception,** *n.* EITHRIAD
**exceptional,** *a.* EITHRIADOL
**exceptive,** *a.* EITHRIOL
**excerpt,** *n.* DYFYNIAD
**excess,** *n.* GORMOD(EDD), RHYSEDD
**excessive,** *a.* GORMODOL, EITHAFOL
**exchange,** *n.* CYFNEWIDFA
*v.* CYFNEWID, FFEIRIO
*rate of exchange,* CYFRADD CYFNEWID
**exchangeable,** *a.* CYFNEWIDIADOL
**exchequer,** *n.* TRYSORLYS
**excisable,** *a.* TOLLADWY
**excise,** *n.* ECSEIS, TOLL
*v.* TRYCHU, TORRI
**exciseman,** *n.* ECSEISMON
**excision,** *n.* TRYCHIAD, TORIAD
**excitability,** *n.* CYNHYRFEDD
**excitable,** *a.* CYNHYRFAWR, CYFFROUS
**excite,** *v.* CYNHYRFU, CYFFROI
**excitement,** *n.* CYNNWRF
**exciting,** *a.* CYFFROUS
**exclaim,** *v.* LLEFAIN, EBYCHU
**exclamation,** *n.* LLEF, EBYCHIAD
*exclamation mark,* RHYFEDDNOD
**exclamatory,** *a.* Â LLEF
**exclude,** *v.* ALLGAU, EITHRIO
**excluder,** *n.* ALLANYDD
**exclusion,** *n.* GWAHARDDIAD
**exclusive,** *a.* CYFYNGEDIG, ANGHYNHWYSOL
**exclusively,** *ad.* YN HOLLOL/GYFAN GWBL
**excommunicate,** *v.* YSGYMUNO
**excommunication,** *n.* YSGYMUNIAD
**excrement,** *n.* YSGARTHIAD, TOM, BAW
**excreta,** *n.pl.* CARTHION, TOM
**excrete,** *v.* YSGARTHU, ALLDAFLU
**excretion,** *n.* YSGARTH(IAD)
**excruciating,** *a.* DIRDYNNOL
**excursion,** *n.* GWIBDAITH
**excursionist,** *n.* GWIBDEITHIWR
**excusable,** *a.* ESGUSODOL
**excuse,** *n.* ESGUS
*v.* ESGUSODI
**execrable,** *a.* GWARTHUS, YSGELER
**execrate,** *v.* MELLTITHIO, RHEGI
**execration,** *n.* MELLTITH
**executable,** *a.* GWEITHREDADWY
**execute,** *v.* CYFLAWNI, DIENYDDIO, GWEITHREDU
**execution,** *n.* CYFLAWNIAD, DIENYDDIAD
**executioner,** *n.* DIENYDDIWR
**executive,** *n.* GWEITHREDWR
*a.* GWEITHREDOL, GWEITHIOL
*executive committee,* PWYLLGOR GWAITH
**executor,** *n.* YSGUTOR
**executorship,** *n.* YSGUTORIAETH
**executrix,** *n.* YSGUTORES
**exegesis,** *n.* ESBONIAD(AETH)
**exegetical,** *a.* ESBONIADOL
**exemplar,** *n.* CYNDDELW, PATRWM
**exemplary,** *a.* TEILWNG, ENGHREIFFTIOL
**exemplify,** *v.* ENGHREIFFTIO
**exempt,** *a.* RHYDD, ESGUSODOL
*v.* RHYDDHAU, ESGUSODI
**exemption,** *n.* RHYDDHAD
**exercise,** *n.* YMARFER(IAD)
*v.* YMARFER
*remedial exercise,* YMARFER ADFER
**exert,** *v.* YMDRECHU, YMEGNÏO
**exertion,** *n.* YMDRECH, YMRODDIAD
**exfoliate,** *v.* DIBLISGO
**exfoliation,** *n.* DIBLISGIAD
**exhale,** *v.* ALLYRRU
**exhaust,** *n.* DISBYDDU, DIFFYGIO
*n.* DISBYDDWR, GWACÄWR
**exhausted,** *a.* LLUDDEDIG, BLIN, DISBYDDEDIG
**exhaustible,** *a.* DISBYDDADWY
**exhausting,** *a.* LLAFURUS, LLUDDEDUS
**exhaustion,** *n.* GORLUDDED
**exhaustive,** *a.* TRWYADL
**exhibit,** *n.* ARDDANGOSYN, DANGOSBETH
*v.* ARDDANGOS
**exhibition,** *n.* ARDDANGOSFA
**exhibitionism,** *n.* ARDDANGOSIAETH
**exhibitor,** *n.* ARDDANGOSWR
**exhilarate,** *v.* LLONNI, SIRIOLI
**exhilaration,** *n.* LLONDER
**exhort,** *v.* ANNOG, CYMELL
**exhortation,** *n.* ANOGAETH
**exhume,** *v.* DATGLADDU
**exigence,** *n.* RHEIDRWYDD, ANGEN
**exigency,** *n.* GORFODAETH, RHAID
**exigent,** *a.* O RAID, TAER
**exiguous,** *a.* PRIN, BYCHAN
**exile,** *n.* ALLTUD, ALLTUDIAETH
*v.* ALLTUDIO
**exist,** *v.* BOD, BODOLI
**existence,** *n.* BOD(OLAETH), HANFOD
*in existence,* MEWN BOD
**existent,** *a.* YN BOD, PRESENNOL
**existential,** *a.* DIRFODOL
**existentialism,** *n.* DIRFODAETH

**exit,** *n.* ALLANFA, YMADAWIAD
*v.* MYND ALLAN
**exodermis,** *n.* ECSODERMIS
**exodus,** *n.* YMADAWIAD
**ex-officio,** *a.* YN RHINWEDD EI SWYDD
**exogenesis,** *n.* ALLDARDDIAD
**exogenic,** *a.* ALLDARDD
**exogenous,** *a.* ECSOGENUS
**exonerate,** *v.* RHYDDHAU O FAI, DIFEIO
**exoneration,** *n.* RHYDDHAD (O FAI)
**exorbitance,** *n.* GORMODEDD
**exorbitant,** *a.* GORMODOL, AFRESYMOL
**exorcise,** *v.* ALLFWRW
**exorcism,** *n.* ALLFWRIAETH
**exorcist,** *n.* BWRIWR CYTHREULIAID, ALLFWRIWR
**exostosia,** *n.* ECSOSTOSIA, TALP AR ASGWRN
**exoteric,** *a.* CYFFREDIN, ALLANOL
**exothermic,** *a.* ECSOTHERMIG
**exotic,** *a.* ESTRON, EGSOTIG
**expand,** *v.* DATBLYGU, EHANGU, YMLEDU
**expanding,** *a.* DATBLYGOL
**expanse,** *n.* EHANGDER
**expansion,** *n.* EHANGIAD, YMLEDIAD
**expansive,** *a.* EANG
**expatiate,** *v.* YMHELAETHU
**expatriate,** *v.* ALLTUDIO
**expect,** *v.* DISGWYL, MEDDWL
**expectancy,** *n.* DISGWYLIAD
**expectant,** *a.* DISGWYLGAR, YN ERFYN
**expectation,** *n.* DISGWYLIAD
**expectorate,** *v.* POERGARTHU
**expectoration,** *n.* POERGARTH
**expediency,** *n.* HWYLUSTOD
**expedient,** *a.* HWYLUS, CYFLEUS
*n.* YSTRYW
**expedite,** *v.* HYRWYDDO, HWYLUSO
**expedition,** *n.* ALLDAITH
**expeditionary,** *a.* ALLDEITHIOL
**expeditious,** *a.* HWYLUS, CYFLYM
**expel,** *v.* DIARDDEL, TORRI ALLAN
**expend,** *v.* GWARIO
**expenditure,** *n.* GWARIANT
*excess expenditure,* GORWARIANT
**expense,** *n.* TRAUL, COST
**expenses,** *n.pl.* TREULIAU
**expensive,** *a.* DRUD COSTUS, PRID
**experience,** *n.* PROFIAD
*v.* PROFI
**experienced,** *a.* PROFIADOL
**experiment,** *n.* ARBRAWF
*v.* ARBROFI
**experimental,** *a.* ARBROFOL
**expert,** *n.* ARBENIGWR
*a.* MEDRUS, DEHEUIG
**expertise,** *n.* ARBENIGAETH
**expertness,** *n.* MEDRUSRWYDD
**expiate,** *v.* ESBURDALU
**expiation,** *v.* ESBURDALIAD, IAWN
**expiration,** *n.* DIWEDD
**expire,** *v.* DARFOD, MARW, TERFYNU
**expiry,** *n.* DIWEDD, TERFYN
**explain,** *v.* EGLURO, ESBONIO
**explanation,** *n.* EGLURHAD, ESBONIAD
**explanatory,** *a.* EGLURHAOL, ESBONIADOL
**expletive,** *n.* GAIR LLANW, RHEG
**explicable,** *a.* ESBONIADWY
**explicative,** *a.* EGLURHAOL, ESBONIADOL
**explicit,** *a.* ECHBLYG, EGLUR
**explode,** *v.* FFRWYDRO
**exploit,** *v.* YMELWA, ECSBLOETIO
*n.* CAMP, GORCHEST
**exploiter,** *n.* ECSBLOETIWR
**exploitation,** *n.* YMELWAD
**exploration,** *n.* FFORIAD
**explore,** *v.* FFORIO
**explorer,** *n.* FFORIWR
**explosion,** *n.* FFRWYDRAD, TANCHWA
**explosive,** *n.* FFRWYDRYDD/YN
*a.* FFRWYDROL
**exponent,** *n.* ESBONYDD, DEHONGLWR
**exponential,** *a.* ESBONYDDOL
**export,** *n.* ALLFORYN
*v.* ALLFORIO
**exporter,** *n.* ALLFORIWR
**exports,** *n.pl.* ALLFORION
**expose,** *v.* AMLYGU, DINOETHI
**exposition,** *n.* ESBONIAD, DANGOSIAD
**expositor,** *n.* ESBONIWR
**expository,** *a.* ESBONIADOL
**expostulate,** *v.* GWRTHDYSTIO
**expostulation,** *n.* GWRTHDYSTIAD
**exposure,** *n.* AMLYNIAD, ANGHLYDWR, DINOETHIAD
**expound,** *v.* DEHONGLI, ESBONIO
**express,** *a.* CYFLYM, CLIR
*v.* MYNEGI, DATGAN
*n.* TRÊN CYFLYM
**expression,** *n.* MYNEGIAD, MYNEGYN
**expressionism,** *n.* MYNEGIADAETH
**expressionist,** *n.* MYNEGIADWR
**expressive,** *a.* MYNEGIANNOL
**expressiveness,** *n.* MYNEGLONRWYDD
**expressly,** *ad.* YN UNIG SWYDD
**expressway,** *n.* TRAFFORDD
**expropriate,** *v.* DIFEDDIANNU

**expulsion,** *n.* DIARDDELIAD
**expunge,** *v.* DILEU
**expurgate,** *v.* GLANHAU, PURO
**expurgation,** *n.* GLANHAD, PUREDIGAETH
**exquisite,** *a.* ODIAETH, COETH, RHAGOROL
**extant,** *a.* AR GAEL, YN BOD, AR GLAWR
**extempore,** *a.* AR Y PRYD, BYRFYFYR
**extemporize,** *v.* CYFANSODDI NEU GANU AR Y PRYD
**extend,** *v.* (YM)ESTYN, HELAETHU, EHANGU
**extended,** *a.* ESTYNEDIG
**extensible,** *a.* (YM)ESTYNADWY
**extension,** *n.* HELAETHIAD, EHANGIAD, (YM)ESTYNIAD
**extensive,** *a.* YMESTYNNOL, HELAETH
**extensiveness,** *n.* HELAETHDER, EHANGDER
**extent,** *n.* MAINT, EHANGDER, (Y)STENT
*to some extent,* I RADDAU
**extenuate,** *v.* ESGUSODI, LLEIHAU
**extenuation,** *n.* ESGUS, LLEIHAD
**exterior,** *n.* ALLANEDD, TU ALLAN
*a.* ALLANOL
**exterminate,** *v.* DIFODI
**extermination,** *n.* DIFODIAD
**external,** *a.* ALLANOL
**externality,** *n.* ALLANOLDER
**externals,** *n.pl.* ALLANOLION
**extinct,** *a.* DIFLANEDIG, MARW
**extinction,** *n.* DIFODIANT, DILEAD
**extinguish,** *v.* DIFFODD, DILEU
**extinguishable,** *a.* DIFFODDADWY
**extinguisher,** *n.* DIFFODDIADUR
**extirpate,** *v.* DIFODI, DISTRYWIO
**extirpation,** *n.* DIFODIAD, DISTRYWIAD
**extol,** *v.* MAWRYGU, MOLI
**extort,** *v.* CRIBDDEILIO
**extortion,** *n.* CRIBDDEILIAETH
**extortionate,** *a.* GORMODOL
**extortioner,** *n.* CRIBDDEILIWR
**extra,** *a.* YCHWANEGOL, YN RHAGOR
*n.* YCHWANEGIAD
*ad.* DROS BEN
*prp.* TU ALLAN/HWNT I
**extract,** *n.* ECHDYNIAD, DYFYNIAD, RHIN, RHANFAP
*v.* ECHDYNNU, DYFYNNU, RHINIO
**extraction,** *n.* TYNIAD ALLAN, LLINACH, GWEHELYTH
**extractive,** *a.* ECHDYNNOL
**extractor,** *n.* ECHDYNNYDD
**extra-curricular,** *a.* ALLGYRSIOL
**extradite,** *v.* TROSRODDI
**extradition,** *n.* TROSRODDIAD
**extra-mural,** *a.* ALLANOL
**extraneous,** *a.* ALLANUS, DIEITHR
**extraordinary,** *a.* ANGHYFFREDIN, HYNOD
**extrapolate,** *v.* ALLOSOD
**extrapolation,** *n.* ALLOSODIAD
**extravagance,** *n.* AFRADLONEDD, GWASTRAFF
**extravagant,** *a.* AFRADLON, GWASTRAFFUS
**extravaganza,** *n.* CHWYDD-CHWARAE
**extraversion,** *n.* ALLTRO
**extravert,** *a.* ALLTRÖEDIG
**extreme,** *a.* EITHAF(OL)
*n.* EITHAF
**extremely,** *ad.* DROS BEN, GOR-
**extremise,** *v.* EITHAFU
**extremism,** *n.* EITHAFIAETH
**extremist,** *n.* EITHAFWR
**extremity,** *n.* EITHAF, CYFYNGDER
**extricate,** *v.* RHYDDHAU
**extrication,** *n.* RHYDDHAD
**extroversion,** *n.* ALLTRO, ALLBLYGIAD
**extrovert,** *a.* ALLBLYG, ALLTRO
*n.* ALLTRÖEDYDD
**extrude,** *v.* ALLWTHIO
**extrusion,** *n.* ALLWTHIAD
**extrusive,** *a.* ALLWTHIOL
**exuberance,** *n.* AFIAITH
**exuberant,** *a.* AFIEITHUS
**exudation,** *n.* ARCHWYS
**exude,** *v.* CHWYSU
**exultant,** *a.* GORFOLEDDUS
**exultation,** *n.* GORFOLEDD
**eye,** *n.* LLYGAD, CRAU, TWLL
**eyeball,** *n.* PELEN Y LLYGAD
**eyebrow,** *n.* AEL
**eyelashes,** *n.pl.* BLEW AMRANT
**eyelet,** *n.* LLYGADEN, OLP
**eye-level,** *n.* LLINELL ORWEL
**eyelid,** *n.* AMRANT
**eye-piece,** *n.* SYLLADUR
**eyesight,** *n.* GOLWG, GOLYGON
**eyesore,** *n.* HYLLBETH
**eyetooth,** *n.* DANT LLYGAD
**eyrie,** *n.* NYTH ERYR

**fable,** *n.* CHWEDL, ANWIREDD
**fabric,** *n.* FFABRIG
**fabricate,** *v.* FFABRIGO, FFUGIO
**fabricated,** *a.* FFABRIGEDIG
**fabrication,** *n.* FFUG, ANWIREDD
**fabricator,** *n.* FFUGIWR, DYFEISIWR
**fabulous,** *a.* CHWEDLONOL
**façade,** *n.* FFASÂD
**face,** *n.* WYNEB, WYNEPRYD
*v.* WYNEBU
*face value,* WYNEBWERTH
**face-plate,** *n.* PLÂT WYNEB
**facet,** *n.* FFASED
**facetious,** *a.* CELLWEIRUS, FFRAETH
**facetiousness,** *n.* CELLWAIR, FFRAETHINEB
**facial,** *a.* WYNEBOL
**facies,** *n.* GWEDD
**facile,** *a.* RHWYDD, HAWDD, HWYLUS
**facilitate,** *v.* HYRWYDDO, HWYLUSO
**facilitation,** *n.* HWYLUSEDD
**facility,** *n.* RHWYDDINEB, CYFLEUSTRA, HWYLUSTOD
**facing,** *n.* FFESIN, WYNEBIAD
**facsimile,** *n.* FFACSIMILE
**fact,** *n.* FFAITH
**faction,** *n.* YMBLAID
**factious,** *a.* CECRUS, CYNHENNUS
**factitious,** *a.* FFUG
**factor,** *n.* FFACTOR
*prime factor,* FFACTOR CYSEFIN
**factorial,** *a.* FFACTORIAL
**factorizable,** *a.* FFACTORADWY
**factorization,** *n.* FFACTORIAD
**factorize,** *v.* FFACTORIO
**factory,** *n.* FFATRI
*advance factory,* FFATRI BAROD
**factual,** *a.* FFEITHIOL
**faculty,** *n.* CYNNEDDF, GALWEDIGAETH, GALLUEDD, CYFADRAN
**fad,** *n.* MYMPWY, CHWILEN
**faddist,** *n.* MYMPWYWR
**faddy,** *a.* MYMPWYOL
**fade,** *v.* GWYWO, COLLI LLIW, EDWINO
**faeces,** *n.pl.* YSGARTHION
**fag,** *n.* LLUDDED, CALEDWAITH, GWAS BACH
*v.* BLINO, YMLÂDD
**faggot,** *n.* FFAGOD, FFAGOTSEN
*v.* FFAGODI
**fagotting,** *n.* FFAGODWAITH
**fail,** *v.* METHU, FFAELU, AFLWYDDO
**failing,** *n.* FFAELEDD, DIFFYG
**failure,** *n.* METHIANT, AFLWYDDIANT
**fain,** *a.* AWYDDUS, CHWANNOG
**faint,** *n.* LLESMAIR, LLEWYG
*v.* LLESMEIRIO, LLEWYGU
*a.* LLESG, EGWAN
**faintness,** *n.* LLESGEDD, GWENDID
**fair,** *n.* FFAIR
*a.* GLÂN, GWEDDOL, TEG, GOLAU
**fairly,** *ad.* YN DEG/LÂN, YN WEDDOL
**fairness,** *n.* GLENDID, TEGWCH
**fairway,** *n.* FFORDD LAS, SIANEL FORDWYO
**fairy,** *n.* (AELOD O'R) TYLWYTH TEG
**fairyland,** *n.* GWLAD Y TYLWYTH TEG
**fairy-tale,** *n.* STORI HUD
**faith,** *n.* FFYDD, YMDDIRIED(AETH)
**faithful,** *a.* FFYDDLON
**faithfulness,** *n.* FFYDDLONDEB
**faithless,** *a.* ANFFYDDLON, DI-GRED
**fake,** *n.* FFUG
*v.* FFUGIO
**falcon,** *n.* GWALCH
**falconer,** *n.* HEBOGYDD
**falconry,** *n.* HEBOGYDDIAETH
**fall,** *n.* CWYMP, CODWM
*v.* CWYMPO, SYRTHIO, DIGWYDD
*fall out,* CWERYLA
**fallacious,** *a.* GWALLOG, CYFEILIORNUS
**fallacy,** *n.* GWALL, GWALLEB, TWYLLRESYMEG
**fallibility,** *n.* FFAELEDIGRWYDD
**fallible,** *a.* FFAELEDIG
**fallout,** *n.* ALLDAFLIAD
**fallow,** *a.* BRAENAR
*v.* BRAENARU
**fallow-deer,** *n.* DANYS, CARW
**false,** *a.* FFUG, FFALS, GAU, ANWIR, CYFEILIORNUS
*false teeth,* DANNEDD GOSOD/DODI
**falsehood,** *n.* ANWIREDD, CELWYDD
**falsely,** *ad.* AR GAM
**falseness,** *n.* FFALSRWYDD, TWYLL
**falsetto,** *n.* FFALSETO
**falsification,** *n.* ANWIRIAD
**falsify,** *v.* ANWIRIO, FFALSEDDU, FFUGIO
**falter,** *v.* PETRUSO, PALLU
**faltering,** *a.* PETRUSGAR, BLOESG
**faltung,** *n.* FFALTWNG
**fame,** *n.* BRI, ENWOGRWYDD, ENW, CLOD
**famed,** *a.* ENWOG, O FRI
**familiar,** *a.* CYNEFIN, CYFARWYDD
**familiarity,** *n.* CYNEFINDRA
**familiarize,** *v.* CYNEFINO, CYFARWYDDO
**family,** *n.* TEULU, GWEHELYTH
**famine,** *n.* NEWYN
**famish,** *v.* NEWYNU, LLWGU
**famous,** *a.* ENWOG

**fan,** *n.* FFAN, GWYNTYLL
**fanatic,** *n.* FFANATIG, PENBOETHYN
**fanatical,** *a.* PENBOETH
**fanaticism,** *n.* FFANATIGAETH, PENBOETHNI
**fancier,** *n.* FFANSÏWR
**fanciful,** *a.* FFANSÏOL
**fancy,** *n.* SERCH, FFANSI, DYCHYMYG
*v.* SERCHU, FFANSÏO, DYCHMYGU
**fanfare,** *n.* FFANFFER
**fang,** *n.* DANT HIR
**fanlight,** *n.* FFANLEU
**fantasia,** *n.* FFANTASÏA
**fantastic,** *a.* FFANTASTIG, RHYFEDD
**fantasy,** *n.* FFANTASI
**far,** *a.* PELL(ENNIG)
*ad.* YMHELL
**farad,** *n.* FFARAD
**farce,** *n.* FFARS
**farcical,** *a.* CHWERTHINLLYD, GWIRION
**farcy,** *n.* FFARSI, CLEFRI MAWR
**fare,** *n.* PRIS, BWYD, TEITHIWR
**farewell,** *n.* FFARWÉL
*i.* YN IACH! BYDD WYCH!
**far-fetched,** *a.* ANNHEBYGOL
**farm,** *n.* FFERM, FFARM
*v.* FFERMIO, FFARMIO
*intensive farming,* FFARMIO ARDDWYS
**farmer,** *n.* FFARMWR, FFERMWR, AMAETHWR
**farmhouse,** *n.* FFERMDY
**farming,** *n.* FFARMIO
**farmyard,** *n.* BUARTH, CLOS, FFALD
**farrier,** *n.* FFARIER, MILFEDDYG
**farrow,** *n.* TOR O FOCH
*v.* GENI MOCH
*a.* HESB
**farther,** *a.* PELLACH
**farthing,** *n.* FFYRLING
**fascia,** *n.* FFASGIA
**fasciation,** *n.* CLYMDWF
**fascinate,** *v.* HUDO, SWYNO
**fascinating,** *a.* HUDOL, SWYNOL
**fascination,** *n.* HUDOLIAETH, CYFAREDD
**fascism,** *n.* FFASGAETH
**fascist,** *n.* FFASGYDD
*a.* FFASGAIDD
**fashion,** *n.* FFASIWN, ARFER, DULL
*v.* LLUNIO, GWNEUD
**fashionable,** *a.* FFASIYNOL
**fast,** *n.* YMPRYD, DIRWEST
*v.* YMPRYDIO
**fast,** *a.* DIRGEL, CYFLYM, TYN, YMLAEN (AM GLOC)
**fasten,** *v.* FFASNO, BACHU, SICRHAU, CAU
**fastener,** *n.* FFASNYDD
**fastening,** *n.* FFASNIN
**fastidious,** *a.* CYSETLYD, DICRA, MISI
**fastidiousness,** *n.* CYSÊT
**fastness,** *n.* CYFLYMDER, BUANDER, LLOCHES
**fat,** *n.* BRASTER, BLONEG, SAIM
*a.* BRAS, TEW, BLONEGOG
**fatal,** *a.* MARWOL, ANGHEUOL
**fatalism,** *n.* TYNGHEDIAETH
**fatalist,** *n.* TYNGHEDWR
**fatality,** *n.* TRYCHINEB
**fate,** *n.* TYNGED, FFAWD
*v.* TYNGHEDU
**fateful,** *a.* TYNGEDFENNOL
**father,** *n.* TAD
*v.* TADOGI
**father-in-law,** *n.* TAD-YNG-NGHYFRAITH
**fatherhood,** *n.* TADOLAETH
**fatherland,** *n.* MAMWLAD
**fatherless,** *a.* HEB DAD, AMDDIFAD
**fatherly,** *a.* TADOL
**fathom,** *n.* GWRYD
*v.* DIRNAD, PLYMIO
**fathomless,** *a.* DIWAELOD, ANNIRNADWY
**fatigue,** *n.* LLUDDED, BLINDER
*v.* LLUDDEDU, BLINO
**fatness,** *n.* TEWDER, BRASTER
**fatten,** *v.* TEWHAU, PESGI
**fatty,** *a.* SEIMLYD, BRASTEROG
**fatuity,** *n.* YNFYDRWYDD, FFOLINEB
**fatuous,** *a.* YNFYD, FFÔL
**faucet,** *n.* DWSEL
**fault,** *n.* BAI, FFAWT, NAM, DIFFYG
*v.* YMDORRI, FFAWTIO
*fault line,* FFAWTLIN
**faulted,** *a.* TOREDIG
**faulting,** *n.* FFAWTIAD, YMDORIAD
**faultless,** *a.* DI-FAI, PERFFAITH
**faulty,** *a.* GWALLUS, DIFFYGIOL
**fauna,** *n.* FFAWNA
**favour,** *n.* FFAFR, CYMWYNAS
*v.* FFAFRIO, PLEIDIO
**favourable,** *a.* FFAFRIOL, PLEIDIOL
**favourite,** *n.* FFEFRYN
*a.* HOFF
**favouritism,** *n.* FFAFR(I)AETH
**fawn,** *n.* ELAIN
*v.* GWENIEITHIO, CYNFFONNA
*a.* LLWYD GOLAU
**fay,** *n.* ELLYLL
**fealty,** *n.* LLW FFYDDLONDEB

**fear,** *n.* BRAW, OFN, ARSWYD
*v.* OFNI, ARSWYDO
**fearful,** *a.* OFNUS, BRAWYCHUS, ARSWYDUS
**fearless,** *a.* DI-OFN, GWROL
**fearlessness,** *n.* EHOFNDRA, GWROLDEB
**fearsome,** *a.* OFNADWY
**feasibility,** *n.* POSIBILRWYDD, DICHONOLDEB
**feasible,** *a.* DICHONADWY, POSIBL
**feast,** *n.* GWLEDD, GŴYL
*v.* GWLEDDA
**feat,** *n.* CAMP, GORCHEST
**feather,** *n.* PLUEN, PLUFYN
*v.* PLUO, PLUFIO
**feathered,** *a.* PLUOG, WEDI EI BLUO
**feature,** *n.* ARWEDD, NODWEDD
**February,** *n.* CHWEFROR, MIS BACH
**fecund,** *a.* EPILGAR
**fecundity,** *n.* EPILIOGRWYDD
**federal,** *a.* FFEDERAL
**federalism,** *n.* FFEDERALIAETH
**federalist,** *n.* FFEDERALWR
**federate,** *v.* FFEDERU
**federation,** *n.* FFEDERASIWN
**fee,** *n.* FFI, TÂL
**feeble,** *a.* EIDDIL, GWAN, LLESG
**feebleness,** *n.* EIDDILWCH, GWENDID, LLESGEDD
**feed,** *n.* PORTHIANT, FFÎD, YMBORTH, GWLEDD
*v.* BWYDO, PORTHI, BWYTA, YMBORTHI
**feed-back,** *n.* ATBORTH
*v.* ATBORTHI
**feeder,** *n.* BRAT BWYD, BWYTÄWR
**feel,** *n.* SWMP(IAD)
*v.* SWMPO, TEIMLO
**feeler,** *n.* TEIMLYDD, YMCHWILIAD
**feeling,** *n.* TEIMLAD, SWMPIAD, YMDEIMLAD
**feign,** *v.* FFUGIO, CYMRYD AR
**feigned,** *a.* FFUG(IOL), GAU
**feint,** *n.* FFUG
*v.* FFUGIO
**felicitate,** *v.* LLONGYFARCH
**felicitation,** *n.* LLONGYFARCHIAD
**felicitous,** *a.* DEDWYDD
**felicity,** *n.* DEDWYDDYD
**fell,** *v.* CWYMPO, CYMYNU
*n.* CROEN
**felloe,** *n.* CAMOG
**fellow,** *n.* CYMAR, CYMRAWD, CYD-
**fellowship,** *n.* CYMDEITHAS, CYFEILLACH, CYMRODORIAETH
**felo-de-se,** *n.* HUNANLADDIAD
**felon,** *n.* FFELWM, EWINOR, BYSTWN
**felonious,** *a.* FFELONAIDD
**felspar,** *n.* FFELSBAR
**felt,** *n.* FFELT
*v.* FFELTIO
**felting,** *n.* FFELTIN
**female,** *n.* BENYW
*a.* BENYW(AIDD)
**feminine,** *a.* BENYWAIDD
**feminist,** *n.* FFEMINIST
**femoral,** *a.* FFEMORAIDD
**femur,** *n.* FFEMWR
**fen,** *n.* FFEN
**fence,** *n.* FFENS
*v.* FFENSIO
**fencer,** *n.* FFENSIWR
**fencing,** *n.* CLEDDYFAETH, FFENSIO
**fend,** *v.* YMDARO, YMDOPI
**fender,** *n.* FFENDER
**fenlands,** *n.pl.* FFENDIROEDD
**feodary,** *n.* FFEODARI
**feoffee,** *n.* FFEODYDD
**feoffer,** *n.* FFEODWR
**feoffment,** *n.* FFEODAETH
**ferment,** *n.* EPLES, CYNNWRF
*v.* EPLESU, CYNHYRFU
**fermentation,** *n.* EPLESIAD
**fern,** *n.* RHEDYNEN
**ferocious,** *a.* FFYRNIG, MILAIN
**ferocity,** *n.* FFYRNIGRWYDD
**ferret,** *n.* FFURED
*v.* FFUREDU
**ferric,** *a.* FFERRIG
**ferrite,** *n.* FFERRIT
**ferro-concrete,** *n.* FFERRO-CONCRIT
**ferromagnetism,** *n.* FFERROMAGNETEDD
**ferrous,** *a.* FFERRUS
**ferrule,** *n.* FFERWL, AMGARN
**ferry,** *n.* FFERI
*v.* CLUDO DROS
**ferry-boat,** *n.* YSGRAFF
**ferry-man,** *n.* YSGRAFFWR
**fertile,** *a.* FFRWYTHLON
**fertilisation,** *n.* FFRWYTHLONIAD
**fertilise,** *v.* FFRWYTHLONI
**fertiliser,** *n.* GWRTAITH
**fertility,** *n.* FFRWYTHLONDER
**fervency,** *n.* BRWDFRYDEDD
**fervent,** *a.* BRWD, EIDDGAR, TANBAID
**fervid,** *a.* ANGERDDOL, DWYS
**fervour,** *n.* BRWDFRYDEDD
**fescues,** *n.pl.* PEISWELLT
**festal,** *a.* LLAWEN, LLON
**fester,** *v.* CRAWNI, MADRU, CRYNHOI

**festival,** *n.* GŴYL
**festive,** *a.* LLAWEN, LLON
**festivity,** *n.* RHIALTWCH, MIRI, YSBLEDDACH
**festoon,** *n.* PLETHDORCH
**fetch,** *v.* CYRCHU, NÔL, HÔL, CYWAIN
*n.* CYRCH
**fête,** *n.* GŴYL
*garden fête,* GARDDWEST
*v.* GWLEDDA
**fetid,** *a.* DREWLLYD
**fetish,** *n.* EILUN, FFETIS
**fetlock,** *n.* EGWYD, BACSAU
**fetter,** *n.* LLYFFETHAIR, HUAL
*v.* LLYFFETHEIRIO, HUALU
**fettle,** *n.* CYFLWR, STAD
*v.* FFETLO
**feud,** *n.* FFIWD, CYNNEN
**feudalise,** *v.* FFIWDALHAU
**feudalism,** *n.* FFIWDALIAETH
**fever,** *n.* TWYMYN, CLEFYD
**feverfew,** *n.* Y WERMOD WEN
**feverish,** *a.* Â THWYMYN
**few,** *a.* YCHYDIG, PRIN, ANAML
**fiancé(e),** *n.* DYWEDDI, DARPAR-ŴR/WRAIG
**fiasco,** *n.* METHIANT LLWYR
**fiat,** *n.* ARCH, FFIAT
**fib,** *n.* ANWIREDD, CELWYDD
**fibber,** *n.* CELWYDDGI
**fibre,** *n.* FFIBR, EDEFYN
**fibreboard,** *n.* BWRDD FFIBR
**fibreglass,** *n.* FFIBR GWYDROG
**fibrin,** *n.* FFIBRIN
**fibrosis,** *n.* FFIBROSIS
**fibrous,** *a.* FFIBRUS
**fibula,** *n.* FFIBWLA
**fickle,** *a.* ANWADAL, ORIOG, GWAMAL
**fickleness,** *n.* ANWADALWCH, ORIOGRWYDD, GWAMALRWYDD
**fiction,** *n.* FFUGLEN
**fictitious,** *a.* FFUGIOL, FFUG
**fiddle,** *n.* FFIDL
*v.* CANU'R FFIDL, FFIDLAN
**fiddler,** *n.* FFIDLER
**fiddling,** *a.* MÂN, DIBWYS
**fidelity,** *n.* FFYDDLONDEB
**fidget,** *n.* UN AFLONYDD
*v.* AFLONYDDU
**fidgety,** *a.* AFLONYDD
**fiduciary,** *a.* YMDDIRIEDOL
**fie,** *i.* FIE, FFI, WFFT
**fief,** *n.* TIR (AR RENT)
**field,** *n.* MAES, CAE
*v.* MAESU
**fielder,** *n.* MAESWR
**fieldglass,** *n.* YSBIENDDRYCH
**fieldmarshal,** *n.* MAESLYWYDD
**fieldwork,** *n.* GWAITH MAES
**fiend,** *n.* ELLYLL, CYTHRAUL
**fiendish,** *a.* CYTHREULIG
**fierce,** *a.* FFYRNIG, MILAIN, TANBAID
**fierceness,** *n.* FFYRNIGRWYDD
**fiery,** *a.* TANLLYD, TANBAID
**fife,** *n.* PIB
**fifer,** *n.* PIBYDD
**fifth,** *n.* PUMED
**fifty,** *a.* HANNER CANT
**fig,** *n.* FFIGYSEN
**fight,** *n.* BRWYDR, YMLADDFA
*v.* BRWYDRO, YMLADD, CWFFIO
**fighter,** *n.* YMLADDWR, BRWYDRWR
**figment,** *n.* CREADIGAETH (Y DYCHYMYG)
**fig-tree,** *n.* FFIGYSBREN
**figuration,** *n.* FFURFIAD
**figurative,** *a.* FFIGUROL
**figure,** *n.* FFIGUR, FFURF
*v.* FFURFIO, RHIFO, YMDDANGOS
**figurehead,** *n.* ARWEINYDD (MEWN ENW)
**figurine,** *n.* FFIGURYN
**filament,** *n.* FFILAMENT, EDEFYN
**filamentous,** *a.* EDAFOG
**filch,** *v.* LLADRATA
**file,** *n.* FFEIL, RHATHELL
*v.* FFEILIO
**filet-darn,** *v.* FFILEDU
**filial,** *a.* FFILIAL, MABOL
**filibusterer,** *n.* DADLHERWR
**filiform,** *a.* EDEUFFURF
**filigree,** *n. & a.* FFILIGRI
**filings,** *n.pl.* NADDION, DURLIFION
**fill,** *n.* LLENWAD, GWALA, LLON(AI)D
*v.* LLENWI, LLANW
**filler,** *n.* LLANWYDD, LLANWAD
**fillet,** *n.* LLAIN, FFILED
**filling,** *n.* LLENWAD, MEWNYN
**fillip,** *n.* HWB, SYMBYLIAD
**filly,** *n.* EBOLES, SWCLEN
**film,** *n.* FFILM
*v.* FFILMIO
*film strip,* FFILM STRIBED
**filter,** *n.* FFILTER, HIDLEN, HIDL(YDD)
*v.* FFILTRO, HIDLO
**filth,** *n.* BRYNTNI, BAW, BUDREDDI
**filthiness,** *n.* BRYNTNI, AFLENDID
**filthy,** *a.* BRWNT, BUDR, AFLAN
**filtrate,** *n.* HIDLIF
*v.* HIDLO

**filtration,** *n.* HIDLAD, FFILTRAD
**fin,** *n.* ASGELL, FFIN
**final,** *a.* TERFYNOL
*semi-final,* CYNDERFYNOL
**finale,** *n.* FFINALE, DIWEDDGLO
**finality,** *n.* TERFYNOLDEB
**finally,** *ad.* O'R DIWEDD, YN OLAF
**finance,** *n.* CYLLID, ARIAN(NAETH)
*v.* CYLLIDO, CODI ARIAN
**financial,** *a.* CYLLIDOL, ARIANNOL
**financier,** *n.* CYLLIDWR, ARIANNWR
**finch,** *n.* ASGELL FRAITH
**find,** *n.* DARGANFOD, FFEINDIO, DOD O HYD I
*v.* DARGANFOD
**finder,** *n.* DARGANFYDDWR
**finding,** *n.* DARGANFYDDIAD, DEDFRYD
**fine,** *n.* DIRWY
*a.* MÂN, TEG, MANWL, BRAF, GWYCH, COETH
*v.* DIRWYO
**fineness,** *n.* MANEDD, COETHEDD, GWYCHDER
**finery,** *n.* GWYCHDER
**finesse,** *n.* YSTRYW
**finger,** *n.* BYS
*v.* BODIO, BYSEDDU
*finger joint,* FFORCH Y BYSEDD
**fingerpost,** *n.* MYNEGBOST
**fingerprint,** *n.* BYSBRINT
**finical,** *a.* GORFANWL, CYSETLYD
**finis,** *n.* DIWEDD, PEN
**finish,** *n.* GORFFENIAD, GORFFENNEDD, DIWEDD
*v.* GORFFEN, DIWEDDU, CWBLHAU
*finishing touch,* GORFFENIAD
**finished,** *a.* GORFFENEDIG
**finite,** *a.* MEIDROL, MEIDRAIDD
*n.* MEIDREDD
**finiteness,** *n.* MEIDROLDEB
**fiord,** *n.* FFIORD
**fir,** *n.* FFYNIDWYDDEN
**fire,** *n.* TÂN
*v.* TANIO, ENNYN
*fire precautions,* RHAGODION TÂN
**fire-arm,** *n.* ARF-TÂN
**fire-brand,** *n.* PENTEWYN, TERFYSGWR
**fire-brigade,** *n.* BRIGÂD-DÂN
**fire-damp,** *n.* TANCHWA
**fire-engine,** *n.* PEIRIANT TÂN
**fire-escape,** *n.* GRISIAU TÂN
**firefly,** *n.* PRYF TÂN
**fireguard,** *n.* SGRIN-DÂN, GWYLIWR TÂN
**fireman,** *n.* TANIWR, DIFFODDWR TÂN
**fireplace,** *n.* LLE-TÂN
**fireproof,** *a.* ANLLOSG
**fire-raiser,** *n.* LLOSGWR
**fire-screen,** *n.* SGRIN-DÂN
**fireside,** *n.* AELWYD
**firewood,** *n.* CYNNUD, COED TÂN
**fireworks,** *n.pl.* TÂN GWYLLT
**firm,** *n.* FFYRM, CWMNI
*a.* CADARN, DIYSGOG
**firmament,** *n.* FFURFAFEN
**firmness,** *n.* CADERNID, CRYFDER
**first,** *a.* CYNTAF, BLAENAF, PRIF
*ad.* YN GYNTAF
**first-aid,** *n.* CYMORTH CYNTAF
**first-born,** *a.* CYNTAFANEDIG
**first-fruits,** *n.pl.* BLAENFFRWYTH
**first-hand,** *a.* O LYGAD Y FFYNNON
**first-rate,** *a.* RHAGOROL, CAMPUS
**firth,** *n.* ABER
**fiscal,** *a.* CYLLIDOL
**fish,** *n.* PYSGODYN, PYSGOD
*v.* PYSGOTA
*fish and chips,* PYSGOD A TSHIPS/ SGLODION
*fish and chip shop,* TAFARN DATWS
**fisherman,** *n.* PYSGOTWR
**fishery,** *n.* PYSGODFA
**fishing,** *n.* PYSGOTA
**fishing-rod,** *n.* GENWAIR
**fishmonger,** *n.* GWERTHWR PYSGOD
**fishpond,** *n.* PYSGODLYN
**fishy,** *a.* AMHEUS, PYSGODOL
**fissile,** *a.* YMHOLLTUS
**fission,** *n.* YMHOLLTIAD, HOLLTIAD
**fissure,** *n.* HOLLT, AGEN
**fist,** *n.* DWRN
**fisticuffs,** *n.pl.* CWFFIO
**fistula,** *n.* FFISTWLA
**fit,** *n.* LLEWYG, FFIT, CHWIW, MESUR
*a.* ABL, IACH, FFIT
*v.* FFITIO, TARO, GWEDDU
**fitful,** *a.* ANWADAL, GWAMAL
**fitment,** *n.* CYNHALYDD
**fitness,** *n.* FFITRWYDD, ADDASRWYDD
**fitter,** *n.* FFITIWR
**fitting,** *n.* FFITIAD
*v.* FFITIO
*a.* PRIODOL, GWEDDUS, ADDAS
*fittings,* MÂN DACLAU, FFITIADAU
**five,** *a.* PUMP, PUM
*fives,* PUMOEDD
**fix,** *n.* CYFYNG-GYNGOR, CYFYNGDER
*v.* SEFYDLOGI, PENNU, SICRHAU
**fixation,** *n.* SEFYDLOGIAD, SEFYDLEDD

**fixative,** *n.* SEFYDLYN
**fixed,** *n.* SEFYDLOG
**fixity,** *n.* SEFYDLOGRWYDD
**fixture,** *n.* GOSODYN, PENIANT (BYD CHWARAE)
**fizz,** *v.* SÎO
**fizzle,** *v.* HISIAN, SÎO
**flabbergast,** *v.* SYFRDANU, SYNNU
**flabby,** *a.* LLAC, LLIPA, LLAES
**flaccid,** *a.* FFLACSID
**flag,** *n.* BANER, LLUMAN, FFLAGEN
*v.* LLUMANU, LLAESU
**flagellate,** *v.* FFLANGELLU
**flagellation,** *n.* FFLANGELLIAD
**flagellum,** *n.* FFLANGELL
**flageolet,** *n.* CHWIBANOGL
**flagon,** *n.* FFLAGEN, FFIOL
**flagrancy,** *n.* ANFADWAITH
**flagrant,** *a.* GWARTHUS, DYBRYD, CYWILYDDUS, AMLWG
**flag-stick,** *n.* FFLAG
**flag-stone,** *n.* FFLAGEN
**flail,** *n.* FFUST
*v.* FFUSTIO
**flair,** *n.* DAWN
**flake,** *n.* FFLAW, PLUEN, CAENEN
**flaked,** *a.* FFLAWIOG
**flakes,** *n.pl.* CREISION
*corn flakes,* CREISION ŶD
**flaky,** *a.* TENAU, HAENOG, CAENOG
**flamboyant,** *a.* COEGWYCH
**flame,** *n.* FFLAM
*v.* FFLAMIO, FFAGLU
**flame-resistant,** *a.* GWRTHFFLAM
**flamingo,** *n.* FFLAMINGO
**flan,** *n.* FFLAN
**flange,** *n.* FFLANS
*v.* FFLANSIO
**flank,** *n.* YSTLYS, OCHR
*v.* YSTLYSU, YMYLU
**flannel,** *n.* GWLANEN
**flannelette,** *n.* GWLANENÉD
**flap,** *n.* FFLAP, LLABED
*v.* FFLAPIO
**flare,** *n.* FFLÊR, FFLACH
*v.* FFLERIO, FFLACHIO
**flaring,** *n.* FFLÊR
**flash,** *n.* FFLACH
*v.* FFLACHIO
*flash back,* ÔL-FFLACH
**flashlight,** *n.* FFLACHLAMP
**flashy,** *a.* GORWYCH
**flask,** *n.* FFLASG
**flat,** *n.* FFLAT, GWASTAD, MEDDALNOD
*a.* FFLAT, GWASTAD, LLEDDF
*v.* FFLATIO
*self-contained flat,* FFLAT GYFLAWN
**flatfish,** *n.* LLEDEN
**flatfooted,** *a.* FFLATWADN
**flatness,** *n.* GWASTADRWYDD
**flatten,** *v.* GWASTATÁU, FFLATIO
**flatter,** *v.* GWENIEITHIO
*n.* GWENIAITH, FFLATIWR
**flatterer,** *n.* GWENIEITHIWR
**flattery,** *n.* GWENIAITH
**flatulence,** *n.* GŴYNT (STUMOG)
**flaunt,** *v.* RHODRESA, FFLAWNTIO
**flautist,** *n.* FFLIWTYDD
**flavour,** *n.* CYFLAS, BLAS
*v.* CYFLASU, BLASIO
**flavouring,** *n.* CYFLASYN
**flaw,** *n.* DIFFYG, BAI, NAM
**flawless,** *a.* DI-NAM
**flax,** *n.* LLIN
**flaxen,** *a.* GOLAU, O LIN
**flay,** *v.* BLINGO, DIGROENI
**flea,** *n.* CHWANNEN
**fleck,** *n.* BRYCHNI
*v.* BRYCHU, BRITHO
**flecnode,** *n.* FFLECNOD
**flection,** *n.* PLYGIAD
**fledge,** *v.* MAGU PLU
**fledgeling,** *n.* CYW (PLUOG)
**flee,** *v.* FFOI, CILIO, DIANC
**fleece,** *n.* CNU, CNAIF
*v.* CNEIFIO, YSBEILIO
**fleecy,** *a.* CNUFIOG
**fleet,** *n.* LLYNGES, FFLYD
*a.* CYFLYM, BUAN
**fleeting,** *a.* DIFLANEDIG
**fleetness,** *n.* CYFLYMDER, BUANDER
**flesh,** *n.* CNAWD, CIG
*proud flesh,* CIG MARW
**fleshy,** *a.* CIGOG, TEW
**fleur-de-lis,** *n.* GELLHESG
**flex,** *n.* FFLECS
**flexibility,** *n.* HYBLYGRWYDD
**flexible,** *a.* HYBLYG
**flexion,** *n.* PLYGIANT
**flexor,** *n.* PLYGOR
**flexure,** *n.* PLYGIANT
**flick,** *v.* FFLICIO
**flick-flack,** *n.* FFLIC-FFLAC
**flier,** *n.* EHEDWR
**flight,** *n.* HEDIAD, FFO, RHES
**flightiness,** *n.* GWAMALRWYDD, PENCHWIBANDOD

**flight-lieutenant,** *n.* AWYR-LIFFTENANT
**flighty,** *a.* GWAMAL, PENCHWIBAN
**flimsiness,** *n.* TENEUDRA, SIMSANRWYDD
**flimsy,** *a.* TENAU, SIMSAN, BREGUS
**flinch,** *v.* GWINGO, LLWFRHAU
**fling,** *n.* TAFLIAD, RHWYSG
*v.* TAFLU, LLUCHIO, BWRW
**flint,** *n.* CALLESTR, FFLINT
**flip,** *n.* FFLIP
*v.* FFLIPIO
**flip-flap,** *n.* FFLIP-FFLAP
**flippancy,** *n.* TAFODRYDDINEB
**flippant,** *a.* TAFODRYDD, GWAMAL
**flipper,** *n.* ADEN FFLAT
**flirt,** *v.* FFLYRTAN
*n.* FFLYRTEN, FFLYRTYN
**flirtation,** *n.* FFLYRTAN
**flit,** *v.* GWIBIO
**flitch,** *n.* HANEROB
**float,** *n.* ARNOFYN, FFLÔT
*v.* ARNOFIO
**floaters,** *n.pl.* NOFION
**floating,** *a.* ARNAWF
**flocculate,** *v.* CLYSTYRRU
**flocculation,** *n.* CLYSTYRIAD, GRONYNIAD
*v.* CLYSTYRRU, GRONYNNU
**flock,** *n.* DIADELL, HAID, PRAIDD
*v.* HEIDIO, TYRRU
**floe,** *n.* FFLOCH
**flog,** *v.* FFLANGELLU, CHWIPIO
**flogging,** *n.* FFLANGELLIAD, CURFA
**flood,** *n.* LLIF, DILYW, LLIFEIRIANT
*v.* LLIFEIRIO, GORLIFO
**floodgate,** *n.* FFLODIAD, LLIFDDOR
**floodlight,** *n.* LLIFOLAU
*v.* LLIFOLEUO
**flood-tide,** *n.* LLANW
**floor,** *n.* LLAWR
*v.* LLORIO
**floor-cloth,** *n.* CLWTYN/CADACH LLAWR
**floor-polisher,** *n.* LLAWR-SGLEINYDD
**flop,** *n.* METHIANT, FFLOP
*v.* METHU, YMOLLWNG
**flora,** *n.* FFLORA, PLANHIGION
**floral,** *a.* FFLUROL
**floret,** *n.* BLODIGYN
**florid,** *a.* BLODEUOG
**florin,** *n.* FFLORING
**florist,** *n.* TYFWR NEU WERTHWR BLODAU
**flotation,** *n.* ARNOFIANT
**flotilla,** *n.* LLYNGES FACH
**flotsam,** *n.* BROC MÔR
**flounce,** *n.* FFLOWNS
*v.* FFLOWNSIO
**flounder,** *n.* LLEDEN FACH
*v.* YMDRYBAEDDU, FFWNDRO
**flour,** *n.* BLAWD, CAN
**flourish,** *n.* RHWYSG, CÂN CYRN
*v.* BLODEUO, FFYNNU, CHWIFIO
**flourishing,** *a.* LLEWYRCHUS, LLWYDDIANNUS
**flout,** *v.* WFFTIO, DIYSTYRU
**flow,** *n.* LLIF, RHEDIAD
*v.* LLIFO, RHEDEG
**flower,** *n.* BLODEUYN, BLODYN
**flowery,** *a.* BLODEUOG
**flowing,** *a.* LLIFEIRIOL, RHUGL
**flow sheet,** *n.* LLIFDDALEN
**fluctuate,** *v.* ANWADALU, CODI A GOSTWNG, TONNI
**fluctuation,** *n.* ANWADALIAD, AMRYWIAD, TONIANT
**flue,** *n.* FFLIW, SIMNAI
**fluency,** *n.* LLITHRIGRWYDD
**fluent,** *a.* LLITHRIG, RHUGL
**fluff,** *n.* FFLWFF, FFLWCS
*v.* BWNGLERA
**fluffy,** *a.* BLEWOG
**fluid,** *n.* LLIFYDD, HYLIF
*a.* LLIFOL, HYLIF
**fluidity,** *n.* LLIFEDD, HYLIFEDD
**fluke,** *n.* FFLIWC, PRY'R AFU
**flummery,** *n.* LLYMRU, TRUTH
**flummox,** *v.* SYFRDANU, DRYSU
**fluorescence,** *n.* FFLWROLEUEDD
**fluorescent,** *a.* FFLWROLAU, FFLWROLEUOL
**fluoridate,** *v.* FFLWOREIDDIO
**fluoride,** *n.* FFLWORID
**fluorine,** *n.* FFLWORIN
**flurried,** *a.* FFWDANUS, FFWNDRUS
**flurry,** *n.* FFWDAN, CYFFRO
*v.* FFWDANU, CYFFROI
**flush,** *n.* GWRID, RHUTHR DŴR
*a.* CYFWYNEB, GORLAWN
*v.* GWRIDO, COCHI, GORLIFO
**fluster,** *v.* CYFFROI, FFWDANU
*n.* CYFFRO, FFWDAN
**flute,** *n.* FFLIWT
**fluted,** *a.* RHYCHOG, FFLIWTIOG
**fluting,** *n.* FFLIWTWAITH
**flutter,** *n.* SIFFRWD, DYCHLAMIAD
*v.* SIFFRWD, DYCHLAMU
**fluttertonguing,** *n.* CRYNDAFODI
**fluvial,** *a.* AFONOL
**flux,** *n.* FFLYCS, FFLWCS, TODDYDD
**fly,** *n.* PRYF, CLEREN, COPIS, BALOG
*v.* EHEDEG, HEDFAN, FFOI

**flyer,** *n.* EHEDWR, AWYRENNWR
**flying,** *a.* HEDEGOG, CYFLYM
**flying-officer,** *n.* SWYDDOG HEDEG
**fly-over,** *n.* PONTFFORDD, TROSFFORDD
**flywheel,** *n.* CHWYLROD
**foal,** *n.* EBOL(ES)
*in foal,* CYFEB(OL)
**foam,** *n.* EWYN, DISTRYCH
*v.* EWYNNU, GLAFOERIO
**foamy,** *a.* EWYNNOG
**fob,** *v.* TWYLLO
**focal,** *a.* FFOCAL
**focus,** *n.* FFOCWS
*v.* FFOCYSU, CANOLBWYNTIO
**fodder,** *n.* PORTHIANT
**foe,** *n.* GELYN, GWRTHWYNEBYDD
**foetus,** *n.* FFOETWS, MILRHITH
**fog,** *n.* CADDUG, NIWL, FFOG
*v.* CADDUGO
*fog fever,* CLEFYD YR ADLADD
**fogey,** *n.* UN HEN FFASIWN, CONO
**foggy,** *a.* NIWLOG
**foible,** *n.* GWENDID
**foil,** *n.* FFOIL, FFWYL, DALEN
*v.* RHWYSTRO, TRECHU
**foilist,** *n.* FFWYLIWR
**foist,** *v.* GWTHIO (AR)
**fold,** *n.* PLYG, CORLAN
*v.* PLYGU, CORLANNU
**folded,** *a.* PLYG
**folder,** *n.* PLYGELL
**folding,** *n.* PLYGIANT
**foliage,** *n.* DEILIANT, DAIL
**foliated,** *a.* DEILIOG
**foliation,** *n.* DEILIOGRWYDD, DALENIAD
**folio,** *n.* FFOLIO, DALEN
**folium,** *n.* FFOLIWM
**folk,** *n.pl.* GWERIN, POBL
**folk-dance,** *n.* DAWNS WERIN
**folklore,** *n.* LLÊN GWERIN
**folk-song,** *n.* CÂN WERIN
**follicle,** *n.* FFOLICL
**follow,** *v.* DILYN, CANLYN
**follower,** *n.* DILYNWR, CANLYNWR
**following,** *a.* DILYNOL, CANLYNOL
*n.* DILYNIAD, CANLYNWYR
**folly,** *n.* YNFYDRWYDD, FFOLINEB
**foment,** *v.* ENNYN, CYFFROI
**fond,** *a.* CU, HOFF, ANNWYL
**fondle,** *v.* ANWESU, TOLACH
**fondness,** *n.* HOFFTER, ANWYLDEB
**font,** *n.* BEDYDDFAEN, FFONT
**food,** *n.* BWYD, LLUNIAETH, YMBORTH
*food preservation,* BWYDGADWRAETH
**fool,** *n.* YNFYTYN, YNFYD, FFŴL
*v.* YNFYDU, TWYLLO
**foolery,** *n.* FFILOREG, GWEGI, FFWLBRI
**foolhardiness,** *n.* RHYFYG
**foolhardy,** *a.* RHYFYGUS
**foolish,** *a.* FFÔL, YNFYD
**foolishness,** *n.* FFOLINEB, YNFYDRWYDD
**foolscap,** *n.* FFWLSGAP
**foot,** *n.* TROED, TROEDFEDD, CORFAN
*v.* TROEDIO
*foot and mouth disease,* CLWY'R TRAED A'R GENAU
*foot rot,* CLWY'R TRAED
**football,** *n.* PÊL-DROED
**footballer,** *n.* PELDROEDIWR
**footbridge,** *n.* PONT GERDDED, POMPREN
**footfall,** *n.* SŴN TROED
**foot-fault,** *n.* CAMDROEDIO
**footgear,** *n.* TROEDWISG
**foothills,** *n.pl.* BRYNIAU GODRE, GODREFRYNIAU
**foothold,** *n.* GAFAEL TROED, TROEDLE
**footing,** *n.* SYLFAEN, SAFLE
**footlights,** *n.pl.* GOLAU'R GODRE
**footmark,** *n.* ÔL TROED
**foot-note,** *n.* TROED-NODIAD
**footpath,** *n.* LLWYBR TROED
**footprint,** *n.* ÔL TROED
**foot-rush,** *n.* CWRS TRAED
**footstep,** *n.* CAM, ÔL TROED
**footstool,** *n.* TROEDFAINC
**footway,** *n.* TROEDFFORDD
**footwork,** *n.* TROEDWAITH
**fop,** *n.* COEGYN, YSGOGYN
**foppish,** *a.* COEGFALCH
**for,** *prp.* ER, AM, TROS, I
*c.* OHERWYDD, CANYS, ACHOS, GAN, OBLEGID
**forage,** *n.* BWYD (ANIFAIL), PORTHIANT
*v.* CHWILIO (AM FWYD)
**forasmuch,** *c.* AM, GAN, OHERWYDD, YN GYMAINT
**foray,** *n.* CYRCH, RHUTHR
*v.* GWNEUD CYRCH, RHUTHRO
**forbear,** *v.* YMATAL, PEIDIO, GODDEF
**forbearance,** *n.* GODDEFGARWCH, YMAROS
**forbears,** *n.pl.* CYNDADAU, HYNAFIAID
**forbid,** *v.* GWARAFUN, GOMEDD, GWAHARDD
**forbidden,** *a.* GWAHARDDEDIG
**force,** *n.* GRYM, TRAIS
*centrifugal force,* GRYM ALLGYRCHOL
*centripetal force,* GRYM MEWNGYRCHOL

**forceful,** *a.* GRYMUS, EGNÏOL
**forcemeat,** *n.* STWFFIN
**forceps,** *n.* GEFEL FAIN
**forcible,** *a.* EGNÏOL, NERTHOL, EFFEITHIOL, TREISIOL
**ford,** *n.* RHYD
*v.* RHYDIO
**fore,** *px.* CYN-, RHAG-, BLAEN-
*a.* BLAEN
*ad.* YMLAEN
**forearm,** *n.* ELIN
*v.* RHAGARFOGI
**forebode,** *v.* RHAGARGOELI, DAROGAN
**foreboding,** *n.* RHAGARGOEL
**forecast,** *n.* RHAGOLYGON, RHAGOLWG
*v.* RHAGDDWEUD, DAROGAN
**forecaster,** *n.* DAROGANWR
**forecastle,** *n.* FFOCSL
**forefather,** *n.* CYNDAD
**forefinger,** *n.* MYNEGFYS
**forefront,** *n.* LLE BLAEN
*a.* BLAEN
**foregather,** *v.* YMGYNNULL
**forego,** *v.* HEPGOR
**foreground,** *n.* BLAENDIR
**forehand,** *n.* BLAEN LLAW
**forehead,** *n.* TALCEN
**foreign,** *a.* ESTRON, TRAMOR, ANGHYFIAITH (AM EIRIAU)
**foreigner,** *n.* ESTRON, TRAMORWR
**foreknowledge,** *n.* RHAGWYBODAETH
**foreland,** *n.* PENRHYN, MORBEN
**forelock,** *n.* BLAENGUDYN
**foreman,** *n.* FFORMAN
**foremost,** *a.* BLAENAF
*ad.* YM MLAENAF
**forenoon,** *n.* BORE
**forensic,** *a.* FFORENSIG
**forepart,** *n.* PEN BLAEN
**fore-rib,** *n.* ASEN FLAEN
**forerunner,** *n.* RHAGREDEGYDD
**foresail,** *n.* HWYL FLAEN, JIB
**foresee,** *v.* RHAGWELD
**foreseeable,** *a.* RHAGWELADWY
**foreshadow,** *v.* RHAGARWYDDO
**foresheet,** *n.* RHAFF FLAEN
**foreshore,** *n.* BLAENDRAETH
**foresight,** *n.* RHAGWELEDIAD
**foreskin,** *n.* BLAENGROEN
**forest,** *n.* COEDWIG, FFOREST
*v.* COEDWIGO, FFORESTU
**forestall,** *v.* ACHUB Y BLAEN
**forester,** *n.* COEDWIGWR
**forestry,** *n.* COEDWIGAETH
**foretaste,** *n.* RHAGFLAS
*v.* RHAGBROFI
**foretell,** *v.* DAROGAN, RHAGFYNEGI
**forethought,** *n.* RHAGFEDDWL
**forewarn,** *v.* RHAGRYBUDDIO
**foreword,** *n.* RHAGAIR, RHAGLITH
**forfeit,** *n.* FFORFFED, SIÊD
*v.* FFORFFEDU
**forfeiture,** *n.* FFORFFEDIAD
**forge,** *n.* GEFAIL, FFWRN
*v.* GOFANNU, FFUGIO
**forger,** *n.* FFUGIWR
**forgery,** *n.* FFUGIAD, TWYLLEDD
**forget,** *v.* ANGHOFIO
**forgetful,** *a.* ANGHOFUS
**forgetfulness,** *n.* ANGHOFRWYDD, ANGOF
**forget-me-not,** *n.* GLAS Y GORS, N'AD FI'N ANGOF
**forgework,** *n.* GWAITH GOF
**forging,** *n.* GOFANIAD, FFUGIO
**forgive,** *v.* MADDAU
**forgiveness,** *n.* MADDEUANT
**forgiving,** *a.* MADDEUGAR, MADDEUOL
**forgo,** *v.* MYND HEB, HEPGOR, GADAEL
**fork,** *n.* FFORCH, FFORC
**forked,** *a.* FFORCHOG
**forlorn,** *a.* AMDDIFAD, DIYMGELEDD
**form,** *n.* MAINC, FFURF, MODD, DULL, FFURFLEN, DOSBARTH
*v.* FFURFIO, LLUNIO
*application form,* FFURFLEN CAIS
*claim form,* FFURFLEN GAIS
*form tools,* OFFER FFURFIO
**formal,** *a.* FFURFIOL, DEFODOL
**formalism,** *n.* FFURFIOLAETH, DEFODAETH
**formality,** *n.* FFURFIOLDEB, DEFOD
**formalize,** *v.* FFURFIOLI
**formant,** *n.* FFURFYN
**format,** *n.* FFORMAT, FFURF, DIWYG
**formation,** *n.* FFURFIANT, TREFNIANT
**formed,** *a.* FFURFIEDIG
**former,** *a.* BLAENOROL
*n.* FFURFYDD
**formerly,** *ad.* GYNT, YN FLAENOROL
**formica,** *n.* FFORMICA
**formidable,** *a.* OFNADWY, ARSWYDUS
**formless,** *a.* AFLUNIAIDD, DI-LUN
**formline,** *n.* FFURFLIN
**formula,** *n.* FFORMWLA
**formulate,** *v.* TREFNU, FFURFIO
**formulation,** *n.* FFORMWLAD
**formwork,** *n.* FFURFWAITH

**fornication,** *n.* PUTEINDRA
**fornicator,** *n.* CNUCHIWR, CALIWR
**forsake,** *v.* CEFNU AR, GADAEL
**forsooth,** *ad.* YN WIR, BONDIGRYBWYLL
**forswear,** *v.* TYNGU ANUDON, YMWRTHOD Â
**fort,** *n.* CAER, AMDDIFFYNFA
**forte,** *n.* CRYFDER
*a.* UCHEL, CRYF
**forth,** *ad.* YMLAEN, ALLAN
*and so forth,* AC FELLY YN Y BLAEN
**forthcoming,** *a.* AR DDOD, GERLLAW
**forthright,** *a.* UNION, PLAEN
**forthwith,** *ad.* AR UNWAITH, YN DDIOED
**fortification,** *n.* AMDDIFFYNFA
**fortify,** *v.* CADARNHAU, CRYFHAU
**fortissimo,** *ad.* YN UCHEL/GRYF IAWN
**fortitude,** *n.* DEWRDER, HIRYMAROS
**fortnight,** *n.* PYTHEFNOS
**fortress,** *n.* CAER, AMDDIFFYNFA
**fortuitous,** *a.* AR DDAMWAIN
**fortuity,** *n.* DAMWAIN, HAP
**fortunate,** *n.* FFODUS, FFORTUNUS
**fortunately,** *ad.* YN FFODUS
**fortune,** *n.* FFAWD, FFORTUN
**forty,** *a.* DEUGAIN
**forum,** *n.* FFORWM
**forward,** *a.* HY, EOFN, BLAEN
*i.* YMLAEN!
*n.* BLAENWR
*ad.* YMLAEN, RHAGDDO
*v.* BLAENYRRU
**forwardness,** *n.* HAERLLUGRWYDD, PARODRWYDD
**fosse,** *n.* FFOS
**fossil,** *n.* FFOSIL
*a.* FFOSILAIDD
**fossilisation,** *n.* FFOSILEIDDIAD
**fossilise,** *v.* FFOSILEIDDIO
**foster,** *v.* MEITHRIN, COLEDDU
**foster-brother,** *n.* BRAWD MAETH
**foster-child,** *n.* PLENTYN MAETH
**foster-father,** *n.* TADMAETH
**foster-mother,** *n.* MAMFAETH
**foul,** *a.* AFLAN, ANNHEG, BRWNT, BUDR
*n.* FFOWL(EN)
*v.* FFOWLIO, LLYCHWINO
*foul blow,* DYRNOD FFOWL
*foul play,* ANFADWAITH
*foul throw,* CAMDAFLU
*foul in the foot,* TROED CLONC (GLONC)
**foumart,** *n.* FFWLBART
**found,** *v.* DECHRAU, SEFYDLU, SYLFAENU
**foundation,** *n.* SYLFAEN, SAIL
**foundation-stone,** *n.* CARREG SYLFAEN
**founder,** *n.* SYLFAENYDD
*v.* YMDDRYLLIO, SUDDO
**foundling,** *n.* PLENTYN CAEL
**foundry,** *n.* FFOWNDRI
**fount(ain),** *n.* FFYNNON, FFYNHONNELL
**fountain-pen,** *n.* CRONBIN
**four,** *a.* PEDWAR (*f.* PEDAIR)
**foursome,** *n.* PEDWARAWD
**foursquare,** *a.* CADARN
**four-stroke,** *a.* PEDAIR-STRÔC
**fourteen,** *a.* PEDWAR (PEDAIR) AR DDEG, UN DEG PEDWAR (PEDAIR)
**fowl,** *n.* DOFEDN, FFOWLYN, FFOWL
*v.* SAETHU ADAR
**fowler,** *n.* ADARWR
**fox,** *n.* CADNO, LLWYNOG
**foxglove,** *n.* BYSEDD Y CŴN/COCHION
**foxhound,** *n.* CI HELA, HELGI
**foxterrier,** *n.* DAEARGI
**foxy,** *n.* CYFRWYS
**foyer,** *n.* CYNTEDD
**fracas,** *n.* FFRAE, YMRYSON
**fraction,** *n.* FFRACSIWN, RHANRIF
*improper fraction,* FFRACSIWN PENDRWM
*vulgar fraction,* FFRACSIWN CYFFREDIN
*proper fraction,* FFRACSIWN BONDRWM
**fractional,** *a.* FFRACSIYNOL
**fractious,** *a.* GRWGNACHLYD, CECRUS
**fracture,** *n.* TORIAD, DRYLLIAD
*v.* TORRI, DRYLLIO
**fragile,** *a.* BRAU, BREGUS
**fragility,** *n.* BREUDER, EIDDILWCH
**fragment,** *n.* DRYLL, DARN
**fragmentary,** *a.* DARNIOG, BRATIOG
**fragmentation,** *n.* DARNIAD
**fragrance,** *n.* PERSAWR
**fragrant,** *a.* PERSAWRUS
**frail,** *a.* LLESG, BRAU, BREGUS
**frailty,** *n.* LLESGEDD, BREUDER
**frame,** *n.* FFRÂM, AGWEDD
*v.* FFRAMIO, FFURFIO
**framework,** *n.* FFRAMWAITH
**franc,** *n.* FFRANC
**franchise,** *n.* ETHOLFRAINT
*v.* ETHOLFREINIO
**frangible,** *a.* HYFRIW
**frank,** *a.* DIDWYLL, AGORED
**frankalmoign,** *n.* ELUSENDIR
**frankincense,** *n.* THUS
**frankness,** *n.* DIDWYLLEDD, GONESTRWYDD

**frankpledge,** *n.* TANGWYSTL
**frantic,** *a.* CYFFROUS, GORWYLLT
**fraternal,** *a.* BRAWDOL
*n.* BRAWDOLIAETH
**fraternise,** *v.* CYFEILLACHU
**fraternity,** *n.* BRAWDOLIAETH
**fratricide,** *n.* BRAWDLADDIAD
**fraud,** *n.* TWYLL, HOCED
**fraudulence,** *n.* TWYLL
**fraudulent,** *a.* TWYLLODRUS
**fraudulently,** *ad.* TRWY DWYLL
**fraught,** *a.* LLAWN, LLWYTHOG
**fray,** *n.* FFRAE, BRWYDR, RHAFLAD
*v.* RHAFLO, TREULIO
**freak,** *n.* MYMPWY, PETH OD
**freakish,** *a.* OD
**freckle,** *n.* BRYCH(NI)
**freckled,** *a.* BRYCH (*f.* BRECH)
**free,** *a.* RHYDD, RHAD, HAEL, EOFN, DI-DÂL
*v.* RHYDDHAU
**freedom,** *n.* RHYDDID, RHYDDFRAINT
**free-expression,** *n.* RHYDDFYNEGIANT
**freehand,** *a.* DIGYMORTH
**freehold,** *a.* RHYDD-DDALIADOL
**freeholder,** *n.* RHYDD-DDEILIAD
**freely,** *ad.* YN RHYDD, YN HAEL
**freeman,** *n.* RHYDDFREINIWR
**freemason,** *n.* SAER RHYDD
**freethinker,** *n.* RHYDDFEDDYLIWR
**free-trade,** *n.* MASNACH RYDD
**free-verse,** *n.* MESUR RHYDD, Y WERS RYDD
**freeway,** *n.* RHYDDFFORDD, TRAFFORDD
**freeze,** *v.* RHEWI, FFERRU
**freeze-dry,** *v.* SYCHREWI
**freezer,** *n.* RHEWGIST, RHEWGELL
**freezing-point,** *n.* RHEWBWYNT
**freight,** *n.* LLWYTH, TÂL CLUDO
*v.* LLWYTHO LLONG
**freighter,** *n.* LLWYTHLEINER, LLONG NWYDDAU
**French,** *n.* FFRANGEG
*a.* FFRENGIG, FFRANGEG (O RAN IAITH)
**Frenchman,** *n.* FFRANCWR
**frenzied,** *a.* CYNDDEIRIOG
**frenzy,** *n.* CYNDDEIRIOGRWYDD
**frequency,** *n.* AMLEDD, MYNYCHDER
*audio frequency,* AMLEDD AWDIO
*high frequency,* AMLEDD UCHEL
**frequent,** *a.* AML, MYNYCH
*v.* MYNYCHU, YMWELED Â
**frequented,** *a.* SATHREDIG (YN AML)
**fresco,** *n.* FFRESGO
**fresh,** *a.* FFRES, CRAI, IR
**freshen,** *v.* FFRESÁU, IREIDDIO
**freshness,** *n.* FFRESNI, CREIDER, IRDER
**fret,** *v.* SORRI, POENI
*n.* SORIANT, TRALLOD, FFRET
**fretful,** *a.* CWYNFANLLYD, ANYNAD
**fretsaw,** *n.* LLIF FFRET, RHWYLL-LIF
**fretted,** *a.* RHWYLLOG
**fretwork,** *n.* FFRETWAITH
**friable,** *a.* HYFRIW, BRAU
**friar,** *n.* BRAWD, FFRODYR
**friary,** *n.* BRODORDY
**fricative,** *a.* AFFRITHIOL
**friction,** *n.* FFRITHIANT, YMRAFAEL
*coefficient of friction,* CYFERNOD FFRITHIANT
**Friday,** *n.* DYDD GWENER
**friend,** *n.* CYFAILL, FFRIND
**friendless,** *a.* DIGYFAILL
**friendliness,** *n.* CYFEILLGARWCH
**friendly,** *a.* CYFEILLGAR
**friendship,** *n.* CYFEILLGARWCH
**frieze,** *n.* FFRÎS
**friezeman,** *n.* FFRISWR
**frigate,** *n.* FFRIGAD
**fright,** *n.* DYCHRYN, BRAW, OFN
**frighten,** *v.* DYCHRYNU, BRAWYCHU, CODI OFN AR
**frightful,** *a.* DYCHRYNLLYD, BRAWYCHUS
**frigid,** *a.* OER(AIDD)
*frigid zone,* CYLCHFA REW
**frigidity,** *n.* OERNI, FFERDOD
**frill,** *n.* FFRIL
**fringe,** *n.* YMYL, RHIDENS
*v.* YMYLU, RHIDENNU
*fringe benefits,* CILFANTEISION
**frisk,** *v.* PRANCIO
**frisky,** *a.* BYWIOG, CHWAREUS
**frit,** *n.* FFRIT
**fritter,** *n.* FFRITER
**frivolity,** *n.* GWAMALRWYDD, YSGAFNDER
**frivolous,** *a.* GWAMAL, GWACSAW
**frizz,** *v.* CRYCHU
**frizzy,** *a.* CRYCHLYD
**fro,** *ad.* YN ÔL
*to and fro,* YN ÔL AC YMLAEN
**frock,** *n.* FFROG
**frock-coat,** *n.* COT LAES
**frog,** *n.* BROGA, BYWYN, FFROGA
**frogman,** *n.* NOFIWR TANDDWR
**frolic,** *n.* PRANC
*v.* PRANCIO
**frolicsome,** *a.* NWYFUS, CHWAREUS

**from,** *prp.* O, ODDI, GAN, ODDI WRTH
**frond,** *n.* FFROND
**front,** *n.* TALCEN, FFRYNT, SIÉT, TU BLAEN
*occluded front,* FFRYNT ACHLUDD
*v.* WYNEBU
*a.* BLAEN
**frontage,** *n.* FFRYNTIAD
**frontal,** *a.* BLAEN, FFRYNT
**frontier,** *n.* GOROR, FFIN, CYFFINDIR
**frontispiece,** *n.* WYNEBDDARLUN
**frontlet,** *n.* RHWYMYN TALCEN
**frost,** *n.* RHEW
**frost-bite,** *n.* EWINRHEW
**frosty,** *a.* RHEWLLYD
**froth,** *n.* EWYN, FFROTH
*v.* EWYNNU
**frothy,** *a.* EWYNNOG, GWACSAW
**froward,** *a.* YSTYFNIG, CYNDYN
**frown,** *n.* GWG, CUWCH
*v.* GWGU, CUCHIO
**frowning,** *a.* GWGUS, CUCHIOG
**fructify,** *v.* FFRWYTHLONI
**fructose,** *n.* FFRWCTOS
**frugal,** *a.* CYNNIL, DARBODUS
**frugality,** *n.* CYNILDEB
**fruit,** *n.* FFRWYTH, CYNNYRCH, FFRWYTHYN
**fruiterer,** *n.* FFRWYTHWR
**fruitful,** *a.* FFRWYTHLON, TOREITHIOG
**fruitfulness,** *n.* FFRWYTHLONRWYDD
**fruition,** *n.* FFRWYTHLONIAD
**fruitless,** *a.* DIFFRWYTH, OFER
**fruity,** *a.* FFRWYTHUS
**frustrate,** *v.* LLESTEIRIO, RHWYSTRO
**frustration,** *n.* LLESTEIRIANT, RHWYSTREDIGAETH
**frustum,** *n.* FFRWSTWM, PWYSBWYNT
**fry,** *v.* FFRIO
*n.* AFU, SIL
*small fry,* POBL DDIBWYS
**frying-pan,** *n.* FFRIMPAN, PADELL FFRIO
**fuddled,** *a.* CYMYSGLYD
**fudge,** *n.* CYFFUG
**fuel,** *n.* CYNNUD, TANWYDD
*fuel cell,* CYNUDYDD
**fugitive,** *n.* FFOADUR
*a.* AR FFO
**fugue,** *n.* FFIWG
**führer,** *n.* TYWYSWR, FÜHRER
**fulcrum,** *n.* FFWLCRWM
**fulfil,** *v.* CYFLAWNI, CWBLHAU
**fulfilment,** *n.* CYFLAWNIAD
**fulgent,** *a.* DISGLAIR, LLACHAR
**full,** *a.* LLAWN, CYFLAWN
*n.* LLONAID
*v.* PANNU
**full-back,** *n.* CEFNWR
**full-blooded,** *a.* EGNÏOL
**fuller,** *n.* PANNWR, PANNYDD
*v.* PANNU
**fullness,** *n.* CYFLAWNDER, LLAWNDER
**full-stop,** *n.* ATALNOD
**fully,** *ad.* YN GYFAN GWBL, YN GYFLAWN, YN HOLLOL
**fully-paid,** *a.* DIDDYLED
**fulminate,** *v.* TARANU, BYGWTH
**fulmination,** *n.* TARANIAD, BYGYTHIAD
**fulsome,** *a.* GWENIEITHUS, FFIAIDD
**fumarole,** *n.* MYGDWLL
**fumble,** *v.* YMBALFALU, PWTFFALU
**fume,** *n.* MYGDARTH, LLID
*v.* MYGDARTHU, LLIDIO
**fumigate,** *v.* MYGDARTHU
**fumigation,** *n.* MYGDARTHIAD
**fumitory,** *n.* MWG Y DDAEAR, CWD Y MWG
**fun,** *n.* HWYL, DIFYRRWCH, MIRI
**function,** *n.* FFWYTHIANT, PWRPAS, SWYDDOGAETH
*implicit function,* FFWYTHIANT YMHLYG
*objective function,* FFWYTHIANT NÔD
**functional,** *a.* FFWYTHIANNOL, SWYDDOGAETHOL
*n.* FFWYTHIANNEDD
**functionalism,** *n.* FFWYTHIANNAETH
**functionary,** *n.* FFWYTHIANNYDD, SWYDDOGYDDIAETH
**fund,** *n.* CRONFA
*v.* TRAWSGRONNI
**fundamental,** *a.* SYLFAENOL
**fundamentalism,** *n.* FFWNDAMENTALAETH
**fundamentally,** *ad.* YN WREIDDIOL
**funeral,** *n.* ANGLADD, CLADDEDIGAETH, CYNHEBRWNG
**funereal,** *a.* ANGLADDOL, TRIST
**fungicide,** *n.* FFWNGLEIDDIAD
**fungoid,** *a.* FFYNGOID
**fungus,** *n.* FFWNG
**funicular,** *a.* FFWNICWLAR
**funk,** *v.* LLWFRHAU, OSGOI
*n.* LLWFRYN, OFN
**funnel,** *n.* TWNDIS, TWMFFAT, CORN
**funny,** *a.* YSMALA, DIGRIF
**fur,** *n.* FFWR, CEN
**furbish,** *v.* GLOYWI, CABOLI
**furcate,** *a.* FFORCHOG
**fur-coat,** *n.* COT FFWR
**furious,** *a.* CYNDDEIRIOG, FFYRNIG
**furl,** *v.* CAU, PLYGU

**furlong,** *n.* YSTADEN
**furlough,** *n.* GWYLIAU (MILWR)
**furnace,** *n.* FFWRNAIS
*blast furnace,* FFWRNAIS CHWYTH
**furnish,** *v.* DODREFNU, RHODDI
**furnisher,** *n.* DODREFNWR
**furnishings,** *n.pl.* DODREFNAU
**furniture,** *n.* DODREFN, CELFI
**furrier,** *n.* FFYRRWR
**furrow,** *n.* CWYS, RHYCH, RHIGOL
*v.* CWYSO, RHYCHU
**furry,** *a.* BLEWOG
**further,** *ad.* YMHELLACH
*a.* PELLACH
*v.* HYBU, HYRWYDDO
**furthermore,** *ad.* HEFYD, HEBLAW HYN(NY)
**furtive,** *a.* LLADRADAIDD
**fury,** *n.* CYNDDAREDD, FFYRNIGRWYDD
**furze,** *n.* EITHIN
**fuse,** *n.* FFIWS, DIOGELYDD, TODDYN
*v.* FFIWSIO
**fusible,** *a.* YMDODDADWY
**fusilier,** *n.* FFIWSILIWR
**fusion,** *n.* YMDODDIAD, YMASIAD (NWCLEAR)
*fusion reactor,* ADWEITHYDD THERMO NWCLEAR
**fuss,** *n.* FFWDAN, TRAFFERTH, HELYNT
*v.* FFWDANU
**fussiness,** *n.* FFWDAN
**fussy,** *a.* FFWDANUS
**fustian,** *n.* FFUSTIAN
**fusty,** *a.* MWS, HEN, LLWYD
**futile,** *a.* OFER, DI-FUDD
**futility,** *n.* OFEREDD
**future,** *n. & a.* DYFODOL
**futures,** *n.pl.* DYFODOLION
**futurism,** *n.* DYFODOLAETH
**futurology,** *n.* DYFODOLEG
**fuzz,** *n.* GWALLT CYRLIOG
**fuzzy,** *a.* BLEWOG, ANEGLUR

**gab,** *n.* CLEBER
**gabble,** *n.* CLEBER, BREGLIACH
*v.* CLEBRAN, CLEGAR
**gaberdine,** *n.* GABERDÎN
**gable,** *n.* TÂL MAEN
**gable-end,** *n.* TALCEN TŶ
**gad,** *v.* CRWYDRO, RHODIANNA
**gadfly,** *n.* ROBIN Y GYRRWR
**gadget,** *n.* DYFAIS
**Gaelic,** *n.* GAELEG
*a.* GAELAIDD
**gaff,** *n.* TRYFER
**gaffer,** *n.* GAFFER
**gag,** *n.* SMALDOD, SAFNGLO
*v.* SMALIO, SAFNGLOI, CAU CEG
**gage,** *n.* GWYSTL
*v.* GWYSTLO
**gaiety,** *n.* MIRI, LLONDER, DIFYRRWCH
**gaily,** *ad.* YN LLAWEN
**gain,** *n.* ELW, ENNILL, CYNNYDD, ENILLION
*v.* ELWA, ENNILL
**gainer,** *n.* ENILLWR, ENILLYDD
**gainsay,** *v.* GWRTHDDWEUD
**gait,** *n.* OSGO, CERDDEDIAD
**gaiter,** *n.* COESARN
**gala,** *n.* GALA
**galactic,** *a.* GALAETHOG
**galactogogue,** *n.* BLITHOGYN
*a.* BLITHOGOL
**galactose,** *n.* GALACTOS
**galaxy,** *n.* GALAETH, CWMNI DISGLAIR
**gale,** *n.* TYMESTL
**gall,** *n.* BUSTL, CHWYDD
*gall bladder,* CODEN Y BUSTL
*gall stones,* CERRIG Y BUSTL
*v.* DOLURIO, BLINO
**gallant,** *a.* GWROL, CWRTAIS
*n.* CARWR, MERCHETWR
**gallantry,** *n.* DEWRDER, CWRTEISRWYDD
**galleon,** *n.* GALIWN
**gallery,** *n.* ORIEL, GALERI, PONC
**galley,** *n.* GALI
**galliard,** *n.* GALIARD
**galling,** *a.* BLIN, POENUS, LLIDUS
**gallivant,** *v.* GALIFANTIO
**gallon,** *n.* GALWYN
**gallop,** *n.* CARLAM
*v.* CARLAMU
**gallows,** *n.* CROCBREN
**galore,** *n. & ad.* DIGONEDD, TORETH
**galosh,** *n.* ARESGID
**galvanic,** *a.* GALFANIG
**galvanise,** *v.* GALFANU, SYMBYLU
**galvanised,** *a.* GALFANEDIG
**galvanometer,** *n.* GALFANOMEDR
**gamble,** *v.* GAMBLO, HAPCHWARAE
*n.* GAMBL
**gambler,** *n.* GAMBLWR
**gambol,** *n.* NAID, SBONC
*v.* PRANCIO
**game,** *n.* GÊM, HELWRIAETH, CHWARAE
*drawn game,* GÊM DDI-DRECH
**game-keeper,** *n.* CIPAR
**gamester,** *n.* GAMBLWR
**gamete,** *n.* GAMET
**gametophyte,** *n.* GAMETOFFYT
**gammon,** *n.* GAMWN, FFWLBRI, LOL
**gamopetalous,** *a.* GAMOPETALUS
**gander,** *n.* CEILIAGWYDD, CLACWYDD
**gang,** *n.* GANG, MINTAI
**ganger,** *n.* PEN-GWEITHIWR
**ganglion,** *n.* GANGLION
**gangrene,** *n.* MADREDD, CIG MARW
**gangrenous,** *a.* MADREDDOG, MARWAIDD
**gangster,** *n.* TROSEDDWR
**gangway,** *n.* EIL, ALE, PONT
**ganister,** *n.* GANISTER
**gannet,** *n.* MULFRAN WEN
**gaol,** *n.* CARCHAR
**gaoler,** *n.* CEIDWAD CARCHAR
**gap,** *n.* BWLCH, ADWY, AGEN
**gape,** *v.* RHYTHU
*n.* RHYTHIAD
**gapes,** *n.* Y BIG
**garage,** *n.* GAREJ, MODURFA, MODURDY
*v.* GAREJO
**garb,** *n.* GWISG, DIWYG
**garbage,** *n.* YSBWRIEL, SOTHACH
**garble,** *v.* LLURGUNIO
**garden,** *n.* GARDD
*v.* GARDDIO
*garden city,* GARDD-DDINAS
**gardener,** *n.* GARDDWR
**gardening,** *n.* GARDDWRIAETH
**garderobe,** *n.* GARDROB
**gargantuan,** *a.* ANFERTH, CAWRAIDD
**garget,** *n.* GARGED
**gargle,** *n.* GOLCH GWDDF
*v.* GOLCHI GWDDF
**gargoyle,** *n.* GARGOIL
**garish,** *a.* COEGWYCH
**garland,** *n.* GARLANT, TALAITH
**garlic,** *n.* GARLLEG, CRAF
**garment,** *n.* GWISG, DILLEDYN
**garnish,** *v.* GARNEISIO
*n.* GARNAIS

**garnishee,** *n.* GARNEISIWR
**garret,** *n.* CROGLOFFT, GARET
**garrison,** *n.* GARSIWN
**garrulous,** *a.* SIARADUS, TAFODRYDD
**garter,** *n.* GARDYSEN
*v.* GARDYSU
**garth,** *n.* BUARTH, BEILI
**gas,** *n.* NWY
*gas-ring,* CYLCH NWY
*v.* GWENWYNO Â NWY
**gaseous,** *a.* NWYOL
**gash,** *n.* ARCHOLL, HAC, HOLLT
*v.* ARCHOLLI, HACIO
**gasket,** *n.* GASGED
**gas-mask,** *n.* MWGWD NWY
**gasoline,** *n.* GASOLIN, PETROL
**gasometer,** *n.* TANC NWY
**gasp,** *v.* ANADLU'N DRWM, EBYCHU
**gasping,** *a.* BYR O ANADL
**gastight,** *a.* NWYGLOS
**gastric,** *a.* GASTRIG
**gastritis,** *n.* GASTRITIS, LLID Y CYLLA
**gastrula,** *n.* GASTRWLA
**gate,** *n.* LLIDIART, CLWYD, GÂT, PORTH
*v.* PORTHIO, PORTHELLU
**gate-crasher,** *n.* YMYRRWR
**gatehouse,** *n.* PORTHORDY
**gate-keeper,** *n.* PORTHOR
**gateway,** *n.* MYNEDFA
**gather,** *v.* CASGLU, HEL, CRYCHU, CRYNHOI, CRAWNI
**gatherer,** *n.* CASGLWR
**gathering,** *n.* CASGLIAD, CYNULLIAD, CRYCHIAD, CRAWNI
**gaudy,** *a.* GORWYCH, COEGWYCH
**gauge,** *n.* MEDRYDD, LLED
*v.* MEDRYDDU
*cutting gauge,* MEDRYDD TORRI
*limit gauge,* MEDRYDD TERFYN
**Gaul,** *n.* GÂL
**Gaulish,** *n.* GALEG
**gaunt,** *a.* TENAU, LLWM
**gauntlet,** *n.* DYRNFOL
**gauze,** *n.* RHWYLLEN, GAWS, MEINWE
**gavelkind,** *n.* CYFRAN
**gavotte,** *n.* GAFOD
**gawky,** *a.* TRWSGL, LLIBIN
**gay,** *a.* LLON, BYWIOG, OFER, HOYW
**gaze,** *n.* TREM, GOLWG
*v.* SYLLU, ARSYLLU, TREMIO
**gazebo,** *n.* GOLYGDY
**gazelle,** *n.* GAFREWIG
**gazette,** *n.* NEWYDDIADUR
*v.* CYHOEDDI, PENODI
**gazetteer,** *n.* NEWYDDIADURWR, GEIRIADUR DAEARYDDOL
**gean,** *n.* RHUDDWERNEN
**gear,** *n.* OFFER, TACLAU, GÊR, GAFAEL
*v.* TACLU, HARNEISIO
**gearbox,** *n.* GERBOCS
**gel,** *n.* GEL
**gelatine,** *n.* GELATIN, CEULED
**gelatinous,** *a.* GELATINAIDD
**gelation,** *n.* GELEIDDIAD
**gelding,** *n.* CEFFYL, CEL
**gelignite,** *n.* GELIGNEIT
**gem,** *n.* GEM, TLWS, GLAIN
**gendarme,** *n.* PLISMON (FFRAINC)
**gender,** *n.* CENEDL
**gene,** *n.* GENYN
**genealogical,** *a.* ACHYDDOL
**genealogist,** *n.* ACHYDDWR, ACHEUWR
**genealogy,** *n.* ACH, ACHYDDIAETH
**genera,** *n.pl.* MATHAU, TYLWYTHAU
**general,** *n.* CADFRIDOG
*a.* CYFFREDIN(OL)
**generalisation,** *n.* CYFFREDINOLIAD
**generalissimo,** *n.* CADLYWYDD
**generality,** *n.* CYFFREDINOLRWYDD
**generalize,** *v.* CYFFREDINOLI
**generalized,** *a.* CYFFREDINOL
**generally,** *ad.* YN GYFFREDINOL
**generalship,** *n.* ARWEINYDDIAETH, CADLYWYDDIAETH
**generate,** *v.* GENERADU, CENHEDLU
**generation,** *n.* CENHEDLAETH, TO
**generator,** *n.* GENERADUR
**generic,** *a.* GENERIG, RHYWOGAETHOL
**generosity,** *n.* HAELIONI
**generous,** *a.* HAEL(IONUS)
**genesis,** *n.* DECHREUAD
**genetic,** *a.* GENETIG
**genetical,** *a.* GENETIGOL
**geneticist,** *n.* GENETEGWR
**genetics,** *n.* GENETEG
**genial,** *a.* HYNAWS, RHYWIOG, RHADLON
**geniality,** *n.* HYNAWSEDD
**genie,** *n.* BWGAN
**genital,** *a.* CENHEDLOL
**genitive,** *n. & a.* GENIDOL
**genius,** *n.* ATHRYLITH
**genocide,** *n.* HIL-LADDIAD
**genteel,** *a.* BONEDDIGAIDD
**gentile,** *n.* CENEDL-DDYN
**gentility,** *n.* BONEDD
**gentle,** *a.* TYNER, LLARIAIDD, MWYN
**gentleman,** *n.* GŴR BONHEDDIG

**gentlemanliness,** *n.* BONEDDIGEIDD-RWYDD
**gentlemanly,** *a.* BONEDDIGAIDD
**gentlewoman,** *n.* BONEDDIGES
**gently,** *ad.* YN DYNER/ADDFWYN, GAN BWYLL
**gentry,** *n.pl.* BONEDD, GWŶR MAWR!
**genuine,** *a.* DIFFUANT, DILYS, PUR
**genus,** *n.* RHYWOGAETH, GENWS
**geochemistry,** *n.* GEOCEMEG
**geode,** *n.* GEOD
**geodesic,** *a.* GEODESIG
**geodesy,** *n.* GEODEDD
**geographer,** *n.* DAEARYDDWR
**geographical,** *a.* DAEARYDDOL
**geography,** *n.* DAEARYDDIAETH
**geological,** *a.* DAEAREGOL
**geologist,** *n.* DAEAREGWR
**geology,** *n.* DAEAREG
**geometric,** *a.* GEOMETRIG
**geometrical,** *a.* GEOMETREGOL
**geometry,** *n.* GEOMETREG
*plane and solid geometry,* GEOMETREG PLÂN A SOLED
**geomorphology,** *n.* GEOMORFFOLEG
**geophysics,** *n.* GEOFFISEG
**geosyncline,** *n.* GEOSYNCLIN
**geotropism,** *n.* GEOTROPEDD
**geranium,** *n.* MYNAWYD Y BUGAIL
**geriatrics,** *n.pl.* GERIATREG
**germ,** *n.* GERM, HEDYN
*germ cells,* CELLOEDD CENHEDLU
**German,** *n.* ALMAENWR, ALMAENEG (YR IAITH)
*a.* ALMAENAIDD
**germicide,** *n.* GERMLEIDDIAD
**germinal,** *a.* EGINOL
**germinate,** *v.* EGINO, ATYFU
**germination,** *n.* EGINIAD, ATYFIANT
**gerrymander,** *v.* CYFFINDWYLLO, GERIMANDRO
**gerund,** *n.* BERFENW
**gestate,** *v.* CARIO, DWYN
**gestation,** *n.* CYFNOD CARIO, BEICHIOGIAD
**gesticulate,** *v.* YSTUMIO
**gesticulation,** *n.* YSTUMIAD
**gesture,** *n.* YSTUM
**get,** *v.* CAEL, CAFFAEL, ENNILL
**get-up,** *n.* DIWYG
**geyser,** *n.* GEYSER
**ghastly,** *a.* ERCHYLL, GWELW
**gherkin,** *n.* GERCIN
**ghetto,** *n.* GETO
**ghost,** *n.* BWGAN, YSBRYD, DRYCHIOLAETH
**ghostly,** *a.* BWGANAIDD, DRYCHIOLAETHOL
**ghoul,** *n.* ELLYLL
**giant,** *n.* CAWR
*a.* CAWRAIDD
**giantess,** *n.* CAWRES
**gibber,** *v.* CLEBRAN
**gibberish,** *n.* CLEBER, BALDORDD
**gibbet,** *n.* CROCBREN
**gibe,** *n.* SEN, GWAWD
*v.* GWAWDIO, GWATWAR
**giblets,** *n.pl.* GIBLETS, SYRTH GŴYDD
**gid,** *n.* Y BENDRO
**giddiness,** *n.* PENDRO
**giddy,** *a.* PENFEDDW, MEDDW
**gift,** *n.* ANRHEG, DAWN
**gifted,** *a.* DAWNUS, AWENUS
**gig,** *n.* GIG
**gigantic,** *a.* ANFERTH, CAWRAIDD
**giggle,** *v.* LLEDCHWERTHIN, GIGLAN
**gild,** *v.* EURO
**gill,** *n.* GIL, TAGELL, CHWARTER PEINT
**gilt,** *n.* BANWES
*a.* GOREUROG, GILT
**gilt-edged,** *a.* GILT
**gimlet,** *n.* GIMBILL
**gimmick,** *n.* GIMIG
**gin,** *n.* JIN, HOENYN
**ginger,** *n.* SINSIR
**gingerbeer,** *n.* DIOD FAIN
**gingerbread,** *n.* TEISEN SINSIR
**gingerly,** *ad.* GOCHELGAR, GOFALUS
**gingham,** *n.* GINGHAM
**gipsy,** *n.* SIPSI
**giraffe,** *n.* SIRÁFF
**gird,** *v.* GWREGYSU
**girder,** *n.* HYTRAWST
**girdle,** *n.* GWREGYS, CADIS
*v.* GWREGYSU
**girl,** *n.* MERCH, GENETH
**girlhood,** *n.* GENETHDOD
**girlish,** *a.* MERCHEDAIDD
**giro,** *n.* GIRO
**girth,** *n.* CENGL, CWMPAS
**gist,** *n.* SYLWEDD, ERGYD
**give,** *v.* RHODDI, RHOI
**giver,** *n.* RHODDWR
**gizzard,** *n.* GLASOG, CROMBIL
**glacial,** *a.* RHEWLIFOL
*glacial deposits,* DYDDODION RHEWLIF
**glaciate,** *v.* RHEWLIFO
**glaciation,** *n.* RHEWLIFIANT
**glacier,** *n.* RHEWLIF, GLASIER

**glaciology,** *n.* RHEWLIFEG
**glad,** *a.* LLAWEN, LLON, BALCH
**glade,** *n.* LLANNERCH
**gladiator,** *n.* GLADIATOR
**gladioli,** *n.* BLODAU CLEDDYF
**gladness,** *n.* LLAWENYDD, LLONDER
**gladsome,** *a.* LLAWEN, LLON
**glamorous,** *a.* HUDOL, CYFAREDDOL
**glamour,** *n.* HUDOLIAETH, CYFAREDD
**glance,** *n.* CIPOLWG, CIP, TREM, GLANS
*v.* CILEDRYCH, TREMIO
**gland,** *n.* CHWARREN, GLAND
**glanders,** *n.pl.* LLYNMEIRCH
**glandular,** *a.* CHWARENNOL
**glare,** *n.* TANBEIDRWYDD, LLACHAREDD
*v.* RHYTHU, DISGLEIRIO
**glaring,** *a.* LLACHAR, AMLWG, DYBRYD
**glass,** *n.* GWYDR, GWYDRYN, GWYDRAID
*glass paper,* PAPUR GWYDROG
**glassful,** *a.* GWYDRAID
**glasshouse,** *n.* TŶ GWYDR
**glassy,** *a.* GLOYW, PŴL
**glaucous,** *a.* GLASBEILLIOG
**glaze,** *n.* GWYDREDD, SGLEIN
*v.* GWYDRO, SGLEINIO
**glazed,** *a.* GWYDROG
**glazier,** *n.* GWYDRWR
**glazing,** *n.* GWYDRIAD
**gleam,** *n.* PELYDRYN, LLEWYRCH
*v.* PELYDRU, LLEWYRCHU
**glean,** *v.* LLOFFA
**gleaner,** *n.* LLOFFWR
**gleanings,** *n.pl.* LLOFFION
**glebe,** *n.* CLASTIR, TIR LLAN / EGLWYS
**glee,** *n.* LLONDER, HOEN, RHANGAN
**gleeful,** *a.* LLON, HOENUS
**gleet,** *n.* DIFERLIF, YSNODEN
**glen,** *n.* GLYN, CWM
**glib,** *a.* LLITHRIG, RHUGL, FFRAETH
**glibness,** *n.* RHWYDDINEB YMADRODD
**glide,** *n.* LLITHR, LLITHRAD
*v.* LLITHRO
**glider,** *n.* GLEIDER, LLITHRYDD
**gliding,** *n.* & *v.* LLITHRAN
**glimmer,** *n.* LLEWYRCHYN, LLYGEDYN
*v.* LLEWYRCHU'N WAN
**glimpse,** *n.* CIPOLWG, TREM
**glint,** *n.* FFLACH
*v.* FFLACHIO
**glisten,** *v.* DISGLEIRIO
**glitter,** *v.* TYWYNNU, PELYDRU
*n.* PELYDRIAD
**gloaming,** *n.* CYFNOS, BRIG Y NOS
**gloat,** *v.* LLAWENHAU
**global,** *a.* HOLLFYDOL, CYFFREDINOL
**globalism,** *n.* HOLLFYDEDD
**globe,** *n.* Y BYD, GLOB
**globular,** *a.* CRWN
**globule,** *n.* GLOBWL
**gloom,** *n.* TYWYLLWCH, CADDUG, TRISTWCH
**gloomy,** *a.* TYWYLL, TRIST, CYMYLOG
**glorification,** *n.* MAWRYGIAD, GOGONEDDIAD
**glorify,** *v.* MAWRYGU, GOGONEDDU
**glorious,** *a.* GOGONEDDUS, GODIDOG
**glory,** *n.* GOGONIANT, YSBLANDER
*v.* YMFFROSTIO, GORFOLEDDU
**gloss,** *n.* DISGLEIRDEB, LLATHR, GLÒS
**glossary,** *n.* GEIRFA
**glossy,** *a.* LLATHRAIDD
**glottal,** *a.* GLOTAL
**glottis,** *n.* GLOTIS
**glove,** *n.* MANEG
**glover,** *n.* GLWFER
**glow,** *n.* TYWYN
*v.* TYWYNNU
**glower,** *v.* GWGU, CUCHIO
**glow-worm,** *n.* MAGIEN
**glucose,** *n.* GLWCÔS
**glue,** *n.* GLUD
*v.* GLUDIO
**gluey,** *a.* GLUDIOG
**glum,** *a.* DIGALON, TRIST
**glut,** *n.* GORLAWNDER, GORMODEDD
**gluten,** *n.* GLWTEN
**glutinous,** *a.* GLUDIOG
**glutton,** *n.* GLWTH
**gluttonous,** *a.* GLWTH
**gluttony,** *n.* GLYTHINEB
**glycerine,** *n.* GLYSERIN
**glycogen,** *n.* GLYCOGEN
**gnarled,** *a.* CNOTIOG, CEINCIOG, GARW
**gnash,** *v.* RHINCIAN
**gnat,** *n.* GWYBEDYN
**gnaw,** *v.* CNEWIAN, DEINTIO, CONIO
**gneiss,** *n.* GNEIS
**gnome,** *n.* COBLYN, GWIREB
**Gnostic,** *n.* GNOSTIG
**gnu,** *n.* GNIW
**go,** *v.* MYND, MYNED
**goad,** *n.* SWMBWL
*v.* SYMBYLU
**goal,** *n.* GÔL, BWRIAD, NOD
*goal shooter,* SAETHWR
**goalkeeper,** *n.* GOLWR, GOLGEIDWAD
**goat,** *n.* GAFR

**gobble,** *v.* TRAFLYNCU
**goblet,** *n.* FFIOL
**goblin,** *n.* BWGAN, COBLYN
**god,** *n.* DUW
*God,* DUW
**godchild,** *n.* MAB BEDYDD, MERCH FEDYDD
**goddess,** *n.* DUWIES
**godfather,** *n.* TAD BEDYDD
**godhead,** *n.* DUWDOD
*The Godhead,* Y DUWDOD
**godless,** *a.* DI-DDUW, ANNUWIOL
**godlike,** *a.* DWYFOL(AIDD)
**godliness,** *n.* DUWIOLDEB
**godly,** *a.* DUWIOL
**godmother,** *n.* MAM FEDYDD
**godsend,** *n.* CAFFAELIAD
**god-speed,** *n.* LLWYDDIANT, RHWYDD HYNT
**goggle,** *v.* TROI LLYGAID
*goggles,* GWYDRAU
**goitre,** *n.* Y WEN, GOITR
**go-kart,** *n.* GWIBGART
**gold,** *n.* AUR
**golden,** *a.* EURAID
**goldfinch,** *n.* EURBINC, NICO
**goldfish,** *n.pl.* EURBYSG
**goldsmith,** *n.* GOF AUR, EURYCH
**golf,** *n.* GOLFF
*golf links,* MAES GOLFF
**golfer,** *n.* GOLFFWR
**golliwog,** *n.* GOLIWOG
**gondola,** *n.* GONDOLA
**gong,** *n.* GONG
**gonorrhoea,** *n.* HADLIF
**good,** *a.* DA(IONUS), MAD, CRYN
*n.* DA(IONI), LLES
*good-night,* NOS DA / DAWCH
*no good,* DIM GWERTH
*good enough,* DIGON DA
**good-bye,** *n.* FFARWÉL
*i.* DA BO CHI, YN IACH! FFARWÉL!
*say good-bye,* FFARWELIO
**good-for-nothing,** *a.* DIFFAITH
**good-looking,** *a.* GOLYGUS
**goodly,** *a.* HARDD, LLAWER
**good-natured,** *a.* HYNAWS, RHADLON
**goodness,** *n.* DAIONI
**goods,** *n.pl.* NWYDDAU
*consumer goods,* NWYDDAU TRAUL
*goods and chattels,* NWYDDAU A THECLYNNAU
**goodwill,** *n.* EWYLLYS DA
**googly,** *n.* GWGLI
**goose,** *n.* GŴYDD
**gooseberry,** *n.* GWSBEREN, EIRINEN FAIR
**gooseflesh,** *n.* CROEN GŴYDD
**gore,** *n.* GÔR, GWAED
*v.* CORNIO
**gorge,** *n.* CEUNANT, CROMBIL
*v.* TRAFLYNCU, SAFNIO
**gorgeous,** *a.* YSBLENNYDD, GWYCH
**gorgeousness,** *n.* YSBLANDER, GWYCHDER
**gorilla,** *n.* GORILA
**gormandize,** *v.* GLODDESTA
**gorse,** *n.* EITHIN
**gory,** *a.* GWAEDLYD
**gosling,** *n.* CYW GŴYDD
**gospel,** *n.* EFENGYL
**gossamer,** *n.* GWAWN
**gossip,** *n.* CLEC, CLONC, CLEBRYN, CLEBREN
*v.* CLEBRAN, CLECIAN
**gouge,** *n.* GAING GAU
*v.* CAFNU
**gourd,** *n.* CICAION
**gourmand,** *n.* GLODDESTWR
**gourmet,** *n.* BEIRNIAD BWYD
**gout,** *n.* GOWT, CYMALWST
**govern,** *v.* LLYWODRAETHU, RHEOLI
**governess,** *n.* ATHRAWES
**governing,** *a.* LLYWODRAETHOL
**government,** *n.* LLYWODRAETH
**governmental,** *a.* LLYWODRAETHOL
**governor,** *n.* LLYWODRAETHWR, RHEOLWR
**gown,** *n.* GŴN
**grab,** *n.* CRAP
*v.* CRAFANGU
**grabble,** *v.* YMBALFALU
**grace,** *n.* GRAS, GOSGEIDDRWYDD
**graceful,** *a.* GRASLON, LLUNIAIDD, GOSGEIDDIG
**gracefulness,** *n.* GRASLONRWYDD
**graceless,** *a.* DIGYWILYDD
**gracious,** *a.* GRASOL, HYNAWS
**graciousness,** *n.* GRASLONRWYDD
**gradation,** *n.* GRADDOLIAD, GRADDIAD
**grade,** *n.* GRADD, SAFON
*v.* GRADDIO
**graded,** *a.* GRADDEDIG
**gradient,** *n.* GRADDIANT
**gradual,** *a.* GRADDOL
**gradualism,** *n.* ARADEGEDD
**graduate,** *n.* GRADDEDIG, GŴR GRADD
*v.* GRADDIO, GRADDNODI
*graduated pension,* PENSIWN GRADDEDIG
**graduation,** *n.* GRADDEDIGAETH, GRADDNOD
**graffito,** *n.* MURYSGRIFEN, GRAFFITO
**graft,** *n.* IMP(YN), HUNAN-LES
*v.* IMPIO, GRAFFTIO

**grail,** *n.* GREAL, CWPAN
**grain,** *n.* GRONYN, GRAEN, MYMRYN
*v.* GRAENIO
**grained,** *a.* GRAENOG
**gram,** *n.* GRAM
**grammar,** *n.* GRAMADEG
**grammarian,** *n.* GRAMADEGYDD
**grammatical,** *a.* GRAMADEGOL
**gramme,** *n.* GRAM
**gramophone,** *n.* GRAMOFFON
**granary,** *n.* YSGUBOR
**grand,** *a.* MAWREDDOG, PRIF, UCHEL
**grandchild,** *n.* ŵYR, WYRES
*great grandchild,* GORWYR(ES)
**grandeur,** *n.* MAWREDD, RHWYSG
**grandfather,** *n.* TAD-CU, TAID
*great-grandfather,* HEN-DAD-CU, HENDAID
**grandiloquent,** *a.* CHWYDDEDIG
**grandiose,** *a.* MAWREDDOG
**grandmother,** *n.* MAM-GU, NAIN
**grandson,** *n.* ŵYR
**grange,** *n.* GRÊNS, FFARM, MYNACHDY
**granite,** *n.* GWENITHFAEN, ITHFAEN
**granny,** *n.* MAM-GU, NAIN
**grant,** *n.* GRANT, RHODD
*v.* CANIATÁU, ADDEF
*capitation grant,* GRANT YN ÔL Y PEN
**granular,** *a.* GRONYNNOG
**granulate,** *v.* GRONYNNU
**granulated,** *a.* GRONYNNOG
**granulation,** *n.* GRONYNIAD
**granule,** *n.* GRONYNNELL
**granulite,** *n.* GRANWLIT
**grapefruit,** *n.* GRAWNFFRWYTH,
**grapes,** *n.pl.* GRAWNWIN
**graph,** *n.* GRAFF
**graphic,** *a.* GRAFFIG, BYW
**graphical,** *a.* GRAFFIGOL
**graphics,** *n.pl.* GRAFFIGWAITH, GRAFFEG
**graphite,** *n.* GRAFFID
**grapnel,** *n.* GAFAELFACH, ANGORYN
**grapple,** *n.* GAFL, GAFAELFACH
*v.* GAFAELYD, BACHU
**grasp,** *n.* GAFAEL, AMGYFFREDIAD
*v.* GAFAEL(YD), AMGYFFRED
**grasping,** *a.* TRACHWANTUS
**grass,** *n.* GLASWELLT, PORFA
**grasshopper,** *n.* CEILIOG Y RHEDYN
**grassland,** *n.* GLASWELLTIR
**grassy,** *a.* GLAS(WELLTOG)
**grate,** *n.* GRAT
*v.* RHYGNU, MERWINO, CRAFELLU
**grateful,** *a.* DIOLCHGAR
**gratefulness,** *n.* DIOLCHGARWCH
**grater,** *n.* GRATER, CRAFELLYDD
**graticule,** *n.* GRATICWL
**gratification,** *n.* BODDHAD
**gratify,** *v.* BODDHAU, BODDIO
**grating,** *a.* GARW, CRAS
*n.* GRATIN
**gratis,** *ad.* YN RHAD AC AM DDIM
**gratitude,** *n.* DIOLCHGARWCH
**gratuitous,** *a.* AM DDIM, RHAD
**gratuity,** *n.* CILDWRN, RHODD
**grave,** *n.* BEDD, BEDDROD
*a.* DIFRIFOL, DWYS
*v.* CERFIO
**grave-digger,** *n.* TORRWR BEDDAU
**gravel,** *n.* GRO, GRAEAN, GRAFEL
**gravelly,** *a.* GRAEANOG
**graven,** *a.* CERFIEDIG
**graver,** *n.* CRAFELL, CERFIWR
**gravestone,** *n.* BEDDFAEN, CARREG FEDD
**graveyard,** *n.* MYNWENT, CLADDFA
**gravimetric,** *a.* GRAFIMETRIG
**gravitate,** *v.* DISGYRCHU, DISGYN
**gravitation,** *n.* DISGYRCHEDD
**gravitational,** *a.* DISGYRCHOL
*gravitational force,* GRYM DISGYRCHEDD
**gravity,** *n.* DISGYRCHIANT, PWYSIGRWYDD
*centre of gravity,* CRAIDD DISGYRCHIANT
**gravy,** *n.* GREFI, ISGELL, SEW
*gravy browning,* BROWNIN
**grayling,** *n.* CROTHELL
**graze,** *v.* PORI, PORFÁU
**grazier,** *n.* PORFÄWR
**grazing,** *n.* PORFA, TIR PORI
**grease,** *n.* IRAID, SAIM, GWÊR
*v.* IRO, SEIMIO, IREIDIO
**greasepaint,** *n.* PAENT IRO
**greaseproof,** *a.* GWRTHSAIM
**greasy,** *a.* SEIMLLYD, IREIDLYD
**great,** *a.* MAWR
**greatly,** *ad.* YN FAWR
**greatness,** *n.* MAWREDD
**grebe,** *n.* GWYACH
**Grecian,** *a.* GROEGAIDD
**Greece,** *n.* GROEG
**greed,** *n.* GWANC, TRACHWANT
**greediness,** *n.* TRACHWANT, GWANC, BARIAETH
**greedy,** *a.* TRACHWANTUS, BARUS
**Greek,** *n.* GROEG (IAITH), GROEGWR

**green,** *a.* GWYRDD, GLAS, IR
*n.* GRÎN
*v.* GWYRDDU, GLASU
**greenery,** *n.* GWYRDDLESNI
**greenfinch,** *n.* LLINOS WERDD
**greenfly,** *n.* LLYSLAU
**greengage,** *n.* EIRINEN WERDD
**greengrocer,** *n.* GRÎNGROSER
**greenhorn,** *n.* GWIRIONYN, HURTYN
**greenhouse,** *n.* TŶ GWYDR
**greenish,** *a.* LLEDWYRDD
**greenness,** *n.* GWYRDDLESNI, IRDER
**green peas,** *n.pl.* PYS GLEISION
**greenroom,** *n.* LOLFA'R ACTORION
**greensward,** *n.* TYWARCHEN
**greet,** *v.* CYFARCH, ANNERCH
**greeting,** *n.* CYFARCHIAD
**gregarious,** *a.* GREGARAIDD, CYMDEITHASGAR, HEIDIOG
**gregariousness,** *n.* GREGAREDD
**grenade,** *n.* GRENÂD
**grey,** *n.* LLWYD, GLAS
**greybeard,** *n.* HEN ŴR
**greyhound,** *n.* MILGI
**greyish,** *a.* LLWYDAIDD
**grid,** *n.* GRID, ALCH
*grid reference,* CYFEIRNOD GRID
**griddle,** *n.* GRADELL
**griddle-cake,** *n.* BARA'R RADELL
**gridiron,** *n.* GRADELL RWYLLOG
**griffon,** *n.* GRIFFWN
**grief,** *n.* GALAR, GOFID, HIRAETH
**grievance,** *n.* CWYN, ACHWYNIAD
**grieve,** *v.* GALARU, HIRAETHU, GOFIDIO
**grievous,** *a.* DIFRIFOL, GOFIDUS, AETHUS
**grill,** *n.* GRIL, GRIDYLL
*v.* GRILIO, GRIDYLLU
*mixed grill,* GRIL CYMYSG
**grille,** *n.* GRIL, DELLT
**grilling,** *a.* POETH IAWN
*n.* GRILIAD
**grim,** *a.* DIFRIFOL, SARRUG, MILAIN
**grimace,** *n.* YSTUM
*v.* YSTUMIO
**grime,** *n.* BAW, BUDREDDI, PARDDU
*v.* PARDDUO
**griminess,** *n.* BUDREDD, BRYNTNI
**grimness,** *n.* DIFRIFOLDEB, LLYMDER
**grimy,** *a.* BUDR, BRWNT
**grin,** *n.* GWÊN
*v.* LLEDWENU
**grind,** *v.* LLIFANU, MALU
**grinder,** *n.* LLIFANYDD, MALWR, CILDDANT
**grindstone,** *n.* MAEN LLIFANU / LLIFO
**grip,** *n.* GAFAEL(IAD), CRAP
*v.* GAFAEL, GWASGU
**gripe,** *v.* CRAFANGU
*n.* GAFAEL
*gripes,* Y CNOI
**grist,** *n.* ŶD, ELW
**gristle,** *n.* GÏAU, GWYTHI
**grit,** *n.* GRIT, GRUD, GRAEAN
*v.* GRAEANU
**gritty,** *a.* GRITAIDD
**grizzly,** *a.* LLWYD(AIDD)
**groan,** *n.* OCHENAID, GRIDDFAN
*v.* OCHNEIDIO, GRIDDFAN
**groat,** *n.* GROT
**groats,** *n.pl.* RHYNION
**grocer,** *n.* GROSER
**groceries,** *n.pl.* GROSERION
**grog,** *n.* GROG
**groggy,** *a.* MEDDW, ANSEFYDLOG, SIMSAN
**groin,** *n.* MORDDWYD, GWERDDYR
**groom,** *n.* PRIOD(AS)FAB, GWASTRAWD
*v.* TRWSIO
**groomsman,** *n.* GWAS PRIODAS
**groove,** *n.* RHIGOL, RHYCH
*v.* RHIGOLI, RHYCHU
**grooved,** *a.* RHIGOLOG
**grooving,** *n.* RHIGOLIAD
**grope,** *v.* YMBALFALU
**gross,** *n.* GROS, CRYNSWTH
*a.* BRAS, AFLEDNAIS
*gross profit,* ELW GROS
**grotesque,** *a.* GROTÉSG, OD
**grotto,** *n.* GROTO
**ground,** *n.* DAEAR, TIR, GRWND, LLAWR, SAIL, CAE CHWARAE
*v.* DAEARU, LLORIO
*ground of complaint,* SAIL YR ACHWYNIAD
*ground plan,* LLORGYNLLUN
**groundfrost,** *n.* LLORREW
**groundless,** *a.* DI-SAIL
**groundnuts,** *n.pl.* CNAU DAEAR
**groundplate,** *n.* GRWNDBLAT
**groundsel,** *n.* GREULYS
**groundsman,** *n.* TIRMON
**groundsmanship,** *n.* TIRMONAETH
**groundrow,** *n.* LLORWEDD
**groundwork,** *n.* SYLFAEN, SAIL
**group,** *n.* GRŴP, TWR, BAGAD
*v.* GRWPIO
*cyclic group,* GRŴP CYLCHOL
*commutative group,* GRŴP CYMUDOL
*discussion group,* CYLCH TRAFOD

**group-captain,** *n.* GRŴP-GAPTEN
**group-psychology,** *n.* SEICOLEG Y DORF
**grouse,** *n.* GRUGIAR
*v.* GRWGNACH
**grout,** *n.* GROWT
*v.* GROWTIO
**grove,** *n.* CELLI, LLWYN
**grovel,** *v.* YMGREINIO
**grow,** *v.* TYFU, CODI, PRIFIO, CYNYDDU
**grower,** *n.* TYFWR
**growing,** *a.* YN TYFU
**growl,** *v.* CHWYRNU
*n.* CHWYRNAD
**growler,** *n.* CHWYRNWR
**growth,** *n.* TWF, TYFIANT, CYNNYDD
**groyne,** *n.* GRWYN
**grub,** *n.* PRYF, BWYD
*v.* DADWREIDDIO
**grubby,** *a.* BUDR, BRWNT
**grubscrew,** *n.* SGRIW DDIGOPA
**grudge,** *n.* CAS, CENFIGEN, BET
*v.* GWARAFUN, GRWGNACH
**gruel,** *n.* GRUAL, GRIWEL
**gruesome,** *a.* ERCHYLL, FFIAIDD
**gruff,** *a.* SARRUG, SWTA, GARW
**gruffness,** *n.* SARUGRWYDD
**grumble,** *v.* GRWGNACH, TUCHAN
**grumpiness,** *n.* SARUGRWYDD
**grumpy,** *a.* SARRUG, DISERCH
**grunt,** *n.* RHOCH
*v.* RHOCHIAN
**guarantee,** *n.* GWARANT, ERNES
*v.* GWARANTU, MECHNÏO
**guaranteed,** *a.* GWARANTEDIG
**guarantor,** *n.* GWARANTWR
**guard,** *n.* GARD, GWARCHODYDD, SGRIN
*v.* GWARCHOD
**guarded,** *a.* GWYLIADWRUS, GOFALUS
**guardhouse,** *n.* GWARCHODFA
**guardian,** *n.* GWARCHEIDWAD
**guardianship,** *n.* GWARCHEIDWAETH
**guardsman,** *n.* GWARCHODFILWR
**guerdon,** *n.* GWOBR(WY)
**guerilla,** *n.* HERWFILWR
**guess,** *v.* DYFALU, DYCHMYGU
**guesswork,** *n.* DYFALIAD
**guest,** *n.* GWESTAI, GŴR/GWRAIG (G)WADD
**guest-artist,** *n.* ACTOR (G)WADD
**guffaw,** *n.* CRECHWEN
*v.* CRECHWENU
**guidance,** *n.* CYFARWYDDYD
*vocational guidance,* CYFARWYDDYD GALWEDIGAETHOL
**guide,** *n.* TYWYSWR, ARWEINYDD, CYFEIRYDD
*v.* TYWYS, ARWAIN
**guide-book,** *n.* TEITHLYFR
**guide-dog,** *n.* ARWEINGI
**guide-lines,** *n.pl.* GWIFRAU TYWYS, CANLLAWIAU
**guides,** *n.pl.* ARWYDDION (GWNÏO)
**guild,** *n.* GILD
**guildhall,** *n.* NEUADD Y DREF
**guile,** *n.* DICHELL, TWYLL
**guileful,** *a.* DICHELLGAR
**guileless,** *a.* DIDWYLL
**guillemot,** *n.* HELIGOG
**guillotine,** *n.* GILOTÎN
**guilt,** *n.* EUOGRWYDD
**guiltless,** *a.* DIEUOG, DI-FAI
**guilty,** *a.* EUOG
**guinea,** *n.* GINI
**guinea-fowl,** *n.* COMBÁC
**guinea-pig,** *n.* MOCHYN CWTA
**guise,** *n.* RHITH, DIWYG, DULL
**guitar,** *n.* GITÂR
**guitarist,** *n.* GITARYDD
**gulch,** *n.* CEUNANT
**gulf,** *n.* GWLFF, GENEUFOR, GAGENDOR
**gull,** *n.* GWYLAN, GWIRIONYN
*v.* TWYLLO
**gullet,** *n.* CORN GWDDF
**gullibility,** *n.* HYGOELEDD
**gullible,** *a.* HYGOELUS
**gullied,** *a.* GWLÏOG
**gulp,** *n.* JOCH, LLAWC, TRAFLWNC
*v.* TRAFLYNCU, LLAWCIAN
**gum,** *n.* GWM
*v.* GYMIO
**gumboots,** *n.pl.* ESGIDIAU RWBER
**gumption,** *n.* DEALL, DIRNADAETH
**gun,** *n.* GWN, DRYLL
**gunmetal,** *n.* GWNFETEL
**gunner,** *n.* GYNNWR
**gunnery,** *n.* GYNYDDIAETH
**gunpowder,** *n.* POWDR GWN
**gunshot,** *n.* PELENNI, GWN
**gunstock,** *n.* BÔN GWN
**gunwale,** *n.* GYNWAL
**gurgle,** *n.* BWRLWM
*v.* BYRLYMU
**gurnard,** *n.* PENGERNYN
**gush,** *n.* FFRWD, GORLIF
*v.* FFRYDIO, LLIFEIRIO
**gusher,** *n.* FFRYDYDD (OLEW)
**gushing,** *a.* FFALS, YN FFRYDIO'N GRYF

**gusset,** *n.* CWYSED
**gust,** *n.* CHWYTHWM
**gustation,** *n.* BLASU
**gusto,** *n.* AWCH, BLAS, SÊL
**gusty,** *a.* GWYNTOG
**gut,** *n.* PERFEDDYN, GWT
*v.* DIBERFEDDU, DIFRODI
**gutter,** *n.* CWTER, CAFN
**guttural,** *a.* GYDDFOL
**guy,** *n.* RHAFF, DELW
**guzzler,** *n.* TRAFLYNCWR, LLAWCIWR

**gymkhana,** *n.* MABOLGAMPAU
**gymnasium,** *n.* CAMPFA, GYMNASIWM
**gymnast,** *n.* MABOLGAMPWR
**gymnastics,** *n.* GYMNASTEG
**gynaecologist,** *n.* GYNAECOLEGYDD
**gynaecology,** *n.* GYNAECOLEG
**gypsum,** *n.* GYPSWM
**gyrate,** *v.* CHWYRLÏO
**gyration,** *n.* CHWYRLÏANT
**gyrocompass,** *n.* CWMPAWD GYRO
**gyroscope,** *n.* GYROSGOP

**ha,** *i.* HA!
**habeas corpus,** *n.* GWŶS
**haberdasher,** *n.* DILLEDYDD
**haberdashery,** *n.* SIOP DDILLAD, DILLADACH
**habit,** *n.* ARFER(IAD), GWISG, ABID
**habitable,** *a.* CYFANHEDDOL
**habitat,** *n.* CYNEFIN
**habitation,** *n.* ANNEDD, TRIGFAN
**habitual,** *a.* ARFEROL, CYNEFODIG
*habitual drunkard,* MEDDWYN CYNEFODIG
**habitué,** *n.* MYNYCHWR
**hack,** *n.* HAC, AGEN
*v.* HACIO
**hackle,** *n.* HEISLAN
*v.* HEISLANU
**hackney,** *n.* CEFFYL (I'W FARCHOGAETH), CERBYD HUR
**hackneyed,** *a.* YSTRYDEBOL, CYFFREDIN
**hacksaw,** *n.* HACLIF
**haddock,** *n.* HADOG, CORBENFRAS
**hades,** *n.* ANNWN
**haematite,** *n.* HAEMATIT
**haematura,** *n.* HAEMATWRA
**haemoglobin,** *n.* HAEMOGLOBIN
**haemophilia,** *n.* HAEMOFFILIA
**haemorrhage,** *n.* GWAEDLIF
**haemorrhoids,** *n.pl.* CLWYF Y MARCHOGION
**haff,** *n.* MORLYN
**haft,** *n.* COES
*v.* COESIO
**hag,** *n.* GWRACH
**haggard,** *a.* PRYDERUS
**haggis,** *n.* HAGIS
**haggle,** *v.* BARGEINIO
**hail,** *n.* CESAIR, CENLLYSG
*v.* BWRW CESAIR/CENLLYSG
**hail,** *i.* HENFFYCH (WELL)!
*v.* CYFARCH
*to hail from,* HANU O
**hailstones,** *n.pl.* CESAIR, CENLLYSG
**hair,** *n.* GWALLT, BLEWYN, CEDOR, RHAWN
**hairdresser,** *n.* TRINIWR GWALLT
**hairless,** *a.* MOEL, PENFOEL
**hairpin,** *n.* PIN GWALLT
**hairy,** *a.* BLEWOG, GWALLTOG
**hake,** *n.* CEGDDU
**halcyon,** *a.* TEG, TAWEL
**hale,** *a.* IACH, HOENUS
**half,** *n. & a.* HANNER
**half-back,** *n.* HANERWR
**half-bred,** *a.* CYMYSGRYW
**half-caste,** *n.* UN DU A GWYN, etc.
**half-dead,** *a.* LLEDFYW
**half-hearted,** *a.* DI-AWYDD
**halfpenny,** *n.* DIMAI
**halibut,** *n.* HALIBWT
**halinity,** *n.* HALWYNEDD
**halitosis,** *n.* DRYGANADL
**hall,** *n.* NEUADD, LLYS
**hallelujah,** *n.* HALELIWIA
**hallmark,** *n.* NOD GWARANT, DILYSNOD
**hallmote,** *n.* HALMWD
**hallow,** *v.* CYSEGRU, SANCTEIDDIO
**hallowed,** *a.* CYSEGREDIG
**Halloween,** *n.* NOS GALANGAEAF
**hallucination,** *n.* GEUDDRYCH, RHITHWELEDIAD
**halo,** *n.* HALO, LLEUGYLCH, EUROL
**halogen,** *n.* HALOGEN
**halogenation,** *n.* HALOGENIAD
**halophyte,** *n.* HALOFFYT
**halophytic,** *a.* HALOFFYTIG
**halt,** *n.* AROSFA
*v.* AROS
**halter,** *n.* CEBYSTR, PENFFESTR
**halve,** *v.* HANERU
**halyard,** *n.* HALIARD
**ham,** *n.* HAM
**hamartiology,** *n.* HAMARTIOLEG
**hames,** *n.pl.* MYNCI
**hamlet,** *n.* PENTREFAN
**hammer,** *n.* MORTHWYL
*v.* MORTHWYLIO
*backing hammer,* MORTHWYL CEFNU
*claw hammer,* MORTHWYL CRAFANC
*creasing hammer,* MORTHWYL CRYCHU
**hammock,** *n.* HAMOG
**hamper,** *n.* HAMPER
*v.* LLUDDIAS, RHWYSTRO
**hamstring,** *n.* LLINYN/GEWYN Y GAR
*v.* RHWYSTRO
**hand,** *n.* LLAW, DYRNFEDD, GWAELL
*v.* TROSGLWYDDO, ESTYN
*hand-off,* HWP LLAW
*in hand,* AR WAITH
*handball,* PÊL LAW
**handbag,** *n.* BAG LLAW, LLAWGWD
**handbill,** *n.* HYSBYSLEN FACH
**handbook,** *n.* LLAWLYFR
**handcuff,** *n.* GEFYN LLAW
**handful,** *n.* DYRNAID, LLOND LLAW
**handicap,** *n.* ANFANTAIS, HANDICAP
*v.* LLESTEIRIO

**handicapped,** *a.* DAN ANFANTAIS
**handicraft,** *n.* CREFFT
**handiwork,** *n.* GWAITH LLAW
**handkerchief,** *n.* HANCES, MACYN, CADACH POCED
**handle,** *n.* DOLEN, CARN, COES, HANDLEN
*v.* TRIN, LLAWIO, TRAFOD
**handling,** *v.* LLAWIO
**hand-made,** *a.* O WAITH LLAW
**handmaid,** *n.* LLAWFORWYN
**hand-props,** *n.pl.* OFFER LLAW
**handrail,** *n.* CANLLAW
*v.* CANLLAWIO
**hands,** *i.* LLAW!
**handsaw,** *n.* LLAWLIF
**hand-signs,** *n.pl.* ARWYDDION LLAW
**handsome,** *a.* GOLYGUS, GLÂN
**handwork,** *n.* GWAITH LLAW
**handwriting,** *n.* LLAWYSGRIFEN
**handy,** *a.* HWYLUS, CYFLEUS, HYLAW
**hang,** *v.* CROGI, HONGIAN
**hangar,** *n.* AWYRENDY
**hanger,** *n.* HANGER, HONGIWR
**hang-gliding,** *v.* BARCUTA
**hanging,** *n.* CROGI, HONGIAN
*a.* CROG
**hang-glider,** *n.* BARCUTWR, BARCUT
**hangman,** *n.* CROGWR
**hangover,** *n.* PEN MAWR
**hank,** *n.* CENGL, SGAIN
**hanker,** *v.* CREFU, HIRAETHU
**hansom,** *n.* CAB
**hap,** *n.* DAMWAIN, HAP
**haphazard,** *a.* DAMWEINIOL
**hapless,** *a.* ANFFODUS, ANLWCUS
**haploid,** *n. & a.* HAPLOID
**haply,** *ad.* EFALLAI, DICHON
**happening,** *n.* DIGWYDDIAD
**happiness,** *n.* DEDWYDDWCH, GWYNFYD, HAPUSRWYDD
**happy,** *a.* DEDWYDD, HAPUS, WRTH EI FODD
**happy-go-lucky,** *a.* DIDARO, DIOFAL
**hara-kiri,** *n.* HUNANLADDIAD
**harangue,** *n.* ARAITH DANBAID HIR
**harass,** *v.* POENI, BLINO
**harbinger,** *n.* RHAGREDEGYDD, CENNAD
**harbour,** *n.* PORTHLADD, HARBWR
*v.* LLOCHESU, COLEDDU
**harbourage,** *n.* ANGORFA, LLOCHES
**hard,** *a.* CALED, ANODD, DWYS
**hardboard,** *n.* CALEDFWRDD
**harden,** *v.* CALEDU
**hardener,** *n.* CALEDWR
**hard-headed,** *a.* CRAFF, MEDRUS
**hardie,** *n.* CŶN EINGION
**hardihood,** *n.* HYFDRA, HAERLLUGRWYDD
**hardiness,** *n.* CRYFDER, GWYDNWCH
**hardly,** *ad.* PRIN, BRAIDD
**hardness,** *n.* CALEDWCH, ANHAWSTER
**hardpan,** *n.* CLETIR
**hardship,** *n.* CALEDI
**hardware,** *n.* NWYDDAU METEL, CALEDWEDD
**hardwood,** *n.* PREN CALED
**hardy,** *a.* CALED, GWYDN, EOFN
**hare,** *n.* YSGYFARNOG
*jugged hare,* YSGYFARNOG JWG
**harebell,** *n.* CLOCH YR EOS
**hare-brained,** *a.* BYRBWYLL
**harem,** *n.* GWREICTY, HARÎM
**harelip,** *n.* GWEFUS FYLCHOG
**haricot,** *n.* HARICOT
**hark,** *i.* CLYW(CH)! HAI! HO!
**harlequin,** *n.* ACTOR (MEWN PANTOMEIM)
**harlot,** *n.* PUTAIN, HWREN
**harm,** *n.* DRWG, NIWED, CAM
*v.* NIWEIDIO, DRYGU
**harmattan,** *n.* HARMATAN
**harmful,** *a.* NIWEIDIOL
**harmless,** *a.* DINIWED, DIDDRWG
**harmlessness,** *n.* DINIWEIDRWYDD
**harmonic,** *n. & a.* HARMONIG
*harmonic mean,* CYMEDR HARMONIG
**harmonious,** *a.* YN CYTGORDIO, CYTÛN
**harmonise,** *v.* CYTGORDIO, CYTUNO
**harmonium,** *n.* HARMONIWM
**harmony,** *n.* HARMONI, CYNGHANEDD, CYTGORD
**harness,** *n.* HARNAIS, GÊR
*v.* HARNEISIO
**harp,** *n.* TELYN
*v.* CANU'R DELYN
*triple harp,* TELYN DEIRES
*to harp upon,* RHYGNU AR
**harpoon,** *n.* TRYFER
*v.* TRYFERU
**harpsichord,** *n.* HARPSICORD
**harrassment,** *n.* AFLONYDDWCH
**harrier,** *n.* BYTHEIAD, RHEDWR, BODA DINWEN
**harrow,** *n.* OG(ED)
*v.* OGEDU, LLYFNU, DRYLLIO
**harry,** *v.* DIFRODI, BLINO
**harsh,** *a.* CRAS, AFLAFAR, LLYM
**harshness,** *n.* CRASTER, GERWINDEB
**hart,** *n.* HYDD, CARW
**harum-scarum,** *a.* PENCHWIBAN

**harvest,** *n.* CYNHAEAF
*v.* CYNAEAFU, CYWAIN
**harvester,** *n.* CYNAEAFWR
*combine harvester,* COMBEIN, CYNAEAFYDD
**hash,** *n.* BRIWGIG, HASH, CYBOLFA
*v.* BRIWIO
**hasp,** *n.* HASB, HESBYN, BACH
*hasp and staple,* BACH A STWFFWL
**hassle,** *n.* TRAFFERTH, FFWDAN,
*v.* POENI, BLINO
**hassock,** *n.* HESOR
**haste,** *n.* BRYS, FFRWST, PRYSURDEB
**hasten,** *v.* BRYSIO, PRYSURO
**hasty,** *a.* BRYSIOG, ANYSTYRIOL
**hat,** *n.* HET, PENWISG
**hatch,** *n.* DRWS BACH, HATS, DEORIAD
*v.* LLINIOGI, DEORI
**hatchery,** *n.* DEORFA
**hatchel,** *n.* HEISLAN *v.* HEISLANU
**hatchet,** *n.* BWYELL
**hatchway,** *n.* GRISIAU (LLONG)
**hate,** *n.* CAS(INEB), ATGASEDD
*v.* CASÁU, FFIEIDDIO
**hateful,** *a.* CAS, ATGAS, FFIAIDD
**hatred,** *n.* CAS(INEB), BET
**hatter,** *n.* GWERTHWR HETIAU
**haughtiness,** *n.* TRAHA, FFROENUCHELEDD
**haughty,** *a.* TALOG, BALCH, FFROENUCHEL
**haul,** *n.* DALFA
*v.* CLUDO, LLUSGO, TYNNU
**haulage,** *n.* CLUDIAD, CLUDIANT
**haulier,** *n.* HALIWR, CLUDWR
**haulm,** *n.* GWLYDD, GWRYSG, CALLOD
**haunch,** *n.* HANS(IAD), CLUNIAD, FFOLEN
*v.* HANSIO, CLUNIO
**haunched,** *a.* HANSIEDIG
**haunt,** *n.* CYRCHFA, CYNIWEIRFA
*v.* MYNYCHU, CYNIWAIR
**have,** *v.* CAEL, MEDDU
**haven,** *n.* HAFAN, PORTHLADD
**haversack,** *n.* YSGREPAN
**havoc,** *n.* DIFROD, HAFOG
**haw,** *n.* CRIAFOLEN Y MOCH
**hawk,** *n.* HEBOG, GWALCH, CUDYLL, RHYFELGI
*v.* PEDLERA
**hawker,** *n.* PEDLER
**hawser,** *n.* RHAFF LLONG
**hawthorn,** *n.* DRAENEN WEN
**hay,** *n.* GWAIR
**haybote,** *n.* PERTHFUDD
**haycock,** *n.* MWDWL GWAIR
**hayrick,** *n.* TAS WAIR, HELM, BERA
**hayward,** *n.* WARD FFENSYS, etc.
**hazard,** *n.* PERYGL, LLESTAIR, ANTUR
*v.* ANTURIO
**hazardous,** *a.* PERYGLUS, ENBYDUS
**haze,** *n.* TAWCH, TARTH
**hazel,** *n.* COLLEN
**haziness,** *n.* ANEGLURDER
**hazy,** *a.* ANEGLUR, NIWLOG
**he,** *prn.* EF, FE, EFE, EFÔ, O, YNTAU
*a.* GWRYW
**head,** *n.* PEN, WYNEBYN, PENNAETH
*a.* PRIF, BLAEN
*v.* BLAENORI, PENIO
*tight head,* PEN CAETH
**headache,** *n.* DOLUR/CUR PEN
**header,** *n.* PENIAD
**headgear,** *n.* PENFFEST, PENWISG
**heading,** *n.* PENNAWD, TEITL, HEDIN
**headland,** *n.* PENTIR, TALAR
**headlamp,** *n.* LAMP FAWR
**headline,** *n.* PENNAWD, TEITL, HEDIN
**headlong,** *ad.* PENDRAMWNWGL
*a.* BYRBWYLL
**headmaster,** *n.* PRIFATHRO
**headphone,** *n.* FFÔN PEN
**headquarters,** *n.pl.* PENCADLYS
**headship,** *n.* SWYDD PENNAETH
**headstock,** *n.* PEN BYW
**headstrong,** *a.* CYNDYN
**headwater,** *n.* BLAENDDŴR
**headway,** *n.* LLWYDDIANT, CYNNYDD
**heady,** *a.* BYRBWYLL, MEDDWOL
**heal,** *v.* IACHÁU, GWELLA
**heald,** *n.* BRWYDAU
**healing,** *n.* IACHÂD
*a.* IACHAOL
**health,** *n.* IECHYD
**healthiness,** *n.* CYFLWR IACH, IACHUS-RWYDD
**healthy,** *a.* IACH(US)
**heap,** *n.* TWR, CRUGYN, PENTWR
*v.* PENTYRRU
**hear,** *v.* CLYWED
**hearer,** *n.* GWRANDAWR
**hearing,** *n.* CLYW, GWRANDAWIAD
**hearken,** *v.* CLUSTFEINIO, GWRANDO
**hearsay,** *n.* SÔN, SIARAD
*a.* ACHLUST, AIL-LAW
**hearse,** *n.* HERS
**heart,** *n.* CALON, CRAIDD, CANOL
**heart-ache,** *n.* ING, DOLUR CALON
**heartburn,** *n.* LLOSG CYLLA, DŴR POETH
**hearten,** *v.* CALONOGI
**hearth,** *n.* AELWYD

**heartland,** *n.* PERFEDDWLAD
**heartless,** *a.* DIDEIMLAD, CREULON
**heartrending,** *a.* TORCALONNUS
**heartwood,** *n.* RHUDDIN
**hearty,** *a.* CALONNOG, CYNNES
**heat,** *n.* GWRES, RHAGRAS
*v.* GWRESOGI, CYNHESU
*heat stroke,* TRAWIAD TES
*central heating,* GWRES(OGI) CANOLOG
*latent heat,* GWRES CUDD
*in heat (oestrum)*
*(bitch),* GAST GYNHAIG
*(sow),* HWCH LODIG
*(cow),* BUWCH WASOD / DERFENYDD
*(mare),* CASEG FARCHUS
*(sheep),* DAFAD YN MAHARENNA / RHYDIO
**heater,** *n.* GWRESOGYDD
*storage heater,* STÔR-WRESOGYDD
**heath,** *n.* RHOS, RHOSTIR
**heathen,** *n.* PAGAN
*a.* PAGANAIDD
**heathendom,** *n.* PAGANIAETH
**heathenish,** *a.* PAGANAIDD
**heathenism,** *n.* PAGANIAETH
**heather,** *n.* GRUG
**heathland,** *n.* RHOSTIR
**heatstroke,** *n.* TRAWIAD GWRES
**heatwave,** *n.* POETHDON, TONWRES
**heave,** *n.* HALIAD, YMCHWYDD, GWTHIAD, YMGODIAD
*v.* HALIO, CODI, GWTHIO, YMGODI
**heaven,** *n.* NEF(OEDD)
**heavenly,** *a.* NEFOL(AIDD)
**heavens,** *n.* WYBREN
**heaviness,** *n.* TRYMDER, TRISTWCH
**heaving,** *n.* GWTHIAD
**heavy,** *a.* TRWM, TRIST
**heavy-laden,** *a.* TRYMLWYTHOG
**heckle,** *v.* YMYRRYD
**heckler,** *n.* YMYRRWR
**hectare,** *n.* HECTAR
**hectic,** *a.* CYNHYRFUS
**hectogram,** *n.* HECTOGRAM
**hectograph,** *n.* HECTOGRAFF
**hectolitre,** *n.* HECTOLITR
**heddle,** *n.* BRWYD(A), CRIBWR
**hedge,** *n.* PERTH, GWRYCH, SIETIN
*v.* CAU, CLODDIO
**hedgehog,** *n.* DRAENOG
**hedger,** *n.* GWRYCHWR, CLODDIWR
**hedgerow,** *n.* PERTH, CLAWDD, GWRYCH
**hedge-sparrow,** *n.* LLWYD Y BERTH
**hedonic,** *a.* HEDONIG
**hedonism,** *n.* HEDONIAETH
**hedonist,** *n.* HEDONYDD
**hedonistic,** *a.* HEDONISTAIDD
**heed,** *v.* YSTYRIED, HIDIO, MALIO
*v.* SYLWI, YSTYRIED
**heedful,** *a.* YSTYRIOL, GOFALUS
**heel,** *n.* SAWDL, SGWDL (DRIL)
*v.* SODLI
*back heel,* OLSODLI
**hegemony,** *n.* HEGÉMONI, TRA-ARGLWYDDIAETH
**heifer,** *n.* ANNER, TREISIAD, HEFFER
**height,** *n.* UCHDER, TALDRA
**heighten,** *v.* MWYHAU, DWYSÁU
**heinous,** *a.* YSGELER, ANFAD
**heinousness,** *n.* YSGELERDER, ANFADRWYDD
**heir,** *n.* ETIFEDD, AER
*heir apparent,* ETIFEDD APARAWNS
**heirdom,** *n.* ETIFEDDIAETH
**heiress,** *n.* ETIFEDDES, AERES
**heirloom,** *n.* EIDDO (ETIFEDDOL)
**heliac(al),** *a.* HEULAIDD
**helianthus,** *n.* BLODYN YR HAUL
**helical,** *a.* HELICAL, HELIGOL
**helicoid,** *n.* HELICOID
**helicopter,** *n.* HOFRENNYDD, HELICOPTER
**heliograph,** *n.* HELIOGRAFF
**helioscope,** *n.* HELIOSGOP
**heliotrope,** *n.* HELIOTROP
**heliotropism,** *n.* HELIOTROPEDD
**helium,** *n.* HELIWM
**helix,** *n.* HELICS
**hell,** *n.* UFFERN
**hellish,** *a.* UFFERNOL
**helm,** *n.* LLYW
**helmet,** *n.* HELM
**helminth,** *n.* LLYNGYREN, HELMINTH
**helminthology,** *n.* HELMINTHOLEG
**helmsman,** *n.* LLYWIWR
**help,** *n.* CYMORTH, CYNHORTHWY, HELP
*v.* CYNORTHWYO, HELPU
**helper,** *n.* CYNORTHWYWR, HELPWR
**helpful,** *a.* DEFNYDDIOL, CYNORTHWYOL
**helping,** *n.* CYFRAN, DOGN
**helpless,** *a.* DIYMADFERTH
**helpmate,** *n.* CYDYMAITH
**helter-skelter,** *ad.* BLITH DRAPHLITH
**hem,** *n.* HEM
*v.* HEMIO, FFELIO
*hem stitching,* PWYTHO HEM
**hematite,** *n.* HEMATID
**hemi-,** *px.* HANNER
**hemi-demi-semiquaver,** *n.* HANNER -LLED-HANNER CWAFER

**hemisphere,** *n.* HEMISFFER
**hemispheric,** *a.* HEMISFFERIG
**hemlock,** *n.* CEGID, CEGR
**hemmer,** *n.* HEMELL
**hemp,** *n.* CYWARCH
**hen,** *n.* IÂR
**henbane,** *n.* FFA'R MOCH
**hence,** *i.* YMAITH! I FFWRDD!
*ad.* ODDI YMA, GAN HYNNY, MEWN CANLYNIAD
**henceforth,** *ad.* O HYN YMLAEN, MWYACH
**henchman,** *n.* CEFNOGWR
**heparin,** *n.* HEPARIN
**hepatic,** *a.* HEPATIG
**hepatitis,** *n.* LLID YR AFU, HEPATITIS
**heptagon,** *n.* HEPTAGON
**heptagonal,** *a.* HEPTAGONAL
**heptarchy,** *n.* LLYWODRAETH SAITH
**her,** *pn.* EI, HI, HITHAU
**herald,** *n.* HERODR, RHAGFLAENYDD, CYHOEDDWR
*v.* CYHOEDDI, RHAGFLAENU
*herald bard,* ARWYDDFARDD
**heraldic,** *a.* HERODROL
**heraldry,** *n.* HERODRAETH
**herb,** *n.* SAWR-LYSIEUYN
**herbaceous,** *a.* LLYSIEUOL
**herbage,** *n.* LLYSIAU, HAWL PORI
**herbal,** *n.* LLYFR LLYSIAU
*a.* LLYSIEUOL
**herbalist,** *n.* LLYSIEUYDD
**herbicide,** *n.* CHWYNLEIDDIAD
**herbivore,** *n.* LLYSYSYDD
**herbivorous,** *a.* LLYSYSOL
**herb Paris,** *n.* CWLWM CARIAD
**herbs,** *n.pl.* LLYSIAU BLAS
**herculean,** *a.* GORCHESTOL, CRYF
**herd,** *n.* BUCHES, GYR, DIADELL, CENFAINT
*v.* HEL, HEIDIO, TYRRU
**herd-instinct,** *n.* GREDDF YR HAID
**herdsman,** *n.* HEUSOR
**here,** *ad.* YMA, DYMA, YN Y FAN HON
*here and there,* YMA AC ACW, HWNT AC YMA
**hereabouts,** *ad.* GERLLAW, YN Y CYFFINIAU
**hereafter,** *n.* Y BYD A DDAW
*ad.* O HYN YMLAEN/ALLAN, AR ÔL HYN, WEDI HYN
**hereby,** *ad.* WRTH HYN, DRWY HYN
**hereditament,** *n.* ETIFEDDIANT
**hereditary,** *a.* ETIFEDDOL
**heredity,** *n.* ETIFEDDEG
**herein,** *ad.* YN HWN, YN HYN
**heresy,** *n.* HERESI, CYFEILIORNAD
**heretic,** *n.* HERETIC
**heretical,** *a.* ANUNIONGRED, HERETICAIDD
**heretofore,** *ad.* HYD YN HYN
**hereupon,** *ad.* AR HYN
**herewith,** *ad.* GYDA HYN
**heriot,** *n.* HERIOT
**heritable,** *a.* ETIFEDDADWY
**heritage,** *n.* ETIFEDDIAETH, TREFTADAETH
**hermaphrodite,** *n.* HERMAFFRODIT, DEURYWYN
**hermeneutics,** *n.* HERMENEWTEG
**hermetically,** *a.* DIDDOS
**hermit,** *n.* MEUDWY
**hermitage,** *n.* MEUDWYFA
**hernia,** *n.* HERNIA, BORS, TORLLENGIG
**hero,** *n.* ARWR, GWRON
**heroic,** *a.* ARWROL
**heroine,** *n.* ARWRES
**heroism,** *n.* ARWRIAETH, GWROLDEB
**heron,** *n.* CRÈYR, CRYCHYDD
**hero-worship,** *n.* ARWRADDOLIAD
**hero-worshipper,** *n.* ARWRADDOLWR
**herring,** *n.* PENNOG, YSGADENYN
*herringbone pattern,* PATRWM SAETHBEN
**herself,** *pn.* (HI) EI HUN(AN)
**hesitancy,** *n.* PETRUSTER
**hesitant,** *n.* PETRUSGAR
**hesitate,** *v.* PETRUSO
**hesitation,** *n.* PETRUSTER
**hessian,** *n.* HESIAN
**heterodox,** *a.* ANUNIONGRED, CYFEILIORNUS
**heterodoxy,** *n.* ANUNIONGREDEDD, GAU ATHRAWIAETH
**heterodyne,** *n.* HETERODEIN
**heterogeneity,** *n.* HETEROGENEDD
**heterogeneous,** *a.* HETEROGENUS, ANGHYDRYW
**heteronomy,** *n.* HETERONOMIAETH
**heterophony,** *n.* HETEROFFONI
**heterosexual,** *a.* ANGHYFUNRHYW
**heterosis,** *n.* HETEROSIS
**heterozygous,** *a.* HETEROSYGUS
**heuristic,** *a.* HEWRISTIG
**hew,** *v.* CYMYNU, TORRI, NADDU
**hewer,** *n.* CYMYNWR, TORRWR
**hexadecimal,** *n.* HECSADEGOL
**hexagon,** *n.* HECSAGON
**hexagonal,** *a.* HECSAGONAL
**hexahedron,** *n.* HECSAHEDRON
**hexameter,** *n.* MESUR CHWEBAN
**hexose,** *n.* HECSOS

**hey,** *i.* HAI!
**heyday,** *n.* ANTERTH
**hiatus,** *n.* BWLCH
**hibernate,** *v.* GAEAFGYSGU, GAEAFU
**hibernation,** *n.* GAEAFGWSG
**hiccup,** *n.* YR IG
*v.* IGIAN
**hidden,** *a.* CUDD, ARGEL
**hide,** *n.* CROEN
*v.* CUDDIO, CELU, YMGUDDIO
**hide-and-seek,** *n.* CHWARAE MIG / CHWIW
**hidebound,** *a.* RHAGFARNLLYD, CUL, CROENDYN
**hideous,** *a.* ERCHYLL, HYLL
**hiding,** *n.* CURFA, COSFA, CUDDFAN
**hiding-place,** *n.* LLOCHES, CUDDFAN
**hie,** *v.* BRYSIO, PRYSURO, PICIO
**hierarchical,** *a.* HIERARCHAIDD
**hierarchy,** *n.* HIERARCHAETH
**hieroglyphic,** *n.* HIEROGLYFFIG
**higgledy-piggledy,** *ad.* BLITH DRAPHLITH
**high,** *a.* UCHEL, MAWR, DWYS
*high tea,* TE HWYR
**highboard,** *n.* LLWYFAN UCHEL
**high-brow,** *n.* UN UCHEL-AEL
**highest,** *a.* UCHAF
*highest common factor,* FFACTOR CYFFREDIN MWYAF
**high-flown,** *a.* BALCH
**high-handed,** *a.* GORMESOL, FFROENUCHEL
**highland,** *n.* UCHELDIR
**highlight,** *v.* AMLYGU
**highly,** *ad.* YN FAWR, YN UCHEL
**high-minded,** *a.* MAWRFRYDIG
**highness,** *n.* UCHELDER
**high-priest,** *n.* ARCHOFFEIRIAD
**high-spirited,** *a.* CALONNOG, NWYFUS, YSBRYDOL
**high-spirits,** *n.* GORAWEN, NWYF
**high-strung,** *a.* GOR-DEIMLADWY, Â THANNAU TYN
**high-water,** *n.* PEN LLANW, GORLLANW
**highway,** *n.* CEFNFFORDD, FFORDD FAWR
**highwayman,** *n.* LLEIDR PEN FFORDD
**hijack,** *v.* HERWGIPIO
**hijacker,** *n.* HERWGIPIWR
**hike,** *n.* HEIC
*v.* HEICIO
**hiker,** *n.* HEICIWR
**hilarious,** *a.* LLAWEN, LLON, SIRIOL
**hilarity,** *n.* HWYL, MIRI
**hill,** *n.* RHIW, TYLE, BRYN, GALLT
*hill country,* BRYNDIR
*hill station,* BRYNFA
*hill fort,* BRYNGAER
**hill and dale,** BRO A BRYN
**hillock,** *n.* BRYNCYN, TWYN
**hilly,** *a.* BRYNIOG
**hilt,** *n.* CARN
**hilum,** *n.* HILWM, HADGRAITH
**him,** *pn.* EF, EFE, FE, E, EFÔ, FO, O, YNTAU
**himself,** *pn.* (EF) EI HUN(AN)
**hind,** *n.* EWIG, GWAS
*a.* ÔL
**hinder,** *v.* RHWYSTRO, LLUDDIAS, LLESTEIRIO
*a.* ÔL
**hindmost,** *a.* OLAF, DIWETHAF, BÔN
**hindrance,** *n.* LLUDDIANT, RHWYSTR
**hinge,** *n.* COLFACH
*v.* COLFACHU
*piano hinge,* COLFACH HIR
**hint,** *n.* AWGRYM, HINT
*v.* AWGRYMU
**hinterland,** *n.* CEFNWLAD
**hip,** *n.* CLUN, EGROESEN, PRUDDGLWYF
**hip-bone,** *n.* GWREGYS PELFIG
**hippie,** *n.* HIPI
**hippodrome,** *n.* THEATR, RHEDEGFA
**hippopotamus,** *n.* AFONFARCH
**hip-roof,** *n.* TALCENDO
**hire,** *n.* HUR, CYFLOG
*v.* HURIO, LLOGI, CYFLOGI
**hireling,** *n.* GWAS CYFLOG
**hire-purchase,** *n.* HUR-BWRCAS / BRYNU
*v.* HUR-BWRCASU
**his,** *pn.* EI, EIDDO EF
**hiss,** *n.* SI, CHWYTHAD
*v.* SIO, CHWYTHU, HISIAN
**histamine,** *n.* HISTAMIN
**histogram,** *n.* HISTOGRAM
**histology,** *n.* HISTOLEG
**historian,** *n.* HANESYDD
**historic,** *a.* HANESYDDOL, COFIADWY
**historical,** *a.* HANESYDDOL
**historicism,** *n.* HANESGREDEDD
**historicity,** *n.* HANESIAETH, HANES-IGRWYDD
**historiography,** *n.* HANESYDDIAETH
**history,** *n.* HANES
*suburban history,* HANES MAESTREFOL
**histrionic,** *a.* HISTRIONIG
**hit,** *n.* ERGYD, TRAWIAD
*v.* ERGYDIO, TARO, BWRW
*hit rate,* CYFRADD DARO
*free hit,* ERGYD RYDD

**hitch,** *n.* BACH(IAD), RHWYSTR
*v.* BACHU, CLYMU, BODIO
**hitch-hike,** *v.* FFAWDHEGLU, BODIO
**hitch-hiker,** *n.* FFAWDHEGLWR, BODIWR
**hither,** *ad.* HYD YMA, TUAG YMA
**hitherto,** *ad.* HYD YN HYN
**hive,** *n.* CWCH GWENYN
*v.* CYRCHU
**ho,** *i.* HO!, CLYWCH!
**hoar,** *a.* LLWYD, PENLLWYD
**hoard,** *n.* CRONFA
*v.* CRONNI, CASGLU
**hoarder,** *n.* CRONNWR
**hoarding,** *n.* HORDIN
**hoarfrost,** *n.* CRWYBR, LLWYDREW, BARRUG
**hoarse,** *a.* CRYG(LYD)
*to grow hoarse,* CRYGU
**hoarseness,** *n.* CRYGNI
**hoary,** *a.* LLWYD, PENLLWYD
**hoax,** *n.* CAST, TWYLL, PRANC
*v.* CHWARAE CAST, CASTIO, TWYLLO
**hoaxer,** *n.* TWYLLWR, CASTIWR
**hob,** *n.* PENTAN
**hobble,** *n.* HERC
*v.* (CLUN)HERCIAN
**hobbledehoy,** *n.* UN TRWSGL
**hobby,** *n.* HOBI, DIFYRWAITH
**hobby-horse,** *n.* HOBI-HORS, CEFFYL PREN
**hobgoblin,** *n.* BWGAN, BWCI (BO)
**hobnail,** *n.* HOELEN ESGID
**hobnob,** *v.* CYDYFED, YMGYFRINACHU
**hock,** *n.* GAR, GWIN, RHEIN
*v.* TORRI LLINYN Y GAR
**hockey,** *n.* HOCI
**hod,** *n.* HAWC, HOD
**hodograph,** *n.* HODOGRAFF
**hoe,** *n.* HOF, HOW
*v.* HOFIO, HOWIO
**hog,** *n.* TWRCH, MOCHYN
**hogback,** *n.* HOPGEFN
**hogshead,** *n.* HOCSED
**hogweed,** *n.* EFWR
**hoist,** *v.* CODI, DYRCHAFU
**hold,** *n.* GAFAEL, HOWLD
*v.* GAFAEL, DAL, OEDI
**holdall,** *n.* CELSACH, POPETHFAG
**holder,** *n.* DALIWR, GAFAELYDD
**holdfast,** *n.* GLUDAFAEL
**holding,** *n.* DALIAD
*small holding,* TYDDYN
**holds,** *n.pl.* GAFAELIAU
**hole,** *n.* TWLL
*v.* TYLLU
*swallow hole,* LLYNCTWLL
**holiday,** *n.* GŴYL
**holiday-chalet,** *n.* BWTHYN HAF, HAFOTY
**holiness,** *n.* SANCTEIDDRWYDD
**hollow,** *n.* PANT, CEUDOD, CAFN
*a.* CAU
*v.* CAFNU, TYLLU, PANTIO
**hollow-ware,** *n.* CEUNWYDDAU
**holly,** *n.* CELYN
**hollyhock,** *n.* HOCYS Y GERDDI
**holm,** *n.* MARIAN, YNYS (MEWN AFON), GWASTATIR
**holm-oak,** *n.* PRINWYDDEN
**holocaust,** *n.* LLADDFA
**holster,** *n.* GWAIN
**holy,** *a.* SANTAIDD, SANCTAIDD, GLÂN
*holy water,* DWFR SWYN
*Holy See,* Y BABAETH
**homage,** *n.* GWROGAETH
**home,** *n.* CARTREF
*ad.* ADREF, TUA THREF
*at home,* GARTREF
*remand home,* CARTREF CADW
*going home,* MYND ADREF, MYND TUA THREF
**homegrown,** *a.* CARTREF
**homeland,** *n.* GWLAD GARTREF, MAMWLAD
**homeless,** *a.* DIGARTREF
**homeliness,** *n.* CARTREFOLRWYDD
**homely,** *a.* CARTREFOL
**home-made,** *a.* O WAITH CARTREF
**homeomorphic,** *a.* CYFFURF
**home-rule,** *n.* YMREOLAETH
**homesick,** *a.* HIRAETHUS
**homesickness,** *n.* HIRAETH
**homespun,** *n.* BRETHYN CARTREF
**homestead,** *n.* TYDDYN, TRIGFAN
**homeward,** *ad.* ADREF, TUA THREF
**homicide,** *n.* DYNLADDIAD
*Homicide Act,* DEDDF LLADD DYN
**homily,** *n.* HOMILI, PREGETH
**homoblastic,** *a.* HOMOBLASTIG
**homogeneity,** *n.* CYDRYWIAETH, HOMOGENEDD
**homogeneous,** *a.* CYDRYW, HOMOGENUS
**homogenise,** *v.* HOMOGENEIDDIO
**homography,** *n.* HOMOGRAFFEG
**homohybrid,** *n.* UNIGROESRYW
**homologous,** *a.* HOMOLOGUS
**homologue,** *n.* HOMOLOG
**homology,** *n.* HOMOLOGAETH
**homophony,** *n.* HOMOFFONI
**homomorphic,** *a.* HOMOMORFFIG
**homomorphism,** *n.* HOMOMORFFEDD
**homosexual,** *n.* GWRYWGYDIWR
*a.* GWRYWGYDIOL

**homosexuality,** *n.* GWRYWGYDIAETH
**homothermal,** *a.* GWASTADWRES
**homothetic,** *a.* HOMOTHETIG
**homozygote,** *a.* CYDRYW
**homozygous,** *a.* HOMOSYGUS
**hone,** *n.* HÔN, CARREG HOGI
*v.* HOGI
**honest,** *a.* GONEST, DIDWYLL, CYWIR
**honesty,** *n.* GONESTRWYDD, CEINIOG ARIAN
**honey,** *n.* MÊL
**honey-bee,** *n.* GWENYNEN
**honeycomb,** *n.* CRWYBR
*v.* CRWYBRO
**honey-dew,** *n.* MELWLITH
**honeymoon,** *n.* MIS MÊL
**honeysuckle,** *n.* GWYDDFID
**honorarium,** *n.* CYDNABYDDIAETH, HONORARIWM
**honorary,** *a.* ANRHYDEDDUS, MYGEDOL
**honour,** *n.* ANRHYDEDD, BRI, PARCH
**honourable,** *a.* ANRHYDEDDUS
**honoured,** *a.* ANRHYDEDDUS
**hood,** *n.* LWFER, CWFL, CWCWLL
**hooded,** *a.* CYCYLLOG
**hoodoo,** *n.* ANLWC
**hoodwink,** *v.* TWYLLO, DALLU
**hoof,** *n.* CARN
**hoofed,** *a.* CARNOL
**hook,** *n.* BACH(YN), CRYMAN
*v.* BACHU
*hook and eye,* BACH A DOLEN
**hooked,** *a.* BACHOG
**hooker,** *n.* BACHWR
**hooligan,** *n.* HWLIGAN
**hooliganism,** *n.* HWLIGANIAETH
**hoop,** *n.* CYLCH(YN), HŴP, CANT
*v.* CYLCHU, CANTIO
**hooping-cough,** *n.* Y PAS
**hoose,** *n.* HACH
**hoot,** *n.* HŴT
*v.* HWTIO, HWTIAN
**hop,** *n.* HERC, HOP, HWB
*v.* HERCIAN, HOPIAN
*hop, step and jump,* HERC, CAM A NAID
**hope,** *n.* GOBAITH
*v.* GOBEITHIO
**hopeful,** *a.* GOBEITHIOL, FFYDDIOG
**hopeless,** *a.* ANOBEITHIOL, DIOBAITH
**hopelessness,** *n.* ANOBAITH
**hopper,** *n.* DALIWR, CYNHWYSYDD, HOPRAN
**hops,** *n.pl.* HOPYS
**hop-scotch,** *n.* SGOTS, CICSTON
**horde,** *n.* HAID, TORF, MINTAI
**horizon,** *n.* GORWEL
**horizontal,** *a.* LLORWEDD(OL)
*horizontal plane,* PLÂN LLORWEDD
**horizontality,** *n.* LLORWEDD-DRA
**hormone,** *n.* HORMÔN
**horn,** *n.* CORN
*v.* CORNIO
*horn player,* CORNOR
**hornbeam,** *n.* OESTRWYDDEN
**horned,** *a.* CORNIOG
**hornet,** *n.* CACYNEN
**hornless,** *a.* MOEL
**hornpipe,** *n.* MORDDAWNS, PIBGORN
**horology,** *n.* HOROLEG
**horoscope,** *n.* HOROSGOB
**horrendous,** *a.* DYCHRYNLLYD
**horrible,** *a.* OFNADWY, ERCHYLL
**horrid,** *a.* ERCHYLL, ECHRYDUS
**horrify,** *v.* ARSWYDO
**horrifying,** *a.* ARSWYDUS
**horror,** *n.* DYCHRYN, ARSWYD
**horse,** *n.* CEFFYL, HORS, MARCH
**horseback,** *n.* CEFN CEFFYL
**horseblock,** *n.* ESGYNFAEN
**horse chestnut,** *n.* CASTANWYDDEN
**horse-fly,** *n.* PRYF LLWYD
**horse-hair,** *n.* RHAWN
**horseman,** *n.* MARCHOG
**horsemanship,** *n.* MARCHOGAETH
**horse-play,** *n.* DIREIDI
**horse-power,** *n.* MARCHNERTH
**horseradish,** *n.pl.* RADYS POETH
**horst,** *n.* HORST
**horticultural,** *a.* GARDDWRIAETHOL
**horticulture,** *n.* GARDDWRIAETH, GARDDEG
**horticulturist,** *n.* GARDDWR
**hosanna,** *n.* HOSANNA
**hose,** *n.* HOSANAU, PIBELL
**hosier,** *n.* GWERTHWR HOSANAU
**hosiery,** *n.* HOSANWAITH
**hospice,** *n.* YSBYTY, LLETY
**hospitable,** *a.* LLETYGAR, CROESAWUS
**hospital,** *n.* YSBYTY
*maternity hospital,* YSBYTY GENI / MAMOLAETH
**hospitality,** *n.* LLETYGARWCH, CROESO
**host,** *n.* LLU, GWESTYWR
**hostage,** *n.* GWYSTL
**hostel,** *n.* HOSTEL, NEUADD BRESWYL
**hostelry,** *n.* TAFARN, LLETY
**hostess,** *n.* GWESTYWRAIG
**hostile,** *a.* GELYNIAETHUS

**hostility,** *n.* GELYNIAETH.
**hot,** *a.* POETH, BRWD, TWYM
*hot dogs,* SELSGWN POETH
**hot metal,** METEL GORGYNNES
**hotbed,** *n.* MAGWRFA
**hotch-potch,** *n.* CYBOLFA
**hotel,** *n.* GWESTY, HOTEL
**hotelier,** *n.* GWESTYWR
**hotel-management,** *n.* GWESTYAETH
**hothead,** *n.* PENBOETHYN
**hot-headed,** *a.* PENBOETH, BYRBWYLL
**hotness,** *n.* POETHDER
**hotplate,** *n.* CYLCH TRYDAN
**hotpot,** *n.* POETHBOT
**hound,** *n.* BYTHEIAD, HELGI, CI HELA
**hour,** *n.* AWR
**hourglass,** *n.* AWRWYDR
**hour-hand,** *n.* BYS MAWR
**hourly,** *ad.* BOB AWR
*hourly rate,* AWRDAL
**house,** *n.* TŶ, ANNEDD
*v.* ANHEDDU
*semi-detached house,* TŶ PÂR, TŶ UN TALCEN
*split level house,* TŶ LEFELAU GWAHÂN
**housebote,** *n.* ANHEDDFUDD
**housebreaker,** *n.* LLEIDR
**housebreaking,** *n.* TŶ-DORIAD
**housecoat,** *n.* COT TŶ
**housecraft,** *n.* CREFFT CADW TŶ
**household,** *n.* POBL Y TŶ
**householder,** *n.* PERCHENTŶWR, DEILIAD TŶ
**housekeeper,** *n.* GOFALYDDES
**houseling,** *n.* CYMUNWR
**housemaid,** *n.* MORWYN TŶ
**housetop,** *n.* NEN TŶ
**housewife,** *n.* GWRAIG TŶ
**housewifery,** *n.* CREFFT CADW TŶ
**housing,** *n.* GWAL, AMGAEAD, RHIGOL
**hovel,** *n.* HOFEL, PENTY
**hover,** *v.* HOFRAN, GWIBIO
**hovercraft,** *n.* HOFRENFAD
**how,** *ad.* SUT, PA FODD, PA
**howbeit,** *ad.* ER HYNNY
**however,** *ad.* SUT BYNNAG, PA FODD BYNNAG, ER HYNNY
**howitzer,** *n.* MAGNEL
**howl,** *n.* UDIAD, OERNAD
*v.* UDO, OERNADU
**howler,** *n.* GWALL FFÔL/DYBRYD
**hoyden,** *n.* HOEDEN, MURSEN
**hub,** *n.* BOTH
**hubbub,** *n.* MWSTWR
**huckster,** *n.* PEDLER
**huddle,** *n.* CYMYSGFA
*v.* TYRRU
**hue,** *n.* GWAWR, GWAEDD
*hue and cry,* GWAEDD AC YMLID
**huff,** *n.* PWD, DIG, SORIANT
*v.* PWDU, DIGIO, SORRI
**huffy,** *a.* PWDLYD, SORLLYD
**hug,** *n.* COFLEIDIAD
*v.* COFLEIDIO
**huge,** *a.* ANFERTH, ENFAWR, DIRFAWR
**hulk,** *n.* HWLC(YN)
**hulking,** *a.* AFROSGO, TRWSGL
**hull,** *n.* CIBYN, PLISGYN, HWL
**hullabaloo,** *n.* HALIBALŴ, HELYNT, DADWRDD
**hum,** *n.* SI, TAS GALCH, GRŴN
*v.* HYMIAN, MWMIAN, GRWNIAN
**human,** *a.* DYNOL
**humane,** *a.* HYNAWS, TRUGAROG, TIRION
**humanism,** *n.* DYNEIDDIAETH
**humanist,** *n.* DYNEIDDIWR
**humanistic,** *a.* DYNEIDDIOL
**humanitarian,** *n.* DYNGARWR
*a.* DYNGAROL
**humanitarianism,** *n.* DYNGAROLDEB
**humanities,** *n.pl.* DYNIAETHAU
**humanity,** *n.* DYNOLIAETH
**humanize,** *v.* GWAREIDDIO
**humble,** *a.* GOSTYNGEDIG
*v.* DAROSTWNG
**humble-bee,** *n.* CACYNEN
**humbug,** *n.* FFUG, TWYLL, HYMBYGOLIAETH
*v.* FFUGIO, TWYLLO
**humdrum,** *a.* DIFLAS, BLIN
**humerus,** *n.* HWMERWS
**humid,** *a.* LLAITH
**humidifier,** *n.* LLEITHYDD
**humidity,** *n.* LLEITHDER
*absolute humidity,* LLEITHDER ABSOLWT
**humification,** *n.* LLUFADREDD
**humiliate,** *v.* BYCHANU, GWARADWYDDO
**humiliation,** *n.* DAROSTYNGIAD
**humility,** *n.* GOSTYNGEIDDRWYDD
**hummock,** *n.* TWYN, TWMPATH, PONC
**humorist,** *n.* YSMALIWR, DIGRIFWR
**humorous,** *a.* DIGRIF, DONIOL
**humour,** *n.* HIWMOR, DIGRIFWCH
*v.* BODDHAU
**hump,** *n.* CRWB, CRWMACH
**hump-backed,** *a.* CEFNGRWM
**humus,** *n.* HWMWS, LLUFADRON
**hunch,** *n.* SYNIAD, CRWMACH
*v.* CRYMU, PENELINO

**hundred,** *n.* CANT, CANTREF, HWNDRWD
*a.* CAN
**hundredweight,** *n.* CANPWYS
**hunger,** *n.* NEWYN
*v.* NEWYNU, LLWGU
**hungry,** *a.* NEWYNOG
**hunk,** *n.* CWLFF(YN)
**hunt,** *n.* HELFA, HELWRIAETH
*v.* HELA, YMLID, ERLID
**hunter,** *n.* HELIWR, CEFFYL HELA
**hunting,** *n.* HELA, HELWRIAETH
**huntsman,** *n.* HELIWR
**hurdle,** *n.* CLWYD, HYRDLEN
**hurdler,** *n.* CLWYD-LAMWR
**hurdle-race,** *n.* RAS GLWYDI
**hurdy-gurdy,** *n.* HYRDI-GYRDI
**hurl,** *v.* HYRDDIO, TAFLU
**hurly-burly,** *n.* DWNDWR, CYNNWRF
**hurrah,** *i.* HWRE!
**hurricane,** *n.* CORWYNT, HYRDDWYNT
**hurried,** *a.* BRYSIOG
**hurry,** *n.* BRYS
*v.* BRYSIO
**hurt,** *n.* DOLUR, NIWED
*v.* DOLURIO, NIWEIDIO
**hurtful,** *a.* NIWEIDIOL
**husband,** *n.* GŴR, PRIOD
**husbandman,** *n.* HWSMON, AMAETHWR
**husbandry,** *n.* HWSMONAETH
**hush,** *n.* GOSTEG, DISTAWRWYDD
*v.* DISTEWI, GOSTEGU
*i.* UST! TAW!
**husk,** *n.* CIBYN, PLISGYN, MESGLYN,
CODEN, HACH
**huskiness,** *n.* CRYGNI, BLOESGNI
**husky,** *a.* CRYGLYD, EISINOG
*n.* HYSGI
**hussar,** *n.* HWSAR
**hussy,** *n.* DIHIREN, MAEDEN
**husting,** *n.* HWSTYNG, LLWYFAN ETHOLIAD
**hustle,** *v.* GWTHIO, YMWTHIO, PRYSURO
**hut,** *n.* BWTH, LLUEST, CWT
**hutch,** *n.* CUT, CWB, CIST
**hyacinth,** *n.* CROESO HAF
**hybrid,** *n.* & *a.* HYBRID, CROESRYW
**hydra,** *n.* SARFF NAWPEN
**hydrant,** *n.* HYDRANT
**hydrate,** *v.* HYDRADU
**hydration,** *n.* HYDRAD(IAD)
**hydraulic,** *a.* HYDROLIG
**hydraulics,** *n.* HYDROLEG
**hydride,** *n.* HYDRID
**hydrocarbon,** *n.* HYDROCARBON
**hydrocephalus,** *n.* DWRBEN,
HYDROCEFFALWS
**hydrochloric,** *a.* HYDROCLORIG
**hydrochloride,** *n.* HYDROCLORID
**hydrodynamics,** *n.* HYDRODYNAMEG
**hydro-electric,** *a.* HYDRO-ELECTRIG
**hydro-extractor,** *n.* GWEHYNNYDD
**hydrofoil,** *n.* HYDROFFOIL
**hydrogen,** *n.* HYDROGEN
**hydrogenated,** *a.* HYDROGENEDIG
**hydroid,** *n.* & *a.* HYDROID
**hydrology,** *n.* HYDROLEG
**hydrolyse,** *v.* HYDROLYDDIO, HYDROLU
**hydrolysis,** *n.* HYDROLYSIS
**hydrometer,** *n.* HYDROMEDR
**hydrophobia,** *n.* HYDROFFOBIA
**hydrophobic,** *a.* HYDROFFOBIG
**hydrophyte,** *n.* HYDROFFYT
**hydroplane,** *n.* PLÊN DŴR
**hydroponics,** *n.* HYDROPONEG
**hydrosphere,** *n.* HYDROSFFER
**hydrostatic,** *a.* HYDROSTATIG
**hydrostatics,** *n.* HYDROSTATEG
**hydrothermal,** *a.* HYDROTHERMOL
**hydrotopism,** *n.* HYDROTROPEDD
**hydrous,** *a.* HYDRUS
**hydroxide,** *n.* HYDROCSID
**hyena,** *n.* HYENA
**hygiene,** *n.* IECHYDEG, HYLENDID
**hygienic,** *a.* HYLAN
**hygroma,** *n.* HYGROMA
**hygrometer,** *n.* HYGROMEDR
**hygroscopic,** *a.* HYGROSGOPIG
**hymen,** *n.* HYMEN, Y BILEN FORWYNOL
**hymn,** *n.* EMYN, HYMN
**hymnal,** *n.* LLYFR EMYNAU, EMYNIADUR
*a.* EMYNOL
**hymnary,** *n.* LLYFR EMYNAU, EMYNIADUR
**hymnist,** *n.* EMYNYDD
**hymnology,** *n.* EMYNYDDIAETH
**hymn-tune,** *n.* EMYN-DÔN
**hypaethral,** *a.* DI-DO
**hyper-,** *px.* GOR-, TRA-, HYPER-
**hyperactive,** *a.* GORACTIF
**hyperbola,** *n.* HYPERBOLA
**hyperbole,** *n.* GORMODIAITH
**hyperbolic,** *a.* HYPERBOLIG
**hyperboloid,** *n.* HYPERBOLOID
**hypercritical,** *a.* GORFEIRNIADOL
**hypergeometric,** *a.* HYPERGEOMETRIG
**hyperinflation,** *n.* GORCHWYDDIANT
**hypermarket,** *n.* ARCHFARCHNAD,
HYPERFARCHNAD

**hyperplasia,** *n.* GORDWF
**hypertrophy,** *n.* GORDYFIANT, HYPERTROFFEDD
**hyphen,** *n.* CYPLYSNOD
**hyphenated,** *a.* CYPLYSEDIG
**hypnosis,** *n.* HYPNOSIS
**hypnotism,** *n.* HYPNOTIAETH
**hypnotist,** *n.* HYPNOTEIDDIWR
**hypo-,** *px.* HYPO-
**hypochondria,** *n.* Y FELAN, ISELDER YSBRYD
**hypocrisy,** *n.* RHAGRITH
**hypocrite,** *n.* RHAGRITHIWR
**hypocritical,** *a.* RHAGRITHIOL
**hypocycloid,** *n.* HYPOSEICLOID
**hypodermic,** *a.* HYPODERMIG
**hypogeal,** *a.* TANDDAEAROL, HYPOGEAL
**hypogynous,** *a.* HYPOGYNUS, AFFRWYTHOG
**hypostasis,** *n.* HYPOSTASIS
**hypostatic,** *a.* HYPOSTATIG
**hypotenuse,** *n.* HYPOTENWS
**hypothecate,** *v.* PRIDIANNU
**hypothesis,** *n.* DAMCANIAETH, HYPOTHESIS
**hypsometer,** *n.* HYPSOMEDR
**hyssop,** *n.* ISOP
**hysteria,** *n.* Y FAMWST, HYSTERIA
**hysterical,** *a.* HYSTERIG
**hysterics,** *n.pl.* PWL O HYSTERIA

**I,** *pn.* MI, MYFI, I, INNAU, MINNAU
**iambic,** *n.* CORFAN, CÂN
*a.* DYRCHAFEDIG
**iambus,** *n.* CORFAN DYRCHAFEDIG
**ibid(em),** *ad.* YR UN PETH, YN YR UN MAN
**ice,** *n.* IÂ, RHEW
*ice bound,* IAGLWM, RHEWGAETH
*ice sheet,* LLEN IÂ
*v.* EISIO
**ice-axe,** *n.* PICAS IÂ
**iceberg,** *n.* EISBERG, MYNYDD IÂ
**ice-cream,** *n.* HUFEN IÂ
**icefield,** *n.* MAES IÂ
**iceflow,** *n.* LLIF IÂ
**ice-rink,** *n.* RINC IÂ
**icicle,** *n.* PIBONWYEN, CLOCH IÂ
**icing,** *n.* EISING
*glacé icing,* EISING SGLEIN
**icon,** *n.* ICON, DELW
**iconoclasm,** *n.* ICONOCLASTIAETH
**iconoclast,** *n.* DRYLLIWR DELWAU
**iconoclastic,** *a.* ICONOCLASTIG
**iconography,** *n.* ICONOGRAFFIAETH
**icterus,** *n.* CLEFYD MELYN
**ictus,** *n.* TRAWIAD, ACEN, PWYSLAIS
**icy,** *a.* RHEWLLYD
**id,** *n.* ID
**idea,** *n.* SYNIAD, IDEA, DRYCHFEDDWL
**ideal,** *n.* DELFRYD, IDEAL (MATHS)
*a.* DELFRYDOL, PERFFAITH
**idealisation,** *n.* DELFRYDIAD
**idealise,** *v.* DELFRYDU
**idealism,** *n.* DELFRYDIAETH, IDEALIAETH
**idealist,** *n.* DELFRYDWR, IDEALYDD
**idealistic,** *a.* DELFRYDYDDOL
**ideate,** *v.* SYNIO
**ideation,** *n.* SYNIADAETH
**idemfactor,** *n.* IDEMFFACTOR
**identical,** *a.* UNFATH, YR UN (PETH)
**identification,** *n.* ADNABYDDIAETH, UNDODIAD, UNIAETHIAD
**identifier,** *n.* DYNODWR
**identify,** *v.* ADNABOD, UNIAETHU, ENWI, NODI
**identikit (picture),** *n.* TEBYGLUN
**identity,** *n.* ADNABYDDIANT, UNFATHIANT, HUNANIAETH
*false identity,* GAU HUNANIAETH
**ideological** *a.* IDEOLEGOL
**ideologue,** *n.* DAMCANIAETHWR, IDEOLEGWR
**ideology,** *n.* DYFALIAD, IDEOLEG
**idiocy,** *n.* PENWENDID, GWIRIONDEB
**idiom,** *n.* PRIOD-DDULL, IDIOM
**idiomatic,** *a.* IDIOMATIG
**idiosyncrasy,** *n.* HYNODWEDD, ANIANAWD
**idiot,** *n.* YNFYTYN, HURTYN, GWIRIONYN
**idiotic,** *a.* YNFYD, GWIRION, HURT
**idle,** *a.* SEGUR, DIOG
*v.* SEGURA, DIOGI
**idleness,** *n.* SEGURDOD, DIOGI
**idler,** *n.* SEGURWR, DIOGYN
**idol,** *n.* EILUN, DELW
**idolater,** *n.* EILUNADDOLWR
**idolatrous,** *a.* EILUNADDOLGAR
**idolatry,** *n.* EILUNADDOLIAETH
**idolize,** *v.* ADDOLI, GORHOFFI
**idyll,** *n.* BUGEILGAN
**idyllic,** *a.* BYW, DARLUNIADOL
**if,** *c.* O, OS, OD, PE
**igloo,** *n.* IGLŴ
**igneous,** *a.* IGNEAIDD, TANLLYD
**ignite,** *v.* TANIO, CYNNAU, ENNYN
**ignition,** *n.* TANIAD
**ignobility,** *n.* TAEOGRWYDD ISEL-RADD
**ignoble,** *a.* GWAEL, ISEL, ANENWOG
**ignominious,** *a.* GWARTHUS, CYWILYDDUS
**ignominy,** *n.* GWARTH, GWARADWYDD
**ignoramus,** *n.* PERSON ANWYBODUS
**ignorance,** *n.* ANWYBODAETH
**ignorant,** *a.* ANWYBODUS
**ignore,** *v.* ANWYBYDDU, DIYSTYRU
**ileum,** *n.* ILEWM
**ilium,** *n.* ILIWM
**ilk,** *a.* YR UN (ENW)
**ill,** *a.* CLAF, AFIACH
*n.* DRWG, ADFYD
**ill-advised,** *a.* ANNOETH, FFÔL
**illation,** *n.* CASGLIAD
**ill-bred,** *a.* ANFOESGAR
**illegal,** *a.* ANGHYFREITHLON
**illegality,** *n.* ANGHYFREITHLONDEB
**illegibility,** *n.* ANEGLURDEB
**illegible,** *a.* ANNARLLENADWY
**illegitimacy,** *n.* ANGHYFREITHUSDRA
**illegitimate,** *a.* ANGHYFREITHUS
**illiberal,** *a.* CRINTACHLYD, CUL
**illiberality,** *n.* CRINTACHRWYDD
**illicit,** *a.* ANGHYFREITHLON
**illimitable,** *a.* DIDERFYN, ANNHERFYNOL
**illiteracy,** *n.* ANLLYTHRENNEDD
**illiterate,** *a.* ANLLYTHRENNOG
**ill-matched,** *a.* ANGHYMARUS
**illness,** *n.* SALWCH, CLEFYD, AFIECHYD
**ill-timed,** *a.* ANAMSEROL
**illogical,** *a.* AFRESYMEGOL

**illuminate,** *v.* GOLEUANNU, LLEWYRCHU, GOLIWIO, GOLEUO
**illuminated,** *a.* GOLIWIEDIG
**illumination,** *n.* GOLEUANT, GOLIWIAD
**illuminations,** *n.pl.* GOLEUANNAU
**illumine,** *v.* GOLEUO, ESBONIO
**illusion,** *n.* RHITH(GANFYDDIAD), LLEDRITH
**illusive, illusory,** *a.* RHITHIOL, GAU, LLEDRITHIOL
**illustrate,** *v.* DARLUNIO, EGLUREBU, ESBONIO
**illustrated,** *a.* DARLUNIADOL
**illustration,** *n.* DARLUN, EGLUREB
**illustrative,** *a.* DARLUNIOL, EGLURHAOL
**illustrious,** *a.* ENWOG, HYGLOD
**illuvial,** *a.* MEWNLIFOL
**ill-will,** *n.* GELYNIAETH, CASINEB
**image,** *n.* DELWEDD, DELW, RHITH
*v.* DELWEDDU
*virtual image,* DELWEDD RITHWIR
*diminished image,* DELWEDD LAI
**imagery,** *n.* DELWEDDAETH
**imaginable,** *a.* DYCHMYGOL
**imaginary,** *a.* DYCHMYGOL, TYBIEDIG
**imagination,** *n.* DYCHYMYG, DARFELYDD
**imaginative,** *a.* DYCHMYGUS
**imagine,** *v.* DYCHMYGU, TYBIO, SYNIED
**imbalance,** *n.* ANGHYDBWYSEDD
**imbecile,** *n.* GWIRIONYN, YNFYTYN
*a.* GWIRION, DIALLU
**imbecility,** *n.* GWIRIONDEB, YNFYDRWYDD
**imbed,** *v.* PLANNU
**imbibe,** *v.* YFED
**imbroglio,** *n.* ANHREFN
**imbrue,** *v.* MWYDO
**imbue,** *v.* TRWYTHO
**imitable,** *a.* EFELYCHIADOL
**imitate,** *v.* EFELYCHU, DYNWARED
**imitation,** *n.* EFELYCHIANT, EFELYCHIAD, DYNWAREDIAD
*a.* FFUG
**imitative,** *a.* DYNWAREDOL, EFELYCHOL
**imitator,** *n.* DYNWAREDWR, EFELYCHWR
**immaculate,** *a.* DIFRYCHEULYD, PERFFAITH, PUR
**immanence,** *n.* MEWNFODAETH
**immanent,** *a.* MEWNFODOL
**immaterial,** *a.* ANFATEROL
**immaterialism,** *n.* ANFATEROLIAETH
**immature,** *a.* ANAEDDFED, AMRWD
**immaturity,** *n.* ANAEDDFEDRWYDD
**immeasurable,** *a.* DIFESUR, ANFESUROL
**immediacy,** *n.* DIGYFRYNGEDD, DISYFYDRWYDD
**immediate,** *a.* AGOS, PRESENNOL
**immediately,** *ad.* YN UNION, DI-OED, AR UNWAITH
**immemorial,** *a.* ER CYN COF
**immense,** *a.* ANFERTH, EANG, DIRFAWR
**immensely,** *ad.* YN DDIRFAWR
**immensity,** *n.* EHANGDER, HELAETHRWYDD
**immerse,** *v.* TROCHI
**immersion,** *n.* TROCHIAD
*immersion heater,* GWRESOGYDD TROCH
**immigrant,** *n.* MEWNFUDWR
**immigrate,** *v.* MEWNFUDO
**immigration,** *n.* MEWNFUDIAD
**imminence,** *n.* AGOSRWYDD
**imminent,** *a.* GERLLAW, AGOS, AR DDIGWYDD
**immobile,** *a.* ANSYMUDOL
**immobility,** *n.* ANSYMUDOLEDD
**immoderate,** *a.* ANGHYMEDROL, EITHAFOL
**immoderation,** *n.* ANGHYMEDROLDEB, EITHAFIAETH
**immodest,** *a.* ANWEDDUS, AFLEDNAIS
**immodesty,** *n.* ANWEDDUSTRA, AFLEDNEISRWYDD
**immolate,** *v.* ABERTHU, OFFRYMU
**immolation,** *n.* ABERTHIAD, OFFRYMIAD
**immoral,** *a.* ANFOESOL, LLYGREDIG
**immorality,** *n.* ANFOESOLDEB
**immortal,** *a.* ANFARWOL
**immortality,** *n.* ANFARWOLDEB
**immortalise,** *v.* ANFARWOLI
**immovable,** *a.* DIYSGOG, ANSYMUDOL
*n.* ANSYMUDOLYN
**immune,** *a.* HEINTRYDD, ANHEINTUS, IMWNAIDD
**immunisation,** *n.* GWRTHEINTIAD, IMWNEIDDIAD
**immunise,** *v.* GWRTHEINTIO, IMWNEIDDIO
**immunity,** *n.* HEINTRYDDID, IMWNEDD
**immunology,** *n.* IMWNOLEG
**immure,** *v.* CAETHIWO
**immutability,** *n.* DIANWADALWCH
**immutable,** *a.* DIGYFNEWID, DIANWADAL
**imp,** *n.* DIHIRYN, ADYN, GWALCH, CENAU
**impact,** *n.* ARDRAWIAD
*impact effect,* TRAWEFFAITH
**impair,** *v.* AMHARU
**impaired,** *a.* AMHARUS
**impairment,** *n.* AMHARIAD, NIWED
**impale,** *v.* TRYWANU, POLIONI
**impart,** *v.* CYFRANNU, RHOI
**impartial,** *a.* AMHLEIDIOL

**impartiality,** *n.* AMHLEIDIOLDEB
**impassable,** *a.* NA ELLIR MYND HEIBIO IDDO
**impasse,** *n.* CYFWNG, CYFYNGDER
**impassible,** *a.* ANHYBOEN
**impassioned,** *a.* BRWD, CYFFROUS
**impassive,** *a.* DIGYFFRO, DIDARO
**impatience,** *n.* DIFFYG AMYNEDD
**impatient,** *a.* DIAMYNEDD
**impawn,** *v.* MECHNÏO, GWYSTLO
**impeach,** *v.* UCHELGYHUDDO
**impeachment,** *n.* UCHELGYHUDDIAD
**impeccable,** *a.* DIBECHOD, PERFFAITH
**impecuniosity,** *n.* TLODI
**impecunious,** *a.* TLAWD, LLWM
**impedance,** *n.* RHWYSTRIANT
**impede,** *v.* RHWYSTRO, ATAL
**impediment,** *n.* RHWYSTR, ATAL
**impel,** *v.* ANNOG, CYMELL
**impending,** *a.* AGOS, GERLLAW
**impenetrable,** *a.* ANHREIDDIADWY
**impenitent,** *a.* DIEDIFAR
**imperative,** *n.* GORCHYMYN
*a.* GORCHMYNNOL, GORFODOL
**imperceptible,** *a.* ANWELADWY
**imperfect,** *a.* AMHERFFAITH
**imperfection,** *n.* AMHERFFEITHRWYDD, DIFFYG, NAM, BAI, GWALL
**imperial,** *a.* YMERODRAETHOL, IMPERIALAIDD
**imperialism,** *n.* IMPERIALAETH
**imperialist,** *n.* IMPERIALYDD
**imperialistic,** *a.* IMPERIALAIDD, YMERODRAETHOL
**imperil,** *v.* PERYGLU
**imperious,** *a.* AWDURDODOL, GORMESOL
**imperishable,** *a.* DIDDARFOD
**impermeable,** *a.* ANATHRAIDD
**impersonal,** *a.* AMHERSONOL
**impersonality,** *n.* AMHERSONOLDEB
**impersonate,** *v.* PERSONADU
**impersonation,** *n.* PERSONADIAD
**impersonator,** *n.* PERSONADWR
**impertinence,** *n.* DIGYWILYDD-DRA
**impertinent,** *a.* DIGYWILYDD, HAERLLUG
**imperturbable,** *a.* DIGYFFRO, TAWEL
**impervious,** *a.* ANHYDRAIDD
**imperviousness,** *n.* ANHYDREIDDRWYDD
**impetigo,** *n.* IMPETIGO
**impetuosity,** *n.* BYRBWYLLTRA
**impetuous,** *a.* BYRBWYLL, NWYDWYLLT
**impetus,** *n.* YSGOGIAD, SYMBYLIAD
**impiety,** *n.* ANNUWIOLDEB
**impinge,** *v.* ARDARO
**impious,** *a.* ANNUWIOL, DRWG
**impish,** *a.* DIEFLIG, DIREIDUS
**implacable,** *a.* DIDOSTUR, ANGHYMODLON
**implant,** *v.* MEWNBLANNU
**implement,** *n.* ARF, OFFERYN
*v.* GWEITHREDU
**implementation,** *n.* GWEITHREDIAD
**implicate,** *v.* GOBLYGU, YMHLYGU
**implicated,** *a.* YMHLYG
**implication,** *n.* GOBLYGIAD, YMHLYGIAD
**implicit,** *a.* YMHLYG, GOBLYGEDIG
**implied,** *a.* YMHLYG
**implore,** *v.* YMBIL, CREFU
**implosion,** *n.* MEWNFFRWYDRAD
**imply,** *v.* YMHLYGU, ARWYDDO
**impolite,** *a.* ANFOESGAR
**impoliteness,** *n.* ANFOESGARWCH
**impolitic,** *a.* ANNOETH
**import,** *n.* MEWNFORYN, ARWYDDOCÂD
*v.* MEWNFORIO, ARWYDDO
**imports,** *n.pl.* MEWNFORION
**importance,** *n.* PWYS, PWYSIGRWYDD
**important,** *a.* PWYSIG
**importation,** *n.* MEWNFORIO
**importer,** *n.* MEWNFORIWR
**importunate,** *a.* ERFYNIOL, TAER
**importune,** *v.* TAER-ERFYN
**importunity,** *n.* TAERINEB
**impose,** *v.* TRETHU
**imposing,** *a.* MAWREDDOG
**imposition,** *n.* TRETH, GORTHRWM, COSB, ARDDODIAD (DWYLO)
**impossibility,** *n.* AMHOSIBILRWYDD
**impossible,** *a.* AMHOSIBL
**impost,** *n.* ARBOST
**impostor,** *n.* TWYLLWR
**imposture,** *n.* TWYLL
**impotence,** *n.* ANALLUEDD
**impotent,** *a.* ANALLUOG
**impound,** *v.* POWNDIO
**impoverish,** *v.* TLODI
**impoverishment,** *n.* TLODI
**impracticable,** *a.* ANYMARFEROL
**imprecate,** *v.* MELLTITHIO, RHEGI
**imprecation,** *n.* MELLTITH, RHEG
**imprecatory,** *a.* MELLTITHIOL
**impregnable,** *a.* CADARN
**impregnate,** *v.* YMREINIO, TRWYTHO, CENHEDLU, BEICHIOGI
**impregnation,** *n.* YMREAD, CENHEDLIAD, TRWYTHIAD
**impresario,** *n.* TREFNYDD
**impress,** *v.* ARGRAFFU
*n.* ARGRAFF

**impression,** *n.* ARGRAFF, ARGRAFFIAD
**impressionable,** *a.* HAWDD EI ARGRAFFU
**impressionism,** *n.* ARGRAFFEDD
**impressionist,** *n.* ARGRAFFIADYDD
**impressionistic,** *a.* ARGRAFFIADUS
**impressive,** *a.* TRAWIADOL, GAFAELGAR
**imprimatur,** *n.* CANIATÂD ARGRAFFU
**imprimis,** *ad.* YN Y LLE CYNTAF
**imprint,** *n.* GWASGNOD
*v.* GWASGNODI
**imprison,** *v.* CARCHARU
**imprisonment,** *n.* CARCHARIAD
**improbability,** *n.* ANNHEBYGOLRWYDD
**improbable,** *a.* ANNHEBYG(OL)
**impromptu,** *a.* AR Y PRYD, BYRFYFYR
**improper,** *a.* ANWEDDUS, AMHRIODOL, AFREOLAIDD, PENDRWM
*improper fraction,* FFRACSIWN PENDRWM
**impropriate,** *v.* AMFEDDU
**impropriation,** *n.* AMFEDDIAD
**impropriator,** *n.* AMFEDDWR
**impropriety,** *n.* AMHRIODOLDEB, ANWEDDUSTER
**improve,** *v.* GWELLA, DIWYGIO
**improvement,** *n.* GWELLIANT
**improvidence,** *n.* AFRADLONEDD
**improvident,** *a.* AFRADLON, ANNARBODUS
**improvisation,** *n.* ADDASIAD AR Y PRYD
**improvise,** *v.* ADDASU BYRFYFYR
**imprudence,** *n.* ANNOETHINEB
**imprudent,** *a.* ANNOETH
**impudence,** *n.* HYFDRA, DIGYWILYDD-DRA
**impudent,** *a.* HY, HAERLLUG, DIGYWILYDD
**impulse,** *n.* CYMHELLIAD, ERGYDIANT, YSGOGIAD
*sexual impulse,* YSGOGIAD RHYWIOL
**impulsion,** *n.* CYMHELLIAD
**impulsive,** *a.* BYRBWYLL, ERGYDIOL
**impulsiveness,** *n.* BYRBWYLLTRA
**impunity,** *n.* DIFFYG COSB
**impure,** *a.* AMHUR, AFLAN
**impurity,** *n.* AMHUREDD
**imputation,** *n.* ENSYNIAD, CYFRIFIAD
**impute,** *v.* ENSYNIO, CYFRIF, PRIODOLI
**in,** *prp.* YN, MEWN
*ad.* I MEWN
**inability,** *n.* ANALLU
**inaccessible,** *a.* ANHYGYRCH
**inaccuracy,** *n.* ANGHYWIRDEB, GWALLUSRWYDD
**inaccurate,** *a.* ANGHYWIR, GWALLUS
**inaction,** *n.* SEGURDOD, DIOGI
**inactivity,** *n.* ANACTIFEDD
**inadequacy,** *n.* ANNIGONOLRWYDD
**inadequate,** *a.* ANNIGONOL
**inadmissible,** *a.* ANNERBYNIADWY
**inadvertence,** *n.* AMRYFUSEDD
**inadvertent,** *a.* AMRYFUS, ANFWRIADOL
**inalienable,** *a.* ANARALLADWY
**inane,** *a.* GWAG, PENWAN
**inanimate,** *a.* DIFYWYD
**inanity,** *n.* YNFYDRWYDD, GWAGEDD
**inappropriate,** *a.* AMHRIODOL
**inapt,** *a.* ANADDAS, ANGHYMWYS
**inarticulate,** *a.* ANEGLUR, BLOESG
**inasmuch,** *ad.* GAN, AM, YN GYMAINT Â
**inattention,** *n.* DIFFYG SYLW
**inattentive,** *a.* DISYLW
**inaudible,** *a.* ANHYGLYW
**inaugural,** *a.* AGORIADOL, DECHREUOL
**inaugurate,** *v.* ARGYCHWYN, URDDO
**inauguration,** *n.* AGORIAD, DECHREUAD
**inauspicious,** *a.* ANADDAWOL
**inborn,** *a.* CYNHENID, GREDDFOL
**inbreed,** *v.* MEWNFRIDIO
**inbreeding,** *n.* MEWNFRIDIAD
**incalculable,** *a.* DIFESUR, ANHRAETHOL
**incandescence,** *n.* GWYNIASEDD
**incandescent,** *a.* GWYNIAS
**incantation,** *n.* SWYN, HUD, SWYNGAN
**incapability,** *n.* ANALLU(EDD)
**incapable,** *a.* ANALLUOG
**incapacitate,** *v.* ANALLUOGI
**incapacity,** *n.* ANALLU
**incarcerate,** *v.* CARCHARU
**incarceration,** *n.* CARCHARIAD
**incarnate,** *a.* YMGNAWDOLEDIG
*v.* YMGNAWDOLI
**incarnation,** *n.* YMGNAWDOLIAD
**incendiarism,** *n.* LLOSGIAD
**incendiary,** *n.* LLOSGWR, BOM TÂN
*a.* LLOSG, TANBAID
**incense,** *n.* AROGLDARTH
*v.* DIGIO, CYTHRUDDO
**incentive,** *n.* YSGOGIAD, CYMHELLIANT
**incentre,** *n.* MEWNGANOL
**inception,** *n.* DECHREUAD
**incessant,** *a.* DI-BAID, DI-DOR
**incest,** *n.* LLOSGACH
**inch,** *n.* MODFEDD
**inchoate,** *a.* DECHREUOL
**incidence,** *n.* TRAWIANT, DIGWYDD
**incident,** *n.* DIGWYDDIAD, TRO
*a.* TRAWOL
**incidental,** *a.* ACHLYSUROL
*pl.* MÂN DREULIAU

**incidentally,** *ad.* GYDA LLAW
**incinerate,** *v.* LLOSGI'N ULW
**incineration,** *n.* LLOSGIAD LLWYR
**incinerator,** *n.* LLOSGYDD
**incipient,** *a.* DECHREUOL
**incircle,** *n.* MEWNGYLCH
**incise,** *v.* ENDORRI, RHYCHU
**incision,** *n.* ENDORIAD
**incisive,** *a.* MINIOG, LLYM
**incisiveness,** *n.* MIN, AWCH
**incisor,** *n.* BLAENDDANT
**incite,** *v.* ANNOG, CYFFROI
**incitement,** *n.* ANOGIAD
**inciter,** *n.* ANOGWR
**incivility,** *n.* ANGHWRTEISI
**inclemency,** *n.* GERWINDEB
**inclement,** *a.* GARW, AFRYWIOG
**inclination,** *n.* TUEDD, AROLEDD, CHWANT
*angle of inclination,* ONGL AROLEDD
**incline,** *n.* AROLEDD, LLETHR, INCLEIN
*v.* AROLEDDU
**inclined,** *a.* GOLEDDOL, AR OLEDD
**include,** *v.* CYNNWYS
**inclusion,** *n.* CYNHWYSIAD
**inclusive,** *a.* CYNHWYSOL
**incognate,** *a.* ANGHYTRAS, DIBERTHYNAS
**incognito,** *a.* YN DDIRGEL/GUDD
**incoherence,** *n.* ANGHYSYLLTIAD
**incoherent,** *a.* DIGYSWLLT
**incombustible,** *a.* ANLLOSGADWY
**income,** *n.* INCWM
**income-tax,** *n.* TRETH INCWM
**incoming,** *n.* DYFODIAD, INCWM
*a.* YN DYFOD I MEWN
**incommensurable,** *a.* ANGHYFESUR
**incommutable,** *a.* ANGHYFNEWIDIOL
**incomparable,** *a.* DIGYMAR, DIGYFFELYB
**incompatibility,** *n.* ANGHYDFOD, ANGHYTUNDEB
**incompatible,** *a.* ANGHYTÛN
**incompetence,** *n.* ANALLU
**incompetent,** *a.* ANALLUOG, ANFEDRUS
**incomplete,** *a.* ANGHYFLAWN
**incompleteness,** *n.* ANGHYFLAWNDER
**incomprehensible,** *a.* ANNEALLADWY, ANNIRNADWY
**incompressible,** *a.* ANGHYWASG
**inconceivable,** *a.* ANNIRNADWY
**inconcise,** *a.* CWMPASOG
**inconclusive,** *a.* AMHENDANT
**incongruity,** *n.* ANGHYDWEDDIAD
**incongruous,** *a.* ANGHYDWEDDOL
**inconsiderable,** *a.* DIBWYS, BYCHAN
**inconsiderate,** *a.* ANYSTYRIOL
**inconsistency,** *n.* ANGHYSONDEB
**inconsistent,** *a.* ANGHYSON
**inconspicuous,** *a.* ANAMLWG, DISYLW
**inconstancy,** *n.* ANWADALWCH, ORIOGRWYDD
**inconstant,** *a.* ANWADAL, ORIOG
**incontinence,** *n.* ANATALIAD
**incontinent,** *a.* ANATAL
**incontrovertible,** *a.* DIYMWAD
**inconvenience,** *n.* ANGHYFLEUSTRA, ANHWYLUSTOD
**inconvenient,** *a.* ANGHYFLEUS
**inconvertible,** *a.* ANGHYFNEWID
**incorporate,** *v.* CORFFORI, YMGORFFORI
**incorporated,** *a.* CORFFOREDIG
**incorporation,** *n.* CORFFORIAD
**incorrect,** *a.* ANGHYWIR, GWALLUS
**incorrectness,** *n.* ANGHYWIRDEB
**incorrigible,** *a.* ANWELLADWY
**incorrupt,** *a.* ANLLYGREDIG
**incorruptibility,** *n.* ANLLYGREDIGAETH
**incorruptible,** *a.* ANLLYGREDIG
**incorruption,** *n.* ANLLYGREDIGAETH
**increase,** *n.* CYNNYDD, YCHWANEGIAD
*v.* CYNYDDU, YCHWANEGU
**increasing,** *a.* CYNYDDOL
**increasingly,** *ad.* FWYFWY
**incredible,** *a.* ANGHREDADWY
**incredulity,** *n.* ANGHREDINIAETH
**incredulous,** *a.* ANGHREDINIOL
**increment,** *n.* YCHWANEGIAD, CYNYDDRAN
**incriminate,** *v.* ARGYHUDDO, BEIO
**incrustation,** *n.* CRAMENIAD
**incrusted,** *a.* CRAMENNOG
**incubate,** *v.* GORI, DEOR
**incubation,** *n.* DEORIAD
**incubator,** *n.* DEORYDD
**incubus,** *n.* HUNLLEF, BAICH, BWRN
**inculcate,** *v.* ARGYMELL, DARBWYLLO
**inculcation,** *n.* ARGYMHELLIAD, DARBWYLLIAD
**inculpate,** *v.* CYHUDDO, BEIO
**inculpation,** *n.* CYHUDDIAD
**incumbency,** *n.* PERIGLORIAETH
**incumbent,** *n.* PERIGLOR
*a.* DYLEDUS
**incumber,** *v.* LLYFFETHEIRIO
**incur,** *v.* ACHOSI
**incurable,** *a.* ANWELLADWY
**incursion,** *n.* CYRCH
**incus,** *n.* INCWS
**indebted,** *a.* DYLEDUS
**indebtedness,** *n.* DYLED

**indecency,** *n.* ANWEDDUSTER
**indecent,** *a.* ANWEDDUS
*indecent assault,* YMOSOD ANWEDDUS
**indecision,** *n.* PETRUSTER
**indecisive,** *a.* AMHENDANT
**indeclinable,** *a.* ANHREIGLADWY
**indecorous,** *a.* ANWEDDAIDD
**indecorum,** *n.* ANWEDDEIDD-DRA
**indeed,** *ad.* YN DDIAU, YN WIR, IAWN, DROS BEN
**indefatigable,** *a.* DYFAL, DIFLINO
**indefensible,** *a.* NA ELLIR EI AMDDIFFYN
**indefinable,** *a.* ANNIFFINIOL
**indefinite,** *a.* AMHENODOL, PENAGORED, AMHENDANT
**indelible,** *a.* ANNILEADWY
**indelicate,** *a.* AFLEDNAIS, BRAS
**indemnify,** *v.* DIGOLLEDU, INDEMNIO
**indemnity,** *n.* IAWNDAL, INDEMNIAD
*form of indemnity,* INDEMNEB
**indent,** *n.* INDENT, BWLCH
*v.* INDEINTIO, ARCHEBU
**indentation,** *n.* BWLCH, PANTIAD, CAFNIAD, DANHEDDIAD
**indented,** *a.* DANHEDDUS
**indenture,** *n.* YNDEINTUR
**independence,** *n.* ANNIBYNIAETH
**Independent,** *n.* ANNIBYNNWR
**independent,** *a.* ANNIBYNNOL
*independent variable,* NEWIDYN ANNIBYNNOL
**indescribable,** *a.* ANNISGRIFIADWY
**indeterminancy,** *n.* AMHENODRWYDD
**indeterminate,** *a.* AMHENDERFYNADWY
**indeterminism,** *n.* AMHENDERFYNIAETH
**index,** *n.* INDECS, MYNEGAI, MYNEGRIF
*v.* MYNEGEIO
**indicate,** *v.* DYNODI, DANGOS
**indication,** *n.* MYNEGIAD, ARWYDD, DYNODIAD
**indicative,** *a.* ARWYDDOL, MYNEGOL
**indicator,** *n.* DANGOSYDD, CYFEIRYDD
**indict,** *v.* DITIO
**indictable,** *a.* DITIOL, DITIADWY
**indicter,** *n.* DITIWR
**indictment,** *n.* DITMENT.
**indifference,** *n.* DIFATERWCH, DIFRAWDER
**indifferent,** *a.* DIFATER, DIFRAW
**indigence,** *n.* ANGEN, TLODI, EISIAU
**indigenous,** *a.* CYNHENID, BRODOROL
**indigent,** *a.* ANGHENUS, TLAWD
**indigestible,** *a.* ANHYDRAUL
**indigestion,** *n.* DIFFYG TRAUL, CAMDREULIAD
**indignant,** *a.* DIG, DICLLON, LLIDIOG
**indignation,** *n.* DIG, DICLLONEDD
**indignity,** *n.* AMARCH, ANFRI
**indigo,** *n.* INDIGO
*a.* DULAS
**indirect,** *a.* ANUNION(GYRCHOL)
**indirectness,** *n.* ANUNIONGYRCHEDD
**indiscernible,** *a.* ANWELEDIG
**indiscreet,** *a.* ANNOETH
**indiscretion,** *n.* ANNOETHINEB
**indiscriminate,** *a.* DIWAHANIAETH
**indiscrimination,** *n.* ANWAHANIAETH
**indispensable,** *a.* ANHEPGOR(OL)
**indispose,** *v.* ANNHUEDDU
**indisposed,** *a.* ANHWYLUS, CLAF, ANNHUEDDOL
**indisposition,** *n.* ANHWYLDEB, ANNHUEDD
**indisputable,** *a.* DIAMHEUOL, DIDDADL
**indissoluble,** *a.* ANNHODDADWY, ANNATOD
**indistinct,** *a.* ANEGLUR, ANHYGLYW, BLOESG
**indistinctness,** *n.* ANEGLURDER, BLOESGNI
**indite,** *v.* CYFANSODDI, TRAETHU
**individual,** *n.* UNIGOLYN
*a.* UNIGOL
**individualism,** *n.* UNIGOLIAETH, UNIGOLYDDIAETH
**individualist,** *n.* UNIGOLYDD
**individuality,** *n.* UNIGOLRWYDD, UNIGOLIAETH
**individualize,** *v.* UNIGOLI
**individually,** *ad.* YN UNIGOL, BOB YN UN
**indivisibility,** *n.* ANRHANADWYEDD
**indivisible,** *a.* ANRHANADWY
**indoctrinate,** *v.* TRWYTHO, CREDORFODI
**indoctrination,** *n.* TRWYTHIAD, CREDORFODAETH
**indolence,** *n.* DIOGI, SYRTHNI, SEGURDOD
**indolent,** *a.* DIOG, SEGUR, SWRTH
**indomitable,** *a.* ANORCHFYGOL
**indoor,** *a.* I MEWN, DAN DO
**indoors,** *ad.* YN Y TŶ, I MEWN, DAN DO
**indorse,** *v.* CEFNODI
**indorsement,** *n.* CEFNODIAD
**indubitable,** *a.* DIAMHEUOL, DIDDADL
**induce,** *v.* DARBWYLLO, CYMELL
**induced,** *a.* ANWYTHOL
**inducement,** *n.* ARGYMHELLIAD
**induct,** *v.* SEFYDLU, ANWYTHO
**inductance,** *n.* ANWYTHIAD
**inducted,** *a.* SEFYDLEDIG, ANWYTHOL
**induction,** *n.* SEFYDLIAD, ANWYTHIAD
**inductive,** *a.* ANWYTHOL

**inductor,** *n.* ANWYTHYDD
**indulge,** *v.* BODDIO, PORTHI, MALDODI, ANWESU
**indulgence,** *n.* YMFODDHAD, FFAFR, MALDOD, MADDEUEB
**indulgent,** *a.* FFAFRIOL, MALDODUS
**induration,** *n.* CALEDIAD
**industrial,** *a.* DIWYDIANNOL
*industrial plant,* OFFERIANT DIWYDIANNOL
**industrialization,** *n.* DIWYDIANNAETH
**industrialize,** *v.* DIWYDIANNU
**industrious,** *a.* DIWYD, DYFAL, GWEITHGAR
**industry,** *n.* DIWYDIANT, DIWYDRWYDD
*ancillary industry,* DIWYDIANT ATEGOL
**indwelling,** *n.* YMBRESWYLIAD
**inebriate,** *n.* MEDDWYN
*v.* MEDDWI
**inebriation,** *n.* MEDDWDOD
**inedible,** *a.* ANFWYTADWY
**ineducable,** *a.* ANADDYSGADWY
**ineffable,** *a.* ANHRAETHADWY
**ineffaceable,** *a.* ANNILEADWY
**ineffective,** *a.* ANEFFEITHIOL
**inefficiency,** *n.* ANALLU
**inefficient,** *a.* ANALLUOG
**inelastic,** *a.* ANELASTIG
**inelegant,** *a.* ANGHELFYDD, ANGHOETH
**ineligible,** *a.* ANADDAS, ANGHYMWYS
**inept,** *a.* ANALLUOG, ANADDAS
**ineptitude,** *n.* ANADDASRWYDD
**inequality,** *n.* ANGHYFARTALEDD, ANHAFALEDD, ANGHYDRADDOLDEB
**inequitable,** *a.* ANGHYFLAWN
**inert,** *a.* DIEGNI, SWRTH, INERT, ANADWEITHIOL
**inertia,** *n.* ANEGNI, INERTIA, SYRTHNI
**inestimable,** *a.* AMHRISIADWY
**inevitable,** *a.* ANOCHEL
**inexact,** *a.* ANGHYWIR, ANFANWL
**inexcusable,** *a.* ANESGUSODOL
**inexhaustible,** *a.* DIHYSBYDD
**inexorable,** *a.* DIDOSTUR, DI-ILDIO
**inexpedient,** *a.* AMHRIODOL, ANFUDDIOL, ANADDAS
**inexpensive,** *a.* RHAD
**inexperienced,** *a.* AMHROFIADOL
**inexplicable,** *a.* ANESBONIADWY
**inexplicit,** *a.* ANEGLUR, TYWYLL
**inexpressible,** *a.* ANHRAETHADWY
**inextensible,** *a.* ANESTYNADWY
**infacing,** *a.* MEWNWYNEBOL
**infallibility,** *n.* ANFFAELEDIGRWYDD
**infallible,** *a.* ANFFAELEDIG
**infamous,** *a.* GWARTHUS, GWARADWYDDUS
**infamy,** *n.* GWARTH, GWARADWYDD
**infancy,** *n.* MABANDOD, MEBYD, BABANDOD
**infant,** *n.* MABAN, PLENTYN
*infant welfare,* LLES MABANDOD
**infanticide,** *n.* BABANLADDIAD
**infantile,** *a.* MABANAIDD
**infantry,** *n.* GWŶR TRAED
**infarction,** *n.* CNAWDNYCHIANT
**infatuate,** *v.* FFOLI, GWIRIONI, DWLU
**infatuated,** *a.* WEDI FFOLI/DWLU, WEDI GWIRIONI
**infatuation,** *n.* GWIRIONDEB, YNFYDRWYDD
**infect,** *v.* HEINTIO
**infected,** *a.* HEINTIEDIG
**infection,** *n.* HEINTIAD
**infectious,** *a.* HEINTUS
**infer,** *v.* CASGLU
**inference,** *n.* CASGLIAD, RHESYMIAD, DYGASGLIAD
**inferential,** *a.* CASGLIADOL
**inferior,** *a.* ISRADDOL
*n.* ISRADD
**inferiority,** *n.* ISRADDOLDEB
*inferiority complex,* CYMHLETH Y TAEOG
**infernal,** *a.* UFFERNOL
**inferno,** *n.* UFFERN
**infertile,** *a.* ANFFRWYTHLON
**infertility,** *n.* ANFFRWYTHLONDEB
**infest,** *v.* HEIGIANNU
**infestation,** *n.* HEIGIAD
**infested,** *a.* HEIGIANNUS
**infidel,** *n.* ANGHREDADUN, ANFFYDDIWR
*a.* ANGHREDINIOL
**infidelity,** *n.* ANGHREDINIAETH, ANFFYDDLONDEB
**infield,** *n.* MEWNFAES
**infilling,** *n.* MEWNLENWAD
**infiltrate,** *v.* YMDREIDDIO
**infiltration,** *n.* YMDREIDDIAD
**infinite,** *a.* ANFEIDROL, ANFEIDRAIDD
*n.* ANFEIDREDD
**infinitive,** *n.* BERFENW
**infinitesimal,** *n.* GORFYCHANYN
*a.* GORFYCHAN
**infinity,** *n.* ANFEIDROLDEB, ANFEIDREDD
**infirm,** *a.* LLESG, GWAN, EIDDIL
**infirmary,** *n.* CLAFDY
**infirmity,** *n.* LLESGEDD, GWENDID
**infixed,** *a.* MEWNOL

**inflame,** *v.* LLIDIO, ENNYN, CYFFROI
**inflamed,** *a.* LLIDUS
**inflammable,** *a.* HYFFLAM
**inflammation,** *n.* LLID, ENYNFA, LLOSG
**inflammatory,** *a.* ENYNNOL, LLIDUS
**inflate,** *v.* ENCHWYTHU, CHWYDDO
**inflation,** *n.* ENCHWYTHIANT, CHWYDDIANT
**inflationary,** *a.* CHWYDDIANNOL
**inflect,** *v.* FFURFDROI, PLYGU
**inflection,** *n.* FFURFDRO
**inflexibility,** *n.* ANHYBLYGRWYDD
**inflexible,** *a.* ANHYBLYG, DIWYRO
**inflexion,** *n.* FFURFDRO, GOSLEF
**inflict,** *v.* DODI, PERI, GWEINYDDU
**infliction,** *n.* BAICH, POEN, GWEINYDDIAD
**inflorescence,** *n.* FFLURGAINC
**influence,** *n.* DYLANWAD
*v.* DYLANWADU
**influential,** *a.* DYLANWADOL
**influenza,** *n.* Y FFLIW
**influx,** *n.* DYLIFIAD
**inform,** *v.* HYSBYSU, CYFARWYDDO
**informal,** *a.* ANFFURFIOL
**informality,** *n.* HEB FFURFIOLDEB, ANFFURFIOLDEB
**information,** *n.* HYSBYSRWYDD, GWYBODAETH
**informer,** *n.* HYSBYSWR
**infra-,** *px.* TAN-, IS-
**infra-red,** *a.* IS-GOCH
**infrastructure,** *n.* SEILWAITH
**infrequency,** *n.* ANAMLDER/EDD
**infrequent,** *a.* ANAML
**infringe,** *v.* TROSEDDU, TORRI
**infringement,** *n.* TROSEDD
**infuriate,** *v.* CYNDDEIRIOGI, FFYRNIGO
**infuriating,** *a.* MILEINIG, CAS
**infuse,** *v.* TRWYTHO, MWYDO
**infusion,** *n.* TRWYTH
**ingenious,** *a.* CYWRAIN, CELFYDD, MEDRUS
**ingenuity,** *n.* CYWREINRWYDD, MEDR
**ingenuous,** *a.* DIDWYLL, DIFFUANT
**ingenuousness,** *n.* DIDWYLLEDD, DIFFUANTRWYDD
**ingle,** *n.* AELWYD, LLE TÂN
**inglorious,** *a.* GWARADWYDDUS, DISTADL
**in-goal,** *n.* CEISFA
**ingot,** *n.* INGOT
**ingrain,** *v.* TRWYTHO
**ingrained,** *a.* CYNHENID, CYSEFIN
**ingratitude,** *n.* ANNIOLCHGARWCH
**ingredients,** *n.pl.* CYNHWYSION, RHEIDIAU
**ingress,** *n.* MYNEDIAD, DYFODFA
**in-growing (nail),** *a.* CASEWIN
**inguinal,** *a.* ARFFEDOL
**inhabit,** *v.* PRESWYLIO, TRIGO, CYFANEDDU
**inhabitable,** *a.* CYFANNEDD, TRIGIADWY
**inhabitant,** *n.* PRESWYLYDD/IWR
**inhalation,** *n.* ANADLIAD
**inhale,** *v.* ANADLU, MEWNANADLU
**inhere,** *v.* GLYNU WRTH, YMFODOLI
**inherence,** *n.* YMFODAETH
**inherent,** *a.* CYNHENID, YMFODOL, GREDDFOL
**inherit,** *v.* ETIFEDDU
**inheritable,** *a.* ETIFEDDADWY
**inheritance,** *n.* ETIFEDDIAETH, TREFTADAETH, GWADDOL
**inherited,** *a.* ETIFEDDOL
**inheritor,** *n.* ETIFEDD(WR)
**inhibit,** *v.* ATAL, GWAHARDD, GWARAFUN
**inhibition,** *n.* ATALIAD, ATALNWYD, LLUDDIANT
**inhibitor,** *n.* ATALYDD
**inhospitable,** *a.* DIGROESO, ANLLETYGAR, OERAIDD
**inhospitality,** *n.* ANGHROESO
**inhuman,** *a.* ANNYNOL, CREULON, CIAIDD
**inhumanity,** *n.* CREULONDEB, CIEIDD-DRA
**inimical,** *a.* GELYNOL/IAETHUS
**inimitable,** *a.* DIGYFFELYB, DIHAFAL
**iniquitous,** *a.* DRWG, TRAWS
**iniquity,** *n.* DRYGIONI, CAMWEDD
**initial,** *n.* YNYD(EN)
*a.* DECHREUOL, BLAEN
*v.* YNYDU
**initiate,** *v.* DECHRAU, YNYDU, HYFFORDDI, CYNHORIO
**initiation,** *n.* AGORIAD, YNYDIAD, CYNHORIAD
**initiative,** *n.* CYNHOREDD, BLAENGARWCH, MENTER, SYMBYLIAD
**initiator,** *n.* DECHREUWR
**inject,** *v.* CHWISTRELLU, PIGIADU, MEWNSAETHU
**injection,** *n.* CHWISTRELLIAD, PIGIAD, MEWNSAETHIAD
*booster injection,* CHWISTRELLIAD ATGYFNERTHU
**injector,** *n.* CHWISTRELLWR/YDD, MEWNSAETHYDD
**injudicious,** *a.* ANNOETH
**injunction,** *n.* GORCHYMYN, ARCH, ATALEB, GORFODEB
**injure,** *v.* NIWEIDIO, ANAFU
**injurious,** *a.* NIWEIDIOL, DRWG

**injury,** *n.* ANAF, NIWED, CAM
**injustice,** *n.* ANGHYFIAWNDER, CAM(WRI)
**ink,** *n.* INC
*v.* INCIO
*indelible ink,* INC CADW
**inkling,** *n.* AWGRYM
**inkpot,** *n.* POT INC
**inkstand,** *n.* STAND INC
**inlaid,** *a.* SUDDURNEDIG
**inland,** *n.* MEWNDIR
*a.* MEWNDIROL
**inlay,** *n.* SUDDURN, ENOSODIAD
*v.* SUDDURNO, ENOSOD
**inlet,** *n.* CILFACH, MEWNFA
**inmate,** *n.* TRIGIANNYDD
**inmost,** *a.* DYFNAF, NESAF I MEWN
**inn,** *n.* TAFARN, GWESTY
**innate,** *a.* CYNHENID, GREDDFOL, CYNHWYNOL
**inner,** *a.* MEWNOL
**innermost,** *a.* NESAF I MEWN
**innings,** *n.* BATIAD
**innkeeper,** *n.* TAFARNWR
**innocence,** *n.* DINIWEIDRWYDD
**innocent,** *a.* DINIWED, GWIRION, DIEUOG
**innocuous,** *a.* DINIWED
**innominate,** *a.* ENWOL
**innovate,** *v.* CYFLWYNO, NEWYDDIANNU
**innovation,** *n.* NEWYDDBETH, CYFNEWIDIAD
**innovator,** *n.* NEWYDDWR, NEWIDIWR
**innuendo,** *n.* ENSYNIAD
**innumerable,** *a.* DI-RIF, ANEIRIF
**inoculate,** *v.* BRECHU
**inoculation,** *n.* BRECHIAD
**inoffensive,** *a.* DINIWED, DI-DDRWG
**inoperative,** *a.* ANWEITHREDOL
**inopportune,** *a.* ANAMSEROL, ANGHYFLEUS
**inordinate,** *a.* GORMODOL, ANGHYMEDROL
**inorganic,** *a.* ANORGANIG
**in-patient,** *n.* CLAF PRESWYL
**input,** *n.* MEWNBWN, MEWNGYRCH
*v.* MEWNBYNNU
*input-output,* MEWNGYRCH-ALLGYRCH
**inquest,** *n.* CWEST, YMCHWILIAD
**inquietude,** *n.* AFLONYDDWCH
**inquire,** *v.* YMHOLI, GOFYN
**inquirer,** *n.* YMHOLWR, YMCHWILIWR
**inquiry,** *n.* YMHOLIAD
**inquisition,** *n.* YMCHWILIAD, Y CHWILYS
**inquisitive,** *a.* HOLGAR, CHWILFRYDIG
**inquisitor,** *n.* YMCHWILIWR, CHWILYSWR
**inroad,** *n.* CYRCH, YMOSODIAD
**inrush,** *n.* RHUTHR, DYLIFIAD
**insane,** *a.* GWALLGOF, YNFYD
**insanitary,** *a.* AFIACHUS, BRWNT
**insanity,** *n.* GORFFWYLLEDD, YNFYDRWYDD
**insatiable,** *a.* ANNIWALL
**inscribe,** *v.* ARSGRIFIO
**inscription,** *n.* ARYSGRIF
**inscrutable,** *a.* ANCHWILIADWY
**insect,** *n.* PRYF, PRYFYN
**insecticide,** *n.* PRYFLEIDDIAD
**insectivore,** *n.* PRYFYSYDD
**insectivorous,** *a.* PRYFYSOL
**insectology,** *n.* PRYFYDDEG
**insecure,** *a.* ANNIOGEL, PERYGLUS
**insecurity,** *n.* ANNIOGELWCH, PERYGL
**inseminate,** *v.* SEMENU
**insemination,** *n.* SEMENIAD
**inseparable,** *a.* ANWAHANADWY
**insensate,** *a.* DISYNNWYR, HURT
**insensibility,** *n.* ANNHEIMLADRWYDD
**insensible,** *a.* DIDEIMLAD
**insert,** *v.* MEWNOSOD
**insertion,** *n.* MEWNIAD
**inset,** *n.* MEWNOSODIAD
**inside,** *n.* TU MEWN
*a.* MEWNOL
*prp.* YN, TU MEWN I
*ad.* I MEWN, O FEWN
**inside-forward,** *n.* MEWNWR
**inside-half,** *n.* MEWNWR
**inside-left,** *n.* MEWNWR CHWITH
**inside-out,** *ad.* O CHWITH
**inside-right,** *n.* MEWNWR DE
**insidious,** *a.* LLECHWRAIDD
**insight,** *n.* MEWNWELEDIAD
**insignia,** *n.pl.* ARWYDDION (SWYDD)
**insignificance,** *n.* DISTADLEDD, DINODEDD
**insignificant,** *a.* DISTADL, DI-NOD, TILA
**insincere,** *a.* ANNIDWYLL, FFUANTUS
**insincerity,** *n.* ANNIDWYLLEDD
**insinuate,** *v.* ENSYNIO
**insinuating,** *a.* ENSYNIOL
**insinuation,** *n.* ENSYNIAD
**insipid,** *a.* DI-FLAS, MERFAIDD
**insipidity,** *n.* DIFLASRWYDD
**insist,** *v.* MYNNU, HAERU
**insistence,** *n.* HAERIAD, TAERINEB
**insistent,** *a.* TAER, PENDERFYNOL
**insobriety,** *n.* MEDDWDOD
**insolation,** *n.* DARHEULAD
**insolence,** *n.* HAERLLUGRWYDD
**insolent,** *a.* HAERLLUG

**insoluble,** *a.* ANNHODDADWY
**insolvency,** *n.* METHDALIAD
**insolvent,** *n.* METHDALWR
*a.* METHDALUS
**insomnia,** *n.* ANHUNEDD
**insomuch,** *ad.* GAN, FEL, HYD ONI, YN GYMAINT
**insouciant,** *a.* DIOFAL, DIFATER
**inspect,** *v.* AROLYGU, ARCHWILIO
**inspection,** *n.* AROLYGIAD, ARCHWILIAD
**inspector,** *n.* AROLYGWR, ARCHWILIWR
**inspiration,** *n.* YSBRYDOLIAETH, MEWNANADLIAD
**inspire,** *v.* YSBRYDOLI, SYMBYLU
**inspired,** *a.* YSBRYDOLEDIG
**inspirit,** *v.* CALONOGI, YSBRYDOLI
**instability,** *n.* ANSADRWYDD
**install,** *v.* SEFYDLU, ARSEFYDLU
**installation,** *n.* SEFYDLIAD, ARSEFYDLIAD
**instalment,** *n.* RHANDAL(IAD)
**instance,** *n.* ENGHRAIFFT
*v.* NODI, ENWI
*for instance,* ER ENGHRAIFFT
**instant,** *n.* ENNYD
*a.* TAER, EBRWYDD
**instantaneous,** *a.* ENYDUS, DISYMWTH, EBRWYDD
**instead,** *a.* YN LLE
**instep,** *n.* MWNWGL / CAMEDD / CEFN TROED
**institution,** *n.* SEFYDLIAD
**institutional,** *a.* SEFYDLIADOL
**instruct,** *v.* CYFARWYDDO, HYFFORDDI
**instruction,** *n.* CYFARWYDDYD, HYFFORDDIANT
**instructive,** *a.* CYFARWYDDIADOL, HYFFORDDIADOL
**instructor,** *n.* CYFARWYDDWR, HYFFORDDWR
**instrument,** *n.* OFFERYN, ERFYN, ARF
*precision instrument,* OFFERYN MANYLWAITH
**instrumental,** *a.* OFFERYNNOL, YN GYFRWNG
**instrumentalist,** *n.* OFFERYNNWR
**instrumentality,** *n.* CYMORTH, CYFRWNG
**instrumentation,** *n.* OFFERYNIAETH
**insubordinate,** *a.* ANUFUDD
**insubordination,** *n.* ANUFUDD-DOD
**insufferable,** *a.* ANNIODDEFOL
**insufficiency,** *n.* ANNIGONEDD, ANNIGONOLRWYDD
**insufficient,** *a.* ANNIGONOL
**insufflation,** *n.* ARANADLIAD
**insular,** *a.* YNYSOL
**insularity,** *n.* YNYSIAETH, UNIGRWYDD
**insulate,** *v.* YNYSU
**insulated,** *a.* YNYSEDIG, YNYSOG
**insulation,** *n.* YNYSIAD
**insulator,** *n.* YNYSYDD
**insulin,** *n.* INSWLIN
**insult,** *n.* SARHAD, SEN
*v.* SARHAU
**insulting,** *a.* SARHAUS
**insuperable,** *a.* ANORCHFYGOL, ANORFOD
**insurance,** *n.* YSWIRIANT
*comprehensive insurance,* YSWIRIANT CYFUN
*national insurance,* YSWIRIANT GWLADOL
**insure,** *v.* YSWIRIO
**insured,** *a.* YSWIRIEDIG
**insurgency,** *n.* GWRTHRYFEL(A)
**insurgent,** *n.* GWRTHRYFELWR
*a.* GWRTHRYFELGAR
**insurmountable,** *a.* ANORCHFYGOL
**insurrection,** *n.* TERFYSG, GWRTHRYFEL
**intact,** *a.* CYFAN, DIANAF
**intake,** *n.* DERBYNNEDD
*v.* DERBYN
**intangible,** *a.* ANGHYFFWRDD
**integer,** *n.* CYFANRIF, INTEGER
**integral,** *n.* INTEGRYN
*a.* INTEGROL, CYFANNOL
**integrate,** *v.* INTEGRU, CYFANNU
**integrated,** *a.* CYFANNOL, INTEGREDIG
**integration,** *n.* INTEGRIAD, CYFANIAD
**integrity,** *n.* GONESTRWYDD, CYFAN-RWYDD, INTEGREDD
**integument,** *n.* PILYN, CROEN(YN)
**intellect,** *n.* DEALL
**intellectual,** *n.* DEALLUSYN
*a.* DEALLUS
**intellectualism,** *n.* DEALLAETH
**intelligence,** *n.* DEALLUSRWYDD, CUDD-WYBODAETH
*intelligence test,* PRAWF DEALLUS-RWYDD
**intelligent,** *a.* DEALLUS
**intelligentsia,** *n.* Y DEALLUS
**intelligible,** *a.* DEALLADWY
**intemperance,** *n.* ANGHYMEDROLDEB
**intemperate,** *a.* ANGHYMEDROL
**intend,** *v.* BWRIADU, AROFUN
**intense,** *a.* ANGERDDOL, DWYS
**intensify,** *v.* DWYSÁU
**intension,** *n.* ANHWYSIAD
**intensity,** *n.* ANGERDD, ARDDWYSEDD, DWYSTER

**intensive,** *a.* DYFAL, TRYLWYR, ARDDWYS
**intent,** *n.* BWRIAD, DIBEN
*a.* DYFAL, AWYDDUS
**intention,** *n.* BWRIAD
**intentional,** *a.* BWRIADOL/US
**inter,** *v.* CLADDU, DAEARU
**inter-,** *px.* CY-, RHWNG-, CYD-
**interact,** *v.* RHYNGWEITHIO
**interaction,** *n.* RHYNGWEITHIAD, CYDYMWAITH
**interbedded,** *a.* RHYNGWELYOG
**interbreed,** *v.* RHYNGFRIDIO
**intercalate,** *v.* DODI I MEWN
**intercede,** *v.* EIRIOL, CYFRYNGU
**intercellular,** *a.* RHYNG-GELLOL
**intercept,** *v.* RHAGOD, RHYNGDORRI
**interception,** *n.* RHAGOD, RHYNGDORIAD
**intercession,** *n.* EIRIOLAETH
**intercessor,** *n.* EIRIOLWR
**intercessory,** *a.* EIRIOLAETHOL
**interchange,** *v.* YMGYFNEWID
**interchangeable,** *a.* YMGYFNEWIDIOL
**intercom,** *n.* INTERCOM
**intercostal,** *a.* RHYNGASENNOL
**intercourse,** *n.* CYFATHRACH
**interdependence,** *n.* CYD-DDIBYNIAETH
**interdict,** *n.* GWAHARDDIAD
*v.* GWAHARDD
**interest,** *n.* DIDDORDEB, LLOG, BUDD, LLES
*v.* DIDDORI
*compound interest,* ADLOG
*rate of interest,* CYFRADD LLOG
**interesting,** *a.* DIDDOROL
**interests,** *n.pl.* DIDDORDEBAU
**interface,** *n.* CYDWYNEB
**interfere,** *v.* YMYRRYD
**interference,** *n.* YMYRRAETH, YMYRIANT
**interferometer,** *n.* YMYRADUR
**interferometry,** *n.* YMYRADURIAETH
**interim,** *n.* CYFAMSER
*a.* DROS DRO
**interior,** *n.* TU MEWN, CANOL, MEWNEDD, PERFEDDWLAD, MEWNDIR
*a.* MEWNOL
**interjacent,** *a.* RHYNGORWEDDOL
**interject,** *v.* EBYCHU
**interjection,** *n.* EBYCHIAD
**interlace,** *n.* RHYNGLES
*v.* RHYNGLESIO
**interlining,** *n.* LEININ CUDD
**interlinked,** *a.* CYDGYSYLLTIOL
**interlock,** *v.* CYD-GLOI
**interloper,** *n.* YMYRRWR, YMWTHIWR
**interlude,** *n.* EGWYL, ANTERLIWT
**intermarriage,** *n.* CYDBRIODAS
**intermarry,** *v.* CYDBRIODI
**intermediary,** *n.* CYFRYNGWR, ATHRYWYNWR, CANOLWR
**intermediate,** *a.* CANOLRADD, CYFRYNGOL
*n.* CANOLRADD, RHYNGOLYN
**interment,** *n.* CLADDEDIGAETH
**intermezzo,** *n.* INTERMEZZO
**interminable,** *a.* DIDERFYN
**intermission,** *n.* SAIB
**intermit,** *v.* CYMRYD SAIB
**intermittent,** *a.* YSBEIDIOL
**intermix,** *v.* CYDGYMYSGU
**intermixture,** *n.* CYDGYMYSGEDD
**intermont,** *a.* RHYNGFYNYDDIG
**intern,** *v.* DALGADW
**internal,** *a.* MEWNÓL
**internalisation,** *n.* MEWNOLIAD
**international,** *a.* RHYNGWLADOL, CYDWLADOL
*International Date Line,* Y DDYDD-LINELL
**internationalise,** *v.* CYDWLADOLI
**internment,** *n.* DALGADWRAETH
**interpenetration,** *n.* CYD-DREIDDIAD
**interphase,** *n.* INTERFFAS
**interplay,** *n.* CYDADWAITH
**interpleader,** *n.* RHYNGBLEIDIWR
**interpolate,** *v.* RHYNGOSOD
**interpolation,** *n.* RHYNGOSODIAD
**interpose,** *v.* RHYNGWTHIO
**interpret,** *v.* CYFIEITHU, DEHONGLI
**interpretation,** *n.* DEHONGLIAD, ESBONIAD
**interpreter,** *n.* CYFIEITHYDD, LLAD-MERYDD, DEHONGLWR
**interregnum,** *n.* INTEREGNWM
**interrelation,** *n.* RHYNGBERTHYNAS
**interrogate,** *v.* HOLI
**interrogation,** *n.* HOLIAD
**interrogative,** *n.* GOFYNIAD
*a.* GOFYNNOL
**interrogator,** *n.* HOLWR
**interrogatory,** *a.* GOFYNNOL
**interrupt,** *v.* YMYRRYD
**interruption,** *n.* YMYRRAETH, YMYRIAD
**intersect,** *v.* CROESDORRI
**intersection,** *n.* CROESDORIAD, CROESFAN
**intersperse,** *v.* GWASGARU, BRITHO
**interstellar,** *a.* RHYNGSEROL
**intertidal,** *a.* RHYNGLANW
**intertwine,** *v.* CYDBLETHU
**interval,** *n.* EGWYL, CYFWNG, SAIB
*closed interval,* CYFWNG CAEËDIG

**intervene,** *v.* YMYRRYD
**intervention,** *n.* YMYRIAD, YMYRRAETH
**interventionist,** *n.* YMYRRWR
**interview,** *n.* CYFWELIAD
*v.* CYFWELED
**interviewer,** *n.* CYFWELYDD
**intestacy,** *n.* DIEWYLLYSIEDD
**intestate,** *a.* DIEWYLLYS
**intestinal,** *a.* PERFEDDOL
**intestine,** *n.* PERFEDDYN, COLUDDYN
**intimacy,** *n.* CYNEFINDRA, AGOSATRWYDD, AGOSRWYDD
**intimate,** *a.* CYFARWYDD, AGOS, CYNEFIN
*n.* CYFAILL, CYDNABOD
*v.* CRYBWYLL, MYNEGI
**intimation,** *n.* AWGRYMIAD
**intimidate,** *v.* DYCHRYNU
**intimidation,** *n.* BRAWYCHIAD
**into,** *prp.* I, YN, I MEWN
**intolerable,** *a.* ANNIODDEFOL
**intolerance,** *n.* ANODDEFIAD, CULNI
**intolerant,** *a.* ANODDEFGAR
**intone,** *v.* LLAFARGANU, SIANTIO
**intonation,** *n.* TONYDDIAETH, GOSLEF
**intoxicant,** *n.* DIOD FEDDWOL
**intoxicate,** *v.* MEDDWI
**intoxicating,** *a.* MEDDWOL
**intoxication,** *n.* MEDDWDOD
**intracellular,** *a.* MEWNGELLOL
**intractable,** *a.* ANHYDRIN, AFREOLUS
**intrada,** *n.* AGORAWD, INTRADA
**intransitive,** *a.* CYFLAWN (GRAMADEG), ANNHROSAIDD
**intravenous,** *a.* MEWNWYTHIENNOL
**intrepid,** *a.* DI-OFN, DEWR, GWROL
**intrepidity,** *n.* DEWRDER, GWROLDEB
**intricacy,** *n.* CYMHLETHDOD, DRYSWCH
**intricate,** *a.* CYMHLETH, DYRYS
**intrigue,** *n.* CYNLLWYN, BRAD
**intriguing,** *a.* CHWILFRYDIG
**intrinsic,** *a.* CYNHENID, PRIODOL, HANFODOL
**introduce,** *v.* CYFLWYNO, RHAGARWAIN
**introduction,** *n.* CYFLWYNIAD, RHAGARWEINIAD, RHAGLITH, RHAGYMADRODD
**introductory,** *a.* YN CYFLWYNO, RHAGARWEINIOL
**introit,** *n.* INTROIT, YNTRED
**introspect,** *v.* MEWNSYLLU
**introspection,** *n.* MEWNSYLLIAD
**introspective,** *a.* MEWNSYLLGAR
**introversion,** *n.* MEWNDRO
**introvert,** *a.* MEWNDRÖEDIG
**intrude,** *v.* YMYRRYD, MEWNWTHIO
**intruder,** *n.* YMYRRWR, YMWTHIWR
**intrusion,** *n.* YMYRRAETH, MEWNWTHIAD
**intrusive,** *a.* MEWNWTHIOL, YMWTHIOL
**intuition,** *n.* SYTHWELEDIAD
**intuitive,** *a.* SYTHWELEDOL
**intususception,** *n.* LLAWESIAD
**inundate,** *v.* GORLIFO, BODDI
**inundation,** *n.* GORLIFIAD
**inure,** *v.* CYFARWYDDO, CALEDU
**inured,** *a.* CYFARWYDD, CALED
**invade,** *v.* GORESGYN, MEDDIANNU
**invader,** *n.* GORESGYNNWR, MEDDIANNWR
**invalid,** *a.* ANNILYS
**invalid,** *n.* DYN AFIACHOG
*a.* AFIACHOG
*invalid diet,* DIET YMADFER
**invalidate,** *v.* ANNILYSU
**invaluable,** *a.* AMHRISIADWY
**invariably,** *ad.* YN DDIEITHRIAD, BOB AMSER
**invariant,** *n.* SEFYDLYN
*a.* SEFYDLOG
**invasion,** *n.* GORESGYNIAD, MEDDIANT
**invective,** *n.* DIFRÏAETH, CABLEDD
**inveigh,** *v.* DIFRÏO, SENNU
**inveigle,** *v.* HUDO, TWYLLO
**invent,** *v.* DYFEISIO, DYCHMYGU
**invention,** *n.* DYFAIS, DYCHYMYG
**inventive,** *a.* DYFEISGAR
**inventor,** *n.* DYFEISIWR
**inventory,** *n.* RHESTREN, STOCRESTR
**inverse,** *n.* GWRTHDRO
*a.* YN GROES
**inversion,** *n.* GWRTHDRO(AD)
**invert,** *v.* GWRTHDROI
**inverted,** *a.* GWRTHDRÖEDIG, ANNORMAL
**invest,** *v.* BUDDSODDI, ARWISGO
**investigate,** *v.* YMCHWILIO
**investigation,** *n.* YMCHWILIAD
**investigator,** *n.* YMCHWILIWR
**investiture,** *n.* ARWISGIAD
**investment,** *n.* BUDDSODDIAD
**investor,** *n.* BUDDSODDWR
**inveterate,** *a.* CYSON, HEN, CYNDYN
**invidious,** *a.* ANNYMUNOL
**invigilate,** *v.* AROLYGU
**invigilator,** *n.* AROLYGWR, GWYLIWR
**invigorate,** *v.* BYWIOGI, GRYMUSO
**invigorating,** *a.* BYWIOGUS
**invincible,** *a.* ANORCHFYGOL
**inviolable,** *a.* DIHALOG, CYSEGREDIG
**inviolate,** *a.* DIANAF, CYFAN

**invisible,** *a.* ANWELEDIG
**invitation,** *n.* GWAHODDIAD
**invite,** *v.* GWAHODD, DENU
**inviting,** *a.* DENIADOL
**invocation,** *n.* YMBIL, GWEDDI, ARDDEISYFIAD
**invoice,** *n.* ANFONEB
**invoke,** *v.* ERFYN, GWEDDÏO, ARDDEISYF
**involute,** *n.* INFOLWT
**involution,** *n.* INFOLYTEDD
**involve,** *v.* GOLYGU, YMGLYMU
**involvement,** *n.* YMGLYMIAD, YMGYFRANIAD
**invulnerable,** *a.* NA ELLIR EI ANAFU
**inward,** *a.* MEWNOL
**inwards,** *ad.* TUAG I MEWN
*n.pl.* PERFEDD
**iodide,** *n.* ÏODID
**iodine,** *n.* ÏODIN
**ion,** *n.* ÏON
**ionic,** *a.* ÏONIG
**ionisation,** *n.* ÏONEIDDIAD
**ionise,** *v.* ÏONEIDDIO
**ionosphere,** *n.* ÏONOSFFER
**iota,** *n.* IOD, MYMRYN
**irascibility,** *n.* HYDDIGRWYDD, PIGOWGRWYDD
**irascible,** *a.* CROENDENAU, PIGOG
**irate,** *a.* DIG, LLIDIOG
**ire,** *n.* DICTER, LLID, SORIANT
**iridescent,** *a.* SYMUDLIW
**iridium,** *n.* IRIDIWM
**iris,** *n.* GELLYSG, GLAS Y LLYGAD
**iritis,** *n.* LLID GLAS Y LLYGAD
**irk,** *v.* BLINO, DIFLASU
**irksome,** *a.* BLIN(DERUS), DIFLAS
**iron,** *n.* HAEARN
*v.* SMWDDIO
*wrought iron,* HAEARN GYR
*iron filings,* CRAFION HAEARN
**ironical,** *a.* EIRONIG
**ironmonger,** *n.* GWERTHWR NWYDDAU HAEARN
**ironmongery,** *n.* NWYDDAU HAEARN
**irons,** *n.pl.* HEYRN
**irony,** *n.* EIRONI
**irradiate,** *v.* ARBELYDRU
**irradiated,** *a.* ARBELYDROL
**irradiation,** *n.* ARBELYDRIAD
**irrational,** *a.* ANRHESYMOL, DIRESWM, ANGHYMAREBOL
**irrationalism,** *n.* ANRHESYMOLIAETH
**irrationality,** *n.* ANRHESYMOLDEB
**irreconcilable,** *a.* ANGHYMODLON
**irrecoverable,** *a.* ANADFERADWY, CYFRGOLLEDIG
**irredeemable,** *a.* DI-ATBRYN
**irreducible,** *a.* ANOSTWNG
**irrefutable,** *a.* ANWRTHBROFOL
**irregular,** *a.* AFREOLAIDD
**irregularity,** *n.* AFREOLEIDD-DRA
**irrelevance,** *n.* AMHERTHYNAS
**irrelevant,** *a.* AMHERTHYNOL
**irreligion,** *n.* ANGHREFYDD
**irreligious,** *a.* ANGHREFYDDOL
**irremediable,** *a.* DIYMWARED, ANWELLADWY
**irreparable,** *a.* ANADFERADWY
**irrepressible,** *a.* DIATAL
**irresistible,** *a.* ANORCHFYGOL
**irresolute,** *a.* AMHENDERFYNOL
**irresolution,** *n.* PETRUSTER
**irrespective,** *a.* AR WAHÂN I
**irresponsible,** *a.* ANGHYFRIFOL
**irretrievable,** *a.* ANADFERADWY
**irreverence,** *n.* AMARCH, SARHAD
**irreverent,** *a.* AMHARCHUS
**irreversible,** *a.* ANWRTHDROADWY
**irrevocable,** *a.* DI-ALW YN ÔL
**irrigate,** *v.* DYFRHAU
**irrigated,** *a.* DYFREDIG
**irrigation,** *n.* DYFRHAD
**irritability,** *n.* HYDEIMLEDD, LLID
**irritable,** *a.* CROENDENAU, LLIDIOG, ANYNAD
**irritate,** *v.* BLINO, POENI, CYTHRUDDO
**irritating,** *a.* BLIN, POENUS, LLIDUS
**irritation,** *n.* POEN, LLID, ENYNFA
**irruption,** *n.* RHUTHR
**is,** *v.* YW, YDYW, Y MAE, OES, SYDD
**isallobar,** *n.* ISALOBAR
**island,** *n.* YNYS
**islander,** *n.* YNYSWR
**isle,** *n.* YNYS(IG)
**islet,** *n.* YNYSIG
**isobar,** *n.* ISOBAR
**isobaric,** *a.* ISOBARIG
**isobath,** *n.* ISOBATH
**isoclinal,** *a.* ISOCLEINIOG
**isocline,** *n.* ISOCLEIN
**isocost,** *n.* HAFALGOST
**isogamy,** *n.* ISOGAMEDD
**isogonal,** *a.* ISOGONAL
**isohyet,** *n.* ISOHYED, GLAWLIN
**isolate,** *n.* UNIGYN
*v.* UNIGO, ARUNIGO, YNYSOLI, ARWAHANU

**isolated,** *a.* ARUNIG
**isolation,** *n.* ARUNIGEDD, UNIGEDD, ARWAHANRWYDD
**isolationism,** *n.* ARUNIGEDD
**isolationist,** *n.* ARUNIGWR
**isomer,** *n.* ISOMER
**isomeric,** *a.* ISOMERIG
**isomerism,** *n.* ISOMEREDD
**isometric,** *a.* ISOMEDRIG
**isomorph,** *n.* ISOMORFF
**isomorphic,** *a.* ISOMORFFIG
**isomorphism,** *n.* ISOMORFFEDD
**isorhythmic,** *a.* ISORHYTHMIG
**isosceles,** *a.* ISOSGELES
**isostatic,** *a.* ISOSTATIG
**isotherm,** *n.* ISOTHERM
**isothermal,** *a.* ISOTHERMOL
*n.* ISOTHERMAL
**isotope,** *n.* ISOTOP
**isotopic,** *a.* ISOTOPIG
**issue,** *n.* CANLYNIAD, DIWEDD, DIFERLIF, CYHOEDDIAD, TARDDIAD
*v.* CYHOEDDI, TARDDU, DYRODDI
*at issue,* I'W DDADLAU
*issue is found,* GWNEIR CYFRAITH
**isthmus,** *n.* CULDIR
**it,** *pn.* EF, HI
**italic,** *a.* ITALIG
**italicize,** *v.* ITALEIDDIO
**italics,** *n.pl.* LLYTHRENNAU ITALIG
**itch,** *n.* CRAFU, COS(FA)
*v.* CRAFU, COSI
**item,** *n.* EITEM
**iterate,** *v.* ITERU, AILADRODD
**iteration,** *n.* ITERIAD, AILADRODDIAD
**iterative,** *a.* ITERUS
**itinerant,** *a.* CRWYDROL, TEITHIOL
**itinerary,** *n.* TAITH, TEITHLYFR
**itself,** *pn.* EI HUN(AN)
**ivory,** *n.* IFORI
**ivy,** *n.* IORWG, EIDDEW

**jab,** *n.* JAB, PIGIAD
*v.* PWTIAN, GWANU
**jabber,** *n.* CLEBER, BALDORDD
*v.* CLEBRAN, BALDORDDI
**jabberer,** *n.* CLEBRYN, BALDORDDWR
**jack,** *n.* JAC
*v.* JACIO
**jackal,** *n.* SIACAL
**jackanapes,** *n.* COEGYN
**jackass,** *n.* HURTYN, ASYN GWRYW
**jackdaw,** *n.* JAC-Y-DO
**jacket,** *n.* SIACED
**jade,** *n.* DIHIREN, CARREG ADDURNOL
*v.* BLINO
**jag,** *n.* RHINT, BWLCH
*v.* RHWYGO, BYLCHU
**jagged,** *a.* DANHEDDOG
**jail,** *n.* CARCHAR
**jam,** *n.* JAM, TAGFA, TAGIAD
*v.* JAMIO, TAGU
**jamb,** *n.* YSTLYSBOST
**jamboree,** *n.* DATHLIAD
**jangle,** *n.* SŴN GARW
*v.* CWERYLA
**janissary,** *n.* JANISARIAD
**janitor,** *n.* PORTHOR, DRYSOR
**January,** *n.* IONAWR
**japan,** *n.* FARNAIS
*v.* FARNEISIO
**jar,** *n.* JAR, YSGYDWAD
*v.* RHYGNU, YSGWYD
**jarful,** *a.* JARAID
**jargon,** *n.* JARGON, FFREGOD
**jasper,** *n.* IASBIS
**jaundice,** *n.* CLEFYD MELYN
**jaunt,** *n.* GWIB
*v.* GWIBIO
**jauntiness,** *n.* TALOGRWYDD
**jaunty,** *a.* TALOG, BYWIOG
**javelin,** *n.* GWAYWFFON
**jaw,** *n.* GÊN, SAFN
**jay,** *n.* SGRECH Y COED
**jazz,** *n.* JAZZ
**jealous,** *a.* CENFIGENNUS, EIDDIGUS
**jealousy,** *n.* CENFIGEN, EIDDIGEDD
**jeans,** *n.* JÎNS
**jeep,** *n.* JÎP
**jeer,** *n.* GWAWD, GWATWAR
*v.* GWAWDIO, GWATWAR
**jejune,** *a.* DIFFRWYTH
**jelly,** *n.* JELI
**jelly-fish,** *n.* SLEFREN FÔR
**jemmy,** *n.* TROSOL LLEIDR
**jenny,** *n.* JENNI
**jeopardise,** *v.* PERYGLU
**jeopardy,** *n.* PERYGL, ENBYDRWYDD
**jeremiad,** *n.* GALARNAD
**jerk,** *n.* PLWC, YSGYTIAD
*v.* PLYCIO, YSGYTIO
**jerkin,** *n.* JERCIN, COT LEDR
**jerry-,** *px.* BREGUS, SIMSAN
**jersey,** *n.* CRYS, JERSI, SIERSI
**jest,** *n.* & *v.* CELLWAIR
**jester,** *n.* CELLWEIRIWR
**jet,** *n.* JET, CHWYTHELL, MUCHUDD, FFRWD
*jet engine,* PEIRIANT JET
*jet stream,* JETLIF
*a.* DU, JET
**jetsam,** *n.* BROC MÔR
**jettison,** *v.* TAFLU
**jetty,** *n.* JETI, GLANFA
**Jew,** *n.* IDDEW
**jewel,** *n.* GEM, TLWS
**jeweller,** *n.* GEMYDD
**jewellery,** *n.* GEMWAITH, GEMAU
**Jewess,** *n.* IDDEWES
**Jewish,** *a.* IDDEWIG
**Jewry,** *n.* YR IDDEWON
**Jew's harp,** *n.* YSTURMANT
**jib,** *n.* JIB
*v.* NOGIO
**jibbing,** *n.* NOGIAD
*a.* NOGLYD
**jiffy,** *n.* MUNUDYN
**jig,** *n.* JIG, DALIWR
*v.* JIGIO
**jig-saw,** *n.* JIG-SO, HERCLIF
**jilt,** *n.* DIHIREN
*v.* SIOMI CARIAD
**jingle,** *n.* TINC, RHIGWM
*v.* TINCIAL
**jingo,** *n.* PLEIDIWR RHYFEL
**jingoism,** *n.* JINGOISTIAETH
**jink,** *n.* JINC
**jinks,** *n.* MIRI, RHIALTWCH
**jitters,** *n.pl.* NERFAU, OFN
**jittery,** *a.* NERFUS, OFNUS
**job,** *n.* GORCHWYL, TASG, GWAITH
*v.* JOBIO
*Job Centre,* CANOLFAN GWAITH
**jobber,** *n.* JOBIWR, STOCWAS
**jobbery,** *n.* CYNLLWYN
**jockey,** *n.* JOCI
**jocose,** *a.* DIREIDUS, CELLWEIRUS
**jocular,** *a.* FFRAETH, YSMALA
**jocularity,** *n.* FFRAETHINEB, DIGRIFWCH
**jocund,** *a.* LLON, HOYW
**jocundity,** *n.* LLONDER, HOYWDER

**jog,** *v.* LONCIAN
*n.* GWTH, HWB
**jogger,** *n.* LONCIWR
**jogtrot,** *n.* RHYGYNG
**join,** *v.* CYSYLLTU, UNO, ASIO, YMUNO, UNIADU
**joiner,** *n.* ASIEDYDD, SAER
**joint,** *n.* CYSWLLT, UNIAD, BREG, ASIAD
*dovetail joint,* UNIAD CYNFFONNOG
*lap joint,* GORUNIAD
*joint ill,* CLWY'R CYMALAU
**jointed,** *a.* CYMALOG, BREGOG
**jointing,** *n.* BREGIANT, UNIADU
**joist,** *n.* DIST, TRAWST
**joke,** *n.* JÔC, FFRAETHEB, CELLWAIR
*v.* JOCAN, CELLWAIR
**joker,** *n.* CELLWEIRIWR
**jollification,** *n.* RHIALTWCH
**jollity,** *n.* MIRI, HWYL
**jolly,** *a.* LLAWEN, DIFYR, BRAF
**jolt,** *n.* YSGYTIAD
*v.* YSGYTIO
**jostle,** *n.* HERGWD
*v.* GWTHIO
**jot,** *n.* IOD, MYMRYN, TIPYN
*v.* COFNODI
**jotter,** *n.* NODLYFR
**jotting,** *n.* NODIAD
**journal,** *n.* NEWYDDIADUR, JWRNAL, CYLCHGRAWN
**journalese,** *n.* NEWYDDIADUREG
**journalist,** *n.* NEWYDDIADURWR
**journalistic,** *a.* NEWYDDIADURLLYD
**journey,** *n.* TAITH, SIWRNAI
*v.* TEITHIO, YMDEITHIO
**journeyman,** *n.* JERMON
**journeywork,** *n.* DYDDGWAITH
**joust,** *n.* TWRNAMEINT
*v.* YMLADD MEWN TWRNAMEINT
**jovial,** *a.* LLAWEN, SIRIOL, LLON
**joviality,** *n.* MIRI, DIGRIFWCH, LLAWENYDD
**jowl,** *n.* GÊN, CERN
**joy,** *n.* LLAWENYDD, GORFOLEDD
**joyful,** *a.* LLAWEN, GORFOLEDDUS
**joyless,** *a.* TRIST, PRUDD, AFLAWEN
**joyous,** *a.* LLAWEN, GORFOLEDDUS
**jubilant,** *a.* GORFOLEDDUS
**jubilation,** *n.* GORFOLEDD
**jubilee,** *n.* JIWBILI, DATHLIAD
**Judaism,** *n.* IDDEWIAETH
**judge,** *n.* BARNWR, BEIRNIAD.
*v.* BARNU, BEIRNIADU
**judgement,** *n.* BARN, DEDFRYD, DYFARNIAD
**judicature,** *n.* YNADAETH, BRAWDLYS
**judicial,** *a.* BARNWROL, YNADOL
**Judiciary,** *n.* Y FARNWRIAETH
**judicious,** *a.* DOETH, CALL, DEALLUS
**jug,** *n.* JWG, SIWC
**juggernaut,** *n.* JUGGERNAUT
**juggle,** *v.* SIWGLO
**juggler,** *n.* SIWGLWR
**jugglery,** *n.* SIWGLAETH
**jugular,** *a.* GYDDFOL
**juice,** *n.* SUDD, SUG
**juicy,** *a.* SUDDOG, IRAIDD
**July,** *n.* GORFFENNAF
**jumble,** *n.* CYMYSGEDD, CYBOLFA
*v.* CYMYSGU, CYBOLI
*jumble sale,* FFAIR SBORION
**jump,** *n.* NAID, LLAM
*v.* NEIDIO, LLAMU
**jumper,** *n.* NEIDIWR, SIWMPER
**junction,** *n.* CYFFORDD, CYDIAD, CYMER
**juncture,** *n.* CYSWLLT, CYFWNG
**June,** *n.* MEHEFIN
**jungle,** *n.* JYNGL, DRYSWIG
**juniper,** *n.* MERYWEN
**junior,** *a.* IAU
*n.* IENGYN, IANGEN
**junk,** *n.* JWNC, SOTHACH
**junket,** *n.* JWNCED
**junta,** *n.* CLYMBLAID, JUNTA
**juridical,** *a.* CYFREITHYDDOL
**jurisdiction,** *n.* AWDURDOD, AWDURDODAETH
**jurisprudence,** *n.* CYFREITHEG
**jurist,** *n.* CYFREITHEGWR
**juror,** *n.* RHEITHIWR
**jury,** *n.* RHEITHGOR
**just,** *a.* IAWN, UNION, CYWIR, TEG, CYFIAWN
*ad.* YN UNION, BRAIDD, PRIN
*just now,* GYNNAU (FACH)
**justice,** *n.* CYFIAWNDER, YNAD, USTUS
**justiciar(y),** *n.* PRIFUSTUS
**justifiable,** *a.* CYFIAWNADWY
**justification,** *n.* CYFIAWNHAD
**justify,** *v.* CYFIAWNHAU
**jut,** *v.* YMWTHIO
**jute,** *n.* JIWT
**jutting,** *n.* YMWTHIAD
*a.* YMWTHIOL
**juvenile,** *n.* BLAENLANC(ES)
*a.* IEUANC, IFANCAIDD
*juvenile delinquency,* TRAMGWYDD IFANCAIDD
**juvenility,** *n.* IEUENGRWYDD
**juxtapose,** *v.* CYFOSOD
**juxtaposition,** *n.* CYFOSODIAD

**kale,** *n.* CÊL, CELYS
**kangaroo,** *n.* CANGARŴ
**kaolin,** *n.* CAOLIN
**kapok,** *n.* CAPOC
**karst,** *n.* CARST
**katabatic,** *a.* CATABATIG
**katabolic,** *a.* CATABOLIG
**katabolism,** *n.* CATABOLAETH
**kayak,** *n.* CAYAC
**keds,** *n.pl.* LLAU DEFAID
**keel,** *n.* CILBREN, TRUMBREN
**keen,** *a.* CRAFF, LLYM, MINIOG, AWYDDUS, BRWD
**keen-eyed,** *a.* LLYGADLYM
**keenness,** *n.* CRAFFTER, LLYMDER
**keep,** *n.* GORTHWR, CADWRAETH
*v.* CADW, CYNNAL
**keeper,** *n.* CEIDWAD, CADWRYDD, CIPER
**keeping,** *n.* CADWRAETH, GOFAL
**keepsake,** *n.* COFRODD
**keg,** *n.* BARILAN
**kelp,** *n.* GWYMON
**kemp,** *n.* CEMP, SYTHFLEW
**ken,** *n.* DIRNADAETH
*v.* ADNABOD, GWYBOD
**kennel,** *n.* CWB, CUT, CWTER
**kenosis,** *n.* YMWACÂD
**kerb,** *n.* CWRBYN
**kerchief,** *n.* CADACH, HANCES, NEISIED
**kerf,** *n.* LLIFDORIAD
**kerfing,** *n.* TORIAD
**kernel,** *n.* CNEWYLLYN, BYWYN
**kerosene,** *n.* PARAFFIN
**kersey,** *n.* CERSI, BRETHYN CAEROG
**kestrel,** *n.* CUDYLL COCH
**ketch,** *n.* CETSH
**ketchup,** *n.* CETSYP
**kettle,** *n.* TEGELL
**kettle-drum,** *n.* TYMPAN
**key,** *n.* ALLWEDD, AGORIAD, CYWAIR, BYSELL
*tuning key,* CYWEIRGORN
*v.* ALLWEDDU
**keyboard,** *n.* ALLWEDDELL, SEINGLAWR, BYSELLFWRDD (TEIPIO)
**keyhole,** *n.* TWLL CLO
**keynote,** *n.* CYWEIRNOD
**keystone,** *n.* MAEN CLO
**keyway,** *n.* ALLWEDDFA
**keyworker,** *n.* GWEITHIWR ALLWEDDOL
**khaki,** *n.* CACI
**kibbutz,** *n.* CIBWTS
**kick,** *n.* CIC
*v.* CICIO
*kick off,* CIC GYNTAF
*drop kick,* CIC ADLAM
*fly kick,* CIC WIB
*grubber kick,* CIC BWT
*diagonal kick,* CIC LETRAWS
**kid,** *n.* MYN, PLENTYN, CRWT
*a.* CID
*v.* TWYLLO
**kidnap,** *v.* HERWGYDIO, LLATHRUDDO
**kidnapper,** *n.* LLATHRUDDWR
**kidnapping,** *n.* HERWGYDIAD
**kidney,** *n.* AREN, ELWLEN
**kidney-beans,** *n.pl.* FFA DRINGO, CIDNABÊNS
**kill,** *n.* DIWEDD
*v.* LLADD
**killer,** *n.* LLADDWR
**kiln,** *n.* ODYN
**kilocalorie,** *n.* CILOCALORI
**kilocycle,** *n.* CILOSEICL
**kilogramme** *n.* CILOGRAM
**kilometre,** *n.* CILOMETR
**kilowatt,** *n.* CILOWAT
**kilt,** *n.* CILT
**kimono,** *n.* CIMONO
**kin,** *n.* CERAINT, TRAS, CARENNYDD
**kinaesthetic,** *a.* CINESTHETIG
**kinaesthetical,** *a.* CINESTHETIGOL
**kind,** *n.* RHYWOGAETH, MATH
*a.* CAREDIG, HYNAWS
**kindergarten,** *n.* YSGOL FEITHRIN
**kindle,** *v.* CYNNAU, ENNYN
**kindliness,** *n.* CAREDIGRWYDD
**kindly,** *a.* CAREDIG, HYNAWS
**kindness,** *n.* CAREDIGRWYDD
**kindred,** *n.* PERTHYNAS, CERAINT
*a.* PERTHYNOL
**kine,** *n.pl.* DA, GWARTHEG
**kinematics,** *n.* CINEMATEG
**kinetic,** *a.* CINETIG
**kinetics,** *n.* CINETEG
**king,** *n.* BRENIN
**kingdom,** *n.* TEYRNAS, BRENHINIAETH
**kingfisher,** *n.* GLAS Y DORLAN
**kingly,** *a.* BRENHINOL
**king-pin,** *n.* PRIF-GOLYN
**kingship,** *n.* BRENHINIAETH
**kink,** *n.* CINC
**kinsfolk,** *n.pl.* CERAINT
**kinship,** *n.pl.* PERTHYNAS, CARENNYDD
**kinsman,** *n.* CÂR, PERTHYNAS, CYFNESAF
**kiosk,** *n.* CIOSG, BWTH, CABAN
**kipper,** *n.* CIPER
**kirk,** *n.* EGLWYS (ALBANAIDD)

**kiss,** *n.* CUSAN
*v.* CUSANU
*kiss of life,* CUSAN ADFER
**kit,** *n.* CIT, PAC, TACLAU, FFIDL BOCED
*first aid kit,* CIT YMGELEDD
**kitbag,** *n.* CWDYN MILWR
**kitchen,** *n.* CEGIN
**kitchenette,** *n.* CEGIN FACH
**kitchen-garden,** *n.* GARDD LYSIAU
**kite,** *n.* BARCUT(AN), BERI
**kith,** *n.* CYDNABOD
*kith and kin,* PERTHNASAU
**kitten,** *n.* CATH FACH
**kleptomania,** *n.* YSFA LADRATA
**klunk,** *n.* CLONC
**knack,** *n.* CLEM, CNAC
**knacker,** *n.* NACER
**knackery,** *n.* CELANEDD-DY
**knapsack,** *n.* PAC MILWR
**knave,** *n.* CNAF, DIHIRYN
**knavery,** *n.* CYFRWYSTRA
**knavish,** *a.* CNAFAIDD
**knead,** *v.* TYLINO
**kneading-trough,** *n.* CAFN TYLINO
**knee,** *n.* GLIN, PEN-GLIN, PEN-LIN
**kneecap,** *n.* PADELL/PELLEN PEN-GLIN
**kneel,** *v.* PENLINIO
**knell,** *n.* CNUL
**knicker,** *n.* NICER
**knickerbocker,** *n.* CLOS PEN-GLIN
**knickpoint,** *n.* CNICYN
**knife,** *n.* CYLLELL
*drawknife,* RHASGL
*pastry knife,* CYLLELL GRWST
*knife edge,* MIN CYLLELL, ÁRFIN
**knight,** *n.* MARCHOG
**knight-errant,** *n.* MARCHOG CRWYDROL
**knighthood,** *n.* URDD MARCHOG
**knit,** *v.* GWAU, CLYMU
**knitter,** *n.* UN SY'N GWAU, PEIRIANT GWAU
**knitting,** *n.* GWAU, GWEU
**knitting needle,** *n.* GWAELL(EN)
**knitwear,** *n.* GWEUWAITH
**knob,** *n.* DWRN, BWLYN, CNAP, CNWC
**knobby,** *a.* CNAPIOG, CNYCIOG
**knock,** *n.* CNOC, ERGYD
*v.* CNOCIO, TARO, CURO
**knocker,** *n.* CURWR, CNOCIWR
**knock-kneed,** *a.* GLIN-GAM
**knock-out,** *n.* ERGYD TERFYNOL
**knoll,** *n.* CNWC, BRYNCYN
**knot,** *n.* CWLWM, CNOT, CAINC
*v.* CLYMU
**knotch,** *n.* BWLCH
*v.* BYLCHU
**knotted,** *a.* CLYMOG, CEINCIOG, CNOTIOG
**knotty,** *a.* DYRYS, ANODD
**know,** *v.* GWYBOD, ADNABOD
**knowable,** *a.* GWYBODADWY, ADNABYDD-ADWY
**knowing,** *a.* GWYBODUS, FFEL
**knowingly,** *ad.* YN FWRIADOL, TRWY WYBOD
**knowledge,** *n.* GWYBODAETH
**knowledgeable,** *a.* GWYBODUS
**knuckle,** *n.* CYMAL, MIGWRN, CWGN
**knuckling,** *n.* GWENDID YR EGWYD
**kow-tow,** *v.* YMGREINIO
**knurl,** *n.* NWRL
**kraal,** *n.* CRÂL
**kremlin,** *n.* CREMLIN
**krypton,** *n.* CRYPTON

**label,** *n.* LABEL
*v.* LABELU, LLABEDU, ENWI
**labial,** *a.* GWEFUSOL
**labialization,** *n.* GWEFUSOLIAD
**labialize,** *v.* GWEFUSOLI
**laboratory,** *n.* LABORDY
**laborious,** *a.* LLAFURUS
**labour,** *n.* LLAFUR, GWAITH
*Labour Party,* PLAID LAFUR
*labour force,* LLAFURLU
*v.* LLAFURIO, LABRO
**labourer,** *n.* LLAFURWR, LABRWR
**laburnum,** *n.* BANHADLEN FFRAINC
**labyrinth,** *n.* LABRINTH
**lace,** *n.* LES, LAS, CARRAI, SIDER
*v.* LASIO, CAREIO
**lacerate,** *v.* CYMRIWIO
**lacerated,** *a.* CYMRIW
**laceration,** *n.* CYMRIWIAD
**lachrymal,** *a.* DAGREUOL, WYLOFUS
**lachrymose,** *a.* WYLOFUS
**lack,** *n.* DIFFYG, EISIAU
*v.* BOD AG EISIAU
**lackadaisical,** *a.* DIYNNI
**lackey,** *n.* GWAS (Â LIFRAI)
**lacking,** *a.* PRIN O
**laconic,** *a.* CWTA, BYREIRIOG
**lacquer,** *n.* LACER
*v.* LACRO
**lacrosse,** *n.* LACRÓS
**lactation,** *n.* LLAETHIAD
*v.* LLAETHA
**lactic,** *a.* LACTIG
**lactogenic,** *a.* LACTOGENIG
**lactose,** *n.* LACTOS
**lacunary,** *a.* BYLCHUS
**lacustrine,** *a.* LLYNNOL
**lad,** *n.* LLANC, HOGYN, BACHGEN, CRWT(YN)
**ladder,** *n.* YSGOL, YSGOLEN (GWNÏO)
*v.* YSGOLI
**lade,** *v.* LLWYTHO
**lading,** *n.* LLWYTH LLONG
**ladle,** *n.* LLETWAD, LLWY
**lady,** *n.* BONESIG, MERCH FONHEDDIG
**lady-bird,** *n.* BUWCH GOCH GOTA
**ladylike,** *a.* BONEDDIGESAIDD
**ladyship,** *n.* ARGLWYDDES
**lag,** *v.* YMDROI, LAGIO, LLUSGO
*n.* OEDIAD, LLUSGIAD
**laggard,** *n.* DIOGYN
**lagged,** *a.* YNYSEDIG, OEDIOG
**lagging,** *n.* YNYSYDD, LAGIN
**lagoon,** *n.* LAGŴN, MORLYN
**lair,** *n.* GWÂL, FFAU
**laity,** *n.pl.* LLEYGWYR, GWŶR LLEYG
**lake,** *n.* LLYN, LLWCH
*ox-bow lake,* YSTUMLYN
**lamb,** *n.* OEN, CIG OEN
*v.* OENA, ŴYNA
**lambent,** *a.* LLEIBIOL
**lambkin,** *n.* OENIG
**lame,** *a.* CLOFF
*v.* CLOFFI
**lament,** *n.* GALARNAD, CWYNFAN
*v.* GALARU, CWYNFAN
**lamentable,** *a.* GALARUS, TRUENUS
**lamentation,** *n.* GALARNAD, CWYNFAN
**lamina,** *n.* HAEN, LAMINA
**laminar,** *a.* LAMINAIDD
**laminate,** *a.* HAENOG
*v.* HAENOGI, LAMINADU
**lamination,** *n.* HAENIAD
**laminitis,** *n.* LAMINITIS
**lamp,** *n.* LAMP, LLUSERN
**lampas,** *n.* MINDAG
**lampoon,** *n.* DYCHANGERDD
*v.* DYCHANU, GOGANU
**lamprey,** *n.* LLAMPRAI, LLYSYWEN BENDOLL
**lampshade,** *n.* CYSGODLEN LAMP, LAMPLEN
**lance,** *n.* GWAYW(FFON)
*v.* FFLEIMIO
**lance-corporal,** *n.* IS-GORPRAL
**lancet,** *n.* FFLAIM, LANSET
**land,** *n.* TIR, DAEAR, GWLAD, GLAN
*v.* TIRIO, GLANIO
*marginal land,* TIR YMYL
**landed,** *a.* TIR(IOG)
**landes,** *n.* RHOSTIR
**landform,** *n.* TIRFFURF
**landholder,** *n.* DEILIAD TIR
**landing,** *n.* GLANIAD, GLANFA, PEN GRISIAU
**landlady,** *n.* LLETYWRAIG
**landlord,** *n.* MEISTR-TIR, PERCHENNOG
**landmark,** *n.* TIRNOD, DIGWYDDIAD COFIADWY
**landmine,** *n.* FFRWYDRYN TIR
**landowner,** *n.* TIRFEDDIANNWR
**landrover,** *n.* LANDROFER
**landscape,** *n.* TIRLUN, TIRWEDD
**landslide,** *n.* TIRLITHRAD
**landslip,** *n.* CWYMP TIR
**landsman,** *n.* DYN Y TIR
**land-surveyor,** *n.* TIRFESURYDD
**land-tax,** *n.* TRETH Y TIR
**landward,** *a. & ad.* ATIR, TUA'R TIR
**lane,** *n.* LÔN, WTRE, BEIDR

**language,** *n.* IAITH
*assembly language,* IAITH GYSODOL
**langue,** *n.* IEITHDREFN
**languid,** *a.* LLESG, EIDDIL, EGWAN
**languish,** *v.* LLESGÁU, DIHOENI
**languor,** *n.* LLESGEDD, NYCHDOD
**lanky,** *a.* MEINDAL
**lantern,** *n.* LLUSERN
**lanyard,** *n.* RHEFFYN
**lap,** *n.* LAP, ARFFED, PLYG
*v.* LAPIO, PLYGU
**lapel,** *n.* LLABED
**lapis-lazuli,** *n.* GLASFAEN
**lap-joint,** *n.* GORUNIAD
**lapse,** *n.* GWALL, METHIANT
*v.* MATHU, LLITHRO, DARFOD
**lapstone,** *n.* MAEN Y CRYDD
**lapwing,** *n.* CORNICYLL, CORNCHWIGLEN
**larcenous,** *a.* LLADRONLLYD
**larceny,** *n.* LLADRAD
**larch,** *n.* LLARWYDDEN
**lard,** *n.* LARD, BLONEG
*v.* LARDIO, BLONEGU
**larder,** *n.* LARDFA, PANTRI, BWTRI
**large,** *a.* HELAETH, MAWR, EANG
**largeness,** *n.* MAINT, HELAETHRWYDD
**largess(e),** *n.* RHODD, ANRHEG
**largo,** *n.* LARGO
**lark,** *n.* EHEDYDD, DIFYRRWCH
*v.* CELLWAIR
**larva,** *n.* LARFA
**laryngitis,** *n.* DOLUR GWDDF
**larynx,** *n.* LARYNCS, CORN GWDDF
**lascivious,** *a.* ANLLAD, TRYTHYLL
**lasciviousness,** *n.* ANLLADRWYDD, TRYTHYLLWCH
**laser,** *n.* LASER
**lash,** *n.* LLACH
*v.* LLACHIO, FFLANGELLU
**lass,** *n.* GENETH, LLANCES
**lassitude,** *n.* LLESGEDD, BLINDER
**lasso,** *n.* LASŴ
**last,** *n.* LEST
*a.* OLAF, DIWETHAF
*v.* PARHAU, DAL, PARA
**lasting,** *a.* PARHAUS, PARHAOL
**lastly,** *ad.* YN OLAF / DDIWETHAF
**latch,** *n.* CLICIED
*v.* CAU Â CHLICIED
**latchet,** *n.* CARRAI ESGID
**late,** *a.* HWYR, DIWEDDAR
*late comers,* HWYR DDYFODWYR
**lately,** *ad.* YN DDIWEDDAR
**latency,** *n.* CUDDNI
**lateness,** *n.* DIWEDDARWCH
**latent,** *a.* CUDD, DIRGEL
**lateral,** *a.* OCHROL
*n.* CANGEN
**lateralisation,** *n.* LATEREIDDIO
**laterite,** *n.* LATERIT
**latex,** *n.* LATECS
**lath,** *n.* LATSEN, EISEN, DELLTEN, LLATHEN
**lathe,** *n.* TURN
**lather,** *n.* TROCHION SEBON
*v.* SEBONI
**lathery,** *a.* SEBONLLYD
**Latin,** *n.* LLADIN
*a.* LLADINAIDD
**latitude,** *n.* LLEDRED, PENRHYDDID
**latitudinarianism,** *n.* PENRHYDDID
**latrine,** *n.* TŶ-BACH, TOILED
**latter,** *a.* OLAF, DIWETHAF
**latterly,** *ad.* YN DDIWEDDAR
**lattice,** *n.* LATIS, DELLTEN, DELLTWAITH
**latus-rectum,** *n.* LATWS-RECTWM
**laud,** *n.* CLOD, MAWL
*v.* CLODFORI, MOLI
**laudable,** *a.* CANMOLADWY
**laudanum,** *n.* LODNUM, LODOM
**laudation,** *n.* CLOD, MAWL
**laudatory,** *a.* HAEL EI GLOD
**laugh,** *n.* CHWERTHIN(IAD), CHWARDDIAD
*v.* CHWERTHIN
**laughable,** *a.* CHWERTHINLLYD, DIGRIF
**laughing-stock,** *n.* CYFF GWAWD
**laughter,** *n.* CHWERTHIN
**launch,** *n.* LANS, LONS
*v.* LANSIO, DECHRAU
**launder,** *v.* GOLCHI DILLAD
**laundress,** *n.* GOLCHWRAIG
**launderette,** *n.* LANDRET
**laundry,** *n.* GOLCHDY, LANDRI, DILLAD GOLCH
**laureate,** *a.* LLAWRYFOG/OL
**laurel,** *n.* LLAWRYFEN, LLAWRYF
**lava,** *n.* LAFA
**lavatory,** *n.* TŶ-BACH, TOILED
**lave,** *v.* YMOLCHI
**lavender,** *n.* LAFANT
**laver,** *n.* LAWR, LAFWR
**lavish,** *a.* HAEL, AFRADLON
*v.* AFRADU, GWASTRAFFU
**lavishness,** *n.* HAELIONI, AFRADLONEDD
**law,** *n.* CYFRAITH, DEDDF
*law and order,* RHEOL A THREFN
*law of the land,* CYFRAITH GWLAD

**law-abiding,** *a.* DEDDFGADWOL
**lawful,** *a.* CYFREITHLON
**lawfulness,** *n.* CYFREITHLONDEB
**lawgiver,** *n.* DEDDFRODDWR
**lawless,** *a.* DIGYFRAITH, ANNEDDFOL
**lawlessness,** *n.* ANGHYFRAITH, ANHREFN
**lawmaker,** *n.* DEDDFWR
**lawn,** *n.* LAWNT
**lawnmower,** *n.* PEIRIANT LAWNT
**lawn-tennis,** *n.* TENIS (LAWNT)
**lawsuit,** *n.* CYNGAWS
**lawyer,** *n.* CYFREITHIWR
**lax,** *a.* LLAC, DIOFAL
**laxative,** *n.* CARTHBAIR, RHYDDOLYN, RHYDDYDD
*a.* RHYDDHAOL
**laxity,** *n.* LLACRWYDD, DIOFALWCH
**lay,** *n.* CÂN
*a.* LLEYG, LLYG
*v.* GOSOD, DODWY
**layback,** *v.* OLGRIPIAN
**lay-by,** *n.* ENCILFA
**layer,** *n.* HAEN, GWANAF
*v.* HAENU
**layland,** *n.* GWYNDWN, TONDIR
**layman,** *n.* LLEYGWR
**layout,** *n.* LLUNWEDD, CYNLLUN
**lazar,** *n.* GWAHANGLAF
**laze,** *v.* SEGURA, DIOGI
**laziness,** *n.* DIOGI
**lazy,** *a.* DIOG(LYD)
**lea,** *n.* DOLDIR, DÔL
**leach,** *v.* TRWYTHOLCHI
**leaching,** *n.* TRWYTHOLCHIAD
**lead,** *n.* PLWM
**lead,** *n.* LÎD, ARWEINIAD
*v.* ARWAIN, TYWYS, BLAENU
**leaden,** *a.* PLWM
**leader,** *n.* ARWEINYDD, BLAENWR, ERTHYGL FLAEN
**leadership,** *n.* ARWEINYDDIAETH
**leading,** *a.* ARWEINIOL, BLAENLLAW
**leaf,** *n.* DEILEN, DALEN
**leaflet,** *n.* DALENNIG, TAFLEN
**leafy,** *a.* DEILIOG
**league,** *n.* CYNGHRAIR
*v.* CYNGHREIRIO
**leak,** *n.* AGEN, COLL
*v.* GOLLWNG, COLLI
**leakage,** *n.* COLL(I)
**leaky,** *a.* YN GOLLWNG, YN COLLI
**lean,** *a.* MAIN, TENAU
*n.* CIG COCH
*v.* GOLEDDU, PWYSO (AR)
**leanness,** *n.* TENEUDRA, CULNI
**leap,** *n.* LLAM, NAID
*v.* LLAMU, NEIDIO
*leap year,* BLWYDDYN NAID
**leapfrog,** *n.* LLAM LLYFFANT
**learn,** *v.* DYSGU
**learned,** *a.* HYDDYSG, DYSGEDIG
**learner,** *n.* DYSGWR
**learning,** *n.* DYSG
**lease,** *n.* PRYDLES, LES
*v.* PRYDLESU
**leasehold,** *n.* PRYDLES
*a.* PRYDLESOL
**leaseholder,** *n.* PRYDLESWR
**leash,** *n.* CYNLLYFAN, TENNYN
*v.* CYNLLYFANU
**least,** *a.* LLEIAF
*at least,* O LEIAF
**leather,** *n.* LLEDR
**leave,** *n.* CENNAD, CANIATÂD
*v.* GADAEL, YMADAEL
**leaved,** *a.* DEILIOG
**leaven,** *n.* LEFAIN, BURUM
*v.* LEFEINIO, EPLESU
**leavings,** *n.pl.* GWEDDILLION, GWARGED
**lechery,** *n.* TRYTHYLLWCH, ANLLADRWYDD
**lectern,** *n.* DARLLENFA
**lection,** *n.* DARLLENIAD, LLITH
**lectionary,** *n.* DARLLENIADUR, LLITHIADUR
**lecture,** *n.* DARLITH, ARAITH
*v.* DARLITHIO
**lecturer,** *n.* DARLITHYDD/IWR
**lecture-room,** *n.* DARLITHFA
**lectureship,** *n.* DARLITHYDDIAETH
**ledge,** *n.* YSGAFELL, SILFF
**ledger,** *n.* LEDJER
**lee,** *n.* CYSGOD GWYNT
**leech,** *n.* GELE(N)
*horse leech,* GELE(N) BENDOLL
**leek,** *n.* CENHINEN
**leer,** *n.* CILWEN
*v.* CILWENU
**leering,** *a.* AELGAM
**lees,** *n.pl.* GWAELODION, GWADDOD
**leeward,** *a.* Y TU CLYTAF
**left,** *a.* CHWITH, ASWY
**left-handed,** *a.* LLAWCHWITH
**left-handedness,** *n.* LLAWCHWITHEDD
**leg,** *n.* COES, ESGAIR, RHAN
**legacy,** *n.* CYMYNRODD, BECWÊDD
**legal,** *a.* CYFREITHIOL, CYFREITHLON
*legal charge,* ARWYSTL
**legalism,** *n.* DEDDFOLIAETH

**legality,** *n.* CYFREITHLONDEB
**legalize,** *v.* CYFREITHLONI
**legally,** *ad.* YN GYFREITHLON
**legate,** *n.* LEGAD, CENNAD
**legatee,** *n.* BECWEDDAI
**legation,** *n.* LLYSGENHADAETH
**legator,** *n.* BECWEDDWR
**legend,** *n.* CHWEDL
**legendary,** *a.* CHWEDLONOL, TRADDODIADOL
**legerdemain,** *n.* SIWGLO
**leggings,** *n.pl.* SOCASAU
**legible,** *a.* DARLLENADWY, EGLUR
**legion,** *n.* LLENG
**legionary,** *a.* LLENGOL
**legislate,** *v.* DEDDFU
**legislation,** *n.* DEDDFWRIAETH
**legislative,** *a.* DEDDFWRIAETHOL
**legislator,** *n.* DEDDFWR
**legislature,** *n.* DEDDFWRFA, CORFF DEDDFU
**legitimacy,** *n.* CYFREITHLONDEB
**legitimate,** *a.* CYFREITHLON, CYFREITHUS
**legitimize,** *v.* CYFREITHLONI
**legume,** *n.* LEGWM
**legumes,** *n.pl.* CIBLYS, CODLYS
**leguminous,** *a.* LEGWMAIDD
**leisure,** *n.* HAMDDEN
**leisured,** *a.* HAMDDENOL
**leisurely,** *ad. & a.* HAMDDENOL
**leitmotiv,** *n.* LEITMOTIF
**lemma,** *n.* LEMA
**lemming,** *n.* LEMING
**lemon,** *n.* LEMWN, LEMON
*lemon sole,* LLEDÉN LEMON
*lemon squeezer,* GWASGELL LEMON
**lemonade,** *n.* DIOD LEMON
**lemur,** *n.* LEMWR
**lend,** *v.* RHOI BENTHYG/ECHWYN, BENTHYCA/IO
**lender,** *n.* UN SY'N RHOI BENTHYG, ECHWYNNWR
**length,** *n.* HYD, MEITHDER
*at length,* O'R DIWEDD, BELLACH
**lengthen,** *v.* YMESTYN, HWYHAU
**lengthwise,** *ad.* YN EI HYD
**lengthy,** *a.* HIR, MAITH
**leniency,** *n.* TIRIONDEB, TYNERWCH
**lenient,** *a.* TIRION, TYNER
**lens,** *n.* LENS
*concave lens,* LENS CEUGRWM
*convex lens,* LENS AMGRWM
**Lent,** *n.* Y GRAWYS
**lentil,** *n.* CORBYSEN, LENTIL
**leopard,** *n.* LLEWPART
**leper,** *n.* UN GWAHANGLWYFUS, GWAHANGLAF
**leprosy,** *n.* GWAHANGLWYF
**leprous,** *a.* GWAHANGLWYFUS
**lesbianism,** *n.* LESBIAETH
**lesion,** *n.* ANAF, NIWED
**less,** *a. & n.* LLAI
*ad.* CHWAETHACH, YN LLAI
**lessee,** *n.* PRYDLESAI
**lessen,** *v.* LLEIHAU, BYCHANU
**lessor,** *n.* PRYDLESYDD
**lesson,** *n.* GWERS, LLITH
**lest,** *c.* RHAG, RHAG OFN, FEL NA
**let,** *v.* GOSOD, GADAEL, CANIATÁU, RHENTU
**lethal,** *a.* MARWOL, ANGHEUOL
**lethargic,** *a.* DIYNNI, SWRTH
**lethargy,** *n.* CYSGADRWYDD, SYRTHNI
**letter,** *n.* LLYTHYR, LLYTHYREN
**lettering,** *n.* LLYTHRENIAD
*v.* LLYTHRENNU
**letterpress,** *n.* ARGRAFF
**letters,** *n.pl.* LLÊN, LLENYDDIAETH, LLYTHYRAU
*man of letters,* LLENOR
**letters-patent,** *n.pl.* BREINLYTHYRAU
**lettuce,** *n.* LETYSEN
**leucoplast,** *n.* LEWCOPLAST
**levee,** *n.* LLIFGLAWDD
**level,** *n.* GWASTAD, LEFEL
*v.* GWASTATÁU, LEFELU
*spirit level,* LEFEL WIROD
**level-headed,** *a.* PWYLLOG
**lever,** *n.* TROSOL, LIFER
**leverage,** *n.* TROSOLEDD, TROSOLIAD
**leveret,** *n.* LEFEREN, LEFRAN
**levity,** *n.* YSGAFNDER, GWAMALRWYDD
**levy,** *n.* LEFI, TRETH, ARDOLL
*v.* TRETHU, CODI
**lewd,** *a.* ANLLAD, TRYTHYLL
**lewdness,** *n.* ANLLADRWYDD, TRYTHYLLWCH
**lexical,** *a.* GEIRIADUROL
**lexicographer,** *n.* GEIRIADURWR
**lexicon,** *n.* GEIRIADUR
**ley,** *n.* GWNDWN
**liability,** *n.* CYFRIFOLDEB, ATEBOLRWYDD, RHWYMEDIGAETH
*liabilities,* RHWYMEDIGAETHAU
**liable,** *a.* ATEBOL, RHWYMEDIG
**liaison,** *n.* CYSWLLT
**liana,** *n.* LIANA
**liar,** *n.* CELWYDDGI

**libation,** *n.* DIOD-OFFRWM
**libel,** *n.* ENLLIB
*v.* ENLLIBIO
**libeller,** *n.* ENLLIBIWR
**libellous,** *a.* ENLLIBUS
**liberal,** *a.* RHYDDFRYDIG, RHYDD, HAEL
*n.* RHYDDFRYDWR
**liberalise,** *v.* RHYDDFRYDOLI
**Liberalism,** *n.* RHYDDFRYDIAETH
**liberate,** *v.* RHYDDHAU
**liberation,** *n.* RHYDDHAD
**liberator,** *n.* RHYDDHÄWR
**libertine,** *n.* RHYDDFEDDYLIWR, PEN-RHYDDYN
**libertinism,** *n.* PENRHYDDID
**liberty,** *n.* RHYDDID, LIBART
**libidinous,** *a.* ANLLAD, ANNIWAIR
**libido,** *n.* LIBIDO
**librarian,** *n.* LLYFRGELLYDD
**library,** *n.* LLYFRGELL, LLYFRFA
**libration,** *n.* MANTOLIAD
**librettist,** *n.* LIBRETYDD
**libretto,** *n.* LIBRETO
**licence,** *n.* TRWYDDED, CANIATÂD, RHYDDID
**license,** *v.* TRWYDDEDU
**licensed,** *a.* TRWYDDEDIG
**licensee,** *n.* TRWYDDEDAI
**licensor,** *n.* TRWYDDEDWR
**licentiate,** *n.* TRWYDDEDOG
**licentious,** *a.* ANLLAD, OFER, PENRHYDD
**licentiousness,** *n.* OFEREDD, PENRHYDDID
**lichen,** *n.* CEN
**lichenometry,** *n.* CENFETREG
**lichgate,** *n.* CLWYD MYNWENT
**lick,** *n.* LLYFIAD, LLAIB
*v.* LLYFU, CURO, LLEIBIO
**licking,** *n.* LLYFIAD, CURFA
**lid,** *n.* CLAWR, CAEAD
**lido,** *n.* TRAETH YMDROCHI
**lie,** *n.* DWEUD CELWYDD
*n.* CELWYDD, ANWIREDD, GORWEDDIAD
**lief,** *ad.* YN GYSTAL
**liege,** *n.* ARGLWYDD
*a.* FFYDDLON
**liege-lord,** *n.* DYLEDOG
**lieu,** *n.* (YN) LLE
**lieutenant,** *n.* LIFFTENANT
*lord lieutenant,* ARGLWYDD RAGLAW
**life,** *n.* BYWYD, EINIOES, OES, HOEDL
**lifebelt,** *n.* NOFDORCH
**lifeboat,** *n.* BAD ACHUB
**lifeless,** *a.* DIFYWYD, MARW(AIDD)
**lifelike,** *a.* BYW, REAL
**lifelong,** *a.* DRWY OES
**lifetime,** *n.* OES, EINIOES, BYWYD
**lift,** *n.* LIFFT, CODELL, CODIANT
*v.* CODI
**lifter,** *n.* CODWR
**ligament,** *n.* GÏEWYN
**ligature,** *n.* PWYTHYN, RHWYMYN
**light,** *n.* GOLAU, GOLEUNI, GWAWL, TÂN
*v.* GOLEUO, CYNNAU, TANIO
*a.* YSGAFN
**lighten,** *v.* GOLEUO, MELLTENNU
**lighter,** *n.* GOLEUYDD, TANIWR, BAD DADLWYTHO
**light-footed,** *a.* YSGAFNDROED
**light-headed,** *a.* PENCHWIBAN
**light-hearted,** *a.* YSGAFNFRYD
**lighthouse,** *n.* GOLEUDY
**light-minded,** *a.* DIFEDDWL
**lightness,** *n.* YSGAFNDER
**lightning,** *n.* MELLT, LLUCHED
*lightning conductor,* CLUDYDD MELLT
**lights,** *n.pl.* YSGYFAINT
**lightship,** *n.* GOLEULONG
**lightsome,** *a.* HOENUS, YSGAFN, BYWIOG
**ligneous,** *a.* LIGNAIDD
**lignify,** *n.* LIGNEIDDIO
**lignite,** *n.* LIGNID, COEDLO
**ligule,** *n.* LIGWL
**like,** *a.* CYFFELYB, TEBYG, UNWEDD
*prp.* FEL, MEGIS
*v.* HOFFI
**likeable,** *a.* HOFFUS, DYMUNOL
**likelihood,** *n.* TEBYGOLIAETH
**likely,** *a.* TEBYG(OL)
**liken,** *v.* CYFFELYBU, CYMHARU
**likeness,** *n.* TEBYGRWYDD
**likewise,** *ad.* YN GYFFELYB, YR UN MODD
**liking,** *n.* HOFFTER, BODD
**lilac,** *n.* LELOG
**lilt,** *n.* CANU / SIARAD RHYTHMIG
**lily,** *n.* LILI, ALAW
**lily-of-the-valley,** *n.* LILI'R DYFFRYN-NOEDD
**limb,** *n.* AELOD, CANGEN
**limbo,** *n.* EBARGOFIANT
**lime,** *n.* CALCH, LEIM, PISGWYDDEN
*v.* CALCHU
*lime juice,* SUDD LEIM
*quick lime,* CALCH BRWD
**limelight,** *n.* AMLYGRWYDD
**lime-kiln,** *n.* ODYN GALCH
**limerick,** *n.* LIMRIG
**limestone,** *n.* CARREG GALCH, CALCHFAEN

**limit,** *n.* FFIN, TERFYN, TERFAN
*v.* CYFYNGU
*limit of tolerance,* TERFAN GODDEFIANT
*limit of integration,* TERFAN INTEGRIAD
**limitation,** *n.* CYFYNGIAD
*limitation of liability,* CYFYNGIAD ATEBOLRWYDD
**limited,** *a.* CYFYNGEDIG, PRIN
**limiting,** *a.* TERFANNOL
**limitless,** *a.* DI-BEN-DRAW
**limnology,** *n.* LLYNOLEG
**limp,** *n.* CLOFFNI, HERC
*a.* LLIPA
*v.* CLOFFI, HERCIAN
**limpet,** *n.* LLYGAD MAHAREN
**limpid,** *a.* GLOYW, LLED-GLIR
**limpidity,** *n.* GLOYWDER
**limpness,** *n.* YSTWYTHDER
**linchpin,** *n.* PIN ECHEL
**linden,** *n.* PISGWYDDEN
**line,** *n.* LLINELL, LEIN
*v.* LLINELLU
*lines of grid,* RHAFFAU'R BRIG
*boundary line,* LLINELL DERFYN
*dotted line,* LLINELL DOREDIG
**lineage,** *n.* ACH, LLINACH
**lineal,** *a.* YN OLYNIAETH
**lineament,** *n.* BRASLUN, AMLINELLIAD
**linear,** *a.* LLINOL, UNIONLIN
*linear equation,* HAFALIAD LLINOL
**lineation,** *n.* LLINELLIAD
**linen,** *n.* LLIAIN
*linen crash,* BRAS LIAIN
**line-out,** *n.* LEIN
**liner,** *n.* LEINER, LLINELLEN
**linesman,** *n.* LLINELLWR, YSTLYSWR
**linger,** *v.* YMDROI
**lingerie,** *n.* LINGRI
**linguist,** *n.* IEITHYDD
**linguistic,** *a.* IEITHYDDOL
**linguistics,** *n.* IEITHYDDIAETH
**liniment,** *n.* ENEINLYN, LINIMENT
**lining,** *n.* LEININ
**link,** *n.* DOLEN, CYSWLLT
*a.* CYSWLLT
*v.* CYSYLLTU
**linkage,** *n.* DOLENIAD, CYSYLLTEDD
**links,** *n.pl.* MAES GOLFF
**linnet,** *n.* LLINOS
**lino,** *n.* LEINO
**linoleum,** *n.* LINOLIWM
**linotype,** *n.* PEIRIANT CYSODI, LINOTEIP
**linseed,** *n.pl.* HAD LLIN
**lint,** *n.* LINT
**lintel,** *n.* LINTEL, CAPAN (DRWS, etc.)
**lion,** *n.* LLEW
**lioness,** *n.* LLEWES
**lip,** *n.* GWEFUS, MIN
**lipoma,** *n.* LIPOMA
**lip-service,** *n.* GEIRIAU FFUG
**lipstick,** *n.* MINLLIW
**liquefaction,** *n.* HYLIFIANT
**liquefied,** *a.* HYLIFEDIG
**liquefy,** *v.* HYLIFO
**liqueur,** *n.* GWIRODLYN
**liquid,** *n. & a.* HYLIF
*liquid measure,* MESUR HYLIF
**liquidate,** *v.* DIDDYMU, DILEU
**liquidation,** *n.* DIDDYMIAD, DATODIAD, DILEAD
**liquidator,** *n.* DIDDYMWR
**liquidiser,** *n.* HYLIFYDD
**liquidity,** *n.* HYLIFEDD
**liquor,** *n.* GWIROD
**liquorice,** *n.* LICRIS
**lisp,** *n.* BLOESGNI
*v.* SIARAD YN FLOESG
**lisping,** *a.* BLOESG
**lissom,** *a.* YSTWYTH, HEINI
**list,** *n.* RHESTR, GOGWYDD
*v.* RHESTRU, GOGWYDDO
*waiting list,* RHESTR AROS
**listen,** *v.* GWRANDO
**listener,** *n.* GWRANDAWR
**listless,** *a.* DIYNNI, LLESG
**listlessness,** *n.* LLESGEDD
**lit,** *a.* YNGHŶN
**litany,** *n.* LITANI
**literacy,** *n.* LLYTHRENNEDD
**literal,** *a.* LLYTHRENNOL
**literalist,** *n.* LLYTHRENOLWR
**literary,** *a.* LLENYDDOL
**literate,** *a.* LLYTHRENNOG, GWYBODUS
**literature,** *n.* LLÊN, LLENYDDIAETH
**lithe,** *a.* YSTWYTH, HEINI
**lithium,** *n.* LITHIWM
**lithograph,** *n.* LITHOGRAFF
**lithography,** *n.* LITHOGRAFFEG
**lithology,** *n.* LITHOLEG
**lithosphere,** *n.* LITHOSFFER
**litigant,** *n.* YMGYFREITHIWR
**litigate,** *v.* YMGYFREITHA
**litigation,** *n.* YMGYFREITHIAD
**litigious,** *a.* YMGYFREITHGAR
**litmus,** *n.* LITMWS
**litotes,** *n.* LLEIHAD

**litre,** *n.* LITR
**litter,** *n.* SBWRIEL, GWASARN, TOR(LLWYTH), AEL
**litterateur,** *n.* LLENOR
**little,** *a.* BACH, MÂN, BYCHAN, YCHYDIG
**littleness,** *n.* BYCHANDER
**littoral,** *n.* ARFORDIR
*a.* ARFORDIROL
**liturgical,** *a.* LITWRGÌAIDD
**liturgy,** *n.* LITWRGI
**live,** *a.* BYW,
*v.* BYW, OESI, TRIGO
*live stock,* DA BYW
**livelihood,** *n.* BYWOLIAETH, CYNHALIAETH
**liveliness,** *n.* HOEN, BYWIOGRWYDD, ARIAL
**livelong,** *a.* MAITH, AR EI HYD
**lively,** *a.* BYWIOG, HOENUS, HOYW
**liven,** *v.* BYWIOGI
**liver,** *n.* AFU, IAU
*liver fluke,* FFLIWC YR EUOD
**livery,** *n.* LIFRAI
**livid,** *a.* GWELWLAS, DULAS
**living,** *n.* BYWOLIAETH
*a.* BYW, YN FYW
**lizard,** *a.* MADFALL, GENAU GOEG
**llama,** *n.* LAMA
**llano,** *n.* LANO
**lo,** *i.* WELE!
**load,** *n.* LLWYTH, BAICH, PWN
*v.* LLWYTHO, BEICHIO
**loaf,** *n.* TORTH
*v.* DIOGI
**loafer,** *n.* DIOGYN, SEGURWR
**loam,** *n.* LÔM
**loan,** *n.* BENTHYCIAD, BENTHYG
*v.* BENTHYCA, ECHWYN
**loanable,** *a.* BENTHYCIADWY
**loath,** *a.* ANFODLON, CROES
**loathe,** *v.* CASÁU, FFIEIDDIO
**loathsome,** *a.* ATGAS, FFIAIDD
**loathing,** *n.* ATGASEDD
**lob,** *n.* LOB
*v.* LOBIO
**lobate,** *a.* CLUSTENNOG
**lobby,** *n.* CYNTEDD, PORTH
*v.* CYNTEDDA
**lobbyist,** *n.* CYNTEDDWR
**lobe,** *n.* LLOB, LLABED, CLUSTEN
**lobed,** *a.* LLABEDOG
**lobscouse,** *n.* LOBSCOWS
**lobster,** *n.* CIMWCH
**lobule,** *n.* LLABEDEN, LOBWLEN
**lobworm,** *n.* LLWGWM
**local,** *a.* LLEOL
**locality,** *n.* CYMDOGAETH, LLE, MAN
**localization,** *n.* LLEOLIAD
**localize,** *v.* LLEOLI
**localized,** *a.* LLEOLEDIG
**locate,** *v.* LLEOLI
**location,** *n.* LLEOLIAD, LLE
**locative,** *a.* LLEOL
**loch,** *n.* LOCH, LLWCH
**lock,** *n.* CLO, LLIFDDOR, CUDYN
*v.* CLOI
**locked,** *a.* AR GLO
**locker,** *n.* LOCER, LLOCELL
**locket,** *n.* LOCED
**lockjaw,** *n.* GENGLO
**locomotion,** *n.* YMSYMUDIAD
**locus,** *n.* LOCWS
**lodge,** *n.* LLETY, LOJ
*v.* LLETYA
**logarithm,** *n.* LOGARITHM
**logical,** *a.* RHESYMEGOL
**logician,** *n.* RHESYMEGWR
**logistical,** *a.* LOGISTAIDD
**logistics,** *n.* LOGISTEG
**loin,** *n.* LWYN
**loiter,** *v.* YMDROI, LOETRAN
**loiterer,** *n.* YSTELCIWR
**loll,** *v.* GORWEDDIAN
**lollipop,** *n.* LOLIPOP
**lone,** *a.* UNIG
**loneliness,** *n.* UNIGRWYDD
**lonely,** *a.* UNIG
**lonesome,** *a.* YN TEIMLO'N UNIG
**long,** *a.* HIR, MAITH, LLAES
*v.* HIRAETHU, DYHEU, CHWANTU
*all day long,* TRWY GYDOL Y DYDD
*long since,* ERS AMSER
**longer,** *a.* HWY
*ad.* YN HWY
**longeval,** *a.* HIRHOEDLOG
**longevity,** *n.* HIROES
**long-headed,** *a.* HIRBEN, CALL
**longing,** *n.* HIRAETH, DYHEAD
**longitude,** *n.* HYDRED
**longitudinal,** *a.* HYDREDOL, ARHYDOL
**long-legged,** *a.* COESOG, HEGLOG
**longsight,** *n.* GOLWG HIR
**long-suffering,** *n.* HIRYMAROS
*a.* HIRYMARHOUS
**long-winded,** *a.* HIRWYNTOG
**longwise,** *ad.* AR HYD, YN EI HYD
**look,** *n.* GOLWG, TREM, EDRYCHIAD
*v.* EDRYCH, SYLLU
*look up to,* PARCHU

**looking-glass,** *n.* DRYCH
**look-out,** *n.* GWYLIWR, DISGWYLIAD
**loom,** *n.* GWŶDD
*v.* YMRITHIO, YMDDANGOS
**loon,** *n.* GWIRIONYN, HURTYN
**loop,** *n.* DOLEN
*v.* DOLENNU
*loop stop,* DOLENSTOP
*induction loop,* CYLCHWIFREN
**loophole,** *n.* DIHANGDWLL, CLOERDWLL
**loose,** *a.* LLAC, RHYDD, OFER
**loosen,** *v.* RHYDDHAU, LLACIO, DATOD
**looseness,** *n.* LLACRWYDD, OFEREDD, Y DOLUR RHYDD
**loot,** *n.* YSBAIL, ANRHAITH
*v.* ANRHEITHIO
**looter,** *n.* YSBEILIWR, ANRHEITHIWR
**lop,** *v.* TOCIO
**lop-eared,** *a.* CLUSTLAES, CLUSTIPA
**lop-sided,** *a.* UNOCHROG
**loquacious,** *a.* SIARADUS
**loquacity,** *n.* BOD YN SIARADUS
**lord,** *n.* ARGLWYDD
*v.* ARGLWYDDIAETHU
*The Lord,* YR ARGLWYDD
*House of Lords,* TŶ'R ARGLWYDDI
*Lord Lieutenant,* ARGLWYDD RAGLAW
**lordly,** *a.* ARGLWYDDAIDD, BALCH
**lord-mayor,** *n.* ARGLWYDD FAER
**lordship,** *n.* ARGLWYDDIAETH
**lore,** *n.* LLÊN
**lorry,** *n.* LORI
**lose,** *v.* COLLI
**loser,** *n.* COLLEDWR
**loss,** *n.* COLLED
*loss of earnings,* COLL-ENILLION
**lost,** *a.* COLLEDIG, AR GOLL
**lot,** *n.* CYFRAN, COELBREN, RHAN, TYNGED, LOT
*to cast lots,* BWRW COELBREN
*lot and scot,* LOT A SGOT
**lotion,** *n.* GOLCHDRWYTH
**lottery,** *n.* LOTRI
**lotus,** *n.* ALAW'R DŴR, LOTUS
**loud,** *a.* CROCH, UCHEL, SEINFAN
**loudness,** *n.* SEINFANNEDD
**loudspeaker,** *n.* DARSEINYDD
**lough,** *n.* LLYN, LLWCH
**lounge,** *n.* LOLFA
*v.* GORWEDDIAN, LOLIAN
**lounger,** *n.* SEGURYN, GORWEDDWR
**louping ill,** *n.* Y BREID
**louse,** *n.* LLEUEN
**lousy,** *a.* LLEUOG, BRWNT
**lout,** *n.* LLABWST, DELFF, HWLCYN
**louvre,** *n.* LWFER
**lovable,** *a.* HAWDDGAR, SERCHUS
**love,** *n.* CARIAD, SERCH, ANWYLDEB, DIM
*love all,* DIM DIM
*love feast,* CARIADWLEDD
*v.* CARU, SERCHU
**love-letter,** *n.* LLYTHYR CARU
**loveliness,** *n.* PRYDFERTHWCH
**lovely,** *a.* PRYDFERTH, BRAF
**lover,** *n.* CARIAD, CARWR
**love-sick,** *a.* CLAF O SERCH / GARIAD
**loving,** *a.* CARIADUS, SERCHUS
**loving-kindness,** *n.* TRUGAREDD
**low,** *n.* BREF, CRI
*a.* ISEL, GOSTYNGEDIG
*v.* BREFU, BEICHIO
**low-bred,** *a.* ANFONHEDDIG
**lower,** *a.* IS
*v.* GOSTWNG, GOLLWNG
**lowest,** *a.* ISAF, LLEIAF
*lowest common multiple,* CYNHWYSRIF CYFFREDIN LLEIAF
*lowest term,* FFURF SYMLAF
**lowland,** *n.* ISELDIR
**lowliness,** *n.* GOSTYNGEIDDRWYDD
**lowly,** *a.* ISEL, GOSTYNGEDIG
**lowness,** *n.* ISELDER
**low-water,** *n.* TRAI, DISTYLL
**loxodrome,** *n.* LOCSODROM
**loyal,** *a.* TEYRNGAR, FFYDDLON
**loyalist,** *n.* CANLYNWR
**loyalty,** *n.* TEYRNGARWCH, FFYDDLONDEB
**lozenge,** *n.* LOSINEN
**lubber,** *n.* LLABWST, HURTYN, LLAPRWTH
**lubricant,** *n.* IRAID
**lubricate,** *v.* IRO
**lubrication,** *n.* IRIAD
**lucerne,** *n.* LWSERN, MAGLYS
**lucid,** *a.* EGLUR, CLIR
**lucidity,** *n.* EGLURDER
**luck,** *n.* LWC, FFORTUN, FFAWD
*best of luck,* POB HWYL, LWC DDA
**luckily,** *ad.* YN FFODUS / LWCUS
**luckless,** *a.* ANFFODUS, ANLWCUS
**lucky,** *a.* FFODUS, LWCUS
**lucrative,** *a.* ENILLFAWR
**lucre,** *n.* BUDR-ELW
**ludicrous,** *a.* CHWERTHINLLYD, DIGRIF
**ludo,** *n.* LWDO
**lug,** *n.* CLUST
*v.* LLUSGO, TYNNU

**luggage,** *n.* CLUD, BAGIAU
**lugubrious,** *a.* TRIST, GALARUS
**lugworm,** *n.* LLWGWM
**lukewarm,** *a.* CLAEAR, LLUGOER
**lukewarmness,** *n.* CLAEARINEB
**lull,** *n.* GOSTEG
*v.* SUO, GOSTEGU
**lullaby,** *n.* HWIANGERDD
**lumbago,** *n.* CRYD Y LLWYNAU, LLWYNWST
**lumber,** *n.* LYMBER, LLYMBAR
*v.* PENTYRRU
**lumbering,** *v.* COETMONA
**lumberjack,** *n.* LYMBERJAC, COETMON
**lumen,** *n.* LWMEN
**luminary,** *n.* GOLEUAD, DYSGAWDR
**luminescence,** *n.* YMOLEUEDD
**luminosity,** *n.* GOLEUEDD, LLEWYCH
**luminous,** *a.* GOLEUOG, LLEWYCHOL
**lump,** *n.* CNEPYN, TALP, CWLFF, LWMP
*lump sum,* CYFANDALIAD
**lumpy,** *a.* TALPIOG, CNAPIOG
**lunacy,** *n.* GWALLGOFRWYDD
**lunar,** *a.* PERTHYNOL I'R LLEUAD
**lunatic,** *n.* GWALLGOFDDYN, LLOERIG
*a.* GWALLGOF, LLOERIG
**lunch,** *n.* CINIO BACH / CANOL DYDD
*v.* CINIAWA
**lune,** *n.* LŴN
**lung,** *n.* YSGYFANT
**lunge,** *n.* & *v.* RHAGWTH
**lunula,** *n.* LWNWLA
**lupin,** *n.* BYS Y BLAIDD
**lurch,** *v.* GWEGIAN
**lure,** *n.* HUD, LLITH
*v.* HUDO, DENU
**lurex,** *n.* LWRECS
**lurid,** *a.* TANBAID, DULAS
**lurk,** *v.* LLECHU, LLERCIAN
**luscious,** *a.* PÊR, MELYS
**lush,** *a.* TOREITHIOG, FFRWYTHLON
**lust,** *n.* CHWANT, TRACHWANT
*v.* CHWENYCHU, TRACHWANTU
**lustful,** *a.* CHWANTUS, ANLLAD, ANNIWAIR
**lustiness,** *n.* EGNI, CRYFDER, CADERNID
**lustrate,** *v.* PUROLCHI
**lustre,** *n.* GLOYWEDD, BRI
**lustrous,** *a.* DISGLAIR, CLAER
**lusty,** *a.* CRYF, NERTHOL, CYHYROG
**lute,** *n.* LIWT
**luteal,** *a.* LWTEAL
**lux,** *n.* LWCS
**luxation,** *n.* DATGYMALIAD
**luxuriance,** *n.* FFRWYTHLONDEB
**luxuriant,** *a.* FFRWYTHLON
**luxurious,** *a.* MOETHUS
**luxury,** *n.* MOETH(USRWYDD), MOETHYN
**lying,** *a.* CELWYDDOG, GORWEDDOL
**lymph,** *n.* LYMFF
**lymphangitis,** *n.* LYMFFANGITIS
**lynch,** *v.* LLADD (HEB BRAWF)
**lynx,** *n.* LYNCS
**lyre,** *n.* TELYN GRON
**lyric,** *n.* TELYNEG
**lyrical,** *a.* TELYNEGOL
**lyricism,** *n.* TELYNEGAETH
**lyrist,** *n.* TELYNOR
**lysis,** *n.* TODDIANT

**macabre,** *a.* ERCHYLL, DYCHRYNLLYD
**macadam,** *n.* MACADAM
**macaroni,** *n.* MACARONI
**macaroon,** *n.* MACARŴN
**mace,** *n.* BRYSGYLL, MES
**mace-bearer,** *n.* BRYSGYLLWR
**macerate,** *v.* MWYDO, MYSGU
**machinate,** *v.* CYNLLWYNO
**machination,** *n.* CYNLLWYN
**machine,** *n.* PEIRIANT
*v.* PEIRIANNU
*machine tools,* OFFER PEIRIANT
*accounting machine,* PEIRIANT CYFRIFEG
**machine-gun,** *n.* DRYLL BEIRIANNOL
**machinery,** *n.* PEIRIANWAITH, PEIRIANNAU
**machine shop,** *n.* GWEITHDY PEIRIANT
**machining,** *n.* PEIRIANNU
**machinist,** *n.* PEIRIANNYDD
**mackerel,** *n.* MACRELL
**mackintosh,** *n.* COT LAW
**macro-economics,** *n.* MACRO-ECONOMEG
**macrocosm,** *n.* MACROCOSM
**macroscopic,** *a.* MACROSGOBIG
**macula,** *n.* MACWLA
**mad,** *a.* GWALLGOF, AMWYLL, YNFYD
**madam,** *n.* MADAM
**madcap,** *n.* PENBOETHYN
**madden,** *v.* GWALLGOFI, FFYRNIGO
**madman,** *n.* YNFYTYN, GWALLGOFDDYN
**madness,** *n.* YNFYDRWYDD, GWALLGOFRWYDD
**madrigal,** *n.* MADRIGAL
**maelstrom,** *n.* TROBWLL
**magazine,** *n.* CYLCHGRAWN, ARFDY
**maggot,** *n.* CYNRHONYN
**maggoty,** *a.* CYNRHONLLYD
**Magi,** *n.pl.* Y DOETHION
**magic,** *n.* DEWINIAETH, HUD, DEWINDABAETH
**magical,** *a.* HUDOL, SWYNOL
**magician,** *n.* DEWIN, SWYNWR
**magic-lantern,** *n.* HUD-LUSERN
**magisterial,** *a.* YNADOL
**magistracy,** *n.* YR YNADAETH
**magistrate,** *n.* USTUS, YNAD
**magma,** *n.* MAGMA
**magna,** *n.* MAGNA
*Magna Carta,* Y FREINLEN FAWR
**magnanimity,** *n.* MAWRFRYDIGRWYDD
**magnanimous,** *a.* MAWRFRYDIG, NOBL
**magnesium,** *n.* MAGNESIWM
**magnet,** *n.* MAGNET
**magnetic,** *a.* MAGNETIG
*magnetic media,* CYFRYNGAU MAGNETIG
**magnetisation,** *n.* MAGNETEIDDIAD
**magnetise,** *v.* MAGNETEIDDIO
**magnetism,** *n.* MAGNETEDDEG
**magneto,** *n.* MAGNETO
**magnetometer,** *n.* MAGNETOMEDR
**magnification,** *n.* CHWYDDHAD
**magnificence,** *n.* GWYCHDER, GODIDOWGRWYDD
**magnificent,** *a.* GWYCH, GODIDOG
**magnifier,** *n.* CHWYDDHADUR
**magnify,** *v.* CHWYDDHAU, MOLI, MAWRYGU
**magnifying-glass,** *n.* CHWYDDWYDR
**magniloquence,** *n.* IAITH CHWYDDEDIG
**magniloquent,** *a.* CHWYDDEDIG
**magnitude,** *n.* MAINT(IOLI)
**magpie,** *n.* PIODEN
**mahogany,** *n.* MAHOGANI
**maid(en),** *n.* MERCH, GWYRY, MORWYN
*old maid,* HEN FERCH
**maidenhood,** *n.* MORWYNDOD, GWYRYFDOD
**maidservant,** *n.* MORWYN, GWASANAETHFERCH
**mail,** *n.* POST, LLYTHYRAU, ARFWISG
**maim,** *v.* ANFFURFIO, ANAFU
**main,** *n.* Y CEFNFOR
*a.* PRIF, PENNAF
*in the main,* GAN MWYAF
**mainland,** *n.* Y TIR MAWR
**mainly,** *ad.* YN BENNAF
**mainmast,** *n.* YR HWYLBREN MAWR
**mainsail,** *n.* YR HWYL FAWR
**mainspring,** *n.* Y SBRING FAWR
**mainstay,** *n.* PRIF GYNHALIAETH
**maintain,** *v.* CYNNAL, AROFALU, CADW, HAERU
**maintenance,** *n.* AROFAL, CYNHALIAETH, GOFALAETH
*maintenance order,* GORCHYMYN CYNNAL
**maisonette,** *n.* TŶ BYCHAN
**maize,** *n.* INDRAWN, CORN
**majestic,** *a.* MAWREDDOG
**majesty,** *n.* MAWREDD, MAWRHYDI
**major,** *n.* UWCHGAPTEN, OEDOLYN
*a.* PRIF, HWYAF, MWYAF
**majority,** *n.* MWYAFRIF, OEDOLAETH
**make,** *n.* GWNEUTHURIAD, GWAITH
*v.* GWNEUD, GWNEUTHUR, TANNU (GWELY)
**make-believe,** *n.* RHITH, FFUG
*v.* CREU-A-CHREDU, SMALIO
**maker,** *n.* GWNEUTHURWR, CREAWDWR
**makeshift,** *n.* PETH WRTH LAW

**make-up,** *n.* COLUR
*v.* COLURO
*make-up man,* COLURWR
**making,** *n.* GWNEUTHURIAD, FFURFIAD
**mal-adjusted,** *a.* HEB YMADDASU
**mal-adjustment,** *n.* DIFFYG YMADDASIAD, CAMADDASIAD
**maladministration,** *n.* CAMWEINYDDIAD
**maladroit,** *a.* LLETCHWITH, TRWSGL, LLIBIN
**malady,** *n.* CLEFYD, ANHWYLDEB, DOLUR
**malaise,** *n.* ANHWYLDER
**malaria,** *n.* MALARIA
**malcontent,** *n.* GWRTHRYFELWR, NOGIWR
*a.* ANFODLON
**male,** *n.* GWRYW
*a.* GWRYW(OL)
**malediction,** *n.* MELLTITH, RHEG
**malefactor,** *n.* DRWGWEITHREDWR
**malevolence,** *n.* MALAIS
**malevolent,** *a.* MALEISUS
**malformation,** *n.* CAMFFURFIAD
**malice,** *n.* MALAIS
**malicious,** *a.* MALEISUS
**malign,** *a.* DIFRÏOL
*v.* DIFRÏO, PARDDUO
**malignancy,** *n.* LLID
**malignant,** *a.* ADWYTHIG, GWYLLT
**malignity,** *n.* ATGASRWYDD, LLID
**malinger,** *v.* OSGOI GWAITH
**mallard,** *n.* HWYAD WYLLT
**malleability,** *n.* HYDRINEDD
**malleable,** *a.* HYDRIN
**mallet,** *n.* GORDD (BREN), MALED
*bossing mallet,* GORDD BEN ŵY
*raising mallet,* GORDD GODI
**mallow,** *n.* MALWS
**malnutrition,** *n.* GWALLFAETHIAD, CAMLUNIAETH
**malpractice,** *n.* CAMYMDDYGIAD
**malt,** *n.* BRAG
*v.* BRAGU
**malthouse,** *n.* BRAGDY
**maltreat,** *v.* CAM-DRIN
**maltreatment,** *n.* CAMDRINIAETH
**mamillated,** *a.* BRONENNOG
**mamma,** *n.* MAM, MAMA
**mammal,** *n.* MAMAL
**mammalian,** *a.* MAMALAIDD
**mammon,** *n.* MAMON
**mammoth,** *n.* MAMOTH
**man,** *n.* DYN, GŴR
*v.* CRIWIO
**manacle,** *n.* GEFYN
*v.* GEFYNNU
**manage,** *v.* RHEOLI, LLYWODRAETHU, YMDOPI
**manageable,** *a.* HYDRIN
**management,** *n.* GORUCHWYLIAETH, RHEOLAETH, Y RHEOLWYR
**manager,** *n.* GORUCHWYLIWR, RHEOLWR
**manageress,** *n.* RHEOLYDDES, RHEOLWRAIG
**managerial,** *a.* RHEOLAETHOL
*managerial studies,* ASTUDIAETHAU RHEOLAETH
**mandarin,** *n.* MANDARIN
**mandate,** *n.* MANDAD, ARCHIAD
**mandated,** *a.* MANDEDIG
**mandatory,** *a.* MANDEDOL, GORFODOL
**mandible,** *n.* GÊN, MANDIBL
**mandolin,** *n.* MANDOLIN
**mandrel,** *n.* MANDREL
*sugar loaf mandrel,* MANDREL CÔN
**mane,** *n.* MWNG
**manful,** *a.* DEWR, GWROL, EOFN
**manganese,** *n.* MANGANÎS
**mange,** *n.* CLAFR Y CŴN
**manger,** *n.* PRESEB
**mangle,** *n.* MANGL
*v.* MANGLO, LLURGUNIO
**mango,** *n.* MANGO
**mangrove,** *n.* MANGROF
**mangy,** *a.* CLAFRLLYD
**manhandle,** *v.* TRIN YN ARW
**manhole,** *n.* DYNDWLL, TWLL ARCHWILIO
**manhood,** *n.* DYNDOD, DYNION
**mania,** *n.* GORAWYDD, MANIA
**maniac,** *n.* GWALLGOFDDYN
**manicure,** *n.* TRINIAETH DWYLO
**manicurist,** *n.* TRINIWR DWYLO
**manifest,** *a.* AMLWG
*v.* AMLYGU, DANGOS
**manifestation,** *n.* AMLYGIAD
**manifesto,** *n.* DATGANIAD, MANIFFESTO
**manifold,** *n.* MANIFFOLD
*a.* AMRYWIOL
*exhaust manifold,* MANIFFOLD GWACAU
**manikin,** *n.* CORRACH
**manipulate,** *v.* LLAWDRIN, TRAFOD
**manipulation,** *n.* LLAWDRINIAETH
**manipulator,** *n.* LLAWDRINIWR
**mankind,** *n.* DYNOLRYW
**manlike,** *a.* DYNOL
**manliness,** *n.* GWROLDEB, DEWRDER
**manly,** *a.* GWROL, DEWR
**manna,** *n.* MANNA
**manned,** *a.* Â CHRIW

**mannequin,** *n.* MANICIN, MODEL
**manner,** *n.* MODD, DULL, DARDDULL
**mannerism,** *n.* DULLWEDD, DARDDULL-IAETH
**mannerly,** *a.* BONEDDIGAIDD, MOESGAR
**manners,** *n.pl.* MOESAU
*good manners,* MOESGARWCH
*bad manners,* ANFOESGARWCH
**manoeuvre,** *n.* CAD-DREFNIANT
*v.* CAD-DREFNU
**man-of-war,** *n.* LLONG RYFEL
**manometer,** *n.* MANOMEDR
**manor,** *n.* MAENOR
**manorhouse,** *n.* MAENORDY
**manorial,** *a.* MAENOROL
**manpower,** *n.* LLAFURLU
**manse,** *n.* MANS
**manservant,** *n.* GWAS
**mansion,** *n.* PLAS, PLASTY
**manslaughter,** *n.* DYNLADDIAD
**manslaughterer,** *n.* DYNLADDWR
**mantelpiece,** *n.* SILFF BEN TÂN
**mantissa,** *n.* MANTISA
**mantle,** *n.* MANTELL, MANTL
*v.* MANTELLU
**manual,** *n.* LLAWLYFR, MANIWAL, SEIN-GLAWR (MIWSIG)
*a.* PERTHYNOL I'R LLAW
**manufacture,** *n.* GWNEUTHURIAD, GWNEUTHURYN
*v.* GWEITHGYNHYRCHU, GWNEUTHUR
*manufacturing industry,* DIWYDIANT GWNEUTHUR
*manufactured goods,* GWEITHGYN-NYRCH
**manufacturer,** *n.* GWNEUTHURWR, GWEITHGYNHYRCHYDD
**manumission,** *n.* RHYDDHAD
**manure,** *n.* GWRTAITH, TAIL, ACHLES
*v.* GWRTEITHIO, ACHLESU, TEILO
**manus,** *n.* MANWS
**manuscript,** *n.* LLAWYSGRIF
*manuscript book,* LLYFR ERWYDD
**Manx,** *n.* MANAWEG
*a.* MANAWAIDD
**many,** *n.* LLAWER
*a.* AML, SAWL, LLAWER
*as many,* CYMAINT, CYNIFER
*many-valued,* LLUOSWERTH
**map,** *n.* MAP
*v.* MAPIO
*map reference,* CYFEIRNOD MAP
*relief map,* MAP TIRWEDD
*sketch map,* LLINFAP
**maple,** *n.* GWNIOLEN
**maqui,** *n.* MACWI
**mar,** *v.* ANDWYO, DIFETHA
**maraud,** *v.* ANRHEITHIO, YSBEILIO
**marauder,** *n.* YSBEILIWR, ANRHEITHIWR
**marble,** *n.* MARMOR, MARBLEN
*v.* MARMORI
**March,** *n.* MAWRTH
**march,** *n.* GOROR, FFIN, YMDAITH, YMDEITHGAN
*v.* YMDEITHIO
*The Marches,* Y GOROR AU, Y MERS
**marchioness,** *n.* ARDALYDDES
**mare,** *n.* CASEG
*oestrum mare,* CASEG FARCHUS/WYNAD
*brood mare,* CASEG FAGU
**margarine,** *n.* MARGARIN
**margin,** *n.* FFIN, YMYL, GLANDIR
*profit margin,* LLED/MAINT YR ELW
**marginal,** *a.* FFINIOL, YMYLOL
**marigold,** *n.* GOLD MAIR
**marine,** *a.* MOROL
*n.* LLONGAU, MORFILWR
*marine engineering,* PEIRIANNEG FOROL
**mariner,** *n.* MORWR
**marines,** *n.pl.* MORFILWYR
**marionette,** *n.* MARIONÉT, PWPED
**marital,** *a.* PRIODASOL
**maritime,** *a.* ARFOROL
**marjoram,** *n.* MINTYS Y GRAIG
**mark,** *n.* NOD, ÔL, ARWYDD, MARC
*v.* NODI, MARCIO, EDRYCH
**marked,** *a.* NODEDIG, AMLWG, WEDI EI FARCIO
**marker,** *n.* MARCIWR, NODWR
**market,** *n.* MARCHNAD
*v.* MARCHNATA
*market value,* GWERTH Y FARCHNAD, MARCHNADWERTH
**marketable,** *a.* GWERTHADWY
**market-place,** *n.* MARCHNADFA
**markings,** *n.pl.* MARCIAU, NODAU
**marksman,** *n.* SAETHWR DA
**marksmanship,** *n.* SAETHU
**marl,** *n.* MARL
**marly,** *a.* MARLOG
**marmalade,** *n.* MARMALÊD
**maroon,** *n.* MARŴN
*v.* GADAEL AR YNYS ANIAL
**marquee,** *n.* PABELL FAWR
**marquess,** *n.* ARDALYDD
**marquetry,** *n.* ARGAENWAITH
**marquis,** *n.* ARDALYDD

**marriage,** *n.* PRIODAS
**married,** *a.* PRIOD
**marrow,** *n.* MÊR, MADRUDDYN
*vegetable marrow,* PWMPEN, MARO
**marry,** *v.* PRIODI
**Mars,** *n.* MAWRTH
**marsh,** *n.* CORS, GWERN
*sea marsh,* MORFA
**marshal,** *n.* MARSIALYDD
*v.* TREFNU, MARSIALU
**marshy,** *a.* CORSOG
**marsupial,** *a.* BOLGODOG
**mart,** *n.* MART
**marten,** *n.* BELE
**martial,** *a.* MILWROL
*martial law,* CYFRAITH RHYFEL
**martin,** *n.* GWENNOL
**martinet,** *n.* DISGYBLWR LLYM
**martingale,** *n.* CENGL FFRWYN
**martyr,** *n.* MERTHYR
**martyrdom,** *n.* MERTHYRDOD
**martyrise,** *v.* MERTHYRU
**martyrology,** *n.* MERTHYROLEG
**marvel,** *n.* RHYFEDDOD, SYNDOD
*v.* RHYFEDDU, SYNNU
**marvellous,** *a.* RHYFEDDOL, ARUTHROL
**marxism,** *n.* MARCSIAETH
**marzipan,** *n.* MARSIPAN
**mascara,** *n.* MASGARA
**masculine,** *a.* GWRYW(AIDD)
**masculinity,** *n.* GWRYWAETH
**mash,** *n.* CYMYSGFA, STWNS
*v.* CYMYSGU, STWNSIO, PWNO
*mashed potatoes,* TATWS STWNS
**masher,** *n.* STWNSIWR
**mashlum,** *n.* AMYD
**mask,** *n.* MWGWD
*v.* MYGYDU, CUDDIO
**masochism,** *n.* MASOCIAETH
**mason,** *n.* SAER MAEN, MASIWN
**masonry,** *n.* GWAITH MAEN
**masque,** *n.* MASG, MASQUE
**masquerade,** *n.* DAWNS FWGWD
*v.* FFUGIO
**mass,** *n.* MÀS, TALP, PENTWR, OFFEREN, TYRFA
*v.* PENTYRRU, TYRRU
*the masses,* Y WERIN
*mass produce,* MASGYNHYRCHU
*mass media,* CYFRYNGAU TORFOL
*relative atomic mass,* MÁS MOLECWLAR CYMHAROL
**massacre,** *n.* CYFLAFAN, LLADDFA
**massage,** *v.* TYLINO'R CORFF
**masseur,** *n.* TYLINWR CORFF
**massif,** *n.* MASIFF
**massive,** *n.* MASFAWR, ANFERTH
**massiveness,** *n.* MASFAWREDD, ANFERTHEDD
**mast,** *n.* HWYLBREN, MAST, MES
**master,** *n.* MEISTR, CAPTEN (LLONG)
*a.* PRIF
*v.* MEISTROLI
**masterful,** *a.* MEISTROLGAR
**master-hand,** *n.* PENCAMPWR
**masterly,** *a.* CAMPUS, MEISTROLGAR
**masterpiece,** *n.* CAMPWAITH, GORCHEST
**mastery,** *n.* MEISTROLAETH, GORUCHAFIAETH
**mastic,** *n.* MASTIG
**masticate,** *v.* MALU, CNOI
**mastiff,** *n.* GAFAELGI
**mastitis,** *n.* Y GARGED, MASTITIS
**mastoid,** *n.* ASGWRN BÔN Y CLUST
**masturbate,** *v.* MASTWRBIO
**masturbation,** *n.* MASTWRBEDD
**mat,** *n.* MAT
*v.* MATIO, PLETHU
*foam mat,* MAT FFÔM
**matador,** *n.* MATADOR
**match,** *n.* MATSEN, PRIODAS, GORNEST, GÊM
*v.* CYFATEB, CYMHARU, CYDWEDDU
*match point,* PWYNT GORNEST
**matchbox,** *n.* BOCS MATSYS
**matchless,** *a.* DIGYFFELYB, DIGYMAR
**match-maker,** *n.* TREFNYDD PRIODASAU
**matchwood,** *n.* COED TÂN, ASGLOD
**mate,** *n.* CYMAR, MÊT
*v.* PARU, CYPLYSU
*mating parts,* RHANNAU PARU
**material,** *n.* DEFNYDD, STWFF
*check material,* DEFNYDD SIEC
*a.* MATEROL
**materialise,** *v.* MATEROLI, SYLWEDDOLI
**materialism,** *n.* MATEROLIAETH
**materialist,** *n.* MATEROLWR
**materialistic,** *a.* MATERYDDOL
**materially,** *ad.* YN SYLWEDDOL/HANFODOL
**maternal,** *a.* MAMOL
**maternity,** *n.* MAMOLAETH

**mathematical,** *a.* MATHEMATEGOL
**mathematician,** *n.* MATHEMATEGWR
**mathematics,** *n.* MATHEMATEG
*applied mathematics,* MATHEMATEG GYMWYSEDIG
**matinée,** *n.* DYDD-BERFFORMIAD
**mating-instinct,** *n.* Y REDDF BARU
**matins,** *n.pl.* GWEDDI FOREOL, PLYGAIN
**matricide,** *n.* MAMLADDIAD
**matrimonial,** *a.* PRIODASOL
**matrimony,** *n.* PRIODAS
**matrix,** *n.* MATRICS, CROTH
*non singular matrix,* MATRICS ANHYNOD
*matrix product,* LLUOSWM MATRICS
*singular matrix,* MATRICS HYNOD
*row matrix,* MATRICS RHES
**matron,** *n.* METRON
**matronly,** *a.* URDDASOL
**matt,** *a.* MAT, PŴL, AFLOYW
**matted,** *a.* MATIOG
**matter,** *n.* MATER, PWNC, ACHOS, CRAWN
*v.* BOD O BWYS, CRAWNI
**matter-of-fact,** *a.* DIDDYCHYMYG
**matting,** *n.* DEFNYDD MATIAU
**mattock,** *n.* MATOG
**mattress,** *n.* MATRAS
**maturation,** *n.* AEDDFEDIAD, PRIFIANT
**mature,** *a.* AEDDFED
*v.* AEDDFEDU
**maturity,** *n.* AEDDFEDRWYDD
*maturity date,* DYDDIAD AD-DALU
**maul,** *n.* SGARMES
*v.* CURO, PWYO, BAEDDU
*loose maul,* SGARMES RYDD
**maundy,** *n.*
*Maundy Thursday,* DYDD IAU CABLYD
*Maundy Money,* ARIAN CARDOD
**mausoleum,** *n.* MAWSOLEWM
**mauve,** *a.* PORFFOR GWELW
**maw,** *n.* CYLLA, CROMBIL
**maxilla,** *n.* MAĊSILA
**maxim,** *n.* GWIREB
**maximal,** *a.* MACSIMAL
**maximisation,** *n.* UCHAFU
**maximise,** *v.* UCHAFU, MACSIMEIDDIO
**maximum,** *n.* MACSIMWM, UCHAFSWM, UCHAFBWYNT
**May,** *n.* MAI
*May-Day,* CALAN MAI
**may,** *n.* BLODAU'R DRAIN GWYNION
*maybe,* EFALLAI, DICHON
**mayor,** *n.* MAER
**mayoral,** *a.* MAEROL
**mayoralty,** *n.* SWYDD MAER
**mayoress,** *n.* MAERES
**maypole,** *n.* BEDWEN FAI
**maytree,** *n.* DRAENEN WEN
**maze,** *n.* DRYSFA, CYMHLETHDOD
**me,** *pn.* MI, FI, I, MYFI, MINNAU
**mead,** *n.* MEDD, DÔL
**meadow,** *n.* GWEIRGLODD, DÔL
**meadow-sweet,** *n.* ERWAIN
**meagre,** *a.* PRIN, TLAWD, TENAU
**meagreness,** *n.* PRINDER, TLODI
**meal,** *n.* PRYD, BLAWD
*meals on wheels,* PRYD AR GLUD
**mealy,** *a.* BLODIOG
**mealy-mouthed,** *a.* GWENIEITHUS
**mean,** *n.* CYMEDR, CANOL
*a.* CYMEDRIG, CRINTACH
*v.* MEDDWL, GOLYGU, BWRIADU
*arithmetic mean,* CYMEDR RHIFYDDOL
*mean deviation,* GWYRIAD CYMEDRIG
*weighted mean,* CYMEDR PWYSOL
**meander,** *n.* YMDDOLENIAD, YSTUM (AFON)
*v.* DOLENNU, YSTUMIO
**meandering,** *a.* YMDDOLENNOG, YSTUMIOL
**meaning,** *n.* YSTYR, MEDDWL
**meaningless,** *a.* DIYSTYR
**meanness,** *n.* CYBYDD-DOD, BAWEIDD-DRA, CRINTACHRWYDD
**means,** *n.pl.* CYFRWNG, MODD(ION), CYFOETH
*means test,* PRAWF MODD(ION)
*by all means,* AR BOB CYFRIF, WRTH GWRS
**meanwhile,** *ad.* YN Y CYFAMSER
**measles,** *n.* Y FRECH GOCH
**measureable,** *a.* MESURADWY
**measure,** *n.* MESUR, MYDR, BAR, MESURIAD
*measuring tape,* TÂP MESUR
**measured,** *a.* CYSON, PWYLLOG, CYMEDROL
**measureless,** *a.* DIFESUR
**measurement,** *n.* MESUR, MESURIAD
**meat,** *n.* CIG, BWYD
*meat roll,* RHÔL GIG
*meat pie,* PASTAI GIG
**meatus,** *n.* MEATWS
**mechanic,** *n.* PEIRIANNYDD
**mechanical,** *a.* MECANYDDOL
*mechanical drawing,* LLUNIADU MECANYDDOL
**mechanics,** *n.* MECANEG
**mechanisation,** *n.* MECANEIDDIAD
**mechanism,** *n.* MECANWAITH
**mechanize,** *v.* MECANEIDDIO
**medal,** *n.* MEDAL

**medallion,** *n.* MEDALION
**medallist,** *n.* MEDALYDD
**meddle,** *v.* YMYRRYD, YMHÉL, BUSNESA
**meddler,** *n.* YMYRRWR, BUSNESWR
**meddlesome,** *a.* YMYRGAR, BUSNESLYD
**mediaeval,** *a.* CANOLOESOL
**mediaevalism,** *n.* CANOLOESOLDEB
**medial,** *a.* CANOL(OG)
**median,** *n.* CANOLRIF, LLINGANOL
**mediant,** *n.* MEIDON
**mediate,** *v.* CYFRYNGU, CANOLI
**mediation,** *n.* CYFRYNGDOD
**mediator,** *n.* CYFRYNGWR, CANOLWR
**mediatory,** *a.* CYFRYNGOL
**medical,** *a.* MEDDYGOL
*medical inspection,* ARCHWILIAD MEDDYGOL
**medicament,** *n.* MODDION, MEDDYGINIAETH
**medicated,** *a.* | MEDDYGINIAETHOL
**medicinal,** *a.* |
**medicine,** *n.* MODDION, MEDDYGAETH, FFISIG
**medieval,** *a.* CANOLOESOL
**mediocre,** *a.* CYFFREDIN, CANOLIG
**mediocrity,** *n.* CYFFREDINEDD
**meditate,** *v.* MYFYRIO
**meditation,** *n.* MYFYRDOD
**meditative,** *a.* MYFYRIOL
**mediterranean,** *a.* CANOLDIRAIDD, MEDITERANAIDD
*The Mediterranean,* Y MÔR CANOLDIR
**medium,** *n.* CYFRWNG, CANOL
*a.* CANOL(IG), CYMEDROL
*medium of exchange,* CYFRWNG CYFNEWID
**medley,** *n.* CADWYN O ALAWON, CYMYSGEDD
**medulla,** *n.* MEDWLA
**medullary,** *n.* CRAIDD
**meed,** *n.* TÂL, GWOBR
**meek,** *a.* ADDFWYN, MWYN, LLARIAIDD
**meekness,** *n.* ADDFWYNDER
**meet,** *n.* CYFARFOD
*v.* CWRDD, CYFARFOD
*a.* ADDAS, PRIODOL
**meeting,** *n.* CWRDD, CYFARFOD, CYFARFYDDIAD
**megalith,** *n.* MEGALITH
**megalithic,** *a.* MEGALITHIG
**megalomania,** *n.* HUNAN-DYB
**megaphone,** *n.* MEGAFFON
**megaspore,** *n.* MEGASBOR
**megatherm,** *n.* MEGATHERM
**megohm,** *n.* MEGOM
**meiosis,** *n.* LLEIHAD, MEIOSIS
**melancholia,** *n.* PRUDDGLWYF, Y FELAN
**melancholic,** *a.* PRUDDGLWYFUS, MELANCOLAIDD
**melanism,** *n.* MELANEDD
**melée,** *n.* YSGARMES
**melismatic,** *a.* MELISMATAIDD
**mellow,** *a.* AEDDFED, MEDDAL
*v.* AEDDFEDU, MEDDALU
**mellowness,** *n.* AEDDFEDRWYDD
**melodic,** *a.* MELODAIDD, ALAWOL, MELODIG
**melodious,** *a.* PERSÁIN, MELODAIDD
**melodrama,** *n.* MELODRAMA
**melodramatic,** *a.* TEIMLADWY
**melody,** *n.* ALAW
**melon,** *n.* MELON
**melt,** *v.* DADLAITH, YMDODDI
*n.* YMDODDIAD
*melting point,* YMDODDBWYNT
**member,** *n.* AELOD
*Member of Parliament,* AELOD SENEDDOL (A.S.)
**membership,** *n.* AELODAETH
**membrane,** *n.* PILEN, CROENYN
*serous membrane,* PILEN SERUS
*basement membrane,* PILEN WAELODOL
**membraneous,** *a.* PILENNOG
**memento,** *n.* COFEB
**memo,** *n.* MEMO
**memoir,** *n.* COFIANT
**memorable,** *a.* COFIADWY
**memorandum,** *n.* MEMORANDWM, COFNOD
**memorial,** *n.* COFADAIL, COFEB
*a.* COFFA(DWRIAETHOL)
**memorialism,** *n.* COFFAOLIAETH
**memorise,** *v.* DYSGU AR GOF
**memory,** *n.* COF(FADWRIAETH), COFFA
**menace,** *n.* BYGYTHIAD
*v.* BYGWTH
**menagerie,** *n.* MILODFA
**mend,** *v.* CYWEIRIO, TRWSIO
**mendacious,** *a.* CELWYDDOG
**mendacity,** *n.* CELWYDD
**mendicant,** *n.* CARDOTYN
*a.* CARDOTAIDD
**menhir,** *n.* MAEN-HIR
**menial,** *a.* GWASAIDD, ISEL
**meningitis,** *n.* LLID (PILEN) YR YMENNYDD
**meniscus,** *n.* MENISCWS, HANERCYLCH
**menstruation,** *n.* Y MISGLWYF, MISLIF

**mensuration,** *n.* MESUREG
**mental,** *a.* MEDDYLIOL
*mental deficiency,* DIFFYGIANT MEDDWL, DIFFYG MEDDYLIOL
**mentalism,** *n.* MEDDYLIAETH
**mention,** *n.* CRYBWYLLIAD, SÔN
*v.* CRYBWYLL, SÔN
**mentor,** *n.* CYNGHORWR DOETH
**menu,** *n.* BWYDLEN
**mercantile,** *a.* MERCANTIL(AIDD)
**mercantilism,** *n.* MERCANTILIAETH
**mercantilist,** *n.* MERCANTILYDD
**mercenary,** *n.* HURFILWR
*a.* AR HUR
**mercerised,** *a.* SGLEIN
**merchandise,** *n.* MARSIANDÏAETH, NWYDDAU
**merchant,** *n.* MARSIANDÏWR, MASNACHWR
**merciful,** *a.* TRUGAROG, TOSTURIOL
**mercifully,** *ad.* DRWY DRUGAREDD
**merciless,** *a.* DIDRUGAREDD
**mercurial,** *a.* BYW(IOG), CYFNEWIDIOL
**mercuric,** *a.* MERCWRIG
**mercury,** *n.* ARIAN BYW, MERCWRI
**mercy,** *n.* TRUGAREDD, TOSTURI
**mere,** *n.* LLYN, PWLL
*a.* UNIG, PUR, SYML
**merely,** *ad.* DIM OND, NAMYN
**meretricious,** *a.* COEGWYCH
**merge,** *v.* YMSODDI, CYFUNDODDI, YMDODDI
**merger,** *n.* YMSODDIAD, CYFUNDODDIAD, CYFUNIAD, YMDODDIAD
**meridian,** *n.* MERIDIAN, NAWN
**meringue,** *n.* MERINGUE
**merino,** *n.* MERINO
**meristem,** *n.* MERISTEM
**merit,** *n.* HAEDDIANT, RHINWEDD, TEILYNGDOD
*v.* HAEDDU, TEILYNGU
**meritorious,** *a.* TEILWNG, CLODWIW
**mermaid,** *n.* MÔR-FORWYN
**merriment,** *n.* DIFYRRWCH, HWYL
**merry,** *a.* LLAWEN, LLON
**merry-go-round,** *n.* CEFFYLAU BACH
**mesa,** *n.* MESA
**mesentery,** *n.* CEFNDEDYN
**meseta,** *n.* MESETA
**mesh,** *n.* MASG, RHWYDWAITH
**mesmerise,** *v.* MESMEREIDDIO
**mesmerism,** *n.* MESMERIAETH, SWYNGWSG
**mesoderm,** *n.* MESODERM
*a.* MESODERMAIDD
**mesolithic,** *a.* MESOLITHIG
**meson,** *n.* MESON
**mesophyte,** *n.* MESOFFYT
**mess,** *n.* ARLWY, LLE BWYTA, LLANASTR, ANNIBENDOD
**message,** *n.* NEGES, CENADWRI
**messenger,** *n.* NEGESYDD, CENNAD
**Messiah,** *n.* MESEIA
**Messianic,** *a.* MESEIANAIDD
**messy,** *a.* BRWNT, BAWLYD, ANNIBEN
**metabolic,** *a.* METABOLIG
**metabolism,** *n.* METABOLAETH
**metabolite,** *n.* METABOLYN
**metacarpus,** *n.* METACARPWS
**metacentre,** *n.* METABWYNT
**metal,** *a.* METELAIDD
*n.* METEL
*scrap metal,* SBORION METEL
*sheet metal,* LLENFETEL
**metallic,** *a.* METELIG
**metalliferous,** *a.* METELIFFERAIDD
**metalling,** *n.* METLIN
**metallurgical,** *a.* METELEGOL
**metallurgist,** *n.* METELEGWR
**metallurgy,** *n.* METELEG
**metamere,** *n.* METAMER
**metameric,** *a.* METAMERIG
**metamerism,** *n.* METAMERAETH
**metamorphic,** *a.* METAMORFFIG
**metamorphism,** *n.* METAMORFFIAETH
**metaphase,** *n.* METAFFAS
**metaphor,** *n.* TROSIAD
**metaphorical,** *a.* TROSIADOL
**metaphysician,** *n.* METAFFISEGWR
**metaphysics,** *n.* METAFFISEG
**metastable,** *a.* METASAD
**metastasis,** *n.* METASTASIS
**metatarsal,** *n.* METATARSAL
**metathesis,** *n.* TRAWSOSODIAD
**mete,** *n.* MESUR
**meteor,** *n.* SEREN WIB
**meteoric,** *a.* METEORIG
**meteorite,** *n.* GWIBFAEN, METEORIT
**meteorolgist,** *n.* METEOROLEGWR
**meteorology,** *n.* METEOROLEG
**meter,** *n.* MEDR, MESURYDD
*v.* METRU
**methane,** *n.* METHAN
**methinks,** *v.* TYBIAF
**method,** *n.* DULL, MODD
*projective method,* DULL YMDAFLUNIO
**methodical,** *a.* TREFNUS
**Methodism,** *n.* METHODISTIAETH

**Methodist,** *n.* METHODIST
**methodology,** *n.* METHODOLEG
**methyl,** *n.* METHYL
*methylated spirit,* GWIROD METHYL(EDIG)
**methylate,** *v.* METHYLEIDDIO
**meticulous,** *a.* GORFANWL
**metonymy,** *n.* TRAWSENWAD
**metre,** *n.* METR, MYDR
**metric,** *a.* METRIG
*metric scale,* GRADDFA FETRIG
**metrical,** *a.* MYDRYDDOL, METRIG
**metrication,** *v.* METRIGEIDDIO
**metritis,** *n.* LLID Y FAMOG, METRITIS
**metronome,** *n.* METRONÔM
**metropolis,** *n.* PRIFDDINAS
**metropolitan,** *n.* ARCHESGOB
*a.* METROPOLITAN
**mettle,** *n.* YSBRYD, CALON
**mettlesome,** *a.* YSBRYDOL, CALONNOG
**mew,** *n.* GWYLAN
*v.* MEWIAN
**mews,** *n.pl.* YSTABLAU
**mezzo-soprano,** *n.* MEZZO-SOPRANO
**miasma,** *n.* MIASMA
**mica,** *n.* MICA
**mice,** *n.* MEIS
**Michaelmas,** *n.* GŴYL FIHANGEL
**microbe,** *n.* MICROB
**micro-biology,** *n.* MICROBIOLEG
**micro-chip,** *n.* MICRO-SGLODYN
**microcosm,** *n.* MICROCOSM
**micro-economics,** *n.* MICRO-ECONOMEG
**microelectronics,** *n.pl.* MICROELECTRONEG
**microfauna,** *n.pl.* TRYCHFILOD
**micrograph,** *n.* MICROGRAFF
**micrometer,** *n.* MICROMEDR
**micron,** *n.* MICRON
**micro-organism,** *n.* MICRO-ORGANEB
**microphone,** *n.* MICROFFON, MEIC
**micro-processor,** *n.* MICRO-PROSESYDD
**microscope,** *n.* MICROSGOP
**microscopic,** *a.* MICROSGOPIG
**microscopy,** *n.* MICROSGOPEG
**microspore,** *n.* MICROSBOR
**microtherm,** *n.* MICROTHERM
**microtone,** *n.* MICROTÔN
**microwave,** *n.* MICRODON
**micturate,** *v.* PISO
**mid,** *a.* CANOL
**mid-country,** *n.* CEFN GWLAD
**midday,** *n.* CANOL DYDD, HANNER DYDD
**middle,** *n.* CANOL, CRAIDD
**middleman,** *n.* CANOLYDD
**middling,** *a.* CANOLIG, GWEDDOL, SYMOL, CYMEDROL
**midge,** *n.* GWYBEDYN
**midget,** *n.* COR(RACH)
*midget state,* CORWLAD
**midland,** *n.* CANOLDIR
*a.* CANOLDIROL
**mid-latitude,** *n.* LLEDRED CANOL
**midnight,** *n.* HANNER/CANOL NOS
**midrib,** *n.* ASEN GANOL
**midriff,** *n.* LLENGIG
**midshipman,** *n.* IS-SWYDDOG
**midst,** *n.* CANOL, MYSG, PLITH
*prp.* RHWNG
**midsummer,** *n.* CANOL HAF
*Midsummer Day,* GŴYL IFAN
**midway,** *n.* HANNER Y FFORDD
**midwife,** *n.* BYDWRAIG
**midwifery,** *n.* BYDWREIGIAETH
**midwinter,** *n.* CANOL GAEAF
**mien,** *n.* PRYD, GWEDD, GOLWG
**might,** *n.* GALLU, GRYM, NERTH
**mighty,** *a.* NERTHOL, CADARN, GRYMUS
**migraine,** *n.* MIGREN
**migrant,** *n.* MUDWR, YMFUDWR, CRWYDRWR
*a.* MUDOL, CRWYDROL
**migrate,** *v.* MUDO, YMFUDO
**migration,** *n.* MUDIAD, YMFUDIAD
**migratory,** *a.* MUDOL, YMFUDOL
**milch,** *a.* BLITH, LLAETHOG
**mild,** *a.* MWYN, TYNER, HYNAWS, MEDDAL, GWAN
*mild steel,* DUR MEDDAL
**mildew,** *n.* LLWYDNI, LLWYDI
*v.* LLWYDO
**mildness,** *n.* TYNERWCH, TIRIONDEB, MWYNDER
**mile,** *n.* MILLTIR
*nautical mile,* MILLTIR FÔR
**mileage,** *n.* MILLTIREDD
**milestone,** *n.* CARREG FILLTIR
**militant,** *a.* MILWRIAETHUS
**militarism,** *n.* MILITARIAETH
**militarist,** *n.* MILITARYDD
**military,** *a.* MILWROL
**militate,** *v.* MILWRIO
**militia,** *n.* MILISIA
**milk,** *n.* LLAETH, LLEFRITH
*v.* GODRO
*dried milk,* LLAETH POWDR

*milk shake,* YSGYTLAETH
*condensed milk,* LLEFRITH/LLAETH CYDDWYS
*pasteurized milk,* LLAETH/LLEFRITH PASTEUREDIG
**milkmaid,** *n.* LLAETHFERCH
**milkman,** *n.* DYN LLAETH
**milky,** *a.* LLAETHOG, CYMYLOG (CEMEG)
*The Milky Way,* Y LLWYBR LLAETHOG, CAER WYDION
**mill,** *n.* MELIN, FFATRI
*v.* MALU
*cold strip mill,* MELIN STRIP OER
*continuous strip mill,* MELIN STRIP DDI-DOR
**millboard,** *n.* BWRDD MELIN
**millenarianism,** *n.* MILFLWYDDIAETH
**millenial,** *a.* MILFLYNYDDOL
**millenium,** *n.* MILENIWM, MILFLWYDDIANT
**millepede,** *n.* NEIDR FILTROED
**miller,** *n.* MELINYDD
**millet,** *n.* MILET
**milliard,** *n.* MIL O FILIYNAU
**millibar,** *n.* MILIBAR
**millilitre,** *n.* MILILITR
**millimetre,** *n.* MILIMETR
**milliner,** *n.* GWERTHWR NEU WNEUTHURWR HETIAU
**milling,** *n.* MELINO
*milling cutters,* MELINWYR
**milling-machine,** *n.* PEIRIANT MELINO
**million,** *n.* MILIWN
**millionaire,** *n.* MILIYNYDD
**millionth,** *a.* MILIYNFED
**mill-pond,** *n.* PWLL MELIN
**mill-race,** *n.* FFRWD MELIN
**millstone,** *n.* MAEN MELIN
**millwork,** *n.* MELINWAITH
**mime,** *n.* MEIM
*v.* MEIMIO
**mimic,** *n.* DYNWAREDWR
*v.* DYNWARED
**mimicry,** *n.* DYNWAREDEDD
**minaret,** *n.* MINARÉT, MEINDWR
**mince,** *n.* BRIWGIG
*v.* BRIWIO, MALU
**mincemeat,** *n.* BRIWDDA
**mincepies,** *n.pl.* TEISENNAU BRIWDDA
**mincer,** *n.* BRIWELL
**mind,** *n.* MEDDWL, BRYD, BWRIAD
*v.* GWYLIO, GOFALU
**minded,** *a.* TUEDDOL, CHWANNOG
**mindful,** *a.* GOFALUS, YSTYRIOL
**mine,** *n.* MWYNGLAWDD, FFRWYDRYN
*v.* MWYNGLODDIO
*pn.* FY, YR EIDDOF I
**miner,** *n.* MWYNWR, GLÖWR
**mineral,** *n.* MWYN
*a.* MWYNOL
*mineral drinks,* DIODYDD MWYNOL
**mineralogy,** *n.* MWYNYDDIAETH, MWYNOLEG
**mine-sweeper,** *n.* LLONG I GASGLU FFRWYDRYNNAU
**mingle,** *v.* CYMYSGU
**mingy,** *a.* CYBYDDLYD, CRINTACH
**miniature,** *n.* MANDDARLUN, MINIATUR
*a.* AR RADDFA FACH
**minim,** *n.* MINIM
**minimal,** *a.* MINIMAL
**minimize,** *v.* MINIMEIDDIO, LLEIHAU, ISAFU
**minimum,** *n.* LLEIAFSWM, MINIMWM, ISAFSWM, ISAFBWYNT
**mining,** *n.* MWYNGLODDIAETH
*opencast mining,* MWYNGLODDIO BRIG
**minister,** *n.* GWEINIDOG
*v.* GWEINI, GWEINIDOGAETHU
**ministerial,** *a.* GWEINIDOGAETHOL
**ministration,** *n.* GWEINYDDIAD
**ministry,** *n.* GWEINIDOGAETH, GWEINYDDIAETH
**mink,** *n.* MINC
**minnow,** *n.* SILDYN, SILCYN
**minor,** *a.* LLEIAF, LLEDDF
*v.* TIRIO
*n.* MINOR (RYGBI), UN DAN OED
**minority,** *n.* LLEIAFRIF, MABOED
**minotaur,** *n.* TARW-DDYN
**minster,** *n.* CADEIRLAN, EGLWYS GADEIRIOL
**minstrel,** *n.* CLERWR
**minstrelsy,** *n.* CLERWRIAETH
**mint,** *n.* BATHDY, Y MINT, MINTYS
*v.* BATHU
*Royal Mint,* MINT BRENHINOL
**mintage,** *n.* BATHIAD, BATH-DÂL
**minter,** *n.* BATHWR
**minuend,** *n.* MINWEND
**minuet,** *n.* MINIWÉT
**minus,** *n.* MINWS
*a. & prp.* LLAI, NAMYN
*minus sign,* ARWYDD MINWS
**minute,** *a.* MÂN, BACH, MANWL
**minute,** *n.* MUNUD, COFNOD
*minute book,* LLYFR COFNODION
**minutiae,** *n.pl.* MANION, MANYLION

**minuteness,** *n.* MANYLRWYDD
**minx,** *n.* HOEDEN, MURSEN
**miracle,** *n.* GWYRTH
**miraculous,** *a.* GWYRTHIOL
**mirage,** *n.* RHITHLUN, LLEURITH
**mire,** *n.* LLAID, LLACA, BAW
**mirror,** *n.* DRYCH
**mirth,** *n.* DIGRIFIWCH, HWYL, MIRI
**mirthful,** *a.* LLAWEN, LLON
**mirthless,** *a.* TRIST, DIGALON
**miry,** *a.* LLEIDIOG, BAWLYD
**misadventure,** *n.* ANFFAWD, DAMWAIN
**misanthropist,** *n.* DYNGASWR
**misanthropy,** *n.* DYNGASEDD
**misapply,** *v.* CAMDDEFNYDDIO, CAMARFER
**misapprehend,** *v.* CAMDDEALL
**misapprehension,** *n.* CAMDDEALL-TWRIAETH
**misbehave,** *v.* CAMYMDDWYN
**misbehaviour,** *n.* CAMYMDDYGIAD
**misbelief,** *n.* CAM-GRED
**misbelieve,** *v.* CAMGREDU
**miscalculate,** *v.* CAMGYFRIF
**miscalculation,** *n.* CAMGYFRIFIAD
**miscarriage,** *n.* ERTHYLIAD
*miscarriage of justice,* AFLWYDDO CYFIAWNDER
**miscarry,** *v.* AFLWYDDO, ERTHYLU
**miscast,** *v.* CAMGASTIO
**miscegenation,** *v.* CROESHILIO
**miscellaneous,** *a.* AMRYWIOL
**miscellany,** *n.* AMRYWIAETH
**mischance,** *n.* ANFFAWD, AFLWYDD
**mischief,** *n.* DIREIDI, DRYGIONI
**mischievous,** *a.* DIREIDUS, DRYGIONUS
**mischievousness,** *n.* DIREIDI
**miscibility,** *n.* CYMYSGADWYAETH
**miscible,** *a.* CYMYSGADWY, CYMYSGEDIG
**misconception,** *n.* CAMSYNIAD
**misconduct,** *n.* CAMYMDDYGIAD
*v.* CAMYMDDWYN
**miscreant,** *n.* DIHIRYN, ADYN
**misdeed,** *n.* CAMWEDD
**misdemeanour,** *n.* CAMWEDD, TROSEDD
**misdirect,** *v.* CAMGYFEIRIO
**mise,** *n.* MEIS
**miser,** *n.* CYBYDD
**miserable,** *a.* TRUENUS, GRESYNUS
**misericord,** *n.* MISERICORD
**miserly,** *a.* CYBYDDLYD, CRINTACHLYD
**misery,** *n.* TRALLOD, TRUENI
**misfit,** *n. & a.* MISFFIT
**misfortune,** *n.*.ANFFAWD, ANLWC, AFLWYDD
**misgiving,** *n.* AMHEUAETH
**misguide,** *v.* CAMARWAIN
**misguided,** *a.* ANGHYWIR, CAMARWEINIOL
**mishandle,** *v.* CAM-DRIN
**mishap,** *n.* ANAP, ANGHAFFAEL
**misjudge,** *v.* CAMFARNU
**mislay,** *v.* CAMOSOD
**mislead,** *v.* CAMARWAIN, TWYLLO
**misleading,** *a.* CAMARWEINIOL
**mismanagement,** *n.* CAM-DREFN
**misplace,** *v.* CAMOSOD
**misplaced,** *a.* O'I LE
**misprint,** *n.* CAMBRINT
*v.* CAMARGRAFFU
**misread,** *v.* CAMDDARLLEN
**misrepresent,** *v.* CAMARWAIN
**misrepresentation,** *n.* CAMARWEINIAD, ANWIREDD
**misrule,** *n.* CAMLYWODRAETH, CAMREOL-AETH
*v.* CAMREOLI
**miss,** *n.* METH, MISS
*v.* METHU, COLLI
**missal,** *n.* LLYFR OFFEREN
**mis-shapen,** *a.* DI-LUN, AFLUNIAIDD
**missile,** *n.* SAETHYN, TAFLEGRYN
**missing,** *a.* AR GOLL, YN EISIAU
**mission,** *n.* CENHADAETH
**missionary,** *n.* CENHADWR, CENHADES
*a.* CENHADOL
**missive,** *n.* LLYTHYR SWYDDOGOL
**mis-spell,** *v.* CAMSILLAFU
**mis-spend,** *v.* GWASTRAFFU
**mist,** *n.* NIWL, NUDDEN, TARTH
*v.* NIWLIO
**mistake,** *n.* GWALL, CAMSYNIAD, CAM-GYMERIAD
*v.* CAMGYMRYD
**mistaken,** *a.* CYFEILIORNUS, CAMSYNIOL
**mister,** *n.* MR, MEISTR
**mistletoe,** *n.* UCHELWYDD
**mistral,** *n.* MISTRAL
**mistress,** *n.* MEISTRES, ATHRAWES, MRS
**mistrust,** *n.* DRWGDYBIO, AMAU
**mistrustful,** *a.* DRWGDYBUS, AMHEUS
**misty,** *a.* NIWLOG, ANEGLUR
**misunderstand,** *v.* CAMDDEALL
**misunderstanding,** *n.* CAMDDEALL-TWRIAETH
**misuse,** *n.* CAMDDEFNYDD
*v.* CAMDDEFNYDDIO
**mite,** *n.* HATLING, MYMRYN
**mites,** *n.pl.* GWIDDON, EUDDON

**mitigate,** *v.* LLINIARU, LLEDDFU
**mitosis,** *n.* MITOSIS
**mitotic,** *a.* MITOTIG
**mitre,** *n.* MEITR
*v.* MEITRU, MEITRO
**mitred,** *a.* MEITROG
**mitten,** *n.* MITEN
**mix,** *v.* CYMYSGU
**mixed,** *a.* CYMYSG
**mixen,** *n.* TOMEN
**mixer,** *n.* CYMYSGYDD
**mixture,** *n.* CYMYSGEDD
**mizzen,** *n.* HWYL ÔL
**mnemonics,** *n.pl.* NEMONIGAU
**moan,** *v.* CWYNO, GRIDDFAN
*n.* CWYNFAN, GRIDDFAN
**moat,** *n.* FFOS
**mob,** *n.* TYRFA, TORF
*v.* YMOSOD
**mobile,** *a.* SYMUDOL, MUDOL
*n.* SYMUDYN
**mobiles,** *n.* SYMUDION
**mobilisation,** *n.* BYDDINIAD
**mobilise,** *v.* BYDDINO, LLUYDDU, DYGYFOR
**mobility,** *n.* SYMUDOLEDD, MUDOLRWYDD
**moccasin,** *n.* MOCASIN
**mock,** *v.* GWAWDIO, GWATWAR
**mocker,** *n.* GWAWDIWR, GWATWARWR
**mockery,** *n.* GWAWD, DIRMYG
**mocking,** *a.* GWAWDUS, GWATWARUS
**modal,** *a.* MODDOL
**modalism,** *n.* MODDOLAETH
**mode,** *n.* MODD, DULL
**model,** *n.* MODEL
*v.* MODELU, LLUNIO
*model town,* TREF FODEL
**moderate,** *a.* CYMEDROL, CANOLIG
*v.* CYMEDROLI
**moderation,** *n.* CYMEDROLDEB
**moderator,** *n.* CYMEDROLWR, CYMEDROLYDD, LLYWYDD
**modern,** *a.* MODERN, DIWEDDAR
**modernisation,** *n.* MODERNEIDDIAD
**modernize,** *v.* MODERNEIDDIO
**modest,** *a.* GWYLAIDD, DIYMHONGAR
**modesty,** *n.* GWYLEIDD-DRA
**modicum,** *n.* YCHYDIG, TIPYN
**modification,** *n.* ADNEWIDIAD
**modify,** *v.* ADNEWID, GOLEDDFU
**modular,** *a.* MODWLAR
**modulate,** *v.* MODYLU, TRAWSGYWEIRIO
**modulated,** *a.* MODYLEDIG
**modulation,** *n.* TRAWSGYWEIRIAD, MODYLIAD
**modulator,** *n.* CYWEIRIADUR, MODYLYDD
**module,** *n.* MODWL
**modulus,** *n.* MODWLWS
**moiety,** *n.* MOIETI
**moist,** *a.* LLAITH
**moisten,** *v.* LLEITHIO
**moisture,** *n.* LLEITHDER, LLEITHEDD
**moisturiser,** *n.* ISLAITH
**molar,** *n.* CILDDANT, MOLAR
*a.* MOLAR
**molasses,** *n.* TRIAGL
**mole,** *n.* GWADD, MAN GENI, TWRCH DAEAR, MORGLAWDD, MÔL
**mole-catcher,** *n.* GWADDOTWR, TYRCHWR
**molecular,** *a.* MOLECWLAR, MOLECYLIG
**molecule,** *n.* MOLECWL
*molecular weight,* PWYSAU MOLECYLIG
**molehill,** *n.* PRIDD Y WADD
**moleskin,** *n.* CROEN GWADD
**molest,** *v.* AFLONYDDU, MOLESTU
**molestation,** *n.* AFLONYDDIAD
**mollify,** *v.* TAWELU, MEDDALU
**mollusc,** *n.* MOLWSC
**molly-coddle,** *v.* MALDODI
**molten,** *a.* TAWDD, TODDEDIG
**molybdenum,** *n.* MOLYBDENWM
**moment,** *n.* MOMENT, EILIAD, ENNYD
*bending moment,* MOMENT PLYGU
**momentary,** *a.* DROS DRO
**momentous,** *a.* PWYSIG IAWN
**momentum,** *n.* MOMENTWM
**monad,** *n.* MONAD
**monadelphous,** *a.* MONADELFFUS
**monarch,** *n.* BRENIN, TEYRN
**monarchian,** *n.* MONARCHYDD
**monarchianism,** *n.* MONARCHYDDIAETH
**monarchical,** *a.* BRENHINOL
**monarchist,** *n.* BRENHINYDD, MONARCHYDD
**monarchy,** *n.* BRENHINIAETH, MONARCHIAETH
**monastery,** *n.* MYNACHLOG
**monastic,** *a.* MYNACHAIDD
**monasticism,** *n.* MYNACHAETH
**Monday,** *n.* DYDD LLUN
**monepiscopacy,** *n.* UNESGOBYDDIAETH
**monetarism,** *n.* ARIANOLAETH
**monetarist,** *n.* ARIANOLWR
**monetary,** *a.* ARIANNOL
**money,** *n.* ARIAN, PRES
*current money,* ARIAN TREIGL
*money lending,* ECHWYN ARIAN
*convertible money,* ARIAN TROSADWY

**money-box,** *n.* BOCS ARIAN, CADW-MI-GEI
**moneyed,** *a.* ARIANNOG, CEFNOG
**money-lender,** *n.* ECHWYNNWR
**monger,** *n.* GWERTHWR
**mongol,** *n.* MONGOL
**mongrel,** *n.* MWNGREL, BRITHGI
*a.* CYMYSGRYW
**monic,** *a.* MONIG
**monism,** *n.* MONIAETH
**monistic,** *a.* MONISTAIDD
**monitor,** *n.* MONITOR
**monitorial,** *a.* MONITORAIDD
**monitory,** *a.* RHYBUDDIOL
**monk,** *n.* MYNACH
**monkey,** *n.* MWNCI
**monkish,** *a.* MYNACHAIDD
**monocellular,** *a.* UNGELL
**monochord,** *n.* MONOCORD
**monochromatic,** *a.* UNLLIW, MONOCROMATIG
**monochrome,** *a.* UNLLIW, MONOCROM
*n.* LLUN UNLLIW
**monocle,** *n.* GWYDR LLYGAD
**monocline,** *n.* MONOCLIN
**monocotyledon,** *n.* MONOCOTYLEDON
**monoculture,** *n.* UNCNWD
**monocyte,** *n.* MONOCYT
**monodelphous,** *a.* UNGYSWLLT
**monodromy,** *n.* MONODROMI
**monody,** *n.* MONODI
**monogamist,** *n.* UNWREIGIWR, MONOGAMYDD
**monogamy,** *n.* UNWREIGIAETH, MONOGAMI
**monogenic,** *a.* MONOGENIG
**monoglot,** *a.* UNIAITH
*n.* PERSON UNIAITH
**monogram,** *n.* MONOGRAM
**monograph,** *n.* MONOGRAFF
**monohybrid,** *a.* MONOHYBRID
**monolith,** *n.* MAEN-HIR, MONOLITH
**monologue,** *n.* YMSON, MONOLOG
**monomeric,** *a.* MONOMERIG
**monophonic,** *a.* MONOFFONIG
**monophysitism,** *n.* MONOFFYSYDDIAETH
**monopolist,** *n.* MONOPOLYDD
**monopolistic,** *a.* MONOPOLYDDOL
**monopolize,** *v.* MEDDIANNU'N GYFAN GWBL
**monopoly,** *n.* MONÓPOLI
**monopsychism,** *n.* MONOSEICIAETH
**monosyllable,** *n.* GAIR UNSILL(AF)
**monotheism,** *n.* UNDDUWIAETH
**monotheist,** *n.* CREDWR MEWN UN DUW
**monotheletism,** *n.* MONOTHELETIAETH
**monotone,** *n.* UN-DÔN, MONOTON
**monotonic,** *a.* MONOTONIG
**monotonous,** *a.* UNDONOG
**monotony,** *n.* UNDONEDD
**monotype,** *n.* MONOTEIP
**monoxide,** *n.* MONOCSID
**monoxygotic,** *a.* MONOSYGOTIG
**monsoon,** *n.* MONSŴN
**monster,** *n.* ANGHENFIL, CLOBYN
*a.* ANFERTH
**monstrosity,** *n.* ANFERTHWCH
**monstrous,** *a.* ANFERTH, GWRTHUN
**montana,** *n.* MONTANA
**month,** *n.* MIS
**monthly,** *n.* MISOLYN
*a.* MISOL
**monument,** *n.* COFADAIL
**monumental,** *a.* COFFAOL, ANFERTH
**mood,** *n.* TYMER, HWYL
MODD (*gram.*)
*in good mood,* HWYLIOG
**moody,** *a.* ORIOG, PWDLYD, CWCSOG
**moon,** *n.* LLEUAD, LLOER
*phases of the moon,* GWEDDAU'R LLEUAD
*harvest moon,* LLEUAD FEDI
*gibbous moon,* LLEUAD AMGRWM
**moonlight,** *n.* GOLAU LEUAD, LLOERGAN
**moonlit,** *a.* GOLAU LEUAD
**moonshine,** *n.* LOL, FFWLBRI, FFILOREG
**moor,** *n.* RHOS, GWAUN
*v.* ANGORI
**moorhen,** *n.* IÂR FACH Y DŴR
**moorings,** *n.pl.* ANGORFA
**moorland,** *n.* RHOSTIR, GWEUNDIR
*a.* GWEUNDIROL
**moot,** *n.* CYFARFOD
*v.* CRYBWYLL
*a moot point,* PWNC DADLEUOL
**mop,** *n.* MOP
*v.* MOPIO
**mope,** *v.* DELWI, PENDRYMU
*n.* HURTYN
**moping,** *a.* PENISEL
**moraine,** *n.* MARIAN
*end moraine,* MARIAN TERFYNOL
**moral,** *n.* MOESWERS
*a.* MOESOL
**morale,** *n.* MORÂL, YSBRYD
**moralist,** *n.* MOESOLWR
**morality,** *n.* MOESOLDEB
**moralise,** *v.* MOESOLI

**morals,** *n.pl.* MOESAU
**morass,** *n.* CORS, MIGNEN
**moratorium,** *n.* MORATORIWM
**morbid,** *a.* AFIACH(US)
**morbidity,** *n.* STAD AFIACHUS
**mordant,** *n.* MORDANT
*a.* BRATHOG, LLYM
**more,** *n.* RHAGOR, YCHWANEG
*a.* MWY
*more and more,* MWYFWY
**moreover,** *ad.* YMHELLACH, HEFYD
**morganatic,** *a.* MORGANATIG
**moribund,** *a.* AR FARW, MARWAIDD
**morning,** *n.* BORE
*a.* BORE(OL)
**moron,** *n.* MORON
**morose,** *a.* SARRUG, BLWNG, DRENG, AFRYWIOG, SUR
**morphia,** *n.* MORFFIA
**morphology,** *n.* MORFFOLEG
**morrow,** *n. & ad.* TRANNOETH
**morsel,** *n.* TAMAID
**mortal,** *n.* DYN, UN MARWOL
*a.* MARWOL, ANGHEUOL
**mortality,** *n.* MARWOLDEB, MARWOLEDD, MARWOLAETHAU
**mortar,** *n.* MORTER, BREUAN
**mortgage,** *n.* MORGAIS
*v.* MORGEISIO
**mortgagee,** *n.* MORGEISAI
**mortgagor,** *n.* MORGEISIWR
**mortice,** *n.* MORTAIS
**mortification,** *n.* MARWEIDDIAD, SIOM
**mortify,** *v.* MARWEIDDIO, SIOMI
**mortise,** *n.* MORTAIS
*v.* MORTEISIO
**mortlake,** *n.* MERLLYN
**mortuary,** *n.* MARWDY, MORTIWARI
**mosaic,** *n.* BRITHWAITH, MOSAIG
*a.* MOSAIG
**mosque,** *n.* MOSG
**mosquito,** *n.* MOSGITO
**moss,** *n.* MWSOGL
**mossy,** *a.* MWSOGLYD
**most,** *a.* MWYAF, AMLAF
*ad.* YN BENNAF
**mostly,** *ad.* GAN MWYAF/AMLAF
**mote,** *n.* BRYCHEUYN
**motel,** *n.* MOTEL
**motet,** *n.* MOTET
**moth,** *n.* GWYFYN, PRYF DILLAD
**mother,** *n.* MAM
*mother liquor,* HYLIF BWRW, MAMDODDIANT
**mothercraft,** *n.* CREFFT Y FAM
**motherhood,** *n.* MAMOLAETH
**mother-in-law,** *n.* MAM-YNG-NGHYFRAITH
**motherly,** *a.* MAMOL, MAMAIDD
**mother-tongue,** *n.* MAMIAITH
**mothproof,** *a.* GWRTHWYFYN
*v.* GWRTHWYFYNNU
**motif,** *n.* MOTIFF
**motion,** *n.* MUDIANT, SYMUD, CYNIGIAD
*v.* ARWYDDO, AMNEIDIO
**motionless,** *a.* DIGYFFRO, LLONYDD
**motivate,** *v.* CYMELLIADU, CYMHELLU
**motivation,** *n.* CYMELLIADAETH, MOTIFYDDIAETH
**motive,** *n.* CYMHELLIAD, MOTIF
*a.* SYMUDOL, YSGOGOL
**motley,** *a.* AMRYLIW, BRITH
**motor,** *n.* MODUR, MOTOR
*v.* MODURO
*a.* YMUDOL
*motor nerve,* NERF GWEITHREDOL
**motor-boat,** *n.* BAD MODUR, CWCH MODUR
**motor-car,** *n.* CAR MODUR
**motor-cycle,** *n.* MOTOR-BEIC, BEIC MODUR
**motorist,** *n.* MODURWR
**motorway,** *n.* TRAFFORDD
**motte,** *n.* MWNT, TOMEN
**mottle,** *v.* BRITHO, BRYCHU
**mottled,** *a.* BRITH, BRYCH
**motto,** *n.* ARWYDDAIR, CYLCH (MIWSIG)
**mould,** *n.* MOWLD, LLWYDNI
*v.* MOWLDIO
**mould-board,** *n.* CASTIN, ASGELL ARADR
**moulder,** *v.* ADFEILIO, MALURIO
*n.* MOWLDIWR
**moulding,** *n.* MOWLDIN
**moulding-board,** *n.* BWRDD MOLDIO
**mouldy,** *a.* WEDI LLWYDO, MWS
**moult,** *v.* BWRW PLU
**mound,** *n.* TWMPATH, CRUG(YN)
**mount,** *n.* MYNYDD, BRYN
*v.* ESGYN, MOWNTIO
**mountain,** *n.* MYNYDD
**mountain ash,** *n.* CRIAFOLEN, CERDDINEN
**mountaineer,** *n.* MYNYDDWR
*v.* MYNYDDA
**mountainous,** *a.* MYNYDDIG
**mountebank,** *n.* CWAC, DIGRIFWR
**mounted,** *a.* MOWNTIEDIG
**mounting,** *n.* MOWNTIN
**mourn,** *v.* GALARU, GOFIDIO
**mourner,** *n.* GALARWR
**mournful,** *a.* GALARUS, TRIST, DOLEFUS

**mourning,** *n.* GALAR, GALARWISG
**mouse,** *n.* LLYGODEN
**moustache,** *n.* MWSTÁS
**mouth,** *n.* CEG, SAFN, GENAU
*v.* CEGA
**mouthpiece,** *n.* BLAEN, PEN, CEG OFFERYN
**mouthy,** *a.* CEGOG, SIARADUS
**moutoné,** *a.* MOLLT
**movable,** *a.* SYMUDOL
**movables,** *n.pl.* SYMUDOLION, DODREFN
**move,** *v.* SYMUD, CYMELL, CYFFROI, CYNNIG
**movement,** *n.* YMSYMUDIAD, MUDIAD
*enclosure movement,* MUDIAD CAU TIR
**moving,** *a.* SYMUDOL, YN SYMUD, CYFFROUS
**moving-staircase,** *n.* GRISIAU SYMUDOL
**mow,** *n.* MWDWL, SOPYN
*v.* LLADD, TORRI
**mower,** *n.* TORRELL
**much,** *n.* LLAWER
*a.* LLAWER, MAWR
*ad.* YN FAWR
**mucilage,** *n.* GLUD, MWCILAG
**muck,** *n.* TOM, TAIL, BUDREDDI, BAW
**mucky,** *a.* BAWLYD, BRWNT, BUDR
**mucous,** *a.* MWCUS, MUCAIDD
**mucus,** *n.* LLYSNAFEDD, MWCWS
**mud,** *n.* LLAID, MWD, LLACA
**mudflow,** *n.* LLEIDLIF
**mudguard,** *n.* GARD OLWYN
**muddle,** *n.* DRYSWCH, BWNGLERWCH
*v.* DRYSU, BWNGLERA
**muddled,** *a.* DRYSLYD, CYMYSGLYD
**muddy,** *a.* LLEIDIOG, MWDLYD
**muff,** *n.* MWFF, HURTYN
*v.* COLLI CYFLE
**muffin,** *n.* MWFFIN
**muffle,** *v.* DISTEWI, PYLU
**muffler,** *n.* CADACH GWDDF
**mufti,** *n.* DILLAD CYFFREDIN
**mug,** *n.* CWPAN
**mugger,** *n.* MYGIWR
**mugging,** *v.* MYGIO
**muggy,** *a.* MWLL, MWYGL
**mulatto,** *n.* MWLATO
**mulberry tree,** *n.* MORWYDDEN
**mule,** *n.* MWLSYN, BASTARD MUL
**mulish,** *a.* MULAIDD, CYNDYN
**mull,** *n.* MWL
**mullet,** *n.* HYRDDYN
**mullion,** *n.* MWLIWN
**multi-,** *px.* AML
**multicellular,** *a.* AMLGELLOG
**multichrome,** *a.* AMLIW
**multifactorial,** *a.* AMLFFACTORAIDD
**multifarious,** *a.* AMRYWIOL, AMRYFAL
**multifunctional,** *a.* AMLSWYDDOGAETHOL
**multilateral,** *a.* AMLOCHROG
**multilateralism,** *n.* AMLOCHREDD
**multinational,** *a.* LLUOSWLADOL
**multinomial,** *n.* MWLTINOMIAL
*a.* MWLTINOMAIDD
**multiphonic,** *a.* MWLTIFFONIG
**multiple,** *n.* LLUOSRIF
*a.* AMRYFAL, CYFANSAWDD
*multiple choice,* LLUOS/AMLDDEWIS
*multiple graver,* CRAFELL LLUOSBIG
**multiplexor,** *n.* AMLBLECSYDD
**multiplicand,** *n.* LLUOSYN
**multiplication,** *n.* LLUOSIAD
**multiplicity,** *n.* LLUOSOGRWYDD
**multiplier,** *n.* LLUOSYDD
**multiply,** *v.* LLUOSI, AMLHAU
**multi-purpose,** *a.* AMLBWRPAS
**multi-range,** *n.* AMLARFOD, AMLREDIAD
**multi-storey,** *a.* AML-LAWR
**multi-tool post,** *n.* POST OFFER TWRED
**multitude,** *n.* TYRFA, TORF, LLIAWS
**multitudinous,** *a.* LLUOSOG IAWN
**multivibrator,** *n.* AMLDDIRGRYNYDD
**mumble,** *v.* MWMIAN, MYNGIAL
**mummery,** *n.* MUDCHWARAE
**mummify,** *v.* PERAROGLI CORFF, SYCHU
**mummy,** *n.* MWMI
**mumps,** *n.* Y DWYMYN DOBEN, CLWY'R PENNAU
**munch,** *v.* CNOI
**mundane,** *a.* BYDOL, DAEAROL
**municipal,** *a.* BWRDEISTREFOL
**municipality,** *n.* BWRDEISTREF
**munificence,** *n.* HAELIONI
**munificent,** *a.* HAEL(IONUS)
**munitions,** *n.pl.* ARFAU RHYFEL
**muntin,** *n.* MWNTIN
**murage,** *n.* MURDRETH
**mural,** *n.* MURLUN
*a.* MUROL
**murder,** *n.* LLOFRUDDIAETH, MWRDWR
*v.* LLOFRUDDIO, MWRDRO
*capital murder,* LLOFRUDDIAETH DDIHENYDD
**murderer,** *n.* LLOFRUDD(IWR)
**murderous,** *a.* LLOFRUDDIOG
**murk,** *n.* TYWYLLWCH DUDEW, CADDUG
**murky,** *a.* CADDUGOL, CYMYLOG
**murmur,** *n.* & *v.* MURMUR, GRWGNACH
**murrain,** *n.* MWREN

**muscle,** *n.* CYHYR(YN)
**muscular,** *a.* CYHYROG
**muse,** *n.* AWEN, SYNFYFYRDOD
*v.* SYNFYFYRIO
**musette,** *n.* MWSET
**museum,** *n.* AMGUEDDFA
**mushroom,** *n.* MADARCHEN
**mushrooming,** *v.* MADARCHU
**music,** *n.* CERDDORIAETH, MIWSIG
*music hall,* THEATR GERDD
**musical,** *a.* CERDDOROL
*n.* SIOE FIWSIG
**musical box,** *n.* BOCS CANU
**musician,** *n.* CERDDOR
**musicology,** *n.* CERDDOREG
**musk,** *n.* MWSG
**musket,** *n.* MWSGED, GWN MILWR
**musketry,** *n.* CREFFT SAETHU
**muslin,** *n.* MWSLIN
**mussel,** *n.* CRAGEN LAS, MISGLEN
**must,** *v.* RHAID
*n.* LLWYDNI
**mustard,** *n.* MWSTARD
**muster,** *v.* CYNNULL, BYDDINO, YMGYNNULL
*n.* CYNULLIAD, MWSTWR
**musty,** *a.* MWS, HEN, LLWYD
**mutable,** *a.* CYFNEWIDIOL, TREIGLADWY
**mutant,** *n.* MWTANT, LLYTHYREN DREIGLADWY
**mutate,** *v.* TREIGLO (CYTSAIN), GWYRO (LLAFARIAD), MWTANU
**mutation,** *n.* TREIGLAD, GWYRIAD, MWTANIAD, CYFWNG (MIWSIG)
**mute,** *n.* MUDAN, MUDYDD
*a.* MUD, DISTAW
**muteness,** *n.* MUDANDOD
**mutilate,** *v.* ANFFURFIO, ANAFU, LLURGUNIO
**mutilation,** *n.* ANFFURFIAD, ANAFIAD
**mutineer,** *n.* GWRTHRYFELWR
**mutinous,** *a.* GWRTHRYFELGAR
**mutiny,** *n.* GWRTHRYFEL, MIWTINI
**mutter,** *v.* MWMIAN, MYNGIAL
**mutton,** *n.* CIG DAFAD, CIG GWEDDER
**mutual,** *a.* EI GILYDD, CYD-
**mutually,** *ad.* CYD-, YN SGWÂR
**muzzle,** *n.* TRWYN, PENFAR, SAFN
**my,** *pn.* FY, 'M
**mycologist,** *n.* MYCOLEGYDD
**mycology,** *n.* MYCOLEG
**mycorrhiza,** *n.* MYCORHISA
**mycosis,** *n.* MYCOSIS
**myopia,** *n.* MYOPIA, BYRWELEDIAD
**myriad,** *n.* MYRDD(IWN)
*a.* ANEIRIF
**myrrh,** *n.* MYRR
**myrtle,** *n.* MYRTWYDDEN
**myself,** *pn.* MYFI, (MI) FY HUNAN
**mysterious,** *a.* RHYFEDD, DIRGEL
**mystery,** *n.* RHYFEDDOD, DIRGELWCH
**mystic,** *n.* CYFRINIWR
**mystical,** *a.* CYFRIN(IOL)
**mysticism,** *n.* CYFRINIAETH
**mystification,** *n.* SYFRDANDOD
**mystify,** *v.* SYFRDANU
**myth,** *n.* CHWEDL, MYTH
**mythical,** *a.* CHWEDLONOL
**mythological,** *a.* MYTHOLEGOL
**mythologist,** *n.* MYTHOLEGWR
**mythology,** *n.* MYTHOLEG
**myxomatosis,** *n.* HAINT CWNINGOD, MICSOMATOSIS

**nab,** *v.* CIPIO, DAL
**nadir,** *n.* NADIR
**nag,** *n.* CEFFYL, CEL
*v.* CECRU, CONAN
**nagging,** *a.* ANYNAD, CONACHLYD, CECRUS
**nail,** *n.* HOELEN, EWIN
*v.* HOELIO
*clout nail,* HOELEN BENFRAS
*clasp nail,* HOELEN LORIO
*nail punch,* PWNS HOELION
**nail-bound,** *a.* HOELGLOFF
**nailer,** *n.* HOELIWR
**naïve,** *a.* NAÏF, DINIWED
**naïveté,** *n.* NAÏFRWYDD
**naked,** *a.* NOETH, LLWM
*stark naked,* NOETHLYMUN
**nakedness,** *n.* NOETHNI
**name,** *n.* ENW
*v.* ENWI, GALW
*surname,* CYFENW
**nameless,** *a.* DIENW
**namely,** *ad.* SEF, NID AMGEN
**namesake,** *n.* CYFENW
**nanny,** *n.* NYRS PLANT
**nanny-goat,** *n.* GAFR FENYW
**nap,** *n.* CYNTUN, NAP, CEDEN
**napalm,** *n.* NAPAM
**nape,** *n.* GWEGIL
**naperian,** *a.* NATURIOL
**naphtha,** *n.* NAFFTHA
**napkin,** *n.* NAPCYN, CADACH
**nappy,** *n.* CEWYN, CLWT
*disposable nappies,* CEWYNNAU/ CADACHAU UNTRO
**narcissism,** *n.* HUNAN SERCH
**narcissus,** *n.* CROESO'R GWANWYN
**narcosis,** *n.* NARCOSIS
**narcotic,** *a.* NARCOTIG
*n.* MODDION CWSG
**nard,** *n.* NARD(US)
**nardus,** *n.* CAWNEN DDU
**nares,** *n.pl.* FFROENAU
**narrate,** *v.* ADRODD
**narration,** *n.* ADRODDIAD
**narrative,** *n.* HANES, ADRODDIANT
*a.* HANESIOL
**narrator,** *n.* ADRODDWR
**narrow,** *a.* CUL
*v.* CULHAU
**narrowly,** *ad.* O'R BRAIDD, PRIN
**narrow-minded,** *a.* CUL
**narrowness,** *n.* CULNI
**narrows,** *n.* CULFA
**nasal,** *a.* TRWYNOL
**nasalization,** *n.* TREIGLAD TRWYNOL, TRWYNOLIAD
**nascent,** *a.* GENYCHOL, GENEDIGOL
**nastic,** *a.* NASTIG
**nastiness,** *n.* FFIEIDD-DRA
**nasty,** *a.* CAS, FFIAIDD, BRWNT, BUDR
**natal,** *a.* GENEDIGOL
**nation,** *n.* CENEDL
**national,** *a.* CENEDLAETHOL, GWLADOL
*national insurance,* YSWIRIANT GWLADOL
*national assistance,* CYMORTH GWLADOL
**nationalism,** *n.* CENEDLAETHOLDEB
**nationalist,** *n.* CENEDLAETHOLWR
**nationality,** *n.* CENEDLIGRWYDD
**nationalise,** *v.* GWLADOLI CENEDLAETHOLI
**nationalisation,** *n.* GWLADOLIAD
**nationhood,** *n.* CENEDLIGRWYDD
**native,** *n.* BRODOR
*a.* BRODOROL, CYNHENID, GREDDFOL
*native place,* BRO GYNEFIN
**nativity,** *n.* GENEDIGAETH
**natural,** *a.* NATURIOL, ANIANOL
**naturalisation,** *n.* BRODORIAD
**naturalism,** *n.* NATUROLIAETH
**naturalist,** *n.* NATURIAETHWR
**naturalistic,** *a.* NATURYDDOL
**naturalised,** *a.* BRODOREDIG
**naturalise,** *v.* BRODORI
**nature,** *n.* NATUR, ANIAN(AWD)
**naught,** *n.* DIM, SERO
**naughtiness,** *n.* DRYGIONI, DIREIDI
**naughty,** *a.* DRYGIONUS, DRWG
**nausea,** *n.* CYFOG, ATGASEDD
**nauseate,** *v.* SYRFFEDU, CYFOGI, DIFLASU
**nauseating,** *a.* DIFLAS, CYFOGLYD
**nautical,** *a.* MORWROL
*nautical mile,* MÔR-FILLTIR
**naval,** *a.* LLYNGESOL, MOROL
**nave,** *n.* CORFF EGLWYS, BOTH, BOGAIL
**navel,** *n.* BOGAIL
**navigable,** *a.* MORDWYOL
**navigate,** *v.* MORDWYO, LLYWIO
**navigation,** *n.* MORDWYO, MORGLUDO
*navigation act,* DEDDF MORGLUDO
**navigator,** *n.* MORWR, LLYWIWR
**navvy,** *n.* LABRWR, NAFI
**navy,** *n.* LLYNGES
**nay,** *ad.* NA, NAGE, NADDO

**naze,** *n.* TRWYN, PENTIR
**Nazi,** *n.* NATSI
*v.* NATSÏAIDD
**Nazism,** *n.* NATSÏAETH
**neap,** *a.* ISEL
*neap tide,* ERTRAL, LLANW ISEL BACH
**near,** *a.* AGOS, CYFAGOS
*ad.* YN AGOS, GERLLAW
*v.* AGOSÁU, NESÁU
*prp.* GER, YN AGOS AT, AR GYFYL
*near point,* AGOSBWYNT
**nearby,** *a. & ad.* YN YMYL, GERLLAW
**nearly,** *ad.* BRON, YMRON
**nearness,** *n.* AGOSRWYDD
**neat,** *a.* DESTLUS, TWT
**neaten,** *v.* CYMHENNU, TWTIO
**neatness,** *n.* CYMHENDOD, TACLUSRWYDD
**nebula,** *n.* NIFWL
**nebulous,** *a.* NIWLOG, AMWYS
**necessarily,** *ad.* O ANGENRHEIDRWYDD
**necessary,** *a.* ANGENRHEIDIOL, ANHEPGOROL
**necessitate,** *v.* GORFODI, RHAID
**necessitous,** *a.* TLAWD, ANGHENUS
**necessity,** *n.* ANGEN, RHAID, ANGHENRAID
**neck,** *n.* GWDDF, MWNWGL
*neck and crop,* PENDRAMWNWGL
**neckband,** *n.* COLER CRYS
**neckcloth,** *n.* CADACH GWDDF
**necklace,** *n.* GWDDFDORCH, NECLIS
**neckline,** *n.* GWDDF FFROG
**necktie,** *n.* TEI
**necrology,** *n.* COFRESTR Y MEIRW
**necromancer,** *n.* DEWIN, SWYNWR, DYN HYSBYS
**necromancy,** *n.* DEWINIAETH
**necropolis,** *n.* NECROPOLIS
**necrosis,** *n.* NECROSIS
**nectar,** *n.* NEITHDAR
**nectarine,** *n.* NECTARIN
**nectary,** *n.* MELFA, NEITHDARLE
**née,** *a.* CYN PRIODI, GYNT
**need,** *n.* ANGEN, EISIAU, RHAID
**needful,** *a.* ANGENRHEIDIOL
**needle,** *n.* NODWYDD
*between needle,* NODWYDDEN
**needlecraft,** *n.* CREFFT NODWYDD
**needlework,** *n.* GWNIADWAITH
**needs,** *n.pl.* ANGHENION, RHEIDIAU
**needy,** *a.* ANGHENUS, RHEIDUS
**nefarious,** *a.* YSGELER
**negation,** *n.* NACÂD, NEGYDDIAD
**negative,** *n.* NEGATIF, NEGYDD, NACÂD
*a.* NACAOL, NEGATIF, NEGYDDOL
*v.* NEGYDDU
**negativism,** *n.* NEGYDDIAETH
**neglect,** *n.* ESGEULUSTRA
*v.* ESGEULUSO
**neglectful,** *a.* ESGEULUS
**negligé,** *n.* NEGLIGÉ
**negligence,** *n.* ESGEULUSTOD
**negligent,** *a.* ESGEULUS
**negligible,** *a.* DIBWYS
**negotiable,** *a.* NEGODIOL
**negotiate,** *v.* TRAFOD, NEGODI
**negotiation,** *n.* TRAFODAETH, CYDDRAFODAETH
**negotiator,** *n.* TRAFODWR
**negress,** *n.* NEGRÖES
**negro,** *n.* NEGRO, DYN DU
**neigh,** *n.* GWERYRAD
*v.* GWERYRU
**neighbour,** *n.* CYMYDOG
**neighbourhood,** *n.* CYMDOGAETH, CYFYL, ARDAL
**neighbouring,** *a.* CYFAGOS
**neighbourliness,** *n.* CYMDOGRWYDD
**neighbourly,** *a.* CYMDOGOL
**neither,** *ad. & c.* NA(C), YCHWAITH
*pn.* NID Y NAILL NA'R LLALL
**nekton,** *n.* NECTON
**nematode,** *n.* NEMATOD
**nemesis,** *n.* DIALEDD, BARN
**neo-,** *px.* NEO-, NEWYDD, DIWEDDAR
**neo-classical,** *a.* NEO-GLASUROL
**neo-classicism,** *n.* NEO-GLASURAETH
**neo-impressionism,** *n.* NEO-ARGRAFFIADAETH
**neolithic,** *a.* NEOLITHIG
**neologist,** *n.* NEWIDIWR
**neology,** *n.* ATHRAWIAETH NEWYDD
**neon,** *n.* NEON
**neo-natal,** *a.* NEWYDD-ENI
**neonate,** *a.* NEWYDD-ANEDIG
**neoplasm,** *n.* TWF AFIACH
**neoteric,** *a.* NEOTERIG
**nephew,** *n.* NAI
**nephritis,** *n.* NEFFRITIS
**nepotism,** *n.* NEIEDD
**nepotist,** *n.* NEIEDDWR
**Neptune,** *n.* NEIFION
**nerve,** *n.* NERF, GWROLDEB
*auditory nerve,* NERF Y CLYW
*motor nerve,* NERF YMUDOL
*efferent nerve,* NERF ECHDYGOL
**nervous,** *a.* NERFUS, OFNUS, NERFOL (SYSTEM)

**nervousness,** *n.* NERFUSRWYDD
**nescience,** *n.* ANWYBODAETH
**nescient,** *a.* ANWYBODUS
**ness,** *n.* TRWYN, PENTIR
**nest,** *n.* NYTH
*v.* NYTHU
**nested,** *a.* AMNYTH
**nest-egg,** *n.* WY ADDOD, ARIAN WRTH GEFN
**nestle,** *v.* NYTHU, GWASGU'N GLÒS AT
**nestling,** *n.* ADERYN BACH
**net,** *n.* RHWYD
*a.* NET, GWIR, CLIR
*v.* RHWYDO
*net profit,* ELW CLIR/NET
**netball,** *n.* PÊL RWYD
**nether,** *a.* ISAF, O DAN
**netting,** *n.* RHWYD, NETIN
**nettle,** *n.* DANADL
**network,** *n.* RHWYDWAITH
**neural,** *a.* NEWRAL, NERFOL
*neural spine,* PIGYN NEWRAL
**neuralgia,** *n.* GIEUWST
**neurasthenia,** *n.* NERFWST
**neuritis,** *n.* NEWRITIS
**neurological,** *a.* NEWROLEGOL, NERFEGOL
**neurologist,** *n.* NEWROLEGYDD
**neurology,** *n.* NEWROLEG, NERFEG
**neurone,** *n.* NERFGELL
**neurosis,** *n.* NEWROSIS
**neurotic,** *a.* NEWROTIG
**neuter,** *n.* NEWTER
*a.* DI-RYW
**neuton,** *n.* NEWTON
**neutral,** *a.* NEWTRAL, AMHLEIDIOL
**neutrality,** *n.* NEWTRALIAETH, AMHLEIDIAETH
**neutralization,** *n.* NEWTRALIAD
**neutralize,** *v.* NEWTRALU, NEWTRALEIDDIO
**neutralized,** *a.* NEWTRALEDIG
**neutrino,** *n.* NEWTRINO
**neutron,** *n.* NEWTRON
**never-,** *px.* DI-, AN-
**never,** *ad.* BYTH, ERIOED
**nevertheless,** *ad.* ER HYNNY, ETO
**new,** *a.* NEWYDD, FFRES, DIWEDDAR
**new-born,** *a.* NEWYDD-ENI
**newcomer,** *n.* NEWYDD-DDYFODIAD
**newel,** *n.* YSTLYS
**newfangled,** *a.* FFASIWN NEWYDD
**newly,** *ad.* NEWYDD
**newness,** *n.* NEWYDD-DEB
**news,** *n.pl.* NEWYDD(ION)
**newsmonger,** *n.* CLECYN
**newspaper,** *n.* NEWYDDIADUR
**newsreel,** *n.* FFILM NEWYDDION
**newsvendor,** *n.* GWERTHWR PAPURAU
**newt,** *n.* MADFALL Y DŴR
**next,** *a.* NESAF
*prp.* NESAF AT
**next-door,** *ad.* DRWS NESAF
**nib,** *n.* NIB
**nibble,** *v.* DEINTIO, CNOI
**nice,** *a.* BRAF, HYFRYD, NEIS
**niceties,** *n.pl.* MANION
**nicety,** *n.* MANYLWCH, MANYLRWYDD
**niche,** *n.* CLOER, CILFACH
**nick,** *n.* BWLCH, TORIAD
**nickel,** *n.* NICEL
**nickname,** *n.* LLYSENW
*v.* LLYSENWI
**nicotine,** *n.* NICOTIN
**niece,** *n.* NITH
**niggard,** *n.* CYBYDD, CRINWAS
**niggardly,** *a.* CYBYDDLYD, CRINTACH
**nigger,** *n.* NEGRO, DYN DU
**niggle,** *v.* TRAFFERTHA
**niggler,** *n.* TRAFFERTHWR
**niggling,** *a.* DIBWYS
**nigh,** *a. & ad. & prp.* AGOS, GERLLAW, YN AGOS
**night,** *n.* NOS(ON), NOSWAITH
*by night,* LIW NOS
*dead of night,* CEFN NOS
**night-cap,** *n.* CAP NOS
**nightclub,** *n.* HWYRGLWB
**nightdress,** *n.* GŴN NOS, COBAN
**nightfall,** *n.* CYFNOS, YR HWYR, BRIG Y NOS
**night-gown,** *n.* GŴN NOS, COBAN
**nightingale,** *n.* EOS
**nightjar,** *n.* TROELLWR, NYDDWR
**nightmare,** *n.* HUNLLEF
**night-school,** *n.* YSGOL NOS
**night-shirt,** *n.* CRYS NOS
**night-watch,** *n.* GWYLIADWRIAETH NOS
**nihilism,** *n.* NIHILIAETH
**nihilist,** *n.* NIHILYDD
**nil,** *n.* DIM
**nilpotent,** *a.* NILPOTENT
**nimble,** *a.* SIONC, HEINI
**nimbleness,** *n.* SIONCRWYDD
**nimbus,** *n.* NIMBWS
**nincompoop,** *n.* GWIRIONYN, PENBWL, MWLSYN
**nine,** *a.* NAW
**ninepins,** *n.pl.* CEILYS
**nineteen,** *a.* PEDWAR (PEDAIR) AR BYMTHEG, UN DEG NAW

**ninety,** *a.* PEDWAR UGAIN A DEG, NAW DEG
**nip,** *v.* CNOI, BRATHU
*n.* CNOAD, BRATH
**nipper,** *n.* NIPER, CRWT, DANT (CEFFYL)
**nippers,** *n.pl.* GEFEL
**nipple,** *n.* TETH, DIDEN, NIPL
**nippy,** *a.* CRAFF, CYFLYM
**nisi,** *c.* ONI(D)
**nit,** *n.* NEDDEN
**nitrate,** *n.* NITRAD
**nitre,** *n.* NITR
**nitric,** *a.* NITRIG
**nitride,** *n.* NITRID
**nitrification,** *n.* NITREIDDIAD
**nitrify,** *v.* NITREIDDIO
**nitrite,** *n.* NITRIT
**nitrogen,** *n.* NITROGEN
**nitrogenous,** *a.* NITROGENUS
**nitrous,** *a.* NITRUS
**nitwit,** *n.* HURTYN, GWIRIONYN
**nivation,** *v.* EIRDREULIO
**no,** *n.* NA, NACÂD
*a.* NI(D), (D)DIM
*ad.* NI(D), NA(D), NAC OES, NADDO, NAGE
**nob,** *n.* BŴL, UCHELWR
**nobility,** *n.* BONEDD, PENDEFIGAETH
**noble,** *a.* PENDEFIG, NOBL, BONHEDDIG
**nobleman,** *n.* PENDEFIG
**noble-minded,** *a.* MAWRFRYDIG
**nobleness,** *a.* MAWRFRYDIGRWYDD
**noblewoman,** *n.* PENDEFIGES
**nobody,** *n.* NEB, NEB UN
**nock,** *n.* HIC
*v.* HICIO
**nocturnal,** *a.* NOSOL, GYDA'R NOS
**nocturne,** *n.* HWYRGAN, NOCTURNE
**nod,** *n.* AMNAID, NOD
*v.* AMNEIDIO, NODIO, PENDWMPIAN
**nodal,** *a.* NODAL
**nodality,** *n.* NODALEDD
**noddy,** *n.* HURTYN, GWIRIONYN
**node,** *n.* NÔD, CWLWM
**nodose,** *a.* CLYMOG
**nodule,** *n.* CNEPYN, CLWM
**nog,** *v.* NOGIO
**noggin,** *n.* CWPAN BACH
*v.* CYHOEDDI
**noise,** *n.* SŴN, MWSTWR
**noiseless,** *a.* DI-SŴN
**noisome,** *a.* ATGAS, FFIAIDD
**noisy,** *a.* SWNLLYD, TRYSTFAWR
**nomad,** *n.* NOMAD
**nomadic,** *a.* CRWYDROL, NOMADIG
**nomadism,** *n.* NOMADIAETH
**nom-de-plume,** *n.* FFUGENW
**nomenclature,** *n.* CYFUNDREFN ENWAU
**nominal,** *a.* MEWN ENW, ENWOL
**nominalism,** *n.* ENWOLAETH, NOMINALIAETH
**nominate,** *v.* ENWEBU, ENWI
**nomination,** *n.* ENWEBIAD
**nominative,** *a.* ENWOL
**nominator,** *n.* ENWEBWR
**nominee,** *n.* ENWEBAI
**nomogram,** *n.* NOMOGRAM
**non-,** *px.* AN-, DI-, DDIM
**nonage,** *n.* MABOED, DANOED
**non-aggression,** *n.* ANHREISGYRCH
*a.* ANHREISGYRCHOG
**nonagon,** *n.* NONAGON
**non-alcoholic,** *a.* HEB ALCOHOL
**nonaligned,** *a.* ANYMOCHROL
**nonalignment,** *n.* ANYMOCHREDD
**nonce,** *n.*
*for the nonce,* AM Y TRO
**nonchalance,** *n.* DIFATERWCH, DIFRAWDER
**nonchalant,** *a.* DIFATER, DIFRAW
**non-commissioned,** *a.* HEB GOMISIWN
**non-contributory,** *a.* DIGYFRANIAD
**non-committal,** *a.* DIDUEDD
**nonconformist,** *n.* ANGHYDFFURFIWR
**nonconformity,** *n.* ANGHYDFFURFIAETH
**non-consummation,** *n.* ANGHYFLAWNHAD
**non-corrosive,** *a.* ANGHYRYDOL
**non-crystalline,** *a.* ANGHRISIALAIDD
**nondescript,** *a.* AMHENODOL
**none,** *pn.* NEB, DIM (UN)
**non-employable,** *a.* ANGHYFLOGADWY
**nonentity,** *n.* UN DIBWYS, NEB
**non-event,** *n.* ANNIGWYDDIAD
**non-existence,** *n.* ANFODOLAETH
**non-existent,** *a.* HEB FOD
**non-ferrous,** *a.* ANFFERRUS
**non-flammable,** *a.* ANFFLAMADWY
**non-hydrous,** *a.* ANHYDRUS
**non-intervention,** *n.* ANYMYRRAETH
**non-juror,** *n.* ANNHYNGWR
**non-metallic,** *a.* DI-FETEL
**non-metals,** *n.pl.* ANFETELOEDD
**non-operational,** *a.* ANHYWAITH
**nonpareil,** *n.* PETH DIGYMAR
*a.* DIGYMAR
**nonplussed,** *a.* MEWN PENBLETH
**non-polar,** *a.* AMHOLAR
**non-porous,** *a.* DIFANDYLLOG
**non-positive,** *a.* AMHOSITIF

**nonproprietary,** *a.* DIBERCHENOGAETH
**non-rational,** *a.* AFRESYMEGOL
**non-reactive,** *a.* ANADWEITHIOL
**non-residence,** *n.* ANHRIGIANT
**non-resident,** *n.* ANHRIGIWR
**non-selective,** *a.* ANNETHOL
**nonsense,** *n.* LOL, DWLI, GWIRIONDEB
**nonsensical,** *a.* FFÔL, DWL
**non-slip,** *a.* GWRTHSLIP
**non-stick,** *a.* GWRTHGYDIOL
**non-violence,** *n.* DIDREISEDD
**non-voluntary,** *a.* ANWIRFODD
**noodle,** *n.* HURTYN, NWDL
**nook,** *n.* CILFACH, CORNEL, CONGL
**noon,** *n.* HANNER DYDD, CANOL DYDD
**noose,** *n.* DOLEN, MAGL
**nor,** *c. & ad.* NA, NAC
**norm,** *n.* NORM, SAFON
**normal,** *a.* NORMAL, SAFONOL
*n.* NORMAL
**normaliser,** *n.* NORMALYDD
**normalise,** *v.* NORMALEIDDIO
**normality,** *n.* RHEOLEIDD-DRA, NORMALRWYDD
**Norman,** *n.* NORMAN
*a.* NORMANAIDD
**normative,** *a.* NORMADOL, DARNODOL
**normed,** *a.* NORMEDIG
**north,** *n.* GOGLEDD
*a.* GOGLEDDOL
**northerly,** *a.* GOGLEDDOL
**northing,** *n.* GOGLEDDIAD
**nose,** *n.* TRWYN
*v.* TRWYNO, FFROENI
**nosegay,** *n.* PWYSI
**nostalgia,** *n.* HIRAETH
**nostalgic,** *a.* HIRAETHUS
**nostril,** *n.* FFROEN
**not,** *ad.* NA(C), NI(D), NA(D)
**notability,** *n.* BRI, DYN ENWOG
**notable,** *a.* HYNOD, NODEDIG
**notary,** *n.* NODIADUR, NOTARI, NOTER
**notation,** *n.* NODIANT
**notch,** *n.* RHIC, BWLCH, RHINT, HIC
*v.* RHICIO, BYLCHU, RHINTIO
**note,** *n.* NODYN, BRI, PAPUR (ARIAN)
*v.* NODI, SYLWI
*suspended note,* GOHIRNOD
*consignment note,* NODYN CLUDLWYTH
*dotted note,* NODYN DOT
**notebook,** *n.* NODLYFR, NODIADUR
**noted,** *a.* NODEDIG, ENWOG
**note-paper,** *n.* PAPUR YSGRIFENNU
**noteworthy,** *a.* NODEDIG
**nothing,** *n.* DIM
*nothing at all,* DIM (YN Y) BYD
**notice,** *n.* RHYBUDD, HYSBYSIAD
*v.* SYLWI
**noticeable,** *a.* AMLWG
**noticeboard,** *n.* HYSBYSFWRDD
**notifiable,** *a.* HYSBYSADWY
**notification,** *n.* HYSBYSRWYDD
**notify,** *v.* HYSBYSU, RHYBUDDIO
**notion,** *n.* SYNIAD, TYB
**notional,** *a.* TYBIANNOL, AMCANOL
**notoriety,** *n.* ENW GWAEL
**notorious,** *a.* ENWOG (AM DDRYGIONI), CARN
**notwithstanding,** *prp.* ER, ER GWAETHAF
*ad.* ER HYNNY
**nought,** *n.* DIM, SERO, GWAGNOD (SYMBOL)
**noun,** *n.* ENW
**nourish,** *v.* MEITHRIN, MAETHU
**nourishing,** *a.* MAETHLON
**nourishment,** *n.* MAETH
**nova,** *n.* NOFA
**novel,** *n.* NOFEL
*a.* NEWYDD
**novelette,** *n.* NOFELIG
**novelist,** *n.* NOFELYDD
**novelty,** *n.* NEWYDD-DEB, NEWYDDBETH
**November,** *n.* TACHWEDD
**novice,** *n.* NEWYDDIAN, NOFIS
**novitiate,** *n.* NOFISIAETH
**now,** *ad.* YN AWR, WEITHION, Y PRYD HWN, BELLACH, (Y)RŴAN
*just now,* GYNNAU
*now and then,* YN AWR AC YN Y MAN
**nowadays,** *a.* Y DYDDIAU HYN
**nowhere,** *ad.* DDIM YN UNLLE
**nowise,** *ad.* DDIM O GWBL
**noxious,** *a.* NIWEIDIOL
**nozzle,** *n.* FFROENELL
**nuance,** *n.* NAWS, ARLLIW
**nuclear,** *a.* NWCLEAR
*nuclear power station,* ATOMFA
*nuclear fusion,* ASIAD NWCLEAR
*nuclear fission,* (YM)HOLLTIAD NWCLEAR
**nucleated,** *a.* CNEWYLLOL
**nucleic,** *a.* NWCLEIG
**nucleon,** *n.* NWCLEON
**nucleus,** *n.* NWCLEWS, CNEWYLLYN
**nude,** *n.* NOETHLUN
*a.* NOETH
*in the nude,* NOETHLYMUN
**nudge,** *v.* PWTIO, PENELINIO

**nudist,** *n.* NOETHWR, NOETHLYMUNWR(AIG)
**nudity,** *n.* NOETHNI
**nuisance,** *n.* POENDOD, NIWSANS
**null,** *n.* NWL
*a.* NWL, DIDDIM
*null point,* NWLBWYNT
*null set,* SET WAG
**nullification,** *n.* DIDDYMIAD, DIRYMIAD
**nullify,** *v.* DIDDYMU, DIRYMU
**nullity,** *n.* DIDDYMDRA
**numb,** *a.* DIDEIMLAD, CWSG
*v.* FFERRU, MERWINO
**number,** *n.* NIFER, RHIF, RHIFEDI, RHIFOL
*v.* RHIFO, CYFRIF
*odd number,* ODRIF
*complex number,* RHIF CYMHLYG
**numberless,** *a.* DI-RIF, AFRIFED, ANEIRIF
**numbness,** *n.* FFERDOD, DIFFRWYTHDER
**numeral,** *n.* RHIFOL
**numerate,** *v.* CYFRIF
**numeration,** *n.* CYFRIFIAD
**numerator,** *n.* RHIFIADUR
**numeric,** *a.* NIFEROL
**numerical,** *a.* RHIFIADOL
**numerous,** *a.* NIFERUS, LLUOSOG
**numinous,** *a.* NWMENAIDD, ARSWYDAIDD
**nun,** *n.* LLEIAN
**nuncio,** *n.* CENNAD (Y PAB)
**nunnery,** *n.* LLEIANDY
**nuptial,** *a.* PRIODASOL
**nurse,** *n.* NYRS
*v.* NYRSIO
**nursery,** *n.* MEITHRINFA
**nurseryman,** *n.* GARDDWR
**nursing-home,** *n.* CARTREF MAMAETH
**nurture,** *n.* MAGWRAETH
*v.* MAGU
**nut,** *n.* CNEUEN, NYTEN, GWAIN
*nuts and bolts,* NYTIAU A BOLLTIAU
*stiff nut,* NYTEN GLWM
*quick action nut,* NYTEN CHWIMWTH
*die nut,* NYTEN DEI
**nutate,** *v.* TROELLI
**nutation,** *n.* TROELLIAD
**nutcracker,** *n.* GEFEL GNAU
**nutmeg,** *n.* NYTMEG, PERGNEUEN
**nutrient,** *n.* NWTRIENT, MAETHOLYN
*a.* MAETHOL
**nutriment,** *n.* MAETH
**nutrition,** *n.* MAETHIAD, MAETHEG
**nutritionist,** *n.* MAETHYDD
**nutritious,** *a.* MAETHLON
**nutritional,** *a.* MAETHYDDOL
**nutritive,** *a.* MAETHOL
**nutshell,** *n.* MASGL CNEUEN
**nut-tree,** *n.* COLLEN
**nuzzle,** *v.* CYSGODI
**nylon,** *n.* NEILON
**nymph,** *n.* NYMFF
**nymphomania,** *n.* NYMFFOMANIA, GORAWYDD

**o,** *i.* O! HA!
*o'clock,* O'R GLOCH
**oaf,** *n.* LLABWST, DELFF, AWFF
**oafish,** *a.* TRWSGL, LLETCHWITH
**oak,** *n.* DERWEN, DÂR
**oaken,** *a.* DERW, DERI
**oakum,** *n.* CARTH, OCWM
**oar,** *n.* RHWYF, RHODL
**oarsman,** *n.* RHWYFWR
**oasis,** *n.* OASIS, GWERDDON
**oast,** *n.* ODYN
**oat,** *n.* CEIRCHEN
**oatcake,** *n.* BARA CEIRCH, TEISEN GEIRCH
**oath,** *n.* LLW, RHEG
**oatmeal,** *n.* BLAWD CEIRCH
**obduracy,** *n.* YSTYFNIGRWYDD
**obdurate,** *a.* YSTYFNIG, CALED
**obedience,** *n.* UFUDD-DOD
**obedient,** *a.* UFUDD
**obeisance,** *n.* YMGRYMIAD
**obelisk,** *n.* OBELISG
**obese,** *a.* TEW, CORFFOL
**obesity,** *n.* TEWDRA, GORBWYSEDD
**obey,** *v.* UFUDDHAU
**obituary,** *n.* MARWOLAETHAU
*a.* MARWOLAETHOL
**object,** *n.* GWRTHRYCH, NOD, AMCAN, DRYCH
*found object,* GWRTHRYCH HAPGAEL
*v.* GWRTHWYNEBU
**objectification,** *n.* GWRTHRYCHOLIAD
**objectify,** *v.* GWRTHRYCHU
**objection,** *n.* GWRTHWYNEBIAD
**objectionable,** *a.* ATGAS, ANNYMUNOL
**objective,** *n.* NOD, AMCAN
*a.* GWRTHRYCHOL
**objectivity,** *n.* GWRTHRYCHEDD / OLDEB
**objector,** *n.* GWRTHWYNEBWR
**objurgate,** *v.* CERYDDU, DWRDIO
**oblate,** *a.* BYRGRWN
**oblation,** *n.* RHODD, OFFRWM
**obligate,** *a.* LLWYR-DDIBYNNOL
*v.* GORFODI
**obligation,** *n.* RHWYMEDIGAETH
**obligatory,** *a.* RHWYMEDIG
**oblige,** *v.* BODDIO, RHWYMO, GORFODI
**obliging,** *a.* CAREDIG, CYMWYNASGAR
**oblique,** *a.* LLETRAWS, AROSGO, TRAWS
*oblique projection,* TAFLUNIAD LLETRAWS
*oblique case,* CYFLWR TRAWS
*oblique section,* TRYCHIAD LLETRAWS
**obliquely,** *ad.* AR LETRAWS
**obliqueness,** *n.* LLETRAWSEDD, AROSGEDD
**obliterate,** *v.* DIFODI, DILEU
**obliteration,** *n.* DIFODIAD, DILEAD
**oblivion,** *n.* ANGOF, EBARGOFIANT
**oblivious,** *a.* ANGHOFUS
**obliviousness,** *n.* ANGHOFRWYDD
**obliviscence,** *n.* ANGHOFUSTER
**oblong,** *a.* HIRGUL
*n.* OBLONG
**obloquy,** *n.* GWARADWYDD, GWARTH
**obnoxious,** *a.* FFIAIDD, ATGAS
**oboe,** *n.* OBO
**obscene,** *a.* ANLLAD, BRWNT, AFLAN
**obscenity,** *n.* ANLLADRWYDD
**obscurantism,** *n.* TYWYLLFRYDIGRWYDD
**obscurantist,** *n.* TYWYLLFRYDWR
**obscuration,** *n.* AMGUDDIAD
**obscure,** *a.* ANEGLUR, DI-NOD, TYWYLL
*v.* CYMYLU, TYWYLLU
**obscurity,** *n.* ANEGLURDER, DINODEDD
**obsequies,** *n.pl.* ARWYL, ANGLADD
**obsequious,** *a.* GWASAIDD
**obsequiousness,** *n.* GWASEIDD-DRA
**observable,** *a.* ARSYLLADWY, CANFYDDADWY, ARSYLWADWY
**observance,** *n.* CADW, CADWRAETH
**observant,** *a.* SYLWGAR, CRAFF, ARSYLLOG
*n.* CADWRYDD
**observation,** *n.* SYLW, ARSYLLIAD, ARSYLWAD
**observatory,** *n.* ARSYLLFA
**observe,** *v.* SYLWI, ARSYLLU, CADW, ARSYLWI
**observer,** *n.* SYLWEDYDD, ARSYLLWR
**obsess,** *v.* AFLONYDDU, BLINO
**obsession,** *n.* OBSESIWN, BLINDER
**obsidian,** *n.* GWYDRFAEN
**obsolescence,** *n.* ANARFERIANT, DIENYDDIANT, DARFODEDIGRWYDD
**obsolescent,** *a.* DARFODEDIG
**obsolete,** *a.* ANSATHREDIG, ANARFEREDIG, DARFODEDIG
**obstacle,** *n.* RHWYSTR, ATALFA
**obstetrician,** *n.* OBSTETREGYDD
**obstetrics,** *n.* OBSTETREG, BYDWREIGIAETH
**obstinacy,** *n.* YSTYFNIGRWYDD, CYNDYNRWYDD
**obstinate,** *a.* YSTYFNIG, GWRTHNYSIG, CYNDYN
**obstreperous,** *a.* AFREOLUS, ANNOSBARTHUS
**obstruct,** *v.* RHWYSTRO, ATAL
**obstruction,** *n.* RHWYSTR, ATALFA

**obtain,** *v.* ENNILL, SICRHAU, CAEL, DARGANFOD, MEDDIANNU
*obtain by fraud,* CAEL TRWY DWYLL
**obtainable,** *a.* AR GAEL
**obtrude,** *v.* YMWTHIO
**obtrusion,** *n.* YMWTHIAD
**obtrusive,** *a.* YMWTHIOL
**obtuse,** *a.* AFLYM, PŴL
*obtuse angle,* ONGL AFLEM
**obverse,** *a.* GWRTHDRO
**obviate,** *v.* OSGOI, ARBED
**obvious,** *a.* AMLWG, EGLUR
**occasion,** *n.* ACHLYSUR, ADEG, ACHOS
*v.* PERI, ACHOSI
**occasional,** *a.* ACHLYSUROL
**occasionalism,** *n.* ACHLYSURAETH
**occasionally,** *ad.* AMBELL WAITH, WEITHIAU
**occident,** *n.* Y GORLLEWIN
**occluded,** *a.* ACHLUDOL
**occlusion,** *n.* ACHLUDIAD
**occulation,** *n.* ARGUDDIAD
**occult,** *a.* ARGEL, DIRGEL, OCWLT
*v.* ARGEL
**occultism,** *n.* DIRGELAETH, OCWLTIAETH
**occupant,** *n.* DEILIAD, PRESWYLYDD
**occupation,** *n.* GALWEDIGAETH, MEDDIANNAETH
**occupational,** *a.* GALWEDIGAETHOL
*occupational therapy,* THERAPI GALWEDIGAETHOL
**occupier,** *n.* PRESWYLIWR, MEDDIANNWR
**occupy,** *v.* MEDDIANNU, DAL
**occur,** *v.* DIGWYDD, TARO
**occurrence,** *n.* DIGWYDDIAD, ACHLYSUR
**ocean,** *n.* CEFNFOR, EIGION
**oceanic,** *a.* CEFNFOR(OL)
**oceanography,** *n.* EIGIONEG
**ochre,** *n.* OCR
**o'clock,** *ad.* O'R GLOCH
**octagon,** *n.* OCTAGON
**octagonal,** *a.* OCTAGON
**octahedron,** *n.* OCTAHEDRON
**octal,** *n.* WYTHOLYN
**octant,** *n.* OCTANT
**octave,** *n.* WYTHFED, OCTAF
**octavo,** *n.* OCTAFO
*a.* WYTHBLYG
**octet,** *n.* WYTHAWD
**October,** *n.* HYDREF
**octogenarian,** *n.* PERSON PEDWAR UGAIN MLWYDD
**octopus,** *n.* OCTOPWS, WYTHGOES
**ocular,** *n.* OCWLAR, SYLLADUR
*a.* OCWLAR
**oculist,** *n.* MEDDYG LLYGAID
**odd,** *a.* OD, RHYFEDD, HYNOD, GWEDDW
*odd number,* ODRIF
**oddity,** *n.* ODRWYDD, HYNODRWYDD, DYN NEU BETH OD
**odd legs,** *n.pl.* CALIPERAU JENNI
**oddments,** *n.pl.* SBARION
**odds,** *n.pl.* GWAHANIAETH, OTS, YMRAFAEL
*odds and ends,* TAMEIDIAU, PETHEUACH
**ode,** *n.* AWDL, CERDD
**odious,** *a.* FFIAIDD, ATGAS, CAS
**odium,** *n.* GWARADWYDD, GWARTH, CAS
**odorous,** *a.* PERSAWRUS, AROGLUS
**odour,** *n.* AROGLAU, SAWR
**oedema,** *n.* CHWYDDI, OEDEMA
**oesophagus,** *n.* OESOFFAGWS, BREUANT, PIBELL FWYÐ
**oestrogen,** *n.* OESTROGEN
**oestrus,** *n.* OESTRWS, NWYD
**of,** *prp.* O, GAN, AM, YNGHYLCH
**off,** *ad.* YMAITH, I FFWRDD
*a.* TU FAES, TU ALLAN
*prp.* ODDI AR, ODDI AM, ODDI WRTH
*off-line,* ALL-LEIN
*off and on,* YN AWR AC YN Y MAN
*off shore,* ALLTRAETH
*off licence,* ALL-DRWYDDED
**offal,** *n.* OFFAL, SYRTH
**offence,** *n.* TROSEDD, TRAMGWYDD
*petty offences,* MÂN DROSEDDAU
*indictable offence,* TROSEDD DITIOL
**offend,** *v.* TROSEDDU, TRAMGWYDDO
**offender,** *n.* TROSEDDWR
**offensive,** *a.* FFIAIDD, ATGAS, YMOSODOL
*n.* YMOSODIAD
**offer,** *n. & v.* CYNNIG
**offering,** *n.* OFFRWM, ABERTH
**offertory,** *n.* CASGLIAD, OFFRWM
**off-hand,** *ad.* AR UNWAITH, YN RHWYDD
*a.* DIFYFYR, DIHIDANS, DI-HID
**office,** *n.* SWYDD, SWYDDFA
**officer,** *n.* SWYDDOG
*liaison officer,* SWYDDOG CYSWLLT
*probation officer,* SWYDDOG PRAWF
*executive officer,* SWYDDOG GWEITHREDOL
**official,** *n.* SWYDDOG
*a.* SWYDDOGOL
**officiate,** *v.* GWEINYDDU
**officious,** *a.* YMYRGAR

**off-peak,** *a.* AMRIG, ALLFRIG
**offprint,** *n.* GWAHANLITH
**off-set,** *n.* ATRED
*v.* ONGLI, MANTOLI
**offshoot,** *n.* CANGEN
**offshore,** *a.* ALLTRAETH
**off-side,** *n.* CAMOCHR, CAMSEFYLL
*v.* CAMOCHRI, CAMSEFYLL
**offspring,** *n.* EPIL, HIL(IOGAETH), PLANT
**offstage,** *a. & ad.* GER-LWYFAN
**oft(en),** *ad.* YN AML, YN FYNYCH
**ogive,** *n.* OGIF
**ogle,** *n.* CILWEN
*v.* CILWENU
**ogre,** *n.* ANGHENFIL, CAWR
**ohm,** *n.* OHM
**oil,** *n.* OLEW, OEL
*v.* OELIO, IRO
*oil rig,* LLWYFAN OLEW / RIG OEL
**oilcloth,** *n.* OELCLOTH
**oilfield,** *n.* MAES OEL / OLEW
**oilskin,** *n.* COT OEL
**oilstone,** *n.* CARREG HOGI, HÔN
**oily,** *a.* SEIMLYD, OLEWOG
**ointment,** *n.* ELI, ENNAINT
**old,** *a.* HEN, OEDRANNUS
*of old,* GYNT
*old age,* HENAINT, HENOED
*old and infirm,* HEN A METHEDIG
**olden,** *a.* HEN
**old-fashioned,** *a.* HENFFASIWN, OD
**oldish,** *a.* HENAIDD
**old-stager,** *n.* HEN LAW
**oleaginous,** *a.* SEIMLYD
**olfactory,** *a.* AROGLEUOL
**oligarchy,** *n.* OLIGARCHAETH
**oligopolist,** *n.* OLIGOPOLYDD
**olive,** *n.* OLEWYDDEN, OLIF
*a.* GWYRDDFELYN
**Olympic,** *a.* OLYMPAIDD
*Olympic Games,* CAMPAU OLYMPAIDD
**omasum,** *n.* Y GOD FACH
**ombudsman,** *n.* OMBWDSMON
**omelette,** *n.* OMLED, PONCO
**omen,** *n.* ARGOEL, ARWYDD
**ominous,** *a.* BYGYTHIOL, ARGOELUS
**omission,** *n.* ANWAITH, ESGEULUSTRA
**omit,** *v.* GADAEL ALLAN
**omnibus,** *n.* BWS
**omnipotence,** *n.* HOLLALLUOGRWYDD
**omnipotent,** *a.* HOLLALLUOG
**omnipresence,** *n.* HOLLBRESENOLDEB
**omnipresent,** *a.* HOLLBRESENNOL
**omniscience,** *n.* HOLLWYBODAETH, HOLLWYBODOLRWYDD
**omniscient,** *a.* HOLLWYBODOL
**omnivore,** *n.* HOLLYSYDD
**omnivorous,** *a.* HOLLYSOL
**on,** *prp.* AR, AR WARTHAF
*ad.* YMLAEN
**once,** *ad.* UNWAITH, GYNT, UN TRO
**one,** *n.* UN, RHYWUN, DYN
*a.* NAILL, UN, UNIG
*one by one,* BOB YN UN
**oneness,** *n.* UNDOD, UNOLIAETH
**onerous,** *a.* TRWM, BEICHUS, LLETHOL
**oneself,** *pn.* (FY, DY, ETC.) HUNAN
**one-sided,** *a.* UNOCHROG
**one-sidedness,** *n.* UNOCHREDD
**one-way,** *a.* UN-FFORDD, UNFFORDD
**onion,** *n.* NIONYN, WYNWYN
*onion rings,* CYLCHOEDD NIONOD / WINWNS
**onlooker,** *n.* GWYLIWR
**only,** *a.* UNIG
*ad.* YN UNIG, DIM OND
**onset,** *n.* YMOSOD, CYRCH
**onshore,** *a.* ARTRAETH
**onside,** *n.* IAWNOCHR
*v.* IAWNOCHRI
**onslaught,** *n.* YMOSODIAD, CYRCH
**ontogeny,** *n.* ONTOGENEDD
**ontological,** *a.* ONTOLEGOL, BODEGOL
**ontology,** *n.* ONTOLEG, BODEGAETH
**onus,** *n.* BAICH, CYFRIFOLDEB
**onward(s),** *ad.* YMLAEN
**onyx,** *n.* ONICS
**oölogy,** *n.* OÖLEG
**oölitic,** *a.* OÖLITIG
**oöspore,** *n.* OÖSBOR
**ooze,** *n.* LLAID, LLYSNAFEDD
*v.* GOLLWNG, DIFERU
*oozes,* MORLLOEDD, MORLAID
**opacity,** *n.* DIDREIDDEDD
**opal,** *n.* OPAL, OWMAL
**opalescent,** *a.* SYMUDLIW
**opaque,** *a.* AFLOYW, DIDRAIDD
**open,** *a.* AR AGOR, AGORED
*n.* LLE AGORED
*v.* AGOR, YMAGOR
*open field system,* CYFUNDREFN DRYFAES
*wide open,* LLED Y PEN
*open hearth furnace,* FFWRNAIS GEGAGORED
**open-air,** *n. & a.* AWYR AGORED

**opencast (coal),** *n.* (GLO) BRIG
**opener,** *n.* AGORELL, AGORWR
**open-handed,** *a.* HAEL, LLAWAGORED
**open-hearted,** *a.* DIDWYLL, GONEST
**opening,** *n.* AGORIAD, AGORFA
*a.* AGORIADOL
*box pleat opening,* AGORIAD PLET BOCS
**openly,** *ad.* YN AGORED, AR GOEDD
**openminded,** *a.* TEG, YSTYRIOL
**open-mouthed,** *a.* CEGRWTH
**openness,** *n.* DIDWYLLEDD, GONESTRWYDD
**opera,** *n.* OPERA
*comic opera,* OPERA DDIGRI
*grand opera,* OPERA FAWREDDOG
**operate,** *v.* GWEITHREDU, OPERADU, TRIN
**operatic,** *a.* OPERATIG
**operation,** *n.* GWEITHRED(IAD), OPERADIAD, TRINIAETH LAWFEDDYGOL
**operational,** *a.* HYWAITH
**operative,** *a.* GWEITHREDOL, EFFEITHIOL, GWEITHIOL
**operator,** *n.* GWEITHREDWR, OPERADUR
**operetta,** *n.* OPERETA
**ophthalmia,** *n.* OFFTHALMIA, CLWY'R LLYGAID
**ophthalmologist,** *n.* OFFTHALMOLEGWR
**ophthalmoscope,** *n.* OFFTHALMOSGOP
**opiate,** *n.* MODDION CWSG
*a.* YN ACHOSI CWSG
**opine,** *v.* BOD O'R FARN, TYBIO
**opinion,** *n.* TYB, CRED, BARN
*opinion poll,* BARNBLEIDLAIS
**opinionated,** *a.* YSTYFNIG, HUNANDYBUS
**opium,** *n.* OPIWM
**opossum,** *n.* OPOSWM
**opponent,** *n.* GWRTHWYNEBWR / YDD
**opportune,** *a.* AMSEROL
**opportunism,** *n.* ACHUB CYFLE
**opportunity,** *n.* CYFLE
**oppose,** *v.* GWRTHWYNEBU
**opposed,** *a.* GWRTHWYNEBOL, CROES
**opposer,** *n.* GWTHWYNEBYDD
**opposite,** *a.* CYFERBYN, DIRGROES, CROES, GWRTHGYFERBYN(IOL)
*n.* CYFERBYNIAD
*opposite direction,* CYFEIRIAD DIRGROES
**oppositeness,** *n.* GWRTHGYFERBYNNEDD
**opposition,** *n.* GWRTHWYNEBIAD, GWRTHBLAID
**oppress,** *v.* GORMESU, LLETHU, GORTHRYMU
**oppression,** *n.* GORMES, GORTHRYMDER, GORTHRWM
**oppressive,** *a.* GORMESOL, LLETHOL, TRYMAIDD
**oppressor,** *n.* GORMESWR, GORTHRYMYDD
**opprobious,** *a.* CABLEDDUS, ENLLIBUS
**opprobrium,** *n.* GWARTH, GWARADWYDD
**opt,** *v.* EITHRIO, DEWIS
**optative,** *a.* EIDDUNOL, ERFYNIOL
**optic,** *a.* OPTIG
**optical,** *a.* OPTEGOL, GWELEDOL
**optician,** *n.* OPTEGWR
**optics,** *n.* OPTEG
**optimal,** *a.* OPTIMAIDD
**optimise,** *v.* OPTIMEIDDIO
**optimism,** *n.* OPTIMISTIAETH, GOREUAETH
**optimist,** *n.* OPTIMIST, GOREUYDD
**optimistic,** *a.* OPTIMISTAIDD
**optimum,** *n.* OPTIMWM
*a.* OPTIMAIDD
**option,** *n.* DEWIS(IAD), HAWLDDEWIS
**optional,** *a.* DEWIS, AT (EI) DDEWIS
**opulence,** *n.* CYFOETH, GOLUD
**opulent,** *a.* CYFOETHOG, GOLUDOG
**opus,** *n.* OPUS, GWAITH
**or,** *c.* NEU, YNTEU, AI
**oracle,** *n.* ORACL, GŴR DOETH
**oracular,** *a.* ORACLAIDD, DOETH
**oral,** *a.* LLAFAR, GENEUOL
*oral vaccine,* BRECHLYN GENEUOL
*oral arithmetic,* RHIFYDDEG LLAFAR
**orally,** *ad.* AR LAFAR
**orange,** *n.* OREN, ORAENS
**orangeade,** *n.* DIOD OREN
**orangery,** *n.* ORENFA
**oration,** *n.* ARAITH, ANERCHIAD
**orator,** *n.* AREITHIWR
**oratorical,** *a.* AREITHYDDOL
**oratorio,** *n.* ORATORIO
**oratory,** *n.* BETWS, TŶ GWEDDI, AREITHYDDIAETH
**orb,** *n.* PÊL, PELEN
**orbit,** *n.* ORBIT, CYLCHDRO, RHOD, PWLL Y LLYGAD
**orbital,** *a.* ORBITOL
*n.* ORBITAL
**orchard,** *n.* PERLLAN
**orchestra,** *n.* CERDDORFA
**orchestral,** *a.* CERDDORFAOL
**orchestrate,** *v.* SGORIO
**orchestration,** *n.* OFFERYNIAETH
**orchestrator,** *n.* SGORIWR
**orchid,** *n.* TEGEIRIAN
**ordain,** *v.* ORDEINIO, PENDERFYNU
**ordeal,** *n.* DIHEURBRAWF
**order,** *n.* TREFN, URDD, ARCHEB, GORCHYMYN, GRADD

*v.* TREFNU, ARCHEBU, GORCHYMYN
*standing order,* ARCHEB SEFYDLOG
*in order that,* ER MWYN
**ordered,** *a.* TREFNEDIG
**orderliness,** *n.* TREFNUSRWYDD
**orderly,** *a.* TREFNUS
*n.* GWAS MILWR
**ordinal,** *n. & a.* TREFNOL
*ordinal number,* TREFNOLYN
**ordinance,** *n.* ORDINHAD, DEDDFIAD
**ordinand,** *n.* ORDEINYN
**ordinarily,** *ad.* FEL RHEOL
**ordinary,** *a.* CYFFREDIN
**ordinate,** *n.* MESURYN
**ordination,** *n.* ORDEINIAD
**ordnance,** *n.* ORDNANS
*ordnance survey map,* MAP ORDNANS
**ordre,** *n.* CYFRES
**ore,** *n.* MWYN
*ore carrier,* MWYNLONG
**organ,** *n.* ORGAN
**organdie,** *n.* ORGANDI
**organic,** *a.* CYNHENID, ORGANIG
**organisation,** *n.* TREFNIADAETH, CYFUNDREFN
**organiser,** *n.* TREFNYDD
**organism,** *n.* ORGANEB
**orgiastic,** *a.* GLODDESTOL, AFREOLUS
**orgy,** *n.* GLODDEST, AFREOL
**oriel,** *n.* ORIEL
**orient,** *n.* DWYRAIN
*a.* DWYREINIOL
**oriental,** *n.* DWYREINIWR
*a.* DWYREINIOL
**orientate,** *v.* CYFEIRIADU
**orientation,** *n.* CYFEIRIADAETH, CYFEIRIADEDD
**orienteering,** *v. & n.* CYFEIRIANNU
**orifice,** *n.* AGORFA, GENAU
**origin,** *n.* DECHREUAD, LLEOLBWYNT, TARDDIAD
**original,** *a.* GWREIDDIOL, CYSEFIN, SYLFAENOL, CYNTEFIG
*n.* GWREIDDIOL
**originality,** *n.* GWREIDDIOLDEB, AR Y DECHRAU
**originate,** *v.* DECHRAU, TARDDU
**originator,** *n.* DECHREUWR
**orlon,** *n.* ORLON
**ornament,** *n.* ADDURN(WAITH)
**ornamental,** *a.* ADDURNOL
**ornamentation,** *n.* ADDURNIAD
**ornate,** *a.* ADDURNEDIG
**ornithologist,** *n.* ADARYDD
**ornithology,** *n.* ADAREG
**orogeny,** *n.* OROGENEDD
**orography,** *n.* OROGRAFFI
**orphan,** *n.* AMDDIFAD
*a.* AMDDIFAD
**orphanage,** *n.* CARTREF PLANT AMDDIFAID
**orthocentre,** *n.* ORTHOGRAIDD
**orthodox,** *a.* UNIONGRED
**orthodoxy,** *n.* UNIONGREDEDD
**orthogonal,** *a.* ORTHOGONAL
**orthogonality,** *n.* ORTHOGONALEDD
**orthographic,** *a.* ORTHOGRAFFIG
**orthography,** *n.* ORGRAFF, ORTHOGRAFFI
**orthopaedic,** *a.* ORTHOPEDIG
**orthoptic,** *a.* ORTHOPTIG
**oscillate,** *v.* OSGILADU
**oscillation,** *n.* OSGILIAD
**oscillator,** *n.* OSGILIADUR
**oscillatory,** *a.* OSGILIADOL
**oscilloscope,** *n.* OSGILOSGOP
**osculate,** *v.* MINIALU, CUSANU
**osculation,** *n.* MINIALEDD
**osmosis,** *n.* OSMOSIS
**osmotic,** *a.* OSMOTIG
**osprey,** *n.* ERYR Y MÔR
**ossification,** *n.* ASGWRNEIDDIAD
**ossify,** *v.* ASGWRNEIDDIO
**ostensible,** *a.* YMDDANGOSIADOL
**ostentation,** *n.* RHODRES, RHWYSG
**ostentatious,** *a.* RHODRESGAR, RHWYSG-FAWR
**osteomyelitis,** *n.* LLID YR ASGWRN
**osteopath,** *n.* MEDDYG ESGYRN
**ostler,** *n.* OSTLER
**ostracism,** *n.* ALLTUDIAETH, DIARDDELIAD
**ostracise,** *v.* ALLTUDIO, DIARDDEL
**ostrich,** *n.* ESTRYS
**other,** *a.* ARALL, ERAILL, AMGEN
*pn.* ARALL, Y LLALL
*ad.* DIM, LLAI NA
*each other,* EI GILYDD
**otherness,** *n.* ARALLRWYDD
**otherwise,** *ad.* FEL ARALL, OS AMGEN
**otherworldliness,** *n.* ARALLFYDOLRWYDD
**otherworldly,** *a.* ARALLFYDOL
**otitis,** *n.* LLID Y GLUST, OTITIS
**otorrhoea,** *n.* CLUST YN RHEDEG, OTOREA
**otter,** *n.* DWRGI, DYFRGI
**ought,** *v.* DYLWN, DYLIT, DYLAI, DYLEM, DYLECH, DYLENT
**ounce,** *n.* OWNS
**our,** *pn.* EIN, 'N

**ours,** *pn.* EIDDOM (NI), YR EIDDOM
**ourselves,** *pn.* EIN HUNAIN, NI, NYNI
**oust,** *v.* BWRW ALLAN, DISODLI
**out,** *ad.* ALLAN, I MAES
*out of date,* HEN
**out-,** *px.* GOR-, TRA-, RHAG-
**outback,** *n.* Y GWYLLT
**outbid,** *v.* CYNNIG MWY NA
**outbreak,** *n.* DECHRAU, HAINT
**outbreed,** *v.* ALLFRIDIO
**outburst,** *n.* ECHWYTHIAD, DICTER
**outcast,** *n.* ALLTUD, DIGARTREF, GWRTHODEDIG
**outclass,** *v.* RHAGORI
**outcome,** *n.* CANLYNIAD, FFRWYTH
**outcrop,** *n.* BRIG, CRIPELL
*v.* BRIGO
**outcry,** *n.* GWAEDD, GWRTHDYSTIAD
**outdate,** *v.* GOROEDI
**outdated,** *a.* GOROEDOL
**outdo,** *v.* RHAGORI AR, TRECHU
**outdoor,** *a.* YN YR AWYR AGORED
**outer,** *a.* CYRION, ALLANOL
*outer fringe,* Y CYRION
**outermost,** *a.* NESAF ALLAN
**outfall,** *n.* ARLLWYSFA
**outfield,** *n.* ALLFAES
**outfielder,** *n.* FFILDIWR
**outfit,** *n.* ARPAR, OWTFFIT
**outflow,** *n.* ALL-LIF(IAD)
*v.* ALL-LIFO
**outgoing,** *n.* MYNEDIAD ALLAN
**outgoings,** *n.pl.* TREULIAU
**outgrow,** *v.* GORDYFU
**outgrowth,** *n.* CANLYNIAD, CYNNYRCH
**outhouse,** *n.* ALLANDY
**outing,** *n.* GWIBDAITH
**outlandish,** *a.* ANGHYSBELL
**outlast,** *v.* GOROESI
**outlaw,** *n.* HERWR
*v.* RHOI AR HERW
**outlawry,** *n.* HERWRIAETH
**outlay,** *n.* TRAUL, COST, GWARIANT
**outlet,** *n.* ALLFA
**outlier,** *n.* ALLGRAIG
**outline,** *n.* AMLIN, AMLINELL
*v.* AMLINELLU
**outlive,** *v.* GOROESI
**outlook,** *n.* RHAGOLWG, GOLYGFA
**outlying,** *a.* PELL(ENNIG), ANGHYSBELL
**outmanoeuvre,** *v.* TRECHU'N YSTRYWGAR
**outmoded,** *a.* HENFFASIWN
**outnumber,** *v.* GOR-RIFO
**outpatient,** *n.* MAESGLAF
**outpost,** *n.* ALLBOST
**outpour,** *n.* ARLLWYSIAD, FFRWD O EIRIAU
**output,** *n.* ALLBWN, CYNNYRCH, ALLGYNNYRCH
*v.* ALLBYNNU
**outrage,** *n.* YSGELERDER
*v.* GORMESU
**outrageous,** *a.* YSGELER
**outright,** *ad.* YN LLWYR
**outrun,** *v.* BLAENU
**outset,** *n.* DECHRAU, DECHREUAD
**outside,** *n.* TU ALLAN, TU FAES
*a. & ad.* ALLAN(OL), ODDI ALLAN
*prp.* TU ALLAN I, TU FAES I
**outside-forward,** *n.* ASGELLWR
**outside-half,** *n.* MASWR
**outside-left,** *n.* ASGELLWR CHWITH
**outsider,** *n.* ALLANOLYN, DIEITHRYN
**outside-right,** *n.* ASGELLWR DE
**outsize,** *a.* MAWR IAWN
**outskirts,** *n.pl.* CYRRAU, MAESTREFI
**outspoken,** *a.* DIDDERBYN-WYNEB, PLAEN
**outspread,** *a.* AR LED
**outstanding,** *a.* AMLWG, PWYSIG
**outstreched,** *a.* ESTYNEDIG
**outstrip,** *v.* BLAENU, TRECHU
**outward,** *a.* ALLANOL
**outwards,** *ad.* TUAG ALLAN
**outwash,** *n.* ALLOLCHIAD
**outweigh,** *v.* GORBWYSO
**outwit,** *v.* TRECHU
**outworn,** *a.* TREULIEDIG, HEN
**oval,** *a.* HIRGRWN
**ovarian,** *a.* OFARAIDD
**ovary,** *n.* WYGELL, OFARI
**ovate,** *n.* OFYDD
*a.* WYLUN
**ovation,** *n.* CYMERADWYAETH
**oven,** *n.* FFWRN, POPTY
**over,** *n.* PELAWD
*prp.* TROS, DROS, UWCH, UWCHBEN
*ad.* DROSODD, DROS BEN
**over-,** *px.* TRA-, GOR-, RHAG-, RHY-
**overall,** *n.* OFERÔL
**overanxious,** *a.* GORBRYDERUS
**overawe,** *v.* ARSWYDO
**overbalance,** *v.* GORBWYSO
**overbearing,** *a.* GORMESOL
**overboard,** *ad.* DROS FWRDD LLONG
**overburden,** *v.* GORLWYTHO
**overcast,** *a.* CYMYLOG
*v.* CYMYLU, TRAWSBWYTHO

**overcharge,** *n.* GORBRIS
*v.* GORBRISIO, GORLWYTHO
**overcoat,** *n.* COT FAWR / UCHAF
**over-confident,** *a.* GORHYDERUS
**overcrowd,** *v.* GORDYRRU, GORLENWI
**overcrowded,** *a.* GORLAWN
**overdo,** *v.* GORWNEUD
**overdose,** *n.* GOR-DDÔS
**overdraft,** *n.* GORDDRAFT, GORGODIAD
**overdraw,** *v.* GORDYNNU
**overdue,** *a.* GORDDYLEDUS
**over-eager,** *a.* GORAWYDDUS
**overestimate,** *v.* GORBRISIO, GORAMCAN-GYFRIF
**overflow,** *n.* GORLIF
*v.* GORLIFO
**overflowing,** *a.* LLIFEIRIOL
**overfold,** *n.* TROSBLYG, GORLAP
**overglaze,** *n.* TROSWYDRYN
*v.* TROSWYDRO
**overgrow,** *v.* GORDYFU
**overgrowth,** *n.* GOR-DWF
**overhand,** *a. & ad.* DROS YR YSGWYDD
**overhang,** *n.* TROSGROG, GORDO
**overhanging,** *a.* GORDO
**overhaul,** *v.* ARGYWEIRIO, ATGYWEIRIO
**overhead,** *a. & ad.* UWCHBEN
**overheads,** *n.pl.* GORBENION, ARGOSTAU
**overhear,** *v.* CIPGLYWED
**overjoyed,** *a.* LLAWEN IAWN
**overland,** *n.* TROSTIR
**overlap,** *v.* GORGYFFWRDD, CROESI
**overlay,** *n.* TROSGAEN
*v.* GORCHUDDIO
**overload,** *v.* GORLWYTHO
**overlook,** *v.* ESGEULUSO, GORUCHWYLIO
**overlord,** *n.* MECHDEYRN
**overlordship,** *n.* MECHDEYRNIAETH
**overlaying,** *a.* GORCHUDD
**overman,** *n.* GORUCHWYLIWR
*v.* GORGYFLOGI
**overnight,** *ad.* DROS NOS
**overpopulate,** *v.* GORBOBLOGI
**overpopulation,** *n.* GORBOBLOGAETH
**overpower,** *v.* TRECHU
**overrate,** *v.* GORGYGRIF
**over-reach,** *a. & v.* GOR-GYRRAEDD
**over-ride,** *v.* DAMSANG, TRECHU, DIRYMU
**over-ripe,** *a.* GORAEDDFED
**overrule,** *v.* GORUWCHREOLI, GWRTHOD
**overrun,** *v.* GORESGYN
**overseas,** *ad.* DROS Y MÔR
**overseer,** *n.* GORUCHWYLIWR, AROLYGWR
**oversew,** *v.* AMYLU
**overshadow,** *v.* CYSGODI
**overshoot,** *v.* MYND YN RHY BELL
*overshoot casting,* CASTIN GORYMYL
**oversight,** *n.* AMRYFUSEDD, AROLYGIAETH
**oversleep,** *v.* TRA-CHYSGU
**overspan,** *n.* PONT
**overspill,** *n.* GORLIF
**overstep,** *v.* MYND DROS (Y NOD, etc.)
**oversubscribe,** *v.* GORDANYSGRIFIO
**overt,** *a.* AMLWG, EGLUR, AGORED
**overtake,** *v.* GODDIWEDDYD, DAL
**overthrow,** *n.* DYMCHWELIAD
*v.* DYMCHWELYD
**overtime,** *n.* GORAMSER, TROSAMSER
**overtone,** *n.* UWCHDON, UWCHSAIN
**overture,** *n.* CYNNIG, AGORAWD
**overturn,** *v.* DYMCHWELYD
**overweight,** *a.* GORDRWM
**overwhelm,** *v.* GORLETHU
**overwhelming,** *a.* LLETHOL
**overwork,** *n.* GORWAITH
*v.* GORWEITHIO
**overwrought,** *a.* LLUDDEDIG
**oviduct,** *n.* OFIDWCT
**ovoid,** *a.* WYFFURF
**ovulation,** *n.* OFWLIAETH, BWRW ŴY
**ovule,** *n.* OFWL
**ovum,** *n.* OFWM, HADRITH
**owe,** *v.* BOD MEWN DYLED
**owing,** *a.* DYLEDUS
*owing to,* OBLEGID
**owl,** *n.* TYLLUAN, GWDIHŴ
**own,** *a.* EI HUN
*v.* MEDDU, ARDDEL, PIAU, ADDEF
**owner,** *n.* PERCHEN(NOG)
*owner occupier,* PERCHENNOG PRESWYL
**ownership,** *n.* PERCHENOGAETH
**ox,** *n.* BUSTACH, EIDION, YCH
*ox bow lake,* YSTUMLLYN
*ox tongue,* TAFOD YCH
**oxalic,** *a.* OCSALIG
**oxidation,** *n.* OCSIDEIDDIAD
**oxide,** *n.* OCSID
**oxidise,** *v.* OCSIDEIDDIO
*oxidising agent,* OCSIDYDD
**oxy-acetylene,** *a.* OCSI-ASETYLEN
**oxygen,** *n.* OCSIGEN
**oyez, oyes,** *i.* GOSTEG! CLYWCH!
**oyster,** *n.* WYSTRYSEN, LLYMARCH
**ozone,** *n.* OSÔN

**pace,** *n.* CAM, CAMRE, TUTH, CYFLYMDRA
*v.* CAMU
**pacemaker,** *n.* AMSERIADUR (CALON)
**pachytene,** *a.* PACYTÊN
**pacific,** *a.* HEDDYCHOL, TAWEL, LLONYDD
*Pacific Ocean,* Y CEFNFOR / MÔR TAWEL
**pacification,** *n.* HEDDYCHIAD
**pacifier,** *n.* HEDDYCHWR
**pacifism,** *n.* HEDDYCHIAETH, PASIFFIST-IAETH
**pacifist,** *n.* HEDDYCHWR
**pacify,** *v.* HEDDYCHU, TAWELU
**pack,** *n.* PAC, SYPYN, PACFA, CNUD
*v.* PACIO, LAPIO
*power pack,* PECYN PŴER
**package,** *n.* PECYN
*package deal,* SWPFARGEN
**packaging,** *n.* DEUNYDD PACIO
**packet,** *n.* PACED, SYPYN
**pack-horse,** *n.* PYNFARCH
**pack ice,** *n.* PACREW
**packman,** *n.* PACMON
**pact,** *n.* CYTUNDEB, PACT
**pad,** *n.* PAD
*v.* PADIO
**padding,** *n.* PADIN
**paddle,** *n.* RHODL, PADL
*v.* RHODLI, PADLO
**paddle-steamer,** *n.* RHODLONG
**paddock,** *n.* MARCHGAE, PADOG
**padlock,** *n.* CLO CLWT/CLAP/EGWYD
**paean,** *n.* MAWLGAN
**paediatric,** *a.* PAEDIATRIG
**paediatrician,** *n.* PAEDIATRYDD
**paediatrics,** *n.* PAEDIATREG
**paëlla,** *n.* PAËLLA
**pagan,** *n.* PAGAN
*a.* PAGANAIDD
**paganism,** *n.* PAGANIAETH
**page,** *n.* TUDALEN, GWAS BACH, MACWY
**paged,** *a.* TUDALENNOG
**pageant,** *n.* PASIANT
**pageantry,** *n.* RHWYSG, PASIANTRI
**pagoda,** *n.* PAGODA
**pail,** *n.* BWCED, YSTWC, CRWC
**pain,** *n.* POEN, GLOES, DOLUR
**painful,** *a.* POENUS, DOLURUS
**painless,** *a.* DI-BOEN
**painstaking,** *a.* GOFALUS, TRYLWYR, DIWYD
**paint,** *n.* PAENT
*v.* PEINTIO
*gloss paint,* PAENT LLATHR
**painter,** *n.* PEINTIWR
**painting,** *n.* PEINTIAD, PAENTIO
**pair,** *n.* PÂR, CWPL
*v.* PARU, CYPLU
**pairing,** *n.* PARIAD
**pal,** *n.* CYFAILL
*v.* CYFEILLACHU
**palace,** *n.* PLAS, PALAS
**palaeogeography,** *n.* PALAEODDAEAR-YDDIAETH
**palaeographer,** *n.* PALAEOGRAFFWR
**palaeography,** *n.* PALAEOGRAFFEG
**palaeolithic,** *a.* PALAEOLITHIG
**palaeontology,** *n.* PALAEONTOLEG
**palaeozoic,** *a.* PALAEOSOIG
**palatability,** *n.* BLASUSRWYDD
**palatable,** *a.* BLASUS, DYMUNOL
**palatal,** *a.* TAFLODOL
**palate,** *n.* TAFLOD, BLAS, ARCHWAETH
**palatial,** *a.* GWYCH, PALASAIDD
**palaver,** *n.* CLEBER, BALDORDD
*v.* CLEBRAN, BALDORDDI
**pale,** *a.* GWELW, GWAN, GLAS
*v.* GWELWI, WYNEBLASU
*n.* FFIN, POLYN
**palea,** *n.* RHUDDION, EISIN
**paleness,** *n.* GWELWEDD
**palette,** *n.* PALET
**palindrome,** *n.* PALINDRÔM
**paling,** *n.* FFENS BOLION
**palisade,** *n.* PALIS(ÂD)
**pall,** *n.* MANTELL, ELOR
*v.* DIFLASU
**pallet,** *n.* GWELY GWELLT
**palliate,** *v.* LLINIARU
**palliative,** *n.* LLINIARYDD
*a.* LLINIAROL
**pallid,** *a.* GWELW, LLWYD
**pallisade,** *n.* PALISÂD
**pallium,** *n.* PALIWM
**pallor,** *n.* GWELWEDD
**palm,** *n.* CLEDR, PALMWYDDEN, PALF
*Palm Sunday,* SUL Y BLODAU
**palmist,** *n.* LLAWDDEWIN
**palmistry,** *n.* LLAWDDEWINIAETH
**palmy,** *a.* LLEWYRCHUS, BLODEUOG
**palp,** *n.* PALP
**palpability,** *n.* HYDEIMLEDD
**palpable,** *a.* AMLWG, TEIMLADWY, DYBRYD
**palpate,** *v.* TEIMLO, TRIN
**palpitate,** *v.* CURO, CRYCHGURO
**palpitation,** *n.* CRYCHGURIAD
**palsy,** *n.* PARLYS

**paltriness,** *n.* DISTADLEDD, GWAELEDD
**paltry,** *a.* DISTADL, DI-WERTH
**pampas,** *n.* PAITH
**pamper,** *v.* MALDODI, MWYTHO
**pampered,** *a.* MALDODUS, MWYTHLYD
**pampero,** *n.* PAMPERO
**pamphlet,** *n.* PAMFFLED(YN)
**pamphleteer,** *n.* PAMFFLEDWR
**pan,** *n.* PADELL, PAN
**panacea,** *n.* MODDION AT BOPETH
**panatrope,** *n.* PANATRÔP
**pancake,** *n.* CREMPOG(EN), FFROESEN, CRAMWYTHEN
**panchromatic,** *a.* PANCROMATIG
**pancreas,** *n.* CEFNDEDYN
**pandemonism,** *n.* PANDDEMONIAETH
**pandemonium** *n.* TERFYSG, MWSTWR
**pander,** *v.* PORTHI, GWEINI
**pane,** *n.* PAEN, CWAREL, WYNEB
**panegyric,** *n.* MOLAWD
**panel,** *n.* PANEL
*remote control panel,* PANEL PELL-REOLI
**panelling,** *n.* PANELI
**pang,** *n.* GWAYW, CNOFA, BRATH
**panic,** *n.* PANIG, BRAW
**panicle,** *n.* PANIGL
**panic-stricken,** *a.* LLAWN PANIG
**panlogism,** *n.* PANLOGIAETH
**pannage,** *n.* MESOBR
**pannier,** *n.* CAWELL CEFN
**panorama,** *n.* PANORAMA
**panoramic,** *a.* PANORAMIG
**panpsychism,** *n.* PANSEICYDDIAETH
**pant,** *v.* DYHEU, DYHYFOD
**pantaloon,** *n.* CLOWN PANTOMEIM
**pantaloons,** *n.pl.* TRYWSUS
**pantechnicon,** *n.* MEN DDODREFN
**pantheism,** *n.* PANTHEISTIAETH
**panther,** *n.* PANTHER
**panties,** *n.pl.* PANTOS
**pantograph,** *n.* PANTOGRAFF
**pantomime,** *n.* PANTOMEIM
**pantonality,** *n.* PANDONYDDIAETH
**pantry,** *n.* PANTRI
**pants,** *n.* PANTS
**papa,** *n.* TAD, TADA, DATA
**papacy,** *n.* PABAETH, AWDURDOD PAB
**papal,** *a.* PABAIDD
**paper,** *n.* PAPUR
*v.* PAPURO
*blotting paper,* PAPUR SUGNO
*tissue paper,* PAPUR SIDAN
**paperer,** *n.* PAPURWR
**papier-mâché,** *n.* MWYDION PAPUR
**papist,** *n.* PABYDD
**papyrus,** *n.* PAPURFRWYN
**par,** *n.* PÂR
*a.* LLAWN WERTH
**parable,** *n.* DAMEG
**parabola,** *n.* PARABOLA
**parabolic,** *a.* PARABOLIG
**parabolical,** *a.* DAMHEGOL
**parachute,** *n.* PARASIWT
**parachutist,** *n.* PARASIWTWR/YDD
**parade,** *n.* RHODFA, PARÊD
*v.* YMDEITHIO
**paradigm,** *n.* PARADEIM, CYNLLUN
**paradise,** *n.* PARADWYS, GWYNFA
**paradox,** *n.* CROESDDYWEDIAD, PARADOCS, GWRTHEB
**paradoxical,** *a.* PARADOCSAIDD
**paraffin,** *n.* PARAFFÎN
**paragon,** *n.* PARAGON
**paragraph,** *n.* PARAGRAFF
*v.* PARAGRAFFU
**parallax,** *n.* PARALACS
**parallel,** *n.* CYFLIN, PARALEL
*parallel lines,* CYFLINELLAU
*parallel bars,* BARRAU CYFLIN
**parallelism,** *n.* CYFOCHREDD
**parallelogram,** *n.* PARALELOGRAM
**paralyse,** *v.* PARLYSU
**paralysed,** *a.* DIFFRWYTH, WEDI PARLYSU
**paralysis,** *n.* PARLYS
**paralytic,** *a.* WEDI EI BARLYSU
**parameter,** *n.* PARAMEDR
**parametric,** *a.* PARAMEDRIG
*parametric co-ordinates,* CYDRADDAU PARAMEDRIG
**paramount,** *a.* PRIF, PENNAF
**paramour,** *n.* GORDDERCH, CARIADFAB
**paranoia,** *n.* PARANOIA
**parapet,** *n.* CANLLAW, PARAPET
**paraphernalia,** *n.* PETHEUACH, TACLAU
**paraphrase,** *n.* ARALLEIRIAD
*v.* ARALLEIRIO
**parapsychology,** *n.* PARASEICOLEG
**parasite,** *n.* PARASIT, CYNFFONNWR
**parasitic,** *a.* PARASITIG
**parasol,** *n.* PARASOL
**paratroops,** *n.pl.* MILWYR PARASIWT
**paraxial,** *a.* PARECHELIN
**parboil,** *v.* LLEDFERWI
**parcel,** *n.* PARSEL, SYPYN, SWP

**parch,** *v.* GORGRASU
**parched,** *a.* CRAS, CRASBOETH
**parchment,** *n.* MEMRWN
**pardon,** *n.* MADDEUANT, PARDWN
*v.* MADDAU, PARDYNU
**pardonable,** *a.* ESGUSODOL
**pardoner,** *n.* PARDYNWR
**pare,** *v.* PILIO, DIGROENI, CEIBIO
**parent,** *n.* RHIANT
*parent element,* ELFEN RIANT
*parent population,* POBLOGAETH WREIDDIOL
**parentage,** *n.* RHIENI, TEULU
**parental,** *a.* RHIENIOL
*parental instinct,* GREDDF RIENIOL
**parenthesis,** *n.* SANGIAD, PARENTHESIS
**parenthetical,** *a.* RHWNG CROMFACHAU
**parents,** *n.pl.* RHIENI
**parings,** *n.* CREIFION, PILION
**parish,** *n.* PLWYF
*a.* PLWYF(OL)
**parishioner,** *n.* PLWYFOLYN
**parity,** *n.* PAREDD, CYDRADDOLDEB
**park,** *n.* PARC
*v.* PARCIO
**parkland,** *n.* PARCDIR
**parlance,** *n.* IAITH GYFFREDIN
**parley,** *n.* YMDRAFODAETH
*v.* TRAFOD
**parliament,** *n.* SENEDD
*Member of Parliament,* AELOD SENEDDOL (A.S.)
**parliamentarian,** *n.* SENEDDWR
**parliamentary,** *a.* SENEDDOL
**parlour,** *n.* PARLWR
**parlous,** *a.* ENBYD
**parochial,** *a.* PLWYFOL, CYFYNG
**parochialism,** *n.* PLWYFOLIAETH, CULNI, PLWYFOLDEB
**parody,** *n.* PARODI
*v.* PARODÏO, GWATWAR
**parole,** *n.* PARÔL, ADDEWID
**paroxysm,** *n.* PANG SYDYN, PANGFA
**parquet,** *n.* PARCWET
**parricide,** *n.* TADLADDIAD
**parrot,** *n.* PAROT
**parry,** *v.* PARIO, OSGOI
**parse,** *v.* DOSBARTHU
**parsimonious,** *a.* CRINTACH, CYBYDDLYD
**parsimony,** *n.* CRINTACHRWYDD
**parsing,** *n.* DOSBARTHIAD (BRAWDDEG)
**parsley,** *n.* PERSLI, PERLLYS
**parsnip,** *n.* PANASEN
**parson,** *n.* OFFEIRIAD, PERSON
**parsonage,** *n.* BYWOLIAETH, PERSONDY
**part,** *n.* DARN, RHAN
*v.* RHANNU, GWAHANU
*part song,* RHANGAN
*part payments,* TALIADAU RHANNOL
**partake,** *v.* CYFRANOGI
**partaker,** *n.* CYFRANOGWR
**parthenogenesis,** *n.* PARTHENOGENESIS
**partial,** *a.* RHANNOL, PLEIDIOL
*n.* RHANNOL, RHANSAIN
**partiality,** *n.* PLEIDGARWCH, TUEDD
**participant,** *n.* CYFRANOGWR
*a.* CYFRANNOG
**participate,** *v.* CYFRANOGI
**participation,** *n.* CYFRANOGIAD
**participator,** *n.* CYFRANOGWR
**participle,** *n.* RHANGYMERIAD
**particle,** *n.* GRŌNYN, AFFLIW, GEIRYN (GRAM.)
*particle-particle description,* DISGRIFIAD GRONYN-GRONYN
**particoloured,** *a.* AMRYLIW
**particular,** *a.* NEILLTUOL, ARBENIGOL, GRONYNNOL
**particularism,** *n.* NEILLTUOLAETH
**particularise,** *v.* MANYLU
**particulars,** *n.pl.* MANYLION
**parting,** *n.* RHANIAD, YMADAWIAD
*a.* RHANIADOL, YMADAWOL
*v.* RHANNU, PARTIO
*parting-off tool,* ERFYN PARTIO
**partisan,** *n.* PLEIDIWR, PARTISÁN, CEFNOGWR
**partisanship,** *n.* PLEIDGARWCH, PARTISANIAETH
**partition,** *n.* PARED, CANOLFUR, RHANIAD, DOSRANIAD
**partitive,** *a.* RHANIADOL, DOSBARTHOL
**partly,** *ad.* O RAN, YN RHANNOL, GO-, LLED-
**partly-paid,** *a.* RHANDALEDIG
**partner,** *n.* CYMAR, PARTNER
*sleeping partner,* PARTNER SEGUR
**partnership,** *n.* PARTNERIAETH
**partridge,** *n.* PETRISEN
**part-time,** *n.* RHAN AMSER
**parturition,** *n.* ESGORIAD, ÂL
*v.* ESGOR, ALU, GENI
**party,** *n.* PLAID, PARTI, MINTAI
**par-value,** *n.* PARWERTH
**pas,** *n.* CAM
*pas de deux,* CAM DAU
**paschal,** *a.* PERTHYNOL I'R PASG

**pass,** *n.* BWLCH, CANIATÂD, PÁS, LLWYDDIANT
*v.* MYNED HEIBIO, PASIO, LLWYDDO
*forward pass,* PÁS YMLAEN
*reverse pass,* PÁS GWRTHOL
**passable,** *a.* Y GELLIR MYND HEIBIO IDDO, PURION
**passage,** *n.* TRAMWYFA, TAITH, RHAN
**passbook,** *n.* PASLYFR
**passenger,** *n.* TEITHIWR
**passibility,** *n.* HYBOENEDD
**passible,** *a.* HYBOEN
**passing,** *n.* YMADAWIAD, TRANC, PASIO
*a.* YN PASIO, DIFLANNOL
**passion,** *n.* NWYD, DIODDEFAINT
*The Passion,* Y DIODDEFAINT
**passionate,** *a.* ANGERDDOL, NAWSWYLLT
**passive,** *a.* GODDEFOL, GODDEFGAR
**passivity,** *n.* ANADWEITHEDD
**Passover,** *n.* Y PASG
**passport,** *n.* PASBORT
**password,** *n.* ALLWEDDAIR
**past,** *n.* GORFFENNOL
*a.* GORFFENNOL, CYN-
*prp.* WEDI
*ad.* HEIBIO
**pasta,** *n.* PASTA
**paste,** *n.* PAST
*v.* PASTIO
*grinding paste,* PAST LLIFANU
**pasteboard,** *n.* PAPUR STIFF, BORDEN DOES
**pastel,** *n.* PASTEL
**pasteurize,** *v.* PASTEUREIDDIO
**pastime,** *n.* ADLONIANT, DIFYRRWCH
**pastor,** *n.* BUGAIL
**pastoral,** *n.* BUGEILGERDD
*a.* BUGEILIOL
**pastoralism,** *n.* BUGEILYDDIAETH
**pastorate,** *n.* BUGEILIAETH, GOFALAETH
**pastry,** *n.* CRWST, PASTEIOD
*flaky pastry,* CRWST HAENOG
*short crust pastry,* CRWST BRAU
*puff pastry,* CRWST PWFF
**pasturage,** *n.* PORFELAETH
**pasture,** *n.* TIR PORI, PORFA
*v.* PORI
**pasty,** *n.* PASTEN
**pat,** *n.* PAT
*v.* PATIO
**patch,** *n.* CLWT, LLAIN, DARN
*v.* CLYTIO, CYWEIRIO
*patch pocket,* POCEDI CLWT
**patchwork,** *n.* CLYTWAITH
**patchy,** *a.* CLYTIOG, ANGHYSON
**paté,** *n.* PATÉ
**pate,** *n.* CORUN, PEN, COPA
**patella,** *n.* PADELL PEN-GLIN, PATELA
**patent,** *n.* BREINTLYTHYR, BREINLEN
*a.* AMLWG
**patentee,** *n.* PATENTAI
**paternal,** *a.* TADOL
**paternalism,** *n.* TADOFALAETH
**paternity,** *n.* TADOLAETH
**paternoster,** *n.* Y PADER
**path,** *n.* LLWYBR
**pathetic,** *a.* TRUENUS, GRESYNUS
**pathogen,** *n.* PATHOGEN
**pathological,** *a.* PATHOLEGOL
**pathologist,** *n.* PATHOLEGYDD
**pathology,** *n.* PATHOLEG
**pathos,** *n.* PATHOS
**pathway,** *n.* LLWYBR
**patience,** *n.* AMYNEDD
**patient,** *n.* CLAF
*a.* AMYNEDDGAR
**patio,** *n.* PATIO
**patois,** *n.* TAFODIAITH
**patriarch,** *n.* PATRIARCH
**patriarchal,** *a.* PATRIARCHAIDD
**patriarchy,** *n.* PATRIARCHAETH
**patrimony,** *n.* TREFTADAETH, ETIFEDD-IAETH
**patriot,** *n.* GWLADGARWR
**patriotic,** *a.* GWLADGAROL
**patriotism,** *n.* GWLADGARWCH
**patrol,** *n.* PATRÔL
*v.* PATROLIO
**patrolman,** *n.* PATROLWR
**patrology,** *n.* PATROLEG
**patron,** *n.* NODDWR
**patronage,** *n.* NAWDD(OGAETH)
**patronising,** *a.* NAWDDOGOL
**patronize,** *v.* NAWDDOGI
**patronymic,** *n.* CYFENW
**patter,** *v.* CLEBRAN, TARO
*n.* CLEBER, SŴN
*patter song,* CÂN BARABLU
**pattern,** *n.* PATRWM
*v.* PATRYMU
*cored pattern,* PATRWM CREIDDIOG
*pattern darning,* CREITHIO PATRYMOG
*contraction pattern,* PATRWM CYFANGIAD
**patterned,** *a.* PATRYMOG
**patty,** *n.* PATI
**paucity,** *n.* PRINDER

**paunch,** *n.* BOL(A)
**pauper,** *n.* TLOTYN
**pauperism,** *n.* TLODI
**pause,** *n.* SAIB, DALIANT, HOE, SEIBIANT
*v.* GORFFWYS, AROS
**pavement,** *n.* PALMANT, PAFIN
**pavilion,** *n.* PAFILIWN
**paw,** *n.* PAWEN, PALF
*v.* PAWENNU
**pawl,** *n.* ATALFAR, PAWL
**pawn,** *n.* GWYSTL, GWERIN GWYDDBWYLL
*v.* GWYSTLO
**pawn-broker,** *n.* GWYSTLWR
**pawnshop,** *n.* SIOP WYSTLO
**pay,** *n.* CYFLOG, TÂL, PAE
*v.* TALU
*back pay,* OLDAL, ÔL-DÂL
**payable,** *a.* TALADWY,
**P.A.Y.E.** *v.* TALU WRTH ENNILL
**payee,** *n.* TALAI
**paymaster,** *n.* TÂL-FEISTR
**payment,** *n.* TÂL, TALIAD
*cash payment,* TALU AR LAW
*down payment,* ERNES
*balance of payment,* MANTOL TALIADAU
*payment on account,* TÂL AR GYFRIF
**paysage,** *n.* TIRLUN
**pea,** *n.* PYSEN
**peace,** *n.* HEDD(WCH), TANGNEFEDD
**peaceable,** *a.* HEDDYCHOL, HEDDYCHLON
**peaceful,** *a.* HEDDYCHOL, TANGNEFEDDUS
**peacemaker,** *n.* HEDDYCHWR, TANGNEFEDDWR
**peace-offering,** *n.* HEDD-OFFRWM / ABERTH
**peach,** *n.* EIRINEN WLANOG
**peacock,** *n.* PAUN
**peahen,** *n.* PEUNES
**peak,** *n.* PIG, COPA, BRIG, UCHAFBWYNT, PENLLANW, ANTERTH
*peak value,* BRIGWERTH
*off peak,* DI-BENLLANW
**peal,** *n.* SAIN, TWRW
*v.* CANU (CLOCH)
**peanut,** *n.* CNEUEN DDAEAR
**pear,** *n.* GELLYGEN, PEREN
**pearl,** *n.* PERL
**pearling,** *v.* PERLIO
**pearlite,** *n.* PERLIT
**pearly,** *a.* PERLAIDD
**peasant,** *n.* GWLADEIDDIWR, GWERINWR
**peasantry,** *n.* GWLADEIDDIACH, Y WERIN
**peat,** *n.* MAWN
**peaty,** *a.* MAWNOG
**pebble,** *n.* CARREG LEFN, PEBL, CERIGYN
*pl.* CERIGOS
**pebbly,** *a.* CAREGOG
**peck,** *n.* PECAID, HOBAID, PIGIAD
*v.* PIGO
**pectin,** *n.* PECTIN
**pectoral,** *n.* DWYFRONNEG
*a.* PECTORAL
**peculiar,** *a.* OD, PRIODOROL, HYNOD, ARBENNIG
**peculiarity,** *n.* PRIODORIAETH, HYNODRWYDD, ARBENIGRWYDD
**pecuniary,** *a.* ARIANNOL
**pedagogue,** *n.* ATHRO
**pedagogy,** *n.* PEDAGOGAETH
**pedal,** *n.* PEDAL
*pedal bass,* GRWNDWAL
*pedal board,* TROEDGLAWR
**pedalling,** *v.* PEDALU
**pedant,** *n.* PEDANT
**pedantic,** *a.* PEDANTIG
**pedantry,** *n.* COEGDDYSGEIDIAETH
**peddle,** *v.* PEDLERA, OFERA
**pedestal,** *n.* PEDESTAL
**pedestrian,** *n.* PEDESTRAD, CERDDWR
*a.* PEDESTRIG
*pedestrian crossing,* CROESFAN CERDDWYR
**pedicel,** *n.* PEDICEL
**pedicle,** *n.* BLODEUGOES
**pedigree,** *n.* LLINACH, TRAS, BONEDD
**pediment,** *n.* PEDIMENT
**pedlar,** *n.* PEDLER
**pedogenic,** *a.* PRIDDEGOL
**pedology,** *n.* PRIDDEG
**peduncle,** *n.* PALEDRYN
**peel,** *n.* CROEN, PIL, RHISGL
*v.* PILIO, CRAFU, PLICIO
**peelings,** *n.pl.* PILION, CREIFION
**peep,** *n.* CIP(OLWG), CIP(DREM)
*v.* SBIO, LLYGADU
**peer,** *n.* URDDOLYN, CYDRADD
*v.* SYLLU, LLYGADU
**peerage,** *n.* URDDOLAETH
**peeress,** *n.* PENDEFIGES, ARGLWYDDES
**peerless,** *a.* DIGYMAR, DIGYFFELYB
**peevish,** *a.* CROES, PIWIS, ANYNAD
**peevishness,** *n.* PIWISRWYDD, ANYNADRWYDD
**peewit,** *n.* CORNCHWIGLEN, CORNICYLL
**peg,** *n.* PEG, EBILL
*v.* PEGIO

**pelagic,** *a.* EIGIONOL
**pelican,** *n.* PELICAN
**pellet,** *n.* PELEN, HAELSEN
**pell-mell,** *ad.* PENDRAMWNWGL, PENDRAPHEN, DWMBWR-DAMBAR
**pellucid,** *a.* TRYLOYW
**pelmet,** *n.* PELMET
**pelt,** *n.* CROEN ANIFAIL
*v.* TAFLU, LLUCHIO
**pelvic,** *a.* PELFIG
**pelvis,** *n.* PELFIS
**pen,** *n.* PEN, PIN, LLOC
*v.* YSGRIFENNU, LLOCIO
**penal,** *a.* PENYDIOL
**penalise,** *v.* COSBI, PENYDIO
**penalty,** *n.* COSB, COSBDAL
*penalty area,* CWRT COSB
**penance,** *n.* PENYD
**pence,** *n.* CEINIOGAU
**penchant,** *n.* TUEDD, GOGWYDD
**pencil,** *n.* PENSIL
**pendant,** *n.* TLWS CROG
*a.* CROG
**pendent,** *a.* CROG, DIBYNNOL
**pending,** *prp.* HYD, NES, YN YSTOD
**pendulous,** *a.* CROG
**pendulum,** *n.* PENDIL
**peneplain,** *n.* LLEDWASTAD
**penetrate,** *v.* TREIDDIO, DIRNAD
**penetrating,** *a.* TREIDDIOL
**penetration,** *n.* TREIDDIAD, CRAFFTER
**penguin,** *n.* PENGWIN
**penicillin,** *n.* PENISILIN
**peninsula,** *n.* GORYNYS
**penis,** *n.* CAL(A), PIDYN, GWIALEN
**penitence,** *n.* EDIFEIRWCH
**penitent,** *n.* EDIFARYDD, PENYDIADUR
*a.* EDIFAR, EDIFEIRIOL
**penitential,** *a.* EDIFEIRIOL, PENYDIOL
**penitentiary,** *n.* PENYDFA
**penknife,** *n.* CYLLELL BOCED
**penmanship,** *n.* CREFFT YSGRIFENNU
**pen-name,** *n.* FFUGENW
**pennant,** *n.* BANER
**penny,** *n.* CEINIOG
**penology,** *n.* PENYDEG
**pensile,** *a.* CROG
**pension,** *n.* PENSIWN
*graduated pension,* PENSIWN GRADDEDIG
*contributory pension,* PENSIWN CYFRANNOL
*non contributory pension,* PENSIWN ANGHYFRANNOL
**pensioner,** *n.* PENSIYNWR
**pensive,** *a.* SYNFYFYRIOL
**pent(-up),** *a.* CAETH
**pentadecagon,** *n.* PENTADECAGON
**pentagon,** *n.* PENTAGON
**pentagonal,** *a.* PENTAGONAL
**pentagram,** *n.* PENTAGRAM
**pentameter,** *n.* MESUR PUMBANNOG
**pentatonic,** *a.* PENTATONIG
**Pentecost,** *n.* Y PENTECOST, Y SULGWYN
**pentecostal,** *a.* PENTECOSTAIDD
**pent-house,** *n.* PENTY, PENTIS
**pentomino,** *n.* PENTOMINO
**pentoxide,** *n.* PENTOCSID
**penult(ima),** *n.* GOBEN
**penultimate,** *a.* OLAF OND UN
**penumbra,** *n.* PENWMBRA
**penurious,** *a.* PRIN, CRINTACH
**penury,** *n.* TLODI, ANGEN, PRINDER
**peony,** *n.* RHOSYN Y MYNYDD
**people,** *n.* POBL, GWERIN
*v.* POBLOGI
**pepper,** *n.* PUPUR
**peppermint,** *n.* MINTYS POETHION
**peplum,** *n.* PEPLWM
**pepsin,** *n.* PEPSIN
**peptide,** *n.* PEPTID
**peptone,** *n.* PEPTON
**per,** *prp.* Y, TRWY, WRTH, AR, PER
*per cent,* Y CANT
*per capita,* Y PEN
**peradventure,** *ad.* EFALLAI, HWYRACH
**perambulate,** *v.* CERDDED O GWMPAS
**perambulator,** *n.* PRAM
**perceive,** *v.* CANFOD, DEALL
**percentage,** *n.* CANRAN, Y CANT
*a.* CANRANNOL
*percentage growth,* TWF CANRANNOL
**percentile,** *n.* CANRADD
*a.* CANRADDOL
**percept,** *n.* CANFODIAD
**perceptible,** *a.* CANFYDDADWY
**perception,** *n.* CANFYDDIAD, CANFOD
**perceptive,** *a.* YN GALLU DIRNAD
**perceptual,** *a.* CANFODIADOL
**perch,** *n.* CLWYD, PERC, DRAENOG(IAD)
*v.* CLWYDO
**perchance,** *ad.* EFALLAI, HWYRACH
**percolate,** *v.* PERCOLADU, TRYLIFO
**percolation,** *n.* PERCOLADIAD, TRYLIFIAD
**percolator,** *n.* PERCOLADUR
**percussion,** *n.* TRAWIAD, TARO
*a.* TARO
*percussion band,* BAND TARO

**percussive,** *a.* ERGYDIOL
**perdition,** *n.* DISTRYW, COLLEDIGAETH
**peregrination,** *n.* PERERINDOD
**peremptory,** *a.* TERFYNOL
**perennial,** *a.* LLUOSFLWYDD
**perfect,** *a.* PERFFAITH, GORFFENEDIG
*v.* PERFFEITHIO
**perfecter,** *n.* PERFFEITHYDD
**perfectible,** *a.* PERFFEITHIADWY
**perfection,** *n.* PERFFEITHRWYDD
**perfectionism,** *n.* PERFFEITHIAETH
**perfectionist,** *n.* PERFFEITHYDD
**perfectly,** *ad.* YN BERFFAITH
**perfectness,** *n.* PERFFEITHRWYDD
**perfidious,** *a.* BRADWRUS
**perfidy,** *n.* BRAD, TWYLL, FFALSTER
**perforate,** *v.* TYLLU
**perforated,** *a.* TYLLOG
**perforation,** *n.* TWLL
**perforator,** *n.* TYLLYDD
**perforce,** *ad.* O RAID, TRWY DRAIS
**perform,** *v.* PERFFORMIO, CHWARAE
**performance,** *n.* PERFFORMIAD
**performer,** *n.* PERFFORMIWR
**perfume,** *n.* PERAROGL, PERSAWR
*v.* PERAROGLI
**perfumer,** *n.* PERAROGLYDD
**perfuse,** *v.* DARLIFO, TAENELLU
**perfusion,** *n.* DARLIFIAD
**pergola,** *n.* DEILDY
**perhaps,** *ad.* EFALLAI, HWYRACH, DICHON
**perianth,** *n.* PERIANTH
**peribolus,** *n.* PERIBOLWS
**pericline,** *n.* PERICLIN
**perigee,** *n.* PERIGE
**periglacial,** *a.* FFINREWLIFOL
**perigynous,** *a.* PERIGYNUS
**perihelion,** *n.* PERIHELION
**peril,** *n.* PERYGL, ENBYDRWYDD
**perilous,** *a.* PERYGLUS, ENBYDUS
**perimeter,** *n.* AMFESUR, PERIMEDR
**period,** *n.* CYFNOD, ADEG, BRAWDDEG
(MIWSIG)
**periodic,** *a.* CYFNODOL
**periodicity,** *n.* CYFNODEDD
**peripheral,** *a.* AMGANTOL, PERIFFERAL,
YMYLOL
**periphery,** *n.* AMGANT, PERIFFERI, YMYL,
YR YMYLON
*periphery speed,* SBÎD AMGANT
**periphrasis,** *n.* CYLCHYMADRODD,
ARALLEIRIAD
**periphrastic,** *a.* CWMPASOG, PERIFFRASTIG
**periscope,** *n.* PERISGOP
**perish,** *v.* DARFOD, MARW, TRENGI
**perishable,** *a.* DARFODUS
**peristalsis,** *n.* PERISTALSIS
**peritoneum,** *n.* PERITONEWM, FFEDOG
(Y BOL)
**peritonitis,** *n.* LLID Y FFEDOG, PERITONITIS
**periwig,** *n.* PERWIG
**periwinkle,** *n.* GWICHIAD
**perjurer,** *n.* ANUDONWR
**perjury,** *n.* ANUDONIAETH
**perk,** *n.* CILFANTAIS
**perky,** *a.* EOFN
**permanence,** *n.* SEFYDLOGRWYDD
**permanency,** *n.* SWYDD BARHAOL
**permanent,** *a.* PARHAOL, SEFYDLOG,
ARHOSOL
**permeability,** *n.* ATHREIDDEDD
**permeable,** *a.* ATHRAIDD
**permeate,** *v.* TREIDDIO
**permeation,** *n.* TREIDDIAD
**permissible,** *a.* GODDEFOL, CANIATAOL
**permission,** *n.* CANIATÂD, HAWL
**permissive,** *a.* GODDEFOL
*permissive society,* CYMDEITHAS
ODDEFOL
**permit,** *n.* HAWLEN, CANIATÂD
*v.* CANIATÁU
**permitivity,** *n.* PERMITIFEDD
**permutate,** *v.* TRYNEWID, AMNEWID
**permutation,** *n.* TRYNEWID(IAD),
AMNEWIDIAD
**pernicious,** *a.* NIWEIDIOL, DINISTRIOL
**peroration,** *n.* PERORASIWN
**peroxide,** *n.* PEROCSID
**perpendicular,** *n. & a.* PERPENDICWLAR
**perpetrate,** *v.* CYFLAWNI (TROSEDD, etc.)
**perpetration,** *n.* CYFLAWNIAD
**perpetrator,** *n.* CYFLAWNWR
**perpetual,** *a.* PARHAUS, GWASTADOL
**perpetually,** *ad.* YN BARHAUS / DDI-BAID
**perpetuate,** *v.* BYTHOLI
**perpetuity,** *n.* BYTHOLRWYDD
**perplex,** *v.* DRYSU, CYTHRYBLU
**perplexity,** *n.* DRYSWCH, PENBLETH
**perquisite,** *n.* ELW DIGWYDD
**persecute,** *v.* ERLID
**persecution,** *n.* ERLEDIGAETH
**persecutor,** *n.* ERLIDIWR
**perseverance,** *n.* DYFALBARHAD
**persevere,** *v.* DYFALBARHAU
**persevering,** *a.* DYFAL, DIWYD
**persist,** *v.* MYNNU, DYFALBARHAU

**persistence,** *n.* DYFALWCH
**persistent,** *a.* DYFAL, TAER, PARHAUS
**person,** *n.* PERSON
**personage,** *n.* PERSON (O BWYS)
**personalism,** *n.* PERSONOLYDDIAETH
**personalist,** *n.* PERSONOLYDD
**personality,** *n.* PERSONOLIAETH
**personally,** *ad.* YN BERSONOL
**personalty,** *n.* EIDDO PERSONOL
**personate,** *v.* PERSONADU
**personation,** *n.* PERSONIAD
**personification,** *n.* PERSONOLIAD
**personify,** *v.* PERSONOLI
**personnel,** *n.* PERSONÉL
**perspective,** *n.* PERSBECTIF, SAFBWYNT, GOLYGFA
**perspectivity,** *n.* PERSBECTIFEDD
**perspex,** *n.* PERSBECS
**perspicacious,** *a.* CRAFF, SYLWGAR
**perspicacity,** *n.* CRAFFTER, SYLW
**perspicuous,** *a.* EGLUR, CLIR
**perspiration,** *n.* CHWYS
**perspire,** *v.* CHWYSU
**persuade,** *v.* DARBWYLLO, PERSWADIO
**persuasion,** *n.* DARBWYLLIAD, PERSWÂD
**persuasive,** *a.* MEDRUS I DDARBWYLLO
**pertain (to),** *v.* YMWNEUD (Â)
**pertinacious,** *a.* DYGN, CYNDYN
**pertinacity,** *n.* DYGNWCH
**pertinence,** *n.* CYMHWYSTER
**pertinent,** *a.* CYMWYS, PERTHYNOL
**pertness,** *n.* EHOFNDRA
**perturb,** *v.* AFLONYDDU, CYFFROI
**perturbation,** *n.* AFLONYDDIAD
**perusal,** *n.* DARLLENIAD
**peruse,** *v.* DARLLEN
**pervade,** *v.* TREIDDIO
**pervasion,** *n.* TREIDDIAD
**pervasive,** *a.* TREIDDIOL
**perverse,** *a.* GWRTHNYSIG
**perversion,** *n.* GWRTHNYSEDD, GŴYRDRO
**perversive,** *a.* YN GWYRDROI
**pervert,** *n.* CYFEILIORNWR
*v.* GWYRDROI
**pervious,** *a.* HYDRAIDD
**pessary,** *n.* CROTHATEG, PESARI
**pessimism,** *n.* PESIMISTIAETH
**pessimist,** *n.* PESIMIST
**pessimistic,** *a.* PESIMISTAIDD
**pest,** *n.* PLA, POENDOD, HAINT
**pester,** *v.* BLINO, POENI
**pesticide,** *n.* PLALEIDDIAD
**pestilence,** *n.* HAINT, PLA
**pestilential,** *a.* HEINTUS
**pestle,** *n.* PESTL, PWNIER
*pestle and morter,* PESTL A MORTER
**pet,** *n.* FFEFRYN, MWYTHYN
*a.* LLYWAETH, SWCI
*v.* ANWESU, MWYTHO
**petal,** *n.* PETAL, DIL
**petiole,** *n.* PETIOL
**petition,** *n.* DEISEB
*v.* DEISEBU
**petitioner,** *n.* DEISEBWR
**petrified,** *a.* STOND, SEFYDLEDIG (*gram.*)
**petrify,** *v.* CAREGU, PARLYSU
**petrochemical,** *n.* PETROCEMEGYN
**petrol,** *n.* PETROL
**petroleum,** *n.* PETROLEWM
**petrology,** *n.* PETROLEG
**petticoat,** *n.* PAIS
**pettiness,** *n.* BYCHANDER
**pettish,** *a.* CROES, ANFODDOG
**petty,** *a.* DIBWYS, BACH, PITW
**petty-officer,** *n.* IS-SWYDDOG
**petulance,** *n.* ANNIDDIGRWYDD, PWD
**petulant,** *a.* ANNIDDIG, CROES, ANYNAD
**pew,** *n.* SEDD, CÔR, EISTEDDLE
**pewter,** *n.* PIWTER
**phalange,** *n.* FFALANG
**phalanx,** *n.* FFALANCS
**phantasy,** *n.* LLEDRITH, FFANTASI
**phantom,** *n.* DRYCHIOLAETH, RHITH
**pharmaceutical,** *a.* FFERYLLOL
**pharmacist,** *n.* FFERYLLYDD
**pharmacy,** *n.* FFERYLLFA, CYFFURLE
**pharyngitis,** *n.* FFARYNGITIS, LLID Y LLWNC
**pharynx,** *n.* FFARYNCS, LLWNC
**phase,** *n.* AGWEDD, GWEDD
*disperse phase,* GWASGARWEDD
*moving phase,* AROSWEDD
*antiphase,* GWRTHWEDD
**pheasant,** *n.* IÂR GOED, FFESANT
**phenomenal,** *a.* RHYFEDDOL, FFENOMENAIDD
**phenomenalism,** *n.* FFENOMENAETH
**phenomenalist,** *n.* FFENOMENYDD
**phenomenon,** *n.* FFENOMEN, RHYFEDDOD
**phenotype,** *n.* FFENOTEIP
**phew,** *i.* YCH-A-FI!
**phial,** *n.* FFIOL
**philander,** *v.* CELLWAIR CARU
**philanthropic,** *a.* DYNGAROL
**philanthropist,** *n.* DYNGARWR
**philanthropy,** *n.* DYNGARWCH
**philatelic,** *a.* FFILATELIG

**philatelist,** *n.* FFILATELYDD
**philately,** *n.* FFILATELI(AETH)
**philharmonic,** *a.* FFILHARMONIG
**philological,** *a.* IEITHEGOL
**philologist,** *n.* IEITHEGWR
**philology,** *n.* IEITHEG
**philosopher,** *n.* ATHRONYDD
**philosophical,** *a.* ATHRONYDDOL, DOETH
**philosophise,** *v.* ATHRONYDDU, RHESYMU
**philosophy,** *n.* ATHRONIAETH
**phlebitis,** *n.* FFLEBITIS, LLID Y GWYTHIENNAU
**phlebotomy,** *n.* GWAEDU
**phlegm,** *n.* FFLEM, CRACHBOER, CRAWN
**phlegmatic,** *a.* YN DIODDEF GAN FFLEM, DIFATER
**phobia,** *n.* FFOBIA
**phoenix,** *n.* FFENICS
**phon,** *n.* FFON
**phone,** *n.* FFÔN, TELEFFON
**phonetic,** *a.* SEINEGOL
**phonetics,** *n.* SEINEG
**phoney,** *a.* FFUG, GAU
**phonic,** *n.* FFONIG, FFONEGOL
**phonics,** *n.* FFONEG
**phonograph,** *n.* FFONOGRAFF
**phonologist,** *n.* SEINYDDWR
**phonology,** *n.* SEINYDDIAETH
**phosphate,** *n.* FFOSFFAD
**phosphine,** *n.* FFOSFFIN
**phosphor,** *n.* FFOSFFOR
*phosphor bronze,* FFOSFFOREFYDD
**phosphorescence,** *n.* FFOSFFORESEDD
**phosphorescent,** *a.* FFOFFFORESOL
**phosphoric,** *a.* FFOSFFORIG
**phosphorus,** *n.* FFOSFFORWS
**photocell,** *n.* FFOTOGELL
**photolectric,** *a.* FFOTOELECTRIG
**photo-finish,** *n.* LLUN DIWEDD RAS
**photograph,** *n.* FFOTOGRAFF
**photographer,** *n.* FFOTOGRAFFYDD
**photographic,** *a.* FFOTOGRAFFIG
**photography,** *n.* FFOTOGRAFFIAETH
**photometer,** *n.* FFOTOMEDR
**photometric,** *a.* FFOTOMETRIG
**photometry,** *n.* FFOTOMETREG
**photon,** *n.* FFOTON
**photosphere,** *n.* FFOTOSFFER
**photosynthesis,** *n.* FFOTOSYNTHESIS
**phototaxis,** *n.* FFOTOTACSIS
**phototropism,** *n.* FFOTOTROPEDD
**phrase,** *n.* CYMAL, YMADRODD, BRAWDDEG
*v.* MYNEGI, GEIRIO
**phraseology,** *n.* GEIRIAD, MYNEGIAD
**phrenology,** *n.* FFRENOLEG
**phylactery,** *n.* FFYLACTERI
**phyllode,** *n.* FFYLOD
**phylogeny,** *n.* FFYLOGENEDD
**phylum,** *n.* FFYLWM
**physic,** *n.* MEDDYGINIAETH, FFISIG
**physical,** *a.* CORFFOROL, MATEROL, FFISEGOL
*physical education,* ADDYSG GORFFOROL
**physician,** *n.* MEDDYG
**physicist,** *n.* FFISEGYDD/WR
**physics,** *n.* FFISEG
**physiognomy,** *n.* WYNEPRYD, FFISIOGNOMI
**physiography,** *n.* FFISIOGRAFFEG
**physiological,** *a.* FFISIOLEGOL
**physiologist,** *n.* FFISIOLEGWR
**physiology,** *n.* FFISIOLEG
**physiotheraphy,** *n.* FFISIOTHERAPI
**physique,** *n.* CORFFOLEDD
**pianist,** *n.* PIANYDD
**piano,** *n.* PIANO
**pibroch,** *n.* PIBDON, PIBGERDD
**piccolo,** *n.* PICOLO
**pick,** *n.* Y GORAU, PICAS, CAIB
*v.* DEWIS, CEIBIO
**pick-a-back,** *ad.* AR Y CEFN
**pickaxe,** *n.* PICAS
**picket,** *n.* PICEDWR
*v.* PICEDU
**pickle,** *n.* PICL, PICLEN
*v.* PICLO
**pickpocket,** *n.* PIGWR POCEDI
**pickup,** *n.* CIPYN
**pick-up-baler,** *n.* CASGLYDD A BYRNWR
**picnic,** *n.* PICNIC
**Pict,** *n.* FFICHTIAD
**pictogram,** *n.* PICTOGRAM
**pictorial,** *n.* PAPUR DARLUNIAU
*a.* DARLUNIOL
**picture,** *n.* DARLUN, PICTIWR
*picture plane,* PLÂN DARLUN
**picturesque,** *a.* DARLUNIADOL
**pie,** *n.* PASTAI, PIODEN
**piebald,** *a.* BRITH
**piece,** *n.* DARN, CLWT
*v.* UNO, CLYTIO
*piecewise,* BOB YN DDARN
*chucking piece,* DARN CRAFANGU
**piecework,** *n.* TÂL YN ÔL Y GWAITH
**pied,** *a.* BRITH, (*f.* BRAITH)
**pier,** *n.* PIER, PILER

**pierce,** *v.* TRYWANU, RHWYLLO
**piercer,** *n.* GWANYDD
**piercing,** *a.* TREIDDIOL, LLYM
*piercing saw,* LLIF RWYLLO
**pieta,** *n.* PIETA
**pietism,** *n.* PIETYDDIAETH
**piety,** *n.* DUWIOLDEB
**pig,** *n.* MOCHYN
**pigeon,** *n.* COLOMEN
**pigeon-hole,** *n.* CLOER
**pigeon-house,** *n.* COLOMENDY
**pig-headed,** *a.* YSTYFNIG
**pigment,** *n.* LLIW, PIGMENT
**pignuts,** *n.pl.* CNAU'R DDAEAR
**pigtail,** *n.* PLETH, PLETHEN
**pike,** *n.* GWAYWFFON, PENHWYAD
**pikelets,** *n.pl.* PICAU CYTEW, LEICECS
**pilaster,** *n.* PILASTER
**pilchard,** *n.* PILSIARD
**pile,** *n.* PENTWR, PAWL, BLEW
*v.* PENTYRRU
**pile-driver,** *n.* GORDD BEIRIANT
**piles,** *n.pl.* CLWYF Y MARCHOGION
**pilfer,** *v.* CHWIWLADRATA
**pilferer,** *n.* CHWIWGI
**pilgrim,** *n.* PERERIN
**pilgrimage,** *n.* PERERINDOD
**pill,** *n.* PILSEN
**pillage,** *n.* YSBAIL, ANRHAITH
*v.* YSBEILIO, ANRHEITHIO
**pillager,** *n.* YSBEILIWR
**pillar,** *n.* PILER
*a.* PILEROG
**pillion,** *n.* YSGÎL
**pillory,** *n.* RHIGOD
**pillow,** *n.* CLUSTOG
**pilot,** *n.* PEILOT
*v.* LLYWIO
*pilot hole,* TWLL ARWAIN
**pilot-officer,** *n.* PEILOT SWYDDOG
**pimple,** *n.* TOSYN, PLORYN
**pin,** *n.* PIN
*v.* PINIO
*safety pin,* PIN CAU
*pin tuck,* TWC PIN
*drawing pin,* PIN BAWD
*cotter pin,* PIN HOLLT
*shackle pin,* PIN GEFYN
**pinafore,** *n.* PINER, BRAT
**pincers,** *n.* GEFEL BEDOLI, PINSIWRN
**pinch,** *n.* PINSIAD, BODIAID
*v.* PINSIO
**pincushion,** *n.* PINCAS, PINCWS
**pine,** *n.* PINWYDDEN
*v.* DIHOENI, NYCHU
**pineapple,** *n.* AFAL PÎN
**pine-end,** *n.* TALCEN TŶ
**pin-head,** *n.* CLOPA PIN
**pinhole,** *n.* PINDWLL
**pinion,** *n.* ADAIN, PINIWN
**pink,** *a.* PINC
*v.* PINCIO
**pin-money,** *n.* ARIAN POCED
**pinnace,** *n.* LLONG FACH, BAD LLONG
**pinnacle,** *n.* UCHAFBWYNT
**pin-point,** *v.* PINBWYNTIO
**pint,** *n.* PEINT
**pioneer,** *n.* ARLOESWR
*v.* ARLOESI
*a.* ARLOESOL
**pious,** *a.* DUWIOL, CREFYDDOL, DUWIOL-FRYDIG
**pip,** *n.* DINCODYN
**pipe,** *n.* PIB, PEIPEN, PIBELL
*v.* PEIPIO, PIBYDDIO
*exhaust pipe,* PIBEN WACÁU
*pipe bending wrench,* TYNDRO PLYGU PEIPEN
*pipework,* PIBWAITH
**piper,** *n.* PIBYDD
**pipette,** *n.* PIPED
*v.* PIPEDU
**piping,** *n.* PIBAU, PIBELLAU
**pippin,** *n.* PIPIN
**pipit,** *n.* PIBYDD Y WAUN
**piquancy,** *n.* SIARPRWYDD, LLYMDER
**piquant,** *a.* SIARP, PIGOG, LLYM
**pique,** *n.* DICTER, LLID, SORIANT
*v.* CYTHRUDDO, TRALLODI
**piqué,** *n.* PIQUÉ
**piracy,** *n.* MORLADRAD
*air piracy,* AWYRLADRAD
**pirate,** *n.* MÔR-LEIDR
**pirouette,** *n.* PIRŴET
**pistil,** *n.* PISTIL
**pistol,** *n.* LLAWDDRYLL, PISTOL
**piston,** *n.* PISTON
*piston rings,* CYLCHAU PISTON
**pit,** *n.* PANT, PWLL, MÂNBANT, SEDDAU ÔL
*v.* PYLLU, PROFI
**pit-a-pat,** *a.* YN DYCHLAMU
**pitch,** *n.* TRAW, PYG, CHWARAEFA, PITS, DRINGEN, CYWAIR, CYWEIRNOD, CODIAD
*v.* TARO, PYGU, PITSIO
*pitch of screw,* PITS SGRIW
**pitch-dark,** *a.* FEL Y FAGDDU

**pitcher,** *n.* PISER, PITSIWR
**pitchfork,** *n.* PICFFORCH, TRAWFFORCH
**pitchstone,** *n.* PYGFAEN
**piteous,** *a.* TRUENUS, GRESYNUS
**pitfall,** *n.* MAGL, PERYGL
**pith,** *n.* BYWYN, SYLWEDD
**pithead,** *n.* PEN PWLL
**pithiness,** *n.* CRYNODEB, CWTOGIAD
**pithy,** *a.* CRYNO, CYNHWYSFAWR
**pitiable,** *a.* TRUENUS, GRESYNUS
**pitiful,** *a.* TOSTURIOL, TRUENUS
**pitiless,** *a.* DIDOSTUR, DIDRUGAREDD
**pittance,** *n.* CYFRAN (ANNIGONOL)
**pitted,** *a.* PYLLOG, MÂN-BANTIOG
**pitting,** *v.* PYLLU
**pituitary,** *a.* PITŴITARI
**pity,** *n.* TRUENI, TOSTURI
*v.* TOSTURIO
*more's the pity,* GWAETHA'R MODD
**pivot,** *n.* COLYN
*v.* COLYNNU, TROI
*pivot chord,* CORD CYSYLLTU
**pivotal,** *a.* COLYNNOL
**pivoted,** *a.* ARGOLYN
**pixy,** *n.* PICSI, PWCA
**pizza,** *n.* PIZZA
**placability,** *n.* HYNAWSEDD
**placable,** *a.* HYNAWS
**placard,** *n.* HYSBYSLEN
**placate,** *v.* HEDDYCHU, DYHUDDO
**place,** *n.* LLE, MAN, SAFLE
*v.* GOSOD, DODI, LLEOLI
**placenta,** *n.* BRYCH, OLYSGAR
**placid,** *a.* LLONYDD, DIDDIG
**placidity,** *n.* LLONYDDWCH
**placing,** *n.* GOSODIAD
**placket,** *n.* PLACET
**plagiarise,** *v.* LLENLADRATA
**plagiarism,** *n.* LLENLADRAD
**plague,** *n.* PLA, HAINT
*v.* BLINO, POENI
*the yellow plague,* Y FAD FELEN
**plaice,** *n.* LLEDEN
**plaid,** *n.* PLOD
**plain,** *n.* GWASTAD(EDD)
*a.* PLAEN, EGLUR
**plainness,** *n.* EGLURDEB, AMLYGRWYDD, HAGRWCH
**plainsailing,** *a.* DI-RWYSTR
**plainsong,** *n.* PLAENGAN
**plaint,** *n.* ACHWYNIAD, CWYN
**plaintiff,** *n.* ACHWYNYDD, PLEINTYDD
**plait,** *n.* PLETH, PLETHEN
*v.* PLETHU
**plan,** *n.* CYNLLUN, PLAN, UWCHOLWG
*v.* CYNLLUNIO
**planar,** *a.* PLANAR
**planation,** *n.* GWASTADIANT
**plane,** *n.* GWASTAD, PLÂN, PLANWYDDEN, AWYREN, PLAEN
*a.* GWASTAD, LEFEL
*v.* PLAENIO
*inclined plane,* PLÂN GOLEDDOL
*bounding plane,* PLÂN TERFYN
*oblique plane,* PLÂN LLETRAWS
*plough plane,* PLAEN RHIGOLI
**planet,** *n.* PLANED
**planetary,** *a.* PLANEDOL
**plank,** *n.* ASTELL, PLANC
**plankton,** *n.* PLANCTON
**planner,** *n.* CYNLLUNIWR, TREFNWR
**plant,** *n.* PLANHIGYN, OFFERIANT, OFFER
*v.* PLANNU, SEFYDLU
*a.* PLANHIGOL
*specific plant,* OFFER PENODOL
**plantation,** *n.* PLANHIGFA
**planter,** *n.* PLANNWR
**plaque,** *n.* PLAC
**plasma,** *n.* PLASMA
**plaster,** *n.* PLASTR
*v.* PLASTRO, DWBIO
**plasterer,** *n.* PLASTRWR
**plastic,** *n. & a.* PLASTIG
**plasticity,** *n.* PLASTIGRWYDD
**plastid,** *n.* PLASTID
**plate,** *n.* PLÂT, HAENELL
*v.* GOLCHI, HAENELLU
*surface plate,* PLÂT ARWYNEB
*back plate,* CEFNBLAT
*driver plate,* PLÂT TROI
**plateau,** *n.* LLWYFANDIR
**plateful,** *n.* PLATAID
**plate-glass,** *n.* PLATWYDR
**platform,** *n.* LLWYFAN, PLATFFORM
**plating,** *n.* HAEN
**platinum,** *n.* PLATINWM
**platitude,** *n.* CYFFREDINEDD
**platoon,** *n.* PLATŴN
**platter,** *n.* DYSGL, NOE
**plaudit,** *n.* CYMERADWYAETH, BLODDEST
**plausibility,** *n.* FFALSTER
**plausible,** *a.* FFALS
**play,** *n.* CHWARAE, DRAMA
*v.* CHWARAE, CANU (OFFERYN)
*play group,* GRŴP CHWARAE
**player,** *n.* CHWARAEWR
*seeded player,* CHWARAEWR DETHOL

**playful,** *a.* CHWAREUS
**playfulness,** *n.* BYWIOGRWYDD
**playground,** *n.* CHWARAELE, IARD
**playhouse,** *n.* THEATR, CHWARAEDY
**playmate,** *n.* CYD-CHWARAEWR
**plaything,** *n.* TEGAN
**playwright,** *n.* DRAMODYDD
**plea,** *n.* PLE, CAIS, ESGUS
*v.* PLEDIO
*court of common pleas,* CWRT PLEDION CYFFREDIN
**plead,** *v.* PLEDIO, YMBIL, EIRIOL
**pleader,** *n.* PLEDIWR, EIRIOLWR
**pleading,** *n.* PLEDIAD, EIRIOLAETH
**pleasant,** *a.* DYMUNOL, HYFRYD
**pleasantness,** *n.* SIRIOLDEB, HYFRYDWCH, AREULEDD
**pleasantry,** *n.* YSMALDOD, DIGRIFWCH
**please,** *v.* BODDHAU, BODLONI, RHYNGU BODD
*if you please,* OS GWELWCH YN DDA
**pleased,** *a.* BODDHAUS, BODLON
**pleasing,** *a.* BODDHAOL, DYMUNOL
**pleasure,** *n.* PLESER, HYFRYDWCH
**pleat,** *n.* PLET(EN)
*v.* PLETIO
*knife pleat,* PLET LLAFN
**pleated,** *a.* PLETIOG
**plebiscite,** *n.* PLEIDLAIS GWLAD
**pledge,** *n.* GWYSTL, ADDEWID, ERNES
*v.* GWYSTLO, ADDO
**plenary,** *a.* CYFLAWN, DIAMOD
**plenipotentiary,** *n.* PLENIPOTENSWR
**plenitude,** *n.* CYFLAWNDER, LLAWNDER
**plenteous,** *a.* TOREITHIOG, HELAETH
**plentiful,** *a.* TOREITHIOG, AML
**plenty,** *n.* DIGONEDD, AMLDER, HELAETHRWYDD
**pleonasm,** *n.* GORYMADRODD
**pleura,** *n.* PLEWRA, PILEN YR YSGYFAINT
**pleural,** *a.* PLEWRAIDD
**pleurisy,** *n.* PLEWRISI, PIGYN DAN YR AIS, EISGLWYF
**pliability,** *n.* HYBLYGEDD
**pliable,** *a.* HYBLYG
**pliancy,** *n.* YSTWYTHDER
**pliant,** *a.* YSTWYTH
**plication,** *n.* PLYGIANT
**pliers,** *n.* GEFEL(EN), PLIARS
*eyelet pliers,* GEFELEN LYGADEN
*combination pliers,* GEFELEN GYFUNOL
*nipping pliers,* GEFELEN NIPIO
**plight,** *n.* CYFLWR, DRYCH
*v.* ADDO
**plinth,** *n.* PLINTH
**plod,** *v.* LLAFURIO, YMLAFNIO, DYFALBARHAU, DYGNU
**plodder,** *n.* GWEITHIWR DYFAL
**plosion,** *n.* FFRWYDRAD
**plosive,** *a.* FFRWYDROL
**plot,** *n.* CYNLLUN, PLOT, CYNLLWYN
*v.* CYNLLUNIO, PLOTIO, CYNLLWYNO
*counter plot,* GWRTH-BLOT
**plotter,** *n.* CYNLLWYNWR
**plough,** *n.* ARADR, GWŶDD
*v.* AREDIG, TROI
*snow plough,* SWCH EIRA
**plough-beam,** *n.* PALADR ARADR, ARNODD
**ploughland,** *n.* TIR ÂR
**ploughman,** *n.* ARDDWR
**ploughshare,** *n.* SWCH (ARADR)
**plover,** *n.* CORNICYLL
**pluck,** *n.* GWROLDEB, PLWC
*v.* TYNNU, PLICIO, PLUO
**pluckiness,** *n.* GWROLDEB
**plucky,** *a.* DEWR, GWROL
**plug,** *n.* PLWG
*v.* PLYGIO
*sparking plug,* PLWG TANIO
**plum,** *n.* EIRINEN
**plumage,** *n.* PLU(F)
**plumb,** *n.* PLYMEN
*a.* PLWM
*v.* PLYMIO
**plumbago,** *n.* PLWMBAGO
**plumber,** *n.* PLYMWR
**plumbing,** *n.* GWAITH PLYMWR
**plumb-line,** *n.* LLINELL BLWM
**plumbous,** *a.* PLYMUS
**plume,** *n.* PLUEN, PLUFYN
**plumicle,** *n.* PLUFHEDYN
**plummet,** *n.* PLYMEN
**plump,** *a.* TEW, GRAENUS, PENDANT
*v.* TEWHAU, DISGYN YN SYDYN, PLEIDLEISIO I UN (YN UNIG)
*ad.* YN BLAEN BENDANT
**plumpness,** *n.* TEWDRA
**plumule,** *n.* PLWMWL
**plunder,** *n.* YSBAIL, ANRHAITH
*v.* YSBEILIO, ANRHEITHIO
**plunderer,** *n.* YSBEILIWR, ANRHEITHIWR
**plunge,** *n.* PLYMIAD
*v.* PLYMIO
**pluperfect,** *a.* GORBERFFAITH
**plural,** *a.* LLUOSOG, LLUOSRYW
*plural society,* CYMDEITHAS LUOSRYW
**pluralism,** *n.* AMLBLWYFYDDIAETH LLUOSEDD, LLUOSOGAETH

**pluralist,** *n.* AMLBLWYFYDD, LLUOSOGYDD
**plurality,** *n.* CYD-DDALIAD, LLUOSOCTER
**plurative,** *a.* LLUOSOGOL
**plus,** *n.* PLWS, YCHWANEG
*plus sign,* ARWYDD PLWS
*prp. & a.* YCHWANEGOL
**plush,** *n.* PLWSH
**plutocracy,** *n.* Y DOSBARTH CYFOETHOG, LLYWODRAETH GOLUD
**plutocrat,** *n.* GŴR CYFOETHOG
**plutonic,** *a.* PLWTONIG
**plutonium,** *n.* PLWTONIWM
**pluvial,** *a.* GLAWOG
**ply,** *n.* TRWCH, PLYG, CAINC (GWAU)
*v.* ARFER, GWEITHIO
*armoured ply,* PREN HAENGALED
*two ply wool,* EDAFEDD DWYGAINC
*five ply,* PUMHAENOG
**plywood,** *n.* PREN HAENOG
**pneumatic,** *a.* NIWMATIG
**pneumatics,** *n.* AWYROLIAETH
**pneumoconiosis,** *n.* CLEFYD Y LLWCH
**pneumonia,** *n.* NIWMONIA, LLID YR YSGYFAINT
**poach,** *v.* HERWHELA, POTSIO, GOFERWI
*poached egg,* ŴY WEDI'I BOTSIO
**poacher,** *n.* HERWHELIWR, POTSIER
**pocket,** *n.* POCED, LLOGELL
*v.* POCEDU
**pocket-knife,** *n.* CYLLELL BOCED
**pod,** *n.* CODEN, MASGL, CIBYN
**podgy,** *a.* BYRDEW
**podsol,** *n.* PODSOL
**poem,** *n.* CÂN, CERDD
**poesy,** *n.* PRYDYDDIAETH
**poet,** *n.* BARDD, PRYDYDD
**poetaster,** *n.* PASTYNFARDD
**poetical,** *a.* BARDDONOL, PRYDYDDOL
**poetry,** *n.* BARDDONIAETH, PRYDYDD-IAETH, CERDD DAFOD
**pogrom,** *n.* POGROM
**poignancy,** *n.* LLYMDER
**poignant,** *a.* LLYM, TOST, AETHUS
**point,** *n.* PWYNT, BLAEN, MAN
*v.* DANGOS, PWYNTIO
*melting points,* PWYNTIAU YMDODD
*fixed point,* PWYNT ANGHYFNEWID
*bicimal point,* PWYNT DEUOL
*decalescent point,* PWYNT CALEDU
*tercimal point,* PWYNT TRIOL
**point-blank,** *a.* UNIONSYTH
*ad.* YN BLAEN / BENDANT
**pointed,** *a.* PIGFAIN
**pointel,** *n.* PWYNTIL
**pointer,** *n.* PWYNTYDD, AWGRYM, CISAETHU
**poise,** *n.* OSGO, AGWEDD, YSTUM
*v.* HOFRAN
**poison,** *n.* GWENWYN
*v.* GWENWYNO
**poisonous,** *a.* GWENWYNIG
**poke,** *n.* PWT, CWD, PROC
*v.* PWTIAN, PROCIO
**poker,** *n.* P(R)OCER
**poky,** *a.* CYFYNG, GWAEL
**Poland,** *n.* GWLAD PWYL
**polar,** *a.* PEGYNOL
*n.* PEGYNLIN
**polarimeter,** *n.* POLARIMEDR
**polarimetry,** *n.* POLARIMEDREG
**polarity,** *n.* POLAREDD
**polarization,** *n.* POLAREIDDIAD
**polarize,** *v.* POLARU, POLAREIDDIO
**polarizer,** *n.* POLARYDD
**polder,** *n.* POLDER
**pole,** *n.* POLYN, PEGWN, PAWL, PÔL
*unit pole,* PÔL UNED
*pole star,* SEREN Y GOGLEDD
*pole strength,* POLEDD
**polecat,** *n.* FFWLBART, GWICHYDD
**polemics,** *n.pl.* DADLEUAETH
**police,** *n.* HEDDLU
**policeman,** *n.* PLISMON, HEDDWAS
**policewoman,** *n.* HEDDFERCH, PLISMONES
**policy,** *n.* POLISI
**polio,** *n.* POLIO
**polish,** *n.* SGLEIN, LLATHREDD
*v.* SGLEINIO, CABOLI, LLATHRU
**polished,** *a.* WEDI'I SGLEINIO, CABOLEDIG, COETH
**polisher,** *n.* LLATHRYDD
**politburo,** *n.* POLITBWRO
**polite,** *a.* BONEDDIGAIDD, MOESGAR
**politeness,** *n.* BONEDDIGEIDDRWYDD, MOESGARWCH
**politic,** *a.* CALL, GWLEIDYDDOL
**political,** *a.* GWLEIDYDDOL, POLITICAIDD
*political thought,* GWLEIDYDDEG
**politician,** *n.* GWLEIDYDD
**politics,** *n.* GWLEIDYDDIAETH
**polity,** *n.* POLITI, FFURFLYWODRAETH
**polka,** *n.* POLCA
**poll,** *n.* PEN, PÔL, PLEIDLAIS
*v.* PLEIDLEISIO, TORRI
**pollen,** *n.* PAILL
**pollinate,** *v.* PEILLIO
**pollination,** *n.* PEILLIAD

**pollute,** *v.* LLYGRU, AMHURO
**pollution,** *n.* LLYGREDD, LLYGRIAD
AMHURIAD
**polo,** *n.* POLO
**poltergeist,** *n.* YSBRYD STWRLLYD
DRYGIONUS
**polyandry,** *n.* AMLŴRIAETH
**polychord,** *n.* POLYCORD
**polycycle,** *n.* AMLGYLCHRED
**polygamous,** *a.* AMLBRIOD
**polygamy,** *n.* AMLWREICIAETH
**polyglot,** *a.* AMLIEITHOG
**polygon,** *n.* POLYGON
*funicular polygon,* POLYGON RHAFF
**polyhedral,** *a.* POLYHEDRAL
**polyhedron,** *n.* POLYHEDRON
**polymer,** *n.* POLYMER
**polymerize,** *v.* POLYMEREIDDIO
**polymorph,** *a.* POLYMORFF, AMLFFURF
**polymorphism,** *n.* POLYMORFFEDD,
AMLFFURFIAETH
**polyp,** *n.* POLYP
**polyphonic,** *a.* POLYFFONIG
**polypoid,** *a.* POLYPOID
**polypropylene,** *n.* POLYPROPYLEN
**polypus,** *n.* POLYPWS
**polystyrene,** *n.* POLYSTIREN
**polysyllable,** *n.* GAIR LLUOSILL
**polytechnic,** *n.* POLYTECHNIG
**polytheism,** *n.* AMLDDUWIAETH
**polytheistic,** *a.* AMLDDUWIOL
**polythene,** *n.* POLYTHEN
**polytope,** *a.* POLYTOP
**pome,** *n.* PÔM, AFALON
**pomegranate,** *n.* POMGRANAD
**pommel,** *n.* CNAP, CORF
*v.* PWNIO
**pomp,** *n.* RHWYSG, GWYCHDER
**pompon,** *n.* POMPON
**pompous,** *a.* RHWYSGFAWR, BALCH
**pond,** *n.* PWLL(YN)
**ponder,** *v.* MYFYRIO, YSTYRIED
**ponderous,** *a.* PWYSFAWR, TRWM
**ponor,** *n.* LLYNCDWLL
**pons,** *n.* PONT
**pontage,** *n.* PONTRETH
**pontiff,** *n.* Y PAB, ARCHOFFEIRIAD
**pontifical,** *a.* ARCHOFFEIRIADOL,
AWDURDODOL
**pontificate,** *v.* ARCHWEINYDDU, ORACLU
**pontoon,** *n.* PONTŴN
**pony,** *n.* MERLYN, MERLEN, PONI
*pony trekking,* MERLOTA
*pony trekker,* MERLOTWR
**poodle,** *n.* PWDL
**pooh,** *i.* PW!, PWFF (Y BAW)!
**pool,** *n.* PWLL(YN)
*v.* CYDGYFRANNU
**poop,** *n.* PŴP
**poor,** *a.* TLAWD, GWAEL, SÂL
**poor-house,** *n.* TLOTY
**poorly,** *a.* GWAEL, SÂL
**poorness,** *n.* TLODI, GWAELEDD
**pop,** *n.* POP
**pope,** *n.* PAB
**popery,** *n.* PABEIDDIWCH
**popinjay,** *n.* COEGYN
**poplar,** *n.* POPLYSEN
**poplin,** *n.* POPLIN
**poppy,** *n.* PABI
**populace,** *n.* GWERIN
**popular,** *a.* POBLOGAIDD
**popularity,** *n.* POBLOGRWYDD
**popularize,** *v.* POBLOGEIDDIO
**population,** *n.* POBLOGAETH
**populism,** *n.* POBLYDDIAETH
**populous,** *a.* POBLOG
**porcelain,** *n.* PORSLEN
**porch,** *n.* CYNTEDD, PORTH
**porcupine,** *n.* PORCWPIN, BALLASG
**pore,** *n.* MANDWLL
*v.* MYFYRIO
**pork,** *n.* PORC
*pork fry,* CWNINGEN
**porker,** *n.* PORCYN
**pornographic,** *a.* PORNOGRAFFIG
**pornography,** *n.* PORNOGRAFFIAETH
**porosity,** *n.* MANDYLLEDD
**porous,** *a.* MANDYLLOG, HYDRAIDD
**porpoise,** *n.* LLAMHIDYDD
**porridge,** *n.* UWD
**port,** *n.* PORTH(LADD), CRWNDWLL, PORT
*v.* CARIO, CLUDO
*packet port,* PACBORTH
**portable,** *a.* CLUDADWY
**portage,** *n.* CLUDIAD, TÂL CLUDO
**portal,** *n.* PORTH
*a.* PORTAL
**portative,** *a.* CLUDADWY
**portcullis,** *n.* PORTHCWLIS
**portend,** *v.* ARGOELI, RHAGARWYDDO
**portent,** *n.* ARGOEL, RHAGARWYDD
**portentous,** *a.* ARGOELUS
**porter,** *n.* PORTHOR, CLUDYDD
**porterage,** *n.* PORTERIAETH
**portfolio,** *n.* PORTFFOLIO, CYFRANRES
**port-hole,** *n.* FFENESTR LLONG
**portico,** *n.* PORTICO

**portion,** *n.* RHAN, CYFRAN
*v.* RHANNU, CYFRANNU
**portly,** *a.* TEW, CORFFOL
**portmanteau,** *n.* BAG TEITHIO
**portrait,** *n.* LLUN, DARLUN
**portraiture,** *n.* DARLUNIAETH
**portray,** *v.* PORTREADU
**portrayal,** *n.* PORTREAD
**port-reeve,** *n.* PORTHFAER
**pose,** *n.* OSGO, RHAGRITH
*v.* CYMRYD AR, DRYSU
**poser,** *n.* PÔS
**posh,** *a.* CAIN, COETH
**position,** *n.* SAFLE, LLEOLIAD, SWYDD
**positive,** *a.* CADARNHAOL, POSITIF, POSIDIOL
*n.* POSITIF
*positive degree,* Y RADD GYSEFIN
**positiveness,** *n.* PENDANTRWYDD
**positivism,** *n.* POSITIFIAETH
**positron,** *n.* POSITRON
**possess,** *v.* MEDDU, MEDDIANNU
**possession,** *n.* MEDDIANT, EIDDO
**possessiveness,** *n.* MEDDGAREDD
**possessor,** *n.* MEDDIANNWR
**possibilism,** *n.* POSIBILIAETH
**possibility,** *n.* POSIBILRWYDD
**possible,** *a.* POSIBL, DICHONADWY
**possibly,** *ad.* DICHON, EFALLAI
**post,** *n.* POST(YN), SWYDD
*v.* POSTIO
*newel post,* POST GRISIAU
**postage,** *n.* TÂL POST
**postage-stamp,** *n.* STAMP
**postal,** *a.* POST
*postal order,* ARCHEB BOST
**postcard,** *n.* CERDYN POST
**poster,** *n.* HYSBYSLEN, POSTER
**posterior,** *n.* POSTERIOR, PEN-ÔL
*a.* DIWEDDARACH, ÔL
**posterity,** *n.* DILYNWYR, HILIOGAETH
**postern,** *n.* CILDDOR
**postfix,** *n.* OLDDODIAD
**post-graduate,** *a.* GRADDEDIG
**post-haste,** *ad* YN FRYSIOG
**posthumous,** *a.* AR ÔL MARW
**posticum,** *n.* POSTICWM
**postman,** *n.* POSTMON
**postmark,** *n.* POSTFARC
**postmaster,** *n.* POSTFEISTR
**postmeridian,** *a.* YN Y PRYNHAWN
**postmistress,** *n.* POSTFEISTRES
**postmortem,** *n.* POSTMORTEM
*a.* AR ÔL MARW
**post-natal,** *a.* WEDI-GENI
**post-office,** *n.* LLYTHYRDY, SWYDDFA'R POST
**postpone,** *v.* GOHIRIO, OEDI
**postponement,** *n.* GOHIRIAD
**postscript,** *n.* ÔL-YSGRIF
**postulate,** *n.* CYNOSODIAD
*v.* CYNOSOD
**posture,** *n.* SAFIAD, OSGO
**posy,** *n.* BLODEUGLWM, PWYSI
**pot,** *n.* POT, LLESTR
*v.* POTIO, SAETHU
**potash,** *n.* POTAS(H)
**potassium,** *n.* POTASIWM
**potato,** *n.* TATEN
*mashed potatoes,* TATWS STWNS
*creamed potatoes,* TATWS HUFENNOG
**potency,** *n.* NERTH, GRYM
**potentate,** *n.* PENNAETH
**potential,** *n.* POTENSIAL, DICHONOLRWYDD
*a.* DICHONOL, POTENSIAL
**potentiality,** *n.* GALLU CUDD
**pothole,** *n.* CEUBWLL
**pot-pourri,** *n.* CYMYSGFA
**pot-roast,** *v.* POT-ROSTIO
**potsherd,** *n.* DARN O LESTR
**pottage,** *n.* POTES, CAWL
**potter,** *n.* CROCHENYDD
*v.* YMDROI
**pottery,** *n.* CROCHENWAITH, CROCHENDY/FA
**pouch,** *n.* COD, CWD, CODEN
**poulterer,** *n.* GWERTHWR DOFEDNOD
**poultice,** *n.* POWLTIS
**poultry,** *n.* DOFEDNOD, POWLTRI
**pounce,** *n.* PANLWCH
*v.* PANLYCHU, SYRTHIO (AR)
**pound,** *n.* PWYS, PUNT, FFALD
*v.* LLOCIO, MALU, PWYO
**poundage,** *n.* POWNDEDD
**poundal,** *n.* PWYSAL
**pour,** *v.* ARLLWYS, TYWALLT
**pout,** *n.* PWD
*v.* PWDU, MONNI, SORRI
**poverty,** *n.* TLODI
**poverty-stricken,** *a.* TLAWD, LLWM
**powder,** *n.* POWDR, LLWCH
*v.* POWDRO
*rooting powder,* POWDR GWREIDDIO
**powdery,** *a.* POWDRAIDD
**power,** *n.* PŴER, GALLU, NERTH, AWDURDOD
*power index,* GRADD PŴER
*v.* PWERU
**power-drive,** *n.* NERTHYRIAD, PŴER-DDREIF

**powerful,** *a.* NERTHOL, GRYMUS, CRYF
**power-house,** *n.* PŴERDY
**powerless,** *a.* DI-RYM, ANALLUOG
**pox,** *n.* BRECH
*smallpox,* Y FRECH WEN
**practicable,** *a.* GWNEUTHURADWY
**practical,** *a.* YMARFEROL
**practically,** *ad.* YN YMARFEROL, BRON
**practice,** *n.* YMARFER(IAD), PRACTIS, ARFER
**practise,** *v.* YMARFER
**practised,** *a.* MEDRUS
**practitioner,** *n.* YMARFERYDD, MEDDYG
**pragmatic,** *a.* PRAGMATIG
**pragmatism,** *n.* PRAGMATIAETH
**prairie,** *n.* PAITH
**praise,** *n.* MAWL, MOLIANT, CLOD
*v.* MOLI, CLODFORI, CANMOL
**praiseworthy,** *a.* CANMOLADWY, CLODWIW
**pram,** *n.* PRAM
**prance,** *v.* PRANCIO
**prate,** *v.* CLEBRAN, BRYGAWTHAN
*n.* CLEBER
**prattle,** *n.* CLEBER, BALDORDD
**prattler,** *n.* CLEBRYN
**prawn,** *n.* CORGIMWCH, PRÔN
**pray,** *v.* GWEDDÏO, ATOLYGU
*I pray thee,* ATOLWG
**prayer,** *n.* GWEDDI
*The Lord's Prayer,* GWEDDI'R ARGLWYDD
*affective prayer,* GWEDDI AFFEITHIOL
**prayer-book,** *n.* LLYFR GWEDDI
*Common-prayer Book,* LLYFR GWEDDI GYFFREDIN
**pre-,** *px.* CYN-, RHAG-, BLAEN-
**preach,** *v.* PREGETHU
**preacher,** *n.* PREGETHWR
*lay preacher,* PREGETHWR LLEYG / CYNORTHWYOL
**preaching,** *n.* PREGETHU, PREGETHIAD
**preamble,** *n.* RHAGLITH
**prebend,** *n.* PREBEND
**prebendary,** *n.* PREBENDARI
**precarious,** *a.* ANSICR, PERYGLUS
**precariousness,** *n.* ANSICRWYDD, PERYGL
**precaution,** *n.* RHAGOFAL
**precautionary,** *a.* YN RHAGOFALU
**precede,** *v.* BLAENORI, RHAGFLAENU
**precedence,** *n.* BLAENORIAETH
**precedent,** *n.* CYNSAIL, RHAG-AMOD
**preceding,** *a.* BLAENOROL
**precentor,** *n.* CODWR CANU, CANTOR
**precept,** *n.* ARCHEBIANT
*v.* ARCHEBU
**precess,** *v.* PRESESU
**precession,** *n.* PRESESIAD
**precinct,** *n.* CYFFIN, RHODFAN
**precious,** *a.* GWERTHFAWR, PRID, DRUD
**preciousness,** *n.* GWERTHFAWREDD
**precipice,** *n.* DIBYN, CLOGWYN, DIFFWYS
**precipitate,** *n.* GWADDOD
*v.* GWADDODI, HYRDDIO, PRYSURO
*a.* BYRBWYLL
**precipitation,** *n.* HYRDDIAD, DYODIAD, GWADDODIAD, BYRBWYLLTRA
**precipitous,** *a.* SERTH, DIFFWYSOL
**précis,** *n.* CRYNODEB
**precise,** *a.* TRACHYWIR, MANWL-GYWIR
**precisely,** *ad.* YN HOLLOL, YN UNION
**preciseness,** *n.* MANYLDEB
**precision,** *n.* TRACHYWIREDD
**preclude,** *v.* CAU ALLAN, ATAL
**precocious,** *a.* RHAGAEDDFED
**precocity,** *n.* RHAGAEDDFEDRWYDD
**precognition,** *n.* RHAGWYBODAETH
**preconceive,** *v.* RHAGDYBIO
**preconception,** *n.* RHAGDYBIAETH
**preconscious,** *a.* RHAGYMWYBODOL
**precursor,** *n.* RHAGFLAENYDD, RHAGSYLWEDDYN
**precursory,** *a.* YMLAEN LLAW
**predator,** *n.* YSGLYFAETHYN
**predatory,** *a.* RHEIBUS
**predecessor,** *n.* RHAGFLAENYDD
**predestinate,** *v.* RHAGARFAETHU, RHAGORDEINIO
**predestination,** *n.* RHAGARFAETH, RHAGORDEINIAD
**predestine,** *v.* RHAGARFAETHU
**predicament,** *n.* SEFYLLFA ANODD
**predicate,** *n.* TRAETHIAD
*v.* PRIODOLI
**predicative,** *a.* TRAETHIADOL
**predict,** *v.* RHAGFYNEGI, PROFFWYDO
**prediction,** *n.* RHAGFYNEGIAD, PROFFWYDOLIAETH
**predictor,** *n.* RHAGFYNEGYDD
**predilection,** *n.* HOFFTER, TUEDD
**predispose,** *v.* RHAGDUEDDU
**predominance,** *n.* GORUCHAFIAETH
**predominant,** *a.* PRIF, PENNAF, TRECHAF
**predominate,** *v.* LLYWODRAETHU, RHAGOR
**pre-eminence,** *n.* UCHAFIAETH
**pre-eminent,** *a.* YN RHAGORI
**preen,** *v.* TRWSIO, PINCIO
**pre-exist,** *v.* CYNFODOLI

**pre-existence,** *n.* CYNFODOLAETH
**pre-existing,** *a.* CYNFODOL
**prefab,** *n.* PREFFAB
**prefabricate,** *v.* RHAGFFURFIO
**prefabricated,** *a.* PAROD
**preface,** *n.* RHAGAIR,
**prefect,** *n.* SWYDDOG, RHAGLAW, PENORIAD
**prefer,** *v.* BOD YN WELL GAN
*I prefer,* GWELL GENNYF
**preferable,** *a.* GWELL, DEWISACH
**preference,** *n.* BLAENORIAETH, FFAFRAETH
*consumer preference,* DEWIS TREULIWR
*trade preference,* FFAFRIAETH
**preferential,** *a.* FFAFRIOL
**preferment,** *n.* DYRCHAFIAD
**prefix,** *n.* RHAGDDODIAD
*v.* RHAGDDODI
**pregnancy,** *n.* BEICHIOGAETH
**pregnant,** *a.* BEICHIOG, LLAWN
**preheat,** *v.* RHAGBOETHI
**prehistoric,** *a.* CYNHANESIOL
**pre-history,** *n.* CYNHANES
**prejudge,** *v.* BARNU YMLAEN LLAW, RHAGFARNU
**prejudice,** *n.* RHAGFARN
**prejudiced,** *a.* RHAGFARNLLYD
**prejudicial,** *a.* NIWEIDIOL
**prelacy,** *n.* PRELADIAETH
**prelate,** *n.* PRELAD
**preliminary,** *a.* RHAGARWEINIOL, RHAGBARATOAWL
**prelude,** *n.* PRELIWD, RHAGARWEINIAD
**premature,** *a.* CYNAMSER(OL)
**prematureness,** *n.* ANAEDDFEDRWYDD
**premeditate,** *v.* RHAGFWRIADU
**premeditated,** *a.* RHAGFWRIADOL
**premeditation,** *n.* RHAGFWRIAD
**premier,** *n.* PRIFWEINIDOG
*a.* PRIF, PENNAF
**première,** *n.* BLAENBERFFORMIAD
**premiership,** *n.* SWYDD PRIFWEINIDOG
**premise,** *n.* RHAGOSODIAD, CYNSAIL, ANNEDD
*v.* RHAGOSOD
*purpose built premise,* ANNEDD PWRPAS
**premium,** *n.* PREMIWM
*at a premium,* AT BREMIWM
*premium bond,* BOND PREMIWM
**premonition,** *n.* RHAGRYBUDD
**pre-multiply,** *v.* RHAG-LUOSI
**premundane,** *a.* CYNFYDOL, CYNDDAEAROL
**pre-natal,** *a.* CYN-GENI
**preoccupied,** *a.* SYNFYFYRIOL
**preoccupy,** *v.* YMGOLLI (YN)
**pre-operational,** *a.* CYNWEITHREDOL
**preordain,** *v.* RHAGORDEINIO
**prepaid,** *a.* RHAGDALWYD
**preparation,** *n.* PARATOAD, PARATOI, DARPARIAETH
**preparatory,** *a.* RHAGBARATOAWL
**prepare,** *v.* PARATOI, DARPARU, ARLWYO
**preparedness,** *n.* PARODRWYDD
**prepay,** *v.* RHAGDALU
**prepayment,** *n.* RHAGDAL
**preperception,** *n.* RHAG-GANFYDDIAD
**preponderance,** *n.* GORBWYSEDD, GORMOD
**preponderant,** *a.* GORBWYSOL, GORMOD
**preponderate,** *v.* GORBWYSO
**preposition,** *n.* ARDDODIAD
**prepositional,** *a.* ARDDODIADOL
**prepossess,** *v.* RHAGFEDDIANNU
**prepossessing,** *a.* BODDHAOL, DENIADOL
**prepossession,** *n.* RHAGFEDDIANT
**preposterous,** *a.* AFRESYMOL
**prerequisite,** *n.* RHAGANGHENRAID
**prerogative,** *n.* UCHELFRAINT, RHAGORFRAINT
**presage,** *n.* ARGOEL, RHAGARWYDD
*v.* ARGOELI, RHAGARWYDDO
**Presbyterian,** *a.* PRESBYTERAIDD
**Presbyterianism,** *n.* PRESBYTERIAETH
**presbytery,** *n.* HENADURIAETH
**prescience,** *n.* RHAGWYBODAETH
**prescribe,** *v.* DARNODI, PENNU
**prescribed,** *a.* PENODEDIG
**prescription,** *n.* DARNODIAD, PAPUR MEDDYG
**preselective,** *a.* RHAGDDETHOLUS
**presence,** *n.* PRESENOLDEB, GŴYDD
*presence of mind,* HUNANFEDDIANT
**present,** *n. & a.* PRESENNOL
*at present,* AR HYN O BRYD, YN AWR
**present,** *n.* ANRHEG, RHODD
*v.* ANRHEGU, CYFLWYNO
**presentable,** *a.* GWEDDUS
**presentation,** *n.* ANRHEGIAD, CYFLWYNIAD
**presentiment,** *n.* RHAGARGOEL, TYBIAETH
**presently,** *ad.* YN Y MAN, YN UNION, TOC
**presentor,** *n.* PRESENTIWR
**preservable,** *a.* CEIDWADWY
**preservation,** *n.* CADWRAETH, CYNHALIAETH, CADWEDIGAETH
**preservative,** *n.* CADWOLYN, CYFFEITHYDD
**preserve,** *n.* CYFFAITH, HELDIR
*v.* CYFFEITHIO, CADW, DIOGELU, PRESERFIO

**preserved,** *a.* CADW, AR GAEL
*preserved food,* BWYD CADW
**preserver,** *n.* CEIDWAD, CYNHALIWR
**preside,** *v.* LLYWYDDU
**presidency,** *n.* LLYWYDDIAETH, ARLYWYDDIAETH
**president,** *n.* LLYWYDD, ARLYWYDD
**presidential,** *a.* LLYWYDDOL, ARLYWYDDOL
**press,** *n.* GWASG, PRÈS
*v.* GWASGU, PRESIO
*press tool,* ERFYN GWASGU
*press gang,* Y PRÈS
**pressing,** *a.* TAER, EISIAU SYLW BUAN
**pressure,** *n.* GWASGEDD, PWYSEDD
*pressure gradient,* GRADDIANT GWASGEDD
*pressure cooker,* SOSBAN FRYS, GWASGWCER, SOSBAN GLOI
*centre of pressure,* CANOLBWYNT GWASGEDD
*pressure group,* CARFAN ANNOG
**pressurize,** *v.* GWASGEDDU
**pressurized,** *a.* GWASGEDDEDIG
**prestige,** *n.* BRI
**presumably,** *ad.* YN ÔL POB TEBYG
**presume,** *v.* TYBIO, RHYFYGU, BARNU
**presumption,** *n.* TYBIAETH, RHYFYG
**presumptive,** *a.* TYBIADOL, RHAGDYBIAETHOL
**presumptuous,** *a.* HAERLLUG, RHYFYGUS
**presumptuousness,** *n.* HYFDRA, RHYFYG
**presuppose,** *v.* RHAGDYBIO
**presupposition,** *n.* RHAGDYB(IAETH)
**pretence,** *n.* RHITH, ESGUS, YMHONIAD
**pretend,** *v.* HONNI, CYMRYD AR, COGIO
**pretender,** *n.* YMHONNWR
**pretension,** *n.* HONIAD, YMFFROST
**pretentious,** *a.* YN HONNI, YMHONGAR, RHODRESGAR
**preterite,** *a.* GORFFENNOL
**preternatural,** *a.* ANNATURIOL
**pretext,** *n.* ESGUS
**prettiness,** *n.* TLYSNI, TLYSINEB, PERTRWYDD
**pretty,** *a.* TLWS, PERT, DEL
*ad.* CRYN, GO, GWEDDOL
**prevail,** *v.* TRECHU, DARBWYLLO, TYCIO
**prevalence,** *n.* CYFFREDINOLRWYDD
**prevalent,** *a.* CYFFREDIN, PRIF
**prevaricate,** *v.* CELU'R GWIR
**prevarication,** *n.* CELWYDD, ANWIREDD
**prevent,** *v.* RHWYSTRO, ATAL
**prevention,** *n.* RHWYSTRAD, ATALIAD
**preventive,** *a.* RHWYSTRIADOL, ATALIOL
**preview,** *n.* BLAENWELED(IAD)
**previous,** *a.* BLAENOROL, CYNT
**previously,** *ad.* O'R BLAEN, YN FLAENOROL
**prey,** *n.* YSGLYFAETH, ABERTH
*v.* YSGLYFAETHU
**price,** *n.* PRIS
*v.* PRISIO
*marked price,* PRIS DANGOSOL
*cost price,* PRIS COST
*current price,* PRIS CYFREDOL
*fixed price,* PRIS PENODOL
*price marker,* PENNWR PRIS
*marginal cost price,* PRIS COST FFINIOL
**priceless,** *a.* AMHRISIADWY
**prick,** *n.* PIGIAD, PIGYN, SWMBWL
*v.* PIGO, ANNOG, PRICIO
**pricker,** *n.* PRICIWR
**prickle,** *n.* DRAEN, PIGYN
**prickly,** *a.* PIGOG
**pride,** *n.* BALCHDER, YMFFROST
**priest,** *n.* OFFEIRIAD
**priesthood,** *n.* OFFEIRIADAETH
**priestly,** *a.* OFFEIRIADOL
**prig,** *n.* SYCHFOESOLYN
**priggish,** *a.* HUNANDYBUS, SYCHGYFIAWN
**priggishness,** *n.* CYSÊT, SYCHFOESOLDEB
**prim,** *a.* CYMEN, FFURFIOL
**primacy,** *n.* ARCHESGOBAETH, PRIFRWYDD, UCHAFIAETH
**primadonna,** *n.* BLAENGANTORES
**primal,** *a.* GWREIDDIOL, CYSEFIN, CYNTEFIG
**primarily,** *ad.* YN Y LLE CYNTAF, YN ANAD DIM
**primary,** *a.* CYNRADD, PRIF, PRIMAIDD
*primary product,* CYNNYRCH PRIMAIDD
**primate,** *n.* ARCHESGOB, PRIMAS
**prime,** *n.* ANTERTH, PREIM
*a.* PRIF, CYSEFIN, PENNAF
*v.* LLWYDDO, CYNLIWIO
*prime number,* RHIF CYSEFIN
*in his prime,* YN EI FLODAU
**primer,** *n.* GWERSLYFR CYNTAF, MATH O DEIP NEU BAENT
**primeval,** *a.* CYNOESOL, CYNTEFIG
**priming,** *n.* CYNBAENT, PREIMIN
*v.* PREIMIO
**primitive,** *a. & n.* CYNTEFIG, CYSEFIN
**primitiveness,** *n.* CYNTEFIGRWYDD
**primitivism,** *n.* CYNTEFIGEDD
**primogeniture,** *n.* CYNTAFANEDIGAETH
**primordial,** *a.* CYNTEFIG, CYSEFIN

**primrose,** *n.* BRIALLEN
**prince,** *n.* TYWYSOG
*crown prince,* EDLING
**princely,** *a.* TYWYSOGAIDD
**princess,** *n.* TYWYSOGES
**principal,** *n.* PRIFATHRO, PRIFSWM
*a.* PRIF, PENNAF
*principal value,* PENRHIF
**principality,** *n.* TYWYSOGAETH
**principally,** *ad.* YN BENNAF, GAN MWYAF
**principals,** *n.pl.* PRIF ACTORION
**principle,** *n.* EGWYDDOR
**principled,** *a.* EGWYDDOROL, CYFIAWN
**print,** *n.* ARGRAFFIAD, PRINT, ARGRAFF
*v.* ARGRAFFU, PRINTIO
**printed,** *a.* AGRAFFEDIG, PRINTIEDIG
**printing-press,** *n.* GWASG ARGRAFFU
**prior,** *n.* PRIOR
*a.* CYNTAF, BLAENOROL, CYNT
**prioress,** *n.* PRIORES
**priority,** *n.* BLAENORIAETH
**priory,** *n.* PRIORDY
**prisage,** *n.* PREISAETH
**prise,** *n.* PREIS
*v.* GORFODI, AGOR (TRWY RYM)
**prism,** *n.* PRISM
**prismatic,** *a.* PRISMATIG
**prismatoid,** *n.* PRISMATOID
**prismoid,** *n.* PRISMOID
**prison,** *n.* CARCHAR(DY)
**prisoner,** *n.* CARCHAROR
**pristine,** *a.* CYNTEFIG, CYSEFIN, CYNTAF
**prithee,** *i.* ATOLWG!
**privacy,** *n.* DIRGEL(FA)
**private,** *n.* MILWR CYFFREDIN, PREIFAT
*a.* PREIFAT, DIRGEL
**privation,** *n.* CALEDI, AMDDIFADRWYDD
**privet,** *n.* GWYROS
**privilege,** *n.* BRAINT, RHAGORFRAINT
**privileged,** *a.* BREINIOL
**privity,** *n.* PREIFATRWYDD
**privy,** *n.* TŶ-BACH, TOILED
*a.* CYFRIN, DIRGEL
*privy council,* CYFRIN GYNGOR
**prize,** *n.* GWOBR
*v.* GWERTHFAWROGI, AGOR (TRWY RYM)
**probability,** *n.* TEBYGOLRWYDD, TEBYGOLEG
*in all probability,* YN ÔL POB TEBYG
*probability curve,* CROMLIN TEBYGOLRWYDD
**probable,** *a.* TEBYG(OL), UN AR BRAWF
**probate,** *n.* PROFEB, PROFIANT
**probation,** *n.* PROFIANNAETH, PRAWF, AR BRAWF
**probationer,** *n.* PROFIANNWR
**probe,** *v.* ARCHWILIO, PROCIO, PROFI
**problem,** *n.* PROBLEM
*problem families,* TEULOEDD PROBLEMUS
**problematic,** *a.* DYRYS, AMHEUS
**proboscis,** *n.* TRWYN, TRWNC
**procedural,** *a.* TREFNIADOL
**procedure,** *n.* TREFN(IADAETH), GWEITHDREFN
**proceed,** *v.* MYND YMLAEN, DEILLIO
**proceedings,** *n.pl.* GWEITHREDIADAU, TRAFODAETHAU
*take proceedings,* RHOI CYFRAITH AR
**proceeds,** *n.pl.* ELW, ENILLION
**process,** *n.* PROSES, CNAP
*v.* PROSESU
*basic open hearth process,* PROSES BASIG TÂN AGORED
**procession,** *n.* GORYMDAITH
**processional,** *a.* GORYMDEITHIOL
**processor,** *n.* PROSESYDD
**proclaim,** *v.* CYHOEDDI, DATGAN
**proclamation,** *n.* PROCLAMASIWN
**proclivity,** *n.* TUEDD, GOGWYDD
**proconsul,** *n.* RHAGLAW
**procrastinate,** *v.* GOHIRIO, OEDI
**procreate,** *v.* CENHEDLU
**procreation,** *n.* CENHEDLIAD
**procreative,** *a.* CENHEDLOL
**proctor,** *n.* PROCTOR
**procurator,** *n.* PROCWRADUR
**procure,** *v.* ACHOSI, CAEL, ENNILL
**prod,** *n.* PWT, PROC
*v.* PWTIO, PROCIO
**prodigal,** *a.* AFRADLON
**prodigality,** *n.* AFRADLONEDD, GWASTRAFF
**prodigious,** *a.* ARUTHROL, ANFERTH
**prodigy,** *n.* RHYFEDDOD
**produce,** *n.* CYNNYRCH
*v.* CYNHYRCHU, YMESTYN
**producer,** *n.* CYNHYRCHYDD
**product,** *n.* CYNNYRCH, LLUOSWM
*matrix product,* LLUOSWM MATRICS
*by-product,* SGÎL / IS-GYNNYRCH
**production,** *n.* CYNHYRCHIAD
*mass production,* MASGYNHYRCHU
**productive,** *a.* CYNHYRCHIOL
**productivity,** *n.* CYNHYRCHAETH / EDD
**profane,** *a.* HALOGEDIG, ANGHYSEGREDIG
*v.* HALOGI

**profanity,** *n.* HALOGRWYDD, RHEGIAITH
**profess,** *v.* PROFFESU, ARDDEL
**professed,** *a.* PROFFESEDIG
**profession,** *n.* GALWEDIGAETH, PROFFESIWN
**professional,** *n.* PERSON PROFFESIYNOL
*a.* PROFFESIYNOL
**professionalism,** *n.* PROFFESIYNOLIAETH
**professor,** *n.* ATHRO
**professorial,** *a.* CADEIRIOL
**professorship,** *n.* CADAIR
**proffer,** *n. & v.* CYNNIG
**proficiency,** *n.* HYFEDREDD
**proficient,** *a.* HYFEDR
**profile,** *n.* PROFFIL, CERNLUN
**profit,** *n.* ELW, BUDD, ENNILL
*v.* ELWA, ENNILL
*profit margin,* LLED YR ELW
*excess profit,* GORELW
*gross profit,* ELW BRAS/GROS
**profitability,** *n.* BUDDIOLDEB
**profitable,** *a.* BUDDIOL, PROFFIDIOL
**profiteer,** *n.* CRIBDDEILIWR
*v.* GORELWA
**profligacy,** *n.* AFRADLONEDD
**profligate,** *n.* AFRADLON, OFERDDYN
*a.* AFRADLON, OFER
**profound,** *a.* DWFN, DWYS
**profundity,** *n.* DYFNDER, DWYSTER
**profuse,** *a.* HAEL, HELAETH, TOREITHIOG
**profusion,** *n.* HELAETHRWYDD, DIGONEDD
**progenitor,** *n.* HYNAFIAD, CYNDAD
**progeny,** *n.* EPIL, HIL(IOGAETH)
**prognosis,** *n.* PROGNOSIS
**prognosticate,** *v.* RHAGFYNEGI, ARGOELI
**prognostication,** *n.* DAROGANIAD
**progradation,** *n.* ALLRADDIAD
**programme,** *n.* RHAGLEN
*v.* RHAGLENNU
*linear programme,* RHAGLEN UNIONLIN
**programmed,** *a.* RHAGLENNOG
**programmer,** *n.* RHAGLENNWR
**programming,** *v.* RHAGLENNU
*linear programming,* RHAGLENNU UNIONLIN
**progress,** *n.* CYNNYDD, GWELLIANT
*v.* SYMUD YMLAEN
**progression,** *n.* DILYNIANT
*geometric progression,* DILYNIANT GEOMETRIG
**progressive,** *a.* DILYNIADOL, CYNYDDOL
**progressiveness,** *n.* BLAENGAREDD
**prohibit,** *v.* GWAHARDD
**prohibition,** *n.* GWAHARDDIAD
**prohibitive,** *a.* GORMODOL
**project,** *n.* PROSIECT
*v.* TAFLU, TAFLUNIO
**projectile,** *n.* TEFLYN
**projection,** *n.* TAFLUNIAD, ESTYNIAD, (GRAFF), AMCANESTYNIAD
*conical projection,* TAFLUNIAD CONIGOL
**projective,** *a.* TAFLUNIOL
**projectivity,** *n.* TAFLUNEDD
**projector,** *n.* TAFLUNYDD
**proletariat,** *n.* PROLETARIAT, Y WERIN
**proliferate,** *v.* AMLHAU
**proliferation,** *n.* AMLDER
**prolific,** *a.* CYNHYRCHIOL, EPILGAR, TOREITHIOG
**prolix,** *a.* AMLEIRIOG, MAITH
**prolixity,** *n.* AMLEIRIAETH
**prolocutor,** *n.* PROLOCWTOR
**prologue,** *n.* PROLOG, RHAGAIR
**prolong,** *v.* YMESTYN, PARHAU
**prolongation,** *n.* ESTYNIAD, PARHAD
**prolonged,** *a.* MAITH, HIR
**promenade,** *n.* PROMENÂD, RHODFA
*v.* RHODIANNA
**prominence,** *n.* AMLYGRWYDD
**prominent,** *a.* AMLWG, BLAENLLAW
**promiscuity,** *n.* CYMYSGAREDD
**promiscuous,** *a.* CYMYSGAR
**promise,** *n.* ADDEWID
*v.* ADDO, ARGOELI
**promising,** *a.* ADDAWOL
**promissor,** *n.* ADDAWŴR
**promissory,** *a.* AG ADDEWID
*promissory note,* ADDAWEB
**promontory,** *n.* PENTIR, GARTH
**promote,** *v.* HYRWYDDO, CYCHWYN
**promoter,** *n.* HYRWYDDWR
**promotion,** *n.* DYRCHAFIAD, CODIAD
**prompt,** *a.* PRYDLON, DIYMDROI
*v.* COFWEINI, AWGRYMEBU
**prompter,** *n.* COFWEINYDD
**prompting,** *n.* ANOGAETH
**promulgate,** *v.* CYHOEDDI, LLEDAENU
**promulgation,** *n.* CYHOEDDIAD, LLEDAENIAD
**prone,** *a.* TOR-ORWEDDOL, TUEDDOL
**prone-lying,** *v.* TOR-ORWEDD
**proneness,** *n.* TUEDDIAD
**prong,** *n.* PIG, FFORCH
**pronominal,** *a.* RHAGENWOL
**pronominalia,** *n.pl.* RHAGENWOLION
**pronoun,** *n.* RHAGENW

**pronounce,** *v.* CYHOEDDI, DATGAN, YNGANU
**pronounced,** *a.* AMLWG, PENDANT
**pronouncement,** *n.* CYHOEDDIAD, DATGANIAD
**pronunciation,** *n.* YNGANIAD, CYNHANIAD
**proof,** *n.* PRAWF, PROFLEN
**proofing,** *v.* DIDDOSI
**prop,** *n.* PROP, ATEG
*v.* CYNNAL, ATEGU
**propaganda,** *n.* PROPAGANDA
**propagandist,** *n.* PROPAGANDYDD
**propagate,** *v.* ADGYNHYRCHU, LLEDAENU
**propagation,** *n.* ADGYNHYRCHIAD, LLEDAENIAD
*a.* LLEDAENOL
**propagator,** *n.* ADGYNHYRCHWR, LLEDAENWR
**propane,** *n.* PROPAN
**propel,** *v.* GYRRU, GWTHIO
**propeller,** *n.* SGRIW
**propensity,** *n.* TUEDD, GOGWYDD, TUEDDFRYD
**proper,** *a.* PRIODOL, GWEDDUS, RHEOLAIDD
*proper fraction,* FFRACSIWN BONDRWM
*proper motion,* MUDIANT PRIODOL
**properly,** *ad.* YN IAWN/BRIODOL
**property,** *n.* EIDDO, CYNNEDDF, PRIODWEDD, NODWEDD
*real property,* EIDDO REAL
*property conveyance,* TROSGLWYDDO EIDDO
**prophase,** *n.* CYN-GYFLWR, PROFFÂS
**prophecy,** *n.* PROFFWYDOLIAETH
**prophesier,** *n.* PROFFWYDWR
**prophesy,** *v.* PROFFWYDO
**prophet,** *n.* PROFFWYD
**prophetic,** *a.* PROFFWYDOL, ARWYDDOCAOL
**propinquity,** *n.* AGOSRWYDD
**propitiate,** *v.* CYMODI, HEDDYCHU, DYHUDDO
**propitiation,** *n.* CYMOD, IAWN, DYHUDDIAD
**propitiatory,** *a.* CYMODOL, IAWNOL, DYHUDDOL
**propitious,** *a.* FFAFRIOL, DYHUDDLAWN
**proportion,** *n.* CYFRAN(NEDD), CYMESUREDD
*direct proportion,* CYFRANNEDD UNION
*in proportion,* MEWN CYFRANNEDD
**proportional,** *a.* CYFRANNOL
**proportionalism,** *n.* CYFRANNEDD
**proportionate,** *a.* CYFATEBOL, CYMESUR
**propose,** *v.* CYNNIG, BWRIADU
**proposer,** *n.* CYNIGYDD
**proposition,** *n.* CYNIGIAD, GOSODIAD
**propositional,** *a.* GOSODIADOL
**propound,** *v.* CYNNIG
**proprietary,** *a.* PRIODOL, PERCHNOGOL
**proprietorship,** *n.* PERCHENOGAETH
**propriety,** *n.* PRIODOLDEB
**props,** *n.pl.* CELFI, DODREFN
**propulsion,** *n.* GWTHIAD, GYRIAD
**propulsive,** *a.* GWTHIOL, YMWTHIOL
**prorate,** *v.* CYFRADDIO
**prorogation,** *n.* GOHIRIAD, ADDOEDIAD
**prorogue,** *v.* GOHIRIO, ADDOEDI
**prosaic,** *a.* RHYDDIEITHOL
**proscenium,** *n.* PROSENIWM
**prose,** *n.* RHYDDIAITH
**prosecute,** *v.* ERLYN
**prosecution,** *n.* ERLYNIAD
**prosecutor,** *n.* ERLYNYDD
**proselyte,** *n.* PROSELYT
**proselytize,** *v.* PROSELYTIO
**prosody,** *n.* MYDRYDDIAETH
**prospect,** *n.* RHAGOLWG, GOLYGFA
*v.* CHWILIO, YMCHWILIO
**prospective,** *a.* DARPAR
**prospector,** *n.* YMCHWILIWR
**prospectus,** *n.* RHAGLEN, PROSBECTWS
**prosper,** *v.* LLWYDDO, TYCIO, FFYNNU
**prosperity,** *n.* LLWYDDIANT, FFYNIANT, LLEWYRCH
**prosperous,** *a.* LLWYDDIANNUS, FFYNIANNUS
**prostate,** *n.* & *a.* PROSTAD
**prosthetic,** *a.* PROSTHETIG
**prostitute,** *n.* PUTAIN, HWREN
*v.* PUTEINIO
**prostitution,** *n.* PUTEINDRA
**prostrate,** *a.* YMLEDOL, YMLORWEDDOL
*v.* YMLORWEDDU, YMGREINIO
**prostration,** *n.* YMLEDIAD
**prosy,** *a.* RHYDDIEITHOL
**protagonist,** *n.* GWRTHWYNEBYDD, PLEIDIWR
**protect,** *v.* AMDDIFFYN, DIOGELU
**protection,** *n.* AMDDIFFYNIAD, NAWDD
*protection order,* AMDDIFFYNNEB
**protectionism,** *n.* DIFFYNDOLLAETH, DIFFYNNAETH
**protectionist,** *n.* DIFFYNDOLLWR
**protective,** *a.* AMDDIFYN(NOL), DIFFYNNOL
*protective tariff,* DIFFYNDOLL
*protective clothing,* DILLAD GWARCHOD

**protector,** *n.* AMDDIFFYNNYDD, PROTECTOR
**protectorate,** *n.* PROTECTORIAETH
**protein,** *n.* PROTIN
**protest,** *n.* GWRTHDYSTIAD, PROTEST
*v.* GWRTHDYSTIO, PROTESTIO
**Protestant,** *n.* PROTESTANT
*a.* PROTESTANNAIDD
**Protestantism,** *n.* PROTESTANIAETH
**protestation,** *n.* GWRTHDYSTIAD
**protestor,** *n.* GWRTHDYSTIWR
**protocol,** *n.* PRÓTOCOL
**proton,** *n.* PROTON
**protoplasm,** *n.* PROTOPLASM
**prototype,** *n.* CYNDDELW, PROTOTEIP
**protozoa,** *n.pl.* PROTOSOA
**protract,** *v.* ESTYN, HWYHAU
**protracted,** *a.* HIR, MAITH
**protraction,** *n.* ESTYNIAD
**protractor,** *n.* ONGLYDD, PROTRACTOR
**protrude,** *v.* YMWTHIO ALLAN, AELIO
**protrusion,** *n.* YMWTHIAD ALLAN, AELIAD
**protuberance,** *n.* CHWYDD
**protuberant,** *a.* CHWYDDEDIG, AMLWG
**proud,** *a.* BALCH, FFROENUCHEL
*proud flesh,* CIG MARW
**prove,** *v.* PROFI
**provection,** *n.* CALEDIAD
**provenance,** *n.* TARDDIAD, TARDDLE
**provender,** *n.* PORTHIANT
**proverb,** *n.* DIHAREB
**proverbial,** *a.* DIARHEBOL
**provide,** *v.* DARPAR, PARATOI, ARLWYO
**providence,** *n.* RHAGLUNIAETH
**provident,** *a.* DARBODUS
**providential,** *a.* RHAGLUNIAETHOL, FFODUS
**provider,** *n.* DARPARWR
**province,** *n.* TALAITH
**provincial,** *a.* TALEITHIOL
**provincialism,** *n.* LLEDIAITH (ARDAL)
**provision,** *n.* DARPARIAETH, CYFLWYNIAD
**provisional,** *ad.* DROS DRO
**provisions,** *n.pl.* LLUNIAETH, YMBORTH
**proviso,** *n.* AMOD, PROFISO
**provocation,** *n.* CYTHRUDD, PRYFÔC
**provocative,** *a.* CYTHRUDDOL
**provoke,** *v.* CYTHRUDDO, PRYFOCIO
**provoker,** *n.* CYTHRUDDWR, PRYFOCIWR
**provoking,** *a.* PRYFOCLYD
**provost,** *n.* PROFOST, MAER
**prow,** *n.* PEN BLAEN LLONG
**prowess,** *n.* DEWRDER
**prowl,** *v.* HERWA, PROWLAN
**proximity,** *n.* AGOSRWYDD
**proxy,** *n.* DIRPRWY, PROCSI
**prude,** *n.* MURSEN, COEGEN
**prudence,** *n.* PWYLL, CALLINEB
**prudent,** *a.* PWYLLOG, CALL, DOETH
**prudential,** *a.* CYNGHORUS
**prudery,** *n.* MURSENDOD, MALDOD
**prudish,** *a.* MURSENNAIDD, MALDODUS
**prune,** *n.* PRŴN, EIRINEN SYCH
*v.* TOCIO
**pruning-hook,** *n.* CRYMAN
**prurience,** *n.* TRYTHYLLWCH, ANLLADRWYDD
**pry,** *v.* CHWILOTA, CHWILMANTA
**psalm,** *n.* SALM
**psalmist,** *n.* SALMYDD
**psalmody,** *n.* SALMYDDIAETH
**psalter,** *n.* SALLWYR
**psaltery,** *n.* NABL
**pseudo-,** *px.* GAU, FFUG
**pseudonym,** *n.* FFUGENW
**pseudopodium,** *n.* FFUG DROED
**psittacosis,** *n.* CLEFYD PAROTIAID
**psyche,** *n.* YR YSBRYD, Y SEICI
**psychiatrist,** *n.* SEICIATRYDD
**psychiatry,** *n.* SEICIATREG
**psychic,** *a.* MEDDYLEGOL, SEICIG
**psychism,** *n.* SEICIAETH
**psycho-analysis,** *n.* SEICDREIDDIAD
**psycho-analyst,** *n.* SEICDREIDDYDD
**psychograph,** *n.* SEICOGRAFF
**psychological,** *a.* SEICOLEGOL
**psychologism,** *n.* SEICOLEGAETH
**psychologist,** *n.* SEICOLEGWR
**psychology,** *n.* SEICOLEG
**psychometrics,** *n.* SEICOMETREG
**psychopathy,** *n.* SEICOPATHI
**psychosis,** *n.* SEICOSIS, GORFFWYLLEDD
**psychosomatic,** *a.* SEICOSOMATIG
**psychotherapy,** *n.* SEICOTHERAPI
**ptomaine,** *n.* TOMÊN
**puberty,** *n.* BLAEN LENCYNDOD, PLWYN
**pubescent,** *a.* MANFLEWOG
**pubic,** *a.* PWBIG
*pubic hair,* BLEW CEDOR
**pubis,** *n.* PWBIS
**public,** *n.* Y CYHOEDD
*a.* CYHOEDDUS
*in public,* AR GOEDD
*public school,* YSGOL FONEDD
**publican,** *n.* TAFARNWR, PUBLICAN

**publication,** *n.* CYHOEDDIAD
**public-house,** *n.* TŶ TAFARN, TAFARNDY
**publicise,** *v.* CYHOEDDUSO
**publicity,** *n.* CYHOEDDUSRWYDD
**publicly,** *ad.* AR GOEDD, YN GYHOEDDUS
**publish,** *v.* CYHOEDDI
**publisher,** *n.* CYHOEDDWR
**puce,** *a.* PIWS, GLASGOCH
**puck,** *n.* COBLYN, ELLYLL, PWCA
**pucker,** *v.* SYBACHU, CRYCHU
**pudding,** *n.* PWDIN
*Yorkshire pudding,* PWDIN EFROG
*spotted dick,* PWDIN CYRENS
**puddle,** *n.* PWLLYN
*v.* PWDLO
*puddling furnace,* FFWRNAIS BWDLO
**puerile,** *a.* PLENTYNNAIDD
**puerility,** *n.* PLENTYNRWYDD
**puerperium.** *n.* CYFLWR ALU
**puff,** *v.* PWFFIO, CHWYTHU
*n.* PWFF
**puff-ball,** *n.* CODEN FWG
**puffin,** *n.* (ADERYN) PÂL
**puffy,** *a.* BYR O ANADL, CHWYDDOG
**pug,** *v.* CLEILENWI
**pugilism,** *n.* PAFFIO
**pugilist,** *n.* PAFFIWR
**pugnacious,** *a.* YMLADDGAR, CWERYLGAR
**puissant,** *a.* GRYMUS, NERTHOL
**pull,** *n.* TYNIAD, TYNFA
*v.* TYNNU
**pullet,** *n.* CYWEN(NEN)
**pulley,** *n.* CHWERFAN, PWLI
**pullover,** *n.* PWLOFER
**pulmonary,** *a.* YSGYFEINIOL
**pulp,** *n.* MWYDION, PWLP
**pulpit,** *n.* PULPUD
**pulpy,** *a.* MWYDIONNOG, PWDR
*pulpy kidney,* AREN BWDR
**pulsate,** *v.* CURO, PWLSADU
**pulsation,** *n.* CURIAD(EDD)
**pulsator,** *n.* PWLSADUR
**pulse,** *n.* CURIAD, PWLS
*pulses,* PULSAU, CODLYSIAU
**pulverize,** *v.* MALURIO
**puma,** *n.* PWMA
**pumice,** *n.* PWMIS
**pumice-stone,** *n.* LLOSGFAEN
**pummel,** *v.* CURO
**pump,** *n.* PWMP
*v.* PWMPIO
**pumpkin,** *n.* PWMPEN
**pun,** *n.* MWYSAIR
*v.* MWYSEIRIO
**punch,** *n.* DYRNOD, PWNS
*v.* DYRNIO, PWNSIO
*eyelet punch,* PWNS LLYGADENNU
*groove punch,* PWNS SÊM
*rabbit punch,* DYRNOD GWAR
*short punch,* DYRNOD BWT
*left cross,* CHWITH DRAWS
**punctilious,** *a.* GORFANWL, CYSETLYD
**punctual,** *a.* PRYDLON
**punctuality,** *n.* PRYDLONDEB
**punctuate,** *v.* ATALNODI
**punctuation,** *n.* ATALNODIAD
**puncture,** *n.* TWLL
*v.* TYLLU
**pungent,** *a.* SIARP, LLYM, LLYMSUR
**punish,** *v.* COSBI, CERYDDU
**punishable,** *a.* COSBADWY
**punishment,** *n.* COSB(EDIGAETH)
**punitive,** *a.* COSBOL
**punt,** *n.* BASGWCH, PWNT
*v.* PYNTIO
**punter,** *n.* PWNTER
**puny,** *a.* BYCHAN, EGWAN, PITW
**pup,** *n.* CENAU
**pupa,** *n.* PWPA
**pupil,** *n.* DISGYBL, CANNWYLL (LLYGAD)
**pupil-teacher,** *n.* DISGYBL-ATHRO
**puppet,** *n.* PWPED, OFFERYN
**purblind,** *a.* CIBDDALL
**purchase,** *n.* PRYNIAD, PWRCAS, PRYNIANT
*v.* PRYNU, PWRCASU
*purchase tax,* TRETH BWRCAS
*hire purchase,* HURBRYNU
**purchaser,** *n.* PRYNWR, PWRCASWR
**pure,** *a.* PUR, GLÂN, GWIR
**purée,** *n.* PURÉE
**purgation,** *n.* CARTHIAD, PURIAD
**purgatory,** *n.* PURDAN
**purge,** *v.* CARTHU, GLANHAU, PURO
*n.* CARTHIAD
**purification,** *n.* PUREDIGAETH
**purify,** *v.* PURO, COETHI
**purism,** *n.* PURDEBAETH
**purist,** *n.* PURDEBWR, PURYDD
**Puritan,** *n.* PIWRITAN
*a.* PIWRITANAIDD
**Puritanical,** *a.* PIWRITANAIDD
**Puritanism,** *n.* PIWRITANIAETH
**purity,** *n.* PURDEB, PUREDD
**purl,** *n.* PWYTH O CHWITH
*v.* GWAU O CHWITH
**purlin,** *n.* TRAWSLATH
**purloin,** *v.* LLADRATA

**purple,** *a.* PORFFOR, GLASGOCH
**purport,** *n.* YSTYR, ERGYD
*v.* DYNODI, ARWYDDO
**purpose,** *n.* BWRIAD, PWRPAS, AMCAN, DIBEN
*v.* BWRIADU, AMCANU
*to serve the purpose,* ATEB Y DIBEN
**purposeful,** *a.* BWRIADOL
**purposely,** *ad.* YN FWRIADOL, O BWRPAS
**purposive,** *a.* BWRIADUS
**purr,** *v.* GRWNAN, CANU CRWTH
**purse,** *n.* PWRS, COD
*v.* CRYCHU
**purser,** *n.* CYFRIFYDD (AR LONG)
**pursuance,** *n.* CYFLAWNIAD, DILYNIAD
**pursuant,** *ad.* YN DILYN
**pursue,** *v.* ERLID, DILYN, YMLID
**pursuer,** *n.* ERLIDIWR
**pursuit,** *n.* ERLID, GORCHWYL
**pursuivant,** *a.* PWRSIFANT
**purulent,** *a.* CRAWNLLYD, GORLLYD
**purvey,** *v.* ARLWYO, DARPARU
**purveyance,** *n.* ARLWYAETH
**purveyor,** *n.* ARLWYWR
**purview,** *n.* CYLCH, CYMALAU YSTATUD
**pus,** *n.* CRAWN, GÔR
**push,** *n.* GWTH(IAD), HERGWD
*v.* GWTHIO, HYRDDIO
**pusillanimity,** *n.* LLWFRDRA
**pustule,** *n.* LLINORYN, PWSTWLA
**put,** *v.* DODI, RHOI, GOSOD, MYNEGI
**putative,** *a.* TYBIEDIG
**putrefaction,** *n.* PYDREDD, MADREDD
**putrefy,** *v.* PYDRU, MADRU
**putrid,** *a.* PWDR, MALL
**putsch,** *n.* PUTSCH
**putt,** *v.* PYTIO
**putter,** *n.* PYTIWR
**putty,** *n.* PWTI
*v.* PWTÏO
**puzzle,** *n.* POS, PENBLETH, DRYSWCH
**puzzled,** *a.* DRYSLYD, SYN
**pyaemia,** *n.* GWENWYNIAD GWAED
**pygmy,** *n.* CORRACH, PIGMI
**pyjamas,** *n.pl.* PYJAMAS
**pylon,** *n.* PEILON
**pylorus,** *n.* PYLORWS
**pyogenic,** *a.* CRAWNLLYD
**pyorrhoea,** *n.* PYOREA
**pyramid,** *n.* PYRAMID
**pyramidial,** *a.* PYRAMIDIOL
**pyre,** *n.* COELCERTH ANGLADDOL
**pyrex,** *n.* PYRECS
**pyrexia,** *n.* TWYMYN, PYRECSIA
**pyrometer,** *n.* PYROMEDR
**pyrometry,** *n.* PYROMEDREG
**pyrotechnics,** *n.pl.* TÂN GWYLLT

**quack,** *n.* CWAC
*v.* CWACIAN
*a.* FFUG, GAU
**quackery,** *n.* CWACYDDIAETH
**quadrangle,** *n.* PEDRONGL, CWADRANGL
**quadrangular,** *a.* PEDRONGLOG
**quadrant,** *n.* PEDRANT, CWADRANT
**quadrat,** *n.* CWADRAT
**quadratic,** *a.* CWADRATIG
**quadrilateral,** *n.* & *a.* PEDROCHR
**quadruped,** *n.* PEDWARCARNOL
**quadruple,** *n.* PEDWARAWD
*a.* PEDWARPLYG
**quadruplet,** *n.* PEDRWPLED
**quaff,** *v.* YFED, DRACHTIO
**quagmire,** *n.* SIGLEN, CORS, MIGNEN
**quail,** *n.* SOFLIAR
*v.* LLWFRHAU
**quaint,** *a.* OD, HENFFASIWN, HENAIDD
**quaintness,** *n.* ODRWYDD
**quake,** *v.* CRYNU
**Quaker,** *n.* CRYNWR
**Quakerism,** *n.* CRYNYDDIAETH
**qualification,** *n.* CYMHWYSTER
**qualified,** *a.* CYMWYS, AMODOL
**qualify,** *v.* CYMWYSOLI, GOLEDDFU (gram.)
**qualitative,** *a.* ANSODDOL
**quality,** *n.* ANSAWDD, RHINWEDD, CYNNEDDF
**qualm,** *n.* PETRUSTER, AMHEUAETH
**quandary,** *n.* PENBLETH, DRYSWCH
**quango,** *n.m.* CWANGO
**quantifiable,** *a.* MESURADWY
**quantify,** *v.* MESUR, MEINTOLI
**quantisation,** *n.* CWANTEIDDIAD
**quantitative,** *a.* MEINTIOL, MESUROL
*quantity supplied,* Y CYFLENWAD
**quantity,** *n.* SWM, NIFER, MAINT
**quantum,** *n.* CWANTWM
**quarantine,** *n.* CWARANT(IN)
**quarrel,** *n.* CWERYL, FFRAE, YMRAFAEL
*v.* CWERYLA, FFRAEO
**quarrelsome,** *a.* CWERYLGAR, CECRUS
**quarrying,** *n.* CHWARELYDDIAETH
**quarry,** *n.* CHWAREL, CWAR, YSGLYFAETH
*v.* CHWARELA
**quarryman,** *n.* CHWARELWR
**quart,** *n.* CHWART
**quarter,** *n.* CHWARTER, CWR, RHANBARTH, ANNEDD
*v.* CHWARTERU, LLETYA
**quarterly,** *a.* CHWARTEROL
**quartermaster,** *n.* CWARTERFEISTR
**quarter-sessions,** *n.* LLYS CHWARTER
**quartet,** *n.* PEDWARAWD
**quartic,** *a.* CWARTIG
**quartile,** *n.* CHWARTEL
**quarto,** *n.* CWARTO
*a.* PEDWARPLYG
**quartz,** *n.* CWARTS, GELLTFWYN
**quartzite,** *n.* CWARTSIT
**quash,** *v.* DILEU, DIDDYMU
**quasi,** *c.* MEGIS
*px.* LLED-, GO-, CWASI-
*quasi-field,* CWASIFAES
**quasi-rent,** *n.* AMRENT
**quasistatic,** *a.* CWASISTATIG
**quaternary,** *a.* CWATERNAIDD
**quaternion,** *n.* CWATERNION
**quatrain,** *n.* PENNILL PEDAIR LLINELL
**quaver,** *n.* CWAFER
*v.* CWAFRIO
*demi-semi-quaver,* LLED-HANNER-CWAFER
**quay,** *n.* CEI
**queen,** *n.* BRENHINES
*queen cakes,* CACENNAU BRENHINES
**queenly,** *a.* BRENINESAIDD
**queer,** *a.* OD, HYNOD, YSMALA
**queerness,** *n.* ODRWYDD, HYNODRWYDD
**quell,** *v.* LLONYDDU
**quench,** *v.* TORRI (SYCHED), DIFFODD, TROCHOERI
**quern,** *n.* MELIN LAW, BREUAN
**querulous,** *a.* CEINTACHLYD, CWERYLGAR, BLIN
**query,** *n.* CWESTIWN, GOFYNIAD
**quest,** *n.* YMCHWIL, CWEST
**question,** *n.* GOFYNIAD, PWNC, CWESTIWN
**questionable,** *a.* AMHEUS
**questionary,** *a.* HOLIADUROL
**questionnaire,** *n.* HOLIADUR
**queue,** *n.* CIW, CWT
*v.* CIWIO
**quibble,** *v.* MÂN-DDADLAU
**quibbling,** *a.* MWYSEIRIOG
**quick,** *n.* BYW, BYWYN
*a.* BYW(IOG), CLAU, CYFLYM, EBRWYDD
*to the quick,* I'R BYW
*quick action nut,* NYTEN CHWIMWTH
**quicken,** *v.* CYFLYMU, BYWIOGI, BYWIOCÁU
**quicklime,** *n.* CALCH BRWD
**quickly,** *ad.* YN GYFLYM/FUAN
**quickness,** *n.* CYFLYMDER, CRAFFTER
**quicksands,** *n.pl.* TRAETH BYW/GWYLLT
**quicksilver,** *n.* ARIAN BYW

**quid,** *n.* JOE(EN), PUNT
**quidnunc,** *n.* CLEBRYN
**quiescent,** *a.* LLONYDD, DIGYFFRO
**quiet,** *a.* TAWEL, DISTAW, LLONYDD
*n.* TAWELWCH, LLONYDDWCH
*v.* TAWELU, LLONYDDU
**quietism,** *n.* TAWELYDDIAETH
**quietness,** *n.* TAWELWCH, DISTAWRWYDD
**quietus,** *n.* GOLLYNGDOD, RHYDDHAD (O DDYLED)
**quill,** *n.* CWILSEN, CWILSYN, PLUEN
**quilt,** *n.* CWILT, CWRLID
*v.* CWILTIO
**quince,** *n.* CWINS
**quinine,** *n.* CWININ
**quinsy,** *n.* YSBINAGL
**quintessence,** *n.* RHINWEDD PENNAF, NAWS
**quintet,** *n.* PUMAWD
**quintuplet,** *n.* PUMLED
**quip,** *n.* FFRAETHAIR, COEGNI
**quire,** *n.* CWIR, PLYG
**quirk,** *n.* CWIRC
**quisling,** *n.* BRADWR, CWISLING
**quit,** *v.* GADAEL, YMADAEL
**quite,** *ad.* CWBL, HOLLOL, LLWYR, EITHAF
**quits,** *a.* YN GYFARTAL
**quittance,** *n.* DERBYNNEB, RHYDDHAD (O DDYLED)
**quitter,** *n.* EWINOR
**quiver,** *n.* CAWELL SAETHAU, CRYNDOD
*v.* CRYNU
**quixotic,** *a.* MYMPWYOL, GWYLLT
**quiz,** *n.* POS, CWIS
*v.* HOLI
**quizzical,** *a.* CELLWEIRUS, DYRYS
**quoin,** *n.* ONGLFAEN
**quoit,** *n.* COETEN
*v.* COETIO
**quorum,** *n.* CORWM, ISAFRIF
**quota,** *n.* CYFRAN, CWOTA
**quotation,** *n.* DYFYNIAD, DYFYNBRIS
**quote,** *v.* DYFYNNU, NODI PRIS
**quoth,** *v.* MEDDAI, EB, EBE, EBR
**quotient,** *n.* CYFRAN, CYNIFERYDD
*intelligence quotient,* (*I.Q.*). CYNIFERYDD DEALLUSRWYDD (C.D.)

**rabbi,** *n.* RABI
**rabbit,** *n.* CWNINGEN
**rabble,** *n.* CIWED
**rabid,** *a.* CYNDDEIRIOG
**rabies,** *n.* Y GYNDDAREDD
**race,** *n.* RAS, HIL
*a.* HILIOL
*v.* RHEDEG, RASIO, RAS
*race hatred,* HILGASEDD
*race relations,* CYDBERTHYNAS HILIOL
*relay race,* RAS GYFNEWID
**race-course,** *n.* MAES RHEDEG
**racer,** *n.* RHEDWR, CEFFYL RASYS
**racial,** *a.* HILIOL
**racism,** *n.* HILIAETH, HILYDDIAETH
**racist,** *n.* HILIWR, HILYDD
**rack,** *n.* RHESEL, RAC, RHASTL, DINISTR, ARTEITHGLWYD
*v.* ARTEITHIO
*rack and pinion,* RHESEL A PHINIWN
**racket,** *n.* MWSTWR, RHACED
**racketeer,** *n.* TERFYSGWR, RHACETÎR
*v.* RHACETIRO
**rackrent,** *n.* CROGRENT
**racy,** *a.* BLASUS, FFRAETH
**radar,** *n.* RADAR
**raddle,** *n.* RADL
**radial,** *a.* RHEIDDIOL
*radial symmetry,* CYMESUREDD RHEIDDIOL
**radian,** *n.* RADIAN
**radiance,** *n.* DISGLEIRDEB, LLEWYRCH
**radiant,** *a.* DISGLAIR, PELYDROL
**radiant heat,** GWRES PELYDROL
*radiant heater,* TWYMYDD TANBAID
**radiate,** *v.* PELYDRU, RHEIDDIO
**radiation,** *n.* YMBELYDREDD, PELYDRIAD
**radiator,** *n.* RHEIDDIADUR, PELYDRYDD
**radical,** *n.* RADICAL
*a.* RADICAL(AIDD), CYNHENID, CYSEFIN (gram.)
**radicalism,** *n.* RADICALIAETH
**radices,** *n.pl.* GWREIDDIAU
**radicle,** *n.* RADICL
**radio,** *n.* RADIO
**radioactive,** *a.* YMBELYDROL
**radioactivity,** *n.* YMBELYDREDD
**radioastronomy,** *n.* RADIOSERYDDIAETH
**radiobiology,** *n.* RADIOFIOLEG/FYWYDEG
**radiograph,** *n.* RADIOGRAFF
**radiographer,** *n.* RADIOGRAFFYDD
**radiography,** *n.* RADIOGRAFFAETH
**radiologist,** *n.* RADIOLEGYDD
**radiotherapy,** *n.* RADIOTHERAPEG / I
**radish,** *n.* RADYS, RHUDDYGL
**radium,** *n.* RADIWM
**radius,** *n.* RADIWS
**radix,** *a.* RADICS
**radula,** *n.* RADWLA
**raffia,** *n.* RAFFIA
**raffle,** *n.* RAFFL
*v.* RAFFLO
**raft,** *n.* RAFFT
*v.* RAFFTIO
**rafter,** *n.* TRAWST, TULATH, CEIBREN
**rag,** *n.* CERPYN, CLWT(YN), BRAT
*v.* POENI, PRYFOCIO
**ragamuffin,** *n.* BRILYN, CARIDŶM
**rage,** *n.* LLID, FFASIWN
*v.* CYNDDEIRIOGI
**ragged,** *a.* CARPIOG, BRATIOG
**raging,** *a.* TYMHESTLOG, CYNDDEIRIOG
**raid,** *n.* CYRCH
*v.* DWYN CYRCH
**raider,** *n.* YSBEILIWR, HERWR
**rail,** *n.* CLEDREN, RHEILEN
*v.* CLEDRU, DIFRÏO
**railbus,** *n.* RHEILFWS
**railer,** *n.* DIFENWR
**railing,** *n.* RHEILIAU
**raillery,** *n.* DIFRÏAETH, CELLWAIR
**railway,** *n.* RHEILFFORDD
**raiment,** *n.* GWISG, DILLAD
**rain,** *n.* GLAW
*v.* BWRW GLAW, GLAWIO
*rain-proof,* GWRTH-LAW
*rain shadow,* GLAWSGODFA
**rainbow,** *n.* ENFYS, BWA'R DRINDOD
**rainfall,** *n.* GLAWIAD
**rain-gauge,** *n.* GLAWFEDRYDD
**rainproof,** *n.* COT LAW
*a.* GWRTHLAW
**rainwash,** *n.* GLAWRED
**rainy,** *a.* GLAWOG
**raise,** *v.* CODI, DYRCHAFU
**raiser,** *n.* CODWR
**raisin,** *n.* RHESINEN
**raising,** *n.* CODI
*raising agent,* CODYDD
**rake,** *n.* RHACA, CRIBIN, GWYREDD, OFERWR
*v.* RHACANU, CRIBINIO, GLANHAU
*rake angle,* ONGL GWYREDD
*top rake,* GWYREDD CEFN
*to rake up the past,* CODI HEN GRACH
**rakings,** *n.pl.* CREIFION
**rakish,** *a.* OFER, AFRADLON

**rally,** *n.* RALI
*v.* BYWIOCÁU, ADFYDDINO
**ram,** *n.* HWRDD, MAHAREN
*v.* HYRDDU, STWFFIO
*ram-wing,* ADAIN HWRDD
**ramble,** *n.* GWIB, CRWYDR
*v.* CRWYDRO
**rambler,** *n.* CRWYDRWR
**rambling,** *a.* CRWYDROL, GWASGAROG
**ramify,** *v.* CANGHENNU, YMRANNU
**rammer,** *n.* HYRDDWR
*pein end rammer,* HYRDDWR PEN WYNEB
**ramp,** *n.* RHEMP, TWYLL, RAMP
**rampage,** *n.* TERFYSG
*v.* TERFYSGU
**rampageous,** *a.* TERFYSGLYD
**rampant,** *a.* LLIDIOG, RHONC
**rampart,** *n.* RHAGFUR
**ramrod,** *n.* GWIALEN GWN
**ramshackle,** *a.* BREGUS
**ranch,** *n.* RANSH
**rancher,** *n.* RANSHIWR
**rancid,** *a.* MWS, SUR
**rancorous,** *a.* MALEISUS, CHWERW
**rancour,** *n.* MALAIS, CASINEB
**rand,** *n.* RAND
**random,** *n.* HAP, SIAWNS
*a.* AR ANTUR / SIAWNS
*random access,* HAPGYRCH
*random sample,* SAMPL HAP
*random experiment,* HAP-ARBRAWF
**randy,** *a.* COCWYLLT, GWASOD
**range,** *n.* CADWYN, RHES, AMREDIAD, ARFOD, CWMPAS (LLAIS)
*v.* AMREDEG, RHESTRU, CRWYDRO
*range of temperature,* AMREDIAD TYMHEREDD
*cattle range,* MAESTIR GWARTHEG
**ranger,** *n.* COEDWIGWR
**rank,** *n.* RHES, SAFLE, RHENC, RHENG, RHESTR, SET
*a.* MWS, RHONC
*v.* RHESTRU, RHESU
**rankle,** *v.* LLIDIO, POENI, GORI
**ransack,** *v.* CHWILIO, YSBEILIO
**ransom,** *n.* PRIDWERTH
*v.* PRYNU, GWAREDU
**rant,** *v.* YMFFLAMYCHU, BRYGAWTHAN
**ranter,** *n.* YMFFLAMYCHWR, BRYGAWTHWR
**rap,** *n.* CNOC, CURIAD
*v.* CNOCIO, CURO
**rapacious,** *a.* RHEIBUS, YSGLYFAETHUS
**rapacity,** *n.* RHAIB, GWANC
**rape,** *n.* TRAIS (AR FERCH), RÊP (PLANHIGYN)
*v.* TREISIO
**rapid,** *a.* CYFLYM, BUAN, CHWYRN
**rapidity,** *n.* CYFLYMDER
**rapids,** *n.pl.* GEIRW
**rapier,** *n.* MEINGLEDD
**rapine,** *n.* TRAIS, ANRHAITH
**rapist,** *n.* TREISIWR
**rapscallion,** *n.* DIHIRYN, ADYN, RABSGALIWN
**rapt,** *a.* SYNFYFYRIOL, SYN
**rapture,** *n.* AFIAITH, GORAWEN
**rapturous,** *a.* AFIEITHUS, GORAWENUS
**rare,** *a.* PRIN, ANGHYFFREDIN
*rare gas,* NWY NOBL/PRIN
**rarebit,** *n.* PETH AMHEUTHUN
*Welsh rarebit,* CAWS POB, ENLLYN CAWS
**rarefaction,** *n.* TENEUAD, PRINHAD
**rarefy,** *v.* TENEUO, PRINHAU
**rarely,** *ad.* YN AML, GO BRIN
**rarity,** *n.* PRINDER, PETH ANGHYFFREDIN
**rascal,** *n.* DIHIRYN, CENAU, BREDYCH
**rascality,** *n.* DIHIRWCH
**rascally,** *a.* CNAFAIDD, BAWAIDD
**rash,** *n.* BRECH
*a.* BYRBWYLL, RHYFYGUS
**rasher,** *n.* SLEISEN, GOLWYTH
**rashness,** *n.* BYRBWYLLTRA, RHYFYG
**rasp,** *n.* RHATHELL, RASB
*v.* RHATHELLU, RHYGNU
**raspberry,** *n.* AFANEN, MAFONEN
**raspings,** *n.pl.* BRIWSION CRAS
**rat,** *n.* LLYGODEN FAWR / FFRENGIG
*v.* HELA LLYGOD MAWR
**ratchet,** *n.* CLICIED (DDANNEDD)
**rate,** *n.* TRETH, ARDRETH, CYFRADD, TÂL, CYFLYMDER
*rate of exchange,* CYFRADD CYFNEWID
*rate of interest,* CYFRADD LLOG
*current rate,* CYFRADD BRESENNOL/ GYFREDOL
*bank rate,* CYFRADD Y BANC
**rateable,** *a.* ARDRETHOL, TRETHIANNOL
*rateable value,* GWERTH TRETHIANNOL
**ratepayer,** *n.* TRETHDALWR
**rather,** *ad.* BRAIDD, LLED, GO, YN HYTRACH
**ratification,** *n.* CADARNHAD
**ratify,** *v.* CADARNHAU, DILYSU
**rating,** *n.* TRETH(IAD), CYFRADDIAD
**ratio,** *n.* CYMHAREB
*direct ratio,* CYMHAREB WRTHDRO
**ration,** *n.* DOGN
*v.* DOGNI
**rational,** *a.* CYMAREBOL, RHESYMOL

**rationale,** *n.* RHESYMWAITH
**rationalisation,** *n.* RHESYMOLIAD, RHESYMEGAETH
**rationalism,** *n.* RHESYMOLIAETH
**rationalist,** *n.* RHESYMOLWR
**rationality,** *n.* RHESYMOLDEB
**rationalized,** *v.* RHESYMOLI
**rattle,** *n.* RHUGLEN
*v.* RHUGLO
**raucous,** *a.* AFLAFAR, CRYG
**raunchy,** *a.* CWRS, PRIDDLYD
**ravage,** *v.* ANRHEITHIO, DIFRODI
**rave,** *v.* YNFYDU, CYNDDEIRIOGI
**ravel,** *v.* DRYSU, DATOD
**raven,** *n.* CIGFRAN
*a.* PURDDU
**ravenous,** *a.* RHEIBUS
**ravine,** *n.* CEUNANT, HAFN, DYFNANT
**raving,** *a.* GORFFWYLL, YNFYD
**ravish,** *v.* TREISIO, LLATHRUDDO
**raw,** *a.* CRAI, AMRWD, CIGNOETH, LLYM, ANFEDRUS
**raw-hide,** *n.* CROEN FFRES
**ray,** *n.* PELYDRYN
**rayon,** *n.* RAYON
**raze,** *v.* DILEU
**razor,** *n.* RASAL, ELLYN, (R)ASER
**re,** *prp.* YNGLŶN Â, MEWN PERTHYNAS Â
**re-,** *px.* AD-, AIL-, ETO
**reach,** *n.* ESTYNIAD, CAINC, CYRHAEDDIAD
*v.* ESTYN, CYRRAEDD
**react,** *v.* ADWEITHIO, YMWEITHIO
**reactance,** *n.* ADWEITHEDD
**reaction,** *n.* ADWAITH, YMATEB, YMWAITH (Chem.)
*chain reaction,* YMWAITH CADWYNOL
**reactionary,** *n.* ADWEITHIWR
*a.* ADWEITHIOL
**reactive,** *a.* ADWEITHIOL, YMATEBOL
**reactivity,** *n.* ADWEITHEDD
**reactor,** *n.* ADWEITHYDD, YMWEITHYDD
*breeder reactor,* ADWEITHYDD / YMWEITHYDD BRIDIOL
**read,** *v.* DARLLEN
**readable,** *a.* DARLLENADWY, DIFYR
**re-address,** *v.* AILGYFEIRIO
**reader,** *n.* DARLLENYDD, DARLITHYDD, LLYFR DARLLEN
**readily,** *ad.* YN UNION / RHWYDD
**readiness,** *n.* PARODRWYDD
**reading,** *n.* DARLLEN(IAD)
**reading-room,** *n.* YSTAFELL DDARLLEN
**readjust,** *v.* AILGYMHWYSO
**readjustment,** *n.* ADDASIAD
**ready,** *a.* PAROD, RHWYDD
**ready-reckoner,** *n.* CYFRIFYDD PAROD
**reafforestation,** *n.* AILFFORESTIAD
**reagent,** *n.* YMWEITHREDYDD
**real,** *a.* GWIR, REAL, GO-IAWN
**realism,** *n.* REALAETH, DIRWEDDAETH
**realist,** *n.* REALYDD
**realistic,** *a.* BYW, NATURIOL
**reality,** *n.* DIRWEDD, REALITI
**realization,** *n.* SYLWEDDOLIAD
**realize,** *v.* SYLWEDDOLI, GWERTHU
**realized,** *a.* CYFLAWNEDIG
**really,** *ad.* YN WIR / DDIAU, MEWN GWIRIONEDD / DIFRIF
**realm,** *n.* TEYRNAS, CYLCH, GWLAD
**realty,** *n.* STAD, TIR
**ream,** *n.* RÎM
*v.* AGORELLU
**reamer,** *n.* AGORELL, IAWNDYLLWR
*broach reamer,* AGORELL DIGORYDD
**reanimate,** *v.* ADFYWHAU
**reap,** *v.* MEDI
**reaper,** *n.* MEDELWR
**reaping-hook,** *n.* CRYMAN MEDI
**reappear,** *v.* AILYMDDANGOS
**rear,** *n.* & *a.* CEFN, ÔL, PEN ÔL
*v.* CODI, MAGU
**rear-admiral,** *n.* DIRPRWY LYNGESYDD
**rear-guard,** *n.* ÔL-FYDDIN
**reason,** *n.* RHESWM, ACHOS
*v.* RHESYMU, YMRESYMU
**reasonable,** *a.* RHESYMOL, TEG
**reasonableness,** *n.* RHESYMOLDEB
**reasoning,** *n.* YMRESYMIAD
**reassure,** *v.* CALONOGI, CYSURO
**reassuring,** *a.* CALONOGOL, CYSUROL
**rebate,** *n.* AD-DALIAD, RABAD
*v.* AD-DALU, RABADU
**rebel,** *n.* GWRTHRYFELWR
*v.* GWRTHRYFELA
**rebellion,** *n.* GWRTHRYFEL
**rebellious,** *a.* GWRTHRYFELGAR
**rebound,** *n.* ADLAM
*v.* ADLAMU
**rebuff,** *n.* ATALFA, NACÂD, SEN
*v.* ATAL, NACÁU, SENNU
**rebuild,** *v.* AILGODI, AILADEILADU
**rebuke,** *n.* CERYDD
*v.* CERYDDU
**rebut,** *v.* GWRTHDDWEUD
**recalcitrant,** *a.* YSTYFNIG
**recall,** *v.* ATGOFIO, COFIO
**recant,** *v.* DATGYFFESU, DATBROFFESU

**recantation,** *n.* DATGYFFES
**recapitulation,** *n.* AILADRODDIAD, CRYNODEB
**recapture,** *v.* AIL-DDAL
**recede,** *v.* ENCILIO, CILIO'N ÔL
**receding,** *a.* ENCILIOL
**receipt,** *n.* DERBYNNEB
**receive,** *v.* DERBYN, CROESAWU
**receiver,** *n.* DERBYNNYDD, DERBYNIWR
**recension,** *n.* AILOLYGIAD
**recession,** *n.* DIRWASGIAD
**recent,** *a.* DIWEDDAR
**receptacle,** *n.* LLESTR
**reception,** *n.* DERBYNIAD, DERBYNWEST, CROESO
**receptionism,** *n.* DERBYNIAETH
**receptionist,** *n.* CROESAWYDD
**receptor,** *n.* DERBYNNYDD
**recess,** *n.* CILAN, CILFACH, GWYLIAU'R SENEDD
*v.* CILANNU
**recessed,** *a.* CILANNOG
**recession,** *n.* CILIAD, ENCILIAD
**recessional,** *a.* CILIOL, ENCILIOL
*n.* EMYN YMADAWOL
**recessive,** *a.* ENCIL(IOL)
**recipe,** *n.* RESIPI, RYSÁIT
**recipient,** *n.* DERBYNNYDD
**reciprocal,** *n.* CILYDD
*a.* CILYDDOL
**reciprocate,** *v.* CILYDDU
**reciprocating,** *a.* CILYDDUS
**reciprocity,** *n.* CILYDDIAETH
**recital,** *n.* ADRODDIAD, DATGANIAD, PERFFORMIAD
**recitation,** *n.* ADRODDIAD
*choral recitation,* CYD-ADRODD
**recitative,** *n.* ADRODDGAN
**recite,** *v.* ADRODD, DATGAN
**reciter,** *n.* ADRODDWR
**reckless,** *a.* DI-HID, RHYFYGUS, ANYSTYRIOL
**recklessly,** *ad.* YN DDI-HID
**recklessness,** *n.* DIHIDRWYDD, RHYFYG
**reckon,** *v.* CYFRIF, RHIFO, BARNU, BWRW
*dead reckoning,* GOGYFRIF
**reckoner,** *n.* CYFRIFYDD
**reckoning,** *n.* CYFRIFIAD, BARN
**reclaim,** *v.* AILENNILL
**reclamation,** *n.* AILENNILL, DYCHWELYD, ADFER
**reclassification,** *n.* AD-DDOSBARTHIAD
**recline,** *v.* LLEDORWEDD
**recluse,** *n.* MEUDWY, ENCILIWR
**recode,** *v.* AD-DDYNODI
**recognition,** *n.* ADNABYDDIAETH, ADWYBOD
**recognizable,** *a.* Y GELLIR EI ADNABOD
**recognizance,** *n.* YMRWYMIAD LLYS
*v.* YMRWYMO
**recognize,** *v.* ADNABOD, CYDNABOD, ARDDEL
**recognized,** *a.* CYDNABYDDEDIG
**recoil,** *n.* ADLAM
*v.* ADLAMU, CILIO
**recollect,** *v.* ATGOFIO, GALW I GOF
**recollection,** *n.* ATGOF
**recommend,** *v.* CYMERADWYO, ARGYMELL
**recommendation,** *n.* CYMERADWYAETH
**recompense,** *n.* TÂL (AM GOLLED)
*v.* AD-DALU
**reconcile,** *v.* CYMODI
**reconciliation,** *n.* CYMOD
**recondite,** *a.* TYWYLL, ANODD
**recondition,** *v.* ATGYFLYRU
**reconditioning,** *n.* ATGYFLYRU
**reconnaissance,** *n.* RHAGCHWILIAD
**reconnoitre,** *v.* RHAGCHWILIO
**reconsider,** *v.* AILYSTYRIED
**reconstruct,** *v.* AIL-LUNIO
**reconstruction,** *n.* AIL-LUNIAD
**record,** *n.* COFNOD, RECORD
*v.* COFNODI, RECORDIO
*on record,* AR GOFNOD
**recorded,** *a.* COFNODEDIG
**recorder,** *n.* COFNODWR, COFIADUR, FFLIWTEN, RECORDER
**record-office,** *n.* ARCHIFDY
**recount,** *v.* ADRODD
**re-count,** *v. & n.* AILGYFRIF
**recover,** *v.* ADENNILL, ADFER, GWELLA
**recovery,** *n.* ADFERIAD
**recreant,** *a.* LLWFR
*n.* LLWFRYN, GWRTHGILIWR
**recreate,** *v.* ADLONNI, DIFYRRU
**recreation,** *n.* ADLONIANT, DIFYRRWCH
**recreative,** *a.* ADLONIADOL
**recriminate,** *v.* GWRTHGYHUDDO
**recrimination,** *n.* GWRTHGYHUDDIAD
**recruit,** *n.* RECRIWT
*v.* RECRIWTIO
**rectangle,** *n.* PETRYAL
**rectangular,** *a.* PETRYALOG
**rectification,** *n.* UNIONIAD, CYWIRIAD
**rectifier,** *n.* UNIONYDD
**rectify,** *v.* UNIONI, CYWIRO
**rectilinear,** *a.* UNIONLIN
**rectitude,** *n.* UNIONDEB, CYWIRDEB

**rector,** *n.* RHEITHOR
**rectory,** *n.* RHEITHORDY
**rectum,** *n.* RECTWM
**recumbent,** *a.* GORWEDDOL
**recuperate,** *v.* YMADFER, CRYFHAU
**recuperation,** *n.* ADFERIAD
**recur,** *v.* AILDDIGWYDD
**recurrence,** *n.* DYCHWELIAD
**recurring,** *a.* CYLCHOL
**recursive,** *a.* AILADRODDUS
**recurved,** *a.* ATRO
**recycle,** *v.* AILDDEFNYDDIO
**red,** *a.* COCH, RHUDD
*dark red,* COCHDDU
**redaction,** *n.* GOLYGIAD
**redactor,** *n.* GOLYGYDD
**redbreast,** *n.* BRONGOCH
**redden,** *v.* COCHI
**reddish,** *a.* COCHLYD
**redeem,** *v.* GWAREDU, ACHUB, PRYNU
**redeemable,** *a.* ATBRYN(ADWY)
**redeemer,** *n.* GWAREDWR, PRYNWR
**redemption,** *n.* PRYNEDIGAETH, ATBRYNIANT
**redeployment,** *n.* ADLEOLI, TRAWSGYFLOGAETH
**red-handed,** *a.* WRTH Y GWAITH
**red-hot,** *a.* EIRIAS
**redness,** *n.* COCHNI, GWRID
**redolence,** *n.* PERSAWR
**redouble,** *v.* DYBLU
**redoubt,** *n.* AMDDIFFYNFA
**redoubtable,** *a.* CRYF, GWROL
**redress,** *n.* IAWN (AM GAM)
*v.* GWNEUD IAWN
**redshank,** *n.* COESGOCH
**red-tape,** *n.* MÂN-REOLAU
**reduce,** *v.* LLEIHAU, GOSTWNG, NEWID, RHYDWYTHO
*reducing agent,* RHYDWYTHYDD
**reduced,** *a.* GOSTYNGOL
**reduction,** *n.* GOSTYNGIAD, RHYDWYTHIAD
**redundancy,** *n.* ANGHYFLOGAETH, DISWYDDIAD
**redundant,** *a.* DI-ALW-AMDANO, DI-SWYDD, AFRAID
*redundant (to make),* DISWYDDO
**redwood,** *n.* COEDEN GOCH
**reed,** *n.* CORSEN, CAWNEN
**reef,** *n.* RÎFF, HWYLBLYG
*v.* RIFFIO
**reek,** *n.* MWG, DREWDOD
*v.* MYGU, DREWI
**reel,** *n.* RIL(EN), DAWNS
*v.* DIRWYN, GWEGIAN
**re-enact,** *v.* AILDDEDDFU, AILBERFFORMIO
**re-enter,** *v.* ADFEWNI
**re-entrance,** *n.* ATCHWEL
**re-entry,** *n.* ADFEWNIAD
**re-equip,** *v.* AIL-GYFARPARU
**reeve,** *n.* MAER, RIF
**re-examine,** *v.* AIL-ARHOLI
**re-export,** *n.* ADFOR
*v.* ADFORIO
**refectory,** *n.* FFREUTUR
**refer,** *v.* CYFEIRIO, CRYBWYLL
**referee,** *n.* RHEOLWR, CANOLWR
**reference,** *n.* CYFEIRNOD, CYFEIREB
**referendum,** *n.* REFFERENDWM
**refill,** *n.* ADLENWAD
*v.* ADLENWI
**refine,** *v.* PURO, COETHI
**refined,** *a.* PUREDIG, COETH, BONHEDDIG
**refinement,** *n.* COETHDER
**refiner,** *n.* PURWR, COETHWR
**refinery,** *n.* PURFA
**reflate,** *v.* ADCHWYDDO
**reflation,** *n.* ADCHWYDDIANT
**reflect,** *v.* ADLEWYRCHU, MEDDWL
**reflected,** *a.* ADLEWYRCH(EDIG)
**reflection,** *n.* ADLEWYRCHIAD, LLUN
**reflective,** *a.* ADLEWYRCHOL
**reflector,** *n.* ADLEWYRCHYDD
**reflex,** *n.* ATGYRCH
*a.* ATGYRCH(OL), YMATBLYG
**reflexive,** *a.* YMATBLYG
**reflux,** *n.* ADLIF
*v.* ADLIFO
**reform,** *n.* DIWYGIAD
*v.* DIWYGIO, GWELLA
**re-form,** *v.* AIL-LUNIO
**reformation,** *n.* DIWYGIAD
*counter-reformation,* GWRTHDDIWYGIAD
**reformatory,** *n.* YSGOL DDIWYGIO
*a.* DIWYGIOL
**reformed,** *a.* DIWYGIEDIG
**reformer,** *n.* DIWYGIWR
**refract,** *v.* ACHOSI PLYG, GWRTHDORRI
**refracted,** *a.* PLYG
**refraction,** *n.* PLYGIANT, PLYGIAD
**refractivity,** *n.* PLYGIANNEDD
**refractory,** *a.* GWRTHSAFOL, ANHYDYN
**refrain,** *n.* BYRDWN
*v.* YMATAL
**refrangible,** *a.* GWRTHDORADWY
**refresh,** *v.* ADFYWIO, DADEBRU
**refresher,** *n.* PETH ADFYWIOL

**refreshing,** *a.* ADFYWIOL, AMHEUTHUN
**refreshment,** *n.* YMBORTH, BWYD, LLUNIAETH
**refrigerant,** *n.* RHEWYDD
**refrigerate,** *v.* RHEWEIDDIO
**refrigerated,** *a.* RHEWEIDDIEDIG
**refrigeration,** *n.* RHEWEIDDIAD
**refrigerator,** *n.* OERGELL, RHEWADUR, OERGIST
*deep freeze,* RHEWGELL, RHEWGIST
**refuge,** *n.* NODDFA, LLOCHES
**refugee,** *n.* FFOADUR
**refund,** *n.* AD-DALIAD
*v.* AD-DALU
**refusal,** *n.* GWRTHODIAD, NACÂD
**refuse,** *n.* SBWRIEL
*v.* GWRTHOD, NACÁU
**refutable,** *a.* GWRTHBROFADWY
**refutation,** *n.* GWRTHBRAWF
**refute,** *v.* GWRTHBROFI
**regain,** *v.* ADENNILL
**regal,** *a.* BRENHINOL
**regale,** *n.* GWLEDD
*v.* GWLEDDA, DIDDANU
**regalia,** *n.pl.* TEYRNOLION, REGALIA
**regard,** *n.* YSTYRIAETH, PARCH
*v.* EDRYCH AR, YSTYRIED, PARCHU
**regardful,** *a.* YSTYRIOL, GOFALUS
**regarding,** *prp.* YNGLŶN Â, YNGHYLCH
**regardless,** *a.* DIOFAL, DIFATER
**regatta,** *n.* REGATA
**regelation,** *v.* ADREWI
**regency,** *n.* RHAGLYWIAETH, LLYWODRAETHIAD
*a.* REGENTAIDD
**regenerate,** *v.* ATGYNHYRCHU
**regeneration,** *n.* AILENEDIGAETH, ATFFURFEDD
**regenerative,** *a.* ATGYNHYRCHIOL
**regent,** *n.* RHAGLYW, DIRPRWY LYWODRAETHWR
**regicide,** *n.* TEYRNLADDIAD
**regime,** *n.* LLYWODRAETHIAD
**regimen,** *n.* TREFN, RHEOL
**regiment,** *n.* CATRAWD
**regimental,** *a.* CATRODOL
**region,** *n.* RHANBARTH, ARDAL
*feasible region,* RHANBARTH DICHONADWY
*natural regions,* RHANBARTHAU NATURIOL
**regional,** *a.* RHANBARTHOL
**regionalism,** *n.* RHANBARTHIAETH RHANBARTHOLDEB
**register,** *n.* COFRESTR, CWMPAS (LLAIS), LLAIS, STOP
*v.* COFRESTRU
*high register,* NODAU UCHEL
*chest register,* LLAIS Y FREST
*storage register,* COFGELL(-AU)
**registered,** *a.* COFRESTREDIG
**registrar,** *n.* COFRESTRYDD
**registration,** *n.* COFRESTRIAD
**registry,** *n.* SWYDDFA GOFRESTRU
**regrade,** *v.* AILRADDIO
**regrading,** *n.* ADRADDIAD
**regression,** *n.* ATCHWELIAD
**regret,** *v.* EDIFARHAU, EDIFARU
*n.* EDIFAREDD
**regretful,** *a.* EDIFEIRIOL, EDIFARUS
**regrettable,** *a.* BLIN, GOFIDUS
**regrettably,** *ad.* GWAETHA'R MODD
**regula,** *n.* REGWLA
**regular,** *a.* RHEOLAIDD, CYSON
**regularise,** *v.* RHEOLUSO
**regularity,** *n.* RHEOLEIDD-DRA, CYSONDEB
**regulate,** *v.* RHEOLI, RHEOLEIDDIO
**regulation,** *n.* RHEOLIAD
**regulator,** *n.* RHEOLYDD
**regurgitate,** *v.* DADLYNCU, CODI CIL
**rehabilitate,** *v.* ADSEFYDLU
**rehabilitation,** *n.* ADSEFYDLIAD
**rehash,** *v.* AIL-WNEUD
*n.* AILWAMPIAD
**rehearsal,** *n.* RIHYRSAL, YMARFERIAD
**rehearse,** *v.* YMARFER, ADRODD
**reheat,** *v.* AIL-DWYMO
**reign,** *n.* TEYRNASIAD
*v.* TEYRNASU
**reimburse,** *v.* AD-DALU
**reimbursement,** *n.* AD-DALIAD
**rein,** *n.* AWEN, AFWYN
*v.* FFRWYNO
**reincarnate,** *v.* AILYMGNAWDOLI
**reincarnation,** *n.* AILYMGNAWDOLIAD
**reindeer,** *n.* CARW LAPDIR
**reinforce,** *v.* ATGYFNERTHU
**reinforcement,** *n.* ATGYFNERTHIAD
**reinstate,** *v.* ADFER
**reinstatement,** *n.* ATGYFANNU
**reiterate,** *v.* AILADRODD
**reiteration,** *n.* AILADRODDIAD
**reject,** *v.* GWRTHOD, LLYSU
**rejection,** *n.* GWRTHODIAD
**rejoice,** *v.* LLAWENHAU, GORFOLEDDU
**rejoicing,** *n.* LLAWENYDD, GORFOLEDD
**rejoin,** *v.* ATEB YN ÔL, GWRTHATEB

**re-join,** *v.* AILYMUNO, AILUNO
**rejoinder,** *n.* GWRTHATEB
**rejuvenate,** *v.* ADNEWYDDU
**rejuvenated,** *a.* ADNEWYDDEDIG
**rejuvenation,** *n.* ADNEWYDDIAD/IANT
**rekindle,** *v.* AILGYNNAU, AILENNYN
**relapse,** *n.* AIL-BWL, ATGWYMP
*v.* ATGLAFYCHU, AILFOELYD
**relate,** *v.* ADRODD, PERTHYN, CYSYLLTU
**related,** *a.* PERTHNASOL, PERTHYNOL
**relation,** *n.* PERTHYNAS, CYSWLLT, ADRODDIAD
**relationship,** *n.* PERTHYNAS
**relative,** *n.* PERTHYNAS, CÂR
*a.* CYMHAROL, PERTHYNOL
*relative pronoun,* RHAGENW PERTHYNOL
*relative key,* CYWAIR PERTHYNOL
**relativism,** *n.* PERTHNASOLAETH
**relativistic,** *a.* PERTHNASEDDOL
**relativity,** *n.* PERTHNASEDD
**relax,** *v.* LLACIO, YMLACIO, YMOLLWNG, LLAESU
**relaxation,** *n.* YMLACIAD, ADLONIANT
**relaxed,** *a.* LLAES, LLAC
**relay,** *n.* RELAI
*v.* CYFNEWID
*relay race,* RAS GYFNEWID
**release,** *n.* RHYDDHAD
*v.* RHYDDHAU
**relegation,** *n.* DAROSTYNGIAD
**relent,** *v.* TYNERU, ILDIO
**relentless,** *a.* DIDOSTUR, CREULON
**relevance,** *n.* PRIODOLDER, PERTHNASEDD
**relevant,** *a.* PERTHNASOL
**reliability,** *n.* DIBYNADWYEDD, DIBYNNEDD
**reliable,** *a.* DIBYNADWY
**reliance,** *n.* YMDDIRIED, HYDER
**reliant,** *a.* HYDERUS
**relic,** *n.* CRAIR
**relief,** *n.* RHYDDHAD, CYMORTH, TIRWEDD, CERFWEDD
*relief map,* MAP TIRWEDD
*bas relief,* CERFWEDD ISEL
**relieve,** *v.* RHYDDHAU, CYNORTHWYO, ESMWYTHO
**religion,** *n.* CREFYDD
**religiosity,** *n.* CREFYDDOLDER
**religious,** *a.* CREFYDDOL
**relinquish,** *v.* GADAEL, GOLLWNG, YMADAEL
**reliquary,** *n.* CREIRFA
**relish,** *n.* BLAS, ENLLYN, RELIS
*v.* BLASU, MWYNHAU
**reluctance,** *n.* AMHARODRWYDD, GWRTHIANT
**reluctant,** *a.* AMHAROD, ANFODLON
**rely,** *v.* DIBYNNU, YMDDIRIED, PWYSO
**remain,** *v.* AROS, BOD AR ÔL / YN WEDDILL
**remainder,** *n.* GWEDDILL, RHELYW
**remainderman,** *n.* GWEDDILLIWR
**remains,** *n.pl.* GWEDDILLION, OLION, GWARGED
**remand,** *v.* REMANDIO
*remand home,* CARTREF CADW, REMANDY
**remark,** *n.* SYLW, DYWEDIAD
*v.* SYLWI, DWEUD
**remarkable,** *a.* HYNOD, NODEDIG
**remarkably,** *ad.* YN HYNOD O, YN OD O
**remedial,** *a.* ADFER(OL)
**remedy,** *n.* MEDDYGINIAETH, RHWYMEDI
*v.* GWELLA
**remember,** *v.* COFIO
**remembrance,** *n.* COFFA(DWRIAETH)
**remind,** *v.* ATGOFFA
**reminder,** *n.* NODYN ATGOFFA
**reminiscence,** *n.* ATGOF
**reminiscent,** *a.* ATGOFUS, ATGOFIANNOL
**remiss,** *a.* ESGEULUS, DIOFAL, LLAC
**remission,** *n.* MADDEUANT, RHYDDHAD, DILEAD (O GOSB)
**remit,** *v.* DANFON, MADDAU, DYCHWELYD
**remittance,** *n.* TALIAD
**remnant,** *n.* SBARYN, ATBOR, GWARGED
**remodel,** *v.* ADLUNIO
**remonstrance,** *n.* GWRTHDYSTIAD
**remonstrate,** *v.* GWRTHDYSTIO, DADLAU
**remorse,** *n.* ATGNO, EDIFEIRWCH
**remorseful,** *a.* EDIFEIRIOL
**remorseless,** *a.* DIDOSTUR, DIDRUGAREDD
**remote,** *a.* PELL, ANGHYSBELL
*remote data station,* GORSAF DATA PELL
*remote console,* CONSOL PELL
**remotely,** *ad.* O BELL
**remoteness,** *n.* PELLENIGRWYDD
**removeable,** *a.* SYMUDADWY
**removal,** *n.* SYMUDIAD, DISWYDDIAD
**remove,** *n.* GWYRIAD, CAM
*v.* SYMUD, DISWYDDO, MUDO
*first sharp remove,* GWYRIAD Y LLONNOD
**remunerate,** *v.* CYDNABOD, TALU
**remuneration,** *n.* CYDNABYDDIAETH, TÂL
**remunerative,** *a.* BUDDIOG, PROFFIDIOL
**renal,** *a.* ARENNOL
**Renaissance,** *n.* DADENI

**renascence,** *v.* DADENI, AILENI
**rend,** *v.* RHWYGO, DRYLLIO, LLARPIO
**render,** *n.* RENDRAD, TAENIAD
*v.* RENDRO, TAENU, DATGAN
**rendering,** *n.* DATGANIAD, TROSIAD
**rendezvous,** *n.* CYRCHFA, OED
**rendition,** *n.* DATGANIAD
**renew,** *v.* ADNEWYDDU
**renewal,** *n.* ADNEWYDDIAD
**rennet,** *n.* CWYRDEB, CAUL
**rennin,** *n.* RENNIN
**renounce,** *v.* YMWRTHOD Â, DIARDDEL
**renovate,** *v.* ADNEWYDDU
**renovation,** *n.* ADNEWYDDIAD
**renown,** *n.* ENWOGRWYDD, ENW, BRI
**renowned,** *a.* ENWOG, CLODFAWR
**rent,** *n.* RHENT, ARDRETH, RHWYG
*v.* RHENTU
*imputed rent,* RHENT PRIODOLEDIG
**rental,** *n.* RHENTAL
**rent-roll,** *n.* RHOL RENT
**renunciation,** *n.* YMWRTHODIAD, YMWADIAD
**reopen,** *v.* AILAGOR
**reorganize,** *v.* AD-DREFNU
**reorientation,** *n.* AILGYFEIRIADEDD
**repair,** *n.* CYWEIRIAD
*v.* ATGYWEIRIO, CYWEIRIO, TRWSIO
*repair kit,* SET DRWSIO
**reparation,** *n.* IAWN(DAL)
**repartee,** *n.* GWRTHEB
**repast,** *n.* PRYD BWYD, YMBORTH
**repatriate,** *v.* DADALLTUDIO
**repatriation,** *n.* DADALLTUDIAETH
**repay,** *v.* AD-DALU
**repayable,** *a.* AD-DALADWY
**repayment,** *n.* AD-DALIAD
**repeal,** *n.* DIDDYMIAD, DIRYMIAD
*v.* DIDDYMU, DIRYMU
**repeat,** *n.* AILADRODDIAD
*v.* AILADRODD, AIL-WNEUD
**repeated,** *a.* EILFYDD
**repeatedly,** *ad.* DROSODD A THROSODD, DRACHEFN
**repeating,** *a.* EILAIDD
**repel,** *v.* GWRTHYRRU, DIFLASU
**repellent,** *a.* ATGAS, GWRTHUN
**repent,** *v.* EDIFARHAU
**repentance,** *n.* EDIFEIRWCH
**repentant,** *a.* EDIFEIRIOL, EDIFARUS
**repercussion,** *n.* EFFAITH
**repertoire,** *n.* RHESTR, STOC
**repertory,** *n.* CRONFA
*repertory theatre,* THEATR UN CWMNI
**repetition,** *n.* AILADRODD(IAD)
**repine,** *v.* POENI, ANFODLONI
**replace,** *v.* ALLOSOD, AMNEWID
**replacement,** *n.* ALLOSODYN, AMNEWIDYN
**replenish,** *v.* CYFLENWI, AIL-LANW
**replenishment,** *n.* CYFLENWAD
**replete,** *a.* YN LLAWN, CYFLAWN
**repletion,** *n.* LLAWNDER, SYRFFED
**replica,** *n.* COPI MANWL, REPLICA
**replicate,** *v.* AML-LUNIO
**replication,** *n.* GWRTHDYSTIOLAETH, COPÏEDD
**reply,** *n.* ATEB(IAD)
*v.* ATEB
**report,** *n.* ADRODDIAD, COFNOD, SI, SŴN (ERGYD)
*v.* ADRODD, GOHEBU
**reporter,** *n.* GOHEBYDD
**repose,** *n.* GORFFWYS
*v.* GORFFWYS(O)
**repository,** *n.* YSTORFA
**repossess,** *v.* ADFEDDIANNU
**repossession,** *n.* ADFEDDIANT
**reprehend,** *v.* CERYDDU
**reprehension,** *n.* CERYDD
**represent,** *v.* CYNRYCHIOLI
**representation,** *n.* CYNRYCHIOLAETH
*proportional representation,* CYNRYCHIOLIAD CYFRANNOL
**representative,** *n.* CYNRYCHIOLYDD
*a.* CYNRYCHIOLIADOL
*representative assembly,* CYNULLIAD CYNRYCHIOLIADOL
**repress,** *v.* ADWTHIO, LLETHU, ADWASGU
**repression,** *n.* ADWTHIAD, GWASTROD, ADWASGAETH
**repressive,** *a.* ADWTHIOL, ADWASGOL
**reprimand,** *n.* CERYDD
*v.* CERYDDU
**reprint,** *n.* ADBRINT, AILARGRAFFIAD, AILBRINT
*v.* ADBRINTIO, AILBRINTIO, AILARGRAFFU
**reprisal,** *n.* DIAL
**reprise,** *n.* ATBREIS
**reproach,** *n.* EDLIWIAD, CERYDD
*v.* EDLIW, CERYDDU
**reproachful,** *a.* CERYDDGAR, EDLIWIOL
**reprobate,** *n.* DIHIRYN
*a.* OFER, GWRTHODEDIG
*v.* GWRTHOD
**reproduce,** *v.* ATGYNHYRCHU, COPÏO, CENHEDLU
**reproduction,** *n.* ATGYNHYRCHIAD, ATGENHEDLIAD

**reproductive,** *a.* ATGYNHYRCHIOL
**reproof,** *n.* CERYDD
**reprove,** *v.* CERYDDU
**reproving,** *a.* CERYDDOL
**reptile,** *n.* YMLUSGIAD
*a.* YMLUSGOL
**republic,** *n.* GWERINIAETH
**republican,** *n.* GWERINIAETHWR
*a.* GWERINIAETHOL
**repudiate,** *v.* GWADU
**repudiation,** *n.* GWADIAD
**repugnance,** *n.* ATGASRWYDD
**repugnant,** *a.* ATGAS, GWRTHUN
**repulse,** *v.* GWRTHYRRU
**repulsion,** *n.* GWRTHYRIAD, GWRTHNYSEDD
**repulsive,** *a.* ATGAS, GWRTHUN
**reputable,** *a.* PARCHUS, CYFRIFOL
**reputation,** *n.* ENW DA
**repute,** *n.* BRI, PARCH
*v.* CYFRIF
**reputed,** *a.* HONEDIG, TYBIEDIG
**request,** *n.* CAIS, DYMUNIAD
*v.* CEISIO, DYMUNO
**requiem,** *n.* OFFEREN Y MEIRW
**require,** *v.* CEISIO, YMOFYN
**requirements,** *n.pl.* GOFYNION, ANGHENION
**requisite,** *a.* GOFYNNOL, ANGENRHEIDIOL
**requisites,** *n.pl.* ANGENRHEIDIAU, ANHEPGORION
**requisition,** *n.* ARCHEB
*v.* ARCHEBU
**requital,** *n.* AD-DALIAD
**requite,** *v.* TALU, TALU'R PWYTH
**reredos,** *n.* REREDOS
**resale,** *n.* ADWERTH
**rescind,** *v.* DIDDYMU, DIRYMU
**rescission,** *n.* DIDDYMIAD, DIRYMIAD
**rescribe,** *v.* GWRTHYSGRIFENNU
**rescue,** *n.* ACHUBIAETH
*v.* ACHUB, GWAREDU
**rescuer,** *n.* ACHUBWR, ACHUBYDD
**research,** *n.* YMCHWILIAD
*v.* YMCHWILIO
**researcher,** *n.* YMCHWILIWR
**resection,** *n.* TORIAD, TOCIAD
**resemblance,** *n.* TEBYGRWYDD, CYFFELYBRWYDD
**resemble,** *v.* TEBYGU, CYFFELYBU
**resent,** *v.* LLIDIO, DIGIO, FFROMI
**resentful,** *a.* DIGOFUS, CHWERW
**resentment,** *n.* DIG, DICTER, LLID
**reservation,** *n.* NEILLTUAD, CADW
**reserve,** *n.* CRONFA, CEFNLU, CHWARAEWR CADW, SWILDOD, GWARCHODFA
*v.* CADW, NEILLTUO
*in reserve,* WRTH GEFN
*nature reserve,* GWARCHODFA NATUR
**reserved,** *a.* WEDI EI GADW, SWIL, TAWEDOG
**reservist,** *n.* AELOD O'R CEFNLU
**reservoir,** *n.* CRONFA, STORFA
**resettlement,** *n.* AILANHEDDIAD
**reside,** *v.* PRESWYLIO, BYW, CARTREFU, TRIGO
**residence,** *n.* CARTREF SWYDDOGOL
**resident,** *n.* PRESWYLYDD, TRIGIANNYDD
*a.* ARHOSOL
**residential,** *a.* PRESWYL
*non-residential home,* CARTREF DYDD
**residual,** *a.* GWEDDILLIOL
*n.* GWEDDILLEB
**residuary,** *a.* GWEDDILL
**residue,** *n.* GWEDDILL, GWARGED, RHELYW
**residuum,** *n.* GWADDOD, GWEDDILL
**resign,** *v.* YMDDISWYDDO
**resignation,** *n.* YMDDISWYDDIAD
**resilience,** *n.* HYDWYTHDER
**resilient,** *a.* HYDWYTH
**resin,** *n.* YSTOR
**resinous,** *a.* YSTORUS
**resist,** *n.* GWRTHYDD
*v.* GWRTHIANNU, GWRTHSEFYLL
**resistance,** *n.* GWRTHIANT, YMWRTHEDD, GWRTHSAFIAD
**resistant,** *a.* GWRTHIANNOL, GWRTHWYNEBUS
**resistivity,** *n.* GWRTHEDD
**resistor,** *n.* GWRTHYDD
**resolute,** *n.* CYDRAN
*a.* PENDERFYNOL
**resolution,** *n.* CYDRANIAD, PENDERFYNIAD
**resolve,** *n.* PENDERFYNIAD
*v.* PENDERFYNU, CYDRANNU, EGLURO, ADFER
**resolvent,** *n.* CYDRENNYDD
*a.* DATRYSOL
*resolvent kernel,* CNEWYLLYN DATRYSOL
**resonance,** *n.* CYSEINIANT, CYSEINEDD
**resonant,** *a.* CYSAIN
**resonate,** *v.* CYSEINIO
**resonator,** *n.* CYSEINYDD
**resort,** *n.* CYRCHFAN, CYMORTH
*v.* CYRCHU
**resound,** *v.* DATSEINIO, DIASBEDAIN
**resource,** *n.* MODD, DYFAIS, SGIL

**resources,** *n.pl.* ADNODDAU
**resourceful,** *a.* DYFEISGAR, MEDRUS
**resourcefulness,** *n.* DYFAIS, MEDR
**respect,** *n.* PARCH, YSTYRIAETH, PERTHYNAS
*v.* PARCHU
*with respect to,* MEWN PERTHYNAS Â
**respectability,** *n.* PARCHUSRWYDD
**respectable,** *a.* PARCHUS
**respectful,** *a.* BONEDDIGAIDD
**respectfully,** *ad.* YN BARCHUS
**respective,** *a.* PRIODOL, UNIGOL, AR WAHÂN
**respectively,** *ad.* YN ÔL EU TREFN, Y NAILL Y LLALL
**respiration,** *n.* ANADLIAD, RESBIRADAETH
*artificial respiration,* ADFER ANADLU
**respirator,** *n.* RESBIRADUR
**respiratory,** *a.* RESBIRADOL
**respire,** *v.* RESBIRADU, ANADLU
**respite,** *n.* EGWYL, SEIBIANT, HOE
**resplendence,** *n.* DISGLEIRDEB
**resplendent,** *a.* DISGLAIR
**respond,** *v.* ATEB, YMATEB, PORTHI
*n.* GOBILER
**respondent,** *n.* ATEBWR
*co-respondent,* CYD-ATEBWR
**response,** *n.* ATEB(IAD), YMATEB
**responsibility,** *n.* CYFRIFOLDEB
**responsible,** *a.* CYFRIFOL, ATEBOL
**responsions,** *n.pl.* ARHOLIAD CYNTAF
**responsive,** *a.* YMATEBOL
**responsory,** *a.* ATEBIADOL
**rest,** *n.* GORFFWYSFA, SEIBIANT, TAWNOD, DISYMUDEDD, Y GWEDDILL, CYNHALYDD, REST
*v.* GORFFWYS, BWRW EI FLINO
*dotted rest,* TAWNOD DOT
*rest centres,* CANOLFANNAU GORFFWYS
*rest mass,* MÁS DISYMUD
*slide rest,* REST LLITHRYN
**restaurant,** *n.* TŶ BWYTA, BWYTY
**restful,** *a.* LLONYDD, ESMWYTH, TAWEL
**restitution,** *n.* ADFERIAD, IAWN
**restive,** *a.* ANHYWAITH
**restiveness,** *n.* YSTYFNIGRWYDD
**restless,** *a.* AFLONYDD, ANESMWYTH
**restlessness,** *n.* AFLONYDDWCH, ANESMWYTHDER
**restoration,** *n.* ADFERIAD, ATGYWEIRIAD
**restorative,** *n.* MEDDYGINIAETH
**restore,** *v.* ADFER, ATGYWEIRIO
**restorer,** *n.* ADFERWR, ATGYWEIRYDD
**restoring,** *a.* ADFEROL
**restrain,** *v.* ATAL, RHWYSTRO, FFRWYNO
**restrained,** *a.* GOCHELGAR, CYMEDROL
**restraint,** *n.* ATALFA, YMDDISGYBLAETH, ATAL(IAD)
**restrict,** *v.* CYFYNGU, CAETHIWO
**restriction,** *n.* CYFYNGIAD, AMOD
**restrictive,** *a.* CYFYNGOL, CAETH
**result,** *n.* CANLYNIAD, ATEB, MESUREB
*v.* CANLYN, DILYN
*arithmetic results,* MESUREBAU (CEMEG)
**resultant,** *n.* CYDEFFAITH
*a.* CANLYNIADOL
**resulting,** *a.* CANLYNOL, YN DILYN
**resume,** *v.* AILDDECHRAU
**résumé,** *n.* CRYNODEB
**resumption,** *n.* AILDDECHREUAD
**resurgent,** *a.* YN AILGODI, ATGYFODOL
**resurrect,** *v.* ATGYFODI
**resurrection,** *n.* ATGYFODIAD
**resuscitate,** *v.* DADEBRU, ADFYWHAU
**resuscitation,** *n.* DADEBRIAD, ADFYWIAD
**retail,** *v.* ADWERTHU, MANWERTHU
*a.* ADWERTHOL
**retailer,** *n.* ADWERTHWR, MÂNWERTHWR
**retain,** *v.* DARGADW, CADW, DAL
*a.* ADWERTH
**retainer,** *n.* TÂL ARGADW, DALIEDYDD
*retaining fee,* FFI ARGADW
**retake,** *v.* AILENNILL, ADENNILL
**retaliate,** *v.* DIAL, TALU'R PWYTH
**retaliation,** *n.* DIAL
**retaliatory,** *a.* DIALGAR
**retard,** *v.* ARAFU, RHWYSTRO
**retardation,** *n.* ARAFIAD, GOHIRIANT, OLGYNNYDD
**retarded,** *a.* OLGYNYDDOL, ARAF
**retch,** *v.* CEISIO CYFOGI, CHWYDU
**retention,** *n.* DARGADWAD, ARGADW
**retentive,** *a.* DARGADWOL, ARGADWOL
**retentiveness,** *n.* DARGADWAETH
**reticence,** *n.* TAWEDOGRWYDD
**reticent,** *a.* TAWEDOG, DISTAW, DI-DDWEUD
**reticulate,** *a.* RHWYDOL
**reticulum,** *n.* RETICWLWM
**retina,** *n.* RETINA
**retinue,** *n.* GOSGORDD(LU)
**retire,** *v.* YMDDEOL, CILIO, YMNEILLTUO, YMDDISWYDDO
**retirement,** *n.* YMDDEOLIAD, YMDDISWYDDIAD
**retiring,** *a.* CILGAR, YMGILGAR
**retort,** *n.* ATEB PAROD, RETORT
*v.* GWRTHATEB
**retouch,** *v.* ATGYFFWRDD

**retract,** *v.* DAD-DDWEUD, TYNNU'N ÔL
**retraction,** *n.* DAD-DDYWEDIAD
**retreat,** *n.* ENCIL(IAD)
*v.* ENCILIO
**retrench,** *v.* CWTOGI, TOLIO
**retrenchment,** *n.* CWTOGIAD, CYNILDEB
**retribution,** *n.* DIAL, BARN, AD-DALEDIGAETH
**retributive,** *a.* YN DIAL, AD-DALIADOL
**retrievable,** *a.* ADFERADWY
**retrieve,** *v.* ADENNILL, ADFER
**retriever,** *n.* ADARGI
**retroactive,** *a.* RETROACTIF
**retrocede,** *v.* ENCILIO
**retrogradation,** *n.* OLRADDIAD
**retrograde,** *a.* DIRYWIOL
*n.* OLREDIAD
**retrogression,** *n.* DIRYWIAD
**retrogressive,** *a.* DIRYWIOL
**retrospect,** *n.* ADOLWG
*v.* OLSYLLU
**retrospection,** *n.* OLSYLLIAD
**retrospective,** *a.* ADOLYGOL, YN SYLLU'N ÔL, OLYDDOL
**retrovert,** *v.* GWRTHDROI
**return,** *n.* DYCHWEL(IAD), CYNNYRCH, ADRODDIAD YSTADEGOL
*v.* DYCHWELYD
*law of diminishing returns,* DEDDF ENILLION LLEIHAOL
**returnable,** *a.* DYCHWELADWY
**returns,** *n.pl.* ENILLION, CYFRIFON
**reunion,** *n.* ADUNIAD
**reunite,** *v.* ADUNO
**revaluation,** *n.* ADBRISIAD
**revalue,** *v.* ADBRISIO
**reveal,** *v.* DADLENNU, AMLYGU
*n.* DADLEN
**reveille,** *n.* GALWAD, CORN BORE
**revel,** *v.* GWNEUD MIRI, GLODDESTA
**revelation,** *n.* DATGUDDIAD, AMLYGIAD
**reveller,** *n.* GLODDESTWR
**revelry,** *n.* GLODDEST, MIRI, CYFEDDACH
**revenge,** *n.* DIAL(EDD)
*v.* DIAL
**revengeful,** *a.* DIALGAR
**revenue,** *n.* CYLLID, DERBYNIAD
*inland revenue,* CYLLID GWLADOL
*sales revenue,* DERBYNIADAU GWERTHIANT
**reverberate,** *v.* DATSEINIO, ADLEISIO
**reverberation,** *n.* DATSEINEDD
**reverberatory,** *a.* DATSEINIOL
*reverberatory furnace,* FFWRNAIS AD-DAFLU GWRES
**revere,** *v.* PARCHU
**revered,** *a.* PARCHEDIG
**reverence,** *n.* PARCHEDIGAETH
**reverend,** *a.* PARCHEDIG
**reverent,** *a.* PARCHUS, GWYLAIDD
**reverie,** *n.* SYNFYFYRDOD
**revers,** *n.pl.* LLABEDI
**reversal,** *n.* CILDROAD, GWRTHDROAD
**reverse,** *n.* GWRTHDRO, ANFFAWD
*a.* CIL, CHWITH
*v.* GWRTHDROI, CILDROI
*reverse side,* TU CHWITH
**reversed,** *a.* CILDRO, GWRTHDRO
**reversible,** *a.* CILDROADWY
**reversion,** *n.* GWRTHDROAD, CILDROAD
**revert,** *v.* DYCHWELYD, YMCHWELYD
**review,** *n.* ADOLYGIAD
*v.* ADOLYGU
**reviewer,** *n.* ADOLYGYDD
**revile,** *v.* DIFENWI, GWARADWYDDO
**revise,** *v.* DIWYGIO, CYWIRO, ADOLYGU
**revised,** *a.* DIWYGIEDIG
**revision,** *n.* CYWIRIAD, DIWYGIAD
**revisionism,** *n.* AILOLYGIAETH, CREDNEWYDDU
**revival,** *n.* DIWYGIAD, ADFYWIAD
*v.* DIWYGIO, ADFYWIO
**revivalist,** *n.* DIWYGIWR
**revive,** *v.* ADFER, DADEBRU, ADFYWIO
**reviver,** *n.* ADNEWYDDWR, DIOD ADFYWIOL
**revocable,** *a.* DIRYMIADWY
**revocation,** *n.* DIRYMIAD
**revoke,** *v.* DIRYMU, DIDDYMU
**revolt,** *n.* GWRTHRYFEL
*v.* GWRTHRYFELA
**revolting,** *a.* ATGAS, FFIAIDD
**revolution,** *n.* CHWYLDRO, CYLCHDRO
**revolutionary,** *n.* CHWYLDRÖWR
*a.* CHWYLDROADOL
**revolutionist,** *n.* CHWYLDRÖWR, CHWYLDROADWR
**revolutionize,** *v.* CHWYLDROI
**revolve,** *v.* CHWYLDROI, CYLCHDROI
**revolver,** *n.* LLAWDDRYLL, RIFOLFAR
**revulsion,** *n.* GWRTHDRO
**reward,** *n.* GWOBR, TÂL
*v.* GWOBRWYO, TALU
**reynard,** *n.* LLWYNOG, CADNO
**rhapsody,** *n.* RHAPSODI
**rheostat,** *n.* RHEOSTAT
**rhesus,** *n.* RHESWS
**rhetoric,** *n.* RHETHREG, AREITHEG

**rhetorical,** *a.* RHETHREGOL
**rhetorician,** *n.* RHETHREGWR
**rheum,** *n.* LLIF, LLYSNAFEDD
**rheumatic,** *a.* RHIWMATIG
**rheumatism,** *n.* GWYNEGON, CRYD CYMALAU, CYMALWST
**rhinitis,** *n.* FFROENWST
**rhinoceros,** *n.* RHINOSEROS
**rhizoid,** *n.* RHISOID
**rhizome,** *n.* RHISOM
**rhododendron,** *n.* RHODODENDRON
**rhomboid,** *n.* RHOMBOID
**rhombus,** *n.* RHOMBWS
**rhubarb,** *n.* RIWBOB
**rhumba,** *n.* RHUMBA
**rhyme,** *n.* ODL, RHIGWM
*v.* ODLI, RHIGYMU
**rhymer, rhymester,** *n.* RHIGYMWR, BARDD COCOS
**rhythm,** *n.* RHYTHM
**rhythmic(al),** *a.* RHYTHMIG
**ria,** *n.* RIA
**rib,** *n.* ASEN, RIB
*chuck rib,* ASEN WAR
*spare rib,* SBARIB, ASEN FRAS
**ribald,** *n.* MASWEDDWR
*a.* MASWEDDOL, SERTH
**ribaldry,** *n.* MASWEDD, SERTHEDD
**riband,** *n.* RHUBAN
**ribbed,** *a.* ASENNOG, RHESOG
**ribbon,** *n.* RHUBAN
*a.* RHUBANOG
**rice,** *n.* REIS
*rice krispies,* CREISION REIS
**rich,** *a.* CYFOETHOG, BRAS, FFRWYTHLON, GOLUDOG
**riches,** *n.pl.* CYFOETH, GOLUD
**richness,** *n.* CYFOETHOGRWYDD, BRASTER, FFRWYTHLONRWYDD
**rick,** *n.* TAS, HELM, BERA, BEISGAWN
**rickets,** *n.* LLECH(AU)
**rickety,** *a.* SIMSAN, BREGUS, LLECHOG
**ricochet,** *n.* ADLAM
*v.* ADLAMU
**rid,** *v.* GWAREDU, MYNNU GWARED O
**riddance,** *n.* GWARED(IGAETH)
**riddle,** *n.* POS, RHIDYLL, GOGR
*v.* RHIDYLLU, GOGRI
**ride,** *n.* REID, TRO
*v.* MARCHOGAETH, NOFIO (WRTH ANGOR)
**rider,** *n.* MARCHOGWR, ATODEG
**ridge,** *n.* CRIB, CEFN(EN), ESGAIR, TRUM, GRWN
**ridicule,** *n.* GWAWD, GWATWAR
*v.* GWAWDIO, GWATWAR
**ridiculous,** *a.* CHWERTHINLLYD, GWRTHUN, ARISEL
**riding,** *n.* MARCHOGAETH
**rife,** *a.* CYFFREDIN, AML
**riffler,** *n.* RHIFFLWR
**riff-raff,** *n.* GWEHILION, DIHIROD
**rifle,** *n.* REIFFL
*v.* YSBEILIO
**rift,** *n.* AGEN, HOLLT
*v.* RHWYGO, HOLLTI
*rift valley,* DYFFRYN HOLLT
**rig,** *n.* RIG
*v.* RIGIO, TACLU
**rigger,** *n.* RIGER
**rigging,** *n.* RIGIN
**right,** *n.* HAWL, IAWN, BRAINT
*i.* O'R GORAU! REIT!
*a.* IAWN, CYWIR, SGWÂR, DE(AU), UNION
*ad.* YN GYWIR, YN IAWN
*right angle,* ONGL SGWÂR
*rights and customs,* BRAINT A DEFOD
**righteous,** *a.* CYFIAWN, UNIAWN
**righteousness,** *n.* CYFIAWNDER
**rightful,** *a.* CYFIAWN, CYFREITHLON
**rights,** *n.pl.* IAWNDERAU, HAWLIAU
*consumer rights,* HAWLIAU PRYNWR
**rigid,** *a.* ANHYBLYG, TYN, HAEARNAIDD
**rigidity,** *n.* ANHYBLYGEDD
**rigmarole,** *n.* LOL, FFILOREG, FFREGOD
**rigor,** *n.* RIGOR
**rigorism,** *n.* RIGORIAETH
**rigorist,** *n.* RIGORYDD
**rigorous,** *a.* MANWL-GYWIR, LLYM
**rigour,** *n.* MANWL-GYWIRDEB, LLYMDER
**rile,** *v.* CYTHRUDDO, FFYRNIGO
**rill,** *n.* CORNANT, FFRWD
**rim,** *n.* YMYL, RHIMYN, CANT(EL)
**rime,** *n.* LLWYDREW, BARRUG, ARIEN
**rimer,** *n.* AGORELL
**rind,** *n.* CROEN, PIL
**ring,** *n.* MODRWY, CYLCH, DOLEN, SŴN CLOCH
*v.* MODRWYO, DIASBEDAIN, CANU CLOCH
*ring gauge,* MEDRYDD TORCH
*piston rings,* CYLCHAU PISTON
*ring road,* CYLCHFFORDD
**ringed,** *a.* MODRWYOG, CYLCHOG
**ringing,** *a.* SONIARUS, UCHEL
**ringleader,** *n.* PRIF DERFYSGWYR, ARWEINYDD (DRWG)
**ringlet,** *n.* CUDYN CYRLIOG

**ringworm,** *n.* DARWDEN, GWREINYN
**rink,** *n.* RINC
**rinse,** *n.* RINS
*v.* RINSIO, STRAELIO
**riot,** *n.* TERFYSG, REIAT
*v.* TERFYSGU
**rioter,** *n.* TERFYSGWR
**riotous,** *a.* TERFYSGLYD
**rip,** *n.* RHIP, RHWYG
*v.* RHIPIO, RHWYGO
**ripe,** *a.* AEDDFED, GWISGI
**ripen,** *v.* AEDDFEDU
**ripeness,** *n.* AEDDFEDRWYDD
**riposte,** *n.* RIPOST
**ripping,** *a.* CAMPUS, RHAGOROL
**ripple,** *n.* CRYCH(DON)
*v.* CRYCHDONNI, CRYCHU
**rise,** *n.* CODIAD, DYRCHAFIAD
*v.* CODI, TARDDU, DYRCHAFU
**riser,** *n.* CODWR
**rising,** *n.* CODIAD, GWRTHRYFEL
**risk,** *n.* PERYGL, RISG, MENTR
*v.* PERYGLU, RISGIO
*risk averter,* AFENTRWR
*risk lover,* HYFENTRWR
**risky,** *a.* PERYGLUS, MENTRUS
**rissole,** *n.* RISOL
**rite,** *n.* DEFOD
**ritual,** *n.* DEFOD
*a.* DEFODOL
**ritualism,** *n.* DEFODAETH
**ritualist,** *n.* DEFODWR
**ritualistic,** *a.* DEFODOL, SEREMONÎOL
**rival,** *n.* GWRTHWYNEBYDD
*v.* GWRTHWYNEBU, CYSTADLU
**rivalry,** *n.* YMRYSON
**river,** *n.* AFON
*river capture,* AFONLADRAD
**riverside,** *n.* GLAN AFON
**rivet,** *n.* RHYBED
*v.* RHYBEDU
*pan head rivet,* RHYBED PENBAN
*cask lead rivet,* RHYBED GWRTHSODD
**rivetted,** *a.* RHYBEDOG
**rivulet,** *n.* AFONIG
**roach,** *n.* GWRACHEN
**road,** *n.* FFORDD, HEOL
*ring road,* CYLCHFFORDD
*access road,* FFORDD FYNEDIAD
**roads,** *n.* ANGORFA
**roadside,** *n.* MIN Y FFORDD
**roadstead,** *n.* ANGORLE
**road-user,** *n.* FFORDDOL(YN)
**roam,** *v.* CRWYDRO, GWIBIO
**roan,** *a.* BROC
**roar,** *n.* RHU
*v.* RHUO
**roaring,** *a.* RHUADWY
**roast,** *a.* RHOST
*v.* RHOSTIO
**rob,** *v.* LLADRATA, YSBEILIO
**robber,** *n.* LLEIDR, YSBEILIWR
**robbery,** *n.* LLADRAD, YSBEILIAD
*robbery with violence,* YSBEILIAD TRWY DRAIS
**robe,** *n.* GŴN, GWISG
*v.* GWISGO
**robin,** *n.* BRONGOCH, BRONRHUDDYN
**robot,** *n.* ROBOT
**robust,** *a.* GRYMUS, CRYF, CADARN
**robustness,** *n.* GRYMUSTER, CRYFDER, CADERNID
**rock,** *n.* CRAIG
*v.* SIGLO
*sedimentary rock,* CRAIG WADDOD
**rocker,** *n.* SIGLYDD, CADAIR SIGLO
**rocket,** *n.* ROCED
**rocketeer,** *n.* ROCEDWR
**rock-garden,** *n.* CREIGARDD
**rocking-horse,** *n.* CEFFYL SIGLO
**rocky,** *a.* CREIGIOG
**rod,** *n.* RHODEN, ROD
*track rod,* RHODEN LWYBRO
**rodent,** *n.* RODENT, CNOFIL
**rodes,** *n.* RODES
**roe,** *n.* GRONELL, BOL CALED
*soft roe,* LLEITHIAN, BOL MEDDAL
**roebuck,** *n.* IWRCH
**rogation,** *n.* GWEDDI, DEISYFIAD
**rogue,** *n.* GWALCH, CNAF
**roguery,** *n.* TWYLL
**rôle,** *n.* RÔL, RHAN, SWYDDOGAETH
**roll,** *n.* RHOLYN, RHÒL, RHESTR,
*v.* RHOLIO, TREIGLO
*forward roll,* RHÒL YMLAEN
*meat roll,* RHOL GIG
**roll-call,** *n.* GALW ENWAU
**rolled,** *a.* RHOLEDIG
**roller,** *n.* RHOLER
*roller bearing,* RHOLFERYN
**rollers,** *n.pl.* GWANEGAU
**rolling,** *a.* TONNOG
*rolling stock,* RHOLSTOC
**rolling-pin,** *n.* RHOLBREN
**roly-poly,** *n.* ROLI-POLI
**Roman,** *n.* RHUFEINIWR
*a.* RHUFEINIG

**romance,** *n.* RHAMANT
*v.* RHAMANTU
**romantic,** *a.* RHAMANTUS
**romanticism,** *n.* RHAMANTIAETH
**romp,** *n.* RHAMP
*v.* RHAMPIO
**romper,** *n.* RHOMPER
**rondo,** *n.* RONDO
**rood,** *n.* CROG, RWD
*rood screen,* SGRIN Y GROG
**roof,** *n.* TO, NEN, CRONGLWYD
*v.* TOI
*hip roof,* TALCENDO
**rook,** *n.* YDFRAN, CASTELL (SIES)
**room,** *n.* LLE, YSTAFELL
**roominess,** *n.* HELAETHRWYDD, EHANGDER
**roomy,** *a.* HELAETH, EANG
**roost,** *n.* CLWYD
*v.* CLWYDO
**rooster,** *n.* CEILIOG
**root,** *n.* GWREIDDYN, BÔN (GAIR), ISRADD (maths.)
*v.* GWREIDDIO
*square root,* AIL ISRADD
*root of the equation,* GWREIDDYN YR HAFALIAD
*contractile root,* GWREIDDYN CYFANGOL
**root-cap,** *n.* GWEIDDGAP
**rootless,** *a.* DIWRAIDD
**rootstock,** *n.* RHAFF
*v.* RHAFFU, RHWYMO
**rope,** *n.* RHAFF
**ropeway,** *n.* RHAFFORDD
**rosary,** *n.* PADERAU, LLASWYR
**rose,** *n.* RHOSYN
**rose-hips,** *n.pl.* EGROES
**rosemary,** *n.* RHOSMARI
**rosette,** *n.* ROSÉT
**rosewood,** *n.* RHOSBREN
**rostrum,** *n.* ESGYNLAWR, ROSTRWM
**rosy,** *a.* RHOSYNNOG, DISGLAIR
**rot,** *n.* PYDREDD, BRAENEDD, LOL
*v.* PYDRU, BRAENU
*dry rot,* BRAEN SYCH
**rota,** *n.* RHOD, TÔN GRON, TREFN
**rotary,** *n.* CYLCHDRO, AMDRO, ROTARI
*rotary club,* CLWB ROTARI
**rotate,** *v.* CYLCHDROI, AM-DROI
**rotation,** *n.* CYLCHDRO, AMDRO
**rotational,** *a.* CYLCHDRO(ADOL)
**rote,** *n.* TAFODLEFERYDD
*rote learning,* RHOD-DDYSGU
**rotor,** *n.* ROTOR
**rotten,** *n.* PWDR, MALL, DRWG, CLWC
**rottenness,** *n.* PYDREDD, MALLTOD
**rotter,** *n.* DIHIRYN
**rotund,** *a.* CRWN, CYFRGRWN
**rotunda,** *n.* ROTWNDA
**rouble,** *n.* RWBL
**rouge,** *n.* RHUDDLIW, ROUGE
**rough,** *a.* GARW, CWRS, BRAS, LLED GYWIR
**roughage,** *n.* GARWFWYD, BRASFWYD
**roughcast,** *n.* PLASTR GARW
**roughen,** *v.* GARWHAU
*roughening tool,* BRASNADDELL
**rough-hew,** *v.* BRASNADDU
**rough-hewn,** *a.* CWRS
**roughness,** *n.* GARWEDD
**roughshod,** *a.* TRWSGL
**round,** *n.* ROWND, TÔN GRON, CYLCH
*a.* CRWN
*ad.* O AMGYLCH
*prp.* O GWMPAS
*v.* CASGLU, CRYNHOI
*round off,* TALGRYNNU
*round (of beef),* MORDDWYD
**roundabout,** *n.* CYLCHFAN, TROGYLCH
*a.* O AMGYLCH, CWMPASOG
**roundelay,** *n.* CYLCHGAN
**rounders,** *n.pl.* CHWARAE CYLCH, ROWNDERI
**roundhead,** *n.* PENGRYNIAD
**roundness,** *n.* CRYNDER
**round-robin,** *n.* DEISEB GRON
**round-shouldered,** *a.* GWARGRWM
**rouse,** *v.* DEFFRO, DIHUNO, CYFFROI
**rousing,** *a.* BYW(IOG)
**rout,** *n.* ANHREFN
*v.* GYRRU AR FFO, YMLID
**route,** *n.* LLWYBR, TAITH
**routine,** *n.* RHEOLWAITH
*a.* RHIGOLAIDD
**rove,** *v.* CRWYDRO, GWIBIO
**rover,** *n.* CRWYDRYN
**row,** *n.* RHES, GWANAF
*v.* RHWYFO
**rowan,** *n.* CERDINEN, CRIAFOLEN
**rowdy,** *a.* STWRLLYD, TRYSTIOG
**rowel,** *n.* RHYWEL
**rower,** *n.* RHWYFWR
**rowlock,** *n.* ROLOC
**royal,** *a.* BRENHINOL
**royalist,** *n.* BRENHINWR
**royalty,** *n.* BREINDAL, BRENHINDOD
**rub,** *n.* RHWBIAD, RHWYSTR
*v.* RHWBIO
**rubber,** *n.* RWBER

**rubbish,** *n.* SBWRIEL, LOL
**rubble,** *n.* RWBEL
**rubicund,** *a.* GWRITGOCH
**rubric,** *n.* CYFEIREB, RHUDDELL
**rubricate,** *v.* RHUDDELLU
**ruby,** *n.* RHUDDEM
*a.* RHUDDGOCH
**ruching,** *n.* CRYCHYN
**ruck,** *n.* RYC, PLYG, CRYCHNI
*v.* RYCIO, PLYGU, CRYCHU
**rucking,** *n.* RYCIO, CRYCHYN
**rucksack,** *n.* RHYCHSACH
**rudder,** *n.* LLYW
**ruddy,** *a.* RHUDD, GWRITGOCH
**rude,** *a.* ANFOESGAR, DIGYWILYDD
**rudeness,** *n.* ANFOESGARWCH
**rudiment,** *n.* EGWYDDOR, ELFEN
**rudimentary,** *a.* ELFENNOL
**rue,** *v.* EDIFARHAU, GOFIDIO
*n.* RYW
**rueful,** *a.* TRIST, TRUENUS, GRESYNUS
**ruff,** *n.* COLER
**ruffian,** *n.* ADYN, DIHIRYN
**ruffle,** *n.* RYFFL
*v.* RYFFLO
**ruffler,** *n.* RYFFLELL
**rug,** *n.* RYG
*rugmaking,* RYGWAITH
**rugby,** *n.* RYGBI
**rugged,** *a.* GARW, ANWASTAD
**ruggedness,** *n.* GARWEDD
**ruin,** *n.* DISTRYW, ADFAIL
*v.* DISTRYWIO, ANDWYO
**ruination,** *n.* DINISTR
**ruinous,** *a.* DINISTRIOL
**rule,** *n.* RHEOL, RIWL, LLYWODRAETH
*v.* RHEOLI, RIWLIO, LLYWODRAETHU
*slide rule,* RIWL RIFO, LLITHRIWL
**ruled,** *a.* LLINELLOG
**ruler,** *n.* RHEOLWR, RIWL(ER), LLYWODRAETHWR
**ruling,** *n.* DYFARNIAD, RIWLIAD
**rum,** *n.* RYM
*a.* OD, RHYFEDD
**rumble,** *n.* TRWST
*v.* TRYSTIO, MURMUR
**rumbustious,** *a.* CYFFROUS
**rumen,** *n.* RWMEN
**ruminant,** *n.* ANIFAIL CILGNO
**ruminate,** *v.* MYFYRIO, CNOI CIL
**rumination,** *n.* MYFYRDOD, CNOI CIL
**rummage,** *v.* CHWILOTA
**rumour,** *n.* SI, SÔN, SWAE, ACHLUST
**rump,** *n.* CLOREN, CRWMAN, RWMP
**rumple,** *v.* CRYCHU, SYBACHU
**rumpus,** *n.* CYNNWRF, TERFYSG
**run,** *n.* RHEDIAD, LIBART
*v.* RHEDEG, RHEOLI
*approach run,* ATREDIAD
**runaway,** *n.* FFOADUR
*a.* AR FFO
**rundown,** *n.* DIHOENIAD
**rung,** *n.* FFON YSGOL
**runnel,** *n.* CORNANT, CORFFRWD
**runner,** *n.* RHEDWR, YMLEDYDD
**running,** *n.* RHEDIAD
*a.* RHEDEGOG
**runway,** *n.* RHEDEGFA
**rupture,** *n.* TORGEST, CWERYL
**rural,** *a.* GWLEDIG
**ruse,** *n.* YSTRYW, CAST
**rush,** *n.* RHUTHR, BRWYNEN
*v.* RHUTHRO
*rush hour,* AWR FRYS
**rushy,** *a.* BRWYNOG
**russet,** *a.* LLWYTGOCH
**rust,** *n.* RHWD
*v.* RHYDU
**rustic,** *n.* GWLADWR
*a.* GWLADAIDD
**rusticate,** *v.* COSBI
**rustification,** *n.* CREIGWAITH
**rustle,** *n. & v.* SIFFRWD
**rustless,** *a.* GWRTHRWD
**rusty,** *a.* RHYDLYD
**rut,** *n.* RHIGOL
**ruthless,** *a.* DIDOSTUR, CREULON, DIARBED
**ruthlessness,** *n.* ANNHOSTURI
**rye,** *n.* RHYG
**rye grass,** *n.* RHYGWELLT

**Sabbath,** *n.* SABATH, SABOTH,
**sabbatarian,** *n.* SABATHYDD
**sabbatarianism,** *n.* SABATHYDDIAETH
**sable,** *n.* SABL
*a.* DU, SABL
**sabot,** *n.* ESGID BREN
**sabotage,** *n.* DIFROD BWRIADOL
*v.* DIFRODI
**saboteur,** *n.* SABOTWR
**sabre,** *n.* SABR
**sac,** *n.* CODEN
**saccharine,** *n.* SACARÎN
**sacerdotal,** *a.* OFFEIRIADOL
**sachet,** *n.* CWD AROGLUS
**sack,** *n.* SACH, FFETAN, DISWYDDIAD, MATH O WIN
*v.* DISWYDDO
**sackbut,** *n.* SACBWT
**sackcloth,** *n.* SACHLIAIN
**sacking,** *n.* SACHLEN
**sacral,** *a.* CYSEGROL
**sacrament,** *n.* SAGRAFEN, SACRAMENT
**sacramental,** *a.* SAGRAFENNOL, SACRAMENTAIDD
**sacramentarian,** *n.* SAGRAFENNYDD
**sacred,** *a.* CYSEGREDIG, GLÂN, SANCTAIDD
**sacrifice,** *n.* OFFRWM, ABERTH
*v.* OFFRYMU, ABERTHU
**sacrificial,** *a.* ABERTHOL
**sacrilege,** *n.* HALOGIAD
**sacrilegious,** *a.* HALOGEDIG
**sacristan,** *n.* SACRISTAN, CLOCHYDD
**sacristy,** *n.* FESTRI
**sacrosanct,** *a.* DIHALOG, CYSEGREDIG
**sacrum,** *n.* SACRWM
**sad,** *a.* TRIST, BLIN, PRUDD, TRUENUS
**sadden,** *v.* TRISTÁU, PRUDDHAU
**saddle,** *n.* CYFRWY
*v.* CYFRWYO
*saddle of lamb,* CANOL CEFN OEN
**saddlepoint,** *n.* COL
**saddler,** *n.* CYFRWYWR
**sadism,** *n.* SADISTIAETH
**sadist,** *n.* SADIST, SADYDD
**sadly,** *ad.* YN DRIST/BRUDD
**sadness,** *n.* TRISTWCH, PRUDD-DER, TRYMDER
**safe,** *a.* DIOGEL, DIHANGOL, SAFF
*n.* DIOGELL, CLOER
*safety guard,* DIOGELYDD
*safety precautions,* RHAGOFALON DIOGELWCH
**safeguard,** *n.* DIOGELWCH, AMDDIFFYN
*v.* DIOGELU
**safety,** *n.* DIOGELWCH
**safety-belt,** *n.* RHWYMYN ARBED
**safety-curtain,** *n.* LLEN TÂN
**safety-pin,** *n.* PIN CAU
**safety-valve,** *n.* FALF DDIOGELWCH
**saffron,** *n.* SAFFRWM
**sag,** *n.* SAGIAD
*v.* SAGIO, YMOLLWNG
**saga,** *n.* SAGA
**sagacious,** *a.* CALL, FFEL, CRAFF
**sagacity,** *n.* DEALL, CRAFFTER
**sage,** *n.* GŴR DOETH, SAETS
*a.* DOETH, CALL
**sagittal,** *a.* SAETHOL
**sago,** *n.* SEGO
**said,** *a.* A ENWYD, Y DYWEDEDIG
**sail,** *n.* HWYL
*v.* HWYLIO, MORIO
**sailing,** *n.* HWYLIAD
*a.* YN HWYLIO
**sailor,** *n.* MORWR, LLONGWR
**saint,** *n.* SANT
*patron saint,* NAWDDSANT
**saintliness,** *n.* SAN(C)TEIDDRWYDD
**saintly,** *a.* SAN(C)TAIDD
**sake,** *n.* MWYN
**salad,** *n.* SALAD
*salad cream,* HUFEN SALAD
**salami,** *n.* SALAMI
**salaried,** *a.* CYFLOG(EDIG)
**salary,** *n.* CYFLOG
**sale,** *n.* GWERTHIANT, SÊL
*auction sale,* ARWERTHIANT
*for sale,* AR WERTH
**saleable,** a. GWERTHADWY
**salesman,** *n.* GWERTHWR
**salesmanship,** *n.* DAWN I WERTHU
**salient,** *n.* CAMEDD
*a.* AMLWG
**saline,** *n.* HELI
*a.* HALWYNOG, HALLT
**salinity,** *n.* HALWYNEDD
**saliva,** *n.* POER, SALIFA
**sallow,** *a.* MELYN AFIACH
**sally,** *n.* CYRCH, RHUTHR
*v.* CYRCHU, RHUTHRO
**salmon,** *n.* EOG, SAMWN,
**salmonella,** *n.* SALMONELA
**saloon,** *n.* SALŴN
**salon,** *n.* SALON
**salt,** *n.* HALEN, HALWYN (CEMEG)
*v.* HALLTU, HALWYNO
*a.* HALLT
*salt deposits,* DYDDODION HALEN

**saltation,** *n.* NEIDIANT
**salt-cellar,** *n.* LLESTR·HALEN
**saltings,** *n.* HALWYNDIR
**saltpetre,** *n.* SOLPITAR
**salts,** *n.pl.* HALWYNAU
**salty,** *a.* HALLT
**salubrious,** *a.* IACH(USOL)
**salutary,** *a.* IACHUS
**salutation,** *n.* CYFARCHIAD, ANNERCH
**salute,** *v.* CYFARCH, SALIWTIO
**salvage,** *n.* ARBEDIAD, ACHUBIAD
*v.* ARBEDU, ACHUBIADU
**salvation,** *n.* IACHAWDWRIAETH, IECHYD-WRIAETH
**salve,** *n.* ELI, ENNAINT
*v.* LLEDDFU
**salver,** *n.* HAMBWRDD
**salvo,** *n.* ERGYDION
**salvor,** *n.* ACHUBIADWR
**samba,** *n.* SAMBA
**same,** *a.* YR UN FATH/YR UN
*pn.* HYNNY
*all the same,* ER HYNNY
**sameness,** *n.* TEBYGRWYDD
**sample,** *n.* SAMPL
*v.* SAMPLU
*random sample,* HAPSAMPL
**sampler,** *n.* SAMPLER
**sanatorium,** *n.* SANATORIWM
**sanctification,** *n.* SANCTEIDDHAD
**sanctify,** *v.* SANCTEIDDIO, CYSEGRU
**sanctimonious,** *a.* SYCHDDUWIOL
**sanction,** *n.* ATALIAD, SANCSIWN, CYFYNGIAD, COSB
*v.* CANIATÂU
*economic sanction,* ATALIAD ECONOMAIDD
**sanctioned,** *a.* WEDI CAEL CANIATÂD
**sanctity,** *n.* SANCTEIDDRWYDD
**sanctuary,** *n.* CYSEGR, NODDFA, SEINTWAR, NAWDD, GWARCHODFA
**sanctum,** *n.* ENCIL, CYSEGR-LE
**sand,** *n.* TYWOD
*pl.* TRAETH
*sandpit,* TAFOD TYWOD
*parting sand,* TYWOD PARTÌO
*whistling sand,* TYWOD SÌO
**sandal,** *n.* SANDAL
**sandbank,** *n.* BANC TYWOD, TYWYN
**sandcrack,** *n.* HOLLT Y CARN
**sand-dune,** *n.* TWYN TYWOD
**sand-eel,** *n.* LLYMRÌEN
**sandhill,** *n.* BRYN TYWOD, TYWODFRYN
**sandpaper,** *n.* PAPUR GWYDROG
**sander,** *n.* SANDR
**sandstone,** *n.* TYWODFAEN
**sandwich,** *n.* BRECHDAN (DDWBL)
*v.* GWTHIO RHWNG
*meat sandwich,* BRECHDAN GIG
*sandwich cake,* CACEN/TEISEN DDWBL
**sandwich-board,** *n.* HYSBYSFWRDD
**sandy,** *a.* TYWODLYD, MELYNGOCH
**sane,** *a.* CALL, SYNHWYROL, CYMEDROL
**sang-froid,** *n.* HUNANFEDDIANT
**sanguinary,** *a.* GWAEDLYD
**sanguine,** *a.* HYDERUS, BRWD, GOBEITHIOL
**sanhedrim,** *n.* SANHEDRIN
**sanitary,** *a.* IECHYDOL
**sanitation,** *n.* IECHYDAETH
**sanity,** *n.* IAWN BWYLL, CALLINEB
**sap,** *n.* NODD, SUDD, GWYNNIN
*v.* SUGNO, TANSEILIO
**sapient,** *a.* DOETH, CALL, SYNHWYROL
**sapling,** *n.* GLASBREN
**saponification,** *n.* SEBONEIDDIAD
**saponify,** *v.* SEBONEIDDIO
**sapper,** *n.* MILWR BLAEN
**sapphire,** *n.* SAFFIR
**sappy,** *a.* IR, NODDLYD, MEDDAL
**saprophyte,** *n.* SAPROFFYT
**saprophytic,** *a.* SAPROFFYTIG
**sapwood,** *n.* GWYNNIN
**sarcasm,** *n.* COEGNI, GWAWD
**sarcastic,** *a.* COEGLYD, GWAWDLYD
**sarcoma,** *n.* SARCOMA
**sarcophagus,** *n.* ARCH GARREG
**sardine,** *n.* SARDÎN
**sardonic,** *a.* GWAWDLYD, COEGLYD
**sari,** *n.* SARI
**sarong,** *n.* SARONG
**sartorial,** *a.* TEILWRAIDD
**sash,** *n.* SAS, GWREGYS
**Satan,** *n.* SATAN
**satanic,** *a.* SATANAIDD, DIEFLIG, CYTHREULIG
**satchel,** *n.* SGREPAN
**sate,** *v.* DIWALLU, SYRFFEDU
**satellite,** *n.* LLOEREN, SÁTELIT
*a.* GWASAIDD
*satellite town,* CYLCHDREF
**satiate,** *v.* DIWALLU, SYRFFEDU, DIGONI
**satiety,** *n.* SYRFFED, DIFLASTOD
**satin,** *n.* SATIN
**satire,** *n.* DYCHAN, GOGAN
**satirical,** *a.* DYCHANOL
**satirist,** *n.* DYCHANWR, GOGANWR

**satirize,** *v.* DYCHANU, GOGANU
**satisfaction,** *n.* BODLONRWYDD, BODDHAD
**satisfactory,** *a.* BODDHAOL
**satisfy,** *v.* BODLONI, BODDIO, DIWALLU
**satisfying,** *a.* DIGONOL, BODDHAOL
**saturate,** *v.* DIRLENWI, TRWYTHO
**saturated,** *a.* DIRLAWN
**saturation,** *n.* DIRLAWNDER
**Saturday,** *n.* DYDD SADWRN
**Saturn,** *n.* SADWRN
**saturnalian,** *a.* ANFAD, TRYTHYLL
**satyr,** *n.* SATYR
**sauce,** *n.* SAWS, BLASLYN, HAERLLUGRWYDD
**saucepan,** *n.* SOSBAN
**saucer,** *n.* SOSER
**sauciness,** *n.* EHOFNDRA, HAERLLUGRWYDD
**saucy,** *a.* EOFN, EGR, HAERLLUG
**sauna,** *n.* SAWNA
**sausage,** *n.* SOSEJ, SELSIGEN
*sausage roll,* RHOL SOSEJ/SELSIG
**savage,** *n.* ANWARIAD
*a.* ANWAR, FFYRNIG
**savageness,** *n.* FFYRNIGRWYDD, MILEINDRA
**savagery,** *n.* CREULONDEB, BARBAREIDD-IWCH
**savanna,** *n.* SAFANA
**savant,** *n.* DYN DYSGEDIG
**save,** *v.* ARBED, ACHUB, CYNILO
*prp. & c.* ODDIEITHR, OND
**saver,** *n.* ACHUBWR, ACHUBYDD
**saving,** *a.* ACHUBOL, DARBODUS
**savings,** *n.pl.* CYNILION
*n.* YR ARBED
**savings-bank,** *n.* BANC CYNILO
**savings-box,** *n.* BLWCH CYNILO, CADW-MI-GEI
**saviour,** *n.* ACHUBWR/YDD, GWAREDWR, CEIDWAD, IACHAWDWR
**savory,** *n.* SAFRI FACH
**savour,** *n.* SAWR, BLAS
*v.* SAWRU
**savoury,** *n.* BLASUSFWYD
*a.* BLASUS, SAWRUS
**savoy,** *n.* CABETS CRYCH
**saw,** *n.* LLIF, HEN DDYWEDIAD
*v.* LLIFIO
*bandsaw,* CYLCHLIF
*jig saw,* HERCLIF
*sheet saw,* LLIF LEM
*coping saw,* LLIF FWA FACH
**sawdust,** *n.* BLAWD LLIF
**sawmill,** *n.* MELIN LIFIO
**sawyer,** *n.* LLIFIWR
**saxophone,** *n.* SACSOFFÔN
**say,** *v.* DWEUD, DYWEDYD
**saying,** *n.* DYWEDIAD
**scab,** *n.* CRACHEN, SGAB, CLAFR
**scabbard,** *n.* GWAIN
**scabby,** *a.* CRACHLYD
**scabies,** *n.* Y CRAFU
**scabland,** *n.* GARWDIR BASALT
**scaffold,** *n.* CROCBREN
**scaffolding,** *n.* SGAFFALD(I)AU
**scalar,** *n.* SGALAR
**scald,** *n.* LLOSG, SGALDIAD
*v.* SGALDANU, SGALDIO
**scalding,** *a.* BERW, POETH
**scale,** *n.* CLORIAN, TAFOL, GRADDFA, CEN, MAINT
*v.* CLORIANNU, PWYSO, GRADDIO, DIGENNU, DRINGO
*number scale,* GRADDFA RIF
*division of scale,* GRADDEN
*diagonal scale,* GRADDFA GROESLIN
**scalene,** *a.* ANGHYFOCHROG
**scales,** *n.* CLORIAN, TAFOL
**scallop,** *n.* SGOLOP
*v.* SGOLOPIO
**scallywag,** *n.* DIHIRYN, GWALCH
**scalp,** *n.* COPA, CROEN Y PEN
*v.* PENFLINGO
**scalpel,** *n.* SGALPEL
**scaly,** *a.* CENNOG
**scamp,** *n.* CNAF, DIHIRYN
**scamper,** *v.* PRANCIO
**scampi,** *n.* SGAMPI
**scan,** *v.* ARCHWILIO, CORFANNU, SGANIO
**scandal,** *n.* GWARTH, CYWILYDD
**scandalize,** *v.* GWARTHRUDDO
**scandal-monger,** *n.* CLEPGI
**scandalous,** *a.* GWARTHUS, TRAMGWYDDUS
**scanner,** *n.* SGANYDD
**scansion,** *n.* CORFAN(NU)
**scant,** *a.* PRIN, ANAML
**scantiness,** *n.* PRINDER
**scanty,** *a.* PRIN, ANNIGONOL
**scapegoat,** *n.* BWCH DIHANGOL
**scapula,** *n.* SGAPWLA
**scape,** *n.* LLUN, GWEDD
**scar,** *n.* CRAITH
*v.* CREITHIO
**scarce,** *a.* PRIN
**scarcely,** *ad.* BRAIDD, PRIN, O'R BRAIDD
**scarcity,** *n.* PRINDER
**scare,** *n.* DYCHRYN, BRAW, OFN
*v.* DYCHRYNU, BRAWYCHU, TARFU

**scarecrow,** *n.* BWGAN BRAIN, BWBACH
**scared,** *a.* OFNUS
**scaremonger,** *n.* BRAWYCHWR
**scarf,** *n.* SGARFF, CRAFAT
*v.* SGARFFIO
**scarlet,** *a. & n.* YSGARLAD
**scarp,** *n.* SGARP, TARREN
**scarpland,** *n.* SGARPDIR
**scathe,** *v.* ANAFU, NIWEIDIO
**scathing,** *a.* DEIFIOL, MINIOG
**scatter,** *v.* GWASGARU, CHWALU, TAENU
**scattered,** *a.* GWASGAREDIG, AR WASGAR
**scattering,** *n.* GWASGARIAD
**scavenge,** *v.* CARTHYSU
**scavenger,** *n.* CARTHYSYDD
**scenario,** *n.* SENARIO
**scene,** *n.* LLE, MAN, GOLYGFA
**scenery,** *n.* GOLYGFA, SET
**scenic,** *a.* GOLYGFAOL
**scent,** *n.* AROGLAU, TRYWYDD
*v.* AROGLEUO, FFROENI
**sceptic,** *n.* AMHEUWR, SGEPTIG
**sceptical,** *a.* AMHEUGAR
**scepticism,** *n.* AMHEUAETH, SGEPTIGAETH
**sceptre,** *n.* TEYRNWIALEN
**sceptred,** *a.* BRENHINOL, Â THEYRNWIALEN
**schedule,** *n.* ATODLEN, TREFNLEN, RHESTR
**scheme,** *n.* CYNLLUN
*v.* CYNLLUNIO, CYNLLWYNO
**schemer,** *n.* CYNLLWYNWR
**scheming,** *a.* DICHELLGAR
**schism,** *n.* SISM, SGISM
**schismatic,** *a.* RHWYGOL
**schist,** *n.* SCHIST, SGIST
**schizophrenia,** *n.* GWALLGOFRWYDD
**scholar,** *n.* YSGOLHAIG, YSGOLOR
**scholarly,** *a.* YSGOLHEIGAIDD
**scholarship,** *n.* YSGOLHEICTOD, YSGOLORIAETH
**scholastic,** *a.* ADDYSGOL, SGOLASTIG
**scholasticism,** *n.* SGOLASTIGIAETH
**school,** *n.* YSGOL, HAIG (O BYSGOD)
*v.* DYSGU, ADDYSGU
*tertiary school,* YSGOL DRYDYDDOL
*public school,* YSGOL FONEDD
*boarding school,* YSGOL BRESWYL
**schoolhouse,** *n.* YSGOLDY, TŶ YSGOL
**schooling,** *n.* YSGOL, ADDYSG
**schoolmaster,** *n.* ATHRO (YSGOL)
**schoolmistress,** *n.* ATHRAWES
**schooner,** *n.* SGWNER
**sciatica,** *n.* GWYNEGON
**science,** *n.* GWYDDONIAETH, GWYDDOR
**scientific,** *a.* GWYDDONOL
**scientist,** *n.* GWYDDONYDD
**scientology,** *n.* GWYDDONEG
**scintillate,** *v.* FFLACHENNU, SERENNU
**scion,** *n.* IMPYN, ETIFEDD, BLAGURYN
**scission,** *n.* TORIAD
**scissors,** *n.pl.* SISWRN
**sclerosis,** *n.* SGLEROSIS, CALEDIAD
**scoff,** *n.* GWAWD, GWATWAR
*v.* GWAWDIO, GWATWAR
**scoffer,** *n.* GWAWDIWR, GWATWARWR
**scold,** *v.* TAFODI, DWRDIO
*n.* CECREN
**scone,** *n.* SGON
*drop scone,* SGON GYTEW
**scoop,** *n.* SGŴP, LLETWAD
*v.* SGWPIO
**scoot,** *v.* HEGLU
**scooter,** *n.* SGWTER
**scope,** *n.* CWMPAS, LLE, TUEDD
**scorch,** *v.* DEIFIO, RHUDDO
**scorching,** *a.* DEIFIOL
**score,** *n.* SGÔR, RHIC, DYLED, UGAIN
*v.* SGORIO, RHICIO
*raw score,* SGÔR GRAI
**scorer,** *n.* SGORWR
**scorn,** *n.* DIRMYG, GWAWD
*v.* DIRMYGU, GWAWDIO
**scorner,** *n.* DIRMYGWR, GWAWDIWR
**scornful,** *a.* DIRMYGUS, GWAWDLYD
**scorpion,** *n.* SGORPION
**Scot,** *n.* ALBANWR, SGOTYN
*Scotch eggs,* WYAU SGOTYN/SELSIG
**Scotland,** *n.* YR ALBAN, SGOTLAND
**scot-free,** *a.* DI-GOSB, HEB NIWED
**scoundrel,** *n.* DIHIRYN, ADYN, CNAF
**scour,** *n.* SGWRIAD
*v.* SGWRIO
**scourer,** *n.* SGWRIWR
**scourge,** *n.* FFLANGELL, CHWIP, PLA
*v.* FFLANGELLU, CHWIPIO
**scout,** *n.* SGOWT
*v.* SGOWTIO
**scowl,** *n.* CUWCH, GWG
*v.* CUCHIO, GWGU
**scowling,** *a.* CUCHIOG, GWGUS
**scrag,** *n.* SGRAG, GWDDF
**scragginess,** *n.* TENEUWCH
**scraggy,** *a.* TENAU, ESGYRNOG
**scramble,** *n.* YSGARMES
*v.* SGRAMBLO
**scrambled,** *a.* TAMEIDIOG
*scrambled egg,* CYMYSGWY, WY SGRAMBL

**scrap,** *n.* TAMAID, SGRAP, ATBOR
**scrapbook,** *n.* LLYFR LLOFFION
**scrape,** *n.* CRAFIAD, HELBUL
*v.* CRAFU, SGRAFELLU, RHYGNU
**scraper,** *n.* CRAFWR, SGRAFELL, CRAFELL
**scrapie,** *n.* YSFA
**scrapings,** *n.pl.* CREIFION, CRAFION
**scrappy,** *a.* DIGYSWLLT
**scratch,** *n.* CRAFIAD, CRIP(IAD), COSIAD
*v.* CRAFU, CRIPIO
**scratchy,** *a.* ANNIBEN, YN CRAFU
**scrawl,** *v.* SGRIBLAN
**scream,** *n.* GWAEDD, SGRECH
*v.* GWEIDDI, SGRECHIAN
**scree,** *n.* SGRI
**screech,** *n.* SGRECH
*v.* SGRECHIAN
**screen,** *n.* SGRIN, CYSGOD
*v.* DIDOLI, CYSGODI
*rood screen,* SGRIN Y GROG
**screw,** *n.* SGRIW
*v.* SGRIWIO
*cheesehead screw,* SGRIW BENCOSYN
*grub screw,* SGRIW DDIGOPA
*screw wrench,* TYNDRO SGRIW
*drunken screw,* SGRIW GAM
*lead screw,* SGRIW DYWYS
**screwdriver,** *n.* TYRNSGRIW
*offset screwdriver,* TYRNSGRIW ATREDOL
*posidrive screwdriver,* TYRNSGRIW POSIDREIF
**scribble,** *n.* (Y)SGRIBL
*v.* (Y)SGRIBLAN
**scribbler,** *n.* (Y)SGRIBLWR
**scribe,** *n.* YSGRIFENNYDD
*v.* (Y)SGRIFELLU
**scriber,** *n.* (Y)SGRIFELL, SGRIFELLWR
*scribing block,* MEDRYDD ARWYNEB
**scrimp,** *v.* BOD YN BRIN, CRINTACHU
**scrip,** *n.* SGRIP, SGREPAN
**script,** *n.* LLAWYSGRIF, SGRIPT
**scriptural,** *a.* YSGRYTHUROL
**scripture,** *n.* YSGRYTHUR, Y BEIBL
**scroll,** *n.* SGRÔL
**scrotum,** *n.* SGROTWM, PWRS, CEILLGWD
**scrub,** *n.* SGRWBIAD, PRYSG
*v.* SGRWBIO, SGWRIO
**scrubland,** *n.* TIR PRYSG
**scruff,** *n.* GWAR, GWEGIL
**scrum,** *n.* SGRYM
*v.* SGRYMIO
**scrumptious,** *a.* CAMPUS, HYFRYD
**scruple,** *n.* PETRUSTER
*v.* PETRUSO
**scrupulous,** *a.* GOFALUS, MANWL
**scrupulousness,** *n.* GOFAL, MANYLDER
**scrutineer,** *n.* ARCHWILIWR
**scrutinize,** *v.* ARCHWILIO
**scrutiny,** *n.* ARCHWILIAD
**scuffle,** *n.* & *v.* YMGIPRYS
**scull,** *n.* SGWL
*v.* SGWLIO, RHODLI
**sculler,** *n.* SGWLIWR
**scullery,** *n.* CEGIN GEFN/FACH
**sculptor,** *n.* CERFLUNYDD
**sculpture,** *n.* CERFLUNIAETH
*v.* CERFLUNIO
**scum,** *n.* SGUM, SOROD
*v.* SGUMIO
**scurf,** *n.* CEN, MARWDON
**scurfy,** *a.* CENNOG
**scurrility,** *n.* DIFRÏAETH, SERTHEDD
**scurrilous,** *a.* DIFRÏOL
**scurvy,** *n.* Y LLWG, CLEFRI POETH
**scutage,** *n.* YSGWYTRETH
**scutcheon,** *n.* PAIS ARFAU
**scutellum,** *n.* SGWTELWM
**scuttle,** *v.* SUDDO LLONG
*n.* BWCED GLO
**scutum,** *n.* TARIAN, PADELL PEN-GLIN
**scythe,** *n.* PLADUR
*v.* PLADURO
**sea,** *n.* MÔR
**sea-angling,** *v.* MÔR-ENWEIRIO
**seaboard,** *n.* MORLAN, GLAN Y MÔR
**sea-captain,** *n.* CAPTEN LLONG
**seacoast,** *n.* ARFORDIR
**seafarer,** *n.* MORWR
**seafaring,** *a.* MORDWYOL
**seagull,** *n.* GWYLAN
**sea-holly,** *n.* MÔR-GELYN
**sea-horse,** *n.* MORFARCH
**seal,** *n.* MORLO, SELNOD, SÊL
*v.* SELIO, CADARNHAU
**sealing,** *n.* SELIAD
**sealing-wax,** *n.* CWYR SELIO
**seam,** *n.* GWRYM, SÊM, GWYTHÏEN
*v.* TROSBWYTHO
*overfolded seam,* SÊM ORLAP
*piped seams,* SEMAU PEIP
**seaman,** *n.* MORWR, LLONGWR
**seamanship,** *n.* MORWRIAETH
**seamed,** *a.* GWRYMIOG
**sea-mew,** *n.* GWYLAN
**seamless,** *a.* DI-WNÏAD

**seamstress,** *n.* GWNIADYDDES, GWNIADWRAIG
**seamy,** *a.* ANNYMUNOL
**seance,** *n.* SEAWNS
**sea-plane,** *n.* AWYREN FÔR
**seaport,** *n.* TREF BORTHLADD
**seaquake,** *n.* MORGRYN
**sear,** *n.* SYCH, CRIN
*v.* SERIO
**search,** *n.* CHWILIAD
*v.* CHWILIO
**searcher,** *n.* CHWILIWR
**searching,** *a.* TREIDDIOL, CRAFF
**searchlight,** *n.* CHWILOLAU
**seascape,** *n.* MORLUN
**sea-shell,** *n.* CRAGEN FÔR
**seashore,** *n.* GLAN Y MÔR, TRAETH
**seasickness,** *n.* SALWCH Y MÔR
**seaside,** *n.* GLAN Y MÔR
**season,** *n.* TYMOR, AMSER
*v.* SESNO, SYCHU, BLASU
**seasonable,** *a.* TYMHORAIDD
**seasonal,** *a.* AMSEROL, TYMHOROL
**seasoning,** *n.* SESNIN
**seat,** *n.* SEDD, SÊT
*v.* SEDDU, EISTEDD, DAL
*reserved seat,* SEDD GADW
**sea-wall,** *n.* MORGLAWDD
**seaward,** *ad.* ATFOR, TUA'R MÔR
**seaway,** *n.* MORFFORDD
**seaweed,** *n.* GWYMON
**seaworthy,** *a.* ADDAS I'R MÔR
**sebaceous,** *a.* SEBACUS
**secant,** *n.* SECANT
**secateurs,** *n.pl.* GWELLAU
**secede,** *v.* TORCYSYLLTU, YMNEILLTUO
**seceder,** *n.* YMNEILLTUWR, ENCILIWR
**secession,** *n.* TORCYSWLLT, YMNEILLTUAD
**sech,** *n.* SECH
**seclude,** *v.* NEILLTUO
**secluded,** *a.* NEILLTUEDIG, DIARFFORDD
**seclusion,** *n.* NEILLTUAETH, UNIGRWYDD
**second,** *n.* EILIAD, EILYDD, EILFED
*a.* AIL
*v.* EILIO, CEFNOGI, SECONDIO
**secondary,** *a.* EILRADD, UWCHRADD, EILAIDD
*secondary thickening,* TEWYCHU EILAIDD
**second-best,** *a.* AILORAU
**second-hand,** *a.* AIL-LAW
**seconder,** *n.* EILIWR, CEFNOGWR
**secondment,** *n.* SECONDIAD
**second-nature,** *n.* AILNATUR
**second-rate,** *a.* AILRADDOL
**seconds,** *n.pl.* CYNHEILIAID
**secrecy,** *n.* CYFRINACH
**secret,** *n.* CYFRINACH
*a.* CUDD, DIRGEL, ARGEL
**secretarial,** *a.* YSGRIFENYDDOL
**secretariat,** *n.* YSGRIFENYDDIAETH, SWYDDFA
**secretary,** *n.* YSGRIFENNYDD
**secretaryship,** *n.* YSGRIFENYDDIAETH
**secrete,** *v.* CELU, SECRETU
**secretion,** *n.* CHWARENLIF, CRONLIF, SECRETIAD
**secretive,** *a.* YN CELU, TAWEDOG
**secretiveness,** *n.* TAWEDOGRWYDD
**sect,** *n.* SECT, ENWAD
**sectar,** *n.* SECTYDD
**sectarian,** *a.* ENWADOL, CUL
**sectarianism,** *n.* SECTYDDIAETH
**sectary,** *n.* SECTYDD
**section,** *n.* ADRAN, TRYCHIAD, TORIAD
*v.* TORIANNU
*right section,* TORIAD UNION
*conic section,* TRYCHIAD CONIG
*cross section,* CROESDORIAD
*transverse section,* TRYCHIAD TRAWSLIN
**sectional,** *a.* ADRANNOL, TRYCHIADOL
*sectional drawing,* TRYCHLUN
*sectional lines,* LLINELLAU TRYCHU
**sectism,** *n.* SECTYDDIAETH
**sector,** *n.* SECTOR
**secular,** *a.* SECWLAR, BYDOL
**secularism,** *n.* SECWLARIAETH, BYDOLRWYDD
**secularist,** *n.* SECWLARYDD, BYDOLYN
**secularize,** *v.* SECWLAREIDDIO, BYDOLI
**secure,** *a.* DIOGEL, SICR
*v.* DIOGELU, SICRHAU
**security,** n. DIOGELWCH, SICRWYDD, ERNES, GWARANT
*government security,* GWARANT Y LLYWODRAETH
*social security,* NAWDD CYMDEITHASOL
**sedate,** *a.* TAWEL, LLONYDD
**sedateness,** *n.* TAWELWCH, DIFRIFOLDEB
**sedation,** *n.* SEDATIFEDD
**sedative,** *n.* SEDATIF, LLEDDFOLYN
**sedentary,** *a.* EISTEDDOL
**sedge,** *n.* HESG
**sediment,** *n.* GWADDOD, GWAELODION
**sedimentary,** *a.* GWADDODOL
**sedimentation,** *n.* GWADDODIAD

**sedition,** *n.* TERFYSGIAD
**seditious,** *a.* TERFYSGLYD
**seduce,** *v.* DENU, CAMARWAIN
**seducer,** *n.* HUDWR, LLITHIWR
**seduction,** *n.* LLITHIAD, CAMARWEINIAD
**seductive,** *a.* LLITHIOL, DENIADOL
**sedulous,** *a.* DYFAL, DIWYD
**sedulousness,** *n.* DYFALWCH, DIWYD-RWYDD
**see,** *n.* ESGOBAETH
*v.* GWELED, CANFOD
**seed,** *n.* HAD, HEDYN, EPIL
*v.* HADU
*seed loaf,* BARA CARWE
*seed stock,* HAD SAFONOL
**seed-corn,** *n.* HADYD, LLAFUR HAD
**seediness,** *n.* SALWCH
**seedling,** *n.* PLANHIGYN IEUANC
**seedsman,** *n.* GWERTHWR HADAU
**seedy,** *a.* LLAWN HADAU, SÂL, ANHWYLUS
**seeing,** *c.* GAN, YN GYMAINT Â
**seek,** *n.* YMOFYNIAD
*v.* YMOFYN, CHWILIO, ARGEISIO, CEISIO
*seek time,* AMSER YMOFYN
**seeker,** *n.* YMOFYNNYDD, CHWILIWR
**seem,** *v.* YMDDANGOS
**seeming,** *a.* YMDDANGOSIADOL
**seemingly,** *ad.* AR YR OLWG GYNTAF
**seemliness,** *n.* GWEDDUSTER
**seemly,** *a.* GWEDDUS, ADDAS
**seep,** *v.* TRYDDIFERU, GOLLWNG
**seepage,** *n.* TRYDDIFERIAD
**seer,** *n.* GWELEDYDD
**see-saw,** *n.* SIGLENYDD
**seethe,** *v.* BERWI, BYRLYMU
**seething,** *n.* BERW, BWRLWM
*a.* BERWEDIG, CYFFROUS
**segment,** *n.* SEGMENT, DARN, BYS
*v.* SEGMENTU
**segmentation,** *n.* SEGMENTIAD
**segregate,** *v.* DIDOLI, GWAHANU, ARWAHANU
**segregation,** *n.* DIDOLIAD, GWAHANIAD
**segregationist,** *n.* DIDOLWR
**seignorial,** *a.* ARGLWYDDIAETHOL
**seignory,** *n.* ARGLWYDDIAETH
**seisin,** *n.* SEISIN
**seismic,** *a.* SEISMIG
**seismograph,** *n.* SEISMOGRAFF
**seismology,** *n.* SEISMOLEG
**seize,** *v.* GAFAEL, YMAFLYD, DAL
*to seize the opportunity,* ACHUB Y CYFLE
**seizure,** *n.* YMAFLIAD, DALIAD, STRÔC
**seldom,** *ad.* ANFYNYCH, ANAML
**select,** *a.* DEWIS, DETHOL
*v.* DEWISOL, DETHOL
**selection,** *n.* DEWISIAD, DETHOLIAD
**selective,** *a.* DETHOLUS, DETHOLIADOL
*pre-selective,* RHAGDDETHOLUS
*selective employment tax,* TRETH GYFLOGI DETHOL
**selectivity,** *n.* DETHOLEDD
**self,** *pn. & n.* HUN(AN)
*prx.* HUNAN-, YM-
**self-acting,** *a.* HUNANWEITHREDOL
*v.* HUNANWEITHREDU
**selfactivity,** *n.* HUNANACTIFEDD
**self-adhesive,** *a.* ADLYN(OL)
**selfassertion,** *n.* YMHONIAD, YMWTHIAD
**self-centredness,** *n.* HUNANGANOLRWYDD
**self-complacency,** *n.* HUNANFODDHAD
**self-conceit,** *n.* HUNAN-DYB
**self-concept,** *n.* HUNAN-SYNIAD
**self-confidence,** *n.* HUNANHYDER
**self-conscious,** *a.* HUNANYMWYBODOL
**self-consciousness,** *n.* HUNANYMWYBYDD-IAETH, SWILDOD
**self-contained,** *a.* ANNIBYNNOL, TAWEDOG
**self-contradiction,** *n.* YMWRTHEBIAD
**self-control,** *n.* HUNANLYWODRAETH
**self-defence,** *n.* HUNANAMDDIFFYNIAD
**self-denial,** *n.* HUNANYMWADIAD
**self-depreciation,** *n.* HUNANDDIBRISIAD
**self-determination,** *n.* YMBENDERFYNU, HUNANBENDERFYNIAETH
**self-development,** *n.* HUNANDDATBLYG-IAD
**self-evident,** *a.* YMWIRIOL
**self-examination,** *n.* HUNANYMHOLIAD
**self-fertilization,** *n.* HUNANFFERTILEIDD-IAD
**self-government,** *n.* YMREOLAETH
**selfhood,** *n.* HUNANIAETH
**selfish,** *a.* HUNANOL
**self-interest,** *n.* HUNAN-LES
**self-love,** *n.* HUNANGARIAD
**self-pollination,** *n.* HUNANBEILLIAD
**self-possessed,** *a.* HUNANFEDDIANNOL
**self-preservation,** *n.* HUNANGADWRAETH
**self-raising,** *a.* CODI
**self-regarding,** *a.* HUNANGYFEIRIOL
**self-respect,** *n.* HUNAN-BARCH
**self-righteous,** *a.* HUNANGYFIAWN
**self-sacrifice,** *n.* HUNANABERTH
**selfsame,** *a.* YR UN, YR UNRHYW
**self-satisfied,** *a.* HUNANDDIGONOL

**self-service,** *n.* HUNANWASANAETH
**self-sufficiency,** *n.* HUNANDDIGONEDD
**self-sufficient,** *a.* HUNANDDIGONOL, HY, EOFN
**self-tapping,** *a.* HUNANDAPIO
**self-will,** *n.* HUNANUSRWYDD
**self-willed,** *a.* HUNANUS, YSTYFNIG
**sell,** *v.* GWERTHU, BRADYCHU, SIOMI
*n.* SIOM, TWYLL
**seller,** *n.* GWERTHWR
**sellotape,** *n.* SELOTÂP
**selva,** *n.* SELFA
**selvedge,** *n.* SELFAIS, YMYLWE
**semantics,** *n.pl.* SEMANTEG
**semaphore,** *n.* SEMAFFOR
**semblance,** *n.* TEBYGRWYDD, RHITH
**semen,** *n.* SEMEN
**semi-,** *px.* HANNER-, GO-, LLED-, SEMI-
**semibreve,** *n.* HANNER BRIF
**semi-chorus,** *n.* RHANGOR
**semicircle,** *n.* HANNER CYLCH
**semicolon,** *n.* HANNER COLON
**semi-conductor,** *n.* LLED-DDARGLUDYDD
**semi-detached,** *a.* SEMI, HANNER, LLED, GO
*semi-detached house,* GEFELLDY, TŶ PÂR
**semi-elliptic,** *a.* HANNER ELIPTIG, HANNER HIRGRWN
**semi-final,** *a.* CYNDERFYNOL
**seminal,** *a.* SEMINAIDD
**seminar,** *n.* SEMINAR
**seminary,** *n.* ADDYSGFA
**semination,** *n.* HEUAD, HADIAD
**semi-permanent,** *a.* HANNER-ARHOSOL
**semiquaver,** *n.* HANNER CWAFER
**semitone,** *n.* HANNER-TÔN
**semi-vertical,** *a.* SEMI-FERTIGOL
**semivowel,** *n.* LLEDLAFARIAD
**semolina,** *n.* SEMOLINA
**senate,** *n.* CYNGRES, SENEDD
**senator,** *n.* CYNGHRESYDD, SENEDDWR
**senatorial,** *a.* CYNGHRESOL, SENEDDOL
**send,** *v.* ANFON, GYRRU, DANFON
**sender,** *n.* ANFONWR
**seneschal,** *n.* SYNYSGOL
**senile,** *a.* OEDRANNUS, HEN, METHEDIG
**senility,** *n.* HENAINT, METHIANT
**senior,** *a.* HŶN, UWCH, UCHAF
**seniority,** *n.* HENORIAETH, BLAENORIAETH
**sensation,** *n.* IAS, SYNHWYRIAD
**sensational,** *a.* IASOL, CYFFROUS
**sensationalism,** *n.* SYNHWYRIADAETH
**sense,** *n.* SYNNWYR, YSTYR, CYFEIRIAD (maths)
*v.* SYNHWYRO
**senseless,** *a.* DISYNNWYR, HURT
**sensibility,** *n.* SYNWYRIADRWYDD
**sensible,** *a.* SYNHWYROL
**sensitive,** *a.* SENSITIF, SYNHWYRUS, TEIMLADUS, HYDEIML
**sensitivity,** *n.* SENSITIFEDD
**sensory,** *a.* SYNHWYRAIDD
**sensual,** *a.* CNAWDOL, TRYTHYLL
**sensualism,** *n.* CNAWDOLRWYDD
**sensualist,** *n.* CNAWDOLYN
**sensuality,** *n.* CNAWDOLRWYDD
**sensuous,** *a.* SYNHWYRUS, TEIMLADOL
**sentence,** *n.* BRAWDDEG, DEDFRYD
*v.* DEDFRYDU
*suspended sentence,* DEDFRYD OHIRIEDIG
**sententious,** *a.* PWYSIG, FFURFIOL
**sentiment,** *n.* SENTIMENT, YMDEIMLAD
**sentimental,** *a.* TEIMLADOL
**sentimentalism,** *n.* SENTIMENTALIAETH
**sentimentality,** *n.* TEIMLADRWYDD
**sentinel,** *n.* GWYLIWR, GWYLIEDYDD
**sentinence,** *n.* SYNIANT
**sentry,** *n.* GWYLIWR
**sepal,** *n.* SEPAL
**separable,** *a.* GWAHANADWY
**separate,** *a.* GWAHANOL
*v.* GWAHANU, DIDOLI, YMRANNU
**separated,** *a.* GWAHANEDIG
**separately,** *ad.* AR WAHÂN
**separateness,** *n.* GWAHANOLRWYDD
**separates,** *n.pl.* GWAHANION
**separation,** *n.* GWAHANIAD, DIDOLIAD
**separatism,** *n.* YMWAHANIAETH
**separatist,** *n.* YMWAHANWR
**sepia,** *a.* GWINAU
**September,** *n.* MEDI
**septet,** *n.* SEITHAWD
**septic,** *a.* SEPTIG
**septicaemia,** *n.* GWENWYNIAD GWAED
**septum,** *n.* GWAHANFUR
**sepulchre,** *n.* BEDD(ROD)
**sepulture,** *n.* CLADDEDIGAETH
**sequel,** *n.* CANLYNIAD
**sequence,** *n.* DILYNIANT, OLYNIAETH, RHEDIAD
**sequential,** *a.* DILYNOL, CANLYNOL
**sequester,** *v.* GORFODOGI
**sequestered,** *a.* NEILLTUEDIG
**sequestor,** *n.* GORFODOGWR
**sequestration,** *n.* GORFODOGAETH
**sequin,** *n.* SECWIN
**seraph,** *n.* SERAFF

**seraphic,** *a.* SERAFFAIDD
**sere,** *a.* CRIN
**serenade,** *n.* SERENÂD, NOSGAN
**serene,** *a.* TAWEL, ARAUL, TEG
**serenity,** *n.* TAWELWCH, SIRIOLDEB
**serf,** *n.* TAEOG
**serfdom,** *n.* TAEOGAETH
**serge,** *n.* BRETHYN GWRYMIOG
**sergeant,** *n.* SARSIANT, RHINGYLL
**sergeant-major,** *n.* UWCH-SARSIANT
**sergeanty,** *n.* SARSIANTAETH
**serial,** *n.* CYFRES
*a.* CYFRESOL
**serialism,** *n.* RHESYDDIAETH
**seriatim,** *ad.* O'R BRON, YN OLYNOL
**seriation,** *n.* CYFRESIAD
**sericulture,** *n.* SIDANIAETH
**series,** *n.* CYFRES, RHES
**serious,** *a.* DIFRIF(OL)
**seriousness,** *n.* DIFRIFWCH, DIFRIFOLDEB
**sermon,** *n.* PREGETH
**sermonette,** *n.* PREGETH FER
**serpent,** *n.* SARFF
**serpentine,** *a.* DOLENNOG
**serrated,** *a.* DANHEDDOG
**serried,** *a.* CLÒS, OCHR YN OCHR
**serum,** *n.* SERWM
**servant,** *n.* GWAS, MORWYN
*civil servant,* GWAS SIFIL
**serve,** *n.* SERFIAD
*v.* GWASANAETHU, GWEINI, SERFIO
**server,** *n.* SERFIWR, HAMBWRDD
**service,** *n.* GWASANAETH, OEDFA, LLESTRI, SERFIAD
*let service,* SERFIAD LET
**serviceable,** *a.* GWASANAETHGAR, DEFNYDDIOL
**serviette,** *n.* NAPCYN
**servile,** *a.* GWASAIDD, TAEOGAIDD
**servility,** *n.* GWASEIDD-DRA
**servitor,** *n.* GWAS, DILYNWR
**servitude,** *n.* CAETHIWED, GWASANAETH
**session,** *n.* SESIWN, EISTEDDIAD, BLWYDDYN (GOLEGOL)
**sestet,** *n.* CHWEBAN
**set,** *n.* SET
*v.* TREFNU, SETIO, GOSOD, DODI, SADIO, MACHLUD, ANNOS
*a.* FFURFIOL, SET
*set out,* CYCHWYN, TRAETHU
*null set,* SET WAG
*sub set,* IS-SET
**set-back,** *n.* ATALFA
**seton,** *n.* SETWN
**set-square,** *n.* SGWARYN
**sett,** *n.* SET
**settee,** *n.* SETL, GLWTH
**setter,** *n.* CI HELIWR
**setting,** *n.* GOSODIAD, LLEOLIAD, SET, MACHLUDIAD
**settle,** *n.* SETL, SGIW
**settle,** *v.* ANHEDDU, SEFYDLU, PENDERFYNU, TALU, SETLO, CYTUNO
**settled,** *a.* SEFYDLOG
**settlement,** *n.* ANNEDD, SETLIAD, TÂL
**settler,** *n.* ANHEDDWR, GWLADYCHWR
**seven,** *n.* SAITH
*seven-a-side,* SAITH BOB OCHR
**seventeen,** *a.* DAU (DWY) AR BYMTHEG, UN DEG SAITH
**seventy,** *a.* DEG A THRIGAIN, SAITH DEG
**sever,** *v.* TORRI, GWAHANU
**several,** *a.* AMRYW
**severally,** *ad.* BOB YN UN
**severance,** *n.* GWAHANIAD, DATGYSYLLTIAD
**severe,** *a.* CALED, GERWIN, TOST, LLYM
**severity,** *n.* LLYMDER, GERWINDEB
**sew,** *v.* GWNÏO, PWYTHO
**sewage,** *n.* CARTHFFOSIAETH, CARTHION
**sewer,** *n.* CARTHFFOS
**sewerage,** *n.* CARTHFFOSIAETH
**sewin,** *n.* GWYNIEDYN, GLEISIAD, PENLLWYD
**sewing-machine,** *n.* PEIRIANT GWNÏO
**sex,** *n.* RHYW
*sex-determination,* PENDERFYNAETH RHYW
*sex linkage,* CYSYLLTEDD RHYW
*sex ratio,* CYMHAREB Y DDEURYW
**sex-education,** *n.* ADDYSG RHYW
**sexist,** *n.* RHYWWR, RHYWYDD
**sextant,** *n.* SECSTANT
**sextet,** *n.* CHWECHAWD
**sextig,** *a.* SECSTIG
**sexton,** *n.* CLOCHYDD, TORRWR BEDDAU
**sexual,** *a.* RHYWIOL
*sexual intercourse,* CYFATHRACH RYWIOL
*latent sexuality,* RHYWIOLDEB CÊL
**sexuality,** *n.* RHYWIOLDEB
**shabby,** *a.* AFLÊR, ANNIBEN
**shack,** *n.* CABAN
**shackle,** *n.* GEFYN
*v.* GEFYNNU
**shade,** *n.* CYSGOD, ARLLIW, CYSGODLEN, GWAWR

*v.* CYSGODI, ARLLIWIO, TYWYLLU, GRADDLIWIO
*light and shade,* TYWYLL A GOLAU
**shading,** *n.* TYWYLLWCH (AM LUN)
**shadow,** *n.* CYSGOD, RHITHYN
*v.* CYSGODI, DILYN
**shadowy,** *a.* CYSGODOL, RHITHIOL
**shady,** *a.* CYSGODOL, AMHEUS
**shaft,** *n.* GWERTHYD, SIAFFT, PLAID
**shafting,** *n.* GWERTHYD
**shaggy,** *a.* BLEWOG, GARW
**shake,** *n.* YSGYDWAD, SIGLAD, SIGLNOD (CERDDORIAETH)
*v.* YSGWYD, SIGLO
*shake-proof washer,* WASIER WRTHGRYN
**shaking,** *n.* YSGYDWAD, SIGLAD
**shaky,** *a.* ANSAD, CRYNEDIG
**shale,** *n.* SIÂL, EISIN
**shallots,** *n.pl.* SIALOTS, SIBWNS
**shallow,** *a.* BAS
*n.* BASDDWR, BEISTON
**shallowness,** *n.* BASTER
**sham,** *a.* FFUG(IOL), GAU
*v.* FFUGIO
**shambles,** *n.pl.* GALANASTRA
**shame,** *n.* CYWILYDD, ACHLOD, GWARTH
*v.* CYWILYDDIO
**shamefaced,** *a.* SWIL, GWYLAIDD
**shameful,** *a.* CYWILYDDUS, GWARTHUS
**shameless,** *a.* DIGYWILYDD, EOFN
**shamelessness,** *n.* DIGYWILYDD-DRA, HAERLLUGRWYDD
**shampoo,** *n.* SIAMPŴ
*v.* SIAMPŴO
**shandygaff,** *n.* CWRW SINSIR
**shank,** *n.* COES, GAR, GARAN
**shanty,** *n.* SIANTI
**shape,** *n.* FFURF, SIÂP
*v.* FFURFIO, SIAPIO
**shapeless,** *a.* AFLUNIAIDD, DI-LUN
**shapeliness,** *n.* LLUNIEIDD-DRA, GOSGEIDDRWYDD
**shapely,** *a.* LLUNIAIDD, GOSGEIDDIG
**shaper,** *n.* PEIRIANT LLUNIO
**share,** *n.* RHAN, CYFRAN, CYFRANDDALIAD
*v.* CYDRANNU, RHANNU
*equity share,* SODDGYFRANDDALIAD
*preference shares,* CYFRANNAU BLAEN
**shareholder,** *n.* CYFRANDDALIWR
**sharer,** *n.* RHANNWR, CYFRANOGWR
**shark,** *n.* SIARC, MORGI
**sharp,** *n.* LLONNOD
*a.* LLYM, MINIOG, AWCHLYM, SIARP
**sharpen,** *v.* HOGI, AWCHU, AWCHLYMU, MINIO
**sharpener,** *n.* MINELL, MINYDD
**sharpening bevel,** *n.* BEFEL HOGI
**sharper,** *n.* TWYLLWR
**sharpness,** *n.* LLYMDER, AWCH
**sharpshooter,** *n.* SAETHWR DA
**shatter,** *v.* DRYLLIO, CHWILFRIWIO
**shatters,** *n.pl.* CANDRYLL, YFFLON, TEILCHION
**shave,** *n.* EILLIAD
*v.* EILLIO
**shaver,** *n.* EILLIWR, RASEL
**shavings,** *n.pl.* NADDION
**shawl,** *n.* SIÔL
**shawm,** *n.* SHAWM
**she,** *pn.* HI, HYHI, HITHAU
**sheaf,** *n.* YSGUB
**shear,** *n.* CROESWASGIAD, SIÊR
*v.* CROESWASGU, LLAFNU, SIERO, CNEIFIO
**shearer,** *n.* CNEIFIWR
**shearing,** *n.* CNEIFIAD
*a.* CROESRYM
*shearing machine,* GILOTIN
**shearling,** *n.* HESBIN
**shears,** *n.* GWELLAIF
*pinking shears,* GWELLAIF PINCIO
**sheath,** *n.* GWAIN
*contraceptive sheath,* MANEG ATAL CENHEDLU
**sheathe,** *v.* GWEINIO
**sheathing,** *n.* GWEINIAD
**sheave,** *v.* RHWYMO
**shed,** *n.* SIED, PENTY
*v.* TYWALLT, DIOSG
**sheen,** *n.* LLEWYRCH, GWAWR
**sheep,** *n.* DAFAD
*oestrum sheep,* DAFAD YN RHYDIO/MAHARENNA
**sheepcote,** *n.* CORLAN, FFALD
**sheepdog,** *n.* CI DEFAID
**sheepfold,** *n.* CORLAN, FFALD, LLOC
**sheepish,** *a.* SWIL, GWYLAIDD
**sheepwalk,** *n.* FFRIDD, RHOSFA
**sheer,** *a.* PUR, NOETH, SERTH
*v.* GWYRO
**sheet,** *n.* LLEN, LLIAIN, TAFLEN, DALEN, CYNFAS
*work sheet,* TAFLEN GWAITH
**sheet-anchor,** *n.* PRIF ANGOR
**sheet-metal,** *n.* LLENFETEL
**shekel,** *n.* SICL
**shelf,** *n.* SILFF, ASTELL, SGRAFELL

**shell,** *n.* CRAGEN, PLISGYN, MASGL, SIÈL
*v.* MASGLU, TANIO, SIELIO
**shell-fish,** *n.* PYSGOD CREGYN
**shellac,** *n.* SIELAC
**shelly,** *a.* CREGYNNOG
**shelter,** *n.* CYSGOD(FA), LLOCHES, CLYDWR
*v.* CYSGODI, LLOCHESU
**shelve,** *v.* GOSOD SILFFOEDD, GOSOD O'R NEILLTU, GOLEDDU
**shepherd,** *n.* BUGAIL
*v.* BUGEILIO
**shepherdess,** *n.* BUGEILES
**sheriff,** *n.* SIRYF
**sherry,** *n.* SIERI
**shewbread,** *n.* BARA GOSOD
**shibboleth,** *n.* SHIBOLETH
**shield,** *n.* TARIAN, TARIANDIR
*v.* CYSGODI, AMDDIFFYN
**shift,** *n.* NEWID, SHIFFT, CAM, SYMUDIAD, STEM
*v.* SYMUD, YMDOPI
**shiftless,** *a.* DIDORETH
**shifty,** *a.* DI-DDAL, ANWADAL
**shilling,** *n.* SWLLT
**shilly-shally,** *v.* ANWADALU, GWAMALU
**shim,** *n.* SIM
**shimmer,** *v.* TYWYNNU
**shin,** *n.* CRIMOG, COES LAS
**shindy,** *n.* TERFYSG, HELYNT, MWSTWR
**shine,** *n.* SGLEIN, LLEWYRCH
*v.* SGLEINIO, TYWYNNU
**shingle,** *n.* GRAEAN BRAS, PEITHYNEN
**shingles,** *n.pl.* YR ERYR(OD)
**shining,** *a.* CLAER, DISGLAIR
**shiny,** *a.* GLOYW, DISGLAIR
**ship,** *n.* LLONG
*v.* LLONGIADU
*ship agency,* ASIANTAETH LLONGAU
**shipbuilder,** *n.* SAER LLONGAU
**shipmate,** *n.* CYD-FORWR
**shipment,** *n.* LLWYTH, CARGO, LLONGIAD
**shipper,** *n.* LLONGIADWR
**shipping,** *n.* LLONGAU (GWLAD)
**shipshape,** *a.* TACLUS, TREFNUS
**shipwreck,** *n.* LLONGDDRYLLIAD
**shipwright,** *n.* SAER LLONGAU
**shipyard,** *n.* IARD LONGAU
**shire,** *n.* SIR, SWYDD
**shirk,** *v.* OSGOI, GOCHEL
**shirker,** *n.* OSGÖWR, DIOGYN
**shirr,** *v.* CYGRYCHU
**shirt,** *n.* CRYS
**shiver,** *n.* ACHRYD, CRYNDOD, YSGRYD, DARN
*v.* ACHRYNU, CRYNU, CHWILFRIWIO
**shivered,** *a.* CHWILFRIW, TEILCHION
**shivery,** *a.* CRYNEDIG, RHYNLLYD
**shoal,** *n.* HAIG, BASLE
*v.* HEIGIO
**shock,** *n.* SIOC, CNWD, YSGYTIAD
*v.* CAEL/RHOI SIOC, BRAWYCHU
*shock absorber,* SIOC LADDWR
**shocking,** *a.* ARSWYDUS, YSGYTIOL
**shoddy,** *n.* BRETHYN EILBAN
*a.* GWAEL
**shoe,** *n.* ESGID, PEDOL
*v.* GWISGO ESGIDIAU, PEDOLI
**shoehorn,** *n.* SIESBIN, SIASBI
**shoelace,** *n.* CARRAI/LASEN ESGID
**shoemaker,** *n.* CRYDD
**shoemaking,** *n.* CRYDDIAETH
**shoer,** *n.* PEDOLWR
**shoot,** *n.* BLAGURYN, CYFFYN, SAETHFA
*v.* BLAGURO, EGINO, SAETHU
**shooter,** *n.* SAETHWR, ERGYDIWR
**shop,** *n.* SIOP, GWEITHDY
*v.* SIOPA
*self-service shop,* SIOP HELPU'CH HUNAN
*pawn shop,* SIOP WYSTLO
*cash and carry shop,* SIOP TALU A CHLUDO
*mobile shop,* SIOP AR GLUD/ SYMUDOL
**shopkeeper,** *n.* SIOPWR
**shoplifter,** *n.* SIOPLEIDR
**shoplifting,** *n.* SIOPLADRAD
**shopper,** *n.* PRYNWR, PWRCASWR
**shopwalker,** *n.* GORUCHWYLIWR
**shore,** *n.* TRAETH, ATEG
*dead shore,* ATEG FANWL
**shoreline,** *n.* TRAETHLIN
**short,** *a.* BYR, CWTA, PRIN, DIFFYGIOL
**shortage,** *n.* PRINDER, DIFFYG
**shortbread,** *n.* TEISEN ABERFFRO, BARA BYR
**short-circuit,** *n.* CYLCHED FER/BWT
*v.* PWTGYLCHEDU
**shortcoming,** *n.* DIFFYG, BAI, FFAELEDD
**shortcrust,** *n.* CRWST BRAU
**short-cut,** *n.* LLWYBR LLYGAD/TARW
**shorten,** *v.* BYRHAU, CWTOGI
**shorthand,** *n. & a.* LLAW-FER
**short horn,** *a.* BYRGORN
**shortlived,** *a.* BYRHOEDLOG
**shortly,** *ad.* AR FYR
**shortness,** *n.* BYRDER/DRA, BREUDER
**shorts,** *n.* SIORTS, TROWSUS BYR

**short-sighted,** *a.* BYR EI OLWG, ANNOETH
**shot,** *n.* ERGYD, CYNNIG, SAETHWR, LLUN
*a.* SYMUDLIW
*smash shot,* PWYAD
**shott,** *n.* SIOT
**shoulder,** *n.* YSGWYDD
*v.* YSGWYDDA
**shoulder-blade,** *n.* SGAPWLA, PONT/TRYBEDD/CRAFELL YR YSGWYDD
**shout,** *n.* BLOEDD, GWAEDD
*v.* BLOEDDIO, GWEIDDI
**shove,** *n.* GWTH, HWB, HERGWD
*v.* GWTHIO, HWPIO
**shovel,** *n.* RHAW
*v.* RHOFIO
**show,** *n.* SIOE, SIEW
*v.* DANGOS, ARDDANGOS
**shower,** *n.* CAWOD
**shower-bath,** *n.* CAWODEN
**showery,** *a.* CAWODOG
**showmanship,** *n.* CREFFT ARDDANGOS
**showroom,** *n.* YSTAFELL DDANGOS
**showy,** *a.* COEGWYCH
**shrapnel,** *n.* TAMEIDIAU BOM
**shred,** *n.* CERPYN, LLARP, AFFLIW
*v.* CARPIO, CYNHINIO
*shredded wheat,* CARPION GWENITH
**shrew,** *n.* CHWISTLEN, LLYDOGEN GOCH, CECREN, LLYG
**shrewd,** *a.* CRAFF, CALL, FFEL
**shrewdness,** *n.* CRAFFTER, CALLINEB
**shriek,** *n.* YSGRECH
*v.* YSGRECHIAN
**shrievalty,** *n.* SIRYFIAETH
**shrift,** *n.* CYFFES, MADDEUANT
**shrike,** *n.* Y CIGYDD
**shrill,** *a.* MAIN, GWICHLYD
**shrimp,** *n.* BERDYSYN
**shrine,** *n.* CYSEGRFA, ALLOR
**shrink,** *v.* TYNNU ATO, CULHAU, RHYBANNU
*shrink fit,* FFITIO POETH
**shrinkage,** *n.* CULHAD
**shrive,** *v.* GWRANDO CYFFES, RHOI MADDEUANT
**shrivel,** *v.* CRYCHU, CREBACHU
**shrivelled,** *a.* WEDI CRYCHU, CREBACHLYD
**shroud,** *n.* AMWISG, AMDO, RHAFF MAST
*v.* AMDÓI, GOR-DOI
**Shrove Tuesday,** *n.* DYDD MAWRTH YNYD
**shrub,** *n.* PRYSGYN, MANGOEDEN
*n.pl.* PRYSGWYDD
**shrug,** *v.* CODI'R YSGWYDDAU
**shudder,** *n.* CRYNFA, IAS, ARSWYD
*v.* CRYNU, ARSWYDO
**shuffle,** *v.* SIFFRWD, LLUSGO TRAED, CYMYSGU
**shun,** *v.* OSGOI, GOCHEL
**shunt,** *n.* SIYNT
*v.* SIYNTIO
**shut,** *v.* CAU
*a.* CAU, CAEËDIG
**shutter,** *n.* CAEAD
*v.* CAEADU
**shuttering,** *n.* CAEËDYDD
**shuttle,** *n.* GWENNOL
**shuttlecock,** *n.* GWENNOL
**shy,** *a.* SWIL, OFNUS
*v.* RHUSIO
**shyness,** *n.* SWILDOD, CYWILYDD
**sibilant,** *n.* SISIAD
*a.* SISIOL
**sibyl,** *n.* DEWINES
**sic,** *ad.* FELLY
**sick,** *n.pl.* CLEIFION
*a.* CLAF, YN CYFOGI, WEDI ALARU
**sick-benefit,** *n.* CLAF-DÂL
**sicken,** *v.* CLAFYCHU, DIFLASU
**sickening,** *a.* ATGAS, DIFLAS
**sickle,** *n.* CRYMAN
**sick-list,** *n.* RHESTR Y CLEIFION
**sickly,** *a.* AFIACH, CAS
**sickness,** *n.* AFIECHYD, CYFOG
**sick-room,** *n.* YSTAFELL Y CLAF
**side,** *n.* OCHR, TU, YMYL, YSTLYS
*v.* OCHRI, PLEIDIO
*leeward side,* TU CLYTAF
*side elevation,* OCHR OLWG
*side mouth tongs,* GEFEL GEGOCHR
*side of the face, cheek,* BOCHGERN
**sideboard,** *n.* SELDFWRDD
**sidecar,** *n.* CYTGAR
**sided,** *a.* OCHROG
**side-light,** *n.* GOLAU BACH
**side-line,** *n.* ASGELL, YSTLYS
**sidelong,** *a.* NAILL OCHR
**side-post,** *n.* YSTLYSBOST
**side-saddle,** *n.* CYFRWY UNTU
**side-show,** *n.* ARDDANGOSFA ISRADD
**sidesman,** *n.* YSTLYSWR
**side-step,** *n.* OSGAM, LLETGAM
*v.* OSGAMU, LLETGAMU
**side-track,** *v.* TROI O'R NEILLTU
**sideways,** *ad.* TUA'R OCHR, YN WYSG EI OCHR
**side-whiskers,** *n.pl.* LOCSEN, CERNFLEW
**siding,** *n.* SEIDIN
**sidle,** *v.* GWYRO

**siege,** *n.* & *v.* GWARCHAE
**sierra,** *n.* SIERRA
**siesta,** *n.* SIESTA
**sieve,** *n.* GOGR, RHIDYLL
*v.* GOGRWN, RHIDYLLIO/U
**sifter,** *n.* RHIDYLL
**sifting,** *v.* RHIDYLLIO
**sigh,** *n.* OCHENAID, GRIDDFAN
*v.* OCHNEIDIO, GRIDDFAN
**sight,** *n.* GOLWG, GOLYGFA
*v.* GWELED
**sightless,** *a.* DALL, TYWYLL
**sightly,** *a.* GOLYGUS, TEG
**sign,** *n.* ARWYDD, AMNAID
*v.* ARWYDDO, LLOFNODI
**signal,** *n.* ARWYDD, SIGNAL
*v.* ARWYDDO
*a.* HYNOD, NODEDIG
**signalize,** *v.* HYNODI, NODWEDDU
**signalling,** *n.* ARWYDDION
**signalman,** *n.* ARWYDDWR
**signatory,** *n.* LLOFNODWR, ARWYDDWR
**signature,** *n.* LLOFNOD, ARWYDDIANT
**signboard,** *n.* HYSBYSFWRDD
**signed,** *a.* ARWYDDEDIG
**signet,** *n.* SÊL, INSEL
*signet ring,* SÊL-FODRWY
**significance,** *n.* ARWYDDOCÂD, YSTYR
**significant,** *a.* ARWYDDOCAOL
**signification,** *n.* ARWYDDOCÂD
**signify,** *v.* ARWYDDOCÁU, ARWYDDO
**signpost,** *n.* MYNEGBOST
**silage,** *n.* SILWAIR
**silence,** *n.* TAWELWCH, GOSTEG, TAW, DISTAWRWYDD
*v.* DISTEWI, RHOI TAW AR
**silencer,** *n.* TAWELYDD
**silent,** *a.* DISTAW, TAWEL, MUD, TAWEDOG
**silhouette,** *n.* SILŴET, AMLINELL
**silica,** *n.* SILICA
**silicon,** *n.* SILICON
*silicon chips,* SGLODION SILICON
**silicosis,** *n.* SILICOSIS
**silk,** *n.* SIDAN
**silkworm,** *n.* SIDANBRYF
**silky,** *a.* SIDANAIDD
**sill,** *n.* SIL
**silliness,** *n.* DWLI, FFOLINEB
**silly,** *a.* DWL, FFÔL, HURT, GWIRION
**silo,** *n.* SILO
**silt,** *n.* SILT
*v.* SILTIO
**silva,** *n.* COED, FFOREST
**silver,** *n.* & *a.* ARIAN
*v.* ARIANNU
*silver foil,* FFOIL ARIAN
**silverplate,** *n.* PLÂT ARIAN
*v.* ARIANOLCHI
**silverside,** *n.* OCHR LAS Y ROWND
**silversmith,** *n.* GOF ARIAN
**silvery,** *a.* ARIANNAID(D)
**similar,** *a.* TEBYG, CYFFELYB, CYFLUN
**similarity,** *n.* TEBYGRWYDD, CYFFELYBIAETH, CYFLUNEDD
**simile,** *n.* CYMHARIAETH, CYFFELYBIAETH
**similitude,** *n.* CYFLUNIANT
**simmer,** *v.* MUDFERWI
**simonist,** *n.* SIMONWR
**simony,** *n.* SIMONIAETH
**simoom,** *n.* SIMŴM
**simper,** *n.* CILWEN, GLASWEN
*v.* CILWENU, GLASWENU
**simple,** *a.* SYML, GWIRION
**simpleton,** *n.* SYMLYN, GWIRIONYN
**simplicity,** *n.* SYMLRWYDD
**simplification,** *n.* SYMLEIDDIAD
**simplified,** *a.* SYMLEDIG
**simplify,** *v.* SYMLEIDDIO
**simply,** *ad.* YN SYML/UNIG
**simulate,** *v.* EFELYCHU, DYNWARED
**simulation,** *n.* EFELYCHIAD, DYNWAREDIAD
**simulator,** *n.* EFELYCHYDD
**simultaneity,** *n.* CYDAMSEROLDEB
**simultaneous,** *a.* CYDAMSEROL
**sin,** *n.* PECHOD
*v.* PECHU
**since,** *c.* AM, GAN, OHERWYDD
*prp.* ER (PAN)
*ad.* WEDI HYNNY
**sincere,** *a.* DIDWYLL, DILYS, DIFFUANT
**sincerity,** *n.* DIDWYLLEDD, DIFFUANTRWYDD
**sine,** *n.* SIN
*prp.* HEB
**sinecure,** *n.* SWYDD SEGUR
**sinew,** *n.* GIEWYN, GEWYN
**sinewy,** *a.* GEWYNNOG
**sinful,** *a.* PECHADURUS
**sinfulness,** *n.* PECHADURUSRWYDD
**sing,** *v.* CANU
**singable,** *a.* CANADWY
**singe,** *v.* DEIFIO
**singer,** *n.* CANWR, CANTWR, CANTORES
**single,** *a.* SENGL, UN
*v.* DEWIS

**single-handed,** *a.* WRTHO'I HUN(AN)
**single-minded,** *a.* UNPLYG, CYWIR
**singleness,** *n.* DIDWYLLEDD
**singles,** *n.pl.* SENGLAU
**singlet,** *n.* CRYS ISAF, FEST
**single-valued,** *a.* UNWERTH
**singly,** *ad.* YN UNIGOL, AR WAHÂN
**singsong,** *n.* UNDONEDD, CYD-GANU, CYNGERDD (AR Y PRYD)
*a.* UNDONOG
**singular,** *a.* HYNOD, UNIGOL
**singularity,** *n.* HYNODYN, HYNODEDD
**sinh,** *a.* SINH
**sinister,** *a.* YSGELER, ANFAD, SINISTR
**sink,** *n.* SINC, SUDDIANT
*v.* SINCIO, SUDDO, CAFNU
**sinless,** *a.* DIBECHOD
**sinner,** *n.* PECHADUR
**sin-offering,** *n.* PECHABERTH
**sinter,** *n.* SINTER
*v.* SINTERU
**sinuosity,** *n.* DOLENNEDD
**sinuous,** *a.* TROELLOG, DOLENNOG
**sinus,** *n.* SINWS, CEUDWLL
**sinusoid,** *n.* SINWSOID
**sinusoidal,** *a.* SINWSOIDAIDD
**sip,** *n.* LLYMAID
*v.* LLYMEITIAN, SIPIAN
**siphon,** *n.* SIFFON
**sipper,** *n.* LLYMEITIWR
**sir,** *n.* SYR
**sire,** *n.* TAD
*v.* TADOGI, CENHEDLU
**siren,** *n.* SEIREN
**sirloin,** *n.* ARLWYN, SYRLWYN
**sirocco,** *n.* SIROCO
**sissy,** *n.* CADI (FFAN)
**sister,** *n.* CHWAER
**sisterhood,** *n.* CHWAEROLIAETH
**sister-in-law,** *n.* CHWAER-YNG-NGHYFRAITH
**sit,** *v.* EISTEDD
**site,** *n.* SAFLE, LLE
*v.* LLEOLI
**sitter,** *n.* EISTEDDWR
**sitting,** *n.* EISTEDDIAD
*a.* YN EISTEDD
**sitting-room,** *n.* YSTAFELL EISTEDD
**situated,** *a.* WEDI EI LEOLI
**situation,** *n.* SAFLE, SEFYLLFA
**six,** *a.* CHWE, CHWECH
**sizable,** *a.* GWEDDOL FAWR
**size,** *n.* MAINT, MAINTIOLI, SEIS
**sizzle,** *v.* FFRIO, SIO
**skate,** *n.* LLITHREDYDD, CATH FÔR
*v.* SGLEFRIO
**skate-board,** *n.* BWRDD SGLEFRIO, SGRIALYDD
**skate-boarding,** *v.* SGRIALU
**skater,** *n.* LLITHREDWR, SGLEFRIWR
**skedaddle,** *v.* RHEDEG YMAITH, HEGLU
**skein,** *n.* SGEIN, CENGL
**skeleton,** *n.* YSGERBWD, AMLINELLIAD, BRASLUN
**skerry,** *n.* SGERI
**sketch,** *n.* BRASLUN, SGETS
*v.* BRASLUNIO
**sketch-book,** *n.* LLYFR BRASLUNIAU
**sketchmap,** *n.* LLINFAP
**sketchy,** *a.* BRAS, ANORFFENEDIG
**skew,** *n.* SGIW
*a.* AR OGWYDD/OSGO
**skewer,** *n.* SGIWER, GWAELL
**skewness,** *n.* SGIWEDD
**ski,** *n.* SGI
*v.* SGÎO
**skid,** *v.* LLITHRO
*n.* LLITHRIAD
**skier,** *n.* SGÎWR
**skiff,** *n.* SGIFF
**skilful,** *a.* MEDRUS, SGILGAR, CELFYDD
**skilfulness,** *n.* MEDRUSRWYDD
**skill,** *n.* MEDR, SGIL
**skilled,** *a.* MEDRUS, CREFFTUS
**skillet,** *n.* SGILED
**skim,** *v.* SGIMIO
*n.* SGIM, LLAETH GLAS
**skimpy,** *a.* CRINTACH
**skin,** *n.* CROEN
*v.* BLINGO
**skin-deep,** *a.* ARWYNEBOL
**skinflint,** *n.* CYBYDD
**skin-graft,** *v.* IMPIO CROEN
**skinhead,** *n.* MOELYN
**skinny,** *a.* TENAU
**skip,** *n.* SGIP, LLAM
*v.* SGIPIO
**skipper,** *n.* CAPTEN
**skirmish,** *n.* YSGARMES
*v.* YMGIPRYS
**skirt,** *n.* SGERT, SGYRT
*v.* YMYLU
**skirting,** *n.* SGYRTIN
**skit,** *n.* SGIT
**skittish,** *a.* NWYFUS, SIONC
**skittle,** *n.* CEILYSYN

**skiver,** *n.* SGIFER
**skulk,** *v.* LLECHU, SGWLCAN
**skulker,** *n.* LLECHGI, YSTELCIWR
**skull,** *n.* PENGLOG
**skull-cap,** *n.* CAP CLÒS / CORUN
**skunk,** *n.* DREWGI
**sky,** *n.* AWYR, WYBREN, WYBR
*v.* AWYRU
*overcast sky,* AWYR BENDDU
**skycloth,** *n.* NENLEN
**skylark,** *n.* EHEDYDD
**skylight,** *n.* FFENESTR DO
**skyline,** *n.* TRUMWEL
**skyscraper,** *n.* ADEILAD BRIGENTRYCH
**slab,** *n.* LLECH, SLAB
**slack,** *n.* GLO MÂN, LLACRWYDD, LLAC
*a.* LLAC, ESGEULUS
**slacken,** *v.* LLACIO, LLAESU
**slackness,** *n.* LLACRWYDD, ESGEULUSTRA
**slacks,** *n.pl.* SLACS
**slag,** *n.* SLAG
**slake,** *v.* TORRI SYCHED, LLEIHAU
**slam,** *v.* CLEPIAN, CAU'N GLEP
**slander,** *n.* ATHROD
*v.* ATHRODI
**slanderer,** *n.* ATHRODWR
**slanderous,** *a.* ATHRODUS
**slang,** *n.* SLANG, IAITH SATHREDIG, SLICIAITH
**slangy,** *a.* SATHREDIG
**slant,** *n.* GOLEDD, DRIFFT
*v.* GOLEDDU
*slant edge,* YMYL OLEDD
*slant height,* UCHDER GOLEDDOL
**slanting,** *a.* AR OLEDD/OSGO
**slap,** *n.* SLAP
*ad.* YN UNION
*v.* SLAPIO
**slapdash,** *a.* FFWRDD-Â-HI, RHYWSUT-RYWFODD
**slapstick,** *n.* ACT SLAP
**slash,** *n.* SLAES
*v.* SLAESIO
**slashing,** *a.* LLYM, MINIOG
**slat,** *n.* SLAT
**slate,** *n.* LLECHEN, LLECHFAEN (CRAIG)
*v.* DIFRÌO
**slater,** *n.* TÖWR
**slating,** *n.* CERYDD LLYM
**slattern,** *n.* SLWT, SLEBOG, SOPEN
**slaughter,** *n.* LLADDFA, CYFLAFAN
*v.* LLADD
**slaughter-house,** *n.* LLADD-DY
**slave,** *n.* CAETHWAS
*v.* LLAFURIO, SLAF(I)O
**slaver,** *n.* POER(I), GLAFOER
*v.* GLAFOERIO, DRIFLO
**slavery,** *n.* CAETHWASIAETH
**slave-trade,** *n.* CAETHFASNACH
**slavish,** *a.* GWASAIDD, SLAFAIDD
**slavishness,** *n.* GWASEIDD-DRA
**slay,** *n.* PEITHIN
*v.* LLADD
**slayer,** *n.* LLADDWR
**sledge,** *n.* SLED, CAR LLUSG
**sledge-hammer,** *n.* GORDD
**sleek,** *a.* LLYFNDEW
**sleekness,** *n.* LLYFNDER
**sleep,** *n.* CWSG, HUN
*v.* CYSGU, HUNO
**sleeper,** *n.* CYSGWR, SLIPER
**sleepiness,** *n.* CYSGADRWYDD, SYRTHNI
**sleeping,** *a.* YNGHWSG, YN CYSGU
**sleeping-sickness,** *n.* HUNGLWYF
**sleeplessness,** *n.* ANHUN
**sleepy,** *a.* CYSGLYD, SWRTH
**sleet,** *n.* EIRLAW
**sleeve,** *n.* LLAWES
*set-in sleeve,* LLAWES OSOD
**sleight,** *n.* DEHEURWYDD, CYFRWYSTRA
*sleight of hand,* CONSURIO
**slender,** *a.* MAIN, PRIN, TENAU
**slenderness,** *n.* MEINDER, PRINDER, TENEUDRA
**slew,** *v.* TROI ROWND
**slice,** *n.* SLEIS, TAFELL, SLEISEN, LLWYARN
*v.* SLEISIO, TAFELLU
**slick,** *a.* LLYFN, TAFODRYDD, SLIC
**slickness,** *n.* SLICRWYDD
**slide,** *n.* LLITHRYN, SLEID, TRYLOYWDER
*v.* LLITHRO, SGLEFRIO
**slider,** *n.* LLITHRYDD
**slide rule,** *n.* LLITHRIWL, RIWL RIFO
**sliding-scale,** *n.* GRADDFA (YN NEWID)
**slight,** *n.* DIRMYG, SARHAD
*v.* DIRMYGU, SARHAU
*a.* MAIN, TENAU
**slim,** *a.* MAIN
*v.* MEINHAU
**slime,** *n.* LLYSNAFEDD, LLYS, LLWTRA
**slimy,** *a.* LLYSNAFEDDOG
**sling,** *n.* FFON-DAFL, RHWYMYN
*v.* TAFLU
**slink,** *v.* CILIO (YN LLECHWRAIDD)
**slip,** *n.* LLITHR(AD), CAMGYMERIAD, SLIP
*slip road,* SLIPFFORDD
*v.* LLITHRO, CAMGYMRYD, SLIPIO

**slip-knot,** *n.* CWLWM RHEDEG
**slipper,** *n.* SLIPER
**slippery,** *a.* LLITHRIG, DIAFAEL
**slipshod,** *a.* ANNIBEN, LLYMRIG
**slipway,** *n.* LLITHRFA
**slip,** *n.* HOLLT, AGEN, SLIT
*v.* HOLLTI, AGENNU
**slither,** *v.* YMLUSGO, LLITHRO
**slobber,** *n.* GLAFOER
*v.* GLAFOERIO
**sloe,** *n.* DRAENEN DDU, EIRINEN DDU FACH
**slog,** *v.* GWEITHIO'N GALED
**slogan,** *n.* SLOGAN
**sloop,** *n.* SLŴP
**slop,** *v.* COLLI (DROS YMYL)
**slope,** *n.* GOLEDD, LLETHR, LLECHWEDD
*v.* GOLEDDFU, LLECHWEDDU
**sloping,** *a.* AR OSGO
**sloppiness,** *n.* MEDDALWCH
**sloppy,** *a.* ANNIBEN, TEIMLADOL
**slops,** *n.pl.* GOLCHION, BWYD LLWY
**slosh,** *v.* BWRW, CURO
**slot,** *n.* AGEN, SLOT
*v.* AGENNU
**sloth,** *n.* DIOGI, SLOTH
**slothful,** *a.* DIOG(LYD)
**slouch,** *n.* LLIPRYN
*v.* GWARGRYMU
**slouch-hat,** *n.* HET LIPA
**slouching,** *a.* LLIBIN, LLIPA, AFROSGO
**slough,** *n.* CORS, SIGLEN, HEN GROEN
*v.* BWRW CROEN
**sloven,** *n.* SLEBOG, SOPEN
**slovenliness,** *n.* ANNIBENDOD, AFLERWCH
**slovenly,** *a.* ANNIBEN, AFLÊR
**slow,** *a.* ARAF, HWYRFRYDIG
*v.* ARAFU
**slowly,** *ad.* YN ARAF (DEG)
**slowness,** *n.* ARAFWCH, HWYRFRYDIG-RWYDD
**slow-worm,** *n.* SLORWM, NEIDR DDALL
**sludge,** *n.* LLACA, LLAID
**slug,** *n.* MALWEN, GWLITHEN, SLYG
**sluggard,** *n.* DIOGYN
**sluggish,** *a.* DIOG, SWRTH, MARWAIDD
**sluggishness,** *n.* DIOGI, SYRTHNI
**sluice,** *n.* LLIFDDOR
**slum,** *n.* SLYM
**slumber,** *n.* HUN, CWSG
*v.* HUNO, CYSGU, SLWMBRAN
**slump,** *n.* SLWMP, LLITHRAD, DIRWASGIAD
*v.* LLITHRO
**slur,** *n.* ANFRI, LLITHRIAD
*v.* DIFRÏO, LLITHRO DROS
**slurry,** *n.* BISWAIL
**slush,** *n.* LLAID, LLACA, EIRA GWLYB
**slut,** *n.* SLWT, SOPEN
**sluttish,** *a.* ANNIBEN, BRWNT, AFLÊR
**sluttishness,** *n.* ANNIBENDOD, BRYNTNI
**sly,** *a.* CYFRWYS, FFALS, SLEI, TAN DIN
**slyness,** *n.* CYFRWYSTRA, FFALSTER
**smack,** *n.* CLEC, TRAWIAD, SMAC
*v.* CLECIAN, TARO
**small,** *a.* BACH, MÂN, BYCHAN
*small of the back,* MEINGEFN
**small-beer,** *n.* DIOD FAIN
**small-coal,** *n.* GLO MÂN
**smallholding,** *n.* TYDDYN, MÂN-DDALIAD
**smallness,** *n.* BYCHANDER, BYCHANDRA
**smallpox,** *n.* BRECH WEN
**small-talk,** *n.* MÂN-SIARAD
**smarmy,** *a.* GWENIEITHUS
**smart,** *n.* GWŶN, DOLUR
*v.* GWYNIO, DOLURIO
*a.* TWT, TACLUS, CYFLYM, CRAFF
**smarten,** *v.* TACLUSO, TRWSIO
**smartness,** *n.* SMARTRWYDD, FFRAETHDER
**smash,** *n.* GWRTHDRAWIAD
*v.* MALU(RIO)
**smattering,** *n.* CRAP
**smear,** *v.* IRO, DWBIO
**smell,** *n.* AROGLAU
*v.* AROGLEUO
**smelly,** *a.* DRYGSAWRUS
**smelt,** *n.* BRWYNIAD
*v.* SMELTIO, MWYNDODDI
**smelter,** *n.* MWYNDODDYDD
**smile,** *n.* GWÊN
*v.* GWENU
**smiling,** *a.* SIRIOL, AR (EI) WÊN
**smirch,** *v.* LLYCHWINO
**smirk,** *n.* CILWEN, GLASWEN
*v.* CILWENU, GLASWENU
**smite,** *v.* TARO, BWRW
**smith,** *n.* GOF
**smithereens,** *n.pl.* TEILCHION, CYRBIBION, YFFLON
**smithy,** *n.* GEFAIL
**smock,** *n.* SMOC
**smocking,** *n.* SMOCWAITH
**smog,** *n.* SMOG, MWGWL
**smoke,** *n.* MWG, MYGYN
*v.* MYGU, YSMYGU, COCHI, SMOCIO
*smoked salmon,* EOG/SAMWN MWG
*smokeless fuel,* TANWYDD DI-FWG

**smoker,** *n.* SMOCIWR, YSMYGWR
**smoky,** *a.* MYGLYD
**smolt,** *n.* EOG/SAMWN IFANC
**smooth,** *a.* LLYFN, ESMWYTH
*smooth curve,* CROMLIN LEFN
**smoothe,** *v.* LLYFNHAU, LLYFNU
**smoother,** *n.* LLYFNWR
**smoothly,** *ad.* YN ESMWYTH/RHWYDD
**smoothness,** *n.* LLYFNDER
**smother,** *v.* MYGU, LLETHU
**smoulder,** *v.* MUDLOSGI
**smudge,** *n.* BAW, STAEN, SMOTYN
*v.* DIFWYNO, TROCHI
**smudgy,** *a.* BRWNT
**smug,** *a.* HUNANFODDHAOL
**smuggle,** *v.* SMYGLO
**smuggler,** *n.* SMYGLWR
**smuggling,** *n.* SMYGLO
**smugness,** *n.* CYSÊT, HUNANOLDEB
**smut,** *n.* PARDDU, SIARAD AFLAN
*v.* PARDDUO, DIFWYNO
**smutty,** *a.* AFLAN, BRWNT
**snack,** *n.* BYRBRYD, CEGAN, SNAC
*snack bar,* SNACBAR, BAR CEGANAU
**snaffle,** *n.* GENFA, BIT
**snag,** *n.* BONCYFF, RHWYSTR ANNISGWYL
**snail,** *n.* MALWEN, MALWODEN
**snake,** *n.* NEIDR
**snap,** *n.* CLEC, CIPLUN, GÊM, CNOAD
*v.* CLECIAN, CNOI, TYNNU LLUN
**snaplink,** *n.* CLESBYN
**snappy,** *a.* CYFLYM, CLAU
**snapshot,** *n.* CIPLUN, SNAP
**snare,** *n.* MAGL, CROGLATH
*v.* MAGLU
*snare drum,* DRWM WIFREN
**snarl,** *n.* CHWYRNAD
*v.* CHWYRNU, CAFFLO
**snatch,** *n.* TAMAID, YSBAID, CRAP
*v.* CIPIO, CRAPIO
**sneak,** *n.* LLECHGI, CACHGI
*v.* LLECHIAN
**sneaking,** *a.* LLECHWRAIDD, CACHGÏAIDD
**sneer,** *n.* GLASWEN, GWAWD
*v.* GLASWENU, GWAWDIO
**sneering,** *a.* GWAWDUS
**sneeze,** *n.* & *v.* TISIAN
**sniff,** *v.* FFROENI, GWYNTIO
**snigger,** *n.* & *v.* CHWERTHIN GWAWDLYD
**snip,** *n.* DERNYN, TORIAD
*v.* TORRI
**snipe,** *n.* GÏACH
**sniper,** *n.* CELSAETHWR
**snippet,** *n.* TAMAID, DERNYN
**snips,** *n.* SNIPYDD
**snivel,** *v.* FFROENI, CWYNFAN
**snob,** *n.* CRECHYN, SNOB
*pl.* CRACHACH
**snobbery,** *n.* SNOBYDDIAETH
**snobbish,** *a.* SNOBLYD
**snobbishness,** *n.* SNOBYDDIAETH
**snoek,** *n.* SNWC
**snooker,** *n.* SNWCER
**snoop,** *v.* CHWILMANTA
**snooze,** *n.* CYNTUN
*v.* HEPIAN
**snore,** *n.* CHWYRNU
**snorer,** *n.* CHWYRNWR
**snort,** *n.* TRWYN PERISGOB
*v.* FFROENI
**snout,** *n.* TRWYN, DURYN
**snow,** *n.* EIRA, ÔD
*v.* BWRW EIRA, ODI
**snowball,** *n.* PELEN EIRA
*huge snowball,* CASEG EIRA
**snowdrift,** *n.* LLUCHFA, LLUWCH
**snowdrop,** *n.* EIRLYS, CLOCH MABAN
**snowfall,** *n.* BWRW EIRA
**snowfield,** *n.* MAES EIRA
**snowflake,** *n.* PLUEN EIRA
**snowline,** *n.* LLINELL EIRA, EIRLIN
**snow-plough,** *n.* SWCH EIRA
**snow-storm,** *n.* STORM EIRA
**snow-white,** *a.* CLAERWYN, PURWYN
**snowy,** *a.* EIRAOG
**snub,** *n.* SEN, DIRMYG
*v.* SENNU, DIRMYGU
*a.* PWT, SMWT
**snub-nosed,** *a.* TRWYN SMWT
**snuff,** *n.* SNISIN, TRWYNLWCH
*v.* SNWFFIAN
**snuffbox,** *n.* BOCS/BLWCH SNISIN
**snuffle,** *v.* FFROENI
**snug,** *a.* CLYD, DIDDOS
**snuggle,** *v.* GWASGU AT, ANWESU
**so,** *ad.* & *c.* MOR, CYN, FEL, FELLY
*so and so,* HWN A HWN, HON A HON, Y PETH A'R PETH
**soak,** *v.* MWYDO
**soap,** *n.* SEBON
*soap flakes,* FFLOCHION SEBON
*liquid soap,* SEBON HYLIF
**soapy,** *a.* SEBONLLYD
**soar,** *v.* ESGYN
**sob,** *n.* IG
*v.* BEICHIO WYLO, IGIAN

**sober,** *a.* SOBR, DIFRIFOL
**sobriety,** *n.* SOBRWYDD
**socage,** *n.* SOCAETH
**sociability,** *n.* CYMDEITHASGARWCH
**sociable,** *a.* CYMDEITHASGAR
**social,** *n.* YMGOMWEST, SOSIAL
*a.* CYMDEITHASOL
*social amenity,* AMWYNDER CYMDEITHASOL
**socialism,** *n.* SOSIALAETH
**socialist,** *n.* SOSIALYDD
*a.* SOSIALAIDD
**socialize,** *v.* CYMDEITHASOLI, CYMDEITHASU
**society,** *n.* CYMDEITHAS, CYFEILLACH
**sociogram,** *n.* SOSIOGRAM
**sociology,** *n.* CYMDEITHASEG
**sociometry,** *n.* SOSIOMETREG
**sock,** *n.* SOCSEN, HOSAN
**socket,** *n.* SOCED
**sod,** *n.* TYWARCHEN
**soda,** *n.* SODA
*caustic soda,* SODA CAWSTIG/LLOSG
**soda-water,** *n.* DŴR SODA
**sodden,** *a.* SOEGLYD
**sodium,** *n.* SODIWM
*sodium bicarbonate,* SODA POBI
**sodomy,** *n.* SODOMIAETH
**sofa,** *n.* SOFFA
**soft,** *a.* MEDDAL, LLAITH, DWL, GWIRION
*soft pedal,* PEDAL CHWITH
*soft drinks,* DIODYDD GWAN
*soft furnishings,* DODREFNAU MEDDAL
**soften,** *v.* MEDDALU, LLEDDFU
**softener,** *n.* MEDDALYDD
**softness,** *n.* MEDDALWCH, TYNERWCH
**software,** *n.* MEDDALWEDD
**softwood,** *n.* PREN MEDDAL
**soggy,** *a.* SOEGLYD, CORSLYD
**soil,** *n.* PRIDD, DAEAR, GWERYD
*v.* BAEDDU, TROCHI
*soil texture,* GWEADEDD Y PRIDD
*blown soil,* HEDBRIDD
**soirée,** *n.* CWRDD ADLONIADOL
**sojourn,** *n.* ARHOSIAD, YMDAITH
*v.* AROS, YMDEITHIO
**sol,** *n.* SOL
**solace,** *n.* CYSUR, SOLAS, DIDDANWCH
*v.* CYSURO, DIDDANU
**solar,** *a.* HEULOG, SOLAR
*solar system,* CYSAWD YR HAUL
**solder,** *n.* SODR
*v.* SODRO
*cored solder,* SODR CRAIDD
**soldered,** *a.* SODROG
**soldier,** *n.* MILWR
**soldiering,** *n.* MILWRIAETH
*v.* MILWRIO
**soldierly,** *a.* MILWRAIDD
**sole,** *n.* GWADN, LLEDEN CHWITHIG
**solecism,** *n.* IAITH WALLUS, GWRTHUNI
**solemn,** *a.* DIFRIFOL, DEFODOL
**solemnity,** *n.* DIFRIFWCH, DEFOD
**solemnization,** *n.* GWEINYDDIAD
**solemnize,** *v.* GWEINYDDU
**solenoid,** *n.* SOLENOID
**sol-fa,** *n.* SOL-FFA
*v.* SOLFFEUO
**solicit,** *v.* DEISYF, CREFU, CEISIO
**solicitation,** *n.* DEISYFIAD
**solicitor,** *n.* CYFREITHIWR, TWRNAI
*solicitor-general,* CYFREITHIWR CYFFREDINOL
**solicitous,** *a.* GOFALUS, AWYDDUS
**solicitude,** *n.* GOFAL, PRYDER
**solid,** *n.* SOLID
*a.* SOLET, CALED
**solidarity,** *n.* CYDLYNIAD CADARN, BOD YN GYTÛN, UNDOD
**solidification,** *n.* SOLIDIAD
**solidify,** *n.* YMSOLIDIO, CALEDU
**solifidianism,** *n.* UNIGFFYDDIAETH
**solifluction,** *n.* PRIDDLIFIAD
**soliloquize,** *v.* YMSON
**soliloquy,** *n.* YMSON
**solipsism,** *n.* SOLIPSIAETH, HUNANYSTYRIAETH
**solitaire,** *n.* SOLITÊR
**solitary,** *a.* UNIG, ANGHYFANNEDD
**solitude,** *n.* UNIGEDD
**solo,** *n.* UNAWD
*a.* UNIGOL
**soloist,** *n.* UNAWDYDD
**so-long,** *i.* DA BO CHWI! HWYL!
**solstice,** *n.* HEULSAF, HEULDRO
*Summer solstice,* HEULDRO'R HAF,
*Winter solstice,* HEULDRO'R GAEAF,
**solubility,** *n.* TODDADWYEDD, HYDODDEDD
**soluble,** *a.* TODDADWY, Y GELLIR EI DDATRYS
**solute,** *n.* TODDYN
**solution,** *n.* TODDIANT, DATRYSIAD, ATEB
**solvable,** *a.* Y GELLIR EI DDATRYS
**solvate,** *v.* TODDYDDU
**solve,** *v.* DATRYS, DEHONGLI
**solvency,** *n.* Y GALLI I DODDI / DALU
**solvent,** *n.* TODDYDD
*a.* DI-DDYLED

**soma,** *n.* SOMA
**somatic,** *a.* SOMATIG
**sombre,** *a.* TYWYLL, PRUDD
**some,** *a.* RHYW, RHAI, YCHYDIG
*pn.* RHAI, RHYWRAI
*ad.* TUA, RHYW
**somebody,** *n.* RHYWUN
**somehow,** *ad.* RHYWFODD, RHYWSUT
**someone,** *n.* RHYWUN
**somersault,** *n.* TROSBEN
*v.* TROSBENNU
*hollow back somersault,* TROSBEN CEUGEFN
**something,** *n.* RHYWBETH
**sometime,** *ad.* RHYWBRYD, GYNT
**sometimes,** *ad.* WEITHIAU, AR BRYDIAU, AMBELL WAITH
**somewhat,** *n.* RHYWBETH
*ad.* GO, LLED, BRAIDD
**somewhere,** *ad.* (YN) RHYWLE
**somnambulism,** *n.* CERDDED MEWN CWSG
**somnambulist,** *n.* CWSG GERDDWR
**somnolent,** *a.* CYSGLYD
**son,** *n.* MAB
**sonant,** *n.* SONANT
**sonata,** *n.* SONATA
**sonatina,** *n.* SONATINA
**song,** *n.* CÂN, CERDD, CANIAD
*action song,* CÂN ACTOL
**songster,** *n.* CANWR
**sonic,** *a.* SONIG
**sonics,** *n.pl.* SEINEG
**son-in-law,** *n.* MAB-YNG-NGHYFRAITH
**sonnet,** *n.* SONED
**sonority,** *n.* SONORIAETH
**sonorous,** *a.* SONIARUS
**sonship,** *n.* MABOLAETH
**soon,** *ad.* YN FUAN/EBRWYDD, AR FYR O DRO
**soot,** *n.* PARDDU, HUDDYGL
**soothe,** *v.* LLINIARU, LLEDDFU, DIDDANU
**soothsayer,** *n.* DYN HYSBYS, DEWIN
**sop,** *n.* LLWGRWOBRWY, TAMAID GWLYB
*v.* MWYDO, GWLYCHU
**sophism,** *n.* SOFFYDDIAETH
**sophist,** *n.* SOFFYDD
**sophisticated,** *a.* SOFFISTIGEDIG
**sophistication,** *n.* SOFFISTIGEDD
**sophistry,** *n.* TWYLLYMRESYMIAD
**soporific,** *a.* SOPORIFFIG
**soppy,** *a.* SOEGLYD, TEIMLADOL, MWYDLYD
**soprano,** *n.* & *a.* SOPRANO
**sorcerer,** *n.* SWYNWR, DEWIN
**sorcery,** *n.* DEWINIAETH, SWYNGYFAREDD
**sordid,** *a.* GWAEL, FFIAIDD, BRWNT, BUDR
**sordidness,** *n.* BRYNTNI
**sore,** *n.* BRIW, CLWYF
*a.* DOLURUS, BLIN
**soreness,** *n.* POEN, DOLUR
**soroche,** *n.* SALWCH MYNYDD
**sorrow,** *n.* GOFID, TRISTWCH, GALAR
**sorrowful,** *a.* GOFIDUS, TRIST
**sorry,** *a.* TRIST, BLIN
**sort,** *n.* MATH, DOSBARTH, TREFNIAD
*v.* DOSBARTHU, TREFNU, DIDOLI
**sorted,** *a.* TREFNEDIG
**sorter,** *n.* DOSBARTHWR
**sortie,** *n.* RHUTHRGYRCH
**so-so,** *a.* CANOLIG, GWEDDOL
**sot,** *n.* MEDDWYN, DIOTYN
**soteriology,** *n.* SOTERIOLEG
**sottish,** *a.* MEDDW
**soubrette,** *n.* COEGEN
**soufflé,** *n.* SOUFFLÉ
**sough,** *n.* CWYNFAN, OCHAIN
**soul,** *n.* ENAID, PERSON
**soulless,** *a.* DIENAID
**sound,** *n.* SAIN, SŴN, TRWST, SWNT
*v.* SWNIO, SEINIO, PLYMIO
*a.* IACH, SOWND, DIOGEL
**sound-board,** *n.* SEINFWRDD
**soundly,** *ad.* YN DRWM/DDA
**soundness,** *n.* IACHUSRWYDD, CYFANRWYDD
**sound-resisting,** *a.* YN LLADD SŴN
**sound-wave,** *n.* SEINDON
**soup,** *n.* SŴP, POTES, CAWL
**sour,** *a.* SUR, CAS
*v.* SURO
**source,** *n.* TARDDIAD, TARDDLE, FFYNHONNELL
**sourness,** *n.* SURNI, TYMER DDRWG
**souse,** *v.* PICLO, MWYDO
*soused herring,* PENNOG PICL
**south,** *n.* DE, DE(H)AU
*a.* DE
*ad.* TUA'R DE
**southerly,** *a.* DEHEUOL
**southern,** *a.* DEHEUOL
**south-paw,** *n.* PEILENNWR
**southward,** *ad.* TUA'R DE
**souvenir,** *n.* COFRODD, SWFENIR
**souwester,** *n.* CAP MORWR, GWYNT DEORLLEWIN
**sovereign,** *n.* BRENIN, SOFREN, PUNT
*a.* GORUCHAF, SOFRAN
**sovereignty,** *n.* PENARGLWYDDIAETH, SOFRANIAETH

**soviet,** *n.* SOFIET
**sow,** *n.* HWCH
**sow,** *v.* HAU, GWASGARU
**sower,** *n.* HEUWR
**soya-beans,** *n.pl.* FFA SOYA
**spa,** *n.* SBA
**space,** *n.* GOFOD, BWLCH
*v.* GOFODI, GWAHANU
*space domain,* PARTH GOFOD
**spaceman,** *n.* GOFODWR
**spacer,** *n.* GOFODYDD
**space-ship,** *n.* GOFODEN
**space-time,** *n.* GOFOD-AMSER
**spacious,** *a.* HELAETH, EANG
**spaciousness,** *n.* HELAETHRWYDD, EHANGDER
**spade,** *n.* PÂL, RHAW
**spaghetti,** *n.* SBAGETI
**span,** *n.* RHYCHWANT, DYRNFEDD
*v.* RHYCHWANTU, PONTIO
**spangle,** *n.* SBANGL
*v.* SERENNU
**spangled,** *a.* SERENNOG
**spaniel,** *n.* SBANIEL
**spank,** *v.* TARO, SMACIO
**spanking,** *n.* COSFA, CWEIR
*a.* ANGHYFFREDIN
**spanner,** *n.* SBANER
*adjustable spanner,* SBANER CYMWYS-ADWY
*open end spanner,* SBANER CEG-AGORED
**span-new,** *a.* NEWYDD SBON
**spar,** *n.* POLYN, SBAR
*v.* SBARIAN
*sparring partner,* PARTNER SBARIAN
**spare,** *a.* CYNNIL, SBÂR, DROS BEN
*v.* ARBED, HEPGOR
**spare-rib,** *n.* SBARIB, ASEN FRÂN
**sparing,** *a.* CYNNIL, CRINTACH, PRIN
**spark,** *n.* GWREICHIONEN
*v.* GWREICHIONI, TANIO
**sparkle,** *n.* DISGLEIRDEB
*v.* PEFRIO, SERENNU
**sparkling,** *a.* GLOYW, LLACHAR
**sparrow,** *n.* ADERYN Y TO
**sparse,** *a.* GWASGAROG, PRIN
**spasm,** *n.* PWL, SBASM, BRATH
**spasmodic,** *a.* ADEGOL, SBASMODIG
**spastic,** *n.* & *a.* SBASTIG
**spat,** *n.* SBAT
**spate,** *n.* LLIFEIRIANT SYDYN
**spathe,** *n.* GWAIN, FFLURWAIN
**spatial,** *a.* GOFODOL
**spatter,** *v.* YSGEINTIO, TASGU
**spatula,** *n.* SBATWLA
**spavin,** *n.* SBAFEN, LLYNCOES
**spawn,** *n.* SIL, GRAWN, GRIFFT
*v.* SILIO, BWRW GRAWN
*spawning ground,* SILFA
**spay,** *v.* YSBADDU, DISBADDU
**speak,** *v.* SIARAD, LLEFARU
**speaker,** *n.* SIARADWR, LLEFARYDD
*speaker key,* CWGN SAIN
**spear,** *n.* GWAYW(FFON)
*v.* TRYWANU
**spearhead,** *n.* BLAEN(WR), ARWEINYDD
**special,** *a.* ARBENNIG, NEILLTUOL
**specialisation,** *n.* ARBENIGIAD
**specialised,** *a.* ARBENIGOL
**specialist,** *n.* ARBENIGWR
*a.* ARBENIGOL
**speciality,** *n.* ARBENIGEDD
**specialization,** *n.* ARBENIGAETH
**specialize,** *v.* ARBENIGO
**specialized,** *a.* ARBENIGOL
**specially,** *ad.* YN ARBENNIG, YN ENWEDIG
**species,** *n.* MATH, RHYWOGAETH
**specific,** *a.* PENODOL, CYMHAROL, SBESIFFIG
*specific heat,* GWRES CYMHAROL/SBESIFFIG
**specifically,** *ad.* YN BENDANT
**specification,** *n.* MANYLDEB, MANYLION
**specify,** *v.* ENWI, RHESTRU
**specimen,** *n.* SAMPL, SBESIMEN, ENGHRAIFFT
**specious,** *a.* YMDDANGOSIADOL, GWYCH
**speck,** *n.* BRYCHEUYN, SBECYN
*v.* BRYCHU
**speckle,** *n.* BRYCHNI
*v.* BRYCHU, BRITHO
**speckled,** *a.* BRYCH, BRITH
**spectacle,** *n.* GOLYGFA, DRYCH
**spectacle-case,** *n.* CAS SBECTOL
**spectacles,** *n.pl.* SBECTOL
**spectacular,** *a.* YSBLENNYDD
**spectator,** *n.* GWYLIWR
**spectral,** *a.* SBECTRAL, RHITHIOL
**spectre,** *n.* DRYCHIOLAETH, YSBRYD
**spectrometer,** *n.* SBECTROMEDR
**spectrometry,** *n.* SBECTROMEDREG
**spectroscope,** *n.* SBECTROSGOP
**spectroscopy,** *n.* SBECTROSGOPEG
**spectrum,** *n.* SBECTRWM
*absorption spectrum,* SBECTRWM BYLCHLIW

**speculate,** *v.* DYFALU, SBECIANNU, HAPFASNACHU
**speculation,** *n.* DYFALIAD, SBECIANT, HAPFASNACH
**speculative,** *a.* DYFALIADOL, SBECIANNOL, HAPFASNACHOL
**speculator,** *n.* SBECIANNWR, HAPFASNACHWR
**speculum,** *n.* SBECWLWM
**speech,** *n.* LLEFERYDD, ARAITH, YMADRODD, LLAFAR
*speech training,* LLEFAREG
*speech therapist,* THERAPYDD LLEFERYDD
**speechless,** *a.* MUD, DILEFERYDD
**speed,** *n.* BUANEDD, SBÎD, CYFLYMDER
*v.* GORYRRU
**speedometer,** *n.* SBIDFEDR
**speedy,** *a.* BUAN, CYFLYM
**spelaeologist,** *n.* OGOFYDD/WR
**spelaeology,** *n.* OGOFEG
**spell,** *n.* YSBAID, SBEL, HOE, SWYN
*v.* SILLAFU, CAEL HOE
**spellbound,** *a.* DAN GYFAREDD
**spelling,** *n.* SILLAFIAD
**spelter,** *n.* SBELTER
**spend,** *v.* GWARIO, TREULIO, BWRW, HALA
**spendthrift,** *n.* OFERWR
**sperm,** *n.* SBERM, HADLIF
**spermatic,** *a.* SBERMAIDD
**spermatozoid,** *n. & a.* SBERMATOSOID
**spermatozoön,** *n.* SBERMATOSŴON
**spew,** *v.* CHWYDU, CYFOGI
**sphagnum,** *n.* SBAGNWM
**sphere,** *n.* SFFÊR, CYLCH
**spherical,** *a.* SFFERAIDD
**spheroid,** *n.* SFFEROID
**spherometer,** *n.* SFFEROMEDR
**sphinx,** *n.* SFFINCS
**spices,** *n.pl.* SBEISYS, PERLYSIAU
**spick-and-span,** *a.* TWT, TACLUS
**spicule,** *n.* SBICWL, SBIGLYN
**spicy,** *a.* SBEISLYD, FFRAETH, POETH
**spider,** *n.* CORRYN, PRYF COP(YN)
**spike,** *n.* CETHREN, TYWYSEN, SBIGYN
*v.* CETHRU, HOELIO, SBIGO
**spikelet,** *n.* SBIGOLYN, TYWYSENNIG
**spikenard,** *n.* SBIGNARD
**spill,** *n.* SBILSEN, CWYMP
*v.* COLLI, TYWALLT
**spillway,** *n.* GORLIFAN
**spin,** *n.* SBIN
*v.* NYDDU, SBINIO, TROWASGU
*spin-drier,* TROWASGWR
**spinach,** *n.* PIGOGLYS, SBINAIS
**spinal,** *a.* PERTHYNOL I ASGWRN Y CEFN, MADRUDDOL, SBINOL
**spinal cord,** *n.* MADRUDDYN Y CEFN
**spindle,** *n.* GWERTHYD
**spine,** *n.* ASGWRN CEFN, PIGYN
**spineless,** *a.* DI-ASGWRN-CEFN, LLIPA
**spinet,** *n.* SBINED
**spinner,** *n.* NYDDWR, SBINIWR
**spinneret,** *n.* NYDDYN, NYDDOLYN
**spinney,** *n.* CELLI, COEDWIG
**spinning-top,** *n.* TOP TRO
**spinning-wheel,** *n.* TRÖELL NYDDU
**spinster,** *n.* MERCH DDI-BRIOD, HEN FERCH
**spiracle,** *n.* SBIRAGL
**spiral,** *n. & a.* SBIRAL
**spirant,** *n.* CYTSAIN LAES
*a.* LLAES
**spirants,** *n.pl.* LLAESION
**spire,** *n.* MEINDWR, PIGYN
**spirillum,** *n.* SBIRILWM
**spirit,** *n.* YSBRYD, GWIROD
*spirit level,* LEFEL WIROD
**spirited,** *a.* CALONNOG, NWYFUS, YSBRYDOL
**spiritism,** *n.* YSBRYDAETH
**spiritless,** *a.* DIGALON
**spirits,** *n.pl.* GWIRODYDD
**spiritual,** *a.* YSBRYDOL
*n.* CREFYDDGAN NEGROAIDD
**spiritualism,** *n.* YSBRYDIAETH
**spiritualist,** *n.* YSBRYDEGYDD
**spiritualistic,** *a.* YSBRYDEGOL
**spirituality,** *n.* YSBRYDOLRWYDD
**spiritualize,** *v.* YSBRYDOLI
**spit,** *n.* POER(I), BÊR, TAFOD
*v.* POERI
**spite,** *n.* MALAIS, SBEIT
*v.* DWYN MALAIS, SBEITIO
**spiteful,** *a.* MALEISUS, SBEITLYD
**spittle,** *n.* POER(YN)
**spittoon,** *n.* LLESTR POERI
**spiv,** *n.* OFERWR, SBIF
**splanchnic,** *a.* PERFEDDOL
**splash,** *n.* SBLAS
*v.* SBLASIO, TASGU
**splay,** *n.* GOLEDD, SBLAE
**spleen,** *n.* POTEN LUDW, DUEG, SBLEN, PRUDDGLWYF
**splendid,** *a.* YSBLENNYDD, RHAGOROL
**splendour,** *n.* YSBLANDER, GODIGOWGRWYDD
**splenetic,** *a.* CROES, BLIN
**splice,** *v.* PLETHU, SBLEISIO

**splint,** *n.* SBLINT, PRENNYN
**splinter,** *n.* FFLEWYN, SBLINTER
**split,** *n.* YMRANIAD, HOLLT, CILHOLLT
*v.* HOLLTI, RHANNU
*split levels,* LEFELAU GWAHÂN
**splutter,** *v.* POERI SIARAD, TASGU
**spoil,** *n.* YSBAIL
*v.* YSBEILIO, ANDWYO
**spoiler,** *n.* DIFETHWR, DIFRODWR
**spoilt,** *a.* MALDODUS, MWYTHLYD
**spoke,** *n.* ADAIN OLWYN, SBOGEN, BRAICH
**spoken,** *a.* LLAFAR
**spokeshave,** *n.* RHASGL, PLAEN DEUGARN
**spokesman,** *n.* SIARADWR, LLEFARWR
**spoliation,** *n.* YSBEILIAD
**spondee,** *n.* CORFAN HIR
**sponge,** *n.* SBWNG
*v.* SBWNGIAN
**sponger,** *n.* CYNFFONNWR
**spongy,** *a.* MEDDAL, FEL SBWNG
**sponsor,** *n.* CEFNOGWR, TAD NEU FAM FEDYDD
**spontaneity,** *n.* DIGYMHELLRWYDD
**spontaneous,** *a.* DIGYMELL
**spook,** *n.* YSBRYD, BWGAN, BWCI
**spool,** *n.* GWERTHYD, SBŴL
**spoon,** *n.* LLWY, GWIRIONYN
*v.* CARU
*dessert spoon,* LLWY BWDIN
**spoor,** *n.* TRYWYDD, ÔL
**sporadic,** *a.* ACHLYSUROL, HWNT AC YMA
**spore,** *n.* SBÔR, HEDYN
**sporophyte,** *n.* SBOROFFYT
**sport,** *n.* SBORT, DIFYRRWCH
**sporting,** *a.* YN LLAWN DIFYRRWCH, HOFF O CHWARAE
**sportive,** *a.* CHWAREUS, NWYFUS
**sports,** *n.pl.* MABOLGAMPAU, CHWARAEON
**sportsman,** *n.* SBORTSMON, CHWARAEWR
**sportsmanship,** *n.* SBORTSMONAETH
**spot,** *n.* MAN, SBOT, LLECYN, SMOTYN
*v.* SBOTIO, ADNABOD
*a.* AR Y PRYD
**spotless,** *a.* DIFRYCHEULYD, DI-FAI, GLÂN
**spotlamp,** *n.* LAMP OLEUGYLCH
**spotlight,** *n.* GOLEUGYLCH
**spotted,** *a.* BRITH, BRYCH
**spouse,** *n.* PRIOD
**spout,** *n.* PIG, SBOWT, FFRWD
*v.* PISTYLLU, FFRYDIO
**sprag,** *n.* SBRAGEN
*v.* SBRAGIO
**sprain,** *n.* YSIGIAD
*v.* YSIGO
**sprat,** *n.* SBRAT
**sprawl,** *n.* AFLERDWF
*v.* YMLEDU, YMGREINIO
**spray,** *n.* SBRIGYN, TROCHION, CHWISTRELLIAD
*v.* CHWISTRELLU
**sprayer,** *n.* CHWISTRELL
**spread,** *n.* TAENIAD, LLEDAENIAD
*v.* TAENU, LLEDU, LLEDAENU
**spreader,** *n.* TINBREN
**spree,** *n.* SBRI, DIFYRRWCH
**sprig,** *n.* SBRIGYN, IMPYN
**sprightliness,** *n.* ASBRI, NWYF
**sprightly,** *a.* NWYFUS, HOENUS
**spring,** *n.* TARDDELL, FFYNNON, SBRING
*v.* TARDDU, NEIDIO, HANFOD, DISGYN
*neck spring,* SBRING GWAR
*handspring,* SBRING UNTROED
*tension spring,* SBRING TYNIANT
*flyspring,* SBRING DEUDROED
*headspring,* TALSPRING, SBRING PEN
*spring line,* TARDDLIN
**springbok,** *n.* SBRINGBOC
**springiness,** *n.* YSTWYTHDER
**spring-tide,** *n.* GORLLANW
**springtime,** *n.* GWANWYN
**springy,** *a.* SBRINGAR
**sprinkle,** *v.* (Y)SGEINTIO, TAENELLU
**sprinkler,** *n.* (Y)SGEINTELL, SGEINTYDD, TAENELLYDD
**sprinkling,** *n.* (Y)SGEINTIAD, TAENELLIAD
**sprint,** *n.* SBRINT
*v.* SBRINTIO
**sprit,** *n.* SBRID
**sprite,** *n.* ELLYLL, YSBRYD
**sprit-sail,** *n.* BLAENHWYL
**sprocket,** *n.* SBROCED
**sprout,** *n.* EGINYN, BLAGURYN
*v.* EGINO, BLAGURO
**sprouts (Brussels),** *n.pl.* YSGEWYLL BRYSEL
**spruce,** *n.* SBRIWS, PYRWYDDEN
*a.* TACLUS, DESTLUS, DILLYN
**spruceness,** *n.* TACLUSRWYDD, DESTLUSRWYDD
**spry,** *a.* SIONC, GWISGI, HOYW
**spume,** *n.* EWYN
*v.* EWYNNU
**spur,** *n.* (Y)SBARDUN, TRYWYDD, CAINC, SYMBYLIAD, CLOGWYN
*v.* (Y)SBARDUNO, SYMBYLU
**spurge,** *n.* FFLAMGOED
**spurious,** *a.* FFUG, GAU, ANNILYS

**spuriousness,** *n.* TWYLL, GEUEDD
**spurn,** *v.* DIRMYGU, DISTYRU
**spurt,** *n.* SBYRT
*v.* SBYRTIO, YMEGNÏO
**sputnik,** *n.* LLOEREN
**sputter,** *v.* POERI SIARAD, BALDORDDI
**sputum,** *n.* POER(I)
**spy,** *n.* (Y)SBÏWR
*v.* (Y)SBÏO
**squabble,** *n.* FFRAE, FFRWGWD
*v.* FFRAEO, CWERYLA
**squad,** *n.* SGWAD
**squadron,** *n.* SGWADRON
**squadron-leader,** *n.* SGWADRON-BENNAETH
**squalid,** *a.* AFLAN, BUDR, BRWNT
**squall,** *n.* HYRDDWYNT, SGRECH, SGÔL
**squally,** *a.* GWYNTOG, STORMUS
**squalor,** *n.* AFLENDID, BRYNTNI, BUDREDDI
**squander,** *v.* GWASTRAFFU, AFRADU
**square,** *n.* SGWÂR, MAES
*a.* SGWÂR, PETRYAL
*v.* SGWARIO, CYTUNO
*square nosed tool,* GEFEL GEGSGWAR
**squash,** *n.* SBONCEN, SGWAS, STECS, FFRADACH
*v.* GWASGU
**squat,** *n.* CWRCWD
*a.* BYRDEW
*v.* CYRCYDU, SGWATIO
**squatter,** *n.* SGWATIWR
**squawk,** *n.* CRAWC, GWAWCH
*v.* CRAWCIAN
**squeak,** *n.* GWICH
*v.* GWICHIAN
**squeaky,** *a.* GWICHLYD
**squeal,** *n.* GWICH
*v.* GWICHIAN
**squeegee,** *n.* GWESGI
**squeeze,** *n.* GWASGIAD, GWASGFA
*v.* GWASGU
**squeezer,** *n.* GWASGELL
**squelch,** *v.* LLETHU
**squib,** *n.* SGWIB
**squint,** *n.* LLYGAD CROES
*a.* LLYGATGROES
**squire,** *n.* SGWEIER, YSWAIN
**squirm,** *v.* GWINGO
**squirrel,** *n.* GWIWER
**squirt,** *n.* CHWISTRELL
*v.* CHWISTRELLU, TASGU
**stab,** *n.* GWÂN, GWANIAD
*v.* GWANU, TRYWANU
**stability,** *n.* SADRWYDD, SEFYDLOGRWYDD
**stabilization,** *n.* SEFYDLOGRWYDD
**stabilize,** *v.* SEFYDLOGI, SADIO
**stabilizer,** *n.* SEFYDLOGYDD, SADYDD
**stabilizer,** *n.* SADYDD
**stable,** *n.* YSTABL
*a.* SAD, SEFYDLOG, SAFADWY
**staccato,** *a.* STACATO
**stack,** *n.* TAS, STAC, TWR
*v.* TASU, PENTYRRU
**stackyard,** *n.* YDLAN
**stadium,** *n.* STADIWM
**staff,** *n.* FFON, STAFF, PUM LLINELL
**stag,** *n.* CARW, HYDD, ADFAEDD
**stage,** *n.* LLWYFAN, CYFNOD, STAD, CAM, GWEDD
*v.* LLWYFANNU
*stagecraft,* CREFFT LLWYFAN
**stage-coach,** *n.* COETS FAWR
**stager,** *n.* LLWYFANNWR
**stagger,** *v.* GWEGIAN, DARWAHANU, SYFRDANU
*staggered start,* HWNT-GYCHWYN
**staggers,** *n.* PENDRO, Y DDERA, Y GYSB
**staging,** *n.* LLWYFANNU, (Y)SGAFFALDIAU
**stagnant,** *a.* LLONYDD, MARW, DI-DWF, LLONYDD
*stagnant water,* MERDDWR
**stagnate,** *v.* SEFYLL, CRONNI
**stagnation,** *n.* LLONYDDWCH, MARWEIDD-DRA, DIGYFFREDD
**staid,** *a.* SOBR, SAD
**stain,** *n.* STAEN, MEFL
*v.* STAENIO
**stainless,** *a.* DIFRYCHEULYD, DI-STAEN, GLOYW, GWRTHSTAEN
**stair,** *n.* GRIS, STAER
**staircase,** *n.* GRISIAU, STAER
**stairway,** *n.* GRISFFORDD
**stake,** *n.* POLYN, PAWL, YSTANC, BONYN, GWYSTL
*v.* NODI Â PHOLION, CYNGWYSTLO
*creasing stake,* BONYN CRYCHU
*extinguisher stake,* BONYN HIRBIG
*at stake,* YN Y FANTOL
**stakeboat,** *n.* BAD CLWM
**stalactite,** *n.* STALACTIT, PIBONWY CALCH
**stalagmite,** *n.* STALAGMIT, CALCHBOST
**stale,** *a.* HEN, DIFLAS
**staleness,** *n.* DIFLASRWYDD
**stalk,** *n.* COES(GYN), GWELLTYN
*v.* MYND AR DRYWYDD
**stall,** *n.* STONDIN, STÂL, BWTH
*v.* STOLIO

**stallage,** *n.* STONDINAETH
**stalling,** *v.* STOLIO
**stallion,** *n.* MARCH, STALWYN
**stalwart,** *a.* CYDNERTH, DEWR
**stamen,** *n.* BRIGER
**stamina,** *n.* STAMINA
**stammer,** *n.* & *v.* ATAL DWEUD
**stammering,** *a.* AG ATAL DWEUD
**stamp,** *n.* STAMP, DELW
*v.* NODI, PYSTYLAD, STAMPIO
*trading stamp,* STAMP MASNACHU
**stampede,** *n.* RHUTHR(AD)
*v.* RHUTHRO
**stance,** *n.* SAFIAD, STANS
**stanch,** *v.* ATAL LLIF
**stanchion,** *n.* ANNEL, GWANAS
**stand,** *n.* SAFIAD, EISTEDDLE, STONDIN, EISTEDDFAN
*v.* SEFYLL, GODDEF
*handstand,* LLAWSAFIAD
*cone stand,* ATEG CÔN
**standard,** *n.* LLUMAN, SAFON, BANER
*a.* SAFONOL, CYFFREDIN
*standard deviation,* GWYRIAD SAFONOL
*standard of living,* SAFON BYW
**standard-bearer,** *n.* BANERWR
**standardisation,** *n.* SAFONIAD, SAFONI
**standardise,** *v.* SAFONI
**standardised,** *a.* SAFONEDIG
*standardised intelligence test,* PRAWF DEALLUSRWYDD SAFONEDIG
**standing,** *n.* SAFLE, PARHAD
*a.* YN SEFYLL, PARHAOL, SEFYDLOG
**standpoint,** *n.* SAFBWYNT
**stannic,** *a.* STANNIG
**stanza,** *n.* PENNILL
**staple,** *n.* PRIF NWYDD, STAPLEN, STWFFWL, EDEFYN
*a.* PRIF, CYSON
**stapler,** *n.* STAPLER, STAPLYDD, STWFFLWR
**star,** *n.* SEREN
*v.* SERENNU
*circumpolar star,* SEREN AMBEGWN
*giant star,* SEREN GAWR
*star turn,* PRIF EITEM
**starboard,** *n.* STARBORD
**starch,** *n.* STARTS
*v.* STARTSIO
**starchy,** *a.* YN CYNNWYS STARTS, ANYSTWYTH, TORDYN
**stare,** *n.* LLYGADRYTHIAD
*v.* LLYGADRYTHU
**stark,** *a.* RHONC, SYTH
*ad.* HOLLOL
**starlight,** *n.* GOLAU'R SÊR
**starling,** *n.* DRUDWEN, DRUDWY
**starry,** *a.* SERENNOG
**start,** *n.* CYCHWYN(IAD), NAID
*v.* CYCHWYN, NEIDIO'N SYDYN
**starter,** *n.* CYCHWYNNWR, CYCHWYNNYDD (OFFERYN)
**starting,** *n.* CYCHWYNIAD
*starting block,* BLOC CYCHWYN
**startle,** *v.* BRAWYCHU, DYCHRYNU
**startling,** *a.* BRAWYCHUS, SYN
**starvation,** *n.* NEWYN
**starve,** *v.* NEWYNU
**state,** *n.* CYFLWR, FFURF, SEFYLLFA, TALAITH, GWLADWRIAETH, STAD
*v.* MYNEGI, DWEUD, DATGAN
*a.* CYFLYROL
*buffer state,* GWLADWRIAETH RAGOD
**stated,** *a.* PENODOL, PENODEDIG
**stateliness,** *n.* RHWYSG, URDDAS
**stately,** *a.* MAWREDDOG, URDDASOL
**statement,** *n.* MYNEGIAD, DATGANIAD, GOSODIAD, CYFRIFEN
*preliminary statement,* BLAEN DDATGANIAD
**statesman,** *n.* GWLADWEINYDD, GWLEIDYDD
**statesmanship,** *n.* GWLADWEINIAETH
**static,** *a.* STATIG
**statics,** *n.* STATEG
**station,** *n.* GORSAF, STESION
*v.* SEFYDLU, GOSOD
**stationary,** *a.* SEFYDLOG
*stationary waves,* TONNAU UNFAN
**stationer,** *n.* GWERTHWR PAPUR
**stationery,** *n.* PAPUR YSGRIFENNU
**station-master,** *n.* GORSAF-FEISTR
**statistic,** *n.* YSTADEGYN
**statistical,** *a.* YSTADEGOL
**statistician.** *n.* YSTADEGWR
**statistics,** *n.pl.* YSTADEGAU
*n.* YSTADEGAETH
*inferential statistics,* YSTADEGAETH GASGLIADOL
**stator,** *n.* STATOR
**statuary,** *n.* CERFLUNIAETH, CERFLUNYDD
**statue,** *n.* CERFLUN, CERFDDELW
**statuesque,** *a.* DIGYFFRO
**stature,** *n.* MAINTIOLI, CORFFOLAETH, TALDRA
**status,** *n.* STATWS, SAFLE
*status symbol,* SYMBOL STATWS
**statute,** *n.* (Y)STATUD, DEDDF

**statute-book,** *n.* DEDDF-LYFR
**statutory,** *a.* STATUDOL
*statutory procedure,* TREFNIADAETH STATUDOL
**staunch,** *a.* PYBYR, CYWIR, STANS
**staunchness,** *n.* PYBYRWCH, SÊL
**stave,** *n.* ERWYDD, ASTELL, CLEDREN
*v.* TYLLU, DRYLLIO
**stay,** *n.* ARHOSIAD, GWANAS, ATEG
*v.* AROS, OEDI, CYNNAL
*to stay at home,* GWARCHOD CARTREF
**stays,** *n.pl.* STAES
**stead,** *n.* LLE
**steadfast,** *a.* CADARN, DIYSGOG
**steadfastness,** *n.* SEFYDLOGRWYDD, CADERNID
**steadiness,** *n.* SADRWYDD
**steady,** *a.* SAD, CYSON, GWASTAD
*n.* SADYDD, GORFFWYSFAN
*v.* SADIO, ATAL
*fixed steady,* SADYDD DISYMUD
**steak,** *n.* STÊC, STECEN
*rump steak,* STEC(EN) FFOLEN
**steal,** *v.* LLADRATA, DWYN, CIPIO
**stealing,** *n.* LLADRAD, DWYN
**stealthy,** *a.* LLADRADAIDD
**steam,** *n.* AGER, ANWEDD, STÊM
*v.* AGER, STEMIO
*steam coal,* GLO RHYDD
**steamboat,** *n.* AGERFAD
**steam-engine,** *n.* AGERBEIRIANT
**steamer,** *n.* STEMAR, AGERLONG, AGERYDD, STEMYDD
**steam-roller,** *n.* STEMROLER
**steed,** *n.* CEFFYL, MARCH
**steel,** *n.* DUR
*v.* CALEDU
*stainless steel,* DUR GWRTHSTAEN
*blister steel,* DUR POTHELL
*steel wool,* GWLÂN DUR
**steelyard,** *n.* STILIARD
**steep,** *n.* DIBYN, CLOGWYN, LLETHR
*a.* SERTH, LLETHROG
*v.* MWYDO, TRWYTHO
**steeple,** *n.* PIGDWR
**steeplechase,** *n.* RAS FFOS A PHERTH
**steeplejack,** *n.* ATGYWEIRIWR SIMNAI
**steepness,** *n.* SERTHEDD
**steer,** *n.* BUSTACH, LLYWIAD
*v.* LLYWIO
**steering,** *a. & n.* LLYW(IO)
**steering-wheel,** *n.* LLYW
**steersman,** *n.* LLYWIWR
**stellar,** *a.* SEROL
**stem,** *n.* COES, BÔN, STEM, CYFF, COESYN
*v.* ATAL
**stench,** *n.* DREWDOD, DREWI
**stencil,** *n.* STENSIL
**stenographer,** *n.* STENOGRAFFYDD
**stenography,** *n.* STENOGRAFFEG
**stentor,** *n.* STENTOR
**stentorian,** *a.* CROCH, UCHEL
**step,** *n.* CAM, GRIS, STEP
*v.* CAMU
*step by step,* BOB YN GAM, CAM A CHAM
**stepbrother,** *n.* LLYSFRAWD
**stepdaughter,** *n.* LLYSFERCH
**stepfather,** *n.* LLYSTAD
**stepmother,** *n.* LLYSFAM
**steppe,** *n.* STEP
**stepsister,** *n.* LLYSCHWAER
**stepson,** *n.* LLYSFAB
**steradian,** *n.* STERADIAN
**stereographic,** *a.* STEREOGRAFFIG
**stereography,** *n.* STEREOGRAFFI
**stereophonic,** *a.* STEREOFFONIG
**stereoscope,** *n.* STEREOSGOP
**stereoscopic,** *a.* STEREOSGOPIG
**stereotype,** *n.* YSTRYDEB
*v.* YSTRYDEBU
**stereotyped,** *a.* YSTRYDEBOL
**sterile,** *a.* ANFFRWYTHLON, HYSB, ANHEINTIOL
**sterilisation,** *n.* STERILIAD
**steriliser,** *n.* STERYLLYDD, STERILYDD
**sterilise,** *v.* STERILIO
**sterility,** *n.* ANFFRWYTHLONEDD
**sterling,** *n.* STERLING
*a.* DILYS
**stern,** *n.* RHAN ÔL LLONG, STARN
*a.* LLYM, STERN
**sternness,** *n.* LLYMDER
**sternum,** *n.* STERNWM
**steroid,** *n.* STEROID
**stet,** *v.* GADAWER
**stethoscope,** *n.* STETHOSGOP
**stevedore,** *n.* LLWYTHWR/DADLWYTHWR LLONGAU
**stew,** *n.* STIW, ISGELL
*v.* STIWIO
**steward,** *n.* STIWARD
**stewardess,** *n.* STIWARDES
**stewardship,** *n.* STIWARDIAETH
**stick,** *n.* FFON, PRIC, GWIALEN
*v.* GLYNU, CYDIO
*sticks!* FFYN!

**stickler,** *n.* UN SELOG
**sticky,** *a.* GLUDIOG, ANHYBLYG
**stiff,** *a.* ANHYBLYG, YSTYFNIG
**stiffen,** *v.* SYTHU, YSTYFNIGO
**stiffening,** *n.* STIFFNIN
**stiffnecked,** *a.* YSTYFNIG, GWARGALED
**stiffness,** *n.* ANYSTWYTHDER, YSTYFNIGRWYDD
**stifle,** *v.* MYGU, TAGU
**stigma,** *n.* GWARTHNOD, STIGMA
**stigmatise,** *v.* CYHUDDO
**stile,** *n.* CAMFA, STICIL, CLEDREN
**stiletto,** *n.* STILETO
**still,** *a.* LLONYDD, TAWEL
*n.* LLUN LLONYDD, OFFER DISTYLLU
*v.* LLONYDDU, TEWI
*still life,* BYWYD LLONYDD
**stillness,** *n.* LLONYDDWCH, TAWELWCH
**stilt,** *n.* STILT, STUDFACH
**stilted,** *a.* MAWREDDOG, STUDFACHOG
**stimulant,** *n.* SYMBYLYDD
*a.* ADFYWIOL
**stimulate,** *v.* SYMBYLU, CYFFROI, SBARDUNO
**stimulating,** *a.* YN SYMBYLU/CYFFROI, ANOGOL
**stimulation,** *n.* SYMBYLIAD
**stimulus,** *n.* SWMBWL, SYMBYLIAD
**sting,** *n.* COLYN
*v.* COLYNNU, PIGO
**stinginess,** *n.* CYBYDD-DOD
**stinging,** *a.* BRATHOG, LLYM
**stingy,** *a.* CYBYDDLYD, CRINTACH
**stink,** *n.* DREWDOD, DREWI
*v.* DREWI
**stinking,** *a.* DREWLLYD
**stint,** *v.* PRINHAU, BOD YN GRINTACH
**stinting,** *a.* CYNNIL, CLÒS
**stipend,** *n.* CYFLOG, TÂL
**stipendiary,** *a.* CYFLOG, CYFLOGEDIG
**stipple,** *n.* DOTWAITH
*v.* DOTWEITHIO
**stipulate,** *v.* AMODI
**stipulation,** *n.* AMODIAD
**stipule,** *n.* STIPWL
**stir,** *n.* CYFFRO, CYNNWRF
*v.* CYFFROI, CYNHYRFU
**stirrer,** *n.* TRÖYDD, YMOTBREN
**stirring,** *a.* CYFFROUS, CYNHYRFUS
**stirrup,** *n.* GWARTHOL
**stirrup-pump,** *n.* PWMP TROED
**stitch,** *n.* PWYTH, MAGL (GWEU), GWAYW
*v.* PWYTHO, GWNÏO
*stem stitch,* PWYTH CONYN
*purl stitch,* PWYTH O CHWITH
**stoat,** *n.* CARLWM
**stock,** *n.* BÔN, CYFF, ACH, STOC, ISGELL
*v.* CYFLENWI, CADW, CRYNHOI
*stocks and dies,* CYFFION A DEIS
*stock pot,* POT ISGELL
*stocks and shares,* STOCIAU A CHYFRANNAU
*joint stock,* STOC CYD-DDALIANNOL
*gilt-edged stock,* STOCIAU'R LLYWODRAETH
*Stock Exchange,* CYFNEWIDFA STOC
**stockade,** *n.* FFENS BYST
**stockbroker,** *n.* BROCER STOC
**stock-exchange,** *n.* CYFNEWIDFA STOCIAU
**stocking,** *n.* HOSAN
**stocks,** *n.pl.* CYFFION
**stock-size,** *n.* Y MAINT ARFEROL
**stock-still,** *a.* HOLLOL LONYDD
**stocktaking,** *n.* CYFRIF STOC
**stocky,** *a.* CADARN, CRYF, CYDNERTH
**stodgy,** *a.* TRYMAIDD, TRWM, TOESLYD
**stoep,** *n.* CYNTEDD, FERANDA
**Stoic,** *n.* STOIC
**Stoicism,** *n.* STOICIAETH
**stoke,** *v.* TANIO, GOFALU AM DÂN
**stoker,** *n.* TANIWR
**stole,** *n.* YSTOLA, YSTÔL
**stolid,** *a.* DIGYFFRO, SWRTH, TWP
**stolidity,** *n.* SYRTHNI, CYSGADRWYDD
**stolon,** *n.* STOLON
**stoloniferous,** *a.* STOLONOG
**stomach,** *n.* YSTUMOG, CYLLA, AWYDD
*v.* DYGYMOD Â
**stomata,** *n.* MÂN-DYLLAU
**stomatitis,** *n.* STOMATITIS
**stone,** *n.* CARREG, MAEN, STÔN
*a.* MAEN, CARREG, CERRIG
*v.* LLABYDDIO, DIGAREGU
**stonechat,** *n.* CREC YR EITHIN
**stone-dead,** *a.* MARW GELAIN
**stone-deaf,** *a.* HOLLOL FYDDAR
**stone-mason,** *n.* SAER MAEN, MEISWN
**stonewall,** *n.* GWAL GERRIG
**stone wall,** *v.* BATIO'N GYNDYN
**stonework,** *n.* CAREGWAITH
**stony,** *a.* CAREGOG, CALED
**stook,** *n.* (Y)STACAN
**stool,** *n.* (Y)STÔL
**stoop,** *v.* PLYGU, GWARGRYMU
**stop,** *n.* STOP, ATALNOD
*v.* ATAL, AROS, DAL, STOPIO, LLENWI
*stop dead,* STOPIO'N STOND

**stop-clock,** *n.* STOPGLOC
**stop-cock,** *n.* TAP
**stopgap,** *n.* PETH DROS DRO
**stoppage,** *n.* ATALIAD, RHWYSTR
**stopper,** *n.* TOPYN, CAEAD
**stopping-place,** *n.* MAN AROS
**stop-press,** *n.* NEWYDD DIWEDDAR
**stop-start,** *v.* ATAL A CHYCHWYN
**stop-watch,** *n.* STOPWATS
**storage,** *n.* STÔR, STORFA
*storage heater,* STORYDD GWRES
**store,** *n.* STÔR, SIOP, STORFA
*self service store,* STÔR HUNAN-WASANAETH
*department store,* STÔR ADRANNOL
*chain store,* SIOP GADWYN
*v.* STORIO, CADW
**storehouse,** *n.* (Y)STORDY
**storey,** *n.* LLAWR (ADEILAD)
*multistorey,* AML-LAWR
**stork,** *n.* STORC, CICONIA
**storm,** *n.* (Y)STORM
*v.* YMOSOD
**stormy,** *a.* (Y)STORMUS
**story,** *n.* STORI, HANES
**story-teller,** *n.* STORÎWR, CHWEDLEUWR
**stoss,** *a.* LLYFN
**stout,** *a.* TEW, GWROL, CORFFOL
**stoutness,** *n.* TEWDRA, GWROLDEB
**stove,** *n.* FFWRN, STOF, CWCER
**stow,** *n.* STOW
*v.* DODI HEIBIO
**stowage,** *n.* CADW, TÂL CADW
**stowaway,** *n.* TEITHIWR CUDD
**straddle,** *v.* STRADLO, BONGAMU
**straddler,** *n.* STRADLWR
**straggle,** *v.* CRWYDRO, YMLEDU
**straggler,** *n.* CRWYDRYN
**straight,** *a.* SYTH, UNION(SYTH)
**straight-edge,** *n.* YMYL SYTH
**straighten,** *v.* UNIONI
**straightforward,** *a.* DIDWYLL, GONEST
**straightness,** *n.* UNIONDER
**straightway,** *ad.* YN Y FAN, AR UNWAITH
**strain,** *n.* STRAEN, TRAS, RHYWOGAETH
*n.pl.* NODAU
*v.* HIDLO, YMESTYN, ANAFU
**strained,** *a.* TYN, ANNATURIOL
**strainer,** *n.* HIDL(EN)
**strait,** *n.* CULFOR
*a.* CUL, CYFYNG
**straiten,** *v.* CYFYNGU
**strait-laced,** *a.* GORFANWL
**straits,** *n.* CYFYNGDER, ARGYFWNG
**strand,** *n.* BEISTON, TRAETHELL, CAINC
*v.* CEINCIO
**stranded,** *a.* CEINCIOG, AMRYGOLL
**strange,** *a.* DIEITHR, RHYFEDD, OD
**strangely,** *ad.* YN RHYFEDD/HYNOD
**strangeness,** *n.* DIEITHRWCH
**stranger,** *n.* DIEITHRYN, ESTRON
**strangle,** *v.* TAGU, LLINDAGU
**strangles,** *n.pl.* YSGYFEINWST
**strangulation,** *n.* TAGIAD, LLINDAGIAD
**strap,** *n.* STRAP(EN), TRES
*v.* STRAPIO
**strapping,** *a.* CYDNERTH, CADARN
**strata,** *n.pl.* STRATA, HAENAU
**stratagem,** *n.* CAST, YSTRYW, DICHELL
**strategic,** *a.* STRATEGOL
**strategist,** *n.* STRATEGWR
**strategy,** *n.* STRATEGAETH
**strath,** *n.* YSTRAD
**stratification,** *n.* HAENIAD
**stratify,** *v.* HAENU
**stratigraphy,** *n.* STRATIGRAFFEG
**stratosphere,** *n.* STRATOSFFER
**stratum,** *n.* STRATWM, HAEN
**straw,** *n.* GWELLT(YN)
**strawberry,** *n.* MEFUSEN
**stray,** *n.* ANIFAIL CRWYDR
*v.* CRWYDRO, CYFEILIORNI
*a.* CRWYDR, COLL
**streak,** *n.* LLINELL, RHES
**streaky,** *a.* BRITH, RHESOG
**stream,** *n.* FFRWD, NANT
*v.* FFRYDIO, LLIFO
**streamer,** *n.* RHUBAN, BANER
**streamflow,** *n.* FFRYDLIF
**streamlet,** *n.* CORNANT, GOFER
**streamline,** *a.* LLILIN
*v.* LLILINIO
**streamlining,** *n.* LLILINIAD
**street,** *n.* STRYD, HEOL
**strength,** *n.* CRYFDER, NERTH
**strengthen,** *v.* CRYFHAU, NERTHU
**strenuous,** *a.* EGNÏOL, YMDRECHGAR
**stress,** *n.* DIRIANT, GWASGIANT, PWYSLAIS
*v.* ACENNU, PWYSLEISIO
*shearing stress,* DIRIANT CROESRYM
**stretch,** *n.* YMESTYNIAD
*v.* (YM)ESTYN
**stretched,** *a.* YMESTYNEDIG
**stretcher,** *n.* ESTYNNELL
**strew,** *v.* GWASGARU, TAENU
**striated,** *a.* RHYCHEDIG

**striations,** *n.pl.* RHYCHIADAU
**strickle,** *n.* STRICL, HEISTAIN
**strict,** *a.* MANWL, LLYM, CYFYNG, CAETH
**strictness,** *n.* LLYMDER, CAETHDER
**stricture,** *n.* CERYDD, CYFYNGIAD, CAETHDER
**stride,** *n.* BRASGAM
*v.* BRASGAMU
**strident,** *a.* CROCH, CRAS
**strife,** *n.* YMRAFAEL, CYNNEN, YMRYSON
**strike,** *n.* STREIC, TRAWIAD
*v.* STREICIO, TARO
**striker,** *n.* STREICIWR, ERGYDIWR
**striking,** *a.* TRAWIADOL, HYNOD
*striking head,* TRAWBEN
**string,** *n.* LLINYN, TANT, CORTYN
*v.* LLINYNNU
**stringency,** *n.* CAETHDER, LLYMDER
**stringent,** *a.* CAETH, LLYM
**stringer,** *n.* STRINGER
**stringy,** *a.* LLINYNNOG
**strip,** *n.* LLAIN, STRIBED, STRIP, STRIBYN
*v.* DIHATRU, DIOSG
*bimetallic strip,* STRIBED DEUFETEL
*strip light,* GOLAU STRIBED
*strip mill,* MELIN STRIP
*strip cultivation,* LLAIN DRINIAD
**stripe,** *n.* RHESEN, STREIP(EN)
**striped,** *a.* RHESOG, STREIPOG
**stripling,** *n.* GLASLANC, LLANC, LLENCYN
**strip-tease,** *n.* STRIP-BROFOCIO
**strive,** *v.* YMDRECHU
**stroke,** *n.* ERGYD, TRAWIAD, STRÔC
*backhand stroke,* ERGYD GWRTHLAW
*forehand stroke,* ERGYD BLAENLLAW
*upstroke,* BLAENSTROC
**stroll,** *n.* TRO
*v.* MYND AM DRO, RHODIO
**stroller,** *n.* RHODIANNWR
**strong,** *a.* CRYF, NERTHOL
**stronghold,** *n.* AMDDIFFYNFA
**strop,** *n.* STROP
*v.* HOGI, MINIO
**strophic,** *a.* STROFFIG
**structural,** *a.* STRWYTHUROL, FFURFIANNOL, SAERNÏOL
**structure,** *n.* ADEILEDD, STRWYTHUR, SAERNÏAETH, CYFLUNIAD
*v.* ADEILEDDU, STRWYTHURO, CYFLUNIO
**struggle,** *n.* YMDRECH, BRWYDR
*v.* YMDRECHU, GWINGO
**strum,** *v.* STRYMIO
**strut,** *n.* PWYSLATH, ATEG, CYNHEILIAD
*v.* CYNHEILIO, TORSYTHU
**strychnine,** *n.* STRICNIN
**stub,** *n.* BONYN, STWB(YN)
*stub axle,* ECHEL BWT
**stubble,** *n.* SOFL(YN)
**stubborn,** *a.* YSTYFNIG, CYNDYN
**stubbornness,** *n.* YSTYFNIGRWYDD, CYNDYNRWYDD
**stubby,** *a.* BYR A THEW, LLAWN BONION
**stucco,** *n.* STUCCO, STWCO
**stuck-up,** *a.* FFROENUCHEL, BALCH
**stud,** *n.* STYDEN, HOELEN GLOPA
*stud of horses,* GRE O FEIRCH
**student,** *n.* MYFYRIWR, EFRYDYDD
**stud-farm,** *n.* FFARM MAGU CEFFYLAU
**studied,** *a.* PWYLLOG, BWRIADOL
**studio,** *n.* STIWDIO
**studious,** *a.* MYFYRGAR, DYFAL
**study,** *n.* ASTUDIAETH, YMARFERIAD, EFRYDFA, STYDI, ETUDE
*private study,* EFRYDU PREIFAT
**stuff,** *n.* DEFNYDD, DEUNYDD
*v.* STWFFIO
**stuffing,** *n.* STWFFIN
**stuffy,** *a.* TRYMLLYD, CLÒS
**stultify,** *v.* DIRYMU
**stumble,** *v.* HANNER CWYMPO, BAGLU
**stumbling-block,** *n.* MAEN TRAMGWYDD
**stump,** *n.* BONYN, STWMP, WICED, BONCYFF
*v.* STWMPIO
**stumper,** *n.* WICEDWR
**stumpy,** *a.* BYRDEW
**stun,** *v.* SYFRDANU, HURTIO
**stunning,** *a.* SYFRDANOL
**stunt,** *v.* CRABIO, STYNTIO
*n.* STYNT
**stunted,** *a.* CRABLYD
**stupefaction,** *n.* SYFRDANDOD
**stupefy,** *v.* SYFRDANU, HURTIO
**stupendous,** *a.* ARUTHROL
**stupid,** *a.* HURT, DWL, TWP
*stupid person,* HURTYN, TWPSYN
**stupidity,** *n.* HURTRWYDD, TWPDRA, DYLNI
**stupor,** *n.* SYFRDANDOD, SYRTHNI
**sturdiness,** *n.* CADERNID, CRYFDER
**sturdy,** *n.* Y BENDRO
*a.* CADARN, CRYF
**sturgeon,** *n.* STWRSIWN
**stutter,** *n.* ATAL DWEUD
*v.* SIARAD AG ATAL
**sty,** *n.* TWLC, CUT
**stye,** *n.* LLEFRITHEN
**style,** *n.* ARDDULL, MODD, FFASIWN, STEIL, CYFENW
*v.* ARDDULLIO, CYFENWI

**stylish,** *a.* TRWSIADUS, LLUNIAIDD, COETH
**stylist,** *n.* ARDDULLIWR, CYNLLUNYDD
**stylization,** *n.* ARDDULLIAETH
**stylus,** *n.* STYLWS
**suave,** *a.* HYNAWS, MWYN
**sub-,** *prx.* IS-, TAN-, GO-, AIL-
**subaerial,** *a.* ISAWYROL
**subcellular,** *a.* ISGELLOG
**sub-class,** *n.* IS-DDOSBARTH
**sub-committee,** *n.* IS-BWYLLGOR
**subconscious,** *a.* ISYMWYBODOL
**subconsciousness,** *n.* ISYMWYBOD
**sub-contract,** *n.* IS-GONTRACT
*v.* IS-GONTRACTU
**subdivide,** *v.* ISRANNU
**subdivision,** *n.* ISRANIAD
**subdominant,** *n.* IS-LYWYDD
**subdue,** *v.* DAROSTWNG
**subdued,** *a.* ISEL
**sub-factorial,** *n.* IS-FFACTORIAL
**sub-group,** *n.* IS-GRŴP
**sub-harmonic,** *n.* IS-HARMONIG
**subject,** *n.* DEILIAD, TESTUN, PWNC, GODDRYCH
*a.* DAROSTYNGEDIG
*v.* DAROSTWNG
**subjection,** *n.* DAROSTYNGIAD
**subjective,** *a.* GODDRYCHOL
**subjectivity,** *n.* GODDRYCHEDD
**subjugate,** *v.* DAROSTWNG
**subjugation,** *n.* DAROSTYNGIAD
**subjunctive,** *a.* DIBYNNOL
**sublet,** *v.* ISOSOD
**sublimate,** *v.* DYRCHAFU, TROSGYFEIRIO, ARDDUNOLI, SYCHDARTHU (CEMEG)
*n.* SYCHDARTH
**sublimation,** *n.* DYRCHAFIAD, ARDDUNOLIAD, SYCHDARTHIAD (CEMEG)
**sublimity,** *n.* ARUCHELEDD, ARDDUNEDD
**sublingual,** *a.* ISDAFODOL
**submarine,** *n.* LLONG DANFOR
*a.* TANFOR(OL)
**submediant,** *n.* IS-FEIDON
**submerge,** *v.* SODDI, SUDDO
**submerged,** *a.* SODDEDIG
**submersion,** *n.* SODDIAD
**submission,** *n.* YMOSTYNGIAD
**submissive,** *a.* GOSTYNGEDIG, UFUDD
**submit,** *v.* YMOSTWNG, ARGYMELL
**submultiple,** *a.* FFRACSIYNOL
**sub-normal,** *a. & n.* ISNORMAL
**subnormality,** *n.* ISNORMALEDD
**sub-order,** *n.* IS-URDD
**subordinate,** *n. & a.* ISRADD
*v.* DAROSTWNG
**subordination,** *n.* ISRADDOLDEB, DAROSTYNGIAD
**suborn,** *v.* LLWGRWOBRWYO, SYBORNU
**sub-plot,** *n.* IS-BLOT
**subpoena,** *n.* SWBPOENA
**sub-region,** *n.* IS-RANBARTH
**subroutine,** *n.* IS-REOLWAITH
**subscribe,** *v.* TANYSGRIFIO, CYDSYNIO
**subscriber,** *n.* TANYSGRIFIWR
**subscript,** *n.* IS-NODIAD
**subscription,** *n.* TANYSGRIFIAD
**subsequence,** *n.* IS-DDILYNIANT
**subsequent,** *a.* DILYNOL
**subsequently,** *ad.* WEDYN, AR ÔL HYNNY
**subserve,** *v.* BOD YN WASAIDD
**subservience,** *n.* GWASEIDD-DRA
**subset,** *n.* IS-SET
**subside,** *v.* YMSUDDO
**subsidence,** *n.* YMSUDDIANT
**subsidiary,** *n.* CYNORTHWYWR, ISGWMNI
*a.* ISRADDOL, ATEGOL
*subsidiary course,* CWRS ATEGOL
**subsidize,** *v.* RHOI CYMHORTHDAL
**subsidy,** *n.* CYMHORTHDAL, SYBSEIDI
**subsist,** *v.* YMGYNNAL
**subsistence,** *n.* CYNHALIAETH
**subsoil,** *n.* ISBRIDD
**subsonic,** *a.* IS-SONIG
**sub-species,** *n.* IS-RYWOGAETH
**substance,** *n.* SYLWEDD
**substandard,** *a.* IS-SAFONOL
**substantial,** *a.* SYLWEDDOL
**substantiate,** *v.* PROFI, GWIRIO
**substantiation,** *n.* PRAWF
**substantive,** *n.* ENW
*a.* GWREIDDIOL, SYLWEDDOL
**sub-station,** *n.* IS-BŴERDY
**substituent,** *n.* AMNEWIDYDD
**substitute,** *n.* AMNEWIDYN, ALLDDODYN, DIRPRWY, AMNEWIDEB, EILYDD
*v.* AMNEWID, ALLDDODI, AMGENU
**substitution,** *n.* AMNEWID(IAD), DIRPRWYAD
**substrate,** *n.* IS-HAEN, SWBSTRAD
**substratum,** *n.* IS-HAEN
**substring,** *n.* ISLINYN
**subtangent,** *n.* ISTANGIAD
**subtend,** *v.* CYNNAL
*subtended angle,* ONGL GYNNAL
**subterfuge,** *n.* YSTRYW, TWYLL
**subterranean,** *a.* TANDDAEAROL

**subtitle,** *n.* IS-DEITL
**subtle,** *a.* CYFRWYS, CRAFF, TENAU
**subtlety,** *n.* CYFRWYSTRA, CRAFFTER
**sub-town,** *n.* ISTREF
**subtract,** *v.* TYNNU
**subtraction,** *n.* SYM DYNNU
**subtractive,** *a.* TYNIOL
**subtropical,** *a.* ISDROFANNOL
**suburb,** *n.* MAESTREF
**suburban,** *a.* MAESTREFOL
**suburbia,** *n.pl.* Y MAESTREFI
**subversion,** *n.* GWYRDROAD
**subversive,** *a.* GWYRDROADOL
**subvert,** *v.* GWYRDROI
**subway,** *n.* ISFFORDD, TANLWYBR, CEUFFORDD
**succeed,** *v.* LLWYDDO, DILYN, TYCIO
**success,** *n.* LLWYDDIANT, FFYNIANT
**successful,** *a.* LLWYDDIANNUS
**succession,** *n.* OLYNIAETH
**successive,** *a.* OLYNOL
**successor,** *n.* OLYNYDD
**succinct,** *a.* BYR, CRYNO
**succour,** *n.* CYMORTH, HELP
*v.* CYNORTHWYO, HELPU
**succulent,** *a.* IR(AIDD), SUDDLON, LLERW
**succumb,** *v.* YMOLLWNG, ILDIO, MARW
**such,** *a.* Y FATH, CYFRYW, CYFFELYB
**suck,** *n.* SUG(NAD)
*v.* SUGNO
**sucker,** *n.* SUGNWR, IMPYN
**suckle,** *v.* RHOI SUGN/BRON
**suckling,** *n.* PLENTYN/ANIFAIL SUGNO
**sucrose,** *n.* SWCROS
**suction,** *n.* SUGNEDD
**sudd,** *n.* SWD
**sudden,** *a.* SYDYN, DISYMWTH
**suddenly,** *ad.* YN SYDYN, YN DDISYMWTH
**suddenness,** *n.* SYDYNRWYDD
**sudorifics,** *n.pl.* CYFFURIAU CHWYSU
**suds,** *n.pl.* TROCHION
**sue,** *v.* ERLYN, YMBIL
**suede,** *n.* SWÊD
**suet,** *n.* SIWED, GWEREN
**suffer,** *v.* DIODDEF, CANIATÁU
**sufferance,** *n.* GODDEFIAD, CANIATÂD
**sufferer,** *n.* DIODDEFYDD
**suffering,** *n.* DIODDEFAINT, POEN
**suffice,** *v.* DIGONI, BOD YN DDIGON
**sufficiency,** *n.* DIGONEDD, GWALA
**sufficient,** *n.* DIGON
*a.* DIGON(OL)
**suffix,** *n.* OLDDODIAD
*v.* YCHWANEGU
**suffocate,** *v.* MYGU, MOGI, TAGU
**suffocation,** *n.* MYGFA, TAGIAD
**suffragan,** *n.* SWFFRAGAN
*a.* CYNORTHWYOL
**suffrage,** *n.* PLEIDLAIS
**suffragette,** *n.* SWFFRAGÉT
**suffuse,** *v.* LLEDAENU
**suffusion,** *n.* LLEDAENIAD
**sugar,** *n.* SIWGR
*v.* SIWGRO
*crystal sugar,* SIWGR BRAS
*caster sugar,* SIWGR MÂN
*icing sugar,* SIWGR EISING
**sugar-cane,** *n.* CÊN SIWGR
**suggest,** *v.* AWGRYMU
**suggestible,** *a.* AWGRYMADWY
**suggestion,** *n.* AWGRYM(IAD)
**suggestive,** *a.* AWGRYMOG, AWGRYMUS
**suggestiveness,** *n.* AWGRYMUSRWYDD
**suicidal,** *a.* HUNANDDINISTRIOL
**suicide,** *n.* HUNANLADDIAD
**suit,** *n.* CWYN, SIWT
*v.* GWEDDU, TARO
**suitability,** *n.* CYFADDASRWYDD, PRIODOLDEB
**suitable,** *a.* ADDAS, CYFADDAS, CYMWYS, PRIODOL
**suit-case,** *n.* BAG DILLAD
**suite,** *n.* CYFRES, SWÎT, SET
*three-piece suite,* SET O DAIR
**suitor,** *n.* CWYNWR, CARIADFAB
**sulk,** *v.* PWDU, SORRI
**sulks,** *n.pl.* PWD, SORIANT
**sulky,** *a.* PWDLYD, SORLLYD
**sullen,** *a.* DISERCH, SWRTH
**sully,** *v.* LLYCHWINO, DIWYNO
**sulphate,** *n.* SYLFFAD, SYLFFAT
**sulphide,** *n.* SYLFFID
**sulphite,** *n.* SYLFFAID
**sulphur,** *n.* SYLFFWR
**sulphuric,** *a.* SYLFFWRIG
**sulphurous,** *a.* SYLFFWRUS
**sultan,** *n.* SWLTAN
**sultana,** *n.* SWLTANA
**sultriness,** *n.* MYLLNI
**sultry,** *a.* MWLL, MWRN, CLÒS
**sum,** *n.* SWM, SYM
*v.* SYMIO, CRYNHOI
*sum total,* CYFANSWM
**summable,** *a.* SYMADWY, INTEGRADWY
**summarily,** *ad.* AR FYR
**summarize,** *v.* CRYNHOI

**summary,** *n.* CRYNODEB
*a.* DIANNOD, DIYMDROI
*summary offence,* TROSEDD DDIANNOD
**summation,** *n.* SYMIANT
**summer,** *n.* HAF
**summer-house,** *n.* HAFDY
**summery,** *a.* HAFAIDD
**summit,** *n.* COPA, BRIG, PEN
**summon,** *n.* GWYSIO, GALW
**summons,** *n.* GWŶS, SYMANS
*serve a summons,* CYFLWYNO GWŶS
**sump,** *n.* SWMP
**sumptuous,** *a.* MOETHUS
**sumptuousness,** *n.* MOETHUSRWYDD
**sun,** *n.* HAUL, HUAN
*v.* HEULO
*sun-proof,* GWRTH-HAUL
**sunbathe,** *v.* TORHEULO
**sunbeam,** *n.* PELYDRYN (O HAUL)
**sunburnt,** *a.* MELYN, BROWN
**Sunday,** *n.* DYDD SUL,
*Sunday observance,* CADWRAETH Y SUL
**sunder,** *v.* GWAHANU
**sun-dial,** *n.* DEIAL HAUL
**sundown,** *n.* MACHLUD HAUL
**sundries,** *n.pl.* AMRYWION
**sundry,** *a.* AMRYW(IOL)
**sunflower,** *n.* BLODYN YR HAUL
**sunken,** *a.* WEDI SUDDO, TENAU
**sunlight,** *n.* GOLAU HAUL
**sunlit,** *a.* HEULOG
**sunny,** *a.* HEULOG, ARAUL
**sunrise,** *n.* CODIAD HAUL
**sunset,** *n.* MACHLUD HAUL
**sunshine,** *n.* HEULWEN
**sunspot,** *n.* BRYCH HAUL
**sunstroke,** *n.* ERGYD TES, TWYMYN HAUL
**sup,** *n.* LLYMAID, DRACHT
*v.* LLYMEITIAN, SWPERA, SIPIAN
**super,** *n.* SIWPER
**super-,** *px.* UWCH, GOR-, AR-, TRA-,
**superable,** *a.* GORCHFYGADWY
**superabundance,** *n.* GORMODEDD
**superabundant,** *a.* GORMODOL
**superannuate,** *v.* TALU PENSIWN
**superannuation,** *n.* BUDD-DÂL YMDDEOL, OED-DÂL
**superb,** *a.* ARDDERCHOG, RHAGOROL
**supercharger,** *n.* ARLWYTHWR
**supercilious,** *a.* FFROENUCHEL, BALCH
**supercool,** *a.* GOROER
**supercooled,** *a.* GOROEREDIG
**super-ego,** *n.* UWCH-EGO
**superficial,** *a.* ARWYNEBOL, BAS
**superficiality,** *n.* BASTER, ARWYNEBOL-RWYDD
**superfine,** *a.* COETH
**superfluity,** *n.* GORMODEDD
**superfluous,** *a.* GORMODOL
**supergrid,** *n.* UWCHGRID
**super-human,** *a.* UWCHDDYNOL
**superimpose,** *v.* AROSOD
**superintend,** *v.* AROLYGU
**superintendence,** *n.* AROLYGIAD
**superintendency,** *n.* AROLYGIAETH
**superintendent,** *n.* AROLYGWR
**superior,** *a.* UWCH, BALCH
*his superiors,* EI WELL
**superiority,** *n.* RHAGORIAETH
**superlative,** *a.* UCHAF, EITHAF
**supermarket,** *n.* UWCH-FARCHNAD
**supernatural,** *a.* GORUWCHNATURIOL
**supernaturalism,** *n.* GORUWCHNATURIOL-AETH
**supernormal,** *a.* UCHAFRADD
**supernova,** *n.* SWPERNOFA
**supernumerary,** *n.* UN DROS BEN, UWCHRIF
**superosculate,** *a.* UWCHFINIAL
**superpose,** *v.* AROSOD
**superposition,** *n.* AROSODIAD
**supersaturate,** *v.* GORDDIRLENWI
**supersaturated,** *a.* GORDDIRLAWN
**supersaturation,** *n.* GORDDIRLAWNDER
**superscript,** *n.* UWCHNODIAD
**supersede,** *v.* DISODLI
**supersonic,** *a.* UWCHSONIG
**superstition,** *n.* OFERGOEL(IAETH)
**superstitious,** *a.* OFERGOELUS
**superstructure,** *n.* AR-ADEILEDD
**supertax,** *n.* UWCHDRETH
**supertonic,** *n.* UWCHDONYDD
**supervene,** *v.* DIGWYDD
**supervention,** *n.* DIGWYDDIAD, DAMWEIN-IAD
**supervise,** *v.* AROLYGU
**supervision,** *n.* AROLYGIAETH
**supervisor,** *n.* AROLYGWR
**supine,** *a.* AR Y CEFN, DIDARO
**supper,** *n.* SWPER
**supplant,** *v.* DISODLI
**supplanter,** *n.* DISODLWR
**supple,** *a.* HYDWYTH, YSTWYTH
**supplement,** *n.* ATODIAD, YCHWANEG-OLYN (BWYD)
*v.* ATODI

**supplemental,** *a.* ATODOL
**supplementary,** *a.* ATODOL, YCHWANEGOL
**suppleness,** *n.* HYDWYTHEDD, YSTWYTHDER
**suppliant,** *n.* YMBILIWR, ERFYNIWR
*a.* YMBILGAR
**supplicate,** *v.* YMBIL, GWEDDÏO
**supplication,** *n.* YMBIL, GWEDDI
**supplier,** *n.* CYFLENWR
**supply,** *n.* CYFLENWAD
*v.* CYFLENWI
*supply and demand,* CYFLENWAD A GALW
*supply teacher,* ATHRO LLANW (BWLCH)
*excess supply,* GORGYFLENWAD
*joint supply,* CYDGYFLENWAD
**support,** *n.* CYNHALIAETH, ATEG, CEFNOGAETH, CYNHALIAD
*v.* CYNNAL, CEFNOGI
**supporter,** *n.* CYNHALIWR, CEFNOGWR
**suppose,** *v.* TYBIED, TYBIO
**supposition,** *n.* TYB(IAETH), ATOSODIAD
**suppository,** *n.* TAWDDGYFFUR
**suppress,** *v.* LLETHU, DARWTHIO
**suppression,** *n.* LLETHIAD, DARWTHIAD
**suppurate,** *v.* CRAWNI, GORI
**suppuration,** *n.* CRAWN, GÔR
**supremacy,** *n.* GORUCHAFIAETH
**supreme,** *a.* GORUCHAF, PRIF
**surcharge,** *n.* GORDAL, SURBRIS, GORDOLL
*v.* CODI GORMOD
**sur-claim,** *n.* HAWL YCHWANEGOL
**surd,** *n.* SWRD
**sure,** *a.* SICR, SIWR
**surely,** *ad.* YN SICR, YN DDIAU
**surety,** *n.* ERNES, MEICHIAU
**suretyship,** *n.* MECHNÏAETH
**surf,** *v.* BRIGDONNI
*n.* GOREWYN
*surf-bathe,* BRIGDONNI, GOREWYNNU
*surf-rider,* BRIGDONNWR, BRIGWR TONNAU
**surface,** *n.* ARWYNEB, ARWYNEBEDD
*curved surface,* ARWYNEB CRWN
**surface-plate,** *n.* WYNEBPLAT
**surfeit,** *n.* SYRFFED, ALAR(EDD)
*v.* SYRFFEDU, ALARU
**surge,** *n.* YMCHWYDD
*v.* YMCHWYDDO, TYRRU
**surgeon,** *n.* LLAWFEDDYG
**surgery,** *n.* LLAWFEDDYGAETH, MEDDYGFA, SYRJERI
**surgical,** *a.* LLAWFEDDYGOL
**surliness,** *n.* SARUGRWYDD
**surly,** *a.* SARRUG, AFRYWIOG
**surmise,** *n.* TYB, DYFALIAD
*v.* TYBIO, TYBIED
**surmount,** *v.* TRECHU, GORCHFYGU
**surname,** *n.* CYFENW
*v.* CYFENWI
**surpass,** *v.* RHAGORI AR, TRECHU
**surplice,** *n.* GWENWISG
**surplus,** *n.* GORGED, GWEDDILL
**surprise,** *n.* SYNDOD
*v.* SYNNU, PERI SYNDOD
**surprising,** *a.* SYN, RHYFEDD
**surreal,** *a.* SWREAL
**surrealism,** *n.* SWREALAETH
**surrealist,** *n.* SWREALYDD
*a.* SWREALAIDD
**surrender,** *n.* ILDIAD
*v.* ILDIO, TRADDODI
**surreptitious,** *a.* LLADRADAIDD, LLECHWRAIDD
**surround,** *v.* AMGYLCHU, AMGYLCHYNU, CWMPASU
*v.* AMGYLCHYN
**surroundings,** *n.pl.* AMGYLCHOEDD, CWMPASOEDD
**surtax,** *n.* GORDRETH, SURDRETH
**surveillance,** *n.* AROLYGIAETH
**survey,** *n.* AROLWG, MESURIAD TIR
*v.* GWNEUD AROLWG, MESUR TIR
**surveyor,** *n.* TIRFESURYDD
**survival,** *n.* GOROESIAD
**survive,** *v.* GOROESI, PARA I FYW
**survivor,** *n.* GOROESWR
**survivorship,** *n.* GOROESEDD
**susceptibility,** *n.* TUEDD, DERBYNNEDD
**susceptible,** *a.* TUEDDOL I
**suspect,** *n.* UN A DDRWGDYBIR
*v.* DRWGDYBIO
**suspend,** *v.* CROGI, ATAL, CROGIANNU, GWAHARDD
**suspended,** *a.* AR GROG, CROG
*suspended note,* GOHIRNOD
**suspender,** *n.* SYSBENDAR
**suspense,** *n.* PRYDER
**suspension,** *n.* GOHIRIANT (CERDDORIAETH), CROGLIN (MATHS.), GWAHARDDIAD, DALIANT, HONGIAD, ATALIAD
*suspension bridge,* PONT GROG
**suspensoid,** *n.* TRWYTHYN
**suspensor,** *n.* SWSBENSOR
**suspicion,** *n.* DRWGDYBIAETH
**suspicious,** *a.* DRWGDYBUS, AMHEUS

**sustain,** *v.* CYNNAL, DIODDEF
**sustained,** *a.* PARHAUS, CYSON
**sustenance,** *n.* CYNHALIAETH, BWYD
**sustentation,** *n.* CYNHALIAETH
**suture,** *n.* ASIAD
**suzerain,** *n.* PENARGLWYDD
**suzerainty,** *n.* PENARGLWYDDIAETH
**swab,** *n.* SWAB
*v.* SWABIO
**swaddling-clothes,** *n.pl.* CADACHAU
**swag,** *n.* YSBAIL, LLADRAD
*v.* DOLENNU
**swage,** *n.* DARFATH
*v.* DARFATHU
**swagger,** *v.* TORSYTHU, SWAGRO
**swaggerer,** *n.* SWAGRWR, TORSYTHWR
**swallow,** *n.* GWENNOL, LLWNC
*v.* LLYNCU
**swamp,** *n.* CORS, MIGNEN
*v.* GORLIFO, LLETHU
**swampy,** *a.* CORSOG
**swan,** *n.* ALARCH
*swan neck (harp),* GWYRIAD AR Y GRIB
**swank,** *n.* RHODRES(WR)
**swan-song,** *n.* CÂN OLAF
**sward,** *n.* TYWARCHEN
**swarf,** *n.pl.* NADDION
**swarm,** *n.* HAID, TORF
*v.* HEIDIO, TYRRU
**swarthy,** *a.* TYWYLL
**swash,** *n.* TORDDWR
*v.* TASGU
**swastika,** *n.* SWASTICA
**swat,** *v.* TARO
**swath,** *n.* YSTOD, GWANAF
*swath turner,* YMHOELWR
**swathe,** *n.* AMRWYM
*v.* AMRWYMO
**sway,** *n.* SWAE
*v.* SWAEO, SIGLO
**swayback,** *n.* TINDRO
**swear,** *v.* TYNGU, RHEGI
**sweat,** *n.* CHWYS
*v.* CHWYSU
**sweater,** *n.* CHWYSEN, SWETER
**swede,** *n.* RWDEN, SWEDSEN
**sweep,** *n.* (Y)SGUBWR, (Y)SGUBIAD
*v.* (Y)SGUBO
**sweeping,** *n.* EHANGYLCH
*a.* YSGUBOL, EITHAFOL
**sweepings,** *n.pl.* YSGUBION
**sweepstake,** *n.* SWIP
**sweet,** *a.* MELYS, PÊR
*n.* MELYSFWYD, GOLWYTH MELYS
**sweetbread,** *n.* CEFNDEDYN
**sweeten,** *v.* MELYSU, PEREIDDIO
**sweetmeat,** *n.* FFERINS, CANDI
**sweetener,** *n.* MELYSYDD
**sweetheart,** *n.* CARIAD
**sweetness,** *n.* MELYSTER
**sweet-peas,** *n.pl.* PYS PÊR
**sweets,** *n.pl.* MELYSION, LOSIN
**swell,** *n.* YMCHWYDD, CHWYDD
*v.* YMCHWYDDO, CHWYDDO, CODI
**swelled,** *a.* CHWYDDEDIG
**swelling,** *n.* CHWYDD(I)
*a.* YMCHWYDDOL
**swelter,** *v.* DIFFYGIO, CHWYSU
**sweltering,** *a.* LLETHOL, TESOG
**swerve,** *v.* OSGOI, GWYRO, SWERFIO
**swift,** *n.* GWENNOL DDU
*a.* BUAN, CLAU, CYFLYM
**swiftness,** *n.* BUANDER, CYFLYMDER
**swig,** *n.* LLYMAID, DRACHT
*v.* DRACHTIO
**swill,** *n.* GOLCHION, AGOLCH
*v.* GOLCHI, SLOTIAN
**swim,** *n.* NAWF
*v.* NOFIO
**swimmer,** *n.* NOFIWR
**swindle,** *n.* TWYLL, HOCED
*v.* TWYLLO, HOCEDU
**swindler,** *n.* TWYLLWR, HOCEDWR
**swine,** *n.pl.* MOCH
**swine-fever,** *n.* CLEFYD Y MOCH
**swineherd,** *n.* MEICHIAD
**swing,** *n.* SIGLEN, SIGL, OSGILIAD
*v.* SIGLO, SWINGIO
**swingletree,** *n.* CAMBREN
**swinish,** *a.* MOCHAIDD
**swipe,** *n.* SWEIP
*v.* SWEIPIO
**swirl,** *v.* CHWYLDROI
**swish,** *n.* SWIS
*v.* SWISIO
**switch,** *n.* SWITS, BOTWM
*v.* SWITSIO
**switchback,** *n.* SWITSBAC
**switchboard,** *n.* SWITSFWRDD
**swivel,** *n.* BWYLLTID
**swoon,** *n.* LLEWYG, LLESMAIR
*v.* LLEWYGU, LLESMEIRIO
**swoop,** *n.* DISGYNIAD
*v.* DISGYN (AR)
**swop,** *n.* CYFNEWID
*v.* CYFNEWID
**sword,** *n.* CLEDD, CLEDDYF

**swordsman,** *n.* CLEDDYFWR
**sycamore,** *n.* SYCAMORWYDDEN
**sycophancy,** *n.* GWENIAITH
**sycophant,** *n.* GWENIEITHWR, CYNFFONNWR
**sylko,** *n.* EDAU SGLEIN
**syllabic,** *a.* SILLAFOG
**syllable,** *n.* SILL, SILLAF
**syllabus,** *n.* MAES LLAFUR
**syllogism,** *n.* CYFRESYMIAD
**syllogize,** *v.* CYFRESYMU
**sylph,** *n.* MEINWEN
**sylvan,** *a.* COEDIOG
**symbiosis,** *n.* SYMBIOSIS
**symbiotic,** *a.* SYMBIOTIG
**symbol,** *n.* SYMBOL, SYMLEN
**symbolic,** *a.* SYMBOLIG
**symbolism,** *n.* SYMBOLAETH
**symbolist,** *a.* SYMBOLAIDD
**symbolize,** *v.* SYMBOLEIDDIO
**symmetric,** *a.* CYMESUR
**symmetrical,** *a.* CYMESUROL
**symmetry,** *n.* CYMESUREDD
**sympathetic,** *a.* CYDYMDEIMLADOL
**sympathise,** *v.* CYDYMDEIMLO
**sympathiser,** *n.* CYDYMDEIMLWR
**sympathy,** *n.* CYDYMDEIMLAD
**sympetalous,** *a.* CYDBETALOG
**symphonic,** *a.* SYMFFONIG
**symphony,** *n.* SYMFFONI
**symposium,** *n.* TRAFODAETH
**symptom,** *n.* ARWYDD, SYMPTOM
**symptomatic,** *a.* ARWYDDOL
**synagogue,** *n.* SYNAGOG
**synchromesh,** *a.* CYD-DDANT
**synchronisation,** *n.* CYDAMSERIAD
**synchronise,** *v.* CYDAMSERU
**synchronous,** *a.* CYDAMSEREDIG
**synclinal,** *a.* SYNCLINOL
**syncline,** *n.* SYNCLIN
**syncopate,** *v.* TRAWSACENNU
**syncopation,** *n.* TRAWSACENNU
**syncope,** *n.* LLEWYG, LLESMAIR
**syncretism,** *n.* SYNCRETIAETH
**syndesis,** *n.* CYMHEIRIO
**syndicalism,** *n.* SYNDICALIAETH
**syndicate,** *n.* CWMNI
**syndrome,** *n.* SYNDRÔM
**synecdoche,** *n.* CYDGYMERIAD
**synergism,** *n.* SYNERGEDD
**synod,** *n.* SYNOD
**synodical,** *a.* SYNODAIDD
**synonym,** *n.* CYFYSTYR
**synonymous,** *a.* CYFYSTYR
**synopsis,** *n.* CRYNODEB
**synoptic,** *a.* SYNOPTIG, CYFOLWG
**synovial,** *a.* SYNOFIAL
**syntactic(al),** *a.* CYSTRAWENNOL
**syntax,** *n.* CYSTRAWEN
**synthesis,** *n.* CYFOSODIAD, SYNTHESIS
**synthesiser,** *n.* SYNTHESEISYDD
**synthesize,** *v.* CYFOSOD, SYNTHESU
**synthetic,** *a.* CYFOSODOL, SYNTHETIG
*n.* SYNTHETIGYN
**syphilis,** *n.* SYFFILIS
**syringe,** *n.* CHWISTRELL
*v.* CHWISTRELLU
**syrup,** *n.* SUDDOG, SYRUP
**system,** *n.* CYFUNDREFN, SYSTEM
**systematic,** *a.* CYFUNDREFNOL, SYSTEMATIG
**systematisation,** *n.* CYFUNDREFNIANT
**systematise,** *v.* CYFUNDREFNU
**systemic,** *a.* HOLLGORFFOL, SYSTEMIG
**systemware,** *a.* SYSTEMWEDD

**tab,** *n.* TAB, TAFOD
*tab washer,* WASIER DAFOD
**tabby,** *n.* CATH FRECH / FENYW, CLEBREN
**tabernacle,** *n.* TABERNACL
**tablature,** *n.* TABL NODIANT
**table,** *n.* BORD, BWRDD, TABL
*v.* TAFLENNU
*nest of tables,* TAS FYRDDAU
**tableau,** *n.* TABLO
**table-cloth,** *n.* LLIAIN BWRDD / BORD
**table-d'hote,** *n.* PRYD CYFFREDIN(OL)
**tableland,** *n.* TIRFWRDD
**tablespoon,** *n.* LLWY FAWR
**tablet,** *n.* TABLED, LLECHEN
*degassing tablets,* TABLEDI SYMUD NWY
**table tennis,** *n.* TENIS BORD / BWRDD
**tabloid,** *n.* TABLOID
*a.* CYWASGEDIG
**taboo,** *n.* TABŴ, YSGYMUNBETH
*v.* GWAHARDD
**tabour,** *n.* TABWRDD
**tabular,** *a.* TABLAIDD, TAFLENNOL
**tabulate,** *v.* TABLU
**tabulated,** *a.* TABLEDIG
**tabulation,** *n.* TABLIAD
**tabulator,** *n.* TABLYDD
**tachograph,** *n.* TACOGRAFF
**tachycardia,** *n.* CHWIMGURIAD
**tacit,** *a.* DISTAW, DEALLEDIG
**taciturn,** *a.* TAWEDOG
**taciturnity,** *n.* TAWEDOGRWYDD, DYWEDWST
**tack,** *n.* HOELEN FER, TAC(SEN), BRASBWYTH
*v.* TACIO, BRASBWYTHO
**tacker,** *n.* TACIWR
**tackle,** *n.* TACL, OFFER, GÊR, CELFI
*v.* TACLO, YMGODYMU
*sliding tackle,* TACL LLITHR
**tackler,** *n.* TACLWR
**tacnode,** *n.* TACNOD
**tact,** *n.* TACT, DOETHINEB
**tactful,** *a.* DOETH
**tactical,** *a.* TACTEGOL
**tactics,** *n.pl.* TACTEG
**tactile,** *a.* CYFFYRDDOL
**tactless,** *a.* DI-DACT, ANNOETH
**tadpole,** *n.* PENBWL(A)
**taffeta,** *n.* TAFFETA
**taffrail,** *n.* CANLLAW LLONG
**tag,** *n.* TAG, DYWEDIAD
**taiga,** *n.* TAIGA
**tail,** *n.* CYNFFON, CWT, BÔN, ENTAEL, GODRE
**tail-board,** *n.* BORDEN ÔL
**tail-light,** *n.* GOLAU ÔL
**tailor,** *n.* TEILIWR
*v.* TEILWRA
**tailoress,** *n.* TEILWRES
**tailoring,** *n.* TEILWRIAETH
**tailstock,** *n.* PEN LLONYDD
**taint,** *n.* STAEN, MEFL
*v.* STAENIO, DIFWYNO, LLYGRU
**tainted,** *a.* STAENEDIG, LLYGREDIG
**take,** *v.* CYMRYD, DWYN, MYND, DAL,
*take-away foods,* BWYDYDD CARIO
**take off,** *v.* SYMUD, CODI, ESGYN
**take-up lever,** *n.* CODELL
**taking,** *a.* DENIADOL, ATYNIADOL
**takings,** *n.pl.* DERBYNIADAU
**talcum,** *n.* TALCWM
**tale,** *n.* CHWEDL, STORI, HANES, CLEC
**tale-bearer,** *n.* CLECYN, CLEPGI
**talent,** *n.* DAWN, TALENT
**talented,** *a.* DAWNUS, TALENTOG
**talisman,** *n.* SWYNBETH
**talk,** *n.* SIARAD, SÔN, YMGOM, CLEBER
*v.* SIARAD, YMDDIDDAN, SÔN, CLEBRAN
**talkative,** *a.* SIARADUS, PARABLUS
**talker,** *n.* SIARADWR, YMGOMIWR, SGWRSIWR
**tall,** *a.* TAL, UCHEL
**tallage,** *n.* TOLLAETH
**tallness,** *n.* TALDRA, UCHDER
**tallow,** *n.* GWÊR
**tally,** *n.* CYFANSWM, CYFRIF, CYFATEBIAD
*v.* CYFATEB, CYTUNO
*tally marks,* MARCIAU CYFRIF
**talon,** *n.* CRAFANC, EWIN
**talus,** *n.* TALWS
**tambour,** *n.* TABWRDD
**tambourine,** *n.* TAMBWRÎN
**tame,** *a.* DOF, GWÂR, LLWFR
*v.* DOFI, GWAREIDDIO
**tameness,** *n.* BOD YN DDOF, LLWFRDRA
**tamer,** *n.* DOFWR
**tamper,** *v.* YMYRRYD
**tan,** *n.* LLOSG HAUL
*a.* TAN
*v.* LLOSGI YN YR HAUL, TRIN LLEDR, CYSTWYO
**tandem,** *n.* TANDEM
**tang,** *n.* SAWR, TAFOD, BLAS CRYF
**tangency,** *n.* TANGIADAETH
**tangent,** *n.* TANGIAD
**tangential,** *a.* TANGIADOL
**tangible,** *a.* SYLWEDDOL, PENDANT

**tangle,** *n.* DRYSWCH, CYMYSGEDD
*v.* DRYSU, CYMYSGU
**tango,** *n.* TANGO
**tangrams,** *n.pl.* TANGRAMAU
**tanh,** *a.* TANH
**tank,** *n.* TANC
**tankard,** *n.* TANCARD
**tanker,** *n.* TANCER, LORI-DANC
**tanner,** *n.* BARCER, CRWYNWR
**tannery,** *n.* TANERDY, BARCTY
**tannic,** *a.* O RISGL, TANNIG
*tannic acid,* ASID TANNIG
**tannin,** *n.* TANIN
**tantalise,** *v.* BLINO, POENI, PROFOCIO
**tantalising,** *a.* BLIN, POENUS, PROFOCLYD
**tantamount,** *a.* CYFYSTYR, CYFWERTH
**tantrum,** *n.* NATUR DDRWG, STRANC
**tap,** *n.* TRAWIAD, TAP
*v.* TARO, TAPIO
*tap wrench,* TYNDRO TAP
*taps and dies,* TAPIAU A DEIAU
**tape,** *n.* TÂP, INCIL
*self adhesive tape,* TÂP ADLYN(OL)
*ticker tape,* TÂP TICIO
*prerecorded tape,* TÂP PAROD
**taper,** *n.* TAPR
*v.* MEINHAU, TAPRO
**tape-recorder,** *n.* TÂP-RECORDYDD
*video recorder,* LLUN-RECORDYDD
**tapered,** *a.* TAPROG
**tapering,** *a.* BLAENFAIN, PIGFAIN
**tapestry,** *n.* TAPESTRI, TAPIN
**tapeworm,** *n.* LLYNGYREN
**tapioca,** *n.* TAPIOCA
**tapir,** *n.* TAPIR
**tappet,** *n.* TAPED
**tap-root,** *n.* PRIF WREIDDYN
**tar,** *n.* TAR, MORWR
*v.* TARIO
**tardy,** *a.* ARAF, YMARHOUS
**tare,** *n.* EFRAU, PWYSAU
**target,** *n.* TARGED, NOD
**tariff,** *n.* TARIFF, TOLL
*tariff charge,* TOLL CODIANT
**tarn,** *n.* LLYN MYNYDD
**tarnish,** *n.* TARNAIS
*v.* TARNEISIO, LLYCHWINO
**tarpaulin,** *n.* TARPOLEN
**tarry,** *v.* OEDI, AROS, TRIGO
**tarsal,** *a.* TARSAL
**tart,** *n.* TARTEN, PASTAI
*a.* SUR, EGR, LLYM
**tartan,** *n.* BRITHWE, PLOD
**tartar,** *n.* TARTAR, UN ANHYDRIN
**tartaric,** *a.* TARTARIG
**task,** *n.* TASG, GORCHWYL
*v.* RHOI TASG
**taskmaster,** *n.* TASGFEISTR
**tassel,** *n.* TASEL
**tasselled,** *a.* TASELOG
**taste,** *n.* BLAS, CHWAETH
*v.* BLASU, ARCHWAETHU, PROFI
**tasteless,** *a.* DI-FLAS, DI-CHWAETH
**tasty,** *a.* BLASUS, TACLUS
**tatter,** *n.* CERPYN, RHECSYN
**tattered,** *a.* CARPIOG, RHACSOG
**tattle,** *n.* CLEBER, CLEC, BALDORDD
*v.* CLEBRAN
**tattler,** *n.* CLEBRYN
**tattoo,** *n.* TATŴ
*v.* TATŴO
**taut,** *a.* TYN
**tauten,** *v.* TYNHAU
**tautology,** *n.* TAWTOLEG, TAWTOLOGAETH, AILADRODD
**tautomerism,** *n.* TAWTOMEREDD
**tavern,** *n.* TAFARN(DY)
**tawdry,** *a.* COEGWYCH
**tawny,** *a.* MELYNDDU
**tax,** *n.* TRETH
*v.* TRETHU
*Value Added Tax,* TRETH AR WERTH
*tax rebate,* AD-DALIAD TRETH
**taxable,** *a.* TRETHADWY
**taxation,** *n.* TRETHIAD, TRETHIANT
**taxed,** *a.* TRETHOL
**tax-gatherer,** *n.* CASGLWR TRETHI
**taxi,** *n.* TACSI
**taximeter,** *n.* OFFERYN TÂL
**tea,** *n.* TE
**tea-break,** *n.* EGWYL DE
**teach,** *v.* DYSGU, ADDYSGU
**teachable,** *a.* HAWDD EI DDYSGU, ADDYSGADWY
**teacher,** *n.* ATHRO, ATHRAWES
**teaching,** *n.* DYSGEIDIAETH, ATHRAWIAETH
**teacloth,** *n.* LLIAIN LLESTRI
**teak,** *n.* TÎC
**teal,** *n.* CORHWYAD
**team,** *n.* TÎM, GWEDD
**teamaker,** *n.* TEBOT LARWM
**team-spirit,** *n.* YSBRYD CYD-WEITHIO
**teamster,** *n.* GYRRWR GWEDD
**teamwork,** *n.* CYDWEITHREDIAD
**teapot,** *n.* TEBOT
**tear,** *n.* DEIGRYN

**tear,** *n.* RHWYG
*v.* RHWYGO, LLARPIO
**tearful,** *a.* DAGREUOL
**tease,** *v.* POENI, PROFOCIO
**teaser,** *n.* POENWR, CRIBWR GWLÂN, PROFOCIWR
**teaspoon,** *n.* LLWY DE
**teat,** *n.* TETH, DIDEN
**technical,** *a.* TECHNEGOL
*technical drawing,* LLUNIADU TECHNEGOL
**technicality,** *n.* GAIR TECHNEGOL
*pl.* MANYLION TECHNEGOL
**technician,** *n.* TECHNEGWR/YDD
**technique,** *n.* TECHNEG
**technologist,** *n.* TECHNOLEGWR
**technology,** *n.* TECHNOLEG
**tectonic,** *a.* TECTONIG
**teddy-bear,** *n.* TEDI
**teddy-boy,** *n.* HOGYN NEDW
**tedious,** *a.* BLIN, HIR, DEIR
**tedium,** *n.* BLINDER, MEITHDER, DIFLASTOD
**tee,** *n.* TI
*v.* TÎO
*teeing ground,* LLAWR TÎO
**teem,** *v.* HEIGIO, EPILIO
**teeming,** *a.* HEIGIOG
**teenage,** *a.* ARDDEGOL
*n.* ARDDEGOED
**teenager,** *n.* ARDDEGWR (*pl.* ARDDEGWYR), ARDDEGEN
**teens,** *n.pl.* ARDDEGAU
**teethe,** *v.* TORRI DANNEDD
**teetotal,** *a.* LLWYRYMWRTHODOL
**teetotaller,** *n.* LLWYRYMWRTHODWR
**teg,** *n.* LLWDN (BLWYDD)
**telecast,** *n.* TELEDIAD
**telecommunicate,** *v.* TELATHREBU
**telecommunication,** *n.* TELATHREBIAETH
**telefilm,** *n.* TELEFFILM
**telegram,** *n.* TELEGRAM
**telegraph,** *n.* TELEGRAFF
*v.* TELEGRAFFIO
**telegraphic,** *a.* TELEGRAFFIG
**telegraphist,** *n.* TELEGRAFFYDD
**telegraphy,** *n.* TELEGRAFFIAETH
**teleological,** *a.* DIBENYDDIOL
**teleology,** *n.* DIBENYDDIAETH
**telepathy,** *n.* TELEPATHI
**telephase,** *n.* OLGYFLWR
**telephone,** *n.* TELEFFON, FFÔN
*v.* TELEFFONIO, FFONIO
**telephonist,** *n.* TELEFFONYDD
**telephony,** *n.* TELEFFONIAETH
**telerecording,** *n.* TELERECORDIAD
**telescope,** *n.* TELESGOP
**telescopic,** *a.* TELESGOPIG
**telescoping,** *v.* CYWASGU
**teletype,** *a.* TELETEIP
**televise,** *v.* TELEDU
**television,** *n.* TELEDU
*closed circuit television,* TELEDU CYLCH CAU
*television set,* TELEDYDD, SET DELEDU
**tell,** *v.* DYWEDYD, DWEUD, RHIFO, TRAETHU
**tell off,** *v.* CYHUDDO, CYMHENNU
**teller,** *n.* RHIFWR, TRAETHYDD
**telling,** *a.* CYRHAEDDGAR, TRAWIADOL
**telltale,** *n.* CLECYN, CLEPGI
*a.* ARWYDDOCAOL
**temerity,** *n.* RHYFYG, EHOFNDRA
**temper,** *n.* TYMER, NAWS, NATUR
*v.* TYMHERU, TEMPRO, NAWSEIDDIO
**temperament,** *n.* ANIAN(AWD)
**temperamental,** *a.* GWAMAL, DI-DDAL
**temperance,** *n.* DIRWEST, CYMEDROLDEB
**temperate,** *a.* TYMHERUS, CYMEDROL
*temperate zone,* CYLCHFA DYMHERUS
**temperature,** *n.* TYMHEREDD
*mean temperature,* TYMHEREDD CYMEDRIG
**tempest,** *n.* TYMESTL
**tempestuous,** *a.* TYMHESTLOG
**template,** *n.* PATRYMLUN, TEMPLAT
**temple,** *n.* TEML, ARLAIS, CANWE
**tempo,** *n.* TEMPO, AMSERIAD
**temporal,** *a.* TYMHOROL, BYDOL
**temporality,** *n.* EIDDO TYMHOROL
**temporary,** *a.* DROS AMSER / DRO
**temporize,** *v.* OEDI, YMDROI
**tempt,** *v.* TEMTIO, DENU
**temptation,** *n.* TEMTIAD, TEMTASIWN
**tempter,** *n.* TEMTIWR
**tempting,** *a.* DENGAR, DENIADOL
**ten,** *a.* DEG, DENG
*tens and units,* DEGAU AC UNEDAU
**tenable,** *a.* Y GELLIR EI DDAL / GADW
**tenacious,** *a.* GAFAELGAR, GLYNOL, DALGAR
**tenacity,** *n.* DALGAREDD, DALFODEDD
**tenancy,** *n.* TENANTIAETH, DEILIADAETH
**tenant,** *n.* TENANT, DEILIAD
**tenantable,** *a.* TENANTIAETHOL
**tenantry,** *n.* TENANTIAD, DEILIAD
**tench,** *n.* TENS

**tend,** *v.* TUEDDU, TENDIO, GWEINI, GOFALU
**tendance,** *n.* GOFAL, SYLW, TENDANS
**tendency,** *n.* TUEDD(IAD), ASGEN
**tendentious,** *a.* PLEIDIOL, PLEIDGAR
**tender,** *n.* TENDR, CYNNIG
*a.* TYNER, MWYN, BRAU
*v.* TENDRO, CYNNIG
*legal tender,* ARIAN CYMERADWY
**tenderiser,** *n.* TYNERYDD
**tenderness,** *n.* TYNERWCH
**tendon,** *n.* GEWYN, TENDON
**tendril,** *n.* TENDRIL
**tenement,** *n.* TENEMENT
**tenet,** *n.* BARN, TYB, DALIAD
**tennis,** *n.* TENIS
**tenon,** *n.* TYNO, TENON
**tenor,** *n.* CWRS, YSTYR, TENOR
*tenor stave,* ERWYDD Y TENOR
**tense,** *n.* AMSER (GRAM.)
*a.* TYN, ANGERDDOL, DWYS
**tenseness,** *n.* TYNDRA, ANGERDD
**tensile,** *a.* TYNNOL
*tensile stress,* DIRIANT TYNNOL
**tension,** *n.* TYNDRA, TENSIWN, TYNIANT
**tensor,** *n.* TENSOR
**tent,** *n.* PABELL, LLUEST
**tentacle,** *n.* TEIMLYDD, TENTACL
**tentative,** *a.* DROS DRO
**tenter-hook,** *n.* BACH DEINTUR
*on tenter-hooks,* AR BIGAU'R DRAIN
**tenuity,** *n.* MEINDER, TENEUEDD, PRINDER (AWYR)
**tenuous,** *a.* TENAU, PRIN, MAIN
**tenure,** *n.* DALIADAETH
**tepid,** *a.* CLAEAR
**tepidity,** *n.* CLAERINEB
**terai,** *n.* TERAI
**tercentenary,** *n.* TRICHANMLWYDDIANT
**tercimal,** *n.* TRIOLYN
*a.* TRIOL
**term,** *n.* TYMOR, YMADRODD, TERM
*v.* ENWI, GALW
*terms of reference,* CYLCH PERTHNASOL
**termagant,** *n.* GWRAIG GAS
*a.* CAS, ANNYNAD
**terminable,** *a.* TERFYNADWY
**terminal,** *n.* TERFYNELL, PEN
*a.* TERFYNOL, EITHAF, TERMOL
*terminal room,* TERFYNELLFA
**terminate,** *v.* TERFYNU
**terminated,** *a.* TERFYNEDIG
**terminating,** *a.* TERFYNUS
**termination,** *n.* TERFYNIAD
**terminological,** *a.* TERMEGOL
**terminology,** *n.* TERMEG
**terminus,** *n.* TERFYNFA, PEN Y DAITH
**termite,** *n.* MORGRUGYN GWYN
**terms,** *n.pl.* TELERAU, AMODAU
**tern,** *n.* GWENNOL Y MÔR
**ternary,** *a.* TEIRAN, TRIPHLYG, TRIAIDD
**terne,** *a.* TERN
**terra,** *n.* PRIDD, DAEAR, TERRA
**terrace,** *n.* TERAS
**terracing,** *n.* TERASIAD, CERLAN
*v.* TERASU, CERLANNU
**terrain,** *n.* TIR, TERRAIN
**terrestrial,** *a.* DAEAROL
**terrible,** *a.* DYCHRYNLLYD, OFNADWY, ERCHYLL, ARSWYDUS
**terrier,** *n.* DAEARGI, TERIER
**terrific,** *a.* DYCHRYNLLYD, ERCHYLL
**terrify,** *v.* DYCHRYNU, BRAWYCHU
**terrifying,** *a.* BRAWYCHUS, DYCHRYNLLYD
**territorial,** *a.* TIRIOGAETHOL
**territorialism,** *n.* TIRIOGAETHEDD
**territory,** *n.* TIRIOGAETH, TIR
**terror,** *n.* DYCHRYN, BRAW, OFN
**terrorise,** *v.* DYCHRYNU, TERFYSGU, BRAWYCHU
**terrorism,** *n.* TERFYSGAETH, BRAWYCHIAETH
**terrorist,** *n.* TERFYSGWR, BRAWYCHWR
**terse,** *a.* CRYNO, CYNHWYSFAWR
**terseness,** *n.* CRYNODER, BYRDRA
**tertiary,** *a.* TRYDYDDOL, TERTAIDD
**terylene,** *n.* TERYLEN
**tessellation,** *n.* BRITHWAITH
**test,** *n.* PRAWF, ARBRAWF
*v.* PROFI
*test tube,* TIWB PROFI, PROFDIWB
*aptitude test,* PRAWF DAWN
**testa,** *n.* PLISGYN, TESTA, HADGROEN
**testacean,** *n.* ANIFEILIAID / PYSGOD CREGYN
**testament,** *n.* TESTAMENT, EWYLLYS
**testamentary,** *n.* TESTAMENTAIDD, EWYLLYSIOL
**testate,** *a.* EWYLLYSIOL
**testator,** *n.* CYMYNNWR
**testatrix,** *n.* CYMYNWRAIG
**testee,** *n.* PROFEDIGAI
**tester,** *n.* PROFWR
**testicle,** *n.* CARREG, CAILL
**testify,** *v.* TYSTIO, TYSTIOLAETHU
**testimonial,** *n.* TYSTEB, TYSTLYTHYR
**testimony,** *n.* TYSTIOLAETH

**testy,** *a.* LLIDIOG, CROES
**tetanus,** *n.* GENGLO, TETANWS
**tetany,** *n.* TETANEDD
**tête-a-tête,** *n.* YMGOM (RHWNG DAU)
**tetrachord,** *n.* TETRACORD
**tetrad,** *n.* TETRAD
**tetrahedral,** *a.* TETRAHEDROL
**tetrahedron,** *n.* TETRAHEDRON
**tetrarch,** *n.* TETRARCH
**tetrode,** *n.* TETROD
**tetromino,** *n.* TETROMINO
**tetroxide,** *n.* TETROCSID
**tether,** *n.* TENNYN, RHWYMYN
*v.* CLYMU, RHWYMO
**text,** *n.* TESTUN
**text-book,** *n.* GWERSLYFR
**textile,** *n.* GWEADWAITH, GWEOL
*a.* GWEOL
*textile industry,* DIWYDIANT GWEOL
**textual,** *a.* TESTUNOL
**texture,** *n.* GWEADEDD, GWEADWAITH, ANSAWDD, GWEDD (PREN)
**thalloid,** *a.* THALOID
**thallus,** *n.* THALWS
**than,** *c.* NA, NAG
**thane,** *n.* UCHELWR
**thank,** *v.* DIOLCH I
**thankful,** *a.* DIOLCHGAR
**thankfulness,** *n.* DIOLCHGARWCH
**thank-offering,** *n.* OFFRWM DIOLCH, ABERTH HEDD
**thanks,** *n.pl.* DIOLCH(IADAU)
**thanksgiving,** *n.* DIOLCHGARWCH
**that,** *pn. (dem.)* HWN (HON), YNA, HWN (HON) ACW, HWNNW, DYNA, DACW *(rel.)* A, Y, YR
*a.* HWNNW, HONNO, HYNNY, YNA, ACW
*c.* MAI, TAW, FEL Y(R)
**thatch,** *n.* TO (GWELLT)
*v.* TOI
**thatcher,** *n.* TÖWR
**thaw,** *n.* DADLAITH, DADMER
*v.* DADLAITH, TODDI, DADMER, MEIRIOLI
**the,** *def. art.* Y, YR, 'R
**theatre,** *n.* THEATR
**theatrical,** *a.* THEATRAIDD
**thee,** *pn.* TI, TYDI, TITHAU
**theft,** *n.* LLADRAD, YSBEILIAD
**their,** *pn.* EU
**theirs,** *pn.* (YR) EIDDYNT
**theism,** *n.* THEISTIAETH
**theist,** *n.* THEISTIAD
**theistical,** *a.* THEISTIG
**them,** *pn.* HWY, HWYNT, HWYTHAU
**theme,** *n.* THEMA
**themselves,** *pn.* EU HUNAIN
**then,** *ad.* Y PRYD HWNNW, YNA, WEDYN
*c.* YNA, AM HYNNY, HYNNY, YNTEU
*now and then,* YN AWR AC YN Y MAN
**thence,** *ad.* ODDI YNO
**thenceforth,** *ad.* O'R AMSER HWNNW
**theocracy,** *n.* THEOCRATIAETH
**theodolite,** *n.* THEODOLIT
**theogony,** *n.* THEOGONI
**theologian,** *n.* DIWINYDD
**theological,** *a.* DIWINYDDOL
**theology,** *n.* DIWINYDDIAETH
**theophany,** *n.* THEOFFANI
**theorem,** *n.* THEOREM
**theoretical,** *a.* DAMCANIAETHOL
**theorise,** *v.* DAMCANIAETHU, TYBIO
**theorist,** *n.* DAMCANIAETHWR
**theory,** *n.* DAMCANIAETH, THEORI
**theosophy,** *n.* THEOSOFFI
**therapeutic,** *a.* THERAPIWTIG
**therapeutics,** *n.pl.* THERAPIWTEG
**therapist,** *n.* THERAPYDD
**therapy,** *n.* THERAPI
*occupational therapy,* THERAPI GWEITHGAREDDOL
**there,** *ad.* YNO, YNA, ACW, DYNA, DACW
**thereabout(s),** *ad.* TUA HYNNY
**thereafter,** *ad.* WEDYN
**thereat,** *ad.* AR HYNNY, YNO
**thereby,** *ad.* TRWY HYNNY
**therefore,** *c.* AM / GAN HYNNY, FELLY
**therefrom,** *ad.* ODDI YNO
**therein,** *ad.* YNO, YNDDO, YN HYNNY
**thereof,** *ad.* O HYNNY, AM HYNNY
**thereto,** *ad.* AT HYNNY
**thereupon,** *ad.* AR HYNNY
**therewith,** *ad.* GYDA HYNNY
**therm,** *n.* THERM
**thermal,** *a.* THERMOL
*n.* THERMAL
*thermal reactor,* ADWEITHYDD THERMOL
*thermal insulation,* YNYSU GWRES
**thermionic,** *a.* THERMIONIG
**thermocouple,** *n.* THERMOCWPL
**thermodynamics,** *n.* THERMODYNAMEG
**thermoelectric,** *a.* THERMOELECTRIG
**thermogram,** *n.* THERMOGRAM
**thermojunction,** *n.* THERMOGYDIAD
**thermometer,** *n.* THERMOMEDR
**thermometry,** *n.* THERMOMEDREDD

**thermonuclear,** *a.* THERMON(I)WCLEAR
**thermopile,** *n.* THERMOPIL
**thermoplastic,** *n.* THERMOPLASTIG
**thermoscope,** *n.* THERMOSGOP
**thermostat,** *n.* THERMOSTAT
**thesaurus,** *n.* GWYDDONIADUR
**these,** *pn.* Y RHAI HYN, Y RHAIN
**thesis,** *n.* GOSODIAD, THESIS
**they,** *pn.* HWY, HWYNT, HWYTHAU
**thick,** *a.* TEW, TRWCHUS, PRAFF, AML
*n.* CANOL, TRWCH
*ad.* YN DEW / AML
**thicken,** *v.* TEWYCHU
**thickening,** *n.* TEWYCHYDD
**thicket,** *n.* DRYSLWYN, GARTH
**thick-headed,** *a.* PENDEW, HURT, TWP
**thickness,** *n.* TRWCH, PRAFFTER, TEWDER
**thicknesser,** *n.* TRYCHYDD
**thick-set,** *a.* CYDNERTH, BYRDEW
**thick-skinned,** *a.* CROENDEW
**thief,** *n.* LLEIDR, DYGWR, YSBEILIWR
**thieve,** *v.* LLADRATA, DWYN
**thievish,** *a.* LLADRONLLYD
**thigh,** *n.* MORDDWYD, CLUN
**thimble,** *n.* GWNIADUR
**thin,** *a.* TENAU, MAIN, CUL, ANAML
*v.* TENEUO
**thine,** *pn.* EIDDOT, DY
**thing,** *n.* PETH, GWRTHRYCH
**think,** *v.* MEDDWL, SYNIED, TYBIO
**thinkable,** *a.* MEDDYLADWY, DIRNADWY
**thinker,** *n.* MEDDWL, TYB, BARN
*a.* MEDDYLGAR
**thinness,** *n.* TENEUWCH, MEINDER
**third,** *n.* TRYDYDD, TRAEAN
*a.* TRYDYDD, TRYDEDD
**thirst,** *n.* SYCHED
*v.* SYCHEDU
**thirsty,** *a.* SYCHEDIG
**this,** *a. & pn.* HWN, HON, HYN
*this year,* ELENI
**thistle,** *n.* YSGALLEN, YSGELLYN
**thistle-down,** *n.* HAD YSGALL
**thither,** *ad.* YNO, TUAG YNO
*hither and thither,* YMA AC ACW
**thong,** *n.* CARRAI
**thorax,** *n.* THORACS
*a.* THORASIG
**thorn,** *n.* DRAEN(EN)
**thorny,** *a.* DREINIOG, PIGOG
**thorough,** *a.* TRWYADL, TRYLWYR
**thoroughbred,** *a.* RHYWIOG, TRYRYW
**thoroughfare,** *n.* TRAMWYFA
**thoroughness,** *n.* TRYLWYREDD
**those,** *pn.* Y RHAI HYNNY, Y RHEINY
*a.* HYNNY, YNA
**thou,** *pn.* TI, TYDI, TITHAU
**though,** *c.* ER, PE, SERCH, CYD
*ad.* ER / SERCH HYNNY
**thought,** *n.* MEDDWL, SYNIAD, YSTYRIAETH
**thoughtful,** *a.* MEDDYLGAR, YSTYRIOL
**thoughtfulness,** *n.* MEDDYLGARWCH
**thoughtless,** *a.* DIFEDDWL
**thoughtlessness,** *n.* DIFFYG MEDDWL
**thousand,** *a.* MIL
**thousandth,** *a.* MILFED
**thrall,** *n.* CAETHWAS, CAETHIWED
**thrash,** *v.* CURO, FFUSTO
**thrashing,** *n.* CURFA, CWEIR, COT(EN)
**thread,** *n.* EDAU
*v.* EDAFU
*drunken thread,* EDAU CHWIL
*unified thread,* EDAU UNOL
**threadbare,** *a.* LLWM, TREULIEDIG
**threat,** *n.* BYGYTHIAD
**threaten,** *v.* BYGWTH
**threatening,** *a.* BYGYTHIOL
**three,** *a.* TRI, TAIR
**three-cornered,** *a.* TRICHORNEL
**three-dimensional,** *n.* TRI-DIMENSIWN
**threefold,** *a.* TRIPHLYG
**three-ply,** *a.* TAIR-HAENOG
**three-quarter,** *n.* TRI-CHWARTER
**threescore,** *a.* TRIGAIN
**threesome,** *n.* TRIAWD
**threshold,** *n.* TROTHWY, (R)HINIOG
**thrice,** *ad.* TEIRGWAITH
**thrift,** *n.* DARBODAETH, CYNILDEB
**thriftless,** *a.* GWASTRAFFUS, AFRADLON
**thrifty,** *a.* DARBODUS, CYNNIL
**thrill,** *n.* IAS, GWEFR
*v.* GWEFREIDDIO, CYFFROI
**thriller,** *n.* THRILEN, LLYFR CYFFRO, DRAMA GYFFRO
**thrilling,** *a.* IASOL, GWEFREIDDIOL
**thrive,** *v.* LLWYDDO, FFYNNU
**throat,** *n.* GWDDF, CORN GWDDF, LLWNC
**throaty,** *a.* GYDDFOL
**throb,** *v.* DYCHLAMU, CURO
**throe,** *n.* POEN, GWEWYR, GLOES
**thrombosis,** *n.* TOLCHENIAD, THROMBOSIS
**thrombus,** *n.* TOLCHEN, THROMBWS
**throne,** GORSEDD(FAINC)
**throng,** *n.* TORF, TYRFA, LLU
*v.* TYRRU
**throttle,** *n.* THROTL, CORN GWDDF
*v.* THROTLO, LLINDAGU

**through,** *prp.* TRWY, DRWY
*ad.* DRWODD
**throughout,** *prp.* TRWY (GYDOL)
*ad.* O BEN BWYGILYDD, DRWODD
**throughput,** *n.* TRYGYRCH
**throw,** *n.* TAFLIAD, TAFLEDD
*v.* TAFLU, LLUCHIO, HYRDDIO
**thrower,** *n.* TAFLWR
**thrum,** *n.* EDDI
*v.* TYNNU, HYMIAN
**thrush,** *n.* BRONFRAITH, TRYSGLI, LLINDAG, CLWY BYWYN Y CARN
**thrust,** *n.* GWTH, HERGWD, HWRDD
*v.* GWTHIO, HYRDDIO
**thrusting,** *n.* YMWTHIAD
**thud,** *n.* TWRF, TWRW
**thug,** *n.* LLINDAGWR, YSBEILIWR
**thumb,** *n.* BAWD
*v.* BODIO
**thump,** *n.* PWNIAD, DYRNOD
*v.* PWNIO, DYRNU
**thunder,** *n.* TARAN, TWRW, TWRF
*v.* TARANU
**thunderbolt,** *n.* TARANFOLLT
**thunderclap,** *n.* TARAN
**thunderstorm,** *n.* STORM FELLT A THARANAU
**thunder-struck,** *a.* WEDI SYNNU / RHYFEDDU
**Thursday,** *n.* DYDD IAU, DIFIAU
**thus,** *ad.* FEL HYN, FELLY
**thwack,** *v.* PWNIO, TARO
**thwart,** *v.* CROESI, GWRTHWYNEBU
**thy,** *pn.* DY, 'TH
**thyme,** *n.* TEIM
**thyroid,** *a.* THYROID
**thyroxin,** *n.* THYROCSIN
**thyself,** *pn.* DY HUN(AN)
**tiara,** *n.* CORON(IG)
**tibia,** *n.* TIBIA
**tick,** *n.* TIC, TROGEN, TIPIAD
*v.* TICIO, TIPIAN, MARCIO
*on tick,* AR GOEL, HEN GOWNT
**ticket,** *n.* TOCYN, TICED
**tickle,** *n.* GOGLAIS
*v.* GOGLEISIO
**ticklish,** *a.* GOGLEISIOL, ANODD
**tics,** *n.pl.* TICIAU
**tidal,** *a.* LLANW
*tidal bore,* EGER LLANW
**tide,** *n.* LLANW, AMSER
*ebb tide,* TRAI
*spring tide,* GORLLANW
*neap tide,* ERTRAI
**tidiness,** *n.* TACLUSRWYDD
**tidings,** *n.pl.* NEWYDDION
**tidy,** *a.* TACLUS, TWT, DESTLUS, CYMEN
*v.* TACLUSO, CYMHENNU
**tie,** *n.* CLWM, TEI, TYNLATH
*v.* CLYMU, RHWYMO
*tie-line,* CLYMLIN
**tied,** *a.* CLWM, CAETH
*tied house,* TŶ CLWM
**tier,** *n.* RHENC, RHES
**tiff,** *n.* FFRAE FACH, DIOD
**tiger,** *n.* TEIGR
**tight,** *a.* TYN, CYFYNG, CLÒS, CYNDYN
**tighten,** *v.* TYNHAU
**tightness,** *n.* TYNDRA
**tights,** *n.pl.* TYNION
**tile,** *n.* TEILSEN
*v.* TOI (Â THEILS)
**tiler,** *n.* TILER, TÖWR
**till,** *prp.* HYD (AT), TAN
*c.* HYD ONI, NES
**till,** *n.* TIL, CLOGLAI
*v.* AMAETHU, TRIN TIR
**tillage,** *n.* TRINIAETH TIR, TIR TRO
**tiller,** *n.* TRINIWR, TILER
*v.* TILERU
**tilt,** *n.* GOGWYDD, GOLEDDF
*v.* GOGWYDDO, GWANU
**tilth,** *n.* TILTH, FFAETHNI
**timbal,** *n.* DRWM BACH
**timber,** *n.* COED, COEDWYDD
*v.* COEDIO
**timbering,** *n.* GWAITH COED
**timbre,** *n.* ANSAWDD
**timbrel,** *n.* TYMPAN
**time,** *n.* AMSER, PRYD, AMSERIAD, TRO
*v.* AMSERU
*mean time,* AMSER CYMEDRIG
*at times,* AR ADEGAU / BRYDIAU
*for some time,* ERS MEITIN
*time signal,* AMSERNOD
*time-base,* AMSERLIN
**time-keeper,** *n.* AMSERWR
**timeliness,** *n.* PRYDLONDEB
**timely,** *a.* AMSEROL
**time-out,** *n.* SAIB
**timer,** *n.* AMSERYDD
**time-sheet,** *n.* ORLEN
**time-table,** *n.* AMSERLEN
**timid,** *a.* OFNUS, SWIL
**timidity,** *n.* OFNUSRWYDD, SWILDOD
**timorous,** *a.* OFNUS, OFNOG
**timothy,** *n.* RHONWELLT Y GATH

**tin,** *n.* ALCAM, TUN
*v.* TUNIO
**tincture,** *n.* TRWYTH
*v.* TRWYTHO, LLIWIO
**tinder,** *n.* TENDAR
**tinder-box,** *n.* BLWCH TÂN
**tinge,** *n.* ARLLIW, NAWS
*v.* ARLLIWIO
**tingle,** *v.* GOGLAIS, MERWINO
**tinker,** *n.* TINCER
**tinkle,** *v.* TINCIAL, TINCIAN
**tinkling,** *n.* TINCIAN
**tinman,** *n.* TUNIWR
**tinned,** *a.* TUN
**tinplate,** *n.* TUNPLAT
**tinsel,** *n.* TINSEL
**tinsnips,** *n.pl.* SNIPYDD TUN
**tint,** *n.* ARLLIW
*v.* ARLLIWIO, TINTIO
**tinworker,** *n.* GWEITHIWR TUN
**tiny,** *a.* BACH, BYCHAN, PITW, MÂN
**tip,** *n.* BLAEN, BRIG, AWGRYM, CILDWRN, TOMEN
*v.* BLAENU, TROI, DYMCHWELYD, TIPIO, RHOI CILDWRN
**tippet,** *n.* TIPED, MANTELL
**tipple,** *v.* LLYMEITIAN
**tippler,** *n.* LLYMEITIWR
**tipster,** *n.* TIPIWR
**tipsy,** *a.* MEDDW, BRWYSG
**tiptoe,** *n.* BLAEN TROED
**tip-top,** *a.* CAMPUS, PENIGAMP
**tirade,** *n.* ARAITH LEM
**tire,** *v.* BLINO, DIFFYGIO
**tire,** *n.* BLINEDIG, LLUDDEDIG
**tired,** *a.* BLINEDIG, LLUDDEDIG
**tiredness,** *n.* BLINDER, LLUDDED
**tireless,** *a.* DIFLINO, DYGN
**tiresome,** *a.* BLINDERUS, DIFLAS
**tissue,** *n.* MEINWE
**tissues,** *n.pl.* HANCESI PAPUR
**titanic,** *a.* ANFERTH, ENFAWR
**titanium,** *n.* TITANIWN
**titbit,** *n.* AMHEUTHUN, MOETHYN
**tithe,** *n.* DEGWM
*v.* DEGYMU
**tithing,** *n.* DEGYMIAD
**titivate,** *v.* YMBINCIO, TWTIO
**title,** *n.* TEITL, ENW, HAWL
*title deeds,* GWEITHREDOEDD EIDDO
**title-page,** *n.* WYNEBDDALEN
**titrate,** *v.* TITRADU
**titration,** *n.* TITRADAETH/IAD
**titre,** *n.* TITR
**titter,** *n. & v.* LLEDCHWERTHIN
**tittle,** *n.* GRONYN, MYMRYN, TIPYN
**tittle-tattle,** *n.* CLEBER, CLEP
**titular,** *a.* MEWN ENW
**to,** *prp.* I, AT, TUA, YN, HYD AT
**toad,** *n.* LLYFFANT (DU)
*toad in the hole,* CYTEW SOSEJ
**toadstool,** *n.* CAWS LLYFFANT, BWYD Y BODA
**toady,** *n.* CYNFFONNWR
*v.* CYNFFONNA
**toast,** *n.* TOST, LLWNCDESTUN
*v.* TOSTIO, CYNNIG LLWNCDESTUN
**toaster,** *n.* TOSTYDD
**tobacco,** *n.* TYBACO, BACO
**tobacconist,** *n.* GWERTHWR TYBACO
**toboggan,** *n.* TOBOGAN
**toccata,** *n.* TOCATA
**tocsin,** *n.* LARWM
**today,** *ad.* HEDDIW
**toddle,** *v.* LLUSGO CERDDED
**toddler,** *n.* PLENTYN BACH
**toe,** *n.* BYS TROED
**toe-cap,** *n.* BLAEN ESGID, CAPAN DRWYN
**toffee,** *n.* CYFLAITH, TAFFI
**toga,** *n.* TWYG, TOGA
**together,** *ad.* YNGHYD, GYDA'I GILYDD, CYD-
**toil,** *n.* LLAFUR, TRAFFERTH
*v.* LLAFURIO
**toiler,** *n.* LLAFURWR, GWEITHIWR
**toilet,** *n.* TOILED, TŶ-BACH
**toils,** *n.pl.* MAGL, RHWYD
**toilsome,** *a.* LLAFURUS, TRAFFERTHUS
**token,** *n.* ARWYDD, TOCYN
*token payment,* RHAN-DÂL
**tolerable,** *a.* GODDEFOL, CYMEDROL
**tolerance,** *n.* GODDEFEDD, GODDEFIANT
**tolerant,** *a.* GODDEFGAR
**tolerate,** *v.* GODDEF, CANIATÁU
**toleration,** *n.* GODDEFIAD, GODDEFGARWCH
**toll,** *n.* TOLL, CANU (CLOCH)
*v.* TOLLI, CNULIO, CANU CLOCH
**tollbooth,** *n.* TOLLFA
**tollgate,** *n.* TOLLBORTH
**tomato,** *n.* TOMATO
**tomb,** *n.* BEDD(ROD)
**tombola,** *n.* TOMBOLA
**tomboy,** *n.* HOEDEN, RHAMPEN
**tombstone,** *n.* BEDDFAEN, CARREG FEDD
**tom-cat,** *n.* GWRCATH, CWRCYN
**tome,** *n.* CYFROL FAWR

**tomfoolery,** *n.* LOL, YNFYDRWYDD
**tommy bar,** *n.* TWMFAR
**tomorrow,** *ad.* YFORY
*the day after tomorrow,* TRENNYDD
**tomtit,** *n.* YSWIDW
**tom tom,** *n.* TOM TOM
**ton,** *n.* TUNNELL
**tonal,** *a.* CYWEIRAIDD, TONAIDD
**tonality,** *n.* CYWEIREDD
**tone,** *n.* TÔN, NAWS
*tone deaf,* TÔN-FYDDAR
**toner,** *n.* TONYDD
**tongs,** *n.pl.* GEFEL
*hollow bit tongs,* GEFEL GEGRON
**tongue,** *n.* TAFOD, IAITH
*v.* TAFODI
*tongue and groove,* TAFOD A RHIGOL
**tongue-tied,** *a.* TAFODRWYM, DYWEDWST
**tonguing,** *v.* TAFODI
**tonic,** *n.* TONYDD, TONIG
*a.* TONIG
**tonight,** *ad.* HENO
**tonnage,** *n.* TUNELLEDD
*gross tonnage,* TUNELLEDD GROS
**tonne,** *n.* TUNNELL FETRIG
**tonsil,** *n.* TONSIL
*n.* TONSILITIS
**tonsure,** *n.* TONSUR
**tonus,** *n.* TONWS, YSTWYTHDER
**too,** *ad.* RHY, HEFYD, GOR-
**tool,** *n.* ERFYN, TECLYN, OFFER
*v.* OFFERU
*knurling tool,* ERFYN NWRLIO
*roughening tool,* ERFYN BRASNADDELL
*recessing tool,* ERFYN CILANNU
**tool bar,** *n.* BAR OFFER
**toolmaker,** *n.* OFFERWR
**toot,** *n.* TŴT
*v.* CANU CORN
**tooth,** *n.* DANT, COCOS
*canine tooth,* DANT LLYGAD
**toothache,** *n.* DANNO(E)DD
**tooth-brush,** *n.* BRWS DANNEDD
**toothless,** *a.* MANTACH
**tooth-paste,** *n.* PAST DANNEDD
**tooth-powder,** *n.* POWDR DANNEDD
**top,** *n.* PEN, BRIG, TOP, COPA
*v.* TOPIO, RHAGORI
*spinning top,* CHWYRLIGAN
**topaz,** *n.* TOPAS
**top-coat,** *n.* COT FAWR / UCHAF
**top-hat,** *n.* HET UCHEL
**top-heavy,** *a.* PENDRWM
**topic,** *n.* PWNC, TESTUN
**topical,** *a.* PYNCIOL, TESTUNOL
**topmost,** *a.* UCHAF
**topographic,** *a.* TOPOGRAFFIG
**topographical,** *a.* TOPOGRAFFIGOL
**topography,** *n.* TOPOGRAFFI
**topological,** *a.* TOPOLEGOL
**topology,** *n.* TOPOLEG
**topping,** *a.* CAMPUS, TOPIN, PENIGAMP
**topple,** *v.* DYMCHWELYD, SYRTHIO
**top rake,** *n.* GWYREDD CAFN
**topside,** *n.* OCHR ORAU'R FORDDWYD
**top slide,** *n.* LLITHRYN UCHAF
**topsyturvy,** *ad.* WYNEB I WAERED, BLITH DRAPHLITH
**tor,** *n.* TOR, TWR
**torch,** *n.* TORS, FFAGL
**torment,** *n.* POENEDIGAETH
*v.* POENYDIO
**tormentor,** *n.* TORFENNWR, POENYDIWR
**tornado,** *n.* TORNADO
**torpedo,** *n.* TORPIDO
**torpid,** *a.* MARWAIDD, SWRTH, DIFYWYD
**torpidity,** *n.* MARWEIDD-DRA
**torpor,** *n.* CYSGADRWYDD, SYRTHNI
**torque,** *n.* TORCH
**torrent,** *n.* CENLLIF, LLIFEIRIANT, FFRYDLIF
**torrential,** *a.* LLIFEIRIOL, TRWM
**torrid,** *a.* CRASBOETH, CRAS
**torsion,** *n.* DIRDRO
**torso,** *n.* TORSO
**tort,** *n.* TORT, CAMWEDD
**tortfeasor,** *n.* CAMWEDDWR
**tortious,** *a.* TORTUS, CAMWEDDUS
**tortoise,** *n.* CRWBAN
**tortuous,** *a.* TROELLOG, TROFAUS
**torture,** *n.* ARTAITH, DIRBOEN
*v.* ARTEITHIO, DIRBOENI
**torturer,** *n.* ARTEITHIWR
**torus,** *n.* TORWS
**Tory,** *n.* CEIDWADWR, TORI
*a.* CEIDWADOL, TORÏAIDD
**toryism,** *n.* TORÏAETH
**toss,** *n.* TAFLIAD
*v.* TAFLU, YMRWYFO
**tot,** *n.* YCHYDIG
*v.* ADIO
**total,** *n.* CYFANSWM, Y CYFAN
*a.* CWBL, CYFAN, LLWYR, HOLLOL
*total chromatic,* LLWYR GROMATIG
**totalitarian,** *n.* TOTALITARYDD
*a.* TOTALITARAIDD

**totality,** *n.* CRYNSWTH, CYFAN
**totalizator,** *n.* PEIRIANT BETIO
**totem,** *n.* TOTEM
**totemism,** *n.* TOTEMIAETH
**totter,** *v.* GWEGIAN, SIGLO
**tottering,** *a.* SIGLEDIG, SIMSAN
**toucan,** *n.* TOWCAN
**touch,** *n.* CYFFYRDDIAD, CIS
*v.* CYFFWRDD
*touch and run,* CHWARAE CIS
*touch judge,* YSTLYSWR
**touching,** *a.* TEIMLADWY
*prp.* YNGLŶN Â
**touch-line,** *n.* LLINELL YSTLYS
**touchstone,** *n.* SAFON, MAEN PRAWF
**touchy,** *a.* CROENDENAU, LLIDIOG
**tough,** *a.* GWYDN, CALED
**toughen,** *v.* GWNEUD YN WYDN, CALEDU
**toughness,** *n.* GWYDNWCH, CALEDWCH
**tour,** *n.* TAITH, TRO
*v.* TEITHIO
**touring,** *a.* TEITHIOL
**tourism,** *n.* TWRISTIAETH
**tourist,** *n.* TEITHIWR, TWRIST
**tourn,** *n.* TWRN
**tournament,** *n.* TWRNEIMANT, TWRNAMAINT
**tourniquet,** *n.* OFFERYN ATAL GWAED, TYNHÄWR
**tousle,** *v.* ANHREFNU
**tousled,** *a.* ANHREFNUS
**tout,** *v.* SBIO, CEISIO CWSMERIAETH
*n.* TOWT
**tow,** *n.* CARTH, LLUSG
*v.* LLUSGO, TYNNU
**towage,** *n.* LLUSGIAD, LLUSGDAL
**toward(s),** *prp.* TUA, AT, TUAG AT
**towel,** *n.* TYWEL, LLIAIN
**tower,** *n.* TŴR
*v.* ESGYN, YMGODI
**towering,** *a.* TYROG, UCHEL IAWN
**town,** *n.* TREF
*satellite town,* CYLCHDREF
**town-clerk,** *n.* CLERC Y DREF
**town-council,** *n.* CYNGOR Y DREF
**town-crier,** *n.* CRÎWR Y DREF
**town-hall,** *n.* NEUADD Y DREF
**townlet,** *n.* TREFLAN
**townscape,** *n.* TREFLUN
**township,** *n.* TREFGORDD
**towrope,** *n.* LLUSGRAFF
**toxaemia,** *n.* GWENWYNIAD
**toxic,** *a.* GWENWYNIG
**toxicity,** *n.* GWENWYNDRA
**toxicology,** *n.* TOCSICOLEG
**toxin,** *n.* GWENWYN, TOCSIN
**toy,** *n.* TEGAN
*v.* CELLWAIR, CHWARAE (Â)
**trace,** *n.* OLIN, TRYWYDD, ARLLIW, TRES
*v.* OLRHAIN, DARGOPIO
*trace element,* ELFEN BRIN
**traceable,** *a.* OLRHEINIADWY
**tracer,** *n.* OLINWR, OLINYDD
**tracery,** *n.* OLINWAITH
**trachea,** *n.* PIBELL WYNT, BREUANT, TRACEA
**tracheal,** *a.* TRACEAL
**tracing,** *n.* DARGOPI
**track,** *n.* ÔL, TRAC, LLWYBR
*v.* OLRHAIN, DILYN
**tracker-dog,** *n.* CI TRYWYDD
**track-rod,** *n.* RHODEN LWYBRO/LYWIO
**track-suit,** *n.* TRACWISG
**trackway,** *n.* FFORDD
**tract,** *n.* ARDAL, TRACT, TRAETHODYN
**tractable,** *a.* HYDRIN
**traction,** *n.* TYNIANT
**tractive,** *a.* TYNIADOL
**tractor,** *n.* TRACTOR
**tractrix,** *n.* TRACTRICS
**trade,** *n.* MASNACH, CREFFT
*v.* MASNACHU
*retail trade,* MASNACH ADWERTHOL
*fair trading,* MASNACHU TEG
**trade-mark,** *n.* NOD MASNACH
**trader,** *n.* MASNACHWR
**tradesman,** *n.* SIOPWR, MASNACHWR
**trade-union,** *n.* UNDEB LLAFUR
**trade-unionist,** *n.* UNDEBWR
**tradition,** *n.* TRADDODIAD
**traditional,** *a.* TRADDODIADOL
**traditionalism,** *n.* TRADDODIADAETH
**traduce,** *v.* CABLU, DIFENWI
**traducement,** *n.* CABLEDD
**traduction,** *n.* TRADDWYTHIAD, TROSGLWYDDIAD
**traffic,** *n.* TRAFNIDIAETH, TRAFFIG
*a.* TRAFNIDIOL
*v.* TRAFNIDIO, TRAMWY
**trafficator,** *n.* CYFEIRYDD
**tragedian,** *n.* TRASIEDYDD
**tragedy,** *n.* TRASIEDI
**tragic,** *a.* TRASIG, ECHRYSLON
**trail,** *n.* TRYWYDD, OLION
*v.* TRYWYDDU, LLUSGO
*trail enamelling,* ENAMLO LLUSG
**trailer,** *n.* TREILER, OLGERBYD, RHAGLUN

**train,** *n.* TRÊN, GOSGORDD, RHES, GODRE
*v.* HYFFORDDI, YMARFER, TREINIO
**trained,** *a.* HYFFORDDEDIG
**trainer,** *n.* HYFFORDDWR, TREINIWR
**training,** *n.* HYFFORDDIANT, YMARFER
*a.* HYFFORDDIADOL
*in-service training,* HYFFORDDIANT MEWN SWYDD
*vocational training,* HYFFORDDIANT GALWEDIGAETH
**trait,** *n.* TEITHWEDD, NODWEDD
**traitor,** *n.* BRADWR, TRAETUR
**traitorous,** *a.* BRADWRUS
**trajectory,** *n.* TAFLWYBR
**tram,** *n.* TRAM, DRAM
**tramcar,** *n.* TRAM
**tramline,** *n.* TRAMLIN
**trammel,** *n.* TRAMEL, RHWYSTR
*v.* RHWYSTRO
**tramp,** *n.* CRWYDRYN
*v.* CRWYDRO
**trample,** *v.* SATHRU, MATHRU
**trampoline,** *n.* TRAMPLIN
**trance,** *n.* PERLEWYG
**tranquil,** *a.* TAWEL, LLONYDD
**tranquility,** *n.* TAWELWCH, LLONYDDWCH
**tranquilizer,** *n.* TAWELYN
**trans-,** *px.* TROS-, TRA-, TRY-, TRAWS-
**transact,** *v.* TRAFOD
**transaction,** *n.* TRAFODAETH
*a.* TRAFODAETHOL
**transatlantic,** *a.* DROS IWERYDD
**transcend,** *v.* RHAGORI, TROSGYNNU
**transcendence,** *n.* RHAGORIAETH, TROSGYNOLDEB, BLAENORIAETH
**transcendent,** *a.* TRA-RHAGOROL, UWCH-FODOL
**transcendental,** *a.* TROSGYNNOL
**transcendentalism,** *n.* TROSGYNOLIAETH
**transcribe,** *v.* ADYSGRIFIO, TRAWSGRIFIO (CERDDORIAETH)
**transcriber,** *n.* ADYSGRIFIWR, COPÏWR
**transcript,** *n.* TRAWSGRIPT
**transduction,** *n.* TRAWSDDYGIAD
**transect,** *n.* TRAWSLUN
*v.* TRAWSLUNIO
**transept,** *n.* CROES EGLWYS, CROESFA
**transexual,** *a.* TRAWSRYWIOL
**transfer,** *n.* TROSGLWYDDIAD, TRANSFFER, TROSLUN
*v.* TROSGLWYDDO, TRANSFFERIO
**transferable,** *a.* TROSGLWYDDADWY
**transferee,** *n.* TROSGLWYDDAI
**transference,** *n.* TROSGLWYDDIAD
**transferor,** *n.* TROSGLWYDDWR
**transfigure,** *v.* GWEDDNEWID
**transfinite,** *a.* TRAWSFEIDRAIDD
**transfix,** *v.* TRYWANU
**transform,** *n.* TRAWSFFURF
*v.* TRAWSFFURFIO
**transformation,** *n.* TRAWSFFURFIAD/IANT
**transformer,** *n.* NEWIDYDD
**transfuse,** *n.* TROSGLWYDDO
**transfusion,** *n.* TROSGLWYDDIAD, TRALLWYSIAD (GWAED)
**transgress,** *v.* TROSEDDU, CAMWEDDU
**transgression,** *n.* TROSEDDIAD, CAMWEDD
**transgressor,** *n.* TROSEDDWR
**transhipment,** *n.* TRAWSLWYTHO
**transhumance,** *n.* TRAWSTREFA
**transient,** *a.* DIFLANEDIG, DARFODEDIG
**transistor,** *n.* TRANSISTOR
**transistorised,** *a.* TRANSISTORAIDD
**transit,** *n.* CROESIAD, TRAWSTAITH
**transition,** *n.* TRAWSNEWID(IAD)
**transitional,** *a.* TRAWSNEWIDIOL, TROSIANNOL
**transitive,** *a.* ANGHYFLAWN (GRAM.) TROSAIDD
**transitoriness,** *n.* DIFLANEDIGRWYDD
**transitory,** *a.* DIFLANNOL, DARFODEDIG
**translate,** *v.* CYFIEITHU, TROSI, TRAWSFUDO
**translation,** *n.* CYFIEITHIAD, TRAWSFUDIAD, TROSIAD
**translator,** *n.* CYFIEITHYDD
**translocation,** *n.* TRAWSLEOLEDD
**translucent,** *a.* TRYLEU, LLETGLIR
**transmigrate,** *v.* TRAWSFUDO
**transmigration,** *n.* TRAWSFUDIAD
**transmission,** *n.* TRAWSYRIANT, TROSGLWYDDIAD
**transmit,** *v.* TRAWSYRRU, TROSGLWYDDO
**transmitter,** *n.* TRAWSYRRYDD, TROSGLWYDDYDD
**transmitting-station,** *n.* GORSAF DROSGLWYDDO
**transmutation,** *n.* TRAWSNEWIDIAD
**transmute,** *v.* TRAWSNEWID
**transom,** *n.* TRAWSLATH
**transparency,** *n.* TRYLOYWDER
**transparent,** *a.* TRYLOYW
**transpiration,** *n.* TRANSBIRADAETH
**transpire,** *v.* TRANSBIRADU
**transplant,** *v.* TRAWSBLANNU
**transplantation,** *n.* TRAWSBLANIAD
**transport,** *n.* CLUDIANT
*v.* CLUDO, ALLTUDIO

*transported soil,* CLUDBRIDD
**transportation,** *n.* TRAWSGLUDIAD, ALLTUDIAETH
**transpose,** *v.* TROSI, TRAWSNODI, TRAWSDDODI
**transposition,** *n.* TRAWSNODIAD, TROSIAD, TRAWSDDODYN
**transubstantiation,** *n.* TRAWS-SYLWEDD-IAD
**transvaluation,** *n.* TRAWSBRISIAD
**transveral,** *n.* ARDRAWSLIN
**transverse,** *a.* ARDRAWS, CROES
*v.* TRAMWY
*n.* TRAWSLIN
*transverse section,* TORIANT TRAWSLIN
**trap,** *n.* TRAP, MAGL
*v.* TRAPIO, MAGLU
**trap-door,** *n.* CEUDDRWS
**trapeze,** *n.* TRAPÎS
**trapezium,** *n.* TRAPESIWM
**trapezoid,** *n.* TRAPESOID
**trapper,** *n.* TRAPIWR, MAGLWR
**trappings,** *n.pl.* GÊR, HARNAIS
**trash,** *n.* SOTHACH, SOROD
**trashy,** *a.* DI-WERTH
**trauma,** *n.* TRAWMA
**traumatic,** *a.* TRAWMATIG
**travail,** *n.* LLAFUR, TRAFAEL, GWEWYR
**travel,** *n.* TAITH, SIWRNAI
*v.* TEITHIO, SIWRNEIO, TRAFAELU
**traveller,** *n.* TEITHIWR, TRAFEILIWR
**travelling,** *a.* TEITHIOL
**traverse,** *n.* TRAWSTAITH, ATALFA
*a.* TRAWS, CROES
*ad.* AR DRAWS
*v.* CROESI
**travesty,** *n.* GWAWD, PARODI
*v.* GWAWDIO, PARODÌO
**trawl,** *n.* TREILLRWYD
*v.* TREILLIO
**trawler,** *n.* TREILLONG
**tray,** *n.* HAMBWRDD, TREI
**treacherous,** *a.* BRADWRUS
**treachery,** *n.* BRAD(WRIAETH)
**treacle,** *n.* TRIAGL, TRIOG
**tread,** *n.* SANG
*v.* TROEDIO, SANGU, SATHRU
**treadle,** *n.* TROEDLATH, TROEDLAS
**treadmill,** *n.* MELIN DROED
**treason,** *n.* TEYRNFRADWRIAETH, TRESWN, BRAD
*high treason,* UCHEL-FRAD
**treasure,** *n.* TRYSOR
*v.* TRYSORI
**treasure-house,** *n.* TRYSORDY
**treasurer,** *n.* TRYSORYDD
**treasureship,** *n.* TRYSORYDDIAETH
**treasure-trove,** *n.* TRYSOR CUDDIEDIG
**treasury,** *n.* TRYSORDY, TRYSORFA
*The Treasury,* Y TRYSORLYS
**treat,** *n.* AMHEUTHUN, GWLEDD
*v.* TRAETHU, TRAFOD, TALU DROS
**treatise,** *n.* TRAETHAWD
**treatment,** *n.* TRINIAETH
**treaty,** *n.* CYTUNDEB, CYFAMOD
**treble,** *n.* TREBL
*a.* TRIPHLYG
*v.* TREBLU
*treble cleff,* ALLWEDD Y TREBL
**tree,** *n.* COEDEN, PREN
*tree line,* COEDLIN
**trefoil,** *n.* TEIRDALEN, TREFFOIL
**trek,** *v.* MUDO, TEITHIO
**trellis,** *n.* DELLTWAITH
**tremble,** *v.* CRYNU, ARSWYDO
**trembling,** *a.* CRYNEDIG
**tremendous,** *a.* ANFERTH, DYCHRYNLLYD
**tremolo,** *n.* TREMOLO
**tremor,** *n.* CRYNDOD, TIRGRYNIAD
**tremulant,** *n.* Y CRYNYDD
**tremulous,** *a.* CRYNEDIG
**trench,** *n.* FFOS, CWTER
*v.* FFOSIO, CLODDIO
**trenchant,** *a.* MINIOG, LLYM, TREIDDGAR
**trencher,** *n.* TREINSIWR
**trend,** *n.* TUEDD, GOGWYDD
*v.* TUEDDU, GOGWYDDO
**trental,** *n.* TRENTAL
**trephine,** *n.* TRYFFIN
*v.* TRYFFINIO
**trepidation,** *n.* CRYNDOD, OFN, DYCHRYN
**trespass,** *n.* TRESMASIAD, TRESBAS
*v.* TRESMASU, TRESBASU
**trespasser,** *n.* TRESMASWR, TRESBASWR
**tress,** *n.* TRES, CUDYN
**trestle,** *n.* TRESTL
**trews,** *n.* TRIWS
**triad,** *n.* TRIAWD, TRI
*triads,* TRIOEDD
**trial,** *n.* PRAWF, PROFEDIGAETH, TREIAL
**triangle,** *n.* TRIONGL
*scalene triangle,* TRIONGL ANGHYF-OCHROG
*equilateral triangle,* TRIONGL HAFALOCHROG
*triangle of forces,* TRIONGL GRYMOEDD
**triangular,** *a.* TRIONGLOG

**triangulation,** *n.* TRIONGLIANT
**tribal,** *a.* LLWYTHOL
**tribe,** *n.* LLWYTH, TYLWYTH
**tribulation,** *n.* TRALLOD, CYSTUDD
**tribunal,** *a.* TRIBIWNLYS
**tribune,** *n.* AREITHFA, TRIBIWN
**tributary,** *n.* ISAFON, LLEDNANT
**tribute,** *n.* TEYRNGED, TRETH
**tricar,** *n.* TREICAR
**trice,**
*in a trice,* MEWN EILIAD
**tricel,** *n.* TRICEL
**trick,** *n.* YSTRYW, CAST, STRANC
*v.* CHWARAE CAST AR, TWYLLO
**trickery,** *n.* YSTRYW, TWYLL
**trickle,** *v.* DIFERYNNU
**trickster,** *n.* CASTIWR, TWYLLWR
**tricky,** *a.* YSTRYWGAR, CASTIOG, DYRYS
**tricoline,** *n.* TRICOLIN
**tricycle,** *n.* TREISICL
**trident,** *n.* TRYFER
**trifle,** *n.* PETH DIBWYS, TREIFFL
*v.* CELLWAIR
**trifling,** *a.* DIBWYS, DIWERTH
**triforium,** *n.* TRIFFORIWM
**trigger,** *n.* CLICIED, TRIGER
**trigonometric,** *a.* TRIGONOMETRIG
**trigonometry,** *n.* TRIGONOMETREG
**trihedral,** *a.* TRIHEDROL
**trilithium,** *n.* TRILITHIWM
**trill,** *n.* TRIL
*v.* TRILIO
**trilobite,** *n.* TRILOBIT
**trilogy,** *n.* CYFRES O DAIR
**trim,** *n.* TRWSIAD, GWISG
*a.* TRWSIADUS, TACLUS
*v.* TRWSIO, TACLUSO, TRIMIO, TOCIO
*in good trim,* MEWN GWEDD DDA
**trimmer,** *n.* TRWSIWR, TOCIWR, TRIMIWR
**trimming,** *n.* ADDURN, TRIMIN
*n.pl.* ADDURNIADAU, TRIMINS
**trimness,** *n.* TACLUSRWYDD, DESTLUS-RWYDD
**trinity,** *n.* TRINDOD
**trinket,** *n.* TLWS, TEGAN
**trinomial,** *n.* TRINOMIAL
*a.* TRINOMAIDD
**trio,** *n.* TRIAWD, TRIO
**triode,** *n.* TRIOD
**trioxide,** *n.* TRIOCSID
**trip,** *n.* LLITHRAD, TRIP
*v.* LLITHRO, BAGLU, TRIPIO
**tripartite,** *n.* TEIRAN, TRIDARN
**tripe,** *n.* TREIP, LOL
**triple,** *n.* TRIPHLYG, TRIAWD
*a.* TRIPHLYG
*triple harp,* TELYN DEIRES
**triplet,** *n.* TRIPLED, TRIBAN
**triplicate,** *a.* TRIPHLYG
**triploid,** *n. & a.* TRIPLOID
**tripod,** *n.* TRYBEDD
**tripos,** *n.* TRIPOS
**tripper,** *n.* GWIBDEITHIWR
**triptych,** *n.* TRIPTYCH
**trisect,** *v.* TRAEANU
**trisection,** *n.* TRAEANIAD
**trismus,** *n.* GENGLO, TRISMWS
**trite,** *a.* CYFFREDIN, SATHREDIG
**triteness,** *n.* CYFFREDINEDD
**tritheism,** *n.* TRIDDUWIAETH
**tritone,** *n.* TEIRTON
**triumph,** *n.* BUDDUGOLIAETH
*v.* GORCHFYGU, ENNILL
**triumphal,** *a.* BUDDUGOL
**triumphant,** *a.* BUDDUGOLIAETHUS
**triumvir,** *n.* TRÎWR
**triumvirate,** *n.* Y DRÎWRIAETH
**trivet,** *n.* TRYBEDD
**trivial,** *a.* DIBWYS, DISTADL
**triviality,** *n.* PETH DIBWYS
**trochee,** *n.* CORFAN RHYWIOG
**trochoid,** *n.* TROCOID
**troll,** *v.* TROLIO
*n.* BOD GORUWCHNATURIOL, CÂN
**trolley,** *n.* TROLI, TROLEN
**trombone,** *n.* TROMBÔN
**tromino,** *n.* TROMINO
**troop,** *n.* TYRFA, MINTAI, HAID
*v.* TYRRU, YMGYNNULL
**trooper,** *n.* MILWR (AR FARCH)
**trope,** *n.* TROAD
**trophy,** *n.* BUDDGED, TROFFI
**tropic,** *n.* TROFAN
**tropical,** *a.* TROFANNOL
**tropism,** *n.* TROPEDD, ATROAD
**tropopause,** *n.* TROPOPOS, TROPOFFIN
**troposphere,** *n.* TROPOSFFER
**trot,** *n.* TUTH, TROT
*v.* TUTHIO, TROTIAN
**troth,** *n.* GWIR, CRED
**trotter,** *n.* TUTHIWR, TROED MOCHYN
**troubadour,** *n.* TRWBADŴR
**trouble,** *n.* GOFID, HELBUL, TRAFFERTH
*v.* BLINO, TRWBLU, MALIO
**troubled,** *a.* BLINDERUS
**troublesome,** *a.* BLIN, TRWBLUS, TRAFFERTHUS

**troublous,** *a.* HELBULUS, BLIN
**trough,** *n.* CAFN
**trounce,** *v.* BAEDDU, CURO, CYSTWYO
**trouncing,** *n.* CURFA, CYSTWYAD
**troupe,** *n.* TRŴP, MINTAI
**trouper,** *n.* TRWPIWR
**trousers,** *n.* TROWSUS, TROWSER, LLODRAU
**trousseau,** *n.* TRWSO
**trout,** *n.* BRITHYLL
**trouvé,** *a.* HAPGAEL
**trow,** *v.* TYBIED, CREDU
**trowel,** *n.* TRYWEL
**troy,** *n.* PWYSAU (AUR / ARIAN)
**truancy,** *n.* TRIWANTA, TRIWANTIAETH
**truant,** *n. & a.* TRIWANT
**truce,** *n.* CADOEDIAD
**truck,** *n.* TRYC, NEWIDIAD
*v.* CYFNEWID, FFEIRIO
*articulated lorry,* LORI GYMAL(OG)
**truckle,** *v.* PLYGU, YMOSTWNG
**truculence,** *n.* FFYRNIGRWYDD
**truculent,** *a.* FFYRNIG, CWERYLGAR
**trudge,** *v.* YMLWYBRAN, TROEDIO
**true,** *a.* GWIR, CYWIR, FFYDDLON
**truism,** *n.* GWIREB, GWIREDD, YSTRYDEB
**truly,** *ad.* YN WIR / GYWIR
**trump,** *n.* TRWMP
**trumpery,** *n.* SOTHACH, FFWLBRI
**trumpet,** *n.* UTGORN, TRWMPED
**trumpeter,** *n.* TRWMPEDWR
**truncate,** *v.* TRYCHU, BLAENDORRI
**truncated,** *a.* TRYCH
**truncation,** *n.* TRYCHIAD, BLAENDORIAD
**truncheon,** *n.* TRENSIWN
**trundle,** *v.* TROLIO, TREIGLO, RHOLIO
**trunk,** *n.* BONCYFF, CIST, BONGORFF, TRYNC, CYFF
*a.* PRIF
*trunk road,* CEFNFFORDD
**trunks,** *n.pl.* TRYNCS, BONION
**truss,** *n.* BWNDEL, TRWS, TRYSIAD, CWPL
*v.* TRYSIO, CLYMU
**trussed,** *a.* TRYSIEDIG, CYPLEDIG
**trust,** *n.* YMDDIRIEDAETH, YMDDIRIEDOLAETH
*v.* YMDDIRIED
**trustee,** *n.* YMDDIRIEDOLWR
**trusteeship,** *n.* YMDDIRIEDAETH
**trustful,** *a.* YMDDIRIEDUS
**trustiness,** *n.* FFYDDLONDEB
**trustworthy,** *a.* Y GELLIR YMDDIRIED YNDDO
**trusty,** *a.* FFYDDLON, CYWIR
**truth,** *n.* GWIR(IONEDD)
**truthful,** *a.* GEIRWIR, CYWIR
**truthfulness,** *n.* GEIRWIREDD
**try,** *n.* CAIS, CYNNIG
*v.* CEISIO, PROFI
*converted try,* TROSGAIS
**trying,** *a.* BLIN, POENUS, CALED
**try-square,** *n.* SGWÂR PROFI
**tryst,** *n.* OED
**tsar,** *n.* TSÂR
**tub,** *n.* TŴB(A)
*v.* TWBIO
**tuba,** *n.* TIWBA
**tube,** *n.* TIWB
*test tube,* TIWB PRAWF
**tuber,** *n.* CLORONEN, TWBER
**tubercle,** *n.* TWBERCWL
**tuberculosis,** *n.* DARFODEDIGAETH, DYCLÉIN, DICÁU, PLA GWYN
**tubing,** *n.* TIWBIN
**tubular,** *a.* TIWBAIDD
**tuck,** *n.* TWC, PLYG
*v.* TWCIO, RHOI GADW
*cross tuck,* TWC CROES
**Tuesday,** *n.* DYDD MAWRTH
*Shrove Tuesday,* DYDD MAWRTH YNYD
**tuff,** *n.* TWFF
**tuft,** *n.* CUDYN, TWFFYN
**tufted,** *a.* CUDYNNOG
**tug,** *n.* TYNIAD, PLWC, TYNFAD
*v.* TYNNU, LLUSGO
**tuition,** *n.* HYFFORDDIANT
**tulip,** *n.* TIWLIP
**tulle,** *n.* TIWL
**tumble,** *n.* CWYMP, CODWM
*v.* CWYMPO, TWMBLO
*tumble drier,* SYCHWR TAFL
**tumbler,** *n.* GWYDR(YN), TWMBLER
**tumbrel,** *n.* TROL, CART
**tumid,** *a.* CHWYDDEDIG
**tumour,** *n.* TIWMOR
*malignant tumour,* TIWMOR GWYLLT
**tump,** *n.* TWYN, CRUG
**tumult,** *n.* TERFYSG, CYNNWRF
**tumultuous,** *a.* TERFYSGLYD
**tumulus,** *n.* TWMWLWS
**tun,** *n.* CASGEN, BARIL
**tuna,** *n.* TIWNA
**tundra,** *n.* TWNDRA
**tune,** *n.* TÔN, TIWN, ALAW
*v.* TIWNIO, CYWEIRIO
**tuneful,** *a.* SONIARUS
**tuneless,** *a.* AMHERSAIN, CRAS

**tuner,** *n.* TIWNIWR
**tungsten,** *n.* TWNGSTEN
**tunic,** *n.* TIWNIG, SIACED
**tuning-fork,** *n.* TRAWFFORCH
**tunnel,** *n.* TWNEL
*v.* TWNELU
**tunny,** *n.* TYNNI
**tup,** *n.* HWRDD, MAHAREN
**turban,** *n.* TWRBAN
**turbary,** *n.* TYWYRCHFA, MAWNOG
**turbid,** *a.* LLEIDIOG, CYMYSGLYD, CYMYLOG
**turbidity,** *n.* CYMYLOGRWYDD
**turbine,** *n.* TYRBIN
**turbo-generator,** *n.* GENERADUR TYRBO
**turbot,** *n.* TORBWT
**turbulence,** *n.* TYRFEDD, TERFYSG
**turbulent,** *a.* TYRFOL, TERFYSGLYD
**tureen,** *n.* DYSGL GAWL
**turf,** *n.* TYWARCHEN
*v.* TYWARCHU
**turgid,** *a.* TWRGID, CHWYDD-DYNN
**turkey,** *n.* TWRCI
*turkey hen,* TWRCEN
**turmoil,** *n.* CYTHRWFL, HELBUL, BERW
**turn,** *n.* TRO(AD), TROFA, STEM, TRÖELL, TURN(EN)
*v.* TROI, TURNIO
**turncoat,** *n.* GWRTHGILIWR
**turner,** *n.* TURNIWR
**turnery,** *n.* TURNWRIAETH
**turning,** *n.* TRO(AD)
**turning-point,** *n.* TROBWYNT
**turnout,** *n.* CYNULLIAD, ARDDANGOSFA
**turnover,** *n.* PASTEN JAM, TROGYRCH, TROSIANT
**turnpike,** *n.* TYRPEG, TOLLBORTH
**turnscrew,** *n.* TYRNSGRIW
**turnspit,** *n.* GWAS CEGIN
**turnstile,** *n.* CAMFA DRO
**turntable,** *n.* TROFWRDD
**turpentine,** *n.* TYRPANT
**turquoise,** *n.* MAEN GLAS
**turret,** *n.* TWRED
**turtle,** *n.* CRWBAN Y MÔR
**turtle-dove,** *n.* TURTUR
**tusk,** *n.* YSGITHR
**tusked,** *a.* YSGITHROG
**tussle,** *n.* YSGARMES
*v.* YMGIPRYS
**tussock,** *n.* TUSW, TWMPATH
**tut,** *i.* TWT! PW!
**tutelage,** *n.* NAWDD, TIWTELAETH
**tutelar,** *a.* NAWDDOGOL
**tutor,** *n.* TIWTOR, ATHRO
*v.* DYSGU, HYFFORDDI
**tutorial,** *a.* TIWTORIAL
**tutorship,** *n.* TIWTORIAETH
**twaddle,** *n.* LOL, DWLI, FFWLBRI
**twain,** *a.* DAU, DWY
**twang,** *n.* LLEDIAITH, SAIN
**tweak,** *n.* PINSIAD, GWASGFA
**tweed,** *n.* TWÎD
**tweezers,** *n.pl.* GEFEILIAU, COREFEL
**twelve,** *a.* DEUDDEG, DEUDDENG, UN DEG DAU
**twenty,** *a.* UGAIN, DAU DDEG
**twice,** *ad.* DWYWAITH
**twiddle,** *v.* FFIDLAN, CHWARAE BODIAU, etc.
**twig,** *n.* BRIGYN, YSBRIGYN
*v.* DEALL, AMGYFFRED
**twilight,** *n.* CYFNOS, CYFDDYDD
**twill,** *n.* TWIL
**twin,** *n.* GEFELL
*v.* GEFEILLIO
**twine,** *n.* CORTYN, LLINYN
*v.* CORDEDDU
**twinge,** *n.* GWAYW, BRATH, CNOFA
**twinkle,** *n.* AMRANTIAD
**twinkling,** *n.* EILIAD, CHWINCIAD
**twin-nut,** *n.* CONGLEN
**twins,** *n.pl.* GEFEILLIAID
*identical twins,* GEFEILLIAID UNFATH
**twin-town,** *n.* GEFELLDREF
**twirl,** *v.* CYLCHDROI, CHWYLDROI
*n.* CYLCHDRO
**twist,** *n.* DIRDRO, TWIST
*v.* DIRDRO, TWIST, CORDEDDU
**twisted,** *a.* DIRDRO
**twisting,** *n.* DIRDROAD
**twit,** *v.* DANNOD
**twitch,** *n.* GWAYW, BRATH
*v.* BRATHU
**twitter,** *n. & v.* TRYDAR
**two,** *a. & n.* DAU, DWY, PÂR
*two by two,* BOB YN DDAU, FESUL DAU
**two-edged,** *a.* DAUFINIOG
**two-faced,** *a.* DAUWYNEBOG
**twofold,** *a.* DEUBLYG
**two-piece,** *n.* DEUDDARN
**two-stroke,** *a.* DWYSTROC
**two-tier,** *a.* DEURIS, DWYRADD
**tympan,** *n.* TYMPAN
**tympanites,** *n.* BOLCHWYDDI
**tympanum,** *n.* TYMPANWM
**type,** *n.* TEIP, MATH, RHAGLUN
*v.* TEIPIO

**typescript,** *n.* TEIPYSGRIF
**typewriter,** *n.* TEIPIADUR
**typhoid,** *n.* TEIFFOID
**typhoon,** *n.* TEIFFŴN
**typhus,** *n.* TEIFFWS
**typical,** *a.* NODWEDDIADOL
**typify,** *v.* NODWEDDU
**typist,** *n.* TEIPYDD(ES)
**typographer,** *n.* CYNLLUNIWR ARGRAFFU
**typographical,** *a.* ARGRAFFYDDOL
**typography,** *n.* ARGRAFFYDDIAETH
**typology,** *n.* TEIPOLEG
**tyrannical,** *a.* GORMESOL
**tyrannise,** *v.* GORMESU
**tyranny,** *n.* GORMES
**tyrant,** *n.* GORMESWR, TEIRANT
**tyre,** *n.* TEIAR
**tyro,** *n.* DECHREUWR, NOFIS

**ubiquitarianism,** *n.* POBMANYDDIAETH
**ubiquitous,** *a.* HOLLBRESENNOL, POBMANAIDD
*ubiquitous person,* SIONI-BOB-MAN
**ubiquity,** *n.* HOLLBRESENOLDEB, POBMANRWYDD
**udder,** *n.* PIW, PWRS, CADER
**ugh,** *i.* ACH! YCH!
**ugliness,** *n.* HAGRWCH, HYLLTRA
**ugly,** *a.* HAGR, SALW, HYLL
**ulcer,** *n.* WLSER
**ulcerate,** *v.* CRAWNI, CASGLU
**ulna,** *n.* WLNA
**ulterior,** *a.* DIRGEL, CUDD, TU DRAW I
**ultimate,** *a.* EITHAF, DIWETHAF
**ultimately,** *ad.* O'R DIWEDD, YN Y PEN DRAW
**ultimatum,** *n.* WLTIMATWM
**ultimo,** *ad.* O'R MIS O'R BLAEN
**ultra,** *a.* EITHAFOL, GOR-, DROS BEN
**ultramarine,** *a.* TRAMOR, GLAS
**ultra-modern,** *a.* TRA MODERN, DIWEDDAR IAWN
**ultramontane,** *a.* WLTRAMONTAN
**ultrasonic,** *a.* WLTRASONIG, UWCHSONIG
**ultrasonics,** *n.* WLTRASONEG, UWCHSONEG
**ultra-total,** *a.* GORGYFAN
**ultra-violet,** *a.* UWCHLAS, WLTRA-FIOLED
**umbel,** *n.* WMBEL
**umbilic,** *a.* WMBILIG
*umbilical cord,* BOGEILIN, LLINYN Y BOGAIL
**umbrage,** *n.* CYSGOD
**umbrageous,** *a.* CYSGODOL
**umbrella,** *n.* YMBARÉL, YMBRELO
**umpire,** *n.* DYFARNWR
*v.* DYFARNU
**un-,** *px.* AN-, AM-, DI-, AF-, HEB-, ANG-
**unabashed,** *a.* DIGYWILYDD, HY
**unabated,** *a.* HEB OSTEG
**unable,** *a.* ANALLUOG
**unabridged,** *a.* CYFLAWN
**unaccented,** *a.* DIACEN
**unacceptable,** *a.* ANNERBYNIOL, ANGHYMERADWY
**unaccompanied,** *a.* DIGYFEILIANT, HEB GWMNI
**unaccomplished,** *a.* ANORFFENEDIG, TRWSGL
**unaccountable,** *a.* ANESBONIADWY
**unaccustomed,** *a.* ANGHYFARWYDD
**unadulterated,** *a.* PUR, DIGYMYSG
**unadvisedly,** *ad.* YN FYRBWYLL
**unaffected,** *a.* DIRODRES, NATURIOL
**unalloyed,** *a.* DIGYMYSG, PUR
**unalterable,** *a.* DIGYFNEWID, SAFADWY
**unambiguous,** *a.* DIAMWYS, EGLUR
**unanimity,** *n.* UNFRYDEDD
**unanimous,** *a.* UNFRYD(OL)
**unanimously,** *ad.* YN UNFRYD(OL)
**unanswerable,** *a.* ANATEBOL
**unapprehensive,** *a.* DIBRYDER, DI-OFN
**unarmed,** *a.* DI-ARF
**unashamed,** *a.* DIGYWILYDD, HY
**unassailable,** *a.* DIYSGOG
**unassisted,** *a.* HEB GYMORTH
**unassuming,** *a.* DIYMHONGAR
**unattainable,** *a.* ANGHYRAEDDADWY
**unauthorised,** *a.* HEB AWDURDOD
**unavailing,** *a.* OFER, DI-LES
**unavoidable,** *a.* ANORFOD, ANOCHEL(ADWY)
**unaware,** *a.* HEB WYBOD
**unawareness,** *n.* ANYMWYBOD
**unawares,** *ad.* YN DDIARWYBOD
**unbalance,** *n.* ANGHYDBWYSEDD
**unbalanced,** *a.* ANGHYTBWYS
**unbearable,** *a.* ANNIODDEFOL
**unbecoming,** *a.* ANWEDDUS
**unbelief,** *n.* ANGHREDINIAETH
**unbeliever,** *n.* ANGHREDADUN, ANFFYDD-IWR
**unbelieving,** *a.* ANGHREDINIOL
**unbending,** *a.* YSTYFNIG, ANHYBLYG
**unbiased,** *a.* DIDUEDD, ANFIASEDIG
**unbind,** *v.* DATOD, DADRWYMO, RHYDDHAU
**unblamable,** *a.* DI-FAI, DI-NAM
**unborn,** *a.* HEB EI ENI
**unbounded,** *a.* DIDERFYN, DIARFFIN
**unbridled,** *a.* HEB EI FFRWYNO
**unbroken,** *a.* DI-DOR
**unburden,** *v.* DADLWYTHO
**uncalled,** *a.* HEB EI ALW/WAHODD
*uncalled for,* DI-ALW-AMDANO
**uncanny,** *a.* RHYFEDD, ANNAEAROL
**unceasing,** *a.* DI-BAID, DIDDIWEDD
**unceremonious,** *a.* DISEREMONI
**uncertain,** *a.* ANSICR
**uncertainty,** *n.* ANSICRWYDD
**uncertificated,** *a.* DIDRWYDDED, HEB DYSTYSGRIF
**unchangeable,** *a.* DIGYFNEWID, ANGHYFNEWIDIOL
**unchaste,** *a.* ANNIWAIR, TRYTHYLL
**unchastity,** *n.* ANNIWEIRDEB, TRYTHYLL-WCH
**unchecked,** *a.* DIATAL, DIRWYSTR

**uncial,** *n.* WNSIAL
**uncircumcised,** *a.* DIENWAEDEDIG
**uncivil,** *a.* ANFOESGAR
**uncivilised,** *a.* ANWAR(AIDD)
**unclad,** *a.* NOETH
**unclassified,** *a.* ANNOSBARTHEDIG
**uncle,** *n.* EWYTHR
**unclean,** *a.* AFLAN, BRWNT, BUDR
**uncleanness,** *a.* AFLENDID, BRYNTNI
**unclothe,** *v.* DADWISGO, DIHATRU
**uncomfortable,** *a.* ANGHYSURUS
**uncommon,** *a.* ANGHYFFREDIN
**unconcern,** *n.* DIFATERWCH, DIFRAWDER
**unconcerned,** *a.* DIFATER, DIDARO
**unconditional,** *a.* DIAMOD(OL)
**unconfirmed,** *a.* HEB EI GADARNHAU / GONFFYRMIO
**uncongenial,** *a.* ANGHYDNAWS, AFRYWIOG
**unconquerable,** *a.* ANORCHFYGOL
**unconscientious,** *a.* DIGYDWYBOD
**unconscious,** *a.* ANYMWYBODOL
**unconstitutional,** *a.* ANGHYFANSODD-IADOL
**uncontaminated,** *a.* DILWGR, PUR
**uncontrollable,** *a.* AFLYWODRAETHUS
**unconventional,** *a.* ANNEFODOL
**unconvinced,** *a.* AMHEUS
**uncouple,** *v.* DATOD, GWAHANU
**uncourteous,** *a.* ANFOESGAR
**uncouth,** *a.* DIFOES, GARW
**uncover,** *v.* DADORCHUDDIO
**uncovered,** *a.* NOETH, DIORCHUDD
**unction,** *n.* ENEINIAD, ELI
**unctuous,** *a.* SEIMLYD, RHAGRITHIOL
**uncultivated,** *a.* HEB EI DRIN
**undamaged,** *a.* HEB EI NIWEIDIO
**undaunted,** *a.* HY, EOFN
**undecided,** *a.* PETRUS, AMHENDERFYNOL
**undefended,** *a.* DIAMDDIFFYN
**undefiled,** *a.* DIHALOG, PUR
**undefined,** *a.* AMHENODOL, ANNIFFINIEDIG
**undeniable,** *a.* DIYMWAD
**under,** *prp.* TAN, DAN, O DAN, IS(LAW)
*ad.* DANODD, ODDI TANODD
*under floor heating,* TWYMO ISLAWR
**undercoat,** *v.* TANBEINTIO
*n.* TANBAENT
**underclothing,** *n.* DILLAD ISAF
**undercurrent,** *n.* ISLIF
**undercut,** *n.* TANDORIAD
*v.* TANDORRI, TANBRISIO
**underdeveloped,** *a.* IS-DDATBLYGEDIG
**under-employ,** *v.* GAU-GYFLOGI, TANGYFLOGI
**underemployment,** *n.* TANGYFLOGAETH, TANWEITHDRA, GAUGYFLOGAETH
**underestimate,** *v.* TANBRISIO
**underface,** *a.* TANWYNEB
**underfed,** *a.* IS-FAETH, LLWGLYD
**underflow,** *a.* TANLIF
**under-function,** *v.* GOWEITHREDU
**undergo,** *v.* DIODDEF
**undergraduate,** *n.* RHAGRADDOLYN
*a.* RHAGRADD
**underground,** *a.* TANDDAEAR(OL)
**undergrowth,** *n.* TANDWF
**underhand,** *a.* LLECHWRAIDD
**underlay,** *n.* ISLEN
**underlie,** *v.* GWAELODOLI
**underline,** *v.* TANLINELLU, PWYSLEISIO
**underling,** *n.* IS-WAS
**underlying,** *a.* GWAELODOL
**undermine,** *v.* TANSEILIO
**undermost,** *a.* ISAF
**underneath,** *prp.* TAN, DAN, ODDI TAN
*ad.* ODDI TANODD
**under-nourished,** *a.* IS-FAETH, TAN-FAETH
**underpass,** *n.* TANFFORDD
**underpopulated,** *a.* TANBOBLOG
**underrate,** *v.* TANBRISIO
**undersign,** *v.* LLOFNODI
**undersized,** *a.* CRABLYD
**underskirt,** *n.* SGERT ISAF, PAIS
**understand,** *v.* DEALL, DIRNAD
**understanding,** *n.* DEALLTWRIAETH
**understudy,** *n.* DIRPRWY-ACTOR
**undertake,** *v.* YMGYMRYD
**undertaker,** *n.* TREFNWR ANGLADDAU
**undertaking,** *n.* YMRWYMIAD, CYTUNDEB
**undertone,** *n.* ISLAIS
**undervalue,** *v.* TANBRISIO
**underworld,** *n.* ISFYD, ANNWN, GWEHILION CYMDEITHAS
**underwriter,** *n.* TANSGRIFENNWR
**underwriting,** *n.* TANSGRIFENIAD
**undeserved,** *a.* ANHAEDDIANNOL
**undesirable,** *a.* ANNYMUNOL
**undetermined,** *a.* AMHENDANT
**undeveloped,** *a.* ANNATBLYGEDIG
**undeviating,** *a.* DIWYRO
**undignified,** *a.* ANURDDASOL
**undisciplined,** *a.* DIDDISGYBLAETH
**undismayed,** *a.* EOFN, CALONNOG, DI-OFN
**undisputed,** *a.* DIAMHEUOL
**undisturbed,** *a.* TAWEL, DIGYFFRO
**undo,** *v.* DATOD, DIFETHA, MYSGU
**undoing,** *n.* DISTRYW, DINISTR

**undoubted,** *a.* DIAMHEUOL
**undress,** *v.* DADWISGO, DIOSG, DIHATRU
**undue,** *a.* GORMODOL
**undulate,** *v.* YMDONNI
**undulation,** *n.* YMDONIAD
**unduly,** *ad.* YN ORMODOL
**undying,** *a.* DI-DRANC, ANFARWOL
**unearned,** *a.* HEB EI ENNILL
**unearth,** *v.* DATGUDDIO
**unearthly,** *a.* ANNAEAROL
**uneasiness,** *n.* ANESMWYTHDER, PRYDER
**uneasy,** *a.* ANESMWYTH, AFLONYDD, PRYDERUS
**uneducated,** *a.* ANNYSGEDIG
**unemotional,** *a.* ANEMOSIYNOL
**unemployable,** *a.* ANGHYFLOGADWY
**unemployed,** *a.* DI-WAITH, SEGUR
*n.* Y DIWAITH
**unemployment,** *n.* ANGHYFLOGAETH, DIWEITHDRA
*unemployment benefit,* BUDD-DÂL DIWAITH
*casual unemployment,* DIWEITHDRA YSBEIDIOL
**unending,** *a.* DIDERFYN, DIDDIWEDD
**unendowed,** *a.* DIGYNHYSGAETH
**unendurable,** *a.* ANNIODDEFOL
**unequal,** *a.* ANGHYFARTAL
**unequalled,** *a.* DIGYMAR, DIHAFAL
**unequivocal,** *a.* DIAMWYS, CLIR
**unerring,** *a.* SICR, CYWIR
**unessential,** *a.* AFRAID, HEPGOROL
**uneven,** *a.* ANWASTAD
**unevenness,** *n.* ANWASTADRWYDD
**uneventful,** *a.* DIDDIGWYDDIAD
**unexpected,** *a.* ANNISGWYL(IADWY)
**unexpired,** *a.* HEB DDARFOD
**unexploited,** *a.* ANECSPLOITIEDIG
**unextinguishable,** *a.* ANNIFFODDADWY
**unfailing,** *a.* DI-FETH, DI-BALL
**unfair,** *a.* ANNHEG
**unfairness,** *n.* ANNHEGWCH
**unfaithful,** *a.* ANFFYDDLON
**unfaithfulness,** *n.* ANFFYDDLONDEB
**unfamiliar,** *a.* ANGHYFARWYDD, ANGHYNEFIN
**unfasten,** *v.* DATOD, MYSGU
**unfathomable,** *a.* DIWAELOD, ANNIRNADWY
**unfavourable,** *a.* ANFFAFRIOL
**unfeeling,** *a.* DIDEIMLAD, CALED
**unfertile,** *a.* ANFFRWYTHLON, DIFFRWYTH
**unfettered,** *a.* DILYFFETHAIR
**unfinished,** *a.* ANORFFENEDIG
**unfirm,** *a.* ANSAD, SIMSAN
**unfit,** *a.* ANADDAS, ANGHYMWYS
**unfitness,** *n.* ANADDASEDD, ANABLEDD
**unfitting,** *a.* ANWEDDUS, AMHRIODOL
**unfix,** *v.* DATOD
**unflagging,** *a.* DIFLIN, PRYSUR
**unfledged,** *a.* DI-BLU
**unflinching,** *a.* DIYSGOG, PYBYR
**unfold,** *v.* DATBLYGU, ESBONIO
**unforeseen,** *a.* ANRHAGWELEDIG
**unforgiving,** *a.* ANFADDEUGAR
**unforgotten,** *a.* DIANGOF
**unformed,** *a.* AFLUNIAIDD
**unfortunate,** *a.* ANFFODUS, ANFFORTUNUS
**unfortunately,** *ad.* YN ANFFODUS, GWAETHA'R MODD
**unfounded,** *a.* DI-SAIL
**unfrequented,** *a.* ANSATHREDIG
**unfriendly,** *a.* ANGHYFEILLGAR
**unfrock,** *v.* DIURDDO
**unfruitful,** *a.* ANFFRWYTHLON
**unfulfilled,** *a.* HEB EI GYFLAWNI
**unfurl,** *v.* LLEDU
**unfurnished,** *a.* HEB GELFI/DDODREFN
**ungainly,** *a.* TRWSGL, AFROSGO
**ungenerous,** *a.* CRINTACH
**ungentle,** *a.* ANFWYN, CWRS
**ungentlemanly,** *a.* ANFONHEDDIG
**ungodliness,** *n.* ANNUWIOLDEB
**ungodly,** *a.* ANNUWIOL
**ungraded,** *a.* ANRADDEDIG
**ungrateful,** *a.* ANNIOLCHGAR
**ungratefulness,** *n.* ANNIOLCHGARWCH
**ungrudging,** *a.* DIRWGNACH
**unguarded,** *a.* ANNISGWYL
**unguent,** *n.* ENNAINT, ELI
**ungulate,** *n. & a.* CARNOL
**unhallowed,** *a.* HALOGEDIG, LLWGR
**unhappiness,** *n.* ANHAPUSRWYDD, ANNEDWYDDWCH
**unhappy,** *a.* ANHAPUS, TRIST, ANNEDWYDD
**unharmed,** *a.* DIANAF
**unhealthy,** *a.* AFIACH
**unheeding,** *a.* DIOFAL, DIDARO
**unhesitating,** *a.* DIBETRUS
**unhitch,** *v.* DATGLYMU
**unhook,** *v.* DADFACHU
**unhospitable,** *a.* DIGROESO, ANLLETYGAR
**unhurt,** *a.* DIANAF
**unicellular,** *n. & a.* UNGELL
**uniclinal,** *a.* UNCLINOL
**unicorn,** *n.* UNCORN

**unicursal,** *a.* UNCWRSAIDD
**unification,** *n.* UNOLIAD, UNIAD
**unified,** *a.* UNEDIG, UNOL
**uniform,** *n.* GWISG UNFFURF, IWNIFFORM
*a.* UNFFURF
**uniformity,** *n.* UNFFURFIAETH
**unify,** *v.* UNOLI, UNO
**unilateral,** *a.* UNOCHROG
**unilateralism,** *n.* UNOCHREDD
**unimodular,** *a.* UNFODWLAR
**unimpaired,** *a.* DIANAF, CYFAN
**unimpeded,** *a.* DILESTAIR, DIRWYSTR
**unimportant,** *a.* DIBWYS
**unimposing,** *a.* CYFFREDIN, DIOLWG
**uninhabited,** *a.* ANGHYFANNEDD
**uninjured,** *a.* DIANAF
**uninspired,** *a.* DIAWEN
**unintelligent,** *a.* ANNEALLUS
**unintelligible,** *a.* ANNEALLADWY
**unintentional,** *a.* ANFWRIADOL
**uninteresting,** *a.* ANNIDDOROL
**uninterrupted,** *a.* DI-DOR, DI-BAID
**union,** *n.* UNDEB, CYSWLLT, UNIAD
**unionism,** *n.* UNDEBAETH
**unionist,** *n.* UNDEBWR
**unique,** *a.* UNIGRYW, DIGYMAR
**uniqueness,** *n.* UNIGRYWIAETH
**unisexual,** *a.* UNRHYWIOL
**unison,** *n.* UNSAIN
*a.* CYFUN, UNSAIN
**unit,** *n.* UNED
*sink unit,* UNED SINC
**Unitarian,** *n.* UNDODWR
*a.* UNDODAIDD
**Unitarianism,** *n.* UNDODIAETH
**unitary,** *a.* UNEDOL
**unite,** *v.* UNO, CYSYLLTU, CYFUNO
**united,** *a.* UNEDIG
**unity,** *n.* UNDOD, UNOLIAETH
**univalent,** *a.* UNFALENT
**universal,** *a.* CYFFREDINOL, BYDEANG, YMHOBMAN
**universalism,** *n.* CYFANFYDEDD, CYFFREDINOLAETH
**universality,** *n.* CYFFREDINOLRWYDD, CYFANFYDAETH
**universals,** *n.pl.* CYFFREDINOLION
**universe,** *n.* BYDYSAWD, CYFANFYD
**university,** *n.* PRIFYSGOL
**univocal,** *a.* UNYSTYR
**unjust,** *a.* ANGHYFIAWN
**unjustifiable,** *a.* ANGHYFIAWNADWY
**unjustly,** *ad.* AR GAM
**unkempt,** *a.* AFLÊR, ANNIBEN
**unkind,** *a.* ANGHAREDIG, CAS
**unknowable,** *a.* ANWYBODADWY
**unknowing,** *a.* DIARWYBOD
**unknown,** *a.* ANHYSBYS, ANADNABYDDUS
*n.* ANHYSBYSYN
**unlace,** *v.* DATOD, MYSGU
**unlawful,** *a.* ANGHYFREITHLON
**unlearned,** *a.* ANNYSGEDIG
**unleavened,** *a.* CROYW, CRAI
**unless,** *c.* ONI(D), ODDIEITHR
**unlettered,** *a.* ANLLYTHRENNOG
**unlicensed,** *a.* DIDRWYDDED
**unlike,** *a.* ANNHEBYG
**unlikely,** *a.* ANNHEBYGOL
**unlimited,** *a.* ANNHERFYNOL, ANGHYFYNGEDIG, DIDERFYN
**unload,** *v.* DADLWYTHO
**unlock,** *v.* DATGLOI
**unloose,** *v.* DATOD, RHYDDHAU
**unlucky,** *a.* ANLWCUS, ANFFODUS
**unmanageable,** *a.* ANHYDRIN, ANHRINGAR
**unmanly,** *a.* LLWFR, ANWROL
**unmanned,** *a.* DI-GRIW
**unmannerly,** *a.* ANFOESGAR, DIGYWILYDD
**unmarred,** *a.* DIANAF, DI-NAM
**unmarried,** *a.* DIBRIOD
**unmask,** *v.* DATGUDDIO
**unmatched,** *a.* DIGYMAR, DI-AIL
**unmeditated,** *a.* DIFYFYR
**unmerciful,** *a.* DIDRUGAREDD, ANHRUGAROG
**unmerited,** *a.* ANHAEDDIANNOL
**unmindful,** *a.* DIFEDDWL, ANYSTYRIOL
**unmistakeable,** *a.* DIGAMSYNIOL
**unmitigated,** *a.* HOLLOL, CYFAN GWBL
**unmixed,** *a.* DIGYMYSG, PUR
**unmoved,** *a.* DIGYFFRO
**unnatural,** *a.* ANNATURIOL
**unnecessary,** *a.* AFRAID, DIANGHENRAID
**unneighbourly,** *a.* ANGHYMDOGOL
**unnerve,** *v.* GWANHAU, DINERTHU
**unnoticed,** *a.* DISYLW
**unnumbered,** *a.* DI-RIF
**unobserved,** *a.* HEB EI WELED
**unobtainable,** *a.* NA ELLIR EI GAEL
**unobtrusive,** *a.* ANYMWTHIOL
**unoccupied,** *a.* SEGUR, GWAG
**unoffending,** *a.* DIDRAMGWYDD
**unopened,** *a.* HEB EI AGOR
**unopposed,** *a.* YN DDIWRTHWYNEBIAD
**unorthodox,** *a.* ANUNIONGRED, ANARFEROL

**unorthdoxy,** *a.* ANUNIONGREDEDD
**unostentatious,** *a.* DIYMHONGAR
**unpack,** *v.* DADBACIO, AGOR
**unpaid,** *a.* DI-DÂL
**unpalatable,** *a.* ANNYMUNOL, DIFLAS
*unpalatable truth,* CASWIR
**unparalleled,** *a.* DIGYMAR, DIGYFFELYB
**unpardonable,** *a.* ANFADDEUOL
**unparliamentary,** *a.* ANSENEDDOL
**unpatriotic,** *a.* ANWLATGAR
**unpick,** *v.* DADBWYTHO, DATOD
**unpleasant,** *a.* ANNYMUNOL
**unpleasantness,** *n.* DIFLASTOD, ANGHYDFOD
**unpleasing,** *a.* ANFODDHAUS
**unpolite,** *a.* ANFOESGAR
**unpolitical,** *a.* AMHOLITICAIDD
**unpolluted,** *a.* DIHALOG, ANLLYGREDIG
**unpopular,** *a.* AMHOBLOGAIDD
**unpopularity,** *n.* AMHOBLOGRWYDD
**unpractical,** *a.* ANYMARFEROL
**unprecedented,** *a.* DIGYNSAIL
**unpredictable,** *a.* ANNAROGAN
**unprejudiced,** *a.* DIRAGFARN
**unprepared,** *a.* AMHAROD, DIFYFYR
**unpretentious,** *a.* GWYLAIDD, DIYMHONGAR
**unprincipled,** *a.* DIEGWYDDOR
**unproductive,** *a.* ANGHYNHYRCHIOL
**unprofitable,** *a.* AMHROFFIDIOL
**unprohibited,** *a.* DIWARAFUN
**unpromising,** *a.* ANADDAWOL
**unprosperous,** *a.* AFLWYDDIANNUS
**unprotected,** *a.* DIAMDDIFFYN
**unprovoked,** *a.* DIACHOS
**unqualified,** *a.* DIAMODOL, DIGYMYSG
**unquestionable,** *a.* DIAMHEUOL
**unravel,** *v.* DATOD, DATRYS
**unreactive,** *a.* ANYMWEITHIOL
**unready,** *a.* AMHAROD
**unreal,** *a.* AFREAL
**unreasonable,** *a.* AFRESYMOL
**unreasonableness,** *n.* AFRESYMOLDEB
**unredeemed,** *a.* HEB EI ACHUB
**unrelated,** *a.* AMHERTHNASOL
**unrelenting,** *a.* DIDOSTUR
**unremitting,** *a.* DYFAL, DI-BAID
**unrepenting,** *a.* DIEDIFAR, ANEDIFEIRIOL
**unrequited,** *a.* HEB EI DALU'N ÔL, DIWOBRWY
**unreserved,** *a.* AGORED
**unrest,** *n.* AFLONYDDWCH
**unrestrained,** *a.* AFLYWODRAETHUS
**unrighteousness,** *n.* ANGHYFIAWNDER
**unripe,** *a.* ANAEDDFED
**unripeness,** *n.* ANAEDDFEDRWYDD
**unrivalled,** *a.* DIHAFAL
**unroll,** *v.* DADROLIO
**unroof,** *v.* DI-DOI
**unruffled,** *a.* DIGYFFRO, TAWEL
**unruly,** *a.* AFREOLUS, AFLYWODRAETHUS
**unsafe,** *a.* ANNIOGEL, PERYGLUS
**unsaleable,** *a.* ANWERTHADWY
**unsatisfactory,** *a.* ANFODDHAOL
**unsatisfied,** *a.* ANFODLON
**unsaturated,** *a.* ANHYDRWYTH
**unsavoury,** *a.* DI-FLAS
**unscathed,** *a.* CROENIACH
**unschooled,** *a.* DIHYFFORDD
**unscrupulous,** *a.* DIEGWYDDOR
**unsearchable,** *a.* ANCHWILIADWY
**unseasonable,** *a.* ANAMSEROL, ANNHYMOROL
**unseat,** *v.* TAFLU, DISEDDU
**unsectarian,** *a.* ANENWADOL
**unseemliness,** *n.* ANWEDDUSTRA
**unseemly,** *a.* AFLEDNAIS, ANWEDDAIDD
**unseen,** *a.* ANWELEDIG
**unserviceable,** *a.* ANNEFNYDDIOL
**unset,** *v.* DADOSOD
**unsettle,** *v.* ANSEFYDLOGI, POENI
**unsettled,** *a.* ANSEFYDLOG, CYFATAL, HEB EI DALU
**unshaken,** *a.* DIYSGOG, CADARN
**unsightly,** *a.* DIOLWG, SALW
**unskilful,** *a.* ANFEDRUS
**unskilled,** *a.* ANGHELFYDD, DI-SGIL
**unsociable,** *a.* ANGHYMDEITHASGAR
**unsorted,** *a.* AMHARTHEDIG
**unsound,** *a.* AFIACH, DIFFYGIOL
**unsparing,** *a.* DIARBED, HAEL
**unspeakable,** *a.* ANHRAETHADWY
**unspent,** *a.* ANHREULIEDIG
**unstable,** *a.* ANSAD, GWAMAL
**unstained,** *a.* DILYCHWIN, PUR
**unsteadiness,** *n.* ANSADWRYDD, ANSEFYDLOGRWYDD
**unsteady,** *a.* ANSAD, SIMSAN, GWAMAL
**unstinted,** *a.* DIBRIN, HAEL
**unstratified,** *a.* DI-HAEN
**unsuccessful,** *a.* AFLWYDDIANNUS
**unsuitable,** *a.* ANADDAS, ANGHYMWYS
**unsullied,** *a.* DILYCHWIN, DIFRYCHEULYD
**unsurpassed,** *a.* DIGURO, DIHAFAL
**unsuspecting,** *a.* DI-FEDDWL-DDRWG
**untainted,** *a.* DILWGR, PUR

**untangle,** *v.* DATRYS
**untarnished,** *a.* DILYCHWIN, GLÂN
**untempered,** *a.* HEB EI DYMHERU
**untenanted,** *a.* DI-DDEILIAD, GWAG
**unthankful,** *a.* ANNIOLCHGAR
**unthinking,** *a.* DIFEDDWL
**untidy,** *a.* AFLÊR, ANNIBEN, ANGHYMEN
*v.* ANHREFNU, ANNIBENNU
**untie,** *v.* DATOD, MYSGU
**until,** *c. & prp.* HYD, NES, TAN, ONI, HYD ONI
**untimely,** *a.* ANAMSEROL
**untiring,** *a.* DIFLIN(O)
**unto,** *prp.* I, AT, WRTH, HYD AT
**untouchable,** *a.* ANGHYFFWRDD
**untouchables,** *n.pl.* ANGHYFFWRDD-EDIGION, GWEHILION
**untoward,** *a.* ANFFODUS, BLIN
**untractable,** *a.* ANHYDRIN, YSTYFNIG
**untrodden,** *a.* ANSATHREDIG, UNIG
**untrue,** *a.* ANWIR(EDDUS), CELWYDDOG
**untruth,** *n.* ANWIREDD, CELWYDD
**unusual,** *a.* ANARFEROL, ANGHYFFREDIN
**unutterable,** *a.* ANHRAETHADWY
**unvarying,** *a.* DIGYFNEWID
**unveil,** *v.* DADORCHUDDIO
**unversed,** *a.* ANHYDDYSG
**unwarranted,** *a.* HEB WARANT / AWDURDOD
**unwary,** *a.* ANWYLIADWRUS
**unwavering,** *a.* DIYSGOG
**unwearied,** *a.* DIFLIN(O)
**unwell,** *a.* ANHWYLUS, CLAF, AFIACH
**unwholesome,** *a.* AFIACHUS
**unwieldy,** *a.* TRWSGL, AFROSGO
**unwilling,** *a.* ANFODLON, ANEWYLLYSGAR
**unwind,** *v.* DAD-DDIRWYN
**unwise,** *a.* ANNOETH, FFÔL
**unwitting,** *a.* HEB (YM)WYBOD
**unwonted,** *a.* ANARFEROL
**unworthy,** *a.* ANNHEILWNG
**unwrap,** *v.* DATOD, AGOR
**unwritten,** *a.* ANYSGRIFENEDIG
**unyielding,** *a.* DI-ILDIO
**up,** *ad. & prp.* I FYNY, I'R LAN
**upbraid,** *v.* CERYDDU, EDLIW
**upbringing,** *n.* MAGWRAETH
**update,** *v.* DIWEDDARU
**upfold,** *n.* UWCHBLYG
**upgrade,** *v.* UWCHRADDIO
**upheaval,** *n.* CYFFRO, TERFYSG
**uphill,** *ad.* I FYNY, I'R LAN
**uphold,** *v.* CYNNAL, ATEGU
**upholster,** *v.* DODREFNU
**upholstery,** *n.* CLUSTOGWAITH, POLSTRI
**upkeep,** *n.* CYNHALIAETH
**upland,** *n.* UWCHDIR
**uplift,** *n.* YMGODIAD
*v.* YMGODI
**uplifted,** *a.* YMGODOL
**upon,** *prp.* AR, AR UCHAF, AR WARTHAF
**upper,** *a.* UCHAF
**uppermost,** *a. & ad.* UCHAF
**upright,** *a.* UNIONSYTH, GONEST, CYWIR
**uprightness,** *n.* UNIONDEB, GONESTRWYDD
**uprising,** *n.* GWRTHRYFEL, GWRTHGODIAD
**uproar,** *n.* TERFYSG, CYNNWRF
**uproot,** *v.* DIWREIDDIO
**upset,** *v.* DYMCHWELYD, CYFFROI
**upshot,** *n.* CANLYNIAD
**upside-down,** *ad.* WYNEB I WAERED
**upstairs,** *n.* LLOFFT
*ad.* AR Y LLOFFT
**upstart,** *n.* CRACHFONHEDDWR
**upstroke,** *n.* BLAENSTROC
**upthrust,** *n.* BRIGWTH
**uptime,** *n.* AMSER MYND
**up-to-date,** *a.* CYFDDYDDIOL, CYFOES
**upward,** *a. & ad.* I FYNY, I'R LAN
**upwards,** *ad.* TUAG I FYNY, I FYNY, I'R LAN
*upwards of,* MWY NA
**uranium,** *n.* WRANIWM
**urban,** *a.* TREFOL
**urbane,** *a.* BONEDDIGAIDD, HYNAWS
**urbanisation,** *n.* TREFOLIAD, TREFOLI
**urbanity,** *n.* MWYNDER, BONEDDIG-EIDDRWYDD
**urbanize,** *v.* TREFOLI
**urbanized,** *a.* TREFOLEDIG
**urchin,** *n.* CRWT/HOGYN DRYGIONUS
**urea,** *n.* WREA
**ureter,** *n.* WRETER
**urethra,** *n.* WRETHRA
**urge,** *n.* ANOGAETH, CYMHELLIAD
*v.* ANNOG, CYMELL
**urgency,** *n.* BRYS
**urgent,** *a.* PWYSIG
**uric,** *a.* WRIG
**urinate,** *v.* PISO
**urine,** *n.* PISO, WRIN, TROETH
**urn,** *n.* WRN
**us,** *pn.* NI, NYNI, 'N, NINNAU
**usage,** *n.* ARFER, DEFNYDD
**use,** *v.* ARFER, DEFNYDDIO
*n.* ARFER, DEFNYDDIAD, IWS
**useful,** *a.* DEFNYDDIOL
**usefulness,** *n.* DEFNYDDIOLDEB

**useless,** *a.* DIWERTH
**user,** *n.* DEFNYDDIWR
**usher,** *n.* TYWYSWR, GOSTEGWR
*v.* CYFLWYNO
**usherette,** *n.* TYWYSWRAIG
**usual,** *a.* ARFEROL
*as usual,* FEL ARFER
**usurer,** *n.* USURIWR
**usurp,** *v.* TRAWSFEDDIANNU
**usurpation,** *n.* TRAWSFEDDIANT
**usury,** *n.* USURIAETH
**utensil,** *n.* OFFER, LLESTR, TECLYN
**uterine,** *a.* CROTHOL
**uterus,** *n.* CROTH, BRU
**utilitarian,** *n.* DEFNYDDIOLWR
*a.* DEFNYDDIOL
**utilitarianism,** *n.* DEFNYDDIOLIAETH, LLESYDDIAETH
**utility,** *n.* DEFNYDDIOLDEB, IWTILITI
*a.* DEFNYDDIOL
**utilization,** *n.* DEFNYDDIAD
**utilize,** *v.* DEFNYDDIO
**utmost,** *a.* EITHAF, PELLAF
**utopia,** *n.* IWTOPIA
**utopian,** *a.* DELFRYDOL
**utter,** *a.* EITHAF, PELLAF, HOLLOL, LLWYR
*v.* YNGAN, DWEUD, DOSBARTHU (ARIAN FFUG etc.)
**utterance,** *n.* YMADRODD, LLEFERYDD
**uttermost,** *a.* EITHAF, PELLAF
**uvula,** *n.* TAFOD BACH, WFWLA
**uvular,** *a.* TAFODIGOL, WFWLAR

**vacancy,** *n.* SWYDD WAG, LLE GWAG
**vacant,** *a.* GWAG, HURT, SYN
**vacate,** *v.* YMDDEOL, YMDDISWYDDO
**vacation,** *n.* GWYLIAU
**vaccinate,** *v.* BRECHU
**vaccination,** *n.* BRECHIAD
**vaccine,** *n.* BRECHLYN
**vacillate,** *v.* PETRUSO, GWAMALU
**vacillation,** *n.* PETRUSTER, GWAMALRWYDD
**vacuity,** *n.* GWACTER, GWEGNI
**vacuole,** *n.* GWAGYN
**vacuum,** *n.* GWACTOD
*vacuum cleaner,* SUGNYDD LLWCH
*vacuum flask,* POTEL WACTOD
**vade-mecum,** *n.* LLAWLYFR
**vagabond,** *n.* CRWYDRYN
*a.* CRWYDR(OL)
**vagary,** *n.* MYMPWY, CHWILEN
**vagina,** *n.* LLAWES GOCH, CONT, FAGINA, GWAIN
**vagrancy,** *n.* CRWYDRO
**vagrant,** *n.* CRWYDRYN
*a.* CRWYDROL
**vague,** *a.* AMWYS, AMHENDANT
**vagueness,** *n.* AMWYSEDD, AMHENDANTRWYDD
**vagus,** *n.* FAGWS
**vain,** *a.* BALCH, OFER
**vainglorious,** *a.* YMFFROSTGAR
**vainglory,** *n.* YMFFROST
**vainness,** *n.* BALCHDER, GWAGEDD
**valance,** *n.* FALANS
**vale,** *n.* DYFFRYNDIR, BRO
**valediction,** *n.* FFARWÉL
**valedictory,** *a.* YMADAWOL
**valency,** *n.* FALENS(I)
**valentine,** *n.* FFOLANT, CARIAD
**valet,** *n.* GWAS
**valiant,** *a.* DEWR, GWROL
**valid,** *a.* DILYS, FALID
**validate,** *v.* DILYSU
**validation,** *n.* DILYSIANT
**validity,** *n.* DILYSRWYDD, FALIDEDD
**valise,** *n.* BAG TEITHIO
**valley,** *n.* DYFFRYN, GLYN, CWM
*rift valley,* DYFFRYN HOLLT
**valor,** *n.* FALOR
**valorous,** *a.* DEWR, GWROL, PYBYR
**valour,** *n.* DEWRDER, GWROLDEB
**valuable,** *a.* GWERTHFAWR
**valuation,** *n.* PRISIAD, PRISIANT
**value,** *n.* GWERTH, ENRHIF
*v.* GWERTHFAWROGI, PRISIO
*V.A.T.,* TRETH-AR-WERTH
*face value,* WYNEBWERTH
*limiting value,* GWERTH TERFANNOL
*surplus value,* GORWERTH
**valueless,** *a.* DI-WERTH
**valuer,** *n.* PRISIWR
**valve,** *n.* FALF
**vamp,** *n.* FAMP
*v.* TRWSIO, FAMPIO
**vampire,** *n.* SUGNWR GWAED
**van,** *n.* MEN, FEN, BLAEN BYDDIN
**vanadium,** *n.* FANADIWM
**vandal,** *n.* FANDAL
**vandalise,** *v.* FANDALEIDDIO
**vandalism,** *n.* FANDALIAETH
**vane,** *n.* CEILIOG GWYNT, BANER, PLUEN (SAETH)
**vanguard,** *n.* BLAEN CAD
**vanilla,** *n.* FANILA
**vanish,** *v.* DIFLANNU, DARFOD
**vanishing,** *a.* DIFLAN
*vanishing point,* DIFLANBWYNT
**vanity,** *n.* BALCHDER, YMFFROST
**vanquish,** *v.* GORCHFYGU, TRECHU
**vanquisher,** *n.* GORCHFYGWR, TRECHWR
**vantage,** *n.* MANTAIS
**vapid,** *a.* DIFLAS
**vapidity,** *n.* DIFLASRWYDD
**vaporize,** *v.* ANWEDDU
**vapour,** *n.* ANWEDD
**vapourization,** *n.* ANWEDDIAD
**variability,** *n.* NEWIDIANT, AMRYWEDD
**variable,** *n.* NEWIDYN, AMRYWEB
*a.* NEWIDIOL, ORIOG, CYFNEWIDIOL
*variable current,* CERRYNT NEWIDIOL
*surplus variable,* NEWIDYN GWEDDILL
**variableness,** *n.* ANWADALWCH
**variance,** *n.* ANGHYTUNDEB, AMRYWIANT
**variant,** *n.* AMRYWIOLYN, AMRYWIAD
*a.* GWAHANOL
**variate,** *n.* AMRYWEB
**variation,** *n.* AMRYWIAD
*inverse variation,* AMRYWIAD GWRTHDRO
**variational,** *a.* AMRYWIADOL
**varicose,** *n.* CHWYDDEDIG
**varied,** *a.* AMRYWIOL, GWAHANOL
**variegate,** *v.* BRITHO
**variegated,** *a.* BRITH
**variegation,** *n.* BRITHEDD
**variety,** *n.* AMRYWIAETH, MATH, HANFATH
**various,** *a.* GWAHANOL, AMRYFODD, AMRYWIOL

**varnish,** *n.* FARNAIS
*v.* FARNEISIO
*spirit varnish,* FARNAIS GWIROD
**vary,** *v.* AMRYWIO, FARIO
**vascular,** *a.* FASGWLAR
**vase,** *n.* FFIOL, CAWG BLODAU
**vaseline,** *n.* FASELIN
**vassal,** *n.* TAEOG, GWAS
*vassal state,* GWASWLAD
**vast,** *a.* EANG, HELAETH, DIRFAWR
**vastness,** *n.* EHANGDER, HELAETHRWYDD
**vat,** *n.* CERWYN
**vaticinate,** *v.* PROFFWYDO, DAROGAN
**vaudeville,** *n.* FODFIL
**vault,** *n.* CLADDGELL, CROMEN, LLOFNAID
*through vault,* LLOFNAID FWLCH
*side vault,* LLOFNAID OCHROL
**vaulted,** *a.* CROMENNOG
**vaulter,** *n.* LLOFNEIDIWR
**vaunt,** *n.* YMFFROST, BOST
*v.* YMFFROSTIO, BROLIO, BOSTIO
**vaunter,** *n.* YMFFROSTIWR, BROLIWR
**veal,** *n.* CIG LLO
**vector,** *n.* FECTOR
*compounding vectors,* CYFUNO FECTORAU
**vectoral,** *a.* FECTORAIDD
**veer,** *v.* TROI
**vegetable,** *n.* BWYDLYS
**vegetarian,** *n.* LLYSFWYTÄWR
**vegetarianism,** *n.* LLYSYDDIAETH
**vegetate,** *v.* SEGURA, BLAGURO
**vegetation,** *n.* LLYSTYFIANT
**vehemence,** *n.* ANGERDD, AWCH
**vehement,** *a.* ANGERDDOL, TANBAID
**vehicle,** *n.* CLUDYDD, CERBYD, CYFRWNG
*articulated vehicle,* CERBYD CYMALOG
**vehicular,** *a.* CERBYDOL
**veil,** *n.* LLEN, GORCHUDD
*v.* GORCHUDDIO
**vein,** *n.* GWYTHÏEN, TYMER
**veld,** *n.* FFELD
**vellum,** *n.* FELWM
**velocity,** *n.* CYFLYMDER
*lineal velocity,* CYFLYMDER LLINOL
*velocity ratio,* CYMHAREB CYFLYMDER
**velvet,** *n.* MELFED
**velveteen,** *n.* MELFEDÎN
**velvety,** *a.* MELFEDAIDD
**vena,** *n.* FENA
**venal,** *a.* ANONEST
**venality,** *n.* ANONESTRWYDD
**vend,** *v.* GWERTHU
**vendetta,** *n.* DIAL TYLWYTHAU, GALANAS
**vendor,** *n.* GWERTHWR
**veneer,** *n.* ARGAEN, WYNEBIAD
*v.* ARGAENU
**venerable,** *a.* HYBARCH
**venerate,** *v.* PARCHU, MAWRYGU, DWYSBARCHU
**veneration,** *n.* PARCH, PARCHEDIG OFN, DWYSBARCHIAD
**venereal,** *a.* GWENEROL
**venetian blind,** *n.* BLEIND SLATIAU
**vengeance,** *n.* DIAL(EDD)
**vengeful,** *a.* DIALGAR
**venial,** *a.* MADDEUADWY
**venison,** *n.* CIG CARW
**venom,** *n.* GWENWYN, SBEIT
**venomous,** *a.* GWENWYNIG, SBEITLYD
**vent,** *n.* AWYRELL, FENT, ARLLWYSFA
*v.* AWYRELLU, FENTIO, DATGAN
**ventilate,** *v.* AWYRO, GWYNTYLLU
**ventilation,** *n.* AWYRIANT, GWYNTYLLIANT
**ventilator,** *n.* AWYRYDD, AWYRIADUR
**ventral,** *a.* FENTRAL, BOLIOL
**ventricle,** *n.* FENTRICL
**ventriloquist,** *n.* TAFLEISIWR
**venture,** *n.* MENTER, ANTUR
*v.* MENTRO, ANTURIO
**venturesome,** *a.* MENTRUS, ANTURUS
**venturous,** *a.* MENTRUS, ANTURUS
**venue,** *n.* MAN CYFARFOD
**venule,** *n.* MÂNWYTHÏEN
**Venus,** *n.* GWENER
**veracious,** *a.* GEIRWIR
**veracity,** *n.* GEIRWIREDD
**verandah,** *n.* FERANDA
**verb,** *n.* BERF
**verbal,** *a.* BERFOL, GEIRIOL
*verbal intelligence test,* GEIRBRAWF DEALLUSRWYDD
**verbalism,** *n.* GEIRIOLEDD
**verbally,** *ad.* AIR AM AIR, MEWN GEIRIAU
**verbatim,** *ad.* AIR AM AIR
**verbiage,** *n.* GEIRIOGRWYDD
**verb-noun,** *n.* BERFENW
**verbose,** *a.* AMLEIRIOG
**verbosity,** *n.* GEIRIOGRWYDD
**verdant,** *a.* GWYRDD, TIRF
**verderer,** *n.* GWYRDDMON
**verdict,** *n.* DYFARNIAD, RHEITHFARN
**verdigris,** *n.* RHWD COPR
**verdure,** *n.* GWYRDDLESNI
**verge,** *n.* YMYL, MIN
*v.* YMYLU, TUEDDU

**verger,** *n.* CEIDWAD, GOFALYDD
**veridical,** *a.* GWIR, GEIRWIR
**verification,** *n.* GWIREDDIAD
**verify,** *v.* GWIREDDU, GWIRIO
**verily,** *ad.* PENDIFADDAU, YN WIR / DDIAU
**verisimilitude,** *n.* RHITHWIREDD
**veritable,** *a.* GWIRIONEDDOL
**verity,** *n.* GWIR(IONEDD)
**vermilion,** *n.* FERMILIWN
**vermin,** *n.* FERMIN, PRYF
**verminate,** *v.* PRYFEDU
**verminous,** *a.* PRYFEDOG
**vernacular,** *a.* CYNHENID
**vernal,** *a.* GWANWYNOL
**vernier,** *n.* FERNIER
*vernier height gauge,* FERNIER MEDRYDD UCHDER
**versatile,** *a.* AMRYDDAWN, AMLBWRPAS
**versatility,** *n.* AMLOCHREDD
**verse,** *n.* ADNOD, PENNILL, GWERS, BARDDONIAETH
**versed,** *a.* HYDDYSG
**versification,** *n.* MYDRYDDIAETH
**versifier,** *n.* MYDRYDDWR
**versify,** *v.* BARDDONI, PRYDYDDU
**versine,** *n.* FERSIN
**version,** *n.* CYFIEITHIAD, FERSIWN
**vers libre,** *n.* MESUR PENRHYDD, GWERS RYDD
**versus,** *prp.* YN ERBYN
**vertebra,** *n.* FERTEBRA
**vertebrate,** *n.* ANIFAIL AG ASGWRN CEFN
*a.* AG ASGWRN CEFN
**vertex,** *n.* FERTIG
**vertical,** *a.* FERTIGOL, PLWM
*vertical line,* LLINELL BLŴM / FERTIGOL
**verticality,** *n.* FERTIGOLEDD
**vertigo,** *n.* PENDRO, MADRONDOD
**verve,** *n.* ASBRI, EGNI
**very,** *a. & ad.* GWIR, TRA, IAWN, I'R DIM
**vesica,** *n.* POTHELL, CHWYSIGEN
**vesicate,** *v.* POTHELLU, CHWYSIGENNU
**vesicle,** *n.* CHWYSIGEN, FESICL
**vespers,** *n.pl.* GOSBER, HWYROL WEDDI
**vessel,** *n.* LLESTR, LLONG
**vest,** *n.* FEST, GWASGOD
*v.* GWISGO, URDDO
**vestibule,** *n.* CYNTEDD
**vestment,** *n.* URDDWISG
**veto,** *n.* FETO, GWAHARDDIAD
*v.* RHOI FETO AR, GWAHARDD
**vex,** *v.* BLINO, GOFIDIO, POENI
**vexation,** *n.* BLINDER, GOFID
**vexatious,** *a.* BLIN, GOFIDUS, TRALLODUS
**vexing,** *a.* BLIN, PLAGUS
**via,** *prp.* TRWY, AR HYD
**viability,** *n.* HYFYWDRA
**viable,** *a.* HYFYW, BYWADWY, DICHONADWY
**viaduct,** *n.* PONTFFORDD
**vial,** *n.* FFIOL, COSTREL
**viands,** *n.pl.* BWYD, YMBORTH
**vibrant,** *a.* DIRGRYNOL
**vibrate,** *v.* DIRGRYNU
**vibrating,** *a.* DIRGRYNOL
**vibration,** *n.* DIRGRYNIAD
**vibratory,** *a.* DIRGRYN
**vicar,** *n.* FICER
**vicarage,** *n.* FICERDY
**vice,** *n.* GWŶD, FEIS, DIRBECHOD
*toolmaker's vice,* FEIS OFFERWR
**vice-,** *px.* IS-, RHAG-
**vice-admiral,** *n.* IS-LYNGESYDD
**vice-chairman,** *n.* IS-GADEIRYDD
**vice-chancellor,** *n.* IS-GANGHELLOR
**vice-president,** *n.* IS-LYWYDD
**viceroy,** *n.* RHAGLAW
**vice-versa,** *ad.* I'R GWRTHWYNEB
**vicinity,** *n.* CYMDOGAETH, CYFFINIAU
**vicious,** *a.* GWYDLON, DRYGIONUS, MILAIN
**viciousness,** *n.* DRYGIONI
**vicissitude,** *n.* CYFNEWIDIAD
**victim,** *n.* DIODDEFWR
**victimise,** *v.* ERLID
**victor,** *n.* BUDDUGWR, GORCHFYGWR
**victorious,** *a.* BUDDUGOL(IAETHUS)
**victory,** *n.* BUDDUGOLIAETH
**victual,** *v.* PORTHI, BWYDO
**victualler,** *n.* BITELWR
**victuals,** *n.pl.* BWYD
**vide,** *v.* GWELER
**videlicet (viz.)** *ad.* SEF, HYNNY YW
**video,** *a.* FIDEO
**videoscope,** *n.* FIDEOSGOP
**vie,** *v.* CYSTADLU
**view,** *n.* GOLYGFA, GOLWG, BARN, TYB
*v.* EDRYCH, GWELD
*sectional view,* GOLWG DORIADOL
*front view,* BLAENOLWG
**viewpoint,** *n.* SAFBWYNT
**vigil,** *n.* GWYLIADWRIAETH, GWYLNOS
**vigilance,** *n.* GWYLIADWRIAETH
**vigilant,** *a.* GWYLIADWRUS, EFFRO
**vignette,** *n.* FIGNET
**vigorous,** *a.* GRYMUS, EGNÏOL
**vigour,** *n.* GRYM, EGNI, ARIAL
**viking,** *n.* FICING

**vile,** *a.* GWAEL, FFIAIDD, BAWAIDD
**vileness,** *n.* GWAELDER, BAWEIDD-DRA, FFIEIDD-DOD
**vilify,** *v.* DIFRÏO, DIFENWI
**villa,** *n.* FILA
**village,** *n.* PENTREF
**villager,** *n.* PENTREFWR
**villain,** *n.* DIHIRYN, CNAF
**villainous,** *a.* YSGELER, ANFAD
**villainy,** *n.* YSGELERDER, ANFADWAITH
**villein,** *n.* BILAIN
**villeinage,** *n.* BILEINIAETH
**vindicate,** *v.* CYFIAWNHAU, DIHEURO
**vindication,** *n.* CYFIAWNHAD, AMDDIFFYNIAD
**vindictive,** *a.* DIALGAR
**vindictiveness,** *n.* DIALGAREDD
**vine,** *n.* GWINWYDDEN
**vinegar,** *n.* FINEGR
**vineyard,** *n.* GWINLLAN
**vintner,** *n.* GWINWR
**vinyl,** *n.* FEINYL
**viol,** *n.* FEIOL
**viola,** *n.* FIOLA
**violate,** *v.* TROSEDDU
**violation,** *n.* TROSEDD
**violence,** *n.* TRAIS
**violent,** *a.* TREISIOL
*non-violent,* DI-DRAIS
**violet,** *n.* FIOLED
*a.* DULAS
**violin,** *n.* FFIDIL
**violinist,** *n.* FFIDLER
**violincello,** *n.* BASGRWTH, 'CELLO
**viper,** *n.* GWIBER
**virago,** *n.* CECREN
**virgate,** *n.* FIRGAT
**virgin,** *n.* GWYRYF, MORWYN
*a.* GWYRYFOL, MORWYNOL
**virginal,** *n.* FIRDSINAL
*a.* MORWYNAIDD
**virginity,** *n.* GWYRYFDOD, MORWYNDOD
**virile,** *a.* GWROL, EGNÏOL
**virility,** *n.* GWROLAETH
**virtual,** *a.* GWIREDDUS, RHITHWIR
*virtual work,* GWAITH RHITHWIR
**virtue,** *n.* RHINWEDD, DIWEIRDEB
**virtuoso,** *n.* CELFYDDYDWR, FIRTUOSO
**virtuous,** *a.* RHINWEDDOL
**virulence,** *n.* GWENWYN, FFYRNIGRWYDD
**virulent,** *a.* GWENWYNIG, FFYRNIG
**virus,** *n.* FIRWS
**visa,** *n.* TEITHEB
**visage,** *n.* WYNEB, WYNEPRYD
**viscera,** *n.pl.* YMYSGAROEDD
**viscid,** *a.* GLUDIOG
**viscose,** *n.* FISCOS
**viscosity,** *n.* GLUDEDD
**viscount,** *n.* IS-IARLL
**viscous,** *a.* GLUDIOG
**visibility,** *n.* GWELEDEDD
**visible,** *a.* GWELADWY, GWELEDIG
*n.* GWELEDYN
**vision,** *n.* GWELEDIGAETH, GOLWG, DRYCHIOLAETH
**visionary,** *n.* GWELEDYDD
*a.* BREUDDWYDIOL
**visit,** *n.* YMWELIAD
*v.* YMWELED
**visitation,** *n.* YMWELIAD, GOFWY
**visiting,** *a.* YMWELIADOL
**visitor,** *n.* YMWELYDD
**visor,** *n.* MISWRN
**vista,** *n.* GOLYGFA
**visual,** *a.* GWELEDOL
*visual aids,* CYMHORTHION GWELEDOL
**visualise,** *v.* DELWEDDU
**vital,** *a.* HANFODOL, BYWIOL
**vitalism,** *n.* BYWYDAETH, BYWYDOLIAETH
**vitality,** *n.* BYWIOGRWYDD, NERTH
**vitalize,** *v.* BYWIOGI, BYWHAU
**vitamin,** *n.* FITAMIN
**vitiate,** *v.* LLYGRU, DIFETHA
**viticulture,** *n.* GWINWYDDAETH
**vitreous,** *a.* GWYDROG
**vitriol,** *n.* FITRIOL
**vitriolic,** *a.* FITRIOLAIDD, DEIFIOL
**vituperate,** *v.* DIFENWI, PARDDUO
**vituperation,** *n.* DIFENWAD
**vivacious,** *a.* BYWIOG, HOYW, NWYFUS
**vivacity,** *n.* HOEN, NWYF, BYWIOGRWYDD
**vivarium,** *n.* FIFARIWM, BYWYDFA
**viva voce,** *ad.* AR LAFAR
**vivid,** *a.* BYW, CLIR, LLACHAR
**vividness,** *n.* EGLURDER
**vivify,** *v.* BYWHAU, BYWIOCÁU
**vivisect,** *v.* DADELFENNU
**vivisection,** *n.* DADELFENIAD
**vixen,** *n.* LLWYNOGES, CADNAWES
**vocabulary,** *n.* GEIRFA
*range of vocabulary,* AMREDIAD GEIRFA
**vocal,** *a.* LLEISIOL, LLAFAR
**vocalic,** *a.* LLAFAROG
**vocalist,** *n.* CANWR, DATGEINIAD
**vocalise,** *v.* LLEISIO
**vocation,** *n.* GALWEDIGAETH

**vocational,** *a.* GALWEDIGAETHOL
**vocative,** *a.* CYFARCHOL
**vociferate,** *v.* GWEIDDI, CROCHLEFAIN, BLOEDDIO
**vociferous,** *a.* UCHEL, CROCH
**vodka,** *n.* FODCA
**vogue,** *n.* FFASIWN, SWAE, BRI
**voice,** *n.* LLAIS, STAD
*v.* LLEISIO, MYNEGI
**voiced,** *a.* LLAFAR, LLEISIOL
**void,** *n.* GWAGLE
*a.* DI-RYM
*v.* GWACÁU, DIRYMU
**voidable,** *a.* DIRYMIADWY
**voile,** *n.* FOIL
**volatile,** *a.* HEDEGOG, ANWEDDOG
**volatility,** *n.* ANWEDDEDD
**volcanic,** *a.* FOLCANIG
**volcano,** *n.* LLOSGFYNYDD, FOLCANO
**volition,** *n.* EWYLLYSIAD
**volitional,** *a.* EWYLLYSIOL
**volley,** *n.* FOLI
*v.* FOLIAN
**volt,** *n.* FOLT
**voltage,** *n.* FOLTEDD
**voltameter,** *n.* FOLTAMEDR
**voltmeter,** *n.* FOLTMEDR
**voluble,** *a.* SIARADUS, LLITHRIG, RHUGL, HUAWDL
**volume,** *n.* CYFROL, CYFAINT, LLAIS, SŴN
**volumetric,** *a.* FOLIWMETRIG, CYFEINTIOL
**voluminous,** *a.* MAWR, AMLEIRIOG
**voluntariness,** *n.* GWIRFODDOLRWYDD
**voluntary,** *a.* GWIRFODDOL
*n.* FOLYNTARI
**volunteer,** *v.* GWIRFODDOLI
*n.* GWIRFODDOLWR
**voluptuary,** *n.* TRYTHYLLWR
**voluptuous,** *a.* TRYTHYLL, CNAWDOL
**voluptuousness,** *n.* TRYTHYLLWCH, CNAWDOLRWYDD
**volute,** *n.* FOLIWT
**vomit,** *n.* CYFOG, CHWYDIAD, CHWYDFA
*v.* CYFOGI, CHWYDU
**voracious,** *a.* GWANCUS, RHEIBUS
**voracity,** *n.* GWANC, RHAIB
**vortex,** *n.* TROBWLL, FORTECS
**votary,** *n.* PLEIDIWR
**vote,** *n.* PLEIDLAIS
*v.* PLEIDLEISIO
*vote of censure,* PLEIDLAIS GERYDD
**voter,** *n.* PLEIDLEISIWR
**votive,** *a.* ADDUNEDOL
**vouch,** *v.* GWIRIO, GWARANTU
**voucher,** *n.* TALEB, GWARANT
**vouchsafe,** *v.* CANIATÁU
**vow,** *n.* ADDUNED, DIOFRYD
*v.* ADDUNEDU, ADDO
**vowel,** *n.* LLAFARIAD
*vowel mutation,* GWYRIAD
*vowel affection,* AFFEITHIAD
**voyage,** *n.* MORDAITH,
*v.* MORIO
**voyager,** *n.* MORDEITHIWR
**vulcanise,** *v.* FWLCANEIDDIO
**vulcanite,** *n.* FWLCANEIT
**vulcanology,** *n.* FWLCANOLEG
**vulva,** *n.* FWLFA
**vulgar,** *a.* CYFFREDIN, BRWNT, DI-FOES, AFLEDNAIS
*vulgar fraction,* FFRACSIWN CYFFREDIN
**vulgarism,** *n.* YMADRODD AFLEDNAIS
**vulgarity,** *n.* AFLEDNEISRWYDD
**vulgarize,** *v.* DIRADDIO
**Vulgate,** *n.* FWLGAT
**vulnerable,** *a.* ARCHOLLADWY
**vulture,** *n.* FWLTUR

**wad,** *n.* WAD, SYPYN, TUSW
**wadding,** *n.* WADIN
**waddle,** *v.* HONCIAN, SIGLO
**wade,** *v.* RHYDIO
**wader,** *n.* RHYDIWR, ESGID UCHEL
**wadi,** *n.* WADI
**wafer,** *n.* AFRLLADEN, WAFFER
**waffles,** *n.pl.* WAFFLAU
**waft,** *v.* DYGLUDO
**wag,** *n.* CELLWEIRIWR, WÀG
*v.* YSGWYD, SIGLO
**wage,** *n.* CYFLOG, HUR
*wage rate,* CYFRADD CYFLOG
**wager,** *n.* GWYSTL, BET
*v.* CYNGWYSTLO, BETIO
**waggle,** *v.* SIGLO, HONCIAN
**waggon,** *n.* WAGEN
**waggoner,** *n.* WAGENNWR
**waggonette,** *n.* WAGENÉT
**waif,** *n.* CRWYDRYN, PLENTYN DIGARTREF
**wail,** *v.* LLEFAIN, CWYNFAN, WYLOFAIN
*n.* OERGRI, CWYNFAN
**wain,** *n.* MEN, WAGEN
**wainscot,** *n.* WENSGOT, PALIS
**waist,** *n.* GWASG, CANOL
**waistcoat,** *n.* GWASGOD
**wait,** *n.* ARHOSIAD
*v.* AROS, DISGWYL, GWEINI
**waiter,** *n.* GWEINYDD
**waiting,** *n.* AROS
*waiting time,* AMSER DISGWYL
*waiting list,* RHESTR AROS
**waitress,** *n.* GWEINYDDES
**waive,** *v.* ILDIO, RHOI HEIBIO
**waiver,** *n.* ILDIAD
**wake,** *n.* ÔL LLONG, GWYLNOS
*v.* DIHUNO, DEFFRO
**wakefulness,** *n.* ANHUNEDD
**waken,** *v.* DEFFRO, DIHUNO
**walk,** *n.* TRO, CERDDEDIAD
*v.* RHODIO, CERDDED, MYND AM DRO
**walker,** *n.* CERDDWR, RHODIWR
**walking-stick,** *n.* FFON
**wall,** *n.* MUR, GWAL, MAGWYR
*v.* MURIO, GWALIO
*cavity walls,* WALIAU CEUDOD
**wallet,** *n.* GWALED
**wallop,** *v.* CURO, BAEDDU, FFUSTO
**wallow,** *v.* YMDREIGLO, YMDRYBAEDDU
**wall-paper,** *n.* PAPUR WAL
*embossed wallpaper,* PAPUR WAL ARGRAFFEDIG
**wall-plate,** *n.* WALBLAT
**walnut,** *n.* CNEUEN FFRENGIG
**walrus,** *n.* MÔR-FARCH
**waltz,** *n.* WALTZ
**wan,** *a.* GWELW, LLWYD
**wand,** *n.* GWIALEN, LLATH
**wander,** *v.* CRWYDRO, GWIBIO
**wanderer,** *n.* CRWYDRYN
**wandering,** *a.* AR GRWYDR
**wanderlust,** *n.* AWCH AM GRWYDRO
**wane,** *n.* LLEIHAD, CIL, TRAI, ADEG, GWENDID
*v.* LLEIHAU, TREIO, DARFOD
**wangle,** *v.* DYFEISIO, CYNLLUNIO
**want,** *n.* EISIAU, ANGEN
*v.* BOD MEWN EISIAU / ANGEN
**wanting,** *a.* YN EISIAU /FYR / BRIN
**wanton,** *n.* MASWEDDWR
*a.* MASWEDDOL, ANLLAD
**wantonness,** *n.* MASWEDD, ANLLADRWYDD
**war,** *n.* RHYFEL
*v.* RHYFELA
**warble,** *n.* PRYF GWERYD
*v.* TELORI, PYNCIO
**warbler,** *n.* TELOR(YDD)
**war-cry,** *n.* RHYFELGRI
**ward,** *n.* (G)WARD, GWARCHODAETH
*v.* GWARDIO, GWARCHOD
**warden,** *n.* WARDEN
**wardenship,** *n.* WARDEINIAETH
**warder,** *n.* GWYLIWR, GWARCHODWR
**wardrobe,** *n.* WARDROB
**ware,** *n.* NWYDD, WÂR, CROCHENWAITH
**warehouse,** *n.* WARWS, STORFA
**war-horse,** *n.* CADFARCH
**warfare,** *n.* RHYFEL(A)
*germ warfare,* RHYFEL HAINT
**wariness,** *n.* GOCHELGARWCH
**warlike,** *a.* RHYFELGAR
**warm,** *a.* CYNNES, TWYM, GWRESOG
*v.* CYNHESU, TWYMO, GWRESOGI
**warming-pan,** *n.* PADELL BOETH
**warmonger,** *n.* RHYFELGI
**warmth,** *n.* CYNHESRWYDD, GWRES
**warn,** *v.* RHYBUDDIO
**warning,** *n.* RHYBUDD
**warp,** *n.* CAMDROAD, YSTOF
*v.* CAMDROI, YSTOFI
*warp and weft,* YSTOF AC ANWE
*warp beam,* CARFAN FAWR
**warrant,** *n.* GWARANT
*v.* GWARANTU
**warrantor,** *n.* GWARANTYDD

**warranty,** *n.* AWDURDOD, SICRWYDD
**warren,** *n.* WARREN, CWNINGAR
**warrior,** *n.* RHYFELWR PROFIADOL
**warship,** *n.* LLONG RYFEL
**wart,** *n.* DAFADEN
**warty,** *a.* DAFADENNOG
**wary,** *a.* GOCHELGAR, PWYLLOG, GWYLIADWRUS
**wash,** *n.* GOLCH(IAD)
*v.* GOLCHI, YMOLCHI
**washable,** *a.* GOLCHADWY
**washer,** *n.* GOLCHWR, WASIER
**washing,** *n.* GOLCH(IAD)
**washing machine,** *n.* GOLCHYDD
*rotary washing machine,* GOLCHYDD TRO
**wasp,** *n.* CACYNEN, GWENYNEN FEIRCH
**wassail,** *n.* GWASAEL, GWARSEL
**wastage,** *n.* COLLED, TRAUL
**waste,** *n.* GWASTRAFF, DIFFEITHWCH
*a.* DIFFAITH, ANIAL
*v.* GWASTRAFFU, AFRADU, NYCHU
*waste disposal unit,* UNED GWAREDU SBWRIEL
*waste by-product,* ISGYNNYRCH DI-WERTH
**wasteful,** *a.* GWASTRAFFUS, AFRADUS, AFRADLON
**wastefulness,** *n.* GWASTRAFF, AFRADLONEDD
**waster,** *n.* OFERWR, AFRADWR
**wastrel,** *n.* OFERWR, PETH GWRTHODEDIG
**watch,** *n.* GWYLIWR, WATS, ORIAWR, GWYLIADWRIAETH *v.* GWYLIO
**watchdog,** *n.* GWARCHODGI
**watcher,** *n.* GWYLIWR
**watchful,** *a.* GWYLIADWRUS, EFFRO
**watchfulness,** *n.* GWYLIADWRIAETH
**watchmaker,** *n.* ORIADURWR
**watchman,** *n.* GWYLIWR, GWARCHODWR
**watchnight,** *n.* GWYLNOS
**watchword,** *n.* ARWYDDAIR
**water,** *n.* DŴR, DWFR
*v.* DYFRHAU
*water heater,* TWYMYDD DŴR
*low water,* DISTYLL
**water-bailiff,** *n.* BEILI DŴR
**water-cock,** *n.* DWSEL, TAP
**water-colour,** *n.* LLUN DYFRLLIW
**water-course,** *n.* AFONIG, DYFRFFOS
**watercress,** *n.* BERWR Y DŴR
**waterfall,** *n.* RHAEADR, SGWD
**water-fowl,** *n.* ADAR DŴR
**water-hen,** *n.* IÂR FACH Y DŴR
**watering-place,** *n.* DYFRFAN
**water-lily,** *n.* LILI'R DŴR, ALAW
**waterlogged,** *a.* DWRLAWN
**waterman,** *n.* CYCHWR
**watermark,** *n.* DYFRNOD
**water-mill,** *n.* MELIN DDŴR
**water-polo,** *n.* POLO'R DŴR
**waterproof,** *a.* GWRTH-DDŴR, DIDDOS
*v.* DIDDOSI
**watershed,** *n.* CEFNDEUDDWR
**watertight,** *a.* DWRGLOS
**waterway,** *n.* DYFRFFORDD
**waterworks,** *n.* GWAITH DŴR
**watery,** *a.* DYFRLLYD
**watt,** *n.* WAT
**wattage,** *n.* WATEDD
**wattle,** *n.* PLETHWAITH, BANGORWAITH
*v.* BANGORI
*wattle fence,* PLETHFFENS
**wave,** *n.* TON, GWANEG, CHWIFIAD LLAW
*v.* TONNI, CHWIFIO, CODI LLAW
**wave-form,** *n.* TONFFURF
**wavefront,** *a.* BLAENDON
**wavelength,** *n.* TONFEDD
**wave mechanics,** *n.* TON-FECANEG
**wave motion,** *n.* MUDIANT TON
**waver,** *v.* ANWADALU, GWAMALU, PETRUSO
**waverer,** *n.* ANWADALWR
**wavering,** *a.* ANWADAL, GWAMAL
**wavy,** *a.* TONNOG
**wax,** *n.* CŴYR, GWÊR
*v.* CWYRO, CYNYDDU
*wax polish,* LLATHRYDD CŴYR, LLATHREDD CŴYR (*shine*)
*candle wax,* GWÊR CANNWYLL
**waxworks,** *n.pl.* ARDDANGOSFA DELWAU CŴYR
**waxy,** *a.* CWYRAIDD
**way,** *n.* FFORDD, MODD, LLWYBR, ARFER
**wayfarer,** *n.* FFORDDOLYN
**waylay,** *v.* RHAGOD
**wayleave,** *n.* FFORDD-FRAINT
**wayside,** *n.* MIN/YMYL Y FFORDD
**wayward,** *a.* YSTYFNIG, CYNDYN
**waywardness,** *n.* YSTYFNIGRWYDD, CYNDYNRWYDD
**we,** *pn.* NI, NYNI, NINNAU
**weak,** *a.* GWAN, EGWAN
**weak-hearted,** *a.* GWANGALON
**weakly,** *a.* GWANNAIDD, GWANLLYD, LLESG
**weakling,** *n.* LLIPRYN, EDLYCH
**weakness,** *n.* GWENDID, LLESGEDD, DIFFYG
**weal,** *n.* GWRYM, LLES

**weald,** *n.* RHOS, FFOREST
**wealth,** *n.* CYFOETH, GOLUD, DA
**wealthy,** *a.* CYFOETHOG, GOLUDOG, CEFNOG
**wean,** *v.* DIDDYFNU
**weapon,** *n.* ARF, ERFYN
**wear,** *n.* GWISG, TRAUL
*v.* GWISGO, TREULIO
*wear and tear,* TRAUL A GWISGO
**wearer,** *n.* GWISGWR
**weariness,** *n.* BLINDER, LLUDDED
**wearisome,** *a.* BLINDERUS, POENUS, BLIN
**weary,** *a.* BLIN(EDIG), LLUDDEDIG
*v.* BLINO, DIFLASU
**weasel,** *n.* GWENCI
**weather,** *n.* TYWYDD, HIN
*v.* HINDREULIO
**weather-glass,** *n.* BAROMEDR
**weathering,** *n.* HINDREULIAD
**weather-vane,** *n.* CEILIOG GWYNT
**weave,** *n.* GWEHYDDIAD
*v.* GWEHYDDU, GWEU
**weaver,** *n.* GWEHYDD
**web,** *n.* GWE
**webbing,** *n.* WEBIN
**weber,** *n.* WEBER
**web-footed,** *a.* CYFANDROED
**wed,** *v.* PRIODI
**wedding,** *n.* PRIODAS, NEITHIOR
**wedge,** *n.* LLETEM
*v.* LLETEMU
**wedlock,** *n.* PRIODAS
**Wednesday,** *n.* DYDD MERCHER
*Ash Wednesday,* DYDD MERCHER Y LLUDW
**wee,** *a.* BACH, PITW, BYCHAN
**weed,** *n.* CHWYNNYN
*v.* CHWYNNU
**weedicide,** *n.* CHWYNLEIDDIAD
**weedy,** *a.* LLAWN CHWYN, GWANNAIDD
**week,** *n.* WYTHNOS
**week-day,** *n.* DYDDGWAITH, DIWRNOD GWAITH
**weekend,** *n.* PENWYTHNOS
**weekly,** *n.* WYTHNOSOLYN
*a.* WYTHNOSOL
*ad.* YN WYTHNOSOL
**week-night,** *n.* NOSON WAITH
**weep,** *v.* WYLO, CRIO, LLEFAIN
**weevil,** *n.* GWYFYN YR ŶD
**weft,** *n.* ANWE
**weigh,** *v.* PWYSO, CLORIANNU
**weighbridge,** *n.* TAFOL CERBYDAU
**weighed,** *a.* PWYSEDIG
**weigher,** *n.* PWYSWR
**weight,** *n.* PWYSAU, PWYSYN
*v.* PWYSOLI
**weighted,** *a.* PWYSOL
**weighting,** *n.* PWYSIAD, LLWYTHIAD
**weighty,** *a.* PWYSFAWR, PWYSIG, TRWM
**weir,** *n.* CORED
**weird,** *a.* ANNAEAROL
**welcome,** *n.* CROESO
*v.* CROESAWU
**weld,** *n.* WELD
*v.* WELDIO
*fillet weld,* LLEINWELD
*butt weld,* WELD BÔN
**welfare,** *n.* LLES(IANT), BUDD
*welfare hall,* NEUADD LES(IANT)
*welfare state,* Y WLADWRIAETH LES
*social welfare,* LLES CYMDEITHASOL
**well,** *n.* FFYNNON
*v.* LLIFO, FFRYDIO
*a.* IACH, DA, IAWN
*i.* WEL!
*ad.* YN DDA
*fairly well,* YN LLED DDA
*well of bench,* CAFN MAINC
*very well,* O'R GORAU
**well-advised,** *a.* CALL, SYNHWYROL
**wellbalanced,** *a.* CYTBWYS
**well-being,** *n.* LLES, BUDD
**well-bred,** *a.* BONEDDIGAIDD, O FRID DA
**well-fed,** *a.* CADWRUS
**well-off,** *a.* CEFNOG, ABL
**Welsh (*language*),** *n.* CYMRAEG
**Welsh,** *a.* CYMRAEG (o ran iaith), CYMREIG (o ran teithi)
*Welsh rarebit,* CAWS POB / ENLLYN CAWS
*Welsh cakes,* TEISENNAU CRI, PICAU BACH, PICAU AR Y MAEN
**welsher,** *n.* YMGILIWR
**Welshman,** *n.* CYMRO (*pl.* CYMRY)
**Welshwoman,** *n.* CYMRAES
**welt,** *n.* GWALD(AS)
*v.* GWALDU
**welter,** *n.* ANHREFN
*a.* WELTER
*v.* YMDRYBAEDDU
**wen,** *n.* WEN
**wench,** *n.* GENETH, LLANCES, HOGEN
**wend,** *v.* YMLWYBRO, CERDDED
**Wesleyan,** *n.* WESLEAD
*a.* WESLEAIDD
**west,** *n.* GORLLEWIN
*a.* GORLLEWINOL

**western,** *a.* GORLLEWINOL
**westernization,** *n.* GORLLEWINEIDDIO
**wet,** *n.* GWLYBANIAETH
*a.* GWLYB
*v.* GWLYCHU
**wether,** *n.* GWEDDER, MOLLTYN
**wetness,** *n.* GWLYBANIAETH
**wetting,** *n.* GWLYCHFA
**whack,** *n.* TRAWIAD, DOGN
*v.* TARO
**whacking,** *n.* CWEIR, CURFA, CYSTWYAD
*a.* ANFERTH
**whale,** *n.* MORFIL
**whalebone,** *n.* ASGWRN MORFIL
**wharf,** *n.* GLANFA, CEI
**wharfage,** *n.* LLE MEWN GLANFA, TÂL GLANFA
**what,** *i.* BETH!
*a.* PA
*pn.* PA BETH
**whatever,** *pn.* BETH BYNNAG
**whatsoever,** *pn.* PA BETH BYNNAG
**wheat,** *n.* GWENITH
*wheaten bread,* BARA GWENITH / CAN
**wheat-germ,** *n.* BYWYN GWENITH
**wheedle,** *v.* DENU, HUDO
**wheel,** *n.* OLWYN, RHOD
*v.* OLWYNO
*idler wheels,* OLWYNION CYSWLLT
*wheel brace,* CARNTRO OLWYN
*cog wheel,* OLWYN GOCOS
**wheelbarrow,** *n.* BERFA, WHILBER
**wheelchair,** *n.* CADAIR OLWYN
**wheelwright,** *n.* SAER TROLIAU
**wheeze,** *n.* GWICH
*v.* GWICHIAN
**wheezy,** *a.* GWICHLYD
**whelk,** *n.* GWALC, CHWALC
**whelp,** *n.* CENAU
**when,** *ad. & pn.* PA BRYD, PAN
**whence,** *ad.* O BA LE, O BLE
**whenever,** *ad.* PA BRYD BYNNAG
**where,** *ad.* YMHA LE, PA LE, YN Y LLE, LLE
**whereabouts,** *ad.* YMHLE
*n.* LLE, MANGRE
**whereas,** *c.* GAN, YN GYMAINT
**whereby,** *ad.* TRWY YR HYN (HWN) Y
**wherefore,** *ad.* AM HYNNY, PAHAM
**wherein,** *ad.* YN YR HYN (HWN)
**whereinto,** *ad.* I'R HYN, I'R HWN
**whereof,** *ad.* Y . . . IDDO
**whereupon,** *ad.* AR HYNNY
**wherever,** *ad.* BLE BYNNAG
**wherewith(al),** *ad.* Â'R HYN, Â'R HWN, Y . . . AG EF
*the wherewithal,* Y MODD (ARIAN)
**wherry,** *n.* YSGRAFF
**whether,** *c.* AI, PA UN AI A
**whetstone,** *n.* HOGFAEN, CARREG HOGI, AGALEN
**whey,** *n.* MAIDD
**which,** *rel. pn.* A, Y, YR
*inter. pn.* PA, P'UN, P'RUN?
*a.* PA
**whichever,** *pn. & a.* PA UN BYNNAG
**whiff,** *n.* PWFF, CHWIFF
*v.* PWFFIO, CHWIFFIO
**whig,** *n.* CHWIG
*a.* CHWIGAIDD
**whigism,** *n.* CHWIGIAETH
**while,** *n.* ENNYD, TALM
*v.* TREULIO, BWRW (AMSER)
*ad.* TRA, PAN
*a good while since,* ER YS TRO, ERS TRO
**whilst,** *ad.* CYHYD, TRA
**whim,** *n.* MYMPWY, CHWILEN
**whimper,** *v.* CWYNFAN, CRIO
**whimsical,** *a.* MYMPWYOL
**whinberries,** *n.pl.* LLUS
**whine,** *n. & v.* CWYNFAN
**whinny,** *n.* GWERYRAD
*v.* GWERYRU
**whip,** *n.* CHWIP, CHWIPIAD, FFLANGELL, YSGOGIAD
*v.* CHWIPIO, FFLANGELLU
*whipped cream,* HUFEN CHWISG/CHWIP
**whip-hand,** *n.* LLAW UCHAF
**whippet,** *n.* CORFILGI
**whipping,** *n.* CHWIPIAD, FFLANGELLIAD
**whir,** *n.* CHWYRN-DRO
*v.* CHWYRN-DROI
**whirl,** *n.* CHWYRLÏAD
*v.* CHWYRLÏO
**whirligig,** *n.* CHWYRLIGWGAN
**whirlpool,** *n.* TROBWLL, PWLL TRO
**whirlwind,** *n.* TROWYNT, CHWYRLWYNT
**whisk,** *n.* CHWISG, CHWYRLYDD
*v.* CHWISGO, CHWYRLÏO
**whiskers,** *n.pl.* BARF, BLEW, LOCSEN
**whisky,** *n.* CHWISGI
**whisper,** *n.* SIBRYDIAD, SIBRWD, SISIAL
*v.* SIBRWD, SISIAL
**whisperer,** *n.* SIBRYDWR, SISIALWR
**whist,** *n.* CHWIST
**whistle,** *n.* CHWIB(ANOGL)
*v.* CHWIBANU

**whit,** *n.* MYMRYN, TAMAID
**white,** *a.* GWYN, CAN
*white lie,* CELWYDD GWYN
*white heat,* GWRES GWYNIAS
*white matter,* GWYNNYN
**white metal,** *n.* ALOI GWYN
**whiten,** *v.* GWYNNU, CANNU
**whiteness,** *n.* GWYNDER, GWYNDRA
**whitewash,** *n.* GWYNGALCH
*v.* GWYNGALCHU
**whither,** *ad.* I BA LE, I BLE
**whithersoever,** *ad.* I BA LE BYNNAG, I BLE BYNNAG
**whiting,** *n.* GWYNIAD Y MÔR, POWDR SIALC
**whitish,** *a.* GWYNNAIDD
**whitlow,** *n.* FFELWM, EWINOR, BYSTWN
**Whitmonday,** *n.* LLUNGWYN
**Whitsunday,** *n.* SULGWYN
**whittle,** *v.* NADDU
**whiz,** *n.* SI
*v.* SIO
**who,** *pn.* A, Y, YR, PWY
**whoever,** *pn.* PWY BYNNAG
**whole,** *n.* CWBL, CYFAN
*a.* CYFAN, HOLL, IACH, HOLLIACH
*whole number,* RHIF CYFAN
*on the whole,* AT EI GILYDD
**wholehearted,** *a.* O DDIFRIF, CALONNOG
**wholemeal bread,** *n.* BARA GWENITH TRWYDDO
**wholeness,** *n.* CYFANRWYDD
**wholesale,** *n.* CYFANWERTH
*a.* CYFANWERTHOL
**wholesaler,** *n.* CYFANWERTHWR
**wholesome,** *a.* IACH, IACHUSOL, LLESOL
**wholesomeness,** *n.* IACHUSRWYDD, BUDDIOLDEB
**wholly,** *ad.* YN GYFAN GWBL, YN HOLLOL
**whom,** *pn.* A, Y, YR
**whomsoever,** *n.* PWY BYNNAG
**whoop,** *n.* BLOEDD, GWAEDD
**whooping-cough,** *n.* Y PAS
**whop,** *v.* MAEDDU, FFUSTO
**whopper,** *n.* UN MAWR
**whopping,** *a.* ENFAWR, ANFERTH
**whore,** *n.* PUTAIN, HWREN
*v.* PUTEINIO
**whirl,** *n.* SIDELL, TRÖELL
**whose,** *pn.* Y . . . EI, EIDDO PWY
**whosoever,** *pn.* PWY BYNNAG
**why,** *ad.* PAHAM, PAM
**wick,** *n.* WIC, PÂBWYR(YN)
**wicked,** *a.* DRYGIONUS, DRWG
**wickedness,** *n.* DRYGIONI
**wicker,** *n.pl.* GWIAIL
**wickerwork,** *n.* BASGEDWAITH, PLETHWAITH
**wicket,** *n.* WICED
*wicket-keeper,* WICEDWR
**wide,** *a.* LLYDAN, RHWTH
**wide-awake,** *a.* EFFRO
**widely,** *ad.* AR LED, YN EANG
**widen,** *v.* LLEDU, LLYDANU
**wideness,** *n.* LLED
**wide-spread,** *a.* CYFFREDINOL
**widgeon,** *n.* (CH)WIWELL
**widow,** *n.* GWEDDW, GWIDW
*a.* GWEDDW
**widowed,** *a.* GWEDDW
**widower,** *n.* GŴR GWEDDW, GWIDMAN
**widowhood,** *n.* GWEDDWDOD
**width,** *n.* LLED
**wield,** *v.* TRAFOD, ARFER
**wife,** *n.* GWRAIG, PRIOD
**wig,** *n.* WIG, GWALLT GOSOD, PERWIG
*v.* CERYDDU
**wigging,** *n.* CERYDD
**wight,** *n.* PERSON, BOD
**wigwam,** *n.* WIGWAM
**wild,** *n.* ANIAL
*a.* GWYLLT, ANIAL
**wilderness,** *n.* ANIAL(WCH), DIFFEITHWCH
**wildfire,** *n.* TÂN GWYLLT
**wildness,** *n.* GWYLLTINEB
**wile,** *n.* DICHELL, CAST, YSTRYW
**wilful,** *a.* BWRIADOL
**wilfully,** *ad.* YN FWRIADOL
**wilfulness,** *n.* YSTYFNIGRWYDD
**wiliness,** *n.* DICHELL, CYFRWYSTRA
**will,** *n.* EWYLLYS
*v.* EWYLLYSIO, MYNNU
**willing,** *a.* BODLON, PAROD
**willingly,** *ad.* O WIRFODD (CALON), O FODD
**willingness,** *n.* PARODRWYDD
**will-o-the-wisp,** *n.* JACOLANTERN, CANNWYLL GORFF
**willow,** *n.* HELYGEN
**will-power,** *n.* GRYM EWYLLYS
**willy,** *n.* CHWALWR
**willy-nilly,** *ad.* O FODD NEU ANFODD
**wilt,** *n.* EDWINO, GWYWO
**wily,** *a.* DICHELLGAR, CYFRWYS
**wimple,** *n.* GWEMPL
**win,** *v.* ENNILL
*to win the day,* CARIO'R DYDD
**wince,** *v.* GWINGO, YMNYDDU

**winch,** *n.* WINS
*v.* WINSIO, GWINGO
**wind,** *n.* GWYNT, ANADL
*dominant wind,* GWYNT CRYFAF
*wind shield,* SGRIN WYNT
**wind,** *v.* DIRWYN, TROELLI
**windbag,** *n.* CLEBRYN
**wind-break,** *n.* ATALFA WYNT
**winder,** *n.* DIRWYNYDD
**windfall,** *n.* FFAWDELW, AFAL CWYMPO
**winding,** *n.* WINDIAD
*v.* WINDIO *a.* TROELLOG
**windlass,** *n.* WINS
**windmill,** *n.* MELIN WYNT
**window,** *n.* FFENESTR
*dormer window,* FFENESTR DORMER
*bow window,* FFENESTR FWA
**window-pane,** *n.* PAEN, CWAREL
**windpipe,** *n.* Y BIBELL WYNT, CORN GWYNT
**windproof,** *a.* GWYNTGLOS
**windscreen,** *n.* SGRIN WYNT
**windsurfing,** *n.* HWYLFORIO
**windward,** *a. & ad.* ATWYNT
**windy,** *a.* GWYNTOG
**wine,** *n.* GWIN
**wineglass,** *n.* GWYDRYN GWIN
**winepress,** *n.* GWINWRYF
**wing,** *n.* ASGELL, ADEN, ADAIN, ASGELLWR (CHWARAEON)
*a.* ASGELLOG
*wing nut,* NYTEN ASGELLOG
**wing-commander,** *n.* ASGELL-GOMANDER
**winged,** *a.* ASGELLOG, ADEINIOG
**wing-forward,** *n.* BLAENASGELL
**wing-half,** *n.* HANERWR ASGELL
**wink,** *n.* AMRANTIAD, WINC
*v.* WINCIO
*forty winks,* CYNTUN, NAP
**winkle,** *n.* GWICHIAD
**winner,** *n.* ENILLWR, ENILLYDD, (Y) BUDDUGOL
**winning,** *a.* ENILLGAR, DENIADOL
**winnings,** *n.pl.* ENILLION
**winnow,** *v.* NITHIO
**winnower,** *n.* NITHIWR
**winnowing,** *n.* NITHIAD
**winsome,** *a.* DENIADOL, SERCHUS/OG
**winter,** *n.* GAEAF
*v.* GAEAFU
**wintry,** *a.* GAEAFOL, GAEAFAIDD
**wipe,** *n.* SYCHIAD
*v.* SYCHU
*to wipe out,* DIFA
**wiper,** *n.* SYCHYDD, SYCHWR
**wire,** *n.* GWIFREN, WEIAR
*v.* GWIFRO, WEIRO
*wire wool,* GWLÂN DUR
**wired,** *a.* GWIFROG
**wireless,** *n.* RADIO
**wire-pulling,** *n.* CYNLLWYN, TYNNU RHAFFAU
**wire-worm,** *n.* HOELEN DDAEAR
**wiring,** *n.* GWIFRAD
**wiry,** *a.* GWYDN, CALED
**wisdom,** *n.* DOETHINEB, CALLINEB
**wise,** *n.* DULL, MODD
*a.* DOETH, CALL
**wiseacre,** *n.* DOETHYN, YMHONNWR
**wish,** *n.* DYMUNIAD, EWYLLYS
*v.* DYMUNO, EWYLLYSIO
**wish-bone,** *n.* ASGWRN TYNNU
**wishful,** *a.* AWYDDUS, CHWANNOG
*wishful thinking,* BREUDDWYD GWRACH
**wisp,** *n.* TUSW, TWFFYN
**wistful,** *a.* HIRAETHUS, TRIST
**wistfulness,** *n.* HIRAETH, TRISTWCH
**wit,** *n.* FFRAETHINEB, SYNNWYR, UN FFRAETH
*to wit,* HYNNY YW
**witch,** *n.* GWRACH, DEWINES, CROMLIN (MATHS.)
**witchcraft,** *n.* GWRACHYDDIAETH, DEWINIAETH, DEWINDABAETH
**with,** *prp.* Â, AG, GYDA, GYDAG, EFO
**withal,** *ad.* GYDA, HEFYD, HEBLAW HYNNY
**withdraw,** *v.* TYNNU'N ÔL, CILIO, CODI (ARIAN)
**withdrawal,** *n.* (EN)CILIAD, ALLDYNIAD, CODIAD ARIAN
**withdrawn,** *a.* ENCILGAR
**withe,** *n.* GWDEN
**wither,** *v.* GWYWO, CRINO
**withering,** *a.* GWYWOL, CRIN, DEIFIOL
**withers,** *n.* GWAR MARCH
**withhold,** *v.* ATAL, CADW ('N ÔL)
**within,** *prp.* I MEWN, YN, O FEWN
*ad.* TU MEWN
**without,** *prp.* HEB
*ad.* TU ALLAN/FAES
**withstand,** *v.* GWRTHSEFYLL
**witless,** *a.* DISYNNWYR, YNFYD
**witness,** *n.* TYST, TYSTIOLAETH
*v.* TYSTIO(LAETHU)
*competent witness,* TYST CYMWYS
**wits,** *n.pl.* SYNHWYRAU, PWYLL
**witticism,** *n.* FFRAETHEB, JÔC
**wittiness,** *n.* FFRAETHINEB

**wittingly,** *ad.* YN FWRIADOL
**witty,** *a.* FFRAETH, ARABUS
**wizard,** *n.* DEWIN, SWYNWR
**wizardry,** *n.* DEWINIAETH, HUD
**wizened,** *a.* CREBACHLYD, GWYW
**woad,** *n.* LLIWUR GLAS
**wobble,** *v.* SIGLO, HONCIAN, SIMSANU
**wobbly,** *a.* SIMSAN, SIGLEDIG
**woe,** *n.* GWAE, TRALLOD
**woeful,** *a.* ATHRIST, BLIN
**wold,** *n.* RHOS, MYNYDD-DIR
**wolf,** *n.* BLAIDD
**woman,** *n.* MERCH, BENYW, GWRAIG
**womanhood,** *n.* GWREICTOD
**womanish,** *a.* BENYWAIDD
**womankind,** *n.* Y BENYWOD, Y GWRAGEDD
**womanly,** *a.* BENYWAIDD, GWREIGAIDD
**womb,** *n.* CROTH, BRU
**wonder,** *n.* RHYFEDDOD, SYNDOD
*v.* RHYFEDDU, SYNNU
*I wonder,* TYBED
**wonderful,** *a.* RHYFEDDOL, ARUTHROL
**wondrous,** *a.* ARUTHR, RHYFEDDOL
**wont,** *n. & a.* ARFER
**woo,** *v.* CARU
**wood,** *n.* COED, PREN, GWŶDD, COEDWIG
*ply wood,* PREN HAENOG
*synthetic wood,* PREN GWNEUD
**woodcock,** *n.* CYFFYLOG
**woodcut,** *n.* TORLUN PREN
**woodcutter,** *n.* CYMYNWR, TORRWR COED
**wooded,** *a.* COEDIOG
**wooden,** *a.* PRENNAIDD, COED, PREN
**woodland,** *n.* COETIR
**woodlark,** *n.* EHEDYDD Y COED
**woodlouse,** *n.* MOCHYN Y COED
**woodpecker,** *n.* CNOCELL Y COED
**wood-pigeon,** *n.* YSGUTHAN
**woods (golf),** *n.pl.* CLYBIAU PREN
**woodwind,** *n.pl.* CERDDBRENNI, OFFER PREN CHWYTH
**woodwork,** *n.* GWAITH COED
**woodworm,** *n.* PRYF PREN
**woody,** *a.* COEDIOG, PRENNOG
**wooer,** *n.* CARWR
**woof,** *n.* ANWE
**wool,** *n.* GWLÂN, EDAFEDD
**woolgather,** *v.* MEDDYLU, GWLANA
**woollen,** *a.* GWLÂN, GWLANOG
**woollens,** *n.pl.* NWYDDAU GWLÂN
**word,** *n.* GAIR
*v.* GEIRIO
*word orientated,* YN EIRIOL GYFEIRIEDIG
**word-blind,** *a.* GEIRDDALL
**wordiness,** *n.* GEIRIOGRWYDD
**wording,** *n.* GEIRIAD
**wordy,** *a.* AMLEIRIOG
**work,** *n.* GWAITH, TASG, LLAFUR
*v.* GWEITHIO, LLAFURIO
*work sheet,* TAFLEN GWAITH
**workable,** *a.* YMARFEROL
**work-box,** *n.* BASGED WNÏO
**worked,** *a.* GWEITHIEDIG
**worker,** *n.* GWEITHIWR
*key worker,* GWEITHIWR ALLWEDDOL
*skilled worker,* GWEITHIWR CREFFTOL
**workforce,** *n.* LLAFURLU
**work-harden,** *v.* GWAITHGALEDU
**workhouse,** *n.* TLOTY, WYRCWS
**working,** *a.* GWAITH, GWEITHIOL
*working party,* GWEITHGOR
**workless,** *a.* DI-WAITH
**workman,** *n.* GWEITHIWR
**workmanlike,** *a.* GWEITHGAR, CELFYDD
**workmanship,** *n.* CREFFT, SAERNÏAETH
**workshop,** *n.* GWEITHDY, SIOP WAITH
*workshop approach,* DULL GWEITHDY
**world,** *n.* BYD
**worldliness,** *n.* BYDOLRWYDD
**wordling,** *n.* BYDOLYN
**worldly,** *a.* BYDOL
**world-wide,** *a.* BYD-EANG
**worm,** *n.* ABWYD(YN), PRYF
*worm wheel,* OLWYN ABWYD
**wormeaten,** *a.* PRYFDYLLOG
**wormery,** *n.* ABWYDFA
**wormwood,** *n.* WERMOD
**worn-out,** *a.* WEDI BLINO/DIFA
**worry,** *n.* PRYDER, GOFID
*v.* PRYDERU, GOFIDIO
**worse,** *a.* GWAETH
*worse luck,* GWAETHA'R MODD
**worsen,** *v.* GWAETHYGU
**worship,** *n.* ADDOLIAD
*v.* ADDOLI
**worshipful,** *a.* PARCHEDIG, ANRHYDEDDUS
**worshipper,** *n.* ADDOLWR
**worst,** *a.* GWAETHAF
**worsted,** *n. & a.* WSTID
**wort,** *n.* BRECI
**worth,** *n.* GWERTH, TEILYNGDOD
**worthiness,** *n.* TEILYNGDOD
**worthless,** *a.* DI-WERTH
**worthy,** *a.* TEILWNG, GWIW, AROBRYN
*n.* GŴR CLODFAWR, PARCHUSYN
**wot,** *v.* GWN, GŴYR, etc.

**wound,** *n.* CLWYF, ARCHOLL, BRIW
*v.* CLWYFO, ARCHOLLI
**wrack,** *n.* GWYMON, DRYLLIAD
**wraith,** *n.* DRYCHIOLAETH, YSBRYD
**wrangle,** *n.* FFRAE, CWERYL, YMRYSON
*v.* FFRAEO, CWERYLA, CECRU
**wrangler,** *n.* CWERYLWR, CECRYN
**wrap,** *n.* AMLAP
*v.* RHWYMO, AMLAPIO
**wrath,** *n.* DIGOFAINT, LLID, SORIANT
**wrathful,** *a.* DIGOFUS, LLIDIOG
**wreak,** *v.* DIAL
**wreath,** *n.* TORCH, PLETHDORCH
**wreathe,** *v.* AMDORCHI, PLETHU
**wreck,** *n.* DRYLLIAD, HAWL BROC
*v.* DRYLLIO
**wreckage,** *n.* BROC MÔR
**wrecker,** *n.* DRYLLIWR
**wren,** *n.* DRYW
**wrench,** *n.* RHWYG, TYNDRO, TORCH
*v.* RHWYGO, TYNDROI
*torque wrench,* TYNDRO TORCH
*self-grip wrench,* TORCH HUNANAFAEL
**wrest,** *v.* CIPIO, DIRDYNNU
**wrestle,** *v.* YMGODYMU, YMAFLYD CODWM
**wrestler,** *n.* YMGODYMWR, TAFLWR CODWM
**wretch,** *n.* ADYN, TRUAN, GWALCH
**wretched,** *a.* TRUENUS, GRESYNUS
**wretchedness,** *n.* TRUENI, TRALLOD
**wriggle,** *v.* YMNYDDU, GWINGO
**wriggler,** *n.* YMNYDDWR, GWINGWR
**wright,** *n.* SAER
**wring,** *v.* RINGIO
**wringer,** *n.* RINGER, GWASGWR
**wrinkle,** *n.* CRYCH, AWGRYM
*v.* CRYCHU
**wrinkled,** *a.* CRYCH(IOG)
**wrist,** *n.* ARDDWRN
**wristband,** *n.* BAND LLAWES
**wristwatch,** *n.* WATS ARDDWRN
**writ,** *n.* GWRIT
*writs and summonses,* GWRITIAU A GWYSION
**write,** *v.* YSGRIFENNU
*to write a name,* TORRI ENW
**writer,** *n.* YSGRIFENNWR
**write-off,** *n.* DILEAD
*v.* DILEU
**writhe,** *v.* GWINGO, YMNYDDU
**writing,** *n.* YSGRIFEN(IAD)
**written,** *a.* YSGRIFENEDIG
**wrong,** *n.* CAM(WEDD), BAI
*a.* ANGHYWIR, RONG
*v.* GWNEUD CAM Â, NIWEIDIO
**wrongdoer,** *n.* TROSEDDWR
**wrongdoing,** *n.* TROSEDD, CAMWEDD
**wrongful,** *a.* ANGHYFIAWN
**wronksian,** *n.* RONCSIAN
**wroth,** *a.* LLIDIOG, DIG(OFUS)
**wrought iron,** *n.* HAEARN GYR
**wry,** *a.* CAM, GŴYRGAM
**wry-mouthed,** *a.* MINGAM
**wryneck,** *n.* GYDDFGAM
**wrynecked,** *a.* GYDDFGAM

**xenophobia,** *n.* ALLGASEDD, SENOFFOBIA
**xenophobic,** *a.* ALLGAS, SENOFFOBIG
**x-ray,** *n.* PELYDRYN X
**xerograffic,** *a.* SEROGRAFFIG
**xerophyte,** *n.* SEROFFYT
**xerotherm,** *n.* SEROTHERM
**x-shift,** *a.* SYMUDYDD X
**xylem,** *n.* SYLEM
**xylophone,** *n.* SEILOFFÔN

**yacht,** *n.* IOT
**yachtsman,** *n.* IOTIWR
**yam,** *n.* IAM
**Yankee,** *n.* IANCI
**yap,** *n.* CYFARTHIAD
*v.* CYFARTH
**yard,** *n.* LLATH(EN) BUARTH, IARD, CLOS
**yardstick,** *n.* FFON FESUR, PREN MESUR
**yarn,** *n.* STORI
*n.m.* EDAFEDD
**yawl,** *n.* IÔL
**yawn,** *v.* DYLYFU GÊN, AGOR CEG
**y-chromosome,** *n.* CROMOSOM-Y
**ye,** *pn.* CHWI, CHI, CHWYCHWI, CHWITHAU
**yea,** *ad.* IE, YN WIR
**year,** *n.* BLWYDDYN, BLWYDD (*OED*), BLYNEDD (*AFTER NUMERALS*)
*a.* BLWYDD
*year book,* BLWYDDIADUR
*last year,* Y LLYNEDD
*this year,* ELENI
**yearling,** *n.* LLWDN/ANIFAIL BLWYDD
**yearly,** *a.* BLYNYDDOL
**yearn,** *v.* DYHEU, HIRAETHU
**yeast,** *n.* BURUM, BERMAN, BEREM
**yell,** *n.* SGRECH, GWAEDD
*v.* SGRECHIAN, GWEIDDI
**yellow,** *a.* MELYN
**yellowhammer,** *n.* MELYN YR EITHIN
**yellowish,** *a.* MELYNAIDD
**yelp,** *n.* & *v.* CIPIAL
**yeoman,** *n.* IWMON
**yes,** *ad.* IE, OES, DO, *etc.*
**yesterday,** *n.* & *ad.* DOE, DDOE
*the day before yesterday,* ECHDOE
**yet,** *ad.* ETO, (Y)CHWAITH, ER HYNNY
**yew,** *n.* YWEN
**yield,** *n.* CYNNYRCH, CNWD
*v.* CYNHYRCHU, CNYDIO, ILDIO
*yield point,* PWYNT ILDIO
**yodel,** *n.* IODL
*v.* IODLAN, IODLO
**yogurt,** *n.* YOGURT
**yoke,** *n.* IAU
*v.* IEUO, UNO
**yoked,** *a.* IEUOG
**yolk,** *n.* MELYNWY
**yonder,** *ad.* ACW, DRAW
**yore,** *n.* YR HEN AMSER
**you,** *pn.* CHWI, CHI, CHWYCHWI, CHWITHAU
**young,** *n.* IEUANC, IFANC
**youngster,** *n.* CRWT(YN), HOGYN
**your,** *pn.* EICH, 'CH
**yours,** *pn.* EIDDOCH, YR EIDDOCH
*yours truly,* YR EIDDOCH YN GYWIR
*yours faithfully,* YR EIDDOCH YN FFYDDLON
*yours sincerely,* YR EIDDOCH YN BUR
**yourself,** *pn.* EICH HUN(AN)
**yourselves,** *pn.* EICH HUNAIN
**youth,** *n.* LLANC, LLENCYN, BACHGENDOD, IEUENGRWYDD, IEUENCTID
**youthful,** *a.* IEUANC, IFANC
**youthfulness,** *n.* IEUENGRWYDD
**yule-log,** *n.* BONCYFF NADOLIG
**yule-tide,** *n.* ADEG Y NADOLIG
**yuppie,** *n.* IYPI

**zeal,** *n.* SÊL, EIDDGARWCH, AIDD
**zealot,** *n.* PENBOETHYN
**zealous,** *a.* SELOG, EIDDGAR
**zebra,** *n.* SEBRA
*zebra crossing,* CROESFAN SEBRA
**zenith,** *n.* SENITH, ANTERTH, ENTRYCH
**zenithal,** *a.* ANTERTHOL
**zeotrope,** *n.* SEOTROP
**zephyr,** *n.* SEFFYR
**zero,** *n.* SERO
*absolute zero,* SERO EITHAF
**zero-hour,** *n.* YR AWR DDEWISEDIG
**zeroise,** *v.* SEROEIDDIO
**zero suppression,** *n.* SERO DDARWTHIAD
**zest,** *n.* AWCH, AFIAITH
**zig-zag,** *a.* IGAM OGAM
*v.* IGAMOGI
**zinc,** *n.* SINC
**Zionism,** *n.* SEIONIAETH
**zip,** *n.* SIP
*v.* SIPIO
**zither,** *n.* SITHER
**Zodiac,** *n.* SIDYDD
*signs of the Zodiac,* Y SYGNAU, ARWYDDION Y SIDYDD
**zonal,** *a.* CYLCHFAOL
**zonation,** *n.* CYLCHFÄEDD
**zone,** *n.* CYLCHFA, RHANBARTH
*torrid zone,* CYLCHFA GRASBOETH
*temperate zone,* CYLCHFA DYMHERUS
**zoning,** *v.* CYLCHFAEO
**zoo,** *n.* SW
**zoological,** *a.* SŴOLEGOL
**zoologist,** *n.* SŴOLEGWR
**zoology,** *n.* SŴOLEG
**zoospore,** *n.* SŴOSBOR
**zygomorphic,** *a.* SYGOMORFFIG
**zygospore,** *n.* SYGOSBOR
**zygote,** *n.* SYGOT

# MISCELLANEOUS LISTS
## English — Welsh

# RHESTRAU AMRYWIOL
## Saesneg — Cymraeg

# Personal Names — Enwau Personau

**Adam,** ADDA
**Alice,** ALIS
**Ambrose,** EMRYS
**Andrew,** ANDREAS
**Anthony,** ANTWN
**Arnold,** ARNALLT
**Augustine,** AWSTIN
**Bartholomew,** BARTHOLOMEUS
**Beaumont,** BEMWND
**Bede,** BEDA
**Bedivere,** BEDWYR
**Bennet,** BENED
**Betty,** BETI, BETSAN
**Bevan,** BIFAN
**Boadicea,** BUDDUG
**Bride, Bridget,** FFRAID
**Cadoc,** CADOG, CADWG
**Caesar,** CESAR
**Caiaphas,** CAIAFFAS
**Calvin,** CALFIN
**Caratacus,** CARADOG
**Catherine,** CATRIN
**Cecil,** SEISYLLT
**Charlemagne,** SIARLYMAEN
**Charles,** SIARL
**Clare,** CLÊR
**Constantine,** CYSTENNIN
**Cymbeline,** CYNFELYN
**Daniel,** DEINIOL
**David,** DAFYDD, DEWI, DEIO
**Devonald,** DYFNWAL
**Edmund,** EDMWND, EMWNT
**Edward,** IORWERTH, EDWARD
**Eleanor,** ELINOR
**Elijah,** ELIAS
**Elisha,** ELISEUS
**Elizabeth,** LEISA, LISBETH
**Evan,** IEUAN, IWAN, IFAN, IANTO
**Eve,** EFA
**Foulk,** FFOWC
**Geoffrey,** SIEFFRE
**George,** SIÔR, SIORS
**Gerald,** GERALLT
**Germanus,** GARMON
**Gerontius,** GERAINT
**Gladys,** GWLADUS
**Glendower,** GLYNDŴR
**Gregory,** GRIGOR
**Griffith,** GRUFFUDD
**Guinevere,** GWENHWYFAR
**Helen,** ELEN
**Henry,** HENRI, HARRI
**Hercules,** ERCWLFF
**Hopkin,** HOPCYN
**Horace,** HORAS
**Horsa,** HORS
**Howell,** HYWEL
**Hugh,** HUW
**Humphrey,** WMFFRE
**Isaiah,** ESEIA
**Iseult,** ESYLLT
**James,** IAGO, SIÂMS
**Jane,** SIÂN
**Janet,** SIONED
**Jeffrey,** SIEFFRE
**Jenkin,** SIENCYN
**Joan, Joanna,** SIWAN
**John,** IOAN, SIÔN
**Julian,** SULIEN
**Julius,** IWL
**Jupiter,** IAU
**Kay,** CAI
**Kenrick,** CYNFRIG
**Lancelot,** LAWNSLOT
**Laura,** LOWRI
**Lear,** LLŶR
**Levy,** LEFI
**Lloyd,** LLWYD
**Lucy,** LLEUCU
**Lud,** LLUDD
**Mabel,** MABLI
**Madoc,** MADOG
**Magdalene,** MADLEN, MODLEN, MAGDALEN
**Margaret,** MARGED, MERERID, MARED
**Mark,** MARC
**Mars,** MAWRTH
**Mary,** MAIR, MARI
**Matilda, Maud,** MALLT
**Maurice,** MEURIG
**Maximus,** MACSEN
**Meredith,** MAREDUDD
**Merlin,** MYRDDIN
**Michael,** MIHANGEL
**Modred,** MEDRAWD, MEDROD
**Molly,** MALI
**Morris,** MORYS, MORUS
**Moses,** MOSES, MOESEN
**Nelly,** NELI

**Neptune,** NEIFION
**Oliver,** OLFYR
**Oswald,** OSWALLT
**Ovid,** OFYDD
**Owen,** OWAIN, OWEN
**Patrick,** PADRIG
**Paul,** PAWL
**Paulinus,** PAWL HEN
**Payne,** PAEN
**Perceval,** PEREDUR
**Peter,** PEDR
**Philip,** PHYLIP
**Pierce,** PYRS
**Price, Preece,** PRYS
**Prothero,** PRYDDERCH
**Pugh,** PUW
**Rees, Rice,** RHYS
**Reginald,** RHEINALLT
**Richard,** RHISIART
**Roderick,** RHYDDERCH
**Rosser, Roger,** RHOSIER
**Rowena,** RHONWEN
**Rowland,** ROLANT
**Saturn,** SADWRN
**Solomon,** SOLOMON, SELYF
**Stephen,** STEFFAN
**Tacitus,** TEGID
**Thomas,** TOMOS, TOM, TWM
**Timothy,** TIMOTHEUS
**Tristan,** TRYSTAN
**Tudor,** TUDUR, TEWDWR
**Vaughan,** FYCHAN
**Victor,** GWYTHUR
**Virgil,** FYRSIL, FFERYLL
**Vortigern,** GWRTHEYRN
**Walter,** GWALLTER
**William,** GWILYM, WILIAM
**Winifred,** GWENFFREWI

---

# Place Names — Enwau Lleoedd

**Abergavenny,** Y FENNI
**Abermule,** ABER-MIWL
**Abertillery,** ABERTYLERI
**Adpar,** TREHEDYN
**Africa,** AFFRICA
**Alpau,** YR ALPAU
**America,** AMERICA
**Ammanford,** RHYDAMAN
**Anglesey,** MÔN
**Antarctic,** ANTARCTIG
**Arctic,** ARCTIG
**Argentine,** ARIANNIN
**Atlantic Ocean,** MÔR IWERYDD
**Australia,** AWSTRALIA
**Austria,** AWSTRIA
**Bala Lake,** LLYN TEGID
**Balkans,** Y BALCANAU
**Bangor-on-Dee,** BANGOR IS-COED
**Baltic Sea,** MÔR LLYCHLYN
**Bardsey Island,** YNYS ENLLI
**Barmouth,** ABERMO, Y BERMO
**Barry,** Y BARRI
**Basingwerk,** MAESGLAS
**Basque Country,** EUSKADI, GWLAD Y BASG
**Bassaleg,** MAESALEG
**Bath,** CAERFADDON
**Battle,** Y BATEL
**Beaufort,** CENDL
**Beaumaris,** BIWMARES
**Beaupré,** Y BEWPYR
**Begelly,** BEGELI
**Belgium,** GWLAD BELG
**Berriew,** ABERRIW
**Bersham,** BERS
**Birkenhead,** PENBEDW
**Blackwood,** COED DUON
**Blaina,** BLAENAU (GWENT)
**Blorenge,** BLORENS
**Bonvilston,** TRESIMWN
**Brazil,** BRASIL
**Brawdy,** BREUDETH
**Brecknock Beacons,** BANNAU BRYCHEINIOG
**Brecon,** ABERHONDDU
**Bridgend,** PEN-Y-BONT AR OGWR
**Bristol,** BRYSTE, CAERODOR

**Bristol Channel,** MÔR HAFREN
**Britain,** PRYDAIN
**Brittany,** LLYDAW
**Broughton,** BRYCHDWN
**Buckley,** BWCLE
**Builth Wells,** LLANFAIR-YM-MUALLT
**Bulgaria,** BWLGARIA
**Burgundy,** BWRGWYN
**Burry Port,** PORTH TYWYN
**Cadoxton,** LLANGATWG
**Caerleon,** CAERLLION
**Caernarvon,** CAERNARFON
**Caldy,** YNYS BŶR
**Cambridge,** CAER-GRAWNT
**Camrose,** CAMROS
**Canterbury,** CAER-GAINT
**Canton,** CANTWN, TRECANNA
**Cardiff,** CAERDYDD
**Cardigan,** ABERTEIFI
**Carew,** CAERIW
**Carlisle,** CAERLIWELYDD
**Carmarthen,** CAERFYRDDIN
**Catterick,** CATRAETH
**Chepstow,** CAS-GWENT
**Chester,** CAER, CAERLLION FAWR
**China,** TSIEINA
**Chirk,** Y WAUN
**Chubut,** CAMWY
**Churchstoke,** YR YSTOG
**C.I.S.,** COMMONWEALTH OF INDEPENDENT STATES
**Clyne,** Y CLUN
**Cornwall,** CERNYW
**Cowbridge,** Y BONT-FAEN
**Coychurch,** LLANGRALLO
**Cray,** CRAI
**Crete,** CRETA
**Crickhowell,** CRUCYWEL
**Czechoslovakia,** TSIECOSLOFACIA
**Danube,** DONAW
**Dead Sea,** Y MÔR MARW
**Dee,** DYFRDWY
**Denbigh,** DINBYCH
**Denmark,** DENMARC
**Devil's Bridge,** PONTARFYNACH
**Devon,** DYFNAINT
**Dolgelley,** DOLGELLAU
**Dublin,** DULYN
**Dunraven,** DWN-RHEFN
**Ebbw Vale,** GLYNEBWY
**Edinburgh,** CAEREDIN
**E.E.C.,** Y GYMUNED ECONOMAIDD EWROPEAIDD
**Egypt,** YR AIFFT
**England,** LLOEGR
**English Channel,** MÔR UDD
**Europe,** EWROP
**Exeter,** CAER-WYSG
**Finland,** Y FFINDIR
**Fishguard,** ABERGWAUN
**Flanders,** FFLANDRYS
**Flemingston,** TREFFLEMIN
**Flint,** FFLINT
**Fonmon,** FFWL-Y-MWN
**France,** FFRAINC
**Gascony,** GWASGWYN
**Gaul,** GÂL
**Germany,** YR ALMAEN
**Gileston,** SILSTWN
**Glamorgan,** MORGANNWG
**Glasbury,** Y CLAS-AR-WY
**Glastonbury,** YNYS AFALLON
**Gloucester,** CAERLOYW
**Goodwick,** WDIG
**Gower,** GŴYR
**Great Orme,** Y GOGARTH
**Greece,** GROEG
**Halghton,** HALCHDYN
**Halkyn,** HELYGAIN
**Haverfordwest,** HWLFFORDD
**Hawarden,** PENARLÂG
**Hay,** Y GELLI (GANDRYLL)
**Hebrides,** YNYSOEDD HELEDD
**Hereford,** HENFFORDD
**Holland,** ISALMAEN
**Holyhead,** CAERGYBI
**Holy Isle,** YNYS GYBI
**Holywell,** TREFFYNNON
**Hungary,** HWNGARIA
**Iceland,** YNYS YR IÂ
**Ilston,** LLANILLTUD GŴYR
**Ireland,** IWERDDON
**Irish Sea,** MÔR IWERDDON
**Isle of Man,** YNYS MANAW
**Isle of Wight,** YNYS WYTH
**Istanbul,** CAERGYSTENNIN
**Italy,** YR EIDAL
**Jerusalem,** CAERSALEM, JERWSALEM
**Jordan,** GWLAD IORDDONEN
**Kent,** CAINT
**Killay,** CILÂ
**Knelston,** LLAN-Y-TAIR-MAIR
**Knighton,** TREFYCLAWDD
**Laleston,** TRELALES
**Lampeter,** LLANBEDR PONT STEFFAN
**Lancashire,** SIR GAERHIRFRYN

**Landore,** GLANDŴR
**Laugharne,** LACHARN, TALACHARN
**Lebanon,** LIBANUS
**Leeswood,** COED-LLAI
**Leicester,** CAERLŶR
**Leominster,** LLANLLIENI
**Little Newcastle,** CASNEWYDD BACH
**Liverpool,** LERPWL
**Llanblethian,** LLANFLEIDDAN
**Llandaff,** LLAN-DAF
**Llandovery,** LLANYMDDYFRI
**Llandow,** LLANDŴ
**Llanthony,** LLANDDEWI NANT HODNI
**Llantwit Major,** LLANILLTUD FAWR
**Llantwit Vardre,** LLANILLTUD FAERDREF
**Lleyn,** LLŶN
**Lisvane,** LLYS-FAEN
**London,** LLUNDAIN
**Loughor,** CASLLWCHWR
**Ludlow,** LLWYDLO
**Manchester,** MANCEINION
**Manorbier,** MAENORBŶR
**Mediterranean Sea,** Y MÔR CANOLDIR
**Menevia,** MYNYW
**Menai Bridge,** PORTHAETHWY
**Menai Straits,** AFON MENAI
**Menevia,** MYNYW
**Milford Haven,** ABERDAUGLEDDAU
**Minera,** MWYNGLAWDD
**Mold,** YR WYDDGRUG
**Monmouth,** TREFYNWY
**Monnow,** MYNWY
**Morriston,** TREFORYS
**Mountain Ash,** ABERPENNAR
**Moylgrove,** TREWYDDEL
**Narberth,** ARBERTH
**Neath,** CASTELL-NEDD
**Nerquis,** NERCWYS
**Netherlands,** YR ISELDIROEDD
**Nevern,** NANHYFER, NYFER
**Newcastle Emlyn,** CASTELL NEWYDD EMLYN
**Newborough,** NIWBWRCH
**Newmarket (Clwyd),** TRELAWNYD
**Newport (Dyfed),** TREFDRAETH
**Newport (Gwent),** CASNEWYDD
**New Quay,** Y CEINEWYDD
**Newton Nottage,** Y DRENEWYDD YN NOTAIS
**Newtown,** Y DRENEWYDD
**New Zealand,** SELAND NEWYDD
**New York,** EFROG NEWYDD
**Nile,** NÎL, NEIL
**North Sea,** MÔR TAWCH, MÔR Y GOGLEDD
**Norway,** NORWY
**Oakford,** DERWEN-GAM
**Offa's Dyke,** CLAWDD OFFA
**Orkney Islands,** YNYSOEDD ERCH
**Oswestry,** CROESOSWALLT
**Oxford,** RHYDYCHEN
**Oystermouth,** YSTUMLLWYNARTH
**Pacific Ocean,** Y MÔR / CEFNFOR TAWEL
**Painscastle,** CASTELL-PAEN
**Pendine,** PENTYWYN
**Peru,** PERIW
**Plynlimon,** PUMLUMON
**Poland,** GWLAD PWYL
**Pontypool,** PONT-Y-PŴL
**Port Dinorwic,** Y FELINHELI
**Portugal,** PORTIWGAL
**Presteign,** LLANANDRAS
**Puffin Island,** YNYS SEIRIOL
**Pyle,** Y PÎL
**Pyrenees,** PYRENEAU
**Ramsey Island,** YNYS DEWI
**Red Sea,** Y MÔR COCH
**Rhayader,** RHAEADR GWY
**Rhine,** RHEIN
**Roath,** Y RHATH
**Rogerstone,** Y TŶ DU
**Rome,** RHUFAIN
**Rumania,** ROMANIA
**Russia,** RWSIA
**St Asaph,** LLANELWY
**St Athans,** SAIN TATHAN
**St Brides Major,** SANT-Y-BRID
**St Davids,** TYDDEWI
**St Dogmaels,** LLANDUDOCH
**St Fagans,** SAIN FFAGAN
**St Mellons,** LLANEIRWG
**Salisbury,** CAERSALLOG
**Scandinavia,** LLYCHLYN, SGANDINAFIA
**Scotland,** YR ALBAN
**Severn,** HAFREN
**Shrewsbury,** AMWYTHIG
**Sketty,** SGETI
**Snowdon,** YR WYDDFA
**Solva,** SOLFACH
**Somerset,** GWLAD YR HAF
**Soughton,** SYCHDYN
**Spain,** SBAEN
**Staylittle,** PENFFORDD-LAS
**Stonehenge,** CÔR Y CEWRI
**Strata Florida,** YSTRAD FFLUR
**Sudan,** SWDAN
**Sugar Loaf (Abergavenny),** PEN-Y-FÂL

**Swallow Falls,** RHAEADR EWYNNOL
**Swansea,** ABERTAWE
**Switzerland,** Y SWISTIR
**Synod Inn,** POST-MAWR
**Talley,** TALYLLYCHAU
**Tenby,** DINBYCH-Y-PYSGOD
**Thames,** TAFWYS
**The Hebrides,** YNYSOEDD HELEDD
**Tintern,** DINDYRN
**Troy,** CAERDROEA, TROEA
**Tumble,** Y TYMBL
**Turkey,** TWRCI
**Tythegston,** LLANDUDDWG
**Ukraine,** WCRAIN
**United States,** YR UNOL DALEITHIAU
**Usk (river),** WYSG
**Vale of Glamorgan,** BRO MORGANNWG
**Valle Crucis,** GLYN EGWESTL, GLYN Y GROES
**Wales,** CYMRU
**Welshpool,** Y TRALLWNG
**Wenvoe,** GWENFÔ
**West Indies,** INDIA'R GORLLEWIN
**Whitford,** CHWITFFORDD
**Whitland,** YR HENDY-GWYN (AR DAF)
**Wick,** Y WIG
**Winchester,** CAER-WYNT
**Wirral,** CILGWRI
**Wiston,** CAS-WIS
**Wolf's Castle,** CAS-BLAIDD
**Worcester,** CAERWRANGON
**Wrexham,** WRECSAM
**Wye (river),** GWY
**York,** EFROG, CAER EFROG
**Yugoslavia,** IWGOSLAFIA

# Animals — Anifeiliaid

## MAMMALS, INSECTS, Etc., and REPTILES (MAMOLION, TRYCHFILOD, Etc., ac YMLUSGIAID)

**adder (viper),** GWIBER
**alligator,** CROCODIL AMERICA, ALIGATOR
**ant,** MORGRUGYN
**ape,** EPA
**aphides (green fly, etc.),** LLYSLAU, PRYFED (CLÊR) GWYRDD
**asp,** ASB
**ass,** ASYN (*f.* ASEN)
**baboon,** BABŴN
**badger,** MOCHYN DAEAR, MOCHYN BYCHAN, BROCH, PRY LLWYD
**bat,** YSTLUM, SLUMYN
**bear,** ARTH (*f.* ARTHES)
**beaver,** AFANC, LLOSTLYDAN
**bee (*honey*),** GWENYNEN
**beetle,** CHWILEN
**blackbeetle (cockroach),** CHWILEN DDU
**blindworm (slow-worm),** NEIDR DDEFAID, NEIDR DDALL, SLORWM
**bluebottle,** CLEREN LAS, CLEREN CHWYTHU
**boa,** BOA
**burying beetle,** CHWILEN BRIDD
**butterfly,** GLÖYN BYW, IÂR FACH YR HAF
*brimstone,* IÂR FACH FELYNLLIW
*common blue,* IÂR FACH LAS
*large white,* IÂR WEN FAWR
*orange tip,* BONEDDIGES Y WIG
*scarlet admiral,* IÂR FACH GOCH
*small blue,* IÂR FACH WERDDLAS
*small copper,* IÂR FACH GOPRLLIW
*small white,* IÂR FACH WEN
**caddis fly,** PRY PRIC, PRYF Y GWELLT, CAESBRYF
**camel,** CAMEL
**cat,** CATH
*tomcat,* GWRCATH
*wild cat,* CATH WYLLT
**caterpillar,** LINDYSYN
*cabbage,* LINDYS Y BRESYCH
*looper,* LINDYS DOLENNOG
**cattle,** DA, GWARTHEG
*cow,* BUWCH
*bull,* TARW
*ox,* BUSTACH, YCH

*heifer,* TREISIAD, ANNER
*calf,* LLO
*barrener,* MYSWYNOG
**centipede,** NEIDR GANTROED
**chameleon,** MADFALL SYMUDLIW
**chrysalis,** CHWILER, CRISALIS
**cleg,** CLEREN LWYD
**cobra,** COBRA, SARFF GYCYLLOG
**cockchafer,** CHWILEN BWM
**cockroach (black beetle),** CHWILEN DDU
**cocoon,** RHWYDWE (PRYFYN)
**crane-fly (daddy-long-legs),** PRYF TEILIWR, JAC-Y-BAGLAU
**cricket,** CRICSYN, CRICEDYN, PRYF TÂN
**crocodile,** CROCODIL (*pl.* -OD)
**daddy-long-legs,** PRYF TEILIWR, JAC-Y-BAGLAU, HIRHEGLYN
**death watch beetle,** PRYF CORFF
**deer (hart),** HYDD, CARW
*fallow deer,* DANYS, GAFR DANYS
*red deer,* CARW COCH
*roe deer, hind,* EWIG, IYRCHES
*roebuck,* IWRCH
**ci,** CI
*bitch,* GAST
*pup,* CI BACH, CENAU, COLWYN
**dog winkle,** GWICHYDD Y CŴN
**dorbeetle,** CHWILEN Y BWM, CHWILEN Y BAW
**dormouse,** PATHEW, PATHOR
**dragon fly,** GWAS Y NEIDR, GWACHELL Y NEIDR
**drone fly,** GWENYNEN ORMES
**earwig,** CHWILEN GLUST, PRYF CLUST
**earthworm,** ABWYDYN, PRYF GENWAIR
**eelworm,** LLYNGYR LLYSIAU (TATWS)
**eft,** MADFALL Y DŴR
**elephant,** ELIFFANT
**ferret,** FFURED
**flea,** CHWANNEN
**fly, (*house*),** CLEREN, CYLIONEN
**fox,** CADNO, LLWYNOG
**fritillary,** IÂR FACH FRITHEG
*snake's head,* BRITHEG PEN Y NEIDR
**frog (*common*),** BROGA, LLYFFANT MELYN
**froghopper,** LLYFFANT GWAIR
**gadfly,** PRYF LLWYD, CLEREN LWYD
**gall flies,** CLÊR Y DERW
**gall wasps,** CACWN BUSTL
**glow-worm,** MAGÌEN, TÂN BACH DINIWED
**gnat,** GWYBEDYN, CYLIONYN
**goat,** GAFR
*billy goat,* BWCH GAFR
*kid,* MYN
**grasshopper,** CEILIOG Y RHEDYN, SIONCYN Y GWAIR
**greenfly,** LLYSLAU, BUCHOD Y MORGRUG, CLÊR GWYRDD
**hare (*brown*),** YSGYFARNOG, CEINACH
**hart (deer),** HYDD, CARW
**hedgehog,** DRAENOG
**hornet (wasp),** CACYNEN, PICWNEN
**horse,** CEFFYL, CEL
*mare,* CASEG
*stallion,* MARCH, STALWYN
*foal,* EBOL, SWCLYN
*filly,* EBOLES, SWCLEN
**horse-fly,** CLEREN LWYD, ROBIN Y GYRRWR
**hover flies,** GWYBED HOFRAN
**hyena,** UDFIL
**jackal,** SIACAL
**lady bird,** BUWCH FACH (GOCH) GOTA
**leech,** GELEN, GELE
**leopard,** LLEWPART
**limpet,** LLYGAD MAHAREN
**lion,** LLEW (*f.* LLEWES)
**liver fluke,** LLEDOD BACH YR IAU
**lizard,** MADFALL, GENAU GOEG, MADRCHWILEN, BUDRCHWILEN
**louse,** LLEUEN
**maggot,** CYNRHONYN, PRYF, PRYFYN
**mandrill,** BABŴN WYNEBLAS, MANDRIL
**marmoset,** MWNCI BACH Â CHWT HIR, MARMOSET
**marten (*pine*),** BELE, BELAU
**may fly,** CLEREN (CYLIONEN) FAI
**midge (gnat),** GWYBEDYN, CYLIONYN
**millepede,** NEIDR FILTROED
**mites,** GWIDDON
**mole,** GWADD, TWRCH DAEAR
**monkey,** MWNCI
**mosquito,** MOSGITO
**moth,** GWYFYN, PRYFYN DILLAD
*cinnabar,* GWYFYN CLAERGOCH
*tiger, garden,* TEIGR WYFYN, GWYFYN ADEINIOG
**mouse (*house*),** LLYGODEN FACH
*field,* LLYGODEN Y MAES
**mule,** MUL, BASTARD MUL, MWLSYN
**mussel,** MISGLEN, CREGYNEN LAS
**newt (*common*),** MADFALL Y DŴR
*crested,* MADFALL GRIBOG
**otter,** DWRGI, DYFRGI
**pig,** MOCHYN
*sow,* HWCH
*gilt,* HWCH IFANC, BANWES
*boar,* BAEDD, TWRCH

*pigling,* PORCHELL
*youngest of brood,* CARDYDWYN
**polecat,** FFWLBART
**pondskater,** RHIAIN Y DŴR
**pupa (chrysalis),** LINDYS, CYNRHONYN, CHWILER
**python,** PEITHON (*pl.* -IAID), SARFF FAWR
**rabbit,** CWNINGEN
**rat,** LLYGODEN FAWR, LLYGODEN FFRENGIG
**rattlesnake,** NEIDR STWRLLYD NEU GYNFFONDRWST
**reptile,** YMLUSGIAD
**sand-hopper,** CHWANNEN DRAETH
**sea cucumber,** GWERDDWR
**scarlet admiral,** IÂR FACH GOCH, ATALANTA
**sheep,** DAFAD
*ewe,* MAMOG
*ram,* HWRDD, MAHAREN
*wether,* GWEDDER, MOLLT, LLWDN
*lamb,* OEN
*yearling ewe,* HESBIN
*yearling sheep : teg,* HESBWRN
**shrew,** LLYGODEN GOCH
**silk-worm,** SIDANBRYF, PRYF SIDAN
**slow-worm (blindworm),** NEIDR DDEFAID, NEIDR DDALL, SLORWM
**slug,** GWLITHEN WEN
**snail,** MALWODEN, MALWEN
**snake, (*grass*),** NEIDR (FRAITH)
**spider,** CORRYN, PRYF COPYN
*gossamer,* COPYN (CORRYN) Y GWAWN
**squirrel,** GWIWER
*grey,* GWIWER LAS
*red,* GWIWER GOCH
**stag beetle,** CHWILEN GORNIOG
**stoat,** CARLWM
**tadpole,** PENBWL, PENBWLA
**tapeworm,** LLYNGYREN
**tick,** TROGEN
**toad,** LLYFFANT
**tortoise,** CRWBAN
**turtle,** CRWBAN Y MÔR
**viper,** GWIBER
**vole (*field*),** LLYGODEN Y MAES
*water,* LLYGODEN Y DŴR
**warble fly,** PRYF GWERYD, ROBIN Y GYRRWR
**wasp (hornet),** CACYNEN, PICWNEN, GWENYNEN FEIRCH
**waterbeetle,** CHWILEN DDŴR
**waterboatman,** RHWYFWR MAWR, CEFFYL DŴR
**water flea,** CHWANNEN DDŴR
**water gnat,** GWYBEDYN Y DŴR, PIWIAD
**weasel,** GWENCI, BRONWEN
**weevil,** GWIDDON, GWYFYN YR ŶD
**whale,** MORFIL
**whirligig beetle,** CHWILEN FWGAN, CHWYRLIGWGAN
**wolf,** BLAIDD (*f.* BLEIDDAST)
**woodlouse,** MOCHYN Y COED, GWRACHEN Y LLUDW
**woolly bear (larva of tiger moth),** SIANI FLEWOG, TEILIWR BLEWOG

---

# Birds — Adar

**bird,** ADERYN
*bird of prey,* ADERYN YSGLYFAETHUS, ADERYN RHAIB
**bittern,** ADERYN Y BWN, BWM Y GORS
*little,* BWM BACH Y GORS
**blackbird,** ADERYN DU, MWYALCHEN (YR IÂR)
**blackcap,** PENDDU
**blackcock (blackgame),** CEILIOG Y MYNYDD, IÂR DDU Y MYNYDD
**blue tit,** YSWIDW, GLAS BACH Y WAL
**brambling (mountain finch),** BRONRHUDDYN Y MYNYDD
**bullfinch,** COCH Y BERLLAN
**bunting (corn),** BRAS YR ŶD
*blackheaded/reed,* BRAS YR ŶD PENDDU
*snow,* BRAS YR EIRA
*yellow/yellow hammer,* BRAS YR EITHIN, Y BENFELEN, MELYN YR EITHIN
*cirl,* BRAS FFRAINC

**bustard,** GWERNIAR
**buzzard,** BODA, BWNCATH
**cassowary,** (ADERYN TEBYG I'R ESTRYS), CASOWARI
**chaffinch,** ASGELL FRAITH, PINC, JI-BINC
**chiff-chaff,** PIA BACH, DRYW FELEN
**chough,** BRÂN GERNYW, BRÂN GOESGOCH
**cockatoo,** COCATŴ, PAROT CRIBOG
**coot,** COTIAR, IÂR Y GORS
**cormorant,** MORFRAN, MULFRAN, BILIDOWCAR, LLANCIAU LLANDUDNO, WIL WAL WALIOG
*green/shag,* MULFRAN WERDD
**corncrake (landrail),** RHEGEN YR ŶD, RHEGEN Y RHYCH, SGRECH YR ŶD, SGRECH WAIR
**crane,** GARAN, CRYCHYDD, CRËYR
**crossbill,** Y GYLFIN GROES, CROESBIG
**crow,** BRÂN
*carrion,* BRÂN DYDDYN / SYDDYN
*hooded,* BRÂN LWYD
**cuckoo,** COG, Y GOG, Y GWCW
**curlew,** GYLFINIR, CWRLIG, CWRLIP, CWRLIF
**dabchick,** GWYACH BACH
**dipper (water ouzel),** TROCHWR, ADERYN DU'R DŴR
**diver,** (MATH O ADERYN Y DŴR), TROCHYDD
**dotterel,** HUTAN
*ringed/ringed plover,* HUTAN Y MÔR
**dove,** COLOMEN
*ring/wood pigeon,* YSGUTHAN, COLOMEN WYLLT
*rock,* COLOMEN Y GRAIG
*stock,* CUDDAN, YSGYTHELL
*turtle,* TURTUR, COLOMEN FAIR
**duck,** HWYAD, HWYADEN
*drake,* MEILART, ADIAD, BARLAT
*black/scoter,* HWYAD DDU (WYLLT)
*eider,* (MATH O HWYAD WYLLT)
*pintail,* HWYAD LOSTFAIN
*scaup,* HWYAD BENDDU
*shoveller,* HWYAD LYDANBIG, HWYAD BIGLYDAN
*wild/mallard,* HWYAD WYLLT, CORS-HWYAD
*tufted,* HWYAD GOPOG
**dunlin (red-backed sandpiper),** PIBYDD Y MAWN, LLWYD Y TYWOD
**eagle,** ERYR
*golden,* ERYR MELYN, ERYR EURAIDD
*spotted,* ERYR BRITH
*white-tailed,* ERYR TINWYN, ERYR CYNFFON WEN
**falcon,** HEBOG, CURYLL
*peregrine,* HEBOG GLAS, GWALCH GLAS
**fieldfare,** SOGIAR, CASEG Y DDRYCIN
**finch,** ASGELL FRAITH, PINC
*bachelor,* JI-BINC
*green,* LLINOS WERDD, PILA GWYRDD
*mountain/brambling,* BRONRHUDDYN Y MYNYDD
**firecrest,** DRYW RHUDDGRIBOG
**flamingo,** FFLAMINGO
**flycatcher,** GWYBEDOG
**gadwall,** CORSHWYAD LWYD, CORS-HWYADEN WYLLT
**gannet,** MULFRAN WEN, GWYLANWYDD
**garden warbler,** TELOR Y BERLLAN
**garganey,** HWYAD ADDFAIN
**glede,** BODA, BARCUD
**godwit,** (MATH O ADERYN RHYDIO), GÏACH PENGAFR
**goldcrest,** DRYW EURBEN
**goldeneye,** HWYAD LYGAD-AUR
**golden oriole,** EURGEG
**goldfinch,** NICO, EURBINC, TEILIWR LLUNDAIN
**goosander,** HWYAD DDANHEDDOG
**goose,** GŴYDD
*gander,* CEILIAGWYDD, CLACWYDD
*barnacle,* GŴYDD Y MÔR
*bean,* GŴYDD Y LLAFUR
*brent,* GŴYDD DDU
*grey-lag, wild goose,* GŴYDD WYLLT
*pink-footed,* GŴYDD DROED-BINC
*red-breasted,* GŴYDD FRONGOCH
*snow,* GŴYDD YR EIRA
*white-fronted,* GŴYDD DALCEN WEN, GŴYDD FRONWEN
**goshawk,** GWYDDWALCH, GOSOG
**grasshopper warbler,** NYDDWR BACH
**grebe,** GWYACH
*little/dabchick,* GWYACH BACH (FACH)
**greenfinch,** LLINOS WERDD
**greenshank,** PIBYDD COESWERDD
**grouse,** GRUGIAR, IÂR Y MYNYDD
**guillemot,** HELIGOG, GWYLOG
**gull,** GWYLAN, YR WYLAN, (see SEAGULL)
**harrier (*hen*),** BODA DINWEN, HEBOG LLWYDLAS
*marsh,* BOD Y GWERNI, HEBOG Y GORS
*montagu's,* BODA MONTAGU, HEBOG MONTAGU
**hawfinch,** (ADERYN O DEULU'R PINC), PENDEW
**hawk,** HEBOG, GWALCH, CURYLL, CUDYLL
*sparrow,* GWALCH GLAS, CURYLL GLAS

**hen,** IÂR
*cockerel,* CEILIOG
*chicken,* CYW
*pullet,* CYWEN, CYWENNEN
**heron,** CRYCHYDD, CRÈYR GLAS
**hobby,** HEBOG YR HEDYDD, HEBOG BITW
**house martin,** GWENNOL Y BONDO, GWENNOL Y BARGOD
**humming bird,** ADERYN Y SI
**jackdaw,** CORFRAN, COGFRAN, JAC-Y-DO
**jay,** SGRECH Y COED
**kestrel,** CURYLL COCH
**kingfisher,** GLAS Y DORLAN, PYSGOTWR
**kite,** BARCUT, BODA GWENNOL
**kittiwake,** (ADERYN O DEULU'R WYLAN), GWYLAN GOESDDU
**knot,** (MATH O ADERYN RHYDIO O DEULU'R CORNICYLL), MYNIAR Y TRAETH
**landrail (corncrake),** RHEGEN YR ŶD, RHEGEN Y RHYCH
**lapwing (peewit),** CORNICYLL, CORNCHWIGLEN
**lark (skylark),** EHEDYDD, UCHEDYDD
*wood,* EHEDYDD Y COED
**lesser woodchat,** Y CIGYDD BACH
**linnet,** LLINOS, MELYNOG
*green/green finch,* LLINOS WERDD, PILA GWYRDD
**little auk,** PENGWYN BACH
**long tailed tit,** YSWIDW HIRGWT, YSWIDW GYNFFON HIR
**love bird,** (MATH O BAROT)
**mallard,** HWYAD WYLLT
**magpie,** PIODEN, PIA
**meadow pipit,** PIBYDD Y WAUN, EHEDYDD BACH, HEDYDD Y WAUN
**merlin,** GWALCH BACH
**moorhen,** IÂR FACH Y DŴR, IÂR FACH YR HESG
**nightjar,** TROELLWR, BRÂN Y NOS
**nightingale,** EOS
**nuthatch,** TELOR Y CNAU
**osprey,** GWALCH Y MÔR, ERYR Y MÔR
**ostrich,** ESTRYS
**ouzel (*ring*),** MWYALCHEN Y MYNYDD
*water/dipper,* ADERYN DU'R DŴR, TROCHWR
**owl,** TYLLUAN, GWDIHŴ
*barn/screech/white,* TYLLUAN WEN, ADERYN CORFF
*brown/tawny/wood,* TYLLUAN FRECH, GWDIHŴ GOCH
*little,* TYLLUAN FECHAN
*long-eared,* TYLLUAN GLUSTIOG
*snowy,* TYLLUAN YR EIRA
**oyster-catcher,** PIODEN FÔR, TWM PIB, LLYMARCHOG
**parakeet,** PAROTAN
**partridge,** PETRISEN, CORIAR
**peacock,** PAUN
**peewit (lapwing, plover),** CORNICYLL, CORNCHWIGLEN
**pelican,** PELICAN
**penguin,** PENGWIN
**petrel,** ADERYN Y DDRYCIN, PEDRYN
**pheasant,** FFESANT, CEILIOG Y COED, COEDIAR
**pied wagtail,** BRITH YR OGED, SIGLEN FRAITH, SIGL-I-GWT
**pigeon,** COLOMEN
*wood/ring dove,* YSGUTHAN, COLOMEN WYLLT
**pintail,** HWYAD GYNFFONFAIN, HWYAD LOSTFAIN
**plover (*green,* lapwing, peewit),** CORNICYLL, CORNCHWIGLEN
*golden,* CHWILGORN Y MYNYDD
*ringed/ringed dotterel,* HUTAN Y MÔR, MÔR-HEDYDD
**pochard,** HWYAD BENGOCH
*white-eyed,* HWYAD GOCHDDU
**ptarmigan,** GRUGIAR YR ALBAN
**puffin,** ADERYN PÂL, CORNICYLL Y DŴR
**quail,** SOFLIAR
**rail,** RHEGEN
**raven,** CIGFRAN
**razorbill,** GWALCH Y PENWAIG, ADERYN BRITH
**redbreast,** BRONGOCH, ROBIN GOCH, Y GOCH-GAM
**red-headed pochard,** HWYAD BENGOCH
**redpoll (*lesser*),** LLINOS FRONGOCH, Y GOCH-GAM
*mealy,* LLINOS LWYDWEN
**redshank,** COESGOCH, TROEDGOCH, PIBYDD COESGOCH
**redstart,** TINGOCH
**redwing,** ADAIN GOCH, ASGELL GOCH, COCH YR ADAIN
**robin,** (see REDBREAST)
**rock pipit,** EHEDYDD Y GRAIG, PIBYDD Y GRAIG
**rook,** YDFRAN, BRÂN BIGWEN
**sanderling,** HUTAN LWYD, HUTAN Y TYWOD
**sand martin,** GWENNOL Y GLENNYDD, GWENNOL Y TRAETH

**sandpiper** (*common*), PIBYDD Y DORLAN
*purple,* PIBYDD DU
*green,* PIBYDD GWYRDD Y TRAETH
**scoter** (*common*), MÔR-HWYAD DDU
**scaup,** HWYAD BENDDU
**seagull,** GWYLAN
*blackheaded,* GWYLAN BENDDU
*blackbacked,* GWYLAN GEFNDDU
*herring,* GWYLAN LWYD
**shag,** MULFRAN WERDD
**shearwater (sea swift),** GWYLAN MANAW, PWFFIN MANAW
**sheld-duck,** HWYAD FRAITH, HWYAD YR EITHIN
**shoveller,** HWYAD LYDANBIG, HWYAD BIGLYDAN
**shrike** (*red-backed,* **butcher bird),** Y CIGYDD CEFNGOCH
*great grey,* Y CIGYDD LLWYD MAWR
**siskin,** PILA GWYRDD, (MATH O ADERYN BACH)
**skylark,** EHEDYDD, UCHEDYDD
**smew,** LLEIAN WEN
**snipe,** GIACH, YSNIDEN
**sparrow hawk,** CURYLL GLAS, GWALCH GLAS
**sparrow** (*house*), ADERYN Y TO, LLWYD Y TO
*hedge,* LLWYD Y BERTH (GWRYCH)
*tree,* LLWYD Y MYNYDD
**starling,** DRUDWEN, DRUDWY, ADERYN YR EIRA
**stonechat,** TINWEN Y GRAIG, CLOCHDAR Y GARREG
**stork,** CICONIA, STORC
**swallow,** GWENNOL
**swan,** ALARCH
*mute,* ALARCH DOF
*bewick's,* ALARCH BEWIC
*whooper,* ALARCH GWYLLT
**swift,** GWENNOL DDU
**teal,** HWYAD, CORHWYAD
**tern,** GWENNOL Y MÔR, MÔR-WENNOL
*sandwich,* MÔR-WENNOL BIGDDU
*black,* MÔR-WENNOL DDU
*arctic,* MÔR-WENNOL Y GOGLEDD
*little,* MÔR-WENNOL FACH
**thrush** (*missel*), TRESGLEN, BRONFRAITH FAWR
*song,* BRONFRAITH (FACH)
**tit,** YSWIDW, YSWIGW, TITW
*bearded,* YSWIDW FARFOG, TITW BARFOG
*blue/titmouse/tomtit,* GLAS BACH Y WAL, YSWIDW LAS
*coal,* PENLOYW, GLAS BACH PENDDU, YSWIDW BENDDU
*great/ox-eye,* YSWIDW'R COED, YSWIDW FAWR
*long-tailed,* YSWIDW HIRGWT, YSWIDW GYNFFON HIR
*marsh,* YSWIDW'R GWERN
*willow,* YSWIDW'R HELYG
**titlark (meadow pipit),** HEDYDD Y WAUN, EHEDYDD BACH, PIBYDD Y WAUN
**tomtit,** (see TIT)
**toucan,** TOWCAN, (ADERYN Â PHIG MAWR)
**tree creeper (brown woodpecker),** Y DRINGWR BACH, Y GREPIANOG
**tree pipit,** PIBYDD Y COED
**turkey,** TWRCI (*f.* TWRCEN)
**twite,** LLINOS Y MYNYDD
**vulture,** FWLTUR
**wagtail,** SIGLEN, SIGL-I-GWT
*grey,* SIGLEN LAS
*pied,* SIGLEN FRAITH, BRITH YR OGED
*water,* SIGWTI FACH Y DŴR
*white,* SIGLEN WEN
*yellow,* SIGLEN FELEN
**warbler,** TELOR
*garden,* LLWYD Y BERLLAN, TELOR Y BERLLAN
*grasshopper,* NYDDWR BACH
*willow,* TELOR YR HELYG, DRYW'R HELYG
*wood,* TELOR Y COED, DRYW'R COED
*sedge/reed,* TELOR YR HESG LLWYD Y GORS
**water hen (moorhen),** IÂR FACH Y DŴR, IÂR FACH YR HESG
**water-rail,** RHEGEN Y DŴR
**waxwing,** ADEN GŴYR, Y GYNFFON SIDAN
**wheatear,** Y GYNFFONWEN, TINWEN Y GARREG
**whimbrel,** COEGYLFINIR
**whinchat,** CLOCHDAR YR EITHIN
**whitethroat (willow wren),** DRYW WEN
**widgeon,** WIWELL, (MATH O HWYAD WYLLT), CHWIWELL
**windhover (kestrel),** CURYLL COCH
**wind thrush (redwing),** COCH YR ADEN, ADEN GOCH, TRESGLEN GOCH
**woodcock,** CYFFYLOG
**woodlark,** EHEDYDD Y COED, UCHEDYDD Y COED
**woodpecker,** (*brown,* **tree creeper),** Y DRINGWR BACH, Y GREPIANOG
*green,* CNOCELL Y COED, TYLLWR Y COED, TARADR Y COED

**woodpigeon,** YSGUTHAN, COLOMEN WYLLT
**wren,** DRYW
**wryneck,** GYDDFGAM, PENGAM
**yellow hammer (yellow bunting),** MELYN YR EITHIN, Y BENFELEN

# Fishes — Pysgod

**anchovy,** (PYSGODYN BACH Y MÔR CANOLDIR), BRWYNIAD
**barbel,** BARFOGYN
**barnacle,** CRACHEN Y MÔR, CREGYN LLONGAU, GWYRAIN
**bass (sea perch),** DRAENOGIAD Y MÔR
**bream,** GWRACHEN DDU, BRÊM
*white/silver,* GWRACHEN WEN
**brill,** PYSGODYN TEBYG I'R TORBWT, BRIL
**bullhead,** PENBWL, PENLLETWAD
**burbot,** LLOFEN, (PENFRAS DŴR CROYW)
**carp,** CARP, (PYSGODYN LLYN)
**catfish,** MORGATH
**char,** TORGOCH
**chub,** ANNOG
**cockles,** COCOS, RHYTHON
**cod,** PENFRAS
**conger eel,** CYHYREN, MÔR-LYSYWEN
**cowry,** CRAGEN FAIR
**crab,** CRANC
**crayfish,** CIMWCH COCH, SEGER
**dace,** BRWYNIAD
**dogfish,** PENCI
**dragonet,** BWGAN DŴR
**eel,** LLYSYWEN
**flounder (fluke),** LLEDEN FACH
**grayling,** CROTHELL
**gudgeon,** GWYNIAD
**gwyniad,** GWYNIAD (LLYN TEGID)
**haddock,** CORBENFRAS, HADOG
**hake,** CEGDDU
**halibut,** LLEDEN Y MÔR
**heart urchin,** GWELCHYN Y DŴR
**herring,** YSGADENYN, PENNOG
**jelly fish,** SGLEFREN FÔR
**kipper,** YSGADENYN HALLT (NEU SYCH), CIPER
**ling,** HONOS, BRENHINBYSG
**loach,** GWRACHEN FARF
**lobster,** CIMWCH
**mackerel,** MACRELL
**miller's thumb (bullhead),** PENBWL, PENLLETWAD
**minnow,** SILDYN, SILCYN
**mullet,** HYRDDYN
**oyster,** LLYMARCH, WYSTRYSEN
**perch,** DRAENOGIAD
**periwinkle,** GWICHIAD
**pike,** PENHWYAD
**plaice,** LLEDEN
**porpoise,** LLAMHIDYDD (*pl.* LLAMIDYDDION), LLAMBEDYDDIOL (*coll.*)
**prawn,** CORGIMWCH
**ray,** CATH FÔR
**roach,** GWRACHEN, BRACHYN
**rudd,** RHUDDBYSG
**salmon,** EOG, SAMWN
**scallop,** CRAGEN GYLCHOG
**sea-horse,** MORFARCH
**seal,** MORLO
**sea-perch (bass),** DRAENOGIAD Y MÔR
**sea-trout,** BRITHYLL Y MÔR
**sea-urchin,** DRAENOG Y MÔR
**sewin,** GWYNIEDYN, PENLLWYD, SEWIN
**shad,** GWANGEN
**shark,** MORGI, SIARC
**skate (ray),** CATH FÔR
**shrimp,** PERDYSEN, SIONI NAILL OCHR
**smelt,** MORFRITHYLL
**sole,** LLEDEN CHWITHIG
**sponge,** YSBWNG
**starfish,** SEREN FÔR
**stickleback,** BRITHYLL Y DON
**sting winkle,** GWICHIAD COLIOG
**sturgeon,** STWRSIWN
**tench,** TENS
**top shell,** CRAGEN GRIB
**trout,** BRITHYLL
**turbot,** TORBWT
**venus shell,** CRAGEN Y FORWYN
**whelk,** GWALC, CHWALC
**whiting,** GWYNIAD Y MÔR
**wrasse,** GWRACHEN Y MÔR

# Plants — Planhigion

**abele (white poplar),** POPLYSEN WEN
**acacia** (*false,* **locust tree),** ACESIA
**acanthus,** TROED YR ARTH
**adonis,** BLODAU'R GWYNT, LLYSIAU'R CWSG
**agrimony,** LLYSIAU'R DRYW
*hemp,* Y BYDDON (FEDON) CHWERW
**alder,** GWERNEN
**alga,** GWMAN, TEULU'R GWYMON
**allheal,** LLYSIAU'R GŴR DA
**anemone,** BLODYN Y GWYNT, ANEMONI
*scarlet,* ANEMONI COCH
**anemophilous plants,** LLYSIAU ANEMOFFILAIDD (RHAI Y DYGIR EU HAD GAN Y GWYNT)
**angelica,** LLYSIAU'R ANGEL, LLYSIAU'R YSGYFAINT
**anise,** ANIS, LLYSIEUYN O DEULU'R PERSLI
**annual,** (LLYSIEUYN) BLYNYDDOL
*hardy annual,* BLODEUYN CALED BLYNYDDOL
**anther,** BLYCHAU PAILL, PEILLGOD, BRIGER
**antirrhinum (snapdragon),** PEN CI BACH, TRWYN Y LLO
**apple tree,** AFALLEN, PREN AFALAU
**aquilegia (columbine),** TROED Y GOLOMEN, BLODAU'R SIPSI
**artichoke,** MARCH-YSGALL
**ash,** ONNEN
*mountain: rowan,* CERDINEN, CERDDINEN, PREN CRIAFOL
**asparagus (sparrow grass),** MERLLYS, LLYSIAU'R DYFRGLWYF
**aspen,** AETHNEN
**aster,** SÊR-FLODAU, ASTER
**aubretia,** OBRISIA, (BLODYN BACH GWASTADOL)
**avens (water),** BENDIGEIDLYS Y DŴR
**bachelor's button,** BOTWM GŴR IFANC
**balm,** BALM
**balsam (touch-me-not),** FFROMLYS
**barberry,** Y PREN MELYN, PREN Y CLEFYD MELYN
**barrenwort,** ANHILIOG
**bay tree (laurel),** LLAWRYFEN, PREN LLAWRYF
**beans (broad),** FFA
*buck,* FFA'R GORS
*kidney,* FFA FFRENGIG, CIDNABÊNS
*runner: scarlet runners,* FFA COCH, FFA DRINGO
**bear's foot (green hellebore),** CRAFANC YR ARTH WERDD.
**bedstraw, (yellow),** LLYSIAU'R CYWER, BRIWYDD FELEN.
**beech,** FFAWYDDEN
**beet,** BETYS
**betony (wood),** CRIBAU SANT FFRAID
**biennial,** BLODEUYN SY'N BLODEUO'R AIL FLWYDDYN, BLODEUYN AIL-FLYNYDDOL
**bilberries (whinberries),** LLUS, LLUSI, LLUSI/LLYSAU DUON BACH
**bindweed (field),** TAGLYS, LADI WEN
*larger: convolvulus,* TAGWYDD, CLYCH Y PERTHI
*sea: kidney-shaped,* Y GYNGHAFOG ARFOR
**bi-pinnate leaves,** DAIL DWBL-BLUFOG
**birch,** BEDWEN
*silver birch,* BEDWEN ARIAN
**bird's nest (twayblade),** DWYDDALEN, DEULAFN
**bitter-sweet (woody nightshade),** MOCHLYS
**blackberry (bramble),** MIAREN
**black-thorn,** DRAENEN DDU
**bloom (blossom),** BLODAU, FFLURON
**bluebell,** CLYCHAU'R GOG, CROESO HAF
**bluebottle (corn, blue cornflower),** PENLAS YR ŶD
**bogbean (buckbean),** FFA'R GORS
**bole (stem, trunk),** BÔN PREN, BONCYFF
**borage,** TAFOD YR YCH
**box tree (box bush),** PREN BOCS, PREN BOCYS, BOCYSEN, BOCYSWYDDEN
**bract,** BLODEULEN, BRACT, DEILIGEN
**bramble,** MIAREN, PREN MWYAR DUON
**branch,** CAINC, CANGEN
**briar,** DRYSÏEN, DRAENEN, MIAREN
*sweet,* MIAREN MAIR, DRYSÏEN BÊR
**broccoli,** BLODFRESYCH CALED, BLODFRESYCH GAEAF, BROCILO
**brooklime,** LLYSIAU TALIESIN, LLYNCLYN Y DŴR
**broom,** BANADL
*butcher's,* BANADL PIGOG, CELYN MAIR
*witches,* YSGUBELLAU'R WITSYS (AR Y FEDWEN)
**broom rape,** CORN YR HYDD
**bruisewort (soapwort),** SEBONLLYS

**brussels sprouts,** YSGEWYLL BRYSEL
**bryony,** GRAWN Y PERTHI, CWLWM Y COED
*black,* MEIPEN FAIR
**buckthorn,** BREUWYDDEN
**bud,** EGINYN, BLAGURYN
**bugle,** GLESYN Y COED, BUAL
**bugloss (viper's),** GWIBERLYS, TAFOD Y BWCH
**bulb,** ODDF, GWREIDDYN CRWN, BWLB
**bullace,** EIRIN PERTHI
**bulrushes,** HESG, LLAFRWYN
**burdock,** CEDOWRACH, CACAMWCI
**burnet (great),** COCHLYS
**butcher's broom,** CELYN MAIR, BANADL PIGOG
**butterbur,** DAIL TRYFAN
**buttercup,** BLODYN MELYN, CRAFANC Y FRÂN, BLODYN YMENYN
*creeping: creeping crowfoot,* CRAFANC ORWEDDOL, EGYLLT YMLUSGOL
**butterwort,** TAFOD Y GORS, EURYFEDIG
**cabbage,** BRESYCH, CABAITS
**calamint,** MINTYS Y TWYNI, CALAMINT
**calendula (common marigold),** GOLD MAIR, MELYN MAIR
**calyx (sepal),** BLODAMLEN, CALICS
**camomile,** CAMRI
*corn,* CAMRI'R ŶD
**campion (red, red robin),** LLYSIAU'R YCHEN, CEILIOG COCH
*white,* BLODAU'R NEIDR, LLUGLYS GWYN
**canterbury bells,** CLYCHAU'R PERTHI, CLYCHAU'R CAWR
**capsule,** HADLESTR
**carnation,** CARNASIWN, CEIAN
**carpels (pistil cells),** FFRWYTHDDAIL
**carrots,** MORON
*wild,* MORON Y MEYSYDD
**catkins,** CENAWON, GWYDDAU BACH
**cat's ear,** CLUST Y GATH, MELYNYDD
**cauliflower,** BRESYCHEN WEN, COLIFFLWR, BLODFRESYCH(HAF)
**cedar,** CEDRWYDDEN
**celandine(greater),** LLYM Y LLYGAD
*lesser,* LLYGAD EBRILL, MILFYW
**celery,** SELERI, HELOGAN
**centaury,** YSGOL FAIR, CAMRI'R COED
**charlock,** CADAFARTH, ESGYNNYDD, AUR YR ŶD
**cherry tree,** PREN CEIRIOS
*wild: gean,* RHUDDWERNEN
**chervil,** Y BERLLYS, SIERFEL
*rough,* GORTHYFAIL
*wild: beaked parsley,* NODWYDD Y BUGAIL
**chickweed,** LLYSIAU'R DOM, GWLYDD Y DOM
*mouse-ear,* CORNWLYDDYN BRECHLYS
*wild: succory,* YSGALL Y MEIRCH, SICORI
**chives,** CENNIN SYFI
**chrysanthemum,** BLODYN MIHANGEL
**cinquefoil,** PUMBYS, PUMNALEN
*strawberry-leaved: barren strawberry,* SYFÏEN GOEG, MEFUSEN GOEG
**clary,** CLAIS, Y MOCH
**cleavers (goose grass),** GWLYDD Y PERTHI, LLAU'R PERTHI
**clematis,** BARF YR HEN ŴR
**cloudberry,** MIAREN GOR, MIAREN Y MYNYDD
**clover,** MEILLIONEN
*hop: hop trefoil,* LLEWYS Y BLAIDD
*red,* MEILLION COCH
*white,* MEILLION GWYN
**cockle(darnel),** LLER, EFRAU
*corn-cockle,* BULWG, CLYCHAU'R ŶD
**cocksfoot,** TROED Y CEILIOG, BYSWELLT
**coltsfoot,** DAIL TROED YR EBOL
**columbine,** TROED Y GLOMEN, BLODAU'R SIPSI
**column (style),** COLOFNIG
**comfrey,** LLYSIAU'R CWLWM
**convolvulus (bindweed),** CLYCH Y PERTHI, TAGWYDD
**coriander,** LLYSIAU'R BARA
**cornel (wild, dogwood),** CWYROS
**cornflower (corn bluebottle),** PENLAS YR ŶD
**corolla,** CORONIG, COROLA
**cosmary,** LLYSIAU MAIR FAGDALEN
**cotton grass,** PLU'R GWEUNYDD, SIDAN Y WAUN
**cotyledons ("keys"),** HAD-DDAIL
**cowbane,** CEGID Y DŴR
**cow-parsnips, (hogweed),** PANNAS Y FUWCH, EFWR
**cowslip,** BRIALLU MAIR, SAWDL Y FUWCH
**cow-wheat,** CLINOGAI, BIWLITH MELYN
**crab-apple tree,** COED AFALAU SURION (BACH)
**cranebill,** PIG YR ARAN, MYNAWYD Y BUGAIL
*meadow,* GARANBIG Y WEIRGLODD
*shining,* GARANBIG LLACHAR
**creeping-jenny (moneywort),** CANCLWYF, CEINIOGLYS
**cress,** BERW, BERWR
*garden,* BERW'R ARDD

*hairy bitter,* BERW CHWERW
*thale: wall,* BERW'R FAGWYR
*water,* BERW'R DŴR, BERWR Y DŴR
**crocus,** SAFFRWN
**crossfertilize,** CROESFFRWYTHLONI, CROESBEILLIONI
**crosswort,** CROESLYS
**crowberry (black-berried heath),** CREIGLYS
**crowfoot (bulbous, buttercup),** BLODYN YMENYN, CRAFANC Y FRÂN, BLODYN MELYN
*creeping: creeping buttercup,* CRAFANC ORWEDDOL, EGYLLT YMLUSGOL
*corn,* EGYLLT YR ŶD
*meadow,* CRAFANC Y MAES, EGYLLT Y GWEUNYDD
*water,* EGYLLT Y DŴR, EGYLLT YR AFON
*wood (goldilocks),* EGYLLT Y COED, PENEURAID
**cruciform,** (LLWYTH) CROESWEDDOG, CROESFFURF
**cuckoo-pint, (wild arum),** PIDYN Y GOG
**cudweed,** LLWYD Y FFORDD, YR EDAFEDDOG
**cyme,** BLODEUGAINC GANGHENNOG, SEIM
**cypress,** CYPRESWYDDEN
**daffodil,** CENHINEN BEDR, LILI BENGAM
**dahlia,** DELIA
**daisy,** LLYGAD Y DYDD
*michaelmas,* FFARWEL HAF
**dandelion,** DANT Y LLEW
**darnel(cockle),** EFRAU, LLER, DREWG
**deadnettle,** MARDDANHADLEN, DANHADLEN FUD
*red: henbit,* MARDDANHADLEN GOCH
*white,* MARDDANHADLEN WEN
*yellow: yellow archangel,* MARDDANHADLEN FELEN
**delphinium (larkspur),** LLYSIAU'R HEDYDD
**devil-in-a-bush (true-love knot),** CWLWM CARIAD CYWIR
**devil's bit (scabious),** GLASWENWYN
**dicotyledon,** DAU-HADGIBOG, PLANHIGYN Â DWY HAD-DDEILEN
**didynamous,** (PLANHIGYN) DAURINWEDDOG
**dill,** FFENNIGL, LLYSIAU'R GWEWYR
**dioecious plants,** LLYSIAU DWYANEDDOL
**dock,** DAIL TAFOL
*water,* TAFOL Y DŴR
**dog-daisy (marguerite),** LLYGAD Y DYDD MAWR, LLYGAD LLO MAWR
**dogrose (wild rose),** RHOSYN GWYLLT
**dog's mercury (herb mercury),** BRESYCH Y CŴN
**dogwood (wild cornel),** CWYROS
**dove's foot (columbine),** TROED Y GOLOMEN, BLODAU'R SIPSI
**dropwort,** CEGIDEN
*water,* CEGIDEN Y DŴR, GYSPLYS
**duckweed,** BWYD YR HWYAD, LLINOS Y DŴR
**dyer's weed,** EURFANADL
**earth star,** SEREN DDAEAR, (FFWNG)
**eglantine (sweet briar),** MIAREN MAIR, DRYSŶEN BÊR
**elder,** YSGAWEN
**elecampane (large scabious),** CLAFRLLYS MAWR
**elm,** LLWYFEN
**entomophilous plants,** LLYSIAU ENTOMOFFILAIDD (Y DYGIR EU HAD GAN DRYCHFILOD)
**ergot,** MALLRYG
**eryngo (sea holly),** MÔR-GELYN, CELYN Y MÔR
**eyebright,** EFFROS, ARIAN GWYNION
**fennel,** FFENIGL
**fern,** RHEDYN
*adder's tongue,* TAFOD Y NEIDR
*hard,* RHEDYN BRAS
*hart's tongue,* TAFOD YR HYDD
*horsetail,* RHAWN Y MARCH
*lady's,* RHEDYN MAIR
*male,* MARCHREDYN
*polypody,* MARCHREDYN Y DŴR
*royal,* RHEDYN CYFRODEDD
**fertilize,** FFRWYTHLONI, FFRWYTHOGI
**fescue,** PEISGWELLT
**feverfew,** WERMOD WEN
**figwort,** GWENITH Y GOG
**fir,** FFYNIDWYDDEN, FFERREN
**flag (yellow, iris),** GELLHESG
**flax,** LLIN, CYWARCH
*mountain,* LLIN Y MYNYDD
**fleabane,** AMHRYDLWYD, CHWEINLLYS
**fleawort,** LLYSIAU'R LLUDW
**floret,** BLODIGYN
**flower,** BLODEUYN, BLODYN, FFLUR
**flowerbud,** BLAGURYN, EGINYN
**flowerheads (capitate flowers),** FFLURBENNAU, (TWR O FFLURON UNGOESIG)
**forget-me-not,** GLAS Y GORS, N'AD FI'N ANGOF
**foxgloves,** BYSEDD Y CŴN, BYSEDD COCHION

**fuchsia,** FFWSIA, DROPS COCHION
**fumitory,** MWG Y DDAEAR
**fungus,** FFWNG, FFWNGAU, FFYNGOEDD, CAWS LLYFFANT
*bracket,* FFWNG YSGWYDD
*club,* CNWP FADARCH
*cup,* CWPAN ROBIN GOCH
*gigantic,* FFWNG CAWRAIDD
*stinkhorn,* Y GINGROEN
**furze (gorse),** EITHIN
**galingale,** YSNODEN FAIR
**garlic,** GARLLEG, CRAF
*broad-leaved,* CRAF Y GEIFR, CRA'R GERDDI
**gean (white cherry),** RHUDDWERNEN
**geranium,** MYNAWYD Y BUGAIL
**gillyflower (wallflower),** LLYSIAU'R FAGWYR, BLODYN MAM-GU
**gladioli,** BLODAU CLEDDYF
**goat's beard,** LLYSIAU'R GWENYN
*yellow,* BARF YR AFR FELEN
**golden chain (laburnum),** TRESI AUR
**golden rod,** Y WIALEN AUR, EURWIALEN, MELYN EURAIDD
**goldilocks (wood crowfoot),** PENEURAID, EGYLLT Y COED
**goose grass (cleavers),** GWLYDD Y PERTHI, LLAU'R PERTHI / OFFEIRIAD
**gorse,** EITHIN
**grass,** GLASWELLT, PORFA
**greater stitchwort,** BARA CAN A LLAETH
**groundsel,** GREULYS, PENFELEN
**hardhead (knapweed),** PENGALED
**harebell,** CLOCH YR EOS
**hawk's beard,** GWALCHLYS
**hawkweed,** LLYSIAU'R HEBOG, HEBOGLYS
*mouse-ear,* CLUST Y LLYGODEN
*wall,* HEBOGLYS Y MUR
**hawthorn,** DRAENEN WEN
**hazel,** COLLEN, PREN CNAU
**heartsease (wild pansy),** LLYSIEUYN Y DRINDOD, PANSI
**heath (black-berried, crowberry),** CREIGLYS
**heather,** GRUG
*cross-leaved,* GRUG CROESDDAIL
*scotch: ling,* GRUG MÊL
**hellebore (black),** HYDYF DU
*green: bear's foot,* CRAFANC YR ARTH WERDD
*stinking: setterwort,* CRAFANC YR ARTH, PAWEN YR ARTH
**hemlock,** CEGID, CEGR PUMBYS, HEMLOG
**hemp,** CYWARCH
**hemp nettle,** PENBOETH
**henbane,** LLEWYG YR IÂR, FFA'R MOCH
**henbit (red deadnettle),** MARDDAN-HADLEN GOCH
**herb bennet (wood avens),** LLYSIAU F'ANWYLYD, Y FAPGOLL
**herb mercury (dog's mercury),** SAWDL Y CRYDD, BRESYCH Y CŴN
**herb robert,** LLYSIAU'R LLWYNOG, DAIL ROBIN, Y GOESGOCH
**hogweed (cow parsnip),** EFWR, PANNAS Y FUWCH
**holly,** CELYNNEN
*sea,* MÔR-GELYN
**hollyhock,** HOCYS (Y GERDDI)
**holm-oak,** PRINWYDDEN, DERWEN FYTHWYRDD
**honesty,** CEINIOG ARIAN, SBECTOL HEN ŴR,
**honeysuckle,** GWYDDFID, LLAETH Y GASEG
**hops,** HOPYS
**hornbeam,** OESTRWYDD
**horse chestnut,** CASTANWYDDEN
*sweet chestnut,* CASTANWYDDEN BÊR
**hound's tongue,** TAFOD Y CI
**hyacinth (wild, bluebell),** CROESO HAF, CLYCHAU'R GOG
**hyssop,** ISOP
**impatiens (balsam),** FFROMLYS
**inflorescence,** FFLURBEN, BLODEUGAINC
**involucre,** CYLCHAMLEN
**iris (yellow flag),** GELLHESG
**ivy,** IORWG, EIDDEW
*ground,* EIDDEW'R DDAEAR, IORWG LLESG
**jack-by-the-hedge (garlic mustard),** GARLLEGOG, JAC-Y-GWRYCH
**jasmine, jessamine,** SIASMIN
**Jew's ear,** CLUST YR IDDEW (FFWNG AR GOED BYW)
**jonquil (narcissus),** CROESO'R GWANWYN
**juniper,** MERYWEN
**kale,** BRESYCH DEILIOG
**keys (cotyledons),** HAD-GIBAU
**knapweed (hardhead),** PENGALED
*greater,* Y GRAMENOG FAWR
**knotgrass,** CANCLWM, BERW'R IEIR
**kohl rabi,** MEIPEN DDEILIOG
**laburnum,** TRESI AUR
**lady's bedstraw,** LLYSIAU'R CYWER
**lady's bower (clematis),** BARF YR HEN ŴR
**lady's comb,** NODWYDD Y BUGAIL
**lady's fingers (kidney vetch),** MEILLION MELYN, PYS YR AREN

**lady's mantle,** TROED Y LLEW, MANTELL FAIR
**lady's nightcap (convolvulus),** CLYCH Y PERTHI, TAGWYDD
**lady's slipper (bird's-foot trefoil),** BASGED BYSGOTA, PYS Y CEIRW
**lady's smock,** BLODYN Y GOG (GWCW)
**lady's thimble (bluebell),** CLYCHAU'R GOG, CROESO HAF
**lady's tresses,** CANCLWM
**lampas,** MINTAG, MINDAG
**larch,** LLARWYDDEN
**larkspur (delphinium),** LLYSIAU'R HEDYDD
**latex (plant milk),** LLAETH
**laurel (common, bay),** LLAWRYFEN, PREN LLAWRYF
**lavender,** LAFANT
**leeks,** CENNIN
*house,* CENNIN TŶ, GERLLYS
**lettuce,** LETYS
*cos,* LETYS CÒS
**lichen,** CEN Y CERIG, CEN Y COED
**lilac,** LELOG
**lily,** LILI, ALAW
*arum,* LILI'R GROG, LILI'R PASG
*martagon,* CAP Y TWRC
*water,* LILI'R DŴR, ALAW
**lily of the valley,** LILI'R DYFFRYNNOEDD, LILI'R MAES
**lime tree,** PALALWYFEN, PISGWYDDEN
**linden (lime tree),** PALALWYFEN, PISGWYDDEN
**ling,** GRUG YSGUB
**liverwort,** LLYSIAU'R AFU, CLUST YR ASEN
**lobelia,** BIDOGLYS
**locust tree (false acacia),** ACESIA (MATH O)
**London pride,** BALCHDER LLUNDAIN, CRIB Y CEILIOG
**loosestrife,** LLYSIAU'R MILWR COCH
**lords and ladies (cuckoo pint),** PIDYN Y GOG
**lousewort (marsh, red rattle),** CRIBELL GOCH, BLODYN Y LLYFFANT
**love lies bleeding,** Y GALON WAEDLYD, MARI WAEDLYD
**lucerne,** MAGLYS, LWSERN
**lungwort (pulmonaria),** LLYSIAU'R YSGYFAINT
**lupin,** BYS Y BLAIDD
**lychnis (meadow, ragged robin),** BLODAU'R BRAIN, CARPIOG Y GORS
**lyme grass,** AMDOWELLT
**madder,** Y FRIWYDD WEN
**magnolia,** MAGNOLIA
**mallow (common),** MALWS, HOCYS
*marsh,* HOCYS Y GORS
**mandrake,** MANDRAGORA
**maple,** MASARNEN FACH, GWNIOLEN
**marguerite (white ox-eye daisy),** LLYGAD-Y-DYDD MAWR, LLYGAD LLO MAWR
**marigold,** GOLD MAIR, MELYN MAIR
*corn: yellow ox-eye daisy,* GOLD YR ŶD, MELYN YR ŶD
*marsh,* GOLD Y GORS, MELYN Y GORS
**marjoram,** MINTYS Y GRAIG
**masterwort,** LLYSIAU'R DDANNOEDD
**may tree (hawthorn),** DRAENEN WEN
**mayweed (scentless, corn mayweed),** LLYGAD YR YCH, AMRANWEN
**meadow sweet,** ERWAIN, BLODAU'R MÊL
**medlar tree,** MERYSWYDDEN
**melitot,** MÊL Y CEIRW
*common yellow,* MEILLIONEN FELEN Y CEIRW
**mercury (dog, herb mercury),** BRESYCH Y CŴN
**mignonette,** PERLLYS
**mildew,** LLWYDNI, LLWYDI
**milfoil (yarrow),** MILDDAIL, LLYSIAU'R GWAEDLIF
**milkwort,** AMLAETHAI, LLAETHLYS
**mint,** MINTYS
*water,* MINTYS Y DŴR
**mistletoe,** UCHELWYDD, UCHELFAR
**moneywort (creeping jenny),** CANCLWYF, CEINIOGLYS
**monkshood (wolf's bane),** LLYSIAU'R BLAIDD, CWCWLL Y MYNACH
**monocotyledon,** UNHADGIBOG, PLANHIGYN AG UN HAD-DDEILEN
**moonwort,** CRIB Y CEILIOG (RHEDYN)
**moschatel,** MWSGLYS
**moss,** MWSOGL, MWSWM
*bog,* MIGWYN
*club,* CORN CARW'R MYNYDD
*common cord,* RHEFFYN MWSOGL
*common hair,* GWALLT Y DDAEAR
*feather,* MWSOGL PLUFAIDD
*spring,* MWSOGL Y FFYNHONNAU
**motherwort,** LLYSIAU'R FAM
**mugwort,** LLYSIAU LLWYD, GWRYSGEN LLWYD
**mulberry tree,** MORWYDDEN

**mullein,** CLUST Y FUWCH
**mushroom,** MADARCH
**musk,** MWSG
*monkey,* MWSG YR EPA
**mustard,** MWSTARD
*garlic: hedge,* GARLLEGOG, JAC-Y-GWRYCH
*wild: charlock,* CADAFARTH, AUR YR ŶD, ESGYNNYDD
**myrtle,** MYRTWYDD
**narcissus,** CROESO'R GWANWYN
**nasturtium,** CAPAN CORNICYLL, MERI A MARI
**navelwort (wall pennywort),** DEILEN GRON, CEINIOGLYS
*wild,* LLYSIAU'R GEINIOG
**navew (common wild),** MAIP YR ŶD
**nettles (stinging),** DANADL, DYNAINT, DYNAD, DANADL (DAIL) POETHION
*blind,* DANADL DALL
*common hemp,* PENBOETH
**nightshade (black),** MOCHLYS DUON
*deadly: belladonna,* CODWARTH
*enchanter's,* LLYSIAU STEFFAN, LLYSIAU'R SWYNWR
*woody: bitter sweet,* MOCHLYS, LLYSIAU'R MOCH
**nipplewort,** CARTHEIG
**node,** CLWM, CWLWM, CWGN
**oak,** DERWEN, DÂR
**oat,** CEIRCHEN
**old man (southernwood),** HEN ŴR, SILIGABŴD
**old man's beard (clematis),** BARF YR HEN ŴR
**oleander,** RHOSWYDDEN
**oleaster,** OLEWYDDEN WYLLT
**olive tree,** OLEWYDDEN
**onions,** WNIWN, WYNWYN
**orchis,** TEGEIRIAN
*butterfly,* TEGEIRIAN DWYDDALEN
*early purple,* TEGEIRIAN COCH Y GWANWYN
*meadow,* TEGEIRIAN Y WAUN
*spotted,* TEGEIRIAN MANNOG
**organy (wild),** MINTYS Y CREIGIAU
**osmons royal,** RHEDYN MAIR
**ox-eye daisy,** LLYGAD LLO MAWR, LLYGAD Y DYDD MAWR
*yellow: corn marigold,* MELYN YR ŶD, GOLD YR ŶD
**oxlip,** LLYSIAU'R PARLYS
**palm,** PALMWYDDEN
**pansy,** LLYSIEUYN Y DRINDOD, PANSI
*purple,* PANSI LAS, Y FEIDIOG LAS
*white,* PANSI WEN, Y FEIDIOG WEN
*yellow,* PANSI FELEN, Y FEIDIOG FELEN
**parsley,** PERSLI
*beaked: wild chervil,* NODWYDD Y BUGAIL
*fool's,* GEUBERLYS
*hedge,* TROED Y CYW
**parsnip,** PANASEN
**pear tree,** PREN GELLYG, PREN PÊR, GELLYGEN
**peas,** PYS
*everlasting,* PYS TRAGWYDDOL
*yellow: meadow vetchling,* YTBYS Y WAUN
**pedicle,** BLODEUGOES
**peduncle,** PALEDRYN, COES
**pellitory (wall),** MURLYS, PELYDR Y GWELYDD
**pennyroyal,** LLYSIAU'R GWAED, COLUDD-LYS
**pennywort (wall, navelwort),** DEILEN GRON, CEINIOGLYS
**peony,** RHOSYN Y MYNYDD, RHOSYN Y GROG
**peppermint,** MINTYS POETHION, BOTWM GWYN
**perennial,** (BLODYN) BYTHOL, GWASTADOL, PARHAOL
**perianth (flower-leaves),** FFLURDDAIL, PERIANTH
**persicaria (pink),** LLYSIAU'R DOMEN
**petal,** FFLURDDALEN, PETAL
**phlox,** LADIS GWYNION, FFLOCS
**pilewort (lesser celandine),** MILFYW, LLYGAD EBRILL
**pillwort,** PELENLLYS (RHEDYN)
**pine,** PINWYDDEN, PÎN
**pink,** PINC, CEILYS
*sea: thrift,* BLODAU GORFFENNAF, CLUSTOG FAIR
**pinnate leaves,** DAIL PLUFOG
**pistil,** CYNFFRWYTH, PALADR, PISTIL, PALEDRYN
**plane tree,** PLÂN, PLANWYDDEN
**plantain (broad-leaved),** DAIL LLYDAIN Y FFORDD
*ribwort,* LLWYNHIDYDD
*sea,* LLYRIAD Y MORFA
*small,* DAIL LLWYN Y NEIDR
*water,* LLYRIAD Y DŴR
**plum tree,** PREN EIRIN
**plumicle,** PLUFHEDYN

**pollen,** PAILL
**polyanthus,** BRIALLU COCHION, BRIALLU AMRYLIW
**polypodium,** LLAWREDYN
**poplar,** POPLYSEN
*black,* POPLYSEN DDU
*grey,* POPLYSEN LWYD
*lombardy,* POPLYSEN LOMBARDI
*white: abele,* POPLYSEN WEN
**poppy (field),** PABI COCH YR ŶD
*scarlet,* PABI COCH, LLYGAD Y BWGAN
**potatoes,** TATWS, CLORON
**primrose(s),** BRIALLU, BLODAU LLO BACH
*double,* BRIALLU DWBL
*pin-eyed,* BRIALLU LLYGAD PIN
*thrum-eyed,* BRIALLU LLYGAD SIOBYN
**privet,** GWYROS, PRIFED, YSWYDDEN
**puff ball,** CODEN FWG
**pulmonaria,** LLYSAU'R YSGYFAINT
**quaking grass (quakers),** GWENITH YR YSGYFARNOG
**quillwort,** GWAIR MERLLYN, (RHEDYN)
**radicle (stem),** CYNWREIDDYN, COESIG
**radish,** RHUDDYGL, RADIS
**ragged robin,** BLODAU'R BRAIN, CARPIOG Y GORS, FFRILS Y MERCHED
**ragwort,** LLYSIAU'R GINGROEN
**ramsons (broad-leaved garlic),** CRAF Y GEIFR, CRA'R GERDDI
**rape,** RÊP, ERFIN GWYLLT
*broom,* CORN YR HYDD
**red hot poker,** LILI'R FFAGL
**red rattle (marsh lousewort),** CRIBELL COCH, BLODYN LLYFFANT
**red robin (red campion),** LLYSIAU'R YCHEN, CEILIOG COCH
**reed,** CORSEN, CAWNEN
**rest harrow (wild liquorice),** TAG YR ARADR
**rhizome,** GWREIDDGYFF
**rhododendron,** RHODODENDRON
**rhubarb,** RHIWBOB
**rocket (field, yellow),** BERW CAERSALEM
**rose,** RHOSYN
*dog: wild,* RHOSYN GWYLLT
*guelder,* YSGAWEN Y GORS, CORSWIGEN
*trailing dog,* MARCHFIAREN YMLUSGOL
*winter: Christmas,* RHOSYN NADOLIG
**rosemary,** RHOS MAIR, RHOSMARI
**rose of Sharon,** RHOSYN SARON
**rowan (mountain ash),** CERDINEN, CERDDINEN, PREN CRIAFOL
**rue (meadow),** RYW (BLODYN)
**rush,** BRWYNEN, PABWYREN
**rye,** RHYG
**ryegrass,** RHYGWELLT
*perennial ryegrass,* RHYGWELLT EIDALAIDD
**saffron,** SAFFRWN, SAFFRWM
*meadow,* SAFFRWN Y GWEUNYDD
**sage,** SAETS
*wood: wild,* SAETS GWYLLT, CHWERWLYS YR EITHIN
**sainfoin,** GWYRAN FENDIGAID, Y GODOG
**St John's wort,** DAIL Y FENDIGAID, LLYSIAU IOAN
**sallow (goat willow),** HELYGEN GRYNDDAIL, MERHELYGEN
**samaras,** HADAU ASGELLOG
**sanicle (wood),** CLUST YR ARTH
**savory,** SAFRI
**savoy,** SAFWY
**saxifrage (burnet),** GWREIDDEIRIOG
*golden,* TORMAEN, EGLYN
**scabious (field),** PENLAS, CLAFRLYS, CLAIS
*devil's bit,* GLASWENWYN
*large: elecampane,* CLAFRLLYS MAWR
*sheep's bit,* CLEFRYN
*small,* CLAFRLLYS LLEIAF
**scale leaves,** CEN-DDAIL, CRAITH-DDAIL
**scarlet pimpernel,** BRITHLYS, LLYSIAU'R CRYMAN, COCH YR ŶD
**scarlet runner (runner bean),** FFÄEN GOCH
**scorpion grass,** YSGORPIONLLYS
**scurvy grass,** DAIL Y SGYRFI, LLWGLYS
**seakale,** MORFRESYCH
**seaweed,** GWYMON, GWMON
**sedges,** HESG
**self-heal,** CRAITH UNNOS, Y FEDDYGES LAS
**sepal (calyx),** CIBRAN, CIBRON, SEPAL
**service tree,** PREN CRIAFOL (MATH O)
**setterwort (stinking hellebore),** CRAFANC YR ARTH, PAWEN YR ARTH
**shallots,** SIBWNS, SIBWLS, NIONOD DODWY
**shamrock,** SAMROG, MATH O FEILLIONEN
**shepherd's purse,** PWRS Y BUGAIL, LLYSIAU TRYFAL
**shoes and stockings,** PYS Y CEIRW
**silverweed,** DAIL ARIAN, TANSI WYLLT
**snapdragon (antirrhinum),** PEN CI BACH, TRWYN Y LLO
*ivy-leaved: ivy-leaved toadflax* TRWYN Y LLO DAIL IORWG
**snowdrop,** EIRLYS, BLODYN YR EIRA, CLOCH MABAN

**soapwort (bruisewort),** SEBONLLYS
**Solomon's seal,** LLYSIAU SOLOMON, SÊL SELYF
**sorrel (common),** DAIL SURION BACH, SURAN
*sheep's,* SURAN YR ŶD
*wood,* SURAN Y COED
**sparrow grass (asparagus),** MERLLYS, LLYSIAU'R DYFRGLWYF
**spathe,** AMDDALEN
**spearwort (greater),** POETHFFLAM
*lesser,* BLAEN Y GWAYW
**speedwell,** LLYSIAU LLYWELYN, LLYGAD Y GATH
*mountain,* RHWYDDLWYN Y BRYNIAU
**spindle tree,** PISWYDDEN
**spleenwort (black),** DU-WALLT Y FORWYN, (RHEDYN)
*maiden hair,* GWALLT Y FORWYN
*wall rue,* RYW'R MURIAU
**spore,** HEDYN, HAD, IMPRITH
**spruce,** PYRWYDDEN, SBRIWS
**spurge,** FFLAMGOED
*petty,* LLAETH Y CYTHRAUL
*sea,* LLAETH Y FAMAETH
*sun,* LLAETH YR YSGYFARNOG
**spurrey (corn),** LLIN Y LLYFFANT, TROELLIG YR ŶD
**squill,** SERENYN, WNIWN Y MÔR
**stalk,** COES, COESIGEN, GWELLTYN
**stamen,** BRIGER
**star of Bethlehem,** SEREN FETHLEHEM, (BLODYN)
**stem (bole, radicle),** COES, BÔN
**stigma,** STIGMA
**stinkhorn,** CINGROEN
**stipule,** STIPIWL
**stitchwort,** LLYGAD MADFALL, BOTWM CRYS, BLODAU NADREDD
**stomata,** MÂN-DYLLAU
**stonecrop (yellow),** PIG Y DERYN, LLYSIAU'R FAGWYR
**stonewort,** RHAWN YR EBOL
**stork's bill,** PIG Y CRËYR (CRYCHYDD)
**style (column),** Y GOLOFN, COLOFNIG
**succory (chicory),** YSGALL Y MEIRCH, SICORI
**sundew,** CHWYS YR HAUL, GWLITHLYS
**sunflower,** BLODYN YR HAUL, HEULFLODYN
**swedes,** RWDINS, SWÊDS, ERFIN (COCHION)
**sycamore,** SYCAMORWYDDEN, MASARNEN
**syringa,** PIBWYDD
**tamarisk,** (MATH O LWYN BYTHWYRDD)
**tansy,** TANSI
**tares (hairy vetch),** EFRAU, PYS Y WIG
**teasel,** LLYSIAU'R CRIBAU, LLYSIAU'R CREIGIAU
*small,* FFON Y BUGAIL
**teil (linden),** PISGWYDDEN
**tendril,** TENDRIL, AMDORCH
**thistle,** YSGALLEN, YSGELLYN
*field,* YSGALL, YSGALL YR ÂR
*marsh,* YSGALL Y GORS
*musk,* YSGALL GOGWYDD
*sow: milk,* LLAETH-YSGALL, YSGALL Y MOCH
*spear plume,* MARCHYSGALL
**thorn,** DRAEN, DRAENEN
*black,* DRAENEN DDU
*white: hawthorn,* DRAENEN WEN
**thrift (sea),** BLODAU GORFFENNAF, CLUSTOG FAIR
**thyme,** TEIM
**timothy,** RHONWELLT Y GATH
**toadflax (ivy-leaved, icy-leaved snapdragon),** TRWYN Y LLO DAIL IORWG
*yellow,* LLIN Y LLYFFANT, TRWYN Y LLO
**toadstool,** BWYD Y BODA / BARCUT, CAWS LLYFFANT
**torchweed,** CANNWYLL YR ADAR
**tormentil,** TRIAGL (TRESGL) Y MOCH, MELYN YR EITHIN
**traveller's joy (clematis),** BARF YR HEN ŴR
**trefoil,** MEILLIONEN
*bird's foot: lady's slipper,* BASGED BYSGOTA, PYS Y CEIRW
*hare's foot,* MEILLIONEN GEDENNOG
*hop: hop clover,* LLEWYG Y BLAIDD, Y WE FELEN
*marsh: buckbean,* FFA'R GORS
*marsh bird's foot,* FFA'R IEIR, TROED ADERYN
**true love-knot (devil in a bush),** CWLWM CARIAD CYWIR
**trunk (bole),** BONCYFF, CYFF, BÔN
**tuber,** CLORONEN
**tulip,** TIWLIP
**turnip,** ERFINEN, MEIPEN
**twayblade (bird's nest),** DWYDDALEN, DEULAFN
**twining plant,** LLYSIEUYN DIRWYNOL
**umbrel,** (FFURF) FFEDON, CLWSTWR O FLODAU AR UN GOES
**valerian,** TRIAGLOG
*great wild,* LLYSIAU CADWGAN
*red spur,* TRIAGLOG COCH

**vervain,** LLYSIAU'R HUDOL, Y FERFAIN
**vetch,** PYS LLYGOD, FFACBYS
*bitter: meadow pea,* PYS Y MAES
*bush,* PYS Y BERTH
*hairy: tares,* EFRAU
*horseshoe,* PYS Y BEDOL
*kidney: lady's fingers,* PYS YR AREN, MEILLION MELYN
*tufted,* PYS Y GATH
*tuberous bitter,* PYS Y COED
*wood,* FFACBYS Y WIG
*yellow,* EURBYS
**violet,** FIOLED, CRINLLYS
*dog,* FIOLED Y CI, SANAU'R GWCW
*hairy,* FIOLED FLEWOG
*marsh,* FIOLED Y GORS
*sweet,* FIOLED BÊR
*white sweet,* FIOLED WEN BÊR
**virgin's bower (clematis),** BARF YR HEN ŴR
**wake robin (cuckoo pint),** PIDYN Y GOG
**wallflower,** LLYSIAU'R FAGWYR, BLODAU MAM-GU
**wayfaring tree,** YSGAWEN Y GORS, CORSWIGEN
**whitlow grass,** LLYSIAU'R BYSTWN, LLYSIAU'R EWINOR
**wild arum (cuckoo pint),** PIDYN Y GOG
**wild liquorice (rest harrow),** TAG YR ARADR
**willow,** HELYGEN
*goat: sallow,* HELYGEN GRYNDDAIL, MERHELYGEN
*osier,* HELYGEN WIAIL, PREN GWYDDAU BACH
*weeping,* HELYGEN WYLOFUS, HELYGEN BABILON
**willow herb (lesser),** HELYGLYS
*greater,* LLYSIAU'R MILWR
*rosebay: french,* LLYSIAU ST MAIR
**windflower (wood anemone),** BLODYN Y GWYNT, ANEMONI'R COED
**witches' broom,** YSGUBELLAU'R WITSYS (AR Y FEDWEN)
**witches' butter,** YMENYN Y WITSYS, (FFWNG AR GOED MARW)
**wolf's bane (monkshood),** LLYSIAU'R BLAIDD, CWCWLL Y MYNACH
**woodbine (honeysuckle),** GWYDDFID, LLAETH Y GASEG
**woodruff,** LLYSIAU'R ERYR, FANDON
**wormwood,** WERMOD, WERMWD LWYD
**woundwort (stachys),** BRIWLYS, CLAFRLLYS
**yarrow,** MILDDAIL, LLYSIAU GWAEDLIF
**yellow archangel (yellow deadnettle),** MARDDANHADLEN FELEN
**yellow pimpernel,** GWLYDD MELYN MAIR, MELYN Y TYWYDD, SEREN FELEN
**yellow rattle,** PWRS Y BUGAIL, CLYCHAU'R MEIRCH, PEN SIARAD, PWRS BROGA, ARIAN COR, CLYCHAU BACH
**yew,** YWEN

---

# Fruits — Ffrwythau

**acorn,** MESEN
**almond,** ALMON
**apple,** AFAL
*crab-apple,* AFAL SUR, AFAL GWYLLT
**apricots,** BRICYLL
**berries,** AERON, GRAWN
**bilberries (whinberries),** LLUS, LLUSI (LLYSAU) DUON BACH, LLUSI
**blackberries,** MWYAR (DUON), MAFON DUON
**blackcurrants,** CYREN DUON, CWRENS DUON
**bullace,** EIRIN PERTHI, EIRIN BWLAS
**cherries,** CEIRIOS
*winter,* SURAN CODOG
*bird,* LLWNGWR
**cucumber,** CUCUMER
**currants,** CYREN, CWRENS, RHYFON
**damsons,** EIRIN DUON
**dewberry,** MWYAREN LASLWYD, MWYAREN MAIR
**earthnuts (groundnuts),** CNAU'R DDAEAR, CLORON
**elderberries,** EIRIN YSGAW
**figs,** FFIGYS
**gooseberries,** GWSBER, GWSBERYS, EIRIN MAIR
**grapes,** GRAWNWIN
**greengage,** EIRINEN WERDD
**groundnuts (earthnuts, pignuts),** CNAU'R DDAEAR, CLORON

**haws,** CRIAFOL Y MOCH, CRAWEL Y MOCH
**hips,** EGROES, AFALAU'R BWCI, OGFAEN
**kernel,** CNEWYLLYN
**lemon,** LEMON, LEMWN
**linseed,** HAD LLIN
**nuts,** CNAU
**orange,** OREN, ORAENS
**peaches,** EIRIN GWLANOG
**pear,** GELLYGEN, PEREN
**pignuts (groundnuts),** CNAU'R DDAEAR
**pip,** CARREG (AFAL, etc.), DEINCODYN
**plums,** EIRIN
**pomegranate,** POMGRANAD
**quince,** CWINS, AERON CWINS
**raspberries,** AFAN (COCHION), MAFON
**rose-hips,** EGROES, OGFAEN
**rowanberries,** CRIAFOL, CRAWEL
**sloes,** EIRIN PERTHI, EIRIN DUON BACH
**stone fruits,** MAEN-FFRWYTHAU
**strawberries,** MEFUS, SYFI
*wild,* SYFI, MEFUS Y GOEDWIG
**vegetable marrow,** PWMPEN
**walnut,** CNEUEN FFRENGIG
**whinberries (bilberries),** LLUS, LLUSI DUON BACH
**whortleberries (bilberries),** LLUS, LLUSI DUON BACH